Matthias Walden

Biographische Studien zum 20. Jahrhundert
Herausgegeben von Frank-Lothar Kroll
Bd. 9

Nils Lange

Matthias Walden

Ein Leben für die Freiheit

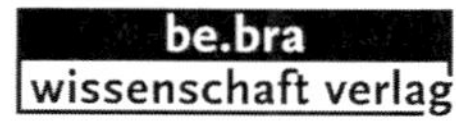

Gedruckt mit freundlicher Unterstützung der Axel-Springer-Stiftung

Das Manuskript wurde als Dissertation an der Philosophischen Fakultät der Universität Potsdam im Wintersemester 2019/20 angenommen (Gutachter: PD Dr. Matthias Oppermann).

Bibliografische Information der Deutschen Nationalbibliothek
Die Deutsche Nationalbibliothek verzeichnet diese Publikation in der Deutschen Nationalbibliografie; detaillierte bibliografische Daten sind im Internet über http://dnb.d-nb.de abrufbar.

KulturBrauerei Haus 2
Schönhauser Allee 37, 10435 Berlin
post@bebra-wissenschaft.de
Lektorat: Marijke Leege-Topp, Berlin
Umschlag: typegerecht berlin (Titelbild: Landesarchiv Berlin, F Rep. 290 (04) Nr. 0213308 / Foto: Siegmann, Horst)
Satz: Zerosoft
Schrift: Minion Pro 10/13pt
Gedruckt in Deutschland
ISBN 978-3-95410-279-2

www.bebra-wissenschaft.de

Inhaltsverzeichnis

»Der Libero im Springer-Haus«

Im Sommer 1980 gab es wenig zu beklagen für Matthias Walden. Seit einigen Monaten war er Chefkommentator des *Verlages Axel Springer*. Er gab die Schlagzahl vor für die Meinungsseiten der großen überregionalen »Richtungszeitungen«[1] des Verlages *Die Welt* und *Welt am Sonntag*, aber auch für wichtige Regionalzeitungen wie das *Hamburger Abendblatt* und die *Berliner Morgenpost* sowie die Boulevardblätter der *Bild-Zeitung*. Er befand sich in unmittelbarer geistiger und persönlicher Nähe zu Axel Springer, der in den vergangenen vier Jahrzehnten wie kein anderer Zeitungsmacher die gesellschaftliche Stimmung der deutschen Nachkriegsdemokratie mitbestimmt und polarisiert hatte. Nach einem Telefonat mit Springer Mitte Juli dieses Jahres musste Walden aber wohl wegen einer ungewöhnlichen Verabschiedung Springers einige Zeit gegrübelt haben. Einen »Libero« hatte ihn sein Freund, Verleger und – ja, in gewisser Weise – sein Mentor jedenfalls noch nie genannt.

Nur wenige Wochen zuvor hatte zwar die Fußball-Nationalmannschaft der Bundesrepublik Deutschland in Italien ihren zweiten EM-Titel gewonnen und der deutsche Libero Bernd Schuster wurde als bester Spieler des Turniers geehrt. Doch für Fußball interessierte sich Walden eigentlich nicht recht. Anders als Springer, der sich gerne mal in der Kabine des Berliner Fußballvereins Hertha BSC blicken ließ und den Club öffentlich – auch aus politischen Gründen – unterstützte.[2] Als Matthias Walden schließlich die Ausgabe der Wochenzeitung *Die Zeit* vom 18. Juli 1980 in die Hände bekam, muss ihm klargeworden sein, was Springer zu diesem Bonmot hatte hinreißen lassen. Über einer Rezension zu Waldens kürzlich erschienenem Buch »Die Fütterung der Krokodile« stand in großen Lettern geschrieben: »Der Libero im Springer-Haus«[3]. An Springer schrieb er sogleich, nun wisse er endlich, was dieser mit seiner Verabschiedung gemeint habe. Die Besprechung sei zudem erstaunlicherweise »recht freundlich« ausgefallen, fügte er hinzu.[4]

1 Siehe zu dieser Einordnung: Hans-Peter Schwarz, Axel Springer. Die Biographie, Berlin 2009, S. 355.

2 Zu Springers Einsatz für Hertha BSC: Matthias Walden, Statt eines Vorwortes. Wer ist Axel Springer?, in: Axel Springer (Hrsg.), Aus Sorge um Deutschland. Zeugnisse eines engagierten Berliners, Stuttgart 1980, S. 13–22, hier S. 16.

3 Alexander Rost, Der Libero im Springer-Haus. Anmerkungen zu einem Buch von Matthias Walden, in: Die Zeit vom 18.7.1980.

4 Vgl. Matthias Walden an Axel Springer vom 22. Juli 1980 (ASV-UA: NL Springer, Box 404).

Matthias Walden an seinem Schreibtisch im Springer-Haus, Dezember 1978.

Der *Zeit*-Redakteur Alexander Rost hatte sich zusätzlich zu seiner Rezension an einer Einschätzung des politischen Denkens Matthias Waldens versucht. Walden, so Rost 1980, sei sowohl ein »konservativer Meinungsführer« als auch ein Journalist mit dem »Mut zum Hinschauen«. Dies mache ihn zu einem »Libero (um ein Wort zu gebrauchen, in dem ein Rest von ›liberal‹ verborgen ist), zu einem Zeitkritiker, der sich auch freispielen kann aus dem allzu engen Schema des konservativen Klubs«[5]. Walden war Anfang der 1980er Jahre einer derjenigen politischen Journalisten, die sich um eine geistige Grundausrichtung der Bundesrepublik Deutschland bemühten. Er betonte dabei stets den liberalen Kern des Staates, den er allerdings mit konservativen Tugenden wie einem Anti-Utopismus und einem an gesellschaftliche Verantwortung gekoppelten Freiheitsideal zu verteidigen suchte.

Angelegt waren diese ideellen Grundsätze bereits in seinem biographischen Werdegang. Geboren am 16. Mai 1927 in Dresden unter dem Namen Otto Eugen Baron von Saß[6] erlebte Walden das Ende der Weimarer Republik und zwei Diktaturen in

5 Rost, Der Libero im Springer-Haus, in: Die Zeit vom 18.7.1980.

6 Im weiteren Verlauf der Arbeit wird dem besseren Leseverständnis geschuldet durchweg von Matthias Walden gesprochen, auch wenn der Journalist unter diesem Namen erst ab den frühen

seiner Heimatstadt, bevor er 1950 in die Bundesrepublik Deutschland und bald nach West-Berlin ging. Geprägt von seiner eigenen Vergangenheit entwickelte er sich zu einem vehementen Kritiker der totalitären Herrschaftssysteme seiner Zeit und der Verklärung vergangener Totalitarismen, insbesondere des Nationalsozialismus. Vor dem Hintergrund des Kalten Krieges äußerte sich dieser entschiedene Antitotalitarismus meist in einem kämpferischen Antikommunismus, der schnell zu einem Erkennungsmerkmal Waldens wurde. Die politische Unterdrückung der Menschen in den kommunistischen Systemen wirkte für den jungen Journalisten dabei als integrative Kraft in die bundesdeutsche Gesellschaft. Als Kristallisationspunkt seines Denkens entwickelte sich die Betonung einer Freiheit des Westens; einer intellektuellen Erhöhung der liberalen Demokratie westlicher Prägung, die sich vor allem aus der sowjetischen Bedrohung im Kalten Krieg herleitet.[7]

Die Leitfragen der vorliegenden Arbeit ergeben sich sowohl aus dieser biographischen Bedingung als auch aus der kurzen Beschreibung von Waldens politischer Haltung in der *Zeit* von 1980. Erkenntnissuche und Aufbau der Arbeit orientieren sich freilich ebenso an der politischen und gesellschaftlichen Entwicklung der Bundesrepublik Deutschland. Die Forschungsfragen können dabei grob zwei Perspektiven zugeordnet werden. Zunächst einer ideengeschichtlichen, die hauptsächlich Matthias Waldens Zuordnung zum konservativen Spektrum der Bundesrepublik Deutschland klären soll. Es geht um die Frage, ob sich aus seiner Publizistik ein eigenes Verständnis eines (zeitgemäßen) Konservatismus ableiten lässt. Darüber hinaus ergibt sich eine politische Perspektive seines Denkens, die sich eng an Waldens tagespolitischen Betrachtungen über die Bonner Politik orientiert.

Ende der 1990er Jahre, 15 Jahre nach Waldens Tod, schrieb auch Alt-Bundeskanzler Helmut Schmidt in einem Sammelband, in dem Matthias Waldens Tochter, Bettina von Saß, Stimmen von ehemaligen Kritikern ihres Vaters zusammentrug, Walden sei

1950er Jahren bekannt war. Bald wurde aus dem Pseudonym ein Künstlername. Ursprünglich hatte es den Zweck, seine in der DDR gebliebenen Eltern zu schützen. Der ostdeutschen Staatssicherheit war die wahre Identität des Journalisten aber spätestens Ende der 1950er Jahre bekannt. Ein hintergründiger Sinn des Namens Matthias Walden – man könnte meinen ein Bezug auf Henry David Thoreaus Aussteigerbuch »Walden« oder Ernst Jüngers Anleitung zum Apolitischen, »Der Waldgang« – ist nicht festzustellen. Eine Bezugnahme auf Thoreau oder Jünger hätte Waldens Selbstverständnis vom sich einmischenden Journalisten auch widersprochen. Der Name Matthias Walden tritt als Bezeichnung einer Figur eines Kriminalromans auf, den Saß in seiner Jugend verfasst hatte und der sich im Besitz seiner Tochter Bettina von Saß befindet. Vgl. Ansgar Lange, Der konservative Moralist. Autorenporträt zum 20. Todestag von Matthias Walden, in: Criticón (2004/2005), H. 184, S. 33–37, hier S. 35; zur Klärung von Waldens Identität in der DDR siehe: Ministerium für Staatssicherheit der DDR, Bericht des IM »Hans Bär« vom 3. Juni 1958. BStU (Aktensignatur: MfS HA II 19613, S. 10–13).

7 Siehe hierzu beispielsweise: Paul Nolte, Was ist Demokratie? Geschichte und Gegenwart, München 2012, S. 324–332.

ein »Konservativer im besten Sinn des Wortes« gewesen, ohne weiter auf diese Charakterisierung einzugehen.[8] Schmidts Regierungssprecher Klaus Bölling schrieb zudem an gleicher Stelle, Walden sei »ein großer Journalist, ein authentischer Konservativer, ein bravouröser Streiter für die Freiheit und ein Mann von schöner Noblesse« gewesen.[9]

Wie kann unter diesem Aspekt Alexander Rosts Hinweis auf einen liberalen Einschlag in Waldens politischem Denken verstanden werden? Ist dies womöglich eine Anspielung auf die jahrelangen Deutungskämpfe innerhalb des konservativen Milieus der Bundesrepublik Deutschland zwischen einer liberalen und einer illiberalen Variante des Konservatismus und einer sogenannten konservativen Tendenzwende in den 1970er Jahren?[10] Wie kann Walden im konservativen Spektrum der Bundesrepublik Deutschland verortet werden? Welche intellektuelle Grundierung besaß sein Antitotalitarismus? Wie kann Walden beispielsweise in das Ideenspektrum des aus den USA initiierten »Congress for Cultural Freedom« (CCF) eingeordnet werden, der den antitotalitären Konsens der frühen Bundesrepublik entscheidend beeinflusste?[11]

Es geht mithin um eine umfassende Charakterisierung des politischen Denkens Matthias Waldens. Seinem Beruf als profilierter Meinungsjournalist geschuldet, leiteten sich die Grundzüge seiner Geisteshaltung meist aus vielen kleinen Facetten seiner politischen Publizistik her. Es ist daher eine weitere Aufgabe der vorliegenden Arbeit, erstmals diesen Meinungsjournalismus zu erfassen und in eine Form zu gießen, die einen allgemeinen Überblick erlaubt. Von Berlin aus, dem »Vorposten der Freiheit« (Ernst Reuter), beobachtete er die politische Entwicklung mit wachsendem Unmut. Er wurde ein leidenschaftlicher Gegner ost- und deutschlandpolitischer Konzepte, die in der Neuen Ostpolitik von Willy Brandt mündeten. Auch diese bekämpfte er mit dem wachsenden Selbstverständnis, einer der Wenigen zu sein, die die Gefahren dieses Politikwechsels meinten wirklich überblicken zu können. Eine Verständigung mit den kommunistischen Staaten Ost- und Mitteleuropas sowie der Sowjetunion und vor allem der DDR ergab für Walden wenig Sinn. Er war davon überzeugt, dass der »Wandel durch Annäherung« (Egon Bahr) eher auf der eigenen Seite einsetzen würde, als

8 Siehe: Helmut Schmidt, Vorwort, in: Bettina von Saß (Hrsg.), »Er war ein guter Feind«. Zum 15. Todestag von Matthias Walden äußern sich seine Kritiker, Berlin 1999, S. 7–12, hier S. 8.

9 Klaus Bölling, Matthias Walden, Streiter gegen die Lauheit, in: Bettina von Saß (Hrsg.), »Er war ein guter Feind«. Zum 15. Todestag von Matthias Walden äußern sich seine Kritiker, Berlin 1999, S. 91–95, hier S. 95.

10 Siehe exemplarisch: Martina Steber, Die Hüter der Begriffe. Politische Sprachen des Konservativen in Großbritannien und der Bundesrepublik Deutschland, 1945–1980, Berlin/Boston 2017, S. 240–308; und: Axel Schildt, »Die Kräfte der Gegenreform sind auf breiter Front angetreten«. Zur konservativen Tendenzwende in den Siebzigerjahren, in: Archiv für Sozialgeschichte 44 (2004), S. 449–478.

11 Siehe zum Beispiel: Michael Hochgeschwender, Freiheit in der Offensive? Der Kongreß für kulturelle Freiheit und die Deutschen, München 1998.

wie erhofft in den östlichen Unrechtstaaten. Wie wirkte sich also dieser kämpferische – ja moralisch begründete – Antikommunismus auf Waldens politische Publizistik aus?

Entwickelte der Journalist mit der Zeit eigene Konzepte im Gegensatz zur Politik der Bundesregierung und ihrer westlichen Verbündeten, die er mehr und mehr kritisierte? Aufschlussreich in dieser Hinsicht ist sicherlich Peter Merseburgers Kommentar auf Matthias Waldens publizistisches Werk aus seinem Beitrag in Bettina von Saß' Erinnerungsbuch. Merseburger, der 1928 nur ein Jahr nach Walden geboren wurde, zählte es zu Waldens großen Verdiensten, dass dieser mit seiner Kritik an der Deutschlandpolitik der Bundesregierung den Wunsch nach der Einheit stets wachgehalten habe. Dies sei von großem Wert gewesen, gerade wenn jüngere Anhänger der Sozialdemokratie diesen Wunsch zu vergessen drohten.[12] Peter Merseburger selbst hatte sich in den 1960er und 1970er Jahren zu einem Unterstützer der Neuen Ostpolitik entwickelt.

Merseburger, Schmidt, Bölling (man könnte aus der Reihe der Beiträger noch ergänzen: Egon Bahr, Klaus Schütz, Theo Sommer und einige mehr, sogar Günter Schabowski[13]) – dass sich so viele Jahre nach Matthias Waldens Tod gerade ehemalige Meinungsgegner mit großem Respekt, teilweise sogar affirmativ, über diesen so streitbaren Journalisten äußerten, ist bemerkenswert. Für den 80-jährigen Helmut Schmidt war Walden neben Paul Sethe, Sebastian Haffner, Henri Nannen und Kurt Becker sogar »einer jener kleinen Zahl von Journalisten, die nicht mehr leben«, die er aber nicht vergessen habe.[14]

Es scheint daher auch kein Zufall zu sein, wenn der Historiker Thomas Mergel Walden neben Marion Gräfin Dönhoff, Gerd Ruge und Conrad Ahlers zu einem der Vertreter eines politischen Neuanfangs des Journalismus in der deutschen Nachkriegsdemokratie zählt.[15] Die wissenschaftliche Untersuchung von Waldens politischem Denken ist demnach äußerst aufschlussreich für die Bewertung der journalistischen Landschaft der Bundesrepublik Deutschland im Kalten Krieg. Nicht zuletzt erlaubt dies Rückschlüsse auf die geistige Verfasstheit der bundesdeutschen Gesellschaft, kann der Ost-West-Konflikt doch originär als Krieg der Ideen zwischen der

12 Vgl. Peter Merseburger, Der aufrechte Moralist, in: Bettina von Saß (Hrsg.), »Er war ein guter Feind«. Zum 15. Todestag von Matthias Walden äußern sich seine Kritiker, Berlin 1999, S. 107–110, hier S. 109.

13 Bettina von Saß (Hrsg.), »Er war ein guter Feind«. Zum 15. Todestag von Matthias Walden äußern sich seine Kritiker, Berlin 1999.

14 Vgl. Schmidt, Schmidt 1999, in: Saß (Hrsg.), »Er war ein guter Feind«, S. 8; dazu bereits: Lange, Der konservative Moralist, S. 33.

15 Vgl. Thomas Mergel, Politischer Journalismus und Politik in der Bundesrepublik, in: Clemens Zimmermann (Hrsg.), Politischer Journalismus. Öffentlichkeit und Medien im 19. und 20. Jahrhundert, Ostfildern 2006, S. 193–211, hier S. 197.

westlich-freiheitlichen Demokratie und dem Kommunismus gesehen werden.[16] In ihrer Funktion waren Massenmedien im Kalten Krieg politisches Kampfmittel und Hersteller sozialer und kultureller Wirklichkeit zugleich.[17]

Umso erstaunlicher ist es, dass eine umfassende Arbeit zu Matthias Walden allgemein und seinem politischen Denken im Speziellen nicht vorliegt. Und dies obwohl in den letzten Jahren eine Reihe von biographischen Arbeiten zu Journalisten in der Bundesrepublik Deutschland im 20. Jahrhundert erschienen sind.[18] Ebenso erleben generelle Arbeiten zur Medienöffentlichkeit in der zweiten Hälfte des 20. Jahrhunderts einen Aufschwung.[19] Zuletzt legte Peter Hoeres mit seiner »Geschichte der FAZ« eine Studie über eine einzelne Zeitung vor, während Axel Schildts post mortem erschienenes Werk »Medien-Intellektuelle in der Bundesrepublik« sich einen umfassenden Überblick vornimmt.[20] 2017 schrieb der Historiker Frank Bösch in einer Rezension in der *Frankfurter Allgemeinen Zeitung*, es gebe in Deutschland bisher nur wenige fundierte Studien über einflussreiche Journalisten und Medien. Gerade unabhängige Journalisten verdienten jedoch kritische Biographien, die umfassend Quellen auswerten würden.[21] Die vorliegende Arbeit ordnet sich hier ein und schließt somit ein Desiderat.

Aus den journalistischen Beiträgen[22] zu Todes- oder Geburtstagen Waldens sticht ein längerer Beitrag des damaligen *Criticón*-Chefredakteurs, Ansgar Lange, im Winter-

16 Vgl. Hanns Jürgen Küsters, Was war der Kalte Krieg?, in: Die Politische Meinung 58 (2014), H. 528, S. 76–81, hier S. 77f.

17 Vgl. Thomas Lindenberger, Einleitung, in: ders. (Hrsg.), Massenmedien im Kalten Krieg. Akteure, Bilder, Resonanzen, Köln – Weimar – Wien 2006, S. 9–23, hier S. 11.

18 Exemplarisch: Jürgen Peter Schmied, Sebastian Haffner. Eine Biografie, München 2010; Susanne Peters, William S. Schlamm. Ideologischer Grenzgänger im 20. Jahrhundert, Berlin 2013; Stefan Winckler, Gerhard Löwenthal. Ein Beitrag zur politischen Publizistik der Bundesrepublik Deutschland, Berlin 2011; und eher journalistisch: Gunter Hofmann, Marion Dönhoff – Die Gräfin, ihre Freunde und das andere Deutschland. Eine Biographie, München 2019; schon etwas älter, aber ein guter Überblick: Lutz Hachmeister/Friedmann Siering (Hrsg.), Die Herren Journalisten. Die Elite der deutschen Presse nach 1945, München 2002.

19 So zum Beispiel: Christina von Hodenberg, Konsens und Krise. Eine Geschichte der westdeutschen Medienöffentlichkeit 1945–1973, Göttingen 2006; Peter Hoeres, Außenpolitik und Öffentlichkeit. Massenmedien, Meinungsforschung und Arkanpolitik in den deutsch-amerikanischen Beziehungen von Erhard bis Brandt, München 2013; Frank Bösch/Peter Hoeres (Hrsg.), Außenpolitik im Medienzeitalter: vom späten 19. Jahrhundert bis zur Gegenwart, Göttingen 2013; Thomas Lindenberger (Hrsg.), Massenmedien im Kalten Krieg. Akteure, Bilder, Resonanzen, Köln – Weimar – Wien 2006; und in großen Teilen: Alexander Gallus, Die Neutralisten. Verfechter eines vereinten Deutschland zwischen Ost und West 1945-1990, Düsseldorf 2001.

20 Vgl. Peter Hoeres, Zeitung für Deutschland. Die Geschichte der FAZ, München – Salzburg 2019; und: Axel Schildt, Medien-Intellektuelle in der Bundesrepublik. Herausgegeben und mit einem Nachwort versehen von Gabriele Kandzora und Detlef Siegfried, Göttingen 2020.

21 Vgl. Frank Bösch, Ohne Vorgaben aus Frankfurt. Der Journalist Peter Jochen Winters blickt zurück, und Nicole Glocke assistiert ihm, in: Frankfurter Allgemeine Zeitung vom 21.2.2017.

22 Siehe zum Beispiel: Ernst Cramer, Freiheit war die Triebfeder seines Tuns. Zum 20. Todestag des ehemaligen WELT-Herausgebers Matthias Walden, in: Die Welt vom 17.11.2004; oder: Sven Felix Kellerhoff, Sein Lebensthema war Deutschland. Vor 30 Jahren starb der visionäre Journalist

Heft 2004/2005 der Zeitschrift heraus. Unter dem Titel »Der konservative Moralist« weist Ansgar Lange pointiert auf die wichtigsten Schlaglichter Waldens biographischer und intellektueller Entwicklung hin. Gezielt kann er dabei Unzulänglichkeiten von Waldens Kritikern aufdecken, die ihn zeitgenössisch häufig in eine anti-demokratische Ecke zu drängen versuchten. [23] Er schafft es dadurch, den Journalisten als antitotalitären Verteidiger der liberalen Demokratie darzustellen. Ansgar Lange verzichtet – wohl aufgrund der Kürze und der journalistischen Ausrichtung seines Textes – allerdings auf eine allzu tiefe Diskussion über die intellektuelle Entwicklung Waldens sowie auf eine kontextualisierte Charakterisierung seines politischen Denkens.

Darüber hinaus hat der Historiker Daniel Schwane mit zwei wissenschaftlichen Arbeiten zu Walden das Feld lediglich rudimentär abgesteckt. In seiner Dissertation über entspannungspolitische Konzepte in West-Berlin von 1949 bis 1965 wählte Schwane Matthias Walden für eine Reihe von Fallbeispielen aus.[24] Dass Schwane den Journalisten aufgrund seines beständigen Einsatzes für die deutsche Einheit in seiner Arbeit über eine »Vorgeschichte der Détente« in Berlin so prominent einbaut, muss irritieren, da Walden hier als kämpferischer Antikommunist falsch eingeordnet ist.[25]

Dennoch konnte Schwane andeuten, wie sich mit der Zeit der Kalte Krieg immer intensiver mit dem politischen Denken Waldens verwob. 2008 versuchte Schwane diesem Phänomen schließlich mit einem knappen Aufsatz über den Journalisten weiter nachzugehen.[26] So gelungen der kurze biographische Überblick zu Matthias Walden bei Schwane ist, so stutzig macht den Leser dessen Zuordnung zu einem »politisch-ideellen Konservatismus [...], der noch aus der Weimarer Republik stammte«. Dieser sei laut Schwane im Journalismus nach 1945 beispielsweise von Hans Zehrer, Winfried Martini oder William S. Schlamm vertreten worden.[27] In die gleiche Richtung geht Axel Schildt, der Walden kurz und knapp in einem Abschnitt zur Bilanz-

Matthias Walden. Er ahnte die Einheit voraus, in: Die Welt vom 17.11.2014; und zuletzt vom Verfasser dieser Arbeit: Nils Lange, Politik braucht Führung, keine Deals. Wie hätte er über Trump geurteilt? Der ehemalige WELT-Herausgeber Matthias Walden trat fast vier Jahrzehnte für ideelle Werte in der Politik ein. Heute wäre er 90 Jahre alt geworden, in: Die Welt vom 16.5.2017.

23 Vgl. Lange, Der konservative Moralist.

24 Vgl. Daniel Schwane, Wider den Zeitgeist? Konflikt und Deeskalation in West-Berlin 1949 bis 1965, Stuttgart 2005, S. 164–181.

25 So auch bereits: Hermann Wentker, Rezension zu: Schwane, Daniel: Wider den Zeitgeist? Konflikt und Deeskalation in West-Berlin 1949 bis 1965. Stuttgart 2005, in: H-Soz-Kult, 21.04.2006. http://www.hsozkult.de/publicationreview/id/rezbuecher-7041 (23. Oktober 2019).

26 Daniel Schwane, Konservativer Vordenker oder vergessenes Fossil des Kalten Krieges? Der Publizist und Journalist Matthias Walden als Streiter für Freiheit und Demokratie, in: Deutschland Archiv 41 (2008), H. 1, S. 75–84.

27 Vgl. ebenda, S. 83.

Literatur der Adenauer-Zeit als Vertreter »der äußersten rechten« Strömung in der bundesdeutschen Publizistik einführt, ohne dies weiter auszuführen.[28]

Martina Steber führt Walden hingegen in ihrer umfangreichen Untersuchung über die Sprache des Konservativen als Unterstützer eines liberalen Konservatismus ein, ohne den Journalisten wiederum näher zu betrachten.[29] Da sich die liberalen Konservativen genau von denjenigen abgrenzten, die sich an einem illiberalen Konservatismusverständnis aus der Weimarer Zeit orientierten, steht ihre Deutung somit genau im Gegensatz zur ideengeschichtlichen Einordnung Schwanes und der Kartierung Schildts. Ähnliches gilt für die bereits erwähnte Aufnahme Waldens in den Kanon der Journalisten, die für einen politischen Neuanfang in der Bundesrepublik Deutschland standen, durch Thomas Mergel. Hier reiht sich Christina von Hodenbergs Einordnung Waldens in das Konzept der »45er«-Medienelite ein, die vor allem ihr Einsatz für das demokratische System im Nachkriegsdeutschland auszeichnete und kaum durch ideelle Brücken zum Konservatismus der Weimarer Republik auffiel.[30] Es wird zu zeigen sein, wie sich das politische Denken Waldens vom demokratieskeptischen Duktus eines Weimarer Konservatismus unterschied und wo es nichtsdestotrotz Anknüpfungspunkte gab.

Ein grundlegendes Verständnis des politischen Denkens Waldens ist besonders aufgrund seiner engen Beziehung zu Axel Springer interessant. Für den Springer-Biographen Hans-Peter Schwarz war Walden für den Verleger ein »Bruder im Geiste«. Mehr als biographische Angaben und einige kursorische Hinweise auf die politische Positionierung Waldens werden allerdings nicht geliefert.[31] Die Historikerin Gudrun Kruip weist in ihrer Ende der 1990er Jahre erschienenen Studie zum ideellen Unterbau des *Verlages Axel Springer* allerdings ebenfalls auf die nicht unerheblichen Einflüsse Waldens auf den Verleger und den Verlag hin.[32] Es gilt also zu klären, welche

[28] Vgl. Schildt, Medien-Intellektuelle, S. 626.

[29] Vgl. Steber, Die Hüter der Begriffe, S. 293; einen ersten Versuch in die Richtung dieser Thematik leistete der Verfasser mit einem kurzen Aufriss selbst kurz nach Beginn der Arbeit an der vorliegenden Dissertation: Nils Lange, Das politische Denken des Publizisten Matthias Walden, in: Sebastian Liebold/Frank Schale (Hrsg.), Neugründung auf alten Werten? Konservative Intellektuelle und Politik in der Bundesrepublik, Baden-Baden 2017, S. 177–193.

[30] Zu Waldens Einordnung siehe: Hodenberg, Konsens und Krise, S. 245–248; das heißt im Übrigen nicht, dass es nicht allgemein eine ganze Reihe von Publizisten und Intellektuellen gab, die zumindest um 1950 auf intellektuelle Traditionen aus der Weimarer Republik zurückgriffen, siehe: Axel Schildt, Auf neuem und doch scheinbar vertrautem Feld. Intellektuelle Positionen am Ende der Weimarer und am Anfang der Bonner Republik, in: Alexander Gallus/Axel Schildt (Hrsg.), Rückblickend in die Zukunft. Politische Öffentlichkeit und intellektuelle Positionen in Deutschland um 1950 und um 1930, Göttingen 2011, S. 13–32, hier S. 20–25. Eine ausführliche Diskussion um eine »45er«-Medienelite und eine Zugehörigkeit Waldens zu diesem generationellen Erklärungsmuster dann im Kapitel »Ideelle Westintegration«.

[31] Siehe dazu: Schwarz, Axel Springer, S. 631f.

[32] Vgl. Gudrun Kruip, Das »Welt«-»Bild« des Axel Springer Verlages. Journalismus zwischen westlichen Werten und deutschen Denktraditionen, München 1999, insb. S. 119–154.

Verbindungslinien es zwischen Waldens Haltungen und der politischen Grundausrichtung des Zeitungshauses gab, der stets interne Deutungskämpfe vorangingen.

Für dieses Vorhaben konnte freilich nicht auf den Nachlass Matthias Waldens im Unternehmensarchiv der Axel Springer Syndication, ehemals *Axel-Springer-Verlag*, (ASV-UA) verzichtet werden. Auch wenn auf diesen Bestand bereits für die bisherigen kleineren Arbeiten zu Walden zurückgegriffen wurde, nimmt die vorliegende Arbeit in der umfassenden Auswertung der Korrespondenz und der zahlreichen Typoskripte für Reden sowie Radio- und Fernsehbeiträge des Journalisten eine Vorreiterrolle ein. Ergänzt werden konnten die Kommentar-Typoskripte durch einen kleinen Bestand zu Walden im Deutschen-Rundfunk-Archiv (DRA). Vor allem seine Fernseh- und vereinzelt Radiosendungen ab den 1960er Jahren konnten im Archiv des Rundfunks Berlin-Brandenburg (AdRBB) gesichtet werden.

Im weiteren Verlauf der Arbeit ergaben sich Fragen, die die Konsultation einiger weiterer Nachlässe nötig machten. Hervorzuheben sind hier die Bestände zu Axel Springer im ASV-UA, zu Willy Brandt im Archiv der sozialen Demokratie der Friedrich-Ebert-Stiftung (AdsD der FES) und zu Sebastian Haffner im Bundesarchiv Berlin-Lichterfelde (BArch) sowie den Vorlass von Klaus Harpprecht im Landesarchiv der Akademie der Künste Berlin (LA der ADK). Zur Aufschlüsselung einer sogenannten konservativen Wende der *Welt*-Zeitungen Mitte der 1960er Jahre blieb die Nutzung der Nachlässe von Hans Zehrer im BArch Koblenz und Armin Mohlers im Deutschen Literaturarchiv Marbach (DLA) unerlässlich.[33] Einige weitere kleine Archivstudien und die Sichtung des Bestandes zu Matthias Walden beim Bundesbeauftragten für die Stasi-Unterlagen (BStU) komplettieren das Bild.

Die in seinem Nachlass im ASV-UA überlieferte Korrespondenz Waldens ist erwartungsgemäß meist beruflicher Natur. Das schließt erkenntnisreiche Rückschlüsse in Bezug auf die übergeordnete Forschungsfrage zum Charakter von Waldens politischem Denken nicht aus. Grundsätzlich muss aber das umfangreiche journalistische Werk Matthias Waldens – bestehend aus unveröffentlichten Typoskripten gesendeter Kommentare und Dokumentationen sowie publizierter Zeitungsartikel – als wichtigste Quellengrundlage der vorliegenden Arbeit gelten.

Abgesehen von seinen zahlreichen Zeitungsartikeln, meist Leitartikel oder Kolumnen, in verschiedenen Blättern, hauptsächlich in den Jahren von 1956 bis 1958 in der *Christ und Welt*, von 1963 bis 1966 in der Illustrierten *Quick* und ab 1967 in der *Welt* und *Welt am Sonntag*, veröffentlichte Walden in den frühen 1950er Jahren zwei

33 Siehe dazu auch: Hans Becker von Sothen, Hans Zehrer als politischer Publizist nach 1945, in: Frank-Lothar Kroll (Hrsg.), Die kupierte Alternative. Konservatismus in Deutschland nach 1945, Berlin 2005, S. 125–178, hier S. 174–178; ausführlich zur »konservativen Wende« dann im Kapitel »Transatlantischer Liberalskonservatismus«.

kleinere Essays, in denen er seine Anfangsjahre in West-Berlin verarbeitete.[34] 1963 erschien zudem ein Sammelband politischer Feuilletons Waldens, die zwar vereinzelt als Vorabdrucke in der Tagespresse erschienen, aber als eigenständige Publikation zu sehen sind.[35] Anfang 1983 meldete er sich mit einem langen Essay zur politischen Situation nach dem konstruktiven Misstrauensvotum gegen Helmut Schmidt außerhalb der gewohnten Zeitungsspalten zu Wort.[36] Seine insgesamt drei weiteren Buchpublikationen sind allesamt bis auf einleitende und abschließende Texte Wiederabdrucke seiner Zeitungsartikel, was mal mehr mal weniger gekennzeichnet wurde.[37]

Seinen Aufsatz zu Matthias Walden überschrieb Daniel Schwane mit der Frage: »Konservativer Vordenker oder Fossil des Kalten Krieges?« Als ein Fossil kann ein politischer Denker aber nur bezeichnet werden, wenn sein zeitgenössisches Denken einer früheren – bereits historisierend abgeschlossenen – Phase zugeordnet werden kann. Im Falle des Kalten Krieges ist eine solche Deutung für Matthias Walden aber nicht möglich, da er diesen selbst nicht überlebte. Der Journalist starb im November 1984 inmitten einer der turbulentesten Phasen des Ost-West-Konflikts. Selbst wenn der sowjetische Dissident Andrej Amalrik schon 1970 fragte »Kann die Sowjetunion das Jahr 1984 erleben?«[38], untergegangen war sie anderthalb Jahrzehnte später immer noch nicht.

Waldens politisches Denken kann also ohne die übergeordnete Kontextualität des Kalten Krieges unmöglich verstanden werden. Alles andere wäre ein Versuch, den Journalisten mit den Möglichkeiten und dem normativen Blickwinkel des Historikers zu deuten. Der Verfasser nimmt sich daher den »noblen Traum« (Thomas Nipperdey) des Historikers zur Aufgabe, die Vergangenheit in ihrer Zeit zu begreifen und ihr ihre offene Zukunft zurückzugeben.[39] Das schließt ferner einen praktischen Blick auf die Gegenwart nicht aus. Nur durch eine historisierende Herangehensweise ergibt dies überhaupt einen Sinn, womit sich die vorliegende Arbeit methodisch in den Bereich der Intellectual History einordnet, der diese Prämisse zugrunde liegt.[40]

[34] Matthias Walden, Zweierlei Deutsch. Die deutsche Sprache im Dienste des Bolschewismus, Köln 1952; und: ders., Menschen Neuen Typus. Meditationen am politischen Straßenrand, Berlin (West) 1953.

[35] Ders., ostblind – westblind, Berlin 1963.

[36] Ders., Wenn Deutschland ROT wird, München 1983.

[37] Ders., Kassandra-Rufe. Deutsche Politik in der Krise, München – Wien 1975; ders., Die Fütterung der Krokodile. Ansichten – Einsichten, München – Wien 1980; und: ders. (Hrsg.), Von Wölfen und Schafen. Eine Auswahl zeitkritischer Kommentare aus zwei Jahrzehnten, Frankfurt a. Main / Berlin / Wien 1983.

[38] Andrej Amalrik, Kann die Sowjetunion das Jahr 1984 erleben? Ein Essay, Zürich 1970.

[39] Siehe: Thomas Nipperdey, Kann Geschichte objektiv sein? (erstmals abgedruckt 1979), in: ders. (Hrsg.), Kann Geschichte objektiv sein? – Historische Essays. Herausgegeben von Paul Nolte, München 2013, S. 62–83, hier S. 80.

[40] Siehe zum historisierenden Element der Intellectual History: Alexander Gallus, Vier Möglichkeiten, die Intellectual History der Bundesrepublik zu ergründen. Überlegungen zur Erschließung eines Forschungsfeldes, in: Frank Bajohr/Anselm Doering-Manteuffel/Claudia Kemper/

Das Ziel einer Intellectual History sei es, so Alexander Gallus einleitend in seiner »Intellektuellengeschichte des 20. Jahrhunderts«, »den Gegensatz zwischen der Erörterung intellektueller Gipfelwanderungen und gesellschaftlicher Niederungen« zu überwinden. Erreicht werden könne dies durch eine »Kontextualisierung des politischen Denkens«.[41] Als Vorreiterin einer »kontextualistischen Richtung« der politischen Ideengeschichte gilt die sogenannte Cambridge School um Quentin Skinner und John A. Pocock.[42] Eine Intellectual History will stets den Mittelweg zwischen zu starker Kontextualisierung und reinem Textbezug finden und fragt nach den zeitgenössischen Interessen des Autors, so wie es auch Skinner vorschwebt.[43] John Burrow, der erste Professor für »Intellectual History« in Großbritannien, sah es als Aufgabe seiner Disziplin herauszuarbeiten, »what people in the past meant by the things they said and what these things ›meant‹ to them«[44]. Im Falle Matthias Waldens bedeutet eine solche Herangehensweise also vor allem, den Bezug zum politischen Kontext des Kalten Krieges und der Bonner Ost- und Deutschlandpolitik sowie der Entwicklung konservativen Denkens in der Bundesrepublik Deutschland herzustellen. Sofern es sich nicht um unmittelbare publizistische Diskurse oder Bezüge handelt, wird eine Kontextualisierung durch Konsultation der vorhandenen Forschungsliteratur hergestellt.[45]

Detlef Siegfried (Hrsg.), Mehr als *eine* Erzählung. Zeitgeschichtliche Perspektiven auf die Bundesrepublik, Göttingen 2016, S. 287–300, hier S. 289; außerdem: Quentin Skinner, Bedeutung und Verstehen in der Ideengeschichte (erstmals engl. 1969), in: Martin Mulsow/Andreas Mahler (Hrsg.), Die Cambridge School der politischen Ideengeschichte, Berlin 2010, S. 21–87, hier S. 83; sowie: Iain Hampsher-Monk, Neuere angloamerikanische Ideengeschichte, in: Joachim Eibach/Günther Lottes (Hrsg.), Kompass der Geschichtswissenschaft, Göttingen 2002, S. 293–306, hier S. 305.

41 Siehe zu den Zitaten: Alexander Gallus, Heimat «Weltbühne». Eine Intellektuellengeschichte im 20. Jahrhundert, Göttingen 2012, S. 13; siehe auch zur Kontextualisierung: Riccardo Bavaj, Intellectual History. Version 1.0, in: Docupedia-Zeitgeschichte, 13.9.2010, URL: http//docupedia.de/zg/Intellectual_History, S. 2; und allgemein: Peter E. Gordon, Contextualism and Critcism in the History of Ideas, in: Darrin McMahon/Samuel Moyn (Hrsg.), Rethinking Modern European Intellectual History, Oxford 2014, S. 32–55.

42 Vgl. Martin Mulsow/Andreas Mahler, Einleitung, in: dies. (Hrsg.), Die Cambridge School der politischen Ideengeschichte, Berlin 2010, S. 7–17, hier S. 7f.; zur Geschichte und den methodischen Grundlagen der Intellectual History auch: Richard Whatmore, What is Intellectual History?, Cambridge 2016, S. 21–44.

43 Zum Einfluss der Cambridge School auf die Intellectual History in der Bundesrepublik Deutschland siehe: Dirk Moses, Intellectual History in and of the Federal Republic of Germany, in: Modern Intellectual History 9 (2012), H. 3, S. 625–639, hier S. 632f.

44 John Burrow an Anthony D. Nutall vom 13. Februar 1978, zitiert nach: Whatmore, What is Intellectual History?, S. 13.

45 Für den Kalten Krieg und die Geschichte der Bundesrepublik Deutschland überblicksartig zum Beispiel: Heinrich August Winkler, Geschichte des Westens. Vom Kalten Krieg zum Mauerfall, München 2014; Manfred Görtemaker, Geschichte der Bundesrepublik Deutschland. Von der Gründung bis zur Gegenwart, München 1999; Klaus Hildebrand, Von Erhard zur Großen Koalition 1963-1969. Mit einem einleitenden Essay von Karl Dietrich Bracher, Stuttgart 1984; oder

Als in diesem Forschungsfeld verankerte »intellektuelle Biographie« zeichnet die vorliegende Arbeit ebenfalls ein biographischer Ansatz aus. In erster Linie gilt das für eine gestalterische historische Hermeneutik, die der geschichtswissenschaftlichen Biographik zu Grunde liegt. Dem schließt sich eine forschungspragmatische »Theorieabstinenz« an, die biographischen Texten zudem einen eklektischen multiperspektivischen Zugang ermöglicht. Dass wissenschaftliche Biographien ohnehin kaum noch ohne gesellschaftliche, politische oder kulturelle Handlungsbedingungen gedacht werden können, wirkt wiederum kongruent zu den methodischen Vorgaben einer Intellectual History.[46] So ist eine solche immer zwischen verschiedenen Geschichtsfeldern angesiedelt, die freilich vom Untersuchungsgestand abhängen.[47] Im Fall des politischen Denkens Matthias Waldens sind dies vor allem Politik-, Medien- sowie Ideen- und Intellektuellengeschichte.

Die »Sozialfigur« des Intellektuellen drängt sich hierbei in den Vordergrund, da sich in ihr der »Wandel der politischen Öffentlichkeit« abbildet. Die »intellektuelle Biographie« werde somit laut Alexander Gallus zu einem »Instrument, um den Zäsuren und Kontinuitäten der deutschen Geschichte im 20. Jahrhundert ein Gesicht zu verleihen«. Sie koppele die Intellectual History zudem durch den porträtierten Intellektuellen mit ihrem »Resonanzraum«.[48] Eine Definition des Intellektuellen ist mithin ein fluider Gegenstand soziologischer Forschung. Michel Foucault beispielsweise versteht seine Figur des »spezifischen Intellektuellen« als allein an »Wahrheit und Ge-

zum konservativen Denken: Steber, Die Hüter der Begriffe; Axel Schildt, Anpassung und Lernprozesse. Wiederaufstieg und Erneuerung des deutschen Konservatismus nach 1945, in: Michael Großheim/Hans Jörg Hennecke (Hrsg.), Staat und Ordnung im konservativen Denken, Baden-Baden 2013, S. 189–209; Frank-Lothar Kroll (Hrsg.), Die kupierte Alternative. Konservatismus in Deutschland nach 1945, Berlin 2005; Michael Hochgeschwender, Der Verlust des konservativen Denkens. Eine Facette der bundesdeutschen Westernisierung 1950–1980, in: Axel Schildt (Hrsg.), Von draußen. Ausländische intellektuelle Einflüsse in der Bundesrepublik bis 1990, Göttingen 2016, S. 149–190; Sebastian Liebold/Frank Schale (Hrsg.), Neugründung auf alten Werten? Konservative Intellektuelle und Politik in der Bundesrepublik, Baden-Baden 2017; für einen Überblick der neueren historischen Konservatismusforschung siehe: Nils Lange, Konservatismus in Deutschland nach 1945. Ein Überblick über neuere Interpretationen, in: Die Politische Meinung (2018), H. 552, S. 119–124.

46 Zur historischen Biographik: Wolfram Pyta, Biographisches Arbeiten als Methode: Geschichtswissenschaft, in: Christian Klein (Hrsg.), Handbuch Biographie. Methoden, Traditionen, Theorien, Stuttgart 2009, S. 331–338, hier S. 331–333; explizit zum Zusammenhang zur Cambridge School und Intellectual History: Alexander Gallus, Biographisches Arbeiten als Methode: Politikwissenschaft (und Zeitgeschichte), in: Christian Klein (Hrsg.), Handbuch Biographie. Methoden, Traditionen, Theorien, Stuttgart 2009, S. 382–387, hier S. 382.

47 Vgl. ders., Vier Möglichkeiten, in: Bajohr/Doering-Manteuffel/Kemper/Siegfried (Hrsg.), Mehr als eine Erzählung, S. 289.

48 Hierzu und zu den Zitaten siehe: ebenda, S. 289–292; ausführlich zu einer Diskussion: ders., »Intellectual History« mit Intellektuellen und ohne sie. Facetten neuerer geistesgeschichtlicher Forschung, in: Historische Zeitschrift 288 (2009), H. 1, S. 139–150; zum Fokus auf den Intellektuellen in der deutschen Intellectual History siehe ebenfalls: Moses, Intellectual History, S. 634.

rechtigkeit« orientiert mit der Aufgabe, Machtstrukturen denjenigen sichtbar zu machen, die sie sonst nicht erkennen könnten. Als Paradebeispiel gilt ihm der Atomphysiker Max Oppenheimer, der es sich zur Aufgabe gemacht habe, auf die atomare Bedrohung für die Menschheit hinzuweisen. Pierre Bourdieu ergänzt hierbei explizit ein »politisches Engagement« als Aufgabe und Funktion des Intellektuellen, die sich aus seiner »kulturellen Autonomie« ergeben.[49]

Aus der Perspektive der biographischen Intellectual History spielt es allerdings für die Frage ihrer methodischen Anwendung nur eine untergeordnete Rolle, welchem Deutungsansatz der jeweilige Protagonist entspricht. Sie hat hier schließlich sogar die Möglichkeit, verschiedene Intellektuelle zu typisieren und somit gewinnbringend auf den soziologischen Diskurs einzuwirken. Der Historiker Daniel Morat entwickelt in einem Überblicksaufsatz zu dem Thema daher ein allgemeines Muster. Demnach können als Intellektuelle in der Regel zunächst erstmal nur Angehörige wissenschaftlicher oder künstlerischer Berufe gesehen werden, die sich auf ihrem Tätigkeitsfeld eine gewisse Reputation erarbeitet haben und sich in öffentlichen Angelegenheiten außerhalb ihres originären Berufes im allgemeinen politischen Interesse äußern. Und für die vorliegende Arbeit interessant: Journalisten, deren alltägliche Aufgabe die Berichterstattung und der Kommentar öffentlicher Angelegenheiten ist, zählen eben dann als Intellektuelle, wenn sie aus einer gewissen Stellung heraus eigene politische Forderungen und Positionen vertreten.[50] Darauf, dass dies permanent aus dem historischen Kontext heraus überprüft werden müsse, weist Axel Schildt hin.[51]

Die Figur des journalistischen Intellektuellen steht somit in enger Verbindung zur Herausbildung eines politischen Meinungsjournalismus, der sich auch immer als politische Aufklärung verstand. Im Nachkriegsdeutschland sollte sich dies im Übergang zu den 1960er Jahren verstärkt zeigen.[52] So verstand Walden Sprache im Sinne der

49 Für einen Überblick siehe: Ingrid Gilcher-Holtey, Prolog, in: dies. (Hrsg.), Zwischen den Fronten. Positionskämpfe europäischer Intellektueller im 20. Jahrhundert, Berlin 2006, S. 9–21, hier S. 9–15; es ergibt sich der inhärente, oft artikulierte, Vorwurf, Intellektuellen fehle die direkte Verantwortlichkeit für praktische Dinge, siehe: Rainer M. Lepsius, Kritik als Beruf zur Soziologie der Intellektuellen (erstmals veröffentlicht 1964), in: Kölner Zeitschrift für Soziologie und Sozialpsychologie 69 (2017), H. 1, S. 229–242, hier S. 235. Dazu weiter im Kapitel »Gegen die ›Idealisierung des Politischen‹«.

50 Vgl. Daniel Morat, Intellektuelle und Intellektuellengeschichte (2011). http://docupedia.de/zg/Intellektuelle_und_Intellektuellengeschichte?oldid=84628 (23. Oktober 2019), S. 6f.; Morat orientiert sich dabei an dem britischen Historiker Stefan Collini, einem der Vorreiter der Intellectual History: Stefan Collini, Absent minds. Intellectuals in Britain, Oxford 2006, S. 52; zur Bedeutung von Medienakteuren für die Intellectual History siehe: Sebastian Liebold/Frank Schale, Intellectual History der Bundesrepublik. Ein Werkstattbericht, in: Denkströme – Journal der Sächsischen Akademie der Wissenschaften 16 (2016), S. 97–119, hier S. 102.

51 Vgl. Schildt, Medien-Intellektuelle, S. 37.

52 Vgl. Mergel, Politischer Journalismus und Politik in der Bundesrepublik, in: Zimmermann (Hrsg.), Politischer Journalismus, S. 199–201.

Philosophie Ludwig Wittgensteins als Vorstufe zur Tat, wie er beispielsweise in seiner Kritik am in seinen Augen »schludrigen« Umgang mit Begriffen in der Neuen Ostpolitik deutlich machte.[53] Der Journalist entwickelte zudem ein regelrechtes politisches Sendungsbewusstsein. Ende der 1970er Jahre stritt er sich mit dem bereits erwähnten Sprecher der Schmidt-Regierung, Klaus Bölling, in der *Welt am Sonntag* über den Begriff der »Propaganda«. Während Bölling sich zu sehr an das Reichsministerium unter Joseph Goebbels erinnert fühlte, setzte sich Walden für einen unpolemischen Gebrauch des Begriffes ein. In der ursprünglichen Wortbedeutung des »Vorantreibens« oder »Verbreitens« hatte er nichts dagegen, vom Regierungssprecher als »Propagandist« bezeichnet zu werden.[54]

Diese Haltung verdichtete sich in seiner gestalterischen Auffassung beim *Axel-Springer-Verlag*. In einem Grundsatzpapier zum Aufbau der *Welt* warnte Walden zwar vor einer einseitigen Nachrichtenauswahl, betonte jedoch die entscheidende Funktion des Kommentars: Jeder Nachricht sollte, wenn nötig, ein Kurzkommentar folgen, auf der Titelseite habe immer ein längerer Kommentar zu den politischen Ereignissen zu stehen und im Blatt müsse ein Leitartikel stets eine weitreichende Perspektive einnehmen. Nachricht und Kommentar hatten sich laut Walden strikt zu unterscheiden. Nur so könne dem Leser glaubwürdig die eigene politische Interpretation offeriert werden.[55] Im Sinne der Intellektuellen-Definition Pierre Bourdieus – und des geschichtswissenschaftlichen Ansatzes Daniel Morats – wird der sich so artikulierende Meinungsjournalist also eindeutig zum Intellektuellen und grenzt sich von einem eher berichtenden Politjournalismus ab. Eine Betrachtung der intellektuellen Entwicklung Waldens kann zudem vor allem dann einen Mehrwert für die Intellectual-History-Forschung der Bundesrepublik Deutschland bieten, wenn sie die Linie von ihrer Gründung und den 1950er Jahren bis hin zur »konservativen Tendenzwende« der 1970er und 80er Jahre zu ziehen vermag.[56]

Dieses Vorhaben kann nur mit einer im Grundsatz chronologischen Vorgehensweise umgesetzt werden, die aber freilich nicht immer eingehalten wird. Innerhalb zweier größerer zeitlich aufeinander folgender Teile wurden die insgesamt fünf Kapitel und je vier Unterkapitel daher den Erfordernissen der Arbeit entsprechend chronologisch und the-

53 Vgl. Matthias Walden, Der Wechsel von »Sowjetzone« zur »anderen Seite«, in: Die Welt vom 29.4.1969; zu Wittgensteins Diktum: Ludwig Wittgenstein, Vermischte Bemerkungen. Eine Auswahl aus dem Nachlass. Herausgegeben von George Henrik Wright, Frankfurt am Main 1977, S. 50.

54 Klaus Bölling/Matthias Walden, Klaus Bölling contra Matthias Walden, in: Welt am Sonntag vom 17.6.1979; dies., Propaganda & Polemik, in: Welt am Sonntag vom 24.6.1979.

55 Vgl. Matthias Walden, Typoskript Anmerkungen zu Inhalt und Form der WELT, Juni 1980 (ASV-UA: NL Springer, Box 404), S. 3f.

56 Zu dieser Aufgabe im Allgemeinen: Gallus, Vier Möglichkeiten, in: Bajohr/Doering-Manteuffel/Kemper/Siegfried (Hrsg.), Mehr als eine Erzählung, S. 296f.

matisch angeordnet. Der erste Abschnitt bildet in zwei Kapiteln die Zeit der Entwicklung von Matthias Waldens politischem Denken bis zum Jahr 1961 ab; der zweite in drei Kapiteln die Phase bis zu seinem Tod 1984. Der Bau der Berliner Mauer am 13. August 1961 und dessen unmittelbare Nachwirkungen bilden vor allem mit Blick auf die politischen Beobachtungen Waldens einen *terminus ante quem*. Er beendete die Phase einer grundsätzlichen Übereinstimmung Waldens mit den Methoden und Zielen der Bonner Ost- und Deutschlandpolitik, die sich bald zu neuen Ufern wagte.[57]

Im ersten Kapitel wird Waldens politisches Denken in den Kontext des Verlaufes des Kalten Krieges gestellt. Ausgehend von seinen Erfahrungen im »Dritten Reich«, mit denen seine eigenen Reflexionen beginnen, soll nachgezeichnet werden, wie sich der Journalist in einen ideellen und politischen Referenzrahmen des Westens bewegte. Die weiteren Abschnitte dieses Kapitels sind seinen Beurteilungen und daraus folgenden Ableitungen für sein politisches Denken der internationalen und innerdeutschen Politik gewidmet. Im zweiten Kapitel soll ausgehend von diesen Ergebnissen eine ideen- und intellektuellengeschichtliche Einordnung des Journalisten für die 1950er Jahre erarbeitet werden. Am Beispiel der intellektuellen Erhebung der liberalen Demokratie zu einem *Vital Center* kann Waldens Denken an dieser Stelle in einen größeren transatlantischen Bezug gestellt werden.[58] Vergleichsweise unausgegoren blieben in dieser Zeit seine Facetten konservativen Denkens. Ohne die Gefahr einer *ex-post*-Betrachtung kann hier aber die Grundlage für Waldens Verständnis eines Konservatismus in der Bundesrepublik Deutschland gesehen werden.

Das erste Kapitel des zweiten Teils behandelt Waldens Auseinandersetzungen mit politischen Ideen einer Neujustierung der Ost- und Deutschlandpolitik der Bundesrepublik Deutschland sowie deren Umsetzung in der Neuen Ostpolitik der sozialliberalen Koalition von 1969 bis 1974. Die Diskussion wird zum Anwendungsfall seiner politisch-ideellen Überzeugungen. Diese gewinnen somit gerade durch den Vergleich mit seinen Meinungsgegnern an Schärfe. Parallel zu den ost- und deutschlandpolitischen Diskussionen war Matthias Walden ebenfalls an den publizistischen Diskursen um den gesellschaftlichen Protest der späten 1960er Jahre beteiligt. Im zweiten Kapitel dieses Abschnittes wird daher nach zwei Einführungen zum Antitotalitarismus und dem Intellektuellenbild in Waldens politischem Denken seine Rolle in dieser für die Entwicklung der deutschen Nachkriegsdemokratie so turbulenten Phase aufgeschlüs-

57 Der Zeitpunkt des Mauerbaus kann auch aus der Perspektive der Neuen Ostpolitik als Ursprung ihrer Ideen interpretiert werden. Vgl. Manfred Görtemaker, Die Ursprünge der »neuen Ostpolitik« Willy Brandts, in: Arnd Bauerkämper/Martin Sabrow/Bernd Stöver (Hrsg.), Doppelte Zeitgeschichte. Deutsch-deutsche Beziehungen 1945–1990, Bonn 1998, S. 44–57.

58 Siehe: Arthur M. Schlesinger Jr., The Vital Center. The Politics of Freedom, Boston 2009 (1949); und: Matthias Oppermann, Ein transatlantisches Vital Center? Raymond Aron und der amerikanische Liberalismus, in: Geschichte in Wissenschaft und Unterricht 65 (2014), H. 3/4, S. 161–176.

selt. Abschließend werden in diesem Kapitel zudem die Anfänge Waldens ideeller Eingliederung in den *Verlag Axel Springer* behandelt. Dies äußerte sich in der öffentlichen Verteidigung des Verlagshauses und der Annäherung an die politischen Grundpositionen Axel Springers. Handlungsleitend ist die bis dahin erarbeitete intellektuelle Grundlage seiner Verteidigung der liberalen Demokratie.

Im letzten Kapitel wird eingangs Waldens auf dieser Verteidigung basierendes Verständnis konservativen Denkens erarbeitet. Zugleich kann der Journalist somit in das Spektrum der »konservativen Tendenzwende« verortet werden. Im folgenden Unterkapitel wird explizit auf Waldens Verhältnis zu nationalem Denken eingegangen. Auch hier zeigte sich eher eine Nähe zu einem übergeordneten Bezugsrahmen eines freien Westens als zu nationalistischen Gedanken oder der Vorstellung eines neutralen Deutschlands zwischen den Blöcken. Nichtsdestotrotz war Walden als konsequent entspannungsskeptisch ein Kritiker der Konferenz für Sicherheit und Zusammenarbeit in Europa (KSZE), wie im nächsten Unterkapitel gezeigt wird. Ebenso beleuchtet wird seine Rolle in der Diskussion um die in den späten siebziger Jahren einsetzende Nachrüstungsdebatte, in der er seinen sicherheitspolitischen Prämissen treu blieb. Parallel zur Auseinandersetzung mit der Friedensbewegung kann Waldens Staatsverständnis durch erhellende Einwürfe in Debatten um eine Unregierbarkeit und eine »Legitimationskrise« der Bundesrepublik nachgezeichnet werden. Darauf aufbauend entwickelte sich der Journalist zu einem Unterstützer Helmut Kohls, der 1982 ins Kanzleramt einzog.

Im abschließenden Unterkapitel wird nochmals ein Bogen bis in die 1960er Jahre gespannt, auf dem Matthias Waldens Rolle für die ideengeschichtliche Entwicklung des *Axel-Springer-Verlages* untersucht wird. Ausgehend von einer vermeintlichen »konservativen Wende« der *Welt* kann gezeigt werden, wie der nach und nach steigende Einfluss Waldens im Verlag auch dessen publizistische Linie bestimmte – bis hin zu seiner avisierten Nachfolge Axel Springers in der Verlagsleitung, die er aufgrund seines plötzlichen Todes aber nicht antreten konnte. In einer Schlussbetrachtung werden die Ergebnisse zusammengefasst. Hier sollen schließlich die zwei leitenden Fragen der Arbeit beantwortet werden: Wie kann das politische Denken Matthias Waldens charakterisiert werden und welche Rolle spielte dabei das intellektuelle Konzept einer Freiheit des Westens im Kalten Krieg?

Matthias Waldens Entwicklung zum politischen Journalisten (1927–1961)

»Fundamente für die Einheit ganz Deutschlands«: Westbindung und Logik des Kalten Krieges

Weg nach Westen

Zeitgenössische Quellen darüber, wie Matthias Walden die Jahre von 1927 bis 1933 sowie die Zeit des Nationalsozialismus und die Kriegsjahre in seiner Heimatstadt Dresden erlebte, gibt es nicht. Als Jahrgang 1927 gehörte er zur sogenannten Flakhelfergeneration und war ab 1943 zunächst zur Luftabwehr, dann in einem kriegswichtigen Betrieb zum Arbeitsdienst abkommandiert worden und erlebte somit den Kampf um Dresden hautnah mit. In späteren journalistischen Berichten beschrieb Walden die Sinnlosigkeit seiner Tätigkeit und zeigte sich stolz darüber, dass seiner Flak-Einheit kein einziger Fliegerabschuss zugeordnet werden konnte.[1]

Mit Bedrückung erinnerte er sich Mitte der 1960er Jahre an die Bombenangriffe auf die Stadt in der Nacht vom 13. auf den 14. Februar 1945, die zu den verheerendsten ihrer Art im Zweiten Weltkrieg gehörten. Sie wurden zum Symbol für die Auswüchse eines totalen Krieges und der strategischen Zerstörung aus der Luft. Eine genaue Angabe der Opferzahlen ist kaum möglich, Schätzungen reichen von 25.000 bis 40.000 Toten. Ein Grund für die hohen zivilen Verluste war der Mangel an adäquaten Luftschutzbunkern.[2] Nicht nur aufgrund des mangelnden Schutzes der Zivilbevölkerung, sondern vor allem wegen der Walden bewussten Schuld des »Dritten Reiches« am Zweiten Weltkrieg, gab der Journalist in der Rückschau allerdings nicht den Westalliierten die Verantwortung für die Angriffe auf seine Heimatstadt, sondern den Nationalsozialisten.[3]

1 Vgl. Walden, ostblind – westblind, S. 12.

2 Vgl. Sönke Neitzel, The City under Attack, in: Paul Addison/Jeremy A. Crang (Hrsg.), Firestorm. The Bombing of Dresden 1945, London 2006, S. 62–77, hier S. 73–77.

3 Vgl. Matthias Walden, Als Dresden starb, in: Quick – Illustrierte für Deutschland vom 14.2.1965.

Prägungen im Elternhaus

Die Abneigung gegenüber den nationalsozialistischen Machthabern wurde Walden eigenen autobiographischen Schriften entsprechend in einem dezidiert »anti-nazistischen« Elternhaus vorgelebt. Eine »düstere Szene« war in Waldens Erinnerung der Tag der Machtübernahme durch die Nationalsozialisten am 30. Januar 1933. Fünfzig Jahre später schrieb er in der *Welt*, dass sein Vater wütend die Zeitung auf den Boden schmiss und die Faust ballte. Mit der Ernennung Adolf Hitlers zum Reichskanzler der Weimarer Republik durch Reichspräsident Paul von Hindenburg sah der Vater einen baldigen Krieg vorprogrammiert, so Walden. Die Szene brannte sich in das Gedächtnis des Fünfjährigen ein.[4] Die Terminologie »Hitler bedeutet Krieg!« war zu dieser Zeit vor allem ein Merkmal des sozialdemokratischen und kommunistischen Widerstands gegen die Nationalsozialisten gewesen.[5]

Waldens Vater, Eugen von Saß, wurde 1898 in Berlin geboren. Er absolvierte ein Jurastudium, das er mit der Promotion zum Dr. jur. abschloss. Sein Vater, Baron Otto von Saß, war ein ehemaliger baltischer Gutsbesitzer, der bereits 1931 verstarb. Ab Mitte der 1930er Jahre arbeitete Eugen von Saß als Schriftsteller und publizierte vor 1939 hauptsächlich »Frauenromane«; teilweise auch unter dem Pseudonym Georg Thorensberg. Seine Bücher erschienen unter anderem in dem Dresdner Verlag *Münchmeyer*, in dem auch Karl May einige seiner Romane veröffentlicht hatte. Auf der Publikationsliste finden sich Titel wie »Die schöne Helena« oder »Um der Liebe willen«. Nach Ausbruch des Zweiten Weltkrieges verlagerte sich Eugen von Saß, der im Kürschner Literatur-Kalender von 1943 auch als Hauptschriftleiter im Ruhestand geführt wird, auf kleinere Kolonialerzählungen – vermutlich Auftragsarbeiten. Zwei kurze Texte erschienen in der »Kolonial-Bücherei« des Berliner *Steininger-Verlages*. Nach dem Krieg erschienen keine weiteren Bücher von Eugen von Saß. In einer Ausgabe des Literatur-Kalenders von 1949 wurde er nun als Inhaber einer Rechtsanwaltskanzlei in Dresden geführt.[6]

Die Familie von Saß wohnte im Künstlerhaus in Dresden-Loschwitz.[7] Hier wuchs Matthias Walden auf der einen Seite in unmittelbarer Nähe zu gelebter geistiger und künstlerischer Freiheit auf, die immer mehr im Gegensatz zur politischen Lage in Deutschland stand. Dadurch erlebte er auf der anderen Seite sehr früh die Unterdrückung durch die Nationalsozialisten. Empfindungen, die ihn sein Leben lang prägen

4 Vgl. ders., Wie konnte die Verführung von Millionen Deutschen gelingen?, in: Die Welt vom 29.1.1983.

5 Vgl. Gerd R. Ueberschär, Für ein anderes Deutschland. Der deutsche Widerstand gegen den NS-Staat 1933–1945, Frankfurt am Main 2005, S. 13–20.

6 Vgl. Kürschners Deutscher Literatur-Kalender 1943. Herausgegeben von Dr. Bernhard Lüdtke. Redaktionelle Leitung Dr. Friedrich Richter, Berlin 1943, S. 934; Kürschners Deutscher Literatur-Kalender 1949. Redaktion: Dr. Friedrich Bertkau, Berlin 1949, S. 532.

7 Vgl. Kürschners Deutscher Literatur-Kalender 1943, S. 934.

Walden mit seinen Eltern in Dresden, ca. 1940.

sollten. An mindestens eine Hausdurchsuchung in den frühen 1930er Jahren erinnerte sich Walden Jahre später.[8] Der Grund für diesen frühen Kontakt mit dem diktatorischen Kontrollapparat war die Bekanntschaft seines Vaters mit dem Maler Herbert Ebersbach. Dieser wohnte zwei Etagen über der Familie von Saß und gehörte zur Künstlergruppe Dresdner Sezession 1932, deren Kunst nach 1933 von den Nationalsozialisten als »entartet« eingestuft wurde. Ein weiteres Problem Ebersbachs war sein linkspolitisches Engagement und seine Nähe zur Kommunistischen Partei Deutschlands (KPD). 1933 wurde er für ein halbes Jahr im Konzentrationslager Hohenstein interniert.[9] Der Anblick des geschundenen Körpers des freundlichen Nachbarn, der bald nach dieser Erfahrung Dresden verließ, schockierte Matthias Walden nachhaltig. Von seinem Vater sei ihm bald klar gemacht worden, wer für das Schicksal dieses »netten Kerls« verantwortlich war.[10]

8 Vgl. Walden, Verführung, in: Die Welt vom 29.1.1983.

9 Zu Ebersbach: Karin Müller-Kelwing, Die Dresdner Sezession 1932. Eine Künstlergruppe im Spannungsfeld von Kunst und Politik, Hildesheim - Zürich - New York 2010, S. 196f.

10 Vgl. Walden, Verführung, in: Die Welt vom 29.1.1983.

Eugen von Saß war darauf bedacht, dass sein heranwachsender Sohn seinen geistigen Kompass beibehielt. Am Abend des 9. November 1938 fuhr er daher mit ihm zu den Trümmern der Dresdner Synagoge, die von den Nationalsozialisten zerstört worden war, wie Walden Mitte der 1970er Jahre Axel Springer berichtete. Sein Vater habe ihm gesagt, wir wollen Gott bitten, dass er diesen armen Menschen helfe. Zum 40. Jahrestag der Reichspogromnacht 1978, schilderte Walden diese Episode zudem in einem Abendkommentar im *Sender Freies Berlin*. An Springer hatte er noch ergänzt, hier habe sich auch seine lebenslange Verbundenheit mit den Juden eingestellt.[11]

Die Schulzeit wurde für den körperlich eher schmächtigen und unsportlichen Freigeist Walden in Zeiten von Hitlerjugend, Drill und Zwang zu keinem schönen Erlebnis. Und so zählte er konsequenterweise zu den schlechtesten Schülern seines Jahrgangs, wie er fast zwanzig Jahre später nicht ohne einen gewissen Anflug von Stolz schrieb.[12] Bei allem Unbehagen gegen das »uniformierte Kollektiv« waren es aber ebenfalls Erfahrungen des Fackelscheins und des Trommelwirbels sowie des gemeinsamen Singens »törichter Lieder von Heldentod und morscher Knochen«, an die sich Walden später erinnerte. Die Pathetik der nationalsozialistischen Propaganda war für den Journalisten Jahre später zumindest eine Erklärung der »Verführung von Millionen«, auch wenn sie diese nicht entschuldbar mache:

> Zu massiv, zu obszön und zu verräterisch waren die sichtbaren, die lautstarken und die penetranten Kriterien des Unheilvollen, um nicht den Anspruch auf Übergewicht, auf Priorität in der Urteilsbildung gehabt zu haben – schon vor 1933 und erst recht danach.[13]

Die in seinem eigenen Elternhaus vorgelebte Ablehnung der Diktatur ließ Walden Jahre später emanzipiert über die Zeit des »Dritten Reichs« schreiben. Über den von Hitler am 1. September 1939 entfesselten Krieg schrieb er 1959 außerdem: »Der Ausbruch des Krieges hätte mich gewiß nicht bedrückt, wenn nicht die düstere Stimmung im Elternhaus ein verwirrender Kontrast zum offiziellen Jubel gewesen wäre, der mich vor allem in der Schule umwogte.«[14] Waldens Prägungen im Elternhaus unter der nationalsozialistischen Diktatur zeigen Parallelen zu den Erfahrungen des späteren Her-

11 Vgl. Matthias Walden an Axel Springer vom 3. Dezember 1976 (ASV-UA: NL Springer, Box 288); siehe ebenfalls: Matthias Walden, Typoskript Abendkommentar SFB vom 9. November 1978 (ASV-UA: NL Springer, Box 341), S. 1.

12 Vgl. ders., ostblind – westblind, S. 11f.; zum Versuch einer moralischen Grundierung der Hitler-Jugend siehe zusammenfassend: Thomas Gloy, Im Dienst der Gemeinschaft. Zur Ordnung und Moral der Hitler-Jugend, Göttingen 2018, S. 327–335.

13 Walden, Verführung, in: Die Welt vom 29.1.1983.

14 Ders., 13 Jahre – und dann brach der Krieg aus. Die letzten Tage des Friedens, in: Welt am Sonntag vom 30.8.1959.

ausgebers der *Frankfurter Allgemeinen Zeitung*, Joachim Fest, der nur wenige Monate älter als Walden war. Fest wuchs ebenfalls in einem Elternhaus auf, in dem der Nationalsozialismus betont abgelehnt wurde. Sein Vater, Rektor einer Mittelschule, dem für mehrere Jahre ein Berufsverbot erteilt wurde, legte zudem großen Wert darauf, dass Fest und seine Geschwister geistig standhaft blieben. Der profilierte Essayist verarbeitete seine Kindheits- und Jugenderinnerungen später in dem Buch »Ich nicht«.[15]

In einer Fernsehdiskussion Mitte der 1970er Jahre erinnerte sich Walden zudem daran, dass er von seinen Mitschülern und Lehrern ausgelacht wurde, als er 1943, also mit 16 Jahren, seinen Wunsch äußerte, später einmal Journalist zu werden. Er selbst war sich sicher, dass er aufgrund seiner politischen Gesinnung und der seiner Eltern unter den Nationalsozialisten ohnehin nicht die Möglichkeit zur Ausübung dieses Berufes haben werde.[16] Nach dem Krieg sah sich der 18-Jährige dann dazu in der Lage, seinen Berufswunsch zu verwirklichen. Er verzichtete auf ein richtiges Abitur, absolvierte am Realgymnasium Dresden-Blasewitz das Notabitur und begann ein journalistisches Volontariat bei der im Januar 1946 gegründeten Parteizeitung der CDU in Sachsen, *Die Union*.[17] Ab Januar 1947 arbeitete er als Redakteur in der Zeitung, in der er vor allem für Jugendpolitik zuständig sowie als Gerichtsreporter tätig war. Seine Erfahrungen einer kurzen Jugend und noch kürzeren Kindheit im Angesicht von nationalsozialistischer Diktatur und Weltkrieg sollte Walden nicht nur dort, sondern auf all seinen Stationen prägen. 1983 schrieb er über seine Generation:

> Zu jung, um am Kriege und seinen Folgen mitschuldig sein zu können, stand diese – durchaus kritische, aber eben auch selbstkritische – Jugend hungernd und frierend in einer Welt, die in Schutt und Asche gefallen war und über die sich Leichentücher breiteten.[18]

Lehrjahre sind keine Herrenjahre: Walden bei der Union

Mit welcher Motivation sich Walden explizit bei der Zeitung der sächsischen Christdemokraten um eine Stelle bemühte, ist nicht im Detail bekannt. Sicher ist, dass Walden eine Affinität zur evangelischen Jugendarbeit hatte und Mitte der 1960er Jahre

[15] Vgl. Joachim C. Fest, Ich nicht. Erinnerungen an eine Kindheit und Jugend, Reinbek bei Hamburg 2006, insb. S. 73–101.

[16] Vgl. Fernsehsendung Fragen an die deutsche Geschichte, Folge 14: 1945-1949 – Thesen-Diskussion mit Sebastian Haffner und Matthias Walden (eingesehen im AdRBB, Erstsendung am 15. Juni 1976 im SFB), Min. 17–18.

[17] Zur Gründung der Union siehe: Peter Strunk, Zensur und Zensoren. Medienkontrolle und Propagandapolitik unter sowjetischer Besatzungsherrschaft in Deutschland, Berlin 1996, S. 80.

[18] Matthias Walden, Einleitung: Von Wölfen und Schafen, in: ders. (Hrsg.), Von Wölfen und Schafen. Eine Auswahl zeitkritischer Kommentare aus zwei Jahrzehnten, Frankfurt a. Main / Berlin / Wien 1983, S. 9–26, hier S. 19.

angab, während des »Dritten Reiches« der christlichen Jungschar angehört zu haben, in deren Umfeld er auch die ersten Zeilen seines »politischen Journalismus« schrieb.[19] Ob er damit seine Tätigkeit bei der *Union* meinte, ist nicht ganz klar, doch appellierte er schon in einem seiner ersten Artikel an die »Grundsätze christlicher Demokratie«. Diejenigen, die weder ihre Heimat verloren hatten noch ihre Wohnung oder ihr Haus, seien den Notleidenden zur Hilfe verpflichtet, da sie ihnen gegenüber schließlich im Übermaß besitzen würden, schrieb der junge Dresdner im Januar 1947.[20]

Walden fühlte sich mit den ideellen Werten christlich-demokratisch orientierter Politikvorstellungen in der frühen Nachkriegszeit verbunden. So berichtete er einige Jahre später positiv über eine Rede des stellvertretenden Vorsitzenden der Ost-CDU und Vizepräsidenten des sächsischen Landtages Hugo Hickmann. Der Theologe hatte das Christentum als Fundament der CDU-Politik betont sowie in der Bildungspolitik einen Unterricht im Geiste von Demokratie und Humanismus als notwendig erachtet. Hickmann forderte zudem die »kulturelle Einheit im deutschen Geistesleben« und war somit ein vehementer Gegner der Trennung von den westdeutschen Besatzungszonen.[21] Demokratie erschien bei Matthias Walden mithin zunächst als Gegenstück zum Nationalsozialismus, das schon allein deswegen zum Ideal reifte.

Die politische Entwicklung in der Sowjetischen Besatzungszone (SBZ) wurde darüber hinaus zu einem der Hauptgegenstände Waldens journalistischer Arbeit. In die anfängliche Begeisterung über das Ende von Weltkrieg und Diktatur mischte sich bald eine gewisse Skepsis über die Dauer und Intensität der zunächst gewährten Freiheiten der Besatzungsmacht, die in den ersten Nachkriegsjahren freilich auch immer durch die Entwicklungen in den westlichen Besatzungszonen beeinflusst waren. So traf die Sowjetische Militäradministration die Entscheidung, sich 1946 auf das Experiment demokratischer Wahlen mit ungewissem Ausgang in der SBZ einzulassen, vorrangig aus deutschlandpolitischen Überlegungen.[22] Auf eine freiheitliche Entwicklung im

19 Vgl. ders., Typoskript: Berlin spricht zur Zone Nr. 997 vom 21.5.1953. DRA (Bestand RIAS, Ordner: 3/92/58 HA Politik), passim; vgl. ders., Referat vor der Evangelischen Akademie Tutzing am 14. Juli 1963 – Thema: Anerkennung von Realitäten«. ASV-UA (NL Walden: Ordner: SFB Wochenkommentare), S. 21.

20 Vgl. v. S. [Otto von Saß], Lastenausgleich – an dem Beispiel von Chemnitz gesehen, in: Die Union – Landeszeitung Sachsen der Christlich Demokratischen Union Deutschlands vom 29.1.1947.

21 Vgl. ders., »Ein neues Menschentum fordern«. Prof. Dr. Hickmann auf der Pirnaer CDU-Tagung über kulturpolitische Aufgaben, in: Die Union – Landeszeitung Sachsen der Christlich Demokratischen Union Deutschlands vom 21.9.1949; siehe zu Hugo Hickmann und der Gründung der CDU-Sachsen: Ralf Baus, Die Gründung der Christlich-Demokratischen Union Deutschlands in Sachsen 1945, in: Historisch-Politische-Mitteilungen, Archiv für Christlich-Demokratische Politik 2 (1995), S. 83–117, hier passim.

22 Vgl. Michael C. Bienert/Hans-Joachim Schreckenbach, Das Land und die Bezirke. Brandenburg in den Jahren der SBZ/DDR (1945-1989/90), in: Friedrich Beck/Manfred Görtemaker/Kristina Hübener/Klaus Neitmann (Hrsg.), Brandenburg. Neues altes Land – Geschichte und Gegenwart, Berlin 2010, S. 99–127, hier S. 114; siehe auch: Lars-Broder Keil, »Es muss demokratisch

Sinne einer parlamentarischen Demokratie zielte dies freilich nicht ab. Schon die 1945 aus der Sowjetunion entsandten Aktionsgruppen um Walter Ulbricht, Anton Ackermann und Gustav Sobottka hatten von Stalin die Direktive erhalten, lediglich einen demokratischen Schein zu wahren.[23]

Von diesem war anfangs sicher auch Walden beeinflusst, doch bald stieß er sich an der Wirklichkeit. In einfache Berichte versuchte der junge Redakteur Narrative einzubauen, die seine Leser zum Nachdenken anregen sollten. So beispielsweise in einem Artikel im Januar 1947 über eine Hörerwunschsendung im Rundfunk, den er mit der Hoffnung enden ließ, dass der Sender hoffentlich von den Wünschen seiner Hörer auch in den Sendungen lernen werde, in denen er selbst zu bestimmen habe.[24] Die unausweichliche Verpflichtung des Rundfunks sei es, zum »Instrument der Demokratie« zu werden, so Walden in einem ausführlichen Bericht über die demokratische Qualität der Radiostationen in der SBZ im März 1949. Eine Negativfolie müsse die »nazistische Propagandamaschinerie« und die »Entartung des Rundfunks in den Jahren 1933 bis 1945« sein, hieß es weiter. Obwohl erkennbar sei, dass alle Parteien – auch die CDU – in den Sendungen zu Wort kommen würden, sei die allgemeine Tendenz »unverkennbar marxistisch«, ohne dass diese Linie mit dem politischen Stimmungsbild in dem sowjetischen Besatzungsbereich in Einklang zu bringen war. Er kritisierte, dass die Terminologie der Sendungen »oft geistig unbeweglich und schematisiert ist und [sich] leider häufig – freilich, ohne daß man deshalb das Recht hätte, reaktionäre Absichten zu vermuten – mißtönende Reminiszenzen an ein eins scheinbar bewährtes System aufdräng[en]«. An die Stelle selbstgefälliger Überheblichkeit müsse demokratische Objektivität treten.[25]

Die Führung der in der SBZ im April 1946 aus SPD und KPD zwangsvereinigten SED sah das Radio allerdings in der Tradition der Arbeiterkulturbewegung und der kommunistischen Strategie als ein Mittel der Aufklärung und Erziehung. Für die richtige Linie sorgte ab 1948 ein Staatliches Rundfunkkomitee.[26] Seit 1945 unterstand der

aussehen ...«. Von der Sowjetischen Besatzungszone zur DDR, in: Ernst Piper (Hrsg.), 1945. Niederlage und Neubeginn, Köln 2015, S. 136–151, hier S. 138f.

23 Vgl. Andreas Petersen, Die Moskauer. Wie das Stalintrauma die DDR prägte, Frankfurt am Main 2019, S. 162–165.

24 Vgl. v. S. [Otto von Saß], Dresden erfüllt Hörerwünsche, in: Die Union – Landeszeitung Sachsen der Christlich Demokratischen Union Deutschlands vom 15.1.1947.

25 Zu den Zitaten siehe: von Saß [Otto von Saß], Grundsätzliches über den Funk. Vorbehaltlose Arbeit für die Demokratie – Anfang zu einem offenen Gespräch, in: Die Union – Landeszeitung Sachsen der Christlich Demokratischen Union Deutschlands vom 26.3.1949.

26 Vgl. Axel Schildt, Zwei Staaten – eine Hörfunk- und Fernsehnation. Überlegungen zur Bedeutung der elektronischen Massenmedien in der Geschichte der Kommunikation zwischen der Bundesrepublik und der DDR, in: Arnd Bauerkämper/Martin Sabrow/Bernd Stöver (Hrsg.), Doppelte Zeitgeschichte. Deutsch-deutsche Beziehungen 1945–1990, Bonn 1998, S. 58–71, hier S. 59.

Rundfunk in der SBZ bereits Richtlinien, die das KPD-Zentralkomitee noch im Moskauer Exil erlassen hatte. Sowohl die deutschen Kommunisten als auch sowjetische Nachrichtenoffiziere kontrollierten von Beginn an die Sendungen.[27] Der Kampf für Meinungs- und Pressefreiheit fiel Walden zur Folge in diesen Zeiten umso entscheidener in den Aufgabenbereich der Journalisten selbst. So hatte er schon zwei Jahre zuvor bemerkt, dass sich viele Bürger nach den Jahren der Diktatur an diese Freiheiten erst langsam gewöhnen müssten. Eine wichtige Rolle komme dabei den Kolumnen- und Kommentarspalten zu, denn: »In den Zeilen der Lokalspitze sucht der Leser, was er in der Straßenbahn nicht zu sagen wagt, weil – nun, weil die Redefreiheit ihm eben noch ein wenig neu ist.«[28]

Eine stete Gefahr für die demokratische Ausformung von Gesellschaft und staatlicher Institutionen stellte für Walden die ausufernde Einflussnahme der SED dar.[29] Dementsprechend erntete die einstimmige Wahl des SED-Politikers und Vizepräsidenten des sächsischen Landtages, Kurt Kühn, zum 1. Vorsitzenden des Freien Deutschen Gewerkschaftsbundes (FDGB) in Sachsen scharfe Kritik Waldens. Kühn werde kaum überparteiliche Interessen vertreten, sondern das Klassenkampfkonzept und den Wirtschaftsplan der SED, dem Walden einen »Totalitätsanspruch« bescheinigte. Dies entspreche mitnichten der Idee des Volkes, wie es der ehemalige KPD-Politiker und spätere Widerstandskämpfer gegen das NS-Regime, Kühn, behauptete. Die wirtschaftliche Entwicklung in der SBZ sei laut Walden eben kein Instrument zur Verwirklichung der »Volksdemokratie«. In dieser Annahme sah er einen Grundfehler politischer Überzeugung, da gerade in Zeiten der Not die Wirtschaft als einziges Ziel die Überwindung dieses Zustandes haben sollte und keine politische Intention.[30]

Äußerst skeptisch begleitete Walden zudem die Arbeit der Freien Deutsche Jugend (FDJ), die sich in den ersten Jahren der SBZ von einer Jugendorganisation mit überparteilichem Anspruch zu einer »stalinistischen Kaderschmiede« der SED und einer sozialistischen Einheitsorganisation entwickelt hatte.[31] Als Redakteur für Jugendpolitik war er für die Berichterstattung über die FDJ zuständig und bemängelte anlässlich

27 Vgl. Strunk, Zensur und Zensoren, S. 137–144.

28 v. S. [Otto von Saß], Die »Lokalspitze«, in: Die Union – Landeszeitung Sachsen der Christlich Demokratischen Union Deutschlands vom 16.3.1947.

29 Beispielsweise die Betonung einer »Gemüsezüchtung auf demokratischer Grundlage« oder die öffentlich gewordene Abfrage nach der SED-Mitgliedschaft bei sächsischen Feuerwehrmännern: ders., Worte und Taten in Pillnitz. 25jähriges Bestehen der Versuchs- und Forschungsanstalt für Gartenbau, in: Die Union – Landeszeitung Sachsen der Christlich Demokratischen Union Deutschlands vom 2.7.1947; und: ders., »Spiel mit dem Feuer«, in: Die Union – Landeszeitung Sachsen der Christlich Demokratischen Union Deutschlands vom 21.5.1949.

30 Vgl. ders., So geht es nicht, in: Die Union – Landeszeitung Sachsen der Christlich Demokratischen Union Deutschlands vom 16.9.1948.

31 Vgl. Peter Skyba, Massenorganisation ohne Massen. Jugendpolitik, Militarisierung und das Scheitern der FDJ, in: Dierk Hoffmann/Michael Schwartz/Hermann Wentker (Hrsg.), Vor dem

der Landesdelegiertenkonferenz in Sachsen vom 8. Mai 1949 die fehlende parteiliche Unabhängigkeit, die dem durchaus erstrebenswerten Ziel eines Zusammenschlusses der deutschen Jugend mit dem Ziel zum friedlichen Wiederaufbau im Wege stehe. Als äußerst bedenklich schilderte Walden die auf der Konferenz herrschende Intoleranz gegenüber anderen Parteien als der SED und anderen Jugendorganisationen, die ihn mit Verweis auf das Datum der Konferenz sogar zu einem Vergleich mit der Jugendpolitik im »Dritten Reich« verleitete.[32] Waldens offener Angriff auf die FDJ provozierte gar eine Replik in dem SED-Organ *Sächsische Zeitung*, die laut Walden am Thema vorbeiging und stumpf die »marxistische Blickwendung der FDJ-Konferenz« lobte.[33]

Namentlich beschuldigte auch die *Junge Welt*, das Zentralorgan der Berliner FDJ, Walden der mutwilligen Verdrehung von Tatsachen.[34] Der junge Journalist ließ sich von solchen Hindernissen allerdings nicht aufhalten und wandte sich einige Monate später nochmals entschieden gegen die offen zu Tage tretende Praxis im schulischen Betrieb, gute Benotung von der politischen Gesinnung, respektive Mitgliedschaft in staatlichen Jugendorganisationen, abhängig zu machen.[35] Nur zu gut erinnerte ihn dies wohl an seine eigene Schulzeit im »Dritten Reich«.

Als Hindernis einer freiheitlichen Entwicklung empfand Walden auch das rigorose von staatlichen Institutionen gestützte Vorgehen der SED-Betriebsgruppen gegenüber nicht- oder in anderen Parteigruppen organisierten Arbeitnehmern.[36] Ebenso kritisch sah er die parteipolitische Einflussnahme auf der Dresdner Juristenkonferenz von 1948, über die er für seine Zeitung berichtete,[37] oder die auf die politischen Parteien bezogene »einseitige Konstitution des Polizeikörpers«, die ihm aus »demokratischer Sicht« bedenklich erschien.[38] Die sächsische Volkspolizei unter dem Sowjetunion-

Mauerbau. Politik und Gesellschaft in der DDR der fünfziger Jahre, München 2003, S. 235–263, hier S. 237–240.

32 Vgl. v. S. [Otto von Saß], Offenes Wort zur FDJ, in: Die Union – Landeszeitung Sachsen der Christlich Demokratischen Union Deutschlands vom 11.5.1949.

33 Vgl. ders., Noch einmal: Offene Worte zur FDJ, in: Die Union – Landeszeitung Sachsen der Christlich Demokratischen Union Deutschlands vom 21.5.1949.

34 Vgl. Fälscher am Werk, in: Junge Welt – Zentralorgan der FDJ Berlin vom 29.6.1949.

35 Vgl. v. S. [Otto von Saß], »Gesellschaftliche Entwicklung«, in: Die Union – Landeszeitung Sachsen der Christlich Demokratischen Union Deutschlands vom 3.12.1949; siehe dazu auch: ders., Ein trauriges Papier, in: Die Union – Landeszeitung Sachsen der Christlich Demokratischen Union Deutschlands vom 5.11.1949.

36 Vgl. ders., Jeder Bürger hat das Recht …, in: Die Union – Landeszeitung Sachsen der Christlich Demokratischen Union Deutschlands vom 12.10.1949; siehe auch: ders., 30 Jahre Bildungsstätte des Volkes – Kommentar, in: Die Union – Landeszeitung Sachsen der Christlich Demokratischen Union Deutschlands vom 15.10.1949.

37 Vgl. von Saß [Otto von Saß], Streng aber gerecht, in: Die Union – Landeszeitung Sachsen der Christlich Demokratischen Union Deutschlands vom 20.7.1948.

38 Vgl. v. S. [Otto von Saß], Aufbau und Aufgaben der Polizei. Zum vierten Jahrestag der Volkspolizei – Anerkennung und Kritik, in: Die Union – Landeszeitung Sachsen der Christlich Demokratischen Union Deutschlands vom 4.6.1949 (Pfingst-Ausgabe).

rückkehrer und Stalinisten Artur Hofmann wurde in der Tat zum willigen Instrument Stalins und des sowjetischen Geheimdienstes NKWD.[39]

Allgemein zeigte sich Matthias Walden in den ersten Jahren seiner journalistischen Tätigkeit als ein wachsamer Beobachter, der sich für eine demokratische Entwicklung seiner Heimat einsetzte und überwachungsstaatliche Auswüchse des neuen Machtapparats skeptisch begleitete. Ein beliebtes Stilmittel des Journalisten war der schneidende ironische Kommentar, so schrieb er vor dem Hintergrund der Aufhebung des Postgeheimnisses zur Bekämpfung des Schwarzmarktes, laut der die Bürger gesendeten Waren stets den Kassenzettel beilegen mussten: »Oh, wie demokratisch und freiheitlich ist diese Anordnung! Und wie ungemein praktisch dazu!«[40]

Als Demokratisierungsprozess empfand Matthias Walden darüber hinaus die Auseinandersetzung mit den Verbrechen des Nationalsozialismus. In den 1960er Jahren schrieb Walden einmal einem kritischen Zuschauer, der in einer Dokumentation Waldens einen Verweis auf die »Sünden« der Westalliierten vermisst hatte:

> Meine Generation, die den schrecklichen Krieg noch bewußt miterlebt hat, ist sich des furchtbaren Übergewichts deutscher Schuld so hart bewußt, daß die Hilfe der Sieger uns die Substanz zur eigentlichen Nachricht, ich möchte sogar sagen, zur Sensation liefert.[41]

Zwar hatte er die späten 1940er Jahre selbst nicht in den westlichen Besatzungszonen verbracht, doch zeigte seine Antwort, dass auch beim jungen Walden ein deutliches Bewusstsein für die Schwere der deutschen Schuld im Zweiten Weltkrieg und im »Dritten Reich« vorhanden gewesen sein musste. Die Zeit des Nationalsozialismus, die er am Neujahrstag 1949 mit den Begriffen »Massengräber«, »Hunger«, »Brutalität« und »Sadismus« assoziierte, habe darüber hinaus zu einem »Abgestumpftsein« der Menschen geführt. Der Vorteil dieser verschobenen Maßstäbe sei hingegen, dass bereits eine kleine Freude als groß und mächtig empfunden werde; ein Zustand, der

39 Siehe zu Artur Hofmann: Petersen, Die Moskauer, S. 121–126; und zum Einfluss der sowjetischen Geheimdienste allgemein: Jan Foitzik/Nikita W. Petrow, Die sowjetischen Geheimdienste in der SBZ/DDR von 1945 bis 1953, Berlin/New York 2009, S. 13–65.

40 v. S. [Otto von Saß], Der Pflichtzettel, in: Die Union – Landeszeitung Sachsen der Christlich Demokratischen Union Deutschlands vom 24.11.1948; siehe auch: ders., Parasitäre Existenzen?, in: Die Union – Landeszeitung Sachsen der Christlich Demokratischen Union Deutschlands vom 10.9.1949.

41 Matthias Walde an Fritz Brunner vom 18. Februar 1966 (ASV-UA: NL Walden, Box 19 – 1965/1966) Und: Matthias Walden, Fernsehdokumentation: Die »goldenen« vierziger Jahre (Erstsendung 28.12.1965 im SFB, eingesehen im AdRBB).

unbedingt bewahrt werden müsse.[42] Ein Plädoyer also gegen Vergessen und Verdrängung und für Demut und Bescheidenheit.

Die Aufarbeitung der deutschen Schuld und den Umgang mit Kriegsverbrechern beurteilte er als essentiell für die ideelle Erneuerung des deutschen Volkes. Verfehlt – wenn auch einfacher – wäre es demnach gewesen, die Verurteilung der Kriegsverbrecher als Begleichung der Schuld anzusehen. Im gleichen Atemzug wies Walden allerdings auf die Probleme der Entnazifizierung hin und betonte, dass die christliche Weltanschauung es verbiete, Gleiches mit Gleichem zu vergelten, womit zudem letztlich nur noch mehr Hass als zur Zeit des Nationalsozialismus gesät worden wäre. Dazu gehörte dann in der Konklusion laut Walden, dass es selbstverständlich sei, »nominellen PGs«, die ehrlich und versöhnlich seien, die Hand zu reichen. Anders seien die Voraussetzungen allerdings bei »Schreiern«, die mit ihrer Haltung zu der »Katastrophe« beigetragen hatten.[43]

Diese Auffassung sowie die Prägung des antinazistischen Elternhauses fand sich in Waldens Bericht über die Verhandlung des sowjetischen Militärtribunals gegen die Lagermitarbeiter des Konzentrationslagers Sachsenhausen wieder, die vom 23. Oktober bis zum 1. November 1947 in Berlin-Pankow stattfand. Er wurde auf der Titelseite der *Union* gedruckt. Der Sachsenhausen-Prozess war der einzige öffentliche Prozess gegen NS-Kriegsverbrecher der sowjetischen Militärjustiz auf deutschem Boden. Waldens eigenes Urteil über die Angeklagten ist in diesem Fall vernichtend: Die Hauptangeklagten würden keine Reue zeigen und sicherlich heute noch gleich handeln, zudem spiegele ihre Physionomie »das jahrelange Vebrecherhandwerk dieser Unmenschen« wider, womit er sich hingegen bekannter Deutungsmuster aus der Sprache der Nationalsozialisten bediente. Den Lagerkommandanten Anton Kaindl bezeichnete er als »kaltschnäuzigen Faschisten«. Als besonders einschneidend empfand Walden die Schilderungen überlebender Häftlinge des Lagers.[44]

Hinsichtlich der sowjetischen Prozessführung zeigte sich bei Walden allerdings eine gewisse Naivität. Kein Hinweis findet sich zu der Tatsache, dass der Sachsenhausen-Prozess – obwohl die Schuld der Angeklagten außer Frage stand – nach dem Muster stalinistischer Schauprozesse ablief. Dem sowjetischen Militärtribunal diente er trotz der relativ milden Strafen vordringlich zu Propagandazwecken der sowjetischen

42 Vgl. von Saß [Otto von Saß], Die Sache mit dem verschobenen Maßstab, in: Die Union – Landeszeitung Sachsen der Christlich Demokratischen Union Deutschlands vom 1.1.1949.

43 Vgl. v. S. [Otto von Saß], Die kritischste »Spitze«, in: Die Union – Landeszeitung Sachsen der Christlich Demokratischen Union Deutschlands vom 20.8.1947.

44 Vgl. ders., Ein Augenzeuge des Prozeßes berichtet, in: Die Union – Landeszeitung Sachsen der Christlich Demokratischen Union Deutschlands vom 1.11.1947.

Besatzungspolitik in der SBZ, was westliche Prozessbeobachter durchaus registrierten.[45]

Walden sprach sich gegen eine Verdrängung nationalsozialistischer Verbrechen aus und trat als Befürworter konsequenter Bestrafung für die Verantwortlichen ein, die seiner Meinung nach keinen Platz im politischen Nachkriegsdeutschland verdient hatten. Letzteres wird an seinen Beobachtungen über den Prozess gegen den NSDAP-Kreisleiter von Görlitz, Bruno Malitz, und den ehemaligen Görlitzer Oberbürgermeister Hans Meinshausen vom Frühjahr 1948 nochmals deutlich.[46] Fast beiläufig kritisierte Walden darüber hinaus die Freilassung hoher Nazifunktionäre in Bayern und wandte sich gegen die Bevorzugung von Ritterkreuzträgern bei der Wohnungssuche, wodurch diese mit Kriegsversehrten, Hinterbliebenen von Kriegsteilnehmern und Familien, deren Wohnungen zerstört wurden, gleichgesetzt würden.[47]

Wie schon im Fall von Waldens Kritik an der FDJ beschrieben, riefen seine kämpferischen Artikel für Freiheit und Demokratie im Laufe der Zeit vermehrt Reaktionen der sowjetischen Militäradministration sowie der SED und ihrer Organisationen hervor. Nicht ohne Grund gilt die Entwicklung in Sachsen unter dem Sowjetunionrückkehrer und seit 1946 amtierenden Landesinnenminister, Kurt Fischer, als Paradebeispiel der kommunistischen »Machteroberungsstrategie« in der SBZ.[48]

Im Fall Waldens spielte der Verband der Deutschen Presse (VDP), der sich bereits Ende 1945 in Berlin gebildet hatte, eine besondere Rolle.[49] Seit dem Sommer 1946 war der VDP Mitglied im FDGB und mit Hilfe der sowjetischen Besatzungsmacht gelang es den Mitgliedern der KPD (später SED) wichtige Positionen zu besetzen. Angesichts der noch wachen Erinnerung an die stark zersplitterten Gewerkschaften in der Weimarer Republik wurde die Bildung des VDP aber auch von den anderen Par-

45 Vgl. Winfried Meyer, Stalinistischer Schauprozeß gegen KZ-Verbrecher? Der Berliner Sachsenhausen-Prozeß vom Oktober 1947, in: Dachauer Hefte 13 (1997), S. 153–180, hier S. 179f.; dazu ebenfalls: Natalja Jeske/Ute Schmidt, Zur Verfolgung von Kriegs- und NS-Verbrechen durch sowjetische Militärtribunale in der SBZ, in: Andreas Hilger/Mike Schmeitzner/Ute Schmidt (Hrsg.), Sowjetische Militärtribunale. Band 2: Die Verurteilung deutscher Zivilisten 1945–1955, Köln – Weimar – Wien 2003, S. 155–192, hier S. 186–189.

46 Vgl. v. S. [Otto von Saß], Nazi-Größen vor dem Richter. Der Görlitzer Prozeß gegen Malitz und Meinshausen – Täglich 2000 Zuhörer, in: Die Union – Landeszeitung Sachsen der Christlich Demokratischen Union Deutschlands vom 10.4.1948; und: ders., Zum Tode verurteilt. Der Abschluß im Görlitzer Kriegsverbrecherprozeß, in: Die Union – Landeszeitung Sachsen der Christlich Demokratischen Union Deutschlands vom 24.4.1948.

47 Vgl. ders., ... was es alles gibt, in: Die Union – Landeszeitung Sachsen der Christlich Demokratischen Union Deutschlands vom 25.10.1947; und: ders., Und das nach vier Jahren, in: Die Union – Landeszeitung Sachsen der Christlich Demokratischen Union Deutschlands vom 3.8.1949.

48 Vgl. Petersen, Die Moskauer, S. 176–178.

49 Vgl. Julia Martin, Der Berufsverband der Journalisten in der DDR (VDJ), in: Jürgen Wilke (Hrsg.), Journalisten und Journalismus in der DDR. Berufsorganisation – Westkorrespondenten – »Der schwarze Kanal«, Köln – Weimar – Wien 2007, S. 7–77, hier S. 11.

teien anfangs unterstützt. Bis zum Mai 1947 entstanden neben dem VDP-Berlin in den fünf Landeshauptstädten der SBZ VDP-Gruppen, die sich wiederum innerhalb des FDGB organisierten. Am 5. Juli 1947 wurde auf der ersten Zonenkonferenz des Verbandes Fritz Apelt zum 1. Vorsitzenden und Paul Ufermann zum 2. Vorsitzenden des VDP-Zone gewählt. Ufermann, der gleichzeitig Vorsitzender des VDP-Berlin war, sorgte schließlich im Laufe des Jahres 1948 mit seinem Protest gegen Forderungen nach einem größeren parteipolitischen Engagement des Verbandes im Sinne der SED für die Abspaltung von 200 bis 300 Berliner Journalisten, die sich der West-Berliner Gruppe der Unabhängigen Gewerkschaftsorganisation im britischen Sektor um Jakob Kaiser, Franz Neumann und Otto Suhr anschlossen.[50]

Die Mitgliedschaft im VDP war den Journalisten zwar freigestellt, doch gab es ein »ungeschriebenes Gesetz«, Mitglied im Verband sein zu müssen, wie die Historikerin Julia Martin in ihrer Studie über den Berufsverband schreibt und dies mit der Mitgliedschaft von Schülern in der FDJ gleichsetzt.[51] So war auch Matthias Walden Mitglied im VDP, sah die ideologische Richtung der Organisation jedoch zunehmend skeptisch. Ausweis dafür ist sein Bericht eines Treffens der Jugendredakteure der Ostzone im September 1948, auf dem Albert Norden, damals Chefredakteur von *Deutschlands Stimme*, dem Organ des Deutschen Volksrates, das Eingangsreferat hielt. Obwohl der Kongress bereits unter dem Eindruck der Berliner Blockade stattfand, kritisierte Walden Nordens Beschreibung der vermeintlich monopolkapitalistischen Lenkung amerikanischer Zeitungen. Er wandte sich entschieden gegen die Aufforderung Nordens an die Jugendredakteure, im Kampf für den Frieden eine Seite zu wählen. Norden hatte wörtlich gesagt, »zwischen den Schützengräben wird man bekanntlich erschossen«. Walden erwiderte in seinem Bericht, dass es im Einsatz für den Frieden keine Schützengräben geben dürfe, selbst wenn sie sinnbildlich gemeint seien. Das Treffen beschrieb er öffentlich in der *Union* als eine einseitige Schematisierung und kritisierte das »stereotypische Phrasendreschen« der Verantwortlichen:

> Schlagworte verschleiern die klare Sicht, sie uniformieren in bedenklicher Weise, so daß man nicht mehr weiß, was ehrlich ist. Sie machen das Volk mißtrauisch und verlocken zur Resignation. Resignation aber würde uns töten.[52]

Walden zeigte sich hier als ein ideell motivierter Pazifist, der sich keiner politischen Macht verpflichtet sah: »Eines aber müssen wir erkennen: Verständnis und Völkerver-

50 Vgl. ebenda, S. 17–19.
51 Vgl. ebenda, S. 65.
52 Otto von Saß, Wie kommen wir zum Frieden in der Welt? Jugendredakteure der Ostzone berieten über ihre Aufgaben, in: Die Union – Landeszeitung Sachsen der Christlich Demokratischen Union Deutschlands vom 23.9.1948.

söhnung kennt keine geographischen Grenzen. Mit dem Kompaß in der Hand werden wir den Weg zum Frieden nicht finden.«[53] Dass der *Unions*-Redakteur damit die Aufmerksamkeit des sowjetischen Zensors und des Berufsverbandes der Journalisten, der in erster Linie auch eine Kontrollfunktion innehatte, auf sich zog, war zu erwarten.[54]

Bevor sich dieser Konflikt aber zuspitzte, kam es zum ersten offenen Zusammenstoß der Siegermächte des Zweiten Weltkrieges, der Berliner Blockade. Vom 24. Juni 1948 bis zum 12. Mai 1949 wurde der Westteil der Stadt von der Sowjetunion abgeriegelt. Bereits im Vorfeld zeichnete sich die Unvereinbarkeit machtpolitischer und ideeller Interessen der Westalliierten auf der einen Seite und der Sowjetunion auf der anderen Seite ab. Das »European Recovery Programm« (ERP), das am 5. Juni 1947 vom US-amerikanischen Außenminister George C. Marshall vorgestellt wurde, richtete sich zwar formal an alle europäischen Staaten und damit ebenfalls an die Sowjetunion, bedeutete aber faktisch das Ende der amerikanischen Bemühungen für eine gemeinsame Europa- und Deutschlandpolitik mit Moskau und hatte dementsprechend Auswirkungen auf die innerdeutschen Verhältnisse.[55] Wenn der Ursprung des Ost-West-Konflikts als Kalter Krieg nicht schon in der Atlantik-Charta zwischen Winston S. Churchill und Franklin D. Roosevelt vom 14. August 1941 gesehen werden kann, so ist er in den Jahren von 1947 bis 1948/49 zu erkennen, die von dem ERP und der Berliner Blockade eingerahmt werden. Der *Marshallplan* kann neben seiner wirtschaftlichen Zielsetzung auch auf ideeller Ebene als Instrument zu einer »Creation of the West« verstanden werden, wie es der amerikanische Historiker William I. Hitchcock in seinem Beitrag zur *Cambridge History of the Cold War* schreibt.[56]

Knapp drei Wochen vor der Abriegelung West-Berlins schrieb Matthias Walden im Juni 1948 unter dem Eindruck dieser Ereignisse einen offenen Brief an einen fiktiven »Bruder im Westen«, in dem er seine tiefe Sorge über die größer werdende Kluft zwischen Ost und West beschrieb und zur Wachsamkeit aufrief. Der Dresdner plädierte für eine Freundschaft zwischen den östlichen und westlichen Zonen und forderte die Jugend auf, ihre Kraft zu diesem Zweck einzusetzen. Insbesondere sei dies die Aufgabe der christlich-demokratischen Jugend, da Frieden und Versöhnung zu den Grundfesten der christlichen Weltanschauung gehören würden. Seinem fiktiven Bruder im Westen warf er vor, Brücken nur nach einer Seite zu bauen und sie auf der anderen umso radikaler und unversöhnlicher zu sprengen. Er schrieb:

53 Ebenda.

54 Vgl. Martin, Berufsverband, in: Wilke (Hrsg.), Journalisten und Journalismus in der DDR, S. 62–64.

55 Siehe dazu überblicksartig: Matthias Uhl, Die Teilung Deutschlands. Niederlage, Ost-West-Spaltung und Wiederaufbau 1945–1949, Berlin 2009, S. 159–164.

56 Vgl. Wiliam I. Hitchcock, The Marshall Plan and the creation of the West, in: Melvyn P. Leffler/Odd Arne Westad (Hrsg.), The Cambridge History of the Cold War. Volume I: Origins, Cambridge 2010, S. 154–174, hier S. 166–173.

> Den drohenden Sog des Kommunismus fürchtest Du und wendest Dich ab. Warum? Wenn wir voneinander fliehen wollten, wo wir auf andere Anschauungen, andere Meinungen, andere Wege treffen als die unseren, wir würden in einem Chaos übereinander stürzen.[57]

Er erwähnte die Aufhebung der Trennung der Besatzungszonen zwar nicht, doch schien diese für ihn implizit mit einem Frieden in Europa zusammenzuhängen. Die Auseinandersetzungen mit den »Errungenschaften des Ostens« betrachtete er als ein »ureignes [sic!] deutsches Interesse«, wofür man »wahrhaftig kein Kommunist« sein müsse. An Amerikaner und Briten gerichtet schrieb Walden: »Ihr fürchtet den ›Wind aus dem Osten‹. Wir fürchten ihn nicht.« Es war für ihn demnach eine Frage der Courage; des Glaubens an die eigene Stärke. Dieser müsse dazu führen, Freundschaft und Verständigung nicht nur mit Frankreich zu suchen, sondern ebenso mit den sozialistischen Staaten, selbst wenn diese nicht auf dem Boden der eigenen Weltanschauung stehen würden: »Ist das unchristlich? Verschiedene Anschauungen schließen eine Freundschaft nicht aus, und die freie Meinung ist ein Besitz, den wir zu fest an uns halten, als daß wir ihn fürchten müßten.«[58]

Die Währungsreform in den drei Westzonen, die am 20. Juni 1948 nur 15 Tage nach Waldens Artikel in Kraft trat, machte eine weltpolitische Zusammenarbeit zwischen Ost und West unwahrscheinlicher denn je in der frühen Nachkriegszeit. Frühere Versuche der USA, eine gemeinsame deutsche Währungspolitik mit der Sowjetunion zu betreiben, wurden von Moskau aus Angst vor einem Einflussverlust stets abgewiesen. Washington sah angesichts der Funktionalität des *Marshallplans* daher einen Alleingang der drei westlichen Besatzungszonen als unumgänglich an. Die sowjetische Militäradministration verordnete am 23. Juni eine eigene Währungsumstellung, die in der SBZ, Ost-Berlin und auch den West-Berliner Sektoren gültig sein sollte und darüber hinaus die Verwendung anderer Währungen in diesen Gebieten verbot. Die drei Westalliierten Stadtkommandanten erklärten die sowjetische Anordnung freilich für nichtig. Die Durchführung der westlichen Währungsreform in den Berliner Westsektoren am 24. Juni 1948 nahm der sowjetische Diktator Josef Stalin schließlich zum Anlass, eine völlige Verkehrsblockade der Land- und Wasserwege zwischen den drei Westzonen und Berlin zu verhängen. Darüber hinaus wurden die Stromversorgung und Abwasserentsorgung gekappt, was die ohnehin schon angespannte Lage für West-Berlin dramatisch verschärfte. Die Grundlagen für die sowjetische Reaktion auf die Währungsreform wurden allerdings bereits im Frühjahr 1948

57 von Saß [Otto von Saß], An den Bruder im Westen, in: Die Union – Landeszeitung Sachsen der Christlich Demokratischen Union Deutschlands vom 5.6.1948.

58 Zu den Zitaten: ebenda.

gelegt, als sich auf der Londoner Sechs-Mächte-Konferenz über die Gründung eines föderalen westdeutschen Teilstaates geeinigt wurde, der in das Europäische Wiederaufbauprogramm integriert werden sollte.[59]

Solch weltpolitische Zusammenhänge spielten für den Journalisten Walden in dieser Zeit nur eine nachgeordnete Rolle. Für die *Union* schilderte er daher Mitte Juli 1948 aus Berlin zunächst die Verärgerung der Stadtbevölkerung darüber, dass sie nun die Last der Uneinigkeit der Siegermächte tragen müssten. Als hauptverantwortlich für die angespannte Lage in der Stadt sah er das »unnachgiebige Verhalten der Westmächte« und die »separatistische Währungsreform«, ergänzte jedoch, dass von Seiten der Sowjetunion ebenfalls keine Entspannung erwartet werden könne.[60] Diese Position erinnerte an die kulturkonservative Haltung des späteren Feuilletonchefs der *Frankfurter Allgemeinen Zeitung*, Karl Korn, der angesichts der Berliner Blockade sarkastisch und amerikaskeptisch bemerkte, dass sich die »amerikanische Ideologie« scheinbar in der Verkündigung eines »Evangeliums der Freiheit« erschöpfe.[61] Im Rückblick stilisierte Matthias Walden allerdings dreißig Jahre später die Berliner Blockade als »point of no return« im Ost-West-Konflikt – auch für seine eigene geistige Konstitution:

> Die Sowjets hatten begonnen, ihre territoriale Kriegsbeute zur endgültigen Einverleibung zuzurichten. In Westdeutschland entstand eine Verfassung der Grundrechte.[62]

In Gedanken und Worten zeigten Waldens zeitgenössischer Bericht über den Beginn der Berliner Blockade und sein essayistischer Brief »An den Bruder im Westen« sowie seine Beurteilung des Treffen der Jugendredakteure indes Parallelitäten zu publizistischen Neutralitätsprojekten wie der Zeitschrift *Ost und West*, die von 1947 bis 1949 von Alfred Kantorowicz in der SBZ herausgegeben wurde. Kantorowicz war vor dem Krieg Mitglied der KPD gewesen, lehnte nach seiner Rückkehr aus der amerikanischen Emigration aber sowohl das Parteibuch der KP als auch der SED ab, da er geistig unabhängig bleiben wollte. In der ersten Ausgabe seiner Zeitschrift schrieb er: »Konflikte der Weltmächte spielen sich zwangsläufig auf unserem Rücken ab. Eine

59 Vgl. wiederum überblicksartig: Uhl, Die Teilung Deutschlands, S. 165–171.

60 Vgl. von Saß [Otto von Saß], »Sensation Berlin«, in: Die Union – Landeszeitung Sachsen der Christlich Demokratischen Union Deutschlands vom 13.7.1948.

61 Vgl. Marcus M. Payk, Der »Amerikakomplex«. »Massendemokratie« und Kulturkritik am Beispiel von Karl Korn und dem Feuilleton der »Frankfurter Allgemeinen Zeitung« in den fünziger Jahren, in: Arnd Bauerkämper/Konrad H. Jarausch/Marcus M. Payk (Hrsg.), Demokratiewunder. Transatlantische Mittler und die kulturelle Öffnung Westdeutschlands 1945–1970, Göttingen 2005, S. 190–217, hier S. 196.

62 Matthias Walden, Dreißig Jahre, in: Welt am Sonntag vom 30.7.1978.

Aufspaltung der Welt in machtpolitische Sphären würde nach sich ziehen eine Aufspaltung Deutschlands.«[63] Kantorowicz forderte den Zusammenschluss der vier Zonen und ein von der amerikanischen und sowjetischen Kultur unabhängiges Deutschland. Er hatte mit seiner Zeitschrift, in der meist kulturell-geistige und weniger politische Fragen behandelt wurden, allerdings keinen Erfolg, da sie in den Westzonen aufgrund seiner Sympathie für die Sowjetunion nicht zugelassen wurde. Wegen finanzieller Probleme wurde das Blatt schließlich Ende 1949 eingestellt, allerdings war Kantorowicz' Anliegen bis dahin aufgrund der machtpolitischen Weltlage ohnehin obsolet geworden.[64] Im Vergleich zu anderen Zeitschriftprojekten Ende der 1940er Jahre, die sich für eine neutralistische Ausrichtung Deutschlands aussprachen, wie *Der Ruf* der ehemaligen Kommunisten Hans-Werner Richter und Alfred Andersch oder die *Frankfurter Hefte* der katholischen Intellektuellen »with socialist leanings« Eugen Kogon und Walter Dirks, nahm Kantorowicz' *Ost und West* zudem eine eher moderate Position ein. Seine Forderung einer neutralen Brückenfunktion Deutschlands hatte weniger eine nationalistische, sondern mehr eine pazifistisch-humanistische Motivation.[65]

Freilich spiegelte sich Waldens Haltung in der politischen Programmatik der Ost-CDU wider. Diese wurde seit Ende 1945 von Jakob Kaiser bestimmt. Kaiser forderte ein »Land der Synthese« und trat wie Walden für eine Auseinandersetzung mit den Ideen der Sowjetunion ein, ohne sich diesen zu beugen. Von der SED wurde Kaiser aufgrund seiner gleichzeitigen Neigung zum Westen und seiner Kritik an der Propaganda der Partei, die er mit dem Nationalsozialismus verglich, als »Agent« der USA diffamiert und politisch kaltgestellt. Am 20. Dezember 1947 wurde der Chef der Ost-CDU von den sowjetischen Besatzern aus dem Amt gedrängt. Kaiser blieb nur der Weg in den Westen, wo er unter dem Eindruck der Berliner Blockade selbstkritisch die Vorstellung einer außenpolitischen Neutralität langsam fallen ließ und zum Kampf gegen den sowjetischen Totalitarismus aufrief.[66] Die von Kaiser angestrebte »Brückenfunktion« Deutschlands zwischen Ost und West scheiterte nicht nur an der aggressiven Politik Moskaus, sondern ebenso an dem Sicherheitsbedürfnis der westeuropäischen Staaten, allen voran Frankreich, die den Deutschen eine solche Rolle nicht

63 Alfred Kantorowicz, Einführung, in: Ost und West (1947), H. 1, S. 3–8, hier S. 4; zitiert nach: Gallus, Die Neutralisten, S. 96.

64 Vgl. ders., Die Neutralisten, S. 96f.; ebenfalls: Mario Keßler, Grenzgänger des Kommunismus. Zwölf Porträts aus dem Jahrhundert der Katastrophen, Berlin 2015, S. 148f.

65 Vgl. Dominik Geppert, Bridge over troubled Water. German Left-Wing Intellectuals between ›East‹ and ›West‹, 1945–1949, in: Riccardo Bavaj/Martina Steber (Hrsg.), Germany and ›The West‹. The History of a Modern Concept, New York / Oxford 2015, S. 262–276, hier S. 262–266.

66 Siehe zu Kaiser: Gallus, Die Neutralisten, S. 57–65.

freiwillig zugestanden hätten. Zudem konnte man nach zwölf Jahren Nationalsozialismus kaum als »ehrlicher Makler« im Bismarck'schen Sinne auftreten.[67]

Ähnlich wie Kaiser rieb sich Walden vermehrt an der Übertragung kommunistischer Ideologie in die SBZ. Dies nahm er beispielsweise in einer feindlichen Haltung gegenüber Privatbesitztümern wahr. Er selbst sah im Schutz des Privateigentums ein Kernelement der demokratischen Rechtsordnung, wie er im August 1949 anlässlich eines Prozessberichtes schrieb.[68] Der Dresdner trat aber trotz der angespannten politischen Lage nicht als Befürworter einer einseitigen Hinwendung zum Westen auf, was sicherlich durch seine Perspektive aus der SBZ bedingt war. Im November 1948 berichtete er für die *Union* von einer Kundgebung Hugo Hickmanns in der Dresdner Versöhnungskirche und übernahm unkritisch dessen Anklage an die USA, durch ihre Rüstungsunterstützungen für Griechenland und die Türkei den Riss, der durch die Welt, durch Europa, durch Deutschland und schließlich durch Berlin gehe, hauptsächlich verantwortet zu haben.[69] Hickmann wiederum galt als »Hauptverbündeter« in der SBZ des neutralistischen Nauheimer-Kreis-Begründers Ulrich Noack, so Alexander Gallus in seiner Arbeit über Vertreter nationalneutralistischer Ideen in Deutschland. [70] Auf Druck der SED und auch der eigenen Partei wurde Hickmann ähnlich wie Kaiser allerdings bereits im Januar 1950 zur Niederlegung seiner Ämter gezwungen.[71]

Das konservative Milieu in der SBZ, in das diese Ideen und Personen der Ost-CDU einzuordnen sind, geriet bereits 1945 in das Visier der KPD und der sowjetischen Besatzungsmacht. Vereinsverbote und die Bodenreform entzogen dem milieuangehörigen Mittelstand und konservativen Eliten ihre Grundlagen. Die neu gegründete CDU erreichte laut Frank Bösch bereits 1946 den »Höhepunkt ihrer Geschichte«. Ab 1947 kann von einer Gleichschaltung der Partei gesprochen werden, die in den Jahren um 1950 zusätzlich gegenüber dem von der SED geschaffenen »Kunstprodukt« der Natio-

67 Vgl. Michael Kißener, Westbindung 1955. Die politische Koordinatenverschiebung, in: Andreas Rödder/Wolfgang Elz (Hrsg.), Deutschland in der Welt. Weichenstellungen in der Geschichte der Bundesrepublik, Göttingen 2010, S. 13–27, hier S. 17.

68 Vgl. v. S. [Otto von Saß], Sollte der Privatbesitz verurteilt werden?, in: Die Union – Landeszeitung Sachsen der Christlich Demokratischen Union Deutschlands vom 27.8.1949; zur Enteignungspolitik in der SBZ siehe: Keil, »Es muss demokratisch aussehen …«, in: Piper (Hrsg.), 1945, S. 140f.

69 Vgl. v. S. [Otto von Saß], Bewährung für Deutschland. Professor D. Hickmann über die politische Entwicklung, in: Die Union – Landeszeitung Sachsen der Christlich Demokratischen Union Deutschlands vom 17.11.1948.

70 Vgl. Gallus, Die Neutralisten, S. 174.

71 Siehe zur Biographie Hickmanns kurz: HME, Hugo Hickmann, in: Helmut-Müller Ensberg/Jan Wielgohs/Dieter Hoffmann/Andreas Herbst/Ingrid Kirschey-Feix (Hrsg.), Wer war in der DDR? Ein Lexikon ostdeutscher Biographien. Unter Mitarbeit von Olaf W. Reimann, Berlin 2010, S. 550.

naldemokratischen Partei Deutschlands (NDPD) an Bedeutung verlor.[72] Matthias Walden soll anlässlich der Gründung der NDPD 1948 gesagt haben, dass es sich bei der Partei nur um den »Salonwagen im Güterzug des Bolschewismus« handelte.[73] Vier Jahre später gab Walden zu, angesichts der Anweisung einer Blockpolitik der nichtkommunistischen Parteien an eine Anerkennung anderer Standpunkte durch die SED geglaubt zu haben. Diese rhetorische Unverbindlichkeit habe sich aber als taktischer Faktor entpuppt und war im Nachhinein für ihn nur ein weiterer Beweis für den kriminellen Charakter des Systems.[74]

Waldens deutschlandpolitische Haltung der Jahre 1947 bis 1949 ist vor dem Hintergrund der ungeklärten politischen Zukunft Deutschlands sowie seinem Wunsch auf eine Zusammenführung der Besatzungszonen zu beurteilen. Aufgrund seiner fortwährenden Kritik an den Zuständen in der SBZ ist anzunehmen, dass er sich in einem vereinten Deutschland ein westlich-demokratisches und rechtsstaatliches System gewünscht hätte. Seine Priorität war die Vereinigung der Zonen, weswegen er auf eine deutschlandpolitische Zusammenarbeit der Siegermächte hoffte, die eine engere Anbindung entweder an die Westalliierten oder an die Sowjetunion ausgeschlossen hätte. Dies zeigte allerdings klare Tendenzen einer nationalneutralistischen Haltung, die sich aber an der moderaten Position von Alfred Kantorowicz' Zeitschrift *Ost und West* orientierte.

Den Befürwortern dieser Vorstellung versetzten die Staatsgründungen der Bundesrepublik Deutschland am 23. Mai 1949 sowie der Deutschen Demokratischen Republik (DDR) am 7. Oktober desselben Jahres einen herben Dämpfer. Bei der *Union* durfte Walden die beiden Staatsgründungen weder kommentieren noch darüber berichten. Dies mag entweder an seiner niedrigen Stellung in der Redaktion oder an einer bereits kritischen Ansicht seiner Haltung durch Redaktion und Partei gelegen haben; vermutlich spielte beides eine Rolle. Am Silvestertag 1949 kam er wiederum mit einem Kommentar zu Wort und meinte, dass die Frage, ob Staatsoberhäupter mit guten Vorsätzen in ein neues Jahr gehen, wenig Aktualität hätte, da Demokratie Volksherrschaft heiße, wobei – wie er provokant hinzufügte – dies auf die jeweilige Demokratie und die Demokraten ankomme.[75] Er schrieb außerdem nachdenklich:

[72] Vgl. Frank Bösch, Das konservative Milieu. Vereinskultur und lokale Sammlungspolitik in ost- und westdeutschen Regionen (1900-1960), Göttingen 2002, S. 162–179.

[73] Zitiert nach: Bernd Gottberg, Die Gründung und die ersten Jahre der NDPD 1948–1954, in: Jürgen Frölich (Hrsg.), ›Bürgerliche‹ Parteien in der SBZ/DDR. Zur Geschichte von CDU, LDP(D), DBD und NDPD 1945 bis 1953, Köln 1995, S. 73–87, hier S. 73; Gottberg schreibt, er habe von der Äußerung Waldens bei einem Seminar über Parteigeschichte 1984 in der damaligen zentralen Parteischule der NDPD erfahren.

[74] Vgl. Walden, Zweierlei Deutsch, S. 15f.

[75] Vgl. v. S. [Otto von Saß], »An der Schwelle«, in: Die Union – Landeszeitung Sachsen der Christlich Demokratischen Union Deutschlands vom 31.12.1949.

> Wir aber wollen weder Pessimisten noch sorglose Optimisten sein. Wir wollen auch auf die Vorsätze nicht allzu viel Gewicht legen. Vertrauen wollen wir haben und das unsrige dazu tun, daß das Falsche zum Richtigen und das Schlechte zum Guten gewendet werde.[76]

Hier trat erneut eine skeptische Sicht auf die Ereignisse zu Tage, die aber noch gepaart mit der Hoffnung auf eine Wende zum Besseren einherging. Bald sollte sich dies aber ändern, denn den Journalisten traf ein ähnliches Schicksal wie Jakob Kaiser und Hugo Hickmann.

Anfang der 1960er Jahre erinnerte sich Walden, dass er wegen seiner immer polemischer und streitlustiger werdenden Beiträge auf einen Wink der sowjetischen Militäradministration aus der Redaktion der *Union* sowie aus dem VDP ausgestoßen wurde.[77] Ungefähr zur gleichen Zeit holte das Ministerium für Staatssicherheit (MfS) der DDR Erkundigungen über den in der Bundesrepublik Deutschland immer bekannter werdenden Journalisten ein. Eine ehemalige Kollegin Waldens aus der Redaktion sagte in diesem Zusammenhang aus, dass es Anfang 1950 Streitigkeiten über einen erneuten geplanten Angriff Waldens auf die FDJ gab, der schließlich zu seinem Ausschluss aus der Redaktion führte, da diese Auffassungen nicht mehr mit der Haltung der CDU in Sachsen übereingestimmt hätten.[78]

Ohne Anstellung und Mitgliedschaft im VDP war Walden als Journalist in der DDR mundtot. Er versuchte einige Zeit sich zu rehabilitieren und zumindest seine Mitgliedschaft im VDP wiederzuerlangen. Der Verband hatte allerdings im Oktober 1949 die Aufnahme in die aus Moskau gelenkte »Internationale Journalisten Union« gefeiert und sich im Zuge dessen einer noch intensiveren politischen Kontrolle verpflichtet.[79] Da passte ein Querdenker wie Walden nicht ins Konzept. Obwohl eigentlich die Landesverbände für Ausschlussverfahren zuständig waren, reiste der Dresdner zur Zentralvorstandssitzung des VDP am 25./26. März 1950 nach Potsdam, wo er allerdings im Schlosspark Sanssouci vergeblich darauf wartete, in eigener Sache auszusagen. Das offizielle Protokoll der Sitzung erwähnt Waldens Anliegen mit keiner Silbe, auch ist sein Fall in keinerlei anderen Dokumenten des Verbandes dieser Zeit zu finden.[80] Nicht nur in diesem Fall problematisch ist hierbei der von Julia Martin er-

[76] Ebenda.

[77] Vgl. Walden, ostblind – westblind, S. 14f.

[78] Vgl. Ministerium für Staatssicherheit der DDR, Aussage von Frau Seiffert über Otto von Saß vom 2.4.1964. BStU (Archivsignatur: MfS ZAIG 24144, S. 213).

[79] Vgl. Protokoll der Zonenvorstandssitzung des Verbandes der Deutschen Presse vom 22./23.10.1949 in Dresden (SAPMO im BArch, Signatur DY 10/1).

[80] Vgl. Protokoll der Zentralvorstandssitzung des Verbandes der Deutschen Presse der DDR am 25./26.3.1950 in Potsdam (SAPMO im BArch, Signatur DY 10/1); ebenfalls durchgesehen: Protokoll der Vorstandssitzung des Verbandes der Deutschen Presse am 4.9.1949 in Weimar (SAP-

wähnte Zustand, dass die Akten des VDP und seiner Nachfolgeorganisationen erst 1992 archivarisch überführt wurden und nicht klar ist, wo sich diese nach der Auflösung des Verbandes 1990 befunden haben. Martin ist der Meinung, führende Funktionäre hätten also genügend Zeit gehabt, die Unterlagen zu »säubern«, was den geringen Anteil an Korrespondenzen in den Akten erkläre.[81]

Das Potsdamer Erlebnis rief bei Walden einen radikalen Entschluss hervor. 13 Jahre später erinnerte er sich, wie er nach Dresden zurückfuhr, seinen Koffer packte, seine Schreibmaschine unter den Arm klemmte und in den Zug nach Berlin stieg. Viele Jahre später schrieb er: »Ich verließ meine engere Heimat zu dem Zeitpunkt, an dem die Fortsetzung meiner Arbeit zur Demütigung geworden wäre.«[82] Die fortschreitende Gleichschaltung der Presse in der DDR, die ihn nun auch persönlich getroffen hatte, war für Walden also der vordringlichste Grund für seinen Weg nach Berlin im März 1950. Von hier aus flog er nach Bonn und arbeitete dort einige Monate in der Pressestelle des Ministeriums für gesamtdeutsche Fragen, bewarb sich dann auf eine Stelle beim *RIAS* in West-Berlin, die er im Herbst 1950 antrat.[83] Hier setzte Matthias Walden seinen »Weg nach Westen«, der mit dem inneren Widerstand der Familie von Saß im »Dritten Reich« begann und dem sich die Übernahme demokratischer und rechtsstaatlicher Prinzipien anschloss, fort.

Ankunft im Westen

Die Gründung und Entwicklung des *RIAS* ist eng verknüpft mit dem Ausbruch und den Anfängen des Kalten Krieges. In Berlin konkurrierte der Sender insbesondere mit dem sowjetischen *Berliner Rundfunk*, der vor allem in den Anfangsjahren aufgrund einer technischen Überlegenheit kaum Sendepausen einlegen musste und somit auch die Menschen in den Westsektoren der Stadt erreichte. Diesen Rückstand holte der *RIAS* bis Ende 1948 auf und konnte während der Berliner Blockade die Hörermehrheit erlangen – im Frühjahr 1949 verzeichnete der Sender im Westteil der Stadt einen Höreranteil von 91 Prozent. Für den Ostsektor gibt es keine statistischen Daten, so Petra Galle in ihrer Studie über den *RIAS* und den *Berliner Rundfunk* in den Jahren 1945 bis 1949, doch war das Programm des amerikanischen Senders von Anfang vor allem an das ostdeutsche Publikum gerichtet.[84]

MO im BArch, Signatur DY 10/1); Protokoll der Zonenvorstandssitzung des Verbandes der Deutschen Presse vom 27. Juli 1949 in Berlin (SAPMO im BArch, Signatur DY 10/1).

81 Vgl. Martin, Berufsverband, in: Wilke (Hrsg.), Journalisten und Journalismus in der DDR, S. 12f.

82 Matthias Walden an Hans-Jürgen Wischnewski vom 30. Januar 1970 (ASV-UA: NL Walden, Box 47 – SFB 1970), S. 2.

83 Vgl. Walden, ostblind – westblind, S. 15.

84 Vgl. Schanett Riller, Funken für die Freiheit. Die U.S.-amerikanische Informationspolitik gegenüber der DDR von 1953 bis 1963, Trier 2004, S. 90; Petra Galle, RIAS Berlin und Berliner Rund-

Hatte der *RIAS* in den ersten Jahren noch das Problem, nicht genügend Personal zu finden, stellte dies im Zuge der ideologischen Polarisierung durch Währungsreform und Berliner Blockade ab 1948 kein Problem mehr dar. Laut Galle wurde der *RIAS* konsequenterweise nicht nur bei den Hörern, sondern auch bei den Redakteuren zur beliebteren Sendeanstalt.[85] In diese Gemengelage tauchte nun Matthias Walden ein, als er im Herbst 1950 seine Arbeit als politischer Redakteur bei dem West-Berliner Sender begann. Ein erster Rundfunkkommentar Waldens ist allerdings erst für die Sendung zum Tode Josef Stalins am 5. März 1953 überliefert, die einen Tag später gesendet wurde.[86] Seinen Blick richtete Walden bereits nach vorn. Als größtes Problem für die Kommunistische Partei und die Sowjetunion erkannte er die jahrelange Glorifizierung des Diktators: »Welcher Nachfolger [...] wird in absehbarer Zeit einen solchen – für unsere Begriffe grotesken [–] Mythos auf sich übertragen können?«[87] Walden sah damit eine innere Entwicklung in der Sowjetunion vorher, die schließlich auf dem Parteikongress der KPdSU 1956 ihren Höhepunkt erreichte.[88]

Der totalitäre Charakter des sozialistischen Systems beschäftigte Walden schon in seinen frühen Berliner Jahren. Ihn trieb vor allem die Ideologisierung seiner Heimat um. Noch bevor seine Stimme regelmäßig durch den Äther drang, veröffentlichte Walden zwei politische Essays in dem kleinen Kölner *Verlag für Politische Publizistik*, in denen er die Entwicklungen in der DDR kritisch kommentierte und die kommunistische Elite in Ost-Berlin polemisch angriff.[89] In der 1952 erschienenen Streitschrift »Zweierlei deutsch. Die deutsche Sprache im Dienste des Bolschewismus« prangerte Walden die demagogische Nutzung der Sprache durch die SED an und setzte sich zum Ziel, diese zu dekodieren.[90] Die Nutzung der »Sprache als Werkzeug der Agitation« verortete Walden bis zu den Anfängen kommunistischer Parteien zurück, so beispielsweise in der Weimarer Republik. Als »Mittel zur Erhaltung der Partei« sei

funk 1945–1949. Die Entwicklung ihrer Profile in Programm, Personal und Organisation vor dem Hintergrund des beginnenden Kalten Krieges, Münster – Hamburg – London 2003, S. 233–251.

85 Vgl. dies., RIAS Berlin und Berliner Rundfunk 1945–1949, S. 127.

86 Vgl. Matthias Walden, Sendung zum Tode Stalins vom 6. März 1953 – Kommentar. DRA (Bestand RIAS, Ordner 3/92/59 Einzelne Sendereihen). Auch in der Sammlung im Nachlass des Journalisten finden sich Typoskripte erst ab Sommer 1953: Vgl. ders. (Hrsg.), Berliner Mikrophon 1953–1959; siehe zum Bestand der Hauptabteilung Politik des RIAS im DRA darüber hinaus: Petra Galle/Axel Schuster, Archiv- und Sammelgut des RIAS Berlin: ein Findbuch zum Bestand im Deutschen Rundfunkarchiv, Potsdam 2000, S. 94–96.

87 Walden, Sendung zum Tode Stalins vom 6. März 1953 - Kommentar, S. 3.

88 Vgl. Karl Dietrich Bracher, Zeit der Ideologien. Eine Geschichte des politischen Denkens im 20. Jahrhundert, Stuttgart 1982, 301f. Zum XX. Parteitag der KPdSU mehr im Kapitel »Logik des Kalten Krieges«.

89 Vgl. Walden, Zweierlei Deutsch; ders., Menschen Neuen Typus. Meditationen am politischen Straßenrand, Köln 1953

90 Vgl. ders., Zweierlei Deutsch, S. 3.

Walden mit seiner Frau Edelgard in Berlin, Anfang der 1950er Jahre.

sie freilich von Moskau bestimmt und baue aus den Trümmern der diktatorischen und wirtschaftlichen Misserfolge sowie der politischen Kriminalität eine Scheinwelt der Vollkommenheit, die bereits in die Sphäre des Alltags vordringe, mahnte Walden.[91]

In Anlehnung an Victor Klemperers *Lingua Tertii Imperii*, der Sprache des »Dritten Reiches«, entwarf Walden auf den folgenden Seiten eine »Lingua Quartii Imperii«. Der junge Journalist stellte damit nicht nur eine Vergleichbarkeit der vergangenen nationalsozialistischen und der gegenwärtigen kommunistischen Diktatur her, sondern bewertete die DDR als direkte Folge des Nationalsozialismus. Klemperer habe mit seinem Buch zwar einen wichtigen Beitrag für die gesellschaftliche Entwicklung geleistet und nun sogar die Parallelität der Sprache zwischen »Nazismus und Bolschewismus« erkannt, schließlich aber die Gleichheit der Ziele und der Gesinnung verkannt, da er behaupte, dass die Sprache des Bolschewismus in die Freiheit weise.[92] Der Zusammenhang zwischen Freiheit und Bolschewismus, beziehungsweise Kommunismus kam dem aus der DDR ausgewanderten Journalisten absurd vor. In seiner Analyse der

91 Vgl. ebenda, S. 5–7.
92 Vgl. ebenda, S. 30–37.

kommunistischen Sprache stellte er fest, dass der Begriff der Freiheit nur äußerst sparsam gebraucht werde, weil der krasse Gegensatz zur politischen Wirklichkeit selbst den »linientreusten Genossen« unbehaglich erscheine: »Die gesamte bolschewistische Politik baut auf Unfreiheit auf.«[93] Ganz anders hingegen die fassadenartigen Umschreibungen von Volk, Demokratie und Patriotismus, der sich die kommunistische Sprache im Übermaß bediene.[94]

Nur ein Jahr später gab der Verlag ein weiteres Essay Waldens über die Umformung der ostdeutschen Gesellschaft durch die SED mit dem Titel »Menschen Neuen Typus'« heraus, das kurz nach seinem Erscheinen nochmal in dem profiliert antikommunistisch aufgestellten Berliner Verlag *Der Augenzeuge* erschien.[95] Der Titel ist eine Anspielung auf das stalinistische Parteikonzept einer *Partei neuen Typus*, das auf Wladimir Iljitsch Lenin zurückging und im Kern einen extremen Zentralismus sowie strikte Umsetzung der Parteibeschlüsse beinhaltete. Bereits Rosa Luxemburg kritisierte an dem Konzept die daraus folgende Entmündigung der Parteimitglieder. Vorangetrieben von einer Gruppe aus Moskauemigranten um Walter Ulbricht zeigte sich die SED hingegen als willige Schülerin und so galt – Lenins Polemik über die Freiheit der Kritik folgend – schon bald die Kritik an Parteibeschlüssen als schädigend und wurde mit dem Ausschluss geahndet. Zu der Ideologie Lenins kam Stalins »folgenschwere Fiktion« eines verschärften Klassenkampfes in der Übergangsperiode vom Kapitalismus zum Sozialismus hinzu, die auch in der SED, so Andreas Malycha und Peter Jochen Winters in ihrem Standardwerk über die Geschichte der Partei, zu einer pathologischen Suche nach Feinden und Abweichlern sowie deren Bekämpfung sowohl in der Gesellschaft als auch in der Partei selbst führte. In ihren Grundzügen wurde dieser Kurs bis zum Herbst 1989 aufrechterhalten.[96]

Matthias Walden meinte daran zeitgenössisch das Ziel zu erkennen, neben einer Partei einen »Menschen neuen Typus'« zu erschaffen, ohne diesen so ein Konzept nicht funktioniere. Gleichzeitig rief er polemisch und mit einer auffällig aggressiven Hygiene-Sprache zum Kampf gegen Ideologisierung und Uniformierung auf: »Man muß sich vor ideologischer Erkältung schützen. Man muß die Bakterien töten.«[97] Die Streitschrift hatte also eine klare Ausrichtung und Aufgabe: die Sensibilisierung der

93 Ebenda, S. 25.

94 Vgl. ebenda, S. 22–26.

95 Vgl. ders., Menschen Neuen Typus. Aus dieser Ausgabe wird auch im Folgenden zitiert. Siehe zur Einordnung des Verlages *Der Augenzeuge*: Konrad H. Jarausch/Hannes Siegrist, Amerikanisierung und Sowjetisierung. Eine vergleichende Fragestellung zur deutsch-deutschen Nachkriegsgeschichte, in: dies. (Hrsg.), Amerikanisierung und Sowjetisierung in Deutschland 1945–1970, Frankfurt am Main / New York 1997, S. 11–46, hier S. 17.

96 Vgl. zum Konzept der »Partei neuen Typus« in der SED: Andreas Malycha/Peter Jochen Winters, Geschichte der SED. Von der Gründung bis zur Linkspartei, Bonn 2009, S. 52–60.

97 Walden, Menschen Neuen Typus, S. 4.

DDR-Bevölkerung gegenüber der SED sowie die Vorbeugung einer Verharmlosung der Partei im Westen. In der Bundesrepublik war die Kommunistische Partei Deutschlands (KPD) bei den Bundestagswahlen 1953 ohnehin an der neu eingeführten Fünf-Prozent-Hürde gescheitert (2,2 Prozent) und somit in die politische Marginalität abgerutscht.[98] Eine andere Ausrichtung hätte also kaum Sinn ergeben.

Der Staatsbürger in der DDR sei laut Walden durchaus unideologisch, doch die Herrschenden würden »politische Aufklärer« einsetzen, die er als »Legion der Entmündigten« charakterisierte, sie allerdings nicht von eigener Verantwortung freisprach, seien sie doch die »Bakterienträger« der Ideologie.[99] Ein Beispiel für den gesellschaftlichen Steuerungsanspruch der SED war für Walden die Kategorie der »Künstler neuen Typus'«, die sich an Parteivorgaben halten müssten und »staatsfördernde künstlerische Gestaltung« erbringen sollten. Doch die Kunst könne sich nicht anpassen, so Walden, denn sie brauche die Freiheit. So könne es zwar »Künstler neuen Typus'« geben, nicht aber eine »Kunst neuen Typus'«, sie bleibe die »Kunst der Partei«.[100] Es liegt nahe, dass Waldens persönliche Erfahrungen im Künstlerhaus Dresden-Loschwitz während des »Dritten Reichs« ihn in dieser Frage besonders sensibilisierte.

Schlussendlich rechnete Walden in dem Abschnitt »Der Satellitenfunktionär« mit den bürgerlichen Blockparteien in der DDR ab. Wie »Hofnarren« würden die Vertreter der Blockparteien der christlichen Demokraten und Liberalen von den Parteifunktionären der SED gehalten werden, schrieb Walden verächtlich. Sie waren für ihn die unglaubwürdigste Variante gesellschaftlicher Deformation, waren viele von ihnen doch programmatische Vertreter eines »Antibolschewismus« gewesen, bevor sie vor der materiellen Gewalt kapituliert hätten.[101] Der »trostlose« Grund dieses Phänomens sei ein schlichter Opportunismus: »Viele von ihnen wollten bleiben, um jeden Preis. Der Preis aber war die geistige Unterwerfung. [...] Sie wollten auf der Bühne bleiben, auch als Statisten, auch als Schurken und Gedemütigte.«[102] Mit einem Verweis auf die Figur des *Professor Unrat* aus dem gleichnamigen Roman Heinrich Manns von 1905 unterstrich Walden den in seinen Augen frappierenden Verlust der Moral der Block-

[98] Vgl. Hermann Wentker, Antikommunismus in der frühen Bonner Republik. Dimensionen eines zentralen Elements politischer Kultur im Ost-West-Konflikt, in: Stefan Creuzberger/Dierk Hoffmann (Hrsg.), »Geistige Gefahr« und »Immunisierung der Gesellschaft«. Antikommunismus und politische Kultur in der frühen Bundesrepublik, München 2014, S. 355–369, hier S. 364.

[99] Vgl. Walden, Menschen Neuen Typus, S. 5–12.

[100] Vgl. ebenda, S. 12–15.

[101] Vgl. ebenda, S. 16f.

[102] Ebenda, S. 17f.

politiker in der DDR, da der Bildungsroman Manns in seiner Epoche eben diesen Verfall ausdrückte.[103]

Ein moralisches Gewissen vertrug sich laut Walden ohnehin kaum mit dem Konzept einer *Partei neuen Typus*, womit er wertneutral unbewusst in die Bresche schlug, die Rosa Luxemburg bereits drei Jahrzehnte vorher geebnet hatte. »Die moralischen Werte sind relativ geworden«[104], schrieb er. Der Funktionär sei in dem Moment verloren, in dem er der Partei den ersten Dienst auf Kosten seines Gewissens leiste, selbst wenn er dies als ein unheiliges Mittel zum heiligen Zweck verstehe:

> Er hat einen Kompromiß mit sich selbst geschlossen, einen Kompromiß zwischen Gut und Böse. Und diesen Kompromiß gibt es gar nicht! Er ist eine Fiktion. Denn ein solcher Kompromiß ist immer in der Tat die Kapitulation des Guten vor dem Bösen.[105]

Der Antikommunismus von Matthias Walden – so zeigen es die beiden politischen Streitschriften – war also deutlich geprägt von seinen eigenen Erfahrungen in der SBZ und der DDR sowie von der politischen Entwicklung in seiner Heimat, die er nach seiner Flucht stets genau im Blick hatte. Der Historiker Hermann Wenkter meint demensprechend, dass die SED und die Sowjetunion sich durch ihre repressive Politik eine große Anzahl an Antikommunisten heranzog, die dann in den Westen gingen. Als Beispiel nennt er den Verleger Johann Caspar Witsch, der 1949 in Köln gemeinsam mit Gustav Kiepenheuer den Verlag *Kiepenheuer & Witsch* gründete.[106] Ebenfalls in diese Kategorie gehören die 1956 in die Bundesrepublik übergesiedelten desillusionierten Journalisten Günter Zehm und Hans-Dietrich Sander, die im *Verlag Axel Springer* dann aus tiefster Überzeugung eine antikommunistische Linie vertraten.[107] Hierzu zählt auch Matthias Walden oder der bereits erwähnte Alfred Kantorowicz, der 1957 seinen Lehrstuhl für Neue deutsche Literatur an der Ost-Berliner Humboldt-Universität aufgab und in den Westen ging. Eine der ersten Anlaufstellen im Westteil der Stadt war für Kantorowicz Matthias Walden, dem er zumindest bis zu den frühen

103 Vgl. ebenda, S. 16; zu Heinrich Manns *Professor Unrat*: Manfred Flügge, Heinrich Mann. Eine Biographie, Reinbek bei Hamburg 2006, S. 80–84.

104 Walden, Menschen Neuen Typus, S. 45.

105 Ebenda, S. 46.

106 Vgl. Wentker, Antikommunismus in der frühen Bonner Republik, in: Creuzberger/Hoffmann (Hrsg.), »Geistige Gefahr«, 358f.; Siehe ausführlich zu Johann Caspar Witsch und dem Kiepenheuer & Witsch Verlag: Birgit Boge, Die Anfänge von Kiepenheuer & Witsch. Joseph Caspar Witsch und die Etablierung des Verlags (1948 – 1959), Wiesbaden 2009, v.a. S. 353–441

107 Vgl. Kruip, Das »Welt«-»Bild« des Axel Springer Verlages, S. 176.

1960er Jahren freundschaftlich verbunden blieb.[108] Analog dazu sagte Matthias Walden später einmal, dass gerade seine Erfahrungen als Gerichtsreporter in der SBZ und DDR, bei denen er die Brutalität und Ungerechtigkeit des Systems hautnah miterlebt hatte, ihn zu einem überzeugten Antikommunisten gemacht habe.[109]

Waldens Antikommunismus erleichterte ihm darüber hinaus die Integration in die Bundesrepublik Deutschland. Der gesellschaftliche antikommunistische Konsens, der im politischen Spektrum von der äußeren Rechten bis zur SPD reichte, machte es Bundeskanzler Konrad Adenauer wiederum leicht, die deutsche Nachkriegsdemokratie in das westliche Bündnis und in die amerikanische *Containment-Strategie* einzufügen.[110] Der Umbildung der SED zu einer »*Partei Neuen Typus*'« hingegen, lag »primär« gar nicht die Verschärfung des Ost-West-Konfliktes zu Grunde. Vielmehr setzte die Umsetzung einer sozialen und ökonomischen Planung eine solche Struktur voraus, dennoch verlief der Funktionswandel der Partei parallel zur Integration der SBZ/DDR in den Machtbereich Moskaus. Die Entwicklung kann damit kaum losgelöst vom Einfluss von Stalins *Zwei-Lager-Theorie* gesehen werden, die am zweiten Parteitag der SED vom 20. bis 24. September 1947 in Berlin unter anderem von Walter Ulbricht, Wilhelm Pieck oder Otto Grotewohl zum Dogma erklärt worden war.[111]

Der Berliner Parteitag bildete zudem den Auftakt der Umformung der SED zum sowjetischen Vorbild der »*Partei Neuen Typus*'«, die spätestens zwei Jahre später mit der Führungsübernahme des 1948 gegründeten Politbüros abgeschlossen wurde. Als letztlich ein Parteistatut aus dem Juli 1950 die SED als »höchste Form der Klassenorganisation der Arbeiterklasse« definierte und den Marxismus-Leninismus als verbindliche ideologische Parteinorm vorschrieb, konnte dieser Prozess laut Malycha und Winters als abgeschlossen gelten. Der Verlust des innerparteilichen Meinungspluralismus und der ohnehin wenigen Elemente einer innerparteilichen Demokratie ließ sich nun auch in den folgenden Jahrzehnten nicht kompensieren.[112] Den Großteil dieser Entwicklung erlebte Matthias Walden in Dresden hautnah mit. Seine journalistischen Störfeuer bei der *Union* konnten die Gesamtheit des Prozesses freilich noch nicht erfassen. Gerade sein späteres Essay »Menschen neuen Typus'« zeigte aber den Einfluss dieser Vorgänge auf das politische Denken und das ideelle Profil des Journalisten, der gerade einmal Mitte zwanzig war. In einem Rundfunkkommentar aus dem

[108] Vgl. Matthias Walden, »Ich hätte ersticken müssen«. Zum Fall Kantorowicz, in: Christ und Welt vom 29.8.1957; erneut veröffentlicht: ders., Gespräch mit A. Kantorowicz. Portrait eines Spätflüchtlings, in: Der Monat 9 (1957), September, S. 83–88; siehe ebenfalls: Otto Freiherr von Sass an Alfred Kantorowicz vom 4. Dezember 1961 (ASV-UA: NL Walden, Box 39 – SFB 1960-61).

[109] Vgl. Walden, Referat Tutzing. 14. Juli 1963, S. 27f.

[110] Vgl. Wentker, Antikommunismus in der frühen Bonner Republik, in: Creuzberger/Hoffmann (Hrsg.), »Geistige Gefahr«, S. 356.

[111] Vgl. Malycha/Winters, Geschichte der SED, S. 60–62.

[112] Vgl. ebenda, S. 70f.

April 1953, in dem Walden an die Zwangsvereinigung von SPD und KPD zur SED erinnerte, bezeichnete er die Partei schließlich als »Symbol für das Unrecht« und charakterisierte die Situation in der DDR als »Terror *der* Minderheit über die Mehrheit«. Das Einlenken von Sozialdemokraten wie Otto Grotewohl und Max Fechner war für ihn eine »Geschichte der Charakterschwäche und des Verrats«.[113]

Der *RIAS* hatte für Walden zwei wichtige Aufgaben: »Die öffentliche Anprangerung der Schuld Pankows«[114] sowie die Repräsentation des Protestes der DDR-Bürger, der ihnen verwehrt sei.[115] In der Jubiläumssendung zur 1000. Ausgabe der für das Programm des Senders so symbolischen Reihe »Berlin spricht zur Zone« am 26. Mai 1953 warnte der nun regelmäßig zu Wort kommende Kommentator Walden allerdings vor einer Hochstimmung und einer »selbstgefälligen Bilanz«, da die Macher der Sendung eigentlich alles dafür geben würden, dass die Reihe überflüssig werde. Unverantwortlich sei es aber bei den Bürgern der DDR Hoffnungen zu wecken, die sich letztendlich in Enttäuschungen wandeln würden. »Was wir Ihnen versprechen können, ist unermüdliche Arbeit gegen das Unrecht und für das Recht. Dass es dabei einen Erfolg geben wird, davon lassen Sie uns gemeinsam überzeugt sein.«[116] Einige Jahre später schrieb er, dass er als Berliner Rundfunkkommentator kaum objektiv habe berichten können, sondern selber »Objekt der politischen Ereignisse«[117] geworden sei.

Beim *RIAS* traf Walden zudem auf Weggefährten wie Klaus Harpprecht und Egon Bahr, die die publizistische und politische Landschaft der Bundesrepublik in den folgenden Jahrzehnten prägten. Harpprecht war 1954 ebenfalls für ein Jahr Kommentator in Berlin und erinnerte sich später an die Atmosphäre »gelassener Toleranz«, die der amerikanische Direktor des Senders, Gordon Ewing, kreierte. Er sah ähnlich wie Walden die Hauptaufgabe der Rundfunkanstalt darin, der Bevölkerung in der DDR »ein klares Bild der Wirklichkeit« zu liefern:

> Der RIAS brachte dem Zonenvolk, das vom freien Zugang zu den internationalen Kulturen abgeschnitten war (von der russischen abgesehen) die Welt ins Haus und dazu eine Ahnung von Freiheit.[118]

113 Zu den Zitaten: Matthias Walden, Typoskript: Berlin spricht zur Zone Nr. 974 vom 21.4.1953. DRA (Bestand RIAS, Ordner: 3/92/56 HA Politik), S. 2f.; siehe zum Prozess der Zwangsvereinigung zum Beispiel: Keil, »Es muss demokratisch aussehen …«, in: Piper (Hrsg.), 1945, S. 143–146.

114 Matthias Walden, Typoskript: Berlin spricht zur Zone Nr. 992 vom 13.5.1953. DRA (Bestand RIAS, Ordner: 3/92/57 HA Politik), S. 1.

115 Vgl. ders., Typoskript: Berlin spricht zur Zone Nr. 1000 vom 26.5.1953. DRA (Bestand RIAS, Ordner: 3/92/58 HA Politik), S. 3.

116 Zu den Zitaten: ebenda, 1f. (Hervorhebungen im Original).

117 Ders., Einleitung, in: ders. (Hrsg.), Berliner Mikrophon 1953-1959, S. I–II, hier S. II.

118 Zu den Zitaten: Klaus Harpprecht, Schräges Licht. Erinnerungen ans Überleben und Leben, Frankfurt am Main 2015 (2014), S. 220–222; Zur Berufsbiographie Harpprechts siehe: Marcus

Egon Bahr, mit Jahrgang 1922 etwas älter als die beiden 1927 geborenen Harpprecht und Walden, war 1953 bereits Chefredakteur des *RIAS* in West-Berlin, ging dann 1954 aber als Hauptstadtkorrespondent nach Bonn. In ihrer politischen Haltung unterschieden sich die drei Journalisten auf den ersten Blick kaum. Ende der 1990er Jahre schrieb Egon Bahr über seine gemeinsame Zeit mit Matthias Walden beim *RIAS*:

> Mir ist nicht erinnerlich, daß wir damals grundlegende Meinungsunterschiede hatten. Wir fühlten uns in Berlin bedroht, im Wesentlichen durch die Amerikaner geschützt und waren Kalte Krieger.[119]

Doch, so meinte sich Bahr mehr als 40 Jahre später zu erinnern: »Über den Weg zum Ziel gab es tiefgehende Meinungsunterschiede und leidenschaftliche Debatten.«[120] Der Feind war in Ost-Berlin, der Antikommunismus war ihre Währung und das primäre Ziel war die Befreiung der Landsleute in der DDR. Für Bahr war dies jedoch kaum vereinbar mit der von Adenauer vorangetriebenen Westintegration der Bundesrepublik Deutschland, die er wie andere Befürworter einer neutraleren Deutschlandpolitik, beispielsweise Jakob Kaiser, Kurt Schumacher (SPD), Thomas Dehler (FDP) oder Gustav Heinemann (CDU/GVP/SPD), kritisierte.[121] Walden und Harpprecht bekannten sich hingegen zur transatlantischen Ausrichtung der jungen Bundesrepublik wie die kommenden Jahre zeigen sollten.[122]

Zwischen Harpprecht (»Mein liebes Hackbrett«) und Walden (»Meister Mathis«) entwickelte sich in der gemeinsamen Berliner Zeit eine persönliche Freundschaft. Nach Harpprechts Wechsel vom *RIAS* zum *Westdeutschen Rundfunk (WDR)* nach Köln im Januar 1956 zeigte sich Walden besorgt darüber, dass die Verbindung Berlins, der »Insel der Freiheit«, nach Westdeutschland, für die der amerikanische Radiosen-

M. Payk, »... die Herren fügen sich nicht; sie sind schwierig.«. Gemeinschaftsdenken, Generationenkonflikte und die Dynamisierung des Politischen in der konservativen Presse der 1950er und 1960er Jahre, in: Franz-Werner Kersting/Jürgen Reulecke/Hans-Ulrich Thamer (Hrsg.), Die zweite Gründung der Bundesrepublik. Generationswechsel und intellektuelle Wortergreifungen 1955–1975, Stuttgart 2010, S. 43–67, hier S. 64f.

119 Egon Bahr, Über Matthias Walden, in: Bettina von Saß (Hrsg.), »Er war ein guter Feind«. Zum 15. Todestag von Matthias Walden äußern sich seine Kritiker, Berlin 1999, S. 83–85, hier S. 83.

120 Ebenda, S. 84.

121 Vgl. Gallus, Die Neutralisten, S. 305f.; siehe auch: Andreas Vogtmeier, Egon Bahr und die deutsche Frage. Zur Entwicklung der sozialdemokratischen Ost- und Deutschlandpolitik vom Kriegsende bis zur Vereinigung, Bonn 1996, S. 35–38.

122 Siehe zum Beispiel: Klaus Harpprecht, Viele Grüße an die Freiheit. Aus einem transatlantischen Tagebuch, Stuttgart 1964; Matthias Walden, Ein Schritt voran – März 1955, in: ders. (Hrsg.), Berliner Mikrophon 1953–1959, S. 41–45; ders., Der Westen muss gemeinsam Handeln - Dezember 1957, in: ders. (Hrsg.), Berliner Mikrophon 1953–1959, S. 305–310.

der stand, schwinde.[123] Der talentierte Freund hätte dem laut Walden wohl etwas entgegenzusetzen gehabt.

Programmdirektor des *RIAS* war der 16 Jahre ältere Eberhard Schütz, der während der Weimarer Republik unter dem Eindruck des aufsteigenden Nationalsozialismus zum Anhänger der Kommunistischen Partei geworden war, in die Sowjetunion emigrierte und dort nur knapp den stalinistischen Säuberungen entging. Noch während des Krieges floh er nach England, begann seine Karriere beim Rundfunk, kehrte nach Deutschland zurück und wurde ein kämpferischer Antikommunist.[124] Dies war das personelle Umfeld, in dem sich Matthias Walden zu Beginn der 1950er Jahre beim *RIAS* bewegte. Die jungen Journalisten, unter anderem noch der später populäre Fernsehkommentator Gerhard Löwenthal, erschufen unter amerikanischer Leitung eine Reihe von Programmen, die Nachrichten, Kultur und Unterhaltung miteinander verbanden. Für die Zuhörer, die 13 Jahre von nationalsozialistischer Propaganda beschallt worden waren, zeigte sich hier ein neuer Typus von Journalismus. Mit seinem Slogan »a free voice to the world« positionierte sich der *RIAS* und sein Direktor Fred G. Taylor zudem als Unterstützer des Berliner Bürgermeisters Ernst Reuter, der nach der Berliner Blockade die Westsektoren der Stadt in der amerikanischen politischen Kultur zu einem »outpost of freedom« stilisiert hatte.[125] Als politischer Kommentator des *RIAS* nahm der bis dahin als Otto von Saß bekannte Journalist schließlich sein Pseudonym Matthias Walden an. Ursprünglich wollte er dadurch seine Familie in der DDR schützen, doch spätestens ab 1958 war den Behörden in Ost-Berlin seine wahre Identität bekannt.[126] Den Namen behielt er.

Der 17. Juni 1953 und der »Westen«

Matthias Walden erlebte als *RIAS*-Mann hautnah den Arbeiteraufstand vom 16. und 17. Juni 1953 in Ost-Berlin mit. Zum zehnten Jahrestag des Aufstandes berichtete er in einer Fernsehsendung im *Sender Freies Berlin (SFB)*, wie am 16. Juni die streikenden Maurer in den *RIAS* kamen und darum baten, über die Mikrofone des Senders zum Aufstand aufzurufen. Nach einer kurzen Beratung seien die Redakteure zu dem Schluss gekommen, dieser Bitte nicht nachzukommen und auch zehn Jahre nach den dramatischen Ereignissen war das für Walden die richtige Entscheidung, da die Si-

123 Vgl. Matthias Walden an Klaus Harpprecht vom 30. Dezember 1955 (KHA im LA der ADK Berlin).

124 Vgl. Harpprecht, Schräges Licht, S. 218f.; vgl. ebenfalls: Herbert Kundler, RIAS Berlin. Eine Radio-Station in einer geteilten Stadt, Berlin 1994, S. 388f.

125 Vgl. Scott H. Krause, Neue Westpolitik: The Clandestine Campaign to Westernize the SPD in Cold War Berlin, 1948–1958, in: Central European History 48 (2015), S. 79–99, hier S. 88.

126 In einem Bericht der Staatssicherheit der DDR vom 3. Juni 1958 wird erstmals die wahre Identität Waldens als Otto Baron von Saß erwähnt: Ministerium für Staatssicherheit der DDR, Bericht des IM »Hans Bär« vom 3. Juni 1958.

cherheit der Ost-Berliner in Gefahr war. Dafür konnte ein amerikanischer Radiosender nicht die Verantwortung tragen.[127]

Die Lage in der DDR hatte sich im Sommer 1953 zugespitzt. Die schlechten Arbeitsbedingungen, die Kollektivierung der Landwirtschaft und die Agrarkrise der frühen 1950er Jahre hatten zu einer prekären Versorgungslage geführt. Der auf der zweiten Parteikonferenz der SED vom 9. bis 12. Juli 1952 in Ost-Berlin beschlossene »Aufbau der Grundlagen des Sozialismus« vollzog sich nicht ohne inneren Widerstand der Bevölkerung und der Tod Stalins am 5. März 1953 ermutigte anscheinend viele DDR-Bürger, diesen offen zu zeigen. Die Folgen waren Proteste, Arbeitsniederlegungen und eine steigende Abwanderung in die Bundesrepublik, die 1953 mit insgesamt 300.000 »Republikflüchtigen« (zum Vergleich: 1952 waren es noch 186.000) ihren bisherigen Höchststand erreichte. Die Verantwortung dafür suchte die SED-Führung kaum bei sich selbst, sondern sah diese neben Kirchen und »kleinbürgerlichen Elementen« unter anderem beim *RIAS*.[128] Solche Schuldzuweisungen empfand Walden zwar als Bestätigung seiner Tätigkeit, doch mahnte er, wie bereits erwähnt, zur Zurückhaltung, wenn es um die Hoffnung einer baldigen Lösung des Problems ging.[129] Ähnlich äußerte sich Egon Bahr anlässlich des Todes Stalins, indem er darauf hinwies, dass der Diktator »eben doch nur ein Repräsentant eines Systems war«[130].

Die Ignoranz der SED gegenüber den Versorgungsproblemen in der DDR und die Verweigerung bis hin zum Boykott der Hilfe aus dem Westen war für Walden ein Beispiel für die Mitleidlosigkeit des Systems und der Feindschaft des Machtapparates der DDR gegenüber der Solidarität der Deutschen.[131] Eine Lösung der deutschen Frage mit der SED war für Walden also schon 1953 lange nicht mehr möglich. Anlässlich eines Prozesses gegen acht DDR-Bürger wegen der Verbreitung gefälschter Lebensmittelkarten, von denen einer der Angeklagten zum Tode verurteilt wurde, prangerte Walden nicht nur die »unmenschliche Härte« des Urteils an, sondern machte die »Misswirtschaft der kommunistischen Staatsmacht« für die Notlage der Menschen

[127] Vgl. Matthias Walden, Fernsehdokumentation: Der Aufstand vor 10 Jahren – Eine Betrachtung von Matthias Walden zum 17. Juni 1953. Erstsendung am 17.6.1963 im SFB (eingesehen im AdRBB), Min. 1–2.

[128] Siehe zu diesen Angaben und für einen Überblick zur Situation in der DDR vor dem 17. Juni 1953: Dierk Hoffmann, Von Ulbricht zu Honecker. Die Geschichte der DDR 1949–1989, Berlin 2013, S. 31–38; siehe ausführlicher: ders., Die DDR unter Ulbricht. Gewaltsame Neuordnung und gescheiterte Modernisierung, Zürich 2003, S. 31–51.

[129] Vgl. Walden, Berlin spricht zur Zone Nr. 1000 vom 26.5.1953, S. 4.

[130] Rundfunkkommentar Egon Bahrs im RIAS vom 5. März 1953, zitiert nach: Vogtmeier, Egon Bahr, S. 39.

[131] Vgl. Walden, Berlin spricht zur Zone Nr. 992 vom 13.5.1953, passim.

verantwortlich, die dadurch zudem den Nährboden für die begangene Manipulation geliefert hätten.[132]

Parallel zur ökonomischen und sozialen Entwicklung forcierte das SED-Regime die Militarisierung der DDR, die vor allem die jungen Menschen begeistern sollte. Ein Katalysator für diese Entwicklung war der Ausbruch des Korea-Krieges 1950, doch bereits in der zweiten Hälfte der 1940er Jahre baute die SED mit der Kasernierten Volkspolizei gezielt jene Institution aus, die später die Grundlage für die Nationale Volksarmee (NVA) bildete. Eine vermeintliche Abweichung des Militarisierungskurses sah die Partei unter anderem in der *Jungen Gemeinde* der evangelischen Kirche, in der vor allem Jugendliche zusammenkamen, die nicht in die FDJ eintreten wollten. Eine organisationsrechtliche Mitgliedschaft in der *Jungen Gemeinde* existierte nicht – auch aus Schutz gegen den Anspruch der FDJ, der einheitliche Jugendverband in der DDR zu sein.[133] Hermann Wentker erkennt in seiner Analyse über das Vorgehen der SED und FDJ gegen die *Junge Gemeinde* eine Verschärfung der Maßnahmen der Staatsmacht, welche ab November 1952 durch eine detaillierte Planung gekennzeichnet waren und spätestens in der Phase vom April bis zum Juni 1953 die Zerschlagung der *Jungen Gemeinde* zum Ziel hatten.[134]

Walden griff angesichts dieser Entwicklungen seine Kritik am totalitären Anspruch der FDJ, der sich nun gezielt gegen die *Jungen Gemeinden* richtete und der ihn schon in Dresden beschäftigt hatte, wieder auf. Seinen Hörern versprach er:

> Wir werden nicht aufhören, jede Schikane, jede Aktion und jede Polemik gegen die Junge Gemeinde zu beobachten, zu melden und zu kommentieren.[135]

Dieses Versprechen hielt er ein und verwendete für das restriktive Vorgehen des Regimes gegen die *Junge Gemeinde* den Begriff des »Kirchenkampfs«, der an die Unterdrückung der Kirchen im Nationalsozialismus erinnerte und somit die beiden Herrschaftssysteme erneut miteinander in Beziehung setzte. Durch ihr totalitäres Vorgehen diskreditiere sich die DDR-Führung zudem selbst.[136] Einher ging dies al-

[132] Vgl. ders., Typoskript: Berlin spricht zur Zone Nr. 970 vom 16.4.1953. DRA (Bestand RIAS, Ordner: 3/92/56 HA Politik), S. 2.

[133] Vgl. Hoffmann, Von Ulbricht zu Honecker, S. 34f.; siehe zur Geschichte der Jungen Gemeinde: Reinhard Henkys, Die Opposition der »Jungen Gemeinde«, in: Klaus-Deitmar Henke/Peter Steinbach/Johannes Tuchel (Hrsg.), Widerstand und Opposition in der DDR, Köln - Weimar - Wien 1999, S. 149–162, hier S. 150–155.

[134] Vgl. Hermann Wentker, »Kirchenkampf« in der DDR. Der Konflikt um die Junge Gemeinde 1950-1953, in: Vierteljahreshefte für Zeitgeschichte 42 (1994), H. 1, S. 95–127, hier S. 96.

[135] Matthias Walden, Typoskript: Berlin spricht zur Zone Nr. 967 vom 13.4.1953. DRA (Bestand RIAS, Ordner: 3/92/56 HA Politik), S. 3.

[136] Vgl. ders., Typoskript: Berlin spricht zur Zone Nr. 972 vom 18.4.1953. DRA (Bestand RIAS, Ordner: 3/92/56 HA Politik), S. 1f.

lerdings damit, dass sich nun klare Fronten abzuzeichnen begannen, was Walden sichtlich begrüßte. Das zeigte sich unter anderem am Beispiel seiner Beurteilung der negativen Antwort des DDR-Justizministeriums auf Gustav Heinemanns eingereichte Verteidigung inhaftierter Pfarrer im April 1953. Der Politiker der Gesamtdeutschen Volkspartei hatte sich laut Walden in der Vergangenheit – wenn auch mit gutem Glauben, so der Journalist – bei Kritik am »Zonenregime« sichtlich zurückgehalten und sei nach der nun harten Erfahrung hoffentlich in der Wirklichkeit angekommen.[137]

Die wirtschaftlichen Probleme der DDR hatten sich also zu einer handfesten innenpolitischen Krise entwickelt, weswegen die neue Führung in Moskau die SED zu einem Kurswechsel verpflichtete und damit sogar Ulbrichts innerparteilicher Einfluss in Frage gestellt wurde. Am 9. Juni 1953 rief die Partei dementsprechend einen »Neuen Kurs« aus, in dem vom »Aufbau des Sozialismus« keine Rede mehr war und der im Grunde zuvor erlassene Preis- und Steuerhöhungen zurücknahm, den Fünfjahres-Plan korrigierte und die Maßnahmen gegen die *Junge Gemeinde* rückgängig machte.

Das Regime wurde dem Unmut der Bevölkerung aber nicht mehr Herr und so erfasste am 16. Juni eine Streikwelle die DDR, die einen Tag später in einen landesweiten Aufstand eskalierte, also den Vorgang, den Matthias Walden zehn Jahre später im *SFB* beschrieb. Auf Großbaustellen und in großen Industriebetrieben hatte der Volksaufstand, der allerdings nicht koordiniert wurde seine Zentren. Berühmtheit erlangten die streikenden Maurer der Karl-Marx-Allee in Ost-Berlin, die am 16. Juni im Gebäude des *RIAS* erschienen. Gerade in Berlin entwickelte sich aus dem wirtschaftlichen Protest ein politischer Forderungskatalog, der freie Wahlen und die Einheit Deutschlands beinhaltete. Die SED-Führung blieb passiv und wirkte, so Dierk Hoffmann, »paralysiert«, doch die sowjetische Führung in Moskau befahl der Roten Armee die Niederschlagung des Aufstandes, bei der es zu mehr als dreißig Toten kam. Auch im Nachspiel der Ereignisse wurden insgesamt sieben der Verhafteten von der Justiz der DDR und der sowjetischen Besatzungsmacht zum Tode verurteilt.[138]

Das Aufbegehren der DDR-Bevölkerung, seiner »Landsleute«, prägte Matthias Walden nachhaltig, was nicht zuletzt seine häufigen Bezüge auf den 17. Juni 1953 zeigen sollten. Der 17. Juni war nicht nur im deutschen Kontext ein einschneidendes Ereignis, sondern die erste Massenerhebung gegen ein kommunistisches Regime seit 1945 wie es Heinrich August Winkler in seiner »Geschichte des Westens« hervorhebt. Zudem machte es das »proletarische Profil« des Aufstandes für eine Partei wie die

137 Vgl. ebenda, S. 2f.

138 Vgl. zu den Ereignissen in der DDR: Hoffmann, Die DDR unter Ulbricht, S. 52–54; zu den Zahlen siehe: Edda Ahrberg/Tobias Hollitzer/Hans-Hermann Hertle, Die Toten des Volksaufstandes vom 17. Juni 1953, im Dossier »Der Aufstand des 17. Juni 1953« der Bundeszentrale für politische Bildung (2013). http://www.bpb.de/geschichte/deutsche-geschichte/der-aufstand-des-17-juni-1953/152604/die-toten-des-volksaufstandes?p=all (18. Oktober 2019).

SED, die sich als »Partei der Arbeiterklasse« verstand, besonders peinlich.[139] Ein Anachronismus, der auch für Walden stets präsent bleiben sollte.

Matthias Walden versuchte unmittelbar den Ursachen und Impulsen des Aufstandes auf den Grund zu gehen, die für ihn schon Jahre zurücklagen und sich stetig aufgebaut hatten. Der Auslöser sei nun die Erkenntnis der Bevölkerung über die Schwäche des Regimes gewesen, die sich in den letzten Monaten gezeigt hatte. Die Ursachen für den Aufstand würden daher nur durch die Herabsetzung der Arbeitsnormen kaum verschwinden, sei die Erhebung doch ohne die expliziten politischen Forderungen nach dem Rücktritt der Regierung und freien Wahlen gar nicht zu verstehen.[140] Vor dem Hintergrund der Außenministerkonferenz der vier Mächte in Berlin im Februar 1954 machte Walden in einem Rundfunkkommentar nochmals deutlich, dass der 17. Juni 1953 der Welt vor Augen geführt habe, dass sich die Menschen in der DDR nach der politischen Ordnung des Westens sehnen würden.[141] Der ideelle Bezugsrahmen des Westens tauchte bei Walden seit dem 17. Juni 1953 kontinuierlich auf. »Westen« war für ihn gleichbedeutend mit den politischen Freiheiten in einer liberalen Demokratie, die in seinen Augen die ideale Herrschaftsform darstellte. Aus seinen Beobachtungen zog er die folgende Schlussfolgerung, auf die er am zweiten Jahrestag des Aufstandes aufmerksam machte:

> Jedes politische Gespräch über die Wiedervereinigung wird über kurz oder lang auf den 17. Juni führen müssen, als an den schwächsten Punkt der Sowjets, die sich damals gegen den Willen des Volkes stark machen mussten.[142]

Walden folgerte für die Bundesrepublik zwei Kernelemente aus der Erfahrung des Volksaufstandes in der DDR: die Schärfung des eigenen Profils als liberale Demokratie des Westens sowie den Gedanken an die Wiedervereinigung wach zu halten. Darauf wies er viele Jahre nach den dramatischen Ereignissen im Sommer 1953 immer wieder hin.[143]

Die Folgen in der DDR des 17. Juni 1953 waren zunächst eine stark sinkende Akzeptanz des politischen und gesellschaftlichen Systems durch die Bevölkerung und die

[139] Vgl. Winkler, Vom Kalten Krieg zum Mauerfall, S. 177.

[140] Vgl. Matthias Walden, Der 17. Juni – Juni 1953, in: ders. (Hrsg.), Berliner Mikrophon 1953–1959, S. 1–3, hier passim.

[141] Vgl. ders., Die Fronten erstarren – Februar 1954, in: ders. (Hrsg.), Berliner Mikrophon 1953–1959, S. 13–16, hier S. 15.

[142] Ders., Ein Jahrestag – Juni 1955, in: ders. (Hrsg.), Berliner Mikrophon 1953–1959, S. 60–64, hier S. 61.

[143] Vgl. zum Beispiel: ders., Acht Jahre danach. Zum Aufstand vom 17. Juni 1953, in: Welt am Sonntag vom 18.6.1961; ders., Der 17. Juni – nur noch Gedenktag ohne Gedanken?, in: Die Welt vom 16.6.1971.

Sowjetische Panzer am Potsdamer Platz / Leipziger Platz, 17. Juni 1953.

bereits erwähnte Auswanderungswelle (1954 nochmal 295.000 Menschen). Langfristig bedeutete die Niederschlagung des Volksaufstandes durch die Rote Armee für die DDR-Bevölkerung, dass Handlungen dieser Art ohne Aussicht auf Erfolg waren, so lange Moskau das SED-Regime schützte. Die Parteiführung wiederum wurde durch die Ereignisse ihre eigene Abhängigkeit vom Kreml vor Augen geführt, was zudem eine Festigung der Stellung Walter Ulbrichts bedeutete, dessen Austausch durch das Politbüro eigentlich kurz bevorgestanden hatte.[144]

In der Bundesrepublik Deutschland folgte dem 17. Juni hingegen die Bundestagswahl im September 1953, bei der die Union 45,2 Prozent der Stimmen und über die Hälfte der Bundestagsmandate erreichte. Die SPD kam mit 28,8 Prozent auf nahezu das gleiche Ergebnis wie vier Jahre zuvor und die GVP von Gustav Heinemann erzielte mit nur 1,2 Prozent ein enttäuschendes Ergebnis. Bereits im Vorfeld der Wahl hatte Matthias Walden den »Bund der Deutschen für Einheit, Frieden und Freiheit« (BdD), der gemeinsam mit der GVP angetreten war, im *RIAS* heftig kritisiert. Vorsitzender des BdD war der ehemalige Reichskanzler Jospeh Wirth, in dessen Amtszeit der Abschluss des deutsch-sowjetischen Rapallo-Vertrages von 1922 fiel. Anders als Heine-

[144] Vgl. Hoffmann, Die DDR unter Ulbricht, S. 54f.

mann hatte sich Wirth allerdings mit der Führungsriege des SED-Regimes verbündet und laut Walden dadurch seine »Bedeutungslosigkeit« unterstrichen.[145]

Von seinem Hass gegen Adenauer getrieben, wurde Wirth in den 1950er Jahren zu einer Symbolfigur des politischen Neutralismus in der Bundesrepublik Deutschland.[146] Die Ablehnung Waldens des BdD zeigte eindrücklich, dass sich der Journalist von Ideen eines neutralen Gesamtdeutschlands verabschiedet hatte. Als Patriot war Walden in seiner Dresdner Zeit einer nationalneutralistischen Lösung durchaus aufgeschlossen gewesen. Im »Vorposten der Freiheit«, wie der Berliner Bürgermeister Ernst Reuter den Westteil der Stadt in der Berliner Blockade bezeichnet hatte, entwickelte Walden eine dezidiert antikommunistische Haltung. Vor dem Hintergrund des Aufstandes vom 17. Juni 1953 hatte er den ideellen Bezugsrahmen der liberalen Demokratie des Westens mit dem Idealzustand der politischen Freiheit der Deutschen gleichgesetzt. Eine Überwindung der Teilung in Zusammenarbeit mit dem SED-Regime in Ost-Berlin war in seinen Augen schließlich nicht mehr möglich. Damit integrierte sich der Journalist in das politische Klima der Bundesrepublik Deutschland. Mit der Wahl 1953 wurde laut dem Historiker Edgar Wolfrum letztendlich der nationale Grundkonsens von einem antikommunistischen abgelöst.[147] In diesem Kontext müssen Waldens polemische Auseinandersetzungen mit der DDR sowie seine politischen Betrachtungen über die Bundesrepublik und die internationale Politik der kommenden Jahre gesehen werden – zumindest bis zur nächsten großen Zäsur, dem Mauerbau 1961.

Walden und Adenauers politische Westintegration der Bundesrepublik Deutschland

Konrad Adenauer habe die fünfzig Millionen Westdeutschen von den »mageren« in die »fetten Jahre« geführt, ehemalige Feinde zu Partnern gemacht und die Bundesrepublik Deutschland in die militärische Sicherheit des westlichen Bündnisses integriert. Er habe darüber hinaus Macht gesammelt und angewendet sowie Freunde gedemütigt und Gegner herausgefordert. Dies schrieb Matthias Walden im März 1963 anlässlich des Rücktrittes Adenauers als Bundeskanzler, dem Amt, dass der zu diesem Zeitpunkt 87-Jährige seit 1949 inne hatte.[148] Walden gab seiner Kolumne in der Illustrierten *Quick* den Titel »Wenn der Alte geht« und ließ damit erkennen, dass es in seinen Augen an der Zeit sei, dass der greise Regierungschef den wohlverdienten Ru-

145 Vgl. Matthias Walden, Typoskript: Berlin spricht zur Zone Nr. 991 vom 12.5.1953. DRA (Bestand RIAS, Ordner: 3/92/57 HA Politik).

146 Siehe zu Wirth und dem BdD ausführlich: Gallus, Die Neutralisten, S. 253–261.

147 Vgl. Edgar Wolfrum, Geschichtspolitik in der Bundesrepublik Deutschland. Der Weg zur bundesrepublikanischen Erinnerung 1948–1990, Darmstadt 1999, S. 108.

148 Vgl. Matthias Walden, Wenn der Alte geht, in: Quick – Illustrierte für Deutschland vom 17.3.1963; wiederabgedruckt in: ders., Politik im Visier, Stuttgart 1965, S. 49–52.

hestand antrete. Dennoch: Eine ehrfürchtige Würdigung Adenauers ist unübersehbar und wird nur vier Jahre später in Waldens Nachruf in der *Welt* auf den verstorbenen Gründungskanzler noch deutlicher. Mit seiner Politik habe Adenauer die »Fundamente für die Einheit ganz Deutschlands«[149] gelegt.

Fast zwei Jahrzehnte nach den ersten Schritten der jungen Bundesrepublik auf dem internationalen politischen Parkett beurteilte Walden also Adenauers »Entscheidung für den Westen«[150] als einzig richtige und zudem vernunftgeleitete Möglichkeit. Voraussetzung für die Einheit Deutschlands sei die Sicherheit und Freiheit der Bundesrepublik als gelebtes Beispiel. Adenauer habe dies erfasst und eben nicht nach »Luftschlössern« gestrebt[151] – ein nachträglicher Seitenhieb an die Kritiker der Westbindungspolitik, die sich in den 1950er Jahren sowohl im sozialistisch-humanistischen Lager um die Zeitschrift *Der Ruf* als auch im nationalliberalen und konservativen Spektrum fanden. So sprach im *Spiegel* beispielsweise Jens Daniel alias Rudolf Augstein schon 1951 angesichts Adenauers kategorischer Ablehnung der gesamtdeutschen Pläne Otto Grotewohls von einem »Dilemma mit unserem Kanzler«[152]. Und auch Paul Sethe, einer der Gründungsherausgeber der *Frankfurter Allgemeinen Zeitung*, stufte die Politik des Kanzlers als realitätsfern und unflexibel ein.[153] Sethes Haltung kann als Primat der Wiedervereinigung vor der von Adenauer forcierten Westintegration verstanden werden, so Peter Hoeres in seiner »Geschichte der FAZ«. Dies äußerte sich in Sethes Werben für eine ernsthafte Verhandlung über die erste Stalin-Note vom 10. März 1952. Er spiegelte damit einen politischen Deutungskampf wider, der durch die Reihen seiner Zeitung ging und letztendlich im November 1955 mit Sethes Wechsel zur *Welt* seinen Höhepunkt erreichte. Der außenpolitische Kurs der *FAZ* war von nun an ein »Westkurs«, so Hoeres.[154]

Etwas anders als Walden beurteilte Mitte der 1960er Jahre zudem der konservative Publizist Hans-Georg von Studnitz Adenauers Politik der Westintegration. Studnitz war von 1950 bis 1965 Mitherausgeber der renommierten Monatszeitschrift *Außenpolitik* und lieferte 1964 mit seinem erfolgreichen Buch »Bismarck in Bonn« seine – so der Untertitel – »Bemerkungen zur Außenpolitik«. Als Redakteur im Bereich Außenpolitik war Studnitz bereits während der nationalsozialistischen Herrschaft im natio-

149 Ders., Fundamente für die Einheit ganz Deutschlands. Nachruf auf Konrad Adenauer, in: Die Welt vom 20.4.1967.

150 Vgl. Görtemaker, Geschichte der Bundesrepublik, S. 271–328.

151 Vgl. Walden, Fundamente, in: Die Welt vom 20.4.1967.

152 Jens Daniel, Das Dilemma mit unserem Kanzler, in: Der Spiegel vom 26.9.1951, S. 3–5.

153 Vgl. Gallus, Die Neutralisten, S. 136f..; siehe zur publizistischen Kritik Sethes an Adenauers Westintegration ausführlich: ders., Die Neutralisten, S. 115–137; außerdem: Hanns Jürgen Küsters, Konrad Adenauer, die Presse, der Rundfunk und das Fernsehen, in: Karl-Günther von Hase (Hrsg.), Konrad Adenauer und die Presse, Bonn 1988, S. 13–31, hier S. 19f.

154 Siehe ausführlich zum »Fall Sethe«: Hoeres, Zeitung für Deutschland, S. 112–127.

nalistischen *Scherl-Verlag* und der Presseabteilung des Auswärtigen Amtes tätig gewesen. Nach 1945 trat er als Kommentator unter anderem bei der *Welt* und der *Christ und Welt* auf. In seinem Resümee über die Außenpolitik der Adenauer-Jahre stellte Studnitz der außenpolitischen Tradition des Kaiserreichs folgend den Verlust der deutschen Mittellage in den Vordergrund. Diese sei dem Rheinländer Adenauer ohnehin unheimlich gewesen, weswegen er die Bundesrepublik als ein »Territorium an der Peripherie des amerikanischen Machtbereiches« verstehe. Letztlich hätten die Umstände nach 1945 Adenauer aber wenige Möglichkeiten gelassen, gab Studnitz zu. Der Kanzler habe diese genutzt und sich somit erfolgreich in der »Kunst der Beschränkung« geübt.[155] Hinsichtlich der Frage nach der weiteren Genese Matthias Waldens politischer Haltung bietet sich demnach die Reflexion seiner zeitgenössischen Bewertung der Adenauer'schen Westbindungspolitik an.

Schon in seinen ersten Kommentaren über die Bonner Außenpolitik grenzte sich Walden klar von kritischen Haltungen gegenüber der Westintegration ab. Deutlich wird dies beispielsweise in seiner Beurteilung über die Außenministerkonferenz der vier Mächte im Februar 1954 in Berlin. Wichtiger als ein Gelingen der Konferenz war für Walden der Zusammenhalt der Westmächte, der durch den Aufbau der europäischen Gemeinschaft und einem verstärkten politischen sowie militärischen Zusammenhalt mit Hilfe der Bundesrepublik Deutschland weiter gefestigt werden sollte. Dass die Konferenz an sich an der starren Haltung des sowjetischen Außenministers Wjatscheslaw Molotow scheiterte, schien nebensächlich beziehungsweise für Walden ohnehin paradigmatisch für die Politik Moskaus.[156] Der Vorschlag Molotows, beide deutsche Regierungen an Friedensverhandlungen zu beteiligen, gilt aus historischer Sicht als reines »Störmanöver« gegen die Westintegration der Bundesrepublik.[157] Seinen Kommentar versah Walden später für ein geplantes, allerdings nicht verwirklichtes Buchprojekt mit der Überschrift »Die Fronten erstarren«. Möglichkeiten für eine Ost-West-Annäherung oder gar die Chance auf eine Wiedervereinigung sah er spätestens durch die Berliner Außenministerkonferenz als wenig realistisch an. Wilhelm C. Grewe, einer der Leiter der bundesdeutschen Beobachter-Delegation, kam zu einem ähnlichen Schluss und schrieb 1979 in seinen Memoiren:

> Der Verlauf der folgenden Jahre läßt die Berliner Konferenz als den Zeitpunkt erscheinen, an dem die Weichen endgültig auf die getrennte und sich immer

155 Vgl. Hans-Georg von Studnitz, Bismarck in Bonn. Bemerkungen zur Außenpolitik, Stuttgart 1964, S. 26–31.

156 Vgl. Walden, Die Fronten erstarren, in: Walden (Hrsg.), Mikrophon, S. 13.

157 Vgl. Peter Graf Kielmansegg, Nach der Katastrophe. Eine Geschichte des geteilten Deutschland, Berlin 2000, S. 153.

weiter voneinander entfernende Entwicklung der beiden Teile Deutschlands gestellt wurden.[158]

Dem Abschnitt über die Konferenz gab er rückblickend den Titel »Vier Wochen ›Njet‹«[159] und wies damit eindrücklich auf die blockierende Haltung Molotows hin.

Regelrecht auf einer Linie befand sich Walden mit Konrad Adenauer, als er die USA-Reise des Kanzlers vom 26. Oktober bis zum 3. November 1954 bewertete. Dem Adenauer'schen Postulat, dass nur ein vertraglich vereinter Westen mit dem Ostblock vertraglich geregelte Beziehungen eingehen könne, schloss er sich bedingungslos an: »Diese Einheit des Westens ist es, die seiner [Adenauers, NL] Politik jene oft als Starrheit verdächtige Stabilität gibt.«[160] »Westen« verstand Walden nun nicht mehr nur als einen ideellen Bezugsrahmen von Demokratie und politischer Freiheit, sondern darüber hinaus als politischen Raum, der durch Bündnisse geeint werden müsse.

Vor dem Hintergrund der offenkundigen Schwierigkeiten im europäischen Einigungsprozess, die sich unlängst in der Absage der französischen Nationalversammlung an die Europäische Verteidigungsgemeinschaft (EVG) gezeigt hatte, war dies ein umso klareres Bekenntnis. Der Washington-Besuch des Kanzlers war für Walden ein voller Erfolg. Wie einst Ernst Reuter habe Adenauer der amerikanischen Öffentlichkeit die Seriosität der Deutschen Teilung nahegebracht und dies der so gern geforderten Koexistenz entgegengestellt, so Walden im *RIAS*. Adenauer sei zudem, obwohl dies nach 1953 bereits sein zweiter Besuch in der Hauptstadt der USA war, nun das erste Mal von Präsident Dwight D. Eisenhower als Alliierter empfangen worden.[161] Tatsächlich waren klar kalkulierbare Positionen der Bundesrepublik für die Westmächte ein essenzieller Faktor für Adenauers Politik. Den Preis, dafür die deutsche Wiedervereinigung zurückzustellen, war Adenauer ebenso wie zuvor Ernst Reuter bereit zu zahlen.[162]

Wie für Adenauer war für Walden die europäische Einigung und die Verankerung der Bundesrepublik in den westlichen Bündnissen – nach dem Scheitern der EVG allen voran in die NATO[163] – das übergeordnete Ziel. Mit Verweis auf die Diskussion

158 Wilhelm G. Grewe, Rückblenden. 1976–1951, Frankfurt am Main 1979, S. 186; zitiert nach: Hermann-Josef Rupieper, Die Berliner Außenministerkonferenz von 1954. Ein Höhepunkt der Ost-West-Propaganda oder die letzte Möglichkeit zur Schaffung der deutschen Einheit?, in: Vierteljahreshefte für Zeitgeschichte 34 (1986), H. 3, S. 427–453, hier S. 447; siehe zur Konferenz: ders.., Die Berliner Außenministerkonferenz von 1954.

159 Grewe, Rückblenden. 1976–1951, S. 183.

160 Matthias Walden, Spielregeln der Demokratie – Oktober 1954, in: ders. (Hrsg.), Berliner Mikrophon 1953–1959, S. 27–31, hier S. 29.

161 Ebenda.

162 Vgl. Kißener, Westbindung 1955, in: Rödder/Elz (Hrsg.), Deutschland in der Welt, S. 19.

163 Vgl. Hans-Peter Schwarz, Adenauer. Der Staatsmann: 1952–1967, Stuttgart 1991, S. 142f..

der Zugehörigkeit des Saarlandes stufte er beispielsweise das »Provisorium der Saar« als notwendiges Opfer für die Bildung einer Westeuropäischen Union (WEU) ein.[164] Einige Monate später machte er in gleicher Form noch klarer deutlich: Die »Saarfrage« sei nicht den Verzicht der gemeinsamen Sicherheit wert.[165] Über das mit den drei westlichen Siegermächten ausgehandelte Saarstatut zeigte sich schließlich auch Adenauer mehr als zufrieden. Der Kritik von nationalistischer Seite hielt der Kanzler entgegen, dass die Saarländer mit der Möglichkeit eines Volksvotums im Zuge des Prozesses zu einem Friedensvertrag selbst über die Zugehörigkeit der Saar entscheiden könnten. Somit sei ihre politische Freiheit garantiert.[166]

Die Verabschiedung der Pariser Verträge und somit die Aufnahme der Bundesrepublik in die WEU, die Zustimmung zum Beitritt zur NATO, der am 9. Mai 1955 vollzogen werden sollte, sowie die Annahme des Saarstatutes im deutschen Bundestag am 25. Februar 1955 war für Walden folglich ein Tag des Erfolges. Gleichzeitig wies er darauf hin, durch die Ratifizierung der Verträge kaum die Chance auf eine Wiedervereinigung verspielt zu haben.[167] Er stellte diesen vorbereitenden, auf den Fluchtpunkt der deutschen Einheit ausgerichteten Charakter der Verträge erneut im März 1955 bei seinem Kommentar zur französischen Ratifizierung der Verträge heraus:

> Unser Land ist geteilt, es gibt eine sowjetische Besatzungszone, deren Menschen weiterwarten. Es wird und es darf also auch keine Rast geben, so wichtig die Etappe ist, die erreicht wurde.[168]

Die Errungenschaften der Pariser Verträge, also in erster Linie die politische Souveränität Bonns und die Aufhebung des Besatzungsstatutes, waren für Walden keine Hindernisse auf dem Weg zur Deutschen Einheit, sondern Voraussetzungen. Dem Kommentator mangelte es darüber hinaus nicht an Sensibilität oder Empathie. Er hätte sonst kaum gewürdigt, dass die französischen Abgeordneten nur zehn Jahre nach dem Zweiten Weltkrieg das Schicksal ihres Landes mit dem ehemaligen Feind verbanden. Der Grundstein für eine deutsch-französische Partnerschaft sei damit gelegt, womit

164 Vgl. Walden, Spielregeln der Demokratie – Oktober 1954, in: Walden (Hrsg.), Mikrophon, S. 30.

165 Ders., Schachzüge – März 1955, in: ders. (Hrsg.), Berliner Mikrophon 1953–1959, S. 36–40, hier S. 39.

166 Vgl. Konrad Adenauer, Erinnerungen 1953–1955, Stuttgart 1966, S. 378–381.

167 Vgl. Matthias Walden, Die Pariser Verträge – Februar 1955, in: ders. (Hrsg.), Berliner Mikrophon 1953–1959, S. 32–35, hier passim; siehe zu den Pariser Verträgen: Stefan Creuzberger, Westintegration und Neue Ostpolitik. Die Außenpolitik der Bonner Republik, Berlin 2009, S. 58–61.

168 Walden, Ein Schritt voran – März 1955, in: Walden (Hrsg.), Mikrophon, S. 42f.

er bereits die Initiativen Adenauers und des französischen Staatspräsidenten Charles de Gaulles zu Beginn der 1960er Jahre vordachte.[169]

Analog zum politischen Geschehen, zeichnete sich in Waldens Kommentar bereits der weltpolitische Rahmen dieses europäischen und westlichen Einigungsschubes ab:

> An der Entschlossenheit zur politischen Einigkeit und Zusammenarbeit des freien Westens aber wird durch die Sowjets nichts mehr zu ändern und zu stören sein.[170]

1954 in Berlin hätte Molotow noch im Sinne von Stalins Prophezeiung versucht, die Uneinigkeit des Westens auszunutzen, was ihm nun kaum noch möglich sei, konstatierte er zufrieden.[171] Ein baldige Wiedervereinigung lag aus Waldens Sicht jedoch in weiter Ferne. Dies habe die Genfer Gipfelkonferenz vom 18. bis 23. Juli 1955 aufschlussreich gezeigt. Stalins Nachfolger Nikita S. Chruschtschow und sein Ministerpräsident Nikolai Bulganin hätten laut Walden mehr als deutlich gemacht, dass sie an der Existenz zweier deutschen Staaten festhalten wollen, somit könne auch die im Vorfeld in Aussicht gestellte Aufnahme diplomatischer Beziehungen zwischen Moskau und Bonn nur als Etappe auf dem langen Weg zur staatlichen Einheit Deutschlands gesehen werden.

Gemäß einer Gewöhnung an das Unrecht, versuche die Sowjetunion zudem die Westdeutschen und die internationale Gemeinschaft an den Status der Teilung des Landes zu gewöhnen.[172] Walden nahm dies zum Ansporn, kontinuierlich auf den Antagonismus der deutschen Teilung hinzuweisen. Tatsächlich lag das Hauptinteresse der Kreml-Politik in der Konsolidierung des Status Quo, also der Sicherung der territorialen Gewinne der Sowjetunion im Zweiten Weltkrieg sowie ihres hegemonialen Machtanspruches in Ost- und Mitteleuropa einschließlich des Gebietes der DDR. Die Deutschland-Politik der Sowjetunion war also ab 1953/54 auf die Spaltung des Landes ausgerichtet.[173]

Die Koexistenz-Idee der Sowjetunion sei laut Walden in Genf endgültig entlarvt worden. Genau wie der angebliche Wandel des »post-stalinistischen« Moskaus. Positiv sei jedoch, dass nun »weltweite Entspannungsillusionen« eigentlich gebannt sein

169 Vgl. ebenda, S. 42.

170 Ebenda, S. 45.

171 Vgl. ebenda, S. 44.

172 Vgl. ders., Der Geist von Genf – August 1955, in: ders. (Hrsg.), Berliner Mikrophon 1953–1959, S. 70–74, hier S. 71f.; zur Ergebnislosigkeit der Genfer Konferenz siehe: Bernd Stöver, Der Kalte Krieg 1947–1991. Geschichte eines radikalen Zeitalters, Bonn 2007 (Lizenzausgabe für die Bundeszentrale für politische Bildung), S. 385f.

173 Vgl. Gerhard Wettig, Sowjetische Deutschland-Politik 1953 bis 1958. Korrekturen an Stalins Erbe, Chruschtschows Aufstieg und der Weg zum Berlin-Ultimatum, München 2011, S. 39f.

müssten, habe Molotow doch das wahre Gesicht der Sowjetunion, die sich – so fügte Walden polemisch hinzu – 15 Jahre zuvor mit Hitler scheinbar besser verstanden habe als nun mit den späteren Verbündeten, gezeigt.[174] Das vor allem in der Deutschland-Frage blasse Schlusskommuniqué machte das Scheitern der Konferenz in der historischen Bewertung in der Tat offensichtlich.[175]

Die »bittere Klarheit« nach Genf war für Walden jedoch angenehmer als so mancher Trugschluss. Der Zusammenhalt der Westmächte habe sich bewährt und könne so einen katalysierenden Impuls für die europäische Idee setzen, die mit dem Scheitern der EVG einen Rückschlag erlitten hatte. Das Genfer Gipfeltreffen empfand er also weniger als Auftakt einer internationalen Entspannung, sondern als mögliches Bindemittel für den Westen. Das Nahziel der Bonner Außenpolitik müsse nun dementsprechend die europäische Integration sein, die nicht unrealistischen Versuchen der Wiedervereinigung geopfert werden sollten. So sagte er Ende 1955 im *RIAS*:

> Es hat sich in Genf gezeigt, dass die Politik der Bundesregierung zunächst nicht den Erfolg der Wiedervereinigung bringen konnte. Aber es hat sich auch gezeigt, dass ein Verzicht auf diese Politik die Wiedervereinigung auch nicht gebracht hätte.[176]

Die Kritik am Ausgang der Genfer Verhandlungen durch Walden erklärte sich daraus, dass der Genfer »Geist« eben für eine Stagnation in der Deutschlandpolitik und der Frage der Wiedervereinigung stand, auch wenn atmosphärische Verbesserungen zwischen den USA und der Sowjetunion durchaus zu spüren waren. Der Minimalkonsens der Siegermächte in der Frage der deutschen Einheit war die Einigung darauf, dass diese unauflöslich mit einer Entspannung in Europa zusammenhänge.[177]

Im Sommer 1957 sendete der *SFB*, bei dem Matthias Walden seit einem Jahr als stellvertretender Chefredakteur und Chefkommentator tätig war, eine großangelegte, dreiteilige Reihe mit dem Titel »Europa 1957«. Sie stellte die Frage über den gesellschaftlichen, politischen und geographischen Zusammenhalt des Kontinents. In dem Teil »Der Westen«, für den Walden als federführender Redakteur und in Zusammenarbeit mit Peter Pechel, Karl Puhlmann, Azizo de Franciscis und Gerd Schroers verantwortlich war, wurde ein fiktiver Europäer auf eine Reise durch die westeuropäischen Staaten geschickt. Mit der Figur des reisenden Europäers gaben sich die Autoren bereits als klare Befürworter der europäischen Integration zu erkennen, denn, so heißt

174 Vgl. Matthias Walden, Das Gespenst von Genf – November 1955, in: ders. (Hrsg.), Berliner Mikrophon 1953–1959, S. 100–104, hier S. 100f.
175 Vgl. Wettig, Sowjetische Deutschland-Politik 1953 bis 1958, S. 49.
176 Walden, Das Gespenst von Genf – November 1955, in: Walden (Hrsg.), Mikrophon, S. 104.
177 Vgl. Creuzberger, Außenpolitik, S. 66f.

es in der Einführung, würde es diesen aktuell zwar noch gar nicht geben, da nationalstaatliche Identitäten vorherrschend wären, doch – da waren sie sich sicher – werde eine europäische Identität irgendwann zu einer Selbstverständlichkeit. Dafür musste Europa nicht nur als ein Kontinent verstanden werden, sondern vor allem als Programm. Walden und seine Kollegen waren sich bewusst, dass dies gewiss nicht leicht sein werde, da die Lebenswelten der meisten Menschen sich um ihre Familie, ihre Stadt und vielleicht noch ihr Land drehen würden. Sie forderten daher die politischen Parteien auf, für eine europäische Gesinnung zu werben, was ihrer Ansicht nach bisher nur oberflächlich geschehe. Europa gehöre zwar zum guten Ton, sei aber häufig nicht mit den politischen Wünschen vereinbar, lautete die Kritik.[178] Ein Kennzeichen der Europa-Bewegung war eben diese Idee einer europäischen Gemeinschaftsbildung, die sich in den 1950er Jahren in den westeuropäischen Gesellschaften ausprägte. Diese war ohne die gemeinsame demokratische Werthaltung, die Kriegserfahrungen und die Bedrohung gegenwärtiger totalitärer Regime kaum denkbar. So war der Verlauf des europäischen Integrationsprozesses auch die Geschichte vieler zunächst widersprüchlicher Empfindungen, die letztendlich auch zu taktisch motivierten Entscheidungen führten.[179]

Noch einige Monate vor der großangelegten Radiosendung klang Walden weniger idealistisch, als er eine Sitzung des Europarates in Straßburg mit der Einschätzung kommentierte, es handle sich eher um die nüchterne Realisierung der westeuropäischen Nationalstaaten als um die »Wiederkehr der Zeiten der Europa-Schwärmer«[180]. Nicht nur diese Wortwahl, sondern der ganze Tenor des Kommentars zeigte, dass sich der Journalist sehr wohl über einen gewissen pragmatischen Wesenszug der europäischen Integration im Klaren war, den er nicht grundsätzlich ablehnte, da er mehr Stabilität verspreche als ein Zusammenschluss aus reiner Begeisterung: »Im Übrigen scheint es ein Diktat unserer Zeit zu sein, dass der Verstand eher ans Ziel kommt als die Herzen.«[181] In den kommenden Jahren sollte sich in der Tat eine »Entzauberung ›Europas‹« zeigen, die Matthias Walden ganz ähnlich empfand.[182] Auch die von Ade-

178 Vgl. Matthias Walden/in Zusammenarbeit mit: Pechel, Peter/Karl Puhlmann/Azizo de Franciscis/Schroers/Gerd, Typoskript: Europa 1957: Anspruch und Wirklichkeit – I. Der Westen (ausgestrahlt im SFB-Radio am 18. Juli 1957). ASV-UA (Nachlass Walden: Box Nr.1 1958-1959), S. 1–3.

179 Vgl. Wilfried Loth, Der Weg nach Europa. Geschichte der europäischen Integration 1939–1957, Göttingen 1991, S. 137f.

180 Matthias Walden, Europa hört nicht an der Elbe auf – Oktober 1956, in: ders. (Hrsg.), Berliner Mikrophon 1953–1959, S. 174–177, hier S. 174.

181 Ebenda, S. 175.

182 Siehe zu dem Zitat: Werner Bührer, Abschied von der Suprantionalität. Deutsche Europapolitik und europäische Integration 1958-1972, in: Axel Schildt/Detlef Siegfried/Karl Christian Lammers (Hrsg.), Dynamische Zeiten. Die 60er Jahre in beiden deutschen Gesellschaften, Hamburg 2000, S. 248–272, hier S. 272.

nauer und der Union geführten Bundesregierungen ordneten sich zwischen vernunftgeleiteten Motiven und einem europäischen Idealismus ein. Der Schwenk von einem supranational organisierten Europa im Sinne der EVG zu einem System der kollektiven Sicherheit und wirtschaftlicher Zusammenarbeit in der WEU fiel Walden nicht schwer. Zudem schloss die Weiterentwicklung des Brüsseler Paktes zur WEU eine Zusammenarbeit mit England ein, die Walden in seinem Radiofeature begrüßte.[183]

Tatsächlich wurden Adenauer und sein militärischer Berater Johann Adolf Graf von Kielmansegg auf der Neun-Mächte-Konferenz in London im September 1954 in den Verhandlungen sowohl von Winston Churchill als auch von seinem Außenminister Anthony Eden unterstützt. Damit hoben die Briten sich von den Bedenken der französischen Delegation um Ministerpräsident Pierre Mendès France ab.[184] Die Gemeinschaft Europas konnte für Walden analog zu seiner Beurteilung der Pariser Verträge nur ein Provisorium sein. Schließlich seien die ost- und mitteleuropäischen Staaten von dem Integrationsprozess ausgeschlossen. Das Fernziel blieb deren Befreiung.[185] Dies zeigte rhetorische Gemeinsamkeiten zum ideellen Konzept des »Roll Back«, das unter der Eisenhower-Administration Mitte der 1950er Jahre zumindest auf dem Papier als offizielle Strategie der USA im Ost-West-Konflikt galt. Im Zentrum stand die Wiederherstellung der Einheit Deutschlands, denn letztlich betonte dies die Funktion eines gänzlich vereinten – im Westen verankerten – Europas. Die Lösung der deutschen Frage erfolgte bei Walden also ohne Spekulationen eines neutralen Europas zwischen den Blöcken.

Ein Kernelement von Adenauers Politik der Westintegration sowie der Erlangung staatlicher Souveränität war die Frage der Wiederbewaffnung der Bundesrepublik Deutschland und der Aufbau der Bundeswehr. Dabei ging es sowohl um einen militärischen Beitrag Bonns als auch um die in dieser Frage gebotene Zurückhaltung. Ein nicht zu verachtender Impuls für den Beitritt in die militärischen Bündnisse des Westens war der Verzicht des Kanzlers auf die Herstellung von ABC-Waffen in der Bundesrepublik auf der Londoner Konferenz 1954.[186] Anderseits spielten exogene Faktoren eine große Rolle. Allen voran der Angriff des kommunistischen Nordkorea auf den Süden am 25. Juni 1950, der nach der Berliner Blockade 1948/49 die historischen Bedenken der Westmächte verdrängte und die Notwendigkeit eines deutschen Wehrbeitrages deutlich machte.[187] Die Diskussion blieb die kommenden Jahre auch innen-

[183] Vgl. Walden/in Zusammenarbeit mit: Pechel, Peter/Puhlmann/Franciscis/Schroers/Gerd, Europa 1957 – I. Der Westen, S. 15.

[184] Vgl. Schwarz, Adenauer 1952–1967, S. 151–161.

[185] Vgl. Walden/in Zusammenarbeit mit: Pechel, Peter/Puhlmann/Franciscis/Schroers/Gerd, Europa 1957 – I. Der Westen, S. 42.

[186] Vgl. Schwarz, Adenauer 1952–1967, S. 154–157.

[187] Vgl. Görtemaker, Geschichte der Bundesrepublik, S. 294–300.

politisch präsent und flammte immer wieder auf, beispielsweise nach dem Beitritt der Bundesrepublik zur NATO im Mai 1955 und im Umfeld der Gründung der Bundeswehr im November 1955.

Walden hielt sich zwar mit Kommentaren zu detaillierten militärpolitischen Fragen zurück, kommentierte aber bereits im Sommer 1955 die Debatte um die bundesdeutsche Wehrpolitik mit dem Einwurf, dass es immer auch um den Geist der Bundeswehr gehen müsse. Sie war für den Journalisten ohnehin nur als »Verteidigungsarmee« zu verstehen.[188] In der Debatte über die Einführung der Wehrpflicht setzte Walden im Sommer 1956 die »Verteidigung des Westens« als Maßstab und forcierte damit die Verflechtung der Diskussion mit der außenpolitischen Position der Bundesrepublik.[189] Das Gesetz hatte für ihn in diesem Sinne den großen Nutzen, den Wert der festen Bindung an die westlichen Partner hervorzuheben.[190]

Im Juli 1955, also unmittelbar nach dem Beitritt der Bundesrepublik in die NATO, hatte Walden bereits davor gewarnt, den Wehrbeitrag Bonns mit der Aufstellung der militanten Armee des »totalitären SED-Staates« gleichzustellen: »Wir brauchen – leider – Soldaten, um die Demokratie zu verteidigen. Der Osten hat Soldaten, um die Demokratie zu verhindern.«[191] Zudem bezweifelte er, dass die Wiederbewaffnung der Bundesrepublik Deutschland einer Einheit in Freiheit im Wege stehen würde. In der *Christ und Welt* schrieb er im Sommer 1956, dass Nikita Chruschtschow ohnehin von einem sozialistischen Gesamtdeutschland träume. Das militärische Gleichgewicht der Supermächte, in dem die Wiederbewaffnung einen kleinen symbolischen Beitrag leistete, sorge dafür, dass dieser Konflikt auf der politischen und ideellen Ebene ausgetragen werde.[192]

Wiederbewaffnung und Aufbau der Bundeswehr waren für Walden also nur im Kontext einer starken Westbindung zu erklären. Diese war für ihn das Maß aller Dinge, selbst wenn dadurch sein Kernziel der Wiedervereinigung zunächst nicht erreicht werden konnte. Fataler wäre der Verlust der demokratischen Freiheiten gewesen, die die Politik der Westintegration garantierte. Der Eintritt der Bundesrepublik Deutschland in die »freie Welt« war auch für Walden das »Fundament« für die Einheit Deutschlands. Wie in den späten 1940er und frühen 1950er Jahren stellte Walden in seinen nun ab 1953 regelmäßigen Radiokommentaren die Wiedervereinigung an die erste Stelle seiner politischen Gedankenwelt. Ost-westliche Verständigungsinitiativen

188 Vgl. Matthias Walden, Vor den Kulissen – Juli 1955, in: ders. (Hrsg.), Berliner Mikrophon 1953–1959, S. 65–69, hier S. 68.

189 Vgl. ders., Für und wider die Wehrpflicht – Juli 1956, in: ders. (Hrsg.), Berliner Mikrophon 1953–1959, S. 158–161, hier S. 158.

190 Vgl. ebenda, S. 160.

191 Ders., Vor den Kulissen – Juli 1955, in: Walden (Hrsg.), Mikrophon, S. 69.

192 Vgl. ders., Mit den Augen Moskaus. Das Zweckdenken in der Deutschlandpolitik des Kreml, in: Christ und Welt vom 26.7.1956.

wie die Genfer Konferenz von 1955 riefen bei ihm aber nun den Wunsch nach einem stärkeren Zusammenhalt des Westens hervor. Rhetorisch knüpfte er dabei an die Strategie des »Roll Back« an. Unter dem Einfluss der Entwicklungen in der DDR sowie des politischen Kurses des Kremls entwickelte sich Walden zu einem Unterstützer der Westbindungspolitik Konrad Adenauers. Anders als der von politischen Zwängen eingeengte Kanzler konnte der Journalist gleichzeitig den Fluchtpunkt der deutschen Einheit stetig betonen. Die Besonderheit seines Denkens war es, dass er sich diese nur in dem politischen und ideellen Rahmen des Westens vorstellte, womit eine Integration in diese Bezugsrahmen für Walden zu einer *conditio sine qua non* wurde.

Das westdeutsche Militär konnte für Walden nur als Teil der NATO existieren und musste sich von den Traditionen des deutschen Militarismus lösen. In diesem Punkt sah Walden noch Nachholbedarf, auch wenn er die militärpolitischen Entwicklungen der 1950er Jahre in ihrem Grundsatz bejahte. Darüber hinaus propagierte er den Zweck der Bundeswehr als Verteidigungsarmee gegen die kommunistische Bedrohung aus dem Osten allen voran durch das SED-Regime. Er verknüpfte somit die Frage des Aufbaus der Bundeswehr und der politischen Westbindung mit einer Gegnerschaft zur DDR, die für den Antikommunismus der Adenauer-Ära kennzeichnend war.[193]

Die feste Bindung an den Westen, eine Politik der Stärke und ein offensiv gelebter Freiheitsbegriff im Sinne einer liberalen Demokratie verband Walden mit einer nüchternen und pragmatischen Forderung nach Verhandlungen mit Moskau. An der Seite der Westmächte müsse man der Sowjetunion als Siegermacht des Zweiten Weltkrieges gegenübertreten.[194] Nur über Moskau führte auch in Waldens Augen der Weg zu Wiedervereinigung. Das SED-Regime nahm er kaum als eigenständig, sondern lediglich als aus Moskau gesteuert war. Schon im Juni 1953 machte der Journalist in einem seiner ersten Radiokommentare deutlich, dass die DDR für die Sowjetunion ohnehin nur einen Pfand in der internationalen Politik darstelle.[195] In seine Bewertung über die Verständigung mit dem politischen Osten mischten sich immer wieder antikommunistische Töne, die durch Ereignisse wie den Ungarn-Aufstand 1956 weiter angeheizt wurden.

193 Vgl. Axel Schildt, Antikommunismus von Hitler zu Adenauer, in: Norbert Frei/Dominik Rigoll (Hrsg.), Der Antikommunismus in seiner Epoche. Weltanschauung und Politik in Deutschland, Europa und den USA, Göttingen 2017, S. 186–203, hier S. 193.

194 Vgl. Schwane, Matthias Walden, S. 78.

195 Vgl. Matthias Walden, Die Sowjets am Hebel – Juni 1953, in: ders. (Hrsg.), Berliner Mikrophon 1953–1959, S. 4–6, hier S. 6.

Logik des Kalten Krieges

Erste substantielle Schritte in Richtung Moskau konnten in Waldens Vorstellung erst nach einer vertraglichen Einigung des Westens geschehen, die durch die Ratifizierung der Pariser Verträge im Februar 1955 vollzogen wurde. Unter dieser Prämisse müssen seine Bedingungslosigkeit der Westbindung einerseits sowie seine Beurteilungen der entspannungspolitischen Ansätze und sein Einsatz für eine westliche Politik der Stärke gegenüber Moskau andererseits interpretiert werden. Befürworter einer neutralen Außen- und Deutschlandpolitik wie Paul Sethe sahen sich gern in der Tradition nationalliberaler Außenpolitik, beispielsweise der Prägung Gustav Stresemanns, die sie für die europäische Mittellage Deutschlands als ideal betrachteten. Matthias Walden hingegen grenzte sich explizit von diesen Überlegungen ab und wandte sich gegen diejenigen, die von einem »geographischen Brückenbau« träumten und mit Stichworten wie Rapallo und Rückversicherungsvertrag in »historischen Parallelen zum alten Rußland schwelgen«. Die Sowjetunion könne darüber hinaus kaum mit dem zaristischen Russland verglichen werden, wie es beispielsweise Hans Zehrer, ein weiterer Neutralisierungsbefürworter und seines Zeichens Chefredakteur bei der *Welt*, gerne tat.[196] In diesem Sinne müssen Waldens Kommentare zur Ostpolitik gelesen beziehungsweise gehört, werden.

Adenauers Moskaureise und die Grundsätze sowjetischer Politik

Die Moskau-Reise Konrad Adenauers im Sommer 1955 brachte Bewegung in die bilateralen Beziehungen der Bundesrepublik Deutschland und der Sowjetunion. Im Rundfunk zeigte sich Walden überzeugt, dass der Bundeskanzler standfest in die schwierigen Gespräche gehen werde.[197] Die Positionen schienen weitgehend zementiert. Eine Aufkündigung der Pariser Verträge, wie sie aus Moskau öffentlich gefordert wurde, war für Walden beispielsweise kaum einen Verhandlungspunkt wert. Genauso wie die Forderung nach deutsch-deutschen Gesprächen auf Regierungsebene, selbst wenn dies Erleichterungen für die »Zonenbevölkerung« bedeuten würde. Walden glaubte, durch eine solche Konzession den Weg zur Einheit zu verbauen. Der Kreml scheine sich nach dem Tod Stalins wieder auf die Formel des Diktators besonnen zu haben, nach der die Selbstzerstörung des Westens nur eine Frage der Zeit sei, weswe-

[196] Vgl. ders., Das Gespenst von Genf – November 1955, in: Walden (Hrsg.), Mikrophon, S. 103; siehe zu Sethe: Gallus, Die Neutralisten, S. 124–137; zu Zehrer vgl. exemplarisch: Hans Zehrer, Ein Abend in der Moskauer Oper, in: Die Welt vom 21.7.1955.

[197] Vgl. Matthias Walden, Schweres Reisegepäck – August 1955, in: ders. (Hrsg.), Berliner Mikrophon 1953–1959, S. 75–79, hier S. 76f.

gen man sich aus sowjetischer Sicht auf die Stabilisierung des Status Quo beschränken könne, so Walden im August 1955 im *RIAS*.[198]

Die Voraussetzungen für die positiven Aussichten Waldens auf die Moskaureise Adenauers war die Unterschrift des Kremls unter den österreichischen Staatsvertrag am 15. Mai 1955. Auf den strategischen Charakter dieser Entwicklung machte der Journalist allerdings schon einige Monate vor der Unterzeichnung aufmerksam. Es ging um diplomatische »Schachzüge«, um eine Vertrauenswürdigkeit herzustellen.[199] Lange Zeit hatte sich die Sowjetunion gegen eine Einigung über das ebenfalls von den vier Siegermächten besetzte Österreich gesträubt, doch spielte kurze Zeit nach der Gründung der WEU und dem Beitritt der Bundesrepublik Deutschland in die NATO die Sorge der sowjetischen Führung vor einer Westintegration des in weiten Teilen von den Westmächten besetzten Alpenlandes eine große Rolle. Im Gegenzug für seine politische Freiheit musste sich Österreich verpflichten, keine politische und wirtschaftliche Einigung mit Deutschland einzugehen und sich zudem an die Rüstungsbeschränkungen zu halten – Österreich war somit neutralisiert.[200]

Genau das war für Walden ein fader Beigeschmack dieser ost-westlichen Zusammenarbeit.[201] Dennoch, der österreichische Staatsvertrag war für Walden ein Beweis dafür, dass die großen Probleme der Nachkriegszeit nicht mit Gewalt, sondern mit Geduld gelöst werden können. Somit knüpfte er an den positiven Ausgang der Verhandlungen eine optimistische Perspektive für das künftige deutsch-sowjetische Verhältnis.[202] Die Westbindung der Bundesrepublik Deutschland und die Bewegung Moskaus in der Österreich-Frage stellten für Walden darüber hinaus eine Kausalität dar: »Es zeigt sich also, dass nur eine unbeirrte Politik des Westens Verhandlungen mit den Sowjets über eine Entspannung aussichtsreich gemacht hat.«[203] Noch vor der Genfer Konferenz sah Walden dann sogar einige Indizien einer »sowjetischen Neuorientierung«[204]. Der negative Verlauf der Konferenz sollte ihn wieder härter und skeptischer stimmen.

Die »Heimführung« der letzten 9.626 deutschen Kriegsgefangenen in der Sowjetunion, die Adenauer auf der Moskauer Konferenz vom 9. bis 13. September 1955 aus-

198 Vgl. ebenda, 78f.

199 Vgl. ders., Schachzüge – März 1955, in: Walden (Hrsg.), Mikrophon, S. 37.

200 Vgl. Gregor Schöllgen, Geschichte der Weltpolitik von Hitler bis Gorbatschow 1941–1991, München 1996, S. 103.

201 Vgl. Matthias Walden, Parallelen – April 1955, in: ders. (Hrsg.), Berliner Mikrophon 1953–1959, S. 46–50, hier S. 46f.

202 Vgl. ders., Politisches Tauwetter – Mai 1955, in: ders. (Hrsg.), Berliner Mikrophon 1953–1959, S. 54–58, hier S. 54f.

203 Ders., Parallelen – April 1955, in: Walden (Hrsg.), Mikrophon, S. 49.

204 Ders., Neues aus dem Osten – Mai 1955, in: ders. (Hrsg.), Berliner Mikrophon 1953–1959, S. 51–53, hier S. 51.

gehandelt hatte, empfanden noch 20 Jahre später die meisten Westdeutschen als größtes Verdienst des Kanzlers, wie eine demoskopische Umfrage zeigte.[205] Matthias Walden kam zeitgenössisch ebenfalls zu einer positiven Bewertung der Reise.[206] Allerdings stand diese nicht von Beginn an unter einem guten Stern. Adenauer, der mit einem großen Gefolge aus Regierungsangehörigen, Opposition und Journalisten in die sowjetische Hauptstadt flog, vertraute noch im Flieger seinem außenpolitischen Berater Herbert Blankenhorn an, dass er trotz neuer Entspannungsmethoden die sowjetische Politik als so gefährlich wie zuvor einschätze. Der Kanzler hoffte, dass die Illusionen sowjetischer Enstpannungsangebote nicht die Verteidigungsbereitschaft und die geistige Immunität des Westens schwächen werde.[207] Ganz ähnliche Bedenken also wie sie Matthias Walden zur Zeit der Genfer Konferenz umtrieben.

Eine Ausschlagung der Einladung war für Adenauer allerdings kaum möglich gewesen. Zu anfällig wäre er innenpolitisch für Angriffe der Sozialdemokraten gewesen, zudem bestand die Möglichkeit, die Kritik am NATO-Beitritt durch eine erfolgreiche Moskaureise zu relativieren. Erst zu spät realisierte Adenauer, dass alles andere als die Aufnahme diplomatischer Beziehung mit der Sowjetunion, von der ihm Blankenhorn und auch Heinrich von Brentano und Walther Hallstein eindringlich abgeraten hatten, ein Affront gegenüber den Moskauer Gastgebern gewesen wäre. Diese machten schon beim staatstragenden Empfang am Flughafen keinen Hehl daraus, dass dies weitaus mehr als ein Arbeitsbesuch oder Sondierungsgespräche waren. Hatte der Kanzler ursprünglich einen Botschafteraustausch von Fortschritten in der Wiedervereinigungsfrage abhängig gemacht, stellte er diesem nun allein die Lösung der Kriegsgefangenenfrage gegenüber.[208] Ein taktischer Schwenk, den ihm selbst Walden bei seinem Zwischenfazit nach dem ersten Verhandlungstag in Moskau respektvoll goutierte.[209] So war es Adenauer möglich, dieses von der deutschen Bevölkerung lang ersehnte Ziel zu erreichen.[210]

Walden selbst stufte die Aufnahme diplomatischer Beziehungen zu Moskau als wenig problematisch ein. In seiner abschließenden Beurteilung der Verhandlungen im Rundfunk meinte er, dass dies keinen Einfluss auf die Beziehungen zu »Pankow« haben werde. Der Sowjetunion müsse unbeirrt klar gemacht werden, dass die Bundesrepublik niemals die Teilung oder eine Wiedervereinigung unter »kommunistischen

205 Vgl. Schwarz, Adenauer 1952–1967, S. 207.

206 Vgl. Matthias Walden, Fazit einer Reise – September 1955, in: ders. (Hrsg.), Berliner Mikrophon 1953–1959, S. 90–94, hier passim.

207 Vgl. Tagebucheintrag Blankenhorns vom 8. September 1955. Zitiert nach: Schwarz, Adenauer 1952–1967, S. 213.

208 Vgl. ebenda, S. 217f.

209 Vgl. Matthias Walden, Diplomatie der Menschlichkeit – September 1955, in: ders. (Hrsg.), Berliner Mikrophon 1953–1959, S. 85–89, hier S. 86.

210 Vgl. Schwarz, Adenauer 1952–1967, S. 213.

Vorzeichen« akzeptieren werde.[211] Die harte Haltung Chruschtschows in Bezug auf die DDR sollte dann auch für Walden wie für so viele andere die letzte Hoffnung auf eine schnelle Lösung der deutschen Frage zu nichte machen. Der Kreml-Chef hatte die DDR als eine Zukunft, von der Marx und Engels geträumt hatten, bezeichnet. Für Walden ein Zeichen, den von der sowjetischen Propaganda hergestellten Zusammenhang des westlichen Einigungsprozesses und der östlichen Zwei-Staaten-Theorie zu bezweifeln:

> Es ist, wenn man diesen Satz betrachtet, schwer zu glauben, dass allein die Bindung der Bundesrepublik an die NATO und die Westeuropäische Union die Sprödigkeit der Sowjets verschuldet haben sollen.[212]

Vielmehr müsse man laut Walden dieser Haltung entgegenwirken, denn den »Sowjets« komme es schlicht entgegen, wenn in der Bundesrepublik der Westen als Verantwortlicher für die Teilung gemacht werde.[213] Tatsächlich gründete sich der sowjetische Kurs der »friedlichen Koexistenz« auf der Grundlage militärischer Stärke unter Chruschtschow und seinem starken Außenminister Molotow sowie dem neuen Verteidigungsminister Marschall Schukow auf der Bemühung zur Einigung und Festigung des sozialistischen Lagers. Aus diesem Blickwinkel muss – trotz der zeitlichen Koinzidenz zum NATO-Beitritt der Bundesrepublik – die Unterzeichnung des Warschauer Paktes am 14. Mai 1955 durch die Sowjetunion, Polen, die Tschechoslowakische Republik, die DDR, Ungarn, Rumänien, Bulgarien und Albanien gesehen werden. Zwar war der Pakt das Pendant des Ostblocks zur NATO, doch wirkte er eher als weiteres Instrument des Kremls zur Durchsetzung seiner hegemonialen Position im eigenen Lager.[214]

Die sich bereits bei der Berliner Außenministerkonferenz gezeigte »Zwei-Staaten-Theorie« des Kremls wurde schließlich am 20. September 1955, also kaum eine Woche nach Adenauers Moskaubesuch, nochmals untermauert. Ein von Ministerpräsident Bulganin und DDR-Regierungschef Otto Grotewohl ausgehandelter Vertrag zwischen der Sowjetunion und der DDR kam einer zweiten Souveränitätserklärung des ostdeutschen Staates gleich und veranschaulichte die Kontinuität der sowjetischen Deutschlandpolitik. Eine baldige Wiedervereinigung konnte hiernach endgültig als ausgeschlossen gelten.[215] Für die Rückführung der Kriegsgefangenen fügte Adenauer seinem Konzept des Alleinvertretungsanspruches, was er in Genf noch vor allen Siegermächten vertreten hatte, einen beträchtlichen Schaden zu. Um nach der Aufnahme

211 Vgl. Walden, Fazit einer Reise – September 1955, in: Walden (Hrsg.), Mikrophon, S. 92.
212 Ebenda, S. 91.
213 Vgl. ebenda.
214 Vgl. Winkler, Vom Kalten Krieg zum Mauerfall, S. 179f.
215 Vgl. Hoffmann, Die DDR unter Ulbricht, S. 59.

der diplomatischen Beziehungen zur Sowjetunion den deutschlandpolitischen Standpunkt der Bundesrepublik nicht weiter auszuhöhlen, wurde im Auswärtigen Amt als Reaktion auf die Entwicklungen eine Abwehrstrategie erarbeitet, die unter dem Namen Hallstein-Doktrin bekannt wurde, benannt nach dem Staatssekretär Walther Hallstein.

In ihrer Formulierung geht sie allerdings auf den Diplomaten Wilhelm C. Grewe zurück, der, wie erwähnt, bereits die Delegation bei der Berliner Außenministerkonferenz leitete und später deutscher Botschafter in den USA werden sollte. Grewe, Mitglied der deutschen Delegation bei Adenauers Moskaubesuch, machte sich bereits auf dem Rückflug aus Moskau Gedanken über die Auswirkungen der Geschehnisse auf den Alleinvertretungsanspruch Bonns. Die Hallstein-Doktrin besagte, dass Bonn die Aufnahme von diplomatischen Beziehungen zur DDR eines Drittstaates als unfreundlichen Akt gegenüber der Bundesrepublik Deutschland empfinde. In der Konsequenz könne dies bis hin zum Abbruch der eigenen Beziehungen zu diesem Drittstaat führen. Die Beziehungen zwischen der Sowjetunion und der DDR wurde aufgrund des Status der Sowjetunion als Sieger- und Besatzungsmacht als besonders gerechtfertigt und unterlagen nicht den »Gesetzen« der Doktrin.[216]

Einige Monate später wies Matthias Walden in diesem Sinne nochmals auf die Kontinuität der sowjetischen Politik und ihre Aggressivität hin. Zwar sei der Kreml nach dem XX. Parteitag zur Diplomatie zurückgekehrt, womit er die Formulierung des US-Diplomaten Robert Murphy aufgriff. Gezeigt hätten dies die Lösung der Österreich-Frage und der Moskaubesuch Adenauers. Hierbei handele es sich allerdings um Probleme, die die Sowjetunion selbst verursacht hatte. Zudem seien es Fragen des politischen Prestiges, bei dem man von Natur aus zahlungswilliger sei. Der Westen – und hier nimmt Walden die Rolle des Warners ein – dürfe sich nicht vom Methodenwandel Moskaus täuschen lassen, der für ihn nur »wertlose Gaukelei« sei. Die Grundsätze der sowjetischen Politik seien gleichgeblieben und es sei bereits ein schlechtes Zeichen, dass im Westen schon die Haltung der Stellung als »optimale Leistung« gelte. Auch wenn die Gefahr einer militärischen Aggression geschrumpft sei, müsse der Westen sich stets vor der Aggression der sowjetischen Expansion wappnen, so der Journalist kämpferisch.[217]

Waldens Einordnung der Moskaureise Adenauers, die insgesamt zwar Zustimmung zeigte, aber eher durch Nüchternheit bestach, offenbarte noch einen weiteren

216 Vgl. Creuzberger, Außenpolitik, S. 70; siehe ebenfalls zum Moskaubesuch Adenauers und der Hallstein-Doktrin: Wilfried Loth, Die Rettung der Welt. Entspannungspolitik im Kalten Krieg 1950–1991, Frankfurt am Main / New York 2016, S. 75f; und: Grewe, Rückblenden. 1976–1951, S. 251f.

217 Vgl. Matthias Walden, Die sowjetische Diplomatie – April 1956, in: ders. (Hrsg.), Berliner Mikrophon 1953–1959, S. 143–147, hier passim.

Wesenszug seiner politischen Haltungen. Er forderte eine in den entscheidenden Fragen gemeinsame Außenpolitik von Regierung und Opposition:

> Es geht dabei nicht um die Glorifizierung des greisen Kanzlers, der dort in der Metropole des imperialistischen Ostblocks meisterhaft und hingebungsvoll für die Anerkennung der Rechte und Lebensinteressen Deutschlands arbeitet – es geht um die Erkenntnis, dass die diktatorische, unnatürliche Geschlossenheit dieses Ostblocks eine freiwillige, vernunftgebotene Einmütigkeit in unserem Lande erfordert. Es geht unserer Nation einfach noch zu schlecht, als dass wir uns luxuriöse Gegensätzlichkeiten leisten könnten.[218]

Hier zeigte sich bei Walden ein Wunsch nach Konsens und Harmonie, der für die Frühphase des Journalismus in der Bundesrepublik Deutschland so symbolisch war, dass die Historikerin Christina von Hodenberg für die Zeit bis 1957 von einem »Konsensjournalismus« spricht.[219]

Kritik an Hans Zehrer

Die diplomatische Offensive der Sowjetunion in Richtung Bonn führte darüber hinaus zu der erstmaligen Besuchsmöglichkeit westdeutscher Journalisten nach Moskau. Zu den insgesamt sieben Auserwählten zählte Hans Zehrer, der seit dem 1. Oktober 1953 Chefredakteur bei der von Axel Springer herausgegebenen überregionalen Tageszeitung *Die Welt* war. Im Sommer 1955 verbrachte Zehrer also mehrere Tage in der sowjetischen Hauptstadt, seine Eindrücke und Schlussfolgerungen veröffentlichte er in einer 16-teiligen Artikelserie vom 29. Juni bis zum 21. Juli 1955 in der *Welt.*[220] In einem der ersten noch aus Moskau gekabelten Berichte stufte Zehrer ganz anders als Matthias Walden die sowjetische Entspannungspolitik als äußerst glaubwürdig ein. Die Sowjetunion sei laut Zehrer kaum noch von der kommunistischen Ideologie geleitet gewesen, sondern orientiere sich an realpolitischen Maßstäben. Im Gegensatz dazu werde vom Kreml die Politik des Westens als ideologiegeleitet eingestuft. Dennoch wies Zehrer darauf hin, dass es eine wirkliche Entspannung nicht mit zwei deutschen Staaten geben könne und somit die Wiedervereinigung immer das Ziel deutscher Außenpolitik bleiben müsse.[221]

Diese Haltung verteidigte Zehrer bis zum Ende der Serie. Der Tod Stalins und der Aufstieg des kommunistischen Chinas unter Mao Tse-tung hätten laut Zehrer einer-

218 Walden, Diplomatie der Menschlichkeit – September 1955, in: Walden (Hrsg.), Mikrophon, S. 87.

219 Vgl. Hodenberg, Konsens und Krise, S. 195.

220 Vgl. Sothen, Hans Zehrer, in: Kroll (Hrsg.), Die kupierte Alternative, S. 164.

221 Vgl. Hans Zehrer, Was will Rußland?, in: Die Welt vom 2.7.1955.

seits zu einer tiefen Verunsicherung des russischen Volkes und einem Umdenken in der sowjetischen Weltpolitik geführt:

> Innerhalb von neun Monaten hat die russische Außenpolitik einiges getan, um der Welt deutlich zu machen, daß sie einen neuen freundlicheren Kurs zu steuern beabsichtige. [...] Es ist verständlich, daß der Westen dieses Phänomen als Erfolg seiner Stärke auslegt. Es ist nur die Frage, ob es klug ist, dies zu propagieren, und ob es richtig ist.[222]

Eben diesen freundlichen außenpolitischen Kurs müsse der Westen laut Zehrer nun ausnutzen, da ansonsten eine Rückkehr in die Zeit des Stalinismus nicht ausgeschlossen sei.[223]

Verglichen mit Waldens positiv konnotierter Aussage über den Zusammenhang der bisherigen westlichen Politik der Stärke und der sowjetischen Gesprächsangebote lässt sich hier bereits ein deutlicher Unterschied in der Meinung der Journalisten feststellen. Darüber hinaus war Walden über Hans Zehrers Einschätzungen zur sowjetischen Politik irritiert. Im Juli 1955 kritisierte er im *RIAS*, dass Zehrer seine Eindrücke kaum mit bekannten machtpolitischen Konstellationen innerhalb der sowjetischen Führung reflektiert habe. Drastisch gesagt warf Walden Zehrer vor, seinen Gastgebern auf den Leim gegangen zu sein und sich damit zu einem Teil der kommunistischen Propaganda gemacht zu haben, die schon seit Jahren von einem sowjetischen Ruhebedürfnis spreche:

> Ich glaube es besteht kein Unterschied, ob man diese Versicherung von TASS entgegennimmt oder aus dem Munde eines gastgebenden Funktionärs erfährt. [...] Das sowjetische Ruhebedürfnis war in den vergangenen zehn Jahren wohl nie grösser als nach dem Ende des Krieges 1945. Dennoch begann in dieser Zeit die aggressivste Politik der sowjetischen Annektionen.[224]

Der Moskauer Schein, dem Zehrer und die anderen Journalisten ausgesetzt waren, und das ihnen so sympathisch erscheinende Ruhebedürfnis des Kremls überdecke laut Walden die Gefangenenlager im Hinterland, die aggressive sowjetische Rüstung und die Unterdrückung der Satellitenstaaten.

Einher ging dieser Vorwurf also auch mit der Kritik, den politisch-kriminellen Charakter der Sowjetunion zu verkennen. In Anspielung auf Zehrers Schilderung ei-

222 Ders., Hintergründe der Sowjetpolitik, in: Die Welt vom 20.7.1955.
223 Vgl. ebenda.
224 Walden, Vor den Kulissen – Juli 1955, in: Walden (Hrsg.), Mikrophon, S. 66.

nes Besuches in der Moskauer Oper, kommentierte Walden, dass der prächtige Bau der Oper nicht vergessen lassen sollte, »dass die Eintracht ihrer Regierungsloge eine Vorgeschichte hat, die mit Genickschüssen geschrieben wurde«[225]. Diese Episode ergänzt Waldens generelle Haltung zur sowjetischen Politik und einer möglichen westlichen Ostpolitik Mitte der 1950er Jahre. Nicht ganz konsistent wirkte sein zuvor betonter Zusammenhang zwischen einer westlichen Politik der Stärke und der sowjetischen Gesprächsbereitschaft auf der einen Seite und sein gerade an der Kritik zu Hans Zehrer deutlich gewordenes Misstrauen gegen eben diese auf der anderen.

Entspannung und Abrüstung

Walden war sich der Notwendigkeit eines weltpolitischen Arrangements mit Moskau bewusst. Dies galt trotz seiner Skepsis gegenüber den Verlautbarungen des Kremls und seiner Überzeugung, die Sowjetunion nutze die Entspannungsbereitschaft des Westens nur, um sich in ihrem eigenen Herrschaftsbereich zu festigen und den Status Quo in Europa – einschließlich und vor allem inklusive der deutschen Teilung – zu zementieren. Er prüfte jedoch alles mit dem »Schlagwort«[226] Entspannung versehene zunächst kritisch und schätzte häufig einen wahrhaftigen Abbau des Konfliktes als wenig realistisch ein. Zum Teil war diese Skepsis sicherlich eine Folge seiner Dresdner Zeit und der unmittelbaren Erfahrung mit den kommunistischen Machthabern.

Noch im August 1955, also nur wenige Wochen nach dem Genfer Gipfeltreffen, fasste Walden im Rundfunk kurz und knapp die aus seiner Sicht wesentlichen Punkte der weltpolitischen Entwicklung auf dem Weg zu einer vermeintlichen Entspannung zusammen:

> Die Welt gruppierte sich neu und teilte sich in Ost und West. Auf der Seite des Ostens waren die Diktatur, die Gewalt und Verbreitung der Furcht. Und im Westen waren die Demokratie im überlieferten, parlamentarischen Sinne und das Recht jedes Einzelnen, mit gleichwertiger Stimme sein Schicksal zu bestimmen.[227]

Diesem schon apodiktisch wirkenden Gegensatz, der aufgrund seiner unüberbrückbaren Kluft, so Walden, bald »kalter Krieg« genannt wurde, folgte die Einsicht, dass im Atomwaffen-Zeitalter die bestehenden Verhältnisse kaum mit offener Gewalt ver-

[225] Ebenda, S. 67; siehe zur Schilderung Zehrers: Zehrer, Moskauer Oper, in: Die Welt vom 21.7.1955.

[226] So der nachträglich vergebene Titel eines Kommentars Waldens aus dem Sommer 1955: Matthias Walden, Das Schlagwort »Entspannung« – August 1955, in: ders. (Hrsg.), Berliner Mikrophon 1953–1959, S. 80–84.

[227] Ebenda, S. 81.

ändert werden können: Die »Entspannung« war geboren. Nun habe dies laut Walden dazu geführt, dass der Osten – auch dieser wurde für den Journalisten zu einem festen ideellen und politischen Begriff – glaube, dass Entspannung die Anerkennung seiner Positionen bedeute, auch wenn diese auf Unrecht basierten und zum Teil gar lebenswichtige Interessen des Westens berührten.[228]

In diesem Sinne schloss sich Walden US-Präsident Dwight D. Eisenhower an, der nach Genf gesagt hatte, dass das amerikanische Volk niemals einem unaufrichtigen Abkommen beitreten werde, um damit das »Übel der Gegenwart« zu verewigen. Auf das Bekenntnis Eisenhowers hatte der Journalist gewartet, denn auch für ihn sei das Ergebnis einer solchen Politik ein »falscher Friede« und schließlich mache man sich so in den Augen der unterdrückten Völker eben zu einem Unterstützer der Unterdrücker.[229] Eine tief moralische Haltung, die für das politische Denken Matthias Waldens kennzeichnend wurde. Hiermit stand er allerdings im Gegensatz zu realpolitischen Politikansätzen, die häufig die Grundlage sowohl von Vertretern einer neutralistischen Politik, als auch von Befürwortern einer Entspannungspolitik waren.

Ein wirkungsvolles Motiv für die Entschärfung des Ost-West-Konfliktes war von Beginn an die rasant fortschreitende Waffentechnik der beiden Supermächte. Ihren Höhepunkt erreichte diese Entwicklung im Durchbruch der Wasserstoffbomben-Technik im Februar 1954 nach bereits erfolgreichen Zündungen in der Sowjetunion nun auch auf amerikanischer Seite.[230] Zunächst folgte dennoch die ideologische und militärische Blockbildung und erst nachdem Chruschtschow Anfang 1955 durch die Ausschaltung Malenkows den innersowjetischen Machtkampf für sich entschied, konnte aus westlicher Sicht von einer Ernsthaftigkeit sowjetischer Entspannungsabsichten ausgegangen werden. Wie beschrieben, brachte die Genfer Gipfelkonferenz bis auf atmosphärische Verbesserungen keine Fortschritte. Im Verbund mit der hochentwickelten Waffentechnik allerdings spricht Manfred Görtemaker in seinem 1979 erschienen Standardwerk zur Geschichte der Entspannungspolitik von einem »Zwang zur Koexistenz« für den Westen.[231]

Wie für viele Zeitgenossen war auch für Walden der Zusammenhang von Abrüstung und Entspannung evident. Zudem hingen für ihn Fortschritte auf diesen Gebieten untrennbar mit der Lösung der deutschen Frage zusammen. Das Hauptproblem stellte für ihn aber der Kontrollmechanismus der Abrüstung dar. Wer eine Kontrolle ablehne, so Walden im September 1955 im *RIAS*, der fürchte diese scheinbar und sei

228 Vgl. ebenda.
229 Vgl. ebenda, S. 82.
230 Vgl. Loth, Rettung der Welt, S. 69.
231 Vgl. Manfred Görtemaker, Die unheilige Allianz. Die Geschichte der Entspannungspolitik 1943–1979, München 1979, S. 34f.

daher kein glaubwürdiger Partner.[232] Der Zusammenhang der deutschen Wiedervereinigung und der Abrüstungsfrage wurde von US-Außenminister John Foster Dulles auf der Genfer Gipfelkonferenz ebenfalls aufgestellt. Dies führte jedoch zum Scheitern der Gespräche, nachdem Moskau eigentlich bereits Aufklärungsflügen als Kontrollmechanismus zugestimmt hatte. Für Dulles schien diese Beweglichkeit ein Zeichen sowjetischer Schwäche sein, die er zu einer deutschen Wiedervereinigung nach westlichen Vorstellungen nutzen wollte.[233]

So machte Walden also deutlich, dass er nur über eine Entspannung im Ost-West-Verhältnis einen Weg zur Wiedervereinigung Deutschlands sah. Er positionierte sich dabei aber ähnlich wie Dulles, der bereits erste Schritte der Verständigung von Fortschritten in der deutschen Frage nach westlichen Vorstellungen abhängig machte. Diese Haltung stand sicherlich noch unter dem Eindruck der Blockbildung. Angesichts der öffentlichen Zuschaustellung der Moskauer Solidarität mit dem SED-Regime, nicht zuletzt Nikita Chruschtschows Ost-Berlin-Besuch auf dem Heimweg von Genf, mögen die Zweifel an der sowjetischen Glaubwürdigkeit durchaus berechtigt gewesen sein. Ebenso allerdings die Einsicht, durch Junktims zur Wiedervereinigungsfrage eigentlich nur eine geringe Chance zu Fortschritten in Abrüstungs- und Entspannungsverhandlungen herzustellen.

1956: Das Ende des Stalinismus?

Das Jahr 1956 sollte schließlich zu einem der Schlüsseljahre im Ost-West-Konflikt werden, das auch Matthias Waldens ideelle Entwicklung beeinflussen sollte. Es sah eine »World in Revolt«[234], wie es der britische Historiker Simon Hall in seiner vielschichtigen Betrachtung über dieses Jahr schrieb. Er deutet damit weitreichende Prozesse an, die hier ihren Ursprung hatten, und bezieht sich dabei im Hinblick auf die Sowjetunion und den Ostblock auf die bereits angesprochene Geheimrede Nikita Chruschtschows auf dem XX. Parteitag der Kommunistischen Partei der Sowjetunion im Februar 1956, die alles andere als exklusiv bleiben sollte. Zunächst war es der stellvertretende Ministerpräsident Anastas Mikojan der noch auf dem öffentlichen Teil des Parteitages vor den Delegierten der internationalen kommunistischen Parteien von einer Unvereinbarkeit des Personenkults mit den Grundsätzen der marxistisch-leninistischen Lehre sprach und damit bereits andeute, dass die Figur Stalins auf dem Pantheon der kommunistischen Helden wackelte. Auf einer exklusiv für die Delegierten der Kommunistischen Partei der Sowjetunion gehaltenen Geheimrede am 25. Fe-

[232] Vgl. Matthias Walden, Abrüstung und Sicherheit – September 1955, in: ders. (Hrsg.), Berliner Mikrophon 1953–1959, S. 95–99, hier S. 97.

[233] Vgl. Loth, Rettung der Welt, S. 72f.

[234] Simon Hall, 1956. The World in Revolt, London 2016.

bruar distanzierte sich dann ebenfalls Nikita Chruschtschow nochmal deutlich vom Personenkult des verstorbenen Diktators und den *stalinistischen Methoden*.[235]

Stalinistische Methoden oder *Herrschaft* und *Stalinismus* (künftig nicht mehr kursiv) waren keine Selbstbezeichnung, sondern zunächst weltanschauliche, später dann wissenschaftliche Begriffe. Sie beschreiben im Grunde einen totalitären Herrschaftsanspruch und einen gewaltsamen politischen Grundgestus. Stalinismus konnte so gerade in Folge der die politisch-öffentliche Meinung der 1950er Jahre beherrschenden Totalitarismustheorie mit Faschismus und Nationalsozialismus gleichgesetzt werden. Auf der anderen Seite konnte eine öffentlich wirkungsvolle Distanzierung zur stalinistischen Herrschaft einen politischen Neuanfang suggerieren.[236] Schon kurz nach dem Tod Stalins, und bevor Nikita Chruschtschow zum neuen starken Mann im Kreml aufstieg, einigte sich die neue Führungsriege, die zunächst noch von Berija und Malenkow gelenkt wurde, zu einer »Abkehr vom alten Schreckensregime«.[237]

Chruschtschow setzte noch vor dem XX. Parteitag 1956 öffentlich den scheinbaren Bruch mit der Politik Stalins fort. So mit seiner Annäherung an den jugoslawischen Diktator Josip Tito, einem der erbittertsten Rivalen Stalins in der kommunistischen Welt. Stalin selbst wurde aber bisher noch nicht umgewertet, was sich zunehmend zu einem Problem entwickelte. Darüber hinaus war Chruschtschow davon überzeugt, dass die Wahrheit über das stalinistische Terrorregime ohnehin ans Licht kommen würde, er auf diese Weise aber weniger als Komplize des Diktators wirken würde, der er in zahlreichen Säuberungen allerdings gewesen war, und wie es nun seinem internen Gegenspieler Molotow erging. Zu guter Letzt war Chruschtschow wahrscheinlich davon überzeugt, dass nur durch eine Verdammung des Stalinismus eine wahrhaftige Durchsetzung einer Rückbesinnung auf den Leninismus gelingen konnte, die er als Voraussetzung für die soziale, kulturelle und ökonomische Überlegenheit des kommunistischen Systems gegenüber dem Kapitalismus erachtete. Diese Bereiche waren angesichts der Atomwaffentechnik zum wahren Spielfeld des Ost-West-Konfliktes geworden. Ursprünglich plante Chruschtschow die Rede tatsächlich geheimzuhalten, um dem ideologischen Feind im Westen keine unnötige Munition zu liefern. Einigen Parteiführern der osteuropäischen Staaten wurde jedoch ein Transkript der Rede zur Verfügung gestellt und es dauerte nicht lange, bis Allen Dulles, der Direktor der CIA, Anfang März im National Security Council über die Motive Chruschtschows spekulieren konnte.[238]

235 Vgl. ebenda, S. 49f.

236 Siehe ausführlich zum »Stalinismus als Problem«: Manfred Hildermeier, Geschichte der Sowjetunion 1917–1991. Entstehung und Niedergang des ersten sozialistischen Staates, München 2017 (2., überarbeitete und erweiterte Auflage), S. 770–787.

237 Vgl. ebenda, S. 793f.

238 Vgl. Hall, 1956, S. 58–60.

Schon Ende Februar, also nur unter Kenntnis der offiziellen Ansprache Mikojans, kommentierte Matthias Walden im *RIAS* die Vorgänge des XX. Parteitages. Trotz der bemerkenswerten »Verdunkelung Stalins Sterns« war Walden davon überzeugt, dass sich das Wesen des Kremls und der sowjetischen Politik kaum ändern würde:

> Die geistige Wüste hat sich nicht mit liberalem jungen Grün belebt, die Kinder laufen mit ihrem ersten Schulgang in die Arme des allgegenwärtigen, absoluten Staates, die Spitzel spitzeln weiter, und die Denunzianten denunzieren.[239]

Eine Liberalisierung des Kommunismus, wie es die Hoffnung so vieler war, war für Walden schon aufgrund des totalitären Charakters des Systems kaum möglich. Walden erkannte allerdings eine »Modernisierung« der sowjetischen Politik, eine Veränderung der Methoden. Er erklärte dies mit den Folgen des Atomzeitalters, die Chruschtschow dazu bewegt hätten, die Weltrevolution des Kommunismus nicht mehr auf kriegerischem Wege, sondern im wirtschaftlichen Wettbewerb erreichen zu wollen.[240]

Für den Westen bedeutete Chruschtschows Verurteilung der Stalin-Ära die Manifestierung der Koexistenz-Doktrin sowie die Revision der stalinistischen These der Unvermeidbarkeit von Kriegen. Hieraus ergaben sich neue Perspektiven in der Entspannungspolitik. Koexistenzvorstellungen zwischen verschiedenen Gesellschaftsordnungen hatten im Kommunismus zwar bereits seit den 1920er Jahren existiert, doch wurden diese von 1956 bis 1959 nun zu einer Doktrin ausgebaut. Ungeachtet einer friedlichen Koexistenz, in der militärische Konflikte von wirtschaftlichem Wettbewerb abgelöst seien, müsse der ideologische Kampf fortgesetzt werden. Erst 1959 wurde die Doktrin um den Zusatz ergänzt, dass die kommunistische Weltrevolution das erklärte Ziel der Sowjetunion bleibe.[241]

Genau dies alarmierte westliche Warner wie Matthias Walden. Eine Koexistenz mit dem Kommunismus war in seinem politischen Denken keine Alternative. Er befürchtete in der Konsequenz einen Rückzug der freiheitlichen Offensive des Westens. Das war kaum verwunderlich, schließlich hatte er noch wenige Monate zuvor die rhetorische Anknüpfung an die »Roll Back«-Strategie gesucht. Walden forderte den Westen noch im Februar 1956 auf, mit geistigen und wirtschaftlichen Waffen gegen einen sowjetischen Imperialismus zu kämpfen, der sich nun zwar angesichts der Wasserstoffbombe nicht mehr auf dem Schlachtfeld, aber sehr wohl im unlauteren wirt-

239 Matthias Walden, Die Partei hat immer recht – Februar 1956, in: ders. (Hrsg.), Berliner Mikrophon 1953–1959, S. 121–126, hier S. 122.
240 Vgl. ebenda.
241 Vgl. Görtemaker, Die unheilige Allianz, S. 36.

schaftlichen Wettbewerb zeige.[242] Ein grundsätzliches Ziel der Koexistenz-Bestrebungen Moskaus war für Walden die Absicht, an den bestehenden Verhältnissen nichts zu ändern, aber Entspannungsmaßnahmen auszuhandeln, die die sowjetische Wirtschaft und die militärische Entwicklung stärken würden. In diese Falle durfte der Westen nicht tappen, so Walden in einem etwas später erschienenen Beitrag in der *Christ und Welt*.[243]

Walden wollte einer Wandlung des in seinen Augen systemimmanenten totalitären Charakters des sowjetischen Systems keinen Glauben schenken. Schon im Januar 1957 sprach er von einem »Neo-Stalinismus«, den er anlässlich vermeintlich relativierender Aussagen Chruschtschows meinte identifizieren zu können.[244] Einer der Vorreiter dieser Entwicklung sei laut Walden Walter Ulbricht gewesen, der sich vor den kritischen Stimmen in der DDR fürchtete und allzu gerne den moskautreuen »Flankenwächter« Polens spiele.[245] Einen grundsätzlichen Wandel zum politischen Zwang des Stalinismus sah Walden also unter Chruschtschow kaum. Tatsächlich meint der Historiker Manfred Hildermeier in seiner 2017 neu aufgelegten »Geschichte der Sowjetunion«, dass die Ära Chruschtschows und auch Breschnews im Grunde zu dem alten System des Stalinismus zu zählen seien, auch wenn dieses im engeren Sinne kurz nach dem Tod Stalins nicht mehr existierte.[246]

Matthias Walden konnte sich als Journalist diese Rigidität seiner Haltung zwar leisten, doch bildete die Koexistenz-Doktrin nichts Minderes als die Basis für eine pragmatische sowjetische Politik gegenüber dem Westen. Dieser konnten sich führende westliche Politiker kaum entziehen. Chruschtschow gelang es, die ideologischen Prinzipien des Kommunismus zu wahren. Seit 1917 hatte der Gegensatz von Pragmatismus und Ideologie laut Manfred Görtemaker das »Grunddillemma sowjetischer Außenpolitik«[247] dargestellt.

Als Walden 1962 in der Illustrierten *Quick* eine sechsteilige Reihe über den Kreml-Chef veröffentlichte, interpretierte er das Vorgehen Chruschtschows im Februar 1956 als kühlen machtpolitischen von Opportunismus getriebenen Zug. Indem er Molotow kaltstellte, ihn aber leben ließ, habe sich Chruschtschow als sogar stärker als Stalin

[242] Vgl. Walden, Die Partei hat immer recht – Februar 1956, in: Walden (Hrsg.), Mikrophon, S. 125f.

[243] Vgl. ders., Moskau spielt auf zwei Klavieren. Es will mit dem Westen Handel treiben und gegen den Westen handeln, in: Christ und Welt vom 28.3.1957.

[244] Vgl. ders., Moskau braucht Ruhe – Januar 1957, in: ders. (Hrsg.), Berliner Mikrophon 1953–1959, S. 216–220, hier S. 217.

[245] Vgl. ebenda, S. 217f.

[246] Vgl. Hildermeier, Geschichte der Sowjetunion, S. 17.

[247] Görtemaker, Die unheilige Allianz, S. 37.

erwiesen.[248] Hier zeigte sich erneut, dass der Journalist im Grunde ein Freund klarer Verhältnisse war. Hinter Angeboten zur Entspannung aus Moskau oder scheinbaren liberalisierenden Reformen vermutete er stets nur den Versuch der Tarnung einer imperialistischen Politik oder die Stabilisierung eines im Kern totalitären Systems. So auch in der Kritik Chruschtschows an Stalin, die zur Festigung der Macht des neuen starken Mannes führte und die laut Walden nicht mit einem grundsätzlichen Wandel der sowjetischen Politik verwechselt werden durfte.

Manfred Hildermeier schreibt den Veränderungen der Phase der »Zähmung des Stalinismus« in seiner »Geschichte der Sowjetunion« ebenfalls ein opportunistisches Element zu, das von dem Bedeutungsgewinn der öffentlichen Meinung, der internationalen Politik und dem inneren Zusammenhalt der Moskauer Führungsriege beeinflusst wurde. Er betont darüber hinaus, dass der Massenterror zwar ein Ende hatte, dies jedoch kaum Rechtsstaatlichkeit, Freiheitsgarantien oder eine Gewaltenteilung im Sinne einer westlichen Demokratie bedeutete. Die personale Diktatur wurde von der kollektiven abgelöst und pauschale Gewaltandrohungen wichen selektiver Maßregelung. Dies hatte laut Hildermeier sehr wohl einen Wesenswandel des Systems zur Folge, nur war dieser ebenso wenig demokratisch wie die sowjetische Vergangenheit.[249]

Nichtsdestotrotz hatte Chruschtschow auch in Waldens Augen den Atem der kommunistischen Welt für kurze Zeit stocken lassen, wie er einige Jahre später in seinem Porträt über den Kreml-Chef urteilte. Dies habe sich am 28. Juni 1956 beim Arbeiteraufstand im polnischen Posen gezeigt, der zunächst gewaltsam niedergeschlagen wurde. Die Arbeiter hätten die »Freiheiten des Westens« gefordert. Chruschtschow, innenpolitisch unter Druck, reiste selbst nach Warschau, um den Riss im Ostblock zu kitten. Die Wahl des reformkommunistischen Wladyslaw Gomulka zum Ersten Sekretär der Polnischen Arbeiterpartei konnte er jedoch nicht verhindern. Die Vorgänge in Polen waren im Rückblick für Walden erneut ein Beweis für die Reformunfähigkeit kommunistischer Systeme:

> Für die Stalinisten steht es fest: Der Ungehorsam der Polen ist eine Folge der jähen Entstalinisierung, ist die Schuld Chruschtschows. Warschau hat seine freiheitlichen Thesen zu wörtlich genommen. [...] Es zeigt sich, daß es offenbar leichter ist, die Freiheit zu unterdrücken, als sie zu kontingentieren.[250]

[248] Vgl. Matthias Walden, Wer bist du Genosse? Das Leben des Nikita Chruschtschow. Teil 5, in: Quick – Illustrierte für Deutschland vom 18.11.1962.
[249] Vgl. Hildermeier, Geschichte der Sowjetunion, S. 825.
[250] Walden, Chruschtschow – Teil 5, in: Quick – Illustrierte für Deutschland vom 18.11.1962.

Die Akzeptanz Gomulkas durch den Kreml beruhigte die in weiten Teilen antikommunistisch und antisowjetisch eingestellte polnische Bevölkerung und verhinderte eine größere Revolte. Gomulka versicherte Moskau auf der anderen Seite die Bündnistreue Polens und sicherte somit den Zusammenhalt des sowjetischen Blocks. Er setzte innenpolitisch zudem die Stationierung sowjetischer Truppen durch, indem er nur knapp zehn Jahre nach dem Ende des Zweiten Weltkrieges das Schreckgespenst eines westdeutschen Revanchismus beschwor.[251]

Im November 1956 bewertete Walden im Rundfunk schließlich nochmal die Situation in Polen und lobte zunächst die neuen gewährten Freiheiten für Journalisten. Jubelstürme, die er bei vielen Politikern und Publizisten zu erkennen meinte, wies er aber zurück. Von einem »menschlichen Sozialismus« könne man seiner Meinung nach nur sprechen, wenn allein schon der »Verzicht auf Unmenschlichkeit« menschlich sei. Freiheitlich im Sinne einer parlamentarischen Demokratie könne ein sozialistisches System nicht werden.[252] Genau diese Illusion sei laut Walden aber die Chance des – wie er es nannte – »emanzipierten Kommunismus«. Nur aufgrund des Terror Stalins gewinne dieser an Strahlkraft, was eine Gefahr für den Westen darstellte:

> Der Demokratie, so, wie wir sie verstehen und vertreten, wäre damit kein guter Dienst erwiesen. Im Gegenteil – die Freiheit hätte gegenüber einer kontingentierten sogenannten Liberalisierung vielleicht sogar einen schwereren Stand als zu Stalins Zeiten.[253]

Doch bedeutete dies, dass sich Matthias Walden ein stalinistisches Terrorregime zurückwünschte, damit im Westen wenigsten Klarheit herrschte? Er verneinte diese an sich selbst gestellte Frage natürlich, doch warnte er vor einer Leichtfertigkeit im Umgang mit den kommunistischen Regimen.[254] Er begrüßte wiederum die Aussage Außenminister Heinrich von Brentanos, dass die Bundesrepublik Deutschland nicht an die gewaltsame Revision der Oder-Neiße-Grenze denke. Dies entkräfte das Argument eines revanchegetriebenen deutschen Militarismus. Diese Fiktion sei schließlich das einzige Bindemittel zwischen der DDR und Polen.[255] Walden zeigte sich hier als Befürworter politischer Maßnahmen, die den Zusammenhalt des Ostblocks entschie-

[251] Vgl. Csaba Békés, East Central Europe, 1953–1956, in: Melvyn P. Leffler/Odd Arne Westad (Hrsg.), The Cambridge History of the Cold War. Volume I: Origins, Cambridge 2010, S. 334–352, hier S. 346f.

[252] Vgl. Matthias Walden, Das Eis schmilzt weiter – November 1956, in: ders. (Hrsg.), Berliner Mikrophon 1953–1959, S. 189–194, hier S. 189f.

[253] Ebenda, S. 190.

[254] Vgl. ebenda, S. 191.

[255] Vgl. ebenda, S. 193.

den stören sollten. Das musste für ihn ein entscheidendes Motiv aller ostpolitischen Bemühungen des Westens sein.

Als er ein Jahr später Polen, das »Land der kontingentierten Freiheiten«, das stets zwischen der ost-westlichen Rivalität gelitten habe, besuchte, zeigte sich Walden in seinem Reisebericht in der Wochenzeitung *Christ und Welt* allerdings beeindruckt:

> In Warschau dürfen sie's. Mit dem Jazz fängt es an, mit den Büchern geht es weiter und alles endet, wie wir wissen, in der Politik.[256]

Die positive Stimmung in Polen ließ ihn gar über die mögliche Rolle des Landes nach dem Ende des Ost-West-Konfliktes sinnieren; eine Seltenheit im journalistischen Werk Waldens. Polen könnte zur Brücke zwischen Ost und West werden, meinte er. Allerdings nicht im Sinne der Koexistenz, denn das wäre ohnehin ein Widerspruch, da diese keine Brücken kenne.[257]

Nur wenige Wochen nach den Unruhen in Polen 1956 sollte die Lage in Ungarn erneut eskalieren und anders als in Polen nicht so schnell wieder eingedämmt werden können. Am 22. Oktober 1956 hatten Studenten in Budapest rebelliert und unter anderem Meinungs- und Pressefreiheit, die Einführung eines Mehrparteiensystems und die Wiedereinsetzung des zuvor entmachteten Reformers Imre Nagy als Ministerpräsident gefordert. Aus einer friedlichen pro-reformistischen Demonstration wurde schließlich im Laufe des Tages eine bewaffnete Revolte, nachdem die kommunistische Parteiführung die erbetende Unterstützung sowjetischer Truppen erhalten hatte. Obwohl am 24. Oktober Imre Nagy zum Ministerpräsidenten ernannt wurde, konnte die Situation nicht mehr beruhigt werden, der Protest war zu einem weitläufigen anti-sowjetischen Kampf für die Freiheit geworden. Nagy erkannte schnell, dass das Schicksal dieses Freiheitskampfes nirgendwo anders als in Moskau lag und versuchte gemeinsam mit dem Kreml die Situation zu stabilisieren. Dieser stimmte schließlich am 30. Oktober einem Rückzug der sowjetischen Truppen zu – eine der Kernforderungen der revolutionären Gruppen. Die historische Rekonstruktion beweist aber eindeutig, dass Moskau diese Entscheidung unter der Voraussetzung eines nationalen reformierten Kommunismus in Ungarn traf, doch nur unter der Bedingung, wenn das Land loyal zu Moskau und innerhalb des sowjetischen Blockes blieb. Also ein Ausgang ähnlich zur zuvor getroffenen Lösung in Polen.[258]

256 Ders., In Polen hofft man wieder. Besuch in Gomulkas Land der kontingentierten Freiheiten, in: Christ und Welt vom 8.8.1957.

257 Vgl. ebenda.

258 Vgl. Békés, East Central Europe, in: Leffler/Westad (Hrsg.), CHCW I, S. 348–350. Eine gute Darstellung über den Ungarn-Aufstand und seine internationale Perspektive findet sich bei dem Politikwissenschaftler Charles Gati, der die Unruhen 1956 als junger Journalist in Budapest er-

Für Matthias Walden stand der Aufstand in Ungarn in einer Linie mit dem 17. Juni 1953. Noch Ende Oktober 1956 idealisierte er in einem Rundfunkkommentar das Aufbegehren als »Geist der Freiheit und des Widerstandes gegen die Tyrannei«[259]. Die Zurückhaltung des Westens kritisierte er darüber hinaus scharf.[260] In einem Artikel in der *Christ und Welt* beschäftigte er sich am 1. November mit dem SED-Regime, das sich seiner Ansicht nach durch die Aufstände in Polen und Ungarn in einem »ideologischen Zweifrontenkrieg« zwischen »National-Kommunismus« und »freiheitlichen Idealen« befand. Die DDR erscheint dabei bei Walden als stalinistischer Schlussstein des Sowjetimperiums, für das sie unentbehrlich geworden sei. Eine Wiedervereinigung konnte für Walden unter diesen Bedingungen auf dem Wege der Entspannung also kaum erreicht werden, da dies zur Erosion des sowjetischen Herrschaftsbereiches geführt hätte, die Moskau niemals zulassen würde. Respekt bekundete der Journalist allerdings gegenüber den DDR-Studenten, die von den Funktionären des Regimes Erklärungen über das sowjetische Eingreifen forderten.[261]

Neben einem Massaker an Offizieren des moskauhörigen ungarischen Geheimdienstes und Meldungen über weitreichende Forderungen nach demokratische Reformen, die den Bedingungen der sowjetischen Akzeptanz einer autonomeren ungarischen Regierung widersprachen, war schließlich genau diese Furcht, dass die Revolte auf andere Staaten des Ostblocks übergreifen könnte, ein Grund für Chruschtschows Revidierung seiner Entscheidung des Rückzuges der sowjetischen Truppen. Noch am 31. Oktober entschied sich der Kreml-Chef, entgegen der Warnungen Mikoyans damit das Image der Sowjetunion ernsthaft zu beschädigen, zur militärischen Intervention. Als am 1. November sich in Ungarn die Gerüchte über eine Rückkehr der sowjetischen Truppen verbreiteten, wurde aus dem Jubel der vorigen Tage ein Gefühl der Angst und Beklemmung, so Simon Hall in seiner 1956-Chronik.[262]

In einer Sondersendung des Hörfunks des *Sender Freies Berlin*, verurteilte Walden gemeinsam mit Helmut Reinhard die sowjetische Invasion scharf. Die Revolution bezeichneten die Journalisten als »legalen Akt der Selbstverteidigung des Volkes«[263], die militärische Intervention Moskaus hätte laut Walden und Reinhard zudem den wahren Charakter des Warschauer Paktes als Herrschaftsinstrument des Kremls offenbart und eben nicht als Defensivbündnis gegen NATO und WEU, als das es die sowjetische

lebte: Charles Gati, Failed Illusions. Moscow, Washington, Budapest, and the 1956 Hungarian Revolt, Stanford 2006.

259 Matthias Walden, Sieg über die Gewalt – Oktober 1956, in: ders. (Hrsg.), Berliner Mikrophon 1953–1959, S. 178–182, hier S. 182.

260 Vgl. ebenda, S. 179.

261 Vgl. ders., Spannungsfeld über der Zone, in: Christ und Welt vom 1.11.1956.

262 Vgl. Hall, 1956, S. 340–344.

263 Helmut Reinhard/Matthias Walden, Hörfunksendung Der Ungarn-Aufstand (angehört im AdRBB, gesendet am 2. November 1956 im SFB), Minute 24.

Propaganda so gern verkaufe.[264] Tatsächlich hatte Imre Nagy in einem Anflug letzten Heldenmutes am 1. November den Austritt Ungarns aus dem Warschauer Pakt und die Neutralität des Landes verkündet. Nagy appellierte an die Vereinten Nationen, die Ungarn-Frage auf die Agenda der Vollversammlung zu setzen und bat um Unterstützung bei der Verteidigung der ungarischen Neutralität.[265]

Den Regierungen in Großbritannien und Frankreich kam dieses Vorhaben gerade Recht, um von ihrer eigenen militärischen Intervention in Ägypten abzulenken. London und Paris hatten gemeinsam mit Israel im Juli 1956 versucht, den nationalistischen Führer Ägyptens, Gamal Abdel Nasser, zu stürzen. Zuvor hatte Nasser die britisch-französische Suez-Kanal-Gesellschaft verstaatlicht, die Westeuropa mit Öl versorgte.[266] Sowohl in der Suez-Krise als auch in den Versuchen, die Vereinten Nationen von der britisch-französischen Militäraktion abzulenken, versagten die USA jedoch trotz weitgehender internationaler Solidarität für die Aufständischen in Ungarn ihre Unterstützung. Es blieb bei wirkungslosen öffentlichen Verurteilungen, nachdem die Invasion der Sowjetunion bereits begonnen hatte. Ein »whistling in the wind« [267], so Simon Hall.

Am 4. November 1956 zerschlugen die sowjetischen Truppen die Revolution schließlich in wenigen Tagen. Eine Regierung unter János Kádár, der zuvor zwar im Kabinett Nagy gesessen hatte, am 1. November allerdings nach Moskau gereist war und Chruschtschow Loyalität geschworen hatte, wurde eingesetzt. Imre Nagy floh mit einigen Gefolgsmännern in die jugoslawische Botschaft. Bei der Niederschlagung wurden 2.700 Menschen getötet und ungefähr 30.000 inhaftiert, von denen später mehr als 200 hingerichtet wurden. Mit fast 200.000 Menschen war die Zahl der Auswanderer in den Monaten nach dem Aufstand zudem dramatisch hoch. Die meisten – es waren vor allem junge und gebildete Ungarn – gingen nach Nordamerika, viele aber auch nach Westeuropa.[268] Matthias Walden äußerte sich bedrückt über die Geschehnisse in Ungarn und war gleichzeitig enttäuscht über das Verhalten der Westmächte:

> Die Ungarn haben das Weltgewissen in wenigen Wochen erfolgreicher wachgerüttelt, als der ganze freie Westen in einigen Jahren.[269]

264 Vgl. ebenda, Minute 19–23.

265 Vgl. Békés, East Central Europe, in: Leffler/Westad (Hrsg.), CHCW I, S. 351.

266 Vgl. David S. Painter, Oil, resources, and the Cold War, 1945–1962, in: Melvyn P. Leffler/Odd Arne Westad (Hrsg.), The Cambridge History of the Cold War. Volume I: Origins, Cambridge 2010, S. 486–507, hier S. 501.

267 Vgl. Hall, 1956, S. 344f.

268 Vgl. Békés, East Central Europe, in: Leffler/Westad (Hrsg.), CHCW I, S. 351 Siehe auch: Hall, 1956, S. 350.

269 Matthias Walden, Gewalt ohne Sieg – November 1956, in: ders. (Hrsg.), Berliner Mikrophon 1953–1959, S. 183–188, hier S. 183.

Beschädigte die brutale Niederschlagung des Aufstandes zwar die internationale Anziehungskraft des Kommunismus, zeigte die offensichtliche Zurückhaltung des Westens jedoch eindeutige Mängel in der propagandistisch verbreiteten Strategie des »Roll Back« auf, so der ungarische Historiker Csaba Békés.[270] John Foster Dulles wurde gar von Präsident Eisenhower autorisiert zu deklarieren, dass die sowjetischen Satellitenstaaten nicht als potentielle militärische Verbündete der USA eingestuft wurden. Somit sei Moskau das Signal gegeben worden, dass die USA bei einer möglichen Intervention nicht eingreifen würden, wie Simon Hall ebenfalls betont.[271]

Die Zerschlagung der ungarischen Rebellion hatte noch noch ein bitteres Nachspiel. Dem in die jugoslawische Botschaft geflohenen Imre Nagy wurde nach Abschluss der Kampfhandlungen Amnestie und freies Geleit versprochen. Direkt nachdem er die schützende Botschaft verlassen hatte, wurde Nagy aber gemeinsam mit dem ehemaligen Verteidigungsminister Pál Maleter festgenommen und nach Rumänien verschleppt, wo ihnen im Geheimen der Prozess gemacht wurde. Am 16. Juni 1958 wurden Nagy und Maleter in Rumänien gehängt und in einem unmarkierten Grab begraben.[272] Der internationale Aufschrei war groß, auch bei Walden, der das Vorgehen Moskaus allein schon aus diesem Grund als Torheit einstufte. Er war sich aber sicher, dass Chruschtschow nicht ganz freiwillig gehandelt, sondern von den Stalinisten im Kreml unter Druck gesetzt worden war: »Nun flieht der Kreml vor den Geistern, die er rief, zurück in die schützenden Gräben des Dogmatismus.«[273] Darüber hinaus sei laut Walden nun der Bann gebrochen, Chruschtschow könne nicht mehr, wie noch bei Malenkow und Molotov, auf die mörderischen Methoden Stalins verzichten. Ohnehin habe sich gezeigt, dass die Öffnung der Ventile auf dem XX. Parteitag eben nicht zum Druckverlust im Umgang mit den Satellitenstaaten verholfen hatte, weswegen nun die Stalinisten wieder das Sagen hätten. Von Entspannung und Verhandlungsbereitschaft zu sprechen war laut Walden unter diesen Voraussetzungen ein peinlicher Anachronismus.[274]

Noch einige Jahre später leitete Walden in seinem biographischen Essay über Chruschtschow aus der ungarischen Episode und des Verrats an Nagy den gefährlichen Charakter des Kreml-Chefs her: »Der Krieg gegen das kleine Ungarn hat den Nimbus des großen Friedenfreundes und Anti-Stalinisten Chruschtschow stark angeschlagen.«[275] Die Schärfe mit der Walden gegen die sowjetische Intervention in Ungarn anschrieb und anredete sowie seine bei vielen Aspekten pointierten Analysen

[270] Vgl. Békés, East Central Europe, in: Leffler/Westad (Hrsg.), CHCW I, S. 351.
[271] Vgl. Hall, 1956, S. 352.
[272] Vgl. ebenda, S. 350.
[273] Matthias Walden, Mord als politisches Mittel – Juni 1958, in: ders. (Hrsg.), Berliner Mikrophon 1953–1959, S. 382–387, hier S. 385.
[274] Vgl. ebenda, S. 382–385.
[275] Ders.ders., Chruschtschow – Teil 5, in: Quick – Illustrierte für Deutschland vom 18.11.1962.

der Moskauer Verhältnisse blieben bald auch im Ostblock nicht mehr unbemerkt. So lässt sich beispielsweise im Archiv der Unterlagen des MfS der DDR eine Anfrage der ungarischen Sicherheitsbehörden über Informationen zu Walden finden.[276] Ein Vorgang, der Walden freilich nicht bekannt war, der aber durchaus als Qualitätsmerkmal seiner journalistischen Analysen zu werten ist.

Was blieb nun aber aus Matthias Waldens Sicht zunächst von diesem Jahr 1956? Was waren die Konsequenzen der Aufstände in Polen und Ungarn sowie Chruschtschows Versuch, sich vom Erbe Stalins zu lösen und eine Koexistenz-Doktrin aufzustellen? Schon im Sommer 1956 hatte Walden angesichts der internationalen Entwicklungen festgestellt, dass eine Vereinigung Deutschlands in Freiheit seit Jahren von Moskau verhindert und dies auch in Zukunft so bleiben werde.[277] In einem Leitartikel in der *Christ und Welt* machte der Journalist im November 1956 nun mehr als deutlich, dass er durch den »Panzermord« in Ungarn die »Genfer Mode« nachträglich ad absurdum geführt sah:

> Die Gläubiger der Ko-Existenz sahen sich um ihre Investitionen betrogen und die zuvor als ›letzte Kalte Krieger‹ verhöhnten Skeptiker verzichteten zähneknirschend auf ihren Triumph. [...] Die Grundformel der Genfer Phase hatten alle willig gepaukt: Kalter Krieg plus Entspannung ist gleich Ko-Existenz. Dieser Pythagoras der globalen Politik hat sich nun als Irrlehre erwiesen.[278]

Die offensichtliche Heterogenität des Ostblocks müsse genutzt und jedem Schritt der Liberalisierung mit »politischer Aufgeschlossenheit« begegnet werden, so Walden weiter. Ostpolitik bedeute nach den Erosionserscheinungen im Ostblock nicht mehr nur noch eine Politik der kalten Schulter.[279] War das nicht ein Widerspruch zu früheren Äußerungen des Journalisten, denn hatte er nicht im gleichen Kommentar nochmals auf die Unmöglichkeit einer Koexistenz hingewiesen? Ja und Nein. Es stimmt, dass Walden entspannungspolitische Methoden befürwortete, wenn sie – so wie gezeigt im Fall der vorsichtigen deutsch-polnischen Annäherung – zu einer Erosion des Ostblocks führen könnten und somit eben zur Wiedervereinigung nach westlichem Vorbild. Eine friedliche Koexistenz freiheitlicher Demokratien und kommunistischer Systeme schloss er auf lange Sicht aus, wäre dies doch in seinen Augen mit einer Per-

276 Vgl. Ministerium für Staatssicherheit der DDR, Anfrage der Ungarischen Sicherheitsbehörden über aktuelle Informationen zu Matthias Walden. BStU (Archivsignatur: MfS HA X AP 3609/79, S. 8-15).

277 Vgl. Matthias Walden, Kalter Krieg, Wiedervereinigung und Koexistenz – Juni 1956, in: ders. (Hrsg.), Berliner Mikrophon 1953–1959, S. 153–157, hier S. 154.

278 Ders., Nach Kaltem Krieg und Ko-existenz: Genfer Sonnenuntergang, in: Christ und Welt vom 22.11.1956.

279 Vgl. ebenda.

manenz der deutschen Teilung verbunden gewesen. Also keine Absage an die »Roll-Back«-Strategie. Ohne eine Überwindung der Teilung war für Walden kein Zustand des Friedens denkbar, wie er schon im Mai 1956 im Rundfunk herleitete:

> Sich mit der politischen Wirklichkeit der Gegenwart anzufreunden, hiesse [sic!] einen Waffenstillstand im kalten Krieg zu schliessen [sic!], der den Weg zum Frieden verbaut.[280]

Der gewaltsame Eingriff der Sowjetunion in Ungarn hatte laut Walden zudem einen globalen Vertrauensverlust zur Folge aus dem der Westen trotz seiner Zurückhaltung moralisches Kapital schlagen könne, gerade im Umgang mit neutralen Staaten wie Ägypten, Jugoslawien oder Indien. Um auf diesem Feld wieder eine weiße Weste zu erlangen, müssten aber London und Paris sich endlich dazu entschließen, ihre Truppen aus Ägypten abzuziehen, so der Journalist direkt nach der militärischen Intervention Moskaus in Ungarn. Ganz konkret müsste der Westen dann genau in dieser Situation die Sowjetunion wieder an den Verhandlungstisch zur Abrüstung zwingen.[281]

Das ereignisreiche Jahr 1956 ging schließlich auch zu Ende. Seine zahlreichen Krisen führten zu der Erkenntnis, dass trotz des atomaren Gleichgewichts die Sowjetunion in ihrem Einflussbereich nicht nachsichtiger wurde, was zu einer verstärkten Blockbildung beitrug. Bald schon führte dies wiederum im Westen wie im Osten zum Wunsch vertrauensbildender Maßnahmen, die gerade in der Abrüstungsfrage Fortschritte garantieren sollten.[282] Matthias Walden war sich bewusst, dass das Zusammenspiel aus sowjetischer Aggression und westlicher Zurückhaltung zur Folge hatte, dass ähnliche Vorgänge wie die Aufstände in Polen und Ungarn in Ost- und Mitteleuropa künftig wahrscheinlich ausbleiben würden. Die Bereitschaft Waldens zu Verhandlungen mit dem politischen Osten erscheint also vielmehr als operativer Arm einer Politik der Stärke und weniger als Dialoginstrument im Sinne einer Koexistenz-Idee. Die Arenen der Zukunft lagen seiner Ansicht nach nicht mehr im militärischen, sondern im materiellen und ideellen Bereich.

»Mathematik des Nicht-Krieges«

Vernachlässigt werden dürfe die militärische Ebene aber nun auch nicht, mahnte Walden einige Monate später. Anlässlich des Volkstrauertrages am 24. November 1957 hatte er im *SFB* der Millionen Toten der beiden Weltkriege gedacht und festgestellt,

280 Ders., Poesie der Beschränkung – Mai 1956, in: ders. (Hrsg.), Berliner Mikrophon 1953–1959, S. 148–152, hier S. 152.

281 Vgl. ders., Gewalt ohne Sieg – November 1956, in: Walden (Hrsg.), Mikrophon, S. 187.

282 Vgl. Loth, Rettung der Welt, S. 78.

dass aktuell die Gefahr eines Weltkrieges weit entfernt sei, obwohl es angesichts der öffentlichen Debatten oft diesen Anschein habe. Von einem Frieden könne aber ebenso wenig gesprochen werden:

> Wäre es so, dass der Krieg ausbleibt, weil die Menschheit reif geworden ist, weil sie das Problem endlich ethisch gelöst hat und aus ganzer Seele und vollem Verstande Krieg überwand, dann dürften wir zufrieden sein. [...] Statt einer Ethik des Friedens haben wir eine Mathematik des Nicht-Krieges.[283]

Was der Journalist damit meinte, war die stets ungelöste Frage des Wettrüstens, deren Lösung nur realistisch erscheine, wenn beide Seiten in ihr eine Rentabilität sehen würden. Dieser universellen Forderungen nach einer modernen Friedensethik, die dem Anlass des Kommentars sicher angemessen war, folgte allerdings eine kühle Berechnung. Der Rüstungswettlauf verhindere laut Walden den Krieg und sei auf lange Sicht für den Osten beschwerlicher als für den Westen, meinte er. Am Ende entscheide soziale und geistige Stärke sowie moralische Festigkeit.[284]

Das Jahr 1957 hatte zunächst vielversprechend begonnen. Es war der Beginn einer internationalen Abrüstungsdebatte, die bis zur Kuba-Krise 1962 anhielt und deren Auslöser neben der festgefahrenen Blockpolitik auch die Forderung der Bundesrepublik nach taktischen Atomwaffen für die Bundeswehr war. Die Forderung ging letztendlich einher mit der Initiative aller größerer europäischer NATO-Partner, die den eigenen Besitz von Kernwaffen anstrebten. Schließlich meinte man, im Fall eines bewaffneten Konfliktes Hauptkriegsschauplatz zu sein. So wurde auf dem NATO-Rat am 12. April 1957 beschlossen, dass die europäischen Verbündeten mit amerikanischen Trägerwaffensystemen ausgerüstet werden sollen. Die nuklearen Sprengköpfe sollten hingegen in Verwahrung des US-Militärs bleiben.[285]

Innenpolitisch hatten die Pläne von Bundeskanzler Adenauer und Verteidigungsminister Strauß nur knapp mehr als ein Jahrzehnt nach dem Kriegsende allerdings eine besondere Brisanz. Nachdem Adenauer am 5. April 1957 die Forderung nach taktischen Atomwaffen bereits in der später beschlossenen abgeschwächten Form publik machte, formierte sich gerade im akademischen Bereich der Bundesrepublik ein bis dahin nicht gekannter Widerstand gegen die Politik. Die führenden Köpfe der deutschen Atomforschung appellierten in der »Göttinger Erklärung« vom 12. April 1957 gegen die Stationierung von Atomwaffen jeglicher Art in Deutschland.[286]

283 Matthias Walden, Hoffnungen – November 1957, in: ders. (Hrsg.), Berliner Mikrophon 1953–1959, S. 295–299, hier S. 296.

284 Vgl. ebenda, S. 298.

285 Vgl. Görtemaker, Die unheilige Allianz, S. 40; siehe auch: Loth, Rettung der Welt, S. 80.

286 Vgl. Görtemaker, Geschichte der Bundesrepublik, S. 345f.

Die insgesamt 18 Wissenschaftler um Max Born, Max von Laue, Otto Hahn, Werner Heisenberg und Carl Friedrich von Weizsäcker wollten in erster Linie eine fachlich kaum informierte Öffentlichkeit darauf hinweisen, dass taktische Atomwaffen keineswegs eine geringere Wirkung hätten als normale Atombomben wie sie in Hiroshima und Nagasaki eingesetzt wurden. Der Zusatz bezog sich lediglich auf ihre strategische Verwendung. In betonter Zurückhaltung meinten sie, dass sie sich keine Kompetenz in der Politik der Großmächte zuschrieben und sich ohne Einschränkung zur Freiheit der westlichen Welt bekennen würden. Ein kleines Land wie die Bundesrepublik Deutschland könne ihrer Meinung nach allerdings zu seinem Schutz am ehesten beitragen, indem es freiwillig auf den Besitz oder die Stationierung von Atomwaffen jeder Art verzichte.[287]

Der »Göttinger Erklärung« trat Matthias Walden im *SFB*-Hörfunk äußerst aufgeschlossen entgegen. Das »gute Dokument« hatte seiner Ansicht nach lediglich den Nachteil, dass es keinen Weg zum Verzicht auf Atomwaffen zeigen würde. Hier meldete sich der praktisch denkende politische Journalist zu Wort. Auf einer rein ethischen Ebene war Walden geneigt, sich dem Protest anzuschließen, was ebenso seine Sympathie für den Vorstoß des Friedensnobelpreisträgers Albert Schweizer für ein Abkommen zur Beendigung der Atom-Versuche zeigte.[288] Er konnte in seiner Haltung aber die Machtkonstellation des Ost-West-Konfliktes nicht ignorieren, so wie es eben den »Göttinger 18« von Seiten der Kritiker des Protestes meist vorgeworfen wurde.[289] Das öffentliche Einschreiten der Physiker empfand Walden aber durchaus als positiven Impuls in der noch jungen Debattenkultur der Bundesrepublik:

> Es wäre beklemmend, wenn sich das Gleichgewicht der Atom-Rüstung in der Welt bis zu einer Gewöhnung an das Ungewöhnliche etablierte. Der Frieden aus Furcht muss ein kurzfristiges Provisorium bleiben - allein schon, weil Fortdauer der Abschreckungsmethode Fortentwicklung der Abschreckungswaffen und weil Fortentwicklung Fortsetzung der gefährlichen Experimente bedeuten müsste.[290]

[287] Vgl. Text des Göttinger Manifests der Göttinger 18 vom 12. April 1957. http://www.uni-goettingen.de/de/54320.html (23. Oktober 2017).

[288] Vgl. Matthias Walden, Das Risiko des Irrtums – Mai 1957, in: ders. (Hrsg.), Berliner Mikrophon 1953–1959, S. 244–249, hier S. 244.

[289] Vgl. Holger Nehring, Die nachgeholte Stunde Null. Intellektuelle Debatten um die Atombewaffnung der Bundeswehr 1958–1960, in: Dominik Geppert/Jens Hacke (Hrsg.), Streit um den Staat. Intellektuelle Debatten in der Bundesrepublik 1960-1980, Göttingen 2008, S. 229–250, hier S. 233.

[290] Matthias Walden, Politik unter dem Atompilz – April 1957, in: ders. (Hrsg.), Berliner Mikrophon 1953–1959, S. 238–243, hier S. 243.

Walden warnte davor, die untrennbare Verbindung von militärischer und politischer Entspannung zu verkennen und brachte hierbei freilich die Wiedervereinigungsfrage ins Spiel, die seiner Ansicht nach bei Abrüstungsverhandlungen mit auf dem Tableau stehen müsse.[291]

Die bundesdeutsche Öffentlichkeit war in der Frage der Atombewaffnung der Bundeswehr durchaus gespalten, sodass die SPD angesichts der im September 1957 stattfindenden Bundestagswahlen sich des Protestes bediente. Die scharfen Auseinandersetzungen über die Wehrpolitik führten allerdings nicht zum Wahlerfolg der Sozialdemokraten. Ganz im Gegenteil konnten die Unionsparteien sogar die absolute Mehrheit erzielen. Im Dezember 1957 stimmte der NATO-Rat in Paris schließlich endgültig der Ausrüstung der europäischen Partnerstaaten mit Atomwaffen unter amerikanischer Kontrolle zu. Die Ausrüstung der Bundeswehr mit amerikanischen Trägersystemen begann im Frühjahr 1958.[292] Das NATO-Treffen in Paris war für Walden eine Demonstration der Stärke des Bündnisses. Den »Raketengegnern«, den Walden durchaus Verständnis entgegenbrachte, versuchte er die in seinen Augen richtige Strategie zu erklären. Um in späteren Verhandlungen zu einer Abrüstung in Europa zu kommen, müsse man zunächst die Stationierung von Raketen beschließen. Daher wurde der Beschluss in Paris auch gleichzeitig von einem Appell zu Abrüstungsverhandlungen begleitet. Wenn Moskau der Ansicht sei, dass sich in Europa gegen eine Bewaffnung gewehrt werde, würde es kaum zu sowjetischen Zugeständnissen kommen.[293]

Trotz Sympathien für die Friedensethiker war Walden also ein Logiker des Kalten Krieges, der den Gesetzen der Abschreckung folgte. Sein Denken war eindeutig von einer Verantwortungsethik geprägt, die der Soziologe Max Weber schon 1919 als notwendige Ergänzung zu einer reinen Gesinnungsethik eingeführt hatte.[294] Bereits 1954 hatte Walden in einem Rundfunkkommentar gesagt, dass es nicht widersinnig sei, wenn die Atombombe zugleich die furchtbarste Waffe und wirksamste Warnung vor einem Kriege sei und somit zum drastischsten, aber erfolgreichsten Mittel seiner Verhinderung werden würde.[295] Nach der Genfer Konferenz 1955 stufte Walden die Wahrscheinlichkeit eines 3. Weltkrieges schließlich als äußerst gering ein: »Die Atombombe hat sich als Friedensstifterin erwiesen, und das Gleichgewicht der Kräfte

291 Vgl. ders., Das Risiko des Irrtums – Mai 1957, in: Walden (Hrsg.), Mikrophon, S. 245.

292 Vgl. Görtemaker, Geschichte der Bundesrepublik, S. 346f.

293 Vgl. Matthias Walden, Raketen für die NATO – Dezember 1957, in: ders. (Hrsg.), Berliner Mikrophon 1953–1959, S. 311–315, hier S. 311f.

294 Ausführlich dazu im Abschnitt zur Auseinandersetzung mit der Friedensbewegung der frühen 1980er Jahre im Kapitel »Entspannungspolitik, Krisenperzeption und politischer Wechsel in Bonn«, zu Weber bereits: Max Weber, Politik als Beruf, Stuttgart 2008 (erstmals 1919), S. 80f.

295 Vgl. Matthias Walden, Der rote Aggressor – April 1954, in: ders. (Hrsg.), Berliner Mikrophon 1953–1959, S. 17–21, hier S. 21.

schafft eine übrige Garantie.«[296] Eine militärische Verteidigungsbereitschaft sei aus Sicht des Journalisten aber zur Erhaltung dieses Gleichgewichts allerdings unverzichtbar.[297]

Wer seine Logik des Kalten Krieges scheinbar nicht verstand, war laut Walden Hans Zehrer, den er wie schon erwähnt 1955 wegen seiner Moskauserie in der *Welt* kritisiert hatte. Zehrer hatte die offensive Rede von US-Präsident Eisenhower im Dezember 1957 in Paris in einem Leitartikel als »bestürzend« bezeichnet. Der US-Präsident hatte eindringlich vor den militärischen und wirtschaftlichen Entwicklungen in der Sowjetunion gewarnt und die westlichen Regierungschefs zu gemeinsamen Anstrengungen aufgerufen. Obwohl er auf die bedrohlichen Entwicklungen in der Waffen- und Raketentechnologie hinwies – die Sowjetunion hatte schließlich nur zwei Monate zuvor mit Sputnik als erstes Land einen Satelliten in die Erdumlaufbahn befördert – betonte Eisenhower allerdings vor allem die ökonomische Perspektive des Konflikts.[298]

Walden wollte sich in seinem Kommentar aber zunächst weniger mit Eisenhower, sondern vielmehr mit Zehrer und seiner politischen Haltung beschäftigen:

> Es geht um die vom Autor [Hans Zehrer, NL] und der Gruppe seiner Meinungsfreunde vertretenen Haltung, die aus den Moskauer Zuckerbäckerbauten offenbar auf die Süsse sowjetischer Absichten schliesst. [...] Auch wenn es eines Tages endgültig als altmodisch verschrien sein sollte, die Gefährlichkeit des politischen Ostens zu erwähnen, selbst wenn der Hinweis auf die Machtgelüste des raketen- und atomwaffenbewährten Kolosses automatisch einen Tadel im Klassenbuch der Neutralisten eintragen sollte, wird es unvermeidlich sein, ohne Ermüdung und unbeirrt immer wieder zur Vorsicht gegenüber Moskau zu mahnen.[299]

Die Vergangenheit habe den Appell Eisenhowers laut Walden mehr als gerechtfertigt. Es sei absurd, wenn Chruschtschow und sein neuer Außenminister Andrei Gromyko ein Ende der Politik der Stärke des Westens fordern, da sie selbst eine Politik der Stärke im Exzess betreiben würden. An wirklich entspannungsdienlichen Aktionen sei der Kreml laut Walden ohnehin nicht interessiert, sondern nur an einem »Papierfrieden«. Also einem großen Treffen der Regierungschef, auf dem feierlich Nichtangriffs-

[296] Ders., Fazit einer Reise - September 1955, in: Walden (Hrsg.), Mikrophon, S. 93.
[297] Vgl. ebenda.
[298] Vgl. Dwight D. Eisenhower, Remarks at the Opening of the NATO Meetings in Paris. December 16, 1957, in: National Archives of the United States (Hrsg.), Public Papers of the Presidents of the United States. Dwight D. Eisenhower – 1957, Washington D.C. 1958, S. 835–842, hier S. 837.
[299] Walden, Raketen für die NATO – Dezember 1957, in: Walden (Hrsg.), Mikrophon, S. 313.

pakte unterzeichnet werden, während der eigentliche Konflikt konserviert werde. Ein Vergleich Waldens dieser Praxis mit Hitlers vermeintlicher Friedenspolitik der 1930er Jahre blieb nicht aus.[300]

Walden hatte sich auf eine extrem harte Position zurückgezogen und sah in Moskau keinen vertrauenswürdigen Verhandlungspartner. Allerdings versuchte er kaum, eine östliche Perspektive einzunehmen, wie es in diplomatischen Verhandlungen häufig von Nutzen sein kann. Nun war Walden aber auch kein Diplomat und verstand seine Haltung sicher nicht als strategische Leitlinie für das Auswärtige Amt oder das State Department. Er hatte aber dennoch den Anspruch, in außenpolitischen Debatten vermeintlich leichtfertigen Positionen gegenüber Moskau entgegenzutreten.

Hans Zehrer ließ sich davon zunächst allerdings nicht beirren. Zu den Konstanten seiner politischen Haltung gehörte, dass der Schlüssel zu einer souveränen deutschen Politik und Wiedervereinigung in Moskau lag. Im Januar 1958 reiste der *Welt*-Chefredakteur daher mit seinem Verleger Axel Springer in die sowjetische Hauptstadt. Mit großen Hoffnungen, wie sich der stellvertretende Bundesvorsitzende der CDU und Vertrauter Springers, Eugen Gerstenmaier, erinnerte. Zehrer, der für den 13 Jahre jüngeren Verleger in den vergangenen Jahren zu einem politischen Mentor geworden war, hatte ein Gespräch mit Chruschtschow über die Möglichkeiten der Wiedervereinigung eingefädelt. Sollte der Gedankenaustausch positiv verlaufen, wollte Springer in der Bundesrepublik in seinen Zeitungen verstärkt für eine Verständigung mit der Sowjetunion werben – so der Plan.

Die Reise, die von der CDU-Führung um Bundeskanzler Konrad Adenauer und den Fraktionsvorsitzenden Heinrich Krone als Affront betrachtet wurde, entwickelte sich allerdings zu einem Debakel. Das geplante Gespräch mit Chruschtschow wurde erst mehrfach verschoben und nachdem es dann doch noch stattgefunden hatte, wurden die Publizisten herb enttäuscht. Chruschtschow hatte deutlich gemacht, dass es selbst eine Neutralitätslösung nach dem Vorbild Österreichs nicht geben werde. Vielmehr zeigte sich der Kreml-Chef von einem künftigen kommunistischen Gesamtdeutschland überzeugt. Springer kehrte nach eigener Einschätzung als Geläuterter aus Moskau zurück. Der Einfluss Zehrers auf das politische Denken des jungen Verlegers ließ von nun an merkbar nach.[301] Für Walden bewies das am Ende schließlich sogar veröffentlichte Interview mit Chruschtschow nur ein weiteres Mal, dass Moskau eine

300 Vgl. ebenda, S. 313–315.

301 Vgl. Sothen, Hans Zehrer, in: Kroll (Hrsg.), Die kupierte Alternative, S. 165–167; vgl. Schwarz, Axel Springer, S. 276–285; zu den Auswirkungen der Moskaureise auf Springers USA-Bild und die Beurteilung der Westbindungspolitik in seinen Zeitungen, siehe: Peter Hoeres, Reise nach Amerika. Axel Springer und die Transformation des deutschen Konservatismus in den 1960er und 1970er Jahren, in: Zeithistorische Forschungen/Studies in Contemporary History 9 (2012), S. 54–75, hier S. 57f.

einheitsfeindliche Deutschlandpolitik betreibe, was selbst Ulbricht in der DDR auch in Erklärungsnot gegenüber den Einheitspolitikern in der SED bringe.[302]

Im Bundestag nahm indes die Diskussion über die atomare Bewaffnung der Bundeswehr angesichts der Umsetzung der Pariser Beschlüsse wieder Fahrt auf. Die SPD hatte zu Beginn des Jahres 1958 darüber hinaus die Kampagne »Kampf dem Atomtod« ausgerufen, um durch eine Volksbewegung die Ausstattung der Bundeswehr zu verhindern. Die Partei zog sich aber bald aus der Initiative zurück, da sie an einem außenpolitischen Konsens mit der Regierung Adenauer interessiert war.[303] Im März war die Debatte allerdings auf ihrem Siedepunkt. Matthias Walden versuchte im Rundfunk die entgegengesetzten Positionen einzuordnen und trat für eine Mäßigung der Schärfe ein:

> Es wäre grotesk, der Opposition vorzuwerfen, sie wollte die Bolschewisierung Deutschlands, es wäre absurd, die CDU zu beschuldigen, sie plane den Atomkrieg.[304]

Das Hauptproblem der Oppositionsargumentation sei laut Walden, dass sie verdrängen würde, dass der einzige Grund, warum aus der politischen Aggressivität keine militärische wurde, eben das Gleichgewicht der Waffen war, die der Westen – nachdem er nach dem Zweiten Weltkrieg abgerüstet hatte – durch Aufrüstung erreicht habe:

> Und es ist nicht zu bestreiten, dass weniger die moralische Reife der Menschheit bisher einen neuen Krieg vereitelt hat, als vielmehr das Gleichgewicht der Rüstungen. Alles, was dieses Gleichgewicht stören könnte, wäre – vor einer allgemeinen Abrüstung – tatsächlich ein grosses, nicht zu verantwortendes Risiko.[305]

Hier war sie wieder: die Logik des Kalten Krieges. Walden gab zu, dass die atomare Bewaffnung der Bundeswehr wohl kaum einen gewichtigen Beitrag zu dem Rüstungsgleichgewicht leiste, doch könne die Bundesrepublik Deutschland sich angesichts ihrer Verbündeten dieser Bürde nicht entziehen.[306]

[302] Vgl. Matthias Walden, Ulbricht – in einsamer Tiefe. Nach der Säuberung im SED-Zentralkomitee, in: Christ und Welt vom 13.2.1958.

[303] Vgl. Nehring, Die nachgeholte Stunde Null, in: Geppert/Hacke (Hrsg.), Streit um den Staat, S. 229.

[304] Matthias Walden, Atomare Rüstung – Chance oder Risiko? – März 1958, in: ders. (Hrsg.), Berliner Mikrophon 1953–1959, S. 342–347, hier S. 342.

[305] Ebenda, S. 345.

[306] Vgl. ebenda.

Allein aufgrund der Atomwaffen sei es bisher zu keinem bewaffneten Konflikt zwischen den USA und der Sowjetunion gekommen. Nur »Schwärmer« könnten meinen, dass dies an einer höheren Vernunft oder einer aus Erfahrung gediehenen Moral liege. Walden äußerte gar die Hoffnung, gerade durch die Existenz von Atomwaffen zu einer »Moral des Verstandes« zu gelangen, und kritisierte außerdem diejenigen Politiker, die ein atomares Arsenal lediglich zur Steigerung des nationalen Prestiges anstrebten.[307] Das konnte durchaus als Kritik der französischen Pläne für eine »Force de Frappe« gelten, die 1958 kurz nach der Gründung der V. Republik durch Charles de Gaulle das erste Mal konkrete Formen annahmen.

Im weiteren Kommentar verband er die Frage der atomaren Bewaffnung der Bundeswehr sogleich mit dem Plan einer atomwaffenfreien Zone in Europa, den der polnische Außenminister Adam Rapacki im Oktober 1957 auf der Vollversammlung der Vereinten Nationen vorgestellt hatte. Rapackis Vorstellung nach sollte die Zone die beiden deutschen Staaten und Polen umfassen.[308] Er knüpfte dabei an die Ideen des britischen Labour-Politikers Sir Hugh Gaitskell und des amerikanischen Ost-Experten George F. Kennan an, die aufgrund der Pläne für eine atomare Bewaffnung der Bundeswehr einen Rückzug sowjetischer Truppen aus Mitteleuropa als wenig realistisch ansahen und daher eine »Disengagement«-Zone in Europa ins Spiel brachten.[309]

Im Gegensatz zu Kennan verzichtete Rapacki allerdings darauf, seinen Plan mit der Wiedervereinigung Deutschlands in Verbindung zu setzen. Bundeskanzler Adenauer konnte die Vorstöße nicht gutheißen, da sie darüber hinaus die Integration der Bundesrepublik in das westliche Militärbündnis – die er zuvor mühsam durchgesetzt hatte – gefährdeten und eine Anerkennung der DDR impliziert hätten. Schließlich blieb die NATO auch wie gezeigt auf ihrem Kurs der Ausstattung der europäischen Partner mit amerikanischen Trägersystemen, obwohl die Sowjetunion noch versucht hatte diese Entwicklung aufzuhalten, indem sie die Tschechoslowakei der geplanten Zone hinzufügte.[310]

Auch für Walden war die modifizierte Version des Rapacki-Plans nicht mehr als eine »Mahnung« an die NATO, wie er den Vorschlag Moskaus im Februar 1958 im *SFB* bezeichnete.[311] Als im Herbst des Jahres der polnische Außenminister seinen Plan erneut novellierte und die atomwaffenfreie Zone in Europa nicht mehr mit einem amerikanischen Truppenabzug verband, lobte Walden zwar den entspannungspoliti-

[307] Vgl. ders., Krise unter heissem Himmel – Mai 1958, in: ders. (Hrsg.), Berliner Mikrophon 1953–1959, S. 363–369, hier S. 367f.

[308] Vgl. ders., Atomare Rüstung – Chance oder Risiko? – März 1958, in: Walden (Hrsg.), Mikrophon, S. 346.

[309] Vgl. Görtemaker, Die unheilige Allianz, S. 41.

[310] Vgl. Loth, Rettung der Welt, S. 82f.

[311] Vgl. Matthias Walden, Offensive der Entspannung? – Februar 1958, in: ders. (Hrsg.), Berliner Mikrophon 1953–1959, S. 336–341, hier S. 337.

schen Enthusiasmus des Planes, schätzte seine substantielle Wirkung aber aufgrund der fortschreitenden Technik eher zurückhaltend ein. Rapackis Vorstoß sollte in seinen Augen aber nicht schroff abgewiesen werden, da all diejenigen im Ostblock, die noch fähig zu selbstständigem Denken seien, nicht entmutigt werden dürften.[312] Mehr als ein Urteil aus der Kategorie »stets bemüht« war das allerdings nicht. Der militärische Aspekt der Diskussion über eine entmilitarisierte Zone in Europa hatte für Walden kaum noch einen Stellenwert. Wegweisender wären seiner Ansicht nach die politischen Auswirkungen der Abrüstungspläne gewesen, doch diese waren bereits seit einigen Monaten als wenig durschlagend einzuschätzen.

Denn ungeachtet seiner aufgeschlossenen Kommentare gegenüber den entspannungspolitischen Vorstößen aus dem Ostblock, machte Walden die Sowjetunion für das Scheitern der jahrelangen Abrüstungsverhandlungen der Vereinten Nationen verantwortlich. Dafür könne es seines Erachtens nach zwei Gründe geben, wie er schon in einem Radiokommentar im März 1958 ausgeführt hatte. Entweder glaube Moskau, eines Tages stärker zu werden als der Westen – dann wäre eine Abrüstung reiner Selbstmord – oder das Misstrauen sei so groß, woran man dann arbeiten müsse.[313] Tatsächlich ließ Nikita Chruschtschow wenige Wochen nach dem Kommentar Waldens einen geplanten Abrüstungsgipfel in den diplomatischen Vorverhandlungen scheitern, da er nicht bereit war, Verhandlungen über einen Friedensvertrag auf die Tagesordnung setzen zu lassen. Der mangelnde Entspannungswillen der Sowjetunion schien vielen Skeptikern als Bestätigung und die Befürworter einer atomaren Aufrüstung konnten im Westen ihre Position stärken. Auch weil Chruschtschow im Herbst 1958 durch die Verschärfung der Situation in Berlin allen Überlegungen zu Rüstungsbeschränkungen ein zwischenzeitliches Ende bescherte.[314]

Polemiken gegen die DDR und ein Primat des Antikommunismus

Matthias Waldens Einlassungen zum SED-Regime der DDR waren charakteristisch für die antikommunistische politische Kultur der Bundesrepublik Deutschland. Er knüpfte dabei an seine beiden Streitschriften der frühen 1950er Jahre an, in denen er das SED-Regime als Fortsetzung der nationalsozialistischen Herrschaft eingestuft hatte. Zum achtjährigen Jahrestag der deutschen Teilung im Oktober 1957 betonte er, dass die Menschen in der »Zone« nun bereits seit 25 Jahren unter den Bedingungen

312 Vgl. ders., Politischer Herbst – November 1958, in: ders. (Hrsg.), Berliner Mikrophon 1953–1959, S. 435–440, hier S. 438.

313 Vgl. ders., Atomare Rüstung – Chance oder Risiko? – März 1958, in: Walden (Hrsg.), Mikrophon, S. 346.

314 Vgl. Loth, Rettung der Welt, S. 84; ebenso: Görtemaker, Die unheilige Allianz, S. 42

einer Diktatur leben würden, die bis ins letzte Detail des Alltags ausstrahle.[315] Unter diesen Voraussetzungen dürfe die Bedeutung der offensiven Vertretung freiheitlicher demokratischer Werte niemals unterschätzt werden, lautete die Prämisse Waldens. Anlässlich des Todes von Bundestagspräsident Hermann Ehlers am 29. Oktober 1954 würdigte Walden im *RIAS* dementsprechend vor allem dessen Leistung, die Bundesversammlung nach Berlin verlegt zu haben, ins Schaufenster für den Osten. Auch die Deutschen in der »Zone« müssten um den verstorbenen Repräsentanten der parlamentarischen Demokratie trauern, denn: »Dort, wo die Demokratie verboten ist, hat sie eine andere, oft eine größere Bedeutung als in der Freiheit«.[316]

Auffällig war auch, dass Walden die DDR kontinuierlich mit Kampfbegriffen wie »Sowjetzone«, »Ulbricht-Regime« oder schlicht »Pankow« versah. Ein Merkmal, das gepaart mit der Mentalität der Logik des Kalten Krieges, als Paradigma des westdeutschen Antikommunismus gilt und somit das Bild des Journalisten weiter schärfen kann.[317]

Die »steinerne Insel«

Viele seiner Polemiken gegen das SED-Regime veröffentlichte Walden ab 1956 in der überregionalen Wochenzeitung *Christ und Welt*, die erstmals 1948 unter amerikanischer Lizenz erschienen war. Die Auflage der Zeitung hatte sich von anfangs 40.000 Exemplaren bis Anfang der 1960er Jahre auf 100.000 Exemplare gesteigert. Damit war *Christ und Welt* zum Marktführer unter den Wochenzeitungen avanciert.[318] Die Übernahme der Berliner Korrespondenz für die im Umfeld des Hilfswerks der Evangelischen Kirche in Stuttgart gegründeten Zeitung bedeutete für Walden nicht nur einen nächsten Karriereschritt in seiner journalistischen Laufbahn, sondern auch eine Verstärkung seines antikommunistischen Profils. Schließlich besaßen bei *Christ und Welt* mit Giselher Wirsing und Klaus Mehnert zwei wortgewaltige Publizisten die Deutungshoheit, die laut dem Historiker Axel Schildt einen von der Verteidigung des Abendlandes geprägten Antikommunismus nicht nur ideell, sondern auch personell, aus der »Hitler-Zeit« über die Zäsur von 1945 in die Adenauer-Ära transportiert hatten.[319]

315 Vgl. Matthias Walden, Acht Jahre deutsche Trennung. Für die Menschen in der Zone bedeutet das: 25 Jahre totalitärer Zwang, in: Christ und Welt vom 10.10.1957.

316 Vgl. ders., Spielregeln der Demokratie – Oktober 1954, in: Walden (Hrsg.), Mikrophon, S. 27f.

317 Vgl. Schildt, Antikommunismus, in: Frei/Rigoll (Hrsg.), Der Antikommunismus in seiner Epoche, S. 193.

318 Vgl. Payk, »... die Herren fügen sich nicht; sie sind schwierig.«, in: Kersting/Reulecke/Thamer (Hrsg.), Die zweite Gründung, S. 49.

319 Vgl. Schildt, Antikommunismus, in: Frei/Rigoll (Hrsg.), Der Antikommunismus in seiner Epoche, S. 192. Mehr zu Waldens Engagement bei der *Christ und Welt* im Kapitel »Politischer Journalismus nach 1945«.

Schon während der Revolte in Ungarn hatte Matthias Walden die DDR als »steinerne Insel« im Sowjet-Imperium bezeichnet. Bei der SED galten noch die alten Gebote »stalinistischer Zucht und Strenge«, weswegen das Regime angesichts des Aufbegehrens in Polen und Ungarn für den Kreml an Bedeutung gewonnen habe.[320] Walden erkannte somit die wachsende Bedeutung der DDR für die Sowjetunion als Schlussstein ihres Machtbereiches und gleichzeitig die damit verbundene Starrheit des politischen Systems in »Mitteldeutschland«.

Im Zentrum von Waldens Überlegungen stand dabei zunächst der Generalsekretär der SED und bedeutendste Politiker in der DDR, Walter Ulbricht. Noch wenige Wochen nach dem XX. Parteitag der KPdSU glaubte Walden, dass die Position des als Vorzeige-Stalinisten geltenden Politikers deutlich gefährdet sei und sagte einen Sturz Ulbrichts durch »moderate« Gegenspieler vorher. Auffällig ist, dass er darin einen Vorteil für Moskau gesehen hätte, da die DDR als Pendant der Bundesrepublik genauso als »Schaufenster« für die andere Seite wirkte. Dass Ulbricht selbst für eine im Westen attraktivere DDR werben solle, kommentierte Walden zynisch mit dem Verweis, dass damit der Bock zum »Obergärtner« gemacht werde.[321]

Nur einige Monate später musste Walden aber feststellen, dass das Aufbegehren im Sowjet-Imperium wie schon nach dem 17. Juni 1953 zu einer Festigung Ulbrichts geführt hatte. Das »politische Fossil aus Stalins vitalsten Tagen« habe im Kreml wieder an Ansehen gewonnen, da der DDR nun die Rolle als »Flankenwächter für den unsicheren Kantonisten Polen« zufalle. Parallel dazu habe Ulbricht seine Pläne einer Ausdehnung des »SED-Staates« auf gesamtdeutsches Gebiet zu Gunsten der Zwei-Staaten-Theorie Moskaus aufgeben.[322]

In der Tat hatte der XX. Parteitag der KPdSU ein kurzes politisches Tauwetter in der DDR zur Folge. Obwohl Ulbricht versuchte, durch die Entlassung ehemaliger SED-Mitglieder aus der Haft, beispielsweise Max Fechner und Franz Dahlem, und die Amnestierung von insgesamt 25.000 Häftlingen den Druck zu lösen, geriet der SED-Chef ins Visier innerparteilicher Gegner. Diese forderten Reformen im wirtschaftlichen, gesellschaftlichen und politischen Bereich. Die geplanten Reformprojekte verliefen jedoch im Sand, entlassene Politiker wie Dahlem oder Fechner blieb die Rückkehr in die Politik verwehrt. Die Unruhen in Posen und Ungarn veranlassten das Regime dann schließlich die »latenten Liberalisierungsbestrebungen« vehement zu bekämpfen, so Dierk Hoffmann in seiner Darstellung über die Geschichte der DDR. Am 8. November 1956 verabschiedete das Politbüro schließlich ein Dokument mit

320 Vgl. Walden, Sieg über die Gewalt – Oktober 1956, in: Walden (Hrsg.), Mikrophon, S. 181.

321 Vgl. ders., Der Bock als Obergärtner. Ulbricht will für ein attraktives Schaufenster sorgen – Dahlem und Ackermann auf Warteposten, in: Christ und Welt vom 9.8.1956.

322 Vgl. ders., Ulbricht wird honoriert, in: Christ und Welt vom 10.1.1957.

dem Titel »Maßnahmen zur Unterdrückung konterrevolutionärer Aktionen«, das auch den Einsatz von Waffengewalt zur Niederschlagung möglicher Protestbewegungen in Betracht zog.[323] In Waldens Augen war Walter Ulbricht somit einer der dogmatischsten Stalinisten des Ostblocks.[324]

Den Zusammenhang der internationalen Krisen des Kommunismus und der Unsicherheit der SED, die dann schließlich eine solche Radikalität zur Konsequenz hatte, erkannte Matthias Walden schnell. Im Februar 1958 schrieb er in der *Christ und Welt*, die SED kämpfe gegen das selbstständige Denken, Kritiker müssten wie »Panther durch die Straßen schleichen«. In der Frage, zwischen Konservierung des Kommunismus der Stalin-Ära oder einer Belebung durch Abbau der Gewalt, habe sich Ulbricht laut Walden für Ersteres entschieden.[325] Der prominenteste innerparteiliche Kritiker Ulbrichts war der Philosoph Wolfgang Harich, der einige ideologische Grundpositionen aufzugeben gedachte und damit Ulbricht vor dem Hintergrund des Ungarn-Aufstandes ganz besonders die Gefahren dieser intellektuellen Reformideen für seinen eigenen Machtanspruch vor Augen führte. Harich hatte beispielsweise eine Auflösung des MfS in Erwägung gezogen, das längst zu einem Herrschaftsinstrument der SED geworden war. Im November 1957 wurde Harich, der nie den Machtanspruch der Partei in Frage gestellt hatte, verhaftet und vor Gericht gestellt, wo ihm vorgeworfen wurde, gemeinsam mit der Bundesrepublik Deutschland Umsturzpläne geschmiedet zu haben. Während des Prozesses wurde gar eine »Gruppe Harich« konstruiert um ein angeblich konspiratives Vorgehen nach dem Vorbild des Ungarn-Aufstandes nachzuweisen. Der Philosoph wurde schließlich zu zehn Jahren Haft verurteilt.[326]

Nicht nur von Matthias Walden wurde dieses harte Vorgehen Ulbrichts als Präventivschlag gegen vermeintliche Revisionisten gewertet, wobei der Journalist diese Bezeichnung in Anführungsstriche setzte. Waldens Einschätzung einer Reformunfähigkeit des Kommunismus setzte sich auch hier durch. Wolfgang Harich war für den Journalisten ein Individualist, dem es an Idealismus fehlte und der außerdem kaum mit »Reformern« wie Gomulka oder Nagy verglichen werden konnte. Nach Harichs vorzeitiger Entlassung Anfang des Jahres 1965 schrieb Walden dem Philosophen einen offenen Brief in der *Quick*. Er machte nochmals deutlich, dass Ideen eines reformierten Kommunismus niemals mit den Idealen westlicher Freiheit vereinbar seien. Dennoch sei aus Sicht des Westens jede Störung im ideologischen Gefüge des Kom-

323 Vgl. Hoffmann, Von Ulbricht zu Honecker, S. 59–61.

324 Vgl. Matthias Walden, Der »gemeinsame Feind« mußte herhalten. Fragwürdiger Burgfrieden zwischen Warschau, Prag und Pankow, in: Christ und Welt vom 30.5.1957.

325 Vgl. ders., »Wie Panther durch die Straßen schleichen«. Die SED kämpft gegen das selbständige Denken, in: Christ und Welt vom 14.2.1957.

326 Vgl. Hoffmann, Von Ulbricht zu Honecker, S. 63; zum Typus des reformkommunistischen Intellektuellen in der DDR: Wolfgang Bialas, Ostdeutsche Intellektuelle und der gesellschaftliche Umbruch der DDR, in: Geschichte und Gesellschaft 33 (2007), H. 2, S. 289–308, hier S. 294f.

munismus zu begrüßen, da sie das Anfang vom Ende kommunistischer Regime bedeute.[327]

Ulbricht nahm laut Walden dementsprechend den Ruf nach der »Freiheit zum eigenen Sozialismus« ernster als die tatsächlichen »Wege zur Freiheit«, urteilte er 1957. Der SED-Chef schien sich ebenso wie Walden sicher, dass ein freiheitlicher Kommunismus nicht auf Dauer existieren könne.[328] Dieser gedankliche Rückschluss hätte in seiner logischen Konsequenz eigentlich zur Unterstützung Waldens der Liberalisierungsbestrebungen in den kommunistischen Staaten führen müssen. Wie gezeigt erteilte er diesen Initiativen aber eine klare Absage.

Der Ungarn-Aufstand veranlasste Walter Ulbricht dazu, das MfS – nachdem es nach sowjetischen Vorbild zu einem Staatssekretariat im Ministerium des Innern gemacht worden war – wieder in den Status eines eigenen Ministeriums zu erheben, wobei ihm sich aber der Leiter des MfS, Erich Wollweber, in den Weg stellte. Mit Hilfe von Erich Honecker gelang es Ulbricht schließlich, Wollweber im Oktober 1957 aus seinem Amt zu entfernen und in den frühzeitigen Ruhestand zu versetzen. Diese Phase war laut Hoffmann nicht nur das Ende der kurzen Tauwetterperiode in der DDR, sondern darüber hinaus eine Stärkung der SED, die nun das MfS noch effektiver im Kampf gegen politisch-ideologische Abweichung nutzen konnte. Neuer Leiter wurde Erich Mielke, der diesen Posten bis 1989 innehatte. Bereits 1958 erhöhte sich der Personalbestand der Staatssicherheit um neun Prozent, nachdem er zuvor unter Wollweber auf 14.442 hauptamtliche Mitarbeiter gesenkt worden war.[329]

Die Entlassung Wollwebers und weiterer hoher Parteifunktionäre wie Karl Schirdewahn und Fred Ölssner war für Walden die Fortsetzung einer Selbstzerstückelung der SED, die sich damit auch gegenüber der Bevölkerung in Erklärungsnot bringe. Schließlich werde diese tagtäglich mit der Prämisse drangsaliert, dass die Partei immer Recht habe und nun entstehe der Eindruck, als ob Teile der Parteiführung scheinbar im Unrecht gewesen waren. Die »Säuberungen« waren zudem Waldens Ansicht nach keine reinen Machtkämpfe, sondern hatten politische Gründe, da Schirdewahn, Wollweber und Össner von Ulbricht seit 1956 eine »Politik des Ventils« gefordert hatten.[330] Es stellt sich erneut die Frage, warum Walden angesichts dieser Feststellung bisher nicht aktiver eine interne Kritik in der SED gefordert und gefördert, sondern stets auf die Reformunfähigkeit des kommunistischen Systems verwiesen hatte. Selbst wenn er nicht an eine Reform glaubte, musste ihm der destabilisierende Charakter der

327 Vgl. Matthias Walden, Eine politische Gangsterbande wird keine Heilsarmee, in: Quick – Illustrierte für Deutschland vom 10.1.1965, S. 40; wiederabgedruckt in: ders., Politik im Visier, S. 145–149.

328 Vgl. ders., Harich und der »Revisionismus«, in: Christ und Welt vom 14.3.1957.

329 Vgl. Hoffmann, Von Ulbricht zu Honecker, S. 64f.

330 Vgl. Walden, Ulbricht – in einsamer Tiefe, in: Christ und Welt vom 13.2.1958.

Forderungen nach liberalisierenden Reformen bewusst geworden sein, auch wenn diese nicht am Kern des Systems rüttelten. Eine Fortführung dieser Logik wäre gewesen, dass diese Reformen den totalitären Kern zumindest vor eine Herausforderung gestellt, die entweder zum Zusammenbruch des Systems oder – wie 1958 geschehen – zu einer Zurschaustellung dieses totalitären Charakters geführt hätte. Walden folgte diesen Rückschlüssen zwar, erkannte aber womöglich nicht das Potential, das diesen innewohnte.

Dissidenten und Kommunismus-Kult

Vielmehr zeigte der Sommer 1957 bereits, dass sich Walden lieber mit prominenten Dissidenten aus dem Ostblock solidarisierte. Also mit denjenigen, die meist nach früherer Sympathie mit dem System eben auch nicht an eine Reform glaubten, sondern sogar das Exil im Westen in Kauf nahmen:

> Das Gewissen eines Kommunisten ist naturgemäß belastungsfähiger als das eines Demokraten – wenigsten scheint die Erfahrung das zu lehren. Wenn das Erlebte dennoch ausreichte, die Flucht in eine Welt anzutreten, in der weder Ideal-Kommunismus noch die Praktik des Leninismus eine Chance haben, dann muß das Erlebte schlimm gewesen sein.[331]

Dies schrieb Walden anlässlich der Flucht des bereits erwähnten Berliner Literaturprofessors Alfred Kantorowicz, mit dem der Journalist kurz nach seiner Ankunft in West-Berlin ein Interview führte.

Kommunistische Dissidenten waren für Walden Kronzeugen des freiheitsfeindlichen Charakters des Systems. Kantorowicz, so Walden, sei ein »gläubiger Kommunist« gewesen, der für seine Überzeugung sogar im Spanischen Bürgerkrieg gekämpft hatte, obwohl er eigentlich eher für den Schreibtisch gemacht sei. Sein jahrelanges Ausharren in der DDR empfinde nun der Geflohene selbst als »Mitschuld an den Sünden des Regimes«. Eine bessere Argumentation könne es gegen diejenigen Stimmen, die ihre Hoffnungen auf die sogenannten revisionistischen Kräfte in der SED legten, gar nicht geben. So prangerte Walden an, dass es »lehrreich« sei, dass ein alter Kommunist aufgrund seiner Erfahrungen sehr viel härtere Worte gegen die kommunistischen Staaten benutze, als dies gegenwärtig im Westen der Fall sei, seitdem »die schillernde Formel der Koexistenz seine Köpfe verwirrt hat«.[332] Auch in Bezug auf das

331 Ders., »Ich hätte ersticken müssen«, in: Christ und Welt vom 29.8.1957. Waldens Verhältnis zu kommunistischen Dissidenten wird außerdem in den Kapiteln »›Staatsloyal‹« und »Entspannungspolitik, Krisenperzeption und politischer Wechsel in Bonn« beleuchtet.

332 Vgl. ebenda.

Verhältnis zum SED-Regime in der DDR nahm Walden also in den 1950er Jahren die Rolle des Warnenden ein. Im deutsch-deutschen Verhältnis durfte in seinen Augen die Idee einer Koexistenz unter keinen Umständen zur Norm werden.

Kantorowicz selbst stammte ursprünglich aus einem jüdisch-bürgerlichen Milieu und war 1928/29 Kulturkorrespondent bei der liberalen *Vossischen Zeitung*. Kurzzeitig bewegte er sich im weiten Umfeld des sogenannten *Tat*-Kreises und somit in der geistigen Nähe von Hans Zehrer und Giselher Wirsing, die sich in der Zeitschrift *Die Tat* für eine »Konservative Revolution« einsetzten.[333] Der Aufstieg des Nazismus trieb ihn 1931 allerdings zum Eintritt in die KPD, expliziter Auslöser dieses Schrittes war die Verurteilung des Herausgebers der *Weltbühne*, Carl von Ossietzky, der in seiner Zeitschrift geheime Aufrüstungen der Reichswehr enthüllt hatte. Nur der kompromisslose Kampf der KPD war für Kantorowicz ein Mittel gegen Klassenjustiz und den Aufstieg Adolf Hitlers. Nach dem Krieg war er, wie beschrieben, Herausgeber der Zeitschrift *Ost und West* im sowjetischen Sektor Berlins. Nach der Einstellung der Zeitschrift durch die SED wurde er überraschend zum Professor für Literatur an der Humboldt-Universität zu Berlin berufen, wo er sich in seinen »Elfenbeinturm« zurückzog.[334]

Am 22. August 1957 ging er nach West-Berlin, noch länger und er hätte ersticken müssen, wie er Walden verriet. In der Bundesrepublik Deutschland kritisierte er in den nächsten Jahren mit dem Selbstverständnis eines unabhängigen Linken einen undifferenzierten Antikommunismus, sollte antikommunistisches Denken gleichfalls einen totalitären Anstrich bekommen. In der Konsequenz führte das für ihn dazu, neben dem Protest gegen die Massaker in Ungarn, die Besetzung hochrangiger öffentlicher Funktionen in der Bundesrepublik mit ehemaligen Nazis zu kritisieren.[335] Wie weiter unten zu zeigen sein wird, sollte dieser Zusammenhang das politische Denken Waldens entscheidend prägen. Die Begegnung mit Matthias Walden beeindruckte Kantorowicz jedenfalls sichtlich. Zum Dank schenkte dieser dem jungen Journalisten einen Sammelband früher Artikel und Reden und schrieb als Widmung: »Für Matthias Walden im Gedenken an die unvergesslichen Tage nach meinem Entweichen. In Verbundenheit Alfred Kantorowicz«[336].

[333] Siehe zur *Tat* und der »Konservativen Revolution«: Daniel Morat, Von der Tat zur Gelassenheit. Konservatives Denken bei Martin Heidegger, Ernst Jünger und Friedrich Georg Jünger 1920–1960, Göttingen 2007, S. 41–50.

[334] Vgl. Keßler, Grenzgänger, S. 143–153.

[335] Vgl. ebenda, S. 155.

[336] Alfred Kantorowicz, Vom moralischen Gewinn der Niederlage. Artikel und Ansprachen, Berlin (Ost) 1949. Die Widmung findet sich in der Ausgabe des Bandes in der Staatsbibliothek Berlin, Signatur 1 A 563888.

Im Rundfunk sprach Walden angesichts der Flucht des Intellektuellen von einer »ideologischen Krise« in der DDR.[337] Als Ulbricht auf dem V. Parteitag der SED im Sommer 1958 versuchte, diese unter Zwang zu bewältigen, symbolisierte das für Walden endgültig die Absicht des SED-Parteichefs, den Kommunismus als Ersatzreligion zu mystifizieren. Den von Ulbricht aufgestellten zehn »Grundsätzen sozialistischer Ethik und Moral« gab er daher in der *Christ und Welt* süffisant den Namen »Ulbrichts ›zehn Gebote‹ des Kommunismus«. Der »Klassenkampf-Katechismus« orientiere sich demnach an den christlichen zehn Geboten. Ein »ideologischer Offenbarungseid«, vergreife sich Ulbricht somit doch an Maximen derer, die er als seine Feinde ansehe.[338] Im Rundfunk legte Walden nochmals nach und bezeichnete das SED-Regime als durch und durch unfähig, seiner Bevölkerung Freiheit und Wohlstand zu garantieren, was schlicht am Herrschaftssystem liege. Einen kritischen Blick warf Walden in diesem Zusammenhang auf einige »Superkluge, bedächtig Tuende« in der Bundesrepublik, die es sich zur Aufgabe gemacht hätten, die vermeintlichen Errungenschaften der SED herauszuarbeiten.[339] Für Walden war klar:

> Und es bleibt dabei, dass es nützlich ist, schlecht zu nennen, was sich als schlecht erweist. Es wäre übel, wenn Chruschtschows periodische Siegesbeteuerungen im Westen mehr geglaubt würden als im Osten.[340]

Eine klare Gegnerschaft zur DDR und seiner Herrschaftsriege war für Matthias Walden also eindeutig mit einem positiven Bezug zum eigenen ideellen Wertesystem geradezu notwendig verbunden. Die auf dem Parteitag der SED formulierte Zielsetzung, wirtschaftlich bis 1961 zur Bundesrepublik Deutschland aufschließen zu wollen, stufte er ebenfalls als eine Art ideologische Selbstaufgabe ein. Ulbricht nehme doch das zum Maßstab, was er eigentlich verachte.[341]

Ein Anliegen Waldens war es außerdem, regelmäßig auf die Diskrepanz zwischen der SED-Führung und der Bevölkerung der DDR hinzuweisen. So hob er anlässlich der allumfassenden Propaganda zum zehnten Jahrestag der Staatsgründung im Oktober 1959 den Unmut der Menschen in der DDR hervor. Die wenigen wirtschaftlichen

337 Vgl. Matthias Walden, Die ideologische Krise – August 1957, in: ders. (Hrsg.), Berliner Mikrophon 1953–1959, S. 271–273, hier S. 273.

338 Vgl. ders., Ulbrichts ›zehn Gebote‹ des Kommunismus. V. SED-Parteitag in Ostberlin, in: Christ und Welt vom 17.7.1958; und einer gleichen Argumentation folgend: ders., Sozialistische Ehen. Pankow organisiert den Kult des Kommunismus, in: Christ und Welt vom 5.2.1959.

339 Vgl. ders., Das Stadium der Entkrampfung – August 1958, in: ders. (Hrsg.), Berliner Mikrophon 1953–1959, S. 394–400, hier S. 399.

340 Ebenda, S. 400.

341 Vgl. ders., Ulbrichts ›zehn Gebote‹, in: Christ und Welt vom 17.7.1958; zur wissenschaftlichen Einordnung des Parteitages siehe: Hoffmann, Von Ulbricht zu Honecker, S. 69f.

und materiellen Erfolge in der DDR, zum Beispiel die erfolgreichen Fotokameras der Firma Practica, die in Dresden hergestellt wurden, seien kaum auf die Leistung des Staates zurückzuführen, sondern nur auf die der Bürger. Diese Leistung wog für ihn umso mehr, da sie trotz der Unvernunft und des Unvermögens des Systems erreicht wurde.[342]

Gereizt reagierte Walden, wenn von westdeutscher Seite Anerkennung und vermeintliche Relativierungen der Untaten des SED-Regimes erfolgten. So kritisierte er beispielsweise den alternden Verleger Ernst Rowohlt, der die allgemeine Entwicklung in der DDR als imponierend bezeichnet hatte. Rowohlt könne seine »politische Torheit« zwar im freiheitlichen System äußern, die DDR-Bevölkerung empfinde deswegen laut Walden aber nur umso mehr Zorn. Diese würde an ihrem »geistigen Knebel« selbst dann noch leiden, wenn der materielle Wohlstand in der DDR größer sei als in Westdeutschland.[343] Rowohlt hatte tatsächlich mit seinen Sympathien gegenüber der DDR für Aufsehen und Widerspruch gesorgt. »Gelenkte Literatur«, so der Wortlaut des Verlegers, habe Rowohlt laut seinem Weggefährten Paul Mayer allerdings immer und überall – auch in der DDR – entschieden kritisiert.[344] An Waldens Kommentar sind darüber hinaus zweierlei Dinge bemerkenswert: zunächst machte er sich zum Anwalt der Menschen in der DDR und beklagte in ihrem Namen Tendenzen in der Bundesrepublik, dem SED-Regime oder der Sowjetunion aufgeschlossener gegenüber zu stehen. Darüber hinaus wird deutlich, dass Walden eindeutig die ideellen Maßstäbe des freien Westens, den materiellen Werten, die gemeinhin mit der Wirtschaftsform des Kapitalismus in Verbindung gebracht wurden, überordnete.

Möglichkeiten der Wiedervereinigung

Bei aller Polemik gegen die DDR und Kritik an der Herrschaftspraxis des SED-Regimes sowie gegen mildere westdeutsche Stimmen, stand für Walden das Ziel der Einheit Deutschlands an erster Stelle. Doch, wie bereits herausgearbeitet, ergab diese für den Journalisten nur Sinn, wenn sie unter freiheitlich-westlichen Vorzeichen vollzogen werde. Den mit Moskau abgestimmten Plan des DDR-Ministerrates zur Bildung einer gesamtdeutschen Konföderation vom 27. Juli 1957, in dem eine Transformation des politischen, ökonomischen oder sozialen Systems der DDR gar nicht erst in Frage gestellt wurde, konnte Walden einige Tage später in einem *SFB*-Kommentar also nur ablehnen. Die Initiative des Ministerpräsidenten Otto Grotewohls war Teil einer seit dem NATO-Beitritt der Bundesrepublik verfolgten Strategie der SED, die west-

342 Vgl. Matthias Walden, Auf ein Wort, Herr Rowohlt! Der geistige Knebel drückt die Deutschen in der Zone mehr als materielle Sorgen, in: Welt am Sonntag vom 11.10.1959.
343 Vgl. ebenda.
344 Vgl. Paul Mayer, Ernst Rowohlt, Reinbek bei Hamburg 1968, S. 183.

deutsche Öffentlichkeit gegen die unpopuläre Wiederbewaffnung und Integration in das militärische Bündnissystem des Westens zu mobilisieren. In einer Konföderation sollten laut Grotewohl somit künftig beide deutsche Staaten auf den Besitz von Nuklearwaffen endgültig verzichten und keinem Militärbündnis mehr angehören.[345]

Für Walden waren der NATO-Austritt Bonns und die Anerkennung der DDR als gleichwertigen Staat kaum Verhandlungsoptionen. Da Grotewohl zudem keine freien gesamtdeutschen Wahlen vorsah und außerdem die Zulassung von KPD und FDJ in der Bundesrepublik zur Bedingung machte, könne von einem freiheitlichen Charakter der Konföderation keine Rede sein. Der technische Fortschritt habe darüber hinaus die Gefahr eines Atomkrieges aus den Dimensionen der Deutschlandfrage entrissen.[346]

Ein klares politisches Zeichen »gegen jede Einengung der Freiheit durch Neutralisierung oder Entmilitarisierung Deutschlands« symbolisierte laut Walden die Berliner Erklärung der Bundesregierung und der drei Westmächte, die Bundesaußenminister Heinrich von Brentano gemeinsam mit den Botschaftern der Westmächte am 29. Juli 1957 – also nur zwei Tage nach dem Konföderationsplan der DDR – im Rathaus Schöneberg unterzeichnete.[347] Die Erklärung war in ihren Verlautbarungen eine eindeutige Reaktion auf den Vorschlag Ost-Berlins. Als eine Kernbedingung der Wiedervereinigung wurden hierin freie, in ganz Deutschland durchgeführte Wahlen zu einer gesamtdeutschen Nationalversammlung genannt. Der Beitritt eines freiheitlich wiedervereinten Deutschlands zur NATO dürfe laut den Westmächten und der Bundesrepublik zwar nicht zu einer Bedingung gemacht werden, doch wurde die Mitgliedschaft im Nordatlantikpakt garantiert, falls sich die frei gewählte Regierung zu dieser entscheiden würde. Das Kommuniqué der Erklärung forderte schließlich von der Sowjetunion eine Verantwortung zur Verhandlungsbereitschaft.[348]

Zwar müsse laut Walden jede Perspektive für eine Wiedervereinigung gründlich geprüft werden, doch kritisierte er die Tendenz aktuell mehr von dieser zu sprechen, als wirklich an sie zu denken. Er warnte darüber hinaus davor, den »langen Atem« Moskaus zu unterschätzen, wenn es um die Wiedervereinigung nach sowjetischen

345 Vgl. Dierk Hoffmann, Otto Grotewohl (1894–1964). Eine politische Biographie, München 2009, S. 598–600.

346 Vgl. Matthias Walden, Versuchsballon Konföderation – Juli 1957, in: ders. (Hrsg.), Berliner Mikrophon 1953–1959, S. 261–265, hier S. 263f.

347 Vgl. ebenda, S. 261.

348 Vgl. Berliner Erklärung der drei Westmächte und der Bundesrepublik vom 29. Juli 1957 zur Wiedervereinigung, in: Heinrich von Siegler (Hrsg.), Dokumentation zur Deutschlandfrage – Von der Atlantik-Charta 1941 bis zur Berlin-Sperre 1961. Hauptband I: Chronik der Ereignisse von der Atlantik-Charta 1941 bis zur Aufkündigung des Viermächtestatus Berlins durch die UdSSR im November 1958, Bonn – Wien – Zürich 1961, S. 669–671.

Vorstellungen gehe.[349] Nur etwas mehr als ein Jahr später sollte sich die Sowjetunion schließlich durch das Chrutschtschow-Ultimatum der in der Berliner Erklärung geforderten Verantwortung erneut entziehen. Die düstere Warnung Waldens wurde somit zur Realität.

Walden hatte sich in den ersten Jahren seines journalistischen Schaffens in der Bundesrepublik Deutschland seinen Lesern und Zuhörern zuweilen als kühler Logiker des Kalten Krieges gezeigt, auch wenn er die Ergebnislosigkeit zahlreicher entspannungspolitischen Initiativen bedauerte. Ähnlich verhielt es sich mit seiner Haltung zur atomaren Bewaffnung der Bundeswehr. Es lässt sich daher am ehesten von einem Primat des Antikommunismus sprechen, den Matthias Walden seine Positionen zu den internationalen sowie deutsch-deutschen Beziehungen unterwarf. Der freiheitsraubende und totalitäre Charakter der kommunistischen Staaten schloss damit in seinen Augen enge Beziehungen oder Koexistenzvorstellungen mit den freien Demokratien des Westens aus. Daran änderten auch Verschiebungen im ideologischen Gehalt der kommunistischen Führungsmacht der Sowjetunion nichts, auch wenn Walden diese sehr wohl als solche erkannte. Wie sehr die Entwicklung im kommunistischen Machtbereich das politische Denken Waldens bestimmte, zeigte seine Auflistung der bedeutendsten Ereignisse des Jahrzehnts – getroffen 1957: der Aufstand vom 17. Juni 1953, die Ungarische Revolution 1956 sowie die »oppositionelle Selbstbehauptung« Gomulkas gegen den »sowjetischen Absolutismus«.[350]

Diesem Primat unterstellte er außerdem seine Forderungen nach der Einheit Deutschlands, womit Waldens ost- und deutschlandpolitischen Betrachtungen zu einer logischen Ergänzung seiner *conditio sine qua non* der ideellen und politischen Integration der Bundesrepublik Deutschland in das westliche Bündnissystem wurde. Dies musste sich auch auf die Haltung Waldens zum SED-Regime der DDR auswirken. Schonungslos polemisierte er in der *Christ und Welt* gegen das Regime. Eine Wiedervereinigung unter Einbeziehungen der ostdeutschen Regierung hatte für ihn kaum Aussicht auf Erfolg. Genau wie für die Sowjetunion war die DDR für Walden ein reines Objekt in den internationalen Beziehungen und zudem eine besonders reaktionäre Bastion stalinistischer Herrschaftspraxis.

349 Vgl. Walden, Versuchsballon Konföderation – Juli 1957, in: Walden (Hrsg.), Mikrophon, S. 261.

350 Vgl. ders., Typoskript: Der Putsch von Petrograd – Eine Sendung zum vierzigsten Jahrestag der bolschewistischen Oktober-Revolution! (gesendet am 8. November 1957 im Radio Bremen). ASV-UA (NL Walden, Box 1 1958–1959), S. 33.

> Khrushchev is losing East Germany. He cannot let that happen. If East Germany goes, so will Poland and all of eastern Europe. He will have to do something to stop the flow of refugees – perhaps a wall. And we won't be able to prevent it. I can hold the Alliance together to defend West Berlin but I cannot act to keep East Berlin open.[351]

Diesen Gedanken äußerte John Fitzgerald Kennedy Anfang August des Jahres 1961 gegenüber seinem außenpolitischen Berater Walt W. Rostow. Wie Recht der junge und erst seit einigen Monaten amtierende US-Präsident behalten sollte, wurde der Welt nur knapp zwei Wochen später beim Bau der Berliner Mauer am 13. August 1961 bewusst.

Doch was war bis dahin geschehen? Wie erlebte Matthias Walden die Zweite Berlin-Krise, die am 27. November 1958 durch das sogenannte Chruschtschow-Ultimatum ausgelöst wurde? Der Parteichef der KPdSU, der mit dem Posten des Regierungschefs 1958 seine Machtfülle noch erweitert hatte und durch den erfolgreichen Start des Sputnik-Satelliten 1957 gestärkt war, hatte die Westmächte aufgefordert, den Viermächtestatus von Berlin aufzukündigen. Wie beeinflusste die sowjetische Drohpolitik den Journalisten in seiner politischen Haltung? Bereits ein Jahr zuvor, also im November 1957, hatte Walden in der *Christ und Welt* die Frage nach der Sicherheit West-Berlins gestellt. Mit einer in der Rückschau erschreckenden Detailgenauigkeit zu den Vorgängen der kommenden Jahre spielte er das Szenario einer Abriegelung West-Berlins durch die SED und die Übergabe der sowjetischen Verpflichtungen zum Viermächtestatuts Berlins an das SED-Regime durch – so wie es Chruschtschow zwölf Monate später androhen sollte. In seinem Resümee zu diesem Gedankenexperiment fasste der Journalist darüber hinaus nochmals den Wert eines freiheitlichen Berlins zusammen und rief zur geistigen Offensive auf:

> Es muß für die Kommunisten eine absolut unverdauliche Tatsache sein, daß im Zentrum ihres Herrschaftsbereiches ein Platz ist, von dem sie ununterbrochen kontrolliert, polemisch attackiert und Konzessionen animiert werden, die

[351] Walt W. Rostow, The Diffusion of Power. An Essay in Recent History, New York 1972, S. 231; zu Kennedys Politik in der Zweiten Berlinkrise siehe ausführlich: Arthur M. Schlesinger Jr., A thousand days. John F. Kennedy in the White House, London 1965, S. 343–365; oder allgemein zur Außenpolitik Kennedys: Christian Hacke, Zur Weltmacht verdammt. Die amerikanische Außenpolitik von J. F. Kennedy bis G. W. Bush, Berlin - München 1997, S. 61–68.

ihnen fern lägen, wenn es das neon-beleuchtete Magnetfeld des Westens nicht gäbe.[352]

Der Artikel Waldens blieb auch im Schöneberger Rathaus nicht unbemerkt. Der Regierende Bürgermeister Berlins, Willy Brandt, heftete sich den Text ab und wird die nächsten Jahre wohl das ein oder andere Mal an ihn gedacht haben.[353] Brandt war zu diesem Zeitpunkt erst wenige Wochen im Amt. Nach dem Tod Otto Suhrs im August 1957 wurde er im Abgeordnetenhaus am 3. Oktober mit 86 gegen zehn Stimmen bei 22 Enthaltungen zum Regierenden Bürgermeister Berlins gewählt. Zuvor war es zu parteiinternen Diskussionen gekommen, da der Vorsitzende der Berliner SPD, Franz Neumann, die Amtsübernahme Brandts verhindern wollte. Er warf dem Remigranten vor, im Spanischen Bürgerkrieg auf Seiten der kommunistischen Brigaden gedient und während des Zweiten Weltkrieges in norwegischer Uniform gegen die Wehrmacht gekämpft zu haben. Vorwürfe, die in die Nähe der Verleumdung gingen. Zwar verbrachte der damals 23-jährige Willy Brandt im Frühjahr 1937 tatsächlich einige Wochen im Barcelona des Spanischen Bürgerkrieges. Er war hier aber vor allem als Verbindungsmann seiner damaligen Partei, der Sozialistischen Arbeiterpartei, zur Partido Obrero Unificación Marxista (POUM) und als Journalist tätig.

Brandt erlebte in Spanien den totalitären Anspruch der aus Moskau gesteuerten Kommunistischen Partei und die selbstzerstörerische Uneinigkeit der Zweiten Republik, was ihn nach seiner Rückkehr ins norwegische Exil an seiner eigenen sozialistischen Überzeugung zweifeln ließ und schließlich in seinem Eintritt in die Exil-SPD 1944 in Schweden mündete. Nach dem Krieg war Brandt von 1947 bis 1949 Presseattaché in der norwegischen Botschaft und führte den Rang eines zivilmilitärischen Majors. Gelegentlich trug er auch die in diesem Fall angemessene Uniform, von soldatischem Kampf konnte keine Rede gewesen sein.[354] Im Herbst 1957 setzte sich Willy Brandt schließlich auch mit Hilfe der Zeitungen Axel Springers und von Waldens ehemaligem Arbeitgeber, dem *RIAS*, durch, die in Berlin offen Partei für Brandt ergriffen hatten.

Nicht unerheblich war auch der Rückhalt eines informellen deutsch-amerikanischen Netzwerks, das bereits seit 1948 SPD-Remigranten um Ernst Reuter und später Willy Brandt unterstützte. Teilweise erfolgte dies sogar mit geheimen Geldflüssen, die unter anderem über die Hohe Kommission der USA in Frankfurt geleitet wurden. Im

352 Matthias Walden, Wie sicher ist Berlin? Der Fall Stephan und der Dilettantismus, in: Christ und Welt vom 21.11.1957.

353 Archiv der sozialen Demokratie, Bonn (AdsD), Willy-Brandt-Archiv, Signatur: A6, Ordner 135.

354 Vgl. Walter L. Bernecker, Willy Brandt y la Guerra Civil Española, in: Iberoamericana (1983), H. 2/3, S. 5–21, hier passim; vgl. Peter Merseburger, Willy Brandt 1913–1992. Visionär und Realist, München 2002, S. 222–270.

Sommer 1957 äußerte sich die Unterstützung für Brandt in einer von ehemaligen Mitarbeitern der Hohen Kommission geplanten Amerika-Reise des jungen Politikers, die seine Ambitionen für das Bürgermeisteramt mehr als deutlich unterstrich.[355] Brandt übernahm zusätzlich im Januar 1958 auf einem außerordentlichen Parteitag mit 163 gegen 124 Stimmen noch den Vorsitz der Berliner SPD von Neumann, der für eine Trennung von Regierung und Partei eingetreten war.[356] Für Matthias Walden war dies mehr als ein Tausch der Köpfe in der Berliner SPD, es war eine »Wachablösung«. Franz Neumann wurde von dem Journalisten zwar für dessen Härte gegen die ideologische und politische Aggression der SED honoriert, Walden urteilte aber, Neumann habe die Umstellung in den Alltag der Teilung scheinbar nicht geschafft. Endgültig sein eigenes Grab geschaufelt habe der Vorsitzende sich dann mit seiner Haltung gegen Willy Brandt, die Walden nicht nachvollziehen konnte. Auch von Brandt erwartete er sich schließlich kaum eine furchtsame Politik gegenüber dem kommunistischen Osten.[357] Die nächsten Jahre sollten diese Vorhersage bereits mehr als erwünscht auf die Probe stellen.

Der Beginn der Krise

Der bestimmende Faktor in der Zweiten Berlin-Krise war Nikita Chruschtschow. Der Experte für sowjetische Deutschlandpolitik Gerhard Wettig kommt nach Einsicht in die sowjetischen Archive zu dem Ergebnis, dass Chruschtschow allein und ohne auf die Bedenken aus dem eigenen Lager zu achten, die Entscheidung zum Ultimatum traf. Er blieb auch im weiteren Verlauf der Konfrontation das Maß der Dinge, wohingegen der Westen meist nur reagierte. Sein Ziel war die Änderung des Status von Berlin und ein separater Friedensvertrag mit der DDR. Das wäre auf eine Festigung der Teilung Deutschlands und die Einverleibung West-Berlins in das Staatsgebiet der DDR hinausgelaufen, denn nichts anderes wäre mittelfristig mit einer »Freien Stadt« passiert.[358] Es spielte auch die rein defensive Überlegung eines Stopps des Flüchtlingsstroms aus der DDR in die Bundesrepublik Deutschland über West-Berlin eine Rolle – von 1945 bis 1960 verließen insgesamt 4,3 Millionen Menschen die SBZ beziehungsweise die DDR –, doch lehnte Chruschtschow noch im März 1961 einen Vorschlag Walter Ulbrichts zur Abriegelung der Sektorengrenze ab.[359] Die DDR war in

355 Vgl. Krause, Neue Westpolitik, S. 96; zu dem amerikanisch-deutschen Netzwerk siehe: ders., Neue Westpolitik, passim; zur Unterstützung durch den RIAS, vgl. ders., Neue Westpolitik, S. 81.

356 Vgl. Merseburger, Willy Brandt, S. 340–342; vgl. Wilfried Rott, Die Insel. Eine Geschichte West-Berlins 1948-1990, München 2009, S. 130f.

357 Vgl. Matthias Walden, Wachablösung in der Berliner SPD, in: Christ und Welt vom 16.1.1958.

358 Vgl. Gerhard Wettig, Chruschtschows Berlin-Krise 1958 bis 1963. Drohpolitik und Mauerbau, München 2006, S. 279.

359 Vgl. Honoré M. Catudal, Kennedy in der Mauer-Krise: Eine Fallstudie zur Entscheidungsfindung in USA, Berlin 1981, S. 51f.

den machtpolitischen Überlegungen in Moskau verständlicherweise immens wichtig. Ein Zusammenbruch des Regimes, der bei einem andauernden Aderlass der Bevölkerung drohte, hätte verheerende Folgen für die Kontrolle der Sowjetunion in Polen, der Tschechoslowakei und Ungarn gehabt. Zudem behauptete Chruschtschow bereits 1956, dass die Existenz der DDR für Moskau eine Frage des Prestiges sei.[360]

Entsprechend der Einschätzungen der historischen Forschung meinte bereits zeitgenössisch Matthias Walden, dass in der Einverleibung West-Berlins in den Machtbereich der Sowjetunion wohl das eigentliche Ziel Chruschtschows liege.[361] Das Ziel dieser Politik sei es laut Walden, »Schöneberg« zu schaden und »Pankow« zu stärken, weswegen er das entschiedene »Nein« für das Ultimatum aus den Hauptstädten Westeuropas und aus Washington lobte.[362] Aus diesem »Nein« müsse nun in den anstehenden Verhandlungen aber selbstverständlich ein »Ja« zur Sicherheit West-Berlins folgen: »Moskau flüstert in seinen Noten sanft von einer Normalisierung der Lage. Nichts anderes aber ist normal, als ein gesamtdeutscher Staat ohne imperialistische Vormundschaft.«[363] Eine Lösung aus dem politischen und ideellen System des Westens meinte er damit freilich nicht.

Walden betonte erneut die essenzielle Rolle des freien Berlins im ideellen Konflikt des Kalten Krieges: »Die Existenz Westberlins tut dem Sowjetimperium weh.«[364] Der Westen sei laut Walden darüber hinaus nicht Schuld an der massenhaften Auswanderung aus der DDR. Gerade in Berlin stünden sich Freiheit und Unfreiheit so kontrastreich gegenüber wie nirgend anders, so dass die Anziehungskraft dementsprechend hoch sei. Walden schloss den Kommentar mit einem Seitenhieb auf die »vornehmen Analytiker«, die die amerikanischen Interventionen im Namen der Demokratie im Nahen Osten oder in Asien kritisieren würden, da diese nun auf Washingtons Festigkeit hoffen würden.[365]

Die USA waren für Walden die Berliner Schutzmacht par excellence. So unterstützte er auch die Amerika-Reise Willy Brandts Anfang des Jahres 1959, bei der der einige Wochen zuvor im Amt bestätigte Berliner Bürgermeister laut Walden »auf den Spuren Ernst Reuters« wandelte, der bereits vor Jahren die Herzen des amerikanischen Volkes für Berlin gewonnen hatte. Dies sei viel Wert, da die Garantieerklärungen aus Washington deutlich weniger wert seien, wenn sie mit der Meinung des Vol-

360 Vgl. Görtemaker, Geschichte der Bundesrepublik, S. 360.

361 Vgl. Matthias Walden, Der Vorstoss auf Berlin – November 1958, in: ders. (Hrsg.), Berliner Mikrophon 1953–1959, S. 441–446, hier S. 442.

362 Vgl. ebenda, S. 441.

363 Ebenda, S. 445.

364 Ebenda, S. 446.

365 Vgl. ebenda.

kes kollidieren würden.[366] Tatsächlich trugen die Amerikareisen Ernst Reuters von 1949 bis 1953 entscheidend zur Sensibilisierung der Amerikaner für die Problematik und Relevanz der Stadt Berlin bei. Reuter schaffte es, den Kampf West-Berlins für die Freiheit zu einem »strategischen Schlüsselkonflikt« im Kalten Krieg zu erheben und leistete somit einen einflussreichen Beitrag zur künftigen besonderen Beziehung West-Berlins zu den USA.[367]

Referenzen auf Ernst Reuter lieferte Walden bereits einige Wochen zuvor, als er Anfang Dezember 1958 wenige Tage vor der Wahl zum Berliner Abgeordnetenhaus Willy Brandts offensive Haltung und dessen Schulterschluss mit US-Außenminister John Foster Dulles gegen das Chruschtschow-Ultimatum lobte:

> Reuter, dem mitreißenden Volkstribun, folgte Brandt der vitale Generalmanager einer 2-Millionen-Stadt, die ein Recht auf Prosperität und auf politische Kontinuität mit Erfolg geltend machte, als ihre heroische Phase beendet schien.[368]

Diese Unterstützung für den Regierenden Bürgermeister in der *Christ und Welt* konnte nur als Wahlkampfhilfe für den SPD-Kandidaten verstanden werden, sicherlich nicht selbstverständlich für die protestantisch-konservative Wochenzeitung aus Süddeutschland. Im Laufe des Jahres 1959 lief Waldens Engagement bei der *Christ und Welt* allerdings langsam aus. In den letzten Jahren hatte er sich aber zu einem versierten Leitartikler entwickelt, der über die Grenzen Berlins an Bekanntheit gewann und dessen Dienste erstmals der *Axel-Springer-Verlag* in Anspruch nahm, in dessen *Welt am Sonntag* Walden ab 1959 nun regelmäßig Gastbeiträge veröffentlichte.

Parallel zu seiner Unterstützung Brandts forderte Walden neben dem geistigen Beistand Washingtons aber auch militärische Sicherheitsversprechen, die bisher ausgeblieben waren.[369] Die Wahl zum Berliner Abgeordnetenhaus vom 7. Dezember 1958 mit 93 Prozent Wahlbeteiligung war für Walden zunächst nicht nur ein Fanal liberaldemokratischer Freiheit als Zeichen gegen die politische Unterdrückung in der DDR, sondern ein Beweis für die Standhaftigkeit der Berliner gegen die kommunistische Bedrohung: »Die Wahlbeteiligung und das Ergebnis liquidierten die Hoffnung des Kreml auf Torheit oder Schwäche der Berliner.«[370] Er goutierte darüber hinaus die

366 Vgl. ders., Brandt reist für Berlin. Auf den Spuren Ernst Reuters nach Amerika, in: Welt am Sonntag vom 1.2.1959.

367 Vgl. Björn Grötzner, Outpost of Freedom. Ernst Reuters Amerikareisen 1949 bis 1953, Berlin 2014, S. 42–44.

368 Matthias Walden, Gegen die Artischocken-Methode. Berlin nach den Noten, in: Christ und Welt vom 4.12.1958.

369 Vgl. ebenda.

370 Ders., So wählt man in Freiheit. Berlin bewies es dem Osten, in: Christ und Welt vom 11.12.1958.

gemeinsame feste Haltung der Berliner SPD und CDU gegen die SED, weswegen er das Ergebnis nicht als Zeichen für die Bundes-SPD verstehen wollte.[371] Trotz seiner absoluten Mehrheit ging Willy Brandt dann ein Koalitionsbündnis mit der CDU ein, weil dies die Verbindung nach Bonn stärkte, wo Konrad Adenauer und die Union von CDU und CSU seit 1957 mit absoluter Mehrheit regierten. Dieser Schritt führte zu einer außerordentlichen Stabilität in der politischen Landschaft West-Berlins und trug merkbar zur Standfestigkeit der Bevölkerung bei, so Wilfried Rott in seiner Stadtgeschichte über »Die Insel«.[372]

In einem Rundfunkkommentar im Dezember 1958 stellte Walden angesichts der politischen Aggression Chruschtschows Überlegungen zu einem versuchten Gewaltabbau des Kommunismus an. Kommunisten hätten allerdings die schmerzliche Erfahrung gemacht, dass sie überall dort, wo sie ohne Gewalt erfolgreich sein wollten, herbe Verluste erleiden mussten.[373] Er schlussfolgerte:

> Wo der Kommunismus sich ohne Gewalt behaupten will, muss er seine Eigenart preisgeben. Er muss seine Wirtschaft liberalisieren, wenn er den Westen einholen will, er muss die Gewalt dosieren und Stück für Stück aufgeben, wenn er den Zorn der Völker zu bremsen gedenkt, er muss tolerant sein, wenn er die Jugend nicht ganz verlieren will - und wenn er das alles tut, was allein ihm helfen kann, dann wird er sich eben nicht allein wirtschaftlich, sondern ganz allgemein am Vorbild seines Gegners orientieren müssen. Das aber eröffnet die Aussicht auf ein geschichtliches Ende seiner Ära.[374]

Diese Herleitung gliedert sich in seine Argumentation von der Reformunfähigkeit kommunistischer Systeme ein. Zudem eröffnet sich hier ein Zusammenhang zwischen Ideologie und Totalitarismus. Es zeichneten sich die Grundlinien Matthias Waldens politischem Denken ab.

Im Frühjahr 1959 brach Willy Brandt in die USA auf. Der Besuch war Teil einer Weltreise, die von der Bundesregierung finanziert wurde. Der Regierende Bürgermeister sollte bestehende Freundschaften bekräftigen und Unterstützung für Berlin mobilisieren, so der Wunsch Bonns.[375] Die Voraussetzungen bei seiner USA-Etappe dafür waren auch laut Walden gut, denn in einem bestehe zwischen Gast und Gastgeber Klarheit: »Die Sicherheit der Stadt [Berlin, NL], die mit ihrer Freiheit identisch ist,

[371] Vgl. ebenda.
[372] Vgl. Rott, Die Insel, S. 136f.
[373] Vgl. Matthias Walden, Im Mittelpunkt Berlin – Dezember 1958, in: ders. (Hrsg.), Berliner Mikrophon 1953–1959, S. 447–453, hier S. 451.
[374] Ebenda, S. 452.
[375] Vgl. Merseburger, Willy Brandt, S. 358.

bleibt garantiert.«[376] Walden meinte aber, dass er ähnlich wie Brandt nicht glaube, dass der Höhepunkt der Krise bereits erreicht sei. Der Bürgermeister müsse daher im State Department für eine konkrete Politik werben. Schließlich habe die Standhaftigkeit des Westens zu einem Prestigeverlust des Kremls geführt, den dieser nicht lange auf sich sitzen lassen werde. Am Horizont sah er bereits eine Gefahr aufziehen:

> Wenn die Sowjets den Viermächtestatus einseitig aufheben und ihre Rechte an Ost-Berlin übertragen sollten, werden auch die Sektorengrenzen formal in den Griff der SED geraten. Westberlin kann aber nur bleiben, was es ist, wenn der Weg über den Potsdamer Platz offen bleibt, wenn seine U- und S-Bahnen an der Schnittwunde der geteilten Stadt grünes Licht behalten.[377]

Wie schon in seinem Szenario über einen möglichen Angriff auf die Sicherheit West-Berlins im Herbst 1957, das viele Ähnlichkeiten mit dem späteren Chruschtschow-Ultimatum aufwies, bewies Walden ein Gespür für die politisch neuralgischen Punkte der Berlin-Politik im internationalen Kontext: der möglichen Abriegelung der Sektorengrenzen.

Willy Brandt meinte in gewissem Einklang mit Walden bei seinen Gesprächen im US-Außenministerium in der Tat festzustellen, dass die Amerikaner die Bedeutung des »free access« von und nach Berlin nicht richtig einzuschätzen wüssten. Schon im Frühjahr 1959 stellte sich Brandt laut seinem Biographen Peter Merseburger die für seine spätere Politik so wichtige Frage, ob die USA und die Sowjetunion eine Art stille Übereinkunft über die jeweiligen Einflusssphären getroffen hatten. Nach einem Gespräch mit dem bereits todkranken John Foster Dulles, dem Kalten Krieger und einstigen Roll-Back-Strategen, beobachtete der Bürgermeister eine »weiche Linie« der taktischen Anpassung, die ihn ins Grübeln kommen ließ.[378] Dies hielt ihn jedoch nicht davon ab, einige Wochen später bei der Mai-Kundgebung auf dem Platz der Republik »Berlin bleibt frei!« auszurufen und vom Ost-Berliner Regime zu fordern: »Macht das Tor auf!« Der Auftritt Brandts beeindruckte Walden, der in der *Welt am Sonntag* schrieb: »Es war wie in den Tagen Ernst Reuters«[379].

Walden, der ebenfalls die Teilnahme des Bundesministers für gesamtdeutsche Fragen Ernst Lemmer (CDU) an der Kundgebung lobte, fühlte sich in die Zeit der Berliner Blockade 1948/49 versetzt. An selber Stelle habe damals Reuter die Sowjetunion eine brutale, rücksichtslose, aggressive und imperialistische Macht genannt.[380] Zehn

376 Walden, Brandt reist für Berlin, in: Welt am Sonntag vom 1.2.1959.
377 Ebenda.
378 Vgl. Merseburger, Willy Brandt, S. 359f.
379 Matthias Walden, Es war wie in den Tagen Ernst Reuters, in: Welt am Sonntag vom 3.5.1959.
380 Vgl. ebenda.

Jahre zuvor war Walden zwar noch Journalist in Dresden gewesen und hatte mit einem Zusammengehen der Zonen geliebäugelt. Diese Erinnerungen sollten unter den emotionalen Umständen 1959 jedoch kaum noch Einfluss auf die politische Geisteshaltung des Journalisten haben. Sein Denken verschmolz mit den Positionen Reuters der Jahre um 1950 und der kämpferischen Haltung, die dessen politischer Erbe Willy Brandt angesichts der Chruschtschow'schen Drohpolitik 1959 an den Tag legte.

Konferenzen

1959 plante Matthias Walden eine ganze Reihe seiner Rundfunkkommentare vom Aufstand des 17. Juni bis zum Beginn der Zweiten Berlin-Krise zu veröffentlichen. Der Band erschien dann doch nicht. Aus der Einleitung zu den Kommentaren wird aber deutlich, dass sich der Kommentator selbst als »Objekt der politischen Ereignisse« empfand. Seine »Berliner Sicht« könne kaum als objektiv gewertet werden. Ohnehin sei das Berlin dieser Jahre »kein Ort für distanzierte oder abgeklärte Betrachtung« gewesen.[381] Mit seinen Mitteln versuchte sich Walden also für die Sicherheit und Freiheit Berlins sowie für die Aufrechterhaltung des Wunsches der Deutschen Einheit einzusetzen, der für ihn kongruent mit dem Ziel der Befreiung der Landsleute in der DDR aus der Unterdrückung des SED-Regimes war.

Angesichts der eher starren Situation in der Berlin-Frage – seit dem 11. Mai fand in Genf eine Außenministerkonferenz der Vier Mächte statt – konnten für diesen Zweck auch mal andere Ereignisse herhalten. Als zum Beispiel am 1. Juli 1959 der Landwirtschaftsminister Heinrich Lübke (CDU) zum Nachfolger von Theodor Heuss (FDP) im Bundespräsidialamt gewählt wurde, war dies für Walden ein willkommener Anlass, einige Tage später vor allem an das Versprechen Lübkes zu erinnern, für die Einheit seines Vaterlandes zu kämpfen:

> Lübke ist zum Präsidenten eines staatlichen Torsos, eines Provisoriums, gewählt – das schränkt seine Bürde nicht ein, es verdoppelt sie. Für den Mann in Magdeburg und für die Frau in Leipzig gibt es keinen freigewählten deutschen Präsidenten außer ihm.[382]

Für einige Politiker und Journalisten waren dies eher unbequeme Tatsachen, für Walden waren sie notwendige Erwähnungen. Darüber hinaus charakterisierte er Lübke als einen Mann des Gewissens mit einer natürlichen Autorität, da Macht für ihn kein

[381] Vgl. ders., Einleitung, in: Walden (Hrsg.), Mikrophon. Walden schreibt auch, dass er die Kommentare nicht nachträglich verändert habe.

[382] Ders., Der neue Bundespräsident Heinrich Lübke, in: Welt am Sonntag vom 5.7.1959.

Magnetismus besitze: »Dem Denker an der Spitze des Staates folgt der Planer über Saat und Ernte.«[383]

Die Genfer Außenministerkonferenz ging noch bis zum 11. August und blieb im Kern ergebnislos. Einzig die Tatsache, dass auf Verlangen Moskaus der DDR und der Bundesrepublik ein Platz am »Katzentisch« gewährt wurde, feierten die Machthaber in Ost-Berlin als Erfolg. Der im September 1960 zum Vorsitzenden des Staatsrates der DDR ernannte Walter Ulbricht forderte auf Grund der Ergebnislosigkeit der Verhandlungen die Sowjetunion auf, ihre Drohung eines separaten Friedensvertrages wahr zu machen. Ein weiterer Grund dafür war die Absage der Vier-Mächte-Gipfelkonferenz im Mai 1960 in Paris weges des Abschusses eines amerikanischen V-2-Aufklärungsflugzeuges über der Sowjetunion. Die sowjetische Zurückhaltung gegenüber der Forderung Ulbrichts und die Absage der Gipfelkonferenz können zudem auf die Spekulation Chruschtschows auf eine Wende der amerikanischen Haltung durch die Präsidentschaftswahlen Ende 1960 zurückgeführt werden.[384] Die Absage des Pariser Gipfeltreffens wurde von Konrad Adenauer erleichtert zur Kenntnis genommen. Der Kanzler hatte ähnlich wie Brandt Sorge vor einer amerikanisch-sowjetischen Absprache über Deutschland und Berlin.[385]

Wie Wilhelm C. Grewe, zu dieser Zeit nun Deutscher Botschafter in Washington, in seinen Memoiren berichtet, hoffte auch Adenauer auf einen Wandel der amerikanischen Präsidentschaftswahlen im November 1960. Vor allem den entspannungspolitischen Initiativen Christian Herters, der im April 1959 den schwer kranken John Foster Dulles als US-Außenminister ersetzte, stand der Bundeskanzler kritisch gegenüber. Im Präsidentschaftsrennen um die Nachfolge von Dwight D. Eisenhower zwischen Richard Nixon und dem Senator John F. Kennedy favorisierte Adenauer schließlich den republikanischen Vizepräsidenten Nixon.[386] Als Sieger aus den Wahlen ging aber nach dem wohl knappsten Wahlergebnis der amerikanischen Geschichte – 49,7 gegen 49,6 Prozent – der junge Demokrat Kennedy hervor. Schon im Wahlkampf forderte er mehr Initiative der USA in der Weltpolitik, die seiner Meinung nach bisher nur auf Reaktionen gegenüber der Sowjetunion ausgelegt war.[387] Als seinen außenpolitischen Berater berief der Präsident Dean Acheson. Der US-Außenminister von 1949 bis 1953 galt zwar als Hardliner, doch Kennedy, der die Strategie der massiven Vergeltung gera-

383 Ebenda.

384 Vgl. Helga Haftendorn, Deutsche Außenpolitik zwischen Selbstbeschränkung und Selbstbehauptung. 1945–2000, Stuttgart – München 2001, S. 150f.

385 Vgl. Manfred Görtemaker, Adenauer und die Amerikanische Deutschlandpolitik, in: Klaus Schwabe (Hrsg.), Adenauer und die USA. Rhöndorfer Gespräche – Band 14, Bonn 1994, S. 75–101, hier S. 96.

386 Vgl. Grewe, Rückblenden. 1976–1951, S. 444.

387 Vgl. Hacke, Zur Weltmacht verdammt, S. 62.

de im Kontext der Berlin-Krise in Frage gestellt hatte, schätzte dessen Intelligenz und Erfahrung.[388]

Matthias Walden verhielt sich in diesen Monaten erstaunlich kommentarlos. An einen amerikanischen Professor, den Walden bei einer USA-Reise 1963 kennengelernt hatte, schrieb er im Dezember 1963 nach dem Tod Kennedys, dass er Respekt und Zuneigung für den US-Präsidenten gehegt habe.[389] Ein zeitgenössischer Kommentar zu dessen Amtsantritt ist nicht überliefert. Walden produzierte in dieser Zeit einige großangelegte Fernsehdokumentationen, die ihn voll in Anspruch nahmen. Im Februar 1960 wurde ein Bericht über die Verhältnisse und sozialen Gegensätze in Persien gesendet, in dem Walden auch die Hochzeit des Schahs Reza Pahlavi mit Farah Dibah begleitete, die in der westdeutschen Illustriertenpresse begierig behandelt wurde.[390]

In der Reihe Schwarz-Rot-Gold in Afrika, Sendung im September 1960, beziehungsweise Asien, Sendung im Mai 1961, verglich Walden den Einfluss und die Methoden der Bundesrepublik und der DDR in den afrikanischen respektive asiatischen Staaten. [391] In der Dokumentation »Sie warten auf Morgen«, Ausstrahlung am 31. Oktober 1960, stellte Walden die Schicksale der Kinder in afrikanischen Entwicklungsländern vor und warb für eine Unterstützung dieser armen Staaten, allerdings nicht zuletzt, um die Regierungen vor einer Infiltration durch kommunistische Staaten zu schützen. Wo Walden auch war, den Kalten Krieg hatte er im Gepäck. Die Kinder Afrikas würden in einem »Sturm des Wandels ihrer Welt« aufwachsen und der Westen dürfe sich seiner Verantwortung für sie nicht entziehen: »Wir haben 100 Jahre lang vom Fortschritt gesprochen und haben diese Menschen hier vergessen.«[392] Konkrete Forderungen für ein westliches oder explizit westdeutsches Engagement in den Entwicklungsländern stellte der Journalist allerdings nicht. Grundsätzlich nutzten die USA und die Sowjetunion ihr Engagement in der Entwicklungshilfe für eine Fortführung ihrer Systemkonkurrenz. In der Regel bewegte sich die Politik der Bundesrepublik Deutschland und der DDR in dieser Logik.[393]

388 Vgl. Theodore C. Sorensen, Kennedy, New York 2009 (1965), S. 583.

389 Vgl. Matthias Walden an Prof. Moses vom 18. Dezember 1963 (ASV-UA: NL Walden, Box 14 - 1964(!)).

390 Vgl. Matthias Walden, Liebe, Lehm und Druckerschwärze – ein persisches Mosaik. Erstsdendung am 3. Februar 1960 im SFB (eingesehen im AdRBB).

391 Vgl. ders., Fernsehdokumentation: Schwarz-Rot-Gold in Asien – Indonesien. Erstsendung am 2.5.1961 im SFB (Eingesehen im AdRBB).

392 Ders., Fernsehdokumentation: Sie warten auf Morgen, Folge 1. Erstsendung am 13.10.1960 im SFB (Eingesehen im AdRBB), Minute 22.

393 Vgl. Christian Kleinschmidt/Dieter Ziegler, Deutsche Wirtschaftsinteressen zwischen Entwicklungshilfe und Dekolonisierung: eine Einleitung, in: dies. (Hrsg.), Dekolonisierungsgewinner. Deutsche Außenpolitik und Außenwirtschaftsbeziehungen im Zeitalter des Kalten Krieges, Berlin/Boston 2018, S. 1–17, hier S. 3–6.

Von einem substanzlosen »fragwürdigen Optimismus«, typisch für internationale Konferenzen, schrieb Walden wiederum Anfang Juni 1961 aus Wien. Er berichtete aus der Österreichischen Hauptstadt als Sonderberichterstatter der *Welt am Sonntag* über die Gespräche zwischen US-Präsident Kennedy und Nikita Chruschtschow.[394] Chruschtschow stand unter Zugzwang, nachdem ein erneutes Ultimatum Moskaus im April 1961 ausgelaufen war. Kennedy hatte dem Treffen auf Druck des Kremls zugestimmt, doch kam es für ihn angesichts des amerikanischen Desasters an der Schweinebucht in Kuba wenige Wochen zuvor zur Unzeit. Auch Walden wies auf die eher kritische Beurteilung der westlichen Öffentlichkeit zu diesem Gipfel hin und schloss sich ihr an, indem er an den früheren Ausspruch von Kennedys Außenminister und einstigen Roll-Back-Politiker Dean Rusk erinnerte, der solche Konferenzen als »gefährliches Opium für das Volk« bezeichnet hatte.[395] Die kritischen Prophezeiungen schienen sich zu bewahrheiten, als am Ende des ersten von zwei Gesprächstagen am 3. Juni Kennedys Entourage ein zurückhaltendes Fazit zog. Der Präsident habe Chruschtschow nicht von der Entschlossenheit des Westens überzeugen können, meinten sie. Und Kennedy selbst fühlte sich behandelt wie ein »kleiner Junge«, wie er sich intern beschwerte.[396]

Seinen Kommentar kabelte Matthias Walden bereits am Abend des 3. Juni nach Deutschland, sodass dieser in der *Welt am Sonntag* vom 4. Juni erscheinen konnte. Eine abschließende Beurteilung war ihm also nicht möglich und er hielt sich daher eher daran, erneut den Wert des freiheitlichen Westens gegenüber der kommunistischen Welt hervorzuheben. Die »Scheußlichkeit« des sowjetischen Imperiums mache es für Chruschtschow trotz der tagespolitischen und taktischen Vorteile schwerer als für Kennedy, lautete schließlich der romantische Schluss des Artikels.[397] Am zweiten Tag ging Kennedy dann jedoch zumindest teilweise in die Offensive. Der US-Präsident hatte verstanden, dass Chruschtschow nur auf der machtpolitischen Ebene zu begegnen war und versuchte, den Kreml-Chef durch die Betonung der amerikanischen Perspektive in Berlin zur Räson zu rufen: »What we are talking about is that we are in Berlin and have been there for 15 years. We suggest that we stay there.«[398] Sein Redenschreiber und politischer Berater Theodor C. Sorensen hielt später in seinen Memoiren fest:

394 Vgl. Matthias Walden, Fragwürdiger Optimismus, in: Welt am Sonntag vom 4.6.1961.
395 Vgl. ebenda.
396 Vgl. Rolf Steininger, Berlinkrise und Mauerbau – 1958 bis 1963. Mit einem Kapitel zum Mauerfall 1989, München 2009 (4. überarbeite und erweiterte Auflage), S. 190.
397 Vgl. Walden, Fragwürdiger Optimismus, in: Welt am Sonntag vom 4.6.1961.
398 Memorandum of Conversation – Summit Conference at Vienna. Vienna, June 4, 1961, in: U.S. Department of States (Hrsg.), FRUS 1961-1963. Vol. XIV, S. 87–96, hier S. 89.

> The President's first and most basic decision was that the preservation of Western rights in West Berlin was an objective for which the United States was required to incur any cost, including the risk of nuclear war.[399]

Es fällt auf, dass Mitglieder der US-Regierung wie schon zuvor von den westlichen Rechten in West-Berlin sprachen, nicht für die Viermächtestadt Berlin als Ganzes.

Dieser – in Waldens Worten – »fragwürdige Optimismus« hält der sowjetischen Bewertung der Wiener Gespräche nicht stand. Nikita Chruschtschow ging davon aus, Kennedy in die Defensive gedrängt zu haben und sah in dem Wunsch nach einer Übereinkunft an Stelle einer Politik der Zurückdrängung des Kommunismus wie unter Eisenhower einen Rückzug der USA. Diese Deutung bestätigte seine Annahme der Überlegenheit des Sozialismus im internationalen Kräfteverhältnis und wirkte handlungsleitend für die kommenden Entscheidungen des sowjetischen Regierungschefs.[400]

Erschöpft und zurück in Washington war sich Kennedy bald darüber bewusst, dass die Wiener Gipfelkonferenz eine Neuformulierung seiner Berlin-Strategie notwendig gemacht hatte. Im Weißen Haus sah er sich dabei von zwei Gruppen beeinflusst. Zunächst Dean Acheson, der eine konventionelle Aufrüstung forderte und dafür plädierte, militärische Mittel nicht erst bei der Blockade der Zufahrtswege Berlins einzusetzen. Acheson ging von einer offensiven Politik Moskaus aus und war darauf bedacht, den Kreml von der Entschlossenheit des Westens zu überzeugen.[401] Auf der anderen Seite formierten sich jüngere Berater des Präsidenten um Arthur M. Schlesinger Jr. und Henry Kissinger, die vor allem die Ziele Chruschtschows eher defensiv einschätzten und daher weitere Verhandlungen befürworteten.[402] Das Ergebnis dieser Strategiesuche war ein Mittelweg Kennedys, den er der Öffentlichkeit in einer Fernsehansprache vom 25. Juli 1961 mitteilte. Die Rede des US-Präsidenten erlangte Berühmtheit, da Kennedy in ihr die »three essentials« der USA in West-Berlin formulierte. Diese vitalen Interessen waren die Präsenz der USA in Berlin, das Selbstbestimmungsrecht der West-Berliner sowie der ungehinderte Zugang nach West-Berlin von dem Gebiet der Bundesrepublik. Um diesen Forderungen Nachdruck zu verleihen, kündigte er die Erhöhung des Verteidigungsbudgets um 3,2 Milliarden Dollar und die Einberufung von Reservisten aus Army, Navy und Air Force an, um die Streitkräfte mobiler für schnelle Verlegungen nach Europa zu machen. Er rief allerdings entgegen Achesons Vorschlag nicht den nationalen Notstand aus, wies aber hingegen mehrmals auf die

399 Theodore C. Sorensen, Kennedy, New York 1965, S. 586.

400 Vgl. Wettig, Chruschtschows Berlin-Krise, S. 154f.

401 Vgl. Christof Münger, Kennedy, die Berliner Mauer und die Kubakrise. Die westliche Allianz in der Zerreißprobe 1961–1963, Paderborn 2003, S. 86f.; siehe auch: Sorensen, Kennedy, S. 589.

402 Vgl. Münger, Kennedy, die Berliner Mauer und die Kubakrise, S. 88.

amerikanische Bereitschaft zu Gesprächen hin und erkannte auch die sowjetischen Sicherheitsinteressen in Ost- und Mitteleuropa an.[403]

Von Matthias Walden ist keine Reaktion auf die Formulierung der »three essentials« durch Kennedy überliefert, doch hatte er vier Wochen zuvor im Nachgang der Wiener Gespräche nochmals die Entschlossenheit der drei Westalliierten in der Berlin-Frage gelobt und die Bundesregierung und Bürger der Bundesrepublik aufgefordert, den Versicherungen Vertrauen zu schenken, da man im Streitfall auf die westlichen Verbündeten angewiesen sei.[404] Die DDR klagte er hingegen streitbar wegen ihrer Verstöße gegen geltendes Recht an, beispielsweise die militärische Präsenz im Ostteil Berlins, der ebenfalls unerlaubt zur Hauptstadt der DDR erklärt worden war. Die »Geschichte« habe der Bundesrepublik die Rolle des Anklägers zugesprochen, so Walden weiter.[405] Der Konflikt der Deutschen Teilung war für Walden somit der Kampf zwischen Freiheit und Zwang, zwischen liberaler Demokratie und kommunistischer Diktatur. Diese Perspektive dürfe bei all den tagespolitischen und strategischen Kleinteiligkeiten nicht vergessen werden. Ende Juli 1961 arbeitete Walden indes an einer Fernsehdokumentation über den beschwerlichen Alltag der Berliner während der Krise. Die noch laufenden Aufnahmen sollten an Brisanz gewinnen, als sich Walter Ulbricht mit der Rückendeckung Chruschtschows in den Morgenstunden des 13. August 1961 zur Abriegelung der Berliner Sektorengrenze entschloss – der Bau der Berliner Mauer begann.

»Die Mauer«

Dieser Schritt lag bereits einige Zeit in der Luft, da angesichts des fortschreitenden Flüchtlingsstroms aus der DDR in die Bundesrepublik über West-Berlin ein Zusammenbruch des SED-Regimes drohte, den natürlich die Machthaber in Ost-Berlin selbst, aber auch der Kreml verhindern wollten. Allein im Juli 1961 verließen 30.000 Menschen die DDR über Berlin, seit 1949 waren es auf diesem Wege drei Millionen gewesen.[406] In einem späteren Beitrag im Magazin der *Welt am Sonntag* über seine Bilanz zu zwanzig Jahren Berliner Mauer erinnerte sich Walden 1981 an die Zeit des Mauerbaus. Schon Monate vor der Schließung der Sektorengrenzen in Berlin hatte er mit dem Minister für gesamtdeutsche Fragen, Ernst Lemmer, auf Grund des ansteigenden Flüchtlingsstroms über die Möglichkeit einer Abriegelung der »Zone« gesprochen, schrieb der Publizist. Der Minister beschwor Walden, in seinen journalistischen

403 Vgl. John F. Kennedy, Radio and Television Report to the American People on the Berlin Crisis. July 25, 1961, in: U.S. Government (Hrsg.), Public Papers of the Presidents of the United States: John F. Kennedy. 1961, Washington 1962, S. 533–540, hier passim.

404 Vgl. Matthias Walden, Angeklagter Ulbricht!, in: Welt am Sonntag vom 25.6.1961.

405 Vgl. ebenda.

406 Vgl. Steininger, Berlinkrise und Mauerbau, S. 237.

Berliner Mauer, Grenze nach Ost-Berlin am Brandenburger Tor, 14. August 1961.

Beiträgen aber nicht von der Schließung der Grenze zu schreiben, da diese so aus Angst des kommunistischen Regimes in Ost-Berlin nur schneller eintreten würde. Vielmehr riet er ihm, kontinuierlich die ostdeutschen Machthaber vor diesem Schritt zu warnen und zu hoffen, dass die Menschen in der DDR diesen Wink verstehen würden.[407] In einem *SFB*-Kommentar einige Wochen nach dem Mauerbau schilderte Walden die Diskussionen in den Redaktionskonferenzen, ob über diese Befürchtungen einiger Mitarbeiter berichtet werden solle. Die Berliner Journalisten entschlossen sich schließlich dagegen, da dies zu einer Massenflucht geführt hätte. Und dies hätte wohl die Entscheidungsfindung zum Mauerbau nur beschleunigt.[408]

Walden hielt sich also an den Ratschlag Lemmers und die DDR-Bürger schienen ihn so gut zu verstehen, dass das Regime letztendlich doch nur durch die Abriegelung der Sektorengrenzen überleben konnte. Wie Walden sich erinnerte, schockierte ihn die Nachricht über die Absperrmaßnahmen, die ihn in den frühen Morgenstunden des 13. August erreichte, trotz aller Vorahnungen schwer. Der letzte Funke einer Hoff-

407 Vgl. Matthias Walden, Gewalt in Beton, in: Welt am Sonntag Magazin vom 9.8.1981, S. 17f.
408 Vgl. ders., Typoskript: Wochenkommentar im SFB vom 26. November 1961 (ASV-UA, NL Walden, Ordner: Wochenkommentare), S. 3f.

nung des Erfolges der Politik Konrad Adenauers, der die politische und ideelle Westbindung mit dem Versuch einer durch Abgrenzung geradezu magnetischen Anziehungspolitik gegen die kommunistischen Staaten verband, schien erloschen. Walden betonte in seinem ersten überregionalen Fernsehkommentar in der *ARD*, der Stacheldraht richte sich vor allem gegen die Menschen in der DDR und sei eben kein »antifaschistischer Schutzwall«: »Der Notausgang aus dem großen Gefängnis ist geschlossen.«[409]

Walden rief Politiker und Bürger der westlichen Welt auf, sich gegen die Maßnahmen aufzulehnen, plädierte aber dafür, auf den Einsatz von Gewalt zu verzichten.[410] Damit stand er grundsätzlich auf der Linie von Willy Brandt, der am 16. August vor 250.000 West-Berlinern die Absperrungen sowie den Bruch des Völkerrechts verurteilte und in einem Schreiben an Kennedy eine Solidaritätsbekundung der Westalliierten und insbesondere der USA forderte.[411] Die symbolträchtige Entsendung 1.500 amerikanischer Soldaten und der Besuch von US-Vizepräsident Lyndon B. Johnson und dem Held der Luftbrücke Lucius D. Clay begrüßte Walden folglich als Zeichen der Verbundenheit und Hoffnung.[412] Das darf nicht darüber hinweg täuschen, dass er über die Beschränkung der Sicherheitsgarantien der USA auf den Westteil Berlins grundsätzlich enttäuscht war.[413]

Im Prinzip war der Mauerbau aus Waldens Sicht ein Produkt der Politik der Stärke, die nun bis zum endgültigen Erfolg – dem Zusammenbruch der DDR und der Wiedervereinigung – fortgeführt werden müsse. So sagte er am 14. August in der *ARD*: »Wir müssen den längeren Atem haben – und daß wir ihn haben werden, dafür spricht, was uns seit gestern auferlegt ist.«[414] Seinen eigenen Anspruch auf einen Kampf gegen die verbrecherische Politik des SED-Regimes erfüllte der Journalist mit seinen Waffen in Form der Fernsehdokumentation »Die Mauer«, für die er sein be-

409 Ders., Typoskript: Abendschau-Kommentar in der ARD vom 14. August 1961. ASV-UA (Nachlass Walden: Ordner ARD-Kommentar), S. 1; und ganz ähnlich: ders., Die Bankrott-Erklärung des SED-Gewaltregimes, in: Welt am Sonntag vom 20.8.1961.

410 Vgl. ders., Abendschaukommentar im ARD, 14.8.1961, S. 1.

411 Vgl. Willy Brandt, Nr. 66. Erklärung des Regierenden Bürgermeisters von Berlin vor dem Berliner Abgeordnetenhaus. 13. August 1961, in: Helga Grebing/Gregor Schöllgen/Heinrich August Winkler (Hrsg.), Willy Brandt – Berliner Ausgabe Band 3. Berlin bleibt frei. Politik in und für Berlin 1947-1966, Bonn 2004, S. 324–333, hier passim; und: ders., Nr. 68. Schreiben des Regierenden Bürgermeisters von Berlin, Brandt, an den Präsidenten der Vereinigten Staaten von Amerika. 15. August 1961, in: Helga Grebing/Gregor Schöllgen/Heinrich August Winkler (Hrsg.), Willy Brandt – Berliner Ausgabe Band 3. Berlin bleibt frei. Politik in und für Berlin 1947-1966, Bonn 2004, S. 336–338, hier passim.

412 Vgl. Walden, Bankrott-Erklärung des SED-Gewaltregimes, in: Welt am Sonntag vom 20.8.1961; zum Besuch Johnsons und Clays und zur Stimmung in West-Berlin nach dem Mauerbau siehe ausführlich: Rott, Die Insel, S. 157–174.

413 Vgl. Schwane, Wider den Zeitgeist?, S. 167.

414 Walden, Abendschaukommentar im ARD, 14.8.1961, S. 1.

reits vorhandenes Bildmaterial mit unmittelbaren Aufnahmen seit den Morgenstunden des 13. August ergänzte. Sie wurde am 27. August 1961 nur zwei Wochen nach Beginn der Absperrungen im *SFB* ausgestrahlt. Walden hob den verbrecherischen Charakter des Regimes hervor und bezeichnete den Mauerbau als »Freiheitsberaubung an 16 Millionen« und als den »furchtbarsten Schlag, den er [Ulbricht; NL] gegen die Menschen hinter dem [Brandenburger] Tor richten konnte«.[415]

Die Abschottung vor dem Westen geschah laut Walden aus einer Position der Schwäche Ost-Berlins und Moskaus heraus. Der Kommunismus halte dem Vergleich nicht stand und sei damit auf lange Sicht zum Untergang verdammt. Das müsse den Bundesbürgern klar sein, wenn sie in Zukunft über eine neue Ost- und Deutschlandpolitik diskutieren wollten.[416] Er bewies damit bereits ein Gespür für die intellektuellen Entwicklungen der kommenden Jahre und unterstrich dies mit der Aufforderung, diese Demonstration der Schwäche nicht misszuverstehen und zu glauben, man müsse die Politik gegenüber der DDR und den anderen kommunistischen Regimen Ost- und Mitteleuropas nun ändern.

In der Interview-Sendung »Die Fernsehpressekonferenz« vom 22. September 1961 fragte Walden nur wenige Wochen nach dem Mauerbau Willy Brandt provokant, ob es dessen Meinung nach die Aufgabe der Journalisten sei, die deutsche Bevölkerung auf eine »de-facto Anerkennung« der DDR vorzubereiten. Der Berliner Bürgermeister wiegelte freilich ab, doch wurde deutlich, dass Walden eine Veränderung des politischen Klimas spürte.[417] Unmittelbar nach dem Mauerbau konnte er sich indes auf eine breite Front gegen diese Entwicklung verlassen. So bezeichnete der prominente Journalist Sebastian Haffner in derselben Sendung den Mauerbau als »Annexion Ost-Berlins« durch die DDR.[418]

Schon im Juni 1961 hatte Walden Bundesaußenminister Heinrich von Brentano in einer weiteren Ausgabe der »Fernsehpressekonferenz« gefragt, ob die sowjetisch- ostdeutsche Drohpolitik Einfluss auf die »Hallstein-Doktrin« als Grundsatz bundesdeutscher Außenpolitik haben könnte.[419] Die – aus Waldens Sicht – Gefahr eines Aufweichens der harten Bonner Position hatte sich also für den Journalisten schon einige

415 Ders., Die Mauer. Sender Freies Berlin vom 27. August 1961 (2009 neu herausgegeben vom RBB), Minute 3. Die 45-minütige Dokumentation wurde 2009 vom Rundfunk Berlin-Brandenburg als zeithistorisches Dokument erneut aufgelegt.

416 Vgl. ebenda, Minute 12.

417 Vgl. Die Fernsehpressekonferenz vom SFB und NDR in Zusammenarbeit mit der NBC mit dem Regierenden Bürgermeister von Berlin Willy Brandt vom 22. September 1961 (eingesehen im AdRBB), Minute 26.

418 Vgl. ebenda, Minute 24–25.

419 Vgl. Die Fernsehpressekonferenz vom SFB und NDR in Zusammenarbeit mit der NBC mit Bundesaußenminister Heinrich von Brentano vom 30. Juni 1961 (eingesehen im AdRBB), Minute 11–13.

Wochen vor dem Mauerbau angekündigt. Waldens Weggefährte und der spätere Brandt-Biograph Peter Merseburger sollte noch Ende der 1990er Jahre über seinen bereits verstorbenen Kollegen schreiben, dass dieser eben jene Niederlage der bisherigen Bonner Ost- und Deutschlandpolitik durch den Mauerbau nicht akzeptieren konnte oder wollte, da er sich zu sehr auf die moralische Perversion der Mauer konzentrierte.[420]

Parallelen zur direkten Reaktion Waldens auf den Mauerbau zeigte der Gründer der Gruppe 47, Hans Werner Richter. Wie Walden verstand sich Richter als entschiedener Antikommunist. In seiner ersten Reaktion verteufelte er daher gemeinsam mit dem Literaten Günter Grass die DDR und scheute auch keine Vergleiche zum »Dritten Reich«. Anders als Walden sollte Richter aber wenig später das Versagen der Politik der Stärke postulieren und eine Annäherung an das SED-Regime fordern, um so auf die DDR einwirken zu können.[421] Der einflussreiche Richter stand mit dieser Entwicklung symbolisch für eine große Gruppe intellektueller Beobachter in Westdeutschland, wie weiter unten abgehandelt wird.

In »Die Mauer« kam in Waldens publizistischer Rhetorik erneut die Vergleichbarkeit kommunistischer Methoden mit denen der Nationalsozialisten zur Geltung. In dem Film sprach er explizit von der Vergleichbarkeit des totalitären Systems der »Nazis« und dem Kommunismus. Hierbei spielte sicherlich seine persönliche Erfahrung in den zwei verschiedenen deutschen Diktaturen eine wichtige Rolle. Als Journalist war ihm besonders die Propaganda der SED und die Unfreiheit der Presse in der DDR ein Dorn im Auge. Die propagandistische Begleitung des Mauerbaus verglich er daher mit der Arbeit des *Stürmers* im »Dritten Reich«.[422] Angesichts der harten DDR-Justiz kommentierte er: »Sie sind wie die Nazis. Sie sind übel.«[423] Mit dem Mauerbau sah Walden indes ein weiteres Grundprinzip der Freiheit verletzt, da der Staat seine Bürger daran hinderte, ihn zu verlassen.[424]

Der Film »Die Mauer« war Matthias Waldens Art des Protestes gegen die Maßnahmen des SED-Regimes. Die Dokumentation ist darüber hinaus ein Aufruf zum Durchhalten und zur Standhaftigkeit, deren kämpferischer antikommunistischer Grundton nicht zu übersehen war. Damit bewegte sich Walden durchaus in dem geistigen Klima dieser angespannten Phase des Kalten Krieges, war doch der Mauerbau der Höhepunkt der Zweiten Berlin-Krise, die nur das Vorspiel zur Kuba-Krise 1962

420 Vgl. Merseburger, Merseburger 1999, in: Saß (Hrsg.), »Er war ein guter Feind«, S. 108.
421 Vgl. Joachim Scholtyseck, Mauerbau und Deutsche Frage. Westdeutsche Intellektuelle und der Kalte Krieg, in: Dominik Geppert/Jens Hacke (Hrsg.), Streit um den Staat. Intellektuelle Debatten in der Bundesrepublik 1960-1980, Göttingen 2008, S. 69–90, hier S. 75f.
422 Vgl. Walden, Die Mauer. SFB 27.8.1961, Minute 19.
423 Ebenda, Minute 33.
424 Vgl. ebenda, Minute 48.

darstellte. »Die Mauer« war darüber hinaus ein großer Erfolg für den *SFB*. So konnte der Chefredakteur Rolf Menzel an seinen Intendanten Walter Steigner berichten, dass sich das Versenden des Filmes in die ganze Welt schon dadurch bezahlt gemacht hatte, dass er in Originalfassung auf der Berlin-Ausstellung in Atlanta gezeigt wurde. Außerdem habe er die erfolgreiche *CBS*-Produktion »A Chapter of Tyranny – Dateline Berlin« angeregt, in der auch viele Szenen des *SFB*-Films verwendet wurden, und der im Abspann ausdrücklich erwähnt wurde. All dies trage dazu bei, so Menzel, dass der *SFB* in den USA einen sehr guten Namen habe und als einzige deutsche Rundfunkstation auch Sendungen in die USA exportiere.[425]

Waldens Arbeit drang in höchste Regierungskreise vor. Die Berliner Zeitung *Der Abend* wusste beispielsweise Anfang September 1961 zu berichten: »Kennedy sieht ›Die Mauer‹«[426]. Die Bedeutung des Films für die deutsch-amerikanische Zusammenarbeit unterstrich einige Wochen später nochmals der deutsche Botschafter in Washington, Wilhelm C. Grewe, in einem Schreiben an Intendant Steigner, in dem er ausdrücklich die Initiative Matthias Waldens und Rolf Menzels lobte. Ohne die beiden *SFB*-Journalisten wäre die Produktion von »A Chapter of Tyranny« nicht möglich gewesen, so Grewe. Der Sender habe sich somit ganz besonders für die Bonner Außenpolitik verdient gemacht:

> Der Sender Freies Berlin hat mit dieser Reportage einem weiten Kreis amerikanischer Hörer ein unmittelbares Bild der gegenwärtigen Situation in Berlin vermittelt und damit den gemeinsamen Zielen unserer Aussenpolitik zu einem kritischen Zeitpunkt einen großen Dienst erwiesen.[427]

Umgang mit der Mauer

Am 27. Oktober 1961 schaute die Welt nochmals auf Berlin. Am einzig verbliebenen »Ausländerübergang« nach Ost-Berlin, dem sogenannten Checkpoint-Charlie an der Friedrichstraße, war es zum Konflikt gekommen, als US-Diplomaten von SED-Armisten kontrolliert werden sollten. Ein weiterer Verstoß gegen den Viermächtestatus der Stadt. Für Walden war dies eine Frage des Prinzips, weswegen er den Protest der USA gegen dieses Vorgehen unterstützte. Er stufte das Ganze ohnehin als einen Test Moskaus ein, wie er in der *Welt am Sonntag* kommentierte. Nichtdestotrotz kam es zum »Showdown«, als sich amerikanische und sowjetische Panzer gegenüberstanden. Für Walden war dies allerdings nur der Beweis, dass das SED-Regime eine Marionette

425 Vgl. Rolf Menzel an Walter Steigner vom 6. November 1961 (ASV-UA: NL Walden, Box 7a – 1961).

426 Kennedy sieht »Die Mauer«, in: Der Abend vom 5.9.1961.

427 Wilhelm C. Grewe an Walter Steigner vom 21. November 1961 (ASV-UA: NL Walden, Box 7a – 1961).

des Kremls war. Durch den Aufmarsch der Panzer habe die Sowjetunion zumindest in dieser Frage den de facto Viermächtestatus Berlins anerkannt.[428]

Die Konfrontation der Supermächte am Checkpoint-Charlie kommentierte Walden also eher nüchtern und distanziert. Menschlich betroffener äußerte er sich in seinem Totensonntagskommentar im *SFB* am 26. November 1961, in dem er vor allem der Opfer der Mauer gedachte. Gleichzeitig entwarf er eine Art »Gebrauchsanweisung« für den Umgang mit der Mauer für westdeutsche und West-Berliner Rundfunksendungen wie er seinem Kollegen beim *WDR* Peter Bender schrieb, dem er einen Durschlag des Kommentars schickte.[429]

Walden stellte sich ähnliche Fragen wie in der Zeit kurz vor den Absperrmaßnahmen. Sollte über erfolgreiche oder missglückte Fluchtversuche berichtet werden oder nicht? Seien nicht die westdeutschen Rundfunksender das einzige Medium, über das die Menschen in der DDR Informationen beziehen können? Hätten diese daher nicht ein Recht auf eine wahrheitsgetreue Berichterstattung? Für Walden war die Antwort klar:

> Und wieder einmal wäre es Anmaßung, zu sagen, kommt und riskiert Euer Leben, oder bleibt und riskiert den täglichen Ekel des Ausharrens. Aber ich glaube, schweigen dürfen wir nicht, wo es heikel wird und wo Verantwortung das Leben der Angesprochenen umfaßt. Wir müssen sagen, was ist. Wir müssen sagen, wenn einer durchkam und müssen gleichzeitig warnen.[430]

Walden stellte sich außerdem die Frage, wie gegenüber den eingeschlossenen DDR-Bürgern, die nun nicht mal mehr ein »Atemloch in der Eisdecke der kommunistischen Despotie« besaßen, über die eigenen westdeutschen beziehungsweise West-Berliner Verhältnisse berichtet werden sollte. Der Rundfunk sei schließlich die einzige »unkontrollierte, unzensierbare, unblockierbare Verbindung« zwischen den beiden Welten, die gleichzeitig die Wirkung der kommunistischen Propaganda zerstören könne. Es sollte daher noch viel mehr über West-Berlin und die Bundesrepublik berichtet werden als zuvor. Über das kulturelle Leben genauso wie über den Wohlstand und den materiellen Besitz, allerdings ohne in eine »primitive Prahlerei« zu verfallen.[431]

Denn Wohlstand müsse nicht ein Symptom der Verflachung sein, führte Walden weiter aus. Der Wohlstand des Westens habe den Kommunisten nämlich andererseits

428 Vgl. Matthias Walden, Kraftprobe in Berlin: Es geht um ein Prinzip. Amerika besteht auf seinen Rechten, in: Welt am Sonntag vom 29.10.1961.

429 Vgl. Matthias Walden an Peter Bender vom 29. November 1961 (ASV-UA: NL Walden, Box 39 – SFB 1960–61).

430 Walden, Wochenkommentar im SFB vom 26.11.1961, S. 6.

431 Vgl. ebenda, S. 8.

das Konzept verdorben und ihre Politik zurückgeworfen. Er habe laut Walden offen gelegt, dass den Sünden der Despoten nicht mal ein materieller Vorteil entsprungen sei. Der letzte Ausweg für das SED-Regime aus dieser Misere könne nur die Entfremdung des deutschen Volkes untereinander sein. Der Mauerbau war für Walden ein Schritt in diese Richtung gewesen. Das ziehe gleichzeitig den Einsatz gegen überhebliche Tendenzen in den eigenen Reihen nach sich, der ebenso eine Aufgabe des Journalismus sein müsse.[432] Freiheit und Wohlstand gehörten für Matthias Walden also durchaus zusammen und waren Konsequenzen einer liberalen Demokratie und einer freien Wirtschaft, doch dürfe dies nicht zu Übermaß und Egozentrik führen.

Die letzten Jahre hatten freilich auch Walden vor Augen geführt, wie unwahrscheinlich eine baldige »Befreiung der Zone« geworden war. Dabei ging es dem Journalisten kaum um eine Wiedervereinigung in »pathetisch-nationalem Nebel«. Den Mauerbau interpretierte Walden nun jenseits aller Not und Grausamkeit als ein »Signal der Ermutigung«, denn tiefer könnten die Kommunisten wohl kaum sinken. Er knüpfte damit an seine unmittelbare Forderung nach dem 13. August an, die Entschlossenheit der Politik der Stärke fortzuführen. Und ebenso an seine Feststellung, dass der Kommunismus überall dort, wo er Erfolg sucht, seine eigene Ideologie verleugnen müsse oder auf Gewalt, List und Tücke angewiesen sei:

> Wir haben Stalin einen Mörder genannt. Jetzt nennen Sie ihn auch einen Mörder. Wir haben Licht und Luft und große Fenster für richtig gehalten. Jetzt ahmen sie es nach. Wir haben Wohlstand geschaffen. Sie haben erklärt, daß sie uns einholen wollen. Wir reden von Freiheit und praktizieren sie. Es wird der Tag kommen, wo sie auch von Freiheit reden und Freiheit schaffen müssen, um ihr System nicht in der Fäulnis mittelalterlichen Terrors ersticken zu lassen. Der Weg ist vorgezeichnet und wer die Augen aufmacht sieht, daß er schon beschritten wurde. Der Kommunismus wird, indem er die materielle und ideelle Freiheit kopiert, Selbstmord begehen müssen, um einem unfreiwilligen Ende vorbeugen zu müssen. Wir kennen die Frist nicht. Wir müssen warten. […] Wir genießen unsere Freiheit und unseren Wohlstand nur mit halbem Herzen, solange sie [die Menschen in der DDR; NL] ohne Freiheit und Wohlstand sind.[433]

Der Totensonntagkommentar aus dem Jahr 1961 war nicht nur eine »Gebrauchsanweisung« für westliche Journalisten, als die ihn Matthias Walden Peter Bender ver-

432 Vgl. ebenda, S. 9f.; dazu ebenfalls: ders., Die Jungen mahnen: Seid nicht so begriffsstutzig! Tagung des Kuratoriums »Unteilbares Deutschland«, in: Welt am Sonntag vom 12.11.1961.

433 Ders., Wochenkommentar im SFB vom 26.11.1961, S. 13f.

kaufen wollte. Der Text war gleichzeitig eine Kartierung seiner eigenen politischen Haltung. Er meinte, dass eine kämpferische antikommunistische Position notwendiger denn je sei und auch wenn er Bender, den er freundschaftlich mit »Lieber Doktor« anredete, seine Bewunderung für dessen analytische Logik aussprach, wollte sich Walden vor dem Kollegen natürlich profilieren. So wies er in dem Schreiben darauf hin, dass er sich mit Benders Überlegungen über eine Neudefinierung der Bonner Deutschlandpolitik wenig anfreunden konnte.[434] Peter Bender sollte später zu einem der vehementesten Verfechter der Anerkennung der DDR und Vordenker der Neuen Ostpolitik werden und in der deutschlandpolitischen Debatte der nächsten Jahre das ein oder andere Mal mit Walden öffentlich polemisieren.[435]

Ende des Jahres 1961 verlief die Trennlinie zwischen den deutschlandpolitischen Denkern noch nicht ganz so scharf und man begegnete sich mit kollegialem Respekt. Egon Bahr lobte beispielsweise seinen ehemaligen Weggefährten beim *RIAS* für dessen Kommentar: »Ich war nicht mit jedem Wort einverstanden, aber ich wollte Sie beglückwünschen zu dem Ton, dem man die ehrliche Menschlichkeit angemerkt hat.«[436] Der Pressechef des Schöneberger Rathauses bat darüber hinaus um eine Abschrift von Waldens Beitrag. »Nicht als Anleihe, sondern als Anregung.«[437]

Ideelle Westintegration: Die liberale Demokratie als Vital Center

Politischer Journalismus nach 1945

Der politische Journalismus in der Bundesrepublik Deutschland wurde entscheidend von einer Generation von Journalisten geprägt, die in der wissenschaftlichen Betrachtung häufig als sogenannte 45er-Generation gilt. Kernkriterium für diese Zuschreibung ist zunächst die Zugehörigkeit zu den Geburtenjahrgängen von Mitte der 1920er bis Anfang der 1930er Jahre. Dieser Altersklasse, der Matthias Walden (Jg. 1927) angehört, wird grundsätzlich eine Gemeinsamkeit von Erlebnissen und ihrer Wahrnehmung im »Dritten Reich« unterstellt. Die liberale Demokratie galt als Antwort auf vergangene und totalitäre Herausforderungen, wie es Christina von Hodenberg schreibt,

434 Vgl. Walden an Bender, 29.11.1961.
435 Exemplarisch: Peter Bender, Zehn Gründe für die Anerkennung der DDR, Frankfurt am Main 1968.
436 Egon Bahr an Matthias Walden vom 29. November 1961 (ASV-UA: NL Walden, Box 39 – SFB 1960–61).
437 Ebenda.

die unlängst das Konzept der »45er-Generation« auf die westdeutsche Medienöffentlichkeit angewendet hat.[438]

Wie keine andere Generation, so der Historiker Ricardo Bavaj, hätten die »45er« die politische Kultur der Bundesrepublik Deutschland geprägt. Mit ihrem Einsatz gegen alles »Totalitär-Übersteigerte« und für die Demokratie unter freiheitlichen Vorzeichen legten sie befördert durch eine nie dagewesene wirtschaftliche Prosperität das »Fundament« für ein »parlamentarisches Staatswesen« in Deutschland. Die »45er« repräsentierten laut Bavaj »die pragmatisch-pluralistische Strömung des kompromiss- und fortschrittsorientierten Konsensliberalismus« der Nachkriegszeit. Ihre Plausibilität und Durchsetzungskraft zog diese ideelle Strömung, die auf den westlichen Maximen der Freiheit, Rechtsstaatlichkeit und Eigentum sowie dem Ideal des »pursuit of happiness« beruhte, aus der binären Codierung des Kalten Krieges.[439]

Zunächst tauchte der Begriff der »45er« in der historischen Forschung bei Dirk A. Moses auf, der ihn zum Zweck der Einordung westdeutscher Intellektueller nach dem Zweiten Weltkrieg dem Musikwissenschaftler Joachim Kaiser entlehnt hatte.[440] Das Besondere dieser Jahrgänge war, dass sie einerseits den Aufstieg und Fall des »Dritten Reiches« bewusst miterlebten hatten, in der Regel allerdings zu jung waren, um vom Nationalsozialismus korrumpiert geworden zu sein und somit nach 1945 als unbelastet galten. In ihren geistigen Entwicklungen waren sie freilich von der NS-Ideologie beeinflusst und teilweise von nationalsozialistischen Werten, der Hitlerjugend oder vom Nationalismus des »Dritten Reiches« fasziniert gewesen. Die meisten waren so wie Walden in den letzten Jahren des Zweiten Weltkrieges auch militärisch aktiv gewesen, weswegen sich der Begriff der »Flakhelfer-Generation« eingebürgert hat.[441] Wie weiter oben gezeigt, stehen diese systemischen Überlegungen im Einklang mit den biographischen Erfahrungen und Wahrnehmungen des jungen Journalisten unmittelbar nach dem Zweiten Weltkrieg.

438 Vgl. Hodenberg, Konsens und Krise, S. 246f.; zur Begriffseinführung der »45er« Medienelite siehe: dies., Konsens und Krise, S. 245–292.

439 Vgl. Riccardo Bavaj, »68er« versus »45er«. Anmerkungen zu einer »Generationenrevolte«, in: Heike Hartung/Dorothea Reinmuth/Christiane Streubel/Angelika Uhlmann (Hrsg.), Graue Theorie. Die Kategorien Alter und Geschlecht im kulturellen Diskurs, Köln – Weimar – Wien 2007, S. 53–76, hier S. 58f.; siehe zum Konsensliberalismus ebenfalls: Anselm Doering-Manteuffel, Westernisierung. Politisch-ideeller und gesellschaftlicher Wandel in der Bundesrepublik bis zum Ende der 60er Jahre, in: Axel Schildt/Detlef Siegfried/Karl Christian Lammers (Hrsg.), Dynamische Zeiten. Die 60er Jahre in beiden deutschen Gesellschaften, Hamburg 2000, S. 311–341, hier S. 323

440 Vgl. Dirk A. Moses, Die 45er. Eine Generation zwischen Faschismus und Demokratie, in: Neue Sammlung – Vierteljahres-Zeitschrift für Erziehung und Gesellschaft 40 (2000), H. 2, S. 233–263, hier S. 233–237.

441 Exemplarisch: Malte Herwig, Die Flakhelfer: wie aus Hitlers jüngsten Parteimitgliedern Deutschlands führende Demokraten wurden, München 2013.

Das angesprochene Deutungsmuster der »45er-Medienelite« paarte sich mit dem von dem Soziologen Helmut Schelsky beschriebenen enttäuschten Idealismus der »skeptischen Generation«. Es zeichnete sich laut Hodenberg zudem durch ein Engagement für die Demokratisierung der westdeutschen Gesellschaft aus, dem ein angloamerikanisches Verständnis von Journalismus zu Grunde lag. Darüber hinaus kennzeichnete diese Gruppe ein leidenschaftlicher Einsatz für eine politische und ideelle Westbindung sowie eine aus demokratischem Interesse notwendige Aufarbeitung der NS-Vergangenheit und Kritik an personellen Kontinuitäten vom »Dritten Reich« in die Bundesrepublik.[442] In gewisser Weise handelte es sich also um eine ideelle Westintegration.

Waldens Karriere

Der Rundfunk blieb in Westdeutschland das unangefochtene Leitmedium, bis er Ende der 1950er Jahre vom Fernsehen abgelöst wurde. Ungeachtet dieser Dominanz, wuchsen allerdings auch die Absatzzahlen für die Printmedien. Während morgens und tagsüber die Zeitung und das Radio genutzt wurden, beherrschte das Fernsehen in den meisten Haushalten das Abendprogramm. Der Hörfunk wurde zudem mehr und mehr zu einem Begleitmedium, was durch die Erfindung der Auto- und Transistorradios begünstigt wurde.[443] Bis zum Ende der 1950er Jahre sollte es Matthias Walden gelingen, als politischer Journalist in allen Bereichen der Massenmedien eine gesicherte Stellung einzunehmen. Als er Anfang des Jahrzehnts seine Karriere in der Bundesrepublik Deutschland beziehungsweise in West-Berlin beim Rundfunk begann, war dies nicht unüblich für die junge Generation westdeutscher Journalisten. In der sich rasant entwickelnden Rundfunkbranche waren der Einstieg sowie die Aufstiegsmöglichkeiten für junge Redakteure besonders günstig, anders als bei den Printmedien, in denen nach dem Ende der Lizenzzeit 1949 wieder die Altverleger den Ton angaben.[444]

Die Entscheidung, in die politische Redaktion des *RIAS* einzutreten, hatte für Walden also sicherlich auch einen pragmatischen Charakter, schließlich musste er sich eine neue Existenz aufbauen. Sobald es ihm möglich war, versuchte er jedoch, regelmäßig für Zeitungen zu schreiben. 1980 bezeichnete er diese einmal als sein »Heim«, da er sein journalistisches Volontariat als Zeitungsredakteur absolviert hatte.[445] Wie bereits angesprochen, trat er dann ab 1956 regelmäßig als Leitartikler auf, zunächst dank der Vermittlung seines Freundes Klaus Harpprecht bei der *Christ und Welt*, wo dieser

442 Vgl. Hodenberg, Konsens und Krise, S. 254f.
443 Vgl. ebenda, S. 93.
444 Vgl. ebenda, S. 247.
445 Vgl. Hörfunksendung Gulliver – Sätze und Gegensätze: Gespräch mit Matthias Walden (angehört im AdRBB, gesendet am 12. Januar 1980 im SFB), Minute 1.

1948 sein Volontariat absolviert hatte.[446] Später schrieb Walden seine Kommentare dann für die *Welt am Sonntag* Axel Springers, von 1963 bis 1966 bei der Illustrierten *Quick* und dann ab 1967 endgültig im *Verlag Axel Springer*. Für Christina von Hodenberg ist das auffälligste Ergebnis ihrer Untersuchung, dass die »45er« bereits relativ früh, also ab 1956/57, in einflussreiche Stellungen der Branche vordrangen. Bis 1963 hatten es mehr als die Hälfte der von ihr untersuchten Journalisten an die Spitze der Redaktionen (Chefredakteur, stellv. Chefredakteur, Ressortleiter, Programmdirektor, Verlagsdirektor oder Chefreporter) geschafft. Einigen gelang dies sogar schon in ihren Zwanzigern. Hodenberg nennt neben Walden beispielsweise Peter Boenisch, Claus Jacobi, Rudolf Augstein, Gerd Ruge, Günter Prinz und Klaus Harpprecht.[447]

Der Wechsel vom amerikanischen *RIAS* zum *SFB* fiel Walden nicht leicht, wie er dem bereits zum *WDR* abgewanderten Harpprecht schrieb. Anfang 1956 hatte Walden ein Angebot für die Stelle des außenpolitischen Ressortleiters beim *Kölner Stadtanzeiger* ausgeschlagen, da sein Gehalt beim amerikanischen Radiosender erhöht worden war. Walden zog es außerdem vor, in Berlin zu bleiben – zu sehr hatte er sich mit der Stadt solidarisiert, in der er die Freiheit gefunden hatte, die ihm in seiner Heimat verwehrt war.[448] Die Anstellung beim *SFB* bot dem Journalisten schließlich vermutlich eine noch bessere Bezahlung am gleichen Standort sowie die Tätigkeit in der Fernsehsparte des Senders und die Möglichkeit, über den *ARD*-Verbund überregional zu arbeiten. Zudem versprühte der erst 1954 vom Nordwestdeutschen Rundfunk abgespaltene West-Berliner Sender einen planerischen Reiz, der auf einen jungen ambitionierten Journalisten wie Walden anziehend wirken musste.[449] Die Loyalität mit dem *RIAS* ging bei ihm aber so weit, dass er sich selbst gar nicht beim *SFB* bewerben wollte, auch als dort eine Stelle frei wurde.[450] Er wartete schließlich, bis er von außen vorgeschlagen wurde, und trat die Stelle des stellvertretenden Chefredakteurs und Chefkommentators noch im Laufe des Jahres 1956 an.[451] Dies geschah ungefähr zeitgleich mit dem Beginn seiner Tätigkeit für die *Christ und Welt*, sodass Walden bereits vor seinem 30. Geburtstag einen immensen Karrieresprung verzeichnen konnte.

[446] Vgl. Matthias Walden an Klaus Harpprecht vom 29. Februar 1956 (KHA im LA der ADK Berlin).

[447] Vgl. Hodenberg, Konsens und Krise, S. 248.

[448] Vgl. Matthias Walden an Klaus Harpprecht vom 22. Januar 1956 (KHA im LA der ADK Berlin).

[449] Vgl. Dietmar Schiller, Vom NWDR zum SFB, in: Peter Kröger (Hrsg.), Mehr als ein halbes Leben. 50 Jahre Sender Freies Berlin, Berlin 2003, S. 9.

[450] Vgl. Matthias Walden an Klaus Harpprecht, Datum n.a., wahrscheinlich Ende Januar 1956 (KHA im LA der ADK Berlin).

[451] Siehe zur beruflichen Biographie Waldens: Eintrag »Walden, Matthias« in Munzinger Online/Personen – Internationales Biographisches Archiv (http://www.munzinger.de/document/00000013001) (1984). http://www.munzinger.de/document/00000013001 (7. Dezember 2016).

Einher mit seinem jungen Alter ging bei Walden die nicht vorhandene akademische Qualifikation. Allgemein nahm diese bei jüngeren Jahrgängen der deutschen Journalisten stetig ab. Zu Beginn der Bundesrepublik hatten allerdings noch 30 Prozent der Zeitungsmänner einen Hochschulabschluss, weitere 30 Prozent hatten zumindest Hörsäle von innen gesehen – ein im internationalen Vergleich hoher Wert.[452] Im Laufe der 1950er und 1960er Jahre stieg die Anzahl der »45er« in führenden Positionen der Politik und Gesellschaft stetig an. Mit Helmut Kohl (Jg. 1930) wurde allerdings erst 1982 ein Angehöriger dieser Generation zum Bundeskanzler gewählt.

Journalismus als Zeitkritik

»Wegweiser zu gutem Journalismus«, auf Englisch »Fair Practice Guide«, hieß die von der Information Control Division 1947 in den Westzonen Deutschlands herausgegebene Anleitung für die neue demokratische Journalistengeneration. Im Kern dieses »guten« Journalismus stand die klare Trennung von Nachrichtenvermittlung und Meinung. Objektivität in der Berichterstattung, Subjektivität im Kommentar sowie eine ordentliche Ausweisung von Zitaten sollten den Weg zu einem modernen Journalismus nach westlichem Vorbild ebnen. Auf lange Sicht kann darin die Entwicklung eines investigativen Journalismus sowie der Ausdrucksform der Reportage gesehen werden, die sich in den kommenden Jahren in den großen Zeitungen und Zeitschriften neben der klassischen Nachrichtenvermittlung durchsetzen sollte.[453]

In diesem Sinne verstand sich Matthias Walden selbst als ein »Meinungsjournalist«, wie er Mitte der 1960er Jahre einmal erklärte. Dabei müssten ganz nach dem anglo-amerikanischen Journalismusverständnis Leitartikel, Kolumnen und Polemik als die Meinung des Autors gekennzeichnet werden. An eine gewisse »Meinungsmacht« des Journalisten gegenüber den Lesern glaubte er nicht, da das Publikum in der Regel eher zu Widerspruch neige. Es ging Walden darum, Verantwortung zu übernehmen und sich nicht hinter einer vermeintlichen Objektivität zu verstecken. Journalismus empfand er nicht nur als reine Nachrichtenvermittlung.[454] Dieser Gedankengang findet sich außerdem bereits in seiner Einleitung zu dem nicht veröffentlichten Sammelband seiner Rundfunkkommentare Ende der 1950er Jahre, als er die besondere Verantwortung eines Berliner Journalisten in der geteilten Stadt beschrieb.[455] In Deutschland, so meinte Walden, fehle es vielerorts auch noch Mitte der 1960er Jahre an einem Verständnis für einen unabhängigen politischen Journalismus. Das liege wahrscheinlich an der »dunklen Vergangenheit«, da ein polemischer Autor sogleich

452 Vgl. Hodenberg, Konsens und Krise, S. 234.
453 Vgl. Matthias Weiß, Journalisten: Worte als Taten, in: Norbert Frei (Hrsg.), Karrieren im Zwielicht. Hitlers Eliten nach 1945, Frankfurt am Main 2001, S. 241–299, hier S. 247.
454 Vgl. Walden, Politik im Visier, S. 14.
455 Vgl. ders., Einleitung, in: Walden (Hrsg.), Mikrophon, S. If.

verdächtigt werde, im Dienste einer »finsteren Macht« zu stehen.[456] Dazu passte auch, dass Walden die »Göttinger Erklärung« der deutschen Atomphysiker für den Verzicht taktischer Atomwaffen allein aus dem Grund lobte, weil die Wissenschaftler über ihre Materie hinaus gedacht hatten.[457]

Teilweise wollte sich Walden daher gar nicht gegen den Vorwurf der Subjektivität verteidigen. An den Presseoffizier des Bundesverteidigungsministeriums Gerd Schmückle, mit dem Walden ein vertrauliches Verhältnis unterhielt, schrieb er nach der Ausstrahlung einer gegenüber Traditionsverbänden der Bundeswehr kritischen Dokumentation von ihm und seinem Kollegen Peter Schultze, dass die beiden natürlich eine persönliche Meinung zu dem Thema gehabt hätten. Walden versicherte Schmückle aber, dass keine negative Auswahl des Materials getroffen worden sei, um die Sendung nach ihren Vorstellungen zu gestalten:

> ›Vorsätzlich‹ war an unserer Arbeit nur die Bindung an ein eine selbstverständliche Wahrheitstreue. ›Objektivität‹ gibt es bei diesem Thema nicht. Dafür sind die Tatbestände der Vergangenheit zu drastisch. Überdies gibt es wohl keinen in unserem Volk, den sie nicht ›subjektiv‹ betroffen hätten. Das Ihnen die Behandlung des Themas zu ›feuilletonistisch‹ erschien, tut mir leid – ich glaube aber, es gibt auch sehr ernste Feuilletons.[458]

Den Widerspruch gegen die Sendung empfand Walden, wie er Schmückle weiter berichtete, als »willkommenen Ärger«, einen Schock, den es gebraucht habe, um über das Thema der geistigen Fragwürdigkeit einiger Veteranenverbände zu diskutieren. Zu guter Letzt lobte er das Verteidigungsministerium, bei dem er auch bei der Kritik an seiner Sendung keine Spur von eben jenem reaktionären Geist erkennen könne.[459]

Schon bei der *Union* verfasste Walden, damals noch als Otto Baron von Saß, regelmäßig Glossen und Meinungsartikel. Beim *RIAS* schließlich wurde der journalistische Kommentar zu einer seiner Haupttätigkeiten und sollte es bis zum Ende seiner Laufbahn – ob im Rundfunk, Fernsehen oder den Printmedien – bleiben. Waldens längere Reportagen und Dokumentationen standen ebenfalls in der Tradition des westlichen Journalismusverständnis. In einem Rundfunkkommentar aus dem Januar 1958 führte Walden allerdings aus, dass ein Leitartikel oder Kommentar nicht mit der öffentlichen Meinung verwechselt werden dürfe: »Denn das sind doch nur individuelle Ansichten einzelner weniger, die allerdings Millionen zugänglich sind und daher die öffentliche

456 Vgl. ders., Politik im Visier, S. 15.
457 Vgl. ders., Politik unter dem Atompilz – April 1957, in: Walden (Hrsg.), Mikrophon, S. 242.
458 Matthias Walden an Oberst Gerd Schmückle vom 1. Februar 1960 (ASV-UA: NL Walden, Box 3 – 1960), S. 2; Anführungszeichen im Original.
459 Vgl. ebenda, S. 2f.

Meinung bilden helfen.«[460] Eine demokratische Gesellschaft müsse laut Walden eine kluge und vernünftige öffentliche Meinung haben, die sich aber im Prinzip nur aus der Summe der Millionen von Meinungen ergeben könne. Bei ihrer Bildung spiele der politische Journalismus eine wichtige Rolle und besitze zudem gemeinsam mit der Politik eine Verantwortung.

Dass es Ende der 1950er Jahre noch einen gewissen Nachholbedarf in der Genese der öffentlichen Meinung in der Bundesrepublik Deutschland gab, machte Walden anhand einiger Ergebnisse aus dem »Jahrbuch der öffentlichen Meinung« von 1957 fest. Beispielsweise hatten 42 Prozent der Befragten angegeben, dass Adolf Hitler ohne den Zweiten Weltkrieg der größte deutsche Staatsmann gewesen wäre, 76 Prozent wussten nicht, wie der Abgeordnete ihres Wahlkreises hieß, und 16 Prozent hatten geglaubt, dass mit »Sowjetzone« der westliche Teil Deutschlands gemeint sei.[461] Ein erschreckendes Ergebnis, dass Walden an der Reflexionsfähigkeit der »Massen« im Hinblick auf aktuelle politische und zeitgeschichtliche Fragen zweifeln ließ. Schuld daran sei aber ebenso eine politische Kultur, die den Bürger im Unklaren lasse, was in einem demokratischen System fatale Auswirkungen habe:

> Eine durch die Gedankenlosigkeit der Politiker und der Presse unterernährte öffentliche Meinung wird abgestumpft, und wenn die Verantwortlichen beginnen, sich an dieser öffentlichen Meinung selbst wieder zu orientieren, ist der Schaden da.[462]

Das Schlagwort der Presse als »vierte Macht« fiel hier bei Walden zwar nicht, doch ist sein Unmut über die zaghafte Ausprägung des politischen Journalismus ein weiteres Kennzeichen für den zeitkritischen Aufbruch nach 1945.

Es ist allzu auffällig, dass gerade ab den späten 1950er Jahren, in der der Großteil der jungen Journalisten in die Spitzenfunktionen der Redaktionen, Verlage und Rundfunkanstalten aufrückte, eine »Dynamik der Zeitkritik«[463] einsetzte, die sich von der Phase des »Konsensjournalismus«[464] absetzte, in der ungewollte Kritik an Gesellschaft und Politik mit Verweis auf die Bedrohung der Bundesrepublik im Kalten Krieg eingedämmt wurde.[465] Unter zeitkritischem Meinungsjournalismus kann hierbei ein populärer Journalismus verstanden werden, der auf die Meinungsbildung der Massen

460 Matthias Walden, Die öffentliche Meinung – Januar 1958, in: ders. (Hrsg.), Berliner Mikrophon 1953–1959, S. 321–325, hier S. 324.
461 Vgl. ebenda.
462 Ebenda, S. 325.
463 Vgl. Hodenberg, Konsens und Krise, S. 245–292.
464 Vgl. ebenda, S. 183–228.
465 Vgl. ebenda, S. 227f.

abzielte und der von einer publizistischen Avantgarde in den Massenmedien betrieben wurde.[466] Die Entwicklung wurde von einer breiten intellektuellen Diskussion über »Öffentlichkeit« begleitet. Waldens Äußerungen können hier parallel zu der skeptischen Sicht des Politikwissenschaftler Wilhelm Hennis gelesen werden. Hennis, Jahrgang 1923, berief sich einerseits auf die liberale Öffentlichkeitsidee und grenzte sich von Ideen des während des »Dritten Reichs« einflussreichen Juristen, Carl Schmitt, ab, der die öffentliche Sphäre als reines Machtinstrument interpretierte. Andererseits sollte für Hennis der Einfluss auf die öffentliche Meinung lediglich einer qualifizierten Elite vorbehalten bleiben.[467]

In seiner Position als stellvertretender Chefredakteur beim *SFB* konnte Walden darüber hinaus in der Programmgestaltung tätig werden. Der Idee folgend, dass der politische Journalismus zur Bildung der öffentlichen Meinung beitragen sollte, rief er gemeinsam mit seinem Vorgesetzten Rolf Menzel die Reihe »Fernsehpressekonferenz« des *SFB* und des *Norddeutschen Rundfunks* ins Leben, die sich an dem Vorbild »Meet the Press« der *NBC* orientierte. Der amerikanische Sender unterstützte die Etablierung dieses neuen Sendeformats. Ein Moderator und in der Regel vier Journalisten verschiedener Presseorgane trafen hier auf einen Spitzenpolitiker, der in einer ungefähr 30-minütigen Sendung kurze Antworten auf kurze Fragen liefern sollte. Zu Beginn der ersten Sendung am 30. Juni 1961, zu der Außenminister Heinrich von Brentano geladen war, wies Menzel, der die Premiere leitete, außerdem darauf hin, dass es keine Absprachen zwischen den Teilnehmern gegeben habe.[468] Dies schien ihm erwähnenswert, da es sich scheinbar von der üblichen Praxis bisheriger Interviewsendungen absetzte. Das Format hatte bereits im Vorfeld die öffentliche Unterstützung des *Spiegels* gefunden. Dieser stellte außerdem Walden als großes Nachwuchstalent des *SFB* dar, der dem kleinen Regionalsender mit seinen Arbeiten zu bundesweiter Anerkennung verholfen habe.[469]

Die Zusammenarbeit mit der *NBC* zeigte zudem, dass Matthias Walden auch von amerikanischer Seite als durchaus fähig erachtet wurde, zum Wandel des politischen Journalismus nach einem westlichen Verständnis beizutragen. Höhepunkt dieser Wertschätzung sollte die »Mauer«-Sendung werden, die, wie erwähnt, noch im Spätsommer 1961 in den USA gesendet wurde und dort schätzungsweise 20 Millionen Zuschauer fand.[470] Diese Erfolgsgeschichte hatte jedoch ein Nachspiel. Waldens Vorgesetzter und *SFB*-Chefredakteur Rolf Menzel hatte bei den amerikanischen Kollegen

466 Vgl. ebenda, S. 301.
467 Vgl. zu Hennis: ebenda, S. 57–59.
468 Vgl. Fernsehpressekonferenz mit Heinrich von Brentano, 30.6.1961, Minute 1.
469 Vgl. Fernsehen: Verhör des Ministers, in: Der Spiegel vom 7.12.1960, S. 83–87.
470 Vgl. Eine Chronik von den Anfängen bis heute, in: Peter Kröger (Hrsg.), Mehr als ein halbes Leben. 50 Jahre Sender Freies Berlin, Berlin 2003, S. 11–99, hier S. 31.

angefragt, ob diese dem Autor der kostenlos überlassenen Sendung ein Anerkennungshonorar zahlen würden. Die Amerikaner zahlten Walden 1600 Mark und Rolf Menzel erhielt eine Provisionsgebühr in gleicher Höhe. Bei Walden war dies vertraglich erlaubt, bei Menzel hingegen nicht, da er weder an der Sendung mitgearbeitet noch bei seinem Intendanten Walter Steigner eine Genehmigung für die Annahme der Zahlung eingeholt hatte. Als der West-Berliner Rundfunkrat im September 1962 über den Vorgang informiert wurde, empfahl dieser Steigner, seinen Chefredakteur zu feuern. Es war die Rede von einer Honoraraffäre, der *Spiegel* titelte »Schecks aus Übersee«.

Ursprünglich galt die Aufforderung zur Kündigung auch für Walden, wie das Hamburger Nachrichtenmagazin berichtete, doch wies ein nachträglich eingefordertes Rechtsgutachten die Schuldlosigkeit Waldens nach, der nicht einmal fahrlässig agiert habe, da er bei der Annahme des Geldes im Wissen seines direkten Vorgesetzten gehandelt hatte und ihm als Autor üblicherweise ein Honorar zustand.[471] Der Vorfall wurde darüber hinaus von der Staatssicherheit der DDR instrumentalisiert und in der SED-Presse ausgeschlachtet, da Menzel und Walden zu den prominenten Gegnern des Regimes gehörten.[472]

Der Spiegel spekulierte gar über einen politischen Hintergrund der Affäre, da Menzel als Unterstützer des SPD-Kanzlerkandidaten Willy Brandt galt und einige Wochen zuvor in der Öffentlichkeit stand, da er sich geweigert hatte, drei »englandfeindliche« Sätze aus einem Interview Konrad Adenauers zu streichen. Auch im Falle Waldens schien eine politische Motivation für das Magazin nicht abwegig. Wie weiter unten abgehandelt wird, hatte sich der Journalist mit Kritik an der personellen Kontinuität ehemaliger »Nazi-Funktionäre« in der Bundesrepublik nicht nur Freunde in Bonn gemacht. Walter Steigner stritt die Vorwürfe ab und auch Walden glaubte selbst nicht an einen Zusammenhang. Wie der *Spiegel* berichtete, war Steigner, ebenfalls ein SPD-Mann, wohl eher erleichtert, einen Grund gefunden zu haben, um sich von seinem Chefredakteur Menzel zu trennen, da er ihn als kaum geeignet für den Posten einstufte.[473] Eine Einschätzung, die in der US-Botschaft in Bonn durchaus geteilt wurde. Hier nahm man genauso von der Affäre Kenntnis. In seinem Bericht an das State Department schrieb der Public Affairs Officer Albert E. Emsing, dass sich der *SFB*-Chefredakteur in der Vergangenheit kaum als »creative talent« oder guter Verwalter hervorgetan habe und man ihm nicht hinterher trauern werde.[474]

471 Vgl. Schecks aus Übersee, in: Der Spiegel vom 19.9.1962, S. 45f.

472 Vgl. Hodenberg, Konsens und Krise, S. 327.

473 Vgl. Schecks, in: Der Spiegel vom 19.9.1962, S. 46; zur Einschätzung Waldens: Matthias Walden an Leonhard Schwarz vom 8. Oktober 1962 (ASV-UA: NL Walden, Box 40 – SFB 1962).

474 Vgl. U.S Embassy Bonn, Schreiben von Albert E. Hemsing (Public Affairs Officer) an das U.S. Department of State vom 21. September 1962. NA RG 59, General Records of the Department of

Für Walden ging die Affäre Menzel glimpflich aus. Er legte aber sein Amt als stellvertretender Chefredakteur nieder. Dies geschah allerdings womöglich nicht auf internen Druck, sondern war eine bewusste Entscheidung Waldens, der sich nun beim Sender fast ausschließlich auf Meinungsbeiträge konzentrieren konnte. An seinen Freund Harpprecht schrieb er, dass es ihm nicht an Solidarität gemangelt und er, bis auf ein unvorteilhaftes Foto, nichts gegen den Bericht des *Spiegels* einzuwenden habe.[475] Harpprecht hatte ihm zuvor geschrieben, dass ihm die unangenehme Aufregung um Waldens Person leid tue.

Weniger bedauerte Harpprecht die Konsequenzen für Menzel, der am Ende zwar von seinem Posten als Chefredakteur enthoben wurde, aus arbeitsrechtlichen Gründen aber nicht gekündigt werden konnte. Harpprecht versuchte Walden aufzumuntern: »Ärgere Dich nicht schwarz, ärgere Dich aber bitte auch nicht rot. Beide Farben stehen Dir nur bedingt.«[476] Ein schelmischer Spruch, der zeigte, dass Walden in seinem kollegialen Umfeld eben als ein von der Parteipolitik unabhängiger Autor galt. Dies fiel indes auch Albert Emsing auf, der in seinem Bericht weiter ausführte, dass sich Matthias Walden in den letzten Jahren als äußerst fähiger Journalist hervorgetan habe, von dem noch viel zu erwarten sei:

> An employee of RIAS until four years ago, he is considered to be one of the most able younger TV directors of public affairs programs. His resignation or dismissal would have represented the loss of badly-needed creative talent at SFB.[477]

Emsing schlug Walden sogleich für ein Austauschprogramm des State Departments in den USA vor, dass der Journalist wie viele seiner gleichaltrigen Kollegen absolvierte.[478] Walden verkörperte unter den Maßstäben eines anglo-amerikanischen Journalismusverständnis also den Idealtypus eines zeitkritischen Meinungsjournalisten.

State (Box 3068: 962a.40/9-2162), S. 3. Der Verfasser bedankt sich an dieser Stelle ganz herzlich bei Prof. Christina von Hodenberg für die Nutzung ihrer Kopien aus den National Archives.

475 Vgl. Matthias Walden an Klaus Harpprecht vom 18. September 1962 (KHA im LA der ADK Berlin).

476 Klaus Harpprecht an Matthias Walden vom 12. September 1962 (KHA im LA der ADK Berlin).

477 U.S Embassy Bonn, Hemsing an Botschaft in Bonn, 21.9.1962, S. 3.

478 Vgl. ebenda. Ungefähr ein Viertel der »45er Medienelite« verbrachte eine längere Zeit in den USA, vgl. Hodenberg, Konsens und Krise, S. 260f.

»Die schönsten Jahre unseres Lebens?«: Vergangenheitsbewältigung als Demokratieförderung

Die erste Sendung der Fernsehpressekonferenz im *SFB* im Sommer 1961 offenbarte einen weiteren Wesenszug von Waldens Geisteshaltung. Nachdem alle seine Kollegen, in diesem Fall Dieter Cycon von der *Stuttgarter Zeitung,* Rudolf Radke vom *SFB* und *NDR* und der Bonner Zeitungskorrespondent Harald O. Herrmann, Heinrich von Brentano ihre Fragen zur Außenpolitik gestellt hatten – die Zweite Berlinkrise stand kurz vor ihrem Höhepunkt – wollte Walden von dem Minister wissen, was man seiner Meinung nach gegen den Schaden tun könne, den die Besetzung hoher öffentlicher Ämter mit ehemaligen Nationalsozialisten für die Bundesrepublik im Ausland angerichtet habe. Brentano, verärgert über die Frage, meinte zunächst, dass Walden von falschen Tatsachen ausgehe und dass er für das Auswärtige Amt von keiner Fehlbesetzung wisse. Zudem erschien dem Minister eine große Anzahl dieser Vorwürfe als illegitim, da sie aus der DDR kommen würden, einem System, das ebenso »miserabel« sei wie das »Dritte Reich«.[479]

Waldens Höflichkeit und seine Disziplin, sich an die Regeln der Sendung zu halten, die eine Nachfrage erst in der nächsten Fragerunde möglich machten, in der er dann aber ebenfalls über die Entwicklungen in der Berlin-Krise sprach, haben wahrscheinlich dazu geführt, dass der Minister so davon kam. Zufriedenstellend war die Antwort des Politikers sicherlich nicht. Zwar war Walden ebenfalls der Meinung, die DDR sei ein »Falscher Kläger«[480], doch erübrigte das für ihn nicht das Problem an sich. An den Marinekapitän und späteren Admiral für Erziehungs- und Bildungswesen, Dr. Robert Walter Flachsenberg, schrieb Walden beispielsweise im Februar 1960:

> Wenn wir es im freien Teil Deutschlands unternehmen, mit publizistischen Mitteln Mißstände im eigenen Bereich aufzudecken, dann bestätigen wir nicht die kommunistische Propaganda, sondern wir führen sie durch die freie Meinungsäußerung ad absurdum. In die Nähe des politischen Ostens gerieten wir nur, wenn wir - wie es dort geschieht – unangenehme Erscheinungen bei uns vertuschen wollen.[481]

479 Vgl. Fernsehpressekonferenz mit Heinrich von Brentano, 30.6.1961, Minute 7–8.

480 Matthias Walden, Falsche Kläger. Pankows Antisemitismus, in: Welt am Sonntag vom 31.1.1960.

481 Matthias Walden an Dr. Walter Flachsenberg vom 2. Februar 1960 (ASV-UA: NL Walden, Box 3 - 1960).

Die Geschichte einer Fernsehsendung

Flachsenberg hatte sich bei Walden über die bereits erwähnte kritische Dokumentation über Traditionsverbände der Bundeswehr beschwert. In »Die schönsten Jahre meines Lebens?« stellten Walden und Schultze den moralischen Aspekt der Wiederbewaffnung, respektive der Aufstellung der Bundeswehr, ins Zentrum ihrer Überlegungen.[482] Die Redakteure besuchten unter anderem Veranstaltungen des Kyffhäuserbundes sowie der »Hilfsgemeinschaft auf Gegenseitigkeit der ehemaligen Waffen-SS« (HIAG) und setzten sich für den Stil dieser Zeit äußerst kritisch mit der geistigen Verfasstheit der Bundeswehr und der Aufarbeitung der militärischen Vergangenheit auseinander.[483] Die einzige Tradition, an die die Bundeswehr ihrer Meinung nach anknüpfen durfte, war die »Gewissenstat« der Männer des 20. Juli 1944. Tapferkeit und Gehorsam waren in ihren Augen keine Tugenden an sich. Es komme darauf an, welchem Ziel sie dienen.[484] Schon 1958 hatte Walden anlässlich des Jahrestages des Attentats auf Adolf Hitler im Rundfunk gesagt:

> Ihr Leben und Sterben lagen jenseits jener Orden und Ehrenzeichen, die heute wieder an manchen Rockaufschlägen die Problematik unserer deutschen Nachkriegsgeschichte drastisch beweisen. [...] Man lege die Bücher des Grafen Moltke und Theodor Haubachs neben die miesen Publikationen der fragwürdigen sogenannten Traditionsverbände und der militärischen Reminiszenz-Vereine und lasse – nach ausreichender Belehrung – die deutsche Jugend wählen. Und wer sich dann nicht mit fliegenden Fahnen zu den Toten und Überlebenden des 20. Juli bekennt, der ist für die Zukunft, die wir brauchen, verloren.[485]

Solch eine Würdigung des Widerstandes war lange Zeit unpopulär, haftete den Männern des 20. Juli 1944 doch der »Makel des Scheiterns« und das »Odium des Verrats« an, so der Historiker Peter Reichel. Bis in die ausgehenden 1950er Jahre blieb die

482 Vgl. Peter Schultze/Matthias Walden, Fernsehdokumentation: Die schönsten Jahre meines Lebens? Erstsendung 15.1.1960 im SFB (Eingesehen im AdRBB). Schultze schreibt im Rückblick auf die Sendung, dass sie ein »publizistisches Erdbeben« auslöste: Vgl. Peter Schultze, Die schönsten Jahre meines Lebens?, in: Bettina von Saß (Hrsg.), »Er war ein guter Feind«. Zum 15. Todestag von Matthias Walden äußern sich seine Kritiker, Berlin 1999, S. 111–116, hier S. 111f.

483 Vgl. Philipp Gassert, Zwischen »Beschweigen« und »Bewältigen«. Die Auseinandersetzung mit dem Nationalsozialismus in der Ära Adenauer, in: Michael Hochgeschwender (Hrsg.), Epoche im Widerspruch – Ideelle und kulturelle Umbrüche der Adenauerzeit. Rhöndorfer Gespräche – Band 25, Bonn 2011, S. 183–205, hier S. 196–200.

484 Vgl. Schultze/Walden, Die schönsten Jahre, Min. 14–15.

485 Matthias Walden, Kriegsschrei – Juli 1958, in: ders. (Hrsg.), Berliner Mikrophon 1953–1959, S. 388–393, hier S. 393.

positive Erinnerung an den militärischen Widerstand um Stauffenberg umstritten.[486] Walden trat emotional für eine Würdigung des 20. Juli und eine geistige Orientierung an den Hauptakteuren ein. Die Bundeswehr schaffte es erst durch den Traditionserlass vom 1. Juli 1965, ausdrücklich positiv an den Widerstand des 20. Juli zu erinnern und damit eine Traditionslinie zur Wehrmacht zu vermeiden. Im Allgemeinen ging aber auch diese Denkschrift als »Erlass der ungelösten Kontroversen« in die Bundeswehrgeschichte ein. Initiativen für eine klare Abgrenzung zur Zeit des Nationalsozialismus wurden nicht zuletzt vom Chef des Führungsstabes, Generalmajor Albert Schnez, blockiert, der diese Position 1960 antrat.[487]

In einem Beitrag für die Zeitschrift *Der Monat*, die von Melvin Lasky im Auftrag des CCF herausgegeben wurde, ordnete Walden die Sendung nochmals selbst ein. Bereits im Vorfeld seien Peter Schultze und er argwöhnisch beäugt worden; warum sie die »alten Knacker« nicht in Ruhe ließen, schließlich sei ihr Geist ohnehin am Aussterben. In Vorgesprächen im Bundesministerium für Verteidigung hätten sie außerdem erfahren, dass sich die Bundeswehr vor allem von der Pflege »schattenreicher Erinnerung an Großdeutschlands kriegerische Vergangenheit« distanziere, da dies die Demokratie gefährde. Traditionsverbände – so wurden Schultze und Walden informiert – würden gemeinhin als Stärkung des Wehrwillens gesehen.[488] Walden kommentierte skeptisch:

> Die Beteuerung der alten Herren in den Vorständen, fest auf dem Boden der Demokratie zu stehen, scheine Sicherheit vor politischer Entgleisung zu verbürgen.[489]

Seine Erfahrungen ließen ihn schließlich an dieser Annahme zweifeln. Zu häufig wurde auf den Versammlungen von der reinen Pflichterfüllung der Soldaten im Zweiten Weltkrieg gesprochen. Zu vehement wurde auf die »Kollektivunschuld« gepocht – von der Judenverfolgung will man nichts gewusst haben und die Mitglieder der Waffen-SS wurden von der HIAG zu einfachen Soldaten verklärt. Der Vorsitzende des Traditionsverbandes der »Legion Condor«, der Luftwaffeneinheit, die bereits auf Seiten der franquistischen Putschisten im Spanischen Bürgerkrieg 1937 für die Bombardierung und Zerstörung der baskischen Stadt Guernica verantwortlich war, trat gar mit der Meinung vor die Kamera, dass die Taten der Legion immer noch als »Glorie Spaniens« gelten könnten.[490]

486 Vgl. Peter Reichel, Vergangenheitsbewältigung in Deutschland. Die Auseinandersetzung mit der NS-Diktatur von 1945 bis heute, München 2001, S. 97f.

487 Vgl. Detlef Bald, Die Bundeswehr. Eine kritische Geschichte 1955–2005, München 2005, S. 65f.

488 Vgl. Matthias Walden, Es war so schön … Die Geschichte einer Fernsehsendung, in: Der Monat 12 (1960), H. 137, S. 23–31, hier S. 23.

489 Ebenda.

490 Vgl. ebenda, S. 24.

Bei der HIAG wurden Walden und Schultze Zeugen offener Solidaritätsbekundungen mit dem 1958 wegen Beihilfe zum Totschlag verurteilten Generaloberst der Waffen-SS und ehemaligen Kommandeur der Leibwache Adolf Hitlers, Josef »Sepp« Dietrich.[491] Die Figur des ehemaligen Freikorps-Kämpfers Dietrich ist gerade für die Frage der Redakteure nach der Bewertung soldatischer Tugenden in ihrem jeweiligen politischen Kontext besonders interessant. An Oberst C.E. Moore Jr., den Gefängnisdirektor von Landsberg, wo Dietrich von 1946 bis 1956 aufgrund seiner Verbindungen zu Morden an entwaffneten amerikanischen Soldaten inhaftiert war, schrieb er: »Ich war immer Soldat und als solcher auch unpolitisch.«[492]

Tatsächlich kommt der Historiker Christopher Clark in einem biographischen Aufsatz über die Ikone der Waffen-SS ebenfalls zu dem Schluss, dass bei Dietrich bis auf einen diffusen Antibolschewismus kaum eine ideologisch-weltanschauliche oder antisemitische Prägung zu erkennen sei. Gerade das – und so sah es 1942 Joseph Goebbels ebenso wie 1958 das Münchner Landgericht – trug allerdings zu dem systemstabilisierenden Wert eines Josef Dietrich bei. Ohne solche »Gefolgsmänner«, so hieß in der Urteilsbegründung 1958, die ihre eigene sittliche Verantwortung beiseitegeschoben und somit den Begriff der Treue ausgehöhlt hätten, hätte es dem Aufkommen diktatorischer Gewalt einer »wesentlichen Grundlage« gemangelt.[493] Das Gericht argumentierte also ganz ähnlich wie Walden und Schultze, die soldatische Tugenden nicht unabhängig vom politischen System beurteilen wollten.

Auf der Versammlung der HIAG wurden die Journalisten schließlich aufs Heftigste beschimpft, berichtete Walden im *Monat*. Die ehemaligen Angehörigen der Waffen-SS fühlten sich provoziert und riefen, sie hätten damals scheinbar vergessen, auch sie zu vergasen, woraufhin Walden und sein Team die Veranstaltung fluchtartig verlassen mussten. Bis auf diese Ausnahme verhielten sich die Verbände allerdings durchaus kooperativ, was Walden zunächst erstaunte, sich schlussendlich aber damit erklären ließ, dass sie ihre Tätigkeit als völlig »arglos« betrachteten und nicht auf die Idee kamen, sie könne kritisch oder negativ bewertet werden. Schultze und Walden hatten gar den Eindruck, dass sich dieses Milieu in einer Art Trance bewegte.[494]

Nicht nur die Veteranenverbände, sondern die Bundeswehr an sich befand sich um 1960 in einer »NS-Traditionsoffensive«, wie der Militärhistoriker Detlef Bald kritisch feststellt. Neben der provozierenden Benennung von Bundeswehr-Kasernen nach ehemaligen Generälen Adolf Hitlers zeigte der Widerstand der Traditionalisten gegen

491 Vgl. Schultze/Walden, Die schönsten Jahre, Min. 39–42.

492 Dietrich an Moore, 25. November 1953; zitiert nach: Christopher Clark, Josef »Sepp« Dietrich. Landsknecht im Dienste Hitlers, in: Ronald Smelser/Enrico Syring (Hrsg.), Die SS: Elite unter dem Totenkopf. 30 Lebensläufe, Paderborn 2000, S. 119–131, hier S. 129.

493 Vgl. ebenda, S. 130.

494 Vgl. Walden, Es war so schön …, S. 24f.

das vom »Beirat der Inneren Führung« vorgelegte »Gutachten zur Neubegründung von Traditionsverhältnissen« vom 5. März 1959 den schleppenden Stand der Vergangenheitsbewältigung des deutschen Militärs. Anstöße kamen lange Zeit nur von außen, also von der Politik, aus der Gesellschaft oder eben von den Medien.[495] Zum Beispiel auch vom »Club republikanischer Publizisten« unter dem Vorsitz von Rudolf Pechel, dem Walden 1958 beitrat und bis zu dessen Auflösung im Jahre 1961 angehörte. Das zentrale Ziel des Clubs war es, regelmäßig über rechtsextreme Aktivitäten zu informieren. Dazu gehörte der Einsatz gegen die Übernahme von SS-Offizieren in den Offiziersrang der Bundeswehr.[496]

Nach der Ausstrahlung ihrer Dokumentation am 15. Januar 1960 wehrten sich Walden und Schultze gegen die Anklage, sich angeblich zum Handlanger der kommunistischen Regime gemacht zu haben. Mit ihrer Darstellung der Missstände hätten er und Schultze schließlich die Offensive des Ostens gegen die Demokratie entkräftet, in der Kritik erlaubt sein müsse. Er schrieb im *Monat*:

> Gerade das kann sich die Diktatur nicht leisten. Außerdem wussten wir, wie schädlich es für die Ausstrahlung unseres Systems ist, wenn Bequemlichkeit und Selbstgefälligkeit auf unserer Seite irgendein Übel wuchern ließen.[497]

Nur ein paar Tage nach der Ausstrahlung der »Bundeswehr-Sendung« wurde diese Facette von Waldens Haltung erneut deutlich. Nach Hakenkreuzschmierereien an einer Kölner Synagoge am Heiligabend 1959 hatte das SED-Regime nicht lange gezögert und einen »neuen Faschismus« in Bonn angeprangert, wogegen sich Walden in einem Gastbeitrag in der *Welt am Sonntag* heftig wehrte. Aufs Tiefste seien die Taten in Köln zu verurteilen und es dürfe von ihnen auch nicht abgelenkt werden, doch die Kritik der »Maulhelden« der SED sei nicht zulässig. Er beklagte den latenten Antisemitismus der »falschen Kläger« in der DDR, der sich beispielsweise 1953 an der Flucht des Vorsitzenden der Ostberliner jüdischen Gemeinde, Julius Meyer, beobachten lasse.[498]

Der Vorwurf, verschwiegen zu haben, wie klein der Prozentsatz ehemaliger Soldaten sei, die in Traditionsverbänden die NS-Zeit glorifizieren würden, wurde Walden und Schultze direkt aus dem Bundesverteidigungsministerium gemacht. In einem Brief an Presseoffizier Schmückle erklärte sich Walden und schrieb, dass er schlicht nicht wisse, wie klein der Anteil dieser Veteranen sei. Er schenke den Angaben des Ministeriums zwar Glauben, darum sei es ihm aber nicht gegangen. Die Journalisten hätten genau auf

495 Vgl. Bald, Die Bundeswehr, S. 64f.
496 Vgl. Schildt, Medien-Intellektuelle, S. 425f.
497 Walden, Es war so schön …, S. 25.
498 Vgl. ders., Falsche Kläger, in: Welt am Sonntag vom 31.1.1960.

die Tolerierung dieser Minderheit durch eine demoskopisch signifikante Mehrheit abgezielt. Das sei das Problem und das könne kaum bestritten werden.[499]

Dies hätte dann auch die Zweifel beiseite gewischt, mit der Sendung einer kleinen Gruppe große Publizität zu verschaffen, wie Walden im *Monat* schrieb.[500] Walden folgte dem Denkmuster, es würde in der Bundesrepublik nur noch wenige »Nazis« geben, das Problem sei allerdings, es gebe zu wenige »Anti-Nazis«.[501] Diesem Gedanken entsprechend bemängelte Walden dann nach der Sendung öffentlich, dass sich weder Bundesverteidigungsminister Franz Josef Strauß noch der Generalinspekteur der Bundeswehr General Adolf Heusinger zu einem Statement in der Dokumentation bereit zeigten. Die Zusammenarbeit mit dem Ministerium habe an sich vorbildlich funktioniert, doch diese Zurückhaltung sei besonders fragwürdig, da sich beide in der Sendung »Der Geist der Bundeswehr« des *Hessischen Rundfunks (HR)*, die mit dem Militär nicht so hart ins Gericht gegangen sei, zu Wort meldeten.[502]

Proteste erschallten außerdem von nationalliberaler Seite. Verständlich, schließlich wurde Erich Mende, der am 28. Januar 1960 auf dem Stuttgarter Bundesparteitag der FDP ohne Gegenstimmen zum Bundesvorsitzenden der Partei gewählt wurde, in der Sendung in geistige Nähe mit den unreflektierten Traditionalisten gerückt. Das Interview mit dem ehemaligen Wehrmachtsoffizier und Ritterkreuzträger Mende, in dem dieser sagte, dass die Tapferkeit eines Soldaten unabhängig vom politischen System sei, musste in dem Kontext der Dokumentation irritierend erscheinen.[503] Zumal der FDP-Politiker als »untadeliger Offizier und Gentleman« galt, der allerdings nationale und traditionelle Gefühle in der Bevölkerung ansprach und damit den Kurs der FDP um 1960 bestimmte.[504]

Für Walden und Schultze war das problematisch. Die Platzierung des Interviews war also ein journalistischer Kniff, der provozieren sollte, und die Reaktion blieb nicht aus. In der FDP-Zeitung *Das freie Wort* warf Erik Rinné Walden und Schultze nichts Geringeres vor, als mit ihrem »Fernsehpamphlet« die Ehre der deutschen Soldaten – von gestern und von heute – in den Dreck zu ziehen. Die Kritik Rinnés war weniger inhaltlicher, sondern eher semantischer Natur. Mit einer großen Portion Zynismus und zum Teil auf »haßerfüllte Weise« hätten Walden und Schultze die in der Tat bedenklichen, aber unbedeutenden Traditionsverbände ins nationale und internationale Rampenlicht gestellt. Zudem war die »üble« Sendung für ihn Teil einer subversiven

499 Vgl. Walden an Schmückle, 1.2.1960, S. 1.
500 Vgl. Walden, Es war so schön …, S. 25.
501 Vgl. ders., ostblind – westblind, S. 104..
502 Vgl. ders., Es war so schön …, S. 29.
503 Vgl. Schultze/Walden, Die schönsten Jahre, Min. 46–47.
504 Vgl. Lutz Nickel, Dehler – Maier – Mende. Parteivorsitzende der FDP: Polarisierer – Präsident – Generaldirektor, München 2005, S. 249.

Kampagne des öffentlichen Rundfunks und somit von vornherein diskreditiert.[505] Auf den Vorwurf ging Walden substantiell nicht ein, ließ sich aber im *Monat* zu dem Kommentar verleiten, dass Rinné sich schließlich selbst 1944 freiwillig zur SS gemeldet und sich somit natürlich angegriffen gefühlt habe.[506] In der Methode der polemischen Auseinandersetzung kannte sich Walden also nicht nur in Bezug auf das SED-Regime aus, sondern ebenso im kollegialen Streit.

Wenige Tage nach der Ausstrahlung reagierte Walden darüber hinaus auf die Berichterstattung der *Bonner Rundschau,* in der Wolfgang Paul den *SFB*-Journalisten eine Abscheu vor der Wiederbewaffnung unterstellt hatte. In einem Schreiben an die Redaktion der rheinischen Zeitung machte Walden deutlich, dass er und Schultze die Bewaffnung der Bundesrepublik »durchaus bejahen«, allerdings unter bestimmten Voraussetzungen. Das »Ja zur Verteidigung« hänge vom »Nein zum falschen Vorbild« ab; einen »militärischen Selbstzweck« gebe es nicht.[507] Die Soldaten der Bundeswehr müssten diesen Geist verkörpern. Walden schrieb dazu im *Monat*:

> Schließlich fanden wir einen jungen Offizier der Bundeswehr, der uns knapp und klar sagen konnte, warum er Soldat geworden war. Nicht Familientradition hatte den Leutnant von der Schulenburg zur Waffe eilen lassen, sondern die Einsicht in die Notwendigkeit der Verteidigung gegenüber einem hochgerüsteten aggressiven Gegner. Er wußte, worum es geht, und wir atmeten auf, nachdem es uns bei den anderen Gesprächen den Atem verschlagen hatte.[508]

Die Sendung Waldens und Schultzes ist für Christina von Hodenberg ein Beispiel für einen kritischen journalistischen Umgang mit den NS-Verbrechen und der Integration von NS-Tätern in die bundesdeutsche Gesellschaft. In der Wende zu den 1960er Jahren wurde dies von den Massenmedien vermehrt aufgegriffen, vor allem vom Rundfunk und vom Fernsehen, was an der hohen Zahl von »45ern« in diesem Bereich gelegen habe, die sich dieser Themen annahmen, wie beispielsweise Klaus Bölling, Joachim C. Fest oder Gerd Ruge.[509]

Mit der Dokumentation und seinen Reaktionen auf die Kritik offenbarte Walden zudem ein weiteres Charakteristikum seiner Arbeit beim Umgang mit der NS-Vergangenheit. Die Auseinandersetzung mit dem Nationalsozialismus sollte die west-

[505] Vgl. Erik Rinné, Denn sie wissen, was sie tun, in: Das freie Wort vom 23.1.1960.

[506] Vgl. Walden, Es war so schön …, S. 30.

[507] Vgl. Matthias Walden an die Redaktion der *Bonner Rundschau* vom 18. Januar 1960 (ASV-UA: NL Walden, Box 3 – 1960).

[508] Walden, Es war so schön …, S. 24f.

[509] Vgl. Hodenberg, Konsens und Krise, S. 270f.; Siehe ebenfalls: Mergel, Politischer Journalismus und Politik in der Bundesrepublik, in: Zimmermann (Hrsg.), Politischer Journalismus, S. 199f.

deutsche Demokratie stärken, Verbrechen mussten benannt und Täter bestraft werden. Ebenso charakteristisch für diese Generation, die die Anziehungskraft der nationalsozialistischen Ideologie und den mörderischen Zwang des totalitären Systems miterlebt hatte, war die Unterscheidung in Täter und opportunistische Mitläufer. Die Nachsicht gegenüber Letzteren, die zudem politisch aufgeklärt statt verurteilt werden sollten, sollte laut Hodenberg gleichzeitig der Delegitimierung der Bundesrepublik als »Nazistaat« entgegenwirken.

In der *ZDF*-Sendung »Panorama«, dem Vorzeigeobjekt für zeitkritischen Fernsehjournalismus, berichtete Joachim Fest Mitte der 1960er Jahre beispielsweise über den Fall des Bundestagsabgeordneten Hermann Conring. Dieser war als Verwalter der niederländischen Provinz Groningen im »Dritten Reich« zweifelsfrei in die Unrechtspraktiken des Regimes verstrickt ohne vielleicht direkt zum Verbrecher geworden zu sein. Laut Fest war Conring dadurch zwar ungeeignet für das Amt eines Bundestagsabgeordneten, in der freien Wirtschaft sollte ihm aber eine Karriere aufgrund seiner Vergangenheit nicht verbaut werden.[510] Schon in der SBZ hatte Walden von dieser Unterscheidung zwischen »Schreiern« und »nominellen PG's« gesprochen.[511]

Allgemein fand das beschriebene Prinzip, durch den Umgang mit der deutschen Vergangenheit das demokratische Wesen der Bundesrepublik zu stärken, seit den späten 1950er Jahren vermehrt Eingang in die Arbeit Waldens. In einem Rundfunkkommentar, dem er später den Titel »Schatten der Vergangenheit« gab, empörte sich der Journalist über den Fall des Oberreichsanwaltes a.D. Ernst Lautz, der Ankläger am nationalsozialistischen Volksgerichtshofes Roland Freislers gewesen war und neben diesem als einer der »Vorzeigejuristen des Dritten Reichs« gilt. Von seiner zehnjährigen Haftstrafe, die Lautz im Nürnberger Juristenprozess 1947 erhalten hatte, saß er noch vier weitere Jahre ab und lebte seitdem von einem »Ruhegeld« von monatlich knapp 1600 Mark.[512] Für Walden war dies ein unerhörter Zustand, der angesichts dessen eine Gesetzesänderung forderte, da das geltende Recht »den organisierten Kapitalverbrechen des Nazismus« scheinbar nicht gerecht werde:

> Natürlich wollen wir keine politische Justiz. Aber wenn unser demokratisches Musterschülertum so weit geht, dass ein Herr Zind [ein weiterer Fall über einen Oberstudientrat aus Offenburg], der am Biertisch die Ausrottung der Juden lobt und sich zum Massenmord bekennt, ein Jahr Gefängnis bekommt,

510 Vgl. Hodenberg, Konsens und Krise, S. 273f.

511 Vgl. v. S. [Otto von Saß], Die kritischste »Spitze«, in: Die Union – Landeszeitung Sachsen der Christlich Demokratischen Union Deutschlands vom 20.8.1947.

512 Vgl. Manfred Görtemaker/Christoph Safferling, Die Akte Rosenburg. Das Bundesministerium der Justiz und die NS-Zeit, München 2016, S. 58. 1961 wurde Lautz' Pension auf 600 DM gekürzt, er starb 1977.

dann sollte es jedem Referendar einleuchten, dass irgendetwas an unseren rechtsstaatlichen Praktiken nicht stimmen kann![513]

Der »Geist« der Rosenburg, wie das Bundesministerium der Justiz genannt wurde, war tatsächlich zumindest partiell von eben jenen »Schatten der Vergangenheit« beseelt, die auch Walden ansprach. Wie die meisten Deutschen flüchteten sich die Mitarbeiter des Ministeriums in ein »kommunikatives Beschweigen« der NS-Vergangenheit, wie der Philosoph Hermann Lübbe ein gesamtgesellschaftliches Phänomen beschrieb.[514]

In konkreten Handlungen zeigte sich dies beispielsweise in dem Straffreiheitsgesetz von 1954, von dem ungefähr 400.000 Personen profitierten, in deren Fällen fast alle Strafen von bis zu drei Monaten erlassen wurden. Zwar wurde in nur 88 Fällen ein Gesetzverfahren wegen NS-Verbrechen beendet, doch war die politische Signalwirkung des Gesetzes von viel größerer Bedeutung, da nun nach dem Ende der Entnazifizierung schon bereits verurteilte Straftäter oder Täter, gegen die ermittelt wurde, amnestiert wurden.[515] Laut dem Historiker Norbert Frei habe das Gesetz daher die »Lähmungserscheinungen innerhalb der Justiz« verstärkt und zu einer »Aufweichung der Ahndungsmoral« beigetragen.[516]

Gegen diese Entwicklungen versuchte Matthias Walden publikumswirksam vorzugehen. Wenn Ernst Lautz sich mit Steuergeldern ein ruhiges Leben machen könne, dann sei scheinbar etwas faul im Staate, so Walden in seinem Kommentar von 1958 weiter. Es könne sich dann niemand wundern, wenn sich die kommunistische Presse an diesen Fällen mäste und das System der Bundesrepublik zu diskreditierten versuche. Gegen diesen Vorwurf müsse sich mit der schonungslosen Aufdeckung dieser Fälle gewehrt werden. In der Bundesrepublik gebe es nämlich eigentlich keine »neonazistische Konjunktur«: »Nicht eine grosse Zahl unzereissbarer Nazis gibt zu denken, sondern die viel zu geringe Zahl entschiedener Anti-Nazis.«[517]

Das war ein klarer Aufruf gegen das »kommunikative Beschweigen«, an dem die junge Generation der Journalisten logischerweise kein Interesse hatte, und so bildete sie die Phalanx der Aufarbeitungsdebatte. Diese Schlussfolgerung führte bei Walden schließlich zur Motivation der *Bundeswehr-Sendung*. Erneut trieb Walden in seinem Kommentar die Allensbach-Umfrage um, nach der Adolf Hitler für 42 Prozent der Deutschen ohne den Krieg ein großer Staatsmann gewesen wäre:

513 Matthias Walden, Schatten der Vergangenheit – April 1958, in: ders. (Hrsg.), Berliner Mikrophon 1953–1959, S. 348–352, hier S. 349f.

514 Vgl. Görtemaker/Safferling, Akte Rosenburg, S. 177; allgemein zu den »Schatten der Vergangenheit« im BMJ: ebenda, S. 173–208.

515 Vgl. ebenda, S. 189f.

516 Zitiert nach: ebenda, S. 190; siehe: Norbert Frei, Vergangenheitspolitik. Die Anfänge der Bundesrepublik und die NS-Vergangenheit, München 2012, S. 128.

517 Walden, Schatten der Vergangenheit – April 1958, in: Walden (Hrsg.), Mikrophon, S. 351.

> Nur wer den Nazismus auch, und gerade in seinen scheinbaren Erfolgen zu hassen versteht, kommt ans Ziel, nur wer heute weiss, dass ein Sieg Hitlers schlimmer gewesen wäre, als die Niederlage war, hat erfasst, worum es geht. [...] Die Schmutzigkeit der Rassentheorien, die Verwerflichkeit des Herrenmenschen-Dünkelns, die Masslosigkeit des Nationalismus, die Gemeinheit des Antisemitismus, die Demütigung durch den Byzantismus, die Entwürdigung durch ein System des Befehls und des stupiden Gehorchens, das Prinzip der Lüge, die der Kultur – das alles gab es auch ohne den Krieg, und wenn es damals nicht ausgereicht hat, um das ganze Volk Ekel empfinden zu lassen, dann muss es heute ausreichen.[518]

Als Bundespräsident Theodor Heuss bei seinem Englandbesuch im Oktober 1958 auf anti-deutsche Ressentiments in der britischen Presse stieß, kritisierte Walden dies zwar selbstbewusst, da dies – so meinte er – auch einer Macht nicht zustehe, der einst Unrecht geschah. Auf der anderen Seite stellte er aber die Frage, ob die Bundesrepublik genug getan habe, um gerade im Ausland den Bruch mit der eigenen Vergangenheit sichtbar zu machen:

> Begreifen wir denn nicht, wie es auf die Länder, die unter uns litten, wirken muss, wenn ein Verein von Ritterkreuzträgern sich zur Pflege seiner Orden versammelt, wenn er dummfreche Reden gegen die Männer des 20. Juli duldet, wenn kein Mensch auch nur danach fragt, was diese Dekorationen wert sind, die Hitler, die ein Verbrecher verlieh. [...] Das Deutschland, das der Bundespräsident in London würdig repräsentierte, könnte, müsste anders aussehen, als es aussieht.[519]

Nur wenn die Bundesrepublik im Inneren klare Verhältnisse schaffe, könne sie laut Walden auf Augenhöhe mit den Siegermächten des Zweiten Weltkrieges stehen.[520] Ähnlich äußerte sich Walden nach der Veröffentlichung eines DEFA-Films in der DDR, für den Schuldige und Mitschuldige Nationalsozialisten am Tode Anne Franks aufgespürt wurden, von denen viele ein »normales« Leben in der Bundesrepublik führten:

518 Ebenda, S. 352.

519 Ders., Persönlichkeit und Politik – Oktober 1958, in: ders. (Hrsg.), Berliner Mikrophon 1953–1959, S. 429–434, hier S. 433; zur Englandreise von Heuss und den Anfeindungen in der Presse, die allerdings nicht dem Bundespräsidenten persönlich galten, siehe: Peter Merseburger, Theodor Heuss. Der Bürger als Präsident, München 2012, S. 552–555.

520 Vgl. Walden, Persönlichkeit und Politik - Oktober 1958, in: Walden (Hrsg.), Mikrophon, S. 434.

Unsere Erfahrung mit dem SED-Staat sagen uns mit an Sicherheit grenzender Wahrscheinlichkeit: Einiges von diesem Film ist gefälscht. Unserer Erfahrungen mit der Bundesrepublik sagen uns: Einiges von diesem Film ist nicht gefälscht. Diese Überlegung ist beklemmend.[521]

Walden und Christ und Welt

Vergangenheitsbewältigung war für Walden also außerdem ein Mittel zum Zweck, die Bundesrepublik als liberale Demokratie des Westens zu etablieren sowie zur Wiederherstellung ihrer nationalen Souveränität. Doch wie ging der Journalist persönlich im beruflichen Umfeld mit ehemaligen Nationalsozialisten um? Beim *RIAS* und *SFB* dürfte er kaum regelmäßig Kontakt mit älteren Kollegen gehabt haben, die eine ungebrochene Berufsbiographie im »Dritten Reich« vorzuweisen hatten. Anders war das bei der *Christ und Welt*, bei der seit 1954 der Journalist und Buchautor Giselher Wirsing, der die Zeitung 1948 gegründet hatte, den Posten des Chefredakteurs einnahm. Wirsing verfügte über eine lebhafte Vergangenheit in der nationalsozialistischen Publizistik. Mit Anfang 20 war er unter Hans Zehrer Mitarbeiter bei *Der Tat* und übernahm nach dessen Weggang im Frühjahr 1933 die Leitung der Zeitung, die dann wenig später von der Gestapo verboten wurde. Anders als für viele Mitglieder des rechtskonservativen *Tat*-Kreises bedeutete die Machtübernahme der Nationalsozialisten aber keinen beruflichen Einschnitt für Wirsing. Auf Vorschlag von Heinrich Himmler wurde er Chefredakteur bei den *Münchner Neuen Nachrichten*. Hier verstrickte er sich in ein »Institutionengeflecht« von Sicherheitsdienst (SD), Auswärtigen Amt und Reichssicherheitshauptamt und wurde zudem 1938 zum SS-Hauptsturmführer ernannt.

Zu den Bewunderern seiner demokratiefeindlichen, antiwestlichen und antisemitischen Schriften zählte unter anderem Propagandaminister Joseph Goebbels. Nach dem Krieg verbrachte Wirsing mehrere Monate in amerikanischer Internierungshaft. Er selbst sah sich kaum als Nationalsozialisten, sondern eher als einen nationalen Konservativen. So gelang es ihm, der Siegermacht seine SS-Mitgliedschaft als rein formal darzustellen und seine führende Position bei den *Münchner Neuesten Nachrichten* als Kniff zu verkaufen, der der Zeitung ein konservatives Publikum erhalten sollte. Nichtsdestotrotz wurde die *Christ und Welt* Anfang der 1950er Jahre von den Alliierten als »under cover Nazi paper« eingestuft.[522]

[521] Ders., »Tagebuch für Anne Frank«. Zu einem Tendenzfilm der DEFA, in: Christ und Welt vom 5.3.1959.

[522] Zur Biographie Wirsings und der Gründung von *Christ und Welt* siehe: Weiß, Journalisten, in: Frei (Hrsg.), Karrieren im Zwielicht, S. 264–266; sowie: Payk, »… die Herren fügen sich nicht; sie sind schwierig.«, in: Kersting/Reulecke/Thamer (Hrsg.), Die zweite Gründung, S. 49f.

Matthias Walden schien sich an der Vergangenheit seines künftigen Chefredakteurs nicht zu stören, als er Klaus Harpprecht Anfang 1956 bat, sich bei Wirsing für ihn einzusetzen.[523] Fraglich ist allerdings, inwiefern Walden über Wirsings belastende Vergangenheit im »Dritten Reich« im Bilde war. Öffentlich wurde diese erst 1959 bekannt, als eine Gruppe von ehemaligen Widerstandskämpfern eine Dokumentensammlung über den Publizisten herausgab.[524] Doch auch ein paar Jahre später – Walden war schon nicht mehr Korrespondent bei der *Christ und Welt* und hatte einige Zeit keinen Kontakt mehr zu Wirsing gehabt – war der Ton zwischen den beiden vertraut und freundlich. Walden hatte um die Vorveröffentlichung einiger politischer Feuilletons aus einem geplanten Buch von ihm gebeten, zu dieser Wirsing umgehend einwilligte und bedauerte, dass der Kontakt zu seinem einstigen Korrespondenten abgebrochen sei.[525]

Nun war die Arbeit bei der *Christ und Welt*, Mitte der 1950er Jahre die auflagenstärkste überregionale Wochenzeitung der Bundesrepublik, für Walden ein entscheidender Schritt seiner journalistischen Laufbahn. Sie war der Grundstein für seine ab diesem Zeitpunkt kontinuierliche Tätigkeit als Leitartikler oder Kolumnist einer überregionalen Zeitung. Es ist anzunehmen, dass dieser Aspekt etwaige Bedenken bezüglich der Vergangenheit führender Mitarbeiter der Zeitung – Wirsing war nicht das einzige Redaktionsmitglied mit NS-Biographie – für Walden nichtiger machte. Zudem hatte Wirsing ein ordentliches Entnazifizierungsverfahren durchlaufen und die *Christ und Welt* erhielt »Flankenschutz« von Eugen Gerstenmaier, der nach dem Ausscheiden der Evangelischen Kirche 1951 als Financier der Zeitung nach dem Verleger Georg von Holtzbrinck zweitgrößter Investor und Herausgeber des Blattes wurde. Der CDU-Politiker und spätere Bundestagspräsident war während der NS-Diktatur Mitglied des Kreisauer Kreises gewesen und galt als Symbolfigur des christlich-konservativen Widerstandes.[526]

Neben Mitarbeitern, die über Wurzeln in der nationalsozialistischen Presse verfügten, arbeiteten hier schließlich bekennende Protestanten und Unterstützer der liberaldemokratischen Entwicklung der Bundesrepublik Deutschland kollegial nebeneinander. Als »Integrationsideologie« fungierte ein »lutherisch unterlegter Nationalkonservatismus«, so Marcus M. Payk in seiner Untersuchung über die konservative Presse in den 1950er und 1960er Jahren.[527] Ähnlich sah es beispielsweise

523 Vgl. Walden an Harpprecht, Ende Januar 1956.

524 Vgl. Weiß, Journalisten, in: Frei (Hrsg.), Karrieren im Zwielicht, S. 281.

525 Vgl. Matthias Walden an Giselher Wirsing vom 6. September 1962 (ASV-UA: NL Walden, Box 12 – 1963(!)); Und: Giselher Wirsing an Matthias Walden vom 3. Oktober 1962 (ASV-UA: NL Walden, Box 12 – 1963(!)).

526 Vgl. Payk, »... die Herren fügen sich nicht; sie sind schwierig.«, in: Kersting/Reulecke/Thamer (Hrsg.), Die zweite Gründung, S. 50.

527 Vgl. ebenda.

beim Nachrichtenmagazin *Der Spiegel* aus, das sich gern als zeitkritisches Leitmedium stilisierte. Hier zählten zum Kernpersonal der frühen Jahre die ehemaligen SS-Offiziere Horst Mahnke und Georg Wolff, die sich in Reinhard Heydrichs SD im »Dritten Reich« einen Namen gemacht hatten.[528]

Für Walden spielte wahrscheinlich der kämpferisch-antikommunistische Grundton der *Christ und Welt* eine wichtige Rolle, dem er als Korrespondent in Berlin sicherlich noch einen schlagkräftigeren Anstrich geben wollte. Nichtsdestotrotz bleibt ein fader Beigeschmack, wenn ein prononcierter Kritiker der geistigen und personellen Kontinuität zum »Dritten Reich« einen solchen Kompromiss eingeht, selbst wenn er aus fachlicher und beruflicher Sicht einleuchten mag. Wirsing konnte durch seine Verfeinerung der NS-Ideologie, der er durch seine Artikel und Bücher darüber hinaus ein massenmediales Medium bot, kaum als »nomineller PG«, sondern eher als »Schreier« gelten, um in Waldens eigenen Kategorien zu sprechen. Ein Eintrag in Joseph Goebbels Tagebuch vom 12. März 1942 macht diese Einschätzung mehr als deutlich. Der Propagandaminister zeigte sich im positiven Sinne »erschüttert« über die Klarheit und Analytik Wirsings großer Amerikakritik in seinem Buch »Der maßlose Kontinent – Roosevelts Kampf um die Weltherrschaft«, das im gleichen Jahr erschienen war.[529] Wirsing legte hier eine der geistigen Grundlagen für den nazistischen Antiliberalismus und den Kampf gegen einen vermeintlichen amerikanischen Imperialismus.[530]

Auf der anderen Seite kappte Giselher Wirsing selbst wie kein Zweiter geistige Brücken in die Vergangenheit. 1948 wurde seine Vita noch so fragwürdig eingestuft, dass er zunächst nicht in der ersten Reihe der *Christ und Welt* auftauchte, 1954 schienen die Bedenken jedoch beiseite gewischt und Wirsing konnte sich als glaubwürdiger und angepasster Demokrat verkaufen. Einigen Mitstreitern, wie beispielsweise Hans-Georg von Studnitz im Jahr 1965, ging Wirsings Anpassung schließlich zu weit, sodass sie die Zeitung verließen, da ihnen die Linie nicht mehr »konservativ« genug war. Zur gleichen Zeit musste aber der stellvertretende Chefredakteur Eberhard Stammler nach nur einem Jahr ebenfalls die Redaktion verlassen. Stammler hatte ursprünglich

528 Vgl. Lutz Hachmeister, Ein deutsches Nachrichtenmagazin. Der frühe »Spiegel« und sein NS-Personal, in: Lutz Hachmeister/Friedmann Siering (Hrsg.), Die Herren Journalisten. Die Elite der deutschen Presse nach 1945, München 2002, S. 87–120, hier S. 95.

529 Vgl. Weiß, Journalisten, in: Frei (Hrsg.), Karrieren im Zwielicht, S. 264f.

530 Siehe beispielsweise: Giselher Wirsing, Der masslose Kontinent. Roosevelts Kampf um die Weltherrschaft, Jena 1942, S. 446–451; zur Bedeutung Wirsings für die nationalsozialistische England- und Amerikakritik, siehe: Marcus M. Payk, Ideologische Distanz, sachliche Nähe. Die USA und die Positionswechsel konservativer Publizisten aus dem »Tat«-Kreis in der Bundesrepublik bis zur Mitte der 1960er Jahre, in: Jan C. Behrends/Árpád von Klimó/Patrice G. Poutrous (Hrsg.), Antiamerikanismus im 20. Jahrhundert. Studien zu Ost- und Westeuropa, Bonn 2005, S. 225–249, hier S. 229.

das Blatt auf einen von den Herausgebern gewünschten moderaten linken Kurs bringen sollen, da die *Christ und Welt* ihre Marktführerschaft an *Die Zeit* verloren hatte.[531]

1960 galt Wirsing im US-Konsulat in Stuttgart indes als politischer Opportunist, »a man whose real political character is questionable«[532]. Der amerikanische Konsul Paul B. Taylor schrieb ans State Department, dass sich Wirsing bei ihm gemeldet habe, um künftig mit den Amerikanern zusammenzuarbeiten. Ein Schritt, den Taylor aber eher als Anbiederung einstufte, da Wirsing sowohl im »Dritten Reich«, aber auch im letzten Jahrzehnt als dezidiert antiamerikanisch und nationalistisch aufgetreten sei. Die Kontaktaufnahme könne daher nur eine taktische Maßnahme sein.[533] Es kann Walden also durchaus der Vorwurf gemacht werden, einem politischen Wendehals wie Giselher Wirsing erlegen zu sein. Politisch bedenklich war seine Mitarbeit bei der *Christ und Welt* aber keineswegs. Im Gegenteil, Matthias Walden nutzte seine Artikel dazu, sein eigenes kämpferisch-antikommunistische Profil zu schärfen, das er stets mit einem Einsatz für das liberal-demokratische System der Bundesrepublik Deutschland und deren politische und ideelle Westbindung verband. Gerade dies zeigte sich im Vergleich zu Giselher Wirsing in der Wertschätzung für Walden durch die amerikanischen Behörden.

Gegen den Totalitarismus: Die liberale Demokratie als Vital Center

Als Wesen einer liberalen Demokratie bezeichnete Matthias Walden im Oktober 1958 im Rundfunk die Möglichkeit, in der Öffentlichkeit Kritik zu üben. Eben dies sei es, was in einem kommunistischen System nicht möglich sei und was die liberaldemokratische Gesellschaft vor gefährlichen Stauungen von Gefühlen, Verdrängungen und Komplexen schütze.[534] Ein politischer Journalismus, der Meinungen äußerte, war also für ihn eines der Kernelemente liberaler Demokratie. Dafür hatte er sich bereits in seinen ersten Glossen in der SBZ eingesetzt und machte dies nun viele Jahre später immer wieder deutlich. Seine Unterstützung für die liberaldemokratischen Grundlagen der Bundesrepublik verband Walden häufig mit einer Abgrenzung und Kritik gegenüber dem kommunistischen Osten.

531 Vgl. ders., »... die Herren fügen sich nicht; sie sind schwierig.«, in: Kersting/Reulecke/Thamer (Hrsg.), Die zweite Gründung, S. 59f.; siehe auch: Nils Asmussen, Hans-Georg von Studnitz. Ein Konservativer Journalist im Dritten Reich und in der Bundesrepublik, in: Vierteljahreshefte für Zeitgeschichte 45 (1997), H. 1, S. 75–119, hier S. 99–101.

532 U.S. Consulate Stuttgart, Schreiben von Paul B. Taylor (American Consul General) an das U.S. Department of State vom 10. November 1960. NA RG 59, General Records of the Department of State (Folder 962A.50/1-362 962A.61/11-1060).

533 Vgl. ebenda.

534 Vgl. Walden, Persönlichkeit und Politik – Oktober 1958, in: Walden (Hrsg.), Mikrophon, S. 431.

Im angesprochenen Rundfunkkommentar leitete er seine Aussage über das Wesen liberaler Demokratie beispielsweise aus der Unterdrückung des russischen Dichters und Autors Boris Pasternak durch den Kreml her. Pasternak hatte 1958 den Literaturnobelpreis für sein Monumentalwerk »Doktor Schiwago« erhalten und war für Walden mit seiner Menschlichkeit und Individualität ein Kontrast zur »geistigen Öde des ideologischen Dogmas« in der Sowjetunion. Pasternaks Roman durfte in seinem Heimatland aufgrund vermeintlich konterrevolutionärer Tendenzen erst gar nicht erscheinen, sondern wurde – wie 2014 offengelegt – mit Hilfe der CIA im Ausland veröffentlicht. Die Verleihung des Nobelpreises wurde aus Moskau als »Intrige des Kalten Krieges« bezeichnet, für Walden war der Vorgang eher ein »Fäulnissymptom des sowjetischen Systems«.[535]

Von der »Freiheit des Westens« zum Vital Center

Die Öffentlichkeit in einer liberalen Demokratie müsse, so Walden, zudem die Freiheit des Minderwertigen schützen, wie er 1959 angesichts anhaltender Diskussionen zum Gesetz über die Verbreitung jugendgefährdender Schriften schrieb. Die Presse in der DDR hatte die Verbreitung vermeintlicher Schmutz- und Schundliteratur an westdeutschen und West-Berliner Kiosken kritisiert und in diesem Zusammenhang auf den Anstieg der Jugendkriminalität in der Bundesrepublik hingewiesen. Die kommunistische Polemik war für Walden besonders fragwürdig, da es in der DDR zwar keine »Groschenhefte« oder »muffige Erotik« an den Bahnhofskiosken zu kaufen gab, doch dafür eben nur das, was der totalitäre Staat erlaube und das sei im höchsten Grade unmoralisch. Ein Zensor würde daher in der Bundesrepublik nur Schaden anrichten, denn in einer Demokratie habe der Bürger das Recht zu prüfen, was ihm nützlich und was ihm schändlich erscheint, was ihm gefällt oder nicht. Diesem Recht stehe beispielsweise die Pflicht eines Vaters gegenüber, darauf zu achten, was sein Kind lese.

Das liberale Prinzip dahinter erfasste er wie folgt: Die Freiheit, die das Minderwertige decke, schütze gleichzeitig die Freiheit zum Besseren. Wenn die Schmutz- und Schundliteratur konsequent nicht gekauft werden würde, würde es sie nicht mehr geben. Für Walden war dieses Prinzip der entscheidende Unterschied zu einem totalitären Staat:

> Wir wissen doch noch aus der Nazizeit, wie das war. Da sagte der »Führer«, was uns zuträglich war. Und was er für gut befand, blieb allein erhalten. Nicht die Kunst, die er verbot, war entartet, sondern sein Regime. […] Denn die frei-

535 Vgl. ebenda, S. 429–431; siehe zu »Doktor Schiwago«: Propagandawaffe Schiwago, in: Der Spiegel vom 24.1.2015, S. 115; zum Fall Pasternak außerdem: Hildermeier, Geschichte der Sowjetunion, S. 861f.

willige Hygiene des gedruckten Wortes ist besser als die administrative. Den Mann mit dem Rotstift überlassen wir besser den anderen, denn er könnte das Falsche streichen.[536]

Hierbei wird darüber hinaus die Vergleichbarkeit des Nazi-Regimes und der SED-Herrschaft in der DDR deutlich, die das politische Denken Waldens prägte. Beide Systeme eigneten sich daher, um den Wert demokratischer Freiheiten hervorzuheben.

Die Abgrenzung zum SED-Regime suchte Walden ebenso, wenn er auf die Bedeutung demokratischer Wahlen für die politische Freiheit der Menschen hinwies. Schon in dem Titel zu seinem Artikel nach der Berliner Abgeordnetenhauswahl im Dezember 1958 hieß es kämpferisch: »So wählt man in Freiheit. Berlin bewies es dem Osten«[537]. Die Negativfolie der DDR wurde noch deutlicher, wenn die Menschen dort zu den Urnen gebeten wurden. So bezeichnete Walden die Gemeindewahlen in der DDR 1957 als eine »Wahl, bei der nichts zu wählen ist«[538].

Die vermeintliche Selbstverständlichkeit, mit der die Unterdrückung der politischen Freiheit der Menschen in den kommunistischen Ländern, aber gerade in der DDR, im Westen hingenommen wurde, war Walden außerdem zunehmend ein Dorn im Auge.[539] Er forderte eine offensive freiheitlich-demokratische Haltung, die sich gerade in der Abgrenzung zum kommunistischen Osten zeigen musste. In seiner Bilanz des Schlüsseljahres 1956 wendete sich Walden offensiv gegen eine »Abrüstung der Ideen« im Ost-West-Konflikt:

> Der Angriff freiheitlicher Ideen, das Einsickern westlicher Gedanken, die tägliche Offensive demokratischer Maxime durch die klaffenden Lücken des Eisernen Vorhanges – das fürchten die Sowjets, und das ist der Punkt, an dem sich zur Stunde ihr Sicherheitsbedürfnis konzentriert, weil diese Kräfte Unsicherheit im Inneren bewirken und schon reichlich bewirkt haben. Aber hier kann es keine Konzessionen des Westens geben, hier endet die Bereitschaft zum Verzicht, weil ein geistiger Kompromiss zwischen Ost und West undenkbar ist.[540]

536 Matthias Walden, Wo der Rotstift regiert … Schmutz und Schund in östlicher und westlicher Sicht, in: Welt am Sonntag vom 15.11.1959.

537 Ders., So wählt man in Freiheit, in: Christ und Welt vom 11.12.1958.

538 Ders., Wahl, bei der nichts zu wählen ist. Vor den Gemeindewahlen in der Zone, in: Christ und Welt vom 11.4.1957.

539 Vgl. ders., Acht Jahre, in: Christ und Welt vom 10.10.1957.

540 Ders., 1956. Das Jahr der Krisen – Dezember 1956, in: ders. (Hrsg.), Berliner Mikrophon 1953–1959, S. 207–215, hier S. 214.

Die Demokratie habe für ihn den Vorzug, stets nach Besserem zu streben und für jedes »Gift« ein »Gegengift« zu entwickeln, wie er bereits in einem Rundfunkkommentar im Sommer 1954 ausführte:

> Wer daran zweifelt, kann leicht in die Nachbarschaft derer geraten, die den starken Mann vermissen. Wir wollen keine starken Männer. [...] Wer etwas von Demokratie erwartet, muss warten können.[541]

Auf den Punkt brachte der Journalist seine Haltung in seiner Bewertung der Moskaureise Konrad Adenauers 1955, als er im Zuge der Auseinandersetzung einer Zusammenarbeit mit der Sowjetunion auf die dafür notwendige Trennschärfe hinwies:

> Die Krankheiten dieser Welt sind kompliziert und hartnäckig. Sie lassen sich im Wesentlichen mit drei Begriffen erfassen: Totalitarismus, Kolonialismus und Nationalismus.[542]

Das Gegenstück war für ihn die westlich-liberale Demokratie, die sich dieser Missstände entledige. Die politische Medizin sollte laut Matthias Walden in der Behandlung dieser »Krankheiten« eher auf homöopathische Mittel als auf die Chirurgie setzen.[543]

So interpretierte er sicher auch sein eigenes Engagement in Asien und Afrika als Sensibilisierung der deutschen Bevölkerung für die Folgen des Kolonialismus. Er verband dies aber, wie gezeigt, gleichzeitig mit dem Aufruf, standhaft gegen den gegenwärtigen sowjetischen Imperialismus und den Versuch der kommunistischen Unterwanderung der jungen Staaten zu sein. Anlässlich der Indienreise von Vizekanzler Franz Blücher (FDP) Anfang 1956 kommentierte Walden dementsprechend im Rundfunk, dass es darum gehe, den ehemaligen Kolonialvölkern vor Augen zu führen, dass die Methoden der Sowjetunion einer modernen Kolonialmacht entsprechen würden.[544]

Und so störte Walden an den »kolonialen Sorgen« der Gegenwart in Nah-Ost, Zypern oder Algerien vor allem, dass diese den Westen schwächer und dadurch den Osten stärker machen würden.[545] Die britisch-amerikanische Intervention in der Li-

541 Ders., Geduld ist keine Schwäche – Juni 1954, in: ders. (Hrsg.), Berliner Mikrophon 1953–1959, S. 22–26, hier S. 26.

542 Ders., Fazit einer Reise – September 1955, in: Walden (Hrsg.), Mikrophon, S. 94.

543 Vgl. ebenda.

544 Vgl. ders., Das Risiko der Demokratie – Januar 1956, in: ders. (Hrsg.), Berliner Mikrophon 1953–1959, S. 105–109, hier S. 108.

545 Vgl. ders., Sorgenkinder des Westens – März 1956, in: ders. (Hrsg.), Berliner Mikrophon 1953–1959, S. 133–137, hier S. 135.

banonkrise 1958 sah er allerdings als einen »Triumph« gegen den arabischen Nationalismus. Diese sei kaum zu vergleichen mit dem französisch-britischen Eingreifen in der Suez-Krise, da dieser von kolonialen Befindlichkeiten motiviert war. Ziel im Libanon musste es laut Walden demnach sein, die jungen von Nationalstolz beseelten Schichten von Offizieren und Intellektuellen mit dem Westen zu versöhnen, um sie zu mäßigen.[546]

Die kämpferische Verteidigung und Verbreitung demokratischer Prinzipien wurde für Walden unverzichtbar in einem Konflikt, der sich nach dem Rüstungsgleichgewicht seiner Meinung nach vor allem im ideellen Bereich abspielte. Damit erinnerte Waldens Haltung nicht nur an die Erhebung der freien Meinungsäußerung und freien Diskussion zu einem demokratischem Ideal durch die Riege politischer Journalisten nach 1945, sondern auch an eine Stilisierung der Demokratie zu einer »Freiheit des Westens« im Kalten Krieg, wie der Historiker Paul Nolte in seiner Untersuchung über die Historische Semantik des Demokratie-Begriffes schreibt.[547]

Als zentrales Merkmal westlicher Demokratie entwickelte sich der Leitbegriff der »Freiheit«, der sich ganz im Sinne Waldens gegen die Unfreiheit des Kommunismus und aller totalitärer Regime richtete. Demokratie bedeutete in diesem Sinne mehr als ein politisches System, sie geriet zu einer »moralischen Emphase«, die teilweise sogar aggressive Züge annahm.[548] Schon 1949 hatte der Historiker und liberale politische Denker Arthur M. Schlesinger Jr. – der später Berater John F. Kennedys wurde – die liberalen Demokratien als ein »vital center« gegen die Herausforderung des Totalitarismus beschrieben.[549] Ein Schlüsseldokument dieser ideellen Richtung bildete Schlesingers Buch »The Vital Center – The Politics of Freedom«.[550]

Ein transatlantisches *Vital Center* konnte sich allerdings aufgrund der unterschiedlichen politischen Kulturen in den USA und Westeuropa nicht wirklich entwickeln, so dass Walden kaum eine institutionelle oder persönliche Verknüpfung zu diesem Ideennetzwerk haben konnte. Zudem waren die prominentesten Vertreter des amerikanischen *Vital Center* mit Schlesinger (Jahrgang 1917) und beispielsweise dem Soziologen Daniel Bell (1919) älter als er. Darüber hinaus unterschied die beiden Harvard-Professoren von Walden die akademisch-theoretische Ausrichtung ihrer Ideen. Die geistige Nähe des deutschen Journalisten und der amerikanischen *Vital-Center-Liberalen* ist dennoch auffällig. So argumentierte Schlesinger ganz im Sinne

546 Vgl. ders., Kriegsschrei – Juli 1958, in: Walden (Hrsg.), Mikrophon, S. 389f.

547 Vgl. Nolte, Was ist Demokratie?, S. 324–332; zu den »45ern«: Vgl. Hodenberg, Konsens und Krise, S. 279.

548 Vgl. Nolte, Was ist Demokratie?, S. 328.

549 Vgl. Schlesinger Jr., The Vital Center.

550 Vgl. Oppermann, Ein transatlantisches Vital Center?, S. 166f.; siehe zur Bildung des *Vital Centers* außerdem: John Ehrman, The Rise of Neoconservatism. Intellectuals and Foreign Affairs 1945–1994, New Haven 1995, S. 1f.

Waldens, dass Kommunismus und Faschismus zwar wichtige Unterschiede aufweisen würden, die signifikanten Gemeinsamkeiten aber eine Vergleichbarkeit der Systeme bedingten. Für Schlesinger war die entscheidende Verbindung der Ideologien, dass sie auf die gleichen Folgen der Frustrationen und Defekte einer »free society« reagieren und Antworten auf diese versprechen würden. Die gesellschaftlichen Ungleichheiten würden mystisch verklärt und die Massen in eine politische Apathie gestürzt werden, so Schlesinger.[551]

Ein paar Monate nach dem Mauerbau schrieb Walden in der *Welt am Sonntag*, wie er sich bei einer Diskussion mit Studenten über die Bezeichnung für das SED-Regime als »Die roten Nazis« rechtfertigen musste. Natürlich habe er die Regime nicht gleichgesetzt, so Walden, er habe nur gemeint, sie seien vergleichbar. Neben der vergleichbaren Sprache und dem Personenkult trug dazu aus seiner Sicht vor allem die Abwesenheit der politischen Freiheit und die Unterdrückung der Bevölkerung bei: »Wer ›nein‹ sagt, geht ins Gefängnis. Diese Parallele ist perfekt und bedarf keiner näheren Beschreibung.«[552] Diese Angst vor politischer Unterdrückung und Verfolgung durch eine Geheimpolizei erhob indes schon Schlesinger zu einem der Kernelemente totalitärer Herrschaft.[553] Ähnlich argumentierte der französische Philosoph Raymond Aron, dessen Antitotalitarismus starke Überschneidungen mit dem Denken der *Vital-Center-Liberalen* aufwies.[554] Die Gemeinsamkeiten des sowjetischen Totalitarismus und des nationalsozialistischen Regimes waren für den französischen Intellektuellen viel zu augenfällig, als dass man sie als reinen Zufall ansehen könnte. Unterschiedlichkeiten in den Ideen, Motivationen und Zielen waren auf der anderen Seite aber ebenso offenkundig, so dass man nicht ohne Vorbehalte von einer Wesensverwandtschaft sprechen könne, so Aron Ende der 1950er Jahre in seinen Vorlesungen zu Demokratie und Totalitarismus an der Pariser Universität Sorbonne.[555] Die Ähnlichkeiten faschistischer und kommunistischer Ideologie hatten in dieser Denkschule einen Umkehrschluss zur Folge, den Arthur Schlesinger Jr. mehr als 50 Jahre nach Erscheinen des »Vital Center« in seinen Memoiren noch einmal treffend beschrieb: »Similiary the constitutional Right and the democratic Left had more in common than either had with fascism and communism.«[556]

551 Vgl. Schlesinger Jr., The Vital Center, S. 59.
552 Matthias Walden, Pankows »rote Nazis«, in: Welt am Sonntag vom 4.2.1962.
553 Vgl. Schlesinger Jr., The Vital Center, S. 8.
554 Vgl. Oppermann, Ein transatlantisches Vital Center?, S. 167f.; siehe exemplarisch zu Arons Antitotalitarismus seine Vorlesungen an der Sorbonne von 1957/58: Raymond Aron, Demokratie und Totalitarismus, Hamburg 1970 (frz. 1965), vor allem S. 160–242.
555 Vgl. ebenda, S. 210f. Ausführlicher zum Antitotalitarismus im Kapitel »Die Gegenwart der Vergangenheit«.
556 Arthur M. Schlesinger Jr., A Life in the 20th Century. Innocent Beginnings, 1917-1950. New York 2000, S. 509.

Matthias Walden kann durch seine Präsenz in den Massenmedien als ein Vermittler der Werte und Ideale des *Vital-Center-Liberalismus* für das breite Publikum gesehen werden. Einem ähnlichen Ziel verschrieb sich mitunter der US-amerikanische CCF, dessen europäischer Arm 1950 in Paris gegründet wurde und nach einer Gründungsversammlung im Berliner Titania Palast vom 26. Juni 1950, an der unter anderem Bürgermeister Ernst Reuter teilnahm, auch einen deutschen Ableger hatte. Obwohl der CCF aufgrund der Heterogenität seiner Mitglieder und der daraus resultierenden innen- und außenpolitischen Ansichten nicht als eine transatlantische Erweiterung des *Vital Center* gesehen werden kann, bildete die Arbeitsgrundlage des Kongresses ein antitotalitärer Konsens. In diesem fanden sich sowohl eine dementsprechende Linke, als auch traditionalistische Konservative wieder, und ebenso »zentristische« Liberale wie Raymond Aron.[557]

In der Anfangsphase des CCF dominierte diesen eher ein hochgradig moralisch aufgeladener Antikommunismus, der zweifelsfrei von weltpolitischen Entwicklungen wie der Berliner Blockade, der Stalinisierung Ost- und Mitteleuropas, dem Sieg Maos in China sowie dem Koreakrieg beeinflusst war. In der Bundesrepublik beherrschte laut Michael Hochgeschwender, der den Einfluss des CCF auf die »Deutschen« untersucht hat, zudem eine »antikommunistische Hysterie« der Altliberalen und Konservativen die politische Kultur, wodurch der Kongress mit diesem »moralischen Antitotalitarismus« gesellschaftlich anschlussfähiger wurde.[558]

Walden weist mit seinen antikommunistischen Essays der frühen 1950er Jahre und vor allem seinen späteren Polemiken gegen das SED-Regime, aber auch mit seiner vom »roll back« beeinflussten Logik des Kalten Krieges, die er stets unter ein Primat des Antikommunismus stellte, entscheidende Gemeinsamkeiten zu diesem geistig-kulturellen Klima auf. Die Linie des Kongresses begann sich jedoch bereits ab der zweiten Hälfte der 1950er Jahre zu wandeln. Für einen radikalen moralisch motivierten Antikommunismus war nach dem Tod Josef Stalins bald kein Platz mehr und die verschiedenen europäischen Abteilungen beschlossen auf der Mailänder Tagung 1955 zwar eine antikommunistische Grundhaltung beizubehalten, künftig aber neue konzeptionelle, dialogbereitere Wege einzuschlagen.[559]

Bereits 1953 wurde beispielsweise ein Artikel von Raymond Aron und Arthur Koestler, einem der berühmtesten Renegaten der Kommunistischen Partei, von denen

557 Vgl. Oppermann, Ein transatlantisches Vital Center?, S. 167f.

558 Vgl. Hochgeschwender, Freiheit in der Offensive?, S. 253.

559 Vgl. ebenda, S. 579f.; zu den unterschiedlichen intellektuellen Strömungen im CCF und seinem Wandel in den späten 1950er Jahren siehe außerdem: Dominik Geppert, Intellektuelle und Antikommunismus. Der Kongress für Kulturelle Freiheit und die Gruppe 47, in: Stefan Creuzberger/Dierk Hoffmann (Hrsg.), »Geistige Gefahr« und »Immunisierung der Gesellschaft«. Antikommunismus und politische Kultur in der frühen Bundesrepublik, München 2014, S. 321–333, hier passim.

es beim Kongress viele gab, in der britischen Zeitschrift des CCF, dem *Encounter*, nicht gedruckt. Der Text galt als zu antikommunistisch. Aron zog mit dem Austritt aus dem Kongress daraus seine Konsequenzen. Mitte der 1950er Jahre distanzierte sich der französische Denker indes mit seinem Buch »L'opium des intellectuelles« von den französischen Linksintellektuellen, die sich seiner Meinung nach neutralistisch oder gar prosowjetisch positioniert hätten – auch dies unterschied die politische Kultur jenseits und diesseits des Atlantiks.[560]

Zwar zeigte sich Waldens politische Haltung anschlussfähig für das breite antitotalitäre Konzept des CCF wie seine wenigen (insgesamt fünf) Artikel für die bereits angesprochene Zeitschrift des deutschen Kongresses *Der Monat* im Zeitraum von 1957 bis 1970 zeigen. Vor allem spätere Einlassungen können zudem eher als Gegenpositionen verstanden werden.[561] Walden blieb an seinem kämpferischen Antikommunismus und seiner Überzeugung einer Reformunfähigkeit des Kommunismus haften. Zu dem Zeitpunkt als er eine große Publizität erreicht hatte, zählte dies nicht mehr zur Hauptlinie des Kongresses und dies stand somit einer engeren Zusammenarbeit im Wege. Bei anderen Journalisten wie Gerd Ruge, Theo Sommer, Carola Stern, aber beispielsweise auch dem eher als konservativ geltenden Verleger Wolf Jobst Siedler verhielt es sich anders.[562] Der ideelle Ausgangspunkt lässt allerdings auf Gemeinsamkeiten schließen. Ebenfalls ein Zeichen für ideelle Gemeinsamkeiten ist Waldens Verehrung für Ernst Reuter und Willy Brandt, die in ihrer Zeit als Berliner Bürgermeister dem Netzwerk des Kongresses angehörten.

Der offensive Freiheitsbegriff Waldens erinnert in Verbindung mit seinem kämpferischen Antikommunismus an die 1949 von Schlesinger entwickelte Idee der liberalen Demokratie als »fighting faith«. Der Anwalt einer »free society«, einer liberalen Demokratie, mache sich laut Schlesinger vor allem durch das bemerkbar, was er ablehne. Dass die Demokratie dabei zu einer politischen Religion werde, wie es bei Totalitarismen der Fall sein kann, glaubte er indes nicht, da dieser Transformation der Schutz der individuellen Freiheit im Weg stehe, die er als inhärent für den liberaldemokratischen Staat ansah – ein Verständnis, das auf einer liberalen Interpretation der hegelianischen Staatsphilosophie beruhte.[563]

Eine totalitäre Gesellschaft allerdings könne sich laut Schlesinger aufgrund der politischen Unterdrückung nie von sich aus wandeln, was mit Waldens Haltung zur Re-

560 Vgl. Oppermann, Ein transatlantisches Vital Center?, S. 169.

561 Zum Beispiel: Matthias Walden, Liberal-sozialistische Koloraturen, in: Der Monat 17 (1965), H. 200, S. 124–126.

562 Siehe zur Rolle des CCF als «Journalistenzirkel": Hodenberg, Konsens und Krise, S. 260.

563 Vgl. Rainer Schäfer, Hegel. Einführung und Texte, München 2011, S. 146–156. Zu Waldens Übereinstimmung mit dieser Staatsauffassung ausführlicher im Kapitel »Entspannungspolitik, Krisenperzeption und politischer Wechsel in Bonn.

formunfähigkeit kommunistischer Systeme korrelierte. Vielmehr müsse sich der Totalitarismus in seiner eigenen Dynamik zerstören, schrieb Schlesinger, und dafür benötige man einen freiheitlichen Gegenpol, ein *Vital Center*.[564] Genau das forderte Walden wiederum, als er 1957 in der *Christ und Welt* seine Idee eines Umgangs mit der DDR skizzierte:

> Parlamentarisch-demokratische Wiedervereinigungspläne, politische Jogiübungen für Entspannung und militärische Konzessionsprogramme haben sich als Mittel zur Wende des deutschen Schicksals ungeeignet gezeigt. Eine Hoffnung bietet sich allein aus der Überlegung an, daß nur eine saubere politische Haltung, ein hoher Lebensstandard und eine stabile Wirtschaft des Westens die Unzufriedenheit der unterdrückten Völker steigern und zu einer Entkräftung des sowjetischen Systems beitragen könnten.[565]

Spätestens seit dem Aufstand vom 17. Juli 1953 in Ost-Berlin verband Walden die demokratische Entwicklung der Bundesrepublik mit einer politischen und ideellen Integration in das westliche Bündnissystem. Der »Westen« wurde von Walden in seinen Rundfunkkommentaren und Leitartikeln zu dem ideellen Ort erklärt, der diesen freiheitlichen Gegenpol bilden müsse und in den die Bundesrepublik verortet werden musste. Auch dies weist eine grundsätzliche Gemeinsamkeit mit dem CCF auf, der häufig als Motor eines »Westernisierungsprozesses« der bundesdeutschen Gesellschaft eingeordnet wird. Der Historiker Anselm Doering-Manteuffel sieht in dem Kongress eine »Ideologieagentur« eines *consensus liberalism*, eines liberalen Konsenses, der sich aus der staatsinterventionistischen Wirtschaftspolitik des *New Deal*, dessen fiskalpolitischen Instrumenten des Keynesianismus und Sozialreformen sowie einem liberalen Internationalismus im Laufe der 1940er Jahre in den USA gebildet hatte. Die ideologische Klammer dieses Konsensliberalismus war wiederum ein gesellschaftlicher Antitotalitarismus.[566]

Zugleich spielten bei Walden pragmatische Elemente eine Rolle wie sich an seiner bedingungslosen Befürwortungen der politischen Westbindung Konrad Adenauers zeigen lässt. Der Bundeskanzler selbst verwendete parallel zu diesen politischen Weichenstellung den Begriff des »Westens« in seiner Rhetorik »nicht nur reell als Sicher-

564 Vgl. Schlesinger Jr., The Vital Center, S. 246.

565 Walden, Acht Jahre, in: Christ und Welt vom 10.10.1957.

566 Vgl. Anselm Doering-Manteuffel, Wie westlich sind die Deutschen? Amerikanisierung und Westernisierung im 20. Jahrhundert, Göttingen 1999, S. 75–79; siehe auch: ders., Amerikanisierung und Westernisierung. Version 1.0, in: Docupedia-Zeitgeschichte (2011). http://docupedia.de/zg/Amerikanisierung_und_Westernisierung (23. Oktober 2019); siehe außerdem zur »Ideology of the Liberal Consensus«: Godfrey Hodgson, America In Our Time, New York 1976, S. 67–98.

heits- und Stabilitätsfaktor«, sondern perzipierte die westlich-atlantischen Demokratievorstellungen als Bollwerk gegen den kommunistischen Osten.[567]

Im »Wettkampf der Ideen« dürften laut Walden allerdings keine Vorwände geliefert werden, die Zweifel an der »Leuchtkraft der westlichen Freiheit« hervorriefen, daran müsse sich laut Walden auch die Führungsmacht des »Westens« halten, die USA. Einer dieser Dunkelflecken war für Walden zweifelsohne das »Fieberstadium der Rassenfrage in den Vereinigten Staaten«. Im September 1957 begrüßte er daher im Rundfunk das entschiedene Vorgehen von US-Präsident Eisenhower mit der Nationalgarde gegen den Gouverneur von Arkansas, Orval Faubus, der schwarzen Kindern das Betreten einer High School verwehrt hatte. Walden kritisierte dabei allerdings auch Eisenhower, da dieser in der Vergangenheit beim Schutz der Rechte der Schwarzen manchmal eine zögernde Haltung eingenommen hatte.[568] Damit solidarisierte sich Walden entschieden mit der amerikanischen Bürgerrechtsbewegung, die durch den Busboykott in Montgomery, Alabama 1955/56 seit kurzer Zeit mit dem Baptistenprediger Martin Luther King Jr. eine charismatische Führungspersönlichkeit bekommen hatte.[569]

Die Kritik am Rassismus in den USA erfolgte zwar wie so viele der Positionen Waldens immer im Zusammenhang mit einem Kalten Krieg der Ideen, doch zeigt sie darüber hinaus die Verinnerlichung freiheitlicher Werte und Ideale, an denen sich seiner Ansicht nach die Gesellschaften liberaler Demokratien zu orientieren hatten:

> Der Rassendünkel der Unbelehrbaren im amerikanischen Süden ist ein Anachronismus, der besonders angesichts der Mission des Westens gegenüber dem Osten problematisch wird. Denn die Sauberkeit im eigenen Bereich ist Voraussetzung für einen Erfolg im Kampf der Systeme.[570]

Abgrenzungen zu einer »post-liberal order«

Mit seiner geistigen Nähe zum *Vital-Center-Liberalismus* grenzte sich Walden von demokratieskeptischen Politikvorstellungen ab. Anders als zum Beispiel der einflussreiche Chefredakteur der *Welt*, Hans Zehrer. Zehrer hatte bereits zu Beginn der 1930er

567 Siehe dazu die semantische Analyse von Konrad Adenauers Reden: Hélène Miard-Delacroix, Der Westen als Hort. Diskursanalytischer Beitrag zur Deutung des Begriffs »Westen« in den Reden Konrad Adenauers zu Beginn der 1950er Jahre, in: Klaus Hildebrand/Udo Wengst/Andreas Wirsching (Hrsg.), Geschichtswissenschaft und Zeiterkenntnis. Von der Aufklärung bis zur Gegenwart – Festschrift zum 65. Geburtstag von Horst Möller, München, S. 397–407, hier S. 405–407.

568 Vgl. Matthias Walden, Enttäuschte Hoffnungen – September 1957, in: ders. (Hrsg.), Berliner Mikrophon 1953–1959, S. 274–278, hier S. 278.

569 Vgl. Manfred Berg, Geschichte der USA, München 2013, S. 74.

570 Walden, Enttäuschte Hoffnungen – September 1957, in: Walden (Hrsg.), Mikrophon, S. 278.

Jahre in der Zeitschrift *Die Tat* für autoritäre Alternativen zum parlamentarischen System der Weimarer Republik plädiert und dies mit einer Skepsis gegenüber einer vermeintlich formlosen Massendemokratie und einer antikapitalistischen Kritik gegen den Westen verbunden. Diese Haltung muss freilich im Kontext der Weimarer Zeit gesehen werden. Zehrer, der als Unterstützter Kurt von Schleichers galt, musste wenige Wochen nach der Machtübernahme der Nationalsozialisten seinen Chefsessel bei der *Tat* räumen, den dann, wie erwähnt, Giselher Wirsing einnahm.

Nach einigen Jahren im Sylter Exil, kehrte er zwar 1938 nach Berlin zurück, um eine Anstellung in dem moderat rechten *Stalling-Verlag* anzunehmen, versuchte dort aber möglichst wenig aufzufallen. Nach 1945 galt Zehrer zunächst als einer jener »radikalen Konservativen«, die den Weg Hitlers geebnet hatten, und so schien es überraschend, dass er 1946 von den Briten als Chefredakteur für ihre Zonenzeitung *Die Welt* angeheuert wurde. Noch vor Erscheinen der ersten Ausgabe, musste Zehrer diese Position allerdings wieder verlassen, da es vor allem von Seiten der SPD Kritik aufgrund der antiliberalen Vergangenheit des Journalisten gegeben hatte. Seine Karriere nach dem Krieg begann er daher bei dem kleinen christlich-konservativen *Sonntagsblatt*, das von der evangelisch-lutherischen Landeskirche Hannovers, in Persona des Landesbischofs Johannes »Hanns« Lilje, herausgegeben wurde. Lilje hatte im »Dritten Reich« zwar Kontakte zum christlich-konservativen Kreisauer Kreis gehabt, gehörte aber kaum zum aktiven Widerstand gegen Hitler.[571] Nachdem 1953 Axel Springer *Die Welt* von den Briten gekauft hatte, wurde Zehrer allerdings doch noch Chefredakteur der großen überregionalen Tageszeitung. Springer hatte er bereits Ende der 1930er Jahre auf Sylt kennengelernt und war zum politischen Mentor des jungen Verlegers geworden.[572]

Obwohl Zehrer sich in das System der Bundesrepublik Deutschland einfügte, bedeutete dies nicht, dass er seinen Frieden mit der liberalen Demokratie und dem Parlamentarismus gemacht hatte. Vielmehr sah er in einer sogenannten Kanzlerdemokratie und dem autoritären Führungsstil Adenauers die Möglichkeit einer eher apolitischen »post-liberal order«, wie es der Historiker Marcus M. Payk in seiner intellektuellen Verortung des Journalisten in der Bundesrepublik diskutiert.[573] Ein System, was beispielsweise eher an das zeitgenössische Portugal unter António de Oliviera Salazar erinnern würde, der es sich zum Ziel genommen hatte, die Bevölkerung zu

[571] Vgl. Johannes Jürgen Siegmund, Bischof Johannes Lilje, Abt zu Loccum. Eine Biographie – Nach Selbstzeugnissen, Schriften und Briefen und Zeitzeugenberichten, Göttingen 2003, S. 84f.

[572] Dazu und zur Biographie Zehrers siehe: Marcus M. Payk, A post-liberal order? Hans Zehrer and conservative consensus building in 1950s West Germany, in: Modern Intellectual History 9 (2012), H. 3, S. 681–698, hier S. 684–688.

[573] Vgl. ebenda, S. 695f.

entpolitisieren.[574] Auffällig wirkte in diesem Zusammenhang, dass Walden in seiner Würdigung zum 60. Geburtstag von Zehrers einstigem Förderer Hanns Lilje 1959 schrieb, dass es gerade die Verteidigung der parlamentarischen Demokratie und seine Warnungen vor den Grenzen der Autorität waren, die den Verleger-Bischof so unverzichtbar für die geistige Entwicklung der Bundesrepublik gemacht hatten.[575]

In einer späteren Kolumne für die *Quick* im November 1965 kritisierte Walden zudem den CSU-Politiker Richard Jaeger für dessen Sympathiebekundungen gegenüber dem Franco-Regime in Spanien und Salazars Portugal. Eine Orientierung an dem Gesellschaftsentwurf Salazars war für den Journalisten unvereinbar mit dem Amt als Justizminister, das Jaeger zu dieser Zeit innehatte.[576] Darüber hinaus stand die Idee einer apolitischen Öffentlichkeit ganz im Gegensatz zu Waldens Verständnis von einem Meinungsjournalismus, der zur Bildung einer politischen Öffentlichkeit beitragen sollte.

Autoritarismus oder totalitäre Ansätze könnten keine Lösung gegen vermeintliche Schwächungen der Demokratie sein. So urteilte Walden angesichts der Wahlen zur französischen Nationalversammlung im Januar 1956, als bei einer Wahlbeteiligung von 80 Prozent ein Drittel der Sitze an die extremen Parteien, links Kommunisten, rechts Poujadisten, ging. Dies sei zwar eine Schwäche der Demokratie, doch kein Demokrat könne die eigenen Schwächen leugnen, denn wenn er dies täte, wäre er kein Demokrat mehr:

> Es ist schwer, Demokrat zu sein, wenn man zur Minderheit gehört. Noch schwerer ist es, Demokrat zu bleiben, wenn die Vernunft selbst in die Minderheit zu geraten droht. Und doch ist einer erst zum demokratischen Ritter ohne Furcht und Tadel geschlagen, wenn er mit dieser Prüfung bestanden hat.[577]

Diktaturen würden davon leben, ihre Schwächen zu leugnen, wohingegen Demokratien laut Walden dadurch vital bleiben, dass sie die ihren überwinden.[578] Dieses Verständnis korrelierte mit seiner Motivation, schonungslos gegen die Verdrängung der NS-Vergangenheit in der Bundesrepublik vorzugehen.

Dass der französische Parlamentarismus wiederum in der Regierungskrise 1958 zwei Jahre später an Überzeugung einbüßte, musste auch Walden feststellen, als er die

[574] Vgl. Aron, Demokratie und Totalitarismus, S. 166.
[575] Vgl. Matthias Walden, Glückwunsch zum 60sten: Hanns Lilje, in: Welt am Sonntag vom 16.8.1959.
[576] Vgl. ders., Mussten sie Minister werden?, in: Quick – Illustrierte für Deutschland vom 14.11.1965.
[577] Ders., Das Risiko der Demokratie – Januar 1956, in: Walden (Hrsg.), Mikrophon, S. 105.
[578] Vgl. ebenda, S. 105f.

Vorgänge im Rundfunk kommentierte. Mit großer Skepsis betrachtete er die Rückkehr General Charles de Gaulles, der von Staatspräsident René Coty als Premierminister eingesetzt wurde und nun, ausgestattet mit Sondervollmachten, am Parlament vorbei eine Verfassungsreform ausarbeiten sollte. De Gaulle mache sich laut Walden zu einem »legalen Diktator«, eine Verbindung, die es schon per Definition nicht geben könne.[579] Diese Skepsis gegenüber der Frühform des Gaullismus war indes typisch für Anhänger des *Vital Center*. Raymond Aron wurde in Frankreich beispielsweise als liberaler Transatlantiker nicht nur von den Linksintellektuellen geschnitten, sondern auch von den Gaullisten, die seine gehaltenen Verbindungen zu *Vital-Center-Liberalen* wie Daniel Bell störten.[580]

Ein weiterer Haken der französischen Verhältnisse war für Walden, dass viele der Parlamentarier und vor allem der christdemokratische Premierminister Pierre Pfimlin ihren Widerstand gegen das Ende der Vierten Republik nur aus Furcht vor einem Bürgerkrieg fallen ließen, der aufgrund putschender Generäle im Algerienkonflikt drohte.[581] Schwerer noch als die Sorge einer drohenden Illegalität de Gaulles, wog für Walden zudem die Furcht vor einer drohenden Volksfrontregierung von Sozialisten und Kommunisten.[582] Ging es also um den kommunistischen Griff nach der Macht, war die mögliche Umgehung demokratischer Prinzipien für Walden nicht ausgeschlossen.

Vitale Interessen der liberalen Demokratie konnten aus seiner Sicht zuweilen einer wenig diskursfreudigen Elite überlassen werden – beispielsweise die Frage der Westbindung der Bundesrepublik Deutschland. Man kann dies auch als Auswirkung eines Harmoniebedürfnisses interpretieren, dass in der bundesrepublikanischen Gesellschaft der 1950er Jahre weit verbreitet war. Waldens Forderung einer gemeinsamen Außenpolitik von Opposition und Regierung nach Adenauers Moskaureise 1955 ist ein Beispiel dafür. Diese hätte sich freilich einem antikommunistischen Konsens unterordnen müssen, allerdings forderte Walden auf der anderen Seite die Regierung ebenso auf, sich mit der Opposition in außenpolitischen Fragen zu beraten.[583]

579 Vgl. ders., Das Ende einer Republik - Juni 1958, in: ders. (Hrsg.), Berliner Mikrophon 1953-1959, S. 370–375, hier S. 370f.

580 Vgl. Oppermann, Ein transatlantisches Vital Center?, S. 169.

581 Vgl. Walden, Das Ende einer Republik - Juni 1958, in: Walden (Hrsg.), Mikrophon, S. 373; zu den politischen Wirren in Frankreich und den Übergang zur Präsidialdemokratie siehe: Wilfried Loth, Von der IV. zur V. Republik, in: Adolf Kimmel/Henrik Uterwedde (Hrsg.), Länderbericht Frankreich. Geschichte – Politik – Wirtschaft – Gesellschaft, Bonn 2005, S. 63–83, hier S. 67f.

582 Vgl. Walden, Das Ende einer Republik – Juni 1958, in: Walden (Hrsg.), Mikrophon, S. 375.

583 Vgl. ders., Diplomatie der Menschlichkeit – September 1955, in: Walden (Hrsg.), Mikrophon, S. 89; vgl. ders., Abrüstung und Sicherheit – September 1955, in: Walden (Hrsg.), Mikrophon, S. 99.

Unterstützer des Godesberger Programms

Eng verbunden mit dem von Matthias Walden verkörperten offensiven Demokratiebegriff verlief ein Antikommunismus, der sich in den 1950er Jahren, der Hochphase des kulturellen Kalten Krieges, zu einem integralen Bestandteil der Demokratie hochputschte.[584] In der Bundesrepublik Deutschland bestimmte in den 1950er Jahren daher ein solcher antikommunistischer Konsens die politische Kultur des Landes. Dies hatte zwar ehemaligen Nationalsozialisten die Integration in den neuen Staat ermöglicht, doch stützte der Antikommunismus der frühen Bundesrepublik nicht eine Diktatur wie der völkische Antibolschewismus des »Dritten Reichs«, sondern den demokratischen Neuanfang. In Wahlkampfzeiten wurde der Antikommunismus von Adenauer allerdings gerne gegen die SPD instrumentalisiert, die zwar ihre Brücken zum Kommunismus abgebrochen, aber ein in Teilen marxistisch-sozialistisches Programm hatte. Dass ideelle Unterschiede dabei teilweise verwaschen wurden, machte das Wahlplakat der Union von 1953 »Alle Wege des Marxismus führen nach Moskau« deutlich, das eindeutig nicht nur die KPD treffen sollte.[585]

Noch vor dem Godesberger Programm der SPD von 1959, in dem sich die Partei von ihrer marxistischen Programmatik lossagte, ihren Widerstand gegen die politische Westbindung der Bundesrepublik aufgab und sich von der Vorstellung einer Klassengesellschaft verabschiedete, zeigte sich Walden wie aufgezeigt als Unterstützer sozialdemokratischer Politiker in Berlin. Ernst Reuter und Willy Brandt hatten bereits seit den frühen 1950er Jahren das Godesberger Programm antizipiert, einen kämpferischen Antikommunismus formuliert und darüber hinaus eine enge Partnerschaft mit den USA gefordert. Das Label Berlins als »Vorposten der Freiheit« konnte laut dem Historiker Scott Krause nicht nur gegen die SED und die Sowjetunion angewandt werden, sondern ebenso gegen die politischen Rivalen in der eigenen Partei in Berlin und auf Bundesebene.[586]

Im Nachkriegsberlin hatte sich der Sozialist Reuter zu einem Verteidiger der »Freiheit des Westens« entwickelt. Er verwarf nicht nur das marxistische Dogma gänzlich, sondern nahm ebenso den liberalen Antitotalitarismus des *Vital Center* an, bis hin zur Akzeptanz der Marktwirtschaft als einzig denkbare Wirtschaftsform einer liberalen Demokratie. Mit seiner kämpferischen Rede zur Eröffnungsveranstaltung des CCF im Juni 1950, als er die Sowjetunion als »Reich der Tyrannei« bezeichnete, machte Reuter darüber hinaus deutlich, dass er ähnlich wie Walden im Kalten Krieg eher zu den Stra-

584 Vgl. Nolte, Was ist Demokratie?, S. 328.

585 Vgl. Wentker, Antikommunismus in der frühen Bonner Republik, in: Creuzberger/Hoffmann (Hrsg.), »Geistige Gefahr«, S. 356f.; siehe auch: Schildt, Antikommunismus, in: Frei/Rigoll (Hrsg.), Der Antikommunismus in seiner Epoche, S. 195.

586 Vgl. Krause, Neue Westpolitik, S. 80; zu den weltanschaulichen Konsequenzen des Godesberger Programm für die SPD siehe: Doering-Manteuffel, Wie westlich sind die Deutschen?, S. 129f.

tegen des »Roll back« als zu denen des »Containments« gehörte, auch wenn diese Haltung bald aufgrund der politischen Entwicklungen von der Realität entrückt wurde. Für Reuter war eines unumstößlich geworden: Dem Westen nütze seine Freiheit auf lange Sicht nichts, wenn die Völker Ost- und Mitteleuropas diese nicht auch gewännen.[587]

Von diesen Ideen wurde Matthias Walden schließlich genauso geprägt wie von seinen eigenen Erfahrungen in der SBZ und der DDR. Dies galt ebenso für den politischen Aufstieg Willy Brandts in Berlin. Noch einige Jahre nach Brandts Zeit als Berliner Bürgermeister erinnerte sich Walden an die gemeinsame Zeit zurück: »In seinen frühen Berliner Jahren war er dem Volke nahe, ein Mann der starken Worte, wie sie damals gebraucht wurden.«[588] Auch die ähnlichen von jenem kämpferischen Antikommunismus geprägten Reaktionen auf den Mauerbau machten die intellektuelle Nähe zwischen Brandt und Walden in dieser Zeit deutlich. Schon bald zeigten sich aber Tendenzen, dass Brandt und sein Umfeld – vor allem sein Pressechef Egon Bahr, mit dem Walden beim *RIAS* zusammengearbeitet hatte – aus dem Mauerbau deutschlandpolitische Konsequenzen zogen, die einen flexibleren Umgang mit dem SED-Regime vorsahen.[589]

Neben Reuter und Brandt galt zudem der Hamburger Bürgermeister Max Brauer als Vertreter einer Linie, die die Programmreform der Partei von 1959 bereits vorwegnahm. In der Hansestadt hatte Brauer zu Beginn der 1950er Jahre ein enges politisches und menschliches Verhältnis zu Axel Springer aufgebaut, das sich im Laufe der Jahre allerdings abkühlte.[590] Das lag zum Teil daran, dass der Verleger seinen Lebensmittelpunkt nach Berlin verlegte und nach seiner gescheiterten Moskaureise dort zum Unterstützer Willy Brandts wurde. Dessen Rolle als Regierender Bürgermeister und Repräsentant des rechten Flügels der SPD sowie dessen patriotischer Ruf nach der Einheit und dessen verlässlicher Antikommunismus imponierten ihm.[591] Nach dem Mauerbau suchte Springer nun ebenfalls die Nähe zu Walden, als er dem Journalisten zu seiner *Mauer*-Sendung und der Folgeproduktion »Stacheldraht« gratulierte, die noch im Dezember 1961 gesendet wurde.[592]

587 Vgl. Matthias Oppermann, Liberaler Sozialismus – Ernst Reuters Kampf für die Freiheit. Ernst-Reuter-Hefte 2, Berlin 2013, S. 31–41.
588 Walden, Kassandra-Rufe, S. 218.
589 Vgl. Görtemaker, Ursprünge, in: Bauerkämper/Sabrow/Stöver (Hrsg.), Dopelte Zeitgeschichte, S. 50f. Dazu ausführlich im Kapitel »›Politik im Visier‹«.
590 Vgl. Axel Schildt, Max Brauer, Hamburg 2014, S. 102; zum ideellen Kompass Brauers vor allem in der zweiten Hälfte der 1950er Jahre siehe: ders., Max Brauer, S. 109–117.
591 Vgl. Schwarz, Axel Springer, S. 334f.
592 Vgl. Axel Springer an Matthias Walden vom 31. August 1961 (ASV-UA. NL Walden, Box 7a – 1961); Axel Springer an Matthias Walden vom 19.12.1961 (ASV-UA: NL Walden, Box 8 – 1961).

In »Stacheldraht« folgte Walden dem Stil der ersten Sendung und nahm es sich nun zum Ziel, den Alltag an der Berliner Sektorengrenze zu dokumentieren. Dies entsprach seinem Selbstverständnis, den Tätern dieses Unrechts einen Gefallen zu tun, wenn man aufhöre hinzusehen.[593] Es wird kaum ein Zufall gewesen sein, dass der Journalist am Ende seiner Sendung, als er, mit pathetischer Musik untermalt, Bilder aus den Westsektoren einspielte, mit großem Abstand am längsten den Ernst-Reuter-Platz in Berlin-Charlottenburg zeigte.[594]

Sein Wirken und sein Denken verstand Walden in der Tradition des SPD-Politikers, das zeigte bereits sein Bezug zu Reuter zu Beginn der Zweiten Berlin-Krise. Der Erfolg der beiden Fernsehdokumentationen verdeutlichte indes, dass Walden mit dieser Haltung einer gesamtgesellschaftlichen Linie entsprach, auch wenn ihn zunehmend die Akzeptanz der deutschen Teilung in der Bundesrepublik störte. Der »politischen Tragödie Nachkriegsdeutschlands« einen angemessenen Platz in den Massenmedien zu geben war daher eine weitere Motivation für sein journalistisches Handeln. So schrieb er in einem Vorwort für den Sonderdruck seines Fernsehspiels »Ich rufe Dresden« von 1960, für das er vom Bundesminister für gesamtdeutsche Fragen Ernst Lemmer (CDU) den mit 10.000 DM dotierten Jakob-Kaiser-Preis erhielt, er wolle der »Gewöhnung an das Ungewöhnliche« entgegenwirken.[595] Sein Antikommunismus speiste sich also neben Vorstellungen, die an den *Vital-Center-Liberalismus* erinnerten, aus einem gesamtdeutschen Patriotismus und dem Wunsch nach einer Einheit in Freiheit.

Parteigrenzen spielten hier keine Rolle. Mit Ernst Lemmer, der von 1950 bis 1956 stellvertretender Landesvorsitzender und im Anschluss bis 1961 Landesvorsitzender der Berliner CDU war, fühlte sich Walden ebenso verbunden wie mit Ernst Reuter und Willy Brandt. Als Lemmer 1956 das erste Mal von Konrad Adenauer als Postminister ins Kabinett gerufen wurde, widmete Walden ihm ein wohlwollendes Portrait in der *Christ und Welt*. Als Berliner würde Lemmer in Bonn sicher mehr für die Stadt und die deutsche Wiedervereinigung tun als für das Post- und Fernmeldewesen, da war sich Walden sicher:

> Es wird Widerspruch geben, wenn das Gespräch um Berlin und die Einheit sich in alte Formeln flüchten sollte, und viel Respekt gebührt dem Kanzler, der das wußte und ihn [Lemmer; NL] dennoch rief.[596]

593 Vgl. Matthias Walden, Stacheldraht. Sender Freies Berlin vom 17. Dezember 1961 (2009 neu herausgegeben vom RBB), Minute 1.

594 Vgl. ebenda, Minute 58.

595 Vgl. ders., Ich rufe Dresden. Fernsehspiel zum 17. Juni 1960 – Sonderdruck für den Sender Freies Berlin, Berlin 1961, S. 5.

596 Ders., Ernst Lemmer. Der Berliner Postillon in Bonn, in: Christ und Welt vom 22.11.1956.

Walden wird von Ernst Lemmer (Mitte) mit dem Jakob-Kaiser-Preis ausgezeichnet. Ebenfalls ausgezeichnet wird der Schriftsteller Hans-Georg Berthold (rechts), 19. Juni 1961.

Bei Lemmers Berufung zum gesamtdeutschen Minister aufgrund der Erkrankung Jakob Kaisers nur ein Jahr später spielte für Adenauer zudem die Rolle Lemmers als einflussreicher Interessenvertreter der Exil-CDU eine wichtige Rolle.[597]

Hier kann ebenfalls eine Verbindung zu Walden gezogen werden, dessen Werdegang bei der Zeitung der CDU in Sachsen begonnen hatte. Der Minister, der bereits während der Weimarer Republik als Abgeordneter der liberalen Deutschen Demokratischen Partei im Parlament saß, versuchte eine Verbindung zwischen dem kämpferischen Antikommunismus Reuters, dem Westbindungskurs des Kanzlers und seinem eigenen patriotischen Streben nach der Deutschen Einheit zu entwerfen. Damit wurde er zwangsläufig zu einem Orientierungspunkt Waldens.[598] Lemmer knüpfte außerdem enge Verbindungen zu Willy Brandt in dessen Zeit als Berliner Bürgermeister, die kaum durch die Parteigrenzen der Politiker geschmälert

[597] Vgl. Stefan Creuzberger, Kampf für die Einheit. Das gesamtdeutsche Ministerium und die politische Kultut des Kalten Krieges 1949–1969, Düsseldorf 2008, S. 78; siehe zur Zeit Lemmers als gesamtdeutscher Minister: ders., Kampf für die Einheit, S. 78–87.

[598] Zu Lemmers politischer Haltung siehe exemplarisch: Ernst Lemmer (Hrsg.), Berlin. Am Kreuzweg Europas – Am Kreuzweg der Welt, Berlin 1961; zur Rezeption Waldens: Walden, Es war wie in den Tagen Ernst Reuters, in: Welt am Sonntag vom 3.5.1959.

wurden. Diese Wertschätzung beruhte auf Gegenseitigkeit, wie sich exemplarisch an einem tröstenden und dankenden Brief des Regierenden Bürgermeisters an Lemmer erkennen lässt, nachdem dieser 1962 einer Kabinettsumbildung nach der *Spiegel*-Affäre zum Opfer fiel.[599]

Konservative Tendenzen? Zwischen »Abendland« und »asketischer Freiheit«

Es stellt sich die Frage, ob der moralische Antikommunismus Matthias Waldens nicht auch als konservatives Phänomen verstanden werden könnte. Schließlich lag in diesem meist der Grund für die Akzeptanz der Allianz mit dem »Westen« vieler Unionspolitiker und konservativer Intellektueller der 1950er Jahre und weniger in der Aneignung des liberaldemokratischen Modells, mit dem der »Westen« ansonsten assoziiert wurde. In den Nachkriegsjahren empfanden konservative Intellektuelle das Konzept des »Westens« sogar eher als ernsthafte Herausforderung für ihr Denken, da es in seinem Kern eine positive Haltung gegenüber der liberalen Demokratie anglo-amerikanischer, französischer Tradition verlangte. Im Gegensatz dazu war im konservativen Denken der 1950er Jahre in Deutschland die Idee des »Abendlandes« und die Kultivierung eurozentristischer, antiamerikanischer und antibolschewistischer Konzepte verbreitet, die mehr mit antidemokratischen Vorstellungen der 1920er Jahre vereinbar waren als mit den modernen liberalen Ideen.[600]

Konservatives antikommunistisches Denken knüpfte somit an die »Abendland«- und Europaideologie an und auch Bundeskanzler Konrad Adenauer versuchte neben seiner semantischen Verwendung des »Westens« durch Gleichsetzungen wie »Sklaverei und Freiheit«, »Materialismus und Christentum« oder dem angesprochenen Wahlplakat von 1953 »Alle Wege des Marxismus führen nach Moskau«, diese Strömungen zu bedienen. In einer strengen Lesart erschien dies darüber hinaus als Versuch, eine Verbindung an bereits bekannte Erfahrungen und Ängste der Menschen herzustellen und sogar ein schlechtes Gewissen aufgrund der deutschen Kriegsverbrechen im Osten zu relativieren.[601]

599 Vgl. Creuzberger, Kampf für die Einheit, S. 86f.

600 Vgl. Martina Steber, ›The West‹. Tocqueville and West German Conservatism from the 1950s to the 1970s, in: Riccardo Bavaj/Martina Steber (Hrsg.), Germany and ›The West‹. The History of a Modern Concept, New York / Oxford 2015, S. 230–245, hier S. 231; Schildt, Anpassung und Lernprozesse, in: Großheim/Hennecke (Hrsg.), Staat und Ordnung, S. 196.

601 Vgl. ders., Antikommunismus, in: Frei/Rigoll (Hrsg.), Der Antikommunismus in seiner Epoche, S. 193–195.

Liberaler Antitotalitarismus als Abgrenzung

Zwar weist Matthias Waldens antikommunistische Polemik eine auffällige Verwandtschaft zu diesem »abendländischen« Antikommunismus auf, doch galt dies auch für Protagonisten aus dem Umfeld des CCF – zumindest in dessen Anfangsphase. Der amerikanische Publizist und Intellektuelle James Burnham führte beispielsweise auf der Gründungsveranstaltung des Kongresses in Berlin im Juni 1950 emotional aus, dass es zwischen »Freiheit und Sklaverei« keinen Platz für eine »Dritte Kraft« geben könne. Weder Unterwerfung noch Appeasement, so Burnham, weder Neutralität noch eine reine Defensivpolitik könne den Weg zum Frieden ebnen. Dies sei nur durch einen weltweiten antikommunistischen Widerstand möglich.[602] In einem Rundfunkbeitrag von 1957 bezog sich Walden explizit auf Burnhams Buch »Die Strategie des Kalten Krieges« von 1950 und die These des Amerikaners, der Notwendigkeit einer offensiven Verteidigung der Freiheit angesichts der aggressiven kommunistischen Methoden.[603]

Burnham war in den 1930er Jahren Mitglied der trotzkistischen anti-stalinistischen Socialist Workers Party und wurde spätestens 1939 nach dem Angriff der Sowjetunion auf Finnland zu einem entschiedenen Gegner Moskaus. Während des Zweiten Weltkrieges wandelte er sich zum Konservativen, arbeitete für die CIA und sprach 1950 in Anbetracht der Entschlossenheit und Willensstärke der amerikanischen Politik optimistisch von einer »unvermeidlichen« Niederlage des Kommunismus, was auch bereits der englische Titel des Buches »The Coming Defeat of Communism« andeutete.[604]

Mehr als jeder andere hatte sich James Burnham laut dem amerikanischen Historiker George H. Nash im konservativen Spektrum der USA für eine intellektuell fundierte Theorie für den Sieg im Kalten Krieg eingesetzt.[605] Von 1955 bis 1978 tat er dies wortmächtig als Kolumnist der *National Review*, der führenden Zeitschrift im amerikanischen konservativen Spektrum dieser Jahre. Für Walden wie für Burnham lag vor allem in der expansiven Gewalttätigkeit Moskaus der Grund für einen »aktiven Antibolschewismus« (Walden), den sie mit einem Einsatz für die Freiheit gleichsetzten.

602 Vgl. James Burnham, Die Rhetorik des Friedens, in: Der Monat 2 (1950), 22/23, S. 448–455, hier S. 455; zur Anknüpfung an die Abendland-Ideologie in der Frühphase des CCF und des Monat, siehe: Axel Schildt, Ankunft im Westen. Ein Essay zur Erfolgsgeschichte der Bundesrepublik, Frankfurt am Main 1999, S. 161f.

603 Vgl. Walden, Der Putsch von Petrograd, S. 31f.; zum Einfluss Burnhams in Deutschland siehe: Stephen Brockmann, James Burnham und der deutsche Nachkriegskonservatismus, in: Peter Uwe Hohendahl/Erhard Schütz (Hrsg.), Perspektiven konservativen Denkens. Deutschland und die Vereinigten Staaten nach 1945, Bern 2012, S. 195–212, hier passim.

604 Vgl. James Burnham, The Coming Defeat of Communism, London 1950, S. 280–286.

605 Vgl. George H. Nash, The Conservative Intellectual Movement in America. Since 1945, New York 1976, S. 91; zitiert nach: Samuel Francis, Thinkers of our Time. James Burnham, London 1999, S. 5.

Diese Haltung, so Walden in seinem Beitrag 1957, sei eben nicht die »Grundtorheit unseres Zeitalters« wie Thomas Mann gemeint hatte, sondern die »Voraussetzung zum Überleben«.[606]

Die Vertreter der »Abendland«-Bewegung zeigten zudem häufig Sympathien für die zeitgenössischen iberischen Diktaturen und ständestaatliche Ordnungsmodelle des Austrofaschismus.[607] Hierbei, aber vor allem durch seine aufgezeigte Nähe zum *Vital-Center-Liberalismus* grenzte sich Walden von den Vorstellungen der »Abendländner« ab, so dass trotz rhetorischer Ähnlichkeiten auch sein Antikommunismus nicht in dieser Tradition verstanden werden kann, sondern eher als Konsequenz eines liberalen Antitotalitarismus. So wollte auch Schlesinger selbst seine Idee zudem als Warnung gegen einen obsessiven – illiberalen – Antikommunismus verstanden haben.[608] Anlässlich verschiedener anti-amerikanischer Proteste in Lateinamerika, aber auch in Paris, im Frühjahr 1958, hatte sich Walden im Rundfunk direkt zu den USA als »Missionare der Freiheit« bekannt. Anti-amerikanische Ressentiments seien, so Walden, vor allem in Staaten populär, die sich in ihrem eigenen Selbstbewusstsein noch als unterentwickelt empfinden und danach streben würden, mündiger zu werden.[609] Ohnehin fällt auf, dass ab dem Ende der 1950er Jahre die »Abendland«-Idee an Strahlkraft einbüßte, während das Konzept des »Westens« in den Vordergrund geriet und damit dann auch das »conservative rapprochement with liberal democracy«.[610]

Einer der Publizisten, die ihren Antikommunismus wiederum dezidiert mit einer Kritik am Westen verbanden, war der Österreicher William S. Schlamm, der 1959 mit dem Buch »Die Grenzen des Wunders. Bericht über Deutschland« seinen größten Erfolg in der Bundesrepublik feiern konnte. Mit 30.000 verkauften Exemplaren avancierte das Buch zum »literarisch-politischen Gesprächsthema« des Sommers, so Marcus Payk in seinem Aufsatz über den Publizisten. Schlamm äußerte sich zwar bewundernd über die Aufbauleistung der Deutschen, identifizierte aber zehn Jahre nach der Gründung der Bundesrepublik eine »Schlaffheit« und »Lauheit« gegenüber der kommunistischen Bedrohung. Genau wie Walden war er der Meinung, dass eine Koexistenz letztendlich nur der Sowjetunion helfen würde, die auf eine innere Zersetzung der Bundesrepublik in Form einer nicht-militärischen Expansion hinarbeite. Eine adäquate Ostpolitik schloss laut Schlamm dann auch die Androhung von Krieg mit ein. Vor allem die leichtfertige Art und Weise des Umgangs mit einem von

606 Vgl. Walden, Der Putsch von Petrograd, S. 31.
607 Vgl. Schildt, Antikommunismus, in: Frei/Rigoll (Hrsg.), Der Antikommunismus in seiner Epoche, S. 199.
608 Vgl. Schlesinger Jr., A Life in the 20th Century, S. 515.
609 Vgl. Walden, Krise unter heissem Himmel – Mai 1958, in: Walden (Hrsg.), Mikrophon, S. 369.
610 Vgl. Steber, West German Conservatism, in: Bavaj/Steber (Hrsg.), Germany and ›The West‹, S. 231.

Schlamm nicht ausgeschlossenen atomaren Präventivschlag des Westens wurde zum Hauptkritikpunkt an dessen Polemik.[611]

In solchen extremen Fahrwassern war Walden kaum unterwegs, von dem allerdings keine zeitgenössische Reaktion auf Schlamms Bucherfolg überliefert ist. Ihn unterschied von Schlamm besonders dessen Kritik am liberalen Westen, die dieser in den USA selbst im Umfeld der bereits erwähnten Zeitschrift *National Review* in den 1940er Jahren entwickelt hatte. Der Gründer der *National Review*, William F. Buckley Jr., wandte sich gegen den machtpolitischen Pragmatismus Eisenhowers und das Arrangement mit den Prinzipien des *New Deal* im liberalen Konsens. Auch Schlamms Kritik speiste sich aus seiner Enttäuschung über die »hilflose liberale Reaktion« auf den Kommunismus, so seine Biografin Susanne Peters.

Der 1904 geborene Schlamm war allerdings ursprünglich schon in seiner Schulzeit in die Kommunistische Partei Österreichs eingetreten und war – inspiriert durch die Russische Revolution 1917 – ein überzeugter Kommunist geworden, als er 1938 das amerikanische Exil antrat. In den USA kappte Schlamm schnell alle Fäden zur eher linken Exilpresse und versuchte in der amerikanischen Publizistik Fuß zu fassen, was ihn in den Medienkonzern von Henry A. Luce führte, der vor allem die Zeitschriften *Time* und *Life* herausgab. Hier wandelte sich Schlamm zum Konservativen und entwickelte vor dem Hintergrund des beginnenden Kalten Krieges zudem eine extreme Bedrohungsvorstellung vor dem Kommunismus, die wie bei seinem Verleger Buckley in einer »uneingeschränkten Bewunderung« für Senator Joseph McCarthy mündete.[612]

Die »Hexenjagd« des McCarthyismus gegen eine vermeintliche kommunistische Unterwanderung der amerikanischen Regierung, die das gesellschaftliche und politische Leben in den USA bis zu McCarthys Tod 1957 durch Denunziationen und einer übersteigerten Furcht vor dem Kommunismus nachhaltig beeinflusste, war für Walden hingegen gleichzusetzen mit dem wabernden Rassismus in den USA. Im Rundfunk bezeichnete er die von dem Senator inspirierte Strömung als »fanatisiertes Unwesen«, die darüber hinaus an der Glaubwürdigkeit des freien Westens kratze.[613] Der hysterisch-alarmistische Konservatismus des antikommunistischen McCarthyismus

611 Vgl. Marcus M. Payk, Antikommunistische Mobilisierung und konservative Revolte. William S. Schlamm, Winfried Martini und der »Kalte Bürgerkrieg« in der westdeutschen Publizistik der späten 1950er Jahre, in: Thomas Lindenberger (Hrsg.), Massenmedien im Kalten Krieg. Akteure, Bilder, Resonanzen, Köln – Weimar – Wien 2006, S. 111–137, hier S. 114–117.

612 Vgl. Peters, William S. Schlamm, S. 315f.; zur *National Review* und Buckley: Thomas Greven, Die Republikaner. Anatomie einer amerikanischen Partei, München 2004, S. 66; und: Peter Uwe Hohendahl/Erhard Schütz, Perspektiven konservativen Denkens. Deutschland und die Vereinigten Staaten nach 1945. Einleitung, in: dies. (Hrsg.), Perspektiven konservativen Denkens. Deutschland und die Vereinigten Staaten nach 1945, Bern 2012, S. 13–40, hier S. 29.

613 Vgl. Walden, Enttäuschte Hoffnungen – September 1957, in: Walden (Hrsg.), Mikrophon, S. 278; siehe zum McCarthyismus kursorisch: Berg, USA, S. 72.

kann allerdings eher als ein »pseudo-conservatism« (Richard Hofstaedter) bezeichnet werden, da ein Konservatismus ohne Kompromissfähigkeit zu einem Widerspruch in sich selbst werde.[614]

In der Bundesrepublik können die berüchtigten Ausschüsse McCarthys am ehesten mit der Arbeit der im Februar 1959 gegründeten Organisation »Rettet die Freiheit« verglichen werden, dem der CDU-Politiker Rainer Barzel vorsaß und zu der auch William S. Schlamm Verbindungen hatte. Ein weiterer Gründungsverleger war der Medienexperte und Mitgründer der Freien Universität Berlin Emil Dovifat, mit dem Walden in späteren Jahren ein engeres Verhältnis pflegen sollte. Eine Mitarbeit Waldens in dem Komitee ist hingegen nicht bekannt. Zur Gründungsveranstaltung erschienen unter anderem Konrad Adenauer, Ludwig Erhard, Franz Josef Strauß und der Vorstandssprecher der Deutschen Bank, Hermann Josef Abs, was der Organisation eine große mediale Aufmerksamkeit sicherte. Als im März 1960 jedoch ein erstes »Rotbuch« mit knapp 450 Namen vermeintlicher Kommunisten und »fellow traveler« erschien, darunter Erich Kästner, Walter Dirks, Alfred Weber und Horst Ehmke, hagelte es Verleumdungsklagen, die Politiker zogen sich zurück und die Organisation verschwand in der Versenkung.[615]

Eine wirkliche ideelle Nähe zu William S. Schlamm, dem wohl populärsten Vertreter eines solchen extremen und militanten Antikommunismus in Deutschland, kann für Matthias Walden also für die Zeit um 1960 ebenfalls nicht gelten. Schlamm verlegte sein Tätigkeitsfeld schließlich Ende der 1950er Jahre endgültig in die Bundesrepublik und fand zunächst ein Heim bei der Illustrierten *Stern*, für den ihn der extrovertierte Verleger Henri Nannen als Kolumnisten engagierte.

Ähnlich wie Schlamm und anders als Walden verstand außerdem der konservative Publizist Winfried Martini die Krise der Idee der persönlichen Freiheit als Genese des Totalitarismus. Nationalsozialismus und Bolschewismus seien dementsprechend ein Ergebnis einer vermeintlichen demokratischen Krise gewesen, nicht deren Ursache, schrieb Martini schon im Vorwort seines 1954 erschienen erfolgreichen Buches »Das Ende aller Sicherheit. Eine Kritik des Westens«.[616] Allein die offensive Verteidigung der liberalen Demokratie im Sinne Waldens und des *Vital-Center-Liberalismus* war für Martini kein Bannwall gegen totalitäre Bedrohungen. Martini, der in den 1950er Jahren unter anderem für *Die Welt* und die *Christ und Welt* schrieb, aber auch im *Bay-*

614 Vgl. Hochgeschwender, Der Verlust des konservativen Denkens, in: Schildt (Hrsg.), Von draußen, S. 162.

615 Siehe zu der Organisation »Rettet die Freiheit«: Schildt, Antikommunismus, in: Frei/Rigoll (Hrsg.), Der Antikommunismus in seiner Epoche, S. 198f.; zu Schlamm: Payk, Antikommunistische Mobilisierung und konservative Revolte, in: Lindenberger (Hrsg.), Massenmedien im Kalten Krieg, S. 125f.

616 Vgl. Winfried Martini, Das Ende aller Sicherheit. Eine Kritik des Westens, Stuttgart 1954, S. 5–7.

rischen Rundfunk tätig war, sah den Ausweg aus dieser Krise in einer Trennung von Rechtsstaats- und Demokratiebegriff und in einer Orientierung am autoritären Portugal unter Salazar, die öffentlich aber kaum Diskursniveau erreichte.[617]

Der Wunsch nach »asketischer Freiheit«

Nichtsdestotrotz unterschied sich der Antikommunismus Waldens von dem der eher linksliberalen Intellektuellen im Umfeld des CCF ab Mitte der 1950er Jahre. Es überrascht daher nicht, dass sich in seinem politischen Denken bereits in dieser Zeit einige konservative Tendenzen erkennen lassen. Schon seine Tätigkeit als Kommentator in der *Christ und Welt* und später in der *Welt am Sonntag*, mithin zwei der zentralen Blätter konservativer Publizistik in der Bundesrepublik, sowie seine Zuordnung zum breiten Spektrum der Ost-CDU in den späten 1940er Jahren bilden erste Indizien für Rückschlüsse in diese Richtung. So waren es vor allem einige seiner Leitartikel, in denen Walden konservative Töne äußerte, die ohne die Gefahr einer *ex-post* Betrachtung prägnante Anknüpfungspunkte für eine spätere Einordnung Waldens in das konservative Spektrum der Bundesrepublik in den 1960er und 1970er Jahren liefern können. Als hauptsächliche Vertreter eines bundesrepublikanischen Konservatismus der 1950er Jahre gelten in der historischen Forschung indes die Protagonisten einer neuen Rechten aus der Weimarer Republik, die sich nach 1945 mehr oder weniger mit der Demokratie arrangierten und kaum Angehörige der »45er«-Generation.[618]

In die Nähe konservativ-kulturkritischer Publizistik geriet Walden mit seiner Reportage »Träume – von der Stange« über den Pulsschlag eines Warenhauses aus der Vorweihnachtszeit 1956, die in der *Christ und Welt* gedruckt wurde. Mit stilistischer Finesse und einer gehörigen Portion Ironie beschrieb Walden zunächst die Anziehungskraft eines Konsumtempels, nahm dann aber die Unpersönlichkeit und Hektik dieses Massenkonsums aufs Korn:

> Aber sie sehen einander nicht an. Die Gesichter sind abgespannt von dem Lärm und der Hitze und den durchwanderten Kilometern in den großen Hallen. Man müßte den Mantel ausziehen, aber man hat ja die Arme voll! Und dann, Ruhe gibt es im Warenhaus nicht. Wer sich in romantische Einkaufsstimmung versenken will, der wird von Nachdrängenden vorwärtsgestoßen,

617 Vgl. Payk, Antikommunistische Mobilisierung und konservative Revolte, in: Lindenberger (Hrsg.), Massenmedien im Kalten Krieg, S. 118; für ein längeres journalistisches Portrait siehe: Ansgar Lange, Vorbereitung auf den Ernstfall. Der pessimistische Publizist Winfried Martini, in: Criticón (2004), 182/183, S. 56–60.

618 Vgl. Steber, Die Hüter der Begriffe, S. 115.

> von abgehetzten Verkäuferinnen atemlos nach seinen Wünschen befragt und immer wieder fast ungewollt von der nächsten Rolltreppe davon getragen.[619]

Die Vereinsamung des Einzelnen in der Masse und die Entfremdung durch eine Technisierung war Teil des Gemeinschafts- und Sinnesverlustes der konservativen Kulturpessimisten in den 1950er Jahren. Allerdings tauchten diese Gedanken auch bei »kritisch-theoretischen« Denkern auf, mitunter sogar bei Remigranten aus den USA, wie sich beispielsweise an einem Rundfunkgespräch des *Hessischen Rundfunks* zwischen Theodor Adorno, Max Horkheimer und Eugen Kogon über den Entfremdungsdiskurs 1950 nachweisen ließe.[620]

Es fällt bei Walden darüber hinaus eine Sehnsucht nach einem Romantizismus auf, den er dem Konformismus der Moderne entgegenstellte, was an die Kulturkritik der amerikanischen Konsumgesellschaft aus der Zwischenkriegszeit erinnerte: »Es mag wohl sein, daß alles häßlich scheint, wenn alles gleich schön ist. Aber im Zeitalter der Normen gibt es keine andere Wahl.«[621] Schließlich war der Durchbruch der Kauf- und Versandhäuser zwischen 1956 und 1958 ein Katalysator für die Entwicklung der Bundesrepublik Deutschland zur Massenkonsumgesellschaft.[622]

Dieses diffuse Unbehagen gegenüber einer Vermassung der Gesellschaft griff Walden in seinem Essay »Die Wohnmaschine«, der 1963 erschien, nochmals auf. Es geht um einen »Superbau« aus Beton mit tausend Fenstern, einer dieser Entwicklungen der »Funkelnagelneuzeit«, so Walden, der damit erneut eine romantische Sehnsucht nach einer nicht näher beschriebenen früheren Zeit ausdrückt. Der riesige Bau würde zudem auf den ersten Blick verschleiern, dass sich hinter jedem Fenster ein individuelles Dasein befinde:

> Die Wohnmaschine gibt solchen Gedanken nur widerwillig Raum. Sie inspiriert zum Trugschluß vom großen, homogenen Kollektiv der Mietermasse, sie preßt in ihren tausend Zellen die Einzelnen zu einem Block.[623]

Walden ironisiert und kritisiert die Vermassung und Kollektivierung zwar, doch wird deutlich, dass er sie als unveränderbare Phänomene begreift und fordert zur Anstren-

619 Matthias Walden, Träume – von der Stange, in: Christ und Welt vom 20.12.1956.

620 Vgl. Schildt, Ankunft im Westen, S. 158f.; außerdem zum Thema der Vermassung als konservatives Phänomen: ders., Anpassung und Lernprozesse, in: Großheim/Hennecke (Hrsg.), Staat und Ordnung, S. 194f.

621 Walden, Träume, in: Christ und Welt vom 20.12.1956; vgl. Wolfgang König, Kleine Geschichte der Konsumgesellschaft. Konsum als Lebensform der Moderne, Stuttgart 2013 (2. überarbeitete Auflage), S. 33.

622 Vgl. Christian Kleinschmidt, Konsumgesellschaft, Göttingen 2008, S. 145–148.

623 Walden, ostblind – westblind, S. 40.

gung auf, sich gedanklich von der daraus folgenden Verallgemeinerung der Masse zu lösen. »Vermassung« sei darüber hinaus – so sagte er es in einer Fernsehdokumentation Anfang 1962 – das Ziel totalitärer Regime.[624] Er verwies dabei auf seinen Beruf als Journalist und seine Aufgabe, zur Meinungsbildung des Einzelnen beizutragen:

> Es gibt einen Unterschied zwischen öffentlicher Meinung und veröffentlichter Meinung. [...] Es gibt aber auch eine öffentliche Meinung, die durch veröffentlichte Meinung entsteht und dann ist da kein Unterschied mehr.[625]

Damit lieferte Walden genau die Antwort des liberalen anglo-amerikanischen Journalismusverständnisses auf den vielfach artikulierten kulturkritischen Effekt der »Massendemokratie«, die sich im Laufe der 1950er nur langsam im Selbstverständnis der meisten westdeutschen Journalisten herausbildete. Das Öffentlichkeitsbild, das beispielsweise im Feuilleton der *Frankfurter Allgemeinen Zeitung* um Karl Korn weitgehend vermittelt wurde, war eher durch antiliberale Intentionen geprägt.[626]

Der ordoliberale Wirtschaftswissenschaftler Wilhem Röpke forderte in Anlehnung an den spanischen Schriftsteller und Philosophen José Ortega y Gasset einen »Aufstand der Eliten« als Ausweg aus der Vermassung. Ortega y Gasset, der in seiner Zeit als Liberaler galt, hatte bereits 1930 sein kulturkritisches Werk »Der Aufstand der Massen« veröffentlicht, das nun in den 1950er Jahren den »Entmassungsdiskurs« in der Bundesrepublik beherrschte, der immer auch von konservativen und liberalen Elitekonzeptionen geprägt war.[627] Das erinnert an das Öffentlichkeits-Bild Wilhelm Hennis'.[628] Waldens Verständnis eines Orientierung gebenden Meinungsjournalismus hatte zu diesen Überlegungen jeweils zwar Anknüpfungspunkte. Er interpretierte die Massen allerdings weniger pejorativ.

Die konkrete Frage einer Psychologie der Massen hingegen sollte Walden ab Mitte der 1960er Jahre vor dem Hintergrund der sich formierenden Jugendbewegung erneut beschäftigen.[629] In den späten 1950er Jahren war es aber vor allem die Entwicklung der bundesdeutschen Konsumgesellschaft, mitunter als »Amerikanisierung« be-

624 Vgl. ders., Fernsehdokumentation: Vor unserer eigenen Tür – Überlegungen zur deutschen Vergangenheit und Gegenwart, Folge 1. Erstsendung am 30.1.1962 im SFB (Eingesehen im AdRBB), Minute 31.

625 Ders., ostblind – westblind, S. 40f.

626 Vgl. Payk, Der »Amerikakomplex«, in: Bauerkämper/Jarausch/Payk (Hrsg.), Demokratiewunder, S. 199–201.

627 Vgl. Schildt, Ankunft im Westen, S. 168; und: José Ortega y Gasset, Der Aufstand der Massen (1930), in: ders. (Hrsg.), Die Hauptwerke, Stuttgart 1983, S. 11–232.

628 Siehe nochmals: Hodenberg, Konsens und Krise, S. 58f.

629 Dazu ausführlich im Kapitel »Von der ›Rebellion‹ zum ›Ungeist der Sympathie mit den Gewalttätern‹«.

zeichnet, die er zunehmend skeptisch betrachtete. Wie an seinem »Warenhaus-Essay« zu sehen, entsprang diese Skepsis dem gleichen Empfinden seiner Kritik an einer Vermassung. Im Sommer 1958 bemängelte Walden im Rundfunk beispielsweise das »Primat des Materiellen« in der Nachkriegszeit. Der Erfolg werde dabei zum Maßstab aller Dinge, obwohl ihm keine moralische Kategorie zugrunde liege, so Walden weiter und erinnerte an den »ethischen Sieg« der Männer des 20. Juli 1944.[630]

In seinem Jahresrückblick im Rundfunk Ende 1957 stellte er einen übertriebenen Konsum darüber hinaus als Hemmschwelle eines deutsch-deutschen Zusammengehörigkeitsgefühls dar, das er als Bedingung für eine Wiedervereinigung ansah. Die DDR-Bürger würden, so seine Befürchtung, aus der Distanz nur noch einen verklärten Zustand der Bundesrepublik wahrnehmen: »Die Neo-Proletarier des Staatskapitalismus von der Stiefseite Deutschlands sind in der Gefahr, ein Klassengefühl zu entwickeln ohne es zu wollen.«[631]

Wie gezeigt griff Walden dieses Argument in seinem Totensonntag-Kommentar 1961 wieder auf und klagte das SED-Regime an, durch den Mauerbau diese Entwicklung unterstützen zu wollen.[632] Weder die unverschuldete Armut in der DDR noch das »verchromte« Leben des materiellen Wunders im Westen sei gesund, urteilte der Journalist.[633] Zum Übergang in das Jahr 1959 fragte Walden indes in der *Welt am Sonntag*: »Arbeiten wir Deutschen zuviel?« Seinen Kommentar empfand er als »zeitgemäßen Einspruch« in die Hast des Alltags, zweifellos eine Folge des fortschreitenden Konsums und der Technisierung.[634]

Walden sah sich kaum als Einzelkämpfer, schließlich sei den Menschen ihre Hast durchaus bewusst, anders konnte er sich die vielen guten Vorsätze nicht erklären, die traditionell an der Schwelle zu einem neuen Jahr gefasst werden. Technischer Fortschritt habe erhebliche Vorteile und Annehmlichkeiten mit sich gebracht. Er schaffe in der Theorie Zeit zur Muße und zur Konzentration auf das Wesentliche, zum Beispiel Zeit mit der Familie. Nichtdestotrotz sei es ein übertriebener Materialismus der Konsumgesellschaft, der einer geistigen Freiheit im Wege stehe. [635] Im Vergleich zu der materiell armen DDR schrieb er: »Aus der Not wurde die Tugend der Muße. Wo

630 Vgl. Walden, Kriegsschrei – Juli 1958, in: Walden (Hrsg.), Mikrophon, S. 393.

631 Ders., 1957: Das Jahr der Hoffnungen und Enttäuschungen – Dezember 1957, in: ders. (Hrsg.), Berliner Mikrophon 1953–1959, S. 316–320, hier S. 319.

632 Vgl. ders., Wochenkommentar im SFB vom 26.11.1961, S. 9f.

633 Vgl. ders., 1957: Das Jahr der Hoffnungen und Enttäuschungen – Dezember 1957, in: Walden (Hrsg.), Mikrophon, S. 319.

634 Vgl. ders., Hand aufs infarktbedrohte Herz. Eine Frage an der Schwelle des neuen Jahres: Arbeiten wir Deutschen zuviel?, in: Welt am Sonntag vom 28.12.1958.

635 Vgl. ebenda.

die äußere Freiheit fehlt, wird sie durch die innere ersetzt. Materieller Mangel wird durch ideellen Reichtum (individuell und oft heimlich) ausgeglichen.«[636]

Walden wünschte sich freilich keine Not, wie sie die Menschen in den kommunistischen Staaten erleiden würden, und grenzte sich ebenfalls von Ideen ab, die eine Begrenzung des kapitalistischen Wirtschaftssystems forderten. Er plädierte vielmehr für eine freiwillige Tugend, denn: »Die Parforcejagd nach dem Erfolg ist eine Abart des Materialismus, die keinem oktroyiert wird.«[637] Er forderte mithin eine Bescheidenheit und Nüchternheit, die frei von staatlicher Steuerung der Einzelne für sich selbst finden muss: »Jeder ist seines Glückes Schmied. Auch wenn das in den Ohren der Manager altmodisch und für Snobs banal klingt.«[638]

Die starke Rolle der Verantwortung des Einzelnen erinnert an den intrinsisch mit dem *consensus liberalism* verwobenen »pursuit of happiness« und zeigt gleichsam Parallelen zu den liberalen Vorstellungen Ortega y Gassets.[639] Die Auswirkung von Materialismus und Technisierung auf eine bestimmte Kulturlosigkeit des Menschen findet sich zudem ebenfalls bei Ortega y Gasset, der diesen Zustand mit einer Vermassung der Gesellschaft in Zusammenhang brachte: »Die Führung in der Gesellschaft hat sich ein Menschentypus bemächtigt, den die Prinzipien der Kultur kalt lassen.«[640] Einige Jahre später, ein paar Monate nach dem Mauerbau, hatte sich die Haltung Waldens verfestigt:

> Auch der Besitz kann eine Last sein. Auch Armut an Konsumgütern kann Annehmlichkeiten schaffen. Die Menschen in der Zone haben es leichter verinnerlicht zu leben. [...] Materieller Mangel fördert ideelle Werte.[641]

Doch, so prangte es den Lesern der *Welt am Sonntag* am 1. Advent des Jahres 1961 entgegen: »Wohlstand schändet nicht«. Seine Kritik am ausgeprägten Konsum relativierte Walden maßgeblich, indem er anerkannte, dass gerade der westliche Besitz die kommunistische Ideologie anachronistisch mache, womit er an seine Gedanken vom Totensonntagkommentar eine Woche zuvor anknüpfte. Man müsse schon ein »Miesmacher« sein, um dieses Resultat gering zu schätzen. Mit dieser Betonung der

636 Ebenda.
637 Ebenda.
638 Ebenda.
639 Zur Verbindung von individuellem Gewinnstreben und *consensus liberalism* siehe: Anselm Doering-Manteuffel, Eine neue Stufe der Verwestlichung? Kultur und Öffentlichkeit in den 60er Jahren, in: Axel Schildt/Detlef Siegfried/Karl Christian Lammers (Hrsg.), Dynamische Zeiten. Die 60er Jahre in beiden deutschen Gesellschaften, Hamburg 2000, S. 661–672, hier S. 669.
640 Ortega y Gasset, Aufstand der Massen, in: Ortega y Gasset (Hrsg.), Die Hauptwerke, S. 96; ausführlich zum Thema »Primitivismus und Technik«: ders., Aufstand der Massen, in: Ortega y Gasset (Hrsg.), Die Hauptwerke, S. 92–104.
641 Matthias Walden, Wohlstand schändet nicht. Gedanken am ersten Advent, in: Welt am Sonntag vom 3.12.1961.

Vorteile des kapitalistischen Systems ordnete sich Waldens politisches Denken in klassische Deutungsmuster des Kalten Kriegs ein.[642] Er fragte allerdings nach dem Wert der »asketischen Freiheit« ohne Parkraumnot und »Mallorcaboom«. Die Askese, also der individuelle Verzicht, erscheint bei Waldens als höchste Form der Freiheit. Melancholisch meinte er, dass in der Auseinandersetzung mit dem Kommunismus pure freiheitliche Ideale natürlich eine Rolle spielen würden, dass ihr Anteil aber kaum messbar sei. Sein Wunsch sei es, dass diese »asketische Freiheit« zum Triumph des Westens ausreichen würde.[643]

Walden im konservativen Spektrum der 1950er Jahre

Waldens eher pragmatische und dezisionistische Akzeptanz des kapitalistischen Wirtschaftssystems erinnert an einen technokratischen Konservatismus. Dieser hatte sich zwar der demokratischen und marktliberalen Ordnung angepasst, seine Protagonisten hatten aber kaum den Weg zur Selbstliberalisierung beschritten und forderten eigentlich einen »eingehegten Kapitalismus«, der wenig mit Marktliberalismus gemeinsam hatte.[644] Von den technokratischen Konservativen, beispielsweise die Carl-Schmitt-Schüler Arnold Gehlen und Helmut Schelsky oder auch Hans Freyer, unterschied Walden, dass er die Begrenzung des Konsums und des Materialismus eher durch eine individuelle moralische Entscheidung erreichen wollte und weniger über staatsinterventionistische Maßnahmen. Noch Jahre später schrieb er: »Geistige, politische und wirtschaftliche Freiheit bedingen einander.«[645] Allgemein blieb Waldens wirtschaftspolitische Publizistik allerdings eher vage und oberflächlich. Vor allem unterschieden ihn daher von dieser Gruppe seine Nähe zum *Vital-Center-Liberalismus* und seine Überzeugung vom liberaldemokratischen System, die über die Angepasstheit der technokratischen Konservativen hinausging.[646] Ähnliches galt für den Konservatismus der »Abendländischen« Bewegung, die in ihrer Grundhaltung demokratieskeptisch blieb. In der zweiten Hälfte der 1950er Jahre hatte sie mit ihrer »grundsätzlichen Antithese zur Moderne« ihren Zenit bereits überschritten.[647]

Die offensive Verteidigung des liberaldemokratischen Systems wiederum war ebenfalls ein Merkmal der liberalkonservativen *cold war liberals* der Münsteraner

642 Vgl. König, Kleine Geschichte der Konsumgesellschaft, S. 22.

643 Vgl. Walden, Wohlstand schändet nicht, in: Welt am Sonntag vom 3.12.1961.

644 Vgl. Hochgeschwender, Der Verlust des konservativen Denkens, in: Schildt (Hrsg.), Von draußen, S. 179.

645 Walden, Einleitung, in: Walden (Hrsg.), Von Wölfen und Schafen, S. 10.

646 Siehe zu Letzterem am Beispiel Gehlen: Jens Hacke, Konservatismus des Standhaltens. Arnold Gehlens Analyse der modernen Industriegesellschaft, in: Peter Uwe Hohendahl/Erhard Schütz (Hrsg.), Solitäre und Netzweker. Akteure des kulturpolitischen Konservatismus nach 1945 in den Westzonen Deutschlands, Essen 2009, S. 121–134, hier S. 124.

647 Vgl. Steber, Die Hüter der Begriffe, S. 140–143.

Schule um den Philosophen Joachim Ritter. Zu ihr werden vor allem Hermann Lübbe, Odo Marquard und Robert Spaemann gezählt, die alle wie Walden in den späten 1920er Jahren geboren wurden. Ein Liberalkonservatismus, der sich an demokratischen Institutionen orientierte, so Jens Hacke, der eine erste Studie zu den »Ritterianern« vorgelegt hat, musste sich zwangsläufig von einigen konservativen Traditionen verabschieden und fügte sich damit in die ideenpolitische Tradition des Kalten Krieges ein. Auch aufgrund seines rigiden Antikommunismus kann diese Strömung in die deskriptive Kategorie des *cold war liberalism* (Richard Bernstein) eingeordnet werden. *Cold war liberals* teilten indes einen totalitarismustheoretischen Ansatz, der eine Aufarbeitung des Nationalsozialismus ebenso beinhaltete wie die Ablehnung eines wie auch immer gearteten utopischen sozialistisch-egalitären Experiments, was nicht zufällig an das *Vital Center* erinnerte.[648] Das politische Denken Matthias Waldens in den Jahren um 1960 gliedert sich also in vielen Punkten in die Ideen dieser Gruppe ein.

Waldens Kritik am Materialismus erinnert in gewisser Weise an das konservative Narrativ einer erforderlichen »Rechristianisierung« der Gesellschaft als Antwort auf einen »säkularisierten Massenwahn«.[649] Zwar lassen sich kaum christliche Bezüge in den frühen Texten Waldens finden, doch zeigte schon seine Unterstützung für die *Junge Gemeinde* und seine Haltung zur christlichen Demokratie Affinitäten zu einer von christlichen Werten geprägten Gesellschaft. Die Erscheinungstermine seiner kulturkritischen Kommentare stets um Weihnachten herum sowie die Verwendung des Begriffes der »Askese« zeigen darüber hinaus zumindest einen in unbestimmter Form gearteten religiösen Bezugspunkt.

In diese Richtung ging auch Waldens Würdigung des am 9. Oktober 1958 verstorbenen Papstes Pius XII., den man seiner Ansicht nach bewundern musste, selbst wenn man nicht »glaube«. Dass Walden den Pontifex maximus, der seit 1939 im Amt gewesen war, im Rundfunk als »Ehrenrettung« des 20. Jahrhunderts bezeichnete, muss aus heutiger Sicht allerdings aufgrund der zweifelhaften Haltung des Vatikans zum »Dritten Reich« etwas irritieren. Allerdings wurde eine kontroverse Diskussion über die Rolle Pius XII. während des Zweiten Weltkrieges und der Judenverfolgung erst 1963 nach Rolf Hochhuths Roman »Der Stellvertreter« öffentlich geführt, in der Walden zwar Hochhuths Veröffentlichung gegen Zensurforderungen verteidigte, sich aber wiederum positiv über die Rolle des Papstes äußerte.[650] Eine wissenschaftliche Aufar-

648 Zur Definition des Liberalkonservatismus vgl.: Jens Hacke, Philosophie der Bürgerlichkeit. Die liberalkonservative Begründung der Bundesrepublik, Göttingen 2006, S. 19–22; zum Unterschied mit dem technokratischen Konservatismus siehe auch: Hochgeschwender, Der Verlust des konservativen Denkens, in: Schildt (Hrsg.), Von draußen, S. 181.

649 Vgl. zu diesem Narrativ: Axel Schildt, Konservatismus in Deutschland. Von den Anfängen im 18. Jahrhundert bis zur Gegenwart, München 1998, S. 214–218.

650 Vgl. Matthias Walden, Papst Pius XII. – Oktober 1958, in: ders. (Hrsg.), Berliner Mikrophon 1953–1959, S. 425–428, hier S. 425f.; vgl. ders., Noch einmal: »Der Stellvertreter«, in: Die Mahnung im Kampf für Freiheit und Recht vom 1.6.1963.

beitung dieses hochsensiblen Themas sollte erst in den 1990er und 2000er Jahren beginnen.

Auffällig war allerdings, welche Hoffnung Walden in seinem Nachrufkommentar 1958 mit der im Testament Pius XII. enthaltenen Bitte um Vergebung seiner Unzulänglichkeit verband. Dies stand laut Walden im Anachronismus zum gegenwärtigen Zeitalter der Cleverness und des »Managertums« sowie der technischen Hybris und des kommerziellen Eifers. Christliche Ideale und der Versuch einer »asketischen Freiheit« also als Antwort auf Materialismus, Technisierungswahn und ausufernden Konsum, so erschien Waldens Haltung in den Jahren um 1960. Hinzu kommt ein pejorativ besetzter Managerbegriff, der an die kulturkritischen Aufsätze Karl Korns erinnerte.[651]

Höchst zynisch wurde ein expansives Wirtschaftstreiben in Waldens Augen vor allem dann, wenn es um den deutsch-deutschen Ost-West-Handel ging. Angesichts des Stahlschieber-Prozesses von 1960 um den Stahlproduzenten Meister schrieb er in der *Welt am Sonntag*:

> Unsere Gesellschaft hat einen solchen Spaß am Geschäftemachen gefunden, daß ein politischer Moralist nur noch als umsatzstörend empfunden wird.[652]

Im Falle des Stahls brauche man zudem keine große Fantasie, dass dieser in Form von Handschellen und Gitterstäben für Gefängnisfenster auch zur politischen Unterdrückung der DDR-Bürger genutzt werde. Gegenüber dem Handel mit den kommunistischen Staaten äußerte er sich betont kritisch:

> Es muß aber bei allem Verständnis für ein gesundes Gewinnstreben einmal gesagt sein, daß in der Nachkriegszeit bei uns ein Kaufmannstyp in Erscheinung getreten ist, der auch dann höchst fragwürdig bleibt, wenn er genau nach den Buchstaben des Gesetzes am West-Ost-Geschäft verdient.[653]

Die Kritik am windigen Unternehmertyp, der sich frei von moralischen Idealen nur an Absatz und Gewinn orientiere, verband Walden an dieser Stelle mit der indirekten Forderung einer gesetzlichen Einhegung des Ost-West-Handels. Anders also als in

651 Vgl. Payk, Der »Amerikakomplex«, in: Bauerkämper/Jarausch/Payk (Hrsg.), Demokratiewunder, S. 212.

652 Matthias Walden, An der deutschen Teilung haben sie Millionen verdient. Ein offenes Wort zum Stahlschieber-Prozeß – Versagten die Kontrollbehörden?, in: Welt am Sonntag vom 30.10.1960.

653 Ebenda.

der Frage einer ausufernden Konsumgesellschaft, in der er auf politische Forderungen verzichtet hatte.

Die abwertende Bezeichnung des Managers beschränkte sich bei Walden zudem nicht nur auf Wirtschaftsunternehmer. In einem Kommentar aus dem April 1956 sagte er:

> [D]ie Politik ist managerkrank und damit ausserordentlich zeitgemäss geworden. Auch in der Politik werden jetzt gleichzeitig zwei Telefone bedient, auch in der Politik laufen die Terminkalender über, und fruchtbare Musse ist ein entfremdeter Begriff.[654]

Die Kritik am Politiker als Manager richtete sich im Kern gegen den von Walden empfundenen Verlust eines ideellen Gehalts in der Politik – ganz ähnlich also zu seinen Anmerkungen zur Konsumgesellschaft. Diesen Mangel an Idealen und puren Machtwillen meinte er zudem in totalitären Regimen wie der Sowjetunion zu erkennen, die zwar eine Ideologie besäßen, aber keine Ideale.[655]

In diesem Sinne beklagte sich Walden im Februar 1959, dass eine »allzu aufgeklärte ›Ära der Manager‹« die politische Moral zum Anachronismus abstemple. Konkret kritisierte Walden den amerikanischen Journalisten und Kolumnisten Joseph Alsop, der anlässlich des Amerikabesuches von Anastas Mikoyan die politische Führungsriege der Sowjetunion bewundert hatte, da diese lebend aus Parteikämpfen und Säuberungen hervorgegangen sei. Die Skrupellosigkeit des Ostens durfte laut Walden nicht mehr wert sein als ein moralisch fundiertes System. Eine »moralfreie Politik« sei »intellektuelles Opium«: »Die von keiner Moral gehemmte Intelligenz fesselt den politischen Intellektuellen.«[656] Damit grenzten sich Waldens Idealvorstellungen des politisch Denkenden auch von einem reinen »Tatmenschen« ab, dessen Anspruch lediglich eine möglichst effektive Anwendung von Weltbildern darstellte.[657]

Über diese Intellektuellenkritik hinaus forderte Walden eine Rückbesinnung auf moralische Werte in der Politik: »Die Moral darf aber nicht bloß ein polemisches Argument bleiben. Sie muß auch in der Politik wieder im Kurs steigen.«[658] Für den Wes-

654 Ders., Politische Managerkrankheit – April 1956, in: ders. (Hrsg.), Berliner Mikrophon 1953–1959, S. 138–142, hier S. 138.

655 Vgl. ders., Papst Pius XII. – Oktober 1958, in: Walden (Hrsg.), Mikrophon, S. 426f.

656 Ders., Alsop bewundert den »kältesten« Menschen. Moralfreie Politik – ein intellektuelles Opium, in: Christ und Welt vom 19.2.1959.

657 Siehe zu Typus des Tatmenschen: Dirk van Laak, »Persönlichkeit« und »Charakter«. Ideengeschichtliche Elemente in den Grundkonstellationen der frühen Bundesrepublik, in: Peter Uwe Hohendahl/Erhard Schütz (Hrsg.), Solitäre und Netzweker. Akteure des kulturpolitischen Konservatismus nach 1945 in den Westzonen Deutschlands, Essen 2009, S. 13–22, hier S. 16f.

658 Walden, Alsop bewundert den »kältesten« Menschen, in: Christ und Welt vom 19.2.1959.

ten sei die Moral zudem der entscheidende Vorsprung im Kalten Krieg. Für Aslop war sein Kommentar zu Mikoyan allerdings mehr eine intellektuelle Spielerei für die Walden – wie sein Artikel zeigte – nichts übrig hatte. Grundsätzlich galten der populäre Kolumnist und sein nicht minder bekannter Bruder Stewart als konservative Verteidiger des liberalen Westens.[659]

Die Forderung Waldens nach einem moralischen Gehalt der Politik zeigte sich außerdem in seiner Bewunderung für Paul Löbe, den er in der *Welt am Sonntag* im Dezember 1960 zu dessen 85. Geburtstag ehrte. Der SPD-Politiker war für Walden ein Beispiel, wie man »im Strudel der tausend Unendlichkeiten deutscher Geschichte« eine »Politik mit Anstand« betreiben konnte, die sowohl dem politischen Radikalismus von rechts als auch von links standhalte – ein politischer Moralismus also: »Sein politischer Kompaß ist weniger Realismus als vielmehr Moral gewesen, und Löbe hat bewiesen, daß dieser Kompaß funktioniert.«[660]

Paul Löbe war bereits Präsident des Reichstages in der Weimarer Republik gewesen, bevor ihn nach den Juliwahlen 1932 Hermann Göring in diesem Amt ablöste. Während des »Dritten Reiches« war Löbe zeitweilig im Konzentrationslager Bresslau-Dürrgoy interniert und blieb später schließlich mit einer kleinen Staatsrente Anlaufpunkt für Oppositionelle und jüdische Freunde. Trotz Kontakten zu den Männern des 20. Juli überlebte er die Vergeltungsmaßnahmen nach dem gescheiterten Anschlag auf Hitler und eröffnete 1949 als Alterspräsident den Ersten Deutschen Bundestag. In seiner Eröffnungsrede, die von Zwischenrufen vom linken und rechten Rand gestört wurde, pries er den Widerstand im »Dritten Reich« als »patriotische Tat«. Als prononcierter Antikommunist und steter Mahner für die deutsche Einheit übernahm er zudem 1954 das Amt des Vorsitzenden des im selben Jahre gegründeten »Kuratoriums Unteilbares Deutschland«.[661] Als historische Symbolfigur stand Löbe sinnbildlich für die freiheitliche Tradition des Kuratoriums, das sich am ersten Jahrestag des Volksaufstandes in der DDR vom 17. Juni 1953 mit der Intention gegründet hatte, einem schwindenden Nationalbewusstsein in der Bundesrepublik Vorschub zu leisten.[662] Also ebenfalls ganz im Sinne des patriotischen Einheitsstrebens Matthias Waldens.

Waldens betont liberaler Antitotalitarismus hatte Überschneidung zum Prinzip vom »Ende des ideologischen Zeitalters«, das Raymond Aron 1955 zur Diskussion stellte und somit einen konservativen Liberalismus formulierte, in dessen Mittelpunkt

659 Zu den Aslops: Robert W. Merry, Taking on the World. Joseph and Stewart Aslop – Guardians of the American Century, New York 1996.

660 Matthias Walden, Glückwunsch zum 85. Geburtstag: Paul Löbe, in: Welt am Sonntag vom 10.12.1960.

661 Vgl. Gerhard Beier, Paul Löbe, in: Manfred Asendorf/Rolf von Bockel (Hrsg.), Demokratische Wege. Deutsche Lebensläufe aus fünf Jahrhunderten, Stuttgart 1997, S. 393–395, hier passim.

662 Vgl. Wolfrum, Geschichtspolitik, S. 108–123.

ein liberaler Antitotalitarismus stand.[663] Aber er lehnte sich ebenso an einen »anti-ideologischen« Topos an, den die Abendländische Akademie 1956 als einen Bestandteil einer »Konservativen Haltung in der politischen Existenz« aufführte.[664] Ein Mangel an Idealen führte für Walden zunächst in ein opportunistisches politisches Managertum, das sich auf lange Sicht kaum gegen den Ansturm totalitärer Herrschaft »wehren« konnte.

Ein moralischer Antikommunismus war also ein Teil seines liberalen Antitotalitarismus. Waldens Ablehnung jeglicher Ideologie lag darüber hinaus ein konservativer Anti-Utopismus zu Grunde.[665] Der freiheitsfeindliche dogmatische Glaube an eine Ideologie, glaubte Walden, würde letztendlich in den Totalitarismus führen. Nach der Flucht des marxistischen Philosophen Ernst Bloch im September 1961 in die Bundesrepublik schrieb er:

> Der Marxist Bloch fand Freiheit für seine Lehre schon seit Jahren nur dort, wo seine Lehre Freiheit leugnete. [...] Ernst Blochs Bruch mit dem kommunistischen Alltag ist wie ein Erwachen nach jahrzehntelangem Traum. Einem Traum von Freiheit, Gerechtigkeit, Glück und – was das Gefährlichste war – einem menschlichen Sozialismus.[666]

Blochs Marxismus habe sich schließlich nach zwölf Jahren endgültig nicht mehr mit dem totalitären System des Kommunismus versöhnen können.[667]

Die kommunistische Ideologie war für Walden, genau wie Ideologien im Allgemeinen, ein Einfallstor für ein totalitäres Regime. So schrieb er es auch in einem Typoskript für eine Rundfunkreportage für das *Radio Bremen* zum 40. Jahrestag der Oktober-Revolution 1957. Die Sendung wurde zu einem Kommentar zur Entwicklung des sowjetischen Systems bis in die Gegenwart. Der Putsch der Bolschewiki, die eigentlich eine Minderheit waren, am 7. November 1917 des gregorianischen Kalenders war für Walden in der Rückschau ohnehin nur eine Folge der Schwäche der aus der Februar-Revolution hervorgegangen Regierung Kerenskij, die im kriegsmüden Russ-

663 Vgl. Raymond Aron, Opium für Intellektuelle. Oder: Die Sucht nach der Weltanschauung, Köln - Berlin 1957 (auf frz. 1955), S. 362–384; vgl. Matthias Oppermann, Vom Sieg der liberalen Demokratie. Der Liberalismus und die These vom »Ende der Ideologien«, in: Die Politische Meinung 62 (2017), H. 547, S. 41–45, hier S. 42; zur konservativen Interpretation: Vgl. Schildt, Anpassung und Lernprozesse, in: Großheim/Hennecke (Hrsg.), Staat und Ordnung, S. 201.

664 Vgl. Steber, Die Hüter der Begriffe, S. 139f.

665 Zum »anti-ideologischen Reflex« konservativen Denkens: Schildt, Anpassung und Lernprozesse, in: Großheim/Hennecke (Hrsg.), Staat und Ordnung, S. 193. Ausführlich dazu im Kapitel »›Was ist konservativ?‹«.

666 Matthias Walden, Flucht in die Freiheit, die er stets bekämpfte. Zur Absage Ernst Blochs an Ulbricht, in: Welt am Sonntag vom 24.9.1961.

667 Vgl. ebenda.

land hartnäckig an der Fortsetzung des Waffengangs festhielt.[668] Der Aufstieg Josef Stalins zum totalitären Diktator war laut Walden schließlich kein Sonderfall, sondern lag im Charakter der Ideologie: »Stalin war nur besonders erfolgreich in diesem Spiel, zu dem die Ideologie, zu dem der Ungeist des Systems herausfordert.«[669]

Daniel Bell griff 1960 Arons These vom »Ende des ideologischen Zeitalters« nochmals auf und gab einem Sammelband seiner politischen Aufsätze den provokanten Titel »The End of Ideology«, was in dieser Apologetik allerdings nur im Nachwort des Buches »The End of Ideology in the West« vorkam. Indirekt drückte Bell die im liberalen Konsens verbreitete Hoffnung aus, dass die Politik unideologisch werden und mehr an Klugheit als an Ideenverwirklichung orientiert sein solle. Wie bei Aron richtete sich dieser Appell gegen marxistische Intellektuelle, die an das »Welterklärungspotential des Marxismus« und die Reformfähigkeit der Sowjetunion glaubten.[670] Die Erhebung liberaler und demokratischer Ideale erweckte hingegen teilweise – so zuweilen auch bei Walden zu beobachten – den Anschein einer ideologisch abgeschlossenen Idee der »Freiheit des Westens« und wurde als solche von Kritikern am antikommunistischen Konsens des Westens so artikuliert.[671]

Mit dem Gehalt des Konservativen beschäftigte sich Matthias Walden in den 1950er Jahren darüber hinaus eher wenig. Anlässlich der Bundeswehr-Sendung 1960 schrieb er im *Monat*, dass im Kyffhäuserbund die Veteranen tagten, »die eher konserviert als konservativ wirkten«.[672] Er schien den verfehlten Traditionalismus, den er und Schultze in ihrer Sendung kritisierten, also kaum als konservativ zu betrachten, dem er somit semantisch offen gegenüber stand. Die einzige politische Partei der 1950er Jahre, die sich mit dem Etikett »konservativ« beschrieb, war indes die Deutsche Partei (DP), über deren Berliner Bundesparteitag Walden im Juni 1958 in der *Christ und Welt* berichtete. Die Partei hätte es laut Walden nicht geschafft, dass Parteitag-Motto »konservative Erneuerung« inhaltlich umzusetzen.[673] Hierin schien der Journalist eine Herausforderung künftiger konservativer Politik zu sehen.

Tatsächlich befand sich die Partei um die Spitzenpolitiker Hans-Joachim von Merkatz und Hans Mühlenfeld sowie Heinrich Hellwege in programmatischer Not. Die DP war seit 1953 und der Einführung der Fünf-Prozent-Klausel ohnehin nur aufgrund ihrer Direktmandate, die sie meist dank der Unterstützung der CDU erhalten hatte, im Bundestag vertreten, stellte aber seit 1949 je einen Bundesminister und mit

668 Vgl. ders., Der Putsch von Petrograd, S. 5f.
669 Ebenda, S. 11f.
670 Vgl. Oppermann, Vom Sieg der liberalen Demokratie, passim.
671 Vgl. Tim B. Müller, Das Ende vom Ende der Ideologie. Ideengeschichten aus dem Kalten Krieg, in: Zeitschrift für Ideengeschichte (2009), H. 4, S. 113–117, hier S. 114f.
672 Vgl. Walden, Es war so schön …, S. 23.
673 Vgl. ders., Konservatismus im Schatten. Zum Berliner DP-Kongreß, in: Christ und Welt vom Juni 1958.

Hellwege von 1955 bis 1959 den Ministerpräsidenten in Niedersachsen, wo sich die Partei ursprünglich als Regionalpartei gegründet hatte. Merkatz hatte zwar versucht, durch einen Bezug zu Edmund Burke an die liberale Tradition des britischen Konservatismus anzuknüpfen, um die Partei in der Bundesrepublik attraktiv zu halten. So sei der Wert der persönlichen Freiheit im Versorgungsstaat und der Massenkonsumgesellschaft laut Merkatz nur noch nach konservativer Auffassung möglich, weswegen auch Konservatismus und Liberalismus als zwei Seiten derselben Medaille und nicht mehr als Gegensatzpaar betrachtet werden müssten. Doch stieß sich dieser Begriff einer individuellen Freiheit mit einem Gesellschaftsbild, das zugleich auf Beschneidung durch Tradition, Hierarchie, Ordnung und Erbe setzte, so Martina Steber in ihrer Studie zur DP.[674] Zeitgenössisch handelte es sich für Walden bei der DP um einen »Konservatismus im Schatten«, da es der Partei kaum gelingen würde, in der Bundespolitik eine echte Alternative zur Union darzustellen.[675]

Verstörend sei für ihn hingegen die Rolle des Berliner Landesverbandes der DP gewesen, der 1954 im Berliner Wahlkampf für »seltsame Bekundungen einer unkontrollierten Nationalneurose« im Sportpalast verantwortlich war. Der Journalist äußerte zwar vier Jahre später die Hoffnung, dass die Führungsriege der Partei um Merkatz und Hellwege den Landesverband zur Vernunft bringen und mäßigen werde, doch schwelgte auch die Bundespartei noch in nationalen Illusionen:

> Das »Recht auf Heimat«, das die Delegierten geltend machten, um den Anspruch auf die deutschen Ostgebiete zu betonen, wird durch die Realitäten der deutschen Nachkriegsgeschichte zu einem nationalen Fernziel.[676]

Die DP hatte vor allem in ihrer Anfangszeit Schwierigkeiten, sich vom rechtsextremen Spektrum in der Bundesrepublik abzugrenzen, und war anfällig für den Einfluss von Gruppen, die aus der Partei eine »nationale Opposition« machen wollten und die vor allem von ehemaligen Nationalsozialisten bestimmt wurden. Vor allem der niedersächsische Gründungsverband um Hellwege predigte daher die »konservative Erneuerung«, während die neuen Landesverbände, vor allem Berlin, Hessen, Hamburg und Nordrhein-Westfalen, die DP lieber im Lager der nationalen Rechten verorten

674 Vgl. Martina Steber, Kein Abschied von Wunschbildern. Die Deutsche Partei in den 1950er Jahren, in: Sebastian Liebold/Frank Schale (Hrsg.), Neugründung auf alten Werten? Konservative Intellektuelle und Politik in der Bundesrepublik, Baden-Baden 2017, S. 33–51, hier S. 49f.

675 Vgl. Walden, Konservatismus im Schatten, in: Christ und Welt vom Juni 1958. Ab der Bundestagswahl 1961 verzichtete die Union zudem auf eine Unterstützung der DP-Direktkandidaten und auf eine Aufnahme der kleinen Partei in die Regierungskoalition.

676 Ebenda.

wollten.[677] Einen allgemeinen Rechtsruck der Partei bezweifelte Walden. In seinem Kommentar 1958 wies er aber auf die Anfälligkeit der konservativen Partei für nationalistische und rechtsextreme Einflüsse hin:

> Der Tambourmajor in Phantasieuniform – unten Schaftstiefel und oben Orden und Ehrenzeichen – ist wohl nur typisch für eine Gruppe der Partei, die von der konservativen Parole irrtümlich auf restaurative Möglichkeiten zu schließen scheint.[678]

Deutlich wird aber ebenfalls, dass Walden diese Einflüsse von konservativem Denken unterschied, das sich daher entschieden von diesen Positionen abgrenzen müsse. Er selbst machte unmissverständlich deutlich, dass er einer nationalen Ausrichtung der DP nichts abgewinnen konnte, sein Beitrag zeigte darüber hinaus aber, dass er einer konservativen Partei grundsätzlich nicht unaufgeschlossen gegenüberstand. An der Abgrenzung zum Nationalismus und Rechtsextremen sowie einer Verklärung einer »heilen Welt der Vergangenheit« scheiterte die DP letztlich unter anderem.[679]

Um einen Konservatismusbegriff herrschte laut Martina Steber, die die Politische Sprache des Konservativen in Deutschland und Großbritannien nach 1945 untersucht hat, allgemein in der weiten publizistischen Öffentlichkeit der Bundesrepublik bis ans Ende der 1950er Jahre eine »beschämte Stille«.[680] Die konservative Kulturkritik und das intellektuelle Angebot der Weimarer neuen Rechten, das sich mit der Demokratie kaum oder gar nicht arrangieren wollte, waren ins Leere gelaufen. Und diejenigen konservativen Intellektuellen wie Arnold Gehlen oder Helmut Schelsky, die sich auf die moderne Gesellschaft eingelassen hatten, vermieden den Begriff. So entstand ein Vakuum, das vor allem nach den Bedeutungsverlusten der »Abendland«-Bewegung und der DP immer deutlicher zutage trat und schließlich am Ende des Jahrzehnts doch noch von der Publizistik gefüllt wurde. Es setzte eine Debatte ein, die mit dem berühmten Forum *Konservativ 1962* im *Monat* ihren Höhepunkt und zwischenzeitlichen Abschluss erreichen sollte.[681] Diese wird jedoch Ausganspunkt der Betrachtung zu Matthias Waldens Verortung in das konservative Spektrum der 1960er und 1970er Jahre sein.[682] In den 1950er Jahren wies Waldens politisches Denken, wie gezeigt, be-

677 Zu den Flügelkämpfen der DP siehe: Steber, Kein Abschied von Wunschbildern, in: Liebold/Schale (Hrsg.), Neugründung auf alten Werten?, S. 36f.

678 Walden, Konservatismus im Schatten, in: Christ und Welt vom Juni 1958.

679 Vgl. Steber, Kein Abschied von Wunschbildern, in: Liebold/Schale (Hrsg.), Neugründung auf alten Werten?, S. 50.

680 Vgl. dies., Die Hüter der Begriffe, S. 143f.

681 Vgl. ebenda, S. 147f.; zur Konservativen Revolution und neuen Rechten in Weimar siehe auch: Morat, Von der Tat zur Gelassenheit, S. 35–41.

682 Dazu dann ausführlich im Kapitel »›Was ist konservativ?‹«.

reits erste konservative Tendenzen auf, doch zu einer konsistenten Geisteshaltung hatten sich diese noch nicht zusammengefügt.

Dispositionen politischen Denkens

Intellektuell können die Dispositionen von Matthias Waldens politischem Denken im Zusammenhang mit einer Generation von Journalisten gesehen werden, die aufgrund ihrer Geburtsjahrgänge als »45er« bezeichnet werden. Mit seinem dezidiert liberalen anglo-amerikanischen Verständnis von politischem Journalismus und öffentlicher Meinung entsprach Walden dem Grundmuster dieser Medienelite nach 1945. Ergänzt wurde dies durch seinen Umgang mit der NS-Vergangenheit, die als typisch für die Deutung seiner Generation verstanden werden kann und dennoch aufgrund seiner mehrfachen öffentlichen Anklage gegen die Verdrängung der »Schatten der Vergangenheit« heraussticht. Dass mit der rigorosen Frage nach der Verantwortung für die Verbrechen des Nationalsozialismus und der Kritik an geistigen und personellen Kontinuitäten in der Bundesrepublik die demokratische Verfasstheit derselben gesichert werden sollte, kennzeichnete nicht nur Waldens Arbeit, sondern auch die anderer prominenter Vertreter dieser Medienelite wie Joachim Fest oder Gerd Ruge. Sicherlich nicht zuletzt deswegen zählte der Historiker Thomas Mergel Matthias Walden zu einem der wichtigsten Vertreter eines politischen Neuanfangs des Journalismus in Deutschland nach 1945.[683]

Waldens politisches Denken steigerte sich mithin zu einem moralischen Antikommunismus, der aufgrund seiner Polemik zuweilen kaum andere Deutungen zuließ und somit zu einer Überhöhung der Demokratie zu einer »Freiheit des Westens« wurde. Hierbei unterschied er sich von einem ab Mitte der 1950er Jahre kennzeichnenden linksliberalen Antikommunismus des CCF, der allerdings zur Charakterisierungskategorie der Hauptströmung der »45er« werden sollte. Die konzeptionelle Zuordnung der »45er«-Medienelite stößt in dieser Frage also an ihre Grenzen, ähnlich wie das Narrativ des um 1960 einsetzenden Generationenkonflikts, wie es Marcus Payk in einer kritischen Betrachtung des Konzeptes schreibt.

Redaktioneller Zwist hatte dementsprechend nicht per se einen generationellen Hintergrund. Und auch der Aufstieg »rechtsintellektueller Nachwuchskräfte« im *Axel-Springer-Verlag* wie Günter Zehm oder eben Matthias Walden, mache laut Payk eine Relativierung des »45er«-Konzeptes notwendig. Ein generationeller Transformationsvorgang im Journalismus der frühen Bundesrepublik war jedoch kaum zu bestreiten. Dieser erfolgte aber weniger aufgrund biographischer Unterschiede, sondern eher wegen einer von den »45ern« empfundenen Notwendigkeit einer Abgrenzung im

683 Vgl. Mergel, Politischer Journalismus und Politik in der Bundesrepublik, in: Zimmermann (Hrsg.), Politischer Journalismus, S. 197.

Sinne der eigenen Identitätsfindung, da sie relativ früh in Entscheidungs- und Führungspositionen aufgestiegen waren, argumentiert Payk.[684]

Durch seinen kämpferischen Antikommunismus und seine Tendenzen zu einer kulturkritischen Haltung fand Walden intellektuell ebenso Anschluss an konservative Milieus. Richtig herauskristallisieren sollte sich dies allerdings erst im Laufe der 1960er Jahre, ähnlich wie die Identitätsbegründung der »45er«, die somit zudem eher als »nachhaltiger Impuls« wirkte und dadurch ihre Kohäsionskraft für die 1950er Jahre erneut relativiert.[685]

684 Vgl. Payk, »... die Herren fügen sich nicht; sie sind schwierig.«, in: Kersting/Reulecke/Thamer (Hrsg.), Die zweite Gründung, S. 61–63.

685 Vgl. ders., Balanceakt zwischen den Zeiten. Anmerkungen zur Generation der »Fünfundvierziger«, in: INDES 1 (2011), S. 24–30, hier S. 27; vgl. Bavaj, »68er« versus »45er«, in: Hartung/Reinmuth/Streubel/Uhlmann (Hrsg.), Graue Theorie, S. 60.

»Freiheit, Ideologie und Gewalt«: Vom politischen und gesellschaftlichen Mahner zum liberalkonservativen Zeitkritiker (1962–1984)

Publizistischer Kampf gegen eine neue Ost- und Deutschlandpolitik

»Politik im Visier«: Matthias Walden in der ost- und deutschlandpolitischen Debatte der 1960er Jahre

Schon in seiner *Mauer*-Dokumentation hatte Matthias Walden davor gewarnt, den Berliner Mauerbau als Anlass für eine generelle Strategieänderung der bundesdeutschen Deutschlandpolitik zu nehmen. Als Willy Brandt bereits im September 1961 in der »Fernsehpressekonferenz« einer Nachfrage von Conrad Ahlers zum »Deutschland-Plan« der SPD, der gesamtdeutsche Gespräche vorsah, auswich und anklingen ließ, die Mauer »durchlässiger« zu machen, musste das den ebenfalls anwesenden Walden irritieren.[1] In Brandts Verweis auf notwendige technische und wirtschaftliche Kontakte mit dem SED-Regime steckte schon einiges der Substanz, die dann schließlich in Egon Bahrs Überlegungen zu einem »Wandel durch Annäherung« auf der Tagung der Politischen Akademie Tutzing im Juni 1963 kulminieren sollte. Walden war ebenfalls auf der Konferenz und nahm eine dezidierte Gegenposition ein. Sowohl Willy Brandt als auch der Architekt seiner Ostpolitik, Bahr, gaben später in ihren Memoiren an, dass der Mauerbau der Ursprung ihrer deutschlandpolitischen Konzeptionen war, die sie dann ab 1966 im Außenministerium und ab 1969 schließlich im Bundeskanzleramt umsetzten.[2]

Bis dahin war es aber noch ein langer Weg, den Walden als steter Mahner begleiten sollte. Eine Annäherung an das SED-Regime manifestierte doch in seinen Augen die

1 Vgl. Fernsehpressekonferenz mit Willy Brandt, 22.9.1961, Minute 17–19.
2 Vgl. Görtemaker, Ursprünge, in: Bauerkämper/Sabrow/Stöver (Hrsg.), Doppelte Zeitgeschichte, S. 44; vgl. Egon Bahr, Zu meiner Zeit, München 1996, S. 125.

deutsche Teilung. Die Mauer musste für Walden als ein Symbol moralischer Politik gegen das SED-Regime und gegen die Sowjetunion gesehen werden. In diesem Sinne begleitete er im Februar 1962 in der *Welt am Sonntag* wohlwollend den Berlin-Besuch von US-Justizminister und Bruder des Präsidenten, Robert F. Kennedy. Dieser besitze den »missionarischen Eifer«, der den »moralischen Aktivposten der amerikanischen Politik« so stabil halte. Walden begrüßte den Besuch »Bobby« Kennedys in Berlin, da es hieß, er habe seinen Bruder zu »extremer Härte« während der Berlin-Krise geraten. Dem US-Politiker sei dafür nach Waldens Ansicht der »schweigende Applaus« der DDR-Bürger sicher.[3] Dieser Gedankengang diente Walden als Rechtfertigung für sein eigenes kämpferisches Engagement gegen das SED-Regime. Und tatsächlich sollte im Dezember 1964 der CDU-Politiker und Angehöriger des Berliner Abgeordnetenhauses Alfred Krause an den *SFB* schreiben, er wisse von einem Kontaktmann in der Ost-CDU, dass die Bürger in der DDR den Kommentaren Waldens gerne zuhörten und ihm für seine Arbeit danken wollten.[4] Dies spornte den Journalisten in seinem publizistischen Kampf gegen neue Wege in der Ost- und Deutschlandpolitik sicherlich weiter an.

Berlin im Spiegel

Viele Möglichkeiten standen dem begabten und nun national bekannten Redakteur Anfang der 1960er Jahre offen. Aus einem Brief Klaus Harpprechts an Walden aus dem Sommer 1962 lässt sich beispielsweise schließen, dass der leitende deutsche Rundfunkkorrespondent in Washington, Peter von Zahn, Matthias Walden einstellen wollte, dieser aber absagte.[5] Eine Tätigkeit im Ausland, so wie sie Harpprecht einige Jahre in der amerikanischen Hauptstadt ausgeführt hatte, erschien Walden wohl kaum sinnvoll, um die politischen Entwicklungen in Bonn und vor allem Berlin angemessen im Blick zu behalten. Einige Jahre später schrieb er an Axel Springer, Zusprüche, die ihn aus Ost-Berlin ereilen würden, seien »Zeichen der Ermutigung«, ohne die er und Springer wohl nicht auskommen würden: »Sie helfen, nicht zu vergessen, wozu wir hier sind. Wir werden bleiben.«[6] Mit dem Verleger, der 1966 demonstrativ sein Verlagshaus in West-Berlin in unmittelbarer Nähe zum Checkpoint Charlie eröffnen sollte, fühlte sich Walden zu großen Teilen wegen dessen Einsatzes für Berlin persönlich und ideell verbunden.

3 Vgl. Matthias Walden, Bob Kennedy kommt. Der Bruder des US-Präsidenten sieht die Mauer, in: Welt am Sonntag vom 18.2.1962.

4 Vgl. Alfred Krause an Sender Freies Berlin vom 21. Dezember 1964 (ASV-UA: NL Walden, Box 43 – SFB 1965(!)).

5 Vgl. Klaus Harpprecht an Matthias Walden vom 15. Juli 1962 (KHA im LA der ADK Berlin), S. 1.

6 Matthias Walden an Axel Springer vom 20. Dezember 1970 (ASV-UA, NL Springer: Box 130).

Schon vor dem Ausbruch der Zweiten Berlin-Krise war Walden klar gewesen, die »demokratische Insel« schmerze die Ideologen in Moskau und Ost-Berlin besonders, da an ihrer Existenz täglich ihre Theorien zerschlagen würden.[7] Er forderte dafür politische Konsequenzen und unterstützte Willy Brandt im Sommer 1958 bei dessen Forderung nach 100 Millionen Mark an Zuschüssen für den Senat, damit der Vorsprung gegenüber dem Osten gehalten werden könne.[8] Außerdem setzte sich Walden stets für die Sitzungen des Bundestages in Berlin ein.[9]

Bereits 1958 forderte er mithin Steuervergünstigungen für die Westberliner, damit es einen Anreiz gebe, dort zu produzieren und zu investieren.[10] In Zeiten der Vollbeschäftigung stand West-Berlin in der Tat in Konkurrenz zum westdeutschen Arbeitsmarkt. Und mit der bereits während der Blockade 1948/49 brüchigen Solidarität der Landsleute konnte nach dem Mauerbau kaum gerechnet werden, da diese Krise gefährlicher, weil schleichend und unabsehbar, war, so der Historiker Wilfried Rott. Bald schon schien in weite Ferne zu rücken, dass die Mauer einmal fallen würde und so war der West-Berliner Senat auf Finanzhilfen aus Bonn angewiesen. Zum 1. Juni 1962 traten schließlich, wie von Walden gefordert, komplizierte Steuerpräferenzen für Arbeitnehmer und Arbeitgeber in West-Berlin in Kraft, die für eine ökonomische Stabilisierung der Stadt sorgten. Erst 1971 folgte die sogenannte Berlin-Zulage für Arbeitnehmer, die unter anderem mit den höheren Lebenserhaltungskosten im abgeschlossenen Wirtschaftsraum West-Berlin begründet wurde.[11]

Vor allem die Steuervergünstigungen verleiteten allerdings einige Unternehmer zu im Prinzip krisensicheren Investitionen bei gleichzeitiger Ausnutzung von Steuervorteilen. Ein Beispiel war der Bau des Europa-Centers in der Tauentzienstraße, bei dem der Industrielle Karl Pepper die Standortvorteile in West-Berlin gerissen ausnutzte. Die steuerlichen Berlin-Vergünstigungen wurden dann zwar später eingeschränkt. Doch beim Europa-Center-Projekt – Spatenstich 28. November 1963 – ahnte noch niemand, wie sich der »Sumpf privat-öffentlicher Bauwirtschaft«, so Rott, auszubreiten schien, der dem Staat Steuereinnahmen entgehen ließ und West-Berlin einen schlechten Ruf verpassen sollte.[12]

Walden schien dieses Unbehagen der westdeutschen Bevölkerung gegenüber der »Insel« bereits früh zu wittern. Mit 24 anderen Skizzen veröffentlichte er in seinem 1963 im kleinen Berliner *Staneck-Verlag* erschienen Essayband »ostblind-westblind«

7 Vgl. Matthias Walden, Die störende Insel, in: Christ und Welt vom 6.2.1958.
8 Vgl. ders., 100 Millionen für Berlin. Die Insel bittet, in: Christ und Welt vom 1.8.1958.
9 Vgl. ders., Einen Tag Hauptstadt. Zur Konstituierung des Dritten Deutschen Bundestages vom 24.10.1957; außerdem: ders., Die Zone hörte mit. Der Bundestag in Berlin, in: Christ und Welt vom 2.10.1958.
10 Vgl. ders., 100 Millionen, in: Christ und Welt vom 1.8.1958.
11 Vgl. Rott, Die Insel, S. 187–189.
12 Vgl. ebenda, S. 210f.

eine Glosse über den Besuch eines westdeutschen Reisenden in West-Berlin mit dem Titel »Sind die Helden prüde?«. Sensibel zeichnete Walden in dem Text die Situation in der geteilten Stadt nach und verteidigte ihre Bürger gegen den Vorwurf, sich mit den Steuervergünstigungen ein angenehmes Leben zu machen.[13]

Gleichzeitig wies Walden auf die aus seiner Sicht unumgängliche Verbindung eines freiheitlichen Berlins mit dem internationalen Ost-West-Konflikt hin. Ohne die Strahlkraft Berlins gehe es nicht, war der Journalist sich sicher:

> Die Westmächte wären verloren im internationalen Prestige. Die Freiheit wäre verkäuflich und verkauft. [...] In Berlin hat sich unsere Welt bewährt und in Berlin wird sie sich weiter bewähren müssen. Symbole sind nicht austauschbar. Der Verlust Berlins wäre der Anfang vom Ende.[14]

Die Idealisierung West-Berlins als »Weltstadt« der Freiheit durfte allerdings auch in den Augen des Regierenden Bürgermeisters Willy Brandt nicht so weit gehen, dass die Bindungen der Stadt zur Bundesrepublik verwässert würden. So warnte Brandt beispielsweise 1962 Studenten der Freien Universität von einer »Weltuniversität« zu sprechen, da Berlin weiterhin als deutsche Stadt, als »eigentliche Hauptstadt«, wahrgenommen werden müsste.[15]

Dementsprechend legte der West-Berliner Senat nach dem Mauerbau Wert auf einen umfassenden Ausbau des kulturellen Programms der Stadt, was sich beispielsweise durch die freilich schon länger geplante Eröffnung der »Deutschen Oper« im Oktober 1961 zeigte sowie den Bau des Kulturforums mit der von Hans Scharoun entworfenen Philharmonie, die im Oktober 1963 ihre Türen das erste Mal öffnete. Hinzu kam die zu diesem »organischen« Bau antipodenhaft entgegenwirkende Neue Nationalgalerie des international bekannten und einst von den Nationalsozialisten aus Deutschland verdrängten Architekten Ludwig Mies van der Rohe, die 1968, sechs Jahre nach Auftragserteilung, fertiggestellt wurde. Man wollte die Lebensfähigkeit der eingemauerten Stadt bewahren und nicht als Sonderfall behandelt werden.[16] In diese Aufbruchsstimmung fügte sich Walden durch verschiedenste Berlin-Projekte ein.[17]

In einer unter dem Pseudonym Georg Hansen veröffentlichten Erklärung zu der Frage »Warum bleibe ich in Berlin?« schrieb Matthias Walden im Sommer 1963 in der Zeitschrift *Berlin im Spiegel*:

13 Vgl. Walden, ostblind – westblind, S. 139.
14 Ebenda, S. 140.
15 Vgl. Rott, Die Insel, S. 191.
16 Vgl. ebenda, S. 191–202.
17 Vgl. Schwane, Wider den Zeitgeist?, S. 168.

> Ich lebe dort, wo die Propagandasender der Kommunisten in den Radios hämmern und trompeten, wo seit anderthalb Jahrzehnten Probleme sich verzahnen und verfilzen, wo seit mehr als drei Jahren eine Krise glimmt, die Funken sprüht, Explosionsgefahren sichtbar macht, die Ungewißheiten ausspeit und eine Welt in Atem hält.[18]

Sein Geld könne er genauso gut in München oder Hamburg verdienen, ergänzte Hansen alias Walden. Für den aus Dresden stammenden Journalisten war das freie Berlin einst der »Magnet«, zu dem er die Stadt nach dem Mauerbau wieder machen wollte. Berlin sei zwar nicht seine Heimat, aber seine »Adoptivvaterstadt«, schrieb er. In ihr zu leben sei kein Opfer, als das es viele verstehen würden, sondern ein »Privileg«:

> Den Atem anhalten, wenn eine Flucht gewagt und glücklich aufzuatmen, wenn sie gelungen ist, könnte ich das so in Düsseldorf? Die Menschen dieser Stadt haben noch Schicksale und nicht nur Termine. Westberlin lebt gegen eine Macht, die die Welt bedroht. Widerstand, Trotz, Zähigkeit, Kampf – Berlin wird nicht gelähmt davon, es bezieht Vitalität daraus.[19]

Er knüpfte damit außerdem an kulturkritische Motive der 1950er Jahre an.

Seit 1958 erschien die Vierteljahresschrift *Berlin im Spiegel* im *Ernst-Staneck-Verlag*; im selben Haus also wie »ostblind-westblind«. Im Herbst 1962 versuchte der Verleger nun, Walden als Herausgeber für seine Zeitschrift zu gewinnen und wenig später konnte der *SFB*-Kommentator erfreut verkünden, dass er die Genehmigung des Senders für diese Nebentätigkeit erhalten hatte und ab dem 1. November zur Verfügung stehe.[20] Wie so vieles Berlin Betreffendes war das für Walden eher eine ideelle Frage. Unter die Kapitalisten sei er jedenfalls noch nicht gegangen, wie er im Mai 1963 dem Chefredakteur des *ZDF* und seinem früheren Kollegen beim *RIAS*, Wolf Dietrich, schrieb und meinte damit, dass er durch seinen neuen Posten kaum finanzielle Vorteile erhalte.[21] Zeitliche Kapazitäten hatte er zudem eigentlich auch nicht, doch konnte er das Angebot aus Verantwortungsbewusstsein für West-Berlin nicht ablehnen, vertraute er wenig später Egon Bahr an:

18 Georg Hansen, Warum bleibe ich in Berlin?, in: Berlin im Spiegel 5 (1963), H. 15/16, S. 10f., hier S. 10. Der Artikel erschien vermutlich unter einem Pseudonym, da in derselben Ausgabe bereits ein weiterer Artikel Waldens gedruckt wurde.

19 Ebenda, 11.

20 Vgl. Matthias Walden an Ernst Staneck vom 25. Oktober 1962 (ASV-UA: NL Walden, Box 12 – 1963(!)).

21 Vgl. Matthias Walden an Wolf Dietrich vom 20. Mai 1963 (ASV-UA: NL Walden, Box 41 – SFB 1963).

> Ich habe zwar ein sehr gedrängtes Pensum und wimmele Anträge und Aufträge jetzt meist ab. Aber eine Vierteljahresschrift zu machen, die Westberlin repräsentiert, die so geschrieben ist, daß man sie lesen wird, die ein Sprachrohr ist, durch das man nicht nur etwas zu reden, sondern auch etwas zu sagen hat, lohnt.[22]

Tatsächlich erhoffte sich Ernst Staneck mit der Verpflichtung Waldens wohl eine dringend notwendige Verkaufssteigerung der Zeitschrift, die wirtschaftlich eher auf wackligen Füßen stand. Jedenfalls versuchte der neue Herausgeber Walden nach einiger Überlegung mit Verweis auf die schlechte finanzielle Lage, beim Bundesministerium für gesamtdeutsche Fragen eine Subventionierung der Zeitschrift zu erreichen, für die er nun die »geistige und politische Linienführung« übernommen habe, wie er an einen Bekannten im Ministerium schrieb.[23] Eine Antwort aus dem Büro des Staatsekretärs ist nicht übermittelt, ebenso wenig wie aus dem Presseamt des Berliner Senats von Egon Bahr, den Walden zwar nicht um Subventionen, aber doch um eine regelmäßige Abnahme einer bestimmten Anzahl von Heften gebeten hatte, damit insgesamt eine Auflage von 20–25.000 Exemplaren erreicht werde.[24]

Aus dem hehren Plan Matthias Waldens wurde aber nichts. Nachdem bereits für sein erstes als Herausgeber betreutes Heft die Vierteljahresnummern der ersten Jahreshälfte 1963 zusammengelegt wurden, musste diese Maßnahme im Winter des Jahres nochmals ergriffen werden. Erst 1965 erschien dann eine weitere Nummer der Zeitschrift. Dem Heft war ein Brief der Redaktion beigelegt, in dem sich für die Geduld der Leser bedankt wurde und der eine neue Ausrichtung des Magazins mit schmaleren Themenheften erläuterte.[25]

Eingerahmt von Anzeigen der *Welt* und der *Frankfurter Allgemeinen Zeitung* sollte die Zeitschrift mit dem wirtschaftspolitischen Thema »Berlin als Absatzmarkt« wieder auf Spur gebracht werden. Schon im Editorial des Winter-Heftes 1963 hatte Walden bereits darauf hingewiesen: »Berlin lebt nicht vom Geist allein!«[26] Tragischer Weise galt dies auch für die Zeitschrift, deren mangelnde Reichweite und finanzieller Notstand eine Fortsetzung auch im neuen Gewand wohl nicht möglich machten. Eine Zeitschrift dieser Art konnte kaum von reinem Idealismus leben; ebenso wenig wie die Stadt selbst.

22 Vgl. Matthias Walden an Egon Bahr vom 30. Mai 1963 (ASV-UA: NL Walden, Box 12 – 1963), S. 1.
23 Vgl. Matthias Walden an Plück vom 20. Mai 1963 (ASV-UA: NL Walden, Box 41 – SFB 1963).
24 Vgl. Walden an Bahr, 30.5.1963, S. 2.
25 Vgl. Sehr geehrter Leser, in: Berlin im Spiegel (1965), H. 19.
26 Eine notwendige Vorrede zu diesem Heft, in: Berlin im Spiegel 5 (1963), H. 17/18, S. 8.

Die Einstellung von *Berlin im Spiegel* war darüber hinaus das Scheitern eines die politischen Lager übergreifenden Engagements für die geteilte Stadt. So war der Chefredakteur der Zeitschrift beispielsweise der als »links-intellektuell« geltende Schriftsteller Hannes Schwenger, der in den späten 1960er Jahren zu einem der Initiatoren der »Enteignet Springer-Kampagne« werden sollte.[27] Auf der anderen Seite gab 1962 der im *Axel-Springer-Verlag* tätige Publizist Felix Henseleit eine englischsprachige Sonderausgabe des *Berlin im Spiegel* heraus, die die politisch-ideelle Verbindung der Stadt zu den USA herausstellen sollte. Henseleit trat darüber hinaus in den kommenden Jahren als publizistischer Begleiter der Berlininitiativen Axel Springers auf.[28]

In der USA-Sonderausgabe meldete sich weiterhin unter anderem der SPD-Politiker und frühere enge Mitarbeiter und Vertraute Ernst Reuters, Klaus Peter Schulz, zu Wort, der 1971 für Aufsehen sorgen sollte, weil er in die Bundestagsfraktion der CDU wechselte und der SPD eine Abkehr vom Godesberger Programm vorwarf.[29] Ferner zählten mit Erich Kästner oder Ingeborg Drewitz in der kurzen Zeit von Waldens Herausgeberschaft Intellektuelle zu den Autoren, die sich seit einiger Zeit für eine Überwindung des ideologischen Konflikts im Kalten Krieg einsetzten und eine Annäherung an die DDR befürworteten, während Walden an einem offensiven Ausfechten der Gegensätze interessiert war.[30]

Viele westdeutsche Schriftsteller und Intellektuelle wie Günter Grass, Hans Magnus Enzensberger oder Reinhard Lettau zog es außerdem um 1960 und noch nach dem Mauerbau nach West-Berlin. In Friedenau lebten sie in großen Wohnungen oder Stadtvillen. Sie fühlten sich von der »Adenauer-Bundesrepublik« und dem Materialismus des Wirtschaftswunders abgestoßen und fanden im Westteil der alten Hauptstadt einen Ort, der zwar Anteil an diesen Phänomenen hatte, aber in ihren Augen kein Teil derer war.[31] Interessanterweise kann bei Walden ein ganz ähnlicher Grund für seine Verbundenheit zu Berlin festgestellt werden. Neben Waldens Kulturkritik am fehlenden Idealismus vieler westdeutscher Wirtschaftstreibender gesellte sich hierzu sein

27 Zu Schwenger, siehe: Rott, Die Insel, S. 264f.

28 Vgl. Felix Henseleit, … und doch ist dies der alte Schauplatz noch … – Das Berliner Zeitungsviertel damals und heute. Sonderdruck für die Freunde unseres Hauses, Berlin 1965.

29 Vgl. Klaus Peter Schulz, Berlin – A Peculiar City, in: Berlin im Spiegel (1962), Sonderheft USA, S. 9–11; siehe zu Schulz' Parteiwechsel: ders., Ich warne, Stuttgart 1972, v.a. S. 254–261.

30 Zu Drewitz: Dorothea Dornhof, »Ein fremdes ganz vertrautes Land«. Ingeborg Drewitz – als Mittlerin zwischen BRD und DDR, in: Barbara Becker-Cantarino (Hrsg.), »Von der Unzerstörbarkeit des Menschen«. Ingeborg Drewitz im literarischen und politischen Feld der 50er bis 80er Jahre, Bern 2005, S. 93–106. Erich Kästner verzichtete zum Beispiel in seiner Zeit als PEN-Präsident von 1951 bis 1962 auf große öffentliche Resolutionen gegen den Ungarn-Aufstand oder den Mauerbau, da er sich mehr als »Geheimdiplomat« verstand und die Gesprächsbasis zu den Schriftstellern im Ost-Block aufrecht erhalten wollte: vgl. Sven Hanuschek, »Keiner blickt dir hinter das Gesicht«. Das Leben Erich Kästners, München 2010, S. 369.

31 Vgl. Rott, Die Insel, S. 203.

Unbehagen gegenüber den vergangenheitspolitischen Versäumnissen der Adenauer-Ära. In einem Essay über die ernüchternde Arbeit an einer Fernsehsendung zu diesem Thema, für die er in Bonn gedreht hatte, wird dieser Zusammenhang mehr als deutlich:

> Ich wollte möglichst schnell wieder zurückfliegen. Denn ich war sehr froh, damals aus Deutschland nach Berlin emigriert zu sein. Zum Abschied ging ich noch einmal hinunter auf die Uferpromenade. Die Luft war kühl, und es dunkelte, und ruhig floß der Rhein. Und ich wußte nicht, was es bedeuten sollte, daß ich so traurig war.[32]

Walden berichtete von der Blockadehaltung der Bundesministerien, die ihn darüber informierten, dass es ihnen nicht opportun erscheine, zur Sauberkeit Bonner Regierungsämter von »alten Nazis« Stellung nehmen: »Von der Opportunität zum Opportunismus ist immer nur ein kleiner Schritt.«[33] Walden ging es vor allem um Angehörige des Auswärtigen Amtes, von denen viele bereits während des »Dritten Reiches« im diplomatischen Dienst tätig waren. Zweimal hatte er im Vorfeld an Staatssekretär Felix von Eckhardt im Presse- und Informationsamt geschrieben, damit dieser auf den Bundeskanzler oder Außenminister einwirken konnte. Die Schreiben blieben anscheinend unbeantwortet.[34]

In seiner Durchsicht des Essay-Manuskripts hatte wiederum bereits Klaus Harpprecht Walden geschrieben, dass es ein »grossartiger Illusionismus« sei, wenn Walden sich wünsche, dass die Bundeswehr allein von Männern des Widerstandes befehligt werde. Er meinte, Walden träume sich von seiner »Berliner Insel« den »deutschen Idealstaat« zusammen. Dies konnte aber kaum als Kritik verstanden werden: »Dieses Kapitel rechtfertigt sich durch seinen Elan, durch einen Zorn von seltsamer Eleganz.«[35]

Waldens Insel-Rhetorik und sein düsteres Bild, dass er in seinem Essay gezeichnet hatte, bedeuteten aber nicht, dass er an den Verbindungen Berlins zur Bundesrepublik rütteln wollte. In dem Hansen-Artikel in *Berlin im Spiegel* hieß es daher optimistisch und kampfbetont:

32 Vgl. Walden, ostblind – westblind, S. 111.

33 Ebenda, S. 102.

34 Vgl. Matthias Walden an Felix von Eckhardt vom 13. Januar 1962 (ASV-UA: NL Walden, Box 9b – 1962); und: Matthias Walden an Felix von Eckhardt – Datum unbekannt, wahrscheinlich Ende Januar 1962 (ASV-UA: NL Walden, Box 9b – 1962).

35 Klaus Harpprecht an Matthias Walden vom 18. April 1962 (KHA im LA der ADK Berlin), S. 2; zu Waldens Kritik an der Bundeswehr-Generalität siehe: Walden, ostblind – westblind, S. 105f.

> Berlin ist mit dem Blutkreislauf Westdeutschlands verbunden, es ist nicht abgeschnitten, sondern nur entrückt. Berlin ist dem Westen Deutschlands nicht fremd, nicht feind - es ist nur anders. [...] Die Welt führt einen Kampf des Freien gegen das Unfreie. Ost gegen West und umgekehrt. Auf dem ganzen Globus. Runde um Runde. Und Berlin ist das Zentrum der Arena. Ist das Modell des Kampfplatzes, ist das Maß der Kämpfenden. Hier wird sich alles entscheiden, nicht draußen.[36]

In West-Berlin fand Matthias Walden die Melange an geistiger Offenheit zur deutschen Vergangenheit und der Möglichkeit, einen Freiheitsbegriff so offensiv zu vertreten wie wohl kaum anderswo in Deutschland in dieser Zeit.

Dies bedeutete stets, die Lebensfähigkeit des eingemauerten West-Berlins zu betonen. Mit der Fernsehdokumentation »Berlin '63« verfolgte er beispielsweise die Intention, einen Film über das »vitale Berlin« zu produzieren.[37] Die Dokumentation war gleichzeitig eine Anklage gegen die Unterdrückung der Menschen in der DDR und eine Hommage an West-Berlin und seine Bürger. Die »Sensation«, so Walden, sei es, dass sich nach dem Mauerbau im Lebensgefühl der Menschen nichts grundsätzlich verändert habe, wofür er zum Beispiel das Treiben am Kurfürstendamm als Beweis heranzog.[38] Die »vitale Freiheit« der West-Berliner war in seiner politischen Vorstellungswelt immer auch ein Mittel, dem SED-Regime zu schaden und musste daher besonders betont und gefördert werden.[39]

Gemeinsam mit dem Fotografen Gottfried Paulsen gab Matthias Walden daher im Sommer 1963 – ebenfalls im *Staneck-Verlag* – den Bildband »Berlin – Symphonie in Farben« heraus, der die Tradition der Stadt als »Vorposten der Freiheit« im Sinne Ernst Reuters untermalen sollte. Der wie die Bildunterschriften bilingual in Deutsch und Englisch gedruckte Einleitungstext Waldens vermittelte einen kulturellen Romantizismus. Das freie Berlin lebe zwar permanent in geistiger Aggression, »strahlt« und »leuchtet« in dieser aber, so Walden.[40]

Die Stadt durfte laut Walden nicht spartanisch oder in »heldisch asketischer Pose erscheinen«. Kultur, Universität und die Lebenslust der Boulevards ließen West-Berlin vor dem Hintergrund der grauen kommunistischen Ummauerung farbig strahlen.[41] Alles in allem gliedert sich der Bildband in die Vorstellung einer lebensfähigen

36 Hansen, Warum bleibe ich in Berlin?, S. 11.
37 Vgl. Matthias Walden an den Kommandanten der französischen Luftbasis Tegel vom 23. Januar 1963 (ASV-UA: NL Walden, Box 13a – 1963).
38 Vgl. Matthias Walden, Fernsehdokumentation: Berlin 63 – Ein Fernsehbrief von Matthias Walden. Erstsendung am 22.2.1963 im SFB (eingesehen im AdRBB), Minute 11.
39 Vgl. ebenda, Minute 7.
40 Vgl. ders., Berlin. Symphonie in Farben, Berlin 1964, S. 3.
41 Vgl. ebenda, S. 5–7.

Stadt ein, die im Angesicht der kommunistischen Diktatur die Fahne der Freiheit hochhielt: »Berlin trägt keinen Trauerflor. Und wer es portraitiert, dem lächelt es zu.«[42]

Der »unfreiwillige Selbstmord« des Kommunismus

Vom Frühjahr 1963 bis Ende 1966 trat Walden zudem in der Regel wöchentlich als Kolumnist der Illustrierten *Quick* auf. 1965 wurde ein Großteil seiner Kolumnen in Buchform unter dem Titel »Politik im Visier«[43] veröffentlicht; ein unmissverständliches Bekenntnis Waldens zu seinem Selbstverständnis als meinungsbildender politischer Journalist. Die Redaktion der *Quick* führte seit 1962 Karl-Heinz Hagen, der in der Zeit von 1960 bis 1962 als Chefredakteur der *Bild-Zeitung* diese für Axel Springer zu einem antikommunistischen Kampfblatt gegen Ost-Berlin und Moskau gemacht hatte.[44] Chefredakteur war der 1929 geborene Günter Prinz. Später wurde er gemeinsam mit dem Rückkehrer Hagen zu einem der einflussreichsten Journalisten im *Verlag Axel Springer*.[45]

Die 1948 gegründete *Quick* dominierte zu Beginn der 1960er Jahre mit einer Auflage von 1,4 Millionen Exemplaren gemeinsam mit dem *Stern* (1,5 Millionen; Zahlen von 1964) den westdeutschen Illustriertenmarkt, wobei die *Quick* über einen deutlich geringeren Etat und dünneren Umfang verfügte. Darüber hinaus galten die beiden Magazine bereits einem zeitgenössischen Bericht des *Spiegels* zur Folge als einzige politische Zeitschriften ihrer Art. In den 1960er Jahren entwickelten sich *Quick* und *Stern* sogar zeitweilig zu einer ernsten Konkurrenz des Hamburger Politikmagazins.[46]

Bereits im Oktober und November 1962 zeigte sich Walden verantwortlich für die sechsteilige Reihe der *Quick* »Wer bist du Genosse? Das Leben des Nikita Chruschtschow«. Das Interesse am sowjetischen Diktator war zu Beginn der 1960er Jahre groß. Noch vor dem Mauerbau erschien auf dem deutschen Buchmarkt die 1959 fertiggestellte Chruschtschow-Biographie des ungarischen Dissidenten Georg Paloczi-Horvath.[47] Gerade für die Zeit bis in die 1930er Jahre war diese Darstellung wahrscheinlich die Grundlage von Waldens Serie.

42 Ebenda, S. 9.
43 Ders., Politik im Visier.
44 Vgl. Schwarz, Axel Springer, S. 345.
45 Siehe unter anderem: ebenda, S. 458.
46 Vgl. Quick: Lied der Nibelungen, in: Der Spiegel vom 18.4.1966, S. 44–46; vgl. Rudolf Stöber, Deutsche Pressegeschichte. Von den Anfängen bis zur Gegenwart, Konstanz-München 2014 (3., überarbeitete Auflage), S. 275; zu den Auflagenzahlen von 1964 siehe: Horst Holzer, Illustrierte und Gesellschaft. Zum politischen Gehalt von »Quick«, »Revue« und »Stern«, Freiburg i. Br. 1967, S. 11.
47 Georg Paloczi-Horvath, Chruschtschow, Frankfurt am Main 1960.

Die Intention der Reportage Waldens hingegen lag weniger in der reinen Betrachtung der Vergangenheit des starken Mannes in Moskau. Er nahm sich vor, der breiten Öffentlichkeit eine Charakterstudie Chruschtschows zu zeichnen und aus dieser dann Rückschlüsse für die gegenwärtige Politik zu ziehen. Den ersten Teil vom 21. Oktober 1962, der durch ein Titelbild des Kremlchefs und einer fünfseitigen Fotostrecke prominent im Heft platziert wurde, begann Walden in diesem Sinne mit dem Treffen Chruschtschows und Walter Ulbrichts auf der Krim im August 1962, bei dem der Deutsche einen separaten Friedensvertrag mit Moskau erwirken wollte.[48] Zum Auftakt des zweiten Teils hieß es schließlich unmissverständlich: »Heute hängt auch unser Schicksal von ihm [Chruschtschow, NL] ab. Darum sollten wir wissen, wer er ist.«[49]

Ein zentrales Anliegen Waldens war es, Chruschtschow als einen skrupellosen Opportunisten darzustellen und so deutete er bereits den späten Beitritt des Ukrainers zu den Bolschewiken mindestens ein halbes Jahr nach der Oktoberrevolution 1917 als machtpolitische Entscheidung:

> Seine Gewohnheit, nach oben den Rücken zu krümmen und nach unten zu treten. Seine hinter der Maske aufrichtiger Solidarität verborgene tiefe Abneigung gegen die Veteranen der Revolution, zu denen er gehört haben könnte, zu denen er aber nicht gehörte.[50]

Im Aufstieg Chruschtschows sah Walden also ein Beispiel für den aus seiner Sicht zwangsläufigen Übergang einer Ideologie zum Totalitarismus.

Nachdem Chruschtschow sich im Machtkampf nach Lenins Tod 1924 auf die Seite Josef Stalins geschlagen habe, wurde er laut Walden zum willfährigen Verbindungsmann des Diktators bei dessen Säuberungsaktionen in der Ukraine – Chruschtschows Heimat. Ende der 1920er Jahre sei Chruschtschow schließlich selbst nach Moskau beordert wurden. Hier habe er einen unheimlichen Ehrgeiz entwickelt und sei zu einem berechnenden Machtmenschen geworden, der ein Talent zum Überleben aufwies.[51] Immer wieder verwies Walden auf Chruschtschows Geheimrede auf dem XX. Parteitag 1956, in der dieser sich rhetorisch vom Stalinismus distanzierte. Walden zeigte dann die Verbindungen der Biographie Chruschtschows zur Herrschaft Stalins auf, um diesen vermeintlichen Politikwechsel zu entzaubern. So vor allem Chruscht-

[48] Vgl. Wer bist du Genosse? Das Leben des Nikita Chruschtschow. Teil 1, in: Quick – Illustrierte für Deutschland vom 21.10.1962, S. 35. Erst ab dem zweiten Teil wird Matthias Walden von der *Quick* als Autor der Reihe genannt.

[49] Matthias Walden, Wer bist du Genosse? Das Leben des Nikita Chruschtschow. Teil 2, in: Quick – Illustrierte für Deutschland vom 28.10.1962, S. 32.

[50] Chruschtschow – Teil 1, in: Quick – Illustrierte für Deutschland vom 21.10.1962, S. 41.

[51] Vgl. ebenda, S. 42.

schows Rolle im »großen Terror« der späten 1930er Jahre, in denen sich Stalin nicht mehr mit Parteiausschlüssen oder Verbannungen zufriedengab. Innerparteiliche Gegner wurden in einer teilweise absurd anmutenden Willkür in sibirische Arbeitslager deportiert und in vielen Fällen direkt »liquidiert«.[52]

In den Jahren 1937/38 wurden mehr als anderthalb Millionen Menschen verhaftet. Die Hälfte wurde hingerichtet; darunter 17 der 32 Funktionäre, die seit der Revolution im Politbüro der KPdSU gesessen hatten, sowie die gesamte Armeespitze von 40.000 Offizieren und weitere 23.000 NKWD-Offiziere.[53] Dass Nikita Chruschtschow ausgerechnet in dieser Zeit im Parteiapparat der KPdSU aufstieg, war für Walden bezeichnend: »Er wollte überleben. Das war nur möglich, indem er seinen Herrn lobte und stillschweigend zusah, wie die großen alten Bolschewiki starben.«[54]

Auffällig war an dieser Perspektive, dass Walden auch SED-Chef Walter Ulbricht in seine Betrachtung über Chruschtschows Vergangenheit einbaute. Für Ulbricht, so schrieb Walden in einer Kolumne im Juli 1963, hatte er nur Verachtung übrig, keinen Hass, wie er betonte. Mit seinem »Kleinformat« war der Staats- und Parteichef allerdings ein typischer Vertreter eines SED-Funktionärs und ein Produkt des Systems. In der Geschichte werde er vermutlich als »blutiger Clown« überdauern. Chruschtschow und auch Walter Ulbricht waren für ihn Opportunisten par excellence, womit er an seine Kritik der Verwandtschaft zwischen politischem Managertum und totalitären Systemen anknüpfte. Dass Ulbricht ähnlich wie Chruschtschow die Zeit der stalinistischen Säuberungen nicht nur überlebte, sondern diese zu seinem Aufstieg beitrugen, hatte laut Walden darüber hinaus eher mit einem Mangel an Persönlichkeit zu tun als mit politischem Geschick.[55]

Von den 68 deutschen Spitzenfunktionären der KPD, die in den 1930er Jahren nach Moskau gekommen waren, überlebte nur ein Drittel.[56] Wie der Historiker und Publizist Andreas Petersen herausarbeitet, verfolgte die Überlebenden sowohl die Gewalterfahrung als auch – in den meisten Fällen – die eigene Schuld ein Leben lang. Besonders galt dies für Walter Ulbricht und den 1960 verstorbenen ersten und einzigen Präsidenten der DDR, Wilhelm Pieck. Ihr politisches Wirken konnte nicht unabhängig von ihrer Verstrickung in die stalinistischen Methoden und der fortdauernden Hörigkeit gegenüber der sowjetischen Führung betrachtet werden, ohne die ihre politischen Karrieren nach dem Zweiten Weltkrieg nicht möglich gewesen wären.[57] Wal-

52 Vgl. Hildermeier, Geschichte der Sowjetunion, S. 464f.
53 Zu den Zahlen siehe: Petersen, Die Moskauer, S. 91.
54 Walden, Chruschtschow – Teil 2, in: Quick – Illustrierte für Deutschland vom 28.10.1962, S. 34.
55 Vgl. ders., Ulbricht ist kein Zufall, in: Quick – Illustrierte für Deutschland vom 14.7.1963, wiederabgedruckt in: ders., Politik im Visier, S. 95–98.
56 Vgl. Petersen, Die Moskauer, S. 93.
57 Vgl. ebenda, S. 108–119.

dens Betonung der Verbindung Ulbrichts zu Chruschtschow sollte denjenigen die Augen öffnen, die eine politische Annäherung an die DDR in Erwägung zogen.

Die Initiative gliederte sich in Waldens Vorhaben ein, die vermeintlich von Chruschtschow eingeleitete moderate Wende in der sowjetischen Politik zu entkräften. Beispielsweise habe dieser auf dem XX. Parteitag in anschaulicher Weise das »Feldherrengenie« Stalins entmystifiziert, indem er den damaligen Diktator für den Verlust Hunderttausender sowjetischer Soldaten in der Schlacht um Charkow im März 1943 verantwortlich machte. Er, Chruschtschow, habe Stalin schließlich vergeblich versucht, ihn von einem rechtzeitigen Rückzug zu überzeugen. Dieser Darstellung hielt Walden den Bericht des in den USA lebenden sowjetischen Exilanten Lazar Pistrak entgegen, der in seinem 1962 in Deutschland erschienenen Buch »Chruschtschow unter Stalin« nachgewiesen hatte, dass Chruschtschow ebenso wie der Diktator auf ein Durchhalten der Armee gepocht hatte.[58]

Diese Linien zog Walden bis in die Gegenwart des Jahres 1962 und schloss seine Reportage im letzten Teil vom 25. November mit der Kuba-Krise, die in diesen Tagen die Welt in Bann gehalten hatte. Die Konfrontation der beiden Supermächte in der Karibik war für ihn der Punkt, an dem US-Präsident Kennedy die Aggressionspolitik Chruschtschows eindämmte, mit der dieser die Jahre zuvor die Welt beliebig in den »Schüttelfrost des Kalten Krieges« versetzt hatte. Der Umgang Kennedys mit dem sowjetischen Aggressor sollte laut Walden beispielhaft für die gesamte westliche Politik werden, die sich klar machen müsse, dass ein partielles Kleinbeigeben den Kreml nicht besänftigen werde, sondern nur zu größeren Forderungen führe.[59]

Die Kuba-Krise, die endgültig erst wenige Tage vor Waldens Artikel am 20. November 1962 mit der Aufhebung der am 24. Oktober von Kennedy ausgerufenen Seeblockade und dem Abtransport der atomaren Gefechtsfeldwaffen sowie der sowjetischen IL-28 Bomber beigelegt wurde, gilt als Triumph der »weltanschaulichen Grundlehren« der Kennedy-Administration, so der Historiker Bernd Greiner in seiner Überblicksstudie zu der Krise. Im Kern standen die Erkenntnis, dass der »Wettstreit der Systeme« in der Dritten Welt entschieden werde, sowie das Verständnis, dass sich Diplomatie auf der militärischen Überlegenheit und der glaubwürdigen Bereitschaft gründe, von dieser Stärke auch Gebrauch zu machen.[60]

58 Vgl. Matthias Walden, Wer bist du Genosse? Das Leben des Nikita Chruschtschow. Teil 3, in: Quick – Illustrierte für Deutschland vom 4.11.1962, S. 40; vgl. Chruschtschow. Der Weg nach oben, in: Der Spiegel vom 8.8.1962, S. 49.

59 Vgl. Matthias Walden, Wer bist du Genosse? Das Leben des Nikita Chruschtschow. Teil 6, in: Quick – Illustrierte für Deutschland vom 25.11.1962, S. 105.

60 Vgl. Bernd Greiner, Die Kuba-Krise. Die Welt an der Schwelle zum Atomkrieg, München 2010, S. 120f.

Chruschtschow, so Walden, habe die Epoche Stalins beendet und eine neue eingeleitet. Diese orientiere sich aber immer noch am Ziel der Welteroberung des Kommunismus und hätte nur ihre Methoden radikal geändert. Der sowjetische Diktator befinde sich allerdings in einer »Sackgasse«. Der Anachronismus des sowjetischen Systems und die veraltete Ideologie des Kremls hätten zu einem erheblichen Rückstand des Ostblocks im Wettlauf um den Lebensstandard der Menschen im Vergleich zum Westen geführt. Immer weiter fiele der Osten zurück, einmal abgesehen von der Freiheit der Menschen, die er ohnehin nie gewährleistete, konstatierte Walden nüchtern.[61]

Allerdings war ein Wandel des stalinistischen Systems unter Chruschtschow im geistig-kulturellen Leben der Sowjetunion zu erkennen. Das logische Prinzip von Stalins Nachfolger, die sozialistische Ordnung in ihrem Grundsatz als historisch notwendig und alternativlos aufzufassen, wurde aber gleichzeitig zu seinem »fatalen Irrtum«. Die Überzeugung von der Überlegenheit des Systems führte bei der dazu ambivalenten wirtschaftlichen Entwicklung zu einem »unsteten ›Tauwetter‹« und zu einengenden, rein zweckorientierten Reformen, die den sowjetischen Intellektuellen nur einen Vorgeschmack auf die Freiheit verrieten. Und somit wurde die Chruschtschow-Ära laut Manfred Hildermeier gar zu einem Wegbereiter der Dissidentenbewegung, die vor allem ab den späten 1960er Jahren einsetzte.[62]

Anlässlich Chruschtschows 70. Geburtstages widmete Walden dem Kreml-Chef im April 1964 erneut ein Portrait in der *Quick*, in dem er Chruschtschow Anzeichen von Zerfahrenheit und Müdigkeit zuschrieb. Unter dem Titel »Bilanz eines Verdrossenen« lieferte Walden einen Abgesang auf die Sowjetunion unter Chruschtschow, die sich kaum noch gegen den Unmut im eigenen Lager und dem Druck des maoistischen Chinas zur Wehr setzen könne.[63] Somit konnte der Sturz Chruschtschows etwa ein halbes Jahr später für den Journalisten nicht gänzlich eine Überraschung gewesen sein. Allgemein reagierten sowohl westliche als auch östliche Beobachter auf die Ablösung Chruschtschows durch den zwölf Jahre jüngeren Leonid Breschnew eher unvorbereitet, hatte der Staats- und Parteichef doch eigentlich eine erhebliche Machtfülle angehäuft. Der Putsch vom 13. Oktober 1964 ging daher schließlich im engsten Kreis der Macht und unter Ausschluss der Öffentlichkeit vonstatten und hatte somit kaum einen systemverändernden Charakter.[64]

61 Vgl. Walden, Chruschtschow – Teil 6, in: Quick – Illustrierte für Deutschland vom 25.11.1962, S. 105.

62 Vgl. Hildermeier, Geschichte der Sowjetunion, S. 844; zur Kulturpolitik Chruschtschows siehe: ders., Geschichte der Sowjetunion, S. 844–865.

63 Vgl. Matthias Walden, Bilanz eines Verdrossenen, in: Quick – Illustrierte für Deutschland vom 19.4.1964, S. 120f.

64 Vgl. Hildermeier, Geschichte der Sowjetunion, S. 866.

Walden sah in dem Führungswechsel in Moskau darüber hinaus Anzeichen einer »Schwindsucht« der kommunistischen Ideologie.[65] Damit zeigte er erneut Parallelen zu der von James Burnham anderthalb Jahrzehnte zuvor getroffenen Analyse über die »inevitability« des »coming defeat of communism«.[66] Burnham hatte indes 1964 mit seinem Essay »Suicide of the West«, das ein Jahr später auch auf Deutsch mit dem Titel »Begeht der Westen Selbstmord?« erschien, einen äußerst kritischen Blick auf die westliche Politik geworfen. Den »modern liberalism« der westlichen Welt sah der amerikanische Publizist als Ursprung einer »Aufweichung« westlicher freiheitlicher Werte in der Auseinandersetzung mit dem kommunistischen Osten.[67] Die intellektuelle Entwicklung Burnhams von einer rigorosen Verteidigung des Westens zu einer Kritik an einem vermeintlichen Verlust der »geistigen Aggressivität« im Kalten Krieg kann mithin als Schablone für Matthias Waldens politisches Denken gelten, ohne dass dieser den Fatalismus Burnhams gänzlich übernahm.[68]

Der einzige realistische Weg für Moskau, den Abstand zum Westen zu verringern, lag für Walden in der Liberalisierung des Systems. Doch das hätte – ganz der Idee der Reformunfähigkeit des Kommunismus folgend – die Preisgabe dessen Eigenart bedeutet, wie er noch zum Abschluss seiner Chruschtschow-Reihe 1962 schrieb: »Im Selbstmord des Kommunismus liegt die einzige Chance, auf lange Sicht zu überleben.«[69] In dem Ausspruch erkannte Walden unverkennbar bereits ein dialektisches Dilemma, das in der Realität mit dem Zusammenbruch des Systems enden würde.[70]

Intellektuell knüpfte das an seine Vorstellung eines freiheitlichen Gegenpols des Westens gegen den östlichen Despotismus an. Im April 1964 wurde dies noch konkreter, als er in einer Kolumne sein »Rezept für die Wiedervereinigung« ausführte. Die Bewahrung der Freiheit im Westen sowie der Einsatz gegen Kompromisse mit den totalitären Regimen würden im Osten nicht nur zur Nacheiferung im materiellen Bereich, sondern auch bei den ethischen Idealen führen. À la longue münde diese Entwicklung in einem »unfreiwilligen Selbstmord« des kommunistischen Systems:

> Zum schnellen und freiwilligen Selbstmord werden wir ihn [den Kommunismus] auch in der raffiniertesten Verhandlung nicht überreden können – zum

65 Vgl. Matthias Walden, Chruschtschow verloren - alles verloren?, in: Quick – Illustrierte für Deutschland vom 1.11.1964, S. 152f., hier S. 153; wiederabgedruckt in: ders., Politik im Visier, S. 205–208.

66 Vgl. Burnham, Coming Defeat, S. 280–286.

67 Vgl. ders., Suicide of the West. An Essay on the Meaning and Destiny of Liberalism, Clinton 1964.

68 Vgl. Patrick Keller, Neokonservatismus und amerikanische Außenpolitik. Ideen, Krieg und Strategie von Ronald Reagan bis George W. Bush, Paderborn 2008, S. 62f.

69 Walden, Chruschtschow – Teil 6, in: Quick – Illustrierte für Deutschland vom 25.11.1962, S. 105.

70 Vgl. ebenda.

> unfreiwilligen allmählichen Selbstmord können wir ihn zwingen, wenn wir fest bleiben. Und wir haben bereits erreicht, daß er sich in einem Maße wandeln mußte, das wir vor zehn Jahren für ausgeschlossen gehalten hätten. Was ungewandelt blieb, ist dennoch schrecklich genug.[71]

In einem anderen *Quick*-Text führte Walden die massiven Getreidelieferungen des Westens an die Sowjetunion Ende 1963 als ein klares Zeichen der Zukunftslosigkeit des Kommunismus auf. Gleichzeitig verband er dies – ähnlich wie Burnham – mit einer Kritik am Westen, von dem er mehr Selbstbewusstsein forderte, da er augenscheinlich überlegen sei.[72]

Marx und die Utopie des Marxismus

Ein politisches Feuilleton Waldens mit dem Titel »Besuch des alten Herrn« aus dem 1963 erschienenen Band »ostblind – westblind« ordnete sich ebenfalls in seinen Versuch der Entzauberung der kommunistischen Ideologie ein. In dem Essay beförderte er Karl Marx für zwei Tage in die Gegenwart und machte sich mit ihm auf einen Streifzug durch die Bundesrepublik Deutschland und Berlin. Im Kern des Beitrages stand die entwaffnende Gegenüberstellung des politischen Denkers Marx mit dem, was in den letzten 100 Jahren zur Ideologie des Marxismus-Leninismus und damit zum Unterbau der kommunistischen Systeme geworden war. Eine besondere Anschaulichkeit seines Vorhabens erreichte Walden dadurch, dass er, dem ersten Gebot des Marxismus folgend, Karl Marx auf ein »Studium« der sozialen Umstände der Gegenwart begleitete. Walden machte deutlich, dass aus seiner Sicht ein Großteil der Kritik an der bürgerlichen Gesellschaft und des Kapitalismus, die Marx im 19. Jahrhundert geäußert hatte, kaum noch gelten könne. Zu Beginn der 1960er Jahre gebe es keine mit der sozialen Frage der Industriellen Revolution vergleichbaren Probleme in der liberalen Demokratie.[73]

Vielmehr seien die Missstände durch Instrumente der sozialen Marktwirtschaft hinreichend gelöst. Auf die Verwunderung des fiktiven Marx, dass es ohne Risiko möglich sei, zu streiken, erwiderte Walden, dass das Risiko bei den Unternehmern lag. Sie würden zwar besser verdienen als die Arbeiter, aber auf Sozialversicherung sowie Arbeitnehmerrechte wie Arbeitszeitgesetzgebung oder Arbeitsschutzverordnung verzichten.[74] Etwas abstrakt unterstrich er durch sein Essay seine intellektuelle

[71] Ders., Zum Selbstmord zwingen, in: Quick – Illustrierte für Deutschland vom 5.4.1964, hier S. 75, wiederabgedruckt in: ders., Politik im Visier, S. 117–122; siehe dazu ebenfalls: ders., ostblind – westblind, S. 115–121.

[72] Vgl. ders., Wessen Weizen blüht?, in: Quick – Illustrierte für Deutschland vom 24.11.1963.

[73] Vgl. ders., ostblind – westblind, S. 19–21.

[74] Vgl. ebenda, S. 22.

Orientierung zu einem konservativen Anti-Utopismus. Walden stand damit außerdem in der Denkschule des hegelianischen Philosophen Alexandre Kojève, der im liberalen Staat das Ziel von Marx' »Reich der Freiheit« bereits erfüllt sah.[75]

Schließlich brachte Walden Marx nach Berlin, wo dieser wünschte, sich den Arbeiter- und Bauernstaat der DDR anzuschauen. Als der Wachtposten an der Mauer Marx mit seinem englischen Pass in den Ostsektor passieren ließ, Walden aber nicht, nutzte der Journalist den Moment für letzte Erklärungen. Er riet Marx, lieber keinen Arbeiter nach seinen Rechten zu fragen, da es für diesen schwer sein wird, zu antworten. Die Verfassung erlaube ihm zwar zu streiken und zu sagen was er denke, doch dürfe er laut Walden weder von dem einem noch dem anderen Recht Gebrauch machen. Marx würde die Arbeiter allerdings leicht erkennen, da sie aussähen wie zu seiner Zeit. Unternehmer werde Marx in Ost-Berlin darüber hinaus nicht treffen, dafür aber einige Ausbeuter, die er daran erkenne, dass sie sich mit »Genosse« anreden, Parteiabzeichen tragen und von Chauffeuren gefahren werden.[76]

Anschaulich wies Walden hier erneut auf die in seinen Augen zwangsläufige Entartung der Ideologie in ein totalitäres System hin. Nachdem ein Nationalarmist einen Stein nach den beiden geworfen hatte, richtete er sich nochmals an Marx:

> ›Sie dürfen es dem Jungen nicht übelnehmen‹, erklärte ich, ›er ist 1943 geboren und sie haben ihn so erzogen. Er hat bestimmt schon von Ihnen gehört, aber er kennt Sie nicht. Er ist nämlich...‹ Karl Marx hörte mir nicht mehr zu. Er wandte sich zum Gehen, grußlos und ohne Dank.[77]

Waldens Essay über Marx zeigte die Anerkennung des Journalisten für das sozialkritische Potential der Ideen des Denkers aus dem 19. Jahrhundert, versuchte jedoch gleichzeitig den Erklärungswert dieser für gegenwärtige Probleme zu relativieren. Anlässlich des 1. Mai-Feiertages 1963 meinte er, es gebe schlicht kein Proletariat. Die Arbeiter hätten bereits so viel erkämpft, dass sie nun eine »Pflicht zur Klugheit« besäßen, die ihnen Radikalismus verbiete.[78] In einer späteren Kolumne schrieb Walden, dass Marx in der Gegenwart wohl Vorsitzender des Deutschen Gewerkschaftsbundes in der Bundesrepublik wäre.[79]

75 Vgl. Francis Fukuyama, The End of History and the Last Man, New York 2006 (1992), S. 290f.
76 Vgl. Walden, ostblind – westblind, S. 24f.
77 Ebenda, S. 26f.
78 Vgl. ders., Kampftag auf den Barrikaden?, in: Quick – Illustrierte für Deutschland vom 5.5.1963, S. 86; wiederabgedruckt in: ders., Politik im Visier, S. 53–56.
79 Vgl. ders., Was soll aus Marx und Lenin werden?, in: Quick – Illustrierte für Deutschland vom 17.10.1965, S. 140; siehe auch: ders., Lenin und Stalin wären nicht froh geworden ..., in: Die Welt vom 23.5.1969.

Die Ausführungen Waldens spiegeln aber vor allem den Versuch wider, Karl Marx vom Marxismus zu trennen und diesem so den ideellen Unterbau zu entziehen. Der überlieferte Ausspruch Marx', dass er sicher kein Marxist sei, wird schließlich nicht weniger eindrucksvoll, je häufiger er zitiert wird. So heißt es in der Marx-Biographie des britischen Historikers Gareth Stedman-Jones, dass der Marxismus aus einer selektiven Sicht des Werkes von Karl Marx entstand und eine offiziell verordnete Form dieser eklektischen und machtorientierten Lehre im 20. Jahrhundert wenig erstaunlich in der Entstehung totalitärer Staaten endete.[80]

Es scheint also möglich, von einer »Erfindung des Marxismus« zu sprechen, wie es Christina Morina in ihrer Gruppenbiographie über die erste Generation von Marxisten um 1900 tut. Für Morina ist klar, dass die zielorientierte Adaption der Ideen Marx' Ende des 19. Jahrhunderts den akuten politischen Bedürfnissen der aufsteigenden Sozialdemokratie entsprach. Eindeutig klingt hier darüber hinaus die Gegenwartsbezogenheit des analytisch-erklärenden Anspruches seiner Ideen heraus, die bereits für die erste Generation marxistischer Intellektueller mit der Zeit zum Problem wurde, geschweige denn für die Protagonisten der zweiten Hälfte des 20. Jahrhunderts.[81] Bereits für Matthias Walden hatten die Ideale und Vorstellungen eines Karl Marx kaum noch etwas mit der Ideologie des Marxismus-Leninismus beziehungsweise mit der Realität des Sowjetkommunismus zu tun. Letztendlich blieb dies jedoch eine intellektuelle Spielerei Waldens. Vordringlicher ging es dem Journalisten in der ersten Hälfte der 1960er Jahre um die publizistische Auseinandersetzung mit einer immer größer werdenden journalistischen Avantgarde, die sich für neue Ansätze in der Ost- und Deutschlandpolitik einsetzten.

Walden vs. Haffner I

Im August 1963 schrieb Matthias Walden an den Regierenden Bürgermeister Berlins, Willy Brandt, er spiele seit einigen Monaten die »Rolle des ›Anti-Haffner‹ in der Quick«[82]. Walden meinte damit seine Tätigkeit als Kolumnist der großen Illustrierten, für die er einige Wochen nach seiner Chruschtschow-Reihe nun ab März 1963 regelmäßig polemische Texte verfasste. Etwa zur gleichen Zeit hatte Sebastian Haffner beim *Stern* ebenfalls die Position des Kolumnisten eingenommen und in den kom-

[80] Vgl. Gareth Stedman Jones, Karl Marx. Die Biographie, Frankfurt am Main 2017 (engl. 2016), S. 10–13.

[81] Vgl. Christina Morina, Die Erfindung des Marxismus. Wie eine Idee die Welt eroberte, München 2017, S. 475–587.

[82] Matthias Walden an Willy Brandt vom 22. August 1963 (AdsD der FES, NL Brandt, Signatur: A6, Ordner 45: Korrespondenz P-Z, 1963).

menden Monaten wurden die beiden Journalisten zum prominentesten Gegensatzpaar der politischen Publizistik Mitte der 1960er Jahre.[83]

Noch kurz nach dem Mauerbau hatten die beiden Journalisten Willy Brandt in der »Fernsehpressekonferenz« gemeinsam unter Druck gesetzt, in der Deutschlandpolitik fest zu bleiben. Und auch einige Monate später verglich Haffner die Stimmen, die sich nun für eine Anerkennung der DDR aussprachen, mit den »Märzgefallenen« von 1933, die nach der erfolgreichen Reichstagswahl der Nationalsozialisten die Mitgliedschaft in die NSDAP beantragt hatten. Anlass für diesen polemischen Vergleich war der Tod Peter Fechters am 17. August 1962 an der Mauer. Der 18-jährige Fechter wurde bei seinem Fluchtversuch nach West-Berlin von DDR-Grenzsoldaten angeschossen und verblutete im Todesstreifen unter verzweifelten Hilferufen. Amerikanische Soldaten und West-Berliner Polizisten- sowie Bürger waren aufgrund der politischen Verhältnisse zur Untätigkeit gezwungen. Wer im Westen nach dem Tode Fechters noch mit den Gedanken einer Anerkennung des »Ulbricht-Regimes« spiele, dem fehle es an einem »moralischen Geruchssinn«, schmetterte Haffner den Lesern der *Welt* in einem Leitartikel mit dem Titel »Geduldete Brutalität« entgegen. Und dass dieser den Deutschen zuweilen abhanden gehe, habe man an den Masseneintritten in die NSDAP in den frühen 1930er Jahren gesehen, setzte er wie beschrieben fort.[84]

In solchen Situationen verstand sich Haffner gerne als Brite, schließlich war er 1938 vor den Nationalsozialisten nach Großbritannien geflohen und erst Mitte der 1950er Jahre als Korrespondent der Zeitschrift *The Observer* nach Berlin zurückgekehrt, wo er 1907 als Raimund Werner Martin Pretzel geboren worden war. Im Sommer 1961 trennte sich Haffner dann vom *Observer*, weil ihm die liberale Zeitschrift in ihrer Haltung gegenüber dem kommunistischen Osten zu »weich« geworden war. Fortan schrieb er Kommentare für *Die Welt* und *Christ und Welt* und kritisierte nach dem Mauerbau auch die Passivität der Westmächte, denen er nach dem Tod Peter Fechters beispielsweise Beihilfe zum Mord vorwarf, was ihm sogleich eine Rüge seines stellvertretenden Chefredakteurs bei der *Welt*, Ernst Cramer, einbrachte.[85]

Mit Walden verband Haffner also vor allem ein kämpferischer Antikommunismus, der eine Annäherung an das SED-Regime unmöglich machte. Anders als für Walden spielte für Haffner aber die Bindung an den ideellen und politischen Bezugsrahmen des Westens keine so entscheidende Rolle in seiner politischen Gedankenwelt. Sebastian Haffner übte bereits im Sommer 1962 Kritik an der westdeutschen NATO-Mitgliedschaft der Bundesrepublik. Das Bündnis hatte sich aus seiner Sicht

83 Siehe dazu mein Essay: Nils Lange, Von Kommunisten und Kolumnisten. Sebastian Haffner, Matthias Walden und die Anerkennung der DDR (= Ernst-Reuter-Hefte, 10), Berlin 2018.

84 Vgl. Sebastian Haffner, Geduldete Brutalität, in: Die Welt vom 21.8.1962.

85 Vgl. Schmied, Sebastian Haffner, S. 244f.; Ernst Cramer an Sebastian Haffner vom 31. August 1962 (BArch: NL Haffner, Ordner Korrespondenz mit »Die Welt«, N 2523 / 136).

seit Mitte der 1950er Jahre machtpolitisch als nutzlos für Bonn erwiesen. Auch Matthias Walden verstand sich selbst kaum als blinden Gehilfen der USA und kritisierte knapp ein Jahr nach dem Mauerbau in einer Fernsehdokumentation die »hohe Politik« der »three essentials«, in deren Schatten die Menschen an der Mauer starben.[86] Doch eine Abkehr vom NATO-Bündnis kam für Walden nicht in Frage und so stufte er im März 1964 die amerikakritische Politik Charles de Gaulles als gefährlich ein.[87] Die NATO war für Walden das Bündnis der Freiheit gegen die Tyrannei, das auch eingehalten werden musste, wenn, so wie Mitte der 1960er Jahre, ein Interesse der Bündnispartner an der Wiedervereinigung nur schwer zu erkennen war.[88]

Vor allem die Sicherheit West-Berlins wurde laut Walden von den USA garantiert. War er, wie gezeigt, unmittelbar nach dem Mauerbau über die zurückhaltenden Reaktionen Washingtons noch enttäuscht, hatte er knapp zwei Jahre später den politischen Notstand, der zu den »three essentials« geführt hatte, akzeptiert und betonte nun ihre Wirksamkeit.[89] Im Mai 1963 erwiderte er in diesem Sinne unter anderem auf die USA-Kritik Sebastian Haffners in der *Quick*:

> Die Amerikaner haben für Deutschlands Einheit nicht den Wasserstoffbomben-Weltkrieg riskiert. Daß sie dieses Risiko nicht eingingen, kann ihnen keiner zum Vorwurf machen. Wer es dennoch tut, ist ungerecht.[90]

Friedensvorschläge Moskaus seien ohnehin unglaubwürdig, fuhr er fort.[91]

Walden nährte sich damit der unmittelbar nach dem Mauerbau im Umfeld des Präsidenten Kennedy vorherrschenden Deutung an, dass die Mauer eher als Defensivwall gegen die geistig offensive US-Politik zu werten sei. Tatsächlich war Kennedy – obwohl er die deutsche Teilung als Fakt ansah und die deutsche Wiedervereinigung zu Beginn der 1960er Jahre nicht als realistisches Verhandlungsziel einstufte – zu keinem Zeitpunkt bereit, die DDR anzuerkennen. Und das nicht nur, weil er in diesem Fall eine Nationalismuswelle in der Bundesrepublik befürchtete, sondern weil er West-Berlin in Gefahr sah.[92]

86 Vgl. Matthias Walden, Fernsehdokumentation: Von Berlin nach Berlin – aus der Reihe »Diesseits und Jenseits der Zonengrenze«. Erstsendung am 20. August 1962 (eingesehen im AdRBB), Minute 5.

87 Vgl. ders., In Paris lächelt nur die Mona Lisa, in: Quick – Illustrierte für Deutschland vom 15.3.1964, S. 106f; wiederabgedruckt in: ders., Politik im Visier, S. 228–232.

88 Vgl. ders., Wo der dritte Weg zum Abweg wird, in: Quick – Illustrierte für Deutschland vom 22.3.1964, S. 141; wiederabgedruckt in: ders., Politik im Visier, S. 232–236.

89 Vgl. ders., Wenn nun aber die Russen kommen, in: Berlin im Spiegel 5 (1963), H. 17/18, S. 60.

90 Ders., Die Amis und wir, in: Quick – Illustrierte für Deutschland vom 12.5.1963, S. 22; wiederagebdruckt in: ders., Politik im Visier, S. 209–213.

91 Vgl. ders., Die Amis und wir, in: Quick – Illustrierte für Deutschland vom 12.5.1963, S. 22.

92 Vgl. Schlesinger Jr., A thousand days, S. 358–362.

US-Präsident John F. Kennedy am Rathaus Schöneberg, 26. Juni 1963.

John F. Kennedy hatte in Waldens Augen in der Kuba-Krise gezeigt, dass dem opportunistischen Machtstreben Moskaus nur mit einer Mischung aus entschiedener Härte und Besonnenheit entgegengetreten werden könne. Mit seinem Berlin-Besuch im Juni 1963 wurde der US-Präsident für den Journalisten schließlich zu einem unnahbaren antikommunistischen Kämpfer, der fast schon über jegliche Kritik erhaben war.[93] Interessanterweise schien gerade der Pathos generierende Berlin-Besuch Kennedys die deutsch-amerikanischen Beziehungen zwar zu stabilisieren, aber gleichzeitig eine besondere Identität der West-Berliner hervorzurufen, die in den kommenden Jahren eine Wiedervereinigung in weite Ferne rücken ließ. Die Relevanz dieser Entwicklung bleibt jedoch fraglich, da der Weg zur deutschen Einheit ohnehin nur über den Kreml gehen konnte, der daran – egal unter welchen Voraussetzungen – in den 1960er Jahren schon lange kein Interesse mehr hatte.[94]

93 Vgl. Matthias Walden, Mister President in Person. Zum Kennedy-Besuch, in: Quick – Illustrierte für Deutschland vom 23.6.1963.

94 Vgl. Diethelm Prowe, Brennpunkt des Kalten Krieges: Berlin in den deutsch-amerikanischen Beziehungen, in: Detlef Junker (Hrsg.), Die USA und Deutschland im Zeitalter des Kalten Krieges 1945-1990. Ein Handbuch. Band I 1945–1968, Stuttgart - München 2001, S. 260–270, hier S. 261.

Vor diesem Hintergrund plante Matthias Walden im Herbst 1963 in den USA eine Dokumentation über das »Phänomen der Berlin-Treue des amerikanischen Volkes« zu drehen, wie es der Journalist in einem Schreiben an die US-Mission in Berlin-Dahlem ausführte.[95] Walden hatte vom State Department in Washington eine Einladung zum Dreh der Dokumentation bekommen. Der Journalist interessierte sich außerdem für die »Auswirkungen und Verästelungen« der »Strategie des Friedens« auf die amerikanische Politik sowie »für den amerikanischen Alltag, für den materiellen und geistigen Lebensstandard des Durchschnittsbürgers, für die soziale Lage des Arbeiters und für die Leitbilder der amerikanischen Jugend«[96].

Während der Dreharbeiten in den USA fiel Präsident Kennedy am 22. November 1963 einem Mordanschlag bei einem Wahlkampfauftritt in Dallas zum Opfer. Walden und sein Team hörten die Nachricht über das Autoradio auf einem Highway in Arizona. Der Schock, der durchs Land ging, steckte die Deutschen an, wie die Bilder der fassungslosen Journalisten am Straßenrand zeigten.[97] Unfreiwillig wandelte sich die *SFB*-Dokumentation in ihrem letzten Viertel somit zu einem erstaunlichen Dokument unmittelbarer Berichterstattung und einer der ersten visuellen Dokumentationen auf diesen amerikanischen Schicksalsschlag.

Doch zunächst zeigte der Film eben das, weshalb sich Walden auf den Weg über den Atlantik gemacht hatte: einen Querschnitt der Meinungen der US-Amerikaner zu Berlin. Dabei stellte Walden freilich das dar, was er vorfand, bettete dies aber in seine eigene Haltung ein, die er damit untermauern wollte. Beispielsweise als er in einem Gespräch mit einem Leitartikler und Deutschlandexperten der *New York Times* zu dem Ergebnis kam, dass die Verantwortung der USA für West-Berlin zum einen aus der Sentimentalität der Amerikaner bestehe, zum anderen aber natürlich darin, dass dort ihre eigenen Werte verteidigt würden.[98]

Walden setzte seine Dokumentation dazu ein, seine Zuschauer von einer Notwendigkeit der Stationierung amerikanischer Truppen in Deutschland zu überzeugen und gleichzeitig zu belegen, dass die Bereitschaft für dieses Engagement in den USA von breiten Bevölkerungsschichten – von Arbeitern und Industriellen bis zu Studenten und Künstlern – geteilt wurde. Den Amerikanern sei bewusst, dass die Freiheit Berlins die Freiheit des Westens überhaupt sei.[99] Die Parallelen zu seiner eigenen Haltung wurden an dieser Stelle eindeutig offensichtlich. Bereits im Mai hatte er in der *Quick*

95 Vgl. Matthias Walden an Mr. Lions vom 1. Oktober 1963 (ASV-UA: NL Walden, Box 42 – SFB 1963-64), S. 1.

96 Ebenda, S. 2.

97 Vgl. Matthias Walden, Fernsehdokumentation: Unsere Sorgen – ferngesehen: Amerika. Erstsendung am 25.2.1964 im SFB (eingesehen im AdRBB), Minute 49.

98 Vgl. ebenda, Minute 12.

99 Siehe beispielsweise: ebenda, Minute 19 und 27; oder auch das Gespräch mit Billy Wilder: ders., Unsere Sorgen – ferngesehen: Amerika, Minute 40–45.

der »modischen« Kritik an den USA einen Aufruf zu ein wenig Demut entgegengehalten, denn nicht die Amerikaner würden die Deutschen brauchen, sondern umgekehrt.[100] Diese Haltung zeigte sich auch in seinem Unverständnis gegenüber den NATO-Austritts-Forderungen Sebastian Haffners.

Haffners vehemente Kritik an den USA war für die *Welt* teilweise unzumutbar, obwohl dort immerhin noch der nationalkonservative Hans Zehrer Chefredakteur war, der Haffner auch ursprünglich zu der Zeitung gelotst hatte.[101] So wurde ein besonders scharfer Leitartikel Haffners wegen vermeintlicher technischer Probleme nicht gedruckt.[102] Ernsthaft in Konflikt mit seinen Arbeitgebern geriet Haffner allerdings aufgrund der zurückhaltenden Behandlung der *Spiegel*-Affäre vom Oktober 1962 in den Springer-Blättern. Als dann Henri Nannen im Januar 1963 Sebastian Haffner als neuen Kolumnisten des *Sterns* ankündigte, war dies der endgültige Bruch des Journalisten mit dem *Verlag Axel Springer*, da er diesen Schritt nicht mit dem Verlag abgesprochen hatte. Eine Doppeltätigkeit bei der *Welt* und dem *Stern* war zu Haffners Verwunderung für Springer und Zehrer nicht möglich und auch letzte Überzeugungsversuche des Chefredakteurs fruchteten nicht. Zehrer vermutete letztlich, dass Haffner den Bruch mit dem Verlag mutwillig herbeigeführt habe.[103]

Ein Positionswechsel in der Deutschlandpolitik hatte sich bei Haffner ebenfalls schon angekündigt, doch sollte dieser so richtig offensichtlich erst in seinen Kolumnen für den *Stern* werden. Henri Nannen hatte seinem Magazin zunächst eine politisch neutrale Ausrichtung verpasst und dafür, wie beschrieben, als Gegenstimme zur ostpolitisch eher offenen Redaktion den militanten Antikommunisten Schlamm ins Haus geholt, der als radikaler Gegner eines wie auch immer gearteten Zugehens auf den Ostblock auftrat. Sebastian Haffner wurde hingegen einer der prominentesten Vertreter einer Gegenbewegung zu dieser Auffassung und hatte öffentlich mit Berufung auf eine »Realpolitik« den Austritt der Bundesrepublik aus der NATO und der DDR aus dem Warschauer Pakt gefordert.[104]

100 Vgl. ders., Die Amis und wir, in: Quick – Illustrierte für Deutschland vom 12.5.1963, S. 23.

101 Vgl. Hans Zehrer an Sebastian Haffner vom 15. Juni 1960 (BArch: NL Haffner, Ordner Korrespodenz mit »Die Welt«, N 2523 / 136).

102 Siehe zu Haffners teilweise widersprüchlichen Kommentaren in dieser Zeit: Schmied, Sebastian Haffner, S. 235–249.

103 Zu Haffners Haltung zur *Spiegel*-Affäre, siehe: ebenda, S. 249–259; sowie: Axel Schildt, »Augstein raus – Strauß rein«. Öffentliche Reaktionen auf die SPIEGEL-Affäre, in: Martin Doerry/ Hauke Janssen (Hrsg.), Die Spiegel-Affäre. Ein Skandal und seine Folgen, München 2013, S. 177–201, hier S. 197f.; zur Haltung des *Axel-Springer-Verlages* gegenüber Haffner siehe: Hans Zehrer an Sebastian Haffner vom 1. Februar 1963 (BArch: NL Haffner, Ordner Korrespondenz mit »Die Welt«, N 2523 / 136); sowie Haffners Bitte, parallel im *Stern* und in der *Welt* schreiben zu dürfen: Sebastian Haffner an Hans Zehrer vom 5. Februar 1963 (BArch: NL Haffner, Ordner Korrespondenz mit »Die Welt«, N 2523 / 136). Der Komplex der *Spiegel*-Affäre wird ausführlich im Kapitel »Gegen die ›Idealisierung des Politischen‹« behandelt.

104 Vgl. Sebastian Haffner, Hörfunksendung Unteilbares Deutschland: Probleme der Wiedervereinigung (angehört im AdRBB, gesendet am 7. März 1963 im SFB).

Haffner wurde von Nannen daher explizit als »Anti-Schlamm« engagiert. Bereits im Spätsommer 1963 trennte sich Verleger Nannen dann von seinem einstigen Zugpferd Schlamm, nachdem es öffentlich zu Reibereien zwischen den beiden prominenten Kolumnisten gekommen war. Sebastian Haffner besaß fortan die Deutungshoheit beim *Stern*, der zu einer Plattform derjenigen wurde, die für eine Verständigung mit Ost-Berlin und Moskau eintraten.[105]

Sowohl Waldens Kommentare in der *Quick* als auch Haffners erste Kolumnen im *Stern* gewannen vor allem in der Auseinandersetzung mit dem jeweiligen Pendant an Trennschärfe. In seiner ersten *Stern*-Kolumne zur Deutschlandfrage, die den Titel »Geteilt in alle Ewigkeit?« trug, schlug Haffner sogleich vor, den 1959 von Chruschtschow vorgeschlagenen Friedensvertrag anzunehmen, da die Westmächte nicht an einer Wiedervereinigung interessiert seien. Dies wäre auf die Umwandlung Berlins in eine »Freie Stadt« sowie auf Friedensgespräche mit der Bundesrepublik Deutschland und der DDR als gleichberechtigte Staaten hinausgelaufen.[106]

Als sich Haffner im Mai 1963 schließlich endgültig vom Alleinvertretungsanspruch der Bundesrepublik verabschiedete und in einer Kolumne mit dem Titel »Die Deutschen und ihre Kommunisten« eine Konföderation zweier deutscher Staaten und konsequenterweise die Anerkennung der DDR forderte, konterte Walden drei Wochen später in der *Quick* mit seinem Text »Die Deutschen und ihre Kolumnisten«. Er regte sich besonders über die Behauptung seines Gegenspielers beim *Stern* auf, dass in den vergangenen Jahren der Hass zwischen »Nichtkommunisten« und Kommunisten vor allem durch den staatsräsonartigen Antikommunismus Bonns geschürt worden wäre und die Bundesrepublik somit die harte Haltung des SED-Regimes selbst verursacht habe. Seiner Kolumne schaltete Walden, der sich als Vertreter dieser antikommunistischen Strömung zurecht angesprochen fühlte, das Zitat Haffners über den »moralischen Geruchssinn« vor und sah in dessen nun formulierter Haltung einen Verrat an einst gemeinsam gehegten Idealen:

> Eine Verharmlosung des Kommunismus und seiner politischen Kriminalität ist lebensgefährlich [...]. Der Journalist, der die Kommunisten der Liebe und der Pflege der Demokratien empfiehlt, muß Aufsehen erregen, aber keine Aufmerksamkeit.[107]

[105] Siehe hierzu: Schmied, Sebastian Haffner, S. 261–270.

[106] Vgl. Sebastian Haffner, Geteilt in alle Ewigkeit?, in: Stern vom 24.3.1963, S. 36–44.

[107] Matthias Walden, Die Deutschen und ihre Kolumnisten, in: Quick – Illustrierte für Deutschland vom 26.5.1963, S. 76f.; wiederabgedruckt in: ders., Politik im Visier, S. 88–92; siehe zu Haffners Auslöser: Sebastian Haffner, Die Deutschen und ihre Kommunisten, in: Stern vom 5.5.1963, S. 10f.

Die Empfehlung einer Konföderation deutscher Staaten sei indes schon aus machtpolitischer Sicht eine Fahrlässigkeit, »wenn die Sowjets an der Oder und Neiße und die Amerikaner aber am Potomac stehen«, kritisierte Walden.[108] Während Haffner versuchte, sich aus den Kategorien des Kalten Krieges zu lösen, band sich Walden beständig an diese. Seiner Meinung nach hatten sich die Umstände im Grunde nicht verändert. Demnach standen sich auf deutschem Boden Freiheit und Diktatur gegenüber, »zwei abgenutzte Begriffe, die der nach Neuem strebende und Neues gebende Journalist nicht mehr mit der Kneifzange anfaßt«. [109] Das Konzept einer vermeintlichen Vermischung der beiden Kategorien durch die Versöhnung einsichtiger Antikommunisten und milde gestimmter Kommunisten wäre laut Walden aussichtslos. »Ein bißchen Freiheit« gebe es schließlich genauso wenig wie »ein bißchen Schwangerschaft«.[110] Überlegungen über eine Anerkennung der DDR hatten für Walden somit einen Rückgang des Freiheitsbewusstseins in der Bundesrepublik und den Verlust des freiheitlichen Gegenpols im Sinne des *Vital-Center-Liberalismus* zur Folge.

Sebastian Haffner selbst sah seine deutschlandpolitische Position indes nicht als Veränderung seiner generellen politischen Einstellung, sondern mehr als Erweiterung seiner bisherigen Haltung und tatsächlich hatte er aus seiner Kritik an der NATO nie einen Hehl gemacht. So meinte er in einem Rundfunkkommentar im März 1963 bereits, er sei »der selbe bürgerliche liberale, vielleicht sogar eher liberal-konservative Mensch«, der er immer gewesen sei. Für den Kommunismus habe er nichts übrig und die Mauer mache ihn krank. Mit der Forderung einer Loslösung aus den internationalen Bündnissen – und einer wie kurze Zeit später im *Stern* beschriebenen deutschen Konföderation – hätte sich Haffner eben seiner Meinung nach nur an die neuen Umstände angepasst, zu denen auch das »atomare Patt« der beiden Supermächte gehörte.[111]

In seiner Entgegnung in der *Quick* warf Walden Haffner allerdings vor, den Freiheitswillen der Menschen in der DDR zu verkennen. Dieser hatte sich für Walden unverkennbar während des Volksaufstands vom 17. Juni 1953 geäußert, dessen zehnter Jahrestag zum Zeitpunkt der Kontroverse kurz bevorstand. Wie gezeigt galt für Walden spätestens seit der gewaltsamen Niederschlagung der Proteste in der DDR die Westbindung der Bundesrepublik als *conditio sine qua non* für die Wiedervereinigung. Von dieser Bedingung wollte er sich nicht lösen, womit sich die Schärfe seiner Polemik gegen Sebastian Haffner zumindest nachvollziehen lässt.

Paradoxerweise wirkten Haffners Forderungen und seine Kritik an den internationalen Bündnissen weitaus nationalistischer als Waldens antikommunistisch motivier-

[108] Zu dem Zitat: Walden, Kolumnisten, in: Quick – Illustrierte für Deutschland vom 26.5.1963, S. 76.

[109] Zu diesem Zitat: ebenda.

[110] Ebenda.

[111] Vgl. Haffner, Probleme der Wiedervereinigung, 7.3.1963, Minute 9.

te Abgrenzung zur DDR, die dieser an einen westlich-liberalen Antitotalitarismus anzuknüpfen versuchte. So urteilte der katholisch-konservative *Rheinische Merkur* im Mai 1964 über Haffner kritisch: »In die Verharmlosung der Kommunisten mischt Haffner verdächtig nationalistische Züge.«[112] Der Gegensatz zwischen Haffner und Walden Mitte der 1960er Jahre erinnert somit in gewisser Weise an die leidenschaftlichen Debatten über die außenpolitische Orientierung Bonns zwischen Kurt Schumacher und Konrad Adenauer in der Frühphase der Bundesrepublik.

Tutzinger »Realitäten«

Matthias Walden verstand sich als Korrektiv einer breiteren publizistischen und politischen Avantgarde, die eine Neudefinierung des Verhältnisses Bonns gegenüber Ost-Berlin anstrebte. Wie kein anderes Ereignis stand für diese Bewegung das Referat des Berliner Senatssprechers und Pressechefs Willy Brandts, Egon Bahr, mit dem Titel »Wandel durch Annäherung« auf der Tagung des Politischen Clubs der Evangelischen Akademie Tutzing am 15. Juli 1963. Bahr warnte in seinem Vortrag davor, die Diskussion um eine Anerkennung der »Zone« zu eng zu führen, da dies in eine politische Sackgasse führe, und erzeugte damit großen Aufruhr.[113]

Bei der Tutzinger Tagung handelte es sich jedoch um eine mehrtägige Veranstaltung und der Kurzvortrag Bahrs war nur einer der Programmpunkte. So hielt Walden am Vortag, also am 14. Juli, ein langes Referat zum Thema »Anerkennung von Realitäten«, in dem er einen anschaulichen Einblick in seine moralische Weltsicht gab. Die Einladung Waldens zu der Tagung ging auf den CSU-Politiker und Studienleiter der Evangelischen Akademie, Roland-Friedrich Messner, zurück, in dessen Haus der Journalist bereits im November 1962 zu Gast gewesen war. Messner war sichtlich beeindruckt von Waldens »objektiven« Analysen und »noblen« Ansichten, so dass er ihn umgehend zu der Diskussionstagung einlud.[114]

Walden sagte zu und hatte ursprünglich die Absicht, ein Thema aus dem Bereich der »Vergangenheitsbewältigung« zu bespielen. Doch Ende Mai 1963 änderte er sein Vorhaben und schrieb an Messner, dass es seiner Ansicht nach sinnvoller sei, über »die ›Mode der weichen Welle‹ im Ost-West-Konflikt« zu referieren. Ein Grund dafür waren seine Erfahrungen mit Sebastian Haffner, wie er weiter ausführte. Mit »sicherer

[112] Erwin Morhard, Sebastian Haffners Umweg, in: Rheinischer Merkur vom 8.5.1964, zitiert nach: Schmied, Sebastian Haffner, S. 282.

[113] Vgl. Egon Bahr, Vortrag in der Evangelischen Akademie Tutzing. 15. Juli 1963, in: Bundesministerium für innerdeutsche Beziehungen (Hrsg.), Dokumente zur Deutschlandpolitik. IV. Reihe / Band 9, Frankfurt am Main 1978, S. 572–575, hier S. 574; zum Vortrag Bahrs und zur Wirkung siehe: Vogtmeier, Egon Bahr, S. 59–79.

[114] Vgl. Roland-Friedrich Messner an Matthias Walden vom 27. November 1962 (ASV-UA: NL Walden, Box 40 – SFB 1962).

Witterung« schien dieser vorwegzunehmen, was bald eine »breite Publizitätschance« haben werde:

> Daraus hat sich längst ein neuer Konformismus zusammengebraut und wir alten sogenannten Konformisten beginnen, die neuen Nonkonformisten zu werden, die bisher scheinbar bequem mit dem Strom schwimmen und vielleicht bald merken, daß daraus ein Crawlen gegen den neuen Stromverlauf werden wird.[115]

Messner versuchte auch, Sebastian Haffner für ein Streitgespräch zu gewinnen, doch dies kam nicht zustande.[116]

Walden hatte demnach eine klare Intention, mit der er nach Tutzing reiste und sein Referat hielt. Einen moralischen Kompromiss mit der Tyrannei könne und dürfe es nicht geben, leitete er seinen Vortrag ein. Die politische Entwicklung sei also davon beeinflusst, wie moralisch die Politik sei, so Walden weiter und argumentierte analog zu seiner Polemik gegen Sebastian Haffner, dass es keine wie auch immer geartete Synthese zwischen Freiheit und Despotie geben könne. Solange der Kommunismus eine Weltrevolution und der Westen eine freie Welt fordern würden, müsse der Kalte Krieg fortgesetzt werden. Die Frage nach der Abschaffung des Kalten Krieges sei eine »akademische Torheit«, fuhr er fort und zeigte damit eindrucksvolle Parallelitäten zu James Burnhams Rede auf der Gründungsveranstaltung des CCF im Sommer 1950 in Berlin, als der Amerikaner vor der Friedensrethorik des Ostens gewarnt hatte. Der Kalte Krieg könne nur gewonnen oder verloren werden und er – Walden – war lieber einer seiner Krieger, als eines seiner Opfer.[117]

Die Existenz der DDR könne gewiss nicht geleugnet werden, was bekämpft werden soll, müsse schließlich da sein. Eine Anerkennung setze aber eine Akzeptanz voraus, die er nicht geben wolle, weswegen er in seinen Texten stets von einer DDR in Anführungszeichen sprach.[118] Wie in seinem Brief an Messner angekündigt, kam Walden bald auf die in seinen Augen voranschreitende »weiche Welle« in den Fragen der Deutschlandpolitik zu sprechen. Die Tendenz der »Anerkennung von Realitäten« schien laut Walden wohl in Mode zu kommen. Seine eigene ablehnende Haltung dagegen empfand er allerdings nicht als altmodisch, sondern vielmehr als »anti-

115 Matthias Walden an Roland-Friedrich Messner vom 31. Mai 1963 (ASV-UA: NL Walden, Box 41 – SFB 1963), S. 1.

116 Vgl. Roland Friedrich Messner an Sebastian Haffner vom 29. Mai 1963 (Kopie im ASV-UA: NL Walden, Box 41 – SFB 1963).

117 Vgl. Walden, Referat Tutzing. 14. Juli 1963, S. 1f.; vgl. Burnham, Rhetorik des Friedens, S. 454.

118 Vgl. Walden, Referat Tutzing. 14. Juli 1963, S. 10; siehe dazu auch: ders., Die Lehre von den Gänsefüßchen, in: Quick – Illustrierte für Deutschland vom 21.6.1964, wiederabgedruckt in: ders., Politik im Visier, S. 122–126.

modisch«.[119] Mit diesem Selbstverständnis sollte er sich in den nächsten Jahrzehnten an Debatten um die Bonner Außenpolitik beteiligen.

Denjenigen Kommentatoren, die nun eine Anerkennung der DDR als Realität fordern würden, warf Walden vor, an die Unüberwindbarkeit des Kommunismus zu glauben. Er blieb bei seiner in den 1950er Jahren geformten Haltung, dass es einen reformierten menschlichen Kommunismus nicht geben könne, was im Umkehrschluss bedeutete, dass er allen Entspannungsbefürwortern unterstellte, dieses Prinzip zu verfolgen. Die innere Gefahr solcher Ideen bestand laut Walden darüber hinaus darin, den Antikommunismus einer Gesellschaft zu schwächen und, bezogen auf die Deutsche Frage, die »Gewöhnung an das Ungewöhnbare« zu fördern.[120] Dies wurde für Walden nicht nur an dem in seinen Augen mangelnden Interesse der Westdeutschen an den eingeschränkten Freiheiten der DDR-Bürger deutlich, was insbesondere zur sommerlichen Reisezeit augenscheinlich wurde, wie er nur kurz vor Tutzing in der *Quick* kritisierte, sondern auch an konkreten Erinnerungstagen der Teilung.[121]

So zeigte das Gedenken an den 17. Juni 1953 in der Bundesrepublik für Walden die Gefahren seines befürchteten Verlustes des freiheitlichen Bewusstseins und des Ziels der Wiedervereinigung auf. In einer Fernsehdokumentation wenige Wochen nach der Tutzinger Tagung in der *ARD* kritisierte Walden öffentlichkeitswirksam dieses »Gedenken ohne Gedanken«. In seiner Reportage zeigte er heitere Menschengruppen, die an diesem bundesrepublikanischen Feiertag vieles machten, aber in den seltensten Fällen an die Menschen in der »Zone« dachten und dies kundtaten.[122] Die TV-Kritik des *Spiegels* lobte den kritischen Ansatz Waldens, selbst wenn der Grundtenor der Besprechung eher ein polemischer Abgesang auf die Adenauer-Ära war.[123]

Walden selbst hatte in einer weiteren Fernsehsendung zum 10. Jahrestag des Aufstandes nochmals seine Lehren gezogen. Die Menschen in der »Zone« begehren die Freiheit, sie seien bereit, dafür auch Opfer zu bringen, und der sowjetische Imperialismus sei »eine labile Konstruktion, deren Stärke genau der Stahlblechstärke ihrer Panzerplatten entspricht«. Den 17. Juni 1953 hob er auf eine Ebene mit dem 20. Juli 1944, zwei »historische Alibi[s] ersten Ranges«, doch seit 30 Jahren lebten die Menschen in der DDR nun in Unfreiheit. Auch an dieser Stelle beklagte er sich über das schwindende Bewusstsein dieser Tatsache in der Bundesrepublik.[124] Das war für Walden umso

119 Vgl. ders., Referat Tutzing. 14. Juli 1963, S. 4.
120 Vgl. ebenda, S. 6.
121 Siehe zur Kritik am mangelnden Interesse der Urlauber an der eingeschränkten Bewegungsfreiheit der DDR-Bürger: ders., Urlauber und andere Deutsche, in: Quick – Illustrierte für Deutschland vom 7.7.1963.
122 Vgl. ders., Fernsehdokumentation: Gedenken ohne Gedanken? – Vom gesamtdeutschen Bewußtsein. Erstsendung am 13. August 1963 im SFB (eingesehen im AdRBB).
123 Vgl. Der Sach Gedenke, in: Der Spiegel vom 21.8.1963, S. 73.
124 Vgl. Walden, Der Aufstand vor 10 Jahren, Minute 8–14.

eklatanter, da er den Aufstand von 1953 als »Anfang vom Ender der Despotie« betrachtete, wie er in einer *Quick*-Kolumne am 16. Juni 1963 deutlich machte.[125] Tatsächlich war zu Beginn der 1960er Jahre ein deutlicher Rückgang des gesamtdeutschen Bewusstseins in der westdeutschen Bevölkerung zu spüren. Man fühlte sich – zugespitzt formuliert – laut dem Historiker Edgar Wolfrum »eher als Bundesrepublikaner denn als Deutsche«[126].

Verantwortlich dafür waren laut Walden auch publizistische Stimmen, die einen anderen Umgang mit der DDR forderten. Als populären und »im besten deutsch« artikulierenden Exponenten dieser Strömung nannte er in seinem Tutzinger Referat den fünf Jahre jüngeren *WDR*-Journalisten Arnulf Baring, der im August 1962 im *Monat* einige »Patriotische Fragezeichen« aufgeworfen hatte. Baring hatte die Förderung eines »menschlichen Kommunismus« in der DDR gefordert und ähnlich wie Haffner einen »globalen und oft bornierten Antikommunismus« kritisiert:

> Hindert uns nicht dieser oberflächliche und summarische Antikommunismus, unser eigentliches, unser wesentliches Anliegen glaubhaft zu vertreten: die Forderung persönlicher Freiheiten, einer schrittweisen Wandlung des Systems zum Menschenwürdigen hin, die Förderung eines menschlichen Kommunismus, etwa wie er in Polen 1956 verwirklicht worden ist?[127]

Baring, der wie Walden das Bombardement Dresdens 1945 miterlebt hatte, meinte ganz ähnlich wie Walden in seinem Essay über Marx, dass die Zahl der jungen Menschen zunehme, die ein geeintes Deutschland nicht mehr erlebt hätten. Unbewusst hielten sie ihr jeweiliges Modell für das maßgebliche. Anders als Walden stellte sich Baring davon ausgehend aber die Frage, warum die DDR nun nicht als Staat anerkannt werden sollte.[128] Die Sogwirkung des westlichen Zusammenschlusses müsse nach dem Mauerbau endgültig als verfehlt eingestuft werden. Aus dem Gegeneinander der »beiden Deutschlands« könne, so Baring, nur durch ein vorübergehendes Nebeneinander, hoffentlich einmal ein Miteinander entstehen Er stellte in Frage, dass die Anerkennung der DDR einen moralischen oder rechtlichen Hintergrund haben müsse, sondern behauptete, sie sei eher eine Frage der Zweckmäßigkeit.[129]

Dies war Matthias Walden deutlich zu vage und stand diametral gegen seine eigene Vorstellung einer moralischen Politik. Und so kritisierte er in Tutzing seinen Kollegen

125 Vgl. ders., 17. Juni 1953: Freiheit nur für einen Tag?, in: Quick – Illustrierte für Deutschland vom 16.6.1963, S. 16; wiederabgedruckt in: ders., Politik im Visier, S. 92–95.
126 Wolfrum, Geschichtspolitik, S. 205.
127 Arnulf Baring, Patriotische Fragezeichen, in: Der Monat 14 (1962), August, S. 7–13, hier S. 11.
128 Vgl. ebenda.
129 Vgl. ebenda, S. 13.

Baring öffentlich, indem er dessen Vorstellung eines »menschlichen Kommunismus« als »Illusion« bezeichnete.[130] Gleichzeitig verdeutlichte dies den Wandel und die Spaltung des Antikommunismus des CCF und des *Monat,* der für Walden den von ihm angesprochenen »Modeerscheinungen« erlegen war. So schrieb er einige Jahre später im *Monat*: »Auch ›Der Monat‹ verhalf der neuen Welle liberal-sozialistischer Meeresbeweger zu immer neuen Brechern.«[131]

Walden zeigte sich überzeugt davon, dass eine Anerkennung der DDR eben keine menschlichen Erleichterungen für die Bevölkerung bedeute, an denen er als ehemaliger Bürger der DDR natürlich ein genauso großes Interesse habe. Bereits in einer Fernsehdokumentation in der Reihe »Diesseits und Jenseits der Zonengrenze« über Flüchtlinge aus der DDR hatte Walden im August 1962 eine Mode der Nüchternheit im Umgang mit der DDR beklagt, die in seinen Augen zu bequem sei. Wie in der Sendung »Die Mauer« machte er deutlich, dass es sich zu engagieren galt, gegen den Kommunismus und gegen den »Massenmord« des SED-Regimes.[132] Bezeichnend war auch, dass er sich in der Einführung der Dokumentation eines Zitates des russischen Exilanten Nicholas Nabokov bediente, der die Mauer als Rückkehr zu den dunkelsten Kapiteln russischer Geschichte bezeichnet hatte. Walden setzte Nabokov in direkten Bezug zum CCF, in dem dieser von 1951 bis 1967 erst als internationaler Generalsekretär und später als kulturpolitischer Berater in West-Berlin tätig war, und versuchte somit, die Organisation an ihren Ursprung im kämpferischen Antikommunismus zu erinnern.[133] Auch Nabokov wurde aber in den frühen 1960er Jahren Vertreter eines moderateren Kurses des Kongresses und schloss sich der Linie Brandts und Bahrs an, die sich ebenfalls in der deutschen Abteilung des CCF engagierten.[134] Walden vertrat in seinen Sendungen hingegen eine geradlinige antitotalitaristische Argumentation, die in den Jahren nach dem Mauerbau allerdings mehr und mehr zur Minderheit wurde. Ein Symptom dieser Aufweichung war nicht zuletzt 1965 die Umbenennung der Sendereihe »Diesseits und Jenseits der Zonengrenze« in »Ost und West«.[135]

In Tutzing verglich Walden schließlich den Kommunismus mit dem Kolonialismus, an dessen Ende nach dem Zweiten Weltkrieg auch niemand geglaubt habe, der nun aber verschwunden sei, da er immer anachronistischer wurde. Das Ziel müsse es daher sein, den Kommunismus eben als solch einen Anachronismus zu entlarven und dies könne nur mit einer festen Haltung und dem freiheitlichen Vorbild des Westens

130 Vgl. Walden, Referat Tutzing. 14. Juli 1963, S. 6.
131 Ders., Liberal-sozialistische Koloraturen, S. 125.
132 Vgl. ders., Von Berlin nach Berlin, 20.8.1962, Minute 30.
133 Vgl. ebenda, Minute 3.
134 Vgl. Hochgeschwender, Freiheit in der Offensive?, S. 521–523.
135 Vgl. Matthias Steinle, Reaktionen auf den Mauerbau. Die »Ost-West-Redaktion« des ARD-Fernsehens, in: Rundfunk und Geschichte 27 (2001), S. 128–135, hier S. 131.

gelingen.[136] Der Blick in die Geschichte zeigte für Walden, dass immer dann, wenn sich ein Ostblockstaat auf dem Weg zu einem »menschlicheren« Kurs bewegte, die Bevölkerung zum Aufstand neige, da sie sich nicht vorschreiben lassen wolle, wie viel Freiheit ihr zustehe. In der Folge zogen die kommunistischen Regime die Fesseln immer wieder an. In diesem Anachronismus lag für Walden die Chance des Westens, doch durch eine Anerkennung der Systeme wäre diese zerstört: »Von der Anerkennung der ›DDR‹ zu sprechen und die Freiheit meinen – das ist Schizophrenie, der ich nicht folgen kann.«[137]

An Waldens Referat wurde deutlich, dass er sich die Überwindung der deutschen Teilung nur durch eine Niederlage des Kommunismus vorstellen konnte, eine vorübergehende Anerkennung der DDR war für ihn in diesem Szenario keine realistische Option. Ebenso wenig erkannte er in wirtschaftlichen Hilfen für das SED-Regime einen Nutzen zum Fall der Mauer und stufte diese darüber hinaus als »Taktlosigkeit« ein. Sie würden implizieren, dass die DDR-Bürgernur aus wirtschaftlicher Not ihren Staat verlassen wollen und nicht wegen der politischen Unterdrückung.[138] Alles in allem kam Walden zu dem Schluss, dass eine politische Anerkennung der Realitäten der DDR nicht erfolgen dürfe: »Aus Gründen der Moral, der eine höhere, wie ich glaube, die höchste Anerkennung gebührt – der Moral, die in der Politik ständig gute, bessere Realitäten schafft.«[139]

Dem auf Schreibmaschine getippten 38 Seiten langen Referat Waldens hörte Egon Bahr gespannt zu, anders als sein Chef Brandt, der am folgenden Tag als Hauptprogrammpunkt einen Überblick zur internationalen Entspannungspolitik geben wollte, aber noch nicht anwesend war. Es sollte dann auch anders kommen. Noch am 14. Juli kündigte Bahr, so wie sich Walden später erinnerte, gegenüber seinem ehemaligen Kollegen beim *RIAS* kämpferisch an: »Morgen in der Diskussion zerreiße ich Sie in der Luft.«[140] Tatsächlich verspätete sich Brandt und ein nichtangekündigter Kurzvortrag Bahrs, der eigentlich als spontaner visionärer Nachtrag zu den Ausführungen des Berliner Bürgermeisters gedacht war, wurde zum zentralen Punkt des nächsten Tagungstages. Kurz und knapp trug der Pressechef des Berliner Senats seine Vorstellung einer Eingliederung der Bundesrepublik und West-Berlins in die internationale Entspannungspolitik vor.

Bahr griff vieles auf, was Arnulf Baring im *Monat* geschrieben hatte. Die Anerkennung der DDR sei laut Bahr demnach auf praktischer Ebene schon längst erfolgt, nun müsse man einen politischen Nutzen daraus ziehen und der hieß, eine Verbesserung

136 Vgl. Walden, Referat Tutzing. 14. Juli 1963, S. 9.
137 Ebenda, S. 18.
138 Vgl. ebenda, S. 26.
139 Ebenda, S. 38.
140 Ders., Kassandra-Rufe, S. 7.

der Lebenssituation der Ostdeutschen zu erreichen und somit unkontrollierbare Entwicklungen, die den Prozess einer Wiedervereinigung behindern würden, abzubauen.[141] Willy Brandt kam erst nach Bahrs Vortrag an und referierte wie angekündigt zur internationalen Entspannungspolitik. Seine Ideen bewegten sich auf den Bahnen der »Strategy of Peace«, die US-Präsident John F. Kennedy nur drei Wochen zuvor bei seinem spektakulären Berlin-Besuch in einer Rede an der Freien Universität vorgestellt hatte.[142]

So hieß es bei Brandt, man müsse sinnvolle Verbindungen und Berührungspunkte zum kommunistischen Osten finden und die bundesdeutsche Ost- und Deutschlandpolitik in die westliche Entspannungspolitik einbetten.[143] Schon im Oktober 1962 hatte der Berliner Bürgermeister in Harvard von der Anerkennung der Koexistenz gesprochen, die genutzt werden müsse, um eine dynamische Transformation im Ostblock in Gang zu setzen.[144]

In Tutzing spielte Brandt nun den Ahnungslosen. Auf Nachfrage, wie er zu den Thesen Bahrs stehe, so erinnerte sich Walden, antwortete Brandt, er habe schon gehört, dass einiges los gewesen sei, müsse sich aber erstmal mit seinem Pressesprecher darüber unterhalten. Walden war sich einige Jahre später sicher, dass es sich um ein abgekartetes Spiel gehandelt hatte, zumal er kurz nach der Tagung erfuhr, dass Egon Bahr bereits zwei Wochen zuvor um einen eigenen Vortrag gebeten hatte, da Brandt einen Teil seiner Rede aus »politischen Rücksichten« nicht selbst halten konnte: »Es war ein Spiel mit verteilten Rollen. Taktisch und trickreich.«[145] Tatsächlich hatte Bahr schon im April 1963 an Brandt geschrieben:

> Es könnte nützlich sein, wenn besonders brisante Dinge nicht von Ihnen gesagt werden. Mein Thema könnte so gefaßt werden, daß es eine Ergänzung Ihres Vortrags wird.[146]

141 Vgl. Bahr, Vortrag Tutzing. 15. Juli 1963, in: Bundesministerium für innerdeutsche Beziehungen (Hrsg.), Dokumente zur Deutschlandpolitik. Reihe IV / Band 9, S. 575; zum organisatorischen Wirrwarr der Tagung, siehe: Frederick Taylor, Die Mauer. 13. August 1961 bis 9. November 1989, Bonn 2009 (engl. 2006), S. 407f.

142 Vgl. John F. Kennedy, Rede in der Freien Universität Berlin. 26. Juni 1963, in: Bundesministerium für innerdeutsche Beziehungen (Hrsg.), Dokumente zur Deutschlandpolitik. IV. Reihe / Band 9, Frankfurt am Main 1978, S. 463–467.

143 Vgl. Willy Brandt, Vortrag in der Evangelischen Akademie Tutzing. 15. Juli 1963, in: Bundesministerium für innerdeutsche Beziehungen (Hrsg.), Dokumente zur Deutschlandpolitik. IV. Reihe / Band 9, Frankfurt am Main 1978, S. 565–571, hier S. 576f.

144 Vgl. ders., Vortrag in Harvard. 2. Oktober 1962, in: Bundesministerium für innerdeutsche Beziehungen (Hrsg.), Dokumente zur Deutschlandpolitik. IV. Reihe / Band 8, Frankfurt am Main 1978, S. 1151–1155.

145 Walden, Kassandra-Rufe, S. 8.

146 Zitiert nach: Vogtmeier, Egon Bahr, S. 61.

Vor diesem Hintergrund wirkt die mehr als 30 Jahre später von Bahr in seinen Memoiren geäußerte Verwunderung auf die Reaktion seines Vortrages etwas naiv:

> Aber zur gemeinsamen Überraschung und Enttäuschung entzündete sich die Debatte an meinem Diskussionsbeitrag, der nur den eingeengten deutschen Aspekt des strategischen Konzepts exemplifizieren sollte. [...] Die Heftigkeit der Reaktion mahnte dann zu größerer Vorsicht.[147]

Die Reaktionen in Politik und Publizistik auf Bahrs Vorschläge fielen in der Tat äußerst negativ aus und wirbelte einigen Staub auf. Das lag vor allem daran, dass Bahr als engster Vertrauter Willy Brandts galt, der zu Beginn der 1960er Jahre der vielversprechendste Politiker der SPD und 1961 bereits Kanzlerkandidat war sowie unlängst in Berlin den Schulterschluss mit dem US-Präsidenten gesucht hatte. Einzig in der »linksliberalen« *Frankfurter Rundschau* bedauerte Karl-Hermann Flach die harschen Reaktionen und lobte die politische Vision Bahrs.[148] In der eigenen Partei stieß Bahr auf Widerstand. Die sozialdemokratische *Berliner Stimme* sprach noch mildernd von einem »Recht auf Irrtum«, doch vor allem der stellvertretende Vorsitzende der SPD, Herbert Wehner, ärgerte sich über den vorpreschenden Bahr. Das Konzept sei »ba(h)rer Unsinn«, wurde er zitiert.[149]

Wehner setzte alles daran, seine Partei regierungsfähig zu machen, da kam ein solcher Vorstoß aus Berlin zur Unzeit, da sowohl die Regierungsparteien von Union und FDP als auch der Großteil der westdeutschen Bevölkerung eine Anerkennung der DDR ablehnten.[150] Einzig Willy Brandt hielt schützend die Hand über seinen Mitarbeiter, der ohne diese Protektion – so war sich dieser selbst sicher – seine politische Laufbahn hätte beenden müssen. Zwar meinte der Regierende Bürgermeister, dass die Ausführungen Bahrs in keiner Weise für seine Haltung oder die der Berliner Senatskanzlei stünden, doch die Richtung dieser Gedanken verteidigte er. Brandt war ebenfalls der Meinung, dass nicht auf den Zusammenbruch des kommunistischen Systems hingearbeitet werden könne, sondern die Wiedervereinigung als Prozess verstanden werden musste.[151]

Die von diesem Punkt ausgehenden Entwicklungen der nächsten Jahre waren im Sommer 1963 freilich noch nicht abzusehen. Das zeigen auch die Verständigungsver-

147 Bahr, Zeit, S. 155.
148 Vgl. Vogtmeier, Egon Bahr, S. 65.
149 Aus einem Beitrag des Deutschlandfunks: Wolfgang Stenke, Wandel durch Annäherung (2013). http://www.deutschlandfunk.de/wandel-durch-annaeherung.871.de.html?dram:article_id=254006 (23. Oktober 2019).
150 Vgl. Vogtmeier, Egon Bahr, S. 64.
151 Vgl. Merseburger, Willy Brandt, S. 444; siehe dazu auch: Bahr, Zeit, S. 158.

suche Matthias Waldens mit den Avantgardisten aus Tutzing im Nachgang der Tagung. In einem Wochenkommentar im *SFB*, der nicht einmal eine Woche nach der Podiumsdiskussion gesendet wurde, griff Walden die Debatte bereits wieder auf. Er schickte ihn an Egon Bahr nach Dänemark, wo dieser einen von Brandt verordneten »Schutzurlaub« verbrachte:

> Ich habe Egon Bahr, den ich seit vielen Jahren kenne und sehr schätze, in Tutzing widersprochen und möchte das, da seine Diskussionsrede inzwischen veröffentlicht wurde, auch noch einmal an dieser Stelle tun. Gerade, weil ich weiß, daß er und ich im Grunde das gleiche erreichen wollen.[152]

Im weiteren Verlauf des Kommentars bezog Walden nochmals klar Stellung. »Wirtschaftliche Kreislaufspritzen« würden nur die »Unfähigkeit der Kommunisten« vertuschen, sich wenigstens materiell zu bewähren. Eine de facto Anerkennung und Akzeptanz des Status Quo wie sie Bahr fordere, würde schließlich in einer diplomatischen Anerkennung münden, da war sich Walden sicher. Er forderte einen fortdauernden Wettlauf mit dem Osten auf dem materiellen und ideellen Gebiet:

> Ich finde deshalb, daß Egon Bahr seine Empfehlungen all zu optimistisch und egozentrisch beurteilt. Wenn er sie als neuartig und als Alternative zu einem sinnlosen Warten auf Wunder ausgibt, das er polemisiert.[153]

Ein »Wandel durch Annäherung« vermisse darüber hinaus aus Waldens Sicht eine »geistige Aggressivität«. Man könne nicht versuchen, den Kommunismus in eine Arena zu locken und dabei »seine Gewalttaten, seine Abscheulichkeiten und seine politischen Rohheitsdelikte«, die jahrelang zurecht angeklagt worden seien, nur noch flüstern und klein schreiben und darüber hinaus diejenigen, die mit der Anklage fortfahren, als »Verhinderer« einer Wende zum Besseren beschuldigen:

> Es wäre leichter, über Egon Bahrs Empfehlungen unpolemisch zu reden, wenn er klar erkennen ließe, dass er das eine will, ohne das andere zu lassen. Wir können nicht plötzlich aus taktischen Gründen und zugunsten experimenteller Bemühungen dem politischen Osten Gefälligkeiten erweisen, die uns unglaubhaft machen.[154]

152 Matthias Walden, Typoskript: Wochenkommentar im SFB vom 21. Juli 1963 (ASV-UA: NL Walden, Ordner Wochen-Kommentare 1956–1964), S. 7.
153 Ebenda, S. 12.
154 Ebenda, S. 13.

In seinem Schreiben an Bahr äußerte Walden sich dann etwas konzilianter:

> Je mehr ich über die Gegensätze unserer Ansichten nachdenke, umso plastischer sehe ich in einigen Punkten Übereinstimmungen auftauchen. In anderen wiederum Gegensätze. Vielleicht stellt sich am Ende heraus, daß wir uns vor allem in den Akzenten unterscheiden und keiner das, was der andere will, auszuschließen beabsichtigt.[155]

Demütig ergänzte er, dass Bahr das Zentrum der Diskussion bilde und er selbst nur einer von vielen sei. Walden hoffte zudem, dass der SPD-Politiker seine Tutzinger Polemik nicht zu sehr auf sich selbst beziehe, da er es alles in allem erfreulich finde, endlich einmal »aus der monotonen Berliner Eintracht« und »im Interesse der Sache« herauszukommen: »Das wird auch der Glaubhaftigkeit beider Ansichten zugutekommen.« Zu den »reinen Erfüllungsleuten«, die eine diplomatische Anerkennung der DDR fordern würden, gehöre Bahr ja nun wirklich nicht, so Walden an den Senatspressechef.[156]

Willy Brandt bat er einige Wochen später in einem weiteren Schreiben um ein gemeinsames Gespräch mit Bahr, bevor er in der *Quick* über das Deutschlandthema polemisieren wolle, und der Regierende erklärte sich gerne dazu bereit.[157] An Arnulf Baring schickte Walden wiederum auf dessen Anfrage sein Manuskript des Tutzinger Referats. Und das nicht ohne die Bitte, dass Baring ihm bei einem kommenden Telefonat ganz »rücksichtslos« die Meinung sage.[158] Die Kommunikation der Kontrahenten war also noch intakt. Matthias Walden hatte zwar ein leichtes Beben in der publizistisch-politischen Öffentlichkeit verspürt, doch die Entwicklungen dieser seismographischen Veränderungen in den kommenden Jahren sollten auch die Diskussionen verschärfen.

»Handel statt Wandel?«

Der CDU-Politiker Gerhard Schröder war derjenige, der noch im letzten Kabinett Adenauer von 1961 bis 1963 als Außenminister erste Veränderungen am ostpolitischen Kurs vornahm und damit auf den Mauerbau reagierte. Letzlich war aber auch Schröders Politik auf das Ziel der nationalen Wiedervereinigung ausgerichtet, nur

155 Matthias Walden an Egon Bahr vom 23. Juli 1963 (ASV-UA: NL Walden, Box 41 – SFB 1963), S. 1.

156 Zu den Zitaten: ebenda, S. 2.

157 Vgl. Walden an Brandt vom 22.8.1963; Brandts Antwort: Willy Brandt an Matthias Walden vom 26. August 1963 (AdsD der FES, NL Brandt, Signatur: A6, Ordner 45, Korrespondenz P-Z, 1963).

158 Vgl. Matthias Walden an Arnulf Baring vom 23. Juli 1963 (ASV-UA: NL Walden, Box 41 – SFB 1963).

versuchte er dies vorsichtig über eine wirtschaftspolitische Annäherung an die Staaten Ost- und Mitteleuropas zu erreichen. Am 7. März 1963 wurde auf seine Initiative hin die erste Handelsmission der Bundesregierung im Ostblock, genauer gesagt in Warschau, eröffnet. Es folgten Vertretungen in Ungarn, Rumänien und schließlich bereits unter dem neuen Bundeskanzler Ludwig Erhard, in dessen Kabinett Schröder weiterhin als Außenminister vertreten war, im März 1964 in Bulgarien. Auch wenn Schröders Handelspolitik, die unter dem Namen »Politik der Bewegung« bekannt wurde, durch Kontakte mit den Moskauer Satelliten die DDR isolieren und sie im eigenen Bündnis zu einem »politischen Anachronismus« machen sollte – somit also Bahrs Tutzinger Forderungen konträr gegenüberstand –, konnte der Außenminister zunächst auf die Unterstützung großer Teile der Medienlandschaft wie der *Zeit*, des *Spiegels* und des *Sterns* zählen.[159]

Im Juli 1963 war Schröder zudem Gast der »Fernsehpressekonferenz« und stellte sich dort unter anderem den Fragen von Matthias Walden. Nachdem der Minister auf eine Frage Immanuel Birnbaums von der *Süddeutschen Zeitung* geantwortet hatte, es gehe Nikita Chruschtschow um die Fixierung des Status Quo, was die Bundesregierung verhindern müsse, fragte ihn Walden direkt nach seiner Haltung zu den von Egon Bahr in Tutzing vorgetragenen Ideen eines »Wandel[s] durch Annäherung«. Schröder wollte zwar nicht auf den Vortrag Bahrs eingehen, machte aber deutlich, dass er so wie Walden zwar Verbesserungen der Lebensverhältnisse in der DDR begrüße, aber die Gefahr einer Stabilisierung des Systems sehe. Dem SED-Regime gehe es freilich genau darum, wie Schröders Erfahrungen in den letzten Jahren bestätigt hätten.[160]

Obwohl pragmatisch orientiert, ergab Entspannungspolitik für Gerhard Schröder immer nur dann Sinn, wenn sie zur Änderung des Status Quo beitrug.[161] Dies erschien ganz im Gegensatz zu Bahrs Tutzinger Ansichten, die in ihrer Konsequenz auf eine vorübergehende Anerkennung des Ist-Zustandes abzielten. Eigentlich durften diese Aussagen Walden beruhigt haben, doch den handelspolitischen Initiativen des Außenministers hatte er bereits im April 1963 in der *Quick* rundweg eine Absage gegeben. Die Handelsmission in Polen stufte der Kolumnist polemisch als eine »getarnte Botschaft« ein. Der Sinn der Einrichtung sei laut Walden komplett verfehlt, da die außenpolitischen Entscheidungen in Warschau ohnehin von der Sowjetunion getrof-

159 Siehe überblicksartig zu Schröders »Politik der Bewegung«: Görtemaker, Geschichte der Bundesrepublik, S. 396–400; außerdem: Franz Eibl, Politik der Bewegung. Gerhard Schröder als Außenminister 1961–1966, München 2001; zur medialen Unterstützung, vgl.: Hildebrand, Von Erhard zur Großen Koalition, S. 98.

160 Vgl. Die Fernsehpressekonferenz vom SFB und NBC mit Bundesaußenminister Gerhard Schröder vom 19. Juli 1963 (eingesehen im AdRBB), Minute 13-16.

161 Vgl. Eibl, Politik der Bewegung, S. 439f.

fen würden. Ein Vertrag mit der polnischen Regierung war für ihn darüber hinaus eine Beleidigung für das polnische Volk und verstoße gegen die historische Verantwortung der Deutschen, da die Machthaber in Warschau eine direkte Folge des Zweiten Weltkrieges darstellen würden.[162] Eine äußerst harsche Deutung, die sich aber mit seinen Ausführungen in Tutzing deckte.

Darüber hinaus sah Walden in den Handelsmissionen eine Aushöhlung der »Hallstein-Doktrin«, da er meinte, bereits absehen zu können, worauf die »Politik der Bewegung« hinauslaufe – auf den Ersatz diplomatischer Beziehungen. Der Kolumne gab er für seinen späteren Sammelband den Untertitel »Handel statt Wandel?«, womit er die Ausrichtung von Schröders Politik trotz dessen ablehnenden Aussagen in Zusammenhang mit Egon Bahrs Konzept stellte.[163] Ähnlich wie Walden beurteilte der Historiker Hans-Peter Schwarz die Auswirkungen der »Politik der Bewegung« auf die bisherigen deutschlandpolitischen Grundsätze der Bundesregierung.[164] Die Diskussion über die Aushöhlung der »Hallstein-Doktrin« war eine der zentralen Fragen der Ostpolitik Schröders, da deutlich wurde, dass der Außenminister diese zumindest erheblich flexibilisieren wollte.[165]

Die Kritik kam politisch vor allem aus seiner eigenen Partei, so warnte der Fraktionsvorsitzende der CDU und ehemalige Außenminister Heinrich von Brentano im Oktober 1962 in einem Interview mit dem *Spiegel* bereits eindringlich vor »schleichenden Aufnahmen diplomatischer Beziehungen«, die eine folgenschwere »Durchlöcherung der Hallstein-Doktrin« zur Folge hätten.[166] Schröder hingegen sah in seinen Initiativen keine Abweichung des bisherigen Weges und bediente sich dabei der »Geburtsfehlertheorie« der Doktrin, die besagte, dass die Staaten des Ostblocks keine andere Möglichkeit gehabt hätten als die DDR anzuerkennen. Außerdem seien die Beziehungen nach Einrichtung einer Handelsmission konsularischer und nicht diplomatischer Natur.[167]

Für Walden war diese Argumentation kaum befriedigend. Schon im Sommer 1963 hatte er in seinem Tutzinger Referat die »Hallstein-Doktrin« als »großartige politische Leistung« gelobt, auch wenn sie einmal nicht mehr funktionieren sollte.[168] Im Frühjahr 1965 sprach er sich in der *Quick* nochmals ausdrücklich für den von Wilhelm C. Grewe formulierten Grundsatz aus, sei dieser doch seit einem Dutzend Jahren das

162 Vgl. Matthias Walden, Die getarnte Botschaft, in: Quick – Illustrierte für Deutschland vom 14.4.1963, S. 88; wieder abgedruckt in: ders., Politik im Visier, S. 174–177.

163 Vgl. ders., Botschaft, in: Quick – Illustrierte für Deutschland vom 14.4.1963, S. 89.

164 Vgl. Hans-Peter Schwarz, Die Regierung Kiesinger und die Krise in der ČSSR 1968, in: Vierteljahreshefte für Zeitgeschichte 47 (1999), H. 2, S. 159–186, hier S. 160.

165 Vgl. Hildebrand, Von Erhard zur Großen Koalition, S. 91.

166 Zitiert nach: Eibl, Politik der Bewegung, S. 153.

167 Vgl. ebenda.

168 Vgl. Walden, Referat Tutzing. 14. Juli 1963, S. 9.

moralische Fundament bundesdeutscher Außenpolitik. Die Handelspolitik Schröders habe laut Walden allerdings dazu geführt, dass die Hallstein-Doktrin ausgeweitet werden müsse. Bereits eine de facto Anerkennung der DDR sollte seiner Meinung nach mit der Kündigung von Krediten und Bürgschaften seitens der Bundesregierung sanktioniert werden:

> Die Hallstein-Doktrin muß aufgestockt und nicht abgerissen werden. Vorausgesetzt es stimmt noch, daß die Bundesregierung frei gewählt, die Einheit Deutschlands ein Rechtsanspruch und die SED-Diktatur eine Institution des Unrechts ist.[169]

In dieser Frage wurde nochmals deutlich, wie sehr Walden an den Grundsätzen der Außenpolitik der Adenauer-Ära hing und strategische Änderungen bereits mit Blick auf langfristige Auswirkungen schon punktuell kritisierte.

Im Herbst 1963 stand wie mit dem Koalitionspartner der FDP vereinbart zur Hälfte der Legislaturperiode die Ablösung Adenauers als Bundeskanzler an. Als Nachfolger hatte sich intern Wirtschaftsminister Ludwig Erhard durchgesetzt, obwohl ihm Adenauer selbst den Posten nicht zutraute.[170] Im Vorfeld hatte auch Matthias Walden konstatiert, Ludwig Erhard sei zwar der populärste der Anwärter, aber kaum ein Politiker mit Format.[171] Dem neuen Kanzler wünschte Walden dann in der *Quick* mit der gebotenen Nüchternheit viel Glück in seiner Amtszeit, die vor allem zu Beginn von seiner Popularität als Vater des »Wirtschaftswunders« bestimmt werde.[172] Wie groß das Erbe war, das Erhard antrat, machte Walden in einem Rundfunkkommentar im Oktober 1963 nochmals deutlich. Sein Vorgänger Konrad Adenauer habe einen Schutthaufen übernommen und daraus einen Magneten gemacht.[173]

Wie von Walden erwartet, brach die ostpolitische Strategie der ersten Regierung Erhard unter der Rigide des alten und neuen Außenministers Gerhard Schröder zunächst noch keine Tabus. Dass es einer gewissen Neuformulierung auf Grund eines internationalen Tauwetters im Ost-West-Konflikt bedurfte, war den Verantwortlichen allerdings durchaus bewusst. Am 20. Juli 1963 wurde zwischen Moskau und Washington ein »heißer Draht« eingerichtet und am fünften August unterschrieben die Großmächte den Atom-Test-Stopp-Vertrag. Für die Bundesrepublik ergab sich aus diesen

169 Ders., Nicht totschlagen – verjüngen!, in: Quick – Illustrierte für Deutschland vom 21.3.1965, S. 7.
170 Vgl. Görtemaker, Geschichte der Bundesrepublik, S. 390.
171 Vgl. Walden, Wenn der Alte geht, in: Quick – Illustrierte für Deutschland vom 17.3.1963, S. 65.
172 Vgl. ders., Erhard: Wie hätten Sie‹s denn gern?, in: Quick – Illustrierte für Deutschland vom 3.11.1963, S. 90f.; wiederabgedruckt in: ders., Politik im Visier, S. 65–69.
173 Vgl. ders., Typoskript: Wochenkommentar im SFB vom 20. Oktober 1963. ASV-UA (Nachlass Walden: Ordner: SFB Wochenkommentare), S. 4.

Entwicklungen die Aufgabe, nicht als Störfaktor in den Ost-West-Beziehungen aufzutreten.[174] Die Handelspolitik Schröders erschien da als das geeignete Mittel, doch waren die Ausgrenzung der DDR und die Absichten der Aufweichung des Ostblocks so augenscheinlich, dass, wie von Walden vorhergesehen, der Kreml der Bonner Außenpolitik bald den Riegel vorschob. Im März 1965 scheiterten dementsprechend die Verhandlungen für eine bundesdeutsche Handelsvertretung in der Tschechoslowakei an der von der Bundesrepublik geforderten Einbeziehung West-Berlins in den Vertrag. Dies lag unter anderem auch an der Vehemenz der Proteste aus der DDR. So sprach Walter Ulbricht am 11. Mai 1964 in Budapest vom »trojanischen Pferd« der westdeutschen Wirtschaft.[175]

In einer eher allgemein gehaltenen Kolumne im Sommer 1964 kritisierte Walden die generelle Konjunktur des Osthandels, die kaum eine Folge politischer Veränderungen in den kommunistischen Ländern sei, sondern auf gewissen Erwartungen beruhe. Er knüpfte mit dem Text an seine tiefsitzenden Ressentiments gegen wirtschaftliche Initiativen aus den 1950er Jahren an, die sich allein an einem Gewinnstreben orientierten und politische Motive bewusst beiseiteschoben. Dem Wort von US-Präsident Johnson, dass überall dort, wo gehandelt, wenigstens nicht geschossen werde, hielt Walden entgegen, dass die innerdeutsche Grenze trotz des Interzonenhandels seitens der DDR mit Waffengewalt bewacht werde.

Wie schon in seinen früheren Artikeln erkannte Walden durchaus den Beitrag westlichen Konsums zum Verfall im Ostblock an, relativierte aber, dass gegenwärtig vor allem die vielen nationalen Kommunismen auf Handelsverträge mit dem Westen drängen würden, um ihre Regime zu stabilisieren. Im Kern jeder Wirtschaftspolitik müsse laut Walden schließlich die politische Freiheit stehen und genau das vermisste er zunehmend:

> Aber die Freiheit, die wir meinen, darf nicht unter Exportquoten begraben und vergessen werden. Zur Zeit sieht es nämlich so aus, als ob nicht die anderen, sondern wir politische Preise für den Handel zu zahlen bereit sind. Wir beginnen zu flüstern, wenn wir von Freiheit reden. Aus Rücksicht.[176]

Mit dieser Haltung wandte sich Walden auch gegen die Möglichkeit einer Zusammenarbeit mit einem vermeintlich gespaltenen kommunistischen Lager, mit der viele

[174] Vgl. Hildebrand, Von Erhard zur Großen Koalition, S. 83–99; siehe zu Waldens Vorhersage: Walden, Botschaft, in: Quick – Illustrierte für Deutschland vom 14.4.1963, S. 88f.

[175] Zitiert nach: Görtemaker, Geschichte der Bundesrepublik, S. 400; zum Scheitern der Handelspolitik Schröders siehe auch: Winkler, Vom Kalten Krieg zum Mauerfall, S. 468f.

[176] Matthias Walden, Handel statt Wandel?, in: Quick – Illustrierte für Deutschland vom 28.6.1964, S. 91.

Vertreter der Entspannungspolitik der 1960er Jahre argumentierten.[177] Anfang 1965 schrieb er beispielsweise in der *Quick*, dass ein »Osthandel« dann sinnvoll sei, wenn er den betreffenden Ländern den »Stempel der westlichen Welt« aufdrücke. Eine Unterstützung der Distanz der Regime zu Moskau bezweifelte er allerdings. Vielmehr sah Walden in zu intensiven wirtschaftlichen Kontakten die geistige Gefahr, man könne glauben, es gebe »gute Kommunisten«.[178]

Stilisierte Beispiele wie Castros Kuba verfälschten laut Walden die öffentliche Wahrnehmung und erzeugten den »Irrglauben«, es gebe »national-kommunistische Demokratien«. Das Regime in Havanna wäre schließlich schon längst eingegangen, hätte Moskau es nicht in der Not unterstützt.[179] Dennoch, Nikita Chruschtschow hatte 1956 mit seiner Kritik an der Gewaltherrschaft Stalins und dessen Personenkult einen Trend zur Dezentralisierung des Weltkommunismus eingeleitet, der sich beispielsweise in den nationalen Formen des Titoismus, Maoismus oder Castroismus zeigte. Wie beschrieben hatte der Kreml-Chef trotz der dogmatischen Entfesselung vom Stalinismus aber an der totalitären Grundstruktur des Kommunismus und der Einparteienherrschaft festgehalten und das galt ebenfalls für diese nationalen Kommunismen.[180]

Exkurs: Zwischen Atlantikern und Gaullisten

Mit den internen Entwicklungen des westlichen Bündnisses beschäftigte sich Matthias Walden schon wegen der möglichen Auswirkungen auf die bundesdeutsche Politik. Beim Amtsantritt Ludwig Erhards hatte er daher geschrieben, vor allem die Außenpolitik werde den Kanzler in Zukunft vor Probleme stellen. Walden meinte nicht nur das Verhältnis zum politischen Osten, sondern auch zu den eigenen Verbündeten. Der Mord an John F. Kennedy hatte zwangsweise kurz nach Erhards Amtsantritt einen Wechsel im Weißen Haus zur Folge. In dem Versuch, zu beschreiben, was sich an der amerikanischen Politik mit Lyndon Johnson ändern würde, griff er Ende des Jahres 1963 in der *Quick* auf eine Charakterisierung zurück, die offensichtlich erschien: »Amerika ist in diesen Tagen wieder älter geworden. Der junge Kennedy hatte es einen großen Schritt in die Zukunft geführt. Jetzt sitzt ein Fünfundfünzigjähriger

177 Vgl. Görtemaker, Die unheilige Allianz, S. 49.

178 Vgl. Matthias Walden, Wo Osthandel sinnvoll wird, in: Quick – Illustrierte für Deutschland vom 31.1.1965, S. 72.

179 Vgl. ders., Wegelagerer vor Amerikas Haustür, in: Quick – Illustrierte für Deutschland vom 20.6.1965, S. 74. In der Tat war Havanna mehr und mehr auf sowjetische Wirtschaftshilfen angewiesen und wurde dadurch von Moskau sukzessive in das »sozialistische Lager« integriert. Siehe dazu: Hannes Bahrmann, Abschied vom Mythos. Sechs Jahrzehnte kubanische Revolution – Eine kritische Bilanz, Bonn 2017 (Lizenzausgabe für die Bundeszentrale für politische Bildung; ursprünglich 2016), S. 95–98.

180 Vgl. Bracher, Zeit der Ideologien, S. 301f.

im Weißen Haus.«[181] Er meinte damit fernab vom Altersunterschied der Präsidenten, dass die amerikanische Politik etwas von der Dynamik der Kennedy-Regierung verloren habe, obwohl der »Peace-Move« des Präsidenten schon vor dessen Tod ins Stocken geraten sei.

Ohnehin sah Walden in der Außenpolitik Kennedys weniger einen Mangel an Überzeugung wie einige Kritiker, sondern eher eine Atempause im Kalten Krieg. Kurz nach dem Berlin-Besuch des US-Präsidenten hatte er bereits angemerkt, dass jegliche Versuche der SED, die Anerkennung durch eine Hintertür in Kennedys Friedensoffensive zu erreichen, zwecklos seien.[182] Als Walden schließlich in der *Quick* über seine USA-Dokumentation schrieb, wurde dies ebenfalls deutlich. Am Ende des aus Zeichen der Trauer schwarz umrandeten Berichtes hieß es:

> Wir waren in dieses Land gekommen, um einen Film über die Berlintreue des amerikanischen Volkes zu drehen. Einen Film, der mit den Worten Präsident Kennedys beginnen soll: »Ich bin ein Berliner.« Am Ende der dritten Woche unserer Reise wurde dieser Präsident ermordet. Er war ein Berliner... .[183]

Von Lyndon B. Johnson erwartete Walden eine ähnliche Politik. Bereits mit seiner Visite an der Mauer 1961 habe der neue US-Präsident gezeigt, dass er ein glaubhafter Verbündeter im Konflikt mit Moskau sei.[184]

Auf politischer Ebene forderte Walden den neuen US-Präsidenten nach seinem Wahlsieg Ende 1964 dann auf, den Begriff des »freien Westens« wiederzubeleben.[185] Seit 1962 stand die Bundesrepublik nämlich in gewisser Weise zwischen den Stühlen eines amerikanisch-französischen Konflikts, der durch die nuklearen Ambitionen von Frankreichs Präsident Charles de Gaulle heraufbeschworen worden war. Kennedy hatte daraufhin das Projekt der »Multilateral Force« (MLF) ins Leben gerufen, in das er die Bundesrepublik integrieren wollte. Gleichzeitig versuchte de Gaulle, Bonn im Geist des 1963 geschlossenen Elysée-Vertrages als Partner seiner Idee der »Force de

181 Matthias Walden, Amerika ist älter geworden, in: Quick – Illustrierte für Deutschland vom 15.12.1963, S. 76.

182 Vgl. ders., Die Politik fragt nicht nach Urlaub, in: Quick – Illustrierte für Deutschland vom 4.8.1963, S. 53.

183 Ders., »Wenn ihr jetzt nach Dallas kommt, sprecht doch ein Gebet für ihn«, in: Quick – Illustrierte für Deutschland vom 25.11.1963, S. 16f.; wiederagbedruckt in: ders., Politik im Visier, S. 213–217.

184 Vgl. ders., Amerika, in: Quick – Illustrierte für Deutschland vom 15.12.1963, S. 76.

185 Vgl. ders., Johnson hat viel aufzuholen, in: Quick – Illustrierte für Deutschland vom 22.11.1964, S. 106; wiederabgedruckt in: ders., Politik im Visier, S. 224–227.

Frappe« zu gewinnen. Der Zwist zwischen Paris und Washington verlor mit der Zeit an Brisanz, das MLF-Projekt verlief spätestens 1966 im Sande.[186]

Für Walden war klar, dass die Bundesrepublik Deutschland keine Ambitionen auf eigene Atomwaffen äußern sollte, sondern den Versuch unternehmen musste, auf mehr Mitsprache zu pochen.[187] Anders positionierte sich William S. Schlamm, der nach einem »deutschen de Gaulle« rief und vorschlug, von den USA unter Androhung eigener Forderungen nach Atomwaffen mehr Garantien zu bekommen.[188]

Die Deutschen schwebten für Walden allein schon wegen ihrer Vergangenheit über diesem Konflikt im westlichen Lager.[189] Das transatlantische Bündnis Bonns ergab für den Journalisten ohne die Freundschaft zu Paris keinen Sinn. In diesem Sinne muss auch seine Warnung an de Gaulle verstanden werden, dass jener sich durch seine konfrontative NATO-Politik am Ende ins eigene Fleisch schneide.[190] Diese Haltung ähnelte in gewisser Weise dem Euro-Atlantizismus Raymond Arons, den der französische Intellektuelle wortmächtig im *Le Figaro* vertrat und damit den Kurs der Pariser Regierung kritisierte.[191]

In den Unionsparteien entwickelte sich die Frage allerdings zu einem handfesten Richtungsstreit. *Atlantiker* und *Gaullisten* standen sich gegenüber und obwohl keine der beiden Gruppen ernsthaft an der transatlantischen Bindung Bonns zweifelte, wie auch die atlantische Präambel im von Adenauer und de Gaulle geschlossenen deutsch-französischen Freundschaftsvertrag zeigte, beschuldigten sich beide Seiten regelmäßig, die notwendige Ausgewogenheit zu vernachlässigen.[192] Eine gesellschaftliche Wirkung des unionsinternen Zwists bleibt fragwürdig. Der konservative Publizist Johannes Gross schrieb im August 1964 gar an den *Gaullisten* Armin Mohler, ein »deutscher Gaullismus« sei ohnehin nicht im Bereich des Möglichen. Er favorisierte eine

186 Vgl. Görtemaker, Geschichte der Bundesrepublik, S. 401–404; oder: Hildebrand, Von Erhard zur Großen Koalition, S. 102–104; explizit zum MLF-Projekt Kennedys, siehe: Roger Morgan, Washington und Bonn. Deutsch-amerikanische Beziehungen seit dem Zweiten Weltkrieg, München 1975, S. 124–134.

187 Vgl. Matthias Walden, Deutschland klopft an die Tür des Atom-Clubs, in: Quick – Illustrierte für Deutschland vom 12.12.1965, S. 28.

188 Vgl. Susanne Peters, Zwischen Ideologie und Demagogie. William S. Schlamm und die Qual des Friedens, in: Frank-Lothar Kroll (Hrsg.), Die kupierte Alternative. Konservatismus in Deutschland nach 1945, Berlin 2005, S. 299–322, hier S. 320.

189 Vgl. Walden, Die Politik, in: Quick – Illustrierte für Deutschland vom 4.8.1963, S. 52.

190 Vgl. ders., Der General spielt Roulette, in: Quick – Illustrierte für Deutschland vom 10.4.1966, S. 116f.

191 Vgl. Matthias Oppermann, Raymond Aron und Deutschland. Die Verteidigung der Freiheit und das Problem des Totalitarismus, Ostfildern 2008, S. 514f.

192 Vgl. Tim Geiger, Atlantiker gegen Gaullisten. Außenpolitischer Konflikt und innerparteilicher Machtkampf in der CDU/CSU 1958–1969, München 2008, S. 518.

»Menage à trois« zwischen Erhard, Strauß und Schröder, bei der sich dann einfach intern das »stärkste Argument« durchsetzen solle.[193]

Matthias Walden, dem ganz im Sinne der *Atlantiker* zwar der Zusammenhalt des Westens als oberste Richtlinie galt, kann in diesen Konflikt allerdings kaum eingeordnet werden. Vielmehr zeigte sich hierbei die Distanz Waldens von der Bonner Parteipolitik. In gewisser Weise erinnerte seine Haltung aber auch an das Unverständnis des rheinland-pfälzischen Landesvorsitzenden der CDU, Helmut Kohl, über den parteiinternen Richtungsstreit.[194]

»Kontingentierte« Menschlichkeit: Walden und das Berliner Passierscheinabkommen

Deutlich konkreter als Schröders »Politik der Bewegung« konnte ein Vorstoß der »Heiligen Familie« im Schöneberger Rathaus – wie Willy Brandt, Egon Bahr, Innensenator Heinrich Albertz (SPD) und der Senator für Bundesangelegenheiten Klaus Schütz (SPD) von der politischen Presse bald genannt wurden – eingestuft werden. Aus ihrer Perspektive bildete die Sonderrolle der ehemaligen Reichshauptstadt Berlin als de jure Vier-Mächte-Stadt und die unmittelbar veranschaulichte Perfidität der Teilung durch die Mauer das ideale Versuchsfeld einer »Politik der kleinen Schritte«, einer Zusammenarbeit mit den Ostberliner Behörden unterhalb der völkerrechtlichen Ebene.

Ziel war es, das menschliche Leid der Berliner, die von der Teilung besonders hart getroffen waren, zu lindern. Nachdem die Aufregung über seinen Tutzinger Vortrag allmählich verzogen war, aktivierte Egon Bahr daher seine Geheimkontakte in die Moskauer Vertretung in Ost-Berlin und fragte an, ob es noch zur Weihnachtszeit 1963 zu Besuchsmöglichkeiten von Westberlinern in den Ostteil der Stadt kommen könnte, einem »Passierscheinabkommen«. Bisher hatte die DDR dies nur Bundesbürgern und Ausländern gestattet, nicht aber den West-Berlinern. Unterhändler auf West-Berliner Seite war Horst Korber (SPD), dessen eher bürokratische Stellung im Berliner Senatsrat die reine Verwaltungsebene dieser eigentlich hoch politischen Initiative untermauern sollte. Die DDR entsendete hingegen den Staatssekretär im Ministerium für Kultur, Erich Wendt.

Tatsächlich konnten sich die Verhandlungspartner einigen und vom 7. Dezember 1963 bis zum 5. Januar 1964 trat das erste Passierscheinabkommen in Kraft, bei dem insgesamt 1,2 Millionen West-Berliner ihre Familien jenseits der Mauer in Ost-Berlin besuchten. Das Abkommen war ein Erfolg auf ganzer Linie. Das Ergebnis einer Anfang Januar 1964 durchgeführten Umfrage im Auftrag des Berliner Senats ergab, dass

193 Vgl. Johannes Gross an Armin Mohler vom 27. August 1964 (DLA Marbach, NL Mohler).

194 Siehe zu Kohls Haltung zum Streit zwischen *Atlantikern* und *Gaullisten*: Hans-Peter Schwarz, Helmut Kohl. Eine politische Biographie, München 2014, S. 154.

Pressekonferenz zum »Passierscheinabkommen« mit Egon Bahr (links), Willy Brandt (Mitte) und Heinrich Albertz (rechts), 17. Dezember 1963.

90 Prozent der West-Berliner weiteren »Ost-Verhandlungen« zustimmend gegenüberstanden.[195]

Die »Heilige Familie« konnte also frohlocken. Mit ihrem pragmatisch-nüchternen Ansatz konnten sie nicht nur einen politischen Erfolg verbuchen, sondern ebenso auf emotionaler Ebene die Menschen berühren. In diesem Sinne zeigte sich auch ein Gegner der politischen Annäherung an die DDR wie Matthias Walden menschlich ergriffen angesichts der zahlreichen Zusammentreffen Berliner Bürger. In einer knapp 30-minütigen Fernsehdokumentation, die am 9. Januar 1964 über den *SFB* ausgestrahlt wurde, stellte er zu Beginn das Passierscheinabkommen als ein »unglaubliches, fast unbegreifliches« Ereignis dar. Walden beurteilte den großen Andrang zu den Verwaltungsstationen, deren Lokalisierung im Ostteil er aber kritisierte, als Beweis für das Zusammengehörigkeitsgefühl der Stadtbevölkerung, der im ersten Augenblick von der politischen Ebene gelöst werden müsse:

195 Vgl. Berlin-Umfrage, in: Der Spiegel vom 15.1.1964, S. 14; zur Entstehung und Bedeutung des Passierscheinabkommens vgl. Rott, Die Insel, S. 222–225; siehe auch z.B.: Winkler, Vom Kalten Krieg zum Mauerfall, S. 467f.

> All das Gerede von zwei deutschen Staaten, von Staatsgrenzen mitten durch eine Stadt, alles Gewäsch von einer sogenannten Dreistaatentheorie verstummt vor diesen Menschenschlangen in Berlin.[196]

Die letzten zwei Drittel der Dokumentation nutzte Walden aber zu einer äußerst ernsten Kritik an dem Abkommen. An der Bewertung der Passierscheinaktion durch die SED-Propaganda als politische Anerkennung der DDR wurde in seinen Augen die politische Instrumentalisierung durch Ost-Berlin sichtbar. Selbst, wenn laut Walden juristisch keine de facto Anerkennung erfolgte, stelle sich also die Frage, ob der politische Preis für die »kargen Rationen der Menschlichkeit« nicht doch zu hoch gewesen sei.[197] Walden kritisierte, dass sich die Mauer kurzzeitig nur in eine Richtung öffnete. Für die Menschen im Ostteil der Stadt habe es kein Wiedersehen mit West-Berlin gegeben. Die Treffen erinnerten somit aus seiner Sicht an »Gefängnisbesuche«, womit er die kämpferisch antikommunistische Sprache seiner Mauer-Dokumentation wieder aufgriff.[198]

Der Tod eines 18-jährigen Ost-Berliners, der am 1. Weihnachtsfeiertag von DDR-Wachsoldaten beim Versuch, über die Mauer zu fliehen, erschossen wurde, konterkarierte für Walden die ganze Aktion ohnehin. Das Motto der Vier-Mächte-Verhandlungen, wo verhandelt werde, werde nicht geschossen, galt laut Walden für Berlin scheinbar nicht. Alles in allem war das Entgegenkommen der Ost-Berliner Behörden für ihn ein Akt »kontingentierter Menschlichkeit«, der zum eigenen politischen Vorteil eingesetzt werde. Daher warnte er vor weiteren Passierscheinabkommen genauso eindringlich wie vor Forderungen nach der Anerkennung der DDR, die nun immer lauter erschallen würden. Die DDR würde das eine wie das andere nur nutzen, um die Teilung zu betonieren: »Die Besuchszeit ist abgelaufen.«[199]

Ein erneutes Passierscheinabkommen zum Osterfest 1964 kam dann nicht zu Stande, bis 1966 folgten aber noch drei weitere. Tatsächlich war das SED-Regime stets daran interessiert, seine Position aufzuwerten, weswegen die Verhandlungen zwischen dem West-Berliner Senat und der DDR-Regierung Bundeskanzler Erhard und Außenminister Schröder ebenfalls ein Dorn im Auge waren.[200] Mit dem Kanzler, der

196 Matthias Walden, Fernsehdokumentation: Weg durch die Mauer – Passierscheinabkommen. Erstsendung 9.1.1964 im SFB (eingesehen im AdRBB), Minute 11.

197 Vgl. ebenda, Minute 25.

198 Vgl. ebenda, Minute 15; zur Kritik am Passierscheinabkommen ebenfalls: ders., Wie hoch war der Preis?, in: Quick – Illustrierte für Deutschland vom 12.1.1964, S. 5.

199 Vgl. ders., Weg durch die Mauer, Minute 30 und Minute 36.

200 Vgl. Hildebrand, Von Erhard zur Großen Koalition, S. 93f.

gesagt hatte »Keinen Schritt weiter!«, solidarisierte sich Walden in einer späteren Kolumne dann gar ausdrücklich und namentlich.[201]

Walden hatte sich als Kritiker des Abkommens öffentlichkeitswirksam positioniert und wurde daher vom *ZDF* für die Diskussionssendung »Zur Sache« am 14. Januar 1964 als Flankenschutz für den CSU-Deutschlandpolitiker Karl Theodor zu Guttenberg eingeladen. Auf der anderen Seite saßen kein Geringerer als der Initiator der Vereinbarungen, Egon Bahr, und Waldens publizistischer Gegenspieler in der Deutschlandpolitik, Sebastian Haffner, dem die Initiative noch viel zu zaghaft war. Bahr hielt sich im Laufe der Sendung dann sichtlich zurück. Er hatte scheinbar aus seinem Vorstoß in Tutzing gelernt und überließ Haffner das Feld, der impulsiv für deutsch-deutsche Gespräche auf Ministerebene eintrat.[202]

Walden und zu Guttenberg kritisierten hingegen einhellig den Vorstoß der »Heiligen Familie« in Berlin. Sie sahen in dem Passierscheinabkommen das zur Politik gewordene Konzept des »Wandel durch Annäherung«, das Egon Bahr – wie Guttenberg anmerkte – noch vor wenigen Monaten dezidiert als seine persönliche Meinung vorgetragen hatte.[203] Die Frage, wie, beziehungsweise ob das Leben mit der Teilung für die Menschen erträglicher gemacht werden konnte, insbesondere in der geteilten Stadt Berlin, ohne eine Wiedervereinigung aus den Augen zu verlieren, schied die Geister. Das wurde nicht zuletzt an der Diskussion um das Berliner Passierscheinabkommen deutlich. Absehbar wurde allerdings, dass die kämpferische und emotionale Betonung der Verteidigung der Freiheit durch ein »vitales« West-Berlin, wie sie Walden verkörperte, auf politischer und publizistischer Ebene mit der Zeit einem flexibleren Verständnis im Umgang mit der Mauer wich.

Walden vs. Haffner II

Der bereits erwähnten Unterstützung der »veröffentlichten Meinung« für Gerhard Schröders »Politik der Bewegung« lag ein sich zu Beginn der 1960er Jahre veränderndes Selbstverständnis der publizistischen Akteure zu Grunde. Eine Zeit zahlreicher kleinerer Affären, in denen die Medien sich gegen den steuernden Griff der Politik verwehrten und deren Höhepunkt die *Spiegel*-Affäre 1962 bildete, hatte dazu geführt, dass sich die Redakteure nicht mehr als bloße Kommentatoren der Tagespolitik ver-

201 Vgl. Matthias Walden, Freibrief für die Willkür?, in: Quick – Illustrierte für Deutschland vom 26.1.1964, S. 40f; wiederabgedruckt in: ders., Politik im Visier, S. 103–107.

202 Vgl. Abschrift der Fernsehdiskussion »Zur Sache« (ausgestrahlt am 22. Januar 1964 im ZDF). DRA (Material zur Sendung »Der schwarze Kanal« vom 27.1.1964, Signatur: E065-02-04/0001/188), S. 5.

203 Vgl. ebenda, S. 20; siehe zu der Diskussion ebenfalls: Schwane, Matthias Walden, S. 80; und: ders., Wider den Zeitgeist?, S. 178–180.

standen, sondern versuchten, eigene Forderungen, in einzelnen Fällen gar eigene Programme durchzusetzen.[204]

Bald schon war die Presse der Politik darin mehrere Schritte voraus. Sebastian Haffner forderte beispielsweise in einer *Stern*-Kolumne die Ausweitung der Handelsinitiativen Schröders auf Ost-Berlin und Moskau.[205] Der Beitrag Haffners ist sinnbildlich für eine avantgardistische Gruppe von Intellektuellen und Journalisten, die in der öffentlichen Diskussion über die Ost- und Deutschlandpolitik der Bundesrepublik Deutschland eine Vorreiterrolle der Politik einnahm. Bereits im Juli 1961 erklärte Jens Daniel alias Rudolf Augstein im *Spiegel* das Scheitern der westlichen Politik und plädierte für eine Anerkennung der Oder-Neiße-Grenze und der DDR.[206]

Doch insbesondere nach dem Mauerbau wurde ein Wandel erkennbar. Zu dauerhaft erschien vor allem als linksliberal geltenden oder verstandenen Intellektuellen und Journalisten die Machtposition der Sowjetunion in Europa, als dass man nicht für eine Verständigung mit Moskau eintreten sollte.[207] Diese Entwicklung war darüber hinaus Teil eines allgemeinen Reformtrends zu Beginn der 1960er Jahre, der auf das Feld der Ost- und Deutschlandpolitik ausstrahlte.[208] Moralische Werte im Sinne einer politischen Freiheit traten aus Waldens Sicht hinter ein pragmatisches Politikverständnis. Dies stand doch deutlich im Gegensatz zu dem von ihm geforderten langen Atem, der gerade auf einer moralischen Festigkeit beruhte. Wie er 1966 in einem Rundfunkbeitrag pointiert ausführte, gab es bereits vor dem Mauerbau legitime Gründe, das SED-Regime nicht als politischen Partner zu akzeptieren, zu denen nun der Schießbefehl noch hinzugekommen sei:

> Für die Ablehnung der Kommunisten genügte und genügt die Tatsache, dass sie keine demokratische Legitimation besitzen, sondern als ungewählte Minderheit über unsere Landsleute eine Diktatur ausüben.[209]

[204] Vgl. Hoeres, Außenpolitik und Öffentlichkeit, S. 69–82; siehe auch: Christina von Hodenberg, Die Journalisten und der Aufbruch zur kritischen Öffentlichkeit, in: Ulrich Herbert (Hrsg.), Wandlungsprozesse in Westdeutschland. Belastung, Integration, Liberalisierung 1945–1980, Göttingen 2003 (2002), S. 278–311.

[205] Vgl. Sebastian Haffner, Ausgerechnet Rumänien, in: Stern vom 25.9.1966, S. 184f.

[206] Vgl. Jens Daniel, Geht Berlin verloren?, in: Der Spiegel vom 12.7.1961, S. 10–12.

[207] Vgl. Scholtyseck, Mauerbau und Deutsche Frage, in: Geppert/Hacke (Hrsg.), Streit um den Staat, S. 72.

[208] Vgl. Axel Schildt, Materieller Wohlstand – pragmatische Politik – kulturelle Umbrüche. Die 60er Jahre in der Bundesrepublik, in: Axel Schildt/Detlef Siegfried/Karl Christian Lammers (Hrsg.), Dynamische Zeiten. Die 60er Jahre in beiden deutschen Gesellschaften, Hamburg 2000, S. 21–53, hier S. 39f.

[209] Matthias Walden, Hörfunksendung Unteilbares Deutschland: Stand des Redneraustauschs zwischen SED und SPD (angehört im AdRBB, gesendet am 6. Mai 1966 im SFB), Minute 10.

Walden (zweiter von links) bei einer Podiumsdiskussion, u.a. mit Sebastian Haffner (ganz rechts).

Diese Feststellung war ebenso klar wie subtil. Eine Zusammenarbeit konnte unter solch moralistischen Gesichtspunkten kaum zustande kommen.

Anfang 1964 traf Matthias Walden erneut auf Sebastian Haffner. Diesmal nicht nur in den Spalten der Illustrierten, sondern, wie bereits erwähnt, anlässlich des Berliner Passierscheinabkommens im Fernsehstudio des *ZDF* bei der Diskussion »Zur Sache«. Haffner hatte einige Tage zuvor in einer *Stern*-Kolumne einen »innerdeutschen Marshallplan«[210] gefordert und bezeichnete nun in seinem Eingangsstatement die Anerkennung der DDR als »Selbstbefreiung einer lästigen Fessel«[211]. Mehr als zwei Jahre nach dem Mauerbau war für den *Stern*-Kolumnisten endgültig die Zeit vorbei, in der man darauf hoffen konnte, der DDR oder der Sowjetunion etwas abzuzwingen, womit er seinen eigenen Meinungswechsel in dieser Frage erklärte. Hier wurde Haffners Politikauffassung deutlich, nach der Politik nicht eine Wiederholung von Prinzipienauffassungen sei, sondern eine Anpassung an die Verhältnisse, die sich seiner Meinung nach im Ost-West-Konflikt insbesondere aufgrund der veränderten Methoden Moskaus gewandelt hätten.[212]

210 Sebastian Haffner, Neujahrsvorsatz, fortgesetzt, in: Stern vom 19.1.1964, S. 6f.
211 Abschrift »Zur Sache« vom 22.1.1964, S. 2.
212 Vgl. ebenda, S. 19.

Darüber hinaus kritisierte er die Forderung von Bedingungen wie beispielsweise der Aufhebung des Schießbefehls an der Mauer – ohne ihn ergab die Mauer seiner Meinung nach eigentlich keinen Sinn. So erschreckend die Logik dieser letzten Äußerung war, so zuwider liefen diese radikal pragmatischen Überlegungen der Einstellung Matthias Waldens. Wie weit Haffner mit seinen Äußerungen den Korridor des Sagbaren dieser Zeit allerdings verlassen hatte, zeigte, dass es sogar zum Streit zwischen dem Kolumnisten und seinem Chefredakteur Henri Nannen kam. Spätestens im Dezember 1964 war dieser aber überwunden. Nannen war stolz darauf, in Bezug auf die Ostpolitik mit Haffner den »Stein des Anstoßes« einer breiten Debatte in seinen Reihen zu haben.[213]

Nur zwei Wochen nach der *ZDF*-Diskussion setzte sich Walden in seiner Kolumne dezidiert mit den Positionen Haffners auseinander. Er sah seinen Kollegen als Vertreter einer neuen Art des politischen Denkens, mit der sich zum Schutz der Bundesrepublik und seiner Verfassung auseinandergesetzt werden musste. Laut Walden verkenne Haffner das Problem der wirtschaftlichen Unterstützung der DDR, da bundesdeutsche Investitionen in die »Zwangswirtschaft« nicht nur den eigenen Haushalt belasten, sondern gleichzeitig die Lebenszeit des SED-Regimes künstlich verlängern würden.[214]

Der Unterschied zu Sebastian Haffners Ansatz einer Anpassung an die sich wandelnden Umstände wurde hier nochmals offensichtlich. Haffner äußerte einige Zeit später in seiner Publikation »Die zehn Todsünden des Deutschen Reiches«, dass die Bundesrepublik Deutschland wie das Deutsche Reich im Ersten Weltkrieg an einer moralischen Selbstüberschätzung leide. Wenn diese nicht bald überwunden werde, so Haffner, stehe Bonn nur noch vor der Frage: vollständige Anerkennung der DDR oder Krieg.[215] Da fiel das Argumentieren schwer, doch Walden wehrte sich gegen die vermeintlichen Bemühungen Haffners und anderer Journalisten, die Verbrechen des SED-Regimes zu relativieren. Denke man diese Schritte weiter, sei es nicht mehr lang bis zu einem Verbot der Kritik an der SED, prophezeite er in der *Quick*.[216]

In ihrer letzten Konsequenz wirkte diese Konstruktion freilich etwas überzogen, doch spiegelten solche Kampfansagen das Unverständnis Waldens gegenüber dem Positionswechsel Haffners wider. Abschließend schrieb er zu den Forderungen seines Kollegen:

213 Vgl. Schmied, Sebastian Haffner, S. 268f.

214 Vgl. Matthias Walden, Hier ist Irren unmenschlich, in: Quick – Illustrierte für Deutschland vom 9.2.1964, S. 65; wiederabgedruckt in: ders., Politik im Visier, S. 107–112.

215 Vgl. Sebastian Haffner, Die sieben Todsünden des Deutschen Reiches. Grundfehler deutscher Politik nach Bismarck - damals und auch heute, Hamburg 1965, S. 126f.

216 Vgl. Walden, Irren, in: Quick – Illustrierte für Deutschland vom 9.2.1964, S. 65; siehe dazu bereits: Abschrift »Zur Sache« vom 22.1.1964, S. 21.

> Wenn aber der neue Weg nichts anderes ist als Kapitulation vor den Realitäten des Kommunismus, Anpassung an das Unerlaubte, dann ist er nicht begehbar. [...] Politik, so heißt es, sei die Kunst des Möglichen. Dazu gehört auch, das Unmögliche auszuschließen. Es gilt, eine Politik zu vermeiden, in der wir uns preisgeben.[217]

Für seine Kolumne erhielt Walden durchaus Zustimmung aus der Politik, die sich in Leserbriefen an die Illustrierte äußerte. Neben dem SPD-Politiker und Präsidenten des bayrischen Landtags, Wilhelm Hoegner, waren dies vor allem Unions-Stimmen wie Altkanzler Konrad Adenauer oder der Bundestagsabgeordnete Josef Müller, der allerdings bereits vor einem Aufschwung neuer Ideen à la Sebastian Haffner warnte. Außerdem erhielt Walden Zuspruch von Karl Theodor zu Guttenberg, der mit den beiden Journalisten im Fernsehen diskutiert hatte und nun meinte, Haffner sei ein »unabsehbares Übel«.[218]

Das wirkte etwas übertrieben, denn schließlich war Haffner weder Regierungschef noch Chefdiplomat, sondern Journalist, der schon von Berufswegen zu geistiger Freiheit neigte. Dass Haffner aber im *ZDF* gar die »alte Politik« Adenauers als gescheitert abgekanzelt und den Gründungskanzler für den Schießbefehl an der Mauer verantwortlich gemacht hatte, brachte ihm selbst die öffentliche Zustimmung des ungeliebten Ostberliner Propagandisten Karl-Eduard von Schnitzler ein, der in seiner Fernsehsendung »Der schwarze Kanal« die *ZDF*-Diskussion ausgeschlachtet hatte. Walden galt bei Schnitzler als »Quertreiber« und Haffner als Einsichtiger, der somit nachträglich die Politik der DDR legitimierte.[219] Es kam sogar zu einem kleinen Briefwechsel zwischen Schnitzler und Haffner und es stand ein Treffen im Raum, aus dem dann aber nichts wurde.[220] Diese Episode bot natürlich auch Walden eine Angriffsfläche, dessen eigene Kommentare das ein oder andere Mal von Schnitzler – dem, so Walden,

217 Walden, Irren, in: Quick – Illustrierte für Deutschland vom 9.2.1964, S. 65.

218 Vgl. Karl Theodor Freiherr zu Guttenberg, Leserbrief zu der Kolumne von Matthias Walden vom 9. Februar 1964, in: Quick – Illustrierte für Deutschland vom 8.3.1964, S. 3; Wilhelm Hoegner, Leserbrief zu der Kolumne von Matthias Walden vom 9. Februar 1964, in: Quick – Illustrierte für Deutschland vom 8.3.1964, S. 3; Josef Müller, Leserbrief zu der Kolumne von Matthias Walden vom 9. Februar 1964, in: Quick – Illustrierte für Deutschland vom 8.3.1964, S. 3; Konrad Adenauer, Leserbrief zu der Kolumne von Matthias Walden vom 9. Februar 1964, in: Quick – Illustrierte für Deutschland vom 8.3.1964, S. 3.

219 Vgl. Marc Levasier, »Der schwarze Kanal«. Entstehung und Entwicklung einer journalistischen Kontersendung des DDR-Fernsehens, in: Jürgen Wilke (Hrsg.), Journalisten und Journalismus in der DDR. Berufsorganisation – Westkorrespondenten – »Der schwarze Kanal«, Köln – Weimar – Wien 2007, S. 217–313, hier S. 267.

220 Vgl. Karl-Eduard von Schnitzler an Sebastian Haffner vom 10. Februar 1964 (BArch: NL Haffner, Ordner Ostkontakte, N 2523 / 128); Haffners Antwort: Sebastian Haffner an Karl-Eduard von Schnitzler vom 16. April 1964 (BArch: NL Haffner, Ordner Ostkontakte, N 2523 / 128); zu Haffners Äußerungen im ZDF: Abschrift »Zur Sache« vom 22.1.1964, S. 15.

»Schneidemeister ohne Moral«[221] – sinnverkehrt aufbereitet wurden. Zynisch bemerkte Walden:

> Allen voran, bedenkenlos und ohne Deckung, Sebastian Haffner, immer schneller laufend und nun schon so weit, daß sogar Freundesstimmen ihn vor der Gefahr des Überlaufens warnen. Aber er hört schon nicht mehr, denn dort drüben im politischen Osten, wo kommunistische Zeitungen ihn entzückt nachdrucken, ist für ihn bereits kein Gegner mehr zu erkennen, wie er selbst bekundete.[222]

Die harte Polemik zwischen Walden und Haffner konnte für den interessierten Beobachter leicht als eine Privatfehde zwischen den Journalisten interpretiert werden. So beschrieb der Literaturkritiker Wolfgang Bartsch in einer allgemein recht pejorativen Rezension von Waldens Kolumnensammlung »Politik im Visier« in der Zeitschrift *Tribüne. Zeitschrift zum Verständnis des Judentums* den Meinungsstreit zwischen den beiden Kolumnisten als ein »altes teutonisches Übel« geistiger Prügelei.[223]

Untereinander versicherten sich Walden und Haffner nach ihrem Aufeinandertreffen im Fernsehen, dass sie frei von »persönlichen Ressentiments« gegeneinander seien. Der *Stern*-Kolumnist äußerte im Frühjahr 1964 gar die Hoffnung, dass sich die beiden in ihrer politischen Haltung einmal wieder annähern würden. Walden hatte zuvor geschrieben:

> Der scharfe und polemische Gegensatz, der zwischen Ihrer und meiner Arbeit seit einiger Zeit entstanden ist, blieb bei mir zu meiner eigenen Freude immer ohne jede Spur einer persönlichen emotionalen Antipathie, Verklemmung oder gar Aversion.[224]

Für seine Polemik gegen Haffner erhielt Walden dagegen nicht nur das erwähnte Lob, sondern auch Kritik. So von dem FDP-Bundestagsabgeordneten Oswald Kohut, ebenfalls in Form eines Leserbriefes. Kohut war in seiner Fraktion allerdings zu dieser Zeit ein Paria. Im Sommer 1964 forderte beispielsweise der Fraktionsgeschäftsführer der FDP Hermann Dürr den Ausschluss des Schnapsfabrikanten Kohut aus der Bundes-

221 Walden, Freibrief, in: Quick – Illustrierte für Deutschland vom 26.1.1964, S. 40.

222 Ders., Irren, in: Quick – Illustrierte für Deutschland vom 9.2.1964, S. 65.

223 Vgl. Wolfgang Bartsch, Buchbesprechung. Matthias Walden: »Politik im Visier«, in: Tribüne – Zeitschrift zum Verständnis des Judentums 4 (1965), H. 16, S. 1761.

224 Matthias Walden an Sebastian Haffner vom 4. Mai 1964 (BArch: NL Haffner, Ordner Korrespondenz M-Z, N 2523 / 135); die Entgegnung Haffners: Sebastian Haffner an Matthias Walden vom 24. Mai 1964 (BArch: NL Haffner, Ordner Korrespondenz M-Z, N 2523 / 135).

tagsfraktion der Freien Demokraten, da dieser sich auch nach schriftlicher Aufforderung des Fraktionsvorsitzenden Kühlmann-Stumm nicht für die in einer Parlamentsrede getätigten Formulierung der »sogenannten Bundesrepublik« entschuldigen wollte.[225] In seinem Zwischenruf in der *Quick* verteidigte Kohut Haffner und verglich Waldens Einstellung mit der Haltung der »Abendländer des Herrn Adenauer« beziehungsweise führender Unionspolitiker wie Rainer Barzel, die in seinen Augen die Überwindung der deutschen Teilung allerdings keinen Schritt voranbringen würde.[226]

Barzel war schon unter Konrad Adenauer Bundesminister für gesamtdeutsche Fragen gewesen und hatte dort den Glauben an die deutsche Einheit hoch gehalten.[227] Unter Erhard profilierte sich der ambitionierte Politiker in der Ost- und Deutschlandpolitik weiter. Nach dem Tod Heinrich von Brentanos im Dezember 1964 übernahm er zudem den Fraktionsvorsitz der CDU im Bundestag. In den kommenden Jahren trat er nun aber – anders als von Kohut kolportiert – immer wieder für Auflockerungen im Verhältnis mit dem politischen Osten ein, was in der Union umstritten war und Matthias Walden dazu verleitete, eine mögliche Kanzlerkandidatur Barzels im Januar 1966 als »Versehen« zu bezeichnen. Barzel sei laut Walden zwar ein geschickter und intelligenter Politiker, aber nicht aus dem Holz eines möglichen Bundeskanzlers geschnitzt. Er sei kein Opportunist, aber doch jemand, dessen Sinn für das Opportune durch den persönlichen Ehrgeiz geschärft sei.[228] Eigenschaften, die ihn scheinbar ungeeignet für einen von Walden gewünschten Vertreter einer moralischen Politik machten.

Gegen den Kommentar Kohuts wehrte sich Walden in einer späteren Kolumne. Er glaubte nicht, dass eine Freundschaftspolitik gegenüber Ost-Berlin und Moskau zur Wiedervereinigung führen würde, schließlich sei der sowjetische Imperialismus doch überhaupt erst die Ursache der Teilung gewesen.[229] Waldens Engagement ließ deutlich erkennen, dass ein Credo seiner Arbeit in den sechziger Jahren der Kampf gegen die Verharmlosung des Kommunismus wurde. Dieser Kampf einte ihn zum Beispiel mit seinem journalistischen Kollegen Gerhard Löwenthal, den er aus der gemeinsamen Zeit beim *RIAS* und *SFB* gut kannte und der 1963 Redaktionsleiter des *ZDF* in Brüssel wurde. Wie Walden lehnte Löwenthal das Konzept des »Wandel durch Annäherung« ab, da für ihn so der »real existierende Sozialismus« verharmlost wurde.[230]

225 Vgl. Personalien: Oswald Kohut, in: Der Spiegel vom 3.6.1964, S. 110.

226 Vgl. Oswald A. Kohut, Leserbrief zu der Kolumne von Matthias Walden vom 9. Februar 1964, in: Quick – Illustrierte für Deutschland vom 8.3.1964, S. 3.

227 Siehe z.B.: Creuzberger, Kampf für die Einheit, S. 88–94.

228 Vgl. Rainer Barzel, Im Streit und umstritten. Anmerkungen zu Konrad Adenauer, Ludwig Erhard und den Ostverträgen, Frankfurt am Main / Berlin 1986, S. 129–132; zur Einschätzung Waldens siehe: Matthias Walden, Kanzler Barzel – das wäre ein Versehen, in: Quick – Illustrierte für Deutschland vom 23.1.1966, S. 32.

229 Vgl. ders., Denk ich an Deutschland…, in: Quick – Illustrierte für Deutschland vom 27.3.1964, S. 66; wiederabgedruckt in: ders., Politik im Visier, S. 113–117.

230 Vgl. Winckler, Gerhard Löwenthal, S. 351.

»Denken an Deutschland«

Die Forderung nach einem Regierungs- und Politikwechsel in der Bundesrepublik nahm im Laufe der sechziger Jahre immer mehr Gestalt an. Ein Beispiel dafür war das »Wahlkontor deutscher Schriftsteller« um Günter Grass, Max von der Grün oder Paul Schallück. Freilich ging es der Initiative nicht nur um eine Erneuerung der Ost- und Deutschlandpolitik, die sie mit einem Regierungswechsel für möglich hielten. Aber gerade auf dem Feld der Außenpolitik waren Grass und seine Mitstreiter der SPD sogar noch einen Schritt voraus – zum Beispiel bei der geforderten Anerkennung der Oder-Neiße-Grenze oder der DDR. Dies führte noch im Wahlkampf 1965 dazu, dass sich Willy Brandt – nun bereits das zweite Mal Kanzlerkandidat seiner Partei und grundsätzlich ein Befürworter der Unterstützung durch die Intellektuellen – von den »Wahlhelfern« distanzieren musste, um innerparteiliche Diskussionen zu vermeiden und für einen Großteil der Bevölkerung wählbar zu bleiben.[231]

Wie die Umfragen des Instituts für Demoskopie Allensbach zeigen, enteilten die Intellektuellen mit ihren avantgardistischen Forderungen dem politischen Klima der Bundesrepublik dieser Jahre zuweilen. So gaben beispielsweise 1967 35 Prozent der Deutschen an, einen harten Kurs gegenüber dem politischen Osten zu favorisieren, 34 Prozent wollten eine nachgiebigere Politik und weitere 31 Prozent waren in der Frage unentschieden. Tendenziell wünschten sich etwas mehr SPD-Anhänger einen nachgiebigeren Kurs.[232] Von einer breiten Mehrheit, die eine Neudefinierung der Bonner Deutschlandpolitik forderte, konnte Mitte der 1960er also nicht gesprochen werden. Doch: Ein Wandel war durchaus bereits absehbar, an dessen Spitze sich mit einer ungeahnten Selbstverständlichkeit Intellektuelle und Journalisten setzten. Erst einmal ausgesprochen, waren die Inhalte aus den öffentlichen Debatten nicht mehr wegzudenken. Und darum ging es vielen dieser Avantgardisten zunächst: um ein »Denken an Deutschland«, wie der Politikredakteur der *Zeit* Theo Sommer den Titel eines von ihm herausgegebenen Buches 1966 formulierte.[233]

Auch Matthias Walden gab im Frühjahr 1964 seiner Kolumne, in der er auf die Leserbriefe zu seiner Polemik gegen Haffner antwortete, den Titel »Denk ich an Deutschland ...«. Die Allegorie zu Heinrich Heines »Nachtgedanken« ist bei Walden natürlich unübersehbar und der Kolumnist verstand seine Replik in erster Linie als Verteidigung gegen den Vorwurf, er mache sich keine Gedanken über die deutsche

[231] Vgl. Daniela Münkel, Intellektuelle für die SPD: Die Sozialdemokratische Wählerinitiative, in: Gangolf Hübinger/Thomas Hertfelder (Hrsg.), Kritik und Mandat. Intellektuelle in der Deutschen Politik, Stuttgart 2000, S. 222–238, hier S. 228f.

[232] Vgl. Institut für Demoskopieforschung Allensbach, Jahrbuch der Öffentlichen Meinung. Band 5: 1968–1973, Allensbach/Bonn 1974, S. 568.

[233] Theo Sommer (Hrsg.), Denken an Deutschland, Hamburg 1966.

Wiedervereinigung. Gerade in diesem Punkt empfand sich Walden doch aufgrund seiner deutsch-deutschen Biographie als überzeugten Patrioten.[234]

Zur gleichen Zeit sorgte Theo Sommer gemeinsam mit der Leiterin des Politikressorts der *Zeit*, Marion Gräfin Dönhoff, sowie dem Feuilletonchef der Wochenzeitung, Rudolf Walter Leonhardt, mit einer Reise in die DDR für Aufsehen. Die drei Journalisten gingen zwei Wochen auf »Expedition«, sprachen dabei mit Parteifunktionären sowie Bürgern und veröffentlichten anschließend ihre Beobachtungen in dem Buch »Reise in ein fernes Land«.[235] Sommer kam im Zuge der Reise zu der Erkenntnis, dass die Förderung einer Gegenrevolution in der DDR erstens erfolglos sei und zweitens die allmähliche Evolution des Systems blockiere. Durch eine Anerkennung der »permanenten Provisorien« erhoffte er sich auf lange Sicht Erfolge, die eine Defensivhaltung nie erreichen könnte.[236]

Diese neue deutschlandpolitische Verve trugen die Journalisten in ihre alltägliche Arbeit bei der *Zeit*. Und wie sehr sie damit den Nerv der öffentlichen Meinung trafen, zeigte der rasante Anstieg der Auflagenzahlen der Hamburger Wochenzeitung von 88.000 (1960) auf 320.000 (1970) Exemplare, während die Zahlen des bisherigen Marktführers *Christ und Welt* in dieser Periode zwischen 140.000 und 160.000 stagnierten.[237]

Darüber hinaus waren vor allem Theo Sommer und Rudolf Walter Leonhardt aktive Mitglieder im Hamburger Büro des CCF, das unter anderem mit prominenten Wortführern wie Siegfried Lenz oder Karl Schiller eine Führungsrolle in der Neuausrichtung des Kongresses zu Beginn der 1960er Jahre anstrebte. Innerhalb der nationalen Organisation rief dieser Strategiewechsel aber auch Proteste von Vertretern des strikt antitotalitären Flügels des CCF wie Joseph Caspar Witsch hervor.[238]

In »Denken an Deutschland« sammelte Theo Sommer nun mehrere ost- und deutschlandpolitische Konzepte, die eines gemein hatten: Sie standen für eine Auseinandersetzung mit der Deutschen Frage und förderten die öffentliche Diskussion. Alle Beiträger nahmen eine Stagnation der Ost- und Deutschlandpolitik seit dem Mauerbau wahr und interprtierten diese als ein Zeichen für eine Erneuerung der Politik. Für Sommer verhinderten dabei gegenwärtig noch ideologische Barrieren pragmatische

234 Vgl. Walden, Denk ich, in: Quick – Illustrierte für Deutschland vom 27.3.1964, S. 66.

235 Marion Gräfin Dönhoff/Rudolf Walter Leonhardt/Theo Sommer (Hrsg.), Reise in ein fernes Land. Bericht über Kultur, Wirtschaft und Politik in der DDR, Hamburg 1980 (1964).

236 Vgl. Theo Sommer, Die permanenten Provisorien, in: Marion Gräfin Dönhoff/Rudolf Walter Leonhardt/Theo Sommer (Hrsg.), Reise in ein fernes Land. Bericht über Kultur, Wirtschaft und Politik in der DDR, Hamburg 1980 (1964), S. 152–155, hier passim.

237 Vgl. Payk, »... die Herren fügen sich nicht; sie sind schwierig.«, in: Kersting/Reulecke/Thamer (Hrsg.), Die zweite Gründung, S. 59.

238 Vgl. Hochgeschwender, Freiheit in der Offensive?, S. 499f.

Kompromisse.[239] In seinem eigenen Beitrag wies der *Zeit*-Redakteur schließlich darauf hin, dass in der öffentlichen Diskussion der letzten Jahre aber eine »geistige Wende der Dogmatik zur Pragmatik« zu beobachten sei. Prominente Beispiele waren für ihn die Ideen Egon Bahrs innerhalb der SPD und eine Programmschrift der bayrischen FDP, die eine Lösung der Deutschen Frage auf Grundlage des Potsdamer Abkommens von 1945 als unrealistisch ansah.[240]

Das Konzept der Bayern-FDP erinnerte an Bahrs »Wandel durch Annäherung«, da als Ziel nicht mehr eine historische Friedenskonferenz gesetzt wurde, deren Ergebnis die deutsche Wiedervereinigung sein sollte, sondern eine »Politik der kleinen Schritte« über eine vorübergehende Anerkennung des Status quo. Zwar war die FDP auf Bundesebene noch in der Koalition mit der Union gebunden, doch zeigten diese Vorgänge in der Rückschau erste Annäherungstendenzen an die Positionen der SPD, die sich in den kommenden Jahren noch verstärken sollten.

Charakteristisch für einen Tabubruch in der Öffentlichkeit war für Theo Sommer ferner die Ostdenkschrift der Evangelischen Kirche in Deutschland (EKD) von 1965. Mit dem ausführlichen Titel »Die Lage der Vertriebenen und das Verhältnis des deutschen Volkes zu seinen östlichen Nachbarn« wurde bereits der politische Ansatz der EKD deutlich, ohne dass die Autoren – so schrieben sie – den handelnden politischen Instanzen Handlungswege vorzeichnen wollten. Konkret hieß es in der Denkschrift, es müsse ein Bewusstsein dafür geschaffen werden, dass eine haltbare Friedensordnung nur durch einen neuen Anfang zu verwirklichen sei. Dieser liege nicht in der ständigen Betonung des eigenen Rechtsstandpunktes, da nur ein Territorialverzicht eine Versöhnung bewirken könne.[241]

Schon in seinem Tutzinger Referat 1963 hatte sich Matthias Walden auf der anderen Seite besorgt über die Kompromissbereitschaft der westdeutschen evangelischen Kirche gegenüber der DDR gezeigt. Erstmals hatte sich diese in dem zwar innerhalb der Kirche umstrittenen Tübinger Memorandum von 1962 gezeigt, das allerdings von Union und SPD einhellig abgelehnt wurde. Die evangelische Kirche in der DDR, die bis 1969 ebenfalls zur EKD gehörte, kritisierte Walden darüber hinaus, da er sich von ihr ein Denken in der Tradition des christlichen Widerstands im Nationalsozialismus erhofft hatte.[242]

239 Vgl. Theo Sommer, Denken an Deutschland, in: ders. (Hrsg.), Denken an Deutschland, Hamburg 1966, S. 11–34, hier S. 12.

240 Vgl. ebenda, S. 16–18.

241 Vgl. Rat der Evangelischen Kirche in Deutschland, Die Lage der Vertriebenen und das Verhältnis des deutschen Volkes zu seinen östlichen Nachbarn. Eine evangelische Denkschrift (1965). http://www.ekd.de/EKD-Texte/45952.html (27. Oktober 2014).

242 Vgl. Walden, Referat Tutzing. 14. Juli 1963, S. 22.; zum Tübinger Memorandum als Vorreiter der Ostdenkschrift siehe: Martin Greschat, Protestantismus und Evangelische Kirche in den 1960er

Welchen Einfluss die Ostdenkschrift auf das politische Klima Westdeutschlands hatte, zeigt die Einordnung des Historikers Klaus Hildebrand, der die Denkschrift in seinem Überblickswerk über die Bundesrepublik Deutschland von 1963 bis 1969 als Zeichen des Wandels der evangelischen Kirche von einem Hüter politischer, gesellschaftlicher und moralischer Ordnung zu einem »Blockadebrecher« einstuft.[243] Die Kirchenhistorikerin Claudia Lepp erkennt in der Denkschrift zudem ein Symbol für »den Abschied der Prädominanz des Nationalprotestantismus« in der evangelischen Kirche. Innerhalb der Glaubensgemeinschaft hatte sie darüber hinaus eine stark polarisierende Wirkung. Vor allem konservative Protestanten bemängelten eine von ihnen empfundene Fehlentwicklung der evangelischen Kirche und gründeten die »Notgemeinschaft evangelischer Deutscher«.[244]

Als ebenso entscheidend für den von ihm festgestellten Wandel sieht Klaus Hildebrand das Engagement von Journalisten und Intellektuellen, wie beispielsweise des Althistorikers und späteren publizistischen Wegbereiters Willy Brandts Neuer Ostpolitik, Peter Bender, mit dem sich Walden kurz nach dem Mauerbau über die erforderlichen Konsequenzen für Journalisten ausgetauscht hatte.[245] In Theo Sommers Sammelband plädierte Bender nun für eine Einbettung der DDR in ein ostpolitisches Konzept der Bundesrepublik. Ihm war klar, dass die DDR als Schlussstein des sowjetischen Imperiums eine so wichtige Rolle für Moskau einnahm, dass jegliche Isolierung die eigene Politik blockieren würde.

Eine Wiedervereinigung konnte für Bender erst am Ende eines sowjetischen Imperialismus stehen. Bis dahin dürfe aber nicht auf eine Verbesserung der Lebenssituation der Menschen in der DDR verzichtet werden. Dadurch könne die Existenz des ostdeutschen Staates zu einer Verlegenheit für Moskau werden.[246] Die Ziele von Matthias Walden und Peter Bender waren also durchaus vergleichbar. Doch Letzterer wollte diese mit dem Kunstgriff erreichen, die Politik von der Moral zu trennen – also

Jahren, in: Axel Schildt/Detlef Siegfried/Karl Christian Lammers (Hrsg.), Dynamische Zeiten. Die 60er Jahre in beiden deutschen Gesellschaften, Hamburg 2000, S. 544–581, hier S. 552–559

243 Vgl. Hildebrand, Von Erhard zur Großen Koalition, S. 96.; siehe auch: Arnold Sywottek, Nationale Politik als Symbolpolitik. Die westdeutsche Deutschland- und Außenpolitik in gesellschaftlicher Perspektive, in: Axel Schildt/Detlef Siegfried/Karl Christian Lammers (Hrsg.), Dynamische Zeiten. Die 60er Jahre in beiden deutschen Gesellschaften, Hamburg 2000, S. 342–361, hier S. 353f

244 Vgl. Claudia Lepp, Einleitung, in: Klaus Fitschen/Siegfried Hermle/Katharina Kunter/Claudia Lepp/Antje Roggenkamp-Kaufmann (Hrsg.), Die Politisierung des Protestantismus. Entwicklungen in der Bundesrepublik Deutschland während der 1960er und 70er Jahre, Göttingen 2011, S. 11–24, hier S. 17f.

245 Vgl. Hildebrand, Von Erhard zur Großen Koalition, S. 95; zur Korrespondenz nochmals: Walden an Bender, 29.11.1961; und zu Benders späterem Engagement für Brandt: Peter Bender, Die Ostpolitik Willy Brandts oder die Kunst des Selbstverständlichen, Hamburg 1972.

246 Vgl. ders., Die DDR nicht isolieren, in: Theo Sommer (Hrsg.), Denken an Deutschland, Hamburg 1966, S. 121–132, hier S. 123f.

den Alleinvertretungsanspruch moralisch beizubehalten, politisch sich aber von ihm zu lösen und somit im Prinzip auch die »Hallstein-Doktrin« aufzugeben. Dies war ein Transfer, den Walden nicht vollziehen wollte, denn gerade die »Hallstein-Doktrin« stellte für ihn das »moralische Fundament« der Politik dar.

Im Januar 1965 hatte sich Walden zudem in der *Quick* mit einem offenen Brief an Peter Bender gerichtet. Dieser hatte in seinem Buch »Offensive Entspannung« eine Abkehr der Bundesregierung von dem Junktim »erst Wiedervereinigung, dann Entspannung zwischen Ost und West« gefordert. Somit sollten »kleinere Ziele und Zwischenlösungen« gesetzt werden.[247] In seiner Kolumne kritisierte Walden den Ansatz Benders mit den bekannten Argumenten. Eine Aufwertung und Unterstützung der DDR würden in keinem Fall zum Niedergang des kommunistischen Systems führen – dies konnte seiner Meinung nach nur durch den Zwang zur Selbstzerstörung erreicht werden.

Seine Abschlussworte an Peter Bender richteten sich gegen dessen Trennung von Politik und Moral, die wie in seinem Beitrag zu Sommers Sammelwerk bereits seiner »offensiven Entspannung« zu Grunde lag:

> Ich rate ihnen dringend davon ab, die moralische Betrachtung des Deutschlandproblems zugunsten einer nur sachlichen Behandlung aufzugeben oder einzuschränken. Sachlichkeit und Moral schließen sich in der Politik nicht aus. [...] Durch unser Beispiel vom besseren, ständig zu verbessernden Lebensmodell und durch unserer geistige Aggression gegen das schlechtere zwingen wir den Gegner, sich bis zur Unkenntlichkeit zu ändern. Dieser Prozeß ist bereits in vollem Gange.[248]

»Trotz allem: Ich wünsche mir eine große Koalition!«

Bei der Bundestagswahl 1965 schienen die avantgardistischen Ideen eines »Denken an Deutschland« aber zunächst noch fernab der politischen Realität zu sein. Mit einer großen Mehrheit von 47,6 Prozent der Union (1961: 45,3) wurde Ludwig Erhard im Amt bestätigt. Die SPD erreichte mit einem Gewinn von 3,1 Prozentpunkten 39,3 Prozent der Stimmen und die FDP fiel deutlich auf 9,5 Prozent ab (1961: 12,8). Doch Matthias Walden war in den letzten Jahren intensiv in öffentliche Diskussionen um eine Neujustierung des ost- und deutschlandpolitischen Kurs verwickelt gewesen, sodass auch diese Wahl, bei der zunächst vor allem wegen der stetig florierenden Wirtschaft alles beim Alten geblieben zu sein schien, für ihn im Zeichen dieser Debatte stand.

247 Ders., Offensive Entspannung. Möglichkeit für Deutschland, Köln - Berlin 1964; Matthias Walden, Offensive Entspannung? Offener Brief von Matthias Walden an Peter Bender, in: Quick – Illustrierte für Deutschland vom 17.1.1965, S. 5.

248 Ders., Offensive Entspannung?, in: Quick – Illustrierte für Deutschland vom 17.1.1965, S. 5.

Gerade die SPD, deren Godesberger Programm von 1959 er im Wahlkampf als eine »hoch zu bewundernde Leistung« bezeichnet hatte, sah er als anfällig für die Ideen linksliberaler Intellektueller und Journalisten.[249] Seine Hoffnung als Bollwerk gegen diesen Einfluss hätte Walden gerne in Willy Brandt gesetzt, zu dem er in den 1950er Jahren als Vorreiter des Godesberger Programms aufgeschaut hatte. Doch dem Journalisten war kaum der vermeintliche Wandel Brandts vom Kalten Krieger zum Entspannungspolitiker entgangen, den Walden zum Teil in einem phlegmatischen Narzissmus des SPD-Politikers verortet sah:

> Brandt hatte das Programm von Godesberg in Berlin schon praktiziert, als es noch gar nicht entworfen war, er hat Mut und auch Kraft in der Not bewiesen, auch Klugheit, Format, Disziplin, Kampfgeist, Einsicht, Selbstbeschränkung. Er wuchs, aber er sah wie groß er geworden war, und seit einiger Zeit schien es oft, als sähe er zu sich selbst hinauf.[250]

Dennoch betitelte er seine Kolumne in der *Quick* am 5. September 1965 zwei Wochen vor der Wahl: »Trotz allem: Ich wünsche mir eine große Koalition!«[251] Der Kritik einer übermächtigen Koalition hatte er schon Monate zuvor entgegengehalten, dass es erst gefährlich werde, wenn es in einer Demokratie nicht mehr die Möglichkeit auf Opposition gebe, was aber bei einer Großen Koalition nicht der Fall sei.[252] Kurz vor der Wahl meinte Walden dann zu erkennen, dass der Wille zum Bündnis mit der Union bei den Sozialdemokraten durchaus vorhanden sei:

> Offenbar leiden die ergrauten Arbeiter-Genossen der SPD nicht so sehr unter dem Verzicht auf Kampf und Kontra und auf die scharfe Alternative. Die sozialistischen Intellektuellen begehren vielmehr auf, weil sie ihre Partei nicht links, sondern linkisch finden.[253]

Dass sich Willy Brandt wie beschrieben von den »Dichterstimmen« losgesagt hatte, begrüßte Walden, doch stand der Spitzenkandidat in seinen Augen zwischen den Stühlen.

249 Vgl. ders., Muss die SPD immer nein sagen?, in: Quick – Illustrierte für Deutschland vom 11.7.1965, S. 35.
250 Ders., Trotz allem: Ich wünsche mir eine große Koalition, in: Quick – Illustrierte für Deutschland vom 5.9.1965, S. 97.
251 Ebenda.
252 Vgl. ders., SPD, in: Quick – Illustrierte für Deutschland vom 11.7.1965, S. 35.
253 Ders., Trotz allem, in: Quick – Illustrierte für Deutschland vom 5.9.1965, S. 97.

Auch Altkanzler Konrad Adenauer trat in einem Artikel für die *Politische Meinung* für ein Bündnis von Union und SPD ein, um »die Mängel in unserer Verfassungsstruktur, in unserem Sozialrechtssystem und in unserem Parlamentswesen« durch die Möglichkeit verfassungsändernder Mehrheiten zu beheben.[254] Doch was erhoffte sich Matthias Walden von einer Großen Koalition? Das wurde erst so richtig deutlich, als er die Koalitionsentscheidung von Union und FDP kommentierte. Kurz nach der Wahl hatte er, trotz seiner Enttäuschung der nicht zustande gekommenen Großen Koalition, den Urnengang zunächst als Erfolg gegen die radikalen Parteien von links und rechts bewertet, die weit unter der Fünf-Prozent-Hürde geblieben waren. Schon der Titel dieser Kolumne, »Eine Partei im Lehnstuhl der Macht«, zeigte aber, dass sich der Journalist auch im Sinne der Union eine inhaltliche Auseinandersetzung mit den politischen Ansätzen der SPD gewünscht hätte.[255]

Auf der anderen Seite wurde nur eine Woche später deutlich, als Walden mit den Sozialdemokraten durchaus schärfer ins Gericht ging, dass er in einer Großen Koalition eine gewisse Einhegung der »modischen« Ideen der Partei gesehen hatte. Alles in allem hätte dieses Zusammengehen im Sinne der liberalen Demokratie allerdings auf eine Legislaturperiode begrenzt sein müssen.[256] Nun hoffte er, dass einige seiner Kristallisationspunkte einer Großen Koalition zumindest durch das Wahlergebnis erreicht werden konnten:

> Ein Votum für kleine, mittlere oder große Schritte im Sinne eines Entgegenkommens gegen-über den Kommunisten, eines Wandels durch Annäherung hat es nicht gegeben. Wer den Wählerwillen wirklich respektiert, muß daraus Konsequenzen ziehen.[257]

Die Befürchtungen Waldens, dass die erneute Opposition der SPD den Kräften des »Wandel[s] durch Annäherung« um Egon Bahr in die Karten spielen könnte, schienen sich in der Tat zu bewahrheiten. Auf dem Dortmunder Parteitag 1966 verließ die Partei in vier grundlegenden Punkten ihre bisherige Linie der Ost- und Deutschlandpolitik, obwohl laut dem *Spiegel* Herbert Wehner, der »Vulkan«, »Glut und Asche auf

254 Vgl. Konrad Adenauer, Möglichkeiten einer Koalition. Erfahrungen mit vier Regierungen, in: Die Politische Meinung 10 (1965), H. 108, S. 13–17, hier passim; siehe dazu auch: Klaus Schönhoven, Wendejahre. Die Sozialdemokratie in der Zeit der Großen Koalition 1966–1969, Bonn 2004, S. 45.

255 Vgl. Matthias Walden, Eine Partei im Lehnstuhl der Macht, in: Quick – Illustrierte für Deutschland vom 3.10.1965, S. 100.

256 Vgl. ders., Unser Weg wird immer steiler, in: Quick – Illustrierte für Deutschland vom 19.9.1965, S. 98f.

257 Ders., Neue Mannschaft ohne neue Politik?, in: Quick – Illustrierte für Deutschland vom 10.10.1965, S. 165.

die Kommunisten aus dem Reiche Ulbrichts herniederregnen« ließ.[258] Die Erleichterung der Teilung wurde wichtiger als die Wiedervereinigung eingestuft, der Alleinvertretungsanspruch der Bundesrepublik sollte an die weltpolitische Lage angepasst werden – also eine Flexibilisierung beziehungsweise Abkehr von der Hallstein-Doktrin –, der Grundsatz der Nichtanerkennung der DDR sollte nicht einem begrenztem Miteinander der beiden Gebiete im Wege stehen und die Partei erklärte ihre Bereitschaft, mit Polen und der Tschechoslowakei bereits vor einem Friedensvertrag mit den vier Siegermächten Regelungen in der Grenzziehung zu treffen.[259] Journalistische Begleiter dieses Weges wie Theo Sommer begrüßten freilich das neue ost- und deutschlandpolitische Programm der SPD, hatten diese doch ganz anders als Walden in einer möglichen Großen Koalition die Gefahr eines Konturenverlustes der Partei gesehen.[260]

Noch einige Wochen zuvor hatte Walden in der Hörfunksendung »Unteilbares Deutschland« einen positiven Kommentar zu dem von der SPD initiierten Redneraustausch mit der SED gesprochen. Diese Form der Auseinandersetzung war für den Journalisten, sofern dabei auch der »kriminelle« Charakter des SED-Regimes intensiv erörtert würde, genau die Art geistiger Aggressivität, die er sich wünschte. Er stellte sich aber auch bereits die Frage, ob die SPD mit ihrem Anliegen mehr erreichen wolle als eine Diskussionsfreiheit in ganz Deutschland und warnte vor indirekten Verhandlungen unter dem Mantel des Redneraustausches.[261] In seiner *Quick*-Kolumne betonter er, die Bundesrepublik habe von den Ideen Ulbrichts nichts zu befürchten und dass er gerne als Pressevertreter in seine Heimatstadt Dresden fahren würde. Wahrscheinlich war das alles in seinen Augen aber ohnehin nicht.[262] Der Austausch kam schließlich wirklich nicht zu Stande. Zu gefährlich erschien der SED die geistige Auseinandersetzung.

Tatsächlich hatte die DDR Mitte der 1960er Jahre mit innenpolitischen Problemen zu kämpfen, bei denen der Parteiführung ein Redneraustausch womöglich äußerst ungelegen vorkam. Die Zweite Berlin-Krise hatte dem Regime die Notwendigkeit von Wirtschaftsreformen vor Augen geführt und die durch den Mauerbau erreichte Planungssicherheit sollte nun genutzt werden. Zudem konnte vor der Bevölkerung das »feindliche Abwerben« der Fachkräfte durch die Bundesrepublik nicht weiter als Erklärung für die Situation im eigenen Land präsentiert werden. Die Reformen stießen aber schon bald an Grenzen, da an politischen und gesellschaftlichen Grundlagen nicht gerüttelt werden durfte. Die daraus resultierende Schwäche der Wirtschaftsreformen, die durch wirtschaftliche Probleme in der Sowjetunion noch verstärkt wurde,

258 SPD-Parteitag. Aufgalopp beim Pothast, in: Der Spiegel vom 6.6.1966, S. 26.
259 Vgl. Hildebrand, Von Erhard zur Großen Koalition, S. 198.
260 Vgl. Theo Sommer, Weg mit den heiligen Kühen, in: Die Zeit vom 10.6.1966.
261 Vgl. Walden, Stand des Redneraustauschs, 6.5.1966, v.a. Minute 7–11.
262 Vgl. ders., Wäre Ulbricht bei uns sicher?, in: Quick – Illustrierte für Deutschland vom 8.5.1966, S. 128f.

nutzten die Reformkritiker in der DDR resolut aus. Ein häufiges Ziel von Kritik war der Reformer und Vorsitzende der Staatlichen Plankommission Erich Apel. Am 3. Dezember 1965 beging Apel Selbstmord. Ob ein direkter Zusammenhang zu seinem politischen Scheitern bestand, ist nicht geklärt. Für die Reformer in der DDR bedeutete sein Tod aber auf alle Fälle einen herben Rückschlag.[263]

Ein Leitartikel in der *Zeit* machte die »Kalten Krieger« in der Bundesrepublik, die immer noch eine wirtschaftliche Unterstützung der DDR verhindern würden, mitverantwortlich für den Tod Apels und die Situation im Land. Wie schon Sommer, Dönhoff und Leonhardt 1964 erkannt hätten, würden so zudem Möglichkeiten der inneren Liberalisierung der DDR blockiert werden.[264] Diese Argumentation griff Matthias Walden in der *Quick* in einem offenen Brief an die Politikchefin der *Zeit*, Marion Gräfin Dönhoff, auf. In Waldens Augen hatte Bonn mit einer Unterstützung Apels immer noch geholfen, ein kommunistisches System zu stabilisieren. Er war der Meinung, dass sich vielmehr die Befürworter einer Annäherung an die DDR entschuldigen sollten – also unter anderem *Die Zeit* –, da das Scheitern Apels deutlicher denn je gezeigt habe, dass es keinen freiheitlichen Kommunismus oder Sozialismus geben könne.[265]

Dönhoff widersprach Walden freilich und ihre Antwort wurde ebenfalls in der *Quick* gedruckt. Ihrer Ansicht nach gab es in der DDR sehr wohl Unterschiede zwischen Dogmatikern und Liberalen und liberale Tendenzen sollten daher von der Bundesrepublik unterstützt werden. Walden unterstellte sie trotz seines talentierten Schreibstils die für den Journalisten so wichtige Suche nach Wahrheit zu vernachlässigen. Sie warf ihm vor, als Dogmatiker des Kalten Krieges in der Bundesrepublik zusammen mit den Dogmatikern in der DDR zu wirken. Und noch mehr: Walden würde sich durch seine Freude am Scheitern der Reformen selbst entlarven.[266]

Das war ebenso polemisch wie die Texte Waldens, der vor allem gegen die letzte Bemerkung Dönhoffs Einspruch erhob und noch in derselben Ausgabe der Illustrierten eine dementsprechende Antwort platzierte.[267] Die 1909 geborene ostpreußische Gräfin gilt wie Walden aufgrund ihres leidenschaftlichen Einsatzes für demokratische Werte als eine Vertreterin des politischen Neuanfangs im Journalismus in Deutsch-

263 Zu den Wirtschaftsreformen und Apel, siehe: Hoffmann, Von Ulbricht zu Honecker, S. 79–86.

264 Vgl. Kai Hermann, Sieg der Kalten Krieger. Die SED hält Scherbengericht, in: Die Zeit vom 26.12.1965.

265 Vgl. Matthias Walden, Wer hätte Apel retten sollen? Offener Brief von Matthias Walden an Marion Gräfin Dönhoff, in: Quick – Illustrierte für Deutschland vom 16.1.1966, S. 24.

266 Vgl. Marion Gräfin Dönhoff, Wo beginnt die Freiheit? Antwort von Marion Gräfin Dönhoff auf den offenen Brief von Matthias Walden, in: Quick – Illustrierte für Deutschland vom 13.2.1966, S. 3.

267 Vgl. Matthias Walden, Wo beginnt die Freiheit? Antwort von Matthias Walden auf Marion Gräfin Dönhoffs offenen Brief, in: Quick – Illustrierte für Deutschland vom 13.2.1966, S. 3.

land nach 1945 und hatte einst den 17. Juni 1953 mit dem Sturm auf die Bastille verglichen.[268]

Der Gegensatz zwischen Walden und den ost- und deutschlandpolitischen Erneurern konnte allerdings kaum pointierter getroffen werden als in dieser Kontroverse der beiden Ausnahmejournalisten. Die Kategorisierung als »Kalter Krieger«, die Walden von der *Zeit* erhalten hatte, störte ihn seinem Verständnis als »Anti-Modischen« entsprechend wenig. Schon 1963 hatte er in der Einleitung seines Essaybands »ostblind-westblind« geschrieben:

> Die Ostberliner Journalisten halten mich für den kältesten der kalten Krieger und meine westlichen Kollegen von der weichen Welle sind etwa der gleichen Ansicht. Ich habe es ihnen allen nie übelgenommen, denn solange es einen kalten Krieg gibt, möchte ich – obwohl von pazifistischen Gemüt – lieber einer seiner Krieger, als eines seiner Opfer sein.[269]

Das Zweite Kabinett Ludwig Erhards hatte nur 13 Monate Bestand und zerbrach im November 1966 am Widerstand der FDP-Minister gegen die Steuererhöhungspläne des Kanzlers.[270] In der Außenpolitik gelang es jedoch, dem bereits in der Regierungsbildung umstrittenen erneuten Außenminister Gerhard Schröder und Kanzler Ludwig Erhard mit der sogenannten Friedensnote vom 25. März 1966 ein Zeichen der Entspannung und Friedfertigkeit in Richtung Moskau, Prag, Warschau und Ost-Berlin zu senden. Allerdings lehnte Bonn jede Form der Anerkennung der DDR weiterhin ab und war nicht bereit, die bestehenden Grenzen vertraglich anzuerkennen. Für den Historiker Manfred Görtemaker war die »Friedensnote« der durchaus gelungene Versuch der Bundesregierung, sich innerhalb des Partei- und Fraktionszwangs in die Bemühungen einer westlichen Détente-Politik einzugliedern.

Für Erhard und Schröder bestand die Gefahr vor allem darin, von den USA und Großbritannien als Störenfried der Entspannungspolitik gesehen zu werden. Die Absage an die Note aus den östlichen Hauptstädten war dann gleichzeitig ein Zeichen, dass eine Verständigung mit der Bundesrepublik nur unter der Voraussetzung der Verzichte auf das Prinzip der Nichtanerkennung der DDR und der starren Haltung bezüglich der Grenzänderung möglich war.[271]

268 Vgl. Mergel, Politischer Journalismus und Politik in der Bundesrepublik, in: Zimmermann (Hrsg.), Politischer Journalismus, S. 197; zum Bastille-Zitat Dönhoffs: Wolfrum, Geschichtspolitik, S. 76; siehe zu Dönhoff allgemein: Klaus Harpprecht, Die Gräfin Marion Dönhoff. Eine Biographie, Reinbek bei Hamburg 2008.

269 Walden, ostblind – westblind, S. 15.

270 Siehe ausführlich zum Sturz Erhards: Görtemaker, Geschichte der Bundesrepublik, S. 434–437.

271 Vgl. ebenda, S. 423–427.

Für Walden bedeutete das allerdings mitnichten, dass die Bundesrepublik ihre Haltung in diesen Punkten überdenken sollte. Vielmehr war für ihn die ablehnende Reaktion der kommunistischen Regime ein Zeichen für das Scheitern jeglicher Politik der Annäherung oder gar Ideen eines Staatenbundes, an dessen Beginn die Anerkennung der DDR stehen sollte: »Bonn will Freiheiten schaffen, Ostberlin will Freiheiten verhindern.«[272] Den Befürwortern einer politischen Annäherung gegenüber Moskau und Ost-Berlin warf er hingegen im *SFB* vor, sich der Tyrannei zu ergeben.[273]

Die internationalen Tendenzen zur Détente empfand er als Bedrohung und wies wiederholt darauf hin, dass sich der Kommunismus nicht gewandelt habe und immer noch ein System der Freiheitsberaubung und Unterdrückung sei. Leonid Breschnew habe laut Walden, ähnlich wie Chruschtschow, die radikalen Methoden Stalins kritisiert, doch den totalitären Charakter des Systems beibehalten – eine Kombination, die im Westen zu falschen Schlussfolgerungen führe:

> Stalins Nachfolger haben es verstanden, sich der Welt als leise, mild, unauffällig, vernünftig und maßvoll zu empfehlen. Wer skeptisch geblieben war, so wie ich, hatte die Zeitenwende verschlafen und wurde von denen verspottet, die ihr Vertrauen vorzugsweise in die Sowjetunion investierten.[274]

Ganz anders konnten zum Beispiel Aussagen Rudolf Augsteins dieser Zeit gewertet werden. Der *Spiegel*-Verleger beschrieb den Kommunismus nicht genuin als freiheitsfeindliche und bösartige Ideologie. Vor allem in der Dritten Welt könne er eine positive Kraft spielen.[275] In der gegenwärtigen politischen Gemengelage mussten solche Äußerungen immer in Bezug zur Ost- und Deutschlandpolitik Bonns gesetzt werden. Augstein, der kurz nach dem 17. Juni 1953 noch offensiv die nationale Wiedervereinigung gefordert hatte, trat Mitte der 1960er Jahre als einer der prominentesten ostpolitischen Neudenker auf und sprach 1965 anlässlich des zwölften Jahrestages des Aufstandes in Ost-Berlin hinsichtlich der westdeutschen Deutschlandpolitik von »20 Jahren Lebenslüge«. In seiner Radikalität und seinem Impetus war er sicherlich ein Vorreiter, ein Avantgardist vielleicht, aber doch symptomatisch für das bereits erreichte Ausmaß des Wandels.[276]

[272] Matthias Walden, Der Traum vom Staatenbund, in: Quick – Illustrierte für Deutschland vom 19.6.1966; zur Reaktion Waldens auf die Friedensnote, siehe: ders., Politik in der Sackgasse, in: Quick – Illustrierte für Deutschland vom 1.5.1966, S. 124.

[273] Vgl. ders., Typoskript: Wochenkommentar im SFB vom 30. Juli 1966. ASV-UA (Nachlass Walden: Ordner: Wochen-Kommentare 1965–1969), S. 10.

[274] Ders., Sibirien ist noch längst nicht vorbei, in: Quick – Illustrierte für Deutschland vom 6.3.1966.

[275] Vgl. Peter Merseburger, Rudolf Augstein. Biographie, Stuttgart 2007, S. 348.

[276] Vgl. Wolfrum, Geschichtspolitik, S. 212f.

Walden und die Ostpolitik der Großen Koalition

Das Ende der Kanzlerschaft Erhards war gleichzeitig das Ende von Matthias Waldens Tätigkeit als Kolumnist bei der *Quick*. Ab Januar 1967 trat er von nun an regelmäßig als Leitartikler in den überregionalen Zeitungen des *Axel-Springer-Verlages Die Welt* und *Welt am Sonntag* auf. Für Axel Springer waren die Zweite Berlin-Krise und der Mauerbau die Auslöser einer Politisierung seiner Publikationen gewesen. Das Medium, was er dafür zunächst besonders einsetzte, war die *Bild-Zeitung*, in der er nach dem Mauerbau die Erinnerung an die Mauertoten stets aufrecht hielt und die Bundesregierung sowie den Westen zur Standhaftigkeit aufrief.[277] Doch auch vor den *Welt*-Blättern, als qualitative Richtungszeitungen des Verlages, machte die Entwicklung keinen Halt, sodass die Verpflichtung eines populären Kritikers einer Annäherungspolitik an den kommunistischen Osten wie Walden durchaus Sinn ergab.[278]

Mit der Regierungsbildung von Bundeskanzler Kurt-Georg Kiesinger ging Waldens Wunsch nach einer Großen Koalition schließlich mit einiger Verspätung in Erfüllung. Die CDU-FDP-Koalition sah er als verbraucht an und erkannte in der Regierung eine Erneuerung. Diese stelle eine Chance für die in die Krise geratene bundesdeutsche Außenpolitik dar. Wie ein Jahr zuvor hoffte er trotz ihres neuen deutschlandpolitischen Programms, dass die SPD in der Regierungsverantwortung den engen Spielraum der Ost- und Deutschlandpolitik erkennen würde und »ganz von selbst vieles von den exotischen und oft tauben Blüten welken lassen [wird], die sie auf dem Felde gesamtdeutscher Wunderblumen wuchern ließ«.[279]

Zudem respektierte er die Kompromissbereitschaft der SPD – vor allem von Außenminister und Vizekanzler Willy Brandt –, mit Kiesinger ein ehemaliges NSDAP-Mitglied als Kanzler zu stützen.[280] Wie sehr Walden die Bildung der Großen Koalition begrüßte, zeigt ein Schreiben vom Februar 1967 an Egon Bahr, dem er zu seiner neuen Aufgabe als Leiter des politischen Planungsstabes im Auswärtigen Amt gratulierte und ergänzte:

> Ich war ja schon immer ein hartnäckiger und fast leidenschaftlicher Verfechter einer großen Koalition und sehe mich jetzt aufs Angenehmste bestätigt. Endlich macht der Blick nach Bonn wieder Freude.[281]

277 Vgl. Schwarz, Axel Springer, S. 344–354.

278 Siehe zur Einordnung Waldens in die politische Ausrichtung des *Axel-Springer-Verlages* die Kapitel »›Staatsloyal‹« und »Transatlantischer Liberalkonservatismus«.

279 Vgl. Matthias Walden, Typoskript: Wochenkommentar im SFB vom 27. November 1966. ASV-UA (Nachlass Walden: Ordner: SFB Wochenkommentare), S. 6.

280 Vgl. ebenda, S. 8; zum »Kabinett der Gegensätze« siehe ausführlich: Görtemaker, Geschichte der Bundesrepublik, S. 443–447.

281 Matthias Walden an Egon Bahr vom 24. Februar 1967 (ASV-UA: NL Walden, Box 44 – SFB 1966-67).

Das Prinzip der Nichtanerkennung der DDR

Innerhalb der Großen Koalition wurde indes eine gemeinsame ostpolitische Konzeption erarbeitet, die Bundeskanzler Kiesinger bereits in seiner Regierungserklärung am 13. Dezember 1966 umriss. Sie war auf der einen Seite vor allem durch das Festhalten am Alleinvertretungsanspruch der Bundesrepublik Deutschland und dem Selbstbestimmungsrecht aller Deutschen gekennzeichnet, sah auf der anderen Seite aber die Verbesserungen der diplomatischen Beziehungen zu einigen osteuropäischen Ländern vor.[282] Damit konnte sich Walden gut arrangieren, der die Regierungserklärung im *SFB* bewertete. Eine politische Anerkennung der DDR, auf die der Osten seiner Meinung nach bestehen würde, könnte unter diesen Voraussetzungen jedenfalls nicht erfolgen.[283]

Die Große Koalition empfand Walden als Erneuerung, unter der er sich selbst zu Kompromissen bereit sah. So akzeptierte er beispielsweise die geplante Aufnahme diplomatischer Kontakte zu den Ostblockstaaten Rumänien, Ungarn, Bulgarien und der Tschechoslowakei. Unglaubwürdig war dies nicht, hatte er doch schon in einer Kolumne zum Ende der Amtszeit Konrad Adenauers »Modifizierungen« im Verhältnis zum politischen Osten durchaus für angebracht gehalten.[284] Eine Chance der diplomatischen Beziehungen zu einigen Staaten des politischen Ostens bestand für Walden darin, dass dadurch die sowjetische Propaganda über eine militaristische, revanchistische und kriegslüsterne Bundesrepublik enttarnt werden würde. Illusionen wie die Anerkennung der DDR dürften dadurch nicht geweckt werden und so verwies er in diesem Zusammenhang auf den in der Verfassung verankerten Alleinvertretungsanspruch der Bundesrepublik, den er in diesem Fall als verletzt ansah.

Das Dilemma, durch diplomatische Beziehungen mit Ländern, die die DDR bereits anerkannt hatten, die »Hallstein-Doktrin« zu unterhöhlen, löste er mit einem Verweis auf die »Geburtsfehlertheorie«.[285] Er revidierte also seine harte Position aus der Zeit der »Politik der Bewegung«, in der auf die ursprüngliche Auslegung der »Hallstein-Doktrin« gepocht hatte. Auch die Bundesregierung erklärte ihren neuen Ansatz mit der »Geburtsfehlertheorie«. Als allerdings 1968 mit Jugoslawien Botschaf-

282 Vgl. Werner Link, Die CDU/CSU-Fraktion und die neue Ostpolitik – in den Phasen der Regierungsverantwortung und der Opposition, 1966–1975, in: Hans-Peter Schwarz (Hrsg.), Die Fraktion als Machtfaktor. CDU/CSU im Deutschen Bundestag - 1949 bis heute, München 2009, S. 115–140, hier S. 118; zum Wortlaut: Kurt Georg Kiesinger, Die Regierungserklärung der Großen Koalition. 13. Dezember 1966, in: Dieter Oberndörfer (Hrsg.), Die Große Koalition 1966–1969. Reden und Erklärungen des Bundeskanzlers, Stuttgart 1979, hier S. 20f.

283 Vgl. Matthias Walden, Typoskript: Wochenkommentar im SFB vom 18. Dezember 1966. ASV-UA (Nachlass Walden: Ordner: SFB Wochenkommentare), S. 6.

284 Vgl. ders., Adenauer – was bleibt?, in: Quick – Illustrierte für Deutschland vom 20.10.1963; wiederagbedruckt in: Die Ära Adenauer. Einsichten und Ausblicke, Frankfurt am Main 1964, S. 160–169.

285 Matthias Walden, Typoskript: Wochenkommentar im SFB vom 29. Januar 1967. ASV-UA (Nachlass Walden: Ordner: SFB Wochen-Kommentare 1965–1969), S. 7–9.

ter ausgetauscht wurden, obwohl das Tito-Regime aus freien Stücken diplomatische Beziehungen zur DDR unterhielt, war der Moralismus der »Hallstein-Doktrin« endgültig durchbrochen.[286]

Die Ostpolitik Kiesingers war sicherlich ein Kompromiss des Kanzlers zwischen seinen eigenen seit den 1950er Jahren gewachsenen Überzeugungen und der Koalitionsräson, da sich die Ziele der SPD vor allem in den geforderten Konzessionen an Moskau und Ost-Berlin deutlich von denen der Union abhoben. Die SPD konnte ihre Ziele aus Koalitionsgründen nicht offensiv vertreten. Hierbei nutze die Partei aber geschickt eine immer stärker werdende Strömung der medialen Öffentlichkeit um den *Stern*, den *Spiegel* und *Die Zeit*, die sich nun unter der Großen Koalition für eine Aufgabe des deutschen Rechtsstandpunktes zur Nichtanerkennung der DDR und die Anerkennung der durch den Zweiten Weltkrieg geschaffenen Realitäten in Europa einsetzte. Der Historiker Klaus Hildebrand zeichnet Kiesingers Ziel nach, die SPD vor diesen Einflüssen in Schutz zu nehmen. Der Kanzler verkannte dabei allerdings die Realität insofern, als dass sein Koalitionspartner im internen Diskurs weiter war als die Politik der Großen Koalition, so der Historiker in seiner Gesamtdarstellung über die Jahre 1963 bis 1969 weiter.[287]

Kiesingers eigener Ansatz, der gegenüber Ost-Berlin zwar ein umfangreiches Angebot unterhalb der völkerrechtlichen Ebene in menschlichen und wirtschaftlichen Beziehungen mit einschloss, scheiterte, weil die Sowjetunion, ähnlich wie bei der Politik der Wirtschaftskontakte Schröders unter Erhard, der diplomatischen Isolierung der DDR einen Riegel vorschob. Ein Problem war gewiss, dass mit Rumänien als Erstes am 31. Januar 1967 ausgerechnet mit dem Sorgenkind im Ostblock die Aufnahme diplomatischer Beziehungen vereinbart wurde. Auf dem Außenministertreffen der Staaten des Warschauer Paktes vom 8. bis 10. Februar 1967 wurde als Reaktion die sogenannte Ulbricht-Doktrin verabschiedet. Sie untersagte allen Staaten des Paktes, diplomatische Beziehungen zur Bundesrepublik Deutschland aufzunehmen, bevor dies nicht die DDR getan hatte. Das führte, wie schon unter Erhard, zu einem Stillstand der Bonner Ost- und Deutschlandpolitik.[288]

Die östlichen Reaktionen auf die Aufnahme diplomatischer Beziehungen zwischen Bonn und Bukarest waren für Walden ein Beweis, dass die Sowjetunion nicht an einem friedlichen Europa interessiert war und die Bundesrepublik als Feindbild zum Zusammenhalt des eigenen Lagers benötigte. Der einzige akzeptable Preis schien die Aufgabe des Alleinvertretungsanspruches zu sein, der aus Sicht Waldens aber in kei-

286 Vgl. Hildebrand, Von Erhard zur Großen Koalition, S. 329.

287 Vgl. ebenda, S. 323–325.

288 Zur Ost- und Deutschlandpolitik der Großen Koalition siehe: Görtemaker, Geschichte der Bundesrepublik, S. 461–467; sowie: Hildebrand, Von Erhard zur Großen Koalition, S. 323–339.

nem Fall »bezahlt« werden durfte.[289] Sehr deutlich war in diesem Zusammenhang Waldens Credo zu erkennen, lieber ein »Kalter Krieger« zu sein, so lange es einen Kalten Krieg gebe, als eines seiner »Opfer«. Für seine Kritiker wurde er durch diese Haltung, wie gezeigt, ebenso zu einem Dogmatiker im Kalten Krieg wie die Herren im Kreml oder in Ost-Berlin.

Anders als unter Erhard wertete Walden den – gescheiterten – Vorstoß der Bundesregierung aber als Erfolg. Er honorierte die Integration der Bonner Ostpolitik in die Politik der westlichen Verbündeten, in der die Bundesrepublik nicht als Bremser erscheinen dürfe. In altbewährter Manier warnte er jedoch gleichzeitig davor, dieses Argument zum Selbstzweck werden zu lassen. Die von der ostpolitischen Konzeption der Großen Koalition gezogene Linie der Nichtanerkennung der DDR durfte aus seiner Sicht in keinem Falle überschritten werden.[290] Walden zeigte sich stärker besorgt über die transatlantischen Beziehungen als zuvor, da die Auseinandersetzungen um den Atomwaffensperrvertrag im Frühjahr 1967 zu einer tiefen Krise in den deutsch-amerikanischen Beziehungen geführt hatten. Ferner sorgte dies innerhalb der Großen Koalition für einigen Zündstoff, da Bundeskanzler Kiesinger offensiver als vom Koalitionspartner gewünscht mit dem Entspannungsvorstoß Washingtons umging und schlussendlich sogar US-Präsident Johnson erfolgreich die Stirn bot.[291]

Im Zentrum stand erneut die Frage der Anerkennung der DDR durch die Bundesrepublik Deutschland. In einer Fernsehdiskussion mit Matthias Walden schloss sich Peter Bender der Argumentation Dönhoffs, Leonhardts und Sommers aus dem Jahr 1964 an, dass eine moralische Politik der Nichtanerkennung keine Aussicht auf Erfolg habe. Vielmehr stärkte eine Anerkennung der DDR in seinen Augen die Selbstständigkeit des Staates im Ostblock und lockerte die Bindung Ost-Berlins an Moskau: »Zu dieser Konsolidierung gehörte erstens eine wirtschaftliche Stärkung, aber eben auch eine gewisse Gleichberechtigung als zweiter Partner.«[292] So hatte sich bereits eine Woche zuvor Rudolf Augstein im *Spiegel* geäußert, was Walden in der *Welt* als politische »Traumreise« bezeichnete, da von der DDR keine Gegenleistungen erwartet werden konnten.[293]

289 Vgl. Matthias Walden, Neue Ostpolitik – ein Anfang wovon?, in: Die Welt vom 21.2.1967.

290 Vgl. ders., Die offene Tür darf nicht zur Falltür werden, in: Die Welt vom 8.4.1967.

291 Vgl. Görtemaker, Geschichte der Bundesrepublik, S. 467–470.

292 Ministerium für Staatssicherheit der DDR, Abschrift der Fernsehdiskussion »Auf ewig geteilt« aus der Sendung »Forum« im WDR zwischen Peter Bender und Matthias Walden vom 26. September 1967. BStU (Aktensignatur: MfS HA XX 13602, S. 21-27), S. 25; zu Benders Befürwortung einer Anerkennung der DDR siehe auch: Bender, Zehn Gründe für die Anerkennung der DDR.

293 Vgl. Rudolf Augstein, Ist der Staat zu retten?, in: Der Spiegel vom 18.9.1967, S. 17–24; vgl. Matthias Walden, Rudolf Augsteins Traumtanz, in: Die Welt vom 26.9.1967.

Darüber hinaus erschallte auch aus dem Lager ehemaliger Neutralisierungsbefürworter nun die Forderung der Anerkennung der DDR. So wärmte Paul Sethe beim »Internationalen Frühschoppen« im *WDR* öffentlichkeitswirksam nicht nur seine Kritik an Adenauers Westintegration wieder auf, sondern vertrat darüber hinaus die Haltung, dass reine Gespräche mit dem SED-Regime nun nicht mehr reichen würden.[294] Walden war sich sicher, Meinungs-, Presse- und Reisefreiheit wären kaum die Folge eines solchen Schrittes: »Ich kann nicht alles, nur weil es Macht hat, anerkennen.«[295] An diesen Episoden wird zudem deutlich, wie viel schwerer es für Walden mit der Zeit geworden war, Anhänger für seine außenpolitischen Überzeugungen zu finden. Seine Prognose von 1963, dass seine Haltung bald zum Nonkonformismus der öffentlichen Meinung werden könnte, schien sich zu bewahrheiten.

Ein weiteres Zeichen dafür war das Deutschland-Memorandum des Vorsitzenden des Kuratoriums »Unteilbares Deutschland«, Wilhelm Wolfgang Schütz. Schütz forderte eine vertragliche Verklammerung der Bundesrepublik und der DDR zum Wohle des Ziels zur Wiedervereinigung. Dass gerade das Kuratorium »Unteilbares Deutschland«, das jahrelang gegen das Unrecht der Teilung gekämpft hatte, nun zwischenstaatliche Beziehungen zwischen Bonn und Ost-Berlin forderte, war für Walden nicht nachvollziehbar. Er warf Schütz in der *Welt* vor, mit seinem Konzept den unmoralischen Versuch der Emulsion von Freiheit und Diktatur zu unterstützen.[296] Schütz reagierte auf die Kritik Waldens mit einem Verweis auf eine Stelle des Memorandums, in der er als Ausgangspunkt der grundlegenden Veränderungen immer noch die Menschen in der DDR nannte. Auch der CDU-Vorstand und Bundeskanzler Kiesinger distanzierten sich aber von Schütz und bezeichneten seine Denkschrift als einen Ausdruck von Hysterie.[297]

Grenzen von Kiesingers Ostpolitik

Die Ost- und Deutschlandpolitik der Regierung Kiesinger verlief vor dem Hintergrund der beschriebenen äußeren und inneren Blockaden schließlich relativ erfolglos. Zwar wurde mit Moskau ein Notenwechsel über einen gegenseitigen Gewaltverzicht initiiert, doch konnte dieser nicht erfolgreich abgeschlossen werden. Gegenüber der

[294] Vgl. Internationaler Frühschoppen im WDR vom 4. Dezember 1966 (eingesehen im AdWDR, Videosignatur 0404353), Minute 14 und Minute 18.

[295] Ministerium für Staatssicherheit der DDR, Abschrift der Fernsehdiskussion »Auf ewig geteilt« aus der Sendung »Forum«, S. 26.

[296] Vgl. Matthias Walden, Schütz-Ballon, in: Die Welt vom 4.12.1967; zum Memorandum: Wilhelm Wolfgang Schütz, Deutschland-Memorandum. Eine Denkschrift und ihre Folgen, Frankfurt am Main 1968, S. 9–20; zur Umorientierung des Kuratoriums siehe: Christoph Meyer, Die deutschlandpolitische Doppelstrategie. Wilhelm Wolfgang Schütz und das Kuratorium Unteilbares Deutschland, Landsberg am Lech 1997, S. 387–409.

[297] Vgl. Schütz, Deutschland-Memorandum, S. 21–24.

DDR scheiterten die Bemühungen Kiesingers, unter der Ebene einer rechtlichen Anerkennung eine praktische Normalisierung des »Zusammenlebens der Deutschen« zu verhandeln, an der Angst des SED-Regimes.[298] Von Kiesingers Angebot an Ost-Berlin war Matthias Walden wenig begeistert, da eine Annahme in seinen Augen das SED-Regime erheblich aufgewertet hätte. Einzig: »Für uns bleibt nur der Vorteil des Kontrastbildes, das ein aufgeschlossenes, um Menschlichkeit ringendes Bonn und ein eisenhartes verriegeltes und vernageltes Ostberlin zeigt.«[299]

Innerhalb der Großen Koalition führte der Zustand der Ost- und Deutschlandpolitik bereits zu Entfremdungserscheinungen. Man hatte sich zwar auf eine gemeinsame ost- und deutschlandpolitische Konzeption geeinigt, die eine Veränderung des Status quo zum Ziel hatte, doch für die SPD konnte das nur über eine teilweise Anerkennung desselbigen gehen. Initiativen in diese Richtung von Egon Bahr im Planungsstab des Auswärtigen Amtes wurden von Staatssekretär Karl Theodor Freiherr zu Guttenberg noch abgewehrt.[300]

Walden hatte zu Beginn des Jahres 1968 die Möglichkeit, einen direkten Einblick in den Zustand der Regierungskoalition zu bekommen, als er Außenminister Willy Brandt mehrere Tage lang mit einem Kamerateam begleitete. Das Portrait über Brandt, das am 22. Mai 1968 als eine der ersten Folgen einer von Matthias Walden und Renate Lasker-Harpprecht entwickelten Fernsehreihe »Einige Tage im Leben des ...« in der *ARD* ausgestrahlt wurde, war das Ergebnis einer bereits kurz nach Tutzing entwickelten Überlegung Waldens und wurde vom Pressereferat des Auswärtigen Amtes als sinnvolle Imagepflege des Ministers eingestuft.[301]

Walden begleitete Brandt unter anderem auf einer Marokkoreise zu König Hassan II., aber auch beim klassischen Berufsalltag in der Bundesrepublik und im Privaten. Trotz der Kritik Waldens der letzten Jahre an den außenpolitischen Reformtendenzen Brandts und seiner Partei zeigte sich der Journalist als objektiver Chronist der Ereignisse und die Dokumentation strahlte zuweilen eine gewisse Harmonie der Beteiligten aus. An mehreren Stellen zeigte sich Walden zudem durchaus beeindruckt über das Arbeitspensum des Ministers. Er bemerkte allerdings, dass sich Brandt unter Kiesinger scheinbar zurückhalte und politische nicht alles zeige, was er gerne würde.[302]

298 Vgl. Görtemaker, Geschichte der Bundesrepublik, S. 466.
299 Vgl. Matthias Walden, Ulbrichts Njet, in: Die Welt vom 15.3.1968.
300 Vgl. Link, Die CDU/CSU-Fraktion, in: Schwarz (Hrsg.), Machtfaktor, S. 122.
301 Vgl. Aktennotiz des Pressereferats im Auswärtigen Amt vom 24. Januar 1968 (AdsD der FES, Willy-Brandt-Archiv, Signatur: A7, Ordner 47, Außenminister).
302 Vgl. WDR/Matthias Walden, Der Außenminister Willy Brandt. Inklusive der Originalreportage »Einige Tage im Leben des Willy Brandt« von Matthias Walden vom 22. Mai 1968 (2013). http://www.ardmediathek.de/wdr-fernsehen/wdr/der-aussenminister-willy-brandt?documentId=18686756 (März 2016), Minute 19.

Nach der Ausstrahlung schien der Portraitierte ebenfalls zufrieden zu sein, dabei war für Brandt diese Art der journalistischen Begleitung Neuland gewesen. Mit kollegialem Respekt schrieb der gelernte Journalist Brandt an Walden:

> Was ich Ihnen aber vor allem sagen möchte, ist mein Eindruck, daß Sie nicht nur mit Klugheit, sondern auch mit Fairneß an Ihre Aufgabe gegangen sind. Haben Sie Dank für Ihr Verständnis, Ihre Mühen und Ihr Können.[303]

Ein gegenseitiger Respekt war zu diesem Zeitpunkt bereits als hohes Gut zu verstehen, da sich die politischen Ansichten zwischen Walden und der SPD-Führung immer weiter auseinander bewegten. Das hatte schon vor dem Brandt-Portrait ein in der *Welt* veröffentlichter Briefwechsel zwischen Walden und dem Bundesminister für gesamtdeutsche Fragen, Herbert Wehner, gezeigt. Walden war besorgt über den Stillstand in der Ostpolitik und befürchtete vor diesem Hintergrund einen offiziellen Schwenk der SPD zu einer Befürwortung der Anerkennung der DDR, wie es die Jungsozialisten bereits gefordert hatten. Der Minister zog sich jedoch auf die Formulierung einer »europäischen Friedensordnung« zurück. Wehner ließ sich von Waldens Verweisen auf Kurt Schumacher und Ernst Reuter nicht aus der Deckung locken. In seinem Abschlussbrief versicherte er aber, dass kein Politiker der SPD die beiden politischen Ordnungen auf deutschem Boden gleichsetze.[304] Zufrieden war Walden damit freilich nicht, ein Bekenntnis zum Alleinvertretungsanspruch hätte anders ausgesehen. Der Briefwechsel war jedoch ein Beweis des professionellen Umgangs in der immer emotionaler werdenden politischen Diskussion.

»Die Bitterkeit der Realität«: Der »Prager Frühling«

Mitten in die Debatte über neue Wege in der Ost- und Deutschlandpolitik fiel am 21. August 1968 die Niederschlagung des sogenannten Prager Frühlings durch die Truppen des Warschauer Paktes unter der Führung Moskaus. Sie stürzten mit Gewalt die mit Hilfe einer kritischen Öffentlichkeit an die Macht gekommene tschechoslowakische Regierung des Reformers Alexander Dubček. Das Ende des Experiments eines »Kommunismus mit menschlichem Antlitz« war gleichzeitig ein herber Rückschlag für die Bonner Ostpolitik als auch für das »bridge building« von US-Präsident Johnson, die auf eine sukzessive Liberalisierung des sowjetischen Blocks abzielten.

303 Willy Brandt an Matthias Walden vom 29. Mai 1968 (AdsD der FES, Willy-Brandt-Archiv: Signatur A11.1, Ordner 2, Korrespondenz Parteivorsitzender L–Z, 1968, S. 115).

304 Vgl. Matthias Walden/Herbert Wehner, Briefwechsel zwischen Matthias Walden und Bundesminister Herbert Wehner, in: Die Welt vom 6.1.1968.

Der Warschauer Pakt machte diese Hoffnungen nun mit einem Handstreich zunichte. Für den September waren eine gemeinsame Ungültigkeitserklärung des Münchener Abkommens und die offizielle Aufnahme von Kontakten zwischen den Parlamenten in Bonn und Prag geplant. Mehr als die anderen Mitglieder des Warschauer Paktes unterstützte die DDR den Kreml, obwohl sich das SED-Regime nicht direkt am Einmarsch beteiligte. Dies konnte als Zeichen an die Reformbefürworter im eigenen Land interpretiert werden.[305]

In der *Welt* hatte Matthias Walden mit einem scharfen Leitartikel mit dem Titel »Die Bitterkeit der Realität« auf die Niederschlagung des »Prager Frühlings« reagiert. Walden verglich die Entspannungspolitik mit der Appeasement-Politik Neville Chamberlains und Édouard Daladiers von 1938. Vor allem die akademische Öffentlichkeit habe den Kreml in den letzten Jahren verklärt und sich gegen die Vergleichbarkeit von Kommunisten und »Nazis« empört. Die Zurschaustellung des sowjetischen Imperialismus in der Tschechoslowakei müsse dies nun in ein neues Licht rücken. Den Vorwurf, die Kritiker der neuen Ostpolitik würden sich über Gewaltaktionen des Kremls freuen, wies er sogleich zurück. Dennoch müsse es Kritikern erlaubt sein, darauf hinzuweisen, dass ihre Warnungen »bittere Realität« geworden seien. Sogenannte Kalte Krieger seien nicht gegen die Entspannungspolitik, sondern wehrten sich nur dagegen, den Kalten Krieg für beendet zu erklären, wenn ihn die andere Seite offensichtlich noch führte. So werde man sonst zu einem seiner Opfer. Kalte Krieger, so Walden abschließend, seien zudem Optimisten, da sie sich nicht mit dem Bestehenden abfinden und es durch Arrangements mit Ost-Berlin und Moskau verharmlosen wollten.[306]

Heftig kritisiert wurde Walden für seinen Leitartikel beispielsweise vom stellvertretenden Chefredakteur des *Spiegel*, Hans-Dieter Jaene. Dieser hatte Walden auf seinen Kommentar in einem Schreiben sogar aufmerksam gemacht, da er ihn unter seinem Pseudonym Detlev Jansen in der Zeitung der Berliner FDP *Das Berliner Wort* veröffentlicht hatte. Für Jaene war Waldens Text reine Propaganda, weswegen er Walden auf persönlicher Ebene angriff und ihn als »Antipode« des DDR-Chefpropagandisten Karl-Eduard von Schnitzler bezeichnete.[307] Wie groß der Riss war, der durch

305 Zur Rolle des »Prager Frühlings« in der Bonner Ostpolitik siehe: Oliver Bange, Das Ende des Prager Frühlings 1968 und die bundesdeutsche Ostpolitik, in: Bernd Greiner/Christian Th. Müller/Dierk Walter (Hrsg.), Krisen im Kalten Krieg. Studien zum Kalten Krieg Band 2, Bonn 2009 (erstmals 2008), S. 411–445, hier S. 412–420; sowie: Schwarz, Die Regierung Kiesinger und die Krise in der ČSSR 1968, S. 164–167; und zur DDR: vgl. Hoffmann, Von Ulbricht zu Honecker, S. 107.

306 Vgl. Matthias Walden, Die Bitterkeit der Realität, in: Die Welt vom 31.8.1968.

307 Vgl. Detlev Jansen, Herrn Waldens Gewerbe, in: Das Berliner Wort – Liberale Zeitung vom 6.9.1968; zur Reaktion Waldens siehe: Walden contra Jansen: ›Irrend aber angenehm‹, in: Das Berliner Wort – Liberale Zeitung vom 4.10.1968.

die deutsche Presselandschaft ging, wird zudem daran deutlich, dass Axel Springer seinem Leitartikler für eben jenen Artikel in aller Verbundenheit dankte.[308]

In einem kurze Zeit später im *Berliner Wort* veröffentlichten Briefwechsel zwischen Walden und »Jansen« zeigte sich Walden vor allem über den Vergleich mit Schnitzler empört.[309] Gegenseitig bezeichneten sich die beiden Journalisten letztlich als »zwar irrende, aber sehr ernste und angenehme Kollegen«, die sich wohl aufgrund der Prager Ereignisse etwas neben der Spur befanden. Jaene meinte, eine neue Ostpolitik habe die Regierung Dubčeks überhaupt erst möglich gemacht. Walden konnte dieser Argumentation nichts abgewinnen, schließlich habe die gewaltsame Absetzung der Reformregierung durch Moskau das Scheitern dieser Ostpolitik gezeigt. Versöhnlich schrieb Walden abschließend aber, eine Aufgeschlossenheit der Bundesrepublik gegenüber den entspannungspolitischen Kräften im Ostblock sei stets notwendig.[310]

In der Essenz stimmte Bundeskanzler Kiesinger mit Matthias Walden überein. Zu Staatssekretär zu Guttenberg sagte der Kanzler: »Die Sowjets sind einmarschiert, als die Reformer die Grenze zwischen Demokratie und Kommunismus überschritten. Es gibt eben keinen freiheitlichen Kommunismus.«[311] Die Konsequenz, die Kiesinger daraus zog, war, in Zukunft jegliche Entspannungspolitik nicht mehr an Moskau vorbei zu führen.[312]

Die Niederschlagung des »Prager Frühlings« schuf auf internationaler Ebene die notwendige sowjetische Konsolidierung. Im März 1969 signalisierten die Warschauer-Pakt-Staaten daher mit dem Budapester-Appell die Bereitschaft zu einer europäischen Sicherheitskonferenz ohne Vorbedingungen. Das bedeutete, Moskau setzte nunmehr nicht die Anerkennung der DDR durch die Bundesrepublik voraus. Neben der nun stabilen Lage in Europa war die unruhige Situation an der Ostgrenze des Imperiums, wo Moskau Grenzschwierigkeiten mit China zu bewältigen hatte, sicher ein Grund für das Entgegenkommen der Sowjetunion.[313] Dies symbolisierte den Durchbruch der Entspannungspolitik, der im Laufe des Jahres 1969 deutliche Konturen annahm.[314]

Die sowjetische Hegemonialstellung in Europa und die »Breschnew-Doktrin« wurde mithin akzeptiert. Eine Entwicklung also, die gerade nicht den von Walden gewünschten Lehren aus der sowjetischen Aggression entsprach. Welchen Einfluss die internationalen Entwicklungen auf die Bonner Politik ausübten zeigte sich bereits im März 1969 an der Diskussion um den Ort der Bundesversammlung, in der sich Bun-

308 Vgl. Axel Springer an Matthias Walden vom 31. August 1968 (ASV-UA, NL Springer: Box 90).
309 Vgl. Walden contra Jansen, in: Das Berliner Wort – Liberale Zeitung vom 4.10.1968.
310 Vgl. ebenda; siehe auch: Matthias Walden, Prag – Glut unter dem Schnee, in: Die Welt vom 15.1.1969.
311 Karl Theodor Freiherr zu Guttenberg, Fußnoten, Stuttgart 1971, S. 146.
312 Vgl. Schwarz, Die Regierung Kiesinger und die Krise in der ČSSR 1968, S. 182.
313 Vgl. Winkler, Vom Kalten Krieg zum Mauerfall, S. 570.
314 Vgl. Görtemaker, Die unheilige Allianz, S. 67.

destagspräsident Gerstenmaier letztendlich aber klar für Berlin aussprach. Schon die Diskussionen waren für Skeptiker wie Walden jedoch ein schlechtes Zeichen.[315]

Wahlkampf im Zeichen der Ost- und Deutschlandpolitik

Noch mehr als drei Jahre zuvor sollte der Bundestagswahlkampf im Sommer und Herbst 1969 im Zeichen der Ost- und Deutschlandpolitik stehen. Schon im April 1969 versuchte Willy Brandt die Positionen der SPD auf dem Godesberger Parteitag moralisch zu überhöhen, weswegen Matthias Walden einen Wahlkampf im Zeichen der Ostpolitik vorhersah.[316] Trotz der Kritik der Intellektuellen an der Bildung der Großen Koalition bildete sich bereits 1967 die »Sozialdemokratische Wählerinitiative« (SWI), die nun neben Schriftstellern auch Journalisten und Wissenschaftler mit einschloss. Neue Mitglieder waren zum Beispiel Kurt Sontheimer, Günter Gaus, Arnulf Baring oder der Historiker Golo Mann, der bereits 1965 an die *Quick* geschrieben hatte, dass die DDR als vorübergehende Realität anerkannt werden müsse.[317]

Maßgeblich angestoßen wurde die Initiative auf der einen Seite von Günter Grass sowie auf der anderen von dem erneuten SPD-Spitzenkandidaten Willy Brandt und unter anderem von Justizminister Horst Ehmke, der in seinen Erinnerungen der SWI eine bedeutende Rolle für den Wahlausgang zuschrieb.[318] Die Presse wahrte nun längst nicht mehr den Anschein der Neutralität. Im *Spiegel* veröffentlichten Günter Gaus und Rudolf Augstein am 22. September 1969 ihre Wahlempfehlung: »Wir wollen nicht, daß ein CDU-Kanzler die Regierung bildet.«[319] Augstein, seit 1957 FDP-Mitglied, lehnte die Große Koalition ab und ging mit dem *Spiegel* zu dieser auf Konfrontationskurs.[320] Schon im Dezember 1968 forderte der Verleger bei einer Diskussion mit Studenten »normale Beziehungen zur DDR«, um das Verhältnis nach Moskau zu verbessern.[321] Eine Umfrage des Instituts für Demoskopie Allensbach aus dieser Zeit verdeutlichte einen klaren Sympathievorteil der Sozialdemokraten bei Ressortleitern

315 Vgl. Matthias Walden, Bonn steht zwischen zwei Risiken, in: Die Welt vom 13.11.1968; zur Diskussion siehe: Hildebrand, Von Erhard zur Großen Koalition, S. 336f.

316 Vgl. Walden, Der Wechsel von »Sowjetzone« zur »anderen Seite«, in: Die Welt vom 29.4.1969; zum SPD-Parteitag siehe: Bernd Faulenbach, Das sozialdemokratische Jahrzehnt. Von der Reformeuphorie zur Neuen Unübersichtlichkeit – Die SPD 1969–1982, Bonn 2011, S. 59.

317 Vgl. Golo Mann, Entwicklungshilfe für die Sowjetzone? Leserbrief, in: Quick – Illustrierte für Deutschland vom 25.7.1965, S. 3.

318 Vgl. Horst Ehmke, Mittendrin. Von der Großen Koalition zur deutschen Einheit, Berlin 1994, S. 34f.; zur SWI siehe: Münkel, Intellektuelle für die SPD, in: Hübinger/Hertfelder (Hrsg.), Kritik und Mandat, S. 231–236.

319 Zitiert nach: Merseburger, Rudolf Augstein, S. 407.

320 Vgl. Hoeres, Außenpolitik und Öffentlichkeit, S. 77f. Ein Argument für Augstein war dabei auch die NSDAP-Mitgliedschaft Kiesinger. Siehe dazu: Merseburger, Rudolf Augstein, S. 350.

321 Vgl. ders., Rudolf Augstein, S. 348.

und Redakteuren. Grundsätzlich genoss Willy Brandt also im Wahlkampf 1969 eine breite journalistische Unterstützung.[322]

Dem entgegen stellte sich vor allem Axel Springer, der sich gegen eine Normalisierung der Teilung einsetzte. Dies tat er nicht nur in Worten, wie es ihm Konrad Adenauer im Oktober 1966 schrieb, sondern auch mit Taten, wie dem 1966 eröffneten Verlagshaus in Berlin direkt an der Mauer.[323] In seiner Zeit als Regierender Bürgermeister Berlins wurde Brandt noch von Springer unterstützt, nun positionierte der Verleger seine Zeitungen gegen die SPD. Dazu trug Matthias Walden mit seinen Kommentaren bei.

Im September 1969 spekulierte Walden in der *Welt*, ob Brandt nach einem Wahlsieg nicht einen Vorschlag des Regierenden Berliner Bürgermeister Klaus Schütz umsetzen werde. Schütz hatte öffentlich die Anerkennung der DDR und der Oder-Neiße-Grenze als Tausch gegen eine Versicherung der Zugehörigkeit West-Berlins zur Bundesrepublik Deutschland vorgeschlagen. Der Bürgermeister wagte sich laut Walden damit über die Äußerungen seines Vorsitzenden hinaus und schien sich nicht darüber im Klaren zu sein, dass ein solches Tauschgeschäft bis auf die Anerkennung der DDR und den Verlust der deutschen Gebiete östlich der Oder und Neiße keinen Ertrag bringen würde.[324] Mit Blick auf die Bundestagswahl zeigte Walden also große Skepsis gegenüber einer möglichen SPD-Regierung.

Auffällig war, dass Walden sich nicht grundsätzlich gegen die Anerkennung der Oder-Neiße-Grenze aussprach, nur dürfe diese erst in einem gemeinsamen Friedensvertrag erfolgen. Für seinen Kommentar erhielt Walden dennoch den Zuspruch des Präsidenten des Bundes der Vertriebenen, Reinhold Rehs, der im Mai 1969 als Reaktion auf Willy Brandts ostpolitische Ambitionen von der SPD zur CDU gewechselt war.[325] Allerdings gerieten die Vertriebenenverbände durch ihre Ablehnung einer Öffnung nach Osten immer mehr in die politische Isolation, denn bei vielen der Vertriebenen selbst war diese populär.[326]

Störungen des Wahlkampfes aus Moskau oder Ost-Berlin blieben aus. Noch als Außenminister signalisierte Willy Brandt im Sommer 1969 in Moskau eine mögliche Bereitschaft zu einer europäischen Sicherheitskonferenz unter einer sozialdemokratisch geführten Bundesregierung. Die Kreml-Herren hatten zwar das Gefühl auch mit Kiesinger gut auszukommen, doch favorisierten sie einen Wahlsieg der SPD, da sie

322 Vgl. Hoeres, Außenpolitik und Öffentlichkeit, S. 388f.

323 Vgl. Konrad Adenauer, Brief von Konrad Adenauer an Axel Springer vom 3. Oktober 1966. http://www.konrad-adenauer.de/dokumente/briefe/brief-axel-springer8 (23. Oktober 2019).

324 Vgl. Matthias Walden, Vorbereitung auf ein Tauschgeschäft?, in: Die Welt vom 12.9.1969.

325 Vgl. Reinhold Rehs an Matthias Walden vom 12. September 1969 (ASV-UA: NL Walden, Box 46 – SFB 1969).

326 Vgl. Wentker, Antikommunismus in der frühen Bonner Republik, in: Creuzberger/Hoffmann (Hrsg.), »Geistige Gefahr«, S. 367.

Brandt mehr Bewegung in der Ost- und Deutschlandpolitik zutrauten und rechneten, laut dem deutschen Botschafter Allardt, bereits mit einer künftigen sozialliberalen Regierung in Bonn.[327]

Das amtliche Endergebnis der Wahlnacht vom 28. September 1969 machte eine sozialliberale Regierung schließlich möglich. Mit 254 Mandaten hätte eine SPD-FDP-Regierung allerdings nur zwölf Stimmen mehr als die Unionsfraktion gehabt. Schon nach dem Rücktritt Ludwig Erhards 1966 liebäugelten einige Mitglieder der Parteien mit dieser damals ebenfalls äußerst knappen Regierungskoalition.[328] Aufgrund der geringen Mehrheit einer sozialliberalen Koalition, die wegen einer Krise der FDP noch gefährlicher wirkte als ohnehin, riet beispielsweise Conrad Ahlers Willy Brandt von dem Bündnis ab. Innerhalb der SPD zeigten sich Widerstände gegen eine sozialliberale Koalition, vor allem von Herbert Wehner und Helmut Schmidt. Dennoch entschlossen sich Willy Brandt und der FDP-Vorsitzende Walter Scheel noch in der Wahlnacht zur Regierungsbildung.[329]

Machtwechsel und Neue Ostpolitik

Eine Voraussetzung für die Bildung der sozialliberalen Regierung im Oktober 1969 musste die koalitionspolitische Umorientierung der FDP sein. Dies beinhaltete einen Wandel der ost- und deutschlandpolitischen Positionen der Partei, die bis Mitte der 1960er Jahre vom nationalliberalen Flügel um Erich Mende bestimmt wurden. Als 1964 ein bereits zwei Jahre zuvor von dem Geschäftsstellenreferenten Wolfgang Schollwer erstelltes Programmpapier an die Öffentlichkeit gelang, in dem faktisch eine Anerkennung der DDR gefordert wurde, distanzierte sich Erich Mende genau wie sein stellvertretender Fraktionsvorsitzender Siegfried Zolgmann von solchen Ideen. Intern hatte Mende den Denkanstoß eigentlich befürwortet, doch schien ihm die Reaktion der traditionell bürgerlichen Wählerschaft der FDP abzuschrecken.[330]

327 Vgl. Hildebrand, Von Erhard zur Großen Koalition, S. 335.

328 Zum Beispiel auch das spätere Führungsduo der FDP, Walter Scheel und Hans-Dietrich Genscher, allerdings vorrangig als Mittel zum Zweck, um das politische Überleben ihrer Partei zu sichern. Vgl. Klaus Weber, Der Linksliberalismus in der Bundesrepublik um 1969. Konjunktur und Profile, Frankfurt am Main 2012, S. 249.

329 Vgl. Arnulf Baring, Machtwechsel. Die Ära Brandt-Scheel, Stuttgart 1982, S. 160–174. Zum Hintergrund ausführlicher im nächsten Kapitel.

330 Siehe ausführlich zum Schollwer-Papier von 1962: Volker Erhard, Die Schollwer-Papiere von 1962 und 1967. Meilensteine auf dem Weg der FDP zur Neuen Deutschland- und Ostpolitik, in: Reinhard Hübsch/Jürgen Fröhlich (Hrsg.), Deutsch-deutscher Liberalismus im Kalten Krieg. Zur Deutschlandpolitik der Liberalen 1945–1970, Potsdam 1997, S. 237–251, hier S. 237–246; und: Baring, Machtwechsel, S. 211–213.

Im Bundestagswahlkampf 1965 sprach sich Mende folgerichtig für eine Fortführung der Koalition mit der Union aus.[331] Wie gezeigt, favorisierte Matthias Walden bereits 1965 die Bildung einer Großen Koalition. Die FDP erschien ihm vor allem in der Außenpolitik als uneinig, weswegen er insbesondere die Benennung Mendes als Minister für gesamtdeutsche Fragen nach der Regierungsbildung kritisierte. In der Behauptung, die Union stimme in vielen Sachfragen der Deutschlandpolitik mehr mit der SPD überein, schwang dann sicherlich eine Portion Wunschdenken mit.[332]

Walden und die FDP bis zum Machtwechsel

Die Marginalisierung der Freien Demokraten als Opposition der Großen Koalition ab 1966 – ihre Mandate reichten noch nicht einmal zur Einberufung eines Untersuchungsausschusses – führte schließlich bei Erich Mende zu der Erkenntnis, dass es einer Neuformulierung der ost- und deutschlandpolitischen Positionen der FDP bedurfte. So erteilte der Vorsitzende im Dezember 1966 erneut Wolfgang Schollwer den Auftrag, einen Deutschland-Plan der Partei auszuarbeiten, der ihr – so lässt sich historiographisch rückblickend beurteilen – einen neuen Platz im politischen Parteispektrum der Bundesrepublik geben sollte.[333] Über allem schwebte die Diskussion in der Großen Koalition um eine Wahlrechtsänderung wie ein Damoklesschwert über der FDP, wie sich Mende später selbst erklären sollte.[334]

Der Druck, unter dem der FDP-Vorsitzende handelte, wurde offensichtlich, als ihm der Inhalt des sogenannten zweiten Schollwer-Papiers, das am 19. März 1967 unautorisiert im *Stern* erschien, dann deutlich zu weit ging. An die Stelle der Überwindung der deutschen Spaltung war die der europäischen Spaltung getreten. Dass dies der Patriot Mende kaum mittragen konnte, war scheinbar auch Schollwer bewusst, der darüber hinaus einen Führungswechsel in der Partei forderte.[335]

Die ostpolitischen Reformversuche der FDP sowie die Forderung der Partei nach einem Treffen zwischen Kiesinger und DDR-Ministerpräsident Willi Stoph waren für

331 Vgl. Weber, Der Linksliberalismus in der Bundesrepublik um 1969, S. 104. Bereits 1956 gab der sogenannte »Jungtürkenaufstand« in der nordrhein-westfälischen FDP Anzeichen für einen koalitionspolitischen Wandel, der aber zunächst noch nicht Fuß fasste. Mende reagierte darauf, in dem er 1961 zwar für eine Koalition mit der Union warb, jedoch ohne einen Kanzler Adenauer. Sein »Umfallen« in der Kanzlerfrage nach der Wahl machte ihn in der Folge innerhalb der Partei stets persönlich angreifbar. Siehe dazu: ders., Der Linksliberalismus in der Bundesrepublik um 1969, S. 90–100.

332 Vgl. Matthias Walden, Typoskript: Wochenkommentar im SFB vom 24. Oktober 1965. ASV-UA (Nachlass Walden: Ordner SFB Wochenkommentare), S. 2; siehe dazu auch: ders., Es fehlt ein Hecht im Teich, in: Quick – Illustrierte für Deutschland vom 7.11.1965.

333 Vgl. Görtemaker, Geschichte der Bundesrepublik, S. 470f.

334 Vgl. Erich Mende, Die FDP. Daten, Fakten, Hintergründe, Stuttgart 1972, S. 218.

335 Vgl. Erhard, Die Schollwer-Papiere, in: Hübsch/Fröhlich (Hrsg.), Deutsch-deutscher Liberalismus im Kalten Krieg, S. 246–250.

Walden eine opportunistische »Pose der Tabu-Brecherei«, mit der die Partei ihrer »Mini-Opposition« mehr Geltung verschaffen wollte. Für ihn waren diese Entwicklungen die Hybris einer »Politik mit kurzem Atem«, in der schnell all das abgeschrieben werde, was nicht unmittelbar zum Erfolg führe.[336] Ohnehin hatte Walden bereits 1965 den Nutzen der FDP in Frage gestellt, den er bisher in der Funktion des liberalen Sittenwächters gesehen hatte. Dies sei anderthalb Jahrzehnte nach Gründung der Bundesrepublik aber kaum noch notwendig und die Rolle einer Partei der »Freiheit in Ordnung«, die sich der Journalist durchaus vorstellen konnte, schien die FDP nicht einnehmen zu wollen.[337]

Walden unterstützte daher die Forderung des Innenministers der Großen Koalition, Paul Lücke (CDU), nach der Einführung des relativen Mehrheitswahlrechts, die im Koalitionsvertrag beschlossen wurde und die sich vor allem gegen die erstarkende Nationaldemokratische Partei Deutschlands (NPD) richtete.[338] Die bundespolitische Abschaffung der FDP in Folge der Wahlrechtsänderung war Walden genau wie Lücke ein hinnehmbares Opfer.

Schließlich stürzte der Innenminister über die Wahlrechtsänderung. Die SPD erteilte auf einem Parteitag im März 1968 einer Reform für das Wahljahr 1969 eine Absage, obwohl sie dieser bei den Koalitionsgesprächen prinzipiell zugestimmt hatte. Lücke trat zurück, da Kiesinger seine Forderung nach einer Kündigung der Koalition nicht erfüllte. Der Hauptgrund der SPD für die Entscheidung waren wohl neue Studienergebnisse zu den Auswirkungen einer Wahlrechtsänderung, die anders als 1967 die Union als klaren Nutznießer der neuen Modalitäten gesehen hatten. Sicherlich hatten die Tendenzen zur koalitionspolitischen Erneuerung innerhalb der FDP und die immer stärker werdende Position Willy Brandts für eine sozialliberale Koalition gegen Herbert Wehner und Helmut Schmidt ebenfalls einen gewissen Einfluss darauf. Somit hatte die Wahlrechtsfrage auf beiden Seiten der späteren Regierung eine katalysierende Wirkung.[339] Die programmatischen Diskussionen innerhalb der FDP in diesen Jahren hatten also in erster Linie weniger inhaltliche Gründe, sondern standen vor dem Hintergrund der überlebenswichtigen Koalitionsfrage, die aber à la longue insbe-

336 Vgl. Matthias Walden, Gesamtdeutsches Grimassieren, in: Die Welt vom 12.5.1967; Und: ders., Politik mit kurzem Atem, in: Die Welt vom 25.8.1968.

337 Vgl. ders., Ist die FDP überholt?, in: Quick – Illustrierte für Deutschland vom 29.8.1965.

338 Vgl. ders., Wochenkommentar im SFB vom 24.10.1965, S. 4; zu Lücke, siehe: Denise Lindsay, »Für mich ist die Politik kein Job«. Zum 100. Geburtstag von Paul Lücke (1914–2014), in: Die Politische Meinung 58 (2014), H. 528, S. 92–95; sowie: Görtemaker, Geschichte der Bundesrepublik, S. 459.

339 Zur Bedeutung der Wahlrechtsfrage auf die Bildung der sozialliberalen Regierung siehe: Baring, Machtwechsel, S. 108–112. Heinrich August Winkler macht vor allem den Linksruck der FDP für die Abkehr der SPD vom Mehrheitswahlrecht verantwortlich: Vgl. Winkler, Vom Kalten Krieg zum Mauerfall, S. 568.

sondere eine Neuformulierung der ost- und deutschlandpolitischen Konzepte notwendig machte.[340]

Im Laufe des Jahres 1967 war ein personeller Wechsel an der Spitze der FDP nicht mehr aufzuhalten. Am 30. Januar 1968 wurde Erich Mende schließlich als Parteivorsitzender von Walter Scheel abgelöst. In der Vergangenheit kaum als Reformer aufgetreten, wurde Scheel zunächst im *Spiegel* als »Mende mit anderen Mitteln« bezeichnet.[341] Mit Hans-Dietrich Genscher an seiner Seite stand der neue Vorsitzende vor der Herausforderung, die Neuausrichtung der FDP so auszutarieren, dass sie bei der Bundestagswahl 1969 nicht unter die Fünf-Prozent-Hürde geraten würde. Gerade diese Gefahr bewirkte allerdings der lavierende Stil Scheels, der sich erst nach einer verheerenden Meinungsumfrage des *ZDF* im August 1969 schließlich am 25. September, drei Tage vor der Wahl, öffentlich auf die sozialliberale Option festlegte. Inoffiziell waren sich Scheel und Brandt wohl schon seit Mai des Jahres einig.[342]

Scheel war für Walden die Verkörperung der politischen Zweckmäßigkeit, was er nicht als Kompliment meinte. Einige Jahre später portraitierte er den Politiker zwar als durchaus intelligenten, aber aalglatten Machtmenschen, der es vermochte, seine Karten stets richtig auszuspielen.[343] 1969 schien er jedoch fast zu scheitern, wie das schwache Wahlergebnis von 5,8 Prozent deutlich machte. Trotz Scheels zurückhaltender Politik wird darüber hinaus der Wechsel in der Anhängerschaft der FDP auf 60 bis 70 Prozent geschätzt.[344]

Symbolisch für diese Entwicklung war das Engagement des jungen Soziologieprofessors Ralf Dahrendorf, der sich seit 1968 als glühender Redner der Partei in den Vordergrund spielte. Dahrendorfs politische Karriere war zwar nicht von langer Dauer, doch stand er stellvertretend für den unter der Oberfläche stattfindenden innerparteilichen Wandel der FDP.[345] Der Soziologe scheiterte unter anderem, weil er sich von seinen angestammten Feldern der Bildungs- und Gesellschaftspolitik auf außenpolitisches Terrain wagte und eine Anerkennung der DDR forderte. Für Walden war Dahrendorf daher ein »schriller Polit-Theoretiker«. In der *Welt* schrieb er mit unverhohlener Süffisanz über den intellektuellen Duktus Dahrendorfs:

340 Vgl. Weber, Der Linksliberalismus in der Bundesrepublik um 1969, S. 163f.

341 Zitiert nach: Baring, Machtwechsel, S. 99.

342 Vgl. Weber, Der Linksliberalismus in der Bundesrepublik um 1969, S. 173.

343 Vgl. Walden, Kassandra-Rufe, S. 232–241.

344 Vgl. Baring, Machtwechsel, S. 99; siehe außerdem: Thomas Brechenmacher, Die Bonner Republik. Politisches System und innere Entwicklung der Bundesrepublik, Berlin 2010, S. 112f.

345 Vgl. Jens Hacke, Das politische Scheitern eines liberalen Hoffnungsträgers. Ralf Dahrendorf und die FDP, in: Thomas Kroll/Tilman Reitz (Hrsg.), Intellektuelle in der Bundesrepublik Deutschland. Verschiebungen im politischen Feld der 1960er und 1970er Jahre, Göttingen 2013, S. 123–137, hier S. 131–133.

> Selbst wenn die Armee Ulbrichts nach Bonn marschieren sollte, würde Professor Dahrendorf wahrscheinlich einen Stationierungsvertrag vorschlagen, um die Invasoren zum Abzug zu überreden.[346]

Trotz der akademischen Ehren Dahrendorfs – oder gerade wegen dieser – hielt sich Walden auf dem Feld der Außenpolitik für den weitaus besseren Analysten als der Hochschullehrer. Der ost- und deutschlandpolitische Kurs der FDP war dem Journalisten darüber hinaus sichtlich ein Dorn im Auge.

Die Wahl von Gustav Heinemann zum Bundespräsidenten am 5. März 1969 wurde schließlich zur ersten bundespolitischen Zusammenarbeit von SPD und FDP und wirkt somit vor allem in der sozialliberalen Rückschau wie ein Symbol historisch-politischer Neuorientierung in der deutschen Nachkriegsdemokratie.[347] Die Entscheidung Kiesingers gegen einen gemeinsamen Kandidaten der Großen Koalition und für Gerhard Schröder war dabei der Anfang vom Ende der Zusammenarbeit von Union und SPD.[348] Das machte bei den Sozialdemokraten den Weg für die Gruppe um Willy Brandt frei, den für die Union nicht wählbaren ehemaligen CDU-Minister Gustav Heinemann zu nominieren. Dennoch setzte sich Heinemann erst im dritten Wahlgang mit 512 zu 506 Stimmen durch. Zum großen Teil, weil viele Entsandte der FDP von Schröders Unterstützung durch die NPD, die aufgrund ihrer Sitze in Landesparlamenten ebenfalls in der Bundesversammlung vertreten war, abgeschreckt wurden. Hätte die CDU den bei der FDP beliebten Richard von Weizsäcker aufgestellt, wäre es aller Voraussicht nach nicht bereits zu diesem Zeitpunkt zu einem sozialliberalen Bündnis gekommen, was der neue Bundespräsident in einem Zeitungsinterview prompt als ein »Stück Machtwechsel« bezeichnete.[349]

Trotz dieser Anzeichen eines Regierungswechsels in Bonn glaubte Walden wenige Wochen vor der Bundestagswahl aber, dass alles »beim alten« bleiben werde. Auf Bitten des Chefredakteurs der *Deutschen Welle*, Johannes Gross, hatte Walden eine Wahlprognose abgegeben, die dieser mit anderen Vorhersagen von »Spitzen politischer Intelligenz« in seiner Kolumne in der Zeitschrift *Capital* abdruckte.[350] Die FDP, so Walden, habe als Oppositionspartei eine »recht magere Figur« abgegeben. Obwohl er

346 Matthias Walden, Schrille Signale der Polit-Theoretiker, in: Die Welt vom 11.10.1968.

347 Vgl. Faulenbach, Das sozialdemokratische Jahrzehnt, S. 39–48.

348 Vgl. ebenda, S. 41.

349 Siehe zur Kandidatenfrage und Präsidentschaftswahl: Baring, Machtwechsel, S. 102–123. Richard von Weizsäcker selbst hatte das Gefühl, dass Walter Scheel durchaus erleichtert war, dass Weizsäcker in der internen Abstimmung der Union gegen Gerhard Schröder deutlich unterlag. Vor allem Strauß und Filbinger hatten für Schröder mobil gemacht: Vgl. Richard von Weizsäcker, Vier Zeiten. Erinnerungen, München 2010 (1997), S. 198–201.

350 Siehe die Anfrage von Gross: Johannes Gross an Matthias Walden vom 28. Juli 1969 (ASV-UA: NL Walden, Box 46 – SFB 1969).

einige Jahre zuvor eine Große Koalition eigentlich auf eine Legislaturperiode begrenzt sehen wollte, schien ihm 1969 kaum eine andere Alternative möglich, was an der von ihm empfundenen Schwäche der gewandelten FDP lag. Damit war Walden ungefähr auf einer Linie mit Gross und ebenso mit Peter Scholl-Latour, der 1969 Direktor des *WDR* geworden war.

Der konservative Publizist Rüdiger Altmann hielt hingegen sogar einen Wahlsieg der SPD für möglich. Die Regierung Kiesinger habe zu viele taktische Fehler begangen, meinte der einstige Redenschreiber Ludwig Erhards. Keiner der Kommentatoren hielt jedoch eine sozialliberale Koalition für möglich, auch wenn der seit April amtierende Chefredakteur des *Spiegels*, Günter Gaus, dies äußerst bedauerte. In gleicher Manier schrieb Sebastian Haffner: »Eine Regierungsbildung ohne CDU/CSU dürfte unmöglich sein – leider.«[351] Hier sollten die »Spitzen politischer Intelligenz« also wie bereits erwähnt irren. Am 30. September begannen in der Dienstvilla des bisherigen Außenministers Willy Brandt die Verhandlungen zur Koalitionsbildung, die in der SPD-FDP-Regierung enden sollten.

»Alibi des guten Willens«: Der Beginn der Neuen Ostpolitik

Noch vor der Regierungserklärung Brandts stufte Matthias Walden die Ost- und Deutschlandpolitik als größte Gefahr für die neue Koalition ein, da er den im Wahlkampf proklamierten Ansätzen wenig Erfolgspotenzial zusprach. Darüber hinaus trat bereits ein Kernelement seiner Argumentation der kommenden Jahre hervor, durch Gesten der Verständigung, wie beispielsweise der Unterzeichnung des Atomwaffensperrvertrages, die am 28. November erfolgen sollte, kaum einen angemessenen Ertrag einfahren zu können.[352] Auf dem Feld der Ost- und Deutschlandpolitik herrschte mithin zwischen den beiden Regierungsparteien der größte Konsens, weswegen die Koalition hier schnell aktiv wurde. Die neuen Ansätze gingen unter dem Namen Neue Ostpolitik in die Geschichtsschreibung ein. Dass es schon vom 8. bis 23. Dezember 1969 zu ersten offiziellen Gesprächen über einen deutsch-sowjetischen Freundschaftsvertrag zwischen dem westdeutschen Botschafter in Moskau, Helmut Allardt, und dem sowjetischen Außenminister, Andrej Gromyko, kam, lag aber schließlich vor allem an der Initiative der Sowjetunion. Bereits im Bundestagswahlkampf hatte der Kreml der Bundesregierung die Aufnahme von Gesprächen angeboten, die nun vom neuen Außenminister Walter Scheel angenommen wurden.[353]

351 Siehe zu den Prognosen: Johannes Gross, Fernseh-Wahlprognose: Die CDU gewinnt, in: Capital – Das deutsche Wirtschaftsmagazin (1969), September, S. 32–33.

352 Vgl. Matthias Walden, Experimente mit Wahlrezepten in der Ostpolitik, in: Die Welt vom 4.10.1969.

353 Vgl. Creuzberger, Außenpolitik, S. 112.

Am Ende der Verhandlungen sollte ein gegenseitiger Gewaltverzicht zwischen der Bundesrepublik Deutschland und der Sowjetunion stehen. Der Kreml wollte das, wie schon im Budapester Appell angekündigt, mit einer europäischen Sicherheitskonferenz verknüpfen, die laut Walden für die Bundesrepublik kaum einen Nutzen erfüllen würde. Die Ziele des Kremls seien hingegen eindeutig: Moskau poche auf die Anerkennung der Ergebnisse des Zweiten Weltkrieges. Tatsächlich war dies, wie gezeigt, seit Mitte der 1950er Jahre das erklärte Ziel sowjetischer Politik. Für Walden kam das der Legitimation der »schrecklichen Schicksale« der Tschechoslowakei, Polen und der DDR gleich.[354]

Damit gliederte sich Walden in die allgemeine Kritik an der Neuen Ostpolitik der sozialliberalen Regierung ein.[355] Als die Gespräche ins Stocken gerieten, da Gromyko an sowjetischen Maximalforderungen wie der Unverrückbarkeit der europäischen Grenzen, der völkerrechtlichen Anerkennung der DDR sowie der Abtrennung West-Berlins von der Bundesrepublik festhielt, konstruierte Walden in der *Welt* bald ein Scheitern der Neuen Ostpolitik. Der Bundesregierung habe dieses Scheitern aber zumindest ein »Alibi des guten Willens« beschert.[356] Der Eindruck konnte gewonnen werden, Walden wolle die Neue Ostpolitik schnellstmöglich begraben, um zur Tagesordnung des Kalten Krieges zurückzukehren.

In einer Analyse der bisherigen Ost- und Deutschlandpolitik schrieb er, solange es keinen »Moskauer Dubcek« gebe, könne es keine Erfolge der Neuen Ostpolitik geben. Die Alternative musste laut Walden bis dahin eine »Verhandlungsbereitschaft ohne Preisgabe unserer eigenen Positionen« sein:

> Die Gefahr der ›Neuen Ostpolitik‹ ist, daß sie sich mit den ›Realitäten‹ abfindet, mit denen sich nicht einmal die Völker der kommunistischen Staaten und die latenten oppositionellen Kräfte in den kommunistischen Zentralkomitees abfinden. Wenn wir dieser Gefahr erliegen, dann helfen wir zu bewahren, was wir doch eigentlich ändern wollten.[357]

Orientierung liefere die klare antikommunistische Haltung der Ära Adenauer.[358]

[354] Vgl. Matthias Walden, Sicherheit – aber für wen?, in: Die Welt vom 29.11.1969.
[355] Vgl. Brechenmacher, Die Bonner Republik, S. 116; siehe ebenfalls: Baring, Machtwechsel, S. 249.
[356] Vgl. Matthias Walden, Anerkennung als Alibi des guten Willens?, in: Die Welt vom 7.2.1970; zu den Schwierigkeiten der Gespräche siehe: Creuzberger, Außenpolitik, S. 112.
[357] Matthias Walden, Vorwort, in: Otto Freiherr von Fircks/Hans Joachim Knaute (Hrsg.), Eine deutsche Nation – Zwei deutsche Staaten. Meilensteine – Wege – Irrwege. Eine Dokumentation zu den Auseinandersetzungen über die neue Ost- und Deutschlandpolitik, Leer 1970, S. 7–13, hier S. 13.
[358] Vgl. ebenda, S. 9.

»Unterschrift unter die Anomalie«

Waldens Grundargumentation, durch eine politische Annäherung die Unrechtssysteme des politischen Ostens zu stärken, blieb also gleich. Sein ehemaliger Kollege und jetziger Staatssekretär im Bundeskanzleramt, Egon Bahr, übernahm jedoch die Verhandlungsführung in Moskau. Er rang Gromyko in insgesamt 55 Verhandlungsstunden von Januar bis Mai 1970 entscheidende Zugeständnisse ab. Am Ende stand ein Gewaltverzicht, der die »Unverletzlichkeit« der bestehenden Grenzen voraussetzte. Das Recht auf Wiedervereinigung war zwar kein Teil des sogenannten Bahr-Papiers, doch erklärte sich Gromyko bereit, einen Brief zur Deutschen Einheit entgegenzunehmen.[359] Den Text des »Bahr-Papiers«, der aufgrund einer Indiskretion erst in Teilen in der *Bild-Zeitung* und dann vollständig in der *Quick* erschienen war, kritisierte Walden sogleich in der *Welt* als »Nebel-Vokabular«.[360]

Eine angestrebte »Normalisierung« stand für Walden im Widerspruch zur »Unterschrift unter die Anomalie«, die die Bundesregierung mit einer Unterzeichnung leisten würde. Der von Moskau seit einigen Jahren verwendete Begriff einer »europäischen Friedensordnung« war für Walden angesichts der Duldung kommunistischer Diktaturen missverständlich. Ein Frieden könne nur die Freiheit ganz Europas bedeuten, postulierte er.[361] Mit der Gegenüberstellung von Frieden und Freiheit orientierte sich Walden am Duktus der 1950er Jahre. Das war aus seiner Sicht durchaus nachvollziehbar, hatte sich doch an der Grundkonstellation in seinen Augen nichts geändert.

In einer Fernsehdiskussion sagte Walden im Sommer 1971, dass er im Gegenteil die sowjetische Politik seit dem Mauerbau für »imponierend konsequent« halte. Von einem »Wandel durch Annäherung« sei in Moskau oder Ost-Berlin jedenfalls keine Spur: »Der Wandel ist auf unserer Seite eingetreten.«[362] Mitunter ließ er sich dabei zu radikalen Polemiken hinreißen. So erscheint sein Rückschluss etwas verkürzt, dass eine »Unantastbarkeit der Grenzen« im Prinzip die Berliner Sektorengrenze einschließe und jeder Kritiker der Mauer somit nun gleichzeitig zum Kritiker der Bundesregierung werde.[363]

Die Unterzeichnung des Moskauer Vertrages am 12. August 1970 wurde für Walden dann schließlich von der sowjetischen Unterstützung Lybiens, Syriens und Ägyptens im Jordanischen Bürgerkrieg konterkariert, die natürlich auf den ägyptisch-israelischen

359 Vgl. Görtemaker, Geschichte der Bundesrepublik, S. 541.

360 Zur Veröffentlichung des »Bahr-Papiers« siehe: Baring, Machtwechsel, 312f.; außerdem: Hoeres, Außenpolitik und Öffentlichkeit, S. 416.

361 Vgl. Matthias Walden, Das Nebel-Vokabular der Bonner Ostpolitik, in: Die Welt vom 19.6.1970; Ebenso: ders., Frieden – nicht ohne Freiheit. Nebulöse Phrasen steigern nur die Verwirrung, in: Die Welt vom 16.11.1971.

362 Internationaler Frühschoppen im WDR vom 15. August 1971 (eingesehen im AdWDR, Videosignatur: 0163146), Minute 28.

363 Vgl. Walden, Nebel-Vokabular, in: Die Welt vom 19.6.1970.

Abnutzungskrieg ausstrahlte. Eine Facette von Waldens politischen Bewertungen der Ostpolitik war es, auf die aus seiner Sicht verfehlte Priorisierung der – ohne Frage geschichtspolitisch ebenfalls wichtigen – Ostpolitik gegenüber der Unterstützung Israels hinzuweisen. Es herrsche eine »ironische Idylle«, kommentierte Walden im *SFB* und meinte, den Kalten Krieg zu beenden sei ein erstrebenswertes Anliegen, doch nicht wenn an seine Stelle ein »kalter Friede« trete.[364] In der *Welt* führte er aus:

> Die Friedensordnung besteht darin, daß alles so bleibt, wie es ist, da die Beziehungen auf diese Weise geregelt worden sind. Der Kalte Frieden wird ohne den lebendigen Willen, Freiheit geltend zu machen, proklamiert. Er bedeutet nicht den Sieg über den Kalten Krieg, sondern die erste Etappe eines östlichen Sieges im Kalten Krieg.[365]

Schon 1963 hatte Walden von einem »Kalten Frieden« gesprochen, sollte es der Sowjetunion gelingen, den Westen vom Ende des Kalten Krieges zu überzeugen.[366]

Sebastian Haffner hingegen schrieb einige Zeit später im *Stern*, dass es Willy Brandts »historische Tat« sei, den Kalten Krieg für Deutschland beendet zu haben.[367] Auf der anderen Seite stand wiederum William S. Schlamm, der zu dieser Zeit ebenfalls im *Axel-Springer-Verlag* tätig war. In seiner Kolumne bezeichnete er den Moskauer Vertrag mit Anspielung an den Hitler-Stalin-Pakt von 1939 als »Brandt-Breschnew-Pakt« und forderte einen atomaren Angriffskrieg gegen die Sowjetunion.[368] Diese Ufer eines militanten Antikommunismus, der in Willy Brandt und Leonid Breschnew zwei wesensgleiche Sozialisten sah, die sich gegenseitig stützten, betrat Matthias Walden nicht. In vertrautem Umfeld wurde der von Egon Bahr ausgehandelte Text aber schon mal als »Offen'bahr'ungseidpapier« bezeichnet.[369]

Der Moskauer Vertrag war »Auftakt und zugleich Höhepunkt« der Neuen Ostpolitik.[370] Er machte außerdem den Weg für alle weiteren ostpolitischen Initiativen frei: So verliefen bereits im Schatten der deutsch-sowjetischen Gespräche die Verhandlungen zu einem deutsch-polnischen Freundschaftsvertrag. Eine »Normalisierung« der Beziehung zu dem östlichen Nachbarstaat der DDR hatte Brandt bereits in seiner Regie-

364 Vgl. ders., Typoskript: Wochenkommentar im SFB vom 20. September 1970. ASV-UA (Nachlass Walden: Ordner: SFB Wochenkommentare), S. 2f. und 8; zum Zusammenhang von Ost- und Nahostpolitik siehe: Michael Wolffsohn, Friedenskanzler? Willy Brandt zwischen Krieg und Terror, 2018, S. 20–34. Zum Verhältnis Waldens zu Israel siehe weiter im Kapitel »›Staatsloyal‹«.

365 Matthias Walden, Der Westen proklamiert den Kalten Frieden, in: Die Welt vom 7.10.1970.

366 Vgl. ders., ostblind – westblind, S. 75.

367 Vgl. Sebastian Haffner, Wo Bismarck und Adenauer scheiterten, in: Stern vom 1.10.1972.

368 Zu Schlamms Polemik gegen die Neue Ostpolitik siehe: Peters, William S. Schlamm, S. 453–474.

369 Vgl. Matthias Walden an Axel Springer vom 21. Juli 1970 (ASV-UA, NL Springer: Box 130).

370 Vgl. Brechenmacher, Die Bonner Republik, S. 118.

rungserklärung angekündigt. Erst nach Egon Bahrs Durchbruch in Moskau konnte allerdings der deutsche Verhandlungsführer in Warschau, Georg Ferdinand Duckwitz, Fortschritte vermelden. Am 7. Dezember 1970 wurde mit dem Warschauer Vertrag der erste Folgevertrag des Moskauer Vertrages unterzeichnet.[371]

Neben dem gemeinsamen Gewaltverzicht stand im Kern des deutsch-polnischen Vertrages die politische Anerkennung der Oder-Neiße-Grenze durch die Bundesregierung und somit der Verzicht auf die deutschen Ostgebiete. Für Bundeskanzler Willy Brandt war dies jedoch kein Zugeständnis, da er diese bereits durch die nationalsozialistische Kriegspolitik als verspielt ansah.[372] Einen ähnlichen Standpunkt vertrat Walden im *SFB* kurz vor der Unterzeichnung des Vertrages, doch hätte eine Anerkennung der Oder-Neiße-Grenze für ihn nur in Folge einer deutschen Wiedervereinigung und der Freiheit der »Völker des Ostens« erfolgen dürfen.[373] Schon beim »Internationalen Frühschoppen« des *WDR* von Werner Höfer hatte Walden im Mai 1970 – von Höfer als »Rechtsliberaler« vorgestellt – die Freundschaft zum polnischen Volk auf eine Ebene mit der deutsch-französischen Freundschaft gestellt. Nur repräsentiere die Warschauer Regierung laut Walden keineswegs das polnische Volk, sondern sei ein kommunistisches Regime. Vom ebenfalls anwesenden Henri Nannen – Waldens »linksliberaler« Gegenpart in der Sendung, so Höfer – musste er sich dafür den Vorwurf des »Spaltungsversuches« anhören.[374]

Der Symbolik des Kniefalls Willy Brandts vor dem Denkmal für die Gefallenen des Warschauer Ghetto-Aufstandes von 1943 bei seinem Besuch in der polnischen Hauptstadt am 7. Dezember 1970 als Rechtfertigung der Ostpolitik erlag Walden nicht. Das lag nicht an einem mangelnden Bekenntnis zur deutschen Schuld an den Verbrechen gegenüber polnischen Juden, auf die Walden schon zum zwanzigsten Jahrestag des Aufstandes in der *Quick* hingewiesen hatte.[375] Vielmehr vermisste er die richtige Proportion zur politischen Praxis der Gegenwart. Denn dort, wo Hitlers Truppen damals standen, stünden heute – und morgen – die Soldaten Breschnews.[376]

Die Erinnerung an den Ghetto-Aufstand fand in Polen selbst nicht statt. Nicht lange zurück lag zudem eine von den polnischen Kommunisten mitgetragene Antisemi-

371 Siehe dazu: Katarzyna Stoklosa, Polen und die Deutsche Ostpolitik 1945-1990, Göttingen 2011, S. 180–188.

372 Vgl. Michael A. Hartenstein, Die Geschichte der Oder-Neiße-Linie, München 2006, S. 199f.

373 Vgl. Matthias Walden, Typoskript: Wochenkommentar im SFB vom 6. Dezember 1970. ASV-UA (Nachlass Walden: Ordner SFB Wochenkommentare), S. 3f.

374 Vgl. Internationaler Frühschoppen im WDR vom 3. Mai 1970 (eingesehen im AdWDR, Videosignatur 0404540), Minute 12-15.

375 Vgl. Matthias Walden, Sie sind meine Brüder. Zum 20. Jahrestag des Getto-Aufstandes in Warschau, in: Quick – Illustrierte für Deutschland vom 28.4.1963; wiederabgedruckt in: ders., Politik im Visier, S. 19–23.

376 Vgl. ders., Vorwort, in: Fircks/Knaute (Hrsg.), Eine deutsche Nation – Zwei deutsche Staaten, S. 12.

tismuswelle im Land im Zuge der März-Unruhen 1968. Brandts Geste, die fraglos einem Gefühl von Menschlichkeit und Demut entsprang, erhielt somit in der kommunistischen Presse überhaupt kein Echo. In der Rückschau wirkt sie eher als Symbol an die jüdische Gemeinde der freien Welt, der Brandt wegen der bereits erwähnten Verstimmungen durch seine Ostpolitik entgegenkommen wollte. Auch das klappte nicht so recht.[377] Politisch war der Warschauer Vertrag ohnehin an das deutsch-sowjetische Abkommen geknüpft, weswegen der Ratifizierungsprozess der beiden Vertragswerke im Bundestag zusammengelegt wurde.[378]

In einer Fernsehdiskussion im *SFB* mit Hans-Dieter Jaene kurz nach der Unterzeichnung des Warschauer Vertrages stufte Walden nochmals die Ostpolitik der Bundesregierung, in ihrem Ziel einen Wandel im Ostblock zu erzeugen, als erfolglos ein. Eine »kooperative Ostpolitik« hielt Walden zwar für unentbehrlich, doch nicht in der gegenwärtigen Art und Weise: »Wenn die Politik die Kunst des Möglichen ist, dann gehört dazu die Erkenntnis dessen, was unmöglich ist.«[379]

Die Neue Ostpolitik trage zur Konsolidierung des sowjetischen Imperiums und der Stabilisierung der Breschnew-Doktrin bei, argumentierte Walden. Ganz anders positionierte sich Jaene, der in der Diskussion, die später in der Zeitschrift *Aus Politik und Zeitgeschichte* abgedruckt wurde, als vehementer Befürworter der sozialliberalen Ostpolitik auftrat. Der FDP-Politiker und Journalist lieferte Walden mit seiner Haltung, eine demokratische Entwicklung in den kommunistischen Regimen werde vom Westen aus ohnehin nie beeinflusst werden können, schließlich eine Vorlage, die dieser dankend annahm:

> Ich bin überzeugt davon, daß ein solcher gründlicher Wandel kommen wird, und ich meine, daß wir mit langen Fristen rechnen müssen. [...] Eine Politik, die den gegenwärtigen Moskauer Status für die ultima ratio sowjetischer Möglichkeiten hält, ignoriert die bereits erkennbaren Alternativen. Sie bestätigt und stärkt das Bestehende und verzögert damit nach meiner Überzeugung den Wandel, statt ihn zu beschleunigen.[380]

377 Siehe zu einem kritischen Blick: Wolffsohn, Friedenskanzler?, S. 35–57; und bereits ausführlich: Thomas Brechenmacher/Michael Wolffsohn, Denkmalsturz? Brandts Kniefall, München 2005.

378 Vgl. Stoklosa, Polen, S. 188.

379 Matthias Walden/Hans Dieter Jaene, Erfolg oder Mißerfolg? Die Deutschland- und Ostpolitik der Bundesregierung, in: Aus Politik und Zeitgeschichte (1971), H. 10, S. 27–38, hier S. 28; siehe auch: Matthias Walden, Leistung gegen Hoffnung. Die Ostpolitik – ein Test mit zu hohem Einsatz bei ungewissen Erfolgsaussichten, in: Student (1971), H. 22 (2. Juli-Ausgabe), S. 3.

380 Walden/Jaene, Erfolg oder Mißerfolg?, S. 30f.

Das Fernsehgespräch lieferte freilich keinen Gewinner oder Verlierer der Debatte. Doch Walden avancierte erkennbar zu einem der publizistischen Wortführer gegen die Neue Ostpolitik der Bundesregierung.

Ähnlich wie Jaene hatte sich der konservative Historiker Golo Mann öffentlich als Unterstützer der Neuen Ostpolitik positioniert. Sie war für ihn »im Bismarckschen Sinn Realpolitik« wie er im Januar 1972 in der *Welt* schrieb. Er betonte, man würde schließlich »moralische Grundsätze« nicht aufgeben, wenn man nun mal mit Staaten umgehe, in denen diese gegenwärtig nicht beachtet würden und in denen dies auf absehbare Zeit auch so sein werde.[381] In der gleichen Ausgabe schrieb Walden eine Erwiderung auf Mann. Er hielt es für kleinmütig, die Niederschlagung von Aufständen als Beweis der Dauerhaftigkeit der despotischen Systeme zu verstehen. Letztendlich verdeutliche das Aufbegehren der Bevölkerung ja gerade den Anachronismus der kommunistischen Regime. Menschenrechte seien nicht nur das Wesen der Politik, so Walden, sondern das »politisch Wesentliche«. In den Ostverträgen der Bundesregierung würden sie jedoch als »realpolitische Konsequenz« ausgeklammert.[382]

»Hosenscheißerei«: Das Berlin-Abkommen 1971 als Zeichen des Appeasement

Die notwendige Zustimmung des Parlaments zu den Ostverträgen war zunächst an den Abschluss der Berlin-Verhandlungen der Vier Siegermächte gekoppelt, die seit März 1970 liefen, aber nicht recht voran kamen. In diesem Junktim, das Walter Scheel noch im Sommer 1970 in den Moskauer Vertrag integriert hatte, sah Walden den einzig vernünftigen Schritt der Neuen Ostpolitik bis dahin.[383] An den zu diesem Zeitpunkt bereits in Vertrautheit verbundenen Axel Springer schrieb Walden nach Bekanntgabe des Junktims mit deutlich erkennbaren Pessimismus:

> Dafür werden wohl die Amerikaner als die verläßlich besseren Deutschen gesorgt haben. Aber vielleicht haben auch unserer Stimmen endlich die Ohren der Schlafwandler erreicht.[384]

Die Möglichkeit, aus den vermeintlichen Verlusten des Moskauer und Warschauer Vertrages durch eine zufriedenstellende Berlin-Regelung noch etwas Positives herauszuschlagen, war für Walden in diesem Sinne kaum wahrscheinlich. Bereits bei der Absprache zu den Verhandlungen hatte sich die Diskrepanz der Gesprächspartner

381 Vgl. Golo Mann, Die Ostpolitik ist im Bismarckschen Sinn Realpolitik, in: Die Welt vom 17.1.1972.
382 Vgl. Matthias Walden, Recht und Unrecht taugen nicht zu Quantitätsvergleichen, in: Die Welt vom 17.1.1972.
383 Vgl. ders., Kassandra-Rufe, S. 237.
384 Walden an Springer, 21.7.1970.

gezeigt, als die Westmächte von dem Status Berlins sprachen, die Sowjetunion aber von West-Berlin.[385] Letztendlich sah Walden in dem konsequenten Versuch Moskaus, den Westteil der Stadt von der Bundesrepublik zu lösen, erneut ein Scheitern der Neuen Ostpolitik.[386] Die feierliche Unterzeichnung des Viermächteabkommens am 3. September 1971 im Gebäude des Alliierten Kontrollrates im amerikanischen Sektor fand laut Walden dann schließlich in einem »irritierenden Kontrast zur Wirklichkeit« statt.[387]

Der Status Berlins konnte jedenfalls nicht geklärt werden. Symbolisch dafür war, dass die Stadt in dem Vertragstext nur als »das betreffende Gebiet« bezeichnet werden konnte. Der Vorschlag ging auf Egon Bahr zurück, der sich regelmäßig mit den drei Botschaftern der Westmächte in einer gemeinsamen Arbeitsgruppe traf. Zwar wurden Fragen des Zugangs nach West-Berlin geregelt, doch gleichzeitig die Eröffnung eines sowjetischen Konsulats in den Westsektoren beschlossen, was an die Drei-Staaten-Theorie erinnerte.[388] Alles in allem beschränke man sich auf »praktische Regelungen«, wie Walden in der *Welt* kritisierte und nicht an einem erneuten Vergleich zur Appeasement-Politik sparte. Das von Kurt Tucholsky in den 1930er Jahren verwendete Wort der »Hosenscheißerei« sei scheinbar wieder aktuell.[389]

In seinem Abendkommentar im *SFB* am Tag der Unterzeichnung des Abkommens gab Walden die Ergebnisse einer demoskopischen Untersuchung wieder, nach der 41 Prozent der Berliner das Ergebnis negativ beurteilten. Walden sah sich als Anwalt der Bürger, rief aber auf, nicht in Resignation zu verfallen – die Zukunft Berlins hänge nun aber wieder mehr denn je von den vier Siegermächten ab, so sein Fazit.[390] Am selben Abend kam er zudem in der *ARD* zu Wort und kommentierte das Abkommen als sowjetischen Erfolg: »Die Mauer bleibt. Es wurde verhandelt und es wird weitergeschossen.«[391]

Zu seiner Skepsis gegenüber der Politik der Bundesregierung gesellte sich nun also eine eindeutige Kritik an den Westmächten. Schon im Dezember 1970 hatte er im *SFB*

385 Vgl. Walden, Wochenkommentar 6.12.1970, S. 5; zum Berlin-Abkommen siehe: Benno Zündorf, Die Ostverträge. Moskau, Warschau, Prag, Das Berlin-Abkommen. Die Verträge mit der DDR, München 1979, S. 124f.; Haftendorn, Deutsche Außenpolitik, S. 196f.

386 Vgl. Matthias Walden, Scheels wahre Worte, in: Die Welt vom 9.2.1971.

387 Vgl. ders., »Feierliche Unterzeichnung des Berlin-Abkommens«. Der irritierende Kontrast zur Wirklichkeit, in: Die Welt vom 3.9.1971.

388 Vgl. Haftendorn, Deutsche Außenpolitik, S. 198f.; siehe auch: Henry A. Kissinger, Memoiren. 1968–1973, München 1979, S. 569f.

389 Vgl. Matthias Walden, Berliner Kraftakt nur noch für »praktische Regelung«?, in: Die Welt vom 5.6.1971.

390 Vgl. ders., Typoskript Abendschaukommentar im SFB vom 3. September 1971 (ASV-UA: NL Walden, Box 23 – 1971), S. 2.

391 Ders., Typoskript: Abendschaukommentar in der ARD vom 3. September 1971. ASV-UA (Nachlass Walden: Ordner: ARD-Kommentar), S. 2.

eine »Freiheitsmüdigkeit des Westens« beklagt, was an die Diagnose James Burnhams Mitte der 1960er Jahre anknüpfte. Vitale Proklamationen der Freiheit würden hauptsächlich im Osten selbst erfolgen, so Walden weiter und nannte prominente Regimekritiker wie Milovan Djilas, Andrei Sinjawski, Andrei Sacharow und Alexander Solschenizyn, aber auch die Studenten des »Prager Frühlings«. Eine Anerkennung der Unabänderlichkeit des »tyrannischen Imperiums« war für Walden ein »kleinmütiger Irrtum westlicher Leisetreter«.[392] An den CDU-Politiker und Vorsitzenden der so kämpferischen Exil-CDU, Johann Baptist Gradl, schrieb Walden wenige Monate nach dem Berlin-Abkommen:

> Es ist nicht nur der Verfall des Rechtsbewußtseins und des ideellen politischen Willens in der Bundesrepublik, sondern es ist auch die beginnende Retirade Amerikas von seinen Pflichten und Rechten als Weltmacht und führende Kraft des freien Westens, die mich in die Nähe der Resignation bringen. Mit Frankreich sieht es nicht besser aus.[393]

Die »Anzeichen des Verfalls« waren laut Walden nicht mehr zu übersehen: Breschnews triumphaler Empfang in Paris, das Schicksal Taiwans in der UNO zugunsten des maoistischen China und zu guter Letzt die »peinliche Badereise« Willy Brandts auf der Krim in Breschnews Feriendomizil.[394] Letztere kam allerdings sowohl allgemein im politischen Bonn als auch im westlichen Lager nicht sonderlich gut an, wie der *Spiegel* zu berichten wusste.[395] Doch der US-amerikanische Präsident Richard Nixon hatte im Januar 1969 eine »era of negotiation« ausgerufen und so können Verständigungsversuche Washingtons mit Moskau und Peking über einen Abzug aus Vietnam sowie die »Strategic Arms Limitation Talks« (SALT) dieser Jahre durchaus als Überbau der Neuen Ostpolitik gelten. Nur dies machte mithin die Viermächte-Gespräche über Berlin überhaupt erst möglich.[396]

Doch im Weißen Haus war man vor allem angesichts des Tempos der Bonner Initiativen und möglicher Langzeitwirkungen hinsichtlich der Westbindung der Bundesrepublik besorgt, wie sich Nixons Sicherheitsberater, Henry A. Kissinger, erinnert.[397] Die teilweise heftige Amerikakritik des linken medialen Spektrums wurde in Wa-

392 Vgl. Walden/Jaene, Erfolg oder Mißerfolg?, S. 29.

393 Matthias Walden an Johann Baptist Gradl vom 4. November 1971 (ASV-UA: NL Walden, Box 48 – SFB 1971), S. 1.

394 Vgl. ebenda.

395 Vgl. In Jalta das Beste gewollt, in: Der Spiegel vom 20. September 1971, S. 25–27.

396 Vgl. Creuzberger, Außenpolitik, S. 111; siehe auch: Winkler, Vom Kalten Krieg zum Mauerfall, S. 584f.

397 Vgl. Kissinger, Memoiren. 1968-1973, S. 564–570.

shington zudem zunehmend skeptisch beäugt.[398] In gewisser Weise waren die Befürchtungen der USA also eine abgeschwächte Form der kritischen Polemik Matthias Waldens, der kurz nach dem Berlin-Abkommen die Ostpolitik als »Rausch« charakterisierte.[399]

Nicht verwunderlich war es daher, dass Walden im November 1972 auf die Kritik der *New York Times* an der Neuen Ostpolitik verwies, die das Blatt bisher eher »gehuldigt« habe. Der Meinungswandel ging laut Walden auf den Besuch des populären Kolumnisten Cyrus Sulzberger bei Erich Honecker zurück, bei dem der SED-Chef zunächst das Viermächteabkommen als »West-Berlin-Abkommen« bezeichnet habe. Sulzberger, der bisher kaum als »kalter Krieger« einzuordnen gewesen sei, habe nun verstanden, dass das »Prestigesymbol« West-Berlin an Bedeutung verliere. Dies sei aber notwendig, um den Anachronismus der deutschen Teilung und der kommunistischen Herrschaft allgemein aufrecht zu erhalten, war sich Walden vermeintlich mit Sulzberger einig.[400] Ganz so streng liest sich der Bericht Sulzbergers allerdings nicht; mit eigenen Bewertung hielt sich der amerikanische Journalist zurück. Dennoch konnten sich die Leser der *Times* nun ein Bild über den ostdeutschen Staatsmann machen, der ein wiedervereinigtes Deutschland ausschloss und die Eröffnung einer amerikanischen Botschaft in Ost-Berlin prognostizierte.[401]

»Die politische Moral – ein Opfer der Macht?«: Gescheitertes Misstrauensvotum gegen Brandt

Durch den Abschluss des Berlin-Abkommens war die formale Hürde für die Ratifizierung der Ostverträge genommen. Das Unterfangen sollte sich angesichts der knappen Parlamentsmehrheit der sozialliberalen Koalition aber als äußerst holprig erweisen. Zusätzliche Brisanz erhielt der Vorgang, da nun der Kreml seinerseits das Inkrafttreten des Berlin-Abkommens von einer erfolgreichen Ratifizierung der Moskauer und Warschauer Verträge abhängig gemacht hatte. Ein Vorgang, den Walden erneut als Beleg dafür nahm, dass Moskau die Verträge als eindeutige Erfolge verbuchte, die es zu sichern galt.[402]

398 Vgl. Hoeres, Außenpolitik und Öffentlichkeit, S. 273–275; siehe ausführlich zu den amerikakritischen Stimmen im linken politischen Spektrum: Philipp Gassert, Antiamerikaner? Die deutsche Neue Linke und die USA, in: Jan C. Behrends/Árpád von Klimó/Patrice G. Poutrous (Hrsg.), Antiamerikanismus im 20. Jahrhundert. Studien zu Ost- und Westeuropa, Bonn 2005, S. 250–269.

399 Vgl. Matthias Walden, Wie ein Rausch, in: Welt am Sonntag vom 12.9.1971.

400 Vgl. ders., Ein Amerikaner in Berlin: Unbehagliche Einsichten, in: Die Welt vom 29.11.1972.

401 Vgl. Cyrus L. Sulzberger, German Red Chief bars Unification, in: New York Times vom 23.11.1972.

402 Vgl. Matthias Walden, Wie die Regierung droht auch Moskau der Opposition, in: Die Welt vom 6.3.1972.

Eine »Absage an die Entspannung« war dementsprechend für Walden auch die Haltung Moskaus, mit einer möglichen Unionsregierung keine Verhandlungen eingehen zu wollen, wie er am 27. April 1972 in der *Welt* schrieb.[403] Doch wie kam es überhaupt zu diesem Gedankenspiel des Kremls? CDU und CSU hatten sich noch nicht so recht an ihre neue Rolle außerhalb der Regierung gewöhnt. Walden bescheinigte den Parteien daher eine eher blasse Oppositionsarbeit.[404] Seit Herbst 1971 aber hatte Rainer Barzel – nun sowohl Fraktionsvorsitzender als auch Parteivorsitzender der CDU – die Union auf einen Kurs des »So nicht!« geführt, den er bei der ersten Lesung der Ostverträge im Bundestag Anfang 1972 untermauerte.[405] Die Kritik an der vermeintlichen Bestätigung der sowjetischen Hegemonie in Europa beim grundsätzlichen Ziel eines Ausgleichs mit Moskau war gar nicht so weit von Matthias Waldens Haltung entfernt.

Ins Rampenlicht rückte nun die Rolle der Opposition, da aufgrund einiger Parteiübertritte und Mandatsniederlegungen in der Regierungskoalition die erforderliche absolute Mehrheit für die Ratifizierung der Ostverträge nicht mehr existierte. Und nachdem die CDU die Landtagswahl in Baden-Württemberg am 23. April 1972 mit absoluter Mehrheit gewann, entschlossen sich CDU und CSU zu einem konstruktiven Misstrauensvotum nach Artikel 67 des Grundgesetzes. Gegenkandidat zum amtierenden Bundeskanzler Willy Brandt war Union-Fraktionsvorsitzender Rainer Barzel, die Abstimmung wurde auf den 27. April angesetzt – mitten in die Abstimmung über den vom Scheitern bedrohten Kanzlerhaushalt und die zweite Lesung der Ostverträge. Die Stimmenverhältnisse waren klar. Im Bundeskanzleramt und im Auswärtigen Amt wurden bereits die Akten »zusammengepackt«.[406]

Rainer Barzel erreichte jedoch nicht die Mehrheit der Stimmen und der Antrag wurde somit abgelehnt. Schnell wurde klar, dass die »verlorenen Stimmen« innerhalb der Union und nicht bei den »Abweichlern« zu verorten seien. Mit Blick auf die bevorstehenden Wochen und die Gefahr eines Auseinanderbrechens der Union verhinderte allerdings Barzel eine unmittelbare Diskussion über das verlorene Votum.[407] Ermittlungen späterer Jahre werden ergeben, dass das Ministerium für Staatssicherheit

403 Vgl. ders., Absage an die Entspannung, in: Die Welt vom 27.4.1972.

404 Vgl. ders., Deutsche Ostpolitik in vergifteter Atmosphäre, in: Die Welt vom 10.4.1970; außerdem: ders., Was macht Bonn, wenn die Ostpolitik scheitert?, in: Die Welt vom 14.12.1970; sowie: ders., Die Bedenken und das Schweigen der Opposition, in: Die Welt vom 30.8.1971.

405 Vgl. Andreas Grau, Gegen den Strom. Die Reaktionen der CDU/CSU-Opposition auf die Ost- und Deutschlandpolitik der sozial-liberalen Koalition 1969–1973, Düsseldorf 2005, S. 503f.

406 Vgl. ebenda, S. 290.

407 Zur Abstimmung ausführlich: Görtemaker, Geschichte der Bundesrepublik, S. 553f.; sowie: Martin Müller, Das konstruktive Mißtrauensvotum. Chronik und Anmerkungen zum ersten Anwendungsfall nach Art. 67 GG, in: Zeitschrift für Parlamentsfragen 3 (1972), H. 3, S. 275–291; zur Diskussion innerhalb der Union: Andreas Grau, Auf der Suche nach den fehlenden Stimmen 1972. Zu den Nachwirkungen des gescheiterten Misstrauensvotums Barzel/Brandt, in:

der DDR interveniert hatte. Spionagechef Markus Wolf ließ den CDU-Abgeordenten Julius Steiner sowie dessen Parlamentarierkollegen von der CSU, Leo Wagner, bestechen, um gegen Barzel zu stimmen. Vorwürfe, die auf Aussagen von Steiner zurückgehen, dass ebenfalls die SPD durch ihren Geschäftsführer Karl Wienand Einfluss auf die Abstimmung genommen hatte, konnten nie bestätigt werden.[408]

Als im Sommer 1973 erste Verdachtsmomente gegen Wienand aufkamen, kommentierte Walden in der *Welt*: »Die politische Moral – ein Opfer der Macht?« Arroganz und Abgehobenheit hatten für den Journalisten Einzug in das politische Bonn erhalten. Im Schatten des Watergate-Skandals in den USA meinte er darüber hinaus, die Frage »Was wusste der Kanzler?« sei kein Sakrileg mehr.[409] Anhaltspunkte für eine Verstrickung Brandts gab es freilich nie und so sind die Andeutungen Waldens wohl eher auf seinen generellen Unmut mit der Neuen Ostpolitik zurückzuführen.

Schon im April 1972 schrieb er, Schuld an dem »parlamentarischen Schlachtfeld« sei vor allem Willy Brandt, gestand dem Bundeskanzler allerdings als Ehrenrettung zu, diesen Zustand nicht mutwillig herbeigeführt zu haben. Er suchte die Gründe vor allem im politischen Wandel Brandts. Eine 180-Grad-Wende als Fortsetzung einer geraden Linie zu verkaufen, musste laut Walden zwangsläufig Vertrauen zerstören. Die Opposition treffe an dem Scherbenhaufen keine Schuld, hielt sie sich doch an die ostpolitische Konzeption der Großen Koalition.[410]

Zumindest der objektiven Zustandsbeschreibung schien Brandt zuzustimmen, da am 28. April ebenfalls die Verabschiedung seines Kanzlerhaushaltes mit einem Patt gescheitert war. Mit Blick auf die Ratifizierung der Ostverträge bot die Bundesregierung der Opposition nun an, eine gemeinsame Entschließung zum Moskauer Vertrag zu erarbeiten, die bereits am 9. Mai 1972 stand. Selbst von einem der härtesten Kritiker der Ostpolitik, dem CSU-Vorsitzenden Franz Josef Strauß, wurde die Entschließung als zustimmungswürdig beurteilt. Strauß saß zudem in der Redaktionskommission zur Ausarbeitung des Textes. Neben den Kernforderungen der Union nach der Verankerung des Alleinvertretungsanspruches der Bundesrepublik und dem Ziel der Wiedervereinigung wies die gemeinsame Entschließung darauf hin, dass es sich bei den Ostverträgen lediglich um einen »modus vivendi« handele, nicht um Friedensverträge.[411]

Historisch-Politische-Mitteilungen, Archiv für Christlich-Demokratische Politik 16 (2009), S. 1–17, hier S. 17.

408 Vgl. Merseburger, Willy Brandt, S. 689–693.

409 Vgl. Matthias Walden, Die politische Moral – ein Opfer der Macht?, in: Die Welt vom 20.6.1973; außerdem: ders., Was haben Brandt und Wehner gewußt?, in: Welt am Sonntag vom 10.6.1973.

410 Vgl. ders., Der Pyrrhussieg des Willy Brandt, in: Welt am Sonntag vom 30.4.1972.

411 Zur gemeinsamen Entschließung siehe ausführlich: Grau, Gegen den Strom, S. 296–524.

Die Zusammenarbeit mit der Regierung war innerhalb der Union dennoch umstritten. Einige Abgeordnete hatten ein »Umstürzen« der Fraktion befürchtet. Vor allem als klar wurde, dass die Entschließung vom sowjetischen Botschafter Valentin Fallin lediglich wortlos entgegengenommen und dem obersten Sowjet noch vor der Ratifizierung in Moskau vorgelegt würde, regte sich nochmals Widerstand. Die gemeinsame Entschließung habe zwar einen völkerrechtlichen Charakter und der Bundesregierung könne, sofern sie sich an die Beschlüsse der Entschließung halte, nicht vorgeworfen werden, gegen die Ostverträge zu handeln. Sie würde aber nicht als Interpretation der Bundesrepublik anerkannt werden.[412] Die Landesgruppe der CSU unter Franz Josef Strauß sowie einige Abgeordnete der CDU, wie Walter Hallstein und Gerhard Schröder, plädierten nun daher für eine Ablehnung der Verträge, da sich deren Inhalt durch die Entschließung ja nicht – wie anfangs scheinbar erhofft – verändern würde. Rainer Barzel forderte hingegen eine Zustimmung zu den Verträgen. Letztendlich entschied sich die Unionsfraktion in einem komplizierten Entscheidungsprozess, sich bei der Abstimmung über die Ostverträge zu enthalten, der gemeinsamen Entschließung aber zuzustimmen. An diesen Kompromiss wurde sich dann in der Regel bei der Abstimmung im Bundestag am 17. Mai 1972 gehalten.[413]

Schon am 14. Mai hatte Walden die gemeinsame Entschließung in seinem Sonntagskommentar im *SFB* als »Meisterwerk der Vernunft und der Courage« gelobt. Unter anderem die fortwährende öffentliche Kritik an den Ostverträgen, aber vor allem das gescheiterte Misstrauensvotum, seien aus seiner Sicht die entscheidenden Hebel für diese Entwicklung gewesen.[414] In der *Welt* schrieb er nach der Abstimmung, dass das Abstimmungsverhalten der Union zwar »unbefriedigend« sei, allerdings aufgrund der drohenden Gefahr eines Auseinanderbrechens des Koalitionsbündnisses zwischen CDU und CSU den einzigen Ausweg darstelle.[415] Persönlich hatte sich Walden auf die Line Rainer Barzels festgelegt, wie er seinem Vertrauten, dem Außenpolitiker und seit 1969 parlamentarischen Geschäftsführer der CDU-Bundestagsfraktion, Olaf von Wrangel, am Tag der Abstimmung schrieb. Zwar habe ihm das einige »Gewissenstorturen« abverlangt, doch habe ihm Rainer Barzel sehr imponiert.[416]

412 Vgl. ebenda, S. 313.

413 Vgl. ebenda, S. 361f.; außerdem: Link, Die CDU/CSU-Fraktion, in: Schwarz (Hrsg.), Machtfaktor, S. 131; siehe zur Diskussion auch die Erinnerungen Richard von Weizsäckers, einem der Befürworter der Ratifizierung: Weizsäcker, Vier Zeiten, S. 215–221. Rainer Barzel stufte die Entscheidung als persönliche Niederlage ein, da er die Fraktion nicht von seiner Haltung überzeugen konnte. Siehe dazu: Barzel, Im Streit und umstritten, S. 204–211.

414 Vgl. Matthias Walden, Typoskript: Wochenkommentar im SFB vom 14. Mai 1972. ASV-UA (Nachlass Walden: Ordner: SFB Wochenkommentare), S. 2–4.

415 Vgl. ders., Die gemeinsame Resolution verträgt keine Retuschen, in: Die Welt vom 19.5.1972.

416 Vgl. Matthias Walden an Olaf von Wrangel vom 17. Mai 1972 (ASV-UA: NL Walden, Box 24 – 1971/72); ebenso äußerte sich Walden in einem Brief an den Bundestagsabgeordneten Rolf Bremer (CDU): Matthias Walden an Rolf Bremer vom 17. Mai 1972 (ASV-UA: NL Walden, Box

Das war erstaunlich, wäre Matthias Walden nach den Jahren ständiger Attacken gegen die sozialliberale Ostpolitik eher eine Kritik an einem vermeintlichen Einschwenken der Union zugetraut worden. Noch im März 1972 – also vor dem konstruktiven Misstrauensvotum und der gemeinsamen Entschließung – hatte Walden auf eine Ablehnung der »tückischen Verträge« gehofft, wie er Albrecht Bronsart von Schellendorf schrieb.[417] Allerdings hatte bereits die Zeit der Großen Koalition gezeigt, dass Walden durchaus zu pragmatischen Änderungen seiner in den Grundzügen gleichbleibenden kämpferisch antikommunistischen Haltung bereit war. Diese waren mithin nicht unbedingt als taktische Anpassungen zu verstehen. Was hätte er davon gehabt, sich einem Freund wie von Wrangel diesbezüglich zu äußern? Zudem schien sein Eingeständnis über die Notwendigkeit einer »kooperativen Ostpolitik« keine Worthülse zu bleiben. Das durfte natürlich nicht darüber hinwegtäuschen, dass er die Zukunft der Neuen Ostpolitik als wenig erfolgreich einstufte. Die sowjetische Politik werde sich nicht ändern, da war er sich sicher, doch die Bundesregierung konnte sich künftig verbindlich auf die gemeinsame Entschließung berufen – dies stand für ihn im Frühjahr 1972 im Vordergrund.[418]

Solch ein Gegengewicht war schon deshalb notwendig, da Walden die Ostverträge für einen bedenklichen Rückgang des Freiheitsbewusstseins in der Bundesrepublik verantwortlich machte:

> Die Freiheit, die wir einmal meinten wird nur noch konsumiert. Als Ideal ist sie einem Wandel durch Annäherung an Diktaturen unterworfen und der Erosion ausgesetzt worden.[419]

Dies äußerte sich vor allem am Umgang mit der DDR. Willy Brandt hatte schon in seiner Regierungserklärung am 28. Oktober 1969 von »zwei Staaten in Deutschland« gesprochen und damit der DDR zumindest informell zu internationaler staatlicher Anerkennung verholfen.[420]

49 – SFB 1972); siehe bereits für eine positive Bewertung der Arbeit Barzels als Fraktionsführer der Union: Matthias Walden, Einige Tage im Leben des Rainer Barzel (eingesehen im AdRBB, Erstausstrahlung am 28. Mai 1969 im SFB), Minute 12 .

417 Vgl. Matthias Walden an Albrecht Bronsart von Schellendorff vom 23. März 1972 (ASV-UA: NL Walden, Box 49 – SFB 1972).

418 Vgl. Walden, Die gemeinsame Resolution, in: Die Welt vom 19.5.1972; ebenfalls: ders., Ein steiniger Weg, in: Welt am Sonntag vom 21.5.1972.

419 Ders., Kassandra-Rufe, S. 34.

420 Siehe dazu und zum Zitat Brandts: Florian Roth, Die Idee der Nation im politischen Diskurs. Die Bundesrepublik Deutschland zwischen neuer Ostpolitik und Wiedervereinigung (1969–1990), Baden-Baden 1995, S. 56; auf der anderen Seite griff Willy Brandt so einer drohenden Isolierung Bonns auf internationaler Ebene vor: Vgl. Görtemaker, Geschichte der Bundesrepublik, S. 537.

»Abgestandene Propaganda«?: Walden und der Weg zum Grundlagenvertrag mit der DDR

Nur drei Wochen vor Brandts Regierungserklärung im Bundestag feierte die DDR am 7. Oktober 1969 den 20. Jahrestag ihrer Gründung. Für Matthias Walden war dies eine Gelegenheit, sich in der *Welt* gegen die von ihm wahrgenommenen Tendenzen in der westdeutschen Politik und Gesellschaft zu wenden, die die DDR für ihre »zweifelhaften Erfolge« respektierten oder gar lobten:

> Wo den Menschen Freiheit verweigert, wo ihre Würde verletzt, wo ihr Wille gebrochen wird, da kann kein gelungenes Hochhaus, keine billige Ferienreise, kein sportlicher Weltrekord unser Urteil, unsere Gegnerschaft, unseren Widerspruch relativieren.[421]

Die Botschaft an die sich bildende sozialliberale Regierung war eindeutig. Vorhersehbar war dann Waldens Unmut über das Zugehen Brandts auf Ost-Berlin, das allerdings ebenso für dessen alter Ego Egon Bahr zu einem unangebrachten Zeitpunkt kam. Die staatliche Anerkennung hätte für Bahr am Ende von Verhandlungen stehen müssen. Brandt hingegen setzte auf ein Signal sondergleichen für die Ernsthaftigkeit der Bestrebungen der Bundesregierung.[422] Einige Jahre später schrieb Walden über Willy Brandt in deutlich kritischer Polemik:

> Sein großer Erfolg – im Sinne eines gigantischen Mitläufertums, das schließlich ihn als Erfinder des bewunderten Wandels feierte – war darauf zurückzuführen, daß er die Westmächte auf diesem fatalen Wege schließlich überholte, sich an die Spitze der Anpassung schob und dann im Glanz eines vermeintlichen Avantgardismus erschien. Willy Brandt ging den Weg des geringsten Widerstandes. Das galt gegenüber dem Westen und gegenüber dem Osten, gegenüber seinen Ratgebern und gegenüber seiner Gefolgschaft.[423]

Waldens Bedenken wegen einer Anerkennung vermeintlicher Errungenschaften der DDR bestätigte ausgerechnet Sebastian Haffner einige Monate später im *Stern*:

> Freiheit vor Furcht vor dem Arbeitsplatz; Freiheit vor Furcht vor Mietwucher; Freiheit vor Dauerinflation; Freiheit vor beruflicher Diskriminierung für Frauen; Studienfreiheit für Arbeitersöhne; Freiheit von aufdringlicher Reklame.[424]

421 Matthias Walden, Vom Staate Ulbrichts lernen?, in: Die Welt vom 11.10.1969.

422 Vgl. Baring, Machtwechsel, S. 246–248; zu Waldens Kritik an Brandt siehe bspw.: Matthias Walden, Typoskript: Wochenkommentar im SFB vom 23. November 1969. ASV-UA (Nachlass Walden: Ordner: SFB Wochenkommentare), S. 3.

423 Ders., Kassandra-Rufe, S. 217.

424 Sebastian Haffner, Abgestandene Propaganda, in: Stern vom 13.9.1970.

Diese zwingend irritierenden Beschönigungen Haffners der Zustände in der DDR liefen parallel mit Prognosen zur Konzessionsbereitschaft des Kremls und anderer kommunistischer Staaten durch den *Stern*-Kolumnisten. Dieser wurde somit nicht nur aus der Sicht Waldens zum Charakteristikum einer »Anbiederungspolitik«.[425]

Die Publizistik aus dem Lager Waldens war für Haffner hingegen jedoch nur noch »Abgestandene Propaganda«, wie er seine Kolumne über vermeintlich ungerechtfertigte Kritik an der DDR überschrieb. Tatsächlich ließ sich bereits 1966/67 aufgrund eines kleineren Wirtschaftseinbruchs ein mangelndes Interesse an der Wiedervereinigung bei der bundesdeutschen Bevölkerung beobachten, das mit einem Respekt vor den in der DDR erbrachten Leistungen einherging.[426]

Dem 20. Jahrestag der Gründung der DDR folgte im August 1971 der zehnte Jahrestag des Mauerbaus. Mehr denn je standen die deutsch-deutschen Beziehungen in dieser Zeit im Fokus der öffentlichen Diskussion. Und so lud Werner Höfer zu seinem bekannten »Internationalen Frühschoppen« am 15. August 1971 neben Jens Feddersen und James O'Odonnel mit Matthias Walden und Sebastian Haffner einige der Schlüsselfiguren dieser politischen Debatte ins *WDR*-Studio ein. Zwei Tage zuvor – also genau zehn Jahre nach dem Mauerbau – hatte Willy Brandt im *Stern* mit einem Artikel für Aufregung gesorgt, in dem er seine Sicht auf den 13. August 1961 darlegte. Laut Brandt hatten Konrad Adenauer und die Westmächte auf dem Höhepunkt der Zweiten Berlin-Krise versagt. Vor allem der Bundeskanzler habe den Mauerbau ohne Forderungen nach Gegenmaßnahmen hingenommen. Mit seiner Kritik integrierte Brandt schließlich die zeitgeschichtlichen Vorgänge in die aktuelle Diskussion über die Ostverträge und das Berlin-Abkommen. Seine Ostpolitik sei laut Brandt das Verbindungsstück der Westbindung Adenauers, dem es in der Konzeption des Gründungskanzlers gefehlt habe, interpretiert der Historiker Hanns Jürgen Küsters den publizistischen Vorstoß des Kanzlers.[427]

Schon zeitgenössisch wurde Brandt vom früheren persönlichen Referenten Adenauers, Franz Josef Bach, dafür die Konstruktion eines »geschichtlich motivierten Alibis« für seine Neue Ostpolitik vorgeworfen.[428] Ähnlich äußerte sich James O'Donnel im »Frühschoppen«, für den der Artikel Brandts einen dankbaren Aufhänger bildete. O'Donnel, der seinerzeit Berater in der Kennedy-Administration war und Anfang der 1970er Jahre als freier Journalist in Berlin arbeitete, meinte, dass Brandt genauso geschwiegen habe wie Adenauer und er dies nun lieber auch täte. Keiner der Beteiligten

425 Vgl. Schmied, Sebastian Haffner, S. 385.

426 Vgl. Sywottek, Nationale Politik als Symbolpolitik, in: Schildt/Siegfried/Lammers (Hrsg.), Dynamische Zeiten, S. 356.

427 Hanns Jürgen Küsters, Konrad Adenauer und Willy Brandt in der Berlin-Krise 1958–1963, in: Vierteljahreshefte für Zeitgeschichte 40 (1992), H. 4, S. 483–542.

428 Vgl. ebenda, S. 483f.

könne laut dem US-Amerikaner verleugnen, eine Teilschuld an dem Mauerbau zu tragen.[429]

Dem stimmte Walden zu, der sich aber kaum dem Vorwurf Haffners anschließen wollte, Adenauer und die Westmächte seien erleichtert über den Mauerbau gewesen. Vielmehr mussten sie einsehen, dass sie gegenwärtig nichts gegen diesen Schritt unternehmen konnten. Ein »Trugschluss« sei es jedoch, davon auszugehen, dass in dem Bau der Mauer ein abschließender Schritt in den »massiven Offensiven« des Kremls und dem SED-Regime gegen West-Berlin zu erkennen sei.

Die Mauer verstand Walden als ein »Medium der Machtausdehnung« des Ostens. Anders sah das Haffner, der den Mauerbau und die gegenwärtigen Berlin-Verhandlungen als Maßnahmen zur Sicherung West-Berlins einstufte.[430] Hier wurde zudem deutlich, dass die Strategie Willy Brandts – gewollt oder ungewollt – auf dieser Interpretation Haffners beruhte, während Walden genau in diesem Punkt widersprach. In der Konsequenz konnte das nur dazu führen, dass Walden in der Neuen Ostpolitik einen fatalen Mechanismus erkannte, der auf diesem »Trugschluss« basierte, die Teilung Deutschlands manifestierte und die Existenz West-Berlins gefährdete.

Eine erstaunliche Rolle nahm der Chefredakteur der *Neuen Ruhr Zeitung*, Jens Feddersen, in der Diskussion ein. Waldens Argumentation, der zuvor der Bundesregierung ein Einknicken vor den östlichen Forderungen vorgeworfen hatte, stufte Feddersen als erheblich zu »hart« ein. Dass das Wort des »Verrates« nicht falle, liege nur an Waldens »vornehmer Höflichkeit«, so Feddersen.[431] Doch der Logik Haffners konnte Feddersen ebenfalls kaum folgen. Einige Monate später äußerte sich dies gar in einem populären Streitgespräch zwischen Jens Feddersen und Karl-Eduard von Schnitzler im holländischen Fernsehen, das ihn unter anderem das Lob Matthias Waldens einbrachte. Der Kollege habe »fabelhaft« argumentiert, auf einem Feld, in dem die beiden ohnehin »unbeschädigt übereinstimmen« würden.[432]

Wie Walden hatte Feddersen nach dem Abitur 1946 sein journalistisches Volontariat bei einer Zeitung der Ost-CDU, in seinem Fall in Berlin, absolviert. 1947 ging er nach West-Berlin und arbeitete als Journalist, bevor er 1954 in leitender Tätigkeit ins Ruhrgebiet wechselte. Auf persönlicher Ebene erfuhren die beiden Journalisten durch die deutsche Teilung ein ähnliches Leid. Im Juli 1972 schrieb Feddersen an Walden,

429 Vgl. Internationaler Frühschoppen, 15.8.1971, Minute 7–9.

430 Vgl. ebenda, Minute 11–13; zur Kontroverse zwischen Haffner und Walden siehe ausführlich: Lange, Von Kommunisten und Kolumnisten.

431 Vgl. Internationaler Frühschoppen, 15.8.1971, Minute 26.

432 Vgl. Matthias Walden an Jens Feddersen – ohne Datum 1972 (ASV-UA: NL Walden, Box 48 – SFB 1972).

dass er ebenfalls daran gehindert wurde, in die DDR einzureisen, um ein Dorf zu besuchen, in dem er große Teile seiner Kindheit verbracht hatte.[433]

Der Diskussion bei Werner Höfer konnte Feddersen keine versöhnliche Note aufdrücken. Sie blieb laut Höfer ein »erbittertes Gespräch«, das ein Beweis dafür sei, wie »erbittert die Dinge in Deutschland sind«.[434] Walden zeigte sich erneut als öffentlichkeitswirksamer intellektueller Wortführer der Kritiker der Neuen Ostpolitik.[435] Lob für seinen Auftritt erhielt er unter anderem von Hanna Reuter, der Witwe Ernst Reuters, die sich als Treuhänderin und Bewahrerin des geistigen und politischen Erbes ihres Mannes verstand.[436] Zustimmung für seinen Fernsehauftritt erhielt Walden außerdem von Franz Thedieck (CDU), dem Intendanten des Deutschlandfunks und Staatssekretär a.D. Thedieck nutzte die Gelegenheit, um dem Journalisten mitzuteilen, dass er außerdem mit dessen Leitartikeln in der *Welt* übereinstimme.[437]

Die zwei innerdeutschen Regierungstreffen in Erfurt und Kassel im Frühjahr 1970 hatten gezeigt, wie eng das das Verhältnis der Bundesrepublik Deutschland zur DDR mit der Bonner Ostpolitik verknüpft war. Für die deutsch-deutschen Beziehungen hatten die Gespräche zwar kaum einen Nutzen, doch signalisierten sie dem Kreml die Ernsthaftigkeit Bonns und brachten die deutsch-sowjetischen Verhandlungen überhaupt erst in Gang.[438] Die Ratifizierung der Ostverträge machte schließlich den Weg für einen deutsch-deutschen Grundlagenvertrag frei. Dieser wurde bereits am 8. November 1972 wahlkampfwirksam paraphrasiert – nach den Verschiebungen im parlamentarischen Mehrheitsverhältnis wurde die Bundestagswahl auf den 19. November 1972 vorgezogen.

Laut Egon Bahr sollte der Grundlagenvertrag mit der DDR dafür sorgen, dass das Ziel der Wiedervereinigung aufrechterhalten werde. Letztendlich wurde dies in einer Präambel des Vertrages deutlich gemacht, dennoch symbolisierte das Abkommen eine politische Aufwertung der DDR. Walden bezeichnete den Vertrag noch vor der Wahl polemisch als »Teilungspapier«[439]. Ein »Triumph Ost-Berlins« war für ihn vor allem der im Vertrag festgehaltene gemeinsame Antrag auf eine Mitgliedschaft bei

433 Vgl. Jens Feddersen an Matthias Walden vom 13. Juli 1972 (ASV-UA: NL Walden, Box 49 – SFB 1972).

434 Vgl. Internationaler Frühschoppen, 15.8.1971, Minute 41.

435 Siehe ausführlich zur allgemeinen Kritik an der Neuen Ostpolitik: Roth, Die Idee der Nation im politischen Diskurs, S. 79–94.

436 Vgl. Hanna Reuter an Matthias Walden vom 19. August 1971 (ASV-UA: NL Walden, Box 48 – SFB 1971).

437 Vgl. Franz Thedieck an Matthias Walden vom 16. August 1971 (ASV-UA: NL Walden, Box 48 – SFB 1971); vgl. Matthias Walden an Franz Thedieck vom 24. August 1971 (ASV-UA: NL Walden, Box 48 – SFB 1971).

438 Vgl. Baring, Machtwechsel, S. 258f.

439 Matthias Walden, Statt Deutschland nur noch »BRD«, in: Die Welt vom 16.11.1972.

den Vereinten Nationen, die dem SED-Regime eine umfassende internationale Anerkennung ermöglichte.[440]

Bereits in der Parapharisierungsphase hatte Walden Bahr vorgeworfen, den Sprachgebrauch des DDR-Unterhändlers Michael Kohl zu übernehmen. Bahr hatte die Bundesrepublik als »BRD« bezeichnet, auf der anderen Seite aber von der »Deutschen Demokratischen Republik« gesprochen.[441] Hier offenbarte sich laut Walden ein generelles Problem der Neuen Ostpolitik:

> Kommunisten sind auch Menschen – natürlich. Aber ihre Menschlichkeit ist der Parteiräson untergeordnet. Kumpelhafte Attitüden westlicher Politiker signalisieren ihnen nicht mehr als leichtes Spiel.[442]

Am 31. Juli 1973 bestätigte das Bundesverfassungsgericht die Bundesregierung in ihrer Einschätzung, dass der Grundlagevertrag nicht gegen die Verpflichtung des Grundgesetzes verstieß, auf die staatliche Einheit Deutschlands hinzuarbeiten. Manfred Görtemaker bewertet den Vertrag rückblickend als erfolgreichen Beitrag zur Bewahrung der »nationalen Substanz«, die durch den Kalten Krieg immer mehr in Gefahr geraten war.[443] Matthias Walden passte sich erstaunlich schnell an die neuen Umstände an. Er schrieb nach der Ratifizierung des Vertrags im Mai 1973, der Grundlagenvertrag müsse nun als gegeben betrachtet werden:

> Ihre Verbindlichkeiten hinzunehmen und künftig von ihnen auszugehen ist unumgänglich. Das bedeute, ihrem Mißbrauch durch die Gegenseite – wenn es möglich sein sollte, gemeinsam – widerstehen zu müssen.[444]

»Das gebrochene Versprechen«

Die Bundestagswahl wurde angesichts dieser Gemengelage zu einem Plebiszit über die Ost- und Deutschlandpolitik der Regierung. Schon der Wahlkampf wurde höchst emotional geführt. Willy Brandt schaffte es geschickt, seine moralisierende Wirkung, die mit dem Friedensnobelpreis 1971 ihren Höhepunkt erreicht hatte, zu nutzen und trug selbst zu ihrer Überhöhung bei. Der Bundeskanzler wurde dabei unter anderem vom *Spiegel* unterstützt, der in seiner letzten Ausgabe vor der Wahl in einem Dop-

440 Vgl. ders., Das gebrochene Versprechen, in: Die Welt vom 22.12.1972.

441 Vgl. ders., Ein kumpelhaftes Spiel mit Augenzwinkern. Die Unterhändler, in: Welt am Sonntag vom 12.11.1972.

442 Ebenda.

443 Siehe zum Grundlagenvertrag und zur Bewertung: Görtemaker, Geschichte der Bundesrepublik, S. 560f.

444 Matthias Walden, Kritisch in die Zukunft, in: Die Welt vom 12.5.1973.

pelportrait über Brandt und seinen Herausforderer Rainer Barzel keinen Zweifel an seiner Wahlempfehlung für den SPD-Politiker aufkommen ließ. Darüber hinaus hatte es Günter Grass geschafft, angesichts der knappen Mehrheitsverhältnisse die SWI zusammen zu halten. Nach der Wahl löste sich das Bündnis dann auf. Die SPD erlangte bei einer Rekordwahlbeteiligung von 91,1 Prozent erstmals mehr Stimmen als die Union (45,8 zu 44,9 Prozent). Die FDP konnte sich konsolidieren und erreichte 8,4 Prozent der Stimmen.[445]

Die stabile Mehrheit der neuen sozialliberalen Regierung beruhte vor allem auf der Zustimmung der Bevölkerung zur Neuen Ostpolitik. Schon 1971 hatte Walden allerdings eine »zweite Spaltung Deutschlands« kritisiert, die diesem harmonischen Narrativ entgegenstand. Er machte Willy Brandt dafür verantwortlich, dass sich ein Riss durch die Bevölkerung zog – auf der einen Seite diejenigen, die eine Wiedervereinigung anstreben würden, auf der anderen all die, die diese abgeschrieben hatten.[446]

Das schlug in die gleiche Kerbe wie Waldens Kritik an der Vernachlässigung des ideellen Gehalts des 17. Juni in der Bundesrepublik. Gänzlich von der Hand gewiesen werden kann diese Einschätzung erneut nicht, wie eine Umfrage des Allensbach-Instituts für Demoskopie zum Grundlagenvertrag zeigte. Demnach begrüßte zwar eine Mehrheit der Bundesbürger das Abkommen mit der DDR, da es die Beziehungen stabilisierte. 41 Prozent meinten allerdings, dass die deutsche Teilung nun manifestiert sei, wobei 50 Prozent dieser Gruppe aus den Reihen der Anhänger von SPD und FDP kamen.[447] In seinen »Kassandra-Rufen« bemängelte Walden einige Jahre später, dass die Kritiker der Regierungspolitik außerdem schnell stigmatisiert würden:

> Mit dem Nobelpreis kam der Nimbus des ›Friedenskanzlers‹, und es schien nun, als sei, wer sich gegen Brandts Politik stelle, friedensfeindlich.[448]

Die Sorge, dass eine Ablehnung von Sozialismus mit »Friedensfeindlichkeit« gleichgesetzt werde, hatte Walden zudem in seinem 1973 erschienenen Aufsatz »Konvergenz – nicht nur eine Theorie?« in dem von Siegfried Kappe-Hardenberg herausge-

445 Zum Wahlkampf und Wahlausgang siehe: Görtemaker, Geschichte der Bundesrepublik, S. 562f.; sowie: Münkel, Intellektuelle für die SPD, in: Hübinger/Hertfelder (Hrsg.), Kritik und Mandat, S. 235f.

446 Vgl. Matthias Walden, Die zweite Spaltung Deutschlands, in: Die Welt vom 26.5.1971.

447 Vgl. Institut für Demoskopieforschung Allensbach, Tabelle: Umfrage über Wiedervereinigung und Grundlagenvertrag, Dezember 1972, in: Mathias Friedel (Hrsg.), Von der Teilung zur Wiedervereinigung. Dokumente zur Deutschen Frage in der Zeit des Kalten Krieges (1945–1989/90), Wiesbaden 2009, S. 229.

448 Walden, Kassandra-Rufe, S. 224.

gebenen Sammelband »Wohin treibt Deutschland?« geäußert.[449] Politisch hatte sich diese Stimmung laut Walden im Berlin-Abkommen und im Grundlagenvertrag mit der DDR manifestiert, also vor allem in den deutsch-deutschen Beziehungen. Verträge mit Moskau und Warschau oder internationale Abkommen wie die Abrüstungsvereinbarung SALT standen für ihn auf einer anderen Ebene. Das zeigte nicht zuletzt seine Unterstützung des Kurses Rainer Barzels in der Frage der Ratifizierung der Ostverträge und der gemeinsamen Entschließung. Dass sich nun die Bundesregierung in der Frage der Anerkennung der DDR an die avantgardistische Spitze der Verbündeten setzte, war für Walden nicht nachvollziehbar.[450] Schon im Februar 1969 hatte er nach dem Amtsantritt Richard Nixons in einem Wochenkommentar im *SFB* den Profilgewinn der USA im Konflikt mit Moskau gelobt. Angesichts des »bedeutendsten« Besuches eines amerikanischen Präsidenten in Berlin – wichtiger noch also als Kennedys Visite 1963 – forderte Walden von der Bundesregierung, Nixons Kurs der Härte mitzugehen.[451]

Drei Jahre später zeigte er sich über die Entwicklung bestürzt. Ihr erstes Opfer war in seinen Augen West-Berlin. Das Berlin-Abkommen war für Walden eine »fast komplette Niederlage des Westens« gewesen, wie er in dem Aufsatz nochmals festhielt. Die Niederlage kam ihm eher einer Kapitulation gleich, wie beispielsweise die »Tabuisierung« Ost-Berlins zeige, das weiterhin illegitim »Hauptstadt der DDR« bleibe.[452] Bereits während der Verhandlungen zum Grundlagenertrag hatte er davor gewarnt, an West-Berlin »vorbeizuparaphrasieren« und sich dabei auf die parteiinterne Kritik am bundesdeutschen Verhandlungsführer Egon Bahr berufen, die unter anderem von Berlins Justizsenator Horst Korber gekommen war.[453]

Letztendlich bildeten der Grundlagenvertrag und das Berlin-Abkommen für den Kern eines »gebrochenen Versprechens«, womit er die vermeintliche Abkehr einst gemeinsam gehegter Ziele bedauerte. Der Journalist zeigte sich als verbitterter Chronist der Ereignisse. Die Regierung habe das Beste gewollt, aber dabei das Gute verfehlt, urteilte er Ende des Jahres 1972 resigniert.[454]

[449] Vgl. ders., »Konvergenz« – nicht nur eine Theorie?, in: Siegfried Kappe-Hardenberg (Hrsg.), Wohin treibt Deutschland?, Velbert 1973, S. 36–53, hier S. 48f.

[450] Vgl. Walden, »Konvergenz«, in: Kappe-Hardenberg (Hrsg.), Wohin treibt Deutschland?, S. 45.

[451] Vgl. ders., Typoskript: Wochenkommentar im SFB vom 23. Februar 1969 (ASV-UA: NL Walden, Ordner: Wochen-Kommentare 1965–1969), S. 7–9.

[452] Vgl. ders., »Konvergenz«, in: Kappe-Hardenberg (Hrsg.), Wohin treibt Deutschland?, S. 41–43.

[453] Vgl. ders., Berlin in der Isolierzelle, in: Die Welt vom 11.10.1972.

[454] Vgl. ders., Das gebrochene Versprechen, in: Die Welt vom 22.12.1972.

Vom »Vortrupp« zur »Eskorte«: Journalisten und Politik um 1970

Wie an einigen Stellen gezeigt, konnte sich die sozialliberale Regierung mit ihrem neuen ost- und deutschlandpolitischen Kurs auf eine stabile Unterstützung weiter Teile der westdeutschen Presse verlassen. 1975 resümierte Matthias Walden:

> Die Neue Ost-Politik der SPD-FDP-Koalition und ihre rückgratlosen Anpassungen an den Radikalismus im Inneren wären ohne diesen journalistischen Vortrupp, der dann zur Eskorte wurde, wohl nicht möglich gewesen.[455]

Allensbach-Umfragen zeigen, dass die SPD bei Chefredakteuren 1969 in der Gunst vor der CDU lagen, was sich 1973 allerdings änderte. Im Gegenzug stand beispielsweise Willy Brandt ausgesprochen häufig für »Homestories« und Interviews zur Verfügung – wie auch das »Einige Tage im Leben des ...«-Feature mit dem damaligen Außenminister von Walden zeigt.[456]

In einem zehnminütigen Rundfunkgespräch mit Günter Grass, das am 7. Dezember 1970, dem Tag der Unterzeichnung des Warschauer-Vertrages, gesendet wurde, beklagte sich Walden über den »Auftritt mit Gefolge« Brandts in der polnischen Hauptstadt. Gemeinsam mit dem Kanzler reisten viele Vertreter der medialen Öffentlichkeit zur Unterzeichnung, die im Vorfeld die Neue Ostpolitik publizistisch unterstützt hatten. Neben der »Peinlichkeit«, die Walden dabei empfand, ging die Größe der Delegation zumindest stilistisch für den Journalisten über ihren Auftrag hinaus. Schließlich entscheide erst die Ratifizierung des Parlaments über die Gültigkeit des Vertrages. Grass hingegen, der gemeinsam mit seinem Schriftstellerkollegen Siegfried Lenz im »Gefolge« des Kanzlers nach Warschau fahren sollte – Lenz wurde in Ostpreußen, Grass in Danzig, geboren –, sah das freilich anders. Der große gesellschaftliche Querschnitt der Gruppe symbolisiere schließlich den Wunsch auf Aussöhnung mit dem polnischen Volk, so Grass.[457]

Ebenfalls mit in Warschau dabei war der *Stern*-Gründer und Verleger Henri Nannen. Einer derjenigen, dem eine positive Berichterstattung und Wahlempfehlungen nicht ausreichten. Walden bezeichnete Nannen einige Jahre später voller Abneigung als einen opportunistischen »Kolporteur der Gesinnungsschwankungen«[458] – der Historiker und Zeitzeuge Arnulf Baring charakterisierte ihn als »egozentrischen Machtmenschen«[459].

455 Ders., Kassandra-Rufe, S. 248.

456 Vgl. Hoeres, Außenpolitik und Öffentlichkeit, S. 389.

457 Vgl. Günter Grass/Matthias Walden, Hörfunksendung Walden und Grass zum deutsch-polnischen Vertrag (angehört im AdRBB, gesendet am 7. Dezember 1970 im SFB).

458 Walden, Kassandra-Rufe, S. 255; siehe auch: ders., Düstere »Stern«-Stunden. Henri Nannens Aufklärung über die Panzerketten von Prag, in: Die Welt vom 7.10.1971.

459 Baring, Machtwechsel, S. 219.

Günter Grass hatte 1970 im Gespräch mit Walden gesagt, über den *Stern*-Chef könne man sicherlich geteilter Meinung sein.[460] Nannen hatte schon in der Genese des *Machtwechsels* versucht, Einfluss auf die politische Entwicklung zu nehmen. 1967 hatte er den FDP-Vorsitzenden Erich Mende in dessen Haus besucht und von der programmatischen Umsetzung des Zweiten Schollwer-Papiers zu überzeugen versucht. Im Gegenzug wollte Nannen dem Politiker die öffentliche Unterstützung seiner Illustrierten sowie des *Spiegels*, der *Zeit*, der *Frankfurter Rundschau* und der *Süddeutschen Zeitung* garantieren.[461] Als Mende sich weigerte, ließ Nannen erbost Teile des Programmpapiers im *Stern* veröffentlichen und leitete damit den Sturz des FDP-Vorsitzenden ein.[462]

Auf Mendes Nachfolger Walter Scheel versuchte Nannen im Sinne einer koalitionspolitischen Neuorientierung der FDP einzuwirken – diesmal allerdings mit Erfolg, wobei der Grad des Einflusses des *Stern*-Verlegers auf die Entscheidung Scheels zum Bündnis mit der SPD freilich nicht bestimmt werden kann. Die Geschichte, wie Scheel nach der Bundestagswahl 1969 bei Nannen anrief und ihn um politischen Rat bat, den dieser dem künftigen Außenminister schließlich per Lautsprecher vor versammelter Mannschaft gab, hat einen zynischen Charakter.[463]

Den Rücktritt Mendes hatte auf dem Parteitag im April 1967 ebenfalls *Spiegel*-Chef Rudolf Augstein gefordert, der als FDP-Mitglied als Gastdelegierter sprechen durfte.[464] Trotz einer grundsätzlichen Unterstützung der Ostpolitik nach 1969 schreckte Augstein allerdings, anders als Nannen, nicht davor zurück, die Arbeit der Regierung gleichsam kritisch zu beobachten. Als dann 1970 lediglich Henri Nannen den Bundeskanzler auf seiner historischen Warschau-Reise begleiten durfte, zeigte sich Augstein enttäuscht.[465] Augstein sollte 1972 sogar ein Bundestagsmandat für die FDP antreten, was er allerdings nach wenigen Wochen wieder abgab. Der Hohn seines journalistischen Kollegen Walden angesichts seiner Rückkehr zum *Spiegel* konnte Augstein sicher sein. Walden schrieb in der *Welt am Sonntag*, er sei sich schon früh bewusst gewesen, dass der »links gewirkte Millionär nicht lange Freude an den rauen Wirklichkeiten der Politik haben würde«.[466]

460 Vgl. Grass/Walden, Zum deutsch-polnischen Vertrag, 7.12.1970, Minute 3.

461 Vgl. Baring, Machtwechsel, S. 219f.; siehe ebenso: Görtemaker, Geschichte der Bundesrepublik, S. 472.

462 Vgl. Mende, Die FDP, S. 220.

463 Vgl. Wolf Schneider, Die Gruner+Jahr Story. Ein Stück deutsche Pressegeschichte, München 2000, S. 65.

464 Vgl. Mende, Die FDP, S. 221.

465 Vgl. Hoeres, Außenpolitik und Öffentlichkeit, S. 78; zur Begleitung der sozialliberalen Regierung durch den *Spiegel* siehe: Merseburger, Rudolf Augstein, S. 408f.

466 Matthias Walden, Flucht von der Hinterbank. Im Blickpunkt: Rudolf Augstein, in: Welt am Sonntag vom 21.1.1973.

Die Klaviatur der Pflege politischer Kontakte beherrschte freilich auch Matthias Walden zu spielen, wie beispielsweise ein Vorwort zu einer von den CDU-Abgeordneten Hans Joachim Knaute und Otto Freiherr von Fircks 1970 herausgegebenen Quellendeokumentation über die Bonner Ost- und Deutschlandpolitik zeigte.[467] Mit seiner vehementen Kritik an der Bundesregierung nach 1969 war Walden vor allem im Lager der Union ein gern gesehener Ideengeber. Im Frühjahr 1970 nahm er in diesem Sinne an einer Podiumsdiskussion des CSU-Parteitages zu dem Thema »Wohin steuert die deutsche Außenpolitik?« teil. Hier begann sich ein Netzwerk zu formen. So bedankte sich der Organisator des Parteitages Bruno Bandulet nicht nur für Waldens Teilnahme an der Diskussion, sondern lobte darüber hinaus dessen Kommentare in der *Welt*, bei der Bandulet wiederum von 1973 bis 1975 als Chef vom Dienst arbeiten sollte.[468]

Bereits erwähnt wurde wiederum Waldens Freundschaft zu dem CDU-Politiker Olaf von Wrangel, den er 1959 – Wrangel war damals Leiter des Bonner *NDR*-Studios – im Presseraum der Genfer Konferenz kennengelernt hatte.[469] Von 1969 bis 1972 war von Wrangel parlamentarischer Geschäftsführer der CDU-Bundestagsfraktion und Waldens Verbindung in die Politik. 1972 hielt er die Laudatio auf Walden bei der Verleihung des Konrad-Adenauer-Preises für Publizistik, den dieser von der Deutschland-Stiftung verliehen bekam.[470] Im Gegenzug fungierte Walden für den Politiker als Kontaktmann im Springer-Haus.[471]

Von Bruno Heck, der sich seit 1967 als erster Generalsekretär der CDU besonders um die programmatische Ausrichtung der Partei sorgte, erhielt Walden darüber hinaus auf dem Höhepunkt der Diskussionen um die Ostverträge im April 1971 eine Beitrittsanfrage zu einer Kommission für außenpolitische Fragen. Diese sollte sich aus »aktiven Außenpolitikern der Partei, aus Professoren einschlägiger Fachrichtungen sowie aus Journalisten, die auf außenpolitischem Gebiet tätig sind« zusammensetzen. Empfohlen wurde Waldens Teilnahme scheinbar vom CDU-Präsidium.[472]

Der Wertschätzung der CDU-Führung konnte sich Matthias Walden in diesen Jahren sicher sein. Noch in seiner Zeit als Bundeskanzler wusste Kurt-Georg Kiesinger 1969 im Bundesvorstand – unter Anwesenheit Hecks – zu berichten: »[D]ie Kom-

467 Vgl. Matthias Walden, Vorwort, in: Otto Freiherr von Fircks/Hans Joachim Knaute (Hrsg.), Eine deutsche Nation – Zwei deutsche Staaten. Meilensteine – Wege – Irrwege. Eine Dokumentation zu den Auseinandersetzungen über die neue Ost- und Deutschlandpolitik, Leer 1970.

468 Vgl. Bruno Bandulet an Matthias Walden vom 18. März 1970 (ASV-UA: NL Walden, Box 47 – SFB 1970).

469 Vgl. Olaf von Wrangel, Aufzeichnungen und Erinnerungen, Boppard am Rhein 1995, S. 55.

470 Vgl. ders., Laudatio auf Matthias Walden, in: Deutschland-Stiftung E.V. (Hrsg.), Festschrift zur Verleihung der Konrad-Adenauer-Preise 1972. Für Wissenschaft, Politik und Publizistik.

471 Vgl. ders., Aufzeichnungen und Erinnerungen, S. 204.

472 Vgl. Bruno Heck an Matthias Walden vom 5. April 1971 (ASV-UA: NL Walden, Box 48 – SFB 1971).

mentare von Matthias Walden sind glanzvoll.«[473] Zuvor hatte Walden außerdem die Möglichkeit erhalten, ein Fernsehportrait über den Kanzler zu produzieren.[474] An Regierungssprecher Karl-Günther von Hase schickte Walden zudem 1967 ein Redemanuskript zum Maifeiertag, was wohl für Bundeskanzler Kiesinger bestimmt war.[475] Darüber hinaus war auffällig, dass sich die von Heck organisierte Runde in der Landesvertretung von Rheinland-Pfalz in Bonn treffen sollte. Also dem Bundesland, in dem ein gewisser Helmut Kohl seit 1969 als Ministerpräsident amtierte und bereits eifrig seine Fühler auf die Bundesebene ausstreckte, die dabei scheinbar Walden streiften. Der Vertreter des konservativen CDU-Flügels, Heck, und der Reformer Kohl hatten sich seit Ende der 1960er Jahre zusammengetan, um einen programmatischen und strukturellen Wandel der CDU voranzutreiben.[476]

Schon im September 1970 – also wenige Wochen nach der Unterzeichnung des Moskauer Vertrages – hatte Kohl Walden zu einem Meinungsaustausch über die außenpolitischen Probleme der Gegenwart und Zukunft eingeladen. [477] Das Angebot musste Walden aus gesundheitlichen Gründen allerdings ablehnen. Doch er zeigte sich interessiert an einem Treffen mit dem aufstrebenden Kohl, da er sich seit einiger Zeit Sorgen über die Rolle der Opposition machte, vor einem klärenden Gespräch aber nichts publizieren wollte.[478]

Das hatte zwar kaum etwas mit den Einflussnahmen eines Henri Nannens gemein, doch hätte sich Walden bei der SPD genauso verhalten oder nicht erstmal einen kritischen Kommentar verfasst? Zumindest hatte er auch im Fall der Regierungspartei weiterhin eine Möglichkeit zum Meinungsaustausch wie eine Einladung von Verteidigungsminister Helmut Schmidt zu einem »Katerfrühstück« im November 1971 bewies.[479] Mit Schmidt hatte Walden einen guten Draht. Im Frühjahr des Jahres war in der *Welt am Sonntag* ein respektvoller Briefwechsel der beiden über den »Geist der

473 Nr. 25: 6. März 1969, in: Günter Buchstab (Hrsg.), Kiesinger: »Wir leben in einer veränderten Welt«. Die Protokolle des CDU-Bundesvorstands 1965–1969, Düsseldorf 2005, S. 1340–1377, hier S. 1361.

474 Vgl. Matthias Walden, Einige Tage im Leben des Kurt-Georg Kiesinger (eingesehen im AdRBB, Erstausstrahlung am 13. Dezember 1968 im SFB).

475 Vgl. Matthias Walden an Karl-Günther von Hase vom 19. April 1967 (ASV-UA: NL Walden, Box 44 – SFB 1966–67).

476 Vgl. Schwarz, Helmut Kohl, S. 149f.; siehe ausführlich zu Kohls Strategie auf Bundesebene in diesen Jahren: dass., Helmut Kohl, S. 135–166.

477 Vgl. Helmut Kohl an Matthias Walden vom 7. September 1970 (ASV-UA: NL Walden, Box 47 – SFB 1970).

478 Vgl. Matthias Walden an Helmut Kohl vom 16. September 1970 (ASV-UA: NL Walden, Box 47 – SFB 1970).

479 Vgl. Helmut Schmidt an Matthias Walden - ohne Datum, wahrscheinlich Oktober 1971 (ASV-UA: NL Walden, Box 48 – SFB 1971).

Bundeswehr« erschienen.[480] Im April 1969 hatte Walden über den damaligen Fraktionsvorsitzenden der SPD in der Großen Koalition in einer Folge von »Einige Tage im Leben des …« gesagt: »Er ist einer, der möglichst gerne geradeaus geht, da ihm jeder opportunistische Umweg zuwider ist.«[481] Der Gesprächsfaden schien intakt.

In der Regel versuchte Walden allerdings seine parteipolitischen Kontakte auf dieser respektvollen Distanz zu halten. An Bruno Heck schrieb er daher, dass er sich zwar durch die Anfrage an einer Teilnahme in der Kommission zur Außenpolitik geehrt fühle, er aber aus strategischen Gründen absagen müsse. Walden versäumte freilich nicht darauf hinzuweisen, dass er eine Verbundenheit zu den Positionen der CDU empfinde. Diese lasse sich aber besser »praktizieren«, wenn er auf eine Mitarbeit verzichte, da »es unseren gemeinsamen Meinungs- und Gesinnungsgegnern schwerer [fallen] wird, meine journalistische Unabhängigkeit anzuzweifeln (was sie natürlich trotzdem weiterhin tun werden), wenn ich eine institutionalisierte Verbindung mit der CDU vermeide«. Seinen Rat könne die CDU weiterhin aus seinen Veröffentlichungen entnehmen.[482]

Dem Schreiben liegt zwar eine Höflichkeit zu Grunde, die teilweise wie deutliche Zustimmung zum CDU-Kurs aussah, doch steht im Kern eine Absage an ein beratendes Engagement für die Partei, das ohne Frage das Ethos eines unabhängigen Journalisten nicht verletzt hätte. Diese Art von Distanz gehörte zu den Grundüberzeugungen von Waldens politischem Denken. So sagte Olaf von Wrangel in seiner Laudatio, Walden würde sich kaum einer Partei- oder Fraktionsdisziplin unterordnen können. Als kommentierender Journalist war Walden auch Politikern der Union unangenehm, doch nur so könne er zu einem Entscheidungshelfer werden.[483]

Von Wrangel selbst entschied sich Mitte der 1960er Jahre wie gesagt für den Weg in die Politik – bevor er 1982 als Programmdirektor des *NDR*-Hörfunks zum Journalismus zurückkehrte. In der sozialliberalen Regierung gab es einige Journalisten, die die Seiten gewechselt hatten, bereits Egon Bahr kam 1960 vom *RIAS* in das Presse- und Informationsamt des Berliner Senats und saß zehn Jahre später im Bundeskanzleramt. 1969 übernahm dann beispielsweise der *Spiegel*-Redakteur Conrad Ahlers die Leitung des Bundespresseamts und Leo Bauer vom *Stern* wechselte in den Beraterstab des Bundeskanzlers. Theo Sommer wechselte in den Planungsstab des Verteidigungsministeriums. 1973 sollte der Chefredakteur des *Spiegels*, Günter Gaus, folgen – er

480 Vgl. Helmut Schmidt/Matthias Walden, Gibt die Armee ihren Geist auf? Veröffentlichter Briefwechsel zwischen Matthias Walden und Helmut Schmidt, in: Welt am Sonntag vom 11.4.1971.

481 Matthias Walden, Einige Tage im Leben des Helmut Schmidt (eingesehen im AdRBB, Erstausstrahlung am 30. April 1969 im SFB), Minute 43.

482 Vgl. Matthias Walden an Bruno Heck vom 29. April 1971 (ASV-UA: NL Walden, Box 48 – SFB 1971).

483 Vgl. Wrangel, Laudatio, in: Deutschland-Stiftung E.V. (Hrsg.), Festschrift zur Verleihung der Konrad-Adenauer-Preise 1972.

wurde Ständiger Vertreter der Bundesregierung in Ost-Berlin, trat allerdings erst 1976 in die SPD ein.[484]

Gaus' frühere häufige Kritik an der Bundesrepublik sowie sein Status als politischer Amateur machten ihn aus Waldens Sicht für die Position allerdings denkbar ungeeignet. Die Politik sei eine zu ernste Angelegenheit, um so mit der Vergabe von Posten umzugehen, kritisierte er in der *Welt am Sonntag*.[485] Die Personalie Gaus war ebenfalls in der SPD und FDP umstritten. Bereits 1972 scheiterte der Versuch Brandts, den *Spiegel*-Journalisten in das Amt des Pressechefs zu hieven unter anderem am Einspruch der Koalitionsparteien und dem Protest der Bonner Journalisten.[486] Den Weg zur Macht fand außerdem Matthias Waldens Freund aus frühen Berliner Tagen, Klaus Harpprecht. Von 1972 bis 1974 war er Redenschreiber Willy Brandts – eine Episode, die die Freundschaft zwischen Walden und Harpprecht empfindlich treffen sollte.[487]

Zwischen »Kassandra-Rufen« und »Bitteren Lehren«: Walden und die zweite Amtszeit Brandts

Im Sommer 1973 zeigte sich Walden gegenüber seinem Verleger Axel Springer optimistisch über einen geistigen Wandel der politischen Öffentlichkeit. Seine Aufgabe und die des *Axel-Springer-Verlages* sah er in der publizistischen Kanalisierung dieser Tendenzen:

> Immer mehr trägen Köpfen wird ein Licht darüber aufgehen, daß es sich bei dem hohen Roß, auf dem die SPD reitet, um das trojanische Pferd des Ostens handelt. Die aus seinem Bauch springenden Insassen werden uns weiterhin in die Schreib- und Setzmaschinen purzeln. Wir werden sie mit 54 Anschlägen pro Zeile in Empfang nehmen.[488]

Den Figuren der griechischen Mythologie blieb Matthias Walden zwar treu, doch manifestierte sich in seinem politischen Denken der nächsten Jahre seine Überzeugung einer Ergebnislosigkeit der Neuen Ostpolitik, der es zudem an einer wirksamen Op-

484 Ausführlich zur Thematik »Journalisten an der Macht«: Hoeres, Außenpolitik und Öffentlichkeit, S. 387–398; sowie: ders., Zeitung für Deutschland, S. 245–247.

485 Vgl. Walden, Flucht von der Hinterbank, in: Welt am Sonntag vom 21.1.1973; siehe weiterhin zu Waldens Zweifel an Gaus‹ politischer Expertise: ders., Zieht Gaus in eine verlorene Schlacht? Im Blickpunkt: Deutsche Unterhändler, in: Welt am Sonntag vom 2.12.1973.

486 Vgl. Merseburger, Willy Brandt, S. 660f.

487 Exemplarisch: Matthias Walden an Klaus Harpprecht vom 13. Januar 1975 (KHA im LA der ADK Berlin).

488 Matthias Walden an Axel Springer vom 22. Juni 1973 (ASV-UA, NL Springer: Box 207).

position fehle. Angesichts des Wahlerfolges der sozialliberalen Koalition vermisste der Journalist vor allem von den Unionsparteien eine entschiedene Gegenposition zu den »Friedensmysterien« Willy Brandts und warf ihnen im Januar 1973 in der *Welt am Sonntag* Kleinmut und Hilflosigkeit vor.[489]

Moskaus Politik: ein »Trojanisches Pferd«

1975 erschien Waldens Buch »Kassandra-Rufe. Deutsche Politik in der Krise«, das im Grunde aus journalistischen Beiträgen Waldens aus den 1960ern und frühen 1970ern bestand. In einem großen Teil zur Ostpolitik stellte der Journalist nochmals pointiert seine Kritik an der Regierung Brandt/Scheel dar.[490] Eigentlich sollte die Aufsatzsammlung den Obertitel »Das große Unbehagen« tragen, doch kurz vor der Veröffentlichung entschied sich Walden um.[491] Zu sehr schien Walden das politische Geschehen von seinen Prognosen eingeholt worden zu sein. Hatte er zum Ende der Adenauer-Ära noch den Begriff der »Kassandra« abfällig für Kritiker der Westbindung verwendet, verstand er sich nun selbst als Erbe der trojanischen Priesterin aus Homers Epos »Ilias«, die vor dem Pferd der Griechen warnte, aber auf die im Jubel des vermeintlichen Sieges keiner hören wollte.[492] Im Laufe der 1960er Jahre hatte er in der sowjetischen Politik eine »Umarmungstatik« ausgemacht, die ihn an die Strategie der Griechen in Homers Sage erinnerte und deren Erfolg in seinen Augen immer wahrscheinlicher schien.[493]

An seinen Freund aus Dresdner Tagen Günther Nollau, seit Mai 1972 Präsident des Bundesamtes für Verfassungsschutz, schrieb Walden bereits im Mai 1973, seine Prognosen zur Ostpolitik und zum »Berlin-Vertrag« hätten sich in einer für ihn »selbst bestürzenden Weise« – und weit früher als erwartet – »Punkt für Punkt« bestätigt.[494] Der alte Weggefährte, mit dem Walden, wie er Axel Springer schrieb, in Dresden gemeinsam »mit je einem Bein in Sibirien« gegen das SED-Regime zusammengearbeitet hatte, blieb allerdings skeptisch.[495] Walden solle erst einmal abwarten, bevor er sich in seinen »Kassandra-Rufen« bestätigt fühle. Die Ostpolitik verstand Nollau als einen Prozess, der kaum einheitlich verlaufen konnte. Die »Sensibilität« des Freundes habe sich scheinbar vor allem in eine Richtung gesteigert: »im Wittern von Unheil«.

489 Vgl. Matthias Walden, Der CDU fehlt Leidenschaft als ein bestimmendes politisches Element, in: Welt am Sonntag vom 15.1.1973.

490 Vgl. ders., Kassandra-Rufe, S. 23–91.

491 Zum alten Titel, vgl. Matthias Walden an Axel Springer vom 26. März 1975 (ASV-UA: NL Springer, Box 251).

492 Vgl. Walden, Adenauer, in: Quick – Illustrierte für Deutschland vom 20.10.1963.

493 Vgl. ders., Kassandra-Rufe, S. 19.

494 Vgl. Matthias Walden an Günther Nollau vom 16. Mai 1973 (ASV-UA, NL Springer: Box 207), S. 3.

495 Vgl. Walden an Springer, 22.6.1973.

Auf der anderen Seite ignoriere Walden laut Nollau Erfolge der Entspannungspolitik, wie die sichere politische Situation in Berlin.[496]

Der Bezug auf den antiken Mythos der Schlacht um Troja nahm bei Walden teilweise obsessive Züge an. Angesichts des Planes einer Veranstaltung zum 17. Juni 1974 schlug er zum Beispiel Axel Springer vor, ein »riesiges Trojanisches Pferd, Aufschrift ›Troja 74‹«, zu bauen und über den Kurfürstendamm zu ziehen. Außerdem sollten als Protagonisten der Neuen Ostpolitik maskierte Statisten den Zug begleiten. Aus dem Bauch des Pferdes – so stellte es sich Walden vor – sollten wiederum weitere als kommunistische Führer verkleidete Schauspieler springen.

> »Flankierend« wäre auf Flugblättern eine zeitbezogene Geschichte Trojas zu verteilen, die ja bis in lächerliche Details unserer Situation ähnelt. Auch damals gaben die Beschwichtiger den Ton an und die vielgeschmähte Kassandra – Symbolfigur unserer Rolle – hatte ja Recht![497]

Die Prophetin fungierte jetzt nicht nur als Selbstbeschreibung, sondern vor allem als Rechtfertigung seiner Rolle. Öffentlich hielt Walden in seiner Kritik der Neuen Ostpolitik an Verweisen auf die »Ilias« fest und bezeichnete im Juni 1973 in der *Welt am Sonntag* die sowjetische Politik der letzten 20 Jahre als »Trojanisches Pferd«.[498]

Die Walden vorschwebende Veranstaltung fand nicht statt. In altbewährter Manier warf er der Bundesregierung in der *Welt* zum Jahrestag des Aufstandes vor, den Auftrag zur nationalen Wiedervereinigung vergessen zu haben. Die Nation sei politisch erblindet und ertaubt.[499] Das stand genau der Ansicht der Befürworter einer Anerkennung der DDR entgegen, die in diesem politischen Akt die letzte Chance des Erhalts eines deutschen Nationalgefühls sahen – wie zum Beispiel Sebastian Haffner und Egon Bahr. Diese Haltung musste aus Waldens Sicht mehr als hinterfragt werden. Schließlich würde die SED nach der staatlichen Anerkennung durch die Bundesrepublik nun eine »nationale Offensive« fahren und ihrerseits – angetrieben von den sozialistischen Vordenkern Kurt Hager und Albert Norden – eine »sozialistische Nation« fordern und rhetorisch aufzurüsten, so Walden kritisch in der *Welt*.[500]

In der *Welt am Sonntag* hatte er nun einen zusätzlichen Platz zu seinen Artikeln in der Wochenzeitung sowie der *Welt* erhalten. Unter dem Pseudonym Norbert Falk ver-

496 Vgl. Günther Nollau an Matthias Walden vom 22. Mai 1973 (ASV-UA, NL Springer: Box 207).

497 Matthias Walden an Axel Springer, ohne Datum, wahrscheinlich Frühjahr 1974 (ASV-UA, NL Springer: Box 224), S. 4.

498 Vgl. Matthias Walden, Fackeln und Schüsse, in: Welt am Sonntag vom 24.6.1973.

499 Vgl. ders., Der vergessene Auftrag. Wie die Deutschen ihre politische Sehschärfe verloren, in: Die Welt vom 15.6.1974.

500 Vgl. ders., Nationale Offensive in Rot, in: Die Welt vom 24.3.1973.

fasste er seit 1971 zahlreiche kleine Glossen unter dem Titel »PPS. Notizen zur Woche« und einige längere Atikel. In einem späteren Brief an Ernst Cramer deutete Walden an, dass er diese »Tarnung« unter anderem verwendete, um den Intendaten des *SFB* nicht durch zu viele externe Beiträge zu reizen.[501] Seine schreiberische Tätigkeit war zu dieser Zeit noch eine vom Intendanten erlaubte Nebentätigkeit Waldens und blieb dies bis 1980. Als Norbert Falk nutzte Walden häufig öffentliche Ereignisse, um auf Missstände in Politik und Gesellschaft zu verweisen. So natürlich auch auf die Ostpolitik der Bundesregierung, die für ihn die DDR-Staatlichkeit anerkenne und die Beziehungen zu den Ostblockstaaten formalisiere.[502]

Die Regierung erodiert, Walden stichelt

Die sozialliberale Koalition um Willy Brandt und Walter Scheel befand sich wiederum bereits bald nach dem fulminanten Wahlsieg im November 1972 in der Krise. Die Anstrengungen der schwierigen Regierungsbildung zollten ihren Tribut, zudem erwies sich die seit 1969 ambitioniert betriebene Reformpolitik als äußerst schleppend. Die Konzentration auf die Ostpolitik von Kanzler und Außenminister machte sich nun unter anderem negativ bemerkbar, wie Bundesforschungsminister Horst Ehmke rückblickend feststellte.[503] Hinzu kamen wirtschaftliche Krisen, die in der Ölkrise 1973 und den unheilvollen Prognosen des Club of Rome von den »Grenzen des Wachstums« mündeten.

Die Regierungsmannschaft zeigte Erosionserscheinungen. Aus Frust über die Unvereinbarkeit von übertriebenem Plan- und Reformeifer und der Stabilität der Wirtschaft war schon im Juli 1972 Wirtschafts- und Finanzminister Karl Schiller (SPD) zurückgetreten, nachdem ein Jahr zuvor bereits Alex Möller (SPD) das Amt des Finanzministers aufgegeben hatte und die beiden Ressorts zusammengelegt worden waren. Nachfolger von Schiller wurde nun Helmut Schmidt, der einer der größten Kritiker seines Vorgängers gewesen war. Schon 1969 hatte Schmidt die vermeintlich planlose Regierungsbildung Brandts skeptisch beurteilt. Schmidt blieb nach der Bundestagswahl 1972 Finanzminister und erweiterte das Ressort um die Abteilungen Geld und Kredit. Das nun wieder eigenständige, aber geschwächte Wirtschaftsministerium ging an die FDP. Minister wurde der rechtsliberale Hans Friedrichs – eine der Folgen von Willy Brandts krankheitsbedingter Abwesenheit bei den Koalitionsver-

501 Vgl. Matthias Walden an Ernst Cramer vom 13. August 1976 (ASV-UA, NL Springer: Box 288), S. 1. Norbert Falk indes war eine reale Person und lebte von 1872 bis 1930, wurde in Österreich geboren und starb in Berlin, wo er unter anderem als Feuilletonredakteur bei der *Berliner Ilustrirten Zeitung* des *Ullstein-Verlages* tätig gewesen war.

502 Vgl. Norbert Falk, PPS. Notizen der Woche, in: Welt am Sonntag vom 3.9.1972.

503 Vgl. Ehmke, Mittendrin, S. 216; siehe zum Urteil Ehmkes und zur Reformpolitik im Dilemma allgemein: Görtemaker, Geschichte der Bundesrepublik, S. 564–567.

handlungen und dem gestiegenen Einfluss Helmut Schmidts. Als Reaktion auf diese innerparteiliche Schwächung, in Folge derer Schmidt im Verbund mit dem Fraktionsvorsitzendem Herbert Wehner starke Kritik am Führungsstil des Kanzlers übte, zog sich dieser mehr und mehr in einen kleinen Kreis von Vertrauten um Klaus Harpprecht, Günter Gaus und Egon Bahr zurück.[504]

Dass ebenfalls Günter Grass die Abschirmungstaktik Brandts aufs Korn nahm und sogleich den Stand der Entspannungspolitik sowie den kleinmütigen Umgang mit den arabischen Staaten in der Ölkrise tadelte, irritierte Matthias Walden. In der *Welt* wollte er dem Literaten kaum die Rolle des Warners überlassen, die er selbst nun routiniert einnahm. All das, was Grass bemängelte, sei schon häufig gesagt worden, so Walden, nur galten die Wortführer dem engagierten Schriftsteller damals als »unerträgliche Kalte Krieger«.[505] Das stimmte freilich nicht ganz, doch war die Kritik des einstigen Wahlhelfers sicher ein Zeichen für den schlechten Zustand der Bundesregierung und ihrer außerparlamentarischen Unterstützer. Die bereits erwähnte Affäre um Karl Wienand und Julius Steiner tat ihr Übriges, um dem Ansehen der Regierung »unerhörten Schaden« zuzufügen, so der Brandt-Biograph Peter Merseburger.[506]

Noch im Aufschwung des Wahlsieges hatte Willy Brandt im Frühjahr 1973 Leonid Breschnew in Bonn empfangen. Der internationalen Öffentlichkeit konnte sich der Bundeskanzler hierbei nochmal als erfolgreicher Entspannungspolitker präsentieren, doch für Walden lag der Teufel wie so oft im Detail. Als Gesprächsgast sei Breschnew in seinen Augen herzlich willkommen, doch war ihm der pompöse Empfang des kommunistischen Parteichefs, der mehr an einen Staatsbesuch erinnerte, zu dick aufgetragen. Breschnew erscheine als »gnädiger Potentat«, kritisierte Walden das Zeremoniell.[507]

Auch auf das deutsch-amerikanische Verhältnis hatte das freundschaftlich anmutende Treffen keinen allzu positiven Einfluss. Bereits einige Wochen zuvor war Brandt zudem Gast beim jugoslawischen Diktator Josip Tito gewesen. Das war Wasser auf die Mühlen des Brandt gegenüber sowieso misstrauisch gestimmten US-Präsidenten Richard Nixon und seines Sicherheitsberaters Henry Kissinger.[508] Die empfindliche Reaktion im Weißen Haus lag sicherlich am schlechter werdenden sowjetisch-amerikanischen Verhältnis, das außerdem Einfluss auf die Stagnation der Entspannungspolitik

504 Vgl. ders., Geschichte der Bundesrepublik, S. 571–573. Das Verhältnis zwischen Schmidt und Brandt war nie ganz leicht. Siehe dazu: ders., Geschichte der Bundesrepublik, S. 514f.

505 Vgl. Matthias Walden, Grass kanzelt sein Idol ab, in: Die Welt vom 28.11.1973.

506 Vgl. Merseburger, Willy Brandt, S. 697; Zur Kritik Grass‹ an Brandt siehe: ders., Willy Brandt, S. 712.

507 Vgl. Matthias Walden, Die nötige Distanz. Auch noch Blumenstreuen für Breschnew?, in: Donau Kurier vom 16.5.1973.

508 Siehe ausführlich zum Breschnew-Besuch und den deutsch-amerikanischen Beziehungen: Merseburger, Willy Brandt, S. 675–681.

in Europa hatte. Der Kreml versuchte schlicht die Schwäche Washingtons nach der Watergate-Affäre und dem erzwungenen Rückzug amerikanischer Truppen aus Vietnam auszunutzen. Nichtsdestotrotz gingen die SALT-Verhandlungen 1973 in die zweite Runde. Im Juli des gleichen Jahres begannen die Verhandlungen zur Abschlussakte der Konferenz über Sicherheit und Zusammenarbeit in Europa (KSZE). Das Maß der Kernwaffen-Existenz und die Intensität ihrer Zerstörungskraft hatte eine einschränkende Wirkung auf die Möglichkeit gewaltsamer militärischer Konflikte.[509]

Mitte Oktober des Jahres 1973 ereignete sich schließlich ein Vorfall, dessen Auswirkung auf die Erosionserscheinungen innerhalb der Bundesregierung, die im Rücktritt Brandts im Mai 1974 mündeten, kaum zu unterschätzen ist. So eröffnet Peter Merseburger in seiner Brandt-Biographie seine Darstellung über den »Kanzler in der Krise« nicht umsonst mit der öffentlichen Kritik Herbert Wehners an Brandts Führungsstil und Ostpolitik ausgerechnet auf der ersten Reise einer Delegation des Deutschen Bundestages in die Sowjetunion. Der SPD-Fraktionschef ließ bei dieser »systematischen Kanzlerschelte« laut Merseburger jede Form politischer Gepflogenheiten vermissen. Der Attackierte tobte zwar intern, übte sich aber öffentlich in taktischer Zurückhaltung und forderte Wehner nicht zum Rücktritt vom Fraktionsvorsitz auf, auch weil er sich – unabhängig des von vielen kritisierten Stils Wehners – nicht mehr der vollständigen Unterstützung von Fraktion und Partei sicher sein konnte. Dass der Parteivorstand der SPD eine abgeschwächte Form der Kritik Wehners mit knapper Mehrheit unterstützte, lässt diese Einschätzung realisitisch erscheinen und trug zu einer starken Resignation Willy Brandts bei.[510]

Für Walden war Herbert Wehners Kritik an der Substanz der Neuen Ostpolitik letztlich eine erneute Bestätigung seiner eigenen Mahnungen.[511] Der Nukleus des Aufruhrs lag für ihn aber im eklatanten Autoritätsverlust des Bundeskanzlers. Seit der Korruptionsaffäre um das konstruktive Misstrauensvotum 1972 stand die »gebieterische Moral« des Kanzlers laut Walden in Frage. Die Attacke war sicherlich ein Zeichen für den schwindenden Rückhalt Brandts, konnte er sich doch lange Zeit bei Walden zumindest auf die Achtung des persönlichen Respekts verlassen. Dieser schien nun kaum noch vorhanden:

509 Für einen kurzen Überblick dieser Prozesse, siehe: Creuzberger, Außenpolitik, S. 120–125; und ausführlich: Görtemaker, Die unheilige Allianz, S. 69–129.

510 Vgl. Merseburger, Willy Brandt, S. 657f., S. 700–703.; zum Verhältnis Wehner-Brandt siehe ausführlich: ebenda, S. 706–710; siehe außerdem zur politischen Situation: Görtemaker, Geschichte der Bundesrepublik, S. 574f.

511 Vgl. Matthias Walden, Mit zwei linken Schuhen. Wehner konterkariert die offizielle Berlin-Politik, in: Die Welt vom 30.9.1973; siehe auch: ders., Hörfunkbeitrag Matthias Walden zu Herbert Wehners Äußerungen in Moskau (angehört im AdRBB, gesendet am 1. Oktober 1973 im SFB).

> Seit Brandt Kanzler geworden war, ging er immer tiefer und weiter in eine Stilisierung seiner selbstdarstellerischen Effekte hinein. Sie entrückten ihn mehr und mehr. Seine Imagepflege trug ihn bis in das Phänomen vermeintlicher Schwerelosigkeit, die ihn den Boden unter den Füßen nicht mehr fühlen zu lassen schien.[512]

Ganz allein war Walden mit seiner Kritik freilich nicht. Auf dem noch alles in allem erfolgreich verlaufenen Bundesparteitag der SPD im April 1973 hatte es bereits innerparteiliche Stimmen gegeben, die eine »Caesarische Körpersprache« und die Abgehobenheit Brandts bemängelten.[513]

Im Inhalt hatte dies nicht viel mit Waldens Kritik an den »Gipfelstürmer-Wegen« des Kanzlers gemein, da die SPD-Genossen ähnlich wie Wehner nicht die Neue Ostpolitik an sich abkanzelten, sondern lediglich den phlegmatischen Führungsstil Brandts und die mangelnde Substanz der Ostpolitik, von der sie sich schlicht mehr erhofft hatten. Dennoch fügt sich Waldens öffentliche Schelte in diese Stimmung ein. Sein Artikel aus der *Welt am Sonntag* erschien dementsprechend unter einer Karrikatur, in der Brandts Portrait nur noch ein Bruchteil eines Bilderrahmens einnimmt, in den »Unser SPD-Willy« eingraviert war.[514]

Entzweiung mit Harpprecht

Zusätzlich zu seiner Abrechnung mit Brandt griff Walden im Oktober 1973 versteckt seinen alten Freund Klaus Harpprecht an, der als Chef-Redenschreiber und Berater im Kanzleramt tätig war. So hieß es in seiner Polemik gegen Brandt, das »Bild moralischer Übergröße« und das »Image des philosophischen Höhenfluges« seien unter anderem das »intellektuelle Doping« seiner »Schattenautoren« gewesen.[515] Diesem noch etwas verdeckten Angriff folgte Ende 1974 in Waldens Jahresrückblick für die *Welt am Sonntag* der polemische Dolchstoß. Bald nach seinem Rücktritt, so Walden, habe sich Brandts Entourage zu lichten begonnen. Egon Bahr sei der Ostpolitik entrückt, Günter Gaus nach Ost-Berlin abgeschoben worden und Klaus Harpprecht schon kurz nach Brandts Demission von dessen Seite gewichen.[516]

Harpprecht, der in den letzten Jahren keinen Kontakt zu Walden gehabt hatte, schrieb wütend an den Chefredakteur der *Welt am Sonntag*, Warnfried Encke, und verlangte den Abdruck seines Briefes. Die Äußerung Waldens suggeriere, Harpprecht

512 Ders., Auf Gipfelstürmer-Wegen liegt Geröll von gestern, in: Welt am Sonntag vom 21.10.1973.
513 Vgl. Merseburger, Willy Brandt, S. 672–674.
514 Vgl. Walden, Auf Gipfelstürmer-Wegen, in: Welt am Sonntag vom 21.10.1973.
515 Vgl. ebenda.
516 Vgl. ders., Zum Toresschluß dieses Jahres: Rückblick mit wenig Lichtblick, in: Welt am Sonntag vom 29.12.1974.

habe Brandt im Stich gelassen, beschwerte er sich. Walden entspreche durch eine Verdrehung der Fakten einer »tristen Tradition des deutschen Journalismus«, was ihm an der Wahrhaftigkeit seines alten Weggefährten zweifeln ließ.[517]

Walden verhinderte die Veröffentlichung jedoch und antwortete dem Kollegen. Ob es denn falsch sei, dass er kurz nach dem Mai 1974 wieder als Journalist tätig geworden war, wollte er wissen. Erstaunt zeigte er sich über die Empfindlichkeit Harpprechts, der die Äußerung aber natürlich genauso verstanden hatte, wie diese gemeint war.[518] Und dann folgte der endgültige Bruch:

> Ich bedaure sehr, daß unser in Jahrzehnten nicht ohne Erfolg gepflegtes, in der Nähe der Freundschaft angesiedeltes Verhältnis sich so fehlentwickelt hat. Gegenüber Deinen politischen Wandlungen und der Art und Weise Deines Engagements in den vergangenen Jahren habe ich mich in meiner Arbeit immer als befangen empfunden und mehr – nämlich bis auf jenen Schlenker in der WamS – zurückgehalten, als es eigentlich mit dem vereinbar ist, was ich als meine Aussagepflicht verstehe.[519]

Dem schloss sich eine bittere Passage Waldens über die Verrohung der politischen Kultur an, in der Walden zu einer »Symbolfigur des öffentlichen Fingerzeigens« gemacht worden sei, weswegen sich der Freund im Kanzleramt ruhig einmal hätte melden können. Stattdessen schrieb dieser nur den »wehleidigen« Brief an die Redaktion.[520]

Die Antwort Harrprechts war nicht weniger bissig. Der Brief Waldens erinnerte ihn an eine von dessen Polemiken. Er schrieb von »WamS-Niveau«, bescheinigte aber, Walden stets vor seinen »politischen Weggenossen« verteidigt zu haben. Auf der anderen Seite habe ihn die Radikalität von Waldens Meinungen kaum zu einem Gespräch ermutigt:

> Es quälte mich, dass man Dich manchmal in die Gesellschaft von Gerhard Löwenthal und Studnitz befoerderte. Aber hast Du diese Nähe nicht gesucht? Trotzdem: ich hasse es, wenn mit Finger gezeigt wird, und mir ist das auch widerfahren, mehr als genug. Doch hast Du nicht schon lange zurück gezeigt? Wenn Du die Entwicklung Deiner oeffentlichen Charakterisierung Brandts einmal pruefen wuerdest: Du wuerdest sagen, der hat sich veraendert, nicht

517 Vgl. Klaus Harpprecht an Warnfried Encke vom 31. Dezember 1974 (ASV-UA: NL Springer, Box 251).
518 Vgl. Walden an Harpprecht, 13.1.1975, S. 1f.
519 Ebenda, S. 3.
520 Vgl. ebenda, S. 3f.

ich. [...] Das geistige Gefuege unserer Nation etraegt es wohl nicht, dass man ueber verschiedene Meinungen hinweg in Fairness oder gar Freundschaft miteinander umgeht. Ich habe mich da halt mit abgefunden.[521]

Den Verweis auf die Nähe zu Löwenthal und Studnitz parierte Walden damit, dass ihn manches von den streitbaren Journalisten unterscheide, vieles in der Überzeugung aber nicht, womit er auf die strikte Ablehnung der Neuen Ostpolitik abzielte. Die weitere Korrespondenz der beiden war dann ein hilfloser Versuch, eine Substanz zu retten, die nicht mehr zu retten war.[522] Der Konflikt flammte 1977 sogar noch einmal auf. Es ging abermals um einen Artikel Waldens zu Willy Brandt, den Harpprecht als Diffamierung empfand.[523]

Erst Anfang der 1980er Jahre – Harpprecht lebte mit seiner Frau bereits in Südfrankreich – kam es wieder zu einem versöhnlicheren Briefwechsel.[524] Von der früheren Vertrautheit war man natürlich weit entfernt und so recht gerade zu rücken war das Verhältnis nicht mehr. In seinen 2014 veröffentlichten Memoiren erwähnte Klaus Harpprecht Matthias Walden nur an einer Stelle, und zwar als einen der »Kollegen und Freunde«, der wie er den Weg vom *RIAS* zum öffentlichen Rundfunk angetreten hatte.[525] Der Ursprung der Entzweihung lag wie gezeigt in den Jahren 1972 bis 1974 und konvergierte in der Bewertung der Neuen Ostpolitik und der Person Willy Brandts.

»Bittere Lehren«

Eben diese Neue Ostpolitik – lange Zeit ein Wohlfühlort der Bundesregierung – erfüllte in der Phase vom Sommer 1973 bis Mai 1974 kaum noch die hochgesteckten Ziele der Regierung Brandt/Scheel. Vor allem ein Abgrenzungskurs der DDR nach erfolgreicher Ratifizierung des Grundlagenvertrages und Aufnahme in die Vereinten Nationen sowie die problematische Auslegung des Berlin-Abkommens spielten den langjährigen Kritikern der Neuen Ostpolitik wie Walden argumentativ in die Karten.[526]

521 Klaus Harpprecht an Matthias Walden vom 22. Januar 1975 (KHA im LA der ADK Berlin).

522 Siehe dazu: Matthias Walden an Klaus Harpprecht vom 28. Januar 1975 (KHA im LA der ADK Berlin).; Klaus Harpprecht an Matthias Walden vom 10. März 1975 (KHA im LA der ADK Berlin); Matthias Walden an Klaus Harpprecht vom 25. März 1975 (KHA im LA der ADK Berlin)

523 Vgl. Klaus Harpprecht an Matthias Walden vom 25. April 1977 (KHA im LA der ADK Berlin).; Matthias Walden an Klaus Harpprecht vom 29. April 1977 (KHA im LA der ADK Berlin)

524 Vgl. Klaus Harpprecht an Matthias Walden vom 4. März 1981 (KHA im LA der ADK Berlin); Matthias Walden an Klaus Harpprecht vom 17. März 1981 (KHA im LA der ADK Berlin); Klaus Harpprecht an Matthias Walden vom 24. März 1981 (KHA im LA der ADK Berlin)

525 Vgl. Harpprecht, Schräges Licht, S. 237.

526 Zur Haltung der DDR siehe: Wentker, Außenpolitik, S. 122–124; sowie: Hoffmann, Von Ulbricht zu Honecker, S. 126f.; siehe zur internationalen Dimension dieser Phase der ersten Rückschläge der Entspannungspolitik: Loth, Rettung der Welt, S. 173–179.

Dieser hielt der Regierung ohnehin in jenen Tagen allzu gerne den überaus kritischen Spiegel vor. Beispielsweise beim gemeinsamen Aufritt von Bundesrepublik und DDR bei den Vereinten Nationen in Helsinki im Sommer 1973, als DDR-Außenminister Otto Winzer die Abgrenzung der beiden deutschen Staaten betonte und eine völkerrechtliche Anerkennung der DDR forderte. Offiziell wurden die beiden Staaten sogar erst am 18. September 1973 aufgenommen. Das Gebahren der ostdeutschen Delegation noch vor diesem Schritt hatte für den Journalisten fast schon »komödiantische Züge«.[527] Tatsächlich sollte Otto Winzer hartnäckig die These vertreten, dass nach der gemeinsame Aufnahme in die Vereinten Nationen zwischen der Bundesrepublik Deutschland und der DDR nun völkerrechtliche Beziehungen bestünden.

Die DDR betrachtete die Arbeit in den Vereinten Nationen ohnehin primär unter »propagandistischen Gesichtspunkten«, so der Historiker Hermann Wentker in seiner Darstellung über die DDR-Außenpolitik. In der multilateralen Entwicklungshilfe lag der Beitrag der DDR nicht nur weit hinter dem der Bundesrepublik, sondern auch der meisten sozialistischen Staaten. Ihren Verpflichtungen der UN-Charta, wie der Einhaltung der Menschenrechte, kam das SED-Regime darüber hinaus nur mangelhaft nach. Mehr als öffentliche Anhörungen konnten die Vereinten Nationen dem allerdings nicht entgegensetzen.[528] Matthias Walden schloss sich daher in der *Welt* dem Ausspruch Alexander Solschenizyns an, der die Vereinten Nationen als »unmoralische Institution« bezeichnet hatte. Anders konnte für Walden die »Ignoranz« vor der Selbstbestimmung des deutschen Volkes angesichts der Mitgliedschaft der DDR nicht erklärt werden.[529]

Als die SED schließlich Anfang November 1973 den Betrag des Mindestumtausches für westdeutsche DDR-Besucher verdoppelte und Rentner miteinschloss, schrieb Willy Brandt an Kreml-Chef Leonid Breschnew. Der Bundeskanzler hatte Sorgen wegen der Blockadehaltung Ost-Berlins. Breschnew intervenierte aber nicht. An einem allzu guten deutsch-deutschen Verhältnis war er nämlich gar nicht interessiert, würde dies doch die Abhängigkeit Ost-Berlins von Moskau lockern.[530] Die Maßnahme Ost-Berlins erregte auch Matthias Walden. An Egon Bahr – nun Bundesminister ohne eigenen Aufgabenbereich – schrieb er empört: so wie dieser nach der Unterzeichnung des Berlin-Abkommens von Walden ein Eingeständnis von dessen ver-

527 Vgl. Matthias Walden, Deutscher Auftritt, in: Welt am Sonntag vom 8.7.1973; außerdem: ders., Wackelkontakte in der Ostpolitik, in: Fuldaer Zeitung vom 28.4.1973; ders., Auch hinter den neuen Schildern wird geschossen, in: Die Welt vom 11.8.1973.

528 Siehe zur UNO-Politik der DDR: Hermann Wentker, Außenpolitik in engen Grenzen. Die DDR im internationalen System 1949–1989, München 2007, S. 442–445.

529 Vgl. Matthias Walden, Ost-Berlin trommelt – und Bonn schweigt, in: Die Welt vom 30.8.1974; zur passiven Rolle der Vereinten Nationen im Kalten Krieg siehe: John Lewis Gaddis, Der Kalte Krieg. Eine neue Geschichte, München 2007, S. 199–202.

530 Vgl. Merseburger, Willy Brandt, S. 703–705.

meintlichen »Fehlprognosen« verlangt habe, sei es nun an Bahr, Selbstkritik zu üben. Noch vor zwei Jahren hatte Bahr gegenüber Walden den niedrigen Zwangsumtausch von fünf D-Mark und die Ausklammerung der Rentner als Erfolg verkauft.

Seinen Brief schloss Walden mit dem Wunsch, Bahr bald einmal wieder zu treffen, da er es bedaure, dass sie sich während der »harten Auseinandersetzungen« nur zweimal flüchtig begegnet seien. Nicht ganz so versöhnlich erscheint angesichts dessen die handschriftliche Notiz Waldens, auf einer Kopie des Briefes, die er Axel Springer zukommen ließ: »Von den ›Bahr-Zahlungen‹ zu den Barzahlungen …«[531] Die Formulierung hielt Einzug in Waldens Angriff auf die Maßnahme in der *Welt am Sonntag*. Sie stand im Kontrast zur durchaus ehrlich wirkenden Hoffnung auf ein baldiges Treffen mit Bahr, von dem keine Antwort auf das Schreiben Waldens übermittelt ist.

Ein Gesprächsfaden war angesichts dieser Art der Polemik scheinbar nur schwer aufrecht zu halten – ähnlich wie im Falle der Verhältnisse zu Brandt und Harpprecht. Dies war sicher auch ein Zeichen der Verbitterung Waldens und seiner allmählichen Distanzierung von der Politik. In einem kritischen Briefwechsel mit dem deutschen Botschafter in der Schweiz, Rüdiger von Wechmar, Anfang 1975, beklagte Walden, in den letzten Jahren bis auf ein Treffen mit Bahr zu keinem einzigen Meinungsaustausch in Sachen Ostpolitik eingeladen worden zu sein.[532] Er sah sich mit seiner Haltung an den Rand der politischen Meinungsbildung gedrängt, und das verärgerte ihn sichtlich.

»Im Blickpunkt« von Waldens Artikel im November 1973 stand aber vor allem SED-Generalsekretär Erich Honecker. Nach der erfolgten internationalen Anerkennung führe dieser die DDR nun in eine »ideologische Offensive«, sah sich Walden wieder einmal bestätigt. Grund dafür sei eine »hilflose Defensive« des Westens. »Die Verdopplung der Eintrittsgelder in seinen Abgrenzungsstaat« von Honecker musste laut Walden mithin »den Anfang vom Ende westlicher Zuversicht« markieren. Wer geglaubt habe, Honecker sei umgänglicher als sein Vorgänger Walter Ulbricht, müsse sich nun korrigieren.[533] Schon einige Wochen zuvor hatte Walden anlässlich Ulbrichts 80. Geburtstag geschrieben, dass dessen lang ersehntes Ziel eines »souveränen Staates« nun erreicht sei und somit die beiden SED-Führer in eine Linie gestellt. Ulbricht sei mit diesem späten Erfolg, den er als »Tyrann auf dem Altenteil« erlebte, zudem gleichzeitig der »schlimmste Politiker in Deutschland nach 1945« sowie der erfolgreichste.[534]

531 Vgl. Matthias Walden an Egon Bahr vom 9. November 1973 (ASV-UA, NL Springer: Box 207).

532 Vgl. Matthias Walden an Rüdiger Freiherr von Wechmar vom 8. Januar 1975 (ASV-UA: NL Springer, Box 251), S. 3.

533 Vgl. Matthias Walden, Kalter Krieger in Ost-Berlin. Im Blickpunkt: Erich Honecker, in: Welt am Sonntag vom 11.11.1973; zur innenpolitischen Abgrenzung nach Westen unter Honecker: Hoffmann, Von Ulbricht zu Honecker, S. 120.

534 Vgl. Matthias Walden, Walter Ulbricht – Tyrann auf dem Altenteil, in: Die Welt vom 30.6.1973.

Walden auf dem Neujahrsempfang im Schloss Charlottenburg mit Klaus Schütz und seiner Frau Heidi (ganz links Parlamentspräsident Walter Sickert), 11. Januar 1970.

Vor diesem Hintergrund interpretierte Walden in der *Welt* sowie der *Welt am Sonntag* die Rede zur Lage der Nation Brandts im Januar 1974 als übertriebene »Schönfärberei« und konstatierte einen Kontrast von »Worten und Wirklichkeit«.[535] Wiederum blieb seine Analyse nicht frei von persönlichen Nadelstichen. Brandt entferne sich immer weiter von der Wirklichkeit, so der Vorwurf.[536] Walden zeigte keine Spur von Mitleid für den tief deprimierten Brandt, dessen bröckelndes Antlitz pünktlich zu seinem 60. Geburtstag im Dezember 1973 auf dem Cover des ihm sonst so wohl geneigten *Spiegel* mit der Überschrift »Kanzler in der Krise« erschien.[537]

In Waldens Augen war die Ostpolitik Brandts krachend gescheitert. Suggestiv münzte er die öffentliche Kritik des Berliner Bürgermeisters Klaus Schütz an den Verletzungen der DDR am Viermächteabkommen zu einer parteiinternen Kritik an der Neuen Ostpolitik um. Schütz habe es nur noch nicht übers Herz gebracht, die langfristige Strategie Brandts als »ausweglose Sackgasse« zu bezeichnen, doch: »er weigert

535 Vgl. ders., Schönfärberei gehört zur Politik, aber Brandt trägt zu dick auf, in: Welt am Sonntag vom 27.1.1974; sowie: ders., Worte und Wirklichkeit. Wie der Kanzler die Lage der Nation darstellt, in: Die Welt vom 25.1.1974.

536 Vgl. ders., Schönfärberei, in: Welt am Sonntag vom 27.1.1974.

537 Vgl. Der Spiegel vom 10. Dezember 1973.

sich, die Trümmer der Ostpolitik als Bausteine gesicherter Erfolge anzupreisen. Und das ist – nach allem, was wir erleben mußten – schon viel.«[538] Noch im November 1971 hatte Schütz in einem offenen Briefwechsel mit Walden das Berlin-Abkommen verteidigt. Als Pragmatiker setzte er, anders als der Idealist Walden, seine Hoffnung nach der beständigen Lebensfähigkeit Berlins auf die stabilisierende Wirkung des Abkommens, die durch die drei Westmächte garantiert werde.[539] Dass Schütz nun diesen Wert in Gefahr sah, war für Walden erneut eine Bestätigung seiner eigenen Warnungen und ermutigte ihn zum Dissens.

Neben den auffälligen Zerwürfnissen mit einstigen Weggefährten, später respektierte Meinungsgegner, fällt in der Episode der zweiten Amtszeit Willy Brandts bei Walden eine klare Fixierung auf die Stagnation der Ostpolitik auf. Dies galt nicht nur für die in seinen Augen festgefahrene Politik, sondern ebenso für seine eigenen Argumente. So stand das Ende der Ära Brandt für ihn ganz im Zeichen der Ostpolitik. Anfang Mai spitzte sich die Affäre um den von der Staatssicherheit der DDR geführten Agenten im Bundeskanzleramt, Günter Guillaume, dermaßen zu, dass Willy Brandt in der Nacht vom 6. auf den 7. Mai 1974 öffentlich seinen Rücktritt als Bundeskanzler bekannt gab. Das größte Problem für Brandt war dabei nicht der Spion an sich gewesen, sondern das Verhalten des Kanzleramtes, der Nachrichtendienste und des Innenministeriums sowie der daran geknüpfte Umgang mit dem Privatleben des Kanzlers, dessen Autoritätsverlust dadurch nochmals auf eklatante Weise offensichtlich wurde. In den Nachfolgen der Affäre sollte Günter Nollau seinen Platz als Präsident des Bundsamtes für Verfassungsschutz räumen müssen.[540]

Die meisten Weggefährten waren sich einig: Allein der Fall Guillaume hätte nicht zum Rücktritt Brandts führen müssen. Er war mehr ein »dramatischer Schlußpunkt« eines anderthalbjährigen Erosionsprozesses, wie es Peter Merseburger schreibt.[541] Der Fall Guillaume war für Matthias Walden zu dieser Zeit somit nur eine Randnotiz. In der *Welt* schrieb er am 9. Mai 1974:

> Es bleibt die Ostpolitik. Sie hat einen ganz besonderen Rang: Durch sie wurde Willy Brandt 1972 schließlich auf den Wellenkamm seines Wahlsieges getragen. Und durch die Ostpolitik strandete er letzten Endes in den Brechern ihrer Mißerfolge.[542]

538 Ders., Klaus Schütz – vom Langmüitigen zum Mutigen, in: Die Welt vom 22.2.1974; zur Kritik von Schütz an Brandt siehe: Merseburger, Willy Brandt, S. 704.

539 Vgl. Klaus Schütz/Matthias Walden, Berlin – was wird aus dieser Stadt? Veröffentlichter Briefwechsel zwischen Matthias Walden und Klaus Schütz, in: Welt am Sonntag vom 7.11.1971.

540 Viel wurde zum Fall Guillaume und dem Rücktritt Brandts geschrieben. Siehe für einen Überblick: Merseburger, Willy Brandt, S. 720–738.

541 Vgl. ebenda, S. 658.

542 Matthias Walden, Die ausgezehrte Mannschaft. Helmut Schmidt vor dem Erbe Brandts, in: Die Welt vom 9.5.1974.

Zwar erwähnte Walden vier »Hauptfelder des Scheiterns« der Regierung Brandt/Scheel. Neben der Ostpolitik waren dies die Inflation, die gescheiterte Reformpolitik sowie den »strotzenden Radikalismus«, von dem weiter unten noch zu lesen sein wird. Doch die Neue Ostpolitik stand im Vordergrund. Auf Brandt folgte im Bundeskanzleramt Helmut Schmidt, der ohnehin nie ein Freund des ostpolitischen Pathos seines Vorgängers gewesen war. Waldens Rat an Schmidt war sogleich eindeutig: Die beste Ostpolitik sei eine »intensive Westpolitik«.[543] Brandt blieben laut Walden nur »Bittere Lehren«, wie er einige Tage später seinen Kommentar in der *Welt am Sonntag* überschrieb. Seiner Politik habe von Beginn an der »Keim des Niedergangs« innegewohnt.[544]

Die Neue Ostpolitik als »Kalter Friede«

Einen »kalten Frieden« nannte Matthias Walden bereits 1963 die Forderungen im Westen, die auf eine Verständigung mit der Sowjetunion abzielten. Er kritisierte eine »geistige Kriegsmüdigkeit« und hielt es für »absurd«, den Ost-West-Konflikt durch ein gegenseitiges Verstehen, zu beenden. Vielmehr sei dies ein »demokratischer Freitod«, eine Kapitulation im Kalten Krieg.[545]. Das erinnerte, wie gezeigt, nicht nur zufällig rhetorisch an James Burnhams »Suicide of the West«, sondern war eine Bestätigung seiner Zuordnung zum *Vital Center*. Nach dem Abschluss des Moskauer Vertrages 1970 schrieb Walden erneut in der *Welt*: »Der Westen proklamiert den Kalten Frieden«[546]. Dieser sei mitnichten ein Sieg im Kalten Krieg, sondern die erste Etappe eines östlichen Sieges in diesem. Den gleichen Text druckte Walden 1975 in seinen »Kassandra-Rufen« nochmals unter dem Titel »Kalter Frieden« ab.[547]

Fünf Jahre später hatte sich diese politische Analyse in seinen Augen verfestigt. Die Neue Ostpolitik der sozialliberalen Regierung – angetreten, um den Kalten Krieg zu beenden – hätte den Sieg des Kommunismus im Kalten Krieg eingeläutet, sofern der Westen nicht zu einer geistigen Aggressivität zurückfände. Diese hatte ihn noch zu den Zeiten Ernst Reuters ausgezeichnet, wie sich Walden so häufig resigniert erinnerte. Die Dämonisierung der Kritiker der Neuen Ostpolitik als »Friedensgegner« stieß ihm indes sauer auf. Noch zur Zeit der Großen Koalition schrieb er in der *Welt*: »Frieden ist mehr als nur Waffenstillstand. Frieden ist auch mehr als Abrüstung. Frieden ist Vertrauen, Zufriedenheit und vor allem Freiheit.«[548] Der sich vor allem während der zweiten Amtszeit Willy Brandts als Bundeskanzler einstellende ostpolitische Pessimis-

543 Vgl. ebenda.
544 Vgl. ders., Bittere Lehren, in: Welt am Sonntag vom 12.5.1974.
545 Vgl. ders., ostblind – westblind, S. 73–85.
546 Ders., Der Westen, in: Die Welt vom 7.10.1970.
547 Vgl. ders., Kassandra-Rufe, S. 39–42.
548 Ders., Freiheitsordnung statt Status quo, in: Die Welt vom 16.4.1968.

mus Waldens einte ihn mit seinem Verleger Axel Springer. Dieser kam zudem mehr und mehr zu der Erkenntnis, mit seinen Zeitungen kaum wesentlichen Einfluss auf die Bonner Politik nehmen zu können.[549]

Einen »Kalten Frieden« hatte Winston S. Churchill bereits den 1957 verfassten Epilog seiner Memoiren über den Zweiten Weltkrieg genannt und darin die politische Entwicklung der ersten zwölf Nachkriegsjahre skizziert. Der britische Kriegspremier forderte den Zusammenhalt der Länder der freien Welt gegen den östlichen Despotismus. »Rußland« werde so schließlich erkennen, dass »Frieden und Überfluß« mehr zu bieten habe, als ein »Vernichtungskrieg«.[550] Ganz ähnlich schrieb Walden im Sommer 1970 an Axel Springer, wenn das »arme, unglückliche« russische Volk die freiheitliche Alternative in Gänze kennen würde, wäre es längst zu einem Aufbegehren nach dem Vorbild des »Prager Frühlings« gekommen. Er stützte sich dabei auch auf Beobachtungen des sowjetischen Schriftstellers Andrei Amalrik, der 1970 sein Essay »Kann die Sowjetunion das Jahr 1984 erleben?« vorlegte.[551] Einige Jahre später äußerte sich Walden in ähnlicher Art und Weise öffentlich in der *Welt*.[552] Die Forderung eines freiheitlichen Gegenpols im Sinne des *Vital-Center-Liberalismus* schwang hier unverkennlich mit.

»Welcher Geist steht links?« Intellektuelle, »68er« und Terroristen

Die Gegenwart der Vergangenheit: »Anti-Nazismus« – Antikommunismus – Antitotalitarismus

In einer *Quick*-Kolumne im Oktober 1963 stellte sich Matthias Walden die Frage: »Adenauer – was bleibt?« Der Text über das Ende der Regierungszeit des deutschen Gründungskanzlers wurde ein Jahr später unter dem Titel »Keine Alternativen« in dem Sammelband »Die Ära Adenauer – Einsichten und Ausblicke« aus der Reihe »Bücher des Wissens« des *Fischer-Verlages* neben Beiträgen von Golo Mann, Rudolf Augstein oder Ulrike Meinhof abgedruckt.[553] Als unumstritten habe sich laut Wal-

549 Vgl. Schwarz, Axel Springer, S. 558f.

550 Vgl. Winston S. Churchill, Der Zweite Weltkrieg. Mit einem Epilog über die Nachkriegsjahre, Frankfurt am Main 2010 (engl. 1954 – Epilog 1957), S. 1124.

551 Vgl. Matthias Walden an Axel Springer vom 29. Juli 1970 (ASV-UA, NL Springer: Box 130); siehe zu den Thesen Amalriks: Amalrik, Kann die Sowjetunion das Jahr 1984 erleben?

552 Vgl. Matthias Walden, Die russische Opposition trägt die Zukunft der Freiheit, in: Die Welt vom 11.12.1974.

553 Vgl. ders., Adenauer, in: Quick – Illustrierte für Deutschland vom 20.10.1963; zum Sammelband: Die Ära Adenauer.

den schließlich Adenauers Kurs der Westbindung erwiesen, wie das Godesberger Programm der SPD von 1959 letztendlich gezeigt habe. In weiser Voraussicht schrieb er wahrscheinlich vor allem deswegen: »Seine Regierungszeit ist zu Ende, seine Ära nicht.«[554] In welchen publizistischen Kampf ihn seine Interpretation der als alternativlos empfundenen außenpolitischen Grundlagen Adenauers ziehen würde, wurde im vorangegangenen Teil gezeigt. Doch auch die gesellschaftliche Struktur der Bundesrepublik Deutschland sollte in den 1960er Jahren eine Zeit der Veränderungen und Deutungskämpfe erleben.

Walden sah die Betrachtung der Gesellschaft als notwendigen Teil seines politischen Journalismus. Wie er später einmal schrieb, war in einer Demokratie das Volk der Souverän und in einem parlamentarischen Staat könne dieser zwar vergleichsweise wenig unmittelbaren Einfluss auf politische Taten oder Unterlassungen üben, da seine Souveränität auf den Wahlakt beschränkt sei. Doch Stimme und Stimmungen der Regierten hätten zweifelsohne großen Einfluss auf die Regierenden.[555]

Vergangenheitsbewältigung: Eine »Stilfrage der Demokratie«

Alles in allem habe Konrad Adenauer die Bundesrepublik Deutschland in die freie Staatenwelt integriert; das war laut Walden vor allem im deutsch-deutschen Vergleich entscheidend: »Der Staat der Ära Adenauer setzte die Maßstäbe, gab das Modell, steht vorn.«[556] Nichtsdestotrotz erkannte er durchaus Nachholbedarf in »Stilfragen der Demokratie«. Das zweifellos vorhandene Unbehagen der Adenauer-Ära müsse nun aber dazu dienen, die deutsche Gesellschaft weiterzuentwickeln und nicht in Staatskritik zu versinken:

> Was nun vom Zorn gegen ihn bleibt, ist das Unbehagen, das immer neben der Genugtuung steht, wenn bei einem Bau *schon* das Fundament, aber eben auch *erst* das Fundament da ist.[557]

Einen Fehler Adenauers nannte Walden dann erstaunlich deutlich in seiner Kolumne aus dem Oktober 1963. Der Antikommunismus der Adenauer-Ära sei »primitiv, wirksam und ehrlich«, doch habe der Gründungskanzler es versäumt, diesen um einen »entschiedenen Anti-Nazismus« zu erweitern:

554 Walden, Adenauer, in: Quick – Illustrierte für Deutschland vom 20.10.1963.

555 Vgl. ders., Ich vermisse die hungrigen Jahre, die hungrige Zeit. Das Unbehagen an unserer Zufriedeheit, in: Die Welt vom 26.7.1980.

556 Ders., Adenauer, in: Quick – Illustrierte für Deutschland vom 20.10.1963.

557 Ebenda.; Hervorhebungen im Original.

> Starrsinning und kurzsichtig hielt Adenauer Männer im Kabinett, die unter Hitler waren, was sie nicht hätten sein dürfen. Opportunistisch umschlich er rechtsextremistische Wählerresservoirs und drückte beide Augen zu. [...] Der brave Anti-Nazi Adenauer wollte es sich mit den vielen kleinen und mittleren PG‹s nicht verderben, deren Stimmen zählten. Mit füchsischer Gelassenheit überließ er alten Generalen, die vor Hitler salutiert hatten, neue Kommandoposten in der Bundeswehr. Er versäumte den Versuch, den Nazismus, soweit das möglich gewesen wäre, aufzuarbeiten, er verdrängte das Vergangene oder ließ es durch die Ventile der Prosperität entweichen.[558]

Walden selbst hatte sich, wie gezeigt, in den 1950er Jahren mit seinem Bekenntnis zur Anerkennung des Widerstands im »Dritten Reich« als geistige Grundlage der Bundesrepublik Deutschland in der schwelenden publizistischen Kontroverse eindeutig positioniert.[559] Er war damit Teil einer publizistischen Riege, die um 1960 und vor allem zu Beginn der 1960er Jahre auf die Versäumnisse und Fehlentwicklungen des Umgangs mit der nationalsozialistischen Vergangenheit im Wiederaufbau-Jahrzehnt hinwiesen.[560]

Im ersten Halbjahr 1962 erschien die dreiteilige Dokumentation »Vor unserer eigenen Tür – Überlegungen zur deutschen Vergangenheit und Gegenwart« von Matthias Walden in der *ARD*.[561] Er knüpfte damit nahtlos an seine Bundeswehrsendung und seine Verteidigung der westdeutschen Demokratie durch die schonungslose Aufarbeitung der »Schatten der Vergangenheit« an. In ihrer Grundausrichtung sollten die Sendungen auf vergangenheitspolitische Versäumnisse in der Bundesrepublik Deutschland hinweisen. Schon durch den Ausstrahlungstermin am 30. Januar 1962 – auf den Tag 29 Jahre nach der »Machtergreifung« durch die Nationalsozialisten – legte

558 Ebenda.

559 Zur publizistischen Kontroverse um den Widerstand siehe: Peter Steinbach, Die publizistischen Kontroversen – eine Vergangenheit, die nicht vergeht, in: Peter Reichel/Harald Schmid/Peter Steinbach (Hrsg.), Der Nationalsozialismus – Die zweite Geschichte. Überwindung-Deutung-Erinnerung, Bonn 2009 (Lizenzausgabe Bundeszentrale für politische Bildung), S. 127–174, hier S. 142–153; zu Waldens Haltung nochmals exemplarisch: Matthias Walden, Das Kreuz der Bundeswehr, in: Quick – Illustrierte für Deutschland vom 21.7.1963; wiederabgedruckt in: ders., Politik im Visier, S. 27–32.

560 Vgl. Schildt, Die 60er Jahre in der Bundesrepublik, in: Schildt/Siegfried/Lammers (Hrsg.), Dynamische Zeiten, S. 36.

561 Vgl. Walden, Vor unserer eigenen Tür (1); vgl. ders., Fernsehdokumentation: Vor unserer eigenen Tür - Überlegungen zur deutschen Vergangenheit und Gegenwart, Folge 2. Erstsendung 13.3.1962 im SFB (Eingesehen im AdRBB); und: ders., Fernsehdokumentation: Vor unserer eigenen Tür - Überlegungen zur deutschen Vergangenheit und Gegenwart, Folge 3. Erstsendung am 1.6.1962 im SFB (Eingesehen im AdRBB).

Walden den Finger auf eine Wunde, mit der sich Anfang der 1960er Jahre ein Großteil der deutschen Gesellschaft nur widerwillig beschäftigen wollte.

Ende des Jahres 1963 sollte schließlich in Frankfurt am Main die Hauptverhandlung des ersten Auschwitz-Prozesses beginnen. Laut dem Historiker Peter Reichel konnte dies nach dem Prozess gegen Adolf Eichmann in Israel zwei Jahre zuvor nicht völlig überraschend für die Deutschen gekommen sein, doch die meisten empfanden das Ereignis in der Vorweihnachtszeit 1963 als eher störend.[562] Unterstützt wird diese Einschätzung von einer Allensbach-Umfrage, die ein im Laufe der 1960er Jahre deutlichen Anstieg von Befürwortern einer Straffreiheit für Verbrechen im Nationalsozialismus und einen »Schlußstrich« verzeichnete. 1958 hatten sich dafür nur 34 Prozent der Befragten ausgesprochen, 1969 waren es 67 Prozent. Die Entwicklung zeigt erstaunlicherweise einen Rückgang der Zahl derer, die sich für die strafrechtliche Verfolgung von Verbrechen aussprachen, die in Verbindung zur Unrechtsherrschaft des Nationalsozialismus standen. Sie steht somit im Gegensatz zu dem Narrativ eines durch die gesellschaftlichen Proteste der 1960er Jahre hervorgerufenen vergangenheitspolitischen Umschwungs in der Bundesrepublik Deutschland. Vielmehr hatte die Unterstützung für einen konfrontativen Umgang mit der nationalsozialistischen Vergangenheit ihren Höhepunkt bereits um das Jahr 1960 gehabt.[563]

Walden hatte für den dritten Teil seiner Sendereihe anlässlich des Prozesses gegen den SS-Sturmbannführer Otto Bradfisch in München die Stadtbewohner nach ihrer Haltung zu der Verhandlung befragt. Er zeigte sich erschüttert, als die wenigsten der Menschen mit dem Ereignis etwas anfangen konnten, in dem es laut Walden im Prinzip um 20.000-fachen Mord ging. Bradfisch hatte ein Einsatzkommando hinter der Ostfront geleitet und wurde letztlich wegen Beihilfe zum Mord verurteilt.[564] Walden stellte nicht mehr nur eine metaphysische Schuld, sondern konkrete Verbrechen in den Vordergrund der diskursiven Öffentlichkeit. Damit stand er stellvertretend für den Wandel im Umgang mit der NS-Vergangenheit, den Axel Schildt in seiner Betrachtung über »Die 60er Jahre in der Bundesrepublik« konstatiert.[565]

562 Vgl. Peter Reichel, Der Nationalsozialismus vor Gericht und die Rückkehr zum Rechtsstaat, in: Peter Reichel/Harald Schmid/Peter Steinbach (Hrsg.), Der Nationalsozialismus – Die zweite Geschichte. Überwindung-Deutung-Erinnerung, Bonn 2009 (Lizenzausgabe Bundeszentrale für politische Bildung), S. 22–61, hier S. 49.

563 Siehe zur Umfrage: Detlef Siegfried, Zwischen Aufarbeitung und Schlußstrich. Der Umgang mit der NS-Vergangenheit in den beiden deutschen Staaten 1958 bis 1969, in: Axel Schildt/Detlef Siegfried/Karl Christian Lammers (Hrsg.), Dynamische Zeiten. Die 60er Jahre in beiden deutschen Gesellschaften, Hamburg 2000, S. 77–113, hier S. 108.

564 Vgl. Walden, Vor unserer eigenen Tür (3), Minute 34–35.

565 Vgl. Schildt, Die 60er Jahre in der Bundesrepublik, in: Schildt/Siegfried/Lammers (Hrsg.), Dynamische Zeiten, S. 36.

Auch dem Prozess gegen den SS-Obergruppenführer und General der Waffen-SS, Karl Wolff, der zeitweilig der Adjutant Heinrich Himmlers war, schenkte Walden eine besondere Aufmerksamkeit. In einer *Quick*-Kolumne berichtete er von dem Gerichtsverfahren, lobte den Münchner Richter für sein konsequentes Vorgehen gegen die Ausflüchte des SS-Obergruppenführers Wilhelm Kopp, der als Zeuge auftrat, und schloss seine Beobachtungen mit einer einschneidenden Erkenntnis:

> Deutsches Volk, im Saal 270 des Schwurgerichts zu München sitzt einer deiner Söhne, der sich nicht verleugnen läßt. Wollt ihr den totalen Schlußstrich ziehen? Übereilt nichts, geht erst zum Karlsplatz [Gerichtspalast München; NL].[566]

Es wurde deutlich: Die juristische und gesellschaftliche Aufarbeitung des »Dritten Reiches« gehörte für Walden zu den offenen »Stilfragen der Demokratie«. Am 30. September 1964 wurde Wolff wegen Beihilfe zum Mord an 300.000 Juden zu 15 Jahren Haft verurteilt. Einige Monate vorher hatte Walden bereits die Notwendigkeit dieser Prozesse betont. In der *Quick* hatte er geschrieben, es könne, wenn es keine Kollektivschuld gebe, eben auch keine Kollektivsühne oder Kollektivunschuld geben.[567] Damit war der Journalist auf einer Linie mit Bundesjustizminister Horst Ehmke (SPD), als dieser 1969 für eine Verlängerung der Verjährungsfrist für Verbrechen aus der Zeit des Nationalsozialismus plädierte.[568]

In dem Text »Dialog ums eigene Nest« kommentierte Walden zudem die Entlassung des Bundesministers für Vertriebene, Horst Krüger (CDU), dessen Amt laut Walden ohnehin entbehrlich war. SED-Berichte hatten pünktlich zum Amtsantritt Krügers ans Licht gebracht, dass der CDU-Politiker in Polen als Sonderrichter tätig gewesen war. Ludwig Ehrhard habe zwar schnell reagiert, doch hätte man sich die Enthebung sparen können:

> Nicht einmal, wo es besonders darauf ankommt, können unsere Behörden mit Akten umgehen, die einen Minister-Kandidaten als alten Nazi ausweisen.[569]

566 Matthias Walden, Wolff ist kein Wölfchen, in: Quick – Illustrierte für Deutschland vom 30.8.1964; wiederabgedruckt in: ders., Politik im Visier, S. 41–44., wiederabgedruckt in: ders., Politik im Visier, S. 41–44

567 Vgl. ders., Dialog ums eigene Nest, in: Quick – Illustrierte für Deutschland vom 23.2.1964; wiederabgedruckt in: ders., Politik im Visier, S. 32–36.

568 Vgl. Siegfried, Zwischen Aufarbeitung und Schlußstrich, in: Schildt/Siegfried/Lammers (Hrsg.), Dynamische Zeiten, S. 107f.

569 Walden, Dialog, in: Quick – Illustrierte für Deutschland vom 23.2.1964.

Fehlender »Anti-Nazismus«

Als im Sommer des Vorjahres 1963 die Affäre um den österreichischen Direktor des Instituts für Psychologie der Universität Hamburg, Peter R. Hofstätter, die kulturelle Öffentlichkeit beherrschte, meldete sich Walden mit einigem zeitlichen Abstand zu Wort. Hofstätter hatte in der *Zeit* die Möglichkeit einer Vergangenheitsbewältigung generell in Frage gestellt und eine Amnestie noch lebender Täter vorgeschlagen.[570]

Für Walden waren diese Gedanken erneuter Ausdruck eines fehlenden »Anti-Nazismus«. Hofstätter müsse die »bemerkenswert große« Toleranz gegenüber der »politisch-kriminellen Substanz« des Nationalsozialismus erkannt haben, bevor er sich öffentlich derartig geäußert habe, mutmaßte er in der *Quick* unter dem Titel »Akademische Gesinnungsschwächen«. Walden meinte, dass der eigentliche Aufreger der Diskussion nicht Hofstätter als Person sein dürfe, sondern die Gefahr einer fehlenden »emotionalen Ablehnung« des Nationalsozialismus in den Reihen der deutschen Studenten.[571] Einige Monate zuvor hatte Walden anlässlich des 20. Jahrestages des Warschauer Ghetto-Aufstandes am 23. April 1963 auf die Notwendigkeit der Auseinandersetzung mit der Vergangenheit bei der Bewältigung der Gegenwart hingewiesen.[572] Die Haltung Peter R. Hofstätters musste bei ihm also Irritationen hervorrufen.

Walden wehrte sich außerdem dagegen, die Aufarbeitung der Vergangenheit auf die Person Adolf Hitlers zu beschränken. Man könne der deutschen Jugend nicht einfach sagen, Hitler sei der größte Verbrecher und ein Wahnsinniger gewesen. Beides schließe sich mitunter aus.[573] Er schrieb damit gegen eine Dämonisierung des Diktators an, die ohne Frage als eine Art Selbstschutz der Deutschen fungierte. Bis in die Mitte der 1960er Jahre herrschte diese Deutung allerdings vor allem im konservativen Spektrum Westdeutschlands vor. In der unmittelbaren Nachkriegszeit wurde sie populär von den Historikern Hans-Joachim Schoeps, Gerhard Ritter oder Hans Rothfels vertreten. Ihren apologetischen Endpunkt erreichte sie vermutlich in der Beschreibung Hitlers durch Hjalmar Schacht, unter anderem Reichswirtschaftsminister a.D., als »ein dämonisches, ein diabolisches Genie«.[574] In einem Beitrag für das »Panorama«-

570 Vgl. Peter R. Hofstätter, Bewältigte Vergangenheit?, in: Die Zeit 24 vom 14.6.1963.

571 Vgl. Matthias Walden, Akademische Gesinnungsschwächen, in: Quick – Illustrierte für Deutschland vom 22.9.1963; siehe zur Affäre um Hofstätter zusammenfassend: Rudolf Walter Leonhardt, Der Fall Hofstätter. Notwendiger Widerspruch – Verständliche Empörung – Unkontrollierte Hysterie, in: Die Zeit 36 vom 6.9.1963.

572 Vgl. Walden, Brüder, in: Quick – Illustrierte für Deutschland vom 28.4.1963; wiederabgedruckt in: ders., Politik im Visier, S. 19–23.

573 Vgl. ders., Dialog, in: Quick – Illustrierte für Deutschland vom 23.2.1964, S. 113.

574 Vgl. Joachim Scholtyseck, Conservative Intellectuals and the Debate over National Socialism and the Holocaust in the 1960s, in: Philipp Gassert/Alan E. Steinweis (Hrsg.), Coping with the Nazi Past. West German Debates on Nazism and Generational Conflict, 1955–1975, New York / Oxford 2006, S. 238–257, hier S. 244f.; siehe auch: Hjalmar Schacht, Abrechnung mit Hitler, in: Die Zeit vom 30.9.1948.

Magazin des *NDR* über deutsche Offiziere zum 25. Jahrestag des Kriegsausbruches 1964 legte Walden größten Wert darauf, dass es »klinisch gesunde Generale« waren, die Hitler folgten. Sie treffe damit eine große Verantwortung für den nationalsozialistischen Vernichtungskrieg.[575]

Offen thematisierte Walden zudem den Eichmann-Prozess in seiner Eingangsbeobachtung über den Stand der Vergangenheitsbewältigung in der ersten Folge von »Vor unserer eigenen Tür« Anfang des Jahres 1962.[576] Mit Bedenken wie denen des Publizisten Armin Mohlers, der die Illegitimität des Prozess in Israel aufgrund der völkerrechtswidrigen Verschleppung Eichmanns aus Argentinien in Frage stellte, hielt sich Walden nicht auf. Allgemein gestand der Großteil der Beobachter dem israelischen Staat das historische Recht zur Durchführung der Gerichtsverhandlung zu.[577]

Armin Mohler und Peter R. Hofstätter waren in den 1960er Jahren die prominentesten Kritiker einer Vergangenheitsbewältigung, die sie schon aus theoretischen Aspekten für nicht möglich hielten. Mohler trat gar für eine »Entsorgung der NS-Vergangenheit« aus der bundesrepublikanischen Geschichte ein, wie Martina Steber herausarbeitet.[578] So überrascht es nicht, dass er sich mit Hofstätter über seine Erfahrungen austauschte. Am Ende des für ihn turbulenten Jahres 1963 schrieb Hofstätter an Mohler, der Hamburger Senat habe ihn zur Zurückhaltung ermahnt, und führte aus:

> Und in ein paar Jahren wird man ihnen [den Deutschen, NL] dann wiederum nicht sagen dürfen, dass es jemals Prozesse gegeben hat, so wenig wie man heute erwähnen darf, dass Hitler immerhin Reichskanzler eines allseits de jure anerkannten Staates gewesen ist.[579]

Mohler konnte da weniger zimperlich sein. 1965 veröffentlichte er sein »mutiges Buch« (Hofstätter) »Was die Deutschen fürchten«, in dem er unter anderem die Debatte um Hofstätter verarbeitete.[580] 1968 folgte die programmatische Schrift »Vergangenheitsbewältigung. Von der *Läuterung* zur Manipulation«, in der Mohler erneut

575 Vgl. Matthias Walden, Typoskript Beitrag zu deutschen Offizieren in »Panorama« (NDR) vom 31. August 1964 (ASV-UA: NL Walden, Box 15 – 1964), S. 2.

576 Vgl. ders., Vor unserer eigenen Tür (1), Minute 9.

577 Vgl. Scholtyseck, Conservative Intellectuals, in: Gassert/Steinweis (Hrsg.), Coping with the Nazi Past, S. 242.

578 Vgl. Steber, Die Hüter der Begriffe, S. 160.

579 Peter R. Hofstätter an Armin Mohler vom 27. Dezember 1963 (DLA Marbach, NL Armin Mohler).

580 Vgl. Armin Mohler, Was die Deutschen fürchten. Angst vor der Politik – Angst vor der Geschichte – Angst vor der Macht, Stuttgart 1966; siehe zum Lob Hofstätters: Peter R. Hofstätter an Armin Mohler vom 21. Oktober 1965 (DLA Marbach, NL Mohler).

eine Generalamnestie in die öffentliche Diskussion einbrachte.[581] Die beiden bewegten sich in einem dogmatischen Raum.[582] Ende der 1960er Jahre schrieb Hofstätter an Mohler, sein Fehler sei es gewesen, 1963 zu einem kritischen Zeitpunkt eine Diskussion entfacht zu haben, die nun verloren sei. Er habe der Sache einen »schlechten Dienst« erwiesen.[583] Mohler blieb seiner Haltung stets treu. Noch 1992 sollte er an Joachim Fest schreiben, im wiedervereinten Deutschland folge nun auf die bereits schiefgegangene »Hitler-Bewältigung«, eine »Stasi-Bewältigung«, die ebenfalls genau das Gegenteil erreichen werde von dem, was sie erreichen wolle.[584]

Walden verstand sich hingegen in der Tradition des Chefanklägers der Auschwitz-Prozesse, des hessischen Generalstaatsanwaltes Fritz Bauer. Bauer war im »Dritten Reich« zunächst gemeinsam mit Kurt Schumacher im Konzentrationslager auf dem Heuberg bei Stuttgart inhaftiert gewesen. Ihm gelang dann aber die Flucht ins schwedische Exil, wo er auf Willy Brandt traf. In den 1950er Jahren hatte sich der Jurist unter anderem im Remer-Prozess 1952 um die Rehabilitierung der Männer des 20. Juli 1944 verdient gemacht – zusammen mit Graf Stauffenberg hatte Bauer einst die Schulbank gedrückt.[585] Kein Wunder, dass Walden diesem Ausnahmejuristen große Achtung entgegenbrachte. Im Vorfeld seiner Dokureihe »Vor unserer eigenen Tür« hatte er an Bauer bewundernd geschrieben und ihn zur Mitwirkung an der zweiten Folge gewinnen können.[586]

»Verspäteter Antifaschismus«?: Kontroverse mit Hans-Dietrich Sander

Das Herzstück von Matthias Waldens »Anti-Nazismus« war jene zweite Folge von »Vor unserer eigenen Tür«. Im Zentrum der Dokumentation stand das Interview mit Fritz Bauer. Der Jurist und der Journalist waren sich einig, dass noch einige der Mörder in der deutschen Gesellschaft leben würden und so bezeichnete Walden die Zentralstelle Ludwigsburg zur Aufklärung der nationalsozialistischen Verbrechen als

581 Vgl. Armin Mohler, Vergangenheitsbewältigung. Von der Läuterung zur Manipulation, Stuttgart 1968, S. 85–92.

582 Siehe zu Mohlers Einsatz für eine Generalamnestie der Verbrechen im Nationalsozialismus und der Verbindung zu Hofstätter auch: Axel Schildt, Inszenierung einer Biographie – Konstruktion einer Karriere. Der Rechtsintellektuelle Armin Mohler (1920–2003), in: Geschichte in Wissenschaft und Unterricht 70 (2019), H. 9/10, S. 554–567, hier S. 560–562.

583 Vgl. Peter R. Hofstätter an Armin Mohler vom 6. Dezember 1968 (DLA Marbach, NL Mohler).

584 Vgl. Armin Mohler an Joachim Fest vom 26. September 1992 (DLA Marbach, NL Mohler); Zur Diskussion um Mohlers Buch »Was die Deutschen fürchten«, siehe: Siegfried, Zwischen Aufarbeitung und Schlußstrich, in: Schildt/Siegfried/Lammers (Hrsg.), Dynamische Zeiten, S. 103.

585 Siehe ausführlich zu Fritz Bauer: Ronen Steinke, Fritz Bauer oder Auschwitz vor Gericht, München/Berlin 2016 (2014).

586 Vgl. Matthias Walden an Fritz Bauer – Datum unbekannt, wahrscheinlich Ende Dezember 1961 (ASV-UA: NL Walden, Box 9b – 1962(!)).

»Gewissen der deutschen Nachkriegsdemokratie«.[587] Zuspruch bekam Walden später beispielsweise von einem der Ankläger aus den Nürnberger Prozessen, Robert W. Kempner, der den Grund für die mangelhafte Strafverfolgung von Tätern des Nationalsozialismus in den 1950er Jahren in einer »allgemeinen Leisetreterei« in Deutschland sah.[588]

Skeptisch war Walden angesichts dieser Zustände hinsichtlich des Einzuges des »Märzgefallenen« und ehemaligen NSDAP-Mitglieds Kurt Georg Kiesinger ins Kanzleramt 1966. Im Rundfunk drückte er der SPD seinen Respekt für den Eintritt in die Regierung Kiesinger aus, die ohnehin laut dem Historiker Axel Schildt als ein Akt der »gesellschaftlichen Versöhnung« verstanden werden kann.[589] Neben Kiesinger saß mit Karl Schiller von der SPD ein weiterer ehemaliger NSDAP-Parteigänger im Kabinett sowie Franz Josef Strauß, der seinen Kabinettsposten 1962 in Folge der *Spiegel*-Affäre räumen musste. Außerdem Willy Brandt als sozialistischer Remigrant und Herbert Wehner, der früher als kommunistischer Spitzenfunktionär tätig gewesen war.[590]

Ansonsten hielt sich Walden aber mit Kritik an Kiesingers Vergangenheit zurück. In einem Fernsehportrait Waldens über den Kanzler Mitte Dezember 1968 spielte dessen NSDAP-Mitgliedschaft überhaupt keine Rolle.[591] Dies fiel auf, da nur einen Monat zuvor die junge Deutsch-Französin Beate Klarsfeld den Kanzler auf einem CDU-Parteitag geohrfeigt und als »Nazi« beschimpft hatte. Einem kritischen Zuschauer seiner Sendung antwortete Walden, dass er zumindest das Urteil gegen Klarsfeld als zu hart und zu schnell gesprochen empfunden hatte.[592] Klarsfeld, die Verbindungen zum Nationalrat der DDR unterhielt, war noch am Abend der Tat in einem Schnellverfahren zur Höchststrafe von einem Jahr Haft verurteilt worden. Sie musste diese aber wegen ihrer französischen Staatsbürgerschaft nicht antreten. Später wurde die Haftdauer dann auf vier Monate reduziert und zur Bewährung ausgesetzt.[593] Zehn Jahre später sagte Walden im österreichischen Fernsehen: »Ich war der Meinung, daß Kiesinger als ehemaliges NSDAP-Mitglied nicht hätte Kanzler werden sollen.«[594]

587 Vgl. Walden, Vor unserer eigenen Tür (2), Minute 18.
588 Vgl. Robert M.W. Kempner an Matthias Walden vom 14. März 1962 (ASV-UA: NL Walden, Box 9b – 1962), S. 1.
589 Vgl. Walden, Wochenkommentar im SFB, 27.11.1966, S. 8.
590 Vgl. Schildt, Die 60er Jahre in der Bundesrepublik, in: Schildt/Siegfried/Lammers (Hrsg.), Dynamische Zeiten, S. 47.
591 Vgl. Walden, Kurt-Georg Kiesinger vom 13.12.1968.
592 Vgl. Matthias Walden an Fritz Schwarzlose vom 19. Dezember 1968 (ASV-UA: NL Walden, Box 46 – SFB 1969(!)).
593 Zu Klarsfeld, siehe: Jochen Staadt, Bundespräsidenten-Kandidatin Klarsfeld. Besuch der alten Dame, in: Frankfurter Allgemeine Sonntagszeitung vom 4.3.2012.
594 Dutschke vor, noch ein Tor! Fernsehgespräch (Club 2, 13. Juni 1978), in: Neues Forum (1978), H. 295/296, S. 10–16; S. 81–94, hier S. 85.

In »Vor unserer eigenen Tür« machte sich Walden selbst auf die Suche nach einstigen Tätern und wurde in Münster fündig, wo der SS-Hauptsturmführer und ehemalige Lagerarzt von Sachsenhausen, Heinz Baumkötter, wohnte. Seiner Verurteilung durch das sowjetische Militärgericht beim Sachsenhausen-Prozess 1947 hatte Walden miterlebt. Nun war er wieder frei und lebte im Westen.[595] Für seine skandalisierende Verfolgung des SS-Arztes samt Kamera und Mikrophon wurde Walden heftig kritisiert – vor allem aus Reihen der konservativen Presse.

In der *Welt* meldete sich Hans-Dietrich Sander zu Wort. Walden hatte mit dem 1928 geborenen Sander eigentlich einiges gemeinsam. So zum Beispiel seinen emotionalen Antikommunismus und den Lebensweg von Ost nach West – wobei Sander zuvor Mitte der 1950er Jahre für vier Jahre freiwillig als Theaterkritiker nach Ost-Berlin gegangen war, bevor er dann desillusioniert vom Kommunismus den Rückweg antrat. An Waldens antikommunistischer Gesinnung wollte Sander gar nicht zweifeln, doch warf er seinem Kollegen »bewußte Verzerrung« vor, die aus »Adlershof« – dem Zentrum des DDR-Fernsehens – selbst hätte stammen können.

Walden schien laut Sander unter politischen Komplexen zu leiden, die wie bei so vielen wohl zu einem »verspäteten Antifaschismus« geführt hatten, den er nun wie eine Ideologie vor sich hertrage und der in einer »absurden Selbstzerfleischung« münde. In einer Reihe mit Waldens Dokumentation sah Sander ebenfalls andere zeithistorische Produktionen dieser Jahre wie von Gert von Paczensky oder Rüdiger Proske sowie die mehrteilige Dokumentation über das »Dritte Reich« – bei Sander ohne Anführungsstriche – von Gerd Ruge und Arthur Müller.[596]

Der Vorwurf Sanders über einen schlechten Stil traf Walden vermutlich nicht schwer, denn eine journalistische Zurückhaltung gegenüber nationalsozialistischen Verbrechern hielt er für unangebracht und mitnichten pietätslos. Einem Zuschauer, der sich bei *SFB*-Intendant Walter Steigner über das vermeintliche Boulevard-Niveau der Sendung »Vor unserer eigenen Tür« beschwert hatte, antwortete Walden wie folgt:

> Vergeßen Sie bitte nicht, daß es sich um Massenmörder handelte, die Beihilfe zum Mord geleistet haben. In Gedanken an das Grauen von damals hielten wir es für angemessen, die üblichen Erwägungen des Taktes zu versäumen.[597]

Wie er zudem in der dritten Folge der Reihe berichtete, hatte der Pressedienst der EKD kritisiert, Walden habe sich Methoden aus der Zeit des »Dritten Reiches« be-

595 Vgl. Walden, Vor unserer eigenen Tür (2), Minute 4-5.

596 Vgl. Hans-Dietrich Sander, Drehen, umdrehen, verdrehen. Zeitgeschichte im Fernsehen, in: Die Welt vom 1.9.1962; zu Sanders Biographie siehe: Kruip, Das »Welt«-»Bild« des Axel Springer Verlages, S. 176f.

597 Matthias Walden an Alexander Besser vom 9. Mai 1962 (ASV-UA: NL Walden, Box 9 – 1962).

dient. Dem hielt der Journalist entgegen, unter den Nationalsozialisten seien Unschuldige an den Pranger gestellt und bedroht wurden, was ihm nicht vorzuwerfen sei.[598]

In einem Leserbrief wandte sich Walden nach der Kritik Sanders dann allerdings an die *Welt* und beklagte einen »Verzicht auf Fairneß«, da an seinem Berufsethos gerüttelt wurde. Die Behauptung, der Film hätte ebenso in Adlershof produziert werden können, empfand Walden als »ehrenrührig«. Die Unterstellung sei zudem haltlos, da er in der letzten Folge der Reihe die Kritiker seiner Arbeit zu Wort kommen ließ, was in einer DDR-Sendung sicher nicht geschehen wäre. Walden meinte abschließend, dass gerade bei dem Thema der versäumten Aufarbeitung der nationalsozialistischen Verbrechen das Recht auf Polemik bestehen müsse:

> Hans-Dietrich Sander vermißte Objektivität. Er verschwieg, daß ich die Sendung in der Einleitung als subjektive Reportage ankündigte. Objektivität kann eine Tugend sein, Subjektivität aber auch. Hier gibt es für den Journalisten zum Glück eine Alternative. Wer sie nicht anerkennt ist voreingenommen.[599]

Als radikalen Defätismus wollte Walden seine Arbeit außerdem nicht sehen. Im April 1962 rezensierte er beispielsweise in der *Frankfurter Illustrierten* das vermeintliche Enthüllungsbuch des deutsch-amerikanischen Journalisten Friedrich Tete Harens Tetens.[600] Der 1934 aus Deutschland emigrierte Tetens vertrat die Meinung, dass in der Bundesrepublik »alte Nazis« ungestört an der »Machtergreifung« arbeiten würden und präsentierte allerlei fragwürdige Beweise für diese These. Für Walden ein »bedauerlicher Unfug«, der zudem die deutsch-amerikanische Freundschaft gefährde. Dass es aber immer wieder Fälle ehemaliger Nationalsozialisten in hohen Positionen der Bundesrepublik gebe, sei nicht auf eine neonazistische Struktur der deutschen Gesellschaft zurückzuführen, sondern auf »Bequemlichkeit, Konsumvergötzung, egozentrischem Ruhebedürfnis und mangelndem Verantwortungsgefühl«[601]. Ursache dafür sei im Kern der fehlende »Anti-Nazismus«.[602]

Ähnlich äußerte sich Walden in einer *Quick*-Kolumne im Sommer 1964 zu dem Vorwurf, die Bundesrepublik atme den »Nazi-Geist«. Es sei zwar einiges »bitter braune« geschehen, doch habe beispielsweise der Industrielle Heinrich Bütefisch nicht das Bundesverdienstkreuz – was ihm später wieder abgenommen wurde – bekommen, obwohl er in Auschwitz tätig war, sondern weil die Behörden dies nicht bemerkt hät-

598 Vgl. Walden, Vor unserer eigenen Tür (3), Minute 8.

599 Ders., Subjektivität kann auch eine Tugend sein, in: Die Welt vom 14.9.1962.

600 Vgl. T. H. Tetens, The new Germany and the old Nazis, New York 1961.

601 Matthias Walden, ›The old Nazis‹. Mr. Tetens gesammelte Irrtümer über Deutschland, in: Frankfurter Illustrierte vom 16.4.1962, S. 7.

602 Vgl. ebenda.

ten. Es gebe vielmehr ein »Defensiv-Bündnis alter Nazis« unter der »Daunendecke unserer Wohlstandsgesellschaft«, so Walden:

> Die alten Nazis suchen und finden und verbinden sich, weil die Bundesrepublik *kein* Nazi-Staat ist. [...] Die Bundesrepublik hat sich den konservierten Nazis gegenüber fortgesetzt so trottelhaft benommen, daß man heulen und mit den Zähnen knirschen möchte. [...] Dürfen wir sagen, weil die Bundesrepublik nicht ausreichend anti-nazistisch ist, sei sie pro-nazistisch? Nein.[603]

Einige Monate nach seinem *Welt*-Artikel kritisierte Hans-Dietrich Sander nochmals das journalistische Werk Waldens. Erneut warf er seinem Kollegen einen »fieberhaften Antifaschismus« vor, der wie das »Nachholen eines Widerstands« wirkte, der »damals« von der älteren Generation nicht geleistet wurde. Seinen Ursprung habe diese Haltung in den »Umerziehungskursen« der Amerikaner, die eine »Gegenideologie« aufbauen wollten, womit er auf Waldens Zeit beim *RIAS* anspielte.[604] Ein Argument, das aus der Feder Armin Mohlers hätte stammen können, womit sich Sander intellektuell in die Nähe der Befürworter eines Schlussstriches in der Aufarbeitung der NS-Vergangenheit brachte.

Nun erschien diese Anklage Sanders in der Illustrierten *Kristall* des *Verlages Axel Springer*, in der früh politische Themen verarbeitet wurden – mit Vorliebe eher unreflektierte Fortsetzungsgeschichten über den Zweiten Weltkrieg. Das Magazin wurde somit zu einem Heim für zahlreiche Journalisten mit nationalsozialistischer Vergangenheit. Aufgebaut wurde *Kristall* in den Anfangsjahren nach 1949 von Ivar Lissner, der während des Zweiten Weltkrieges für die Deutsche Abwehr in Japan tätig war, von 1960 bis 1965 bekleidete dann der SS-Mann Horst Mahnke den Chefredakteursposten. Um die Auflage zu steigern, holte er den talentierten Schreiber Paul Karl Schmitt alias Paul Carrell ins Blatt, der ehemals Pressechef unter Joachim von Ribbentropp im Auswärtigen Amt gewesen war.[605] Mit der radikalen »Wundtherapie« Waldens konnten die Herren bei *Kristall* freilich wenig anfangen. Ein Angriff des politisch in dieser

603 Ders., Bonn unter falschem Verdacht, in: Quick – Illustrierte für Deutschland vom 7.6.1964; wiederabgedruckt in: ders., Politik im Visier, S. 36–40, Hervorhebungen im Original. Die Affäre Bütefisch wirbelte einigen Staub auf. Siehe dazu: 1964, in: Der Spiegel vom 8.4.1964; zu einem gesellschaftlichen Wandel in den 1960er Jahre, der sich vordergründig zunächst in einem Anstieg an Konsum und Wohlstand äußerte, siehe überblicksartig: Schildt, Die 60er Jahre in der Bundesrepublik, in: Schildt/Siegfried/Lammers (Hrsg.), Dynamische Zeiten, S. 24–36.

604 Vgl. Hans-Dietrich Sander, Lieben Sie Fernsehen? Wie es uns mißfällt!, in: Kristall – Die außergewöhnliche Illustrierte (1963), H. 10, S. 6–10, hier S. 10.

605 Vgl. Weiß, Journalisten, in: Frei (Hrsg.), Karrieren im Zwielicht, S. 269f. Wie eng das Milieu gestrickt war zeigt beispielsweise die Widmung Armin Mohlers in »Vergangenheitsbewältigung«: »Dem Chronisten des Rußlandkrieges, Paul Carell, der den Deutschen einen Teil ihrer Vergangenheit unverschönt und unverzerrt zurückgegeben hat.«

Hinsicht unbescholtenen Sander musste demnach ganz im Sinne der leitenden Redakteure gewesen sein.

Walden beschwerte sich direkt bei Mahnke über die in seinen Augen ungerechtfertigte Kritik an seiner Arbeit. Sander hatte ihm vorgeworfen, einen »gefährlichen deutschen Neonazismus« heraufzubeschwören, was Walden mit mehreren Beispielen widerlegte.[606] *Kristall* musste Ende 1966 schließlich aus wirtschaftlichen Gründen eingestellt werden. Horst Mahnke allerdings rückte bereits 1965 als Verlagsgeschäftsführer in den Beraterstab Axel Springers. Viele Jahre nach Mahnkes Tod 1985 wurde bekannt, dass er in den 1960er Jahren Interna aus dem *Verlag Axel Springer* an den Bundesnachrichtendienst weitergegeben hatte.[607] Eine Antwort auf die Beschwerde Waldens ist nicht überliefert; der Bitte Waldens, den Brief in der *Kristall* abzudrucken, wurde jedenfalls nicht gefolgt. Obwohl Walden ab 1967 bis zu seinem Tod 1984 immer intensiver in den Verlag Axel Springers eintauchte, ist kein weiterer schriftlicher Kontakt mit Horst Mahnke bekannt. Die Einstellungen der beiden Journalisten waren wohl kaum kompatibel.

Heinrich-Stahl-Preis

Freilich ereilte Matthias Walden nicht nur Kritik für seinen emotionalen Einsatz gegen eine Verdrängung der nationalsozialistischen Vergangenheit aus dem öffentlichen Raum. Von der Jüdischen Gemeinde Berlin erhielt er für seine Dokumentationsreihe »Vor unserer eigenen Tür« den Heinrich-Stahl-Preis, die »denkbar höchste und bewegendste Anerkennung« für einen Journalisten seiner Generation, wie er in seiner Dankesrede sagte. Schon in der dritten Folge der Sendung hatte Heinz Galinski, der Vorsitzende der Jüdischen Gemeinde Berlin, die Arbeit Waldens als »politische Notwendigkeit« gegen die Kritik verteidigt.[608]

In seiner Rede auf der Preisverleihung sagte Galinski, Walden habe mit seinen Filmen und Artikeln beispiellos zur »Demokratisierung in Deutschland« beigetragen.[609] Er verstand den Journalisten also so, wie es dieser wollte. Die beiden fühlten sich einander verbunden. Und noch Jahre später schrieb Walden an Galinski, der Heinrich-Stahl-Preis sei die »beste und ehrendste« Auszeichnung, die er je bekommen habe.[610] Der Text von Waldens Rede erschien wenig später in der Zeitschrift des Bundes der

606 Vgl. Matthias Walden an Horst Mahnke vom 17. Mai 1963 (ASV-UA: NL Walden, Box 41 – SFB-1963).

607 Vgl. Dirk Banse, Der BND bespitzelte Axel Springer (2014). https://www.welt.de/politik/deutschland/article134615228/Der-BND-bespitzelte-Axel-Springer.html (23. Oktober 2019).

608 Vgl. Walden, Vor unserer eigenen Tür (3), Minute 23.

609 Vgl. Heinz Galinski, Typoskript Rede auf der Preisverleihung des Heinrich-Stahl-Preises 1963 (ASV-UA: NL Walden), S. 8.

610 Vgl. Matthias Walden an Heinz Galinski vom 10. September 1971 (ASV-UA: NL Walden, Box 48 – SFB 1971); siehe zu Galinski: Juliane Berndt, »Ich weiß, ich kein Bequemer …«. Heinz

Verfolgten des Naziregimes unter dem Titel »Zu wenig Anti-Nazis in Deutschland«. Walden erneuerte hier seine Forderung der Kollektivverantwortung für die Nazi-Verbrechen und seine Anklage gegen Forderungen eines Schlussstriches:

> Ich habe auch nie zu den Cassandras gehört, die daran glaubten, daß Deutschland noch wieder zu viele alte oder neue Nazis habe. Ich gehöre aber zu den Skeptikern, die fürchten, daß Deutschland zu wenige Anti-Nazis hat.[611]

Aufschlussreich ist in dieser Frage zudem ein Rundfunkinterview Waldens mit Franz Josef Strauß von 1970, in dem sich der Journalist und der CSU-Politiker zwar in vielen Dingen einig waren, in einer Frage aber ganz besonders divergierten. Während Walden von einer angebrachten Bußhaltung der Deutschen wegen der Verbrechen des Nationalsozialismus sprach, warnte Strauß vor einer »Bußeitelkeit« und »geheuchelter Demut«. Der CSU-Vorsitzende formulierte ein lineares Geschichtsbild, das ein Vererben von Schuld nicht beinhaltete.[612] Strauß zeigte sich an dieser Stelle als vorsichtiger Vertreter der Schlussstrich-These Armin Mohlers, den er einige Jahre zuvor für sein Buch »Was die Deutschen fürchten« gelobt und der zu Beginn der 1960er Jahre zu seinem Beraterkreis gehört hatte.[613]

Auf den Bahnen der Totalitarismustheorie C.J. Friedrichs

Das Wesen von Waldens »Anti-Nazismus« setzte sich dementsprechend aus zwei klaren Elementen zusammen. Zum einen die schonungslose Kritik an geistiger und personeller Kontinuität zum »Dritten Reich« aus liberaldemokratischer Überzeugung. Zum anderen betonte er, dass die Bundesrepublik kein »Nazi-Staat« sei. Seine Gesinnung war darüber hinaus Teil einer antitotalitären Grundhaltung, die sich in einem ebenso klaren Antikommunismus äußern musste. An den PEN-Ehrenvorsitzenden Erich Kästner schrieb Walden 1965 beispielsweise in einem offenen Brief:

Galinski – Mahner, Streiter, Stimmer der Überlebenden. Hg. von Andreas Nachama, Berlin 2012.

611 Matthias Walden, Zu wenig Anti-Nazis in Deutschland, in: Die Mahnung im Kampf für Freiheit und Recht vom 1.5.1963.

612 Vgl. Franz Josef Strauß/Matthias Walden, Hörfunkbeitrag Interview mit Franz Josef Strauß (angehört im AdRBB, gesendet am 14. September 1970 im SFB), Minute 20–23.

613 Zur Beziehung zwischen Strauß und Mohler siehe: Karlheinz Weißmann, Armin Mohler. Eine politische Biographie, Schnellroda 2011, S. 135–138; etwas zurückhaltender: Peter Siebenmorgen, Franz Josef Strauß. Ein Leben im Übermaß, München 2017 (2015), S. 362f. Zur positiven Bewertung von Strauß zu Mohlers »Was die Deutschen fürchten«, Vgl. Steber, Die Hüter der Begriffe, S. 296.

> Warum ist es Brauch und Privileg so vieler Denker und Dichter geworden, den alten morschen braunen Splitter im Auge der Demokratie auszubrennen und den roten Balken, der unseren Landsleuten auf den Kehlen liegt, zu übersehen oder ihn weiß zu malen?[614]

In seinem Referat in Tutzing im Juni 1963 hatte er in diesem Sinne gefragt:

> Kann man denn nur entweder gegen die Nazis oder gegen die Kommunisten sein? Muß man denn nicht gegen beide sein, wenn man glaubhaft vor sich und allen anderen bleiben will?[615]

Walden münzte seine Äußerungen in Tutzing geschickt in ein Unverständnis über die Befürworter einer Anerkennung der DDR. Er verstehe die Leute nicht, die in Kanzleramtschef Hans Globke aufgrund seiner NSDAP-Vergangenheit den nahenden Untergang sehen und auf der anderen Seite das Regime Ulbrichts anerkennen wollten, so Walden in polemischer Manier.[616]

So beabsichtigte Walden im ersten Film der Reihe »Vor unserer eigenen Tür« dementsprechend darzustellen, dass die »Parallelen zwischen roten und braunen Nazis« immer größer und präziser würden. [617] Wirksam begann Walden daher seinen Bericht vor der Berliner Mauer. Diese sei ein Erbe der »Nazi-Herrschaft«, genau wie die DDR, deren Einwohner nun seit drei Jahrzehnten in einer Diktatur lebten. Durch die Betrachtung zieht sich unverkennbar Waldens Interpretation einer Vergleichbarkeit der beiden Systeme. Die »Nazis ohne Hakenkreuz« hätten statt Roland Freisler Hilde Benjamin, beide Regime bauten ihre Macht auf Militarismus, Propaganda, Indoktrination der Jugend und Meinungszwang auf.[618]

Einige Jahre später schrieb Joachim Fest zur Vergleichbarkeit von Nationalsozialismus und Kommunismus, beide Ideengebilde folgten dem Gesetz der Utopie, die ihrem Wesen nach eine totale Gesellschaft verlange.[619] Diese Schlussfolgerung liegt auch Waldens Antitotalitarismus zu Grunde. Die Betonung der Fortsetzung totalitärer Herrschaft in der SBZ und der DDR nach 1945 blieb zudem ein Grundmuster von Waldens politischem Denken. Zum 25. Gründungsjubiläum der DDR 1974 wies er

614 Matthias Walden, Sind wir schon wieder soweit? Offener Brief von Matthias Walden an Erich Kästner, in: Quick – Illustrierte für Deutschland vom 5.12.1965.

615 Ders., Referat Tutzing. 14. Juli 1963, S. 31.

616 Vgl. ebenda.

617 Vgl. Rolf Menzel und Matthias Walden an Fritz Bauer vom 12. Dezember 1961 (ASV-UA: NL Walden, Box 9b – 1962(!)).

618 Siehe vor allem: Walden, Vor unserer eigenen Tür (1), Minute 49–52.

619 Vgl. Joachim C. Fest, Der zerstörte Traum. Vom Ende des utopischen Zeitalters, Berlin 1991, S. 84.

darauf beispielsweise in einem langen Artikel in der *Welt am Sonntag* nochmals hin. Äußerst resigniert zeigte er sich über ein Glückwunschtelegramm des US-Präsidenten Gerald Ford an Willi Stoph.[620] Schon einige Tage zuvor hatte er auf einer Doppelseite in der *Welt* eine Chronologie seit der DDR-Gründung entworfen und den totalitären Charakter des SED-Regimes hervorgehoben.[621]

Waldens Haltung bewegte sich eindeutig auf den Bahnen der Totalitarismustheorie Carl Joachim Friedrichs, die zu Beginn der 1960er Jahre durchaus populär war. Gemeinsam mit seinem Schüler Zbigniew Brzezinski veröffentlichte der deutsch-amerikanische Politikwissenschaftler 1956 sein Buch »Totalitarian Dictatorship and Autocracy«, das ein Jahr später auf Deutsch erschien.[622] So zitierte Walden Friedrich, als er sich in der *Welt* gegen den Vorwurf von Günter Grass zur Wehr setzte, der Antikommunismus der Bundesrepublik sei eine Gegenbewegung zum Kommunismus. Das ideelle Fundament von Waldens Antikommunismus war vielmehr die Wesensverwandtschaft von Faschismus und Kommunismus sowie der Sonderform des Nationalsozialismus, die er bei Friedrich und Brezinski fand.[623]

Das zentrale Merkmal der totalitären Diktatur war für Friedrich die ideologische Orientierung der Einparteienherrschaft. Natürlich spielten andere Kategorien, wie die Existenz einer Geheimpolizei, ähnlich wie bei Raymond Aron ebenfalls eine Rolle, doch die Ideologie einer »monopolistischen Partei«, die somit auch die Meinungsbildung kontrollierte, stand im Zentrum von Friedrichs Denken. Anders als bei den prominenten Totalitarismutheoretikern Waldemar Gurian oder Hannah Arendt, war bei Friedrich keine unmittelbar mit dem »Dritten Reich« in Zusammenhang stehende Immigrations- oder Verfolgungserfahrung Auslöser für die Entwicklung seiner Theorie gewesen. Dem bereits 1926 in die USA emigrierten Friedrich ging es in erster Linie um die Abgrenzung der Frage der Staatlichkeit zu Beginn des Kalten Krieges.[624]

620 Vgl. Matthias Walden, Pomp- und Panzerlärm, der nachhallt, in: Welt am Sonntag vom 13.10.1974.

621 Vgl. ders., 25 Jahre, in: Die Welt vom 7.10.1974.

622 Vgl. Carl Joachim Friedrich, Totalitäre Diktatur. In Zusammenarbeit mit Zbigniew K. Brzezinski, Stuttgart 1957.

623 Vgl. Matthias Walden, Couturiers des Anti-Antikommunismus, in: Die Welt vom 2.6.1967. Die Totalitarismustheorie war nie unumstritten. Gerade nach dem Zusammenbruch der Sowjetunion flammte die Diskussion zwischen Verfechtern und Kritikern der Herrschaftstheorie wieder auf. Ein Überblick über die Positionen kann an dieser Stelle nicht geliefert werden. Im Vordergrund steht die Erkenntnis, dass sich Matthias Walden theoretisch an der Totalitarismuskonzeption orientierte, der eine Vergleichbarkeit und Wesensverwandtschaft kommunistischer und faschistischer Diktaturen sowie dem Nationalsozialismus zu Grunde liegt. Für eine umfassende Bilanz über die Totalitarismusforschung siehe: Eckhard Jesse (Hrsg.), Totalitarismus im 20. Jahrhundert. Eine Bilanz der internationalen Forschung, Bonn 1999 (2., erweiterte Auflage).

624 Vgl. Hans J. Lietzmann, Carl Joachim Friedrich (1901–1984), in: Wilhelm Bleek/Hans J. Lietzmann (Hrsg.), Klassiker der Politikwissenschaft. Von Aristoteles bis David Easton, München 2005, S. 179–207, hier S. 184f.

Die Kritiker der Entspannungspolitik der 1960er und 1970er Jahre beriefen sich bevorzugt auf die Theorie Carl Joachim Friedrichs. So schrieb Walden in seinen »Kassandra-Rufen«, er unterstütze die These Friedrichs, dass faschistische und kommunistische totalitäre Systeme grundsätzlich gleichartig seien und erklärte damit seine Ablehnung der ostpolitischen Initiativen der Bundesregierung. So richtig es sei, die spanischen Studenten zu unterstützen, wenn sie für die Freiheit des Westens gegen die Diktatur Francos protestieren, so sehr müsse der opportunistische »Standpunkt des Schweigens« hinsichtlich der Zustände in der DDR kritisiert werden.[625]

Waldens Kampf gegen eine neue Ost- und Deutschlandpolitik muss also unter dieser antitotalitären Prämisse gesehen werden. In der *Welt* schrieb er auf dem Höhepunkt der Neuen Ostpolitik: »Gesinnungsgefängnisse rechts sind nicht besser als Gesinnungsgefängnisse links – und umgekehrt.«[626] In seiner Dankesrede für den Konrad-Adenauer-Preis für Publizistik, den Walden 1972 von der Deutschland-Stiftung verliehen bekam, wies er nochmals auf diese Bedingung eines kämpferischen Antikommunismus hin, der ansonsten tatsächlich zum »Primitivum« verkomme. Mit den Diktaturen Griechenlands, Spaniens und Portugals durften ebenso wenig Kompromisse eingegangen werden wie mit den kommunistischen Regimen, sagte Walden. Unmoralisch sei es, nur die »rechten Despotien« anzuprangern und gleichzeitig einen Ausgleich mit der Breschnew-Doktrin zu suchen.[627]

Waldens Bekenntnis blieb nicht unbemerkt. Kurze Zeit nach seiner Rede zum »Adenauer-Preis« bat ihn die deutsche Sektion von »Amnesty International« um den Einsatz für zwei politisch Inhaftierte: den Baptisten Mikhail Ivanovich Khorev in der Sowjetunion und den politischen Aktivisten Jose Francisco Cunha in Portugal.[628] Mit einem Verweis auf die Seriosität der Organisation schrieb Walden umgehend an die Botschafter der Länder in der Bundesrepublik.[629] In Khorevs Fall kann der Einfluss der Menschenrechtsaktivisten nachvollzogen werden, er blieb aber äußerst gering. Insgesamt vier Mal war der Geistliche in sibirische Gefangenenlager deportiert worden. Erst unter Michail Gorbatschow in der zweiten Hälfte der 1980er Jahre ließ der Druck auf die russischen Baptisten und Khorev nach.[630]

625 Vgl. Walden, Kassandra-Rufe, S. 27f.
626 Ders., Kommunisten als Freiheitskämpfer, in: Die Welt vom 18.2.1972.
627 Vgl. ders., Typoskript Dankesrede Konrad-Adenauer-Preisverleihung der Deutschland-Stiftung vom 6. Mai 1972 (ASV-UA: NL Walden, Box 24 – 1971-1972), S. 1f.
628 Vgl. Elisabeth Mugdan an Matthias Walden vom 18. Mai 1972 (ASV-UA: NL Walden, Box 49 – SFB 1972).
629 Vgl. Matthias Walden an Joa de Freitas-Cruz vom 16. Juni 1972 (ASV-UA: NL Walden, Box 49 – SFB 1972); vgl. Matthias Walden an Walentin Michailowitsch Falin vom 16. Juni 1972 (ASV-UA: NL Walden, Box 49 – SFB 1972).
630 Vgl. Mikhail Khorev, in: The Times vom 16.5.2012.

Die Gründung des deutschen Büros von Amnesty International wurde 1961 bereits federführend von den Journalisten Felix Rexhausen, Jürgen Rühle und dem mehrmals erwähnten Peter Bender vorangetrieben. Für Christina von Hodenberg ist das Projekt ein Zeichen für den demokratischen Eifer der »45er«-Medienelite.[631] Waldens Engagement im Sinne der Ziele von *Amnesty International* zeigte die Ernsthaftigkeit seiner in seinen Zeitungsartikeln propagierten Haltung. Als *Amnensty International* 1977 schließlich für ihr weltweites Engagement gegen die Opfer von Menschenrechtsverletzungen den Friedensnobelpreis verliehen bekam, würdigte Walden dieses Ereignis in einem Abendkommentar im *SFB*. Er hob eine im selben Jahr erschienene Dokumentation der Organisation über die Menschenrechtsverletzungen in der DDR hervor, die deutlich mache, dass die Verletzungen der Menschenrechte keine Erfindung sogenannter Kalter Krieger und entspannungsfeindliche Propaganda seien, sondern »objektive Tatsachen«.[632]

Die Ablehnung kommunistischer Diktaturen war für Walden gar nur durch die Verurteilung ihrer faschistischen Pendants überhaupt möglich. So schrieb er im Sommer 1972 – vielleicht animiert durch sein Engagement für die Menschenrechtsorganisation – unter dem Titel »Der Weg zur Mitte der Vernunft« in der *Welt*, eine Kritik an dem kubanischen Kommunisten Fidel Castro sei nur »glaubwürdig«, wenn man die »unretuschierbare Schrecklichkeit eines Batista« erkenne. Es sei außerdem niemand, der dem russischen Zarentum nachtrauere, dazu berechtigt, die »grausame Unterdrückung der intellektuellen Opposition« in der Sowjetunion zu geißeln. Noch deutlicher wurde er in der Frage der nationalsozialistischen Vergangenheit und rechter Diktaturen:

> Jedes Wort gegen die gewaltsame Teilung Deutschlands wäre verloren ohne die Einsicht in die massenmörderische Schuld des Nazi-Regimes. Jeder Ruf nach Recht und Ordnung verdient hohnlachendes Echo, wenn ihm ein Liebäugeln mit den polizeistaatlichen Methoden Griechenlands oder Spaniens folgte.[633]

Eine »Moral mit zweierlei Maß« beklagte Walden dann nur einige Zeit später in der *Welt* und wehrte sich gegen den Vorwurf des »primitiven Anti-Kommunismus«. Kriterien politischer Moral müssten gegenüber den kommunistischen Despotien ebenso gelten wie beispielsweise gegenüber Griechenland, Südvietnam, Südafrika, Rhodesi-

631 Vgl. Hodenberg, Konsens und Krise, S. 256.
632 Vgl. Matthias Walden, Typoskript Abendkommentar im SFB vom 11. Oktober 1977 (ASV-UA: NL Springer, Box 316), S. 2.
633 Ders., Der Weg zur Mitte der Vernunft, in: Die Welt vom 11.7.1972.

en, Spanien oder Portugal. Doch meinte er, dass ein moralisch motivierter Antikommunismus meist als »weltfremde Sinnlosigkeit« abgetan werde und zur Verschlechterung der Atmosphäre beitrage:

> Zweierlei Maß; obwohl es doch nicht weniger schrecklich ist, als Oppositioneller in einer sowjetischen Irrenanstalt zu verzweifeln als in einem griechischen Gefängnis zu leiden.[634]

Es wurde deutlich, dass für Walden gerade die Erweiterung des Antikommunismus durch einen entschiedenen Antifaschismus den Vorwurf des »Primitivums« ausheble. Wenn man in der Beschreibung der Wirklichkeit schon nach einem Schlagwort suche, so ergänzte er kämpferisch und zynisch, sei dies doch wohl eher das des »primitiven Pro-Kommunismus«.[635] Leitbegriff war für Walden die Freiheit. An anderer Stelle sagte er im Januar 1974: »Das faschistische Spanien kann uns, wenn wir Freiheit sagen, nicht sympathischer sein als das kommunistische Jugoslawien.«[636]

»Sind Antikommunismus und Antisemitismus gleichzusetzen?«

In eine Kontroverse zum Thema der Bedeutung des Antikommunismus in der bundesdeutschen Gesellschaft verwickelte sich Walden einige Zeit später im Sommer 1965 mit dem jüdischen österreichisch-britischen Schriftsteller Robert Neumann. In einer *Quick*-Kolumne hatte er Neumann angegriffen, da dieser in einem Erinnerungsbuch die »Hetze gegen die Kommunisten« in der Bundesrepublik als Erbe der »Hetze gegen die Juden« im »Dritten Reich« bezeichnet hatte.[637] Für Walden war dies eine infame Behauptung, die er sogleich zu entkräften versuchte. Als »Hetze« könne nur der Antisemitismus des Nationalsozialismus verstanden werden, doch der Kommunismus sei Nachkriegsdeutschlands Unglück, dem sich einige Menschen aus freien Stücken verschrieben hatten. Walden erkannte die Prämisse Neumanns, den Antisemitismus nicht als rassistisches, sondern soziales Phänomen zu verstehen und wehrte sich dagegen.

Zudem löste Walden den Antikommunismus in der Bundesrepublik von dem Vorwurf der Gegenideologie, da er sich eben nicht gegen einen ideologischen »Ideal-

[634] Ders., Moral mit zweierlei Maß. Über den Begriff des »primitiven Anti-Kommunismus«, in: Die Welt vom 28.5.1973.

[635] Vgl. ebenda.

[636] Ders., Freiheit, die wir meinen. Rede auf der Berliner Tagung der Deutschen Burschenschaft vom 5. Januar 1974, in: Deutsche Burschenschaft (Hrsg.), Für Einigkeit und Recht und Freiheit. Die Geschichte der Berliner Tagungen der Deutschen Burschenschaft von 1952 bis 1989 – Herausgegeben von Wolfgang Bluhm, Emmerich 2001, S. 306–318, hier S. 312.

[637] Vgl. Robert Neumann, Ein leichtes Leben. Bericht über mich selbst und Zeitgenossen, München – Wien – Basel 1963, S. 536.

Kommunismus« im Sinne von Marx, Engels und Lenin richte, an den ohnehin niemand mehr glauben könne:

> Das, was Sie ›Hetze gegen Kommunisten‹ nennen, wendet sich nicht gegen ideologische Überzeugungen, nicht gegen den Glauben an eine Theorie, sondern gegen Täter am Tatort. [...] Der Anti-Kommunismus unserer Tage ist in erster Linie eine geistige (nicht immer geistreiche) Aggression gegen eine utopische Ideologie und ihre kriminelle Praxis.[638]

Deutlich erkennbar wird hier erneut die Unterscheidung in Waldens politischem Denken eines antitotalitär motivierten Antikommunismus und eines konservativen Anti-Utopismus.

Neumann wehrte sich aufgebracht gegen diese in seinen Augen Vereinfachung seines Gedankens. Er habe lediglich behauptet, die DDR-Bürger würden in dem Antikommunismus in Westdeutschland etwas Ähnliches sehen wie den Antisemitismus des »Dritten Reiches«. Betrachtet man Neumanns Schilderung im Kontext, stimmt dies zwar, doch räumt er mit diesem Vorwurf nicht auf.[639] Diese Verzerrung Waldens zeige sich laut Neumann schlussendlich in dessen Bild von der DDR.[640] Nun fühlte sich wiederum Walden missverstanden.[641] Nach dem scharfen Ton der Kolumnen etwas unerwartet, trafen sich die beiden einige Wochen später im Oktober 1965 zu einem Hörfunkgespräch zu dem Thema »Sind Antikommunismus und Antisemitismus gleichzusetzen?« im *SFB*.

So richtig kamen sie freilich nicht zueinander, doch waren sich Neumann und Walden in ihrer Abscheu gegenüber der nationalsozialistischen Judenverfolgung einig und sahen sich gemeinsam auf dem Boden der liberalen Demokratie. Das Gespräch fand somit in einer erstaunlich angenehmen Atmosphäre statt. Aneinander gerieten sie letztlich, als Walden seine »Legitimierung des Hasses« gegen Kommunisten untermauerte, was in seinen Augen nicht gegen eine »demokratische Toleranz« verstoße. Neumann versuchte den Journalisten dazu zu bewegen, jedem Kommunisten zunächst einen »benefit of the doubt« zu geben und nicht in einer »Kalte-Krieger-Mentalität« zu verallgemeinern. Der Versuch blieb erfolglos. Wer sich zum Kommunismus

638 Matthias Walden, Nicht jeder Hass ist schlecht. Offener Brief von Matthias Walden an Robert Neumann, in: Quick – Illustrierte für Deutschland vom 4.7.1965.

639 Vgl. Neumann, Ein leichtes Leben, S. 535f.

640 Vgl. ders., Antwort auf den offenen Brief von Matthias Walden, in: Quick – Illustrierte für Deutschland vom 25.7.1965.

641 Vgl. Matthias Walden, Antwort auf den offenen Brief von Robert Neumann, in: Quick – Illustrierte für Deutschland vom 25.7.1965.

bekenne, akzeptiere die Morde in kommunistischen Systemen; so vertrat Walden seine Haltung vehement.[642]

Das Gespräch zwischen Neumann und Walden zeigte im Grunde ein verschiedenartiges Verständnis politischer Ideen. Neumann verglich den Kommunismus mit der Demokratie und fragte Walden, ob er denn hinter all dem stehe, was im Namen der Demokratie gemacht werde. Die Antwort Waldens hingegen zeigt aufschlussreich, dass er in der Demokratie keine Ideologie verstand, die daher nicht in ein totalitäres System entarten konnte. Das demokratische System mache es ihm ja gerade möglich zu differenzieren und zu polemisieren, was im Kommunismus nicht gehe.[643] Im Kern also das, was Arthur Schlesinger Jr. 1949 im *Vital-Center-Liberalismus* ausgeführt hatte. Die individuelle Freiheit schütze die liberale Demokratie vor der Transformation in ein totalitäres System oder in eine politische Religion.[644]

Das Verschwinden der Bedrohung

Der Antitotalitarismus von Matthias Walden gliederte sich in die politische Kultur der frühen Bundesrepublik ein. Der Grundsatz der »wehrhaften Demokratie« hielt sogar Einzug in die Verfassung und in der doppelten Abgrenzung gegen die Diktatur des Nationalsozialismus sowie das SED-Regime konnte sich die Nachkriegsgesellschaft in der parlamentarischen Demokratie stabilisieren, wie der Historiker Anselm Doering-Manteuffel schreibt. Nicht unkritisch meint der Verfechter der »Westernisierungstheorie« allerdings, dass vielen dadurch eine »vermeintliche Distanz« zum »Dritten Reich« erleichtert wurde, solange sich nur deutlich genug gegen die DDR geäußert wurde.[645]

Für Waldens politisches Denken kann dies nicht gelten. Ihn trieb allerdings das um, was Doering-Manteuffel als intellektuellen Substanzverlust des Antikommunismus in Deutschland beschrieb, der in den frühen 1960er Jahre einsetzte. Den intellektuellen Kontext dafür bildete der Durchbruch neomarxistischer Theorien in der Bundesrepublik Deutschland, die sich nicht zuletzt an der Resonanz des deutsch-amerikanischen Philosophen Herbert Marcuse zeigte. Marcuse war nach der »Machtergreifung« Hitlers zunächst in die Schweiz und dann in die USA emigriert.[646] Nach dem Krieg war er in

642 Vgl. Robert Neumann/Matthias Walden, Hörfunkksendung Das Thema: Sind Antikommunismus und Antisemitismus gleichzusetzen? (angehört im AdRBB, gesendet am 7. Oktober 1965), Minute 24–26.

643 Vgl. ebenda, Minute 28.

644 Siehe nochmals: Schlesinger Jr., The Vital Center, S. 246.

645 Vgl. Anselm Doering-Manteuffel, Der Antikommunismus in seiner Epoche, in: Norbert Frei/Dominik Rigoll (Hrsg.), Der Antikommunismus in seiner Epoche. Weltanschauung und Politik in Deutschland, Europa und den USA, Göttingen 2017, S. 11–29, hier S. 22.

646 Vgl. ebenda, S. 25f.

den amerikanischen Geheimdiensten in der Gegnerforschung tätig. Erst in den 1960er Jahren wurde er zum Symbol einer »Neuen Linken«.[647]

Das Unbehagen Waldens eines in dieser Folge vermeintlichen Bedeutungsverlusts des Antikommunismus in der politischen Kultur der Bundesrepublik zeigte sich beispielsweise an seinen Erfahrungen einer Podiumsdiskussion an der Technischen Universität Berlin. Er verarbeitete diese Erfahrung in seiner Kolumne mit dem Titel »Ist Rot schöner als Braun?«. Später wurde der Text erneut mit der Überschrift »Muß die Bundesrepublik an sich zweifeln oder verzweifeln? *Komplexe am Rhein*« abgedruckt, da die anwesenden Studenten antikommunistische Äußerungen als demokratiegefährdend bezeichnet hatten.[648]

Auf der Veranstaltung, die im März 1964 von der »Humanistischen Union« organisiert wurde, wurde Walden mehrmals wegen seiner Vergleiche von faschistischen und kommunistischen Systemen kritisiert. Daraufhin stellte er die Frage, ob nicht eher diese Haltung eine Gefahr für die freiheitliche Ordnung der Demokratie darstelle. Diese müsse es aushalten, wenn der Schriftsteller Rudolf Krämer-Badoni seine kommunistischen Kollegen als »käufliche Tintenbuben« bezeichnete und Walden auf der anderen Seite ehemalige »Nazis« in Bonn aufspüre.[649]

Wie erstaunlich diese Kombination wahrgenommen wurde, zeigte sich zwei Jahre später, als eben jener Krämer-Badoni auf einer Veranstaltung zum Volkstrauertag in Saarbrücken einen kleinen Eklat auslöste. Anders als von dem scharf antikommunistischen Schriftsteller erwartet, las er nicht feierlich »Gedenk-Schnörkel« ab. Krämer-Badoni ging vielmehr mit den Wehrmacht-Soldaten hart ins Gericht:

> Wie, so frage ich Sie und mich. Wie also sollen wir die Toten der zwei letzten Kriege feiern? Können wir sagen: Sie standen an den Thermopylen und kämpften bis auf den letzten Mann gegen die anstürmenden Barbaren? Wir können es nicht. Die Barbaren im letzten Kriege waren wir. [...] Soll ich Menschen feiern, die mit Genickschüssen, Knüppeln, Hunger, Vivisektion, Fleischerhaken und Krematorien gegen wehrlose Menschen vorgingen und Millionen von jüdischen Mitbürgern, ausländischen Juden, antinazistischen Mitbürgern und fremden Geiseln abschlachteten wie Berufsschlächter?[650]

[647] Zum intellektuellen Werdegang Marcuses siehe: Tim B. Müller, Vom radikalen Intellektuellen zum Kalten Krieger (und zurück)? Herbert Marcuse, die Marxismusforschung und der Liberalismus zwischen den dreißiger und den fünfziger Jahren, in: Alexander Gallus/Axel Schildt (Hrsg.), Rückblickend in die Zukunft. Politische Öffentlichkeit und intellektuelle Positionen in Deutschland um 1950 und um 1930, Göttingen 2011, S. 335–355.

[648] Matthias Walden, Ist Rot schöner als Braun?, in: Quick – Illustrierte für Deutschland vom 8.3.1964; wiederabgedruckt in: ders., Politik im Visier, S. 73–77.

[649] Vgl. ders., Ist Rot schöner als Braun?, in: Quick – Illustrierte für Deutschland vom 8.3.1964, S. 59.

[650] Rudolf Krämer-Badoni, Die Barbaren waren wir, in: Der Spiegel vom 21.11.1966, S. 58.

Hinterbliebenenverbände und die CDU-Landesregierung waren verärgert, wie *Der Spiegel* berichtete.[651] Obwohl ab 1933 NSDAP-Mitglied gewesen und als Sanitäter auch Teilnehmer am Zweiten Weltkrieg, ähnelte die Haltung Rudolf Krämer-Badonis der von Matthias Walden.

Walden stemmte sich in der Frage der antikommunistischen Kultur der Bundesrepublik Deutschland ebenso wie im Bereich der Ost- und Deutschlandpolitik gegen einen immer deutlicher spürbaren Wandel. Das zeigte sein bereits erwähnter »Konvergenz«-Aufsatz in Kappe-Hardenbergs gesellschaftskritischem Band »Wohin treibt Deutschland?« 1973. Walden fragte in seinem Text nach der Wirkmacht der »Freiheit im Sinne der parlamentarischen Demokratie« in der Bundesrepublik Deutschland. Das einstige Ziel einer Anpassung der kommunistischen Systeme an diese Freiheit sei aus dem öffentlichen Diskurs verschwunden. Mit dem Wahlkampfslogan »demokratischer Sozialismus« von 1972 habe sich insbesondere die SPD gänzlich einer Synthese von westlicher Demokratie und östlichem Sozialismus verschrieben.[652]

Waldens Aufsatz wurde außerdem in der Beilage *Aus Politik und Zeitgeschichte* der Wochenzeitung *Das Parlament*, die von der Bundeszentrale für politische Bildung herausgegeben wurde, abgedruckt. Hierdurch erhielt der Text eine breite Rezeption wie ein kritischer Briefwechsel zwischen Walden und Günther Nollau zeigte. Der Begriff der »Konvergenz« war dem Verfassungsschutz-Präsidenten Nollau einige Spuren zu polemisch. Walden glaube ja wohl nicht, dass Brandt, Bahr, Schmidt und Wehner Deutschland »kommunistisch« machen wollen, fragte Nollau ironisch. Zudem werde die Bonner Politik von den »konservativen Regierungschefs« Nixon, Pompidou und Heath gebilligt.[653] Vor allem Waldens Reaktion auf Nollaus Verweis zu den konservativ geführten westlichen Bündnispartnern zeigte dessen pessimistische Grundeinstellung in Sachen Ostpolitik und antitotalitärem Freiheitsbewusstsein. Es habe schließlich genauso einmal die Herren Daladier und Chamberlain gegeben, erwiderte er kämpferisch.[654]

Schon 1963 berichtete Walden in einem Essay über eine Begegnung mit einem journalistischen Kollegen – wohl Thilo Koch –, der ihn wegen seiner zu scharfen und polemischen Kommentare kritisiert hatte, mit denen man nichts erreiche. Die Kernaussage sei laut Walden gewesen, man müsse akzeptieren, mit dem Kommunismus zu leben. Dies bedeute aus seiner Sicht allerdings, irgendwann hinnehmen zu können, unter dem Kommunismus zu leben.[655] Walden wurde mehr und mehr zu einem Mahner, an dem die gesellschaftspolitischen Entwicklungen vorbeizogen.

651 Vgl. Gedenktage. Gewisser Schrott, in: Der Spiegel vom 21.11.1966, S. 57–59.
652 Vgl. Walden, »Konvergenz«, in: Kappe-Hardenberg (Hrsg.), Wohin treibt Deutschland?, S. 37f.
653 Vgl. Günther Nollau an Matthias Walden vom 15. Mai 1973 (ASV-UA, NL Springer: Box 207).
654 Vgl. Walden an Nollau, 16.5.1973, S. 2.
655 Vgl. Walden, ostblind – westblind, S. 236f.

Das Szenario eines kommunistischen Systems in Westdeutschland sollte keine Durchschlagskraft erreichen. Es kann aber in der Tat in einem längeren Prozess von 1956 bis in die Mitte der 1960er Jahre bei den politischen Eliten der Bundesrepublik ein Verschwinden der Bedrohungswahrnehmung des Kommunismus beobachtet werden.[656] Im Zusammenspiel mit den Initiativen einer neuen Ost- und Deutschlandpolitik und den weiter unten beschriebenen Studentenprotesten in der zweiten Hälfte der 1960er Jahre wurde somit der antikommunistische Konsens der Bundesrepublik Deutschland in Frage gestellt.[657] Dieser war, wie gezeigt, ein Grundantrieb der ideellen Integration Matthias Waldens in die bundesrepublikanische Gesellschaft Anfang der 1950er Jahre gewesen.

In der politischen Kultur der Bundesrepublik war dieser Wandel zum Beispiel an der intellektuellen Annäherung des einst kämpferisch-antikommunistischen CCF und der Gruppe 47 um Hans-Werner Richter nach 1961 zu beobachten. Eine Ursache des Wandels des Antikommunismus schien also sein Erfolg zu sein. Mit der Zeit wirkte die Unterstützung für den Kommunismus in der Bundesrepublik so schwach, dass sich Netzwerke wie der CCF in der Lage sahen, nach links zu öffnen, meint der Historiker Hermann Wenkter. Konsequenterweise ließen die Angriffe der DDR auf den Antikommunismus der Bundesrepublik nach, blieben dafür nach dem Grundlagenvertrag 1972 schließlich kaum noch Anhaltspunkte.[658]

Dass sich Walden 1963 in Tutzing bereits selbst hinsichtlich dieser Entwicklung als »Anti-Modisch« bezeichnet hatte, sagt einiges über sein politisches Gespür aus. Bei vielen galt er mit seiner Haltung dementsprechend bald als Blockierer. So respektvoll und sympathisch der gegenseitige Umgang miteinander noch war, in Waldens politischem Denken wurde nicht weniger als eine »Gefahr« für die politische Kultur der Bundesrepublik gesehen. So beschrieb Robert Neumann sein Aufeinandertreffen mit dem Journalisten einige Jahre später wie folgt:

> Der Mann, den ich traf, war das Gegenteil des von mir erwarteten alten Rabauken: ein ernster, sympathischer, kultivierter, ungewöhnlich gut aussehender

656 Vgl. Wentker, Antikommunismus in der frühen Bonner Republik, in: Creuzberger/Hoffmann (Hrsg.), »Geistige Gefahr«, S. 367; siehe ebenfalls: Till Kössler, Die Grenzen der Demokratie. Antikommunismus als politische und gesellschaftliche Praxis in der frühen Bundesrepublik, in: Stefan Creuzberger/Dierk Hoffmann (Hrsg.), »Geistige Gefahr« und »Immunisierung der Gesellschaft«. Antikommunismus und politische Kultur in der frühen Bundesrepublik, München 2014, S. 229–250, hier S. 249f.

657 Vgl. Sywottek, Nationale Politik als Symbolpolitik, in: Schildt/Siegfried/Lammers (Hrsg.), Dynamische Zeiten, S. 357.

658 Vgl. Wentker, Antikommunismus in der frühen Bonner Republik, in: Creuzberger/Hoffmann (Hrsg.), »Geistige Gefahr«, S. 367f.; siehe zum Wandel des CCF auch: Geppert, Intellektuelle und Antikommunismus, in: Creuzberger/Hoffmann (Hrsg.), »Geistige Gefahr«.

junger Mann – der, als ich ihn vor dem Mikrofon so beschrieb, auf eine verblüffend jungmännlich-jungmädchenhafte Weise errötete. Dies war der Schurke monopolkapitalistischer Kreise in Bonn und Washington, wie man ihn im Osten sieht? Er äußerte Markiges, er sah nun einmal rot, wenn er Rot sah - aber auch in dem, was er gegen die Nazis sagte, war er nicht ohne Markigkeit. Sein Weltbild etwa dem des Axel Springer entsprechend. So sehr guten Glaubens, daß ihnen das Missionsbewußtsein aus allen Poren schwitzt. Diese Ehrenmänner sind die verlorensten. Und die gefährlichsten.[659]

Waldens Kampf gegen einen in seinen Augen besorgniserregenden Wandel der Bonner Ost-und Deutschlandpolitik wurde ausführlich beschrieben. Handlungsleitend für den Journalisten war, wie gezeigt, ein Antitotalitarismus auf Basis eines demokratischen *Vital Centers*. 1963 hatte er hinsichtlich eines »Anti-Nazismus« allerdings bereits festgestellt, Adenauer habe mit seiner »fatalen Toleranz« den Deutschen womöglich die »Selbstzerfleischung« erspart, die ohnehin an »moralischer Entkräftung« litten: »Hier ist kaum noch etwas nachzuholen, kaum noch etwas zu lindern, hier ist nur etwas zu beklagen. Und Klagen sind keine Alternativen.«[660] Grund dafür sei auch der Opportunismus der SPD gewesen, die sich als Opposition ebenfalls nicht klar zu einem »Anti-Nazismus« bekannt habe.[661]

Als im Wahlkampf 1965 Willy Brandt allerdings von einigen Unions-Politikern wegen seiner Emigration im »Dritten Reich« angegriffen wurde, verteidigte Walden den SPD-Spitzenkandidaten gegen die »unteren Schichten der Regierungsparteien«:

Es war damals zwischen 1933 und 1945 ehrenhafter für einen Deutschen, eine norwegische Uniform zu tragen als eine braune deutsche oder eine schwarze deutsche oder auch, in vielen Fällen, eine feldgraue deutsche.[662]

Seine Haltung, die der angesprochene Willy Brandt in einem Leserbrief an die *Quick* 1963 als »nobel und klar«[663] goutiert hatte, griff Walden pointiert in seiner Dan-

659 Robert Neumann, Vielleicht das Heitere. Tagebuch aus einem andern Jahr, München – Wien – Basel 1968, S. 588.

660 Walden, Adenauer, in: Quick – Illustrierte für Deutschland vom 20.10.1963.

661 Vgl. ebenda; zu der natürlich weitaus differenzierten Haltung der SPD zur Vergangenheitsbewältigung siehe zusammenfassend: Kristina Meyer, Die SPD und die NS-Vergangenheit 1945–1990, Göttingen 2015, S. 501–519.

662 Matthias Walden, Die Legende einer Niederlage, in: Quick – Illustrierte für Deutschland vom 21.11.1965; siehe zu den Attacken im Wahlkampf beispielsweise: Einhart Lorenz, Willy Brandt. Deutscher – Europäer – Weltbürger, Stuttgart 2012, S. 130.

663 Willy Brandt, Kommentar auf Matthias Waldens Kolumne »Legende einer Niederlage«, in: Quick – Illustrierte für Deutschland vom 12.12.1965.

kesrede für den Adenauer-Preis der Deutschland-Stiftung 1972 nochmals auf. Wer Brandt wegen seines norwegischen Exils beziehungsweise Herbert Wehner aufgrund seiner kommunistischen Vergangenheit verachte oder in Egon Bahr einen sowjetischen Agenten sehe, der handele »rufmörderisch«. Einem kritischen Leser der *Welt*, in der die Rede am Tag nach der Verleihung in Auszügen abgedruckt wurde, erklärte sich Walden detailliert. Die politische Vergangenheit der Meinungsgegner dürfe nicht zum Maßstab der Kritik werden, schließlich sei auch Ernst Reuter einmal Mitglied der Kommunistischen Partei gewesen. Er fügte etwas zynisch hinzu, dass »im Übrigen« viele ehemalige Nationalsozialisten für sich in Anspruch nähmen, sich gewandelt zu haben und ebenfalls nicht an ihrer Vergangenheit gemessen werden wollten.[664]

Die SPD-Zeitung *Vorwärts* berichtete zwar kritisch, Walden versuche »Distanz zu falschen Freunden« zu wahren, doch erscheint seine Haltung durchaus glaubwürdig. Der *Vorwärts* stellte ebenso anerkennend fest, dass im Saal »absolute Stille« und »peinliche Betroffenheit« herrschte, als Olaf von Wrangel in seiner Laudatio auf Matthias Walden dessen publizistischen Einsatz für die Männer des 20. Juli würdigte.[665]

Die Passage aus Wrangels Rede ist mithin eine der treffendsten Beschreibung über den geistigen Kompass Waldens. Wie ein roter Faden ziehe sich der Kampf gegen den Totalitarismus durch die Publikationen des Journalisten, so der langjährige Freund Waldens. Nur durch das Verständnis des »nachdenklichen Matthias Waldens«, der mit der Bundesrepublik haderte, da sie ihm nicht »antinazistisch« genug war, verstehe man laut Wrangel den »Streiter gegen eine schäbige Politik der Anpassung« an die kommunistischen Regime. Walden sei zu einem Verfechter einer Politik geworden, die sich nicht von Moskau in die Knie zwingen lasse, zu einem Kritiker der geistigen Konstitution der Bundesrepublik und einem Mahner für die Freiheit Berlins.[666] Der streitbare Charakter seiner Kommentare und die tiefe Überzeugung seiner oft polemisch vorgetragenen Haltung führten Walden in öffentliche Kontroversen über die politische und gesellschaftliche Entwicklung der Bundesrepublik Deutschland. Dies berührte in vielen Fällen seine grundlegende Auffassung zum Meinungsstreit und Intellektuellenbild wie im kommenden Abschnitt gezeigt werden soll.

664 Vgl. Matthias Walden an J. Schumann vom 10. Mai 1972 (ASV-UA: NL Walden, Box 24 – 1971/72).

665 Vgl. Hans H. Hahn, Konrad-Adenauer-Preis. »Aufatmen in der Wirrnis«, in: Vorwärts – Sozialdemokratische Wochenzeitung vom 11.5.1972.

666 Vgl. Wrangel, Laudatio, in: Deutschland-Stiftung E.V. (Hrsg.), Festschrift zur Verleihung der Konrad-Adenauer-Preise 1972.

Gegen die »Idealisierung des Politischen«: Walden und die Intellektuellen

Zu einem Schlüsselereignis der gesellschaftlichen Entwicklung der Bundesrepublik Deutschland wurde die sogenannte *Spiegel*-Affäre im Oktober 1962. Der öffentliche Skandal um das Hamburger Nachrichtenmagazin wirkte wie ein »später Protest« der Intellektuellen für Meinungs- und Pressefreiheit, in dessen Windschatten sich der Typus des journalistischen Intellektuellen zu bilden schien, so der Historiker Frank Bösch. Ausgelöst wurde die Affäre durch einen Artikel Conrad Ahlers' über die mangelnde Abwehrbereitschaft der Bundeswehr und das NATO-Manöver »Fallex62«, der gespickt mit internen Informationen des Bundesverteidigungsministeriums war.[667] Auf der anderen Seite wird in der historischen Forschung seit einiger Zeit diskutiert, ob die *Spiegel*-Affäre nicht als Auslöser, sondern Endpunkt dieser Entwicklung gesehen werden kann. In den vorangegangenen Jahren hatten zahlreiche Skandale – nicht zuletzt die Honoraraffäre Rolf Menzels und Matthias Waldens nur einen Monat zuvor – zu einer Emanzipation der öffentlichen Meinung gegenüber der staatlichen Autorität geführt.[668]

Das rigorose Vorgehen der Staatsgewalt in der *Spiegel*-Affäre sucht unabhängig davon aber seinesgleichen. Ahlers wurde in der Nacht vom 26. auf den 27. Oktober auf Initiative von Verteidigungsminister Franz Josef Strauß in einem spanischen Urlaubsort festgenommen, er blieb 55 Tage in Haft. Am 27. Oktober stellte sich Rudolf Augstein den Behörden; der *Spiegel*-Herausgeber und Chefredakteur sollte mit 103 Tagen am längsten von allen inhaftierten *Spiegel*-Redakteuren im Gefängnis bleiben. Unter anderem waren dies Chefredakteur Claus Jacobi (18 Tage in Haft) und der Bonner Büroleiter Hans Dieter Jaene (1 Tag in Haft) sowie der *Spiegel*-Verlagsdirektor Hans Detlev Becker (34 Tage in Haft). Vor allem Strauß überschritt damit augenscheinlich seine Kompetenzen als Verteidigungsminister. Politisch war der CSU-Vorsitzende nicht mehr haltbar. Um ihm die Schmach des öffentlichen Eingeständnisses seines Fehlverhaltens zu ersparen, traten – auf Druck der FDP-Minister, aber auch CDU-Kabinettsmitglieder wie Paul Lücke – alle Minister zurück und die ganze Aktion wurde als Kabinettsumbildung deklariert. Eine Konsequenz der *Spiegel*-Affäre war sicherlich die Beschleunigung des Rücktritts Konrad Adenauers als Bundeskanzler ein Jahr

667 Vgl. Frank Bösch, Später Protest. Die Intellektuellen und die Pressefreiheit in der frühen Bundesrepublik, in: Dominik Geppert/Jens Hacke (Hrsg.), Streit um den Staat. Intellektuelle Debatten in der Bundesrepublik 1960–1980, Göttingen 2008, S. 91–112.

668 Vgl. Hodenberg, Die Journalisten und der Aufbruch zur kritischen Öffentlichkeit, in: Herbert (Hrsg.), Wandlungsprozesse in Westdeutschland; siehe auch: dies., Konsens und Krise, S. 323–360. Hans-Ulrich Wehler stellt hingegen anlässlich einer Konferenz zu 50 Jahren *Spiegel*-Affäre den solitären Charakter der Affäre heraus, ohne jedoch die Deutung Hodenbergs gänzlich zu widerlegen: ders., Weckruf für die Demokratie, in: Doerry/Janssen (Hrsg.), Spiegel-Affäre.

später.[669] Die Ermittlungsverfahren wegen Landesverrat gegen Ahlers, Augstein und Becker wurden Mitte 1965 aus Mangel an Beweisen eingestellt. Eine Verfassungsbeschwerde des *Spiegels* wurde allerdings 1966 bei Stimmengleichheit der Verfassungsrichter ebenfalls abgelehnt.[670]

Walden und die Spiegel-Affäre

Etwas unglücklich wirkte Matthias Walden mit der Situation, in der sich der *Spiegel* nun befand. Die Formel protestierender Studenten vor dem Hamburger Gefängnis, »Spiegel tot! Freiheit tot!«, bezeichnete er in einem langen Wochenkommentar im *SFB* als »albern«, »großen Unfug« und »blödsinnige Gleichung«: »Wären der Spiegel und unsere Freiheit identisch, dann könnten wir diese Freiheit getrost tot sein lassen und twistend zu ihrer Beisetzung gehen.«[671] Obwohl er sich angesichts drängender internationaler politischer Komplexe wie der Kuba-Krise und dem indisch-chinesischen Grenzkrieg nicht zur *Spiegel*-Affäre äußern wollte, tat er dies zwei Wochen nach den Verhaftungen nun doch.[672]

Vor dem Hintergrund von Waldens angloamerikanischen Verständnis von Journalismus und alldem, was ihn einer zeitkritischen Medienelite zuordnete, konnte ihm das Vorgehen der Behörden nicht behagen. In einem späteren Fernsehfeuilleton sollte er einmal sagen, dass zwei Elemente der politischen Freiheit das »Reden ohne Vorschrift« und das »Lesen ohne Zensor« seien.[673] Und in seinem Fernsehkommentar 1962 sagte er: »Adenauer, Höcherl [Bundesinnenminister Hermann Höcherl, NL] und Strauss haben offenbar nicht begriffen, daß es um die Rechtspraxis geht, die sie gefälligst ernst zu nehmen und zu respektieren haben.« Auch die Vorstellung, wie der ihm bekannte und als angenehmer Kollege empfundene Ahlers in Spanien abgeführt wurde, rief bei Walden Beklemmungen hervor.[674]

Aber – und das war ein großes Aber – die »Märtyrerpose«, in die sich der *Spiegel* nun bringen würde, gefiel ihm gar nicht. Sie hatte für ihn etwas »schaustellerisches«. Und dass die folgende Ausgabe des *Spiegel* mit Bildern der verhafteten Redaktionsmitglieder auf der Titelseite erschien, sei außerdem ein Beweis dafür, dass die Pressefrei-

669 Vgl. Frank Bösch, Die SPIEGEL-Affäre und das Ende der Ära Adenauer, in: Martin Doerry/ Hauke Janssen (Hrsg.), Die Spiegel-Affäre. Ein Skandal und seine Folgen, München 2013, S. 215–230, hier S. 225f.

670 Zum Verlauf der Affäre überblicksartig: Hodenberg, Konsens und Krise, S. 328f.; und ausführlicher über die Maßnahmen gegen Augstein und den *Spiegel*: Merseburger, Rudolf Augstein, S. 213–289.

671 Matthias Walden, Typoskript: Wochenkommentar im SFB vom 11. November 1962 (ASV-UA: NL Walden, Ordner: Wochen-Kommentare 1956–1964), S. 1.

672 Vgl. ebenda.

673 Vgl. ders., Fernsehdokumentation: Die kleinen Freiheiten – ein politisches Feuilleton. Erstsendung 10.12.1964 (eingesehen im AdRBB), Minute 30.

674 Ders., Kommentar SFB, 11.11.1962, S. 2f.

heit in der Bundesrepublik nicht vor dem Abgrund stehe.[675] Tatsächlich konnte *Der Spiegel* den Nimbus des Angriffs auf das Magazin nutzen und seine Auflagenzahlen in der Folge stetig steigern. Axel Schildt spricht für die Phase nach der *Spiegel*-Affäre bis zum Ende der 1960er Jahre allgemein von einer »linksliberalen Wende« der Publizistik. *Die Zeit* entwickelte sich wie bereits erwähnt zur auflagenstärksten Wochenzeitung der Republik und die linke Studentenzeitschrift *konkret* konnte – unter anderem mit Hilfe erotischer Titelblätter – eine sechsstellige Auflage erreichen.[676]

Waldens Aussage war dennoch etwas zynisch, denn er erwähnte das »Redaktionsasyl« anderer großer Zeitungen zwar, doch sei ein Erscheinen der nächsten Ausgabe ohne dies kaum möglich gewesen. In eine ähnliche Richtung gingen indes seine Ausführungen zu den Methoden des *Spiegels*. Liege der Verdacht des Landesverrats erstmal auf dem Tisch, müsse dem nachgegangen werden. Als »miesen Stil«, »eine überflüssige Unaufrichtigkeit« und »ein peinliches Taktieren« bezeichnete Walden allerdings ebenso hart die Fehlinformationen Strauß' an das Parlament, hinsichtlich seines Einflusses auf die Verhaftung von Conrad Ahlers.

All diese Ereignisse reichten aber nicht, um sich vor einem »Exitus der Demokratie« zu fürchten, relativierte er. Dennoch, selbst wenn der *Spiegel* in der Vergangenheit mit aus seiner Sicht qualitätsarmen Arbeiten dem Minister einige Male übel mitgespielt habe, spräche es gegen Strauß, wenn die Aktion gegen das Magazin ein »persönlicher Racheakt« gewesen wäre.[677] Wenige Monate später konstatierte Walden in der Diskussion um einen Nachfolger Konrad Adenauers zudem: »Sollen wir Strauß nachweinen und beklagen, daß er ausglitt und sich die Karriere verstauchte? Ich glaube nicht.«[678] Er sei zwar der Intelligenteste und Energischste im Bewerberfeld gewesen, doch hätten ihn wohl alsbald seine Fingerspitzen im Stich gelassen.[679]

Letztlich fasste Walden seine Haltung zur *Spiegel*-Affäre pointiert zusammen:

> 1. Landesverrat ist eine üble Sache und wo der Verdacht besteht, muß scharf reagiert werden. Daran ist nicht zu rühren.
>
> 2. Der Schutz der Pressefreiheit gebührt auch einem umstrittenen und fragwürdigen Blatt.

675 Vgl. ebenda, S. 1–3.
676 Vgl. Schildt, Die 60er Jahre in der Bundesrepublik, in: Schildt/Siegfried/Lammers (Hrsg.), Dynamische Zeiten, S. 40f.
677 Zu den Äußerungen, siehe: Walden, Kommentar SFB, 11.11.1962, S. 4–7.
678 Ders., Wenn der Alte geht, in: Quick – Illustrierte für Deutschland vom 17.3.1963.
679 Vgl. ebenda.

> 3. Die Demonstrationen zugunsten des Spiegels haben gezeigt, daß es an der Zeit ist, sich über den Charakter des Blattes klar zu werden.
>
> 4. Der politische und rechtliche Stil der Bundesbehörden war unter allem Niveau.
>
> 5. Die Freiheit ist nicht in Gefahr.
>
> 6. Die Aufregung war gut, wo sie zu unterscheiden und zu zielen in der Lage war, sie war schlecht, wo sie planlos überkochte.[680]

Im Kern richtete sich seine Kritik an der öffentlichen Stimmung gegen die Stilisierung des *Spiegels* als Garant für Demokratie und Freiheit sowie gegen eben jene Akteure, die dies nun lautstark verbreiteten. Das war vor allem die Gruppe 47, die als allererstes ein Solidaritätsstatement mit Rudolf Augstein veröffentlichte, der am 27. Oktober eigentlich auf der alljährlichen Tagung der Gruppe erwartet wurde.

Dem Protest gegen das Vorgehen der staatlichen Behörden schlossen sich in erstaunlicher Geschlossenheit viele Schriftsteller und Intellektuelle an, die von der milieuspezifischen Individualität abwich. Das kurze Manifest wurde von 37 Personen unterzeichnet, darunter prominente Wortführer wie Hans Magnus Enzensberger, Alfred Andersch, der *Zeit*-Redakteur Rudolf Walter Leonhardt, aber auch Marcel Reich-Ranicki und natürlich Hans-Werner Richter. Günter Grass versagte beispielsweise seine Unterschrift, da die Verfasser auf den Prozess gegen Carl von Ossietzky 1931 verwiesen, den – sowie die linken Pazifisten allgemein – Grass allerdings für das Scheitern der Weimarer Republik mitverantwortlich machte. Auffällig war laut Frank Bösch vor allem, dass nicht nur der Rücktritt von Franz Josef Strauß gefordert, sondern gleichzeitig der Geheimnisverrat als »sittliche Pflicht« legitimiert wurde. Darüber hinaus erzeugte die *Spiegel*-Affäre eine Art Sog, durch ein Bekenntnis zur Staatskritik in den Kreis der Intellektuellen aufgenommen zu werden, was eine Flut von Leserbriefen hervorrief.[681]

Diese radikale Sicht provozierte wiederum Abwehrmechanismen, denen sich Waldens Haltung zuordnen lässt. Dass er zunächst einige Wochen geschwiegen hatte, lag zum einen daran, dass er in *Quick* noch keine feste Kolumne hatte und im *Axel-Sprin-*

680 Ders., Kommentar SFB, 11.11.1962, S. 8.

681 Vgl. Bösch, Später Protest, in: Geppert/Hacke (Hrsg.), Streit um den Staat, S. 98–102; siehe zum Manifest: Schildt, »Augstein raus – Strauß rein«, in: Doerry/Janssen (Hrsg.), Spiegel-Affäre, S. 191f; und zur Diskussion um den Fall Ossietzky: Gallus, Heimat «Weltbühne», S. 15–17.

ger-Verlag die Behandlung der Affäre zur Chefsache erklärt worden war.[682] Auf der anderen Seite fühlte sich Walden aber scheinbar erst durch die öffentlichen Reaktionen zu einer Stellungnahme genötigt. Seine Beurteilung der *Spiegel*-Affäre erinnerte an ein Telegramm des PEN-Zentrums, unterzeichnet von seinem Vorstandsmitglied Rudolf Krämer-Badoni, vom 29. Oktober an Bundesinnenminister Hermann Höcherl. Krämer-Badoni zeigte sich besorgt über die Polizeiaktion, meinte aber, dass im Notfall solche Schritte vorgenommen werden müssten, allerdings mit einem »Höchstmaß an Öffentlichkeitsbewußtsein«. Die Gruppe 47 stellte der Schriftsteller zwei Tage später in der *Welt* als »zurückgebliebene [...] kindische Nationalnarren« dar. Bald schon regte sich aber innerhalb des PEN eine heftige Opposition gegen Krämer-Badonis Haltung, der daraufhin einige Tage später in der *Süddeutschen Zeitung* weitaus härter mit der Bundesregierung ins Gericht ging.[683]

Waldens Äußerungen zum schmalen Grat der Staatskritik sind in eben diesem intellektuellen Kontext zu sehen:

> Kritik am Staat ist gut. Sie ist leider nicht immer ohne unschöne Rückwirkungen auf den Kritisierenden. [...] Kritik ohne Vertrauen aber ist in einem freien Staate gefährlich. Sie geht leicht nihilistische Bahnen und wird zum bösen Spiel.[684]

Die Einschätzung ähnelte stark der Beschreibung eines William S. Schlamm über die politische Führungsriege der westlichen Staatenwelt in seinem Buch »Die jungen Herren der alten Erde«, das im August 1962 im *Seewald-Verlag* erschienen war. Zwar auf den Ost-West-Konflikt gemünzt, aber durchaus im Sinne Waldens, hatte Schlamm geschrieben, die jetzige Generation der Vierzigjährigen wünsche in einem »nihilistischen Nirwana« zu leben und verliere dabei das Ziel der Zeit aus den Augen: die Überwindung der »kommunistischen Herausforderung«.[685]

An Waldens direktem Bezug auf die Gruppe 47 wird der Zusammenhang zum Kalten Krieg ebenfalls offensichtlich. Zwar sei nicht sicher, ob der Verdacht des Geheimnisverrats überhaupt begründet sei, aber die für die militärische Sicherheit der Bundesrepublik so wichtige Geheimhaltung dürfe nicht zugunsten »irgendeines Blattes« ignoriert werden:

682 Siehe beispielsweise: Aktennotiz (Kopie) Hans Zehrers vom 5. November 1962 (BArch: NL Haffner, Ordner Korrespondenz mit »Die Welt«, N 2523 / 136).

683 Siehe zu den Zitaten und Krämer-Badoni: Schildt, »Augstein raus – Strauß rein«, in: Doerry/Janssen (Hrsg.), Spiegel-Affäre, S. 193–195.

684 Walden, Kommentar SFB, 11.11.1962, S. 7.

685 Vgl. William S. Schlamm, Die jungen Herren der alten Erde. Vom neuen Stil der Macht, Stuttgart 1962, S. 124; siehe dazu ebenfalls: Schildt, »Augstein raus – Strauß rein«, in: Doerry/Janssen (Hrsg.), Spiegel-Affäre, S. 186f.

> Unsere Freiheiten, für die in diesen Tagen so viele laute Tränen vergossen werden, hängen unter anderem nämlich von einer intakten militärischen Verteidigung, und durchaus nicht nur von der Pulsbeschleunigung bei einigen Intellektuellen ab.[686]

Die Freiheit der Bundesrepublik lege er dann doch lieber in die Hände der Staatsgewalt als in die der »Cassandras« der Gruppe 47.[687]

Staat und Intellektuelle

Waldens Kritik am öffentlichen Umgang mit der *Spiegel*-Affäre lag also ein bestimmtes Intellektuellenbild zugrunde, das sich im Laufe der 1960er Jahre herausbildete. 1959 hatte Walden, wie bereits erwähnt, den Gehalt der »politischen Moral« in den Bewertungen »politischer Intellektueller« vermisst.[688] Die Diskussion über die Rolle der Intellektuellen nahm in der Bundesrepublik Deutschland im Wahlkampfsommer 1965 weiterhin an Fahrt auf. Ursprünglich hatte Bundeskanzler Ludwig Erhard eine Verständigung zwischen Macht und Geist angestrebt und daher im Vorfeld des Wahlkampfes einen Intellektuellenkreis im Palais Schaumburg initiiert, der ihm zuarbeiten sollte. Unter Leitung des Publizisten Rüdiger Altmann sollte dem Kanzler vor allem eine gesellschaftspolitische Vision erarbeitet werden.

Die Initiative stand bereits unter einem schlechten Stern, da die prominentesten Vertreter der intellektuellen Opposition wie Jürgen Habermas, Rolf Hochhuth oder Günter Grass der Einladung ins Kanzleramt nicht folgten beziehungsweise gar nicht erst angeschrieben wurden. Grass war ohnehin mit dem Aufbau der SWI vollends beschäftigt, die einen Wahlsieg Erhards verhindern wollte.[689]

Der Bundeskanzler sah sich einer Front von einflussreichen und wortmächtigen sowie -gewandten Gegenspielern ausgesetzt. Dies lag einerseits an dem Wunsch einer tiefgreifenden Neuorientierung in der Ost- und Deutschlandpolitik, anderseits an Erhards fehlendem gesellschaftspolitischem Programm. Dem von Altmann erarbeiteten Slogan »Die Formierte Gesellschaft« versäumte der Kanzler, die notwendige »Konkretisierung« beizumischen. Der Ansatz richtete sich etwas unklar gegen eine von Erhard empfundene Aufteilung der Gesellschaft in verschiedene immer autarker werdende Gruppen. Von Matthias Walden wurde der Slogan in einer Fernsehsendung als »polierte Gesellschaft« karikiert, obwohl der Journalist dabei das Unbehagen gegen eine

686 Walden, Kommentar SFB, 11.11.1962, S. 2.

687 Vgl. ebenda.

688 Siehe nochmals: ders., Alsop bewundert den »kältesten« Menschen, in: Christ und Welt vom 19.2.1959.

689 Vgl. Görtemaker, Geschichte der Bundesrepublik, S. 417.

durch »Sozialprestige« gespaltene Gesellschaft durchaus teilte.[690] Wie der Kanzler vermisste Walden eine »Verantwortung gegenüber dem Ganzen«, eine Affirmation zum Staat.

Einige Jahre später verwies Walden in der Kritik an mangelnder Leistungsbereitschaft gegenüber dem eigenen Staat auf John F. Kennedys Wort aus seiner Inauguration, die Bürger sollten nicht fragen, was ihr Land für sie tun könne, sondern was sie für ihr Land tun können.[691] Ideell muss Waldens Forderung also dem Vorstoß Erhards zugeordnet werden, doch störte er sich wie ein Großteil der Bevölkerung an der anstößigen Formulierung »Formierte Gesellschaft« und ihrer negativen Assoziationen. Dies wurde in Erhards Umfeld erkannt und bei der Wahl spielte das Konzept schon gar keine Rolle mehr. Die dahinterstehende Idee einer korporativen Integration der verschiedenen Gruppeninteressen sollte die nächsten Jahre der Erhard'schen Politik dennoch kennzeichnen.[692]

Der Dramatiker Rolf Hochhuth nahm den Kanzler hingegen im Wahlkampf besonders scharf aufs Korn. In einer »Klassenkampf«-Polemik, so der Historiker Manfred Görtemaker, kritisierte Hochhuth im Mai 1965 im *Spiegel* die Wirtschafts- und Gesellschaftsordnung der Bundesrepublik und forderte eine neue Regierung.[693] Einige Wochen später wurde Erhard auf dem Wirtschaftstag der CDU/CSU zu einer Reaktion genötigt. Von Wirtschafts- und Sozialpolitik habe Hochhuth überhaupt keine Ahnung, so der Kanzler, da höre der Dichter auf und fange der »ganz kleine Pinscher« an.

Dieser Vergleich sollte Erhard einigen Ärger einbringen und zudem den kritischen Intellektuellen selbst zur Profilierung helfen. Zahlreiche Dichter- und Schriftstellerkollegen Hochhuths sprangen dem prominenten Autor von »Der Stellvertreter« bei und sahen sich durch Erhards Äußerung in eine längst vergangene Zeit zurückversetzt. Laut Görtemaker sorgte Ludwig Erhard mit dieser Reaktion auf eine »wenig qualifizierte Meinung« für die Verzerrung seines eigenen Bildes. Im Grunde hatte der Kanzler einen »liberalen Geist«, was an seinem ursprünglichen Wunsch eines Dialogs mit den Intellektuellen zu sehen war.[694]

690 Vgl. Matthias Walden, Fernsehdokumentation: Die polierte Gesellschaft – Sozialprestige und Wohlstandsstaat. Erstsendung 2.6.1966 (eingesehen im AdRBB).

691 Vgl. ders., Konservative Haltung – ein Gebot der Zeit, in: Konservativ heute 1 (1970), H. 5, S. 7–11, hier S. 10.

692 Siehe dazu: Schildt, Die 60er Jahre in der Bundesrepublik, in: Schildt/Siegfried/Lammers (Hrsg.), Dynamische Zeiten, S. 44f.

693 Vgl. Rolf Hochhuth, »Der Klassenkampf ist noch nicht zu Ende«, in: Der Spiegel vom 26.5.1965, S. 28–44.

694 Vgl. Görtemaker, Geschichte der Bundesrepublik, S. 417f.; siehe auch: Per Øhrgaard, »ich bin nicht zu herrn willy brandt gefahren« – Zum politischen Engagement der Schriftsteller in der Bundesrepublik am Beginn der 60er Jahre, in: Axel Schildt/Detlef Siegfried/Karl Christian Lammers (Hrsg.), Dynamische Zeiten. Die 60er Jahre in beiden deutschen Gesellschaften, Hamburg 2000, S. 719–733, hier S. 720f.

Einige Monate, bevor im November 1966 das zweite Kabinett Erhards auseinanderbrechen sollte, fragte die ursprünglich als Reaktion auf die bundesweiten Hakenkreuzschmierereien Ende der 1950er und Anfang der 1960er Jahre gegründete Zeitschrift *Tribüne. Zeitschrift zum Verständnis des Judentums* nach dem Verhältnis von Staat und Intellektuellen. Anlass war unter anderem die Ansicht der Redaktion unter Führung von Axel Silenius, die Intellektuellen würden in der Bundesrepublik »verpinschert« werden, so wie einst im »Dritten Reich« verteufelt. Zur Diskussion wurden »wichtige Stimmen aus dem politischen, literarischen und wissenschaftlichen Lager« eingeladen, unter anderem Matthias Walden.[695]

Analog zu seiner Kritik am öffentlichen Umgang mit der *Spiegel*-Affäre beklagte dieser die in seinen Augen zweifelhafte Karriere des »Pinscher«-Vorwurfes:

> Ich empfinde Erhards Wort als bedauerlich, aber noch viel bedauerlicher erscheint mir, wie es mittlerweile breitgetreten, verallgemeinert, aufgeblasen wurde. Es galt einem Mann und einer seiner Arbeiten.[696]

Walden war nicht der Einzige, der sich gegen eine Dramatisierung einer vermeintlichen »Verpinscherung« der Intellektuellen aussprach. Der stellevertretende Fraktionsvorsitzende der SPD, Helmut Schmidt, beispielsweise wehrte sich gegen den Vergleich mit dem »Dritten Reich«, den er als völlig »fehl am Platze« empfand.[697] Oder der ungarische Schriftsteller Hans Habe, der lange Zeit in Deutschland gelebt hatte und die Äußerung Erhards nicht überschätzen wollte. Einige Schriftsteller und Intellektuelle hätten sich seiner Meinung nach ebenso beleidigend und unangebracht geäußert. Von einer »Verpinscherung« der Intellektuellen wisse Habe jedenfalls nichts.[698]

In einem einleitenden Essay schrieb der Schriftsteller und Journalist Horst Krüger, die Vorwürfe gegen Intellektuelle hätten sich in Deutschland seit dem 19. Jahrhundert nicht verändert: »links und zersetzend, nihilistisch und extremistisch«[699]. Der ideale Intellektuelle müsse laut Krüger kritisch und staatsfern sein. Die »Kritik am Bestehenden« sei seine Aufgabe, so Krüger. Er sah die Intellektuellen darüber hinaus als mora-

695 Vgl. Axel Silenius an Matthias Walden vom 20. Januar 1966 (ASV-UA: NL Walden, Box 44 - SFB 1966-67).

696 Matthias Walden, Diskussion über »Staat und Intellektuelle«. Beitrag von Matthias Walden, in: Tribüne – Zeitschrift zum Verständnis des Judentums 5 (1966), H. 17, S. 1805f., hier S. 1805.

697 Vgl. Helmut Schmidt, Diskussion über »Staat und Intellektuelle«. Beitrag Helmut Schmidt, in: Tribüne 5 (1966), H. 17, S. 1797f., hier S. 1797.

698 Vgl. Hans Habe, Diskussion über »Staat und Intellektuelle«. Beitrag Hans Habe, in: Tribüne – Zeitschrift zum Verständnis des Judentums 5 (1966), H. 17, S. 1800.

699 Horst Krüger, Nur moralisch? Anmerkungen zur Einschätzung der Intellektuellen in Deutschland, in: Tribüne – Zeitschrift zum Verständnis des Judentums 5 (1967), H. 17, S. 1790–1793, hier S. 1790.

listischen Gegenpol zur reinen Machtpolitik.[700] Letzteres sah Walden ganz ähnlich, nur kam es hier wiederum auf die Interpretation einer Moral an, die ihn von Krüger unterschied. Die Kritik an der Regierung war für Walden darüber hinaus eine entscheidende Funktion der Intellektuellen, was er, wie hinlänglich beschrieben, gerne selbst in Anspruch nahm – sei es in der Kritik an einer versäumten Vergangenheitsbewältigung oder den außenpolitischen Kursänderungen der späten 1960er Jahre.

Es ging Walden aber darum, wie die Intellektuellen zum Staat standen, zur Bundesrepublik Deutschland und ihrem liberaldemokratischen System. Dies war der Kern seines Intellektuellenbildes, das sich beispielsweise von dem Horst Krügers unterschied:

> Es gibt Intellektuelle, die den Staat, in dem sie leben und von dem sie leben, verleumden und die Regierung verachten, was sie nicht hindert, laut wehzuklagen, wenn es aus dem Wald herausschallt, wie sie hineingerufen hatten. Leben wir in einem ständigen Halali gegen die Regierung und in einer permanenten Schonzeit für schreibende und schreiende Intellektuelle?[701]

Schon im Frühjahr 1965 hatte sich eine solche Haltung Waldens angedeutet. An den einstigen Kollegen von *Berlin im Spiegel* Hannes Schwenger hatte er geschrieben, Kritik am Staat sei in einer Demokratie notwendig und müsse honoriert werden, solange der Urheber der Kritik in seiner »geistigen Aggression staatsloyal« sei. »Staatsilloyale« würden die Freiheit zum Widerspruch nutzen, um diese zur Despotie zu denunzieren.[702]

Schwenger hatte zuvor im *Spandauer Volksblatt* in einer Rezension von Waldens »ostblind-westblind« und Wolf Jobst Siedlers Buch »Behauptungen« das in den Publikationen entworfene Intellektuellenbild angegriffen. Walden hatte in einem Essay den modernen intellektuellen Habitus als nihilistischen Objektivismus kritisiert und in einem weiteren Text dem Milieu eine Oberflächlichkeit und Blasiertheit vorgeworfen.[703] Siedler hatte in einem Aufsatz mit dem Titel »Staatsbeihilfe für Aufsässige« ganz ähnlich wie Walden die Larmoyanz linker Intellektueller und das verschobene Staatsverständnis dergleichen beklagt.[704] Schwenger warf Walden und Siedler vor, ein »gefährliches Bild« vom Staat zu zeichnen, der mit der Kritik der Intellektuellen nicht

700 Vgl. ebenda, S. 1791–1793.

701 Walden, »Staat und Intellektuelle«, S. 1805.

702 Vgl. Matthias Walden an Johannes(!) Schwenger vom 3. Juni 1965 (ASV-UA: NL Walden, Box 43 – SFB 1965), S. 2f.

703 Siehe: Walden, ostblind – westblind, S. 209–216, und S. 245–250.

704 Vgl. Wolf Jobst Siedler, Behauptungen, Wiesbaden und München 1987 (erste Auflage 1965), S. 80–89.

umgehen könne, die ja gerade »staatserhaltend« sei – dies war ein gängiges Argument in dieser Diskussion.[705]

Den Begriff der »staatsloyalen« Haltung hatte Walden in der Mai-Ausgabe 1965 des *Monats* in die öffentliche Diskussion eingeführt. Eine solche Haltung zeichnete sich für ihn durch eine klar antikommunistische, aber ebenso antinationalistische Einstellung aus. Sein Bezugspunkt war die Bundesrepublik Deutschland und ein kämpferischer Einsatz für die politische Freiheit der liberalen Demokratie.[706] Ein Bekenntnis zur staatlichen Ordnung war für Walden der einzig wirksame Schutz gegen totalitäre Ideen und Bedrohungen von außen und im Inneren. Das ähnelte der Absicht Carl Joachim Friedrichs, mit seiner Totalitarismustheorie den Wert des freien Staates im Kalten Krieg zu definieren. In gewisser Weise griff dieses Bekenntnis Waldens bereits der »Legitimationskrise« der Bundesrepublik Deutschland vor, die sich in den 1970er Jahren vor allem bei Teilen ihrer intellektuellen Beobachter zeigen sollte.[707] Eine »staatsloyale« Haltung wurde für ihn eine Tugend. Aus ihr leitete er sowohl seinen kämpferischen Antikommunismus als auch sein Engagement gegen einen staatszerstörenden Nationalismus ab. Darüber hinaus erklärte er mit dem Begriff seinen Einsatz für die liberale Demokratie.

Die öffentliche Debatte über das Engagement von Intellektuellen machte vor dem Bundestag nicht halt. Und so konnte die *Tribüne* im Anschluss an die Meinungsbeiträge zu der Frage »Der Staat und die Intellektuellen« einen Auszug aus der Aussprache über die Regierungserklärung Ludwig Erhards drucken, in der es unter anderem um dieses Thema gegangen war. Ihre Hauptprotagonisten waren der promovierte Althistoriker Franz Josef Strauß und der habilitierte Jurist Carlo Schmid (SPD). Strauß – der eigentliche Hauptfeind der Intellektuellen – argumentierte gegen die These, der Geist stehe links. Er halte zu viel vom »deutschen Geist«, als dass er diesen auf Namen wie Rolf Hochhuth oder Günter Grass beschränkt sehen möchte, so Strauß.[708]

Das war ein beliebtes Argument all derjenigen, die den Aufruhr um die vermeintliche »Verpinscherung« als Konstruktion bewerteten. So meinte Hans Habe: »Ich lehne es ab, Günter Grass als den deutschen Intellektuellen schlechthin anzuerkennen.«[709] Und gar Carlo Schmid sah in der These eine bedauerliche Vereinfachung, sprach aber

705 Vgl. Hannes Schwenger, Übertreibungen und Unterstellungen, in: Spandauer Volksblatt vom 30.5.1965.

706 Vgl. Walden, Liberal-sozialistische Koloraturen, S. 126.

707 Vgl. Jens Hacke, Der Staat in Gefahr. Die Bundesrepublik der 1970er Jahre zwischen Legitimationskrise und Unregierbarkeit, in: Dominik Geppert/Jens Hacke (Hrsg.), Streit um den Staat. Intellektuelle Debatten in der Bundesrepublik 1960–1980, Göttingen 2008, S. 188–206.

708 Vgl. Dokumentation: Der Staat und die Intellektuellen. Auszüge aus dem Sitzungsprotokoll des Deutschen Bundestages vom 30. November und 1. Dezember 1965, in: Tribüne – Zeitschrift zum Verständnis des Judentums 5 (1966), H. 17, S. 1813–1819, hier S. 1813.

709 Vgl. Habe, »Staat und Intellektuelle«.

dennoch davon, dass »geistig Schaffende« sich mehr dem Fortschritt verbunden fühlten, somit als »links« gelten könnten. Die leidige Gewohnheit der Deutschen, so Schmid an anderer Stelle, sei es zudem »Schriftsteller« in staatserhaltende und wertschaffende sowie Nihilisten und daher Wertzerstörer einzuteilen.[710]

Strauß hingegen hinterfragte durch seine Argumentation die Kategorie des Intellektuellen grundsätzlich, indem er den Begriff gar nicht erst verwendete. Sogar als er vom Fraktionsvorsitzenden der SPD, Fritz Erler, direkt aufgefordert wurde, zu Erhards Äußerung, alles was jene »Intellektuellen« sagen, deren Intellektualismus zu Idiotie umschlage, sei dummes Zeug, Stellung zu nehmen, vermied er den Begriff.[711] Aus wissenssoziologischer Sicht, so der Soziologe Tilman Reitz und der Historiker Thomas Kroll, setzten sich Intellektuelle in den 1960er und 1970er Jahren in der Bundesrepublik gleichwohl als legitime Akteure in der politischen Arena durch.[712]

Ähnlich wie Franz Josef Strauß fragte sich Matthias Walden »Welcher Geist steht links?«[713] und wollte somit dem »linken« Meinungsspektrum nicht das geistige Monopol zugestehen. Mehrmals wies Walden darauf hin, er habe nichts gegen Intellektuelle und erkenne gar den Wert ihrer Kritik für eine Demokratie notwendig an. Freilich legte er ihnen dabei ein »staatsloyales« Korsett an. Und wenn beispielsweise Ralf Dahrendorf die Anerkennung der DDR forderte, war Walden nicht um den Vorwurf des »schrillen Polit-Theoretikers« verlegen.[714] An Hans-Christoph Schwab von der Debatten-Gesellschaft »Quaternal« schrieb er im Oktober 1966, er könne in einer Diskussion über das politische Engagement von Schriftstellern nicht den für ihn vorgesehenen Contra-Part übernehmen. Er sei nämlich ganz entschieden für die Einmischung der Literaten, es komme nur darauf an, wie sie dies täten.[715]

Was Walden genau damit meinte, wurde im August 1969 deutlich. In einer Rundfunksendung im *Radio Bremen* resümierte er das bisherige politische Engagement der Schriftsteller in der Bunderepublik Deutschland. Ausführlich ging er auf die Rolle Günter Grass' als Wahlkampfhelfer für die SPD und Heinrich Bölls als Warner vor den Unionsparteien ein. In einer sich rasant verändernden Welt, die unter dem »Kuratel der Sachlichkeit« stehe, deren Jugend aber mehr brauche als »materielle Geborgen-

710 Vgl. Dokumentation: Der Staat und die Intellektuellen, S. 1816f.

711 Vgl. ebenda, S. 1813.

712 Vgl. Thomas Kroll/Tilman Reitz, Zeithistorische und wissensoziologische Zugänge zu den Intellektuellen der 1960er und 1970er Jahre. Eine Einführung, in: dies. (Hrsg.), Intellektuelle in der Bundesrepublik Deutschland. Verschiebungen im politischen Feld der 1960er und 1970er Jahre, Göttingen 2013, S. 7–18, hier S. 10.

713 So der Titel eines Kapitels seiner Sammlung der *Quick*-Kolumnen: Vgl. Walden, Politik im Visier, S. 127.

714 Siehe nochmals: ders., Schrille Signale, in: Die Welt vom 11.10.1968.

715 Vgl. Matthias Walden an Hans-Christoph Schwab vom 17. Oktober 1966 (ASV-UA: NL Walden, Box 44 – SFB 1966-67).

heit«, gab es laut Walden genug Ansatzpunkte für das politische Engagement von Schriftstellern. Dies dürfe allerdings nicht im Sinne einer »Idealisierung des Politischen«, sondern in seiner »Vergeistigung« erfolgen.

Stattdessen vergrabe sich Heinrich Böll in Wählerstatistiken und Grass singe sein »Loblied auf Willy«, fuhr er spöttisch fort. Andere wie Peter Weiss oder Hans Magnus Enzensberger würden sich im »geistigen Rückwärtsgang in die Werke von Marx und Engels« begeben, von der Revolutionen träumen und in Günter Grass einen Renegaten sehen.[716] Eine Handlungsanweisung für den politisch engagierten Schriftsteller war hier nur schwer herauszuhören. Es schien so, als ob Walden den Intellektuellen eher einen Platz am Rand des politischen Spielfeldes zuweisen wollte. Ihre Impulse sollten Politik und Gesellschaft also von außen unterfüttern – ganz nach dem Vorbild der Göttinger Erklärung von 1957. Ein parteipolitisches Engagement der Intellektuellen sah er äußerst skeptisch, denn »politischen Sachverstand« besitze ein Schriftsteller eben nicht mehr als der »Maurerpolier«.[717] Diese Deutung weißt Ähnlichkeiten zur Figur des »engagierten Beobachters« in Ralf Dahrendorfs Intellektuellendefinition auf, oder der Konzeption des »spezifischen Intellektuellen« Michel Foucaults, die sich entschieden vom politischen Engagement der Intellektuellen distanziert.[718]

Mit diesen Erklärungsmustern hatten die zeitgenössischen Intellektuellen aus Waldens Sicht aber wenig zu tun, sodass der Journalist in seiner Zeit eher als intellektuellenkritisch wahrgenommen wurde und gelten muss.[719] Seine eigene Perspektive lässt erkennen, dass er sich selbst daher kaum als Intellektuellen wahrnahm. In seinem Essay über die »Objektiven« hatte Walden geschrieben: »Aber Intellekt und Klugheit sind zweierlei. [...] Klug ist man mit dem Kopf und mit dem Herzen. Ist eines von beiden nicht vorhanden, ist man nicht klug.«[720] Vor allem das Gefühl vermisste er in der neuen Akademikergeneration, die er als »Intellektuelle« wahrnahm. Dieser Mangel an Emotionen werde vor allem in der vernachlässigten Auseinandersetzung mit dem Kommunismus deutlich.[721]

Immer, wenn Walden ein schwindendes Freiheitsbewusstsein kritisierte oder einen mangelnden »Anti-Nazismus« beklagte, drängt sich zudem der Vergleich zu der Interpretation von Friedrich Wilhelm Nietzsches nihilistischen »letzten Menschen«

716 Vgl. Matthias Walden, Rundfunksendung: Schriftsteller und Politik (gesendet im Radio Bremen am 27. August 1969, AdRB, Signatur: AW04346), Minute 24–25.

717 Vgl. ebenda, Minute 4; zur besonderen Rolle Bölls und Grass‹ für das politische Engagement der Schriftsteller siehe: Øhrgaard, »ich bin nicht zu herrn willy brandt gefahren«, in: Schildt/Siegfried/Lammers (Hrsg.), Dynamische Zeiten, S. 719f.; zur Kritik Waldens siehe auch: Norbert Falk., PPS. 17.3.1974, in: Welt am Sonntag vom 17.3.1974.

718 Vgl. Gilcher-Holtey, Prolog, in: Gilcher-Holtey (Hrsg.), Zwischen den Fronten, S. 10–12.

719 So auch: Schildt, Medien-Intellektuelle, S. 726.

720 Vgl. Walden, ostblind – westblind, S. 213.

721 Vgl. ebenda, S. 213–215.

durch den amerikanischen Politikwissenschaftler Francis Fukuyama auf. Nietzsche hatte seinen »letzten Menschen« als Kritik an der Moderne und der liberalen Demokratie in seinem philosophisch-literarischen Werk »Also sprach Zarathustra« eingeführt. Die Gefahr für die liberale Demokratie durch die »men without chest« (C.S. Lewis[722]), die letztendlich nur für die eigene Bedürfnisbefriedigung leben würden, dürfte laut Fukuyama nicht unterschätzt werden. Man müsse sich Nietzsches Pessimismus gegenüber der Moderne und sein deterministisches Bild des »Übermenschen« nicht zu eigen machen und könne dennoch von seinen Einsichten profitieren.[723] Dies mündet bei Fukuyama wie bei Walden mit dem Appell an eine ideelle Aufwertung und vehemente Verteidigung des liberaldemokratischen Systems.

Die Unterscheidung zwischen Intellekt und Klugheit bei Walden erinnert darüber hinaus an die »kalte, wurzellose Intelligenz«, die der Schriftsteller Ernst Jünger in der 1939 erschienenen Erzählung »Auf den Marmorklippen« der Figur des Braquemart zuschreibt. Diese trage, so Jünger, alle Züge eines »späten Nihilismus« in sich und besitze eine »Neigung zur Utopie«:

> Er faßte wie alle seinesgleichen das Leben als ein Uhrwerk auf, und er erblickte in Gewalt und Schrecken die Antriebsräder der Lebensuhr. [...] Die Schöpfung war in seiner Brust getötet und wie ein Spielwerk wieder aufgebaut.[724]

In den Charakter Braquemart ließ Jünger entscheidende Persönlichkeitsmerkmale der Hitler-Paladine Joseph Goebbels, Reinhard Heydrich und Werner Best einfließen.[725] Allgemein kann an diesen Zuschreibungen die Anfälligkeit nihilistischer Intelligenz für die Verführung totalitären Denkens in der Vorstellung des Schriftstellers herausgelesen werden, so der Jünger-Kenner Helmuth Kiesel.[726]

722 Der Begriff der »men without chest« ist der Titel eines Essays von C.S. Lewis aus dem Jahr 1943, in dem dieser sich gegen einen gefühlslosen sogenannten Intellekt positioniert: C.S. Lewis, Die Abschaffung des Menschen, Regensburg 2020 (erstmals engl. 1943), S.13–34.

723 Vgl. Fukuyama, The End of History and the Last Man, S. 300–312; siehe zu Nietzsches Zarathustra ausführlich: Rüdiger Safranski, Nietzsche. Biographie seines Denkens, Frankfurt am Main 2018 (erstmals 2000), S. 266–285.

724 Ernst Jünger, Auf den Marmorklippen (1939), in: Helmuth Kiesel (Hrsg.), Ernst Jünger: Auf den Marmorklippen. Mit Materialien zu Entstehung, Rezeption und Debatte, Stuttgart 2017, S. 7–111, hier S. 77.

725 Vgl. Sach- und Worterläuterungen, in: Helmuth Kiesel (Hrsg.), Ernst Jünger: Auf den Marmorklippen. Mit Materialien zu Entstehung, Rezeption und Debatte, Stuttgart 2017, S. 125–145, hier S. 142.

726 Vgl. Helmuth Kiesel, Voraussetzungen, Entstehung, Rezeption und Deutung der »Marmorklippen«, in: ders. (Hrsg.), Ernst Jünger: Auf den Marmorklippen. Mit Materialien zu Entstehung, Rezeption und Debatte, Stuttgart 2017, S. 303–387, hier S. 386f.

Walden als staatsaffirmativer Medien-Intellektueller

Der zeitgenössische Intellektuellenbegriff der 1960er und 1970er orientierte sich eher an dem Muster Krügers an staatskritischem Denken einer Opposition zum System oder zumindest dem Wunsch, dieses grundlegend zu verändern. Diese Deutung geht auf die Geburt des modernen Intellektuellenbegriffs zurück. Er entwickelte sich Ende des 19. Jahrhunderts während der Affäre um den jüdischen Hauptmann Alfred Dreyfus in Frankreich. Gegen die ungerechtfertigte Verurteilung wegen Landesverrats hatten einige Gelehrte und Schriftsteller, vor allem Émile Zola, öffentlich protestiert. Seitdem existierte der Begriff als Selbst- und Fremdwahrnehmung für unabhängige staats- und religionskritische Akteure, die sich darüber hinaus für Demokratie und Menschenrechte einsetzten, somit in ihrer Zeit grundsätzlich als »links« galten. Darüber hinaus erfüllten sie hohe moralische Ansprüche an ihre persönliche Integrität, so musste Zola beispielsweise für seine Kritik an der französischen Justiz ein Jahr ins britische Exil.[727]

Ihre Meinungsgegner wurden meist als »Antiintellektuelle« bezeichnet, was das Paradoxon eines »(rechts-)intellektuellen Antiillektualismus« aufzeigte, so der Historiker Daniel Morat in einem begriffsgeschichtlichen Aufsatz zu dem Thema. Neben den kritischen Intellektuellen im 20. Jahrhundert gab es also stets affirmative Intellektuelle, die ein bejahendes Verhältnis zu Staat und Gesellschaft pflegten. Oder nach Antonio Gramsci »organische Intellektuelle«, die aus einem bestehenden Regime entstehen und dieses verteidigen. In der zweiten Hälfte des 20. Jahrhunderts trafen diese beiden Gruppen in den westlichen Demokratien aufeinander und gingen zuweilen äußerst kritisch miteinander um. Hierfür ist Raymond Aron ein Beispiel, der 1957 in seinem »Opium der Intellektuellen« vor dem Einfluss der marxistischen Ideologie auf die (Links-)Intellektuellen gewarnt hatte.[728]

Wie einleitend erläutert wurde, ist Walden aus wissenschaftlicher Perspektive als Intellektueller im Sinne Pierre Bourdieus zu verstehen. Er kann zudem dieser Gruppe affirmativer, mäßigender Intellektueller zugeordnet werden. Bei aller Kulturkritik an manchen gesellschaftlichen Strukturen und Prozessen wie der verschleppten Vergangenheitsbewältigung unter Adenauer zählte Walden zu den Unterstützern der liberaldemokratischen Ordnung der Bundesrepublik Deutschland der 1950er und frühen

727 Vgl. Morat, Intellektuelle und Intellektuellengeschichte, S. 3f.; zu einem zeitgenössischen Intellektuellenverständnis siehe auch: Georg Jäger, Der Schriftsteller als Intellektueller. Ein Problemaufriß, in: Sven Hanuschek/Therese Hörnigk/Christine Malende (Hrsg.), Schriftsteller als Intellektuelle. Politik und Literatur im Kalten Krieg, Tübingen 2000, S. 1–25, hier S. 22f.

728 Vgl. Morat, Intellektuelle und Intellektuellengeschichte, S. 4f.; siehe zum affirmativen, »organischen« Intellektuellen: Stephan Moebius, Der Medienintellektuelle, in: Stephan Moebius/Markus Schroer (Hrsg.), Diven, Hacker, Spekulanten. Sozialfiguren der Gegenwart, Berlin 2010, S. 277–290, hier S. 278.

1960er Jahre. In jedem Fall war er aber ein »Störungsfaktor«, wie Joseph A. Schumpeter 1942 versucht hatte, den Intellektuellen eine gesellschaftliche Rolle zuzuweisen.[729]

So scheint es kein Zufall gewesen zu sein, dass er in der Einleitung zu dem Band »Politik im Visier« in der Begründung, warum Journalismus nicht nur als reine Nachrichtenvermittlung verstanden werden sollte, auf die Dreyfus-Affäre verwies. Hätte Émile Zola statt polemisch »J'Accuse!«, »Ich klage an!«, nur eine lapidare Meldung verfasst, hätte sein Vorgehen gegen die antisemitischen Praktiken des französischen Militärs und der Justiz kaum diese Strahlkraft gewonnen, so der Publizist mehr als 150 Jahre später.[730] Selbst wenn Walden also mit den »Intellektuellen« seiner Zeit auf Kriegsfuß stand, bekannte er sich doch zum intellektuellen Wesen des 20. Jahrhunderts.

Mit seiner kolumnistischen Arbeit für die *Quick* stand Walden außerdem für einen politischen Massenjournalismus, der sich Mitte der 1960er Jahre noch der traditionellen Abneigung intellektueller Eliten ausgesetzt sah. So schrieb ihm Klaus Harpprecht, der 1966 die Leitung des *Fischer-Verlages* übernahm, er wisse nicht was er von Waldens neuer Stelle bei der *Quick* halten solle:

> Es sind solche Gangster, Schlawiner, Halsabschneider, Heuchler, Kriminelle. Ich geriet ja auch einmal in Versuchung. Aber nun bin ich doch froh, dass ich mit diesem Sauvolk nichts zu tun habe.[731]

Und Robert Neumann schrieb in seinem Bericht über sein Treffen mit Walden zur *Quick* abschätzig, das Magazin serviere seine »nackten Mädchen in einer kalt-kriegerischen Sauce«.[732]

Sebastian Haffner, der durch seine scharfe Kritik am staatlichen Vorgehen gegen den *Spiegel* eigentlich bereits in den Olymp der »Intellektuellen« der Bundesrepublik aufgestiegen war, sah sich als Kolumnist des *Sterns* ähnlichen Vorwürfen ausgesetzt. Es folgte die bereits erwähnte pejorative Rezension Wolfgang Bartschs zu Waldens Kolumnensammlung »Politik im Visier« 1965 in der *Tribüne*, in der der Theaterkritiker schrieb, Haffners und Waldens Kolumnen seien etwas für den »sensationsgierigen [...] Spießer«.[733]

729 Vgl. Thomas Hertfelder, Kritik und Mandat: Zur Einführung, in: Gangolf Hübinger/Thomas Hertfelder (Hrsg.), Kritik und Mandat. Intellektuelle in der Deutschen Politik, Stuttgart 2000, S. 11–29, hier S. 18.

730 Vgl. Walden, Politik im Visier, S. 14f.

731 Klaus Harpprecht an Matthias Walden vom 4. Juli 1962 (KHA im LA der ADK Berlin); siehe zu Harpprecht: Payk, »... die Herren fügen sich nicht; sie sind schwierig.«, in: Kersting/Reulecke/Thamer (Hrsg.), Die zweite Gründung, S. 64.

732 Vgl. Neumann, Vielleicht das Heitere, S. 387.

733 Vgl. Bartsch, »Politik im Visier«.

Es ist äußerst interessant zu beobachten, wie sich die beiden Journalisten, deren Meinungen im Laufe der 1960er Jahre so spektakulär auseinanderdrifteten, in ganz ähnlicher Manier gegen diese Vorwürfe wehrten. An den Philosophen Ernst Bloch schrieb Haffner im Oktober 1966: Diejenigen, die zur Menge sprechen wollen, müssten sich damit abfinden, dass ihr Umfeld »alles andere als ein Elfenbeinturm« sei.[734] Schon in »Politik im Visier« hatte Walden zuvor einleitend bemerkt: »Elfenbeintürme sind in Demokratien sehr problematische Arbeitsdomizile.«[735]

Walden und Haffner entsprechen mit ihren Verweisen über den Ausbruch aus dem Elfenbeinturm zudem dem Intellektuellenbild Bourdieus.[736] Als »Starjournalisten« (Christina von Hodenberg) können sie somit als zwei der ersten Medien-Intellektuellen der Bundesrepublik gesehen werden. Wollte man sich in einer zunehmend komplexeren und unübersichtlicheren Gesellschaft in der Medien-Öffentlichkeit behaupten, brauchte man das Talent, in kurzer Zeit breit verständliche Positionen zu formulieren.[737] Der Typ des Medien-Intellektuellen, so der Soziologe Stephan Moebius, habe nach und nach den kritisch engagierten Intellektuellen in seiner Relevanz ersetzt. Das wesentliche Merkmal war nicht mehr die wissenschaftliche oder künstlerische Reputation, sondern die »qua Medienpräsenz erworbene Prominenz«, die den Worten des Medienintellektuellen Gewicht verleiht.[738] In seiner theoretischen Einführung zu seinem »opus magnum« »Medien-Intellektuelle« verweist der Historiker Axel Schildt auf eine breite Medialisierung des Alltags von Printmedien, Rundfunk, Fernsehen und Versammlungen, der die steigende Relevanz dieses Intellektuellen-Typus erst möglich machte. Intellektuelle wurden somit auch zum Spielball einer sogenannten Aufmerksamkeitsökonomie.[739] Der Blick darauf darf sich, gerade mit dem Ansatz einer größtmöglichen Reichweite, nicht vor publikumsfreundlichen Formaten verschließen. Eine Umfrage des Allensbach-Instituts von 1963 ergab, dass 77,5 Prozent der Bundesbürger (in Zahlen: 31.950.000) regelmäßig eine Publikumszeitschrift lasen. Mehr als zehn Millionen Leser entfielen dabei jeweils auf *Quick* und *Stern*, so dass sich Walden sogar zu dem Bonmot hinreißen ließ, wie häufig die Leute wohl zum Friseur gehen würden, da meist behauptet wurde, man werfe nur dort einen Blick in die Illustrierten.[740]

734 Schreiben von Sebastian Haffner an Ernst Bloch vom 26. Oktober 1966, zitiert nach: Schmied, Sebastian Haffner, S. 263.

735 Walden, Politik im Visier, S. 12.

736 Vgl. Gilcher-Holtey, Prolog, in: Gilcher-Holtey (Hrsg.), Zwischen den Fronten, S. 15.

737 Vgl. Schildt, Medien-Intellektuelle, S. 23.

738 Vgl. Moebius, Der Medienintellektuelle, in: Moebius/Schroer (Hrsg.), Diven, Hacker, Spekulanten, S. 281f.

739 Vgl. Schildt, Medien-Intellektuelle, S. 16f.

740 Vgl. Walden, Politik im Visier, S. 12.

Der Wandel der Intellektuellenkonzeption vollzog sich laut Moebius vor allem in den 1970er Jahren, wobei insbesondere die Veröffentlichung des »Archipel Gulag« des sowjetischen Schriftstellers Alexander I. Solschenizyn über die systematische Ermordung von Millionen von Menschen während des Stalinismus eine wichtige Rolle spielte. Der »Gulag-Schock« habe einerseits zu einer »Läuterung« ehemals meist maoistisch angehauchter Intellektueller geführt. Anderseits wurde engagierten Intellektuellen, seien es Marxisten oder (Post-)Strukturalisten gewesen, mit der Zeit jegliche politische Intervention als Aufruf zum Totalitarismus ausgelegt.[741] Der französische Schriftsteller Michel Houellebecq sagte 2017, der »Archipel Gulag« habe die Welt verändert und in Frankreich eingeschlagen wie ein »Donnerschlag«. Für den Marxismus in der westlichen Welt läuteten laut Houellebecq die »Sterbeglöcklein«.[742] In Deutschland und Frankreich verkaufte sich das Buch jeweils 1,2 Millionen Mal.[743]

Solschenizyn, der 1974 ins Exil gezwungen wurde, war für Walden zu einem Orientierungspunkt seines politischen Denkens geworden. In einem umfangreichen offenen Brief an den russischen Schriftsteller in der Samstagsbeilage »Geistige Welt« der *Welt* würdigte er im Herbst 1972 den politischen Kampf des Nobelpreisträgers von 1970 als Fanal der Freiheit. Es hatte, so muss man Walden verstehen, schon einen Hauch von Dekadenz der westlichen Welt, wenn der in der Sowjetunion unterdrückte Solschenizyn all die Ideale vertrat, die für Walden die Freiheit des Westens ausmachten:

> Daher bin ich der Überzeugung, daß die westliche Welt besondere Pflichten hat, die sich aus ihren besonderen Privilegien ergeben. Schmerzlich ist zu sehen, wie ungenügend diese Pflichten erfüllt und wie ungeschmälert die Rechte beansprucht werden. So gerieten wir diesseits der Trennungslinie in ihre Schuld, verehrter Alexander Solschenizyn.[744]

»Was zwingt Sie hinter die Hecke?«: Kontroverse mit Peter Weiss

Diese Schuld zu begleichen, nahm sich Matthias Walden zur Aufgabe. Kaum nachzuvollziehen war für ihn daher, wenn sich »westliche« Intellektuelle östlich des »Eisernen Vorhangs« für die Stabilisierung der kommunistischen Regime engagierten. Im Sommer 1965 polemisierte Walden in der *Quick* daher gegen den Dramaturgen

741 Vgl. Moebius, Der Medienintellektuelle, in: Moebius/Schroer (Hrsg.), Diven, Hacker, Spekulanten, S. 281 und S. 288.

742 Vgl. Romain Leick/Michel Houellebecq, »Autor der totalen Schlaffheit«. Gespräch mit Michel Houellebecq, in: Der Spiegel vom 21.10.2017.

743 Vgl. Ulrike Ackermann, Sündenfall der Intellektuellen. Ein deutsch-französischer Streit von 1945 bis heute, Stuttgart 2000, S. 147.

744 Matthias Walden, Offener Brief an A. I. Solschenizyn, in: Die Welt vom 23.9.1972.

und Schriftsteller Peter Weiss, dessen kontrovers diskutiertes Theaterstück »Die Ermittlung« über den Auschwitzprozess einige Wochen später uraufgeführt werden sollte. Peter Weiss hatte im Mai 1965 an einem internationalen Schriftstellertreffen in Ost-Berlin und Weimar teilgenommen, das anlässlich des 20. Jahrestag des Sieges gegen den »Hitlerfaschismus« stattfand und die Kontinuität des »antifaschistischen Kampfes« betonen sollte. Der 1916 in der Nähe von Potsdam geborene Weiss lebte seit 1940 in Schweden – das erste Mal hatte er mit seiner Familie 1935 Deutschland verlassen.

In Weimar bedauerte Weiss in einer spontanen Rede, dass keiner seiner bekannten westdeutschen Kollegen an dem Treffen teilnahm. Allerdings wusste Weiss nicht, dass neben dem Initiativkomitee um Bruno Apitz, Johannes Bobrowski oder Christa Wolf die kulturpolitische Abteilung der SED von Kurt Hager sich für die Tagung verantwortlich zeigte, wie der Weiss-Biograph Werner Schmidt berichten kann. Hager verzichtete darauf, Günter Grass oder Uwe Johnson überhaupt erst einzuladen, da das Ziel der Veranstaltung eine Stärkung des internationalen Ansehens der DDR war. Kritische Stimmen waren nicht erwünscht.

Peter Weiss ergänzte in seinem Solidaritätsstatement nun, dass für jemanden wie ihn, der in der westlichen Gesellschaft lebe, »die Verbreitung der Wahrheit von der Brecht spricht«, mit großen Schwierigkeiten verbunden sei. Man müsse, so Weiss weiter, im Westen zunächst die Schwierigkeiten bei der Wahrheitsfindung überwinden, um dann wie ein »Partisan« zu arbeiten, um diese zu verbreiten. Tags darauf untermauerte er diese »Schwierigkeiten der Wahrheitsfindung« im Westen nochmals bei einem »live« gesendeten Rundfunkgespräch mit Karl Eduard von Schnitzler, an dem Weiss, Pablo Neruda, Marcos Ana und Anna Seghers teilnahmen. Die provokative Zwischenfrage von Schnitzlers, ob Weiss Kommunist sei, verneinte dieser, doch antwortete er, in seiner Einstellung sei er Sozialist. Dieses Bekenntnis sowie seine Äußerungen zur Findung und Verbreitung der Wahrheit im Westen wurden schließlich in der Bundesrepublik, in der Weiss bisher eher als unpolitischer experimenteller Prosaist bekannt war, heftig kritisiert.[745]

Unter dem provokativen Titel »Was treibt Sie hinter die Hecke?« veröffentlichte Walden im Juni 1965 einen offenen Brief an Weiss, in dem er »den« deutschen Gegenwartsdramatiker wegen seiner Weimarer Ansprache zur Rede stellen wollte. Die Teilnahme an dem Treffen unter antifaschistischem Stern konnte Walden gerade so noch akzeptieren, hätte aber eine Absage wegen des »tyrannischen« Gastgebers besser gefunden. Walden verstand nicht, warum Weiss sich als »Partisan« in der westlichen Gesellschaft sah, wenn es darum ging, »seine Wahrheit« zu verbreiten. Ihm stünden

745 Vgl. Werner Schmidt, Peter Weiss. Leben eines kritischen Intellektuellen, Berlin 2016, S. 104–107.

doch jegliche Mittel zur Verfügung und genauso sei ihm ein großes Publikum garantiert. Um sein Unverständnis zu untermauern, druckte er die letzten beiden Sätze von Weiss' Weimarer Rede ab, ersetzte jedoch den Zusatz zur Wahrheit »von der Brecht spricht« durch drei Punkte.[746]

In dem Verweis auf Bertolt Brechts Kampfschrift »Fünf Schwierigkeiten beim Schreiben der Wahrheit«, die 1935 in der kommunistischen Exilzeitschrift *Unsere Zeit* erschienen war, sah Weiss nun aber die Essenz seiner Aussage, die sie damit von einer »einfachen« Wahrheit absetzte. Neben dem »Mut, die Wahrheit zu schreiben«, der »Kunst, die Wahrheit handhabbar zu machen als eine Waffe«, und dem »Urteil, jene auszuwählen, in deren Händen die Wahrheit wirksam wird«, hatte Brecht auf der Flucht vor den Nationalsozialisten von der »Klugheit, die Wahrheit zu erkennen«, sowie der »List, die Wahrheit unter vielen zu verbreiten«, geschrieben. Seinen Schilderungen hatte der bereits aus Deutschland geflüchtete Dichter vorangestellt:

> Diese Schwierigkeiten sind groß für die unter dem Faschismus Schreibenden, sie bestehen aber auch für die, welche verjagt wurden oder geflohen sind, ja sogar für solche, die in den Ländern der bürgerlichen Freiheit schreiben.[747]

Wohl vor allem in dem letzten Nebensatz sah Peter Weiss die Berechtigung seiner Anwendung der von Brecht verfassten Grundsätze. Er setzte sich direkt an eine Replik, in der er seine Haltung erläutern wollte.

Die Stücke Bertolt Brechts wiederum wurden in den 1960er Jahren erst zögerlich wieder auf den westdeutschen Bühnen gespielt. Nach dem Krieg war Brecht nach Ost-Berlin gegangen, unter anderem weil er wegen seiner kommunistischen Vergangenheit keine Einreiseerlaubnis in die amerikanische Besatzungszone bekommen hatte. In der DDR gründete er das Berliner Ensemble und arrangierte sich mit dem SED-Regime. Von den Machthabern wurde der prominente Kulturschaffende instrumentalisiert, doch war Brecht daran mitunter selbst schuld, da er seine durchaus vorhandene Kritik an den Machthabern häufig nur lavierend oder verklausuliert äußerte. So beispielsweise zum Arbeiteraufstand am 17. Juni 1953, bei dem er zwar die Forderungen der Arbeiter rechtfertigte, sich aber gleichzeitig mit der SED solidarisierte.

Der Ostberliner Propagandamaschinerie war es ein Leichtes, daraus eine öffentliche Unterstützung des Regimes zu machen. Irritierend wirkte außerdem sein Lob auf Stalin nach dessen Tod als »Verkörperung« der Hoffnung der »Unterdrückten auf fünf

746 Vgl. Matthias Walden, Was zwingt Sie hinter die Hecke? Offener Brief von Matthias Walden an Peter Weiss, in: Quick – Illustrierte für Deutschland vom 13.6.1965.

747 Bertolt Brecht, Fünf Schwierigkeiten beim Schreiben der Wahrheit, in: Werner Hecht/Jan Knopf/Werner Mittenzwei/Klaus-Detlef Müller (Hrsg.), Bertolt Brecht Werke. Schriften 2, Teil 1, Frankfurt a. Main, Berlin und Weimar 1993, S. 74–90, hier S. 74.

Erdteilen«. Die versteckte Kritik, dass er Stalin nur deshalb lobe, weil er die »Räuber«, seine Landsleute, geschlagen habe und dass es neuer Lehren bedürfe, ging unter. Zwei Jahre vor seinem Tod erhielt Brecht 1954 den Stalin-Friedenspreis, nachdem Thomas Mann die Ehrung abgelehnt hatte. Unklar ist, ob Brecht von Manns Reaktion gewusst hatte und ob er ansonsten anders reagiert hätte. Nicht zuletzt durch die Annahme dieser späten Ehrung, diskreditierte sich der Dichter und Theaterautor im Westen nachhaltig.[748]

Im antitotalitären Konsens der Bundesrepublik Deutschland führte Brechts vermeintliche Stabilisierung des SED-Regimes zu seiner Ächtung.[749] In einem Essay in »ostblind-westblind« fragte 1963 Matthias Walden ebenfalls, ob es einen »Bruch mit Brecht« geben müsse. Dem Text lag eine Skepsis zu Grunde, die auf Waldens moralischen Antitotalitarismus basierte. In seinem antifaschistischen Kampf habe Brecht kaum eine Neigung zum Kompromiss erkennen lassen. Warum also nun die Anpassung an die »Simplifikationen des Marxismus«?

> Niemand kann mit letzter Gültigkeit sagen, ob Brecht sich aus kleinen, eigensüchtigen Motiven im Regime arrangierte oder ob sein Haß gegen das Territorium der Besitzenden ihn zum Aushalten im Bereich des klassenkämpferischen Unrechts zwang.[750]

Waldens dichotomes antitotalitaristisches Weltbild hatte sich ebenso in dem offenen Brief an Peter Weiss gezeigt. Ob Weiss wohl an einem antikommunistischen Treffen im franquistischen Spanien teilgenommen hätte, wollte er wissen und ergänzte, er wäre weder nach Weimar noch nach Spanien gereist.[751] In der Frage, ob Brecht auf den westdeutschen Bühnen gespielt werden solle, hatte Walden eine ganz eigene Meinung, die den Charakter seines mit dem Kalten Krieg so verwobenen politischen Denkens unterstrich. Solange es die deutsche Teilung gebe, könne die Frage nicht entschieden werden. Bis dahin sollte darauf verzichtet werden. Die Zeit für Brecht sei ungünstig.[752]

Warum Walden nun aber in seiner Polemik gegen Peter Weiss auf dessen Zusatz zur Wahrheit im Sinne Brechts verzichtete, bleibt ungeklärt – vermutlich machte es für ihn keinen Unterschied. Wie die *Quick* allerdings auf die Antwort von Weiss re-

748 Vgl. Jan Knopf, Bertolt Brecht. Leben – Werk – Wirkung, Frankfurt am Main 2006, S. 59–70.

749 Zur Wirkung Brechts nach 1945 siehe: ebenda, S. 118–121.

750 Walden, ostblind – westblind, S. 182; zum schwierigen Verhältnis von Brecht zum Kommunismus, siehe: Ingrid Gilcher-Holtey, Theater und Politik: Bertolds Brechts ›Eingreifendes Denken‹, in: dies. (Hrsg.), Zwischen den Fronten. Positionskämpfe europäischer Intellektueller im 20. Jahrhundert, Berlin 2006, S. 117–151, hier S. 141–151.

751 Vgl. Walden, Was zwingt Sie hinter die Hecke?, in: Quick – Illustrierte für Deutschland vom 13.6.1965.

752 Vgl. ders., ostblind – westblind, S. 183.

agierte, war äußerst fragwürdig und wohl kaum dazu geeignet, den Dramatiker von seiner Haltung abzubringen, im Westen sei die Verbreitung der »Wahrheit« höchst reglementiert. Einen ersten Text von Weiss, der die gleiche Länge wie Waldens Kolumne hatte, bat die *Quick* um die Hälfte zu kürzen. Als Weiss dies getan hatte, wurde er immer noch als zu lang eingestuft. Eine weitere Kürzung hätte laut Weiss seine Argumente allerdings zur Unkenntlichkeit verstellt.

Er sah sich genötigt, seine Antwort in der kleinen von der Deutschen Kommunistischen Partei (DKP) subventionierten Kulturzeitschrift *Kürbiskern* – flankiert von deren Herausgebern Friedrich Hitzer und Yaak Karsunke – zu veröffentlichen. Weiss versuchte mit dem Verweis auf die Beschneidung seines Zitates, den Wahrheitsgehalt der *Quick*-Ausgabe mit Waldens offenem Brief zu dekonstruieren und griff vor allem Oberflächlichkeiten und Vereinfachungen in den Beiträgen an.[753] Die Symbolik der Veröffentlichung in einer Zeitschrift, die monatlich eine Reichweite von 4.000 Lesern verzeichnen konnte, im Vergleich zu den mehr als zehn Millionen der *Quick*, war darüber hinaus eindeutig.[754]

Die Rolle Waldens in dieser Posse kann nicht abschließend geklärt werden. Als externer Kolumnist hatte er freilich mit der Arbeit der *Quick*-Redaktion nicht allzu viel zu tun, doch kann man sich schwer vorstellen, dass er von den Vorgängen nichts gewusst haben soll. Im November 1965 verteidigte er auf der anderen Seite in einem Leserbrief in der *Welt* die öffentlich-rechtlichen Sender gegen den Vorwurf, sie würden Peter Weiss und Robert Neumann eine Stimme geben. Neumann und Weiss hätten laut Walden ein Recht auf freie Meinungsäußerung. Weiss sei zwar ein Kommunist und »politisch gefährlicher Wirrkopf«, doch so lange es ein Korrektiv wie Walden selbst gebe, müsse die Demokratie seine Meinung aushalten.[755]

Peter Weiss war für Matthias Walden letztendlich das Exempel eines »staatsilloyalen« Intellektuellen, der zu einem Kämpfer gegen die westliche Gesellschaft »posierte«, von der er doch so gut leben würde.[756] Und in der Diskussion in der *Tribüne* sollte Walden dann schreiben: »Der Gedanke, die politische Spätpubertät des Peter Weiß [sic!] könnte als typisch intellektuell mißdeutet werden, ist unerträglich.«[757]

753 Vgl. Der »Fall« Peter Weiss, in: Kürbiskern, 1/1965, S. 95–101. Den Vorgang rekonstruierte Werner Schmidt aus dem Nachlass von Peter Weiss. Eine Rolle Matthias Waldens wird hierbei nicht erwähnt: Vgl. Schmidt, Peter Weiss, S. 108

754 Zur DKP-Finanzierung und Auflage von *Kürbiskern*, siehe: Volker Mauersberger, Der Zeit vorangehen. »Kursbuch«: eine Zeitschrift der marxistisch orientierten Linken, in: Die Zeit vom 26.5.1972.

755 Vgl. Matthias Walden, Leserbrief: Beweis für Toleranz, in: Die Welt vom 6.11.1965.

756 Vgl. Walden an Schwenger, 3.6.1965, S. 3.

757 Walden, »Staat und Intellektuelle«, S. 1806.

Dolf Sternberger und der »Rang des Normativen«

Doch wo sollte der Geist nun stehen? Gab es intellektuelle Vorbilder für Walden, die in seinem Sinn »staatsloyal« waren und eine Affirmation gegenüber der Bundesrepublik an den Tag legten? Es lag in Waldens Naturell, sich eher gegen das zu wehren, was ihm schlecht erschien, sowie das zu verteidigen, was er als gut erachtete, und weniger, Gleichgesinnte öffentlich zu hofieren. Doch eine Würdigung sticht heraus. Im Juli 1967 schrieb Walden ein Portrait zum 60. Geburtstag des Politikwissenschaftlers und Journalisten Dolf Sternberger. Vor allem die Fähigkeit Sternbergers, sein Denken in Leitartikeln in der *FAZ* oder Beiträgen für den *HR* einer breiten Öffentlichkeit zugänglich zu machen, imponierte Walden.

Den Staat, in dem er lebe und arbeite, nehme Sternberger gegen seine »Verächter und seine Anbeter« gleichsam in Schutz:

> Seine Unbestechlichkeit des Denkens zu Gunsten des Staates sprengt altpreußische Maßstäbe. Er ist der Liberalität ganz nahe und der Libertinage ganz fern.[758]

Wie sehr er in dem Politikwissenschaftler sein intellektuelles Ebenbild sah, macht Waldens Aussage deutlich, Sternberger sei kein altmodischer, sondern ein »anti-modischer« Mann.[759] Diese Beschreibung hatte sich Walden schließlich in Tutzing 1963 selbst gegeben und beinhaltete den intrinsischen Seitenhieb auf all jene Avantgardisten, letztendlich doch nur seismographisch einer Mode vorzugreifen. Das selbstgezeichnete Bild radikaler Gesellschaftskritik konnte so ins Wanken gebracht werden.[760] Für die Glückwünsche zum 60. Geburtstag bedankte sich Sternberger wenige Tage später. Es sei eine »Wohltat«, wenn man so gut verstanden werde, schrieb er an Walden.[761]

Mit einem Blick auf die Forschung Sternbergers lässt sich Waldens Wertschätzung für den Heidelberger Professor gut erklären. Nicht unüblich für einen Politologen seiner Generation beschäftigte sich Sternberger unter anderem mit dem bolschewistischen Totalitarismus. Diesen beschrieb er als Verbindung »banaler Machtpolitik und einem die Parteidiktatur legitimierendem Heilsversprechen«, so der Politikwissenschaftler und Historiker Herfried Münkler. Dieses Versprechen verzögere sich aufgrund innerer und äußerer Gegner stetig. Die Diktatur werde zum Dauerzustand und die Ordnung des Staates zerfalle. Totalitäre Regime waren für Sternberger somit keine

758 Ders., Dolf Sternberger, in: Die Welt vom 28.7.1967.
759 Vgl. ebenda.
760 Zu dieser intellektuellen Eigenart: Schildt, Medien-Intellektuelle, S. 25.
761 Vgl. Dolf Sternberger an Matthias Walden vom 6. August 1967 (ASV-UA: NL Walden, Box 44 – SFB 1966–67).

Hypertrophie des Staates, sondern das Ergebnis einer fortschreitenden Zerstörung der Staatlichkeit.[762] Matthias Walden dachte eine totalitäre Herrschaft ebenfalls nicht vom Staat her, sondern vor allem von der Ideologie im Verbund mit einem machtpolitischen Opportunismus.[763]

Sternberger war einer der Gründungsväter der Politikwissenschaft in der Bundesrepublik Deutschland. Das Fach war seiner Ansicht nach dazu da, die intellektuelle Verbreitung demokratischen Gedankengutes voranzutreiben.[764] Zu diesem Zweck hatte er bereits 1945 gemeinsam mit seinem akademischen Lehrer Karl Jaspers die erfolgreiche Monatsschrift *Die Wandlung* gegründet. Anders als Vertreter einer institutionalistischen Denkrichtung wie Theodor Eschenburg, ebenfalls ein Begründer der wissenschaftlichen Lehre der Politik in der Bundesrepublik, glaubte Sternberger an den »Rang des Normativen«, an eine »moralische Grundorientierung«, die der Staat liefern müsse.

Hier spiegelt sich die unterschiedliche Beurteilung von Max Webers Herrschaftssoziologie durch Sternberger und Eschenburg wider. Letzterer glaubte an Webers Diktum, das »machtgerechtes und machtorientiertes Verhalten in öffentlichen Angelegenheiten« als Herrschaftslegitimation genüge. Sternberger hingegen sagte bereits in einem öffentlichen Vortrag im Mai 1946, die »Herrschaft der Freiheit« benötige eine »Staatstreue« und den Geist einer »wehrhaften Demokratie«.[765]

Ohne freilich die Tiefe der Sternberger'schen politischen Philosophie zu erreichen, kann Waldens Konzept einer »staatsloyalen« Haltung in gewissen Grundzügen als Anwendung dieser Lehre gelten. Den Gehalt seiner Idee reicherte er nicht mit staatsphilosophischen Grundlagen, sondern mit praktischen Handlungsanweisungen und Kommentaren an. Dies äußerte sich unter anderem in Waldens Ablehnung eines politischen Managertums, in der notwendigen offensiven Abgrenzung der Bundesrepublik Deutschland zur nationalsozialistischen Vergangenheit, der Verteidigung ihrer antikommunistischen Staatsräson und seiner staatsbejahenden Position in der öffentlichen Auseinandersetzung mit ihren Kritikern.

762 Vgl. Herfried Münkler, Dolf Sternberger (1907-1989), in: Eckhard Jesse/Sebastian Liebold (Hrsg.), Deutsche Politikwissenschaftler – Werk und Wirkung. Von Abendroth bis Zellentin, Baden-Baden 2014, S. 739–752, hier S. 745f.

763 Siehe nochmals zum Exempel: Walden, Politische Managerkrankheit – April 1956, in: Walden (Hrsg.), Mikrophon; und: ders., Der Putsch von Petrograd.

764 Dazu: Kurt Sontheimer, So war Deutschland nie. Anmerkungen zur politischen Kultur der Bundesrepublik, München 1999, S. 67–71.

765 Vgl. Jens Hacke, Nationale Traditionen und politische Öffnung nach Westen. Dolf Sternberger und Theodor Eschenburg als Nestoren der deutschen Politikwissenschaft, in: Friedrich Kießling/Bernhard Rieger (Hrsg.), Mit dem Wandel Leben. Neuorientierung und Tradition in der Bundesrepublik der 1950er und 60er Jahre, Köln – Weimar – Wien 2011, S. 209–228, hier S. 216–224.

Als zum Jahreswechsel 1967 Günter Grass und Sebastian Haffner angesichts der in der Großen Koalition angestrebten Wahlrechtsreform zum Mehrheitswahlrecht und der Notstandsgesetze öffentlich darüber nachdachten, zu emigrieren und die politische Situation der Opposition mit 1933 verglichen, wehrte sich Walden entschieden gegen diese Deutung. In einem Kommentar im Dritten Fernsehprogramm des *SFB* bezeichnete er den Vergleich mit der »Machtergreifung« der Nationalsozialisten als »geradezu verleumderisch«. Man müsse die Demokratie der Bundesrepublik nicht unkritisch lieben, um sie gegen diesen »häßlichen Vergleich« zu verteidigen. Darüber hinaus seien die aufgezeigten Gründe zur Emigration fragwürdig, schließlich hätten die USA und Großbritannien ein Mehrheitswahlrecht und in Fragen der Notstandgesetzgebung orientiere man sich ebenfalls an deren Modell.[766]

Der Aristoteliker Sternberger setzte sich seit den 1950er Jahren für die Einführung des relativen Mehrheitswahlrechts nach angelsächsischem Vorbild ein. Die »gemischte Verfassung« zwischen Demokratie – der Wahl – und Oligarchie – der politischen Repräsentation im Parlament – war für Sternberger die sinnvollste Erweiterung der »Politik« des Aristoteles. Das Verhältniswahlrecht gewichte laut dem Politikwissenschaftler zu stark das oligarchische Element, da Änderungen der politischen Positionen in Koalitionen wahrscheinlicher waren. Der »republikanische Geist« der Bürger gehe dabei verloren, der laut Sternberger notwendig für die Identifikation mit dem Gemeinwesen sei.[767] Kaum ein Zufall war es wohl, dass 1968 eine in akademischen Kreisen übliche Festschrift anlässlich des 60. Geburtstages von Sternberger von Carl Joachim Friedrich, gemeinsam mit dem ehemaligen Herausgeber der *FAZ*, Benno Reifenberg, herausgegeben wurde.[768] Innerhalb dieser ideellen Pole, der Totalitarismustheorie Friedrichs und der normativen staatsbejahenden Demokratie-Lehre Sternbergers, bewegte sich das politische Denken Matthias Waldens in dieser für ihn so prägenden Zeit.

766 Vgl. Matthias Walden, Die Meinung. Die Linke im 3. Fernsehprogramm (eingesehen im AdRBB, Erstausstrahlung am 24. Januar 1967 im SFB), Minute 10–12; zu Grass siehe: Günter Grass, Das Gewissen der SPD, in: Die Zeit vom 9.12.1966; und zu Haffner: Sebastian Haffner, Typoskript Berliner Fenster im SFB vom 15. Dezember 1966 (ASV-UA: NL Walden, Box 20 – 1968(!)).

767 Vgl. Hacke, Nationale Traditionen und politische Öffnung nach Westen, in: Kießling/Rieger (Hrsg.), Mit dem Wandel Leben, S. 221f.; sowie: Münkler, Sternberger, in: Jesse/Liebold (Hrsg.), Deutsche Politikwissenschaftler, S. 745; siehe zur Wertschätzung der repräsentativen Demokratie als »neue Politie« in Sternbergers Denken: Dolf Sternberger, Die neue Politie. Vorschläge zu einer Revision der Lehre vom Verfassungsstaat (1985), in: ders. (Hrsg.), Schriften X. Verfassungspatriotismus, Frankfurt am Main 1990, S. 156–231, hier v.a. S. 185–198 und S. 229–231.

768 Vgl. Carl Joachim Friedrich/Benno Reifenberg (Hrsg.), Sprache und Politik. Festgabe für Dolf Sternberger zum Sechzigsten Geburtstag, Heidelberg 1968.

Mitte der 1960er Jahre wurde Walden auf ein Phänomen aufmerksam, das ihn die nächsten Jahre mit wechselnder Intensität immer wieder beschäftigen sollte. Der Protest einer unzufriedenen Jugend, die sich gegen das System der Bundesrepublik Deutschland richtete und die mit der »Liberalität alten Stils« nichts mehr anfangen konnte. Im Vordergrund von Waldens Denken stand der Konflikt der Generationen, der, wie weiter oben bereits erwähnt, sich erst in der Auseinandersetzung mit der »rebellierenden« Jugend so richtig zeigte.[769]

Freilich gab es auch hierbei Unterschiede in der Art und Weise im Umgang mit dem jugendlichen Unmut. Darüber hinaus wird seit einigen Jahren in der historischen Forschung die zeitgenössische Wahrnehmung des Generationskonfliktes hinterfragt. Die Betrachtung müsse sich auf eine gesamtgesellschaftliche Suche nach einem kulturellen Stil des Deutschen, in der in den 1960er Jahren zunehmend entwickelten Konsumgesellschaft der Bundesrepublik richten, so beispielsweise der Kulturhistoriker Detlef Siegfried.[770]

Doch Siegfried fällt in seiner Darstellung über die Jugendkultur der 1960er Jahre häufig in generationelle Analysemuster zurück. So schreibt er über den »Star-Club«-Gründer Manfred Weißleder, dieser habe zwar selbst noch der »Flakhelfer«-Generation angehört, allerdings einen Ton getroffen, mit dem er einen großen Teil der jungen Leute erreichte.[771] Der generationelle Konflikt war also allgegenwärtig und in der Rückschau bereits vor den Schlüsseljahren 1967/68 immanent. Die Rolle Waldens in dieser intellektuellen Entwicklung der bundesrepublikanischen Gesellschaft, die letztendlich aus seiner Sicht in dem Terror der »Roten Armee Fraktion« (RAF) aufging, wird in dem folgenden Kapitel nachgezeichnet.

»Ein Vorbeben der Gewalt«

Am Anfang waren die »Rolling Stones« könnte es nun an dieser Stelle heißen, womit etwas plakativ, aber ebenso versinnbildlichend auf ein Ereignis verwiesen werden soll,

769 Vgl. Payk, Balanceakt zwischen den Zeiten, S. 27; siehe auch: Moses, Die 45er; und: Bavaj, »68er« versus »45er«, in: Hartung/Reinmuth/Streubel/Uhlmann (Hrsg.), Graue Theorie. Die Formulierung »Liberalität alten Stils« stammt aus einem Artikel der *Zeit* von 1968, in der das Unverständnis der opponierenden Studenten gegenüber der Erklärung der Bundesregierung zu den Notstandsgesetzen beschrieben wird. Siehe: Die Jugend und der Notstand, in: Die Zeit vom 7.6.1968.

770 Vgl. Detlef Siegfried, Vom Teenager zur Pop-Revolution. Politisierungstendenzen in der westdeutschen Jugendkultur 1959–1968, in: Axel Schildt/Detlef Siegfried/Karl Christian Lammers (Hrsg.), Dynamische Zeiten. Die 60er Jahre in beiden deutschen Gesellschaften, Hamburg 2000, S. 582–623, hier S. 584f.

771 Vgl. ebenda, S. 602.

das das politische Denken Matthias Waldens nachhaltig prägte: das Abschlusskonzert der ersten Deutschlandtour der »Stones« am 15. September 1965 in der Berliner Waldbühne, das Walden von der Pressetribüne aus mitverfolgte. Die 1962 gegründete englische Rockband um den Leadsänger Mick Jagger (Jg. 1944) stand wie keine andere Musikgruppe mit ihrem Auftreten und der modernen Beatmusik für eine die autonome Jugendkultur kennzeichnende Provokationsstrategie, mit der sich die jungen Leute gegen eine institutionelle Pädagogisierung zu verteidigen suchten. Detlef Siegfried spricht für dieses Verhältnis von einer »Eskalationsspirale«, die immer wieder in Schwung gehalten wurde.[772]

Im September 1965 sollte sich dies in Berlin zeigen. Im Verlauf des Konzertes kam es zu schwerwiegenden Ausschreitungen einiger Besucher, die bereits beim ersten Lied in einen Bühnensturm mündeten. Nach nur einer halben Stunde verließ die Band die Waldbühne schließlich in Richtung Hotel. Als die Veranstalter aus unerfindlichen Gründen kurze Zeit später das Licht ausschalteten, kam es zu panischen Situationen. Ein Großteil des Mobiliars wurde zerstört, sodass auf Jahre hinweg keine Veranstaltungen mehr in der Waldbühne stattfinden konnten. Gewaltbereite Konzertbesucher lieferten sich Schlägereien mit der Polizei und später in der Nacht wurden 17 Waggons der Berliner S-Bahn demoliert.[773]

In einer – so vom Verlag angekündigten – »Zwischenbilanz« seines journalistischen Wirkens von 1980 nahm Walden einen kurz nach den Ereignissen in der Waldbühne erschienenen Essay mit in sein Programm auf. Unter dem Titel »Ein Vorbeben der Gewalt« kündigte Walden den Text als Dokumentation »eines der ersten Gewalt-Exempel, ein Wetterleuchten vor den später nachfolgenden schweren Unwettern« an.[774] Mitte der 1970er Jahre bezeichnete er in einem Brief an den Leiter von Axel Springers Verlegerbüro, Claus Dieter Nagel, seinen Bericht über das Konzert gar als sein »Gesellenstück« seiner Auseinandersetzung mit den Studentenprotesten.[775] Ursprünglich erschien der Text im November 1965 im *Monat* unter der Überschrift »No Satisfaction«, die auf den bekannten Hit der »Stones« anspielte gleichzeitig aber auf Waldens pessimistischen Blick in die Zukunft verwies.[776]

Durchaus kritisch meinte Walden, das Polizeiaufgebot habe den Empfang einer »Gangsterarmee« erwarten lassen. Und der Einsatz berittener Polizei habe viele Besu-

772 Vgl. ebenda, S. 608; zur Kontextualisierung der Rolling Stones in der Beat-Kultur: Dieter Baacke, Beat – die sprachlose Opposition, München 1968, S. 130–132.

773 Siehe zu dem Konzert: Benjamin Maack, SPIEGEL Online. Legendäres Stones-Konzert – »Vier Stunden hat die Schlacht getobt« (2012). http://www.spiegel.de/einestages/rolling-stones-konzert-in-der-waldbuehne-a-947634.html (23. Oktober 2019).

774 Vgl. Walden, Die Fütterung der Krokodile, S. 11–30.

775 Vgl. Matthias Walden an Claus Dieter Nagel vom 5. März 1976 (ASV-UA: NL Springer, Box 288).

776 Matthias Walden, »No Satisfaction!«, in: Der Monat 17 (1965), H. 206, S. 78–88. Hieraus wird im Folgenden zitiert.

cher, die noch Reste von »Autoritätsgläubigkeit« besaßen, berechtigterweise irritiert.[777] Der Text ist durchdrungen von einem generationellen Unverständnis gegenüber der Leidenschaft der Konzertbesucher für die dem Jazz-Liebhaber Walden unverständliche Beatmusik. Irritiert wirkte er von dem die »Stones« kennzeichnenden Duktus der sexuellen Befreiung: »Ich habe mir die Platte gekauft und sie zehnmal angehört. Sie klingt von Mal zu Mal gemeiner. Auch besser. Hohngrinsende Pornophonie eines rüden Bengels im dunklen Treppenpflur.«[778]

Zudem ist das Essay gespickt mit oberflächlichen Spitzen gegen die Körpermode und den Kleidungsstil der Band und der Konzertbesucher. So wurden Mick Jaggers Haare zu einem »weibischen Schopf« und eine Entblößung wurde aufgrund seiner engen Hose überflüssig.[779] Doch im Lichte der Eingangsbemerkungen Waldens erscheint andererseits die spätere Eskalation als großes Missverständnis. Die Mehrheit der Besucher sei mitnichten gewaltbereit gewesen, doch habe es eine radikale Minderheit mit Hilfe der ungeschickten Präsentation der Ordnungsmacht geschafft, die Situation aufzuheizen.[780]

In seiner Erklärung griff Walden schließlich auf eine Deutung zurück, die für seine Generation durchaus üblich war, indem er die Theorie der Massenpsychologie Gustav Le Bons heranzog, die die Instrumentalisierung der Masse durch eine radikale Minderheit zu erklären versucht. Die sogenannte Generation der »45er« hatten durch den »teuer erkauften Gewinn der Hitlerjahre« eine gewisse Immunität gegen diese Form der Mobilisierung entwickelt, die Helmut Schelsky in seinem bekannten Topos der »skeptischen Generation« verarbeitet hatte.[781] Walden stellte sich einige Jahre später die Frage, ob der Protest der Jugend gegen eine in seinen Augen falsch verstandene staatliche Autorität typisch für das Rechtsempfinden dieser Generation sei, weil ihr die Härte der staatlichen Gewalt und die »Lasten eines entbehrungsreichen Alltages« erspart geblieben waren.[782] Oder er hinterfragte anlässlich des 17. Juni 1967 und dem Jahrestag des Volksaufstandes in der DDR das Urteilsvermögen der Studenten in Fragen der politischen Unterdrückung, da sie dieses Ereignis nicht bewusst miterlebt hatten.[783]

[777] Vgl. ebenda, S. 78.
[778] Ebenda, S. 87.
[779] Vgl. ebenda, S. 80.
[780] Vgl. ebenda, S. 81; zum Einfluss der Beatmusik auf den antiautoritären Potest außerdem: Görtemaker, Geschichte der Bundesrepublik, S. 479.
[781] Vgl. Bavaj, »68er« versus »45er«, in: Hartung/Reinmuth/Streubel/Uhlmann (Hrsg.), Graue Theorie, S. 61; siehe einführend zu Schelsky: Alexander Gallus (Hrsg.), Helmut Schelsky – der politische Anti-Soziologe, Göttingen 2013.
[782] Vgl. Walden, Kassandra-Rufe, S. 170; siehe auch: ders., Die alten Jungen, in: Die Welt vom 18.2.1967.
[783] Vgl. ders., Freiheit und Einheit, in: Die Welt vom 16.6.1967.

Ein generationelles Erklärungsmuster lag ihm also bereits schon für die Vorfälle in der Waldbühne 1965 nahe. Die Ekstase der Beat-Jünger konnte er dementsprechend schließlich nicht nachvollziehen. Und noch mehr, Walden zog eine Linie aus der Verführung der Masse in der Waldbühne zur Hypertrophie der Massenverführung im Nationalsozialismus, schließlich existiere die Theorie Le Bons bereits seit Anfang des Jahrhunderts und habe seitdem ihre Gültigkeit unter Beweis gestellt:

> Die Elterngeneration der umgrübelten Krawalljugend begnügte sich nicht mit der Zertrümmerung von Amphitheatern. Sie sprengte Brücken und Häuser und schlachtete Juden und Russen. Sie verübte Massen-Taten unter dem Stimulans einer vermeintlichen Autorität, die aber nur autoritär war. Ihr Rhythmus wurde aus Kartätschen geschlagen.[784]

Hiermit stand er zumindest noch 1965 im Gegensatz zu der von Riccardo Bavaj in seinen »Anmerkungen zur Generationsrevolte« zwischen »68ern« und »45ern« festgestellten Tendenz einer durchlässigen Grenze zwischen der »Kriegsjugendgeneration« und der »skeptischen Generation«.[785]

Die »anti-parlamentarische Opposition«

Etwas verschoben hatten sich bei Walden die Maßstäbe, als er in seinem Aufsatz »jung gut, alt schlecht«, der Ende 1969 in der *Politischen Meinung* erschien, den Gründen für »den katastrophalen Konflikt mit der akademischen Jugend« nachgehen wollte. Hier differenzierte er kaum noch innerhalb der älteren Generation, allerdings nicht mit der Absicht der Kanonisierung der gemeinsamen Interessen, sondern zum Zweck der Anklage. Es habe sich eine Kultur der Opportunität eingestellt, bemängelte er. Wer sich hingegen früh gegen den Kompromiss mit den intoleranten Jugendlichen geäußert hatte, wurde als »Schwarzmacher« denunziert.[786] In seinen »Kassandra-Rufen« sprach er 1975 von einem »Jahrzehnt des Opportunismus«.[787]

Was war in der Zwischenzeit geschehen? Die antiautoritäre Stimmung der Jugend hatte sich zu einem politischen Protest entwickelt. Inspiriert von internationalen Geschehnissen wie der Hippie-Bewegung in den USA und angefacht durch den nicht enden wollenden Vietnam-Krieg übernahm der Sozialistische Deutsche Studentenbund (SDS) die Führungsrolle des Protests. Vor allem durch den Eintritt der Aktivis-

784 Ders., »No Satisfaction!«, S. 83.

785 Vgl. Bavaj, »68er« versus »45er«, in: Hartung/Reinmuth/Streubel/Uhlmann (Hrsg.), Graue Theorie, S. 68.

786 Vgl. Matthias Walden, Jung gut – alt schlecht …, in: Die Politische Meinung 14 (1969), H. 126, S. 9–12, hier S. 9f.

787 Vgl. ders., Kassandra-Rufe, S. 7–20.

ten Rudi Dutschke und Bernd Rabehl in den SDS im Januar 1965 wurde die einstige sozialdemokratische Kaderschmiede zum organisatorischen und inhaltlichen Zentrum der Bewegung. Nachdem sich in Folge des Godesberger Programms die SPD von der Organisation distanziert hatte, war diese geradezu auf der Suche nach einer solchen Aufgabe gewesen.[788] Weiter angefacht wurde die Stimmung durch die Bildung der Großen Koalition, die aufgrund der verschwindend kleinen Opposition der FDP Fragen nach der Wirksamkeit des parlamentarischen Systems aufwarf. Es bildete sich eine Außerparlamentarische Opposition (APO), die sich in erster Linie gegen die Vorbereitung der Notstandgesetzgebung richtete.

Am 2. Juni 1967 zeigte sich laut Manfred Görtemaker das ganze Ausmaß des Unmuts, als bei einer Protestkundgebung in West-Berlin gegen den Besuch des Schahs von Persien der Student Benno Ohnesorg von einem Polizeibeamten erschossen wurde. In der Folge trat eine bisher unbekannte Dimension der Gewalteskalation ein. Der Schütze, Kriminalobermeister Karl-Heinz Kurras, wurde für die Studenten zum »Inbegriff des präfaschistischen Unterdrückungsstaates«. Vierzig Jahre später wurde bekannt, dass Kurras aktiv für das Ministerium für Staatssicherheit der DDR gearbeitet hatte und Mitglied der SED gewesen war. Nichtdestotrotz konnten sich die Demonstranten angesichts der Brutalität der West-Berliner Polizei niemals mehr in ihrer Empörung gerechtfertigt sehen als am 2. Juni 1967, so Wilfried Rott in seiner Geschichte West-Berlins.

Zudem sorgte die personelle Zusammensetzung des Polizeiapparates dafür, dass sich die jungen Leute in ihrer Ansicht bestätigt sahen, der Staatsapparat sei mit ehemaligen Nationalsozialisten und Wehrmachtsangehörigen durchsetzt. Sowohl Polizeipräsident Erich Duensing als auch der Befehlshaber der Schutzpolizei Hans-Ulrich Heinrich hatten eine einschlägige Vergangenheit im »Dritten Reich« vorzuweisen.[789] Matthias Walden kommentierte einige Jahre nach den Unruhen, dass selbst im besten System das Versagen Einzelner nicht ganz ausgeschaltet werden könne.[790] Ob er die rebellierenden Studenten damit überzeugen konnte, bleibt fraglich.

Am 17. und 18. Februar 1968 fand ebenfalls in West-Berlin der zweite Vietnam-Kongress statt. 10.000 Demonstranten marschierten mit Plakaten von Ho Chi Minh und Che Guevara durch die Stadt. Die Stimmung war im Anschluss an die Proteste derart aufgeheizt, dass der Gelegenheitsarbeiter Josef Bachmann am 11. April 1968 Rudi Dutschke auf dem Kurfürstendamm niederschoss. Mit sich führte Bachmann

[788] Siehe zu einem Überblick zum SDS: Tilman P. Fichter/Siegward Lönnendonker, Kleine Geschichte des SDS. Der Sozialistische Deutsche Studentenbund von Helmut Schmidt bis Rudi Dutschke, Essen 2007 (4. überarbeitete und ergänzte Auflage).

[789] Siehe dazu und detailliert zum 2. Juni 1967 in West-Berlin: Rott, Die Insel, S. 235–246.

[790] Vgl. Hörfunksendung Gulliver – Sätze und Gegensätze: Kommentar – kontrovers (angehört im AdRBB, gesendet am 21.12.1974 im SFB), Minute 37.

eine Ausgabe der rechtsradikalen *Deutschen National-Zeitung*, in der Dutschkes Konterfei im Stil eines Fahndungsfotos abgedruckt gewesen war.[791] Der Studentenführer überlebte zwar schwer verletzt, doch in den nächsten fünf Tagen sollten die schwersten Straßenschlachten der bundesrepublikanischen Geschichte toben. Sie gingen als Osterunruhen in die Geschichte ein. In München starben zwei Menschen durch Steinwürfe. In erster Linie richteten sich die Gewaltaktionen gegen Einrichtungen des *Verlages Axel Springer*.[792]

Das Hauptziel war das Springer-Hochhaus in Berlin-Kreuzberg, so Hans-Peter Schwarz in seiner Biographie über den Verleger. Bereits kurz nach den Schüssen auf Dutschke hatte Horst Mahler den Verlag als Schuldigen für den Anschlag ausgemacht. Ein studentischer Demonstrationszug von 2.000 bis 3.000 Personen machte sich auf den Weg zum Verlagsgebäude, das von 350 Polizisten geschützt wurde. Die Fassade wurde mit Fackeln und Steinen beworfen, Fahrzeuge wurden in Brand gesteckt und einige Gruppen drangen gar für kurze Zeit in die Eingangshalle ein. In den kommenden beiden Nächten setzten sich die Ausschreitungen fort, die über das Fernsehen in die Wohnzimmer der ganzen Nation gebracht wurden.[793] Von Rudi Dutschke wurden die Angriffe auf die »Maschinerie des Springer-Monopols« später abgesegnet.[794] Die Zeitungen des Verlages hatten seit 1965 eine vehemente Opposition gegen die radikalen Parolen der rebellierenden Studenten und die APO bezogen; das galt insbesondere für die *Welt* und weniger für die *Bild-Zeitung*, in der 1968 und 1969 nur ein Prozent der Gesamtberichterstattung die Studenten betraf.[795]

Matthias Walden geriet fast automatisch in den Fokus der Demonstranten und ihrer Unterstützer. Mit seinen Rundfunkkommentaren und seinen Beiträgen in den *Welt*-Zeitungen hatte er sich als Kritiker der »Rebellion« – so der nicht unübliche Titel des Abschnittes zu den Studentenprotesten und der APO in Waldens »Kassandra-Rufen«[796] – profiliert. In der *ARD*-Sendung »Rebellion der Jugend – Eine Bestandauf-

791 Vgl. Stefan Aust, Der Baader-Meinhof-Komplex, Hamburg 1997 (erweiterte und aktualisierte Ausgabe), S. 68f.

792 Siehe zu diesem gesamten Abriss: Görtemaker, Geschichte der Bundesrepublik, S. 482–491; und zum Überblick: Rudolf Morsey, Die Bundesrepublik Deutschland. Entstehung und Entwicklung bis 1969, München 2007 (5. durchgesehene Auflage), S. 106–109; sowie speziell zur Sitiation in West-Berlin: Rott, Die Insel, S. 229–272.

793 Vgl. Schwarz, Axel Springer, S. 462f.

794 Vgl. Wolfgang Kraushaar, Rudi Dutschke und der bewaffnete Kampf, in: Wolfgang Kraushaar/Karin Wieland/Jan Philipp Reemtsma (Hrsg.), Rudi Dutschke, Andreas Baader und die RAF, Hamburg 2005, S. 13–50, hier S. 36.

795 Siehe für eine ausführliche Analyse: Stefan Winckler, »Die Welt« – ein Sprachrohr der schweigenden Mehrheit? Die Gegnerschaft zu den politischen Demonstrationen der Studenten 1967/68 aus publizistikwissenschaftlicher Sicht, in: Hartmuth Becker/Felix Dirsch/Stefan Winckler (Hrsg.), Die 68er und ihre Gegner. Der Widerstand gegen die Kulturrevolution, Graz-Stuttgart 2003, S. 183–207, hier S. 187–199.

796 Vgl. Walden, Kassandra-Rufe, S. 95–157.

nahme« vom 29. Mai 1968 übernahm Walden dementsprechend in dem vom Sender konstruierten »Hearing« die »Klage wider die Linksfaschisten«.[797] Sicher nicht unbewusst bediente sich Walden dabei der Formulierung von Jürgen Habermas vom »linken Faschismus«. Habermas hatte den Begriff wenige Tage nach dem 2. Juni 1967 in den öffentlichen Diskurs eingebracht und wollte damit den »kalkulierbaren Mechanismus« der Herausforderung der Gewalt durch die Studentenbewegung kritisieren.[798]

Die politische Instrumentalisierung seiner Formulierung empfand Habermas bald als »unglücklich«. Einen Vergleich mit den rechten Studenten der frühen 1930er Jahre wollte der prominente Philosoph und Soziologe nicht ziehen. Doch müssten sich die politisch handelnden Personen der Studentenbewegung auch für »inhumane Folgen ihres Handelns« moralisch verantwortlich machen lassen, wie er kurz nach den Osterunruhen an den Publizisten Claus Grossner schrieb.[799]

In diesem Sinne wandte sich Walden in seinem Plädoyer gegen den intoleranten Impetus der Proteste, der für ihn eher einen »anti-parlamentarischen«[800] Anstrich hatte. Zwar kritisierte er explizit auch die Brutalitäten der Polizei, meinte aber, man müsse zwischen Provozierten und Provokateuren unterscheiden.[801] Als er im Juni 1978 mit Rudi Dutschke, Daniel Cohn-Bendit und Kurt Sontheimer im *Österreichischen Rundfunk (ORF)* in der Sendung »Club 2« über die 68er Ereignisse diskutierte, wurde genau auf diesem Feld ein struktureller Unterschied im Verständnis von Gewalt offensichtlich.

Für Dutschke hatte Gewalt eine »sozialökonomische Struktur«. Die von Walden 1968 wie 1978 aufgestellte »Kausalkette der Gewalt«, die mit dem Niederbrüllen von Meinungsgegnern angefangen habe, konnte so für den einstigen SDS-Aktivisten gar nicht existieren. Die Studenten hätten soziologisch gesehen kaum die Voraussetzungen für die entstandene Gewalt gehabt, sagte Dutschke in der Diskussion. Es sei die Gesellschaftsstruktur – Eigentumsverhältnisse, Machtstrukturen, Institutionen –, die

797 Eine Abschrift der Sendung findet sich hier: Rebellion der Jugend. Dokumentation einer Fernsehsendung, in: Frankfurter Hefte – Zeitschrift für Kultur und Politik 23 (1968), H. 7, S. 453–478.

798 Vgl. Jürgen Habermas, Diskussionsbeitrag auf dem Kongress › Hochschule und Demokratie ‹ am 9. Juni 1967 in Hannover, in: ders. (Hrsg.), Kleine Politische Schriften I–IV, Frankfurt am Main 1981, S. 213–215.

799 Vgl. ders., Brief an C. Grossner vom 13.5.1968, in: ders. (Hrsg.), Kleine Politische Schriften I–IV, Frankfurt am Main 1981, 215f.; siehe erläuternd: Wolfgang Kraushaar, Entschlossenheit: Dezisionismus als Denkfigur. Von der antiautoritären Bewegung zum bewaffneten Kampf, in: ders. (Hrsg.), Die RAF und der linke Terrorismus. Band 1, Hamburg 2006, S. 140–156, hier S. 140f.

800 So Walden in einem Brief an Eugen Gerstenmaier: Matthias Walden an Eugen Gerstenmaier vom 13. Juni 1968 (ASV-UA: NL Walden, Box 45 – SFB 1968).

801 Vgl. Rebellion der Jugend, S. 454.

in sich Gewalt produziere und reproduziere.[802] Der Politikwissenschaftler Wolfgang Kraushaar hat quellennah diesen »Latenzcharakter der Gewalt« im Denken Rudi Dutschkes herausgearbeitet. Laut Kraushaar war es in der Zeit 1967/68 indes ein zentrales Anliegen Dutschkes, durch »direkte Aktionen« das Gewaltpotential des Staates und der Polizei »herauszukitzeln«.[803]

Bereits 1968 stellte sich unmittelbar die Frage nach der Verantwortung für die Gewalteskalationen. *Die Zeit* schrieb in einer TV-Kritik des *ARD*-»Hearings«, Walden habe mit seinem Beitrag unbewusst ebenso den *Axel-Springer-Verlag* getroffen.[804] Noch vor der Sendung hatte Günter Grass Walden nach den Osterunruhen öffentlich in einer Rede zum 1. Mai 1968 attackiert, die im *Spiegel* abgedruckt wurde. Er machte ihn stellvertretend für den *Axel-Springer-Verlag* mitverantwortlich für die Eskalation der Gewalt. Der Literat verglich die zynischen Bemerkungen des SDS-Aktivisten Horst Mahler, der die beiden Toten von München als »kalkuliertes Risiko« bezeichnet hatte, mit den Kommentaren Waldens.[805] Grass selbst bemühte sich um einen neutralen Standpunkt, der in diesem Fall der antitotalitären Haltung Waldens gar nicht so unähnlich war. Somit wurde auch Grass zuweilen für die APO und die Studenten zur Zielscheibe.[806]

Parallel zu seiner Rede machte der Schriftsteller darüber hinaus allerdings im Berliner Rundfunkrat gegen Walden mobil, wie aus einem internen Schreiben Waldens an den erst seit 1968 amtierenden *SFB*-Intendanten Franz Barsig (SPD) hervorging.[807] Walden suchte in der Folge die Aussprache mit Grass. Auf zehn Seiten legte er mit einer gewissen Larmoyanz dar, warum der Vergleich mit Mahler in seinen Augen nicht zulässig sei. Darüber hinaus zog er Parallelen von der gegenwärtigen Kritik an seiner Position zu seiner Zeit der politischen Unterdrückung in Dresden und zu den Protesten gegen seine Dokumentationen über ehemalige Nationalsozialisten in der Bundesrepublik.[808] Sein kritischer Umgang mit der deutschen Vergangenheit wurde demnach von Walden selbst als Ausweis demokratischer Gesinnung verstanden.

In einer im Vergleich zu Waldens elaborierten Ausführungen eher kurzen Antwort verteidigte Grass zunächst seinen Mahler-Vergleich und warf dem Journalisten eine

802 Vgl. Fernsehgespräch (Club 2, 13. Juni 1978), S. 81; siehe zu Waldens Haltung in dieser Frage 1968: Rebellion der Jugend, S. 454.

803 Vgl. Kraushaar, Rudi Dutschke und der bewaffnete Kampf, in: Kraushaar/Wieland/Reemtsma (Hrsg.), Rudi Dutschke, Andreas Baader und die RAF, S. 28–42.

804 Vgl. Jugend, in: Die Zeit vom 7.6.1968.

805 Vgl. Günter Grass, »Gewalttätigkeit ist wieder gesellschaftsfähig«. Günter Graß zum 1. Mai über Staat, Springer und Studenten, in: Der Spiegel vom 6.5.1968, S. 52.

806 Vgl. Volker Neuhaus, Günter Grass. Schriftsteller – Künstler – Zeitgenosse. Eine Biographie, Göttingen 2012, S. 224–226.

807 Vgl. Matthias Walden an Franz Barsig vom 8. Mai 1968 (ASV-UA: NL Walden, Box 45 – SFB 1968).

808 Vgl. Matthias Walden an Günter Grass vom 13. Mai 1968 (ASV-UA: NL Walden, Box 45 – SFB 1968).

Dogmatik vor, die zum »verhängnisvollen Klima« der Stadt beigetragen habe. Mit Undifferenziertheiten und Irrationalismus habe Walden laut Grass deduktiv von einer Minderheit auf die ganze Bewegung geschlossen, was eine Diffamierung sei.[809] Wie von Walden erbeten kam es dann zu einer Aussprache der beiden, die angesichts des vorigen Briefwechsels erstaunlich positiv verlief. Grass bedankte sich wenige Tage später nochmals bei Walden für den offenen Austausch und zeigte sich erfreut, dass bei aller Schärfe und Gegnerschaft eine sachliche Unterhaltung möglich gewesen war. Dies sei mehr als Grund genug, um in Zukunft im Gespräch zu bleiben.[810] Walden antwortete nicht minder galant. Es sei ihm sogar ein Vergnügen, mit Grass einmal in einer Zeitung gemeinsam zu polemisieren, doch werde dies nicht möglich sein, da Grass in der *Welt* nicht schreiben werde und er in der *Zeit* nicht dürfe.[811]

So glimpflich letztlich die Auseinandersetzung mit Günter Grass auslief, so hartnäckig hielt sich der Vorwurf, Walden sei einer der »intellektuellen Täter« am Attentat auf Rudi Dutschke gewesen. Nicht zuletzt Daniel Cohn-Bendit sollte 1978 im »Club 2« gleich zu Beginn der Diskussion erwähnen, der Journalist sei einer derjenigen gewesen, »die die Waffe von Herrn Bachmann geladen haben«. Den von Walden geforderten Nachweis einer von ihm getätigten Aufforderung zu dem Attentat konnte Cohn-Bendit, der zehn Jahre zuvor am »Pariser Mai« beteiligt war, freilich nicht liefern. Darum ging es ihm schließlich auch nicht. Vielmehr zielte der Ausspruch, zwar nicht im Wortlaut, aber in der Sache, auf die Argumentation von Günter Grass ab, dass Walden und der *Verlag Axel Springer* das gewalttätige Klima der Stadt gefördert hätten.[812]

In einem noch einmal zwei Jahre später gesendeten Rundfunkinterview des *BR* anlässlich des zwölften Jahrestages des Attentates auf Rudi Dutschke erklärte sich Walden pointiert:

> Wenn man sich in Zeitungen kommentierend gegen Gewalttätigkeit äußert, dann sagt man damit ja nicht, daß man Gegen-Gewalt befürwortet und man will damit auch nicht ein Klima schaffen, in dem sie gedeiht.[813]

In beiden Beispielen verwies Walden außerdem auf sein Engagement gegen Rechtsextremismus und die versäumte Vergangenheitsbewältigung, mit dem er ebenso wenig

809 Vgl. Günter Grass an Matthias Walden vom 24. Mai 1968 (ASV-UA: NL Walden, Box 45 – SFB 1968).

810 Vgl. Günter Grass an Matthias Walden vom 15. Mai 1968 (ASV-UA: NL Walden, Box 45 – SFB 1968).

811 Vgl. Matthias Walden an Günter Grass vom 31. Mai 1968 (ASV-UA: NL Walden, Box 45 – SFB 1968).

812 Vgl. Fernsehgespräch (Club 2, 13. Juni 1978), S. 11.

813 Abschrift der Sendung »Zündfunk« des Bayerischen Rundfunks vom 3. April 1980 (ASV-UA, NL Springer: Box 404), S. 4.

zu Gewalt aufrufen wollte wie mit seinem Wirken gegen die Studentenbewegung und die APO. In der Tat hatte Walden im Februar 1968 anlässlich des zweiten Vietnam-Kongresses in West-Berlin im *SFB* Plakate einer Gegendemonstration mit der auf den Mörder John F. Kennedys rekurrierenden Aufschrift »Lee Harvey Oswald wir brauchen dich!« heftig kritisiert.[814]

Noch vor dem öffentlichen Vorwurf von Grass hatte Walden zudem Ende April 1968 in der *Welt* moniert: »Der Meinungsstreit muß fair sein«.[815] Anlass für Waldens Aufruf war ein Artikel des von ihm ansonsten hoch geschätzten Theo Sommer in der *Zeit* vom 19. April. Sommer hatte sich über einen Verlust der Vernunft als politische Methode – »das eigentliche Positivum der letzten zwanzig Jahre« – beschwert und dabei dem *Axel-Springer-Verlag* eine erhebliche Mitschuld aufgebürdet.

In seinem Artikel zitierte er die *Bild-Zeitung* vom 7. Februar 1968, in der es hieß: »Und man darf auch nicht die ganze Dreckarbeit der Polizei und ihren Wasserwerfern überlassen.« Zwar dürften laut Sommer die Gewalt-Predigten des SDS nicht übersehen werden und er bezeichnete außerdem die Angriffe auf die Springer-Häuser als Verletzung der Pressefreiheit. Doch schrieb er im Anschluss, die »Schreibtischtäter« treffe eine größere Schuld, denn sie müssten es schließlich besser wissen.[816]

Neben der *Zeit* positionierte sich vor allem *Der Spiegel* gegen den *Verlag Axel Springer* und seinen Verleger, in denen das Magazin die Hauptschuldigen für die Gewalteskalationen sah. In dem Artikel »Gefahr für uns alle« wurde Axel Springer beispielsweise »Studentenhetze« vorgeworfen und ein »Anti-Springer-Flugblatt« abgedruckt, auf dem dieser neben *Stürmer*-Verleger Julius Streicher abgedruckt wurde. Darunter hieß es auf dem Flugblatt, Julius Streicher wurde für die Hetze gegen Juden zum Tode verurteilt, »Axel C. Springer« hetze zum »Studentenmord«, wurde bisher aber noch nicht verurteilt.[817]

In seinem *Welt*-Artikel kritisierte Walden nun, dass Theo Sommer das verwendete *Bild*-Zitat nur verkürzt abgedruckt hatte. In seiner Gänze lautete es:

> **Man darf über das, was zurzeit geschieht, nicht einfach zur Tagesordnung übergehen. Und man darf auch nicht die ganze Drecksarbeit der Polizei und ihren Wasserwerfern überlassen.** Schlafen unsere Richter, schlafen unsere Politiker? **Wie lange wollen Sie noch zulassen, daß unsere jungen Leu-**

814 Vgl. Matthias Walden, Hörfunkbeitrag Abendkommentar im SFB vom 19. Februar 1968 (angehört im AdRBB), Minute 3.

815 Ders., Der Meinungsstreit muß fair sein, in: Die Welt vom 25.4.1968.

816 Vgl. Theo Sommer, Die Vernunft blieb auf der Strecke. Die Oster-Rebellion. Herausforderung an unsere Demokratie, in: Die Zeit vom 19.4.1968.

817 Vgl. »Gefahr für uns alle«. Studenten gegen Springer, in: Der Spiegel vom 6.5.1968, S. 42; siehe zur Presse-Kampagne gegen Springer: Schwarz, Axel Springer, S. 467f.

te von roten Agitatoren aufgehetzt, daß unsere Gesetze in Frage gestellt, unterwandert und mißdeutet werden?[818]

Ohne auf die Hervorhebungen in dem Artikel einzugehen, die sicher ein – wenn überhaupt vorhandenes – Missverständnis befördert hätten, schrieb Walden, dass genau das Gegenteil von Theo Sommers Rückschluss gefordert wurde. Nämlich das Eingreifen von Justiz und Politik und keine Selbstjustiz. Und nicht nur das; Sommer habe durch seine Weglassung die Stimmung seinerseits weiter angeheizt. Also eben das was Walden und dem *Axel-Springer-Verlag* vorgeworfen wurde.[819]

Er selbst sei bereits Opfer solcher Verkürzungen geworden, führte Walden weiter im Text aus. So hatte Immanuel Birnbaum zu Beginn der Studentenunruhen in der *Süddeutschen Zeitung* aus einem Artikel Waldens zitiert und ihm »Feste-Druff-Parolen« unterstellt. Tatsächlich hatte Walden im Januar 1967 in einem seiner ersten Artikel für die *Welt* anlässlich studentischer Proteste an der FU geschrieben: »Auf einen groben Klotz gehört ein grober Keil.« Direkt vor diesem Satz hatte es allerdings geheißen: »Ehe sich der akademische Senat weiter vornehm-gütig zersorgt, sollte er einige Rädelsführer relegieren.«[820] So wurde durch die Beschneidung des Zitats aus der Forderung der Exmatrikulation linksradikaler Studentenführer eine Aufforderung zur Gewaltanwendung. Die Resignation Waldens angesichts dieser Vorfälle wurde in seinem Schlussstatement deutlich: »Es ist nicht die Schärfe der Angriffe, die so sehr erschreckt, sondern die Unschärfe.«[821]

Trotz dieser Intervention Waldens fand das beschnittene Zitat Eingang in die ein Jahr später von dem Historiker Wolf Dieter Müller veröffentlichte »kritische Studie« zum *Axel-Springer-Verlag*.[822] Unabhängig davon, dass es den Artikeln und Kommentaren Waldens desweilen an Contenance gefehlt habe, wie es Wilfried Rott in seiner Darstellung über die Geschichte West-Berlins ausdrückt, lieferten solche Episoden sicherlich Zündstoff für eine von beiden Seiten kaum gewollte Eskalation der Lage, die nur der radikalen Minderheit der Studenten half.[823]

Die heftigen politischen Auseinandersetzungen im Zuge der Osterunruhen riefen im Zusammenspiel mit der sich zuspitzenden Diskussion um eine neue Ost- und Deutschlandpolitik zeitweilig melancholische Phasen bei Matthias Walden hervor. An seinen Verleger Axel Springer, der ihm wieder einmal einige anerkennende Zeilen zu

818 Stoppt den Terror der Jung-Roten jetzt!, in: Bild-Zeitung (Berlin) vom 7.2.1968. Hervorhebungen im Original.

819 Vgl. Walden, Der Meinungsstreit, in: Die Welt vom 25.4.1968.

820 Ders., Links vom Geist, in: Die Welt vom 7.1.1967.

821 Ders., Der Meinungsstreit, in: Die Welt vom 25.4.1968.

822 Vgl. Hans Dieter Müller, Der Springer-Konzern. Eine kritische Studie, München 1968, S. 207.

823 Vgl. Rott, Die Insel, S. 265.

einer seiner Arbeiten zukommen lassen hatte, schrieb Walden im September 1968, es lägen einige recht schwierige und einsame Jahre hinter ihm. Dass seine Familie während der Ostereignisse für eine Weile Polizeischutz erhalten hatte, war für ihn nicht leicht gewesen, gab er zu. Gerade vor diesem Hintergrund war er froh, im *Verlag Axel Springer* einen festen Platz gefunden zu haben. Er habe »weniger Angst denn je« vor dem Weg, der noch vor ihnen liege.[824]

Schon Ende 1967 hatte Walden an den Verleger nach seinem ersten Jahr bei der *Welt* geschrieben:

> Manchmal verursacht mir die Feindseligkeit dessen, was uns umgibt, Beklemmung bis in die Nähe der Angst. Zu meinen Ermutigungen, die noch immer überwiegen, gehört ganz vorn die Verbundenheit mit Ihnen, die ich auch für die Zukunft erhoffe und für die ich beitragen werde, was in meinen Kräften steht.[825]

Und schon bald zeigte sich Walden Springer treu ergeben und bot ihm im September 1970 gar an, die *ARD* endgültig zugunsten des Verlages zu verlassen, wenn dieser dies wünsche. Zuvor war – wie Walden Springer schilderte – ein Versuch Peter Tamms, Vorstandsvorsitzender des *Verlages Axel Springer*, und Franz Barsigs gescheitert, die Sondergenehmigung Waldens für die *Welt* zu erweitern, da der *SFB*-Intendant Barsig dies nicht ohne Zustimmung des Rundfunkrates hätte entscheiden können. Wie weiter oben ausgeführt fand sich schließlich eine Lösung in der Form der Norbert-Falk-Kolumnen. Der SPD-Funktionär Barsig hatte scheinbar an Walden appelliert, bei dem Berliner Fernsehsender auszuharren.[826]

Schon wenige Tage nach den Osterunruhen im April 1968 hatte Barsig als eine seiner ersten Amtshandlungen als Intendant den nicht anwesenden Walden bei einer Diskussion im Audimax der TU Berlin unter Pfiffen und Buh-Rufen verteidigt. Zuvor hatten die APO-Aktivisten Horst Mahler und Ulrike Meinhof nicht nur die Auftritte Waldens im Fernsehen und Rundfunk, sondern vor allem seine vom Intendanten genehmigte Tätigkeit für den *Axel-Springer-Verlag* angegriffen.[827]

Die Rückendeckung Barsigs, der zum rechten Flügel der SPD zu zählen war, war sicher Balsam für die Seele Waldens. Dem Intendanten hatten außerdem Ende April 1968 der Berliner CDU-Vorsitzende Peter Lorenz und der SPD-interne Kritiker der

824 Vgl. Matthias Walden an Axel Springer vom 1. September 1968 (ASV-UA: NL Springer, Box 90).
825 Matthias Walden an Axel Springer vom 19. Dezember 1967 (ASV-UA: NL Springer, Box 90).
826 Vgl. Matthias Walden an Axel Springer vom 21. September 1970 (ASV-UA, NL Springer: Box 130).
827 Vgl. Hörfunkbeitrag Tagung im Audi Max der Technischen Universität (angehört im AdRBB, gesendet am 15. April 1968 im SFB), Minute 4.

Neuen Ostpolitik, Klaus-Peter Schulz, in ihrer Funktion als Organisatoren der »Aktion Demokratisches Berlin« ein Dankesschreiben für die Haltung des *SFB* während der Osterunruhen geschickt. Insbesondere verwiesen die beiden Politiker dabei auf den »mutigen« Einsatz Matthias Waldens, der selbst zu den Unterzeichnern einer Flugblattaktion der Initiative gehörte, in der es hieß: »Berlin demonstriert – Gegen Straßenterror und Anarchie. Für Freiheit in gesetzlicher Ordnung«.[828]

Einige Wochen zuvor hatte Walden in einem Abendkommentar des *SFB* die überparteiliche Initiative gelobt und an eine »eingeschüchterte oder schlafende Mehrheit« appelliert, sich gegen das »extremistische Spektakel« zu wenden.[829] Wie demoskopische Umfragen der Jahre 1967 bis 1969 zeigten, hatten die protestierenden Studenten und die APO keine breite Akzeptanz in der Bevölkerung. Selbst nach den gewalttätigen Zusammenstößen mit der Polizei am 2. Juni 1967 identifizierten sich nur 20 Prozent der Deutschen mit den Demonstranten, wobei allerdings knapp über 30 Prozent ein zu hartes Vorgehen der Polizei bemängelten.[830] Waldens Selbsteinschätzung für eine sich wenig artikulierende Mehrheit der Gesellschaft zu stehen, kann in dem Fall der Bewertung der Studentenproteste also durchaus bestätigt werden.

Walden war stets darauf bedacht, den Schulterschluss mit prominenten Kritikern der Studentenproteste zu suchen. In seiner Dokumentation »Einige Tage im Leben des Helmut Schmidt« im Frühjahr 1969 legte er demnach besonderen Wert auf eine Rede Schmidts bei einer Kundgebung gegen die NPD, die allerdings immer wieder von »linksradikalen Störtrupps« unterbrochen wurde. Schmidt selbst verwies daher auf die zwanziger Jahre, als Kommunisten und Faschisten gemeinsam die Demokratie angegriffen hätten.[831] Der SPD-Fraktionsführer war für Walden am Ausgang der 1960er Jahre die Verkörperung des integren Demokraten, dem jeder »opportunistische Umweg« zuwider war.[832]

In ähnlicher Manier verwies Walden im Juli 1971 in einem Artikel über die Gefahren einer vermeintlich opportunistischen Politik der SPD auf den gerade erst zurückgetretenen ehemaligen Hamburger Oberbürgermeister Herbert Weichmann. Dieser zählte in seiner eigenen Partei der SPD zu den vehementesten Verfechtern gegen einen Verständigungskurs mit den rebellierenden Studenten. Die Proteste gegen den Schah-Besuch und die Osterunruhen 1968 erinnerten den 1896 geborenen Weich-

828 Vgl. Peter Lorenz und Klaus-Peter Schulz an Franz Barsig vom 25. April 1968 (ASV-UA: NL Walden, Box 45 - SFB 1968); vgl. Flugblatt der »Aktion Demokratisches Berlin« vom 21. Februar 1968. http://www.trend.infopartisan.net/1968/remember68_02.html (23. Oktober 2019).

829 Vgl. Walden, Abendkommentar, 19.2.1968, Minute 1--3.

830 Siehe zu den demoskopischen Zahlen:Vgl. Winckler, »Die Welt« – ein Sprachrohr der schweigenden Mehrheit?, in: Becker/Dirsch/Winckler (Hrsg.), Die 68er, S. 184–187.

831 Vgl. Walden, Helmut Schmidt vom 30.4.1969, Minute 37.

832 Vgl. ebenda, Minute 43.

mann an Verhältnisse der späten Weimarer Republik, in der demokratische Freiheiten für die Zerstörung der freiheitlich-demokratischen Ordnung missbraucht wurden. Ein Bild, das Walden gerne in seine Kritik aufnahm, sah er doch in Zugeständnissen an die rebellierende Jugend eine Gefahr für die Demokratie der Bundesrepublik Deutschland.[833] Weichmann war für ihn einer der intellektuellen Väter des Godesberger Programms von 1958, von dem sich die SPD seiner Ansicht nach immer mehr entferne, wie er einige Jahre später in der *Welt am Sonntag* kommentierte.[834]

Wer sich ebenfalls in seiner Analyse der gesellschaftlichen Situation auf die schwache Weimarer Demokratie berief, war Joachim Fest. Fest schrieb im Herbst 1968 in seinem stark rezipierten Aufsatz »Das Dilemma des studentischen Romantizismus« in der *Neuen Rundschau*, Bonn sei gewiss nicht Weimar, doch spiele es dies zurzeit. Der Essayist und spätere Herausgeber der *FAZ* meinte damit einen Verlust staatlicher Autorität, der ganz ähnlich wie in Waldens Argumentation das Ergebnis »jahrelanger« Versäumnisse und opportunistischer Anbiederungen war.[835] Fest kritisierte durchaus gesellschaftspolitische Zustände in der Bundesrepublik, lehnte aber in den Grundfesten seiner Haltung die Vorgehensweise der Studenten ab.[836]

Von einem »romantischen Rückfall« der studentischen Jugend in ältere illiberale Traditionen der deutschen Geschichte sprach 1970 indes Richard Löwenthal. Der prominente sozialdemokratische Professor für Politikwissenschaft an der FU Berlin war zudem Mitbegründer des im selben Jahr ins Leben gerufenen »Bund Freiheit der Wissenschaft«, der sich gegen viele der studentischen Forderungen auf Mitbestimmung richtete.[837] Besonders erschreckend war für Löwenthal die antiliberale und antiwestliche Stoßrichtung der Proteste.[838] Löwenthals intellektueller Werdegang reichte vom sozialistischen Faschismustheoretiker in den 1930er Jahren zum konsensliberalen Totalitarismustheoretiker in der Bundesrepublik.[839]

833 Vgl. ders., Flucht aus den Strapazen der Standhaftigkeit?, in: Die Welt vom 3.7.1971; zu Herbert Weichmanns Haltung zu den 68ern siehe: Axel Schildt, Herbert Kurt Weichmann, in: Arno Herzig (Hrsg.), Schlesier des 14. bis 20. Jahrhunderts, Neustadt an der Aisch 2004, S. 263–269, hier S. 268; zum Negativbild Weimar in der öffentlichen Diskussion: Sontheimer, So war Deutschland nie, S. 62–67.

834 Vgl. Matthias Walden, Vollbart und Spitzbart, in: Welt am Sonntag vom 8.4.1973.

835 Vgl. Joachim C. Fest, Das Dilemma des studentischen Romantizismus, in: Neue Rundschau 79 (1968), H. 3, S. 421–434, hier S. 421f.

836 Vgl. Philipp Gassert, Bewegte Gesellschaft. Deutsche Protestgeschichte seit 1945, Stuttgart 2018, S. 103f.

837 Vgl. Nikolai Wehrs, Protest der Professoren. Der »Bund Freiheit der Wissenschaft« in den 1970er Jahren, Göttingen 2014.

838 Vgl. Richard Löwenthal, Der romantische Rückfall. Wege und Irrwege einer rückwärts gewendeten Revolution, Stuttgart 1970, S. 8; siehe zu Löwenthals Kritik an der Studentenbewegung: Görtemaker, Geschichte der Bundesrepublik, S. 487.

839 Vgl. Richard Löwenthal, Faschismus – Bolschewismus – Totalitarismus. Schriften zur Weltanschauungsdiktatur im 20. Jahrhundert. Herausgegeben und eingeleitet von Mike Schmeitzner,

Dieser Verteidigung der liberalen Demokratie entsprach der intellektuelle Kern von Waldens energischen Auftreten gegen die Studentenbewegung und die APO. Nur einen Tag nach dem Attentat auf Rudi Dutschke erschien ein Gastbeitrag Waldens im *Rheinischen Merkur*, in dem er proklamierte, er stehe weder »rechts« noch »links«, sondern auf der Seite der »Freiheit in Ordnung«.[840] Gerade vor dem Hintergrund der Unruhen in Berlin erschien dieser – sicherlich einige Tage zuvor fertig gestellte – Beitrag Waldens paradigmatisch für sein Denken. Wie für so viele zeitgenössische Beobachter war ihm der Radikalismus der rebellierenden Studenten zuwider. Und dies basierte auf einer demokratischen Geisteshaltung. Dieser Befund korreliert mit dem Ergebnis der Betrachtung auf die hochschulpolitischen Gegner des SDS, dem Ring Christlich Sozialer Studenten (RCDS) durch die Historikerin Anna von der Goltz. Das Engagement des RCDS kann ihrer Meinung nach nicht als reiner »Backlash« gegen links beurteilt werden, sondern als Bekenntnis zu den Institutionen der freiheitlichen Demokratie in der Bundesrepublik.[841]

Besonders deutlich wurde dieser Aspekt in Waldens Denken nur einige Wochen später im bereits erwähnten »Hearing« der *ARD*. Walden griff vor allem »Erscheinungen der Intoleranz« in der »außer- und antiparlamentarischen Opposition« an. Es handele sich um ein »Mißverständnis der Demokratie«, wenn unter Berufung auf Minderheitsrechte radikale Gruppen Mehrheitsrechte und Rechte andere Minderheiten beschneiden würden. Der Verweis auf die Schwäche Weimars wurde zwar nicht angeführt, doch schwang er eindeutig mit. Demagogisch sei es, nach der Präferenz von Freiheit und Ordnung zu fragen. Die beiden Begriffe würden sich nicht ausschließen, sondern einander bedingen: »Freiheit ohne Ordnung ist Anarchie. Ordnung ohne Freiheit ist Diktatur.«[842]

Es sei laut Walden der Demokratie inhärent, dass sie fehlbar sei. Dennoch garantiere sie ein Optimum und Maximum an Freiheit, das es zu schützen galt. Denn, nur wenn die Demokratie erhalten bleibe, könne sie verbessert werden, so Waldens Schlusswort, was sich nahtlos an seine Analyse der offenen »Stilfragen der Demokratie« am Ende der Ära Adenauer anschloss.[843] Dieses Demokratieverständnis findet sich im Denken Kurt Sontheimers. Der 1928 geborene Politikwissenschaftler stieg in

Göttingen 2009, S. 10.

840 Vgl. Matthias Walden, Verkaufe ich meine Meinung? Wider die Tabus der Gesinnungs-Abstempler, in: Rheinischer Merkur vom 12.4.1968.

841 Vgl. Anna von der Goltz, A Vocal Minority: Student Activism of the Center-Right and West Germany's 1968, in: Anna von der Goltz/Britta Waldschmidt-Nelson (Hrsg.), Inventing the Silent Majority in Western Europe and the United States. Conservatism in the 1960s and 1970s, Washington D.C. 2017, S. 82–104.

842 Rebellion der Jugend, S. 455.

843 Vgl. ebenda, S. 456; zu den Stilfragen der Demokratie nochmal: Walden, Adenauer, in: Quick – Illustrierte für Deutschland vom 20.10.1963.

den 1960er Jahren zu den intellektuellen Größen der Bundesrepublik auf. Als SPD-Mitglied und Befürworter Willy Brandts stand er anfänglich den Forderungen der Studentenbewegung aufgeschlossen gegenüber, distanzierte sich jedoch von der Bewegung, sobald ihr utopischer Anspruch über sie hinauswuchs. Er wurde schließlich zum Wortführer der staatsaffirmativen Intellektuellen.

In einer Rekapitulation der politisch-kulturellen Entwicklung der Bundesrepublik Deutschland legte Sontheimer Ende der 1990er Jahre dar, die westlichen Demokratien seien eben keine »vollkommenen Gebilde«. Idealistischen und utopischen Ansprüchen wie allgemeiner Wohlfahrt, innerer Frieden, sozialer Gerechtigkeit und Humanität könne die liberale Demokratie »höchstens annähernd« gerecht werden. Sie müsse dennoch verteidigt werden, da die Geschichte des 20. Jahrhunderts gezeigt hatte, dass ideologische Ziele zu totalitär organisierter Herrschaft und der Zerstörung einer menschenwürdigen Politik führten.[844] Es verwundert daher kaum, dass Sontheimer in der bereits erwähnten *ORF*-Diskussion »Club 2« Walden beistand, als dieser seinen Gewaltbegriff gegen die Vorstellung einer »strukturellen Gewalt« von Dutschke und Cohn-Bendit verteidigen musste.[845]

Dass Rudi Dutschke mit dem Revolutionsbegriff Friedrich Engels' argumentiere, ging für Walden wiederum ganz im Denken des *Vital Center* verhaftet über die Toleranz einer liberalen Demokratie hinaus.[846] Tatsächlich forderte Dutschke eine der Russischen Revolution von 1917 folgende »zweite Revolution«, so Riccardo Bavaj in seiner Analyse des politischen Denkens der antiautoritären Führungsspitze des SDS, der allerdings nur wenige Studenten in ihren revolutionären Zielvorstellungen gefolgt seien. Im *Spiegel* verglich Bernd Rabehl indes den Kampf der antiautoritären Revolutionäre mit dem Kampf Lenins gegen das Russland des Ersten Weltkriegs, ohne die unterschiedliche gesellschaftliche Wirklichkeit auch nur zu hinterfragen.[847] Das häufig als reformistisch missverstandene Credo vom »lange[n] Marsch durch die Institutionen« war laut Bavaj von Dutschke mitunter eigentlich als »revolutionär-subversives« Element gedacht.[848] Der Historiker Götz Aly, 1967/68 selbst Teil der »Rebellion«, äußerte sich später ebenfalls distanziert über die revolutionären Forderungen Dutsch-

844 Vgl. Sontheimer, So war Deutschland nie, S. 54f.
845 Vgl. Fernsehgespräch (Club 2, 13. Juni 1978), S. 85.
846 Vgl. Rebellion der Jugend, S. 455.
847 Vgl. Bernd Rabehl, Karl Marx und der SDS, in: Der Spiegel vom 29.4.1968, S. 86; siehe dazu: Görtemaker, Geschichte der Bundesrepublik, S. 487.
848 Vgl. Riccardo Bavaj, Die 68er-Bewegung – Ursprünge und Grundzüge des politischen Denkens der antiautoritären Führungsspitze um Rudi Dutschke, in: Riccardo Bavaj/Florentine Fritzen (Hrsg.), Deutschland – ein and ohne revolutionäre Traditionen? Revolutionen im Deutschland des 10. und 20. Jahrhunderts im Lichte neuerer geistes- und kulturgeschichtlicher Erkenntnisse, Frankfurt am Main 2005, S. 121–135, hier S. 128–135.

kes, der vor allem nach dem 2. Juni 1967 mit einer »Machtergreifung« West-Berlins und einem »Stadtsowjet« liebäugelte.[849]

Die Forderungen der radikalen Minderheit der Studentenbewegung war in Waldens Augen dieser Rhetorik sensibel folgend eine Mixtur aus chinesischem Kommunismus, lateinamerikanischer Umsturztaktik und Rätediktatur.[850] Damit spielte Walden auf die offene Solidarität der Demonstranten mit dem unter anderem von China unterstützten nordvietnamesischen Revolutionär Ho Chi Minh sowie mit Ernesto Che Guevara an, der maßgeblich an der kommunistischen Revolution in Kuba beteiligt gewesem war. Gerade die katalysierende und radikalisierende Wirkung des schwelenden Vietnamkriegs für die Studentenbewegung war indes nicht zu unterschätzen. Als Ende Januar 1968 der Vietcong unterstützt von nordvietnamesischen Truppen die Tet-Offensive startete, kulminierte der Protest in einem ideologischen Antiamerikanismus. Der Vietnam-Protest wurde dabei schnell zum Vehikel einer »Fundamentalkritik« an der liberalen Demokratie, so der Historiker Philipp Gassert in seinem Überblick zum Verhältnis der »Neuen Linken« zu den USA.

Die Distanz zum liberal-kapitalistischen System äußerte sich mithin in einem »ubiquitären Faschismus-Vorwurf«, der immer nicht nur die USA, sondern ebenso die Bundesrepublik treffen sollte, wie es schon im Oktober 1967 einer der Vordenker der APO, der Pfarrer Helmut Gollwitzer, sagte. So entstand laut Gassert ein enthistorisierter Faschismusbegriff. Der Vietnam-Krieg verschmolz mit einem Antiamerikanismus und der Kritik am liberalen Westen. Dies zeigte sich als die APO-Aktivistin Gudrun Ensslin ihre gemeinsam mit Andreas Baader verübte Brandstiftung im Kaufhaus M. Schneider in Frankfurt am Main am 2. April 1968 als Protest gegen die Gleichgültigkeit der deutschen Bevölkerung gegenüber dem Vietnam-Krieg rechtfertigte.[851]

Ohne sich fortwährend zu dem Thema zu äußern, hatte Matthias Walden aus seiner Haltung, das Eingreifen der USA in Vietnam sei eine »Verteidigung der Freiheit«, öffentlich keinen Hehl gemacht.[852] Die vermeintlichen Kriegsgegner waren für ihn »tendenziöse Pazifisten«, denn sie seien nicht für ein Ende des Krieges, sondern für einen Sieg des kommunistischen Nordvietnams.[853] Anfang der 1980er Jahre sollte

849 Vgl. Götz Aly, Unser Kampf. 1968 – ein irritierter Blick zurück, Frankfurt am Main 2009 (durchgesehene und erweiterte Ausgabe), S. 89–103.

850 Vgl. Rebellion der Jugend, S. 455.

851 Vgl. Gassert, Antiamerikaner?, in: Behrends/Klimó/Poutrous (Hrsg.), Antiamerikanismus im 20. Jahrhundert, S. 258–267.

852 Vgl. Matthias Walden, Weder Tiger noch Papier, in: Quick – Illustrierte für Deutschland vom 7.3.1965; und: ders., Typoskript Kolumne »Kapitulation in Vietnam?«, 26. November 1969 (ASV-UA: NL Walden, Box 46 – SFB 1969).

853 Vgl. ders., Eine Heilige und ein Narr? Auch nach dem Vietnamkrieg bleibt Amerika Zielscheibe der ideologischen Wut, in: Die Welt vom 8.2.1972.

dann das Schicksal zahlreicher vietnamesischer Flüchtlinge in der Bundesrepublik für Aufsehen sorgen. Walden unterstützte zwar den Menschrenrechtsaktivisten Rupert Neudeck, der 1979 die Organisation »Cap Anamur/Deutsche Notärzte« gegründet hatte, die sich der Rettung vietnamesischer Flüchtlinge im Südchinesischen Meer verschrieb. Er konnte sich jedoch den Hinweis nicht verkneifen, dass die Menschen aus jenem Vietnam flohen, das einst von vielen Linken als Paradies verklärt wurde.[854]

Im Kern des Aufruhrs um den Vietnam-Krieg stehe der antiamerikanische Protest, wie Walden im Februar 1972 in der *Welt* feststellte. Die Nixon-Regierung war zu dieser Zeit verzweifelt bemüht, den bereits seit Juni 1969 andauernden Abzug amerikanischer Truppen mit einem »ehrbaren Frieden« zu beenden.[855] Walden schrieb, die »mehr oder weniger neue Linke« hasse Amerika, ob mit Vietnam-Krieg oder ohne:

> Sie hat den Staat der Westeuropa und viele Länder Asiens und Afrikas nach dem Kriege buchstäblich vor dem Verhungern bewahrte und gegen den Kommunismus sicherte, zur Zielscheibe ideologischer Wut gemacht, die Scheiben der Amerikahäuser eingeschlagen, die Fahnen der USA zerfetzt, die amerikanische Bereitschaft zur Verteidigung unserer Freiheit verhöhnt und verdächtigt.[856]

Doch an dieser Stelle zeigte sich mehr als der dezidierte Atlantizismus Waldens. Es bedurfte seiner Ansicht nach nicht nur einer Dankbarkeit für den Marshallplan und der Einsicht, dass es ohne die USA kein freies Deutschland geben würde, um sich dieser Entwicklung in den Weg zu stellen, schrieb er bereits einige Monate zuvor ebenfalls in der *Welt*. Walden erkannte bereits zeitgenössisch den im Antiamerikanismus der Neuen Linken enthaltenen Angriff auf die liberale Demokratie, die er zu verteidigen suchte. Trotz ihrer Fehler und Beschwerlichkeiten habe sich die »amerikanische Demokratie« als »verläßliche Kraft« gegen radikale Ideologien und kommunistische »Welteroberungsgelüste« bewährt: »Es gäbe ohne Amerika heute ein Westeuropa nur noch geographisch.«[857]

Walden bemängelte einen »Chic des Anti-Amerikanismus«, vor allem in den Reihen der Jungsozialisten, denen es dabei um eine Wiederbelebung des Marxismus und den Kampf gegen einen diffus empfundenen Kapitalismus gehe. Er meinte aber darüber hinaus, einen »Linksrutsch der SPD« beobachten zu können, der von einer modi-

854 Vgl. ders., Schuld und Schweigen, in: Die Welt vom 27.7.1982.

855 Zu den schwierigen letzten Kriegsjahren in Vietnam, siehe: Marc Frey, Geschichte des Vietnamkriegs. Die Tragödie in Asien und das Ende des amerikanischen Traums, München 2000 (5., durchgesehene und aktualisierte Auflage), S. 192–221.

855 Walden, Eine Heilige und ein Narr?, in: Die Welt vom 8.2.1972.

857 Ders., Der Chic des Anti-Amerikanismus – deutsche Kreation, in: Die Welt vom 24.4.1971.

schen Front von Journalisten begleitet werde, die es sich zur Aufgabe gemacht hatten, ein schlechtes Amerika-Bild zu zeichnen. Dies seien häufig dieselben Schreiber, die vor 20 Jahren den »American Way of Life« gepriesen hatten. Damals hätten nur ein paar übrig gebliebene Nationalisten versucht, antiamerikanische Emotionen zu schüren.[858] Walden erkannte ein Phänomen, das Philipp Gassert historisch als »amerikanisierten Antiamerikanismus« bezeichnet. Er spielt damit auf die Neuinterpretation marxistischen Denkens bis hin zur zur Kapitalismuskritik Theodor W. Adornos und Max Horkheimers in ihrem Werk »Die Dialektik der Aufklärung« an. Über die Frankfurter Schule hatten diese Theorien den Weg von den USA nach Westdeutschland gefunden. Hieraus leitete sich der Begriff der »Neuen Linken« ab.[859]

»Die aufgegangene Saat«

Mehrere Ereignisse führten in der zweiten Jahreshälfte 1968 schließlich zu einer rasanten Auflösung der Studentenbewegung und der APO, so Manfred Görtemaker in seiner Darstellung über die Geschichte der Bundesrepublik Deutschland. Zunächst traten am 27. Mai 1968 die Notstandgesetze endgültig in Kraft, sodass eine Mobilisierung von Demonstranten kaum noch möglich war. Zudem nahm das Wahlkampfversprechen Richard Nixons vom Abzug der US-Truppen aus dem Vietnam dem Thema die Brisanz, selbst wenn der Krieg noch bis 1975 andauern sollte.

Internationale Ereignisse wie der eher kurze »Pariser Mai« sowie die Niederschlagung des »Prager Frühlings« durch Moskau, die von der 1968 in der Bundesrepublik neu gegründeten DKP befürwortet wurde, sorgten darüber hinaus für eine Ernüchterung der Protestbewegung. Ein Großteil der Studenten kehrte in die Hörsäle und Bibliotheken zurück. Viele von ihnen sollten kurze Zeit später an der Gestaltung des *Machtwechsels* mitwirken, so Görtemaker. Ein weiterer größerer Teil suchte innerhalb der sogenannten neuen sozialen Bewegungen seine Lebensverwirklichung. Schließlich verschrieb sich laut Görtemaker eine »kleine, aber nicht unmaßgeblich erwähnenswerte Minderheit« dem Terrorismus und seinem »sympathisierenden Umfeld«.[860]

Es lag in der Diktion jener Jahre, dass Matthias Walden der letztgenannten Gruppe große Aufmerksamkeit schenken sollte. Der Ursprung linksterroristischer Gruppierungen in der Zeit der Studentenbewegung und der APO wurde zum festen Bestand-

858 Vgl. ebenda.

859 Vgl. Gassert, Antiamerikaner?, in: Behrends/Klimó/Poutrous (Hrsg.), Antiamerikanismus im 20. Jahrhundert, S. 257; siehe zur Neuen Linken ebenfalls: ders., Bewegte Gesellschaft, S. 114–120.

860 Vgl. Görtemaker, Geschichte der Bundesrepublik, S. 489f.; siehe zur Bewertung der Folgen von »68« überblicksartig: Wolfgang Kraushaar, Achtundsechzig. Eine Bilanz, Berlin 2008, S. 286–298; und: Christina von Hodenberg/Detlef Siegfried, Reform und Revolte. 1968 und die langen sechziger Jahre in der Geschichte der Bundesrepublik, in: dies. (Hrsg.), Wo »1968« liegt. Reform und Revolte in der Geschichte der Bundesrepublik, Göttingen 2006, S. 7–14.

teil seines politischen Denkens, zum Mantra seines journalistischen Wirkens in dieser Zeit. Eine in seinen Augen nicht zu gering einzuschätzende Verantwortung für die Gewaltexzesse trug für ihn eine »liberal-sozialistische« Schwärmerei«, die in einem »Ungeist der Sympathie mit den Gewalttätern« mündete, von dem noch zu lesen sein wird. Seine scharfe Polemik trennte ihn von vielen anderen Kritikern der radikalisierten Studentenproteste, die nun um Verständigung bemüht waren.

So hatte ihm Ende April 1968 Peter Merseburger zu seinem eingereichten Manuskript für das *ARD*-Hearing noch ein anerkennendes Lob zukommen lassen.[861] In einer Hörfunkdiskussion des *SFB* im Dezember 1974 warf Merseburger Walden nun vor, ziemlich viel in einen Topf zu werfen, wenn er die große Medialität der Studentenführer und APO-Aktivisten nachträglich als Unterstützung des linken Terrorismus darstelle.[862]

Unbestreitbar ist freilich die Undenkbarkeit der Entstehung der RAF ohne die 68er-Bewegung von Studenten und APO. Sie war zumindest ein Produkt ihres Zerfalls. Sicherlich ist in ihr die Übersteigerung der Theorie, der in den Gesellschaftsverhältnissen inhärenten Latenz der Gewalt zu erkennen. Eine Verbindung liegt darüber hinaus nahe, da ihre Gründer aus dem Umfeld der früheren Protestbewegung stammten.[863] Als Gründungsmythos der Terror-Gruppe gilt die Befreiung Andreas Baaders am 14. Mai 1970, der wegen der bereits erwähnten Brandstiftung in einem Frankfurter Warenhaus im April 1968 noch bis Anfang 1972 eine Haftstrafe verbüßen musste.

Unter dem Vorwand, ein gemeinsames Buch zu schreiben, wurde Baader ein Treffen mit Ulrike Meinhof in einer Bibliothek der FU in Berlin-Dahlem genehmigt. Meinhof arbeitete nach der Auflösung der APO als freie Filmemacherin in Berlin. Zuvor war sie stellvertretende Chefredakteurin der Zeitschrift *konkret* gewesen, hatte ihre Tätigkeit aber mit der Begründung beendet, das Blatt degeneriere zum »Instrument der Konterrevolution«.[864] Während des Treffens gelang Baader mit Hilfe von Meinhof und mindestens fünf weiteren Komplizen die Flucht. Ein Angestellter des Universitätsinstituts wurde dabei schwer verletzt. Die »Baader-Meinhof-Gruppe« befand sich nun in der Illegalität.[865]

Sie nahmen das Che-Guevara-Zitat wörtlich, das beim Zweiten Vietnam Kongress auf einem Plakat hinter dem Rednerpodest stand und was so viele bejubelt hatten:

861 Vgl. Peter Merseburger an Matthias Walden vom 30. April 1968 (ASV-UA: NL Walden, Box 20 – 1968).

862 Vgl. Gulliver: Kommentar – kontrovers, 21.12.1974, Minute 30–34; zur Nutzung des Fernsehens durch Akteure des Protests siehe: Gassert, Bewegte Gesellschaft, S. 106.

863 Vgl. Einleitung. Zur Topologie des RAF-Terrorismus, in: Wolfgang Kraushaar (Hrsg.), Die RAF und der linke Terrorismus. Band 1, Hamburg 2006, S. 13–61, hier S. 23.

864 Vgl. Aust, Baader-Meinhof-Komplex, S. 84.

865 Vgl. ebenda, S. 20–24.

»Die Pflicht des Revolutionärs ist es, Revolution zu machen.«[866] Der Begriff der RAF erschien das erste Mal 1971 in dem von Ulrike Meinhof verfassten »Konzept der Stadtguerilla«. Ein Versuch Meinhofs aus dem Untergrund, Rudi Dutschke in die Gruppe hineinzuziehen, scheiterte allerdings. Der ehemalige Studentenführer sah in der RAF zeit ihres Bestehens eine verwirrte Sekte.[867]

Nach einem kurzen Aufenthalt in einem Lager der Palästinensischen Befreiungsorganisation PLO in Jordanien tauchte die Gruppe, deren harten Kern Ulrike Meinhof, Andreas Baader und Gudrun Ensslin bildeten, erneut im deutschen Untergrund ab. Nach anfänglichen Bankrauben folgten im Mai 1972 zahlreiche Bombenanschläge auf amerikanische Militäreinrichtungen in der Bundesrepublik, auf deutsche Sicherheitsbehörden und ihre Vertreter sowie ein Bombenanschlag auf das Verlagshaus Axel Springers in Hamburg am 19. Mai 1972. Am 1. Juni wurden Andreas Baader und zwei weitere führende Mitglieder der Gruppe, Holger Meins und Jan-Carl Raspe, in Frankfurt am Main festgenommen. Wenige Tage später verhafteten die Fahnder Gudrun Ensslin, Ulrike Meinhof und weitere Gruppenmitglieder in Hamburg. Die letzten Mitglieder dieser sogenannten ersten Generation der RAF wurden im Februar 1974 verhaftet. Ihre Bilanz waren vier Tote und 41 Verletzte (Zahlen der »Bundeszentrale für politische Bildung«).[868]

Walden brachte beharrlich sein Argument der Mitverantwortung und Wegbereitung verschiedener Intellektueller und gesellschaftlicher Kräfte, die entweder während der APO-Zeit oder nach der Baader-Befreiung Verständnis gegenüber den späteren Terroristen geäußert hatten, in den gesellschaftlichen Diskurs ein. Einher ging damit die klare Linie von der antiautoritären Bewegung zum bewaffneten Kampf, die er in seinen Veröffentlichungen beständig zog. In dem Artikel »Revolutionsende mit Schrecken. Der Weg der radikalen Weltverbesserer führt in die Kriminalität«, der im Dezember 1971 in der *Welt* erschien, machte er dies mehr als deutlich:

> Vom Niederbrüllen des Meinungsgegners, von der ideologischen Intoleranz und dem neurotischen Entrüstungszwang über die Steinwürfe und Zündholzspiele bis zu den Brandbomben und Maschinenwaffen ging ein gerader, recht kurzer und daher leicht überschaubarer Weg.[869]

866 Vgl. Bavaj, Die 68er-Bewegung, in: Bavaj/Fritzen (Hrsg.), Deutschland – ein and ohne revolutionäre Traditionen?, S. 123.

867 Vgl. Kraushaar, Rudi Dutschke und der bewaffnete Kampf, in: Kraushaar/Wieland/Reemtsma (Hrsg.), Rudi Dutschke, Andreas Baader und die RAF, S. 46f.

868 Äußerst eingängig beschreibt Stefan Aust diese Jahre des Untergrunds in seiner wegweisenden Studie zum »Baader-Meinhof-Komplex«: Aust, Baader-Meinhof-Komplex, S. 121–265; siehe für einen Überblick: Bundeszentrale für politische Bildung, Dossier: Geschichte der RAF. http://www.bpb.de/geschichte/deutsche-geschichte/geschichte-der-raf/ (September 2018).

869 Matthias Walden, Revolutionsende mit Schrecken. Der Weg der radikalen Weltverbesserer führt in die Kriminalität, in: Die Welt vom 8.12.1971.

Es ist mithin schlicht eine Erweiterung seiner These der »Kausalitätskette der Gewalt«, die er ursprünglich für die sich radikalisierende Studentenbewegung aufgestellt hatte. Diese Gewalt wurde und werde von einer »intellektuellen Begleitmusik« flankiert. Walden kritisierte direkt Verlage, die revolutionäre Pamphlete drucken und ihnen dadurch einen Schein der Seriosität verleihen würden. Namentlich wandte er sich gegen Helmut Gollwitzer, den Mitbegründer der Humanistischen Union, Alexander Mitscherlich, und den ehemaligen Regierenden Bürgermeister Berlins, Heinrich Albertz (SPD), die in seinen Augen die Kriminalität der Terroristen relativieren würden, wenn sie nach den »edlen Motiven« suchen würden: »Die Karikatur des Liberalismus und die Theaterpose der Progressivität lähmten die Polizei, irritierten die Gerichte, deprimierten die kritischen Mahner.«[870]

Heinrich Albertz war zum Kritikobjekt der Zeitungen des *Axel-Springer-Verlages* avanciert, seitdem er Anfang 1968 versucht hatte, an der Seite von Bischof Kurt Scharf zwischen der zugegeben hochschulpolitisch aufgeputschten Evangelischen Studentengemeinde und den Laien und Gemeindevertretern der evangelischen Kirche zu vermitteln.[871] Der Diskurs der späten 1960er Jahre wirkte sich einschlägig auf die Terrorismus-Debatten der siebziger Jahre aus. Es waren vor allem Kurt Scharf und Helmut Gollwitzer, die von einer konservativen Mehrheit in den Gemeinden und den Medien unter den Verdacht der geistigen Unterstützung des Terrorismus genommen wurden, so der Kirchenhistoriker Sven Daniel Gettys.[872]

In seinem *Welt*-Artikel von 1971 warf Walden wiederum Günter Grass vor, gemeinsam mit Gudrun Ensslin im »Wahlkontor« gesessen zu haben und den Publizistik-Professor Harry Pross verurteilte er dafür, Ulrike Meinhof noch nach den Osterunruhen 1968 eine Gastdozentur an der FU verschafft zu haben, während sie in der *konkret* gegen den »Staat« anschrieb.[873] Walden ereiferte sich mit der Rechtfertigung, selbst bereits früh genug auf das radikale Potential des Protestes verwiesen zu haben. Kurz nach der Festnahme Andreas Baaders forderte er in der *Welt*: »Die Zuständigkeit der Gerichte wird auch auf intellektuelle Begünstigung der Terroristen ausgedehnt werden müssen.«[874] Die geistige Freiheit unterlag in Waldens Vorstellung also der Verteidigung des Staates, der in seinen Augen die Freiheit in Form der liberalen De-

870 Ebenda.

871 Vgl. Sven-Daniel Gettys, Wie politisch darf die Kirche sein? Politisierungsdiskurse in protestantischen Zeitschriften (1967/78), in: Klaus Fitschen/Siegfried Hermle/Katharina Kunter/Claudia Lepp/Antje Roggenkamp-Kaufmann (Hrsg.), Die Politisierung des Protestantismus. Entwicklungen in der Bundesrepublik Deutschland während der 1960er und 70er Jahre, Göttingen 2011, S. 221–242, hier S. 228.

872 Vgl. ebenda, S. 240.

873 Vgl. Walden, Revolutionsende mit Schrecken, in: Die Welt vom 8.12.1971.

874 Ders., Eine Welt der Gewalt. Freiheit verlangt die Schranken der Gesetze, in: Die Welt vom 1.6.1972.

mokratie gewährleiste. Walden schrieb von einer »Art Weltbürgerkrieg« und war sich erneut einer »schweigenden Mehrheit« auf seiner Seite allerdings sicher. Die revolutionäre Rhetorik der radikalen Linken in den 1960er Jahren verglich er mit Hitlers »Mein Kampf« und somit die »Beschwichtiger« mit den Appeasern der 1930er Jahre. Das »System demokratischer Toleranz« sei schwer verletzt:

> So viel Freiheit wie möglich – dabei muß es bleiben. Aber dazu gehört: Soviel Einschränkung dieser Freiheit wie nötig.[875]

Autoritär werde der Schrecken der Gewalt nicht zu beenden sein, fügte er an. Ohne Autorität werde es aber auch nicht gehen.[876]

In einem Resümee fünf Jahre nach den Osterunruhen im April 1973 hatte es erneut geheißen, die »parlamentarische Demokratie« garantiere das »Optimum an Freiheit und Maximum sozialer Sicherheit«. Dennoch, ein »Erwachen der Vernunft« habe es laut Walden immer noch nicht gegeben. Der Artikel in der *Welt* trug die Überschrift: »Die aufgegangene Saat«.[877]

Angesichts der Entführung des CDU-Spitzenkandidaten für das Amt des Berliner Regierenden Bürgermeisters, Peter Lorenz, am 27. Februar 1975, der tagelang in einem Berliner Keller festgehalten wurde, hieß es bei Walden, das ausgedehnte Netz der Sympathisanten müsse zerrissen werden. Es sei das »Haupthandikap« bei der Bekämpfung des Terrorismus.[878] Lorenz wurde von der »Bewegung 2. Juni«, einer Westberliner Terror-Gruppe, die sich aus dem antiautoritären Protest der 1960er Jahr gebildet hatte, bis zum 4. März festgehalten, nachdem die Entführer erfolgreich fünf inhaftierte Terroristen der RAF freipressen konnten.[879] Der Staat habe durch diesen Austausch signifikant an Autorität eingebüßt, bemängelte Walden.[880]

Dem Narrativ einer Aufteilung der Protestbewegungen in eine kleine radikale Minderheit und die große letztendlich durch den *Machtwechsel* zufriedengestellte, nun angepasste Mehrheit wollte Walden darüber hinaus keinen Glauben schenken. An den Hochschulen, vor allem der FU Berlin, sah er eine »schleichende Machtergreifung« linksradikaler Gruppen. Dieser Zustand war für ihn allerdings nur ein Exempel für die Vorgänge in der Bundesrepublik. Die Radikalen hätten ihren Arbeitsbereich

875 Ebenda.

876 Vgl. ebenda.

877 Vgl. ders., Die aufgegangene Saat, in: Die Welt vom 24.4.1973.

878 Vgl. ders., Saubere Polizeiarbeit mit dem Handikap des großen Sympathisanten-Netzes, in: Welt am Sonntag vom 14.9.1975.

879 Vgl. Tobias Wunschik, Die *Bewegung 2. Juni*, in: Wolfgang Kraushaar (Hrsg.), Die RAF und der linke Terrorismus. Band 1, Hamburg 2006, S. 531–561, hier S. 550f.

880 Vgl. Matthias Walden, Die Augen zu …, in: Welt am Sonntag vom 2.3.1975; siehe ebenfalls: ders., Die Stadt unter dem Schock des Terrors, in: Welt am Sonntag vom 2.3.1975.

lediglich »vom Boulevard an den Schreibtisch« verlegt. Im Namen der Freiheit würde den Feinden der Freiheit darüber hinaus Tür und Tor geöffnet. Er setzte diesen »taktischen Opportunismus« schließlich in Verbindung zur sozialliberalen Ostpolitik, deren Geist gegen einen entschiedenen Antikommunismus spreche und somit auch Auswirkungen auf die innenpolitischen Verhältnisse habe.[881]

Anlässlich der erfolglosen Geiselnahme der »Bewegung 2. Juni« in der deutschen Botschaft in Stockholm im April 1975 zollte Walden den Befreiern der Geiseln Respekt, vergaß allerdings nicht zu erwähnen, dass acht Jahre lang nicht gehandelt worden sei. Acht Jahre, in denen der »Verfall der Ordnung, die Staatsverachtung, die liberalistische Umnachtung, die Literaten-Eskorte« sowie die verweichlichten Massenmedien und die opportunistische Staatsautorität in Tod und Verderben geführt hätten. Walden bemängelte einen Verfall demokratischer Grundwerte und war sich sicher, neben dem Zweig, der in den Terrorismus drängte, drang ein anderer »zäh und elastisch« in die Institutionen ein. Es fehle ein Gesetz, das den Ungeist der »Vorbereitung und Begünstigung des Terrorismus« unter Strafe stellte, resümierte er erneut.[882] Die Umsetzung eines schon 1972 getroffenen »Runderlasses« der Ministerpräsidenten gegen die Beschäftigung von rechts- und linksradikalen Personen im Öffentlichen Dienst funktionierte laut Walden nicht so recht. Und obwohl der sogenannte »Radikalen-Erlass« in seinen Augen vernünftig sei – schon wegen seiner antitotalitären Ausrichtung –, treffe er nicht den Kreis von Unterstützern »intellektueller Hilfsbereitschaft«, den er selbst nur auf ungefähr 250 Personen schätzte.[883]

Die verlorene Ehre …: Rechtsstreit mit Heinrich Böll

An der Frage der »geistigen Sympathisanz« mit der RAF sollte sich schließlich eine jahrelange Fehde Waldens mit Heinrich Böll entzünden. Wie weiter oben beschrieben, sah Walden das vermehrte politische Engagement Bölls, der im Windschatten Günter Grass' agierte, äußerst kritisch. Die vermeintlich scharfe Kritik des Schriftstellers an der Bundesrepublik war für Walden das intellektuelle Fundament für den antiautoritären Protest, der in seinen Augen in den Linksterrorismus gemündet hatte.[884] Bölls Umgang mit der RAF erregte bei Walden ebenfalls nur Unverständnis. Anfang Januar 1972 hatte Böll mit einem streitbaren Artikel im *Spiegel* für Aufsehen gesorgt.

881 Vgl. ders., Die Linksradikalen – vom Boulevard an den Schreibtisch, in: Die Welt vom 29.5.1971.

882 Vgl. ders., Der Geist der Gewalt aber läuft frei herum, in: Welt am Sonntag vom 27.4.1975.

883 Vgl. ders., Dann könnte man auch einen Pyromanen zum Brandmeister berufen, in: Welt am Sonntag vom 18.5.1975; siehe auch: ders., Logik beerdigt, in: Welt am Sonntag vom 2.11.1975; und: ders., Der Extremismus in Lehrerkreisen und die Erziehung der Kinder, in: Die Welt vom 14.9.1976.

884 Vgl. ders., Vernunft, in: Die Welt vom 11.7.1972.

»Will Ulrike Gnade oder freies Geleit?«, hatte der Literat gefragt und dabei vor allem den Journalismus der *Bild-Zeitung* scharf kritisiert.[885]

Diese ging in der Tat rigoros vor. In der Ausgabe am 23. Dezember 1971 hieß es beispielsweise auf Seite eins bezüglich eines Bankraubes reißerisch: »Baader-Meinhof-Bande mordet weiter«. Erst im Text folgte dann der Hinweis, dass eine Täterschaft der RAF noch nicht bestätigt sei. Für Böll war das unter anderem ein Grund, Axel Springer »Demagogie«, »nackte[n] Faschismus«, »Verhetzung, Lüge und Dreck« vorzuwerfen und zu fordern:

> Trotzdem sollte man ihr [Ulrike Meinhof, NL] freies Geleit bieten, einen öffentlichen Prozeß, und man sollte auch Herrn Springer öffentlich den Prozeß machen, wegen Volksverhetzung.[886]

1974 erschien Bölls »Die verlorene Ehre der Katharina Blum oder: Wie Gewalt entsteht und wohin sie führen kann«, eine Erzählung, die im *Verlag Axel Springer* als Persiflage auf den *Bild*-Journalismus angesehen und zunächst nicht recht ernst genommen wurde. Laut Hans-Peter Schwarz hätten das Buch und die Verfilmung aber letztendlich mehr Breiten- und Tiefenwirkung erzeugt, als alle Anti-Springer-Resolutionen.[887]

Wie Wolfgang Kraushaar zeigen kann, zog sich der Kampf gegen den *Axel-Springer-Verlag* von der APO über die Studentenbewegung bis hin zur RAF und dem Bombenanschlag auf das Springer-Haus im Mai 1972. Die Ablehnung der Springer-Blätter wurde zudem ein Merkmal linker politischer Haltung. Der »Kleinkrieg« der RAF gegen den Großverleger stelle allerdings nur einen Ausschnitt dieses »mehrschichtigen Konflikts dar«, so Kraushaar.[888] Auch bei Heinrich Böll wird dies deutlich. Auf dem Wahlparteitag der SPD im Oktober 1972 äußerte er sich ganz nach dem Verständnis Rudi Dutschkes zu struktureller Gewalt. Angesichts der RAF-Anschläge im Frühjahr des Jahres und der Eskalation des Terrors durch palästinensische Attentäter bei den Olympischen Sommerspielen in München war dies für viele ein Affront.[889]

Walden zählte zu den großen Verteidigern des Verlages. Im Falle der *Bild-Zeitung* war er mit dem Stil jedoch nicht immer einverstanden. Über Geschmack lasse sich

885 Vgl. Heinrich Böll, »Will Ulrike Gnade oder freies Geleit?«, in: Der Spiegel vom 10.1.1972.

886 Ebenda, S. 57

887 Vgl. Schwarz, Axel Springer, S. 542.

888 Vgl. Wolfgang Kraushaar, Kleinkrieg gegen einen Großverleger. Von der Anti-Springer-Kampagne der APO zu den Brand- und Bombenanschlägen der RAF, in: ders. (Hrsg.), Die RAF und der linke Terrorismus. Band 2, Hamburg 2006, S. 1075–1116, hier S. 1079.

889 Vgl. Norbert Bicher, Resignieren sollten Sie nicht, ich habe es auch nicht getan …, in: ders. (Hrsg.), Mut und Melancholie. Heinrich Böll, Willy Brandt und die SPD. Eine Beziehung in Briefen, Texten, Dokumenten, Bonn 2017, S. 11–55, hier S. 33.

aber streiten, schrieb er in einem internen Memo an Axel Springer im April 1980.[890] Gemeinsam mit Günter Prinz plante Walden seinerzeit eine Broschüre, in der die »guten Seiten« der *Bild-Zeitung* dargestellt werden sollten, wie aus dem beiliegenden Schreiben an den Verleger hervorging.[891] Erst 1985 erschien dann ein kleines Büchlein, zu dem Waldens Text über die Zeitung als Vorwort dienen sollte.[892]

Walden sah in der *Bild-Zeitung* kaum eine gefährliche politische Waffe oder ein demagogisches Instrument. Es bleibe daher die »ästhetisch, ästhetisierende Entrüstung« übrig, die aber gerade im Vergleich mit den Massenmedien anderer demokratischer Gesellschaften wie beispielsweise Großbritannien verpuffe.[893] Resümierend schrieb er:

> Man kann eine Lanze für die Bild-Zeitung brechen. Nicht in der Pose heldischer und hehrer Pathetik. Nicht im Sinne der absoluten Identifikation und der unkritischen Beweihräucherung. Aber ganz gewiß im Namen einer größeren Gerechtigkeit, einer Ablehnung der Heuchelei, eines Plädoyers für die Existenzberechtigung eines publizistischen Angebotes, das zwar nicht jedermanns Geschmack, jedoch eine Offerte des Gefallens von Millionen Lesern ist.[894]

Dennoch, der Ästhet Walden erläuterte dem Verleger in einem weiteren Schreiben 1980 die Gefahren des Ansehensverlustes für den gesamten Verlag durch die *Bild-Zeitung*:

> Der große Erfolg von BILD darf den Blick auf die Notwendigkeit nicht verstellen, im Bereich des Anstandes einen Wandel zu schaffen. Auf lange Sicht wird diese ideelle Schwäche sonst auch materielle Konsequenzen haben.[895]

Mit dem Verleger war er sich einig. Das Blatt war für den Verlag zwar unersetzlich, jedoch voll von »Peinlichkeiten«.[896]

Die Konfrontation zwischen Matthias Walden und Heinrich Böll Mitte der 1970er Jahre kulminierte nun im Nachspiel an die Ermordung des Präsidenten des Berliner

[890] Vgl. Matthias Walden, Eine Lanze für Bild? Internes Typoskript vom 21. April 1980 (ASV-UA, NL Springer: Box 404), S. 3.

[891] Vgl. Matthias Walden an Axel Springer vom 6. Mai 1980 (ASV-UA, NL Springer: Box 404).

[892] Vgl. Matthias Walden, Oft gescholten, noch mehr gelesen …, in: Axel-Springer-Verlag (Hrsg.), Ein BILD von BILD: wie BILD entsteht und wer BILD macht, Berlin 1985, S. 7–16.

[893] Vgl. ders., Eine Lanze für Bild?, S. 5f.

[894] Ebenda, S. 6.

[895] Matthias Walden an Axel Springer vom 7. Oktober 1980 (ASV-UA: NL Springer, Box 56), S. 5.

[896] Vgl. Matthias Walden an Axel Springer vom 24. September 1976 (ASV-UA: NL Springer, Box 288); zu Springers Haltung siehe: Schwarz, Axel Springer, S. 603f.

Kammergerichts, Günter von Drenkmann, am 10. November 1974. Zu dem Mord bekannte sich die »Bewegung 2. Juni«. Obwohl es als erwiesen gelten könne, dass die Tat von den führenden Mitgliedern der Gruppe, Fritz Teufel, Ralf Reinders Andreas Vogel und Till Meyer, begangen wurde, so ein Gericht später, reichte die Beweislage nicht für eine Verurteilung aus. Reinders war bereits an den gewaltsamen Auseinandersetzungen in der Waldbühne beim Rolling Stones Konzert 1965 beteiligt gewesen.[897] So musste sich für Walden der Kreis schlussendlich schließen.

Die »Bewegung 2. Juni«, natürlich eine Anspielung auf die Erschießung Benno Ohnesorgs, empfand sich als »antiintellektuelles Korrelativ« zur RAF und war in ihren Aktionen weitaus spontaner.[898] So war der Mord an Drenkmann eine direkte Reaktion auf den Tod des inhaftierten RAF-Mitglieds Holger Meins am Tag zuvor, der seinem Hungerstreik gegen die strikten Haftbedingungen erlegen war. Hierbei ergaben sich Zweifel, ob die Gefängnisverwaltung alles getan hatte, um den Tod von Meins zu verhindern. Eigentlich sollte Drenkmann daher entführt werden, um die Aufhebung der Isolationshaft der inhaftierten Terroristen zu erpressen. Doch der Berliner Kammergerichtspräsident, der überhaupt keinen Einfluss auf diese Fragen hatte und noch nicht einmal Strafrechtler war, wehrte sich und wurde während der Handgreiflichkeiten erschossen.[899]

Anlässlich der Beisetzung Drenkmanns sprach Walden am 21. November 1974 den Abendkommentar in der *ARD*. Hier sagte er, die »Saat der Gewalt« sei lange vor dem Mord aufgegangen. Der Boden, auf dem sie gedieh, sei überwuchert gewesen »vom Unkraut der Ideologie, des Sympathisantentums, dem Opportunismus und der Leisetreterei«. Es sei ein »Ungeist der Sympathie mit den Gewalttätern« entstanden. Namentlich zog er Heinrich Böll zur Rechenschaft:

> Heinrich Böll bezeichnete den Rechtsstaat gegen den die Gewalt sich richtet als »Misthaufen und sagte, er sehe nur »Reste verfaulender Macht, die mit rattenhafter Wut verteidigt« würden. Er beschuldigte diesen Staat, die Terroristen »in gnadenloser Jagd« zu verfolgen.[900]

897 Vgl. Wunschik, Die Bewegung 2. Juni, in: Kraushaar (Hrsg.), Die RAF und der linke Terrorismus. Band 1, S. 536; zu dem Prozess siehe: Thomas Schmid, Das erste Opfer des Linksterrorismus, in: Die Welt vom 14.11.2010.

898 Vgl. Wunschik, Die Bewegung 2. Juni, in: Kraushaar (Hrsg.), Die RAF und der linke Terrorismus. Band 1, S. 540.

899 Vgl. ebenda, S. 550.

900 Zitiert nach: Bundesverfassungsgericht, 1 BvR 797/78, 3. Juni 1980: Beschluss in dem Verfahren über die Verfassungsbeschwerde des Herrn Heinrich Böll gegen das Urteil des BGH vom 30. Mai 1978 VI ZR 117/76. BArch B136/15240, S. 3.

Böll war der Meinung, falsch zitiert worden zu sein und sah seine Persönlichkeitsrechte verletzt. Der Schriftsteller verklagte daher Walden und den *SFB* auf 100.000 DM Schmerzensgeld. Seine Schilderungen des Staates als »Reste verfaulender Macht« stammten aus einer Rede von 1966 über die Freiheit der Kunst in Deutschland und seien seiner Ansicht nach somit aus dem Kontext gerissen, so Böll.[901]

In seiner Rede zur Verleihung der Carl-von-Ossietzky-Medaille im Dezember 1974 bezeichnete Böll die Verwendung seiner Äußerung durch Walden als Denunziation. Er warf ebenfalls dem Vorsitzenden der CDU-Fraktion im Berliner Abgeordnetenhaus, Heinrich Lummer, und dem Regierenden Berliner Bürgermeister, Klaus Schütz, eine ähnliche Verwendung der Äußerung vor. Böll selbst wollte seine Rede von 1966 als Verteidigung des Staates verstanden haben, da er nach seiner unschmeichelhaften Zustandsbeschreibung die Zuhörer aufgefordert habe, den Staat zu übernehmen und Politik zu machen.[902] Einen »Misthaufen« habe der Schriftsteller den Staat darüber hinaus nie genannt, behauptete er. Außerdem habe er nicht diesem Staat eine »gnadenlose Jagd« auf die Terroristen vorgeworfen, sondern der *Springer*-Presse, so Bölls weitere Begründung der Klage.

Der Verlauf des Rechtsstreits ist schnell erzählt. Das Landgericht Köln wies im März 1975 die Klage Bölls ab. Einer Revision des Schriftstellers wurde vor dem Oberlandesgericht Köln im Mai 1976 allerdings stattgegeben und das Urteil aufgehoben. Walden und der *SFB* wurden zu einer Zahlung von 40.000 DM verurteilt. Der Bundesgerichtshof gab dann allerdings im Mai 1978 in einer Revision Walden und dem Sender Recht und das Urteil des Landesgerichts wurde wieder hergestellt. Daraufhin legte Böll Beschwerde beim Bundesverfassungsgericht ein, das am 3. Juni 1980 das Urteil des Bundesgerichtshofes aufhob und zur erneuten Prüfung zurückgab. Das Bundesverfassungsgericht bemängelte vor allem, dass die Haltung Matthias Waldens nicht eindeutig genug als seine Interpretation der Äußerungen Heinrich Bölls kenntlich gemacht wurde.[903]

Ermutigt wurde der Schriftsteller zur Verfassungsbeschwerde durch die Solidarität, die er von Seiten der SPD erfuhr, nachdem der Bundesgerichtshof 1978 das Urteil des Oberlandesgerichts aufgehoben hatte. Herbert Wehner und Willy Brandt kritisierten öffentlich die Urteilsbegründung und sprachen Böll in persönlichen Schreiben

901 Vgl. Heinrich Böll, Die Freiheit der Kunst. Dritte Wuppertaler Rede am 24.9.1966, in: ders. (Hrsg.), Werke – Kölner Ausgabe Band 15, 1966–1968. Herausgegeben von Werner Jung, in Zusammenarbeit mit Sarah Troost, Köln 2005, S. 210–215, hier S. 211.

902 Vgl. ders., Ich habe die Nase voll! Dankrede anläßlich der Verleihung der Carl-von-Ossietzky-Medaille durch die Internationale Liga für Menschenrechte im Jüdischen Gemeindehaus in Berlin am 8. Dezember 1974, in: ders. (Hrsg.), Werke – Kölner Ausgabe Band 19, 1974–1976. Herausgegeben von Werner Jung, Köln 2008, S. 47–53, hier S. 48f.

903 Vgl. Bundesverfassungsgericht, Verfassungsbeschwerde Böll 3.6.1980, S. 19.

Mut zu.[904] Die Bundestagsfraktion der SPD sah sich allerdings genötigt, klar zu stellen, dass sich die Kritik nicht gegen die Entscheidung des Gerichtes als solche richte, sondern gegen die Begründung, es sei durch die Meinungsfreiheit gedeckt, Heinrich Böll der »geistigen Mittäterschaft« am Terrorismus zu bezichtigen.[905]

Am 1. Dezember 1981 wurde vom Bundesgerichtshof schließlich endgültig das Urteil des Oberlandesgerichts von 1976 wiederhergestellt. Zuvor hatte sich Walden gegenüber Axel Springer noch zuversichtlich gezeigt, dass eine Wiederaufnahme nichts am Urteil des Bundesgerichtshofes von 1978 ändern werde.[906] Die Bewertung des Böll-Biographen Heinrich Vormweg, der Schriftsteller habe sich vor allem deswegen zur Klage entschieden, weil der Kommentar in den öffentlich-rechtlichen Medien erschienen war, erscheint glaubwürdig. Gegen Lummer hatte Böll ebenfalls mit der Begründung von dessen öffentlichem Amt geklagt, allerdings nicht Recht bekommen. Bereits zwei Jahre zuvor hatte Walden Böll in ähnlicher Manier in der *Welt* angegriffen, ohne dass es zum Rechtsstreit kam.[907]

Und schon am 17. November 1974 hatte Walden in der *Welt am Sonntag* die Aussage Bölls nach dem Drenkmann-Mord kritisiert, nicht jede »radikale Nachdenklichkeit« dürfe mundtot gemacht werden. Die Klage Bölls erfolgte allerdings erst nach dem Fernsehkommentar. Schon der Zeitpunkt der Äußerung sei ein Beispiel von Bölls »politischem Dilettantismus«, so Walden in dem *WamS*-Artikel. Die Sorge des Schriftstellers, der »Radikalismus der linken Ideologie unterhalb der Schwelle des Verbrechens« könne in Verruf geraten, stand letztendlich im Gegensatz zum Denken Waldens:

> Nicht jeder radikale Gedanke endet in Mord. Aber die Radikalität, die zum Morden geführt hat, kam aus Gedanken und Worten. Es sind viele Stufen auf dieser Treppe. Wer sie, den Radikalismus eskortierend, mit erklimmt, um erst vor dem letzten Absatz, auf dem es Blutvergießen gibt, innezuhalten, sollte das schweigend tun und über die eigene Verstrickung nachsinnen.[908]

[904] Vgl. Herbert Wehner, Telegramm an Heinrich Böll vom 30. Mai 1978, in: Norbert Bicher (Hrsg.), Mut und Melancholie. Heinrich Böll, Willy Brandt und die SPD. Eine Beziehung in Briefen, Texten, Dokumenten, Bonn 2017, S. 200; und: Briefentwurf Willy Brandt an Heinrich Böll vom 1. Juni 1978, in: Norbert Bicher (Hrsg.), Mut und Melancholie. Heinrich Böll, Willy Brandt und die SPD. Eine Beziehung in Briefen, Texten, Dokumenten, Bonn 2017, S. 205f.

[905] Vgl. SPD-Bundestagsfraktion, Zum BGH-Urteil Böll/SFB vom 1. Juni 1978, in: Norbert Bicher (Hrsg.), Mut und Melancholie. Heinrich Böll, Willy Brandt und die SPD. Eine Beziehung in Briefen, Texten, Dokumenten, Bonn 2017, S. 201–204, hier S. 202.

[906] Vgl. Walden an Springer, 22.7.1980, S. 2.

[907] Vgl. Walden, Vernunft, in: Die Welt vom 11.7.1972; zur Darstellung der Umstände der Klage Bölls siehe: Heinrich Vormweg, Der andere Deutsche. Heinrich Böll: eine Biographie, Köln 2000, S. 363–366.

[908] Matthias Walden, Radikale Denker, in: Welt am Sonntag vom 17.11.1974; zum Interview Bölls siehe: Heinrich Böll im Gespräch: »Größte Gefahr: Resignation«, in: Frankfurter Rundschau vom 14.11.1974.

In seiner Stellungnahme zur Klage Bölls 1974 hatte Walden dementsprechend keinen Platz für Einsicht gelassen. Im Gegenteil, er hatte nochmal zum Frontalangriff angesetzt. Eine Taktik, die zumindest beim Landgericht Köln erstmal erfolgreich war. Wie der *WDR* berichtete, hatte sich Walden für den Prozess allerdings krankheitsbedingt abgemeldet und nur eine Stellungnahme verlesen lassen.[909] Der zeitliche Abstand der Äußerungen Bölls zum Attentat auf Günter von Drenkmann galt für Walden nicht als schlagkräftiges Argument gegen seine Ausführungen, wie er darin erklärte.

Damit hielt er sich strikt an seine These der Vordenkerschaft linker Intellektueller für Gewalt und Terrorismus. Mit der Einführung, die »Saat der Gewalt« sei lange vor dem Mord an Drenkmann aufgegangen, wurde laut Walden dementsprechend ersichtlich, dass Böll von ihm in keinen »unmittelbaren Zusammenhang« zu der Tat gestellt werde. Eine »geistige Mittäterschaft«, wie es das Oberlandesgericht später so provozierend formulieren sollte, wollte Walden seinem Bekunden nach nicht ausdrücken. So äußerte er sich noch nach der endgültigen Entscheidung des Bundesgerichtshofes 1981 in einem Interview mit der rechtskonservativen Zeitschrift *Criticón*. Aus diesem Grund kritisierte er das Urteil des Bundesverfassungsgerichts, in dem ihm eben diese Unterstellung einer »geistigen Mittäterschaft« Bölls erneut vorgeworfen wurde.[910]

Es ging Walden vielmehr um die Bereitung der Grundlage des radikalen Denkens, das hinter der RAF stand. Der Journalist hätte wissen müssen, dass ein Fernsehkommentar und die damit verbundene Kurzweiligkeit für die Ausführung eines solch differenzierten Gedankens nicht das richtige Format war. Hierauf zielte letztlich die Klage Bölls ab. Walden blieb schließlich bei seiner Haltung, die Ansichten Bölls und seine These seien lediglich zwei Meinungen in Bezug auf die Wirkung des Schriftstellers, die sich gegenüberstanden. Dies sei aber kein Kriterium für eine Klage.

Seine getätigten Zitate versuchte Walden zumindest sinngemäß nachzuweisen. Etwas schwammig war die Herleitung für die Aussage, Böll habe den Staat als »Misthaufen« bezeichnet. Er leitete die Bezeichnung aus einer Metapher Bölls her, als dieser in der Zeitschrift *konkret* angesichts der Notstandsgesetze geschrieben hatte, der Hahn krähe auf seinem eigenen Mist und seit den »Bonner Notstandserfahrungen« wisse er, auch er krähe auf dem Mist.[911] All dies machte Walden angreifbar und führte letztendlich zum Urteil zu Gunsten Bölls.

909 Vgl. Heiner Lichtenstein, Hörfunkbeitrag Prozess zwischen Matthias Walden und Heinrich Böll (angehört im AdRBB, gesendet am 26. Februar 1975 im SFB).

910 Vgl. Das Böll-Urteil und die Arbeit des Journalisten. Interview mit Matthias Walden, in: Criticón (1982), H. 70, S. 80f., hier S. 81.

911 Siehe zu den aufgeführten Argumenten: Matthias Walden, Stellungnahme zum Schreiben der Rechtsanwälte Heinrich Bölls vom 28.11.1974 (ASV-UA, NL Walden: Ordner Böll/Walden Klagen.Urteile); siehe außerdem: Dieter E. Zimmer, Misthaufen, in: Die Zeit vom 4.4.1975; und zu Bölls Kritik an den Notstandsgesetzen: Heinrich Böll, Nachtrag zum Notstand. Zersetzen – Zersetzen – Zersetzen, in: konkret (1968), H. 10, S. 39–41, hier S. 41.

Die Bitterkeit, die Walden in Bezug auf Heinrich Böll empfand, wird in einem späteren Brief an den Soziologen, Zukunftsforscher und ehemaligen Präsidenten der FU Berlin, Rolf Kreibich, deutlich. Walden beschrieb, wie ihm nicht aus dem Kopf gehen konnte, dass Böll im Februar 1972 vor den ersten Bombenanschlägen der RAF im *Stern* gesagt hatte, das Verstecken der Terroristen, die zu diesem Zeitpunkt bereits Gewalt gegen Menschen angewendet hatten, sei eine »Selbstverständlichkeit«. Und auch er würde sie verbergen, klopften sie an seine Tür. Die Terroristen seien versteckt worden, so Walden weiter, und es starben Menschen.[912]

In dem *Stern*-Interview hatte Heinrich Böll in der Tat einen Professor in Schutz genommen, der angeblich Ulrike Meinhof versteckt hatte, und sagte, der Hochschullehrer habe etwas »ganz Selbstverständliches« getan und sich gegenüber einem »gehetzten Menschen nicht gnadenlos verhalten«.[913] Auf die Frage, ob er selbst Menschen verstecken würde, die gesucht würden, sagte der Schriftsteller:

> Wenn Sie morgen einen Mord begehen und zu mir sagen »Verstecken Sie mich«, dann würde ich nicht sofort die Polizei alarmieren. Ich würde Ihnen raten, sich freiwillig zu stellen. Nur wenn Sie das nicht täten, wäre ich in großer Verlegenheit ...[914]

Die Vernunft, die Böll seinem eigenen Bekunden nach mit seinen Äußerungen zur RAF im Umgang mit den Terroristen erreichen wollte, kehrte sich bei Walden zur Wut auf den Urheber um, den er als einen der maßgeblichen Wegbereiter des Terrorismus einstufte. Zum Verständnis Waldens gegenüber dem Schriftsteller trug sicher nicht bei, dass dieser auf die Frage, ob er Gewalt ablehne, nur ausweichend geantwortet hatte, er halte es in »unserem Staat« für »strategisch völlig unrealistisch, Waffengewalt anzuwenden«.[915] Diesen Mechanismus erläuterte gleich neben dem Böll-Interview im *Stern* Sebastian Haffner in seiner Kolumne. »Die Bande«, so der einst APO-nahe Haffner, wäre schon längst hinter Schloss und Riegel, würde sie nicht immer wieder diesen Rückhalt finden, der über ein Bett und ein Frühstück meist weit hinaus gehe. Es entstehe schließlich ein Strudel der »falschen Solidarität« und keiner merke, wie sich Springer die Hände reibe.[916]

Vor einer Gruppe von Generalstaatsanwälten verteidigte Walden im Juni 1980 seinen Kommentar gegen Böll nochmals und rechtfertigte dies mit dem Einsatz gegen

[912] Vgl. Matthias Walden an Rolf Kreibich vom 10. Januar 1977 (ASV-UA: NL Springer, Box 316).
[913] Vgl. Gefühle sind die › Syphilis der Seele ‹. Interview mit Heinrich Böll, in: Stern vom 20.2.1972, S. 148.
[914] Ebenda.
[915] Vgl. ebenda, S. 150.
[916] Vgl. Sebastian Haffner, Falsche Solidarität, in: Stern vom 20.2.1972, S. 150.

eine »staatsfeindliche Ideologie«. Diese habe vom Radikalismus über den Extremismus in den Terrorismus geführt.[917] Letztendlich würde das Urteil von 1981 eine verheerende Wirkung auf die Arbeit von Journalisten haben, so Walden im Frühjahr 1982 in der *Criticón*. Die Gerichte hätten sich fast sieben Jahre mit der Frage beschäftigt und unendlich abgewägt, er habe zum Schreiben des Kommentars nur eine Stunde gehabt.[918] Dem Vorwurf, den unter anderem die *FAZ* erhob, wenn die Zeit nicht ausreiche, Zitate nachzuprüfen, dann müsse man auf sie verzichten, musste er sich allerdings berechtigterweise stellen.[919]

Die emotionalisierende Wirkung von Waldens Kommentaren wurde 1974 einige Wochen nach dem Mord an Günter von Drenkmann bei einer Rundfunkdiskussion zum Thema »Kommentar – kontrovers« unter der Leitung von Rainer Kusserow im *SFB* von Peter Merseburger kritisiert. Gegenstand des Anstoßes war erneut der *ARD*-Kommentar Waldens vom 21. November 1974. Im Gegensatz zu Walden, der Wert auf eine bildliche und eingängige Sprache legte, erhob Merseburger einzig rationale Kriterien als Maßstab für Kommentare.[920] Darüber hinaus wies Merseburger, der seit 1967 Leiter des Fernsehmagazins »Panorama« war, darauf hin, dass der Staat unter besonderer Beobachtung der Kommentatoren stehen müsse. Kurz nach dem Mord an Drenkmann und dem Tod von Holger Meins in der Haft war für Merseburger somit nicht das vermeintliche Verbrechen von Staatsfeinden – von denen man so etwas erwarte – die in erster Linie zu kommentierende Nachricht, sondern der Verdacht einer Mitschuld staatlicher Behörden am Hungertod eines inhaftierten Terroristen.[921]

Die Diskussion zwischen Merseburger und Walden war auf zwei Ebenen symptomatisch. Zunächst wurde hier ein Unterschied in der Auffassung von Journalismus deutlich. Walden stand für einen emotionalisierenden Meinungsjournalismus ein, während Merseburger auf Rationalität pochte. Die zweite Symptomatik setzt beim Verhältnis zum Staat an. Walden war in erster Linie auf eine Verteidigung des Staates bedacht, Merseburger hingegen auf eine kritische Beobachtung. Erneut erscheint Waldens politisches Denken stark in der Lebenswirklichkeit des Kalten Krieges gefangen, in dem es eine ständige Konkurrenz der Systeme gab. Merseburger wirkte Mitte der 1970er Jahre emanzipierter vom politischen Geschehen und sah sich daher in der Lage, kritischer auf die Bundesrepublik zu schauen, ohne sich als Befürworter sozialistischer Gesellschaftsideen zu outen.

917 Vgl. Matthias Walden, Typoskript Begrüßungsrede zum Besuch der Generalstaatsanwälte am 10. Juni 1980 (ASV-UA: NL Springer, Box 404), S. 2.
918 Vgl. Das Böll-Urteil und die Arbeit des Journalisten., S. 81.
919 Vgl. Wer nicht genau zitieren kann, sollte es besser lassen, in: Frankfurter Allgemeine Zeitung vom 14.1.1982.
920 Vgl. Gulliver: Kommentar – kontrovers, 21.12.1974, Minute 47–49.
921 Vgl. ebenda, Minute 38–39.

Keinem der beiden Journalisten kann kaum nachgesagt werden, das liberaldemokratische System in Frage gestellt zu haben. Beide Ansichten haben daher etwas für sich. Auf der einen Seite war die internationale Systemkonkurrenz Mitte der 1970er Jahre durchaus evident. Der Kalte Krieg sollte noch anderthalb Jahrzehnte andauern und Ende der 1970er Jahre an Fahrt gewinnen. Auch waren die Angriffe auf die liberale Demokratie westlichen Vorbilds durch APO und Studentenbewegung nur wenige Jahre her und wirkten angesichts der RAF noch deutlich nach. Auf der anderen Seite war die Möglichkeit der Kritik am eigenen System stets ein Merkmal liberaldemokratischer Staaten und zudem ein Garant ihres Bestehens. Matthias Walden selbst hatte darauf vor dem Hintergrund der schleppenden Vergangenheitsbewältigung häufig hingewiesen.

»Hitlers Kinder« oder linker Terror

Der »ersten Generation« der RAF wurde ab dem Sommer 1975 der Prozess gemacht. Noch während der Gerichtsverhandlung im baden-württembergischen Stammheim beging Ulrike Meinhof in der Nacht vom 8. auf den 9. Mai 1976 Selbstmord. Der Tod Meinhofs hegte allerhand Potential für Spekulationen, doch kann es als sicher gelten, dass sich die ehemalige Journalistin und Aktivistin und spätere Terroristin selbst das Leben nahm. Gründe waren vermutlich das Motiv des Selbstmordes als »letztem Akt der Rebellion« sowie tiefe Verwerfungen mit Gudrun Ensslin und Andreas Baader.[922] Gemeinsam mit Jan-Carl Raspe wurden die verbliebenen Angehörigen der Führungsriege am 28. April 1977 schließlich jeweils zu lebenslanger Haft verurteilt.[923]

Im Schatten der gesellschaftlichen Auseinandersetzung mit der »ersten Generation« der RAF bildete sich eine sogenannte zweite Generation der Terrororganisation, deren Ziel vordringlich die Freipressung ihrer inhaftierten Gesinnungsgenossen war. Die politische Instrumentalisierung ihrer Haftbedingungen durch die RAF-Führung trug somit entschieden zur Kohäsion der »zweiten Generation« dabei. Dies reichte bis hin zu hartnäckig vertretenen Theorien über die vermeintliche Ermordung Ulrike Meinhofs. Zum Zeitpunkt ihrer höchsten Mitgliederzahl im Herbst 1977 erreichte die Gruppe durch diese Strategie eine Größe von 20 Mitgliedern; eine Anzahl, die die RAF bis dahin nicht erreicht hatte und nie mehr erreichen sollte. Die führenden Terroristen waren Brigitte Mohnhaupt, Sieglinde Hofmann, Christian Klar, Adelheid Schulz, Werner Lotze und Rolf Clemens Wagner.[924]

922 Vgl. Aust, Baader-Meinhof-Komplex, S. 387–390.

923 Vgl. ebenda, S. 456.

924 Vgl. Tobias Wunschik, Aufstieg und Zerfall. Die zweite Generation der RAF, in: Wolfgang Kraushaar (Hrsg.), Die RAF und der linke Terrorismus. Band 1, Hamburg 2006, S. 472–488, hier S. 472–474.

Wie der Politikwissenschaftler Tobias Wunschik schreibt, entstammten die Angehörigen der »zweiten Generation« der RAF anders als ihre Vorgänger nicht mehr selbst der jugendlichen Protestbewegung. Sie profitierten daher nach ihrem Abtauchen weniger von Sympathien und Hilfeleistungen früherer Mitstreiter. Auch radikalisierten sie sich nicht in aller Öffentlichkeit, so wie noch Baader, Meinhof und Ensslin, sondern gingen viel heimlicher in den Untergrund. Die Auswirkungen dieser Strukturen auf die innere Psychologie der Gruppe ist weitestgehend erforscht und soll an dieser Stelle nicht weiter ausgeführt werden.[925]

Für die politische Vorstellungswelt Matthias Waldens spielte die »zweite Generation« der RAF aus den genannten Gründen eine weitaus geringere Rolle als noch die »erste Generation«, deren Wurzeln er nicht nur ideell, sondern darüber hinaus personell in den antiautoritären Protest der 1960er Jahre verortete. Es waren schließlich auch immer wieder die gleichen Argumente, die er angesichts der fortwährenden Bedrohung durch den Linksterrorismus in die öffentliche Diskussion einbrachte. Zum Beispiel im Sommer 1980, als Walden Innenminister Gerhart Baum (FDP) kritisierte, weil dieser vor dem Hintergrund neuerer terroristischer Umtriebe von einem »Wächteramt« des Staates für liberale Politik gesprochen hatte. Der Journalist forderte unvermittelt ein »Wächteramt zum Schutze der potentiellen Opfer«.[926] Der Staat war liberal, deswegen müsse dessen Liberalität nicht geschützt werden, sondern seine Bürger.

Den Höhepunkt des Terrors der »zweiten Generation« der RAF erlebte die Bundesrepublik Deutschland im Jahr 1977. Initiiert von den Stammheimer Gefangenen setzte die Gruppe zur »Offensive 1977« an. Begonnen wurde sie am 7. April mit der Ermordung des Generalbundesanwaltes Siegfried Buback und seiner beiden Fahrer, fortgesetzt mit dem Attentat auf den Vorstandssprecher der Dresdner Bank, Jürgen Ponto, am 30. Juli. Ponto sollte eigentlich entführt werden, wehrte sich aber und starb durch in einem Handgemenge ausgelöste Schüsse.[927] Als »Deutscher Herbst« wird allerdings in erster Linie die Entführung des Arbeitgeberpräsidenten Hans-Martin Schleyer am 5. September 1977 sowie die einkalkulierte Ermordung seines Fahrers und der drei zu Schleyers Schutz eingeteilten Polizeibeamten bezeichnet. An ihr waren alle Mitglieder der »zweiten Generation« der RAF beteiligt, nur vier Terroristen verübten allerdings die Geiselnahme.

Die Entführer forderten die Freilassung der inhaftierten RAF-Führung der »ersten Generation« sowie 15 Millionen Dollar Lösegeld. Am 13. Oktober 1977 entführten

925 Vgl. ebenda, v.a. S. 480–483.
926 Vgl. Matthias Walden, Trugschluß, in: Welt am Sonntag vom 10.8.1980.
927 Siehe zu den beiden Attentaten: Aust, Baader-Meinhof-Komplex, S. 453–455 und S. 460–464; sowie: Wunschik, Aufstieg und Zerfall, in: Kraushaar (Hrsg.), Die RAF und der linke Terrorismus. Band 1, S. 474.

zudem palästinensische Terroristen das Lufthansa-Flugzeug »Landshut«, um die Forderungen der RAF zu untermauern. Die Bundesregierung unter Bundeskanzler Helmut Schmidt war jedoch nicht bereit, sich auf die Forderungen der Terroristen einzulassen. Die in Mogadischu zum Landen gebrachte »Landshut« wurde am 17. Oktober von der Anti-Terror-Einheit GSG-9 gestürmt. Alle Geiseln blieben unverletzt. Wenige Tage zuvor war bereits der Kapitän der Maschine von den Entführern ermordet worden. Als Andreas Baader, Gudrun Ensslin und Jan-Carl Raspe in Stammheim von der geglückten Befreiung der Geiseln erfuhren, begingen sie in der Nacht vom 17. auf den 18. Oktober Selbstmord. Nur die ebenfalls Inhaftierte Irmgard Möller überlebte ihren Suizid-Versuch. Hans-Martin Schleyer wurde am 19. Oktober 1977 von Mitgliedern der »zweiten Generation« der RAF in Frankreich, kurz hinter der belgisch-französischen Grenze, ermordet.[928]

Noch vor der Entführung der »Landshut« kommentierte Walden die Geiselnahme Schleyers in der *Welt am Sonntag*. Das Verbrechen war für ihn Zeichen eines schwindenden »Rechts- und Unrechtsbewußtseins«, das er wieder einmal an einer vermeintlichen Wegbereitung der Terroristen durch die linke Intelligenz festmachte.[929] Ebenfalls noch Mitte September setzte sich Walden zudem in der *Welt* mit dem Vorwurf auseinander, die Angehörigen der RAF seien keine Linken, sie seien vielmehr Faschisten oder gar »Hitlers Kinder«, wie die amerikanische Journalistin Jillian Becker in einem auch in Deutschland viel beachteten Buch geschrieben hatte.[930]

Schon angesichts des Beginns des Gerichtsprozesses gegen Baader, Meinhof, Ensslin und Raspe im Sommer 1975 hatte Walden zwar an die »demokratischen Grundwerte« im Umgang mit den Terroristen appelliert, auf der anderen Seite aber diejenigen kritisiert, die aus den kriminellen »Linksterroristen« aus »liberaler Ästhetik« eine »Gruppe« machen würden.[931] Die Kriminalisierung von politischem Terrorismus war sicher Ausdruck von Waldens antitotalitärem Weltbild. Im *Spiegel* wurde er dafür von Rudolf Augstein kritisiert. Wer angesichts des »ersten großen Anarchisten-Prozess[es] in Deutschland« die Angeklagten als gemeine Verbrecher bezeichne, müsse schon ein »Konfektionsdenker« wie Matthias Walden sein, schrieb Augstein im Juni 1975.

In dem Essay »Mit den Bomben leben« des *Spiegel*-Chefs schwang jener Hauch von Romantik gegenüber den Terroristen mit, den Walden die letzten Jahre zuvor angeprangert hatte.[932] Eine Replik Waldens ließ somit nicht lange auf sich warten. Der

928 Siehe zu den Vorgängen ausführlich: Aust, Baader-Meinhof-Komplex, S. 483–647.

929 Vgl. Matthias Walden, Kein echter Puls aus trägem Herz, in: Welt am Sonntag vom 11.9.1977.

930 Vgl. ders., Die verleugneten Kinder, in: Die Welt vom 16.9.1977; siehe zu dieser Diskussion kurz: Tobias Wunschik, Baader-Meinhofs Kinder. Die zweite Generation der RAF, Opladen 1997, S. 9–11.

931 Vgl. Matthias Walden, Kein kurzer Prozeß, in: Welt am Sonntag vom 25.5.1975.

932 Vgl. Rudolf Augstein, Mit den Bomben Leben, in: Der Spiegel vom 2.6.1975, S. 26f.

Spiegel druckte sie als Leserbrief. Er sei sich bewusst, dass sich die Motive von Terroristen von denen anderer Mörder unterscheiden, doch erscheine es ihm verhängnisvoll, Raub und Mord der RAF in Exklusivität zu betten. Die Kategorisierung Augsteins des Verfahrens als politischer Prozess kam für Walden einer Verklärung gleich.[933] Die Einordnung der Stammheimer als Anarchisten führe laut Walden außerdem in die Irre. Einige Monate zuvor hatte er angesichts des Gefängnisbesuches des französischen Intellektuellen Jean Paul Sartre bei Andreas Baader dazu ausführlich geschrieben, Anarchisten würden die Diktatur verwerfen, während die RAF einen sozialistischen Staat errichten wollte: »Wer diese Kriminellen Anarchisten nennt, spricht Linke frei, deren Schoß sie entsprangen.«[934]

Die Diskussion blieb auch nach dem Prozess virulent. Im Juni 1977 schrieb Walden in der *Welt*, in einer Fernsehdiskussion habe ihm der Schriftsteller Bert Engelmann entgegnet, die Terroristen seien Faschisten, weil sie »politisch motiviert« mordeten.[935] Und im *Spiegel* schrieb Chefredakteur Erich Böhme: »Die Stammheimer sind keine Linken, und ihre Mord-Gehilfen führen keinen Krieg.«[936] Eine Heckler und Koch mache noch keinen Linken – so einfach sei es nicht, betonte Böhme kurz nach der Entführung Schleyers. Das »Killer-Quintett« der letzten Woche verglich er mit den »faschistoiden Henkern Rosa Luxemburgs« und den »aktionistischen Mördern Walter Rathenaus«.[937]

Die Vergleichbarkeit von Faschismus und Kommunismus lag Walden, wie gezeigt, nicht fern. Auch das geflügelte Wort Habermas' vom »linken Faschismus« machte er sich, wie beschrieben, zu Eigen. Doch einer Verbannung des Linksradikalismus aus dem Sprachgebrauch in der Diskussion um die RAF stellte er sich entschieden entgegen. Die gegenwärtige Gewalt komme von links, so der Journalist konsequent. Sie habe die Treppe von Radikalismus, Extremismus und Terrorismus erklommen, betonte er erneut beharrlich. Eine »demokratische Linke« jedoch, die sich zu keinem Zeitpunkt in den Extremismus verstrickt habe, müsse vor dem Verdacht einer »ideologischen Nähe zu den Gewalt-Sozialisten« in Schutz genommen werden. Auf der anderen Seite fuhr er kämpferisch fort:

> Aber so darf eines nicht unwidersprochen bleiben: Der Versuch links platzierter Manipulatoren, die unmittelbar Schuldigen des Terrors von links nach rechts zu verpflanzen und sich der eigenen Kompromittierung durch den Trick

933 Vgl. Matthias Walden, Leserbrief: Hilfreiche Hand, in: Der Spiegel vom 16.6.1975.
934 Ders., Der deutsche Rechtsstaat – am Nasenring herumgeführt, in: Welt am Sonntag vom 8.12.1974.
935 Vgl. ders., Die verleugneten Kinder, in: Die Welt vom 16.9.1977.
936 Erich Böhme, Mann, o Mann, in: Der Spiegel vom 12.9.1977, S. 18.
937 Vgl. ebenda.

zu entledigen, jenseits der Schwelle vielfachen Mordens den Faschismus dingfest machen zu wollen.[938]

Es gehe ihm zudem nicht um eine »Abrechnung«, sondern um »Vorbeugung«. Die Verharmlosung der Quelle des Terrors berge die Gefahr neuer Ermutigungen.[939] Die harte Position Waldens und seine scharfen Kommentare der letzten Jahre ließen zumindest den ersten Teil seiner Begründung fragwürdig erscheinen.

Knapp ein Jahr nach dem Mord an Schleyer und der Entführung der »Landshut« waren die Ereignisse auch Thema der bereits erwähnten Fernsehdiskussion »Club 2« im *ORF* zwischen Dutschke, Cohn-Bendit, Sontheimer und Walden. Unabhängig davon, dass sich alle Beteiligten in der grundsätzlichen Ablehnung des Mordes an Schleyer einig schienen, hakte Walden nochmals nach. Die Attentate der RAF und der »Bewegung 2. Juni« beträfen Dutschke und Cohn-Bendit zwar nicht persönlich, doch kämen sie aus der Richtung ihrer Bewegung, untermauerte er seine Haltung, gegen die sich die Aktivisten freilich mit Verweisen auf die »strukturelle Gewalt« leidenschaftlich wehrten.[940]

Als Dutschke und Cohn-Bendit Walden zu seiner Stellungnahme hinsichtlich der Legitimation des Attentats vom 20. Juli 1944 aufforderten, bezog sich Walden auf den Tyrannenmord. Diesem brachte er zwar Verständnis entgegen, würde aber aus seiner Mentalität und seiner religiösen Überzeugung nicht dazu auffordern. Im extremen Falle des Stauffenberg-Attentats gehe sein Verständnis aber bis hin zu Billigung. In die Falle Dutschkes und Cohn-Bendits, dadurch die Gewaltfrage neu bewerten zu müssen, tappte er nicht.[941] Vielmehr gab er die Auffassung des Kreisauer Kreises um Helmuth Graf James von Moltke wider, der sich weigerte schuldig zu werden, aber kaum nur ein »passiver Denker« war, so der Historiker Peter Steinbach. Als der Versuch des Umsturzes vom 20. Juli 1944 ihn in die vorderste Linie gegen den Nationalsozialismus rückte, blieb er standhaft und starb, ohne gescheitert zu sein.[942]

In einer späteren Erinnerung an die Männer des 20. Juli 1944 wies Walden nochmals eindrücklich auf die Perversion hin, dass Extremisten und Terroristen ein vermeintliches »Recht auf Widerstand« aus dem Attentat gegen Hitler zogen. In einer Demokratie fielen laut Walden Systemveränderungswünsche nicht unter das Widerstandsrecht, da in der Verfassung jedem Bürger gewährt werde, seine politischen Ambitionen auf gewaltlose Weise vorzutragen.[943] Und als 1983 in einem Artikel der *Welt*

938 Walden, Die verleugneten Kinder, in: Die Welt vom 16.9.1977.
939 Vgl. ebenda.
940 Vgl. Fernsehgespräch (Club 2, 13. Juni 1978), S. 83f.
941 Vgl. ebenda, S. 83.
942 Vgl. Peter Steinbach, Der 20. Juli 1944. Gesichter des Widerstands, München 2004, S. 64f.
943 Vgl. Matthias Walden, Leuchtspur des Widerstandes, in: Die Welt vom 20.7.1982.

der Arbeit unreflektiert in einer Buchbesprechung Dietrich Bonhoeffer und Ulrike Meinhof Seite an Seite als politische Gefangene in Deutschland bezeichnet wurden, echauffierte sich Walden in der *Welt*. Der »Ehrenbegriff« des politischen Gefangenen gebühre den Tätern des Linksterrorismus in der Bundesrepublik nicht.[944]

Die Buchkritik der *Welt der Arbeit* hatte zwar kritisiert, dass dem Sammelband von Kurt Kreiler ein akademisches Vorwort zur Unterscheidung von politischem Widerstand und krimineller Aktion fehle. Dennoch hieß es dort ebenfalls: »Und auch die jüngste Geschichte der Bundesrepublik hat ihre politischen Gefangenen: Ulrike Meinhof, Peter Paul Zahl, Fritz Teufel u.a.«[945] Für Walden hingegen galt, die Bundesrepublik Deutschland als liberale Demokratie könne nicht mit den autoritären Systemen der Vergangenheit verglichen werden, schon gar nicht mit dem Unrechtsstaat des »Dritten Reiches« oder der DDR, die in Kreilers Sammelband ebenfalls ein Kapitel einnahm.

Im »Club 2« 1978 erhielt Walden bei der Frage nach dem Ursprung der Gewalt vorsichtigen Beistand von Kurt Sontheimer. Der Politikwissenschaftler wollte Dutschke und Cohn-Bendit jedenfalls nicht so ohne weiteres von dem Vorwurf Waldens befreien, dass gewisse Anfänge des SDS zu den »Phänomenen des Terrorismus« geführt hätten.[946] 1976 war Sontheimers viel beachtetes Buch »Das Elend unserer Intellektuellen« erschienen, in dem er die Theorie der Neuen Linken als einen ideologisierenden und radikalisierenden Einfluss auf das Geistesleben der Bundesrepublik Deutschland seit Mitte der 1960er Jahre beschrieb.[947] Seine Kritik am Typus des linken Intellektuellen, der dem gesellschaftlichen Produktionsprozess faktisch entfremdet war und gleichzeitig zur Gestaltung einer neuen Gesellschaft aufrief, glich dabei in vielen Zügen dem weiter oben herausgearbeiteten Intellektuellenbild Waldens.[948]

Waldens Kommentare entsprachen grundsätzlich seinem Selbstbild, als Protagonist der Zeitungs- und Medienlandschaft, Verantwortung für die Wahrung der demokratischen Traditionen in Deutschland zu übernehmen. Dazu bekannte er sich gemeinsam mit dem deutsch-amerikanischen Schriftsteller Reinhard Lettau in einer Fernsehdiskussion des *SFB* einen Tag nach den Selbstmorden in Stammheim und kurz vor Bekanntwerden der Ermordung Schleyers.[949] Eingangs hatte Lettau berich-

944 Vgl. ders., Bonhoeffer und Meinhof?, in: Die Welt vom 27.7.1983.

945 Roland Berger, Kritiker: gequält und totgeschlagen. Ungleicher Kampf hinter Gittern, in: Welt der Arbeit vom 21.7.1983; siehe zum Sammelband: Kurt Kreiler (Hrsg.), Sie machen uns langsam tot. Zeugnisse politischer Gefangener in Deutschland 1780–1980, München 1983.

946 Fernsehgespräch (Club 2, 13. Juni 1978), S. 85.

947 Siehe zum Beispiel: Kurt Sontheimer, Das Elend unserer Intellektuellen. Linke Theorie in der Bundesrepublik Deutschland, Hamburg 1976, S. 276–279.

948 Vgl. ebenda, S. 265f.

949 Vgl. Fernsehdiskussion Kultur Kontrovers: Bedrohung der Meinungsfreiheit (als Audiofile angehört im AdRBB, gesendet am 19. Oktober 1977 im SFB), Minute 27.

tet, wie am Frankfurter Flughafen knapp 200 Wartende in jubelnden Applaus ausbrachen, als über die Lautsprecher die Nachricht der Selbstmorde in Stammheim verkündet wurde. Den Schriftsteller, den mit Walden sicherlich nicht viel verband, erinnerte dies eindringlich an das »Dritte Reich«.[950]

In der Diskussion ging es vor dem Hintergrund der turbulenten letzten Wochen um eine vermeintliche Bedrohung der Meinungsfreiheit in der Bundesrepublik. Walden positionierte sich hierbei klar und in Teilen überraschend für einige Teilnehmer der Runde. Dies waren unter anderem Helmut Gollwitzer, der Walden der »Hexenjagd« beschuldigte, und der Berliner Senator für Wissenschaft und Forschung, Peter Glotz (SPD). Die Meinungsfreiheit sei laut Walden nicht in Gefahr. Bestes Beispiel dafür seien die zahlreichen Auftritte Heinrich Bölls und Günter Grass' im öffentlich-rechtlichen Rundfunk. Diese müssten genauso erlaubt bleiben wie eben auch seine scharfen Angriffe auf die Literaten. Was zuvorderst verteidigt werden müsse, sei der Staat und sein Grundgesetz. In diesem seien die Grundrechte der Menschen seiner Ansicht nach gut zu finden.[951] Eine nüchterne Aussage, die Waldens Haltung auch in der allgemeinen Frage des gesellschaftlichen Protests bis hin zum Umgang mit der Bedrohung durch Terrorismus ganz gut zusammenfasst. Seiner scharfen Polemik geschuldet, trat er auch auf diesem Feld als streitbarer Meinungsjournalist auf.

»Staatsloyal«: Im Dienste Axel Springers I

Die Zeitungen des *Axel-Springer-Verlages* seien nicht regierungstreu, sondern »staatsloyal«.[952] Dies hatte Matthias Walden 1965 im *Monat* geschrieben; also noch bevor seine Kommentare ab 1967 zu festen Bestandteilen der *Welt*-Zeitungen werden sollten. Er verband damit seine eigene Wortschöpfung, die sich vor allem an einer staatsaffirmativen und antiradikalen Haltung orientierte mit der Verteidigung für den größten deutschen Zeitungsverlag, der sich in seinen Grundzügen laut Walden also genau so verhielt. Walden antwortete mit seinem Essay auf die in der vorigen Ausgabe des *Monats* erschienene Analyse der bundesdeutschen Zeitungslandschaft des *Stern*- und *Zeit*-Redakteurs Peter Grubbe.

Grubbe war von 1958 bis 1963 als Auslandskorrespondent bei der *Welt* tätig gewesen und bemängelte zusätzlich zu der fast schon reflexartigen Kritik an einer bedrohlichen Monopolstellung des Verlages nun einen »Rechtsruck« von dessen Blättern. Dieser gliedere sich laut Grubbe zwar in eine allgemeine Tendenz der Presse ein, vor

950 Vgl. ebenda, Minute 4.
951 Vgl. ebenda, Minute 42–44.
952 Vgl. Walden, Liberal-sozialistische Koloraturen, S. 126.

allem *Die Welt* und die *Bild-Zeitung* verträten seiner Meinung nach aber ein rechtsgerichtetes und nationalistisches Politikverständnis. Dies verband er mit der diffusen Zuschreibung der »Regierungstreue«.[953]

In der nächsten Ausgabe des *Monats* konterte Grubbe den Artikel Waldens. Im Grunde sei es ihm darum gegangen, dass »Journalisten der Linken« – also per Definition regierungskritisch – keine breite Plattform mehr fänden. Er habe also vor allem die publizistische Macht Springers kritisieren wollen.[954] In den 1990er Jahren wurde bekannt, dass Peter Grubbe eigentlich Claus Peter Volkmann hieß und als Kreishauptmann in Polen während des Zweiten Weltkrieges auch an Deportationen von Juden in Vernichtungslager beteiligt war. Mitte der 1960er Jahre galt er allerdings als einer der profiliertesten liberalen Journalisten der Bundesrepublik.[955] Dementsprechend ernst wurde seine Zustandsbeschreibung der Presselandschaft genommen. Im *Verlag Axel Springer* war man dankbar über die Verteidigung durch Walden. In der Haus-Illustrierten *Springer-Post* wurde die betreffende Aussage aus Waldens Aufsatz neben einem Portraitfoto des Journalisten abgedruckt.[956]

Darüber hinaus wurde Axel Springer erneut auf Walden aufmerksam. Der Begriff der »Staatsloyalität« gefiel Springer so sehr, dass er ihn fortan immer zitierte, wenn es um die politische Linie seines Verlages ging, wie Gudrun Kruip in ihrer Arbeit über die ideellen Grundlagen des *Axel-Springer-Verlages* schreibt.[957] So benutzte er ihn beispielsweise, als er am 6. Oktober 1966 vor versammelter Politprominenz das Berliner Verlagshaus einweihte und auf einen »außenstehenden [...] angesehene[n] Fernsehjournalist[en]« verwies.[958]

»Verkaufe ich meine Meinung?«

Ein Außenstehender sollte Matthias Walden nicht mehr lange bleiben. Der Journalist identifizierte sich selbst ebenso leidenschaftlich mit der Linie des *Axel-Springer-Verlages* wie er diesen öffentlich verteidigte. So verwunderte es nicht, dass er ab Januar 1967 regelmäßig als Leitartikler in der *Welt* und der *Welt am Sonntag* in Erscheinung trat. Im April 1968 schrieb er unter der Überschrift »Verkaufe ich meine Meinung?«, er habe nicht eine bestimmte Meinung, weil er in der *Welt* schreibe, sondern er schreibe

953 Vgl. Peter Grubbe, Freiheit, die ich meine, in: Der Monat 17 (1965), H. 199, S. 88–94, hier S. 88–90.

954 Vgl. ders., Grubbes Antwort, in: Der Monat (1965), H. 202, S. 88–90, hier S. 88.

955 Vgl. Weiß, Journalisten, in: Frei (Hrsg.), Karrieren im Zwielicht, S. 295f.

956 Vgl. Staatsloyal, in: Springer Post – Haus-Illustrierte für alle Mitarbeiter des Verlagshauses Axel Springer 10 (1965), H. 6, S. 2.

957 Vgl. Kruip, Das »Welt«-»Bild« des Axel Springer Verlages, S. 147.

958 Vgl. Axel Springer, Berlin, 6. Oktober 1966, in: Matthias Döpfner (Hrsg.), Axel Springer – Neue Blicke auf den Verleger. Eine Edition aktueller Autorenbeiträge und eigener Texte, Berlin 2005, S. 183–186, hier S. 186.

dort, weil er eine bestimmte Meinung habe.[959] Eine wie auch immer verstandene Unterrepräsentanz einer linken Haltung in der Presse, wie sie Grubbe bemängelt hatte, vermochte Walden zudem kaum zu erkennen. Es sei teilweise gar das Gegenteil der Fall, so Walden bereits 1965. Die Zeitungen des *Axel-Springer-Verlags* seien einige der wenigen Orte, an denen sich noch klar antikommunistisch geäußert werden könnte.[960]

Verstünde man die »Verklärung des politischen Ostens und eine nach Aversion schmeckende Verurteilung der politischen Welt, in der wir leben«, als eine »spezielle linke« Position, könne man für das Dritte Fernsehprogramm indes bereits von einer »Majorisierung« durch diese Richtung sprechen, sagte Walden im Januar 1967 eben in diesem Programm des *SFB*.[961] Die Veröffentlichung seiner eigenen Meinung verschaffe dem Programm zwar ein »Alibi der Toleranz«, doch müsse dieses immer wieder bewiesen werden.[962] Der Chef der »Literarischen Illustrierten« des *SFB*, Ernst Schnabel, kritisierte Walden wenige Tage später in seiner Sendung für dessen Vorwurf der »Majorisierung« durch die Linke. Vor allem seine eigene Position des »Chefkommentators« sollte Walden in dieser Frage zu denken geben, so Schnabel.[963] Intendant Walter Steigner versuchte in einem eigenen Kommentar zu schlichten und betonte den demokratischen Charakter dieser öffentlichen Diskussionen. Er war dabei freilich vor allem auf das Außenbild des von ihm geführten Senders bedacht.[964]

Tatsächlich sollte der Vorwurf der Unausgewogenheit im öffentlich-rechtlichen Programm beiderseitig erfolgen. Nur drei Jahre nach dieser Episode kritisierte Hans-Dieter Jaene in der Zeitung der Berliner FDP, »Berliner Liberale Zeitung«, dass Walden im *SFB* als »Chefkommentator« über die politische Linie der Kommentare wache. Gerade die Berliner Sendeanstalt der *ARD* erreiche Millionen Menschen in der DDR und es sei unverantwortlich, wenn Walden und ähnlich denkende Kommentatoren wie Herbert Hausen ständig das Scheitern der Neuen Ostpolitik proklamieren würden.[965] Hier wurde nun ein Übergewicht einer vermeintlich »rechts« stehenden politischen Haltung kritisiert.

Weniger um den politischen Dissens als um den Vorwurf der Zensur ging es dem angegriffenen Walden dann in seiner Replik auf den Artikel Jaenes. Walden erläuterte, dass der Titel des Chefkommentators nicht bedeute, dass er die Kommentare seiner

959 Vgl. Walden, Verkaufe ich meine Meinung?, in: Rheinischer Merkur vom 12.4.1968.
960 Vgl. ders., Liberal-sozialistische Koloraturen, S. 124f.
961 Vgl. ders., Die Meinung vom 24.1.1967, Minute 3–5.
962 Vgl. ebenda, Minute 6.
963 Vgl. Ernst Schnabel, Typoskript Literarische Illustrierte im SFB vom 2. Februar 1967 (ASV-UA: NL Walden, Box 20 – 1968(!)), S. 1.
964 Vgl. Walter Steigner, Typoskript zu »Aus meinem Tagebuch« im SFB vom 5. Februar 1967 (ASV-UA: NL Walden, Box 20 – 1968(!)).
965 Vgl. Hans Dieter Jaene, Der Chefkommentator. Ausgewogenheit beim Rundfunkt tut not, in: Berliner Liberale Zeitung vom 23.1.1970.

Kollegen zensiere, da dies ein Chefredakteur mit redaktionellen Beiträgen ja ebenso wenig tue. Den Kern der Kritik an der Unausgewogenheit der *SFB*-Kommentare wies Walden darüber hinaus zurück und nannte mit Frank Peters, Hans Zielenski und Hanns-Erich Spritulla Kommentatoren, die eine ganz andere Meinung als er vertreten würden. Die Art und Weise des Vorwurfes von Jaene ließ Walden zudem an dessen »presse-demokratischen Traditionen« zweifeln.[966]

Rückendeckung erhielt Walden in diesem Fall von seinem Chefredakteur Peter Pechel und dem *SFB*-Intendanten Franz Barsig, die von dem Vorwurf Jaenes indirekt selbst betroffen waren.[967] Dass Walden trotz seines Titels beim *SFB* beispielsweise kaum Einfluss auf die Gestaltung der Kommentare des Senders auf Bundesebene hatte, zeigt eine Beschwerde bei Pechel nur ein Jahr später. Walden kritisierte, er sei nur einmal bei 18 Spätkommentatoren des *SFB* im Jahr 1970 für die *ARD* zum Zug gekommen.[968] Umso mehr musste er sich an dem Vorwurf Jaenes gestört haben.

Springer unter Druck

Nach dem *Machtwechsel* 1969 wurde vor allem die Bewertung der Neuen Ostpolitik der Gegenstand pressepolitischer Auseinandersetzungen, bei denen sich Anfang des Jahres 1970 der *Spiegel* und der *Verlag Axel Springer* unversöhnlich gegenüberstanden. Hintergrund war auch der offene Bruch zwischen Willy Brandt und Axel Springer. Der Bundeskanzler hatte in einem Interview mit amerikanischen Medien im Dezember 1969 gesagt, sein ultimatives Ziel sei nicht mehr die Wiedervereinigung, sondern der Frieden in Europa. Springer hatte daraufhin in einem Brief an Egon Bahr seinen Ärger über die Aussage ausgedrückt. Ein Auszug des Briefwechsels wurde ohne Rücksprache mit Springer im Januar 1970 im *Spiegel* verwendet.[969]

Es folgten eine Reihe gegenseitiger Montagen, die sich in ihrer Polemik auf beiden Seiten nichts nahmen. Regierungssprecher und ehemaliger *Spiegel*-Redakteur Conrad Ahlers ließ sich schließlich zu der Aussage hinreißen, bei den *Springer-Zeitungen* handele es sich um eine »Kampfpresse« und meinte gar eine »Rechtfertigung des studentischen Protests« zu sehen. *Welt*-Chefredakteur Herbert Kremp bezeichnete die Äußerungen als schwersten regierungsamtlichen Angriff auf die Presse seit der NS-Zeit. Tatsächlich distanzierten sich sowohl Brandt als auch der *Spiegel* von den Aussagen Ahlers'.[970]

966 Vgl. Matthias Walden, Leserbrief zum Artikel »Der Chefkommentator« von Hans Dieter Jaene vom 23. Januar 1970, in: Berliner Liberale Zeitung vom 6.2.1970; außerdem: Hans Dieter Jaene, Matthias Walden will nicht diskutieren, in: Berliner Liberale Zeitung vom 6.2.1970.

967 Vgl. Hans Dieter Jaene an Peter Pechel vom 8. Februar 1970 (ASV-UA: NL Walden, Box 47 – SFB 1970).

968 Vgl. Matthias Walden an Dr. Peter Pechel vom 22. Januar 1971. ASV-UA (Nachlass Walden: Ordner: ARD-Kommentar).

969 Vgl. Hat begriffen, in: Der Spiegel vom 26.1.1970, S. 50f.

970 Siehe zu der Auseinandersetzung: Hoeres, Außenpolitik und Öffentlichkeit, S. 406–410.

Walden war ebenso wie Kremp außer sich. Er wandte sich mit einem Brief an seinen früheren Kollegen und warf ihm vor, dem »demokratischen Image« der Regierungsparteien erheblich geschadet zu haben. Vor allem war Walden über die Rechtfertigung der »Studentenrebellion« gegen den *Axel-Springer-Verlag* erzürnt. Die Äußerungen von Ahlers waren für ihn Zeichen eines schwindenden Respekts gegenüber dem Meinungsgegner:

> Ich weiß, wie schwer es manchmal ist, objektiv zu sein, ich weiß auch, daß niemand Unfehlbarkeit bieten und verlangen kann. Was aber vom Sprecher der Bundesregierung verlangt werden kann und muß, sind Selbstbeherrschung und Fairneß. An beiden haben Sie es fehlen lassen.[971]

Einige Wochen später griff Walden zudem nochmals nachträglich in die Auseinandersetzung mit dem *Spiegel* ein. In der *Welt* veröffentlichte er eine Kritik über das »Nachrichten-Magazin« und bemängelte, dass es eher »Stories« als Nachrichten enthalte. Dem Willen Rudolf Augsteins nach sei der *Spiegel* zudem ein »Kampfblatt«, so Walden, der damit gar nicht verschleierte, dass die von ihm für Ahlers geforderte Objektivität für ihn selbst nicht zu gelten habe. Walden trat freilich nicht als Kritiker des Meinungsjournalismus auf, war er doch einer seiner prominentesten Vertreter. Vielmehr ging es ihm um die vom *Spiegel* seiner Ansicht nach betriebene Vermischung von Nachrichten, Reportage, Kommentar und »Gag«, die dem Leser die Chance auf Differenzierung nehme. [972]

Dies war, wie gezeigt, eine der großen Errungenschaften des politischen Journalismus in der Bundesrepublik nach 1945 und Walden zeigte sich als streitbarer Verteidiger dieser Kriterien. Aus der »Pose des Tugendwächtertums« betreibe der *Spiegel* somit »Nachrichtenmanipulation«, so der harte Vorwurf Waldens.[973] Ähnlich sah dies Erich Welter, einer der Gründungsherausgeber der *FAZ*, der den Artikel Waldens an keinen Geringeren als Dolf Sternberger schickte. Dieser las den Text mit »Interesse und Zustimmung«, so Sternbergers Antwort, in der er abschließend schrieb: »Von den moralischen Mängeln dieses Journalismus brauchten Sie mich nicht überzeugen. Gleichwohl bildet das Blatt einen Faktor in der öffentlichen Meinung.«[974]

Damit hatte Sternberger zweifelsfrei Recht. Und diese öffentliche Meinung begann sich immer mehr gegen die Kritik der *Springer*-Zeitungen an der Neuen Ostpolitik zu

971 Matthias Walden an Conrad Ahlers vom 6. Februar 1970 (ASV-UA: NL Walden, Box 47 – SFB 1970), S. 3.

972 Vgl. Matthias Walden, Süffig, flüssig, manipuliert, in: Die Welt vom 1.5.1970.

973 Vgl. ebenda.

974 Dolf Sternberger an Erich Welter vom 10. Juni 1970 (DLA Marbach, NL Sternberger: Mappe 30451).

wenden, wie die Bundestagswahl 1972 zeigen sollte. Angefacht wurde die Springer-feindliche Stimmung dabei immer wieder von den Regierungsparteien. Ebenfalls bereits im Januar 1970 war es der Bundesgeschäftsführer der SPD, Hans-Jürgen Wischnewski, der in der Gewerkschaftszeitung *Welt der Arbeit* einen Bericht über die Presseberichterstattung des *Axel-Springer-Verlages* über die Bundesregierung mit der ketzerischen Überschrift »Gleichgeschaltet?« veröffentlichte. Wischnewski schlug zielgerichtet in die Kerbe der zu hohen Konzentration von Zeitungen in dem Verlag Axel Springers. Es dürfe Springer nicht verwehrt werden, die Regierung zu kritisieren und ihrer Politik ablehnend gegenüberzustehen, so Wischnewski. Allerdings sehe er gegenwärtig »Meinungsmanipulation und Gleichschaltung eines Presseimperiums, vieler Organe und vieler Journalisten und Redakteure«, womit er seine im Titel mit einem Fragezeichen versehene Aussage beantwortete.[975]

Ähnlich wie im Falle von Ahlers' Entgleisung schrieb Walden einen kritischen Brief an Wischnewski und forderte ihn auf, sich für die Bezeichnung »Gleichgeschaltet« in Bezug auf den *Axel-Springer-Verlag* zu entschuldigen. Mit seinem Vorwurf habe Wischnewski die Würde der Journalisten des Verlagshauses angegriffen, denn jeder Journalist, der sich gleichschalten lasse, verletze die verfassungsmäßigen Rechte der Pressefreiheit.[976] In seiner Antwort zeigte sich Wischnewski über die heftige Reaktion Waldens erschrocken. Wischnewski gab zu, dass der Begriff der »Gleichschaltung« historisch belastet sei und dass er aus seinem Text »eliminiert« gehöre. Wozu er aber stehe, sei seine Sorge einer »allzu starke[n] Einheitlichkeit der Berichterstattung einer großen auflagenstarken Zeitungsgruppe«. Wischnewski meinte, dem Leser sei es bei der hohen Marktbeherrschung Springers manchmal kaum möglich, an andere Informationen für seine Meinungsbildung zu gelangen.[977]

Das erinnerte an die Kritik von Peter Weiss einige Jahre zuvor an der Findung der Wahrheit, von der Brecht spreche. Wischnewski schrieb abschließend: »Diese Bedrohung der Informationsfreiheit erfüllt mich – das möchte ich nicht verhehlen – mit sehr großer Sorge.«[978] Er bot Walden zudem ein klärendes Gespräch an. Dieser äußerte sich auf das Schreiben des SPD-Bundesgeschäftsführers konziliant. In der Sache widersprach er ihm freilich. Betrachte man alle Informationsquellen von Printmedien, Rundfunk und Fernsehen, sei der *Axel-Springer-Verlag* kaum »marktbeherrschend«.[979] Walden unterschlug allerdings, dass Springer unlängst ver-

[975] Vgl. Hans-Jürgen Wischnewski, Gleichgeschaltet?, in: Welt der Arbeit vom 23.1.1970.
[976] Vgl. Walden an Wischnewski, 30.1.1970, S. 2.
[977] Vgl. Hans-Jürgen Wischnewski an Matthias Walden vom 16. Februar 1970 (ASV-UA: NL Walden, Box 49 – SFB 1972).
[978] Ebenda, S. 3.
[979] Vgl. Matthias Walden an Hans-Jürgen Wischnewski vom 17. Februar 1970 (ASV-UA: NL Walden, Box 47 – SFB 1970), S. 2.

sucht hatte, sich am *NDR* zu beteiligen, was letztendlich am Einspruch der SPD und der Gewerkschaften gescheitert war und von dem Historiker Peter Hoeres in seiner Darstellung zum Verhältnis von »Außenpolitik und Öffentlichkeit« als Erfolg der *Spiegel*-Kampagne gewertet wird.[980]

Nichtsdestotrotz war Walden erfreut über Wischnewskis »Bereitschaft und Kraft zur Selbstkorrektur« was den Begriff der »Gleichschaltung« anging. Ein Gespräch mit dem Politiker wollte er gerne suchen, sobald er einmal in Bonn sei.[981] Obwohl Bundeskanzler Willy Brandt die Aufregung um den Begriff der »Gleichschaltung« mitbekommen hatte, äußerte er sich Anfang des Jahres 1971 ähnlich ungeschickt wie Wischnewksi. In einer Rede auf dem Wahlkongress der SPD warnte der Kanzler vor öffentlichen Kampagnen zur Verunsicherung der Bevölkerung, bei der Tatsachen verdreht würden, und verwies auf einen Teil der Presse, der »negativ gleichgeschaltet« sei. Brandt fügte hinzu, man müsse diesen Tendenzen klar entgegentreten, weswegen er stets »nicht nur Ross und Reiter sondern auch Ross und Springer genannt« habe.[982]

Erneut intervenierte Walden mit einem persönlichen Schreiben als Advokat des *Axel-Springer-Verlages*, den er hier verleumderisch getroffen sah. Er hoffte auf eine entgegenkommende Antwort des Kanzlers, da ihn emotional jede Beeinträchtigung seiner Hochachtung vor Brandt schmerzen würde.[983] Dieser war in der Tat demütig und entschuldigte sich für die Verwendung des Begriffes »gleichgeschaltet«. Die Äußerung sei »mißglückt« gewesen, auch wenn er den *Verlag Axel Springer* nicht direkt gemeint haben wollte. Den Brief beendete Brandt mit einem persönlichen Absatz, der als Würdigung des langen gemeinsamen Weges von ihm und Walden verstanden werden kann: »Die Loyalität vieler Kritiker weiss [sic!] ich wahrlich zu würdigen; was sie selbst dazu sagen, hat mich sehr berührt.«[984] Auffällig ist, dass der Kanzler einen vorgefertigten Antwortentwurf erheblich redigierte und vor allem den persönlichen Schlussabsatz handschriftlich hinzufügte.[985] Der gegenseitige Respekt in diesem thematisch durchaus sensiblen Briefwechsel wirkt in höchstem Maße authentisch.

980 Vgl. Hoeres, Außenpolitik und Öffentlichkeit, S. 408f.

981 Vgl. Walden an Wischnewski, 17.2.1970.

982 Vgl. Auszug aus Willy Brandts Rede im Januar/Februar 1971 in Berlin (AdsD der FES, NL Brandt, Signatur: A8, Ordner 20, Bundeskanzler – Bundesregierung, S. 144).

983 Vgl. Matthias Walden an Willy Brandt vom 2. Februar 1971 (AdsD der FES, NL Brandt, Signatur: A8, Ordner 20, Bundeskanzler – Bundesregierung, S. 141–143).

984 Willy Brandt an Matthias Walden vom 18. Februar 1971 (AdsD der FES, NL Brandt, Signatur A8, Ordner 20, Bundeskanzler – Bundesregierung, S. 146).

985 Vgl. Nicht abgeschickter Briefentwurf von Willy Brandt an Matthias Walden vom 17. Februar 1971 (AdsD der FES, NL Brandt, Signatur: A8, Ordner 20, Bundeskanzler – Bundesregierung, S. 147).

Ostpolitik – Israel – Kontinent: Ideeller Taktgeber

In den vergangenen Jahren hatte Walden seine persönliche Anerkennung vor Willy Brandt mehrfach öffentlich unter Beweis gestellt. Beispielsweise in seiner Verteidigung Brandts gegenüber den Vorwürfen zu dessen Exils während des »Dritten Reichs« Mitte der 1960er Jahre, die er 1968 in der bereits angesprochenen Fernsehdokumentation über den damaligen Außenminister nochmals untermauerte.[986]

Es sollte 1971 nach dem kurzen Briefwechsel der beiden nur wenige Monate dauern, bis eine Bestätigung dieses Respekts erneut gefragt war. Diesmal handelte es sich um einen zumindest teilweise internen Vorgang im *Axel-Springer-Verlag*. Anfang Oktober 1971 – Willy Brandt hatte kürzlich den Friedensnobelpreis erhalten – plante der seit einigen Jahren für die *Welt am Sonntag* als Kolumnist schreibende William S. Schlamm einen scharfen Angriff auf den Bundeskanzler. Schlamm hatte vor, Brandt mit der Bezeichnung »Schreibtischtäter im Exil« persönlich anzugreifen und ihm den Verrat deutscher Interessen vorzuwerfen. Die Redaktion entschied sich, den Text nicht drucken zu lassen, woraufhin Schlamm ankündigte, seine Arbeit einzustellen, bis besagte Kolumne erschienen sei. Viele Redakteure drohten allerdings im Gegenzug mit einem Ausstieg, wenn Schlamm weiter im *Axel-Springer-Verlag* veröffentlichen dürfe. Unter diesen Bedingungen trennte sich die Verlagsspitze von Schlamm mit einer großzügigen Abfindung. Tatsächlich waren die Tiraden des einstigen Zugpferdes zum Kern der Kritik der Gegner des Verlages geworden, denen man nun einigen Wind aus den Segeln nahm, ohne die grundsätzliche Kritik an der Neuen Ostpolitik aufzugeben.[987]

An Stelle von Schlamms Angriff auf Brandt erschien ein Leitartikel Matthias Waldens, in dem er Willy Brandt zwar einen verheerenden Wandel vom festen Kalten Krieger zum illusionistischen Entspannungspolitiker vorwarf, den Kanzler aber entschieden gegen den Vorwurf des Verrats in Schutz nahm.[988] Das Verhältnis zwischen Walden und Brandt erodierte, wie weiter oben gezeigt, zwar rapide während der zweiten Amtszeit des Kanzlers. In die verschwörungstheoretischen Sphären eines William S. Schlamms rutschte Walden allerdings nicht ab. Die Veröffentlichung Waldens hatte zudem eine klare symbolische Wirkung in den Verlag hinein.

Innerhalb weniger Jahre war Walden von einem außenstehenden Verteidiger des Verlagshauses zu einem seiner prononciertesten Schreiber geworden, der in höchsten Regierungskreisen für die Interessen des Verlagshauses stritt. Darüber hinaus schien er zu einem ideellen Taktgeber des Verlages avanciert zu sein, der mehr und mehr

986 Vgl. WDR/Walden, Einige Tage im Leben des Willy Brandt, Minute 20–22; siehe nochmals: Walden, Legende, in: Quick – Illustrierte für Deutschland vom 21.11.1965.

987 Vgl. Peters, William S. Schlamm, S. 468–471.

988 Vgl. Matthias Walden, Das böse Wort vom Schreibtischtäter, in: Welt am Sonntag vom 3.10.1971.

Einfluss auf die generelle politische Linie zu gewinnen schien. Dies zeigte sich in einer immer enger werdenden Beziehung Waldens zu seinem Verleger Axel Springer. Als dieser Anfang 1970 in der *Welt* eine Erklärung veröffentlichte, den Verlag entgegen der öffentlichen Forderungen beisammen halten zu wollen, schrieb ihm Walden einen Brief voller Erleichterung. Als Zeichen seiner Verbundenheit schickte er Springer die Trillerpfeife eines ehemaligen Volksarmisten, der im August 1961 vor Waldens Augen den Sprung über die Absperrungen gewagt hatte.[989] Damit traf Walden genau den Stil Springers. Mit keinem Geschenk könne man ihm eine größere Freude machen, antwortete dieser prompt.[990]

Im Laufe des Jahres wurde der Umgang zwischen Walden und Springer immer vertrauter. Im Juli schrieb Walden unter der Anrede »Lieber Herr Springer« noch etwas steif: »Jedenfalls empfinde ich – bei allem Sinn für gebotene Distanz – dass wir uns sehr nahe stehen.«[991] Springer war da schon jovialer, bezeichnete Walden als »Freund« und sprach ihm eine permanente Einladung in sein Sylter Anwesen aus.[992] Zur Weihnachtszeit hieß es dann von Walden: »Gott schütze Sie!« Zu den guten Dingen des Jahres zählte er, dass er Springer »besonders nahe sein durfte«.[993] Und am Ende des Jahres 1971 war Springer für Walden ein Pol der Zuversicht. Vieles sei schlimmer gekommen als gedacht, schrieb er nach der Unterzeichnung der Ostverträge, doch helfe ihm Springer dabei, daran festzuhalten, dass sie alles überstehen würden:

> Ich bin allerdings nicht sicher, dass mein Vertrauen in die Zukunft mein Misstrauen in die Gegenwart überträfe, wenn es Sie nicht gäbe.[994]

Mit Springer einte Walden zudem die nahezu bedingungslose Unterstützung des Staates Israel. Für Walden war klar, Deutschland schulde schon aufgrund seiner Vergangenheit Israel mehr als nur Objektivität, wie er im Januar 1975 an Rüdiger von Wechmar schrieb.[995] Persönlich hatte sich Axel Springer schon zu Beginn der 1950er Jahre zu der Schuld der Deutschen an den Verbrechen des Nationalsozialismus an den Juden bekannt. Er zog zunächst jedoch keine Konsequenzen daraus für seine Verbindung zu dem Staat Israel oder für seine eigenen Zeitungen. Das galt auch für die Zusammensetzungen der Redaktionen. Ohne weiteres konnten Journalisten mit einer

989 Vgl. Matthias Walden an Axel Springer vom 3. März 1970 (ASV-UA, NL Springer: Box 130).
990 Vgl. Axel Springer an Matthias Walden vom 6. März 1970 (ASV-UA, NL Springer: Box 130).
991 Walden an Springer, 21.7.1970.
992 Vgl. Axel Springer an Matthias Walden vom 26. Juli 1970 (ASV-UA, NL Springer: Box 130.
993 Vgl. Walden an Springer, 20.12.1970.
994 Matthias Walden an Axel Springer vom 28. November 1971 (ASV-UA, NL Springer: Box 148).
995 Vgl. Walden an von Wechmar, 8.1.1975, S. 1.

Berufsvergangenheit im »Dritten Reich« und antisemitischer Vergangenheit in führende Positionen rücken. Es seien beispielsweise die bereits erwähnten Paul Carell und Horst Mahnke bei *Kristall* – Mahnke später im Verlag – genannt oder der Wirtschaftsjournalist Ferdinand Friedrich Zimmermann, der durch seine Kontakte mit Hans Zehrer regelmäßig in den Springer-Zeitungen veröffentlichen konnte.

Erst ab Mitte der 1960er Jahre entwickelte sich aus Springers Gefühl der Schuld eine Linie der Unterstützung des Staates Israel und des jüdischen Volkes, die nun auch seine Zeitungen vertraten. Vor allem im Sechs-Tage-Krieg im Juni 1967 wurde dies offensichtlich. Zwar berichteten fast alle deutschen Zeitungen israelfreundlich, doch vor allem die *Welt* stach mit ihrer eindeutigen Parteinahme für Israel noch aus diesem Bild heraus.[996] Der Springer-Biograph Hans-Peter Schwarz datiert den Beginn des Engagements Axel Springers für Israel auf den Juni 1966. Den Zeitpunkt der ersten von rund 30 Reisen Springers in das Land.[997] In der Folge galt Springer auch in den Augen israelischer Diplomaten als verlässlicher Unterstützer der Interessen Israels.[998] Der »Heinrich-Stahl-Preisträger« Walden war für den Verleger in dieser Frage ein willkommener Zuwachs seiner Zeitungen, wie er ihm noch während des Sechs-Tage-Krieges schreiben sollte.[999] Laut der amerikanischen Historikern Carole Fink trug Walden bei der *Welt* zu einem neuen Verständnis gegenüber Israel bei, das unter anderem als Antwort auf die in diesen Jahren in einigen Landesparlamenten vertretene NPD zu verstehen war.[1000]

Der Sieg Israels gegen Ägypten und seine arabischen Verbündeten in diesem ersten Nahost-Krieg hatte laut Walden allerdings auch negative Folgen, wie er in einer Rede vor der Jüdischen Gemeinde Berlin im April 1970 ausführte. Linksradikale Studenten würden den israelischen Botschafter niederbrüllen und Flugblätter mit der Aufschrift »Schlagt die Zionisten tot, macht den Nahen Osten rot« verteilen. Gerade weil sich Walden als ein Journalist verstand, der sich immer klar gegen Rechtsradikalismus positioniert hatte, meinte er, nun gegen diesen »Antiphilosemitismus« der Linken ohne den Verdacht der Instrumentalisierung vorgehen zu können. Er bezog sich damit auf den ersten Botschafter Israels in der Bundesrepublik Deutschland, Asher Ben-Natan, und verstand hinter dem Begriff eine Gegnerschaft gegen jene, die sich den Juden und ihrem Staat besonders verpflichtet fühlen würden.[1001]

996 Vgl. Kruip, Das »Welt«-»Bild« des Axel Springer Verlages, S. 182–190

997 Vgl. Schwarz, Axel Springer, S. 409.

998 Vgl. Brechenmacher/Wolffsohn, Denkmalsturz?, S. 127f.

999 Vgl. Axel Springer an Matthias Walden vom 8. Juni 1967 (ASV-UA, NL Springer: Box 79).

1000 Vgl. Carole Fink, Turning Away from the Past: West Germany and Israel, 1965-1967, in: Philipp Gassert/Alan E. Steinweis (Hrsg.), Coping with the Nazi Past. West German Debates on Nazism and Generational Conflict, 1955–1975, New York / Oxford 2006, S. 276–293, hier S. 283.

1001 Vgl. Matthias Walden, Typoskript Vortrag in der Jüdischen Gemeinde zu Berlin vom 13. April 1970 (ASV-UA: NL Walden, Box 47 - SFB 1970), S. 1; noch fast vierzig Jahre später äußerte sich

Die ehemaligen »Nazis«, die das Problem gewesen seien, so Walden, seien nun schon zeitlich bedingt fast alle verschwunden. An die Seite des Antisemitismus der radikalen Rechten sei die Israelfeindlichkeit der radikalen Linken getreten. Zu Recht vermutete er bei einem nur durch einen defekten Zündmechanismus gescheiterten Bombenanschlag auf das Gemeindehaus der Jüdischen Gemeinde in West-Berlin am 29. Jahrestag der Reichspogromnacht, dem 9. November 1969, einen linksterroristischen Hintergrund.[1002] Als verantwortlich stellte sich die Terrorgruppe »Tupamaros West-Berlin« heraus, die kurz vor dem Anschlagversuch von Dieter Kunzelmann gegründet wurde und sich auf das lateinamerikanische Konzept der Stadtguerilla berief. Sie gehörte somit zu den Vorläufern der »Bewegung 2. Juni« und der RAF, löste sich selbst aber bereits im Sommer 1970 wieder auf. Schon während der Studentenproteste hatten sich an den Universitäten sogenannte Palästinakomitees gebildet, die anti-israelische Positionen vertraten.[1003]

Ähnlich wie Springer bezog Walden sein Engagement für Israel stets auf die Deutsche Frage und das Verhältnis zur DDR.[1004] Das SED-Regime unterstützte die arabischen Staaten, weswegen eine diplomatische Anerkennung Bonns dieser Länder fatale Auswirkungen haben würde. Vor diesem Hintergrund kritisierte er zudem die Bundesregierung, die sich im Sechs-Tage-Krieg 1967 neutral verhalten hatte.[1005] Noch drastischer sollte Waldens Kritik an der Bundesregierung während des Jom-Kippur-Krieges im Oktober 1973 werden, in dem sich Bonn erneut neutral erklärt hatte. Eine »militärische Neutralität« und ein Bekenntnis zum Lebensrecht der Juden und Palästinenser seien laut Walden gut. Dies dürfe aber nicht in einer »moralischen Neutralität« münden, die schnell zum »unmoralischen Zynismus« werde.

Walden solidarisierte sich in der *Welt* mit dem Vorsitzenden der Jüdischen Gemeinde Berlin, Heinz Galinski, der seit Sommer 1973 Herausgeber der *Jüdischen Allgemeinen Zeitung* war.[1006] Galinski betonte die Schuld des SED-Regimes, das bereits am Tag des Überraschungsangriffes der arabischen Staaten in die Verleumdung einge-

Ben-Natan kritisch über seine Auseinandersetzungen mit den radikalen Linken: Asher Ben-Natan, Brücken bauen – aber nicht vergessen. Als erster Botschafter Israels in der Bundesrepublik (1965-1969), Düsseldorf 2005, S. 128–136.

1002 Vgl. Walden, Vortrag in der Jüdischen Gemeinde zu Berlin, 13.4.1970.

1003 Vgl. Wolfgang Kraushaar, Die Bombe im Jüdischen Gemeindehaus, Hamburg 2005; siehe ebenfalls dazu: Berndt, Heinz Galinski, S. 142–144; und allgemein zum linken Antisemitismus: Martin Kloke, Linker Antisemitismus, in: Wolfgang Benz (Hrsg.), Handbuch des Antisemitismus – Judenfeindschaft in Geschichte und Gegenwart. Band 3: Begriffe, Theorien, Ideologien, Berlin/New York 2010, S. 192–195.

1004 Vgl. Kruip, Das »Welt«-»Bild« des Axel Springer Verlages, S. 192.

1005 Vgl. Walden, Vortrag in der Jüdischen Gemeinde zu Berlin, 13.4.1970, S. 3; siehe auch: ders., Diese »Anerkennung« ist eine Belastung, in: Die Welt vom 10.6.1969.

1006 Vgl. ders., Israel braucht Freunde. Für die Bundesrepublik darf es keine moralische Neutralität geben, in: Die Welt vom 24.10.1973.

stimmt habe, Israel sei der Aggressor. Brisant war für Galinski die erst kürzlich erfolgte Eröffnung eines PLO-Büros in Ost-Berlin. Er verschärfte im Zuge des Jom-Kippur-Krieges außerdem seine »Angriffe auf die Brandt-Regierung«, wie die Historikerin Juliane Berndt herausarbeitet.[1007] Die Regierung geriet nun ebenfalls ins Visier Waldens, der wenige Wochen nach dem im Nahen Osten vereinbarten Waffenstillstand eine Äußerung Willy Brandts über die »traditionelle deutsch-arabische Freundschaft« als »schwarz-weiß-rote Nahost-Sentimentalität« und »wilhelminisches Abenteurertum« verunglimpfte. Darüber hinaus habe sich in der Haltung der Bundesregierung zum Jom-Kippur-Krieg der ganze Fatalismus der Neuen Ostpolitik gezeigt.[1008]

Der Vergleich mit der Nahost-Politik des Kaiserreichs, an die auch das »Dritte Reich« angeknüpft hatte, mag überspitzt wirken. Doch betonten Vertreter der Bundesregierung und gerade des Auswärtigen Amts gerade in der sich zuspitzenden Situation vor dem Jom-Kippur-Krieg in der Tat beständig das historische Verhältnis der Bundesrepublik zu den arabischen Staaten, das man nicht durch eine allzu starke Unterstützung Israels gefährden wollte.[1009] Auch nach erfolgtem Angriff auf Israel war man in der Bundesregierung besorgt, amerikanische Waffenlieferungen an Israel über deutsche Häfen könnten die deutsch-arabischen Beziehungen belasten.[1010] Dies hing natürlich mit der Neuen Ostpolitik und der sowjetisch-arabischen Beziehungen zusammen, was Walden zeitgenössisch kritisierte. Israel galt als »Störfaktor« der Bonner Außenpolitik dieser Jahre, wie Michael Wolffsohn in seiner historischen Konstruktion der sozialliberalen Nahost-Politik darstellen kann.[1011] Waldens Betonung der deutschen Verantwortung für den jüdischen Staat zeigte sich 1975 darüber hinaus mit der Sendung »Einige Tage im Leben des Mischael Rosenberg«, einem deutsch-jüdischen Auswanderer nach Israel.[1012] Für die Dokumentation erhielt Walden den von der im *Verlag Axel Springer* erscheinenden Programmzeitschrift *Hörzu* gestifteten Fernsehpreis »Die goldene Kamera«.

Ende 1974 offenbarte sich indes in der Unterstützung sowjetischer Dissidenten ein weiterer gemeinsamer Wesenszug zwischen Walden und seinem Verleger. Im Mittelpunkt stand der berühmteste Regimekritiker dieser Zeit, Alexander Solschenizyn, der im Februar 1974 die Sowjetunion verlassen hatte. In seiner Verzweiflung über die westliche Entspannungspolitik hatte Springer seine Hoffnungen auf die Dissidentenbewegung gesetzt und die internationale Zeitschrift *Kontinent* gegründet. Der Titel stammte von Solschenizyn, der das Geleitwort zur ersten Ausgabe im Juni 1974 ver-

1007 Vgl. Berndt, Heinz Galinski, S. 161–167.

1008 Vgl. Matthias Walden, Geduckt zwischen den Stühlen. Bonn setzt die Aussöhnung mit Israel aufs Spiel, in: Die Welt vom 8.11.1973.

1009 Siehe zum Beispiel:Wolffsohn, Friedenskanzler?, S. 119f.

1010 Vgl. ebenda, S. 140f.

1011 Siehe: ebenda, S. 113–150.

1012 Vgl. Matthias Walden, Einige Tage im Leben des Mischael Rosenberg (eingesehen im AdRBB, Erstsendung am 14. April 1975 im SFB).

fasste. In der *Zeit* meinte nun Günter Grass, Solschenizyn und den ebenfalls an *Kontinent* mitwirkenden Andrej Siniawski zu belehren, dass der *Axel-Springer-Verlag* mit den gleichen Methoden wie die totalitäre Presse in der Sowjetunion arbeite. Heinrich Böll sprang Grass zur Seite und bezeichnete den *Axel-Springer-Verlag* als »Vehikel übelster Hetze und Denunziation«.

Böll, so Hans-Peter Schwarz in seiner Springer-Biographie, war in dieser Kontroverse ein schwierigerer Fall als Grass, da er sich als PEN-Präsident ebenfalls mit größtem Nachdruck für die Dissidenten einsetzte und Solschenizyn sogar einige Tage in seinem Haus übernachtet hatte. An Absurdität war die Kritik von Grass nicht mehr zu übertreffen, als er im Herbst 1974 Springer als Geistesverwandten von Stalin bezeichnete. Solschenizyn kommentierte trocken, er glaube nicht, dass Springer 40 Millionen Menschen im Archipel Gulag ermordet habe. Der Start von *Kontinent* wurde somit fleißig beworben, ein langfristiger Erfolg blieb allerdings aus.[1013]

Öffentlich ergriff wiederum Matthias Walden Partei für Springer und sein Zeitungsprojekt und kritisierte in der *Welt am Sonntag* den Angriff von Grass gegen *Kontinent*. Unter dem Titel »Die Schändlichkeit des Günter Grass« nahm Walden somit den Bruch des ohnehin auf tönernen Füßen stehenden Burgfriedens mit dem Literaten in Kauf. Die ganze Episode war in Waldens Augen eine Blamage Grass', der nach der ersten Empörung auf seinen Vorwurf gegen den *Axel-Springer-Verlag* lieber geschwiegen hätte:

> Ethischer Zwergenwuchs, Eifertum eines Parteiischen, der sich im Kleinformat seiner Vorurteile verhaspelt und verhetzt, hatte sich an zwei Männer herangewagt, die erlitten und bestanden haben, was einem Grass zu bestehen gewiss nicht möglich gewesen wäre, da er es nicht einmal zu verstehen vermag. Für ihn ist ein demokratisch verfassungstreuer Verlag, weil antikommunistisch, das Spiegelbild der totalitären sowjetischen Staatsgewalt.[1014]

»Ich bitte Sie inständig, darin nicht den Mut zu verlieren!« – Die Welt in der Krise

Walden bewegte sich ab den frühen 1970er Jahren also bereits im engeren geistigen und personellen Umfeld Axel Springers. Dabei trat er gelegentlich als medienpolitischer Berater des Verlegers auf, so in der Frage eines Beitrags über Springer in dem Fernsehmagazin »Panorama«, wofür er dem Verleger einen Schlachtplan ausarbeitete.[1015] Walden äußerte sich auf der anderen Seite schon früh zur Verlagspolitik. Dies

[1013] Vgl. Schwarz, Axel Springer, S. 536–543.
[1014] Matthias Walden, Die Schändlichkeit des Günter Grass, in: Welt am Sonntag vom 20.10.1974.
[1015] Vgl. Walden an Springer, 29.7.1970.; So ähnlich bereits schon drei Jahre zuvor: Vgl. Matthias Walden an Axel Springer vom 9. Oktober 1967 (ASV-UA: NL Springer, Box 79)

tat er aus der sicheren Position des Außenstehenden, der sich hingegen bereits erheblich für die Belange des Verlagshauses einsetzte. Anfang 1970 äußerte Walden sich gegenüber Springer parallel zu seinem Engagement in der Sache Ahlers äußerst kritisch gegenüber dem damaligen Chefredakteur der *Welt am Sonntag*, Claus Jacobi, der die Aufregung über den Ausspruch Ahlers' als übertrieben bezeichnet hatte.

Die *Welt am Sonntag* verfehle darüber hinaus ohnehin eine klare politische Linie. Einmal werde Radikalismus als in manchen Situationen notwendig beschrieben und an anderer Stelle ein Versprecher Klaus Harpprechts ausgeschlachtet, in dem Willy Brandt als »vaterloser Geselle« erschienen war, empörte sich Walden. Jacobi war in Waldens Augen ohnehin politisch nicht unbedenklich, zeigte er sich doch in den Jahren von 1962 bis 1968 als Chefredakteur des *Spiegels* noch für eben das verantwortlich, vor dem der *Verlag Axel Springer* nun verteidigt werden müsse: »Die Austauschbarkeit gewisser Charaktere ist mir unheimlich.«[1016]

Einige Jahre später sollte zwischen Walden und Jacobi zumindest eine konstruktive Arbeitsatmosphäre herrschen. Dies lässt sich aus einem Gedankenaustausch über die Gestaltung der Meinungsseite der *Welt am Sonntag* Ende der 1970er Jahre schließen, in dem Jacobi regelmäßige Beiträge von Walden anregte.[1017] Und schon 1975 schrieb Jacobi an Walden bezüglich der Kolumnenreihe »Von Berlin aus gesehen«: »Je häufiger diese Kolumne von Ihnen stammen würde, umso lieber wäre es mir.«[1018] Viele Jahre nach dem Tod von Walden und Springer, schrieb Claus Jacobi, so wie Walden Jahrgang 1927, Walden habe die Fähigkeit besessen, die politischen Gedanken Axel Springers »schnell, prägnant und geschliffen« aufs Papier zu bringen. Eine gedankliche Tiefe erkannte Jacobi darin allerdings nicht. Er deutete darüber hinaus an, dass es Walden besonders gut verstand, Springer zu schmeicheln; ein nicht recht wohlwollendes Urteil.[1019]

Ende 1973 war Walden wiederum besorgt über die Linie der *Welt*, wie er dem Verleger vertraulich schrieb. Die Zeitung drohe durch eine »neuartige ›Liberalität‹« verloren gegangene Leser wiedergewinnen zu wollen und dabei allerdings nicht nur ihre Glaubwürdigkeit Preis zu geben, sondern die treuen Leser zu verschrecken.[1020] Einige Monate später ging er vor dem Verleger nochmals hart mit der *Welt* ins Gericht. Die Aufmachung sei »dilettantisch«. Es gebe keine stetig eingehaltene Struktur, was den Leser verwirre und die Kennzeichnung der Kommentare und Nachrichten sei »oft

1016 Vgl. Matthias Walden an Axel Springer vom 9. Februar 1970 (ASV-UA, NL Springer: Box 130).

1017 Vgl. Matthias Walden an Claus Jacobi vom 19. August 1977 (ASV-UA: NL Springer, Box 316); siehe auch: Matthias Walden an Hans Joachim Maitre vom 16. Januar 1978 (ASV-UA: NL Springer, Box 341).

1018 Claus Jacobi an Matthias Walden vom 3. April 1975 (ASV-UA: NL Springer, Box 251).

1019 Vgl. Claus Jacobi, Der Verleger Axel Springer. Eine Biographie aus der Nähe, München 2005, S. 315.

1020 Vgl. Matthias Walden an Axel Springer vom 7. Dezember 1973 (ASV-UA, NL Springer: Box 207), S. 2.

diffus, unkonzentriert und schluderig«. Walden hoffte zudem, dass Springer der *Welt* nicht überdrüssig werde, da ihr Fortbestand für die gemeinsame geistige Überzeugung notwendig sei, da war er sich sicher. Ganz konkret kritisierte Walden die Redaktion des Blattes und schlug ein Herausgebergremium nach dem Vorbild der *FAZ* vor.[1021] Angesichts der vorangegangen konzeptionellen Vorschläge Waldens schien ein Platz von ihm selbst in diesem Gremium durchaus kalkuliert gewesen zu sein.

Zu einer Umstrukturierung dieser Art sollte es zunächst nicht kommen. Doch Walden traf mit seiner Kritik an der *Welt* einen Nerv Springers. Dieser haderte nach der Bundestagswahl 1972 mit seiner Zeitung und spielte mit dem Gedanken, die Konzeption der *Welt* als »Kampfblatt« im Kalten Krieg aufzuweichen. Im September 1973 machte Springer daher den Auflagenprofi Wolf Schneider zum Chefredakteur der *Welt* und degradierte den glücklos agierenden Herbert Kremp, dem er sich nichtsdestotrotz persönlich verbunden sah, zum »Redaktionsleiter«. Ähnlich wie Walden sollte Springer aber bereits Anfang 1974 die Entpolitisierung der *Welt* beklagen. Schneider wurde schon im November 1974 wieder entlassen und sprach fortan nur noch schlecht über Springer und seinen Verlag.[1022]

Die Resignation bei Axel Springer saß jedoch fortwährend tief. Daran konnte auch ein zehnseitiges Exposé Waldens über die Gestaltung der *Welt* nichts ändern, das dieser dem Verleger im Sommer 1974 schickte. Walden führte im Prinzip die wesentlichen Punkte seiner bisherigen Kritik weiter aus. Der Brief hatte eine persönliche Ebene, denn Walden sah sich zunehmend angesichts der Entwicklungen bei der *Welt* ins Abseits gestellt. Er schloss seine Ausführungen opferbereit:

> Auch wenn ich gar nicht in der WELT schreiben dürfte – wichtig ist allein, daß sie fortbesteht und aus ihrem Tief herausfindet. Ich bitte Sie inständig, darin den Mut nicht zu verlieren.[1023]

Mit diesem Mut tat sich Springer allerdings in den kommenden Jahren schwer. Das erste Mal stand bereits im Herbst 1974 ein Verkauf der *Welt* an die *FAZ* im Raum. Die komplexen Verhandlungen zogen sich bis ins Jahr 1976. Zunächst scheiterten sie schnell an der Frage des Kaufpreises. Der *Axel-Springer-Verlag* verlangte 60 Millionen Mark, die *FAZ* war aber nicht bereit, mehr als 15 Millionen Mark zu zahlen. Doch als im dritten Quartal 1975 die *FAZ* die *Welt* mit 287.007 zu 231.095 verkauften Ausgaben deutlich überholte, wurden die Gespräche wieder aufgenommen. Der Verlust der *Welt* im Jahr 1975 belief sich schließlich auf die Rekordsumme von 29 Millionen D-Mark.

[1021] Vgl. Matthias Walden an Axel Springer vom 3. April 1974 (ASV-UA, NL Springer: Box 224).
[1022] Vgl. Schwarz, Axel Springer, S. 561–563.
[1023] Matthias Walden an Axel Springer vom 2. Juli 1974 (ASV-UA, NL Springer: Box 224), S. 11.

Dieses Mal schien alles geklärt, ohne dass der Kaufpreis auf Seiten der *FAZ* im Vergleich zu 1974 erheblich erhöht wurde.

Die Einstellung der *Welt* wurde auf Mitte März 1976 anvisiert. Doch am Abend vor der Unterzeichnung im Februar 1976 ließ Axel Springer den Verkauf platzen, so sein Biograph Hans-Peter Schwarz. Es habe Springer gedämmert, dass er ohne die *Welt* eben »nur« noch der »Bild-Verleger« sein würde, so Schwarz. Seine Rolle als »politischer Verleger«, die er 1953 mit dem Kauf der *Welt* begonnen hatte, wäre an ihr Ende geraten. Zudem wäre Springers Image als »fürsorglicher Verleger« beschädigt gewesen. Das konnte und wollte er nicht riskieren.[1024]

Es sei vor allem der Verkaufsleiter des *Axel-Springer-Verlages*, Ernst-Dietrich Adler, gewesen, der den Verleger permanent von einem Verkauf der *Welt* abgeraten und somit schlussendlich Gehör gefunden hatte. Dies berichtete laut Schwarz zumindest der Vorstandsvorsitzende des Verlages, Peter Tamm, auf einer Veranstaltung im Jahr 1990. Neben Tamm und Adler war es lediglich Ernst Cramer, der in die Verkaufspläne seinerzeit eingeweiht gewesen war. Erstaunlicherweise hielt die Diskretion.[1025] Matthias Walden zählte verständlicherweise – war er doch außer als Leitartikler nicht in den Verlag involviert – (noch) nicht zu dem Zirkel, der sich mit solchen Fragen beschäftigte. Die leidenschaftlichen Plädoyers Waldens an Springer über die Bedeutung der *Welt* appellierten letztendlich aber genau an die Gründe, die Hans-Peter Schwarz für Springers Rückzug von dem Verkauf herausgearbeitet hat. Diese Episode bewies also einmal mehr die geistige Verbundenheit Waldens zu Axel Springer. In den kommenden Jahren sollte der Verleger sich dementsprechend immer mehr an den streitbaren Journalisten binden.

»Die Fütterung der Krokodile«: Politik und Idealismus

»Was ist konservativ?«

In den folgenden Kapiteln sollen die erarbeiteten Positionen und Haltungen Waldens stärker aus einer ideengeschichtlichen Perspektive betrachtet werden. Aus dieser ergibt sich die Fortsetzung einer vertieften Einordnung Waldens in das konservative Spektrum der Bundesrepublik Deutschland. Ende der 1950er Jahre setzte eine Debatte um eine zeitgemäße konservative Haltung ein. Die Diskussionen wurden das

1024 Siehe zum geplatzten Verkauf der *Welt* an die *FAZ* ausführlich: Schwarz, Axel Springer, S. 560–572.

1025 Vgl. ebenda, S. 372.

erste Mal in einer breiten Öffentlichkeit in einem Forum des *Monats* im Frühjahr und Sommer 1962 geführt. Die Zeitschrift hatte prominente Publizisten und Politiker des vermeintlich konservativen Spektrums gefragt: »Was ist heute konservativ?« Wie die Historikerin Martina Steber in ihrer Betrachtung über die Diskussionen um einen Konservatismusbegriff in Deutschland nach 1945 herausarbeiten kann, zeigten sich in diesem Gedankenaustausch im Grunde schematisch zwei Lager.

Die eine Seite, angeführt von den Publizisten Armin Mohler und Caspar von Schrenck-Notzing, wollte einen Konservatismus in der antiliberalen Tradition der Weimarer Rechten formulieren, deren Protagonisten sich selbst als konservative Revolutionäre bezeichneten. Als theoretischer Vordenker dieser Richtung firmierte vor allem Mohler. Der Schweizer trat in der Bundesrepublik als Apologet der Ideen einer »Konservativen Revoultion« auf, die sich dadurch auszeichnete, zuerst neue Werte zu schaffen, um diese dann zu bewahren.[1026] Hierbei spielte er mit dem Begriff »rechts«, der anders als »links« in der öffentlichen Debatte der Bundesrepublik tabuisiert war. 1967 schrieb Mohler beispielsweise an Klaus Harpprecht, seit kurzem Herausgeber des *Monats*, dass in der Zeitschrift häufiger Stimmen von »rechts« erscheinen müssten.[1027] Armin Mohler wurde 1920 in Basel geboren, war fasziniert vom Nationalsozialismus und versuchte in Deutschland in die Waffen-SS einzutreten, kehrte letztendlich unverrichteter Dinge aber in die Schweiz zurück. Nach dem Zweiten Weltkrieg promovierte er mit einer Arbeit über die »Konservative Revolution« in Deutschland von 1918–1932.[1028] Mohlers Ziel war es, durch eine Rekonstruktion eines radikalen Konservatismus aus der Zwischenkriegszeit und einem zyklischen Weltbild der Wiederkehr eine Grundlage für eine antiliberale »Neue Rechte« in der Bundesrepublik zu legen.[1029]

Die andere Gruppe, beispielsweise Golo Mann, Peter Dürrenmatt oder Eugen Gerstenmaier, plädierte für einen Konservatismus auf dem Boden der liberalen Demokratie, einen »Liberalkonservatismus à la Burke«, so der Leiter des Bonner Büros des *Deutschlandfunkes* Dietrich Schwarzkopf.[1030] Der 1730 in Dublin geborene britische Parlamentarier Edmund Burke ist eine der einflussreichsten Figuren im konser-

1026 Zu Mohlers zentraler Rolle: Schildt, Inszenierung einer Biographie, S. 554f.

1027 Vgl. Armin Mohler an Klaus Harpprecht vom 14. Juli 1967 (DLA Marbach, NL Mohler).

1028 Für eine umfassende politische Biographie siehe: Weißmann, Armin Mohler.

1029 Vgl. Ralf Walkenhaus, Armin Mohlers Denkstil, in: Uwe Backes/Eckhard Jesse (Hrsg.), Jahrbuch Extremismus und Demokratie. 9. Jahrgang 1997, Baden-Baden 1997, S. 97–116, hier S. 102–106; zur Grundlage des antidemokratischen Denkens der Konservativen Revolution für eine Neue Rechte in der Bundesrepublik siehe auch: Armin Pfahl-Traughber, »Konservative Revolution« und »Neue Rechte«. Rechtsextremistische Intellektuelle gegen den demokratischen Verfassungsstaat, Opladen 1998, S. 160–163.

1030 Siehe ausführlich zum Forum im *Monat*: Steber, Die Hüter der Begriffe, S. 157–162.

vativen politischen Denken, galt in seiner Zeit allerdings als liberaler Reformer.[1031] Vor allem seine kritischen »Reflections on the Revolution in France« von 1790 sorgten für eine Entfremdung Burkes von Großteilen seiner Partei, der liberalen »Whig Party«. Bis zu seinem Tod verstand sich Burke als »Old Whig« und Verteidiger der »wahren«, liberalen, Prinzipien der Partei.[1032] Der amerikanische Politikwissenschaftler Robert J. Lacey beschreibt ihn vor diesem Hintergrund als »pragmatic conservative«. Burke habe stets einen Mittelweg zwischen den Extremen der modernen Welt gesucht, beispielsweise zwischen Freiheit und Ordnung oder zwischen Demokratie und Autoritarismus.[1033]

»Konservative Haltung – Ein Gebot der Zeit«

Mit einigem Abstand und unter dem Eindruck der neujustierten Ost- und Deutschlandpolitik sowie dem antiautoritären Protest der Studenten und der APO sollte sich Matthias Walden im Januar 1970 in Form eines Rundfunkkommentars explizit zu der Diskussion um eine konservative Haltung in der Bundesrepublik äußern. Eigentlich wollte er den Kommentar nach der Ausstrahlung als Leitartikel in der *Welt* unterbringen, dort fand er aber keine Verwendung.[1034] Schließlich nutzte Walden seinen Kontakt zu dem Politikwissenschaftler und Theologen Klaus Motschmann, um den Text doch noch publizistisch zu verwerten. Motschmann griff derzeit seinem Bruder Jens unter die Arme, der zu Beginn des Jahres 1970 die protestantisch-konservative Zeitschrift *Konservativ heute* ins Leben gerufen hatte und, obwohl »publizistischer Laie«, so Klaus Motschmann zu Walden, nun als Chefredakteur amtierte. Ähnlich wie die vielen anderen um 1970 gegründeten konservativen Zeitschriften wie Schrenck-Notzings *Criticón* (1970) oder William S. Schlamms *Zeitbühne* (1972) verstand sich *Konservativ heute* als Ausdruck einer »widerständigen Haltung«, als Reaktion auf Studentenbewegung, APO und sozialliberale Koalition. Vor allem bemühten sich diese drei Zeitschriften intensiv um die Formulierung eines neuen Konservatismusbegriffes.[1035]

Auch Klaus Motschmann strebte im breiteren Umfeld der Zeitschrift eine »Erneuerung des konservativen Denkens« an, wie Walden anerkennend bemerkte.[1036] Den

1031 Vgl. David Dwan/Christopher J. Insole, Introduction: Philosophy in Action, in: David Dwan (Hrsg.), The Cambridge companion to Edmund Burke, Cambridge 2012, S. 1–14, hier S. 12f.

1032 Vgl. F. P. Lock, Burke's Life, in: David Dwan (Hrsg.), The Cambridge companion to Edmund Burke, Cambridge 2012, S. 15–26, hier S. 24f.; Vgl. Edmund Burke, Reflections on the Revolution in France (1790), in: L. G. Mitchell (Hrsg.), The Writings and Speeches of Edmund Burke. Volume VIII – The French Revolution 1790–1794, Oxford 1989, S. 53–293.

1033 Vgl. Robert J. Lacey, Pragmatic Conservatism. Edmund Burke and His American Heirs, New York 2016, S. 1f.; Und: ders., Pragmatic Conservatism, S. 19.

1034 Vgl. Matthias Walden an Axel Springer vom 5. Januar 1970 (ASV-UA: NL Springer, Box 130).

1035 Vgl. Steber, Die Hüter der Begriffe, S. 289f.

1036 Vgl. Matthias Walden an Klaus Motschmann vom 18. Februar 1970 (ASV-UA: NL Walden, Box 47 – SFB 1970); vgl. Klaus Motschmann an Matthias Walden vom 26. Februar 1970 (ASV-UA:

Text von Waldens Rundfunkkommentar, den Motschmann zustimmend gelesen hatte, nahm dieser demnach gerne in das Programm der Zeitschrift auf und der Aufsatz erschien nur wenige Wochen später mit dem Titel »Konservative Haltung – ein Gebot der Zeit«[1037]. Bedenken Motschmanns, da der Text zuvor bereits unter der Überschrift »Plädoyer für eine konservative Haltung«[1038] im *Monat* erschienen war, zerstreute Walden mit dem Hinweis, dass sich nach der »liberal-sozialistischen« Wende des *Monats* das Publikum kaum gleichen würde.[1039]

Direkt zu Beginn seiner Ausführungen zu einer »konservativen Haltung« machte Walden deutlich, dass er sich an der semantischen Bedeutung des lateinischen »conservare« orientiere und an das Bewahren des Bewährten appellierte. Dieser Grundsatz dürfe bei allem notwendigen und nicht zu verachtendem Fortschritt nicht vergessen werden. Er meinte dabei weniger konkrete politische Inhalte, sondern eher deren intellektuellen Hintergrund. Das Konservative dürfe nicht zu einer »Parteiideologie« werden, sondern sich nur in einer Haltung wiederfinden, »die der Stetigkeit zum Recht« verhelfe. Walden spiegelte hiermit den »anti-ideologischen Reflex« konservativen Denkens wider, der an den konservativen Anti-Utopismus anschließt. Dies kann ebenso als Attribut der »skeptischen Generation« gelten und knüpft an Waldens liberalen Antitotalitarismus an. So brachte er eine konservative Haltung folgerichtig gegen einen »modernistischen Reformismus« seiner Zeit in Stellung. Nicht Reformen an sich galt es abzulehnen, sondern einen ideologisch anmutenden Starrsinn und ein »Neuerertum«.[1040]

In den kommenden Jahren sollte sich Waldens Positionierung gegen einen vermeintlichen Ideologieschub von links verfestigen. Einen programmatischen Artikel in der Samstagsbeilage der *Welt*, der *Geistigen Welt*, vom Januar 1974 überschrieb er mit »Ideologie überflüssig« und verwies auf den Gegensatz von Ideologie und Freiheit. Die vielen Alternativen der Freiheit seien die einzige Alternative zu den »Spaliergestängen der Konvention« in der Ideologie. Eine Ideologie der »lastenfreien« Freiheit könne hingegen nicht existieren, da dies ein Widerspruch in sich wäre. Er trat für eine »Freiheit mit sozialer Bindung, mit dem Risiko eigener Entscheidungspflicht, mit der Chance zur Selbstverwirklichung ohne Fremdbestimmung« ein.[1041] Dies glich ziemlich genau dem, was Richard von Weizsäcker 1973 in der Programmdiskussion der

NL Walden, Box 47 – SFB 1970).

1037 Walden, Konservative Haltung.

1038 Ders., Plädoyer für eine konservative Haltung, in: Der Monat 22 (1970), H. 258, S. 15–20.

1039 Vgl. Matthias Walden an Klaus Motschmann vom 29. April 1970 (ASV-UA: NL Walden, Box 47 – SFB 1970).

1040 Vgl. Walden, Konservative Haltung, S. 7f.; zum »anti-ideologischen Reflex« konservativen Denkens, siehe u.a.: Schildt, Anpassung und Lernprozesse, in: Großheim/Hennecke (Hrsg.), Staat und Ordnung, S. 193.

1041 Vgl. Matthias Walden, Ideologie überflüssig, in: Die Welt vom 12.1.1974.

CDU als »verantwortete Freiheit« beschrieben hatte. Er spielte damit auf den Gleichsatz George Bernhard Shaws von Freiheit und Verantwortung an, der laut Martina Steber zu einem integralen Teil der politischen Sprache des Konservativen in Deutschland und Großbritannien geworden war.[1042]

Auf Shaw berief sich Walden indes in einer Rede auf der Berliner Tagung der Deutschen Burschenschaft in Berlin am 5. Januar 1974 mit dem Titel »Freiheit, die wir meinen«. Ergänzend zu seinen Ausführungen in der *Welt* erläuterte er hier, das Ideal der Freiheit erfülle sich in vielen »Alltagsfreiheiten, von denen wir Gebrauch machen«:

> Und so ist Freiheit keine Garantie für das jeweils Beste. Aber sie ist die garantierte Chance zum jeweils Besseren. Das alles sind Freiheiten, deren Summe die Freiheit ist: Reden ohne Vorschrift, Lesen ohne Zensor, Beten ohne Angst, Briefe, denen ihr Geheimnis bleibt, Radio ohne Direktive, Theater ohne Spielkommandeur, Schreiben ohne Presseräte, Musik ohne Verordnungen, Mode ohne Staat, Streik ohne Eingriff, Protest ohne Strafe, Schweigen ohne Sprechbefehl.[1043]

Mit Blick auf Heinrich Heines Aphorismus »Die Freiheitsliebe ist eine Kerkerblume« erklärte dies für Walden darüber hinaus, warum die Freiheit scheinbar dort am meisten geliebt, wo sie am brutalsten unterdrückt werde.[1044] Als er 1980 in seinem Buch »Die Fütterung der Krokodile« ein Interview mit sich selbst veröffentlichte, antwortete er auf die Frage, ob er einen Begriff nennen könne, der ihm als Schlüssel zur Bewertung seiner Erfahrungen erscheine:

> Ja. Freiheit. Ihr gewaltsamer Entzug ist die Wurzel fast allen politischen Übels, ihre Gewährung und Gewährleistung immer die Voraussetzung zur Menschenwürde und die Menschenwürde stets Voraussetzung zu lebenswertem Leben.[1045]

1042 Vgl. Martina Steber, Talking in Europe. The CDU/CSU, the British Conservative Party, and the Quest for a Common Political Language in the 1960s and 1970s, in: Anna von der Goltz/Britta Waldschmidt-Nelson (Hrsg.), Inventing the Silent Majority in Western Europe and the United States. Conservatism in the 1960s and 1970s, Washington D.C. 2017, S. 295–314, hier S. 305; siehe zum Verhältnis von Freiheit und Verantwortung bei Walden z.B.: Walden, Ich vermisse die hungrigen Jahre, in: Die Welt vom 26.7.1980.

1043 Ders., Freiheit, die wir meinen (1974), in: Deutsche Burschenschaft (Hrsg.), Für Einigkeit und Recht und Freiheit, S. 316f.

1044 Vgl. ebenda, S. 308.

1045 Ders., Die Fütterung der Krokodile, S. 264.

Als »Fütterung der Krokodile« interpretierte Walden einen Mangel an Idealismus in der Politik. Die Formulierung entstammte seinem Bericht von einer Afrika-Reise und lieferte den Titel für sein Erinnerungsbuch mit dem Untertitel »Ansichten – Einsichten«. Walden war zu Gast im Haus eines wohlhabenden deutschen Ehepaares gewesen, das Krokodile als Haustiere hielt. Aufgrund der Gefährlichkeit der Tiere erfolgte die tägliche Fütterung mit Hilfe eines eisernen Spießes aus der Distanz.[1046] Die Geschichte wurde bei Walden zur Parabel des schwierigen Verhältnisses von Politik und Idealismus. Der gesamte Band, der erneut vor allem aus früheren journalistischen Werken bestand, spiegelte das tiefe Unverständnis Waldens über eine in seinen Augen furchtsame Politik gegenüber Gewalt, Ideologie und politischer Unfreiheit wider. Die Forderung Waldens nach einem ideellen Unterbau westlicher Politik erschien hierbei ganz im Licht seiner Schilderung einer konservativen Haltung.

Das Ideal der Freiheit war für Walden in dieser Lesart in seiner Zeit weit mehr ein konservativer, denn ein revolutionärer Begriff, wie er bereits 1970 in seinem Beitrag für *Konservativ heute* schrieb. In Bezug auf die DDR meinte Freiheit laut Walden beispielsweise Wahrheit, Würde, Güte und Gerechtigkeit im Gegensatz zu Lüge, Entmündigung, Herzlosigkeit und systematischem Unrecht. Dies seien aber kaum Novitäten. Aus diesem Grund müsse dem Drang der ständigen Veränderung widerstanden werden, da es Räume gebe, in denen man bereits am Ziel sei und die sich bewährt haben:

> Es sind alte, nie veralternde Räume und nur der Konservative weiß, wo sie liegen. Er weiß auch, daß alles Konservative einmal revolutionär war und daß aber bei weitem nicht alles Revolutionäre verdient, das künftige Konservative zu sein.[1047]

Der zentrale Aspekt der Freiheit, der für Walden intrinsisch mit einer konservativen Haltung verbunden war, muss darüber hinaus vor dem ideellen Konflikt des Kalten Krieges zwischen Freiheit und Diktatur gesehen werden. So arbeitete der Journalist mit den gleichen semantischen Mitteln, die er in seiner Auseinandersetzung mit den kommunistischen Regimen verwendete. Direkt griff er diese ebenfalls an, wenn er die »inhumane Utopie« des Sozialismus hervorheben wollte. 1976 schrieb er beispielsweise provokant in der *Welt*, seit 60 Jahren werde in der Sowjetunion die Erschaffung des »neuen Menschen« beschworen, ohne dass dieser in Sicht sei. Walden verwies dabei sowohl auf den nach 1956 und 1970 dritten Volksaufstand in Polen als auch auf die jungen sowjetischen Regimekritiker Andrei Amalrik und Wladimir Bukowski. Nicht

[1046] Vgl. ebenda, S. 197.
[1047] Ders., Konservative Haltung, S. 11.

nur in der Sowjetunion, sondern in allen kommunistischen »Werkstätten« wie Kuba, Chile, China, Jugoslawien und Albanien missrieten bisher die Versuche der Erschaffung des »neuen Menschen«, so Walden zynisch: »An der Fehlentwicklung stalinistischer Hybris und sowjetstaatlicher Bürokratisierung der grandiosen Idee kann es also nicht gelegen haben.«[1048] Erneut wandte er sich gegen die Trennung von Ideologie oder Utopie auf der einen und Totalitarismus auf der anderen Seite, da diese sich einander in seiner Auffassung bedingten.

Stets verband Walden sein konservatives Freiheitsideal mit dem Topos der Verschiedenheit und Fehlbarkeit der Menschen. Im Herbst 1973 setzte er sich dementsprechend in der *Welt am Sonntag* mit dem im Sozialismus so zentralen Gleichheitsbegriff auseinander. Walden kritisierte wie schon in seinem Konvergenz-Aufsatz dabei das Konzept des »demokratischen Sozialismus«, das Mitte der 1970er Jahre vor allem von dem schwedischen Ministerpräsidenten Olof Palme geprägt wurde. Die Gleichheitsthesen des »demokratischen Sozialismus« seien laut Walden nicht chancenreicher als revolutionäre Ansätze des Sozialismus, die allesamt in einer »neuartigen Ungleichheit« münden würden. Mit einem Verweis auf den linken Flügel der SPD, der sich laut Walden am schwedischen Modell orientierte, zitierte er Leopold von Ranke, der davor gewarnt hatte, wer die Unterschiede der Menschen zerstöre, müsse sich in Acht nehmen, nicht auch das Leben zu töten. Der Gleichheitsgedanke werde in dieser Lesart, so Walden, durch die sozialistische Ideologie korrumpiert und aus dem richtigen Gedanken einer Chancengleichheit ein »salto mortale« in die Utopie einer »Gleichheit am Ziel« vollzogen. [1049]

Die Ablehnung des SPD-Kompromisses »demokratischer Sozialismus«, der bereits 1972 als Wahlkampfslogan der Partei hergehalten hatte, kann laut Martina Steber mithin als Merkmal konservativer Sprache gelten. Es entspreche indes der Mentalität des Kalten Krieges, so Steber, dass britische und westdeutsche Konservative den ideellen Konflikt in ihren eigenen Ländern im wirtschaftlichen und sozialpolitischen Feld austrugen. Dies gipfelte im CDU-Bundestagswahlkampf 1976 mit dem Slogan »Freiheit statt Sozialismus«.[1050]

Dieses Schlagwort des Wahlkampfes sei zwar eine »grobe Vereinfachung«, so Walden in der *Welt am Sonntag*. Er weigerte sich, der SPD jede freiheitliche Gesinnung abzusprechen, denke man nur an Georg Leber oder Helmut Schmidt. Vor allem die Neue Ostpolitik habe für Walden alledings deutlich gemacht, dass es an der notwendi-

[1048] Vgl. ders., Legende vom neuen Menschen. Nach sechzig Jahren: Wo bleibt der sozialistische Homunuculus?, in: Die Welt vom 23.10.1976.

[1049] Vgl. ders., Gleichheit, die es nicht gibt, in: Welt am Sonntag vom 16.9.1973; zum Zitat Rankes: Leopold von Ranke, Ueber die Trennung und die Einheit von Deutschland, in: ders. (Hrsg.), Historisch-Politische Zeitschrift. Band 1, Hamburg 1832, S. 340–388, hier S. 362.

[1050] Vgl. Steber, Talking in Europe, in: Goltz/Waldschmidt-Nelson (Hrsg.), Silent Majority, S. 302f.

gen Abgrenzung mangele. Das zeige sich schlussendlich in der Forderung nach einem »demokratischen Sozialismus«:

> Ist die deutsche Sozialdemokratie freiheitsfeindlich? Nein. Aber die Freiheit in diesem Lande wird davon abhängen, daß die SPD wieder zu der Rang- und Reihenfolge ihrer besten Zeiten zurückfindet und die Freiheit vor und über den Sozialismus stellt.[1051]

Wenn Walden in seiner Rede »Freiheit, die wir meinen« im Januar 1974 beklagte, dass »bei uns« von einer »modischen Links-Strömung« Freiheit mit »Libertinage« verwechselt werde und sich diese in Ordnungsfeindlichkeit, Leistungscheue und Verantwortungslosigkeit äußere, muss dies auch unter diesem Aspekt gesehen werden. Im Namen der Freiheit werde im »stilistischen Unsinn« von einer »Demokratisierung der Demokratie« gesprochen, womit er auf Willy Brandts Parole »Mehr Demokratie wagen« anspielte. Er beklagte, es sei zwar von Presseräten und paritätischer Mitbestimmung allenthalben die Rede, jedoch kaum von paritätischem Risiko. Die Konsequenz wäre eine Nivellierung der Entscheidungen – ein Mittelmaß der Fähigkeiten.[1052]

Einem konservativen Duktus entsprach Walden, wenn er eine natürliche Ungleichheit als »gottgewollt« bezeichnete. Walden berief sich auf den französischen Schriftsteller aus dem 19. Jahrhundert Gustav Flaubert, der die Gleichheit als »Verneinung jeglicher Freiheit« bezeichnet hatte.[1053] Waldens Unbehagen knüpfte an seine Kritik an der Vermassung der Gesellschaft aus den 1950er und frühen 1960er Jahre an. Wie der Philosophieprofessor Christian Thies feststellt, wird aus dem konservativen Topos der Vermassung die Perversion von Gleichheit zu Gleichmacherei und Anpassertum, schließlich zu einer Mittelmäßigkeit.[1054]

Waldens Kritik an einem Dogma der Gleichheit erinnerte außerdem an den konservativen Wertekanon des amerikanischen Historikers und Sozialtheoretikers Russel Kirk. Schon Anfang der 1950er Jahre hatte Kirk die Neigung des Konservativen zu einer auswucherndern, variierenden und geheimnisvollen menschlichen Existenz als Gegensatz zu einer »narrowing uniformity« sowie »egalitarian, and utilitarian aims of

[1051] Matthias Walden, Tiefschlag oder Treffer auf die Kinnspitze, in: Welt am Sonntag vom 30.5.1976.

[1052] Vgl. ders., Freiheit, die wir meinen (1974), in: Deutsche Burschenschaft (Hrsg.), Für Einigkeit und Recht und Freiheit, S. 315f.

[1053] Vgl. ders., Gleichheit, die es nicht gibt, in: Welt am Sonntag vom 16.9.1973; siehe zum Zitat Flauberts dessen Brief an die Dichterin Louise Colet vom 16. Mai 1852: Gustave Flaubert, Die Briefe an Louise Colet. Mit allen erhaltenen Briefen und Tagebuchnotizen von Louise Colet an Gustave Flaubert und einem Vorwort von Julain Barnes, Zürich 1995, S. 426.

[1054] Vgl. Christian Thies, Die Masse – ein konservativer Topos der Zeitdiagnose?, in: Michael Großheim/Hans Jörg Hennecke (Hrsg.), Staat und Ordnung im konservativen Denken, Baden-Baden 2013, S. 76–91, hier S. 84.

most radical systems« beschrieben.[1055] Walden selbst schrieb Ende der 1970er Jahre, der »Gleichheitswahn« des Sozialismus stehe im Widerspruch zur konservativen Überzeugung der Schöpfung.[1056]

Die Akzeptanz einer Unvollkommenheit der Menschheit zeigte sich bei Walden in der Vorweihnachtszeit 1975, als er »den Ideologen« vorwarf, eine Unzufriedenheit der Menschen herzustellen, um sie für gewaltsame Veränderungen zu einer »heilen Welt« von übermorgen zu bewegen. Wer trotz des Unheils der Welt den Heiligen Abend heil erlebte, trug laut Walden mehr zur Heilung der Welt bei als diejenigen, die sie zu diesem Zwecke in die Luft sprengen wollen.[1057] Das erinnert an die theologische Denkfigur des eschatologischen Vorbehalts über die »noch nicht« voll verwirklichte neutestamentliche Heilsbotschaft, die erst durch die Wiederkehr Jesus Christus erreicht werden kann.[1058] Hierdurch entsteht ein spirituell fundierter Anti-Utopismus, der im Gegensatz zur Eschatologie in der Ideologie steht.

Dieses ebenfalls klassisch konservative Attribut der Gewissheit, es gebe kein Allheilmittel für die Probleme der Welt, führe, so Robert Lacey, letztendlich dazu, dass Vertreter dieser Denkrichtung nie einer Hoffnungslosigkeit erliegen, was hier auch für Matthias Walden galt.[1059] Aus dem Wissen, dass man nicht unfehlbar sei, und der Einsicht in die Grenzen des eigenen Handelns entstehe somit eine Glaubwürdigkeit. Nach dreieinhalb journalistischen Jahrzehnten war sich Walden sicher, dass es zum schwierigsten in der Politik zähle, glaubhaft zu sein, wie er in »Die Fütterung der Krokodile« 1980 schrieb. Verhängnisvoll sei es wiederum, sich als Besitzer der »absoluten Wahrheit« zu empfinden, wie es die Ideologen tun. Dies sei der sicherste Weg in die »extreme Fehlbarkeit«.[1060]

In seiner Burke-Interpretation weist Robert Lacey zudem auf die Betonung vor immer geltenden Grundsätzen als geistige Unterfütterung politischen Handelns hin, die das Denken des britischen Parlamentariers gekennzeichnet habe. Dies sollte dem Egoismus und der Aggressivität des als sündig empfundenen Menschen entgegenwir-

[1055] Vgl. Russel Kirk, The Conservative Mind. From Burke to Eliot – Seventh revised Edition, Washington D.C. 1995 (erstmals erschienen 1953), S. 8.

[1056] Vgl. Matthias Walden, Endstation Sehnsucht. Die Utopie ist der Magnet des Sozialismus, in: Die Welt vom 3.8.1977.

[1057] Vgl. ders., Am Heiligen Abend auf der Suche nach der »heilen Welt«. Immer mehr Menschen sehnen sich zurück, in: Die Welt vom 21.12.1975; siehe auch: ders., Wohlfahrtsstaat und Angst. Von den Bedürfnissen der Seele, die Hitchcock befriedigte, in: Die Welt vom 3.5.1980.

[1058] Vgl. Christian Stoll, Der Eschatologische Vorbehalt. Zum dialektischen Ursprung einer theologischen Denkfigur, in: Internationale Katholische Zeitschrift Communio 45 (2016), November – Dezember, S. 539–559, hier S. 539.

[1059] Vgl. Lacey, Pragmatic Conservatism, S. 6.

[1060] Vgl. Walden, Die Fütterung der Krokodile, S. 270f.

ken.[1061] Solche Grundsätze seien notwendig, um einen unausweichlichen Wandel vorsichtig und mit Bedacht zu gestalten. Ohne einen Fortschritt könne es wiederum keine Bewahrung des Bewährten geben, so nach Lacey Burkes unbestechliche Schlussfolgerung.[1062] In seinem Text zu einer »konservativen Haltung« 1970 entsprach Walden diesem Leitsatz nicht nur mit seinem Untertitel »Ein Gebot der Zeit«, sondern explizit mit der inhaltlichen Forderung einer »Reform des Konservatismus«. Analog zu Burke hieß es bei Walden, es sei nicht allein konservativ, am Bestehenden festzuhalten, sondern das Bestehende nicht zuletzt durch die »Wiederbelebung alter Tugenden« zu verändern.[1063]

Walden nannte Grundsätze politischen Handelns wie Güte und Demut, Stolz und Bescheidenheit, Redlichkeit und Vertrauen, Ehrlichkeit und Mitgefühl, Liebe und Opfersinn, Zuverlässigkeit und eine Bereitschaft zum Dienen. Ihm ging es kaum um differenzierte Ausführungen zu jeder dieser Eigenschaften, sondern um die Wiederherstellung eines Grundgefühls in der Politik, das auf einer sakralen Auffassung menschlicher Existenz und Idealen basierte im Gegensatz zu einer »reinen Sachlichkeit«.[1064] Im Mai 1982, schrieb Walden in der *Welt am Sonntag*, der »Abfall von Gott« habe nicht nur leere Kirchen, sondern auch leere Herzen zur Folge. Wer aber auf Gott vertraue, flippe nicht aus und der suche keine Ersatzreligion im »starren Gewahrsam einer Ideologie«. Abschließend zitierte er den Schweizer Nationalheiligen und asketischen Gottessucher des 15. Jahrhunderts Nikolaus von Flüe, der gesagt hatte, wenn Gott aus einem Staat vertrieben werde, sei dieser dem Untergang geweiht.[1065]

Als er in einer Fernsehdiskussion auf diese Haltung angesprochen wurde, sagte Walden, es gehe ihm auch darum, dass sich führende Politiker zu dem bekennen, was sie antreibe. Sein Appell gegen eine Verdrängung des Glaubens habe dabei laut Walden nicht nur religiöse Motive, sondern könne aus Erfahrung mit einer »Ratio« begründet werden.[1066] Walden vermisste eine »geistige Führung«, deren Notwendigkeit die Leitfrage der angesprochenen Fernsehdiskussion war. Nicht zu verwechseln war dies laut Walden mit geistiger Bevormundung oder Verführung, wie der Journalist in der Sendung mehrmals differenzierte.

1061 Das erinnert an das Stilmittel der Verwendung prägnanter Zitate klassischer Autoren und Denker. Diese Rhetorik sollte sich ab 1978 in der Reihe »Die Weisheit der Alten« in der *Welt am Sonntag* etablieren, in der auch Matthias Walden einige Kommentare veröffentlichte. Zum Beispiel: ders., Ach, könnte man doch Staat sein!, in: Welt am Sonntag vom 24.9.1978; ders., Nach Weimar?, in: Welt am Sonntag vom 15.10.1978; oder: ders., Es bleibt uns nur der Weg nach oben, in: Welt am Sonntag vom 29.10.1978.

1062 Vgl. Lacey, Pragmatic Conservatism, S. 2–4.

1063 Vgl. Walden, Konservative Haltung, S. 11

1064 Vgl. ebenda, S. 8–11.

1065 Vgl. ders., Wer auf Gott vertraut, flippt nicht aus, in: Welt am Sonntag vom 2.5.1982.

1066 Vgl. Fernsehdiskussion Arena (eingesehen im AdRBB, Erstesendung am 2. November 1982 im SFB), Minute 32–34.

Von Spitzenpolitikern verlangte er, dass sie den Bürgern offerieren müssten, was sie antreibe, und somit politischen Sachfragen eine geistige Ebene von ideellen Werten und einer »sittlichen Wertordnung« hinzufügen.[1067] Das entsprach wiederum dem Prinzip, das Walden als eine »konservative Haltung« beschrieben hatte und sich in erster Linie auf die Wertorientierung der Politik und weniger auf konkrete Inhalte bezog. Waldens Gegenpart in der Fernsehsendung war Robert Leicht von der *Süddeutschen Zeitung*. Leicht hielt dagegen, die Politik sei mehr als Handwerk zu verstehen. Von »geistiger Führung« solle der Politiker die Finger lassen und sich mehr an Sachfragen orientieren, so der 1944 geborene Leicht.[1068]

Schon Mitte der 1970er Jahre hatte Walden mithin in der *Welt am Sonntag* bemängelt, »historische Gestalten« seien gegenwärtig in der Politik Mangelware. Historisch könnten Politiker nur werden, wenn sie die »tiefen Ränge der Alltäglichkeit« verließen. Unter den Lebenden erkannte Walden nur in Alexander Solschenizyn die »Genialität, die mittlere Maße sprengt«.[1069] Dass Walden sein Ideal in dem russischen Dissidenten sah, war einerseits paradigmatisch für seine Geisteshaltung. Andererseits zeigte es die Grenzen seines politischen Denkens auf – war ein Moralist wie Solschenizyn doch eher ungeeignet für ein politisches Amt. Es ging Walden letztendlich vor allem um einen Verlust von moralischer Tiefe in der Politik. Diese Auffassung hatte sich bereits an seiner Kritik am »politischen Managertum« gezeigt. Waldens Denken überschnitt sich erneut mit dem konservativen Wertekanon Russel Kirks, der auf den Glauben an eine transzendente Ordnung verwiesen hatte. Alle politischen Probleme seien unter dieser Voraussetzung ebenso religiöse und moralische Angelegenheiten.[1070]

Verweise auf Kirk können hier jedoch nur eklektisch erfolgen. Kirk war einer der profiliertesten amerikanischen Intellektuellen, der die Wirkmacht Edmund Burkes im Kalten Krieg als Instrument im Kampf sowohl gegen eine kommunistische als auch eine liberale Sicht der Weltordnung instrumentalisierte. Kirks Wirken muss, so wie es der irische Historiker Seamus Deane hervorhebt, nicht nur als »apocalyptic populism« kritisch beäugt werden, sondern widerspricht außerdem dem politischen Kontext Edmund Burkes.[1071] Dieser war eben nicht nur Zeit seines Lebens ein »Whig«, sondern, wie der Burke-Biograph F. P. Lock anmerkt, verfasste er darüber hinaus nie eine zusammenhängende systematische politische Theorie und reagierte stattdessen mit seinen Reden und Texten auf bestimmte Anlässe und Probleme seiner Zeit.[1072]

[1067] Vgl. ebenda, Minute 24–28.

[1068] Vgl. ebenda, Minute 30–32.

[1069] Vgl. Matthias Walden, Das Mittelmaß besteigt die Throne dieser Welt, in: Welt am Sonntag vom 12.9.1976.

[1070] Vgl. Kirk, The Conservative Mind, S. 8.

[1071] Vgl.Seamus Deane, Burke in the United States, in: David Dwan (Hrsg.), The Cambridge companion to Edmund Burke, Cambridge 2012, S. 221–233, hier S. 223f.

[1072] Vgl. Lock, Burke's Life, in: Dwan (Hrsg.), The Cambridge companion to Edmund Burke, S. 15.

Dies entsprach wiederum dem politischen Denken Waldens, der im Konservatismus in erster Linie eine »Haltung« gegenüber bestimmten Entwicklungen sah und weniger ein Ideengebilde an sich.

Ein konservatives Vital Center

Mithin bestätigt eine partielle Übereinstimmung zum Werk Kirks die Erkenntnis, dass Waldens politisches Denken auch in Bezug auf eine konservative Haltung ganz im intellektuellen Kontext des Kalten Krieges verstanden werden kann. Dies steht aber kaum in einer Tradition zum »doomsday evangelism« (Seamus Deane) Russel Kirks, der einen liberalen Konsens ablehnte.[1073] Vielmehr kann Waldens Wendung zu einer betont konservativen Haltung mit dem intellektuellen Werdegang vieler *Vital-Center-Liberals* in den USA verglichen werden. Mit ihnen einte Walden, wie weiter oben gezeigt, die emphatische Verteidigung der liberalen Demokratie, die sich bei ihm einerseits im ideellen Ost-West-Konflikt sowie ebenso eindrücklich in der Auseinandersetzung mit dem antiautoritären Protest der späten 1960er Jahre und den politischen Forderungen der sogenannten Neuen Linken gezeigt hatte.

Der amerikanische Politikwissenschaftler James Piereson sieht in der Ermordung John F. Kennedys im November 1963 den Anfang einer tektonischen Aufspaltung des liberalen Nachkriegskonsenses in den USA. Vor dem Hintergrund der auch in den USA gesellschaftlich äußerst turbulenten nächsten Jahre hätten sich laut Piereson »postwar liberals« zur Verteidigung der Ideen der liberalen Bewegung und liberaler Institutionen der 1950er Jahre konservativen Prinzipien verschrieben. Sie wehrten sich gegen den Radikalismus der studentischen Proteste und den ideologischen Anspruch der »New Left«. Bald wurden sie als »neoconservatives« bezeichnet. Einige der jungen Neokonservativen unterschied kaum etwas von der Haltung John F. Kennedys, vor allem in den Fragen Antikommunismus, Wohlfahrtstaat und Bürgerrechte, so Piereson.[1074] In den kommenden Jahren sollten sie ähnlich wie Walden zu entschiedenen Kritikern der westlichen Entspannungspolitik im Kalten Krieg werden.[1075]

Mit Kennedy und den *Vital-Center-Liberals* einte Walden zudem ein intellektueller »Racial Liberalism«, der eng mit dem Kalten Krieg verbunden war. So besaßen laut Walden die »amerikanischen Neger« nur eine »umstrittene Freiheit«, die zudem stark am Image der USA als Führungsmacht der Freiheit kratze. Schon 1947 hatte Harry

[1073] Vgl. Deane, Burke in the United States, in: Dwan (Hrsg.), The Cambridge companion to Edmund Burke, S. 226f.

[1074] Vgl. James Piereson, Camelot and the Cultural Revolution. How the Assasination of John F. Kennedy Shatteres American Liberalism, New York 2013 (erstmals 2007), S. 199–204; siehe ebenfalls: Ehrman, The Rise of Neoconservatism, S. 33f; und: Müller, Das Ende vom Ende der Ideologie, S. 115.

[1075] Vgl. Ehrman, The Rise of Neoconservatism, S. 23–32.

Truman mit Blick auf den ideologischen Ost-West-Konflikt gesagt, man müsse sein eigenes Haus in Ordnung halten und damit die schwelende Diskriminierung der Afroamerikaner gemeint. Der ideologische Druck zum Handlungsbedarf in dieser Frage kulminierte schließlich während der Amtszeit John F. Kennedys.[1076]

Exemplarisch wurde dies, als kurz vor Kennedys erstem Treffen mit Chruschtschow einige »freedom riders« in Alabama von einem weißen Mob brutal angegriffen wurden, während die lokalen Autoritäten nicht eingriffen. Kennedy war verärgert über die Unruhen, die seine Verhandlungsposition gegenüber dem sowjetischen Machthaber schwächten. Die Taktik der »nonviolent activists« war indes aufgegangen, da sie durch ihren Protest rassistische Ausschreitungen provoziert hatten und somit die Regierung zum Handeln zwangen.[1077]

Die Verbindung von bürgerrechtlichen Aktivitäten und den Bestrebungen der *cold war liberals* um Kennedy zeigte sich erneut in der Kooperation mit den mehr als 20 neuen afrikanischen Staaten, die der Dekolonialisierung folgten, an der Vertreter der Rassentrennung kaum weniger interessiert sein konnten.[1078] Dies erinnerte zudem an Waldens Initiative aus den frühen 1960er Jahren, als er sich in mehreren Dokumentationen für die Unterstützung der afrikanischen Entwicklungsländer einsetzte und dies ebenfalls mit dem ideellen Konflikt mit dem Kommunismus in Verbindung brachte.[1079]

Tatsächlich herrschte in den USA fernab einer kulturellen Diskriminierung zu Beginn der 1960er Jahre ein »institutioneller Rassismus«, der erst durch die Aufhebung der Rassentrennung im öffentlichen Raum (Civil Rights Act of 1964) und das Wahlrecht der Afroamerikaner im Süden (Voting Rights Act of 1965) beendet wurde. Kennedy hatte den von Walden festgestellten Missstand ebenfalls erkannt, erlebte die Umsetzung der von ihm initiierten Reformen aber nicht mehr.[1080] Allerdings sah sich der Präsident in der Frage der Rassendiskriminierung zunächst eher als »moderate« und favorisierte daher den pragmatischen Ansatz des Führers der »National Association for the Advancement of Colored People«, Roy Wilkins, gegenüber dem moralistischen Blick eines Martin Luther King Jr. Erst nach weiteren Ausschreitungen, beispielsweise in Birmingham, Alabama, 1963 wandelten sich John F. und sein Justizminister und Bruder »Bobby« Kennedy zu strikten Reformern der Bürgerrechte. Am 11. Juni 1963

1076 Vgl. Manfred Berg, »Ink for Jack": John F. Kennedy and the Promise of Racial Liberalism, in: Manfred Berg/Andreas Etges (Hrsg.), John F. Kennedy and the »Thousand Days«. New Perspectives on the Foreign and Domestic Policies of the Kennedy Administration, Heidelberg 2007, S. 221–242, hier S. 222f.

1077 Vgl. ebenda, S. 231.

1078 Vgl. ebenda, S. 236.

1079 Vgl. Walden, Sie warten auf Morgen, Folge 1.

1080 Vgl. Berg, USA, S. 74f.

trat der Präsident schließlich vor die Fernsehkameras und bezeichnete den Kampf gegen die Rassendiskriminierung als »moral issue«.[1081]

Diese Bilder hatten die Journalisten um Matthias Walden im Kopf, als sie einige Tage nach Kennedys Tod auf der weiter oben erwähnten Rundreise in den USA nach New Orleans kamen. Walden war erschüttert, dass die berüchtigten Vergnügungsviertel der Stadt weder in der Nacht nach dem Mord noch nach der Beisetzung ihren Betrieb eingestellt hatten. Nur die Bar eines afroamerikanischen Besitzers blieb geschlossen und Walden entschloss sich kurzerhand zu einem Interview mit dem Betreiber und stellte heraus, dass der Tod des Präsidenten vor allem für die Afroamerikaner ein schwerer Schlag sei. Als Akt der symbolischen Solidarisierung wohnten Walden und sein Team dem Trauergottesdienst einer schwarzen Baptisten-Gemeinde bei.[1082]

So klassisch sich Walden als Vertreter eines »Racial liberalism« in den deskriptiven *Cold War Liberalism* einordnen lässt, so wenig ändert dies etwas an der Tatsache, dass er damit ähnlich wie Kennedy einen klaren Stand gegen Rassendiskriminierung einnahm. Einige Monate später stellte er in diesem Sinne in einem Fernsehfeuilleton über Freiheit nochmals heraus, dass in seinem Verständnis von Freiheit kein Platz für rassistische Übergriffe sei, wie sie die USA erschüttert hatten. Es sei aber auch kein Beweis gegen diese Freiheit, da diese immer fehlbar sei, entscheidend ist die Frage, ob sich dies ändern lasse und einen Schritt in diese Richtung der Gleichberechtigung der Hautfarben waren für Walden die Bürgerrechtsgesetze der Kennedy-Administration.[1083]

Walden kritisierte allerdings ebenso einen Verfall moralischer Werte im Führungsland der westlichen Freiheit. Schon im Frühjahr 1963 hatte er geschrieben: »Verherrlicht habe ich die Amis nie. Sie sind mir oft zu laut und zu bunt.«[1084] Auf besagter USA-Reise im Herbst des Jahres zeigte er sich über den Mangel an Anstand einiger Amerikaner verstört, die sich in Dallas an der Stelle des Attentats auf Kennedy fotografieren ließen, und sparte nicht mit dem Verweis, dass dies an der Berliner Mauer auch häufig geschehe. Indem er aber das Nebeneinander von leuchtenden Reklameschriften und dem Aufruf zum Gebet für den ermordeten Präsidenten als unbegreifliches Verhältnis von »Profanie und Trauer« bezeichnete, knüpfte Walden durchaus an seine konsumkritische Haltung der späten 1950er Jahre an, die in diesem Zusammenhang auf den amerikanischen Kapitalismus bezogen werden muss.[1085]

[1081] Vgl. ders., Racial Liberalism, in: Berg/Etges (Hrsg.), John F. Kennedy and the »Thousand Days«, S. 239f.
[1082] Vgl. Walden, Unsere Sorgen – ferngesehen: Amerika, Minute 52–54.
[1083] Vgl. ders., Die kleinen Freiheiten, Minute 27–28.
[1084] Ders., Die Amis und wir, in: Quick – Illustrierte für Deutschland vom 12.5.1963, S. 22.
[1085] Vgl. ders., Dallas, in: Quick – Illustrierte für Deutschland vom 25.11.1963, S. 17.

Ähnlich können seine Schilderungen aus dem vorweihnachtlichen New York verstanden werden, in dem der Trubel um das richtige Geschenk zum Fest für ihn im Kontrast zur Trauer um den Tod Kennedys stand. Zwar merke man an vielem, dass der ermordete Präsident noch nicht vergessen sei, doch kritisierte Walden einen Mangel an Pietät »in diesem Land«: »In einer bestimmten Schicht ist dieses Volk der Amerikaner zweifellos hochgradig verkitscht, naiv, kindlich – oder auch kindisch –, jedenfalls nicht sehr ernst.«[1086] Sein Unbehagen gegenüber dieser nihilistischen Tendenz der Profanierung kann zudem erneut als Warnung vor Nietzsches »letztem Menschen« gelesen werden, der im Denken Waldens den Verfall der liberalen Demokratie provozieren musste.

Waldens Bewertung Kennedys als überzeugten Kalten Krieger, dessen »Peace-Move« weniger ein Auftakt zur Entspannungspolitik, sondern eher eine »Atempause« im Ost-West-Konflikt sein sollte, wurde weiter oben ausführlich besprochen. Den US-Präsidenten sollte er nun ebenfalls in der Herleitung seiner »konservativen Haltung« wiederentdecken:

> Die Möglichkeit dem eigenen Volk zu dienen, ist geistiges Brachland geworden. Wie es urbar gemacht werden könnte, zeigt Kennedys Wort, das den Bürger aufforderte, nicht zu fragen, was sein Land für ihn, sondern was er für sein Land tun könnte. Es ist ein konservatives Wort.[1087]

Auch seinen Vortrag »Freiheit, die wir meinen« von 1974 beendete er mit einem Verweis auf John F. Kennedys Bekenntnis, er sei bereit, jede Last zu tragen und jeden Preis zu bezahlen, um den Sieg der Freiheit zu erringen, auf das sich bereits die tschechischen Freiheitskämpfer des Prager Frühlings bezogen hatten.[1088]

Walden stand mit seiner Haltung in einer intellektuellen Linie zu den amerikanischen »neoconservatives«. Die führenden Figuren, um ein paar zu nennen, waren Norman Podhoretz, Irving Kristol, Daniel Patrick Moynihan und Nathan Glazer. Laut John Ehrman, der sie in seiner Studie »The Rise of Neoconservatism« ausführlich charakterisiert hat, waren sie »veterans of the vital center«. Aus diesem Grund gehörten sie in aller Regel der Demokratischen Partei an, in der sie jedoch zunehmend isoliert

[1086] Ders., Amerika, in: Quick – Illustrierte für Deutschland vom 15.12.1963, S. 75; wiederabgedruckt in: ders., Politik im Visier, S. 217–221.

[1087] Ders., Konservative Haltung, S. 10; siehe zu Kennedys Satz: John F. Kennedy, Inaugural Address. January 20, 1961, in: U.S. Government (Hrsg.), Public Papers of the Presidents of the United States: John F. Kennedy. 1961, Washington 1962, S. 1–3.

[1088] Vgl. Walden, Freiheit, die wir meinen (1974), in: Deutsche Burschenschaft (Hrsg.), Für Einigkeit und Recht und Freiheit, S. 318; siehe zu Kennedys Außenpolitik als konservative Agenda: Ira Stoll, JFK, Conservative, New York 2013, S. 140–180.

wurden.[1089] Der amerikanische Historiker George H. Nash hatte dementsprechend schon Mitte der 1970er Jahre konstatiert:

> And so, on foreign policy as on the campus issue, many conservatives found themselves defending what Arthur Schlesinger, Jr. had once called the ›vital center‹.[1090]

In ihrem Denken waren die amerikanischen »neoconservatives« zwar vom Konservatismus des *National Review*-Herausgebers William F. Buckley beeinflusst. Doch trotz ihrer Kritik am Linksliberalismus standen sie intellektuell eindeutig – anders als Buckley – in einer liberalen Tradition.[1091]

Im September 1975 berief sich Walden in der *Welt* auf Irving Kristol, der sich sowohl als »neoconservative«, aber auch als »liberal anticommunist« verstand.[1092] Ähnlich wie Kristol warf Walden den westlichen Demokratien vor, ihr Freiheitsbewusstsein nicht ausreichend zu vertreten. Schuld daran sei ein »liberalistischer Eifer«, der kommunistischen und sozialistischen Ideen zum Vormarsch im Westen verhelfe.[1093]

Der amerikanische Neokonservatismus war für Walden also ein Orientierungspunkt in seiner Diktion einer »Reform des Konservatismus« in Deutschland. Dass Jürgen Habermas 1982 in einem Vergleich zwischen den amerikanischen »neoconservatives« und dem konservativen Denken in der Bundesrepublik im *Merkur* eher technokratische Konservative wie Ernst Jünger, Ernst Forsthoff und Arnold Gehlen heranzog, muss wohl diskurs-taktische Gründe gehabt haben. Nicht überraschend kam Habermas zu dem Schluss, dass die Amerikaner im Gegensatz zu ihren deutschen Konterparts zumindest ohne Frage auf dem Boden der parlamentarischen Demokratie stünden, auch wenn er sie kritisch als »enttäuschte Liberale« bezeichnete und sich von ihnen distanzierte. Hätte Habermas als Vergleichsgruppe die jüngeren liberalkonservativen Vertreter der Münsteraner Schule Ritters um Hermann Lübbe, Odo Marquard und Robert Spaemann genannt, hätte er wohl deutlichere intellektuelle Über-

1089 Vgl. Ehrman, The Rise of Neoconservatism, S. 34.

1090 Nash, Conservative Intellectual Movement, S. 323.

1091 Vgl. Hohendahl/Schütz, Einleitung, in: Hohendahl/Schütz (Hrsg.), Perspektiven konservativen Denkens, S. 30–32.

1092 Siehe dazu Kristols Aufsatzsammlung und exemplarisch seine »Memoirs of a Cold Warrior« (1968): Irving Kristol, Neoconservatism. The Autobiography of an Idea, New York 1995, S. 457–468; siehe zum Neokonservatismus als transatlantisches Phänomen: Peter Hoeres, Von der »Tendenzwende« zur »geistig-moralischen Wende«. Konstruktion und Kritik konservativer Signaturen in den 1970er und 1980er Jahren, in: Vierteljahreshefte für Zeitgeschichte (2013), H. 1, S. 93–119, hier S. 113f.

1093 Vgl. Matthias Walden, Die große Resignation. Im Westen zweifeln immer mehr Menschen an der Zukunft der Demokratie, in: Die Welt vom 18.9.1975.

schneidungen festgestellt, urteilen die Historiker Peter Hohendahl und Erhard Schütz in einem Überblick über konservatives Denken in den USA und Deutschland.[1094]

Ohne den »Ritterianern« einen Antiliberalismus vorzuwerfen, beurteilt der Historiker Paul Nolte deren Hinwendung zur liberalen Demokratie hingegen stärker als dezisionistische Entscheidung und stellt sie damit in die Tradition technokratischer Konservativer in der Denklinie Gehlens.[1095] Für Matthias Walden konnte dies, wie gezeigt, nicht gelten. Der Journalist war somit ein Beispiel für einen in der intellektuellen Entwicklung des amerikanischen Neokonservatismus gespiegelten Liberalkonservativen in Deutschland.

Seine Kommentare zur US-Politik der 1960er und 1970er Jahre blieben allerdings einzelne Versatzstücke seiner politischen Publizistik. Als nach der Ermordung Kennedys der republikanische Senator Barry Goldwater von seiner Partei als Präsidentschaftskandidat für die Wahlen 1964 nominiert wurde, hagelte es Kritik Waldens. Goldwater war einer jener Konservativen aus dem intellektuellen Umfeld der *National Review*, das wie schon beim McCarthyismus gezeigt in der Bundesrepublik kaum Anknüpfungspunkte hatte. So schrieb auch Walden kritisch noch während des republikanischen Vorwahlkampfes, den er auf seiner USA-Reise Ende 1963 vor Ort miterlebte, Goldwater rufe »die Konservativen, um nicht zu sagen die Reaktionären auf die Barrikaden«. Er gebe sich zudem ein wenig isolationistisch, zwinkere den »Negerfeinden im Süden« zu, wirke außerdem populistisch und spotte, wo es nur geht, über alles Liberale.[1096]

Als der Senator aus Arizona dann von den Republikanern nominiert wurde, gab sich Walden resigniert. Goldwater sei ein Rechtsradikaler, der sich nicht richtig von der extremistischen »Birch-Society« und dem rassistischen »Ku-Klux-Klan« distanziert habe, die Goldwaters Nominierung unterstützten. Ganz richtig prognostizierte Walden eine Niederlage Goldwaters gegen Amtsinhaber Johnson. Eine echte Alternative sei für ihn hingegen der moderate Republikaner Nelson Rockefeller gewesen, der Goldwater in den Vorwahlen allerdings deutlich unterlegen war. Rockefeller sei jemand, der, ohne radikal zu sein, einen »geistigen Waffenstillstand« im Kalten Krieg

1094 Vgl. Hohendahl/Schütz, Einleitung, in: Hohendahl/Schütz (Hrsg.), Perspektiven konservativen Denkens, S. 35–37; siehe zum Einfluss des intellektuellen Neokonservatismus aus den USA auf die Liberalkonservativen in der Bundesrepublik auch: Paul Nolte, Konservatismus in Deutschland. Geschichte – und Zukunft?, in: Merkur. Deutsche Zeitschrift für europäisches Denken 55 (2001), H. 7, S. 559–571, hier S. 564f.

1095 Vgl. ders., Konservatismus in Deutschland, S. 567.

1096 Vgl. Matthias Walden, Vergissmeinnicht in Washington, in: Quick – Illustrierte für Deutschland vom 1.12.1963, S. 84f.

nicht hingenommen hätte, begründete Walden seine Unterstützung für den Enkel des Standard Oil Gründers John D. Rockefeller.[1097]

Ein konservativer *Vital-Center-Liberalismus*, dem auch ein Nelson Rockefeller mehr entsprochen hätte, war also die Schablone, an dem sich Waldens politisches Denken orientierte. Eine Verbundenheit Waldens zu den »neoconservatives« sollte vor allem in seiner Unterstützung der Präsidentschaft Ronald Reagans und seiner Bewertung der Nachrüstungspolitik der frühen 1980er Jahre deutlich werden, wie zu zeigen sein wird. Dass Walden im Jahr 1980 in das Blickfeld des US-amerikanischen neokonservativen Think-Tanks »Committee for the Free World« rückte, der Unterstützer in der Bundesrepublik suchte, kann hierfür ebenfalls als Hinweis gelten.[1098] In der Organisation waren führende Figuren des ehemaligen CCF vertreten, unter anderem der Gründer des *Monats*, Melvin J. Lasky. Internationaler Vorsitzender war Raymond Aron und Geschäftsführerin Midge Decter. In dem Kommitee fanden sich darüber hinaus »neoconservatives« wie Irving Kristol, Saul Bellow, Jeanne Kirkpatrick und Norman Podhoretz.

Seinem Selbstverständnis nach richtete sich das Komitee gegen die Apathie und Selbstdegeneration der westlichen Demokratien. Sein Ziel war die Verteidigung der »free world« gegen die steigende Bedrohung des Totalitarismus. Seine Mitglieder hatten zuweilen Zugang in die höchsten Kreise der Reagan-Administration, was letztendlich als Rechtfertigung seines Bestehens galt.[1099] Eine engere Zusammenarbeit mit dem »Committee for the Free World« und Walden ist allerdings nicht bekannt. Mit Ernst Cramer tauschte er sich über den Think-Tank aus, doch schien dessen internationales Engagement, das sich beispielweise 1982 in einer Veranstaltung mit Ronald Reagan in Polen zeigte, den Arbeitsalltag Waldens und auch Cramers zu übersteigen.[1100]

Kultur der Mäßigung

Vieles von dem, was Matthias Walden im Laufe seiner publizistischen Laufbahn zum Konservatismus geschrieben hatte und noch schreiben sollte, findet sich in seinem Referat auf Axel Springers Gut Schierensee vom 24. November 1975 wieder. Regelmäßig veranstaltete der Verleger auf seinem Anwesen in Schleswig-Holstein, das einst im 18. Jahrhundert von dem Politiker Caspar von Saldern erbaut wurde, Vortragsabende

1097 Vgl. ders., Goldwater - und was dann?, in: Quick – Illustrierte für Deutschland vom 2.8.1964; wiederabgedruckt in: ders., Politik im Visier, S. 221–224; siehe zum Vorwahlkampf der Republikaner: Greven, Die Republikaner, S. 66–68.

1098 Vgl. The Committee for the Free World an Matthias Walden vom 5. Dezember 1980 (ASV-UA: NL Springer, Box 404).

1099 Vgl. Ehrman, The Rise of Neoconservatism, S. 139–141.

1100 Vgl. Matthias Walden an Ernst Cramer vom 12. Dezember 1980 (ASV-UA: NL Springer, Box 404); Cramers schnelle Antwort: Ernst Cramer an Matthias Walden vom 12. Dezember 1980 (ASV-UA: NL Springer, Box 404).

Walden am Rednerpult, 1975.

mit illustrer Gästeliste.[1101] Zu den Besuchern von Waldens Vortrag mit dem griffigen Titel »Freiheit, Ideologie und Gewalt – die Demokratie in der Krise« gehörten unter anderem der ehemalige »Bundespressechef« Felix von Eckhardt, Waldens Kollege und Moderator des *ZDF*-Magazins, Gerhard Löwenthal, und der amtierende Ministerpräsident Schleswig-Holsteins, Gerhard Stoltenberg (CDU).[1102]

Aus den bereits herausgearbeiteten Komponenten einer konservativen Haltung Waldens kristallisierte sich in dem Schierenseeer Referat ein Standpunkt heraus, der wohl am besten mit dem Schlagwort der Kultur der Mäßigung bezeichnet werden kann. Dies spiegelte nicht zuletzt den anti-ideologischen Reflex einer konservativen Haltung wider. Darüber hinaus korreliert sie mit dem konservativen Prinzip der Anerkennung, in einigen Feldern politischer und gesellschaftlicher Entwicklung bereits grundsätzlich am Ziel zu sein.

Mit seinem politischen Denken stand Walden im Widerspruch zu radikalen gesellschaftsverändernden Ideen, so beispielsweise zur feministischen Bewegung um die

1101 Siehe zum Gut Schierensee: Schwarz, Axel Springer, S. 576–578.

1102 Vgl. Endgültige Gästeliste zum Vortrag von Matthias Walden am 24. November 1975 (ASV-UA: NL Springer, Box 251).

Journalistin Alice Schwarzer.[1103] Diese bezeichnete er aufgrund ihrer in seinen Augen zu simpel vorgetragenen Erklärung, die Männer seien an allem schuld, despektierlich als »feministisches Kampfhennentum«. Die so öffentlichkeitswirksame Parole »Mein Bauch gehört mir« im Rahmen der Aktion »Wir haben abgetrieben«, zu der sich im April 1971 im *Stern* zahlreiche prominente Frauen bekannten, war für Walden ein »zynisch-brutales« Bekenntnis und eine Degradierung menschlichen Lebens.[1104] Hier wandte er sich einerseits gegen eine Maßlosigkeit der Abtreibungsbefürworter, äußerte anderseits freilich moralische Bedenken. Anfang des Jahres 1972 hatte er zu der geforderten Reform des Paragrafen 218 des Strafgesetzbuches, der den Schwangerschaftsabbruch unter Strafe stellte, in der *Welt* Stellung bezogen.

Dass der »fossile Paragraph« reformbedürftig sei, stehe laut Walden außer Frage, doch in Zeiten des allgemeinen Wohlstandes und der »perfektionierten Möglichkeiten der Empfängnisverhütung« werde dem Gesetz seine »dramatisierende Härte« ohnehin genommen. Ihm ging es darum, Ausnahmen zu schaffen für die Bestätigung der Regel des Abtreibungsverbotes, zum Beispiel in Fällen medizinischer Not oder seelischer Last. Hiermit vertrat er ziemlich genau die Forderung einer Indikationsregelung der Unionsfraktion im Bundestag. Nicht ganz unüblich war Waldens Verweis auf den kurzen Weg von einer allgemeinen »Abtreibungsberechtigung« bis hin zum »Liebäugeln mit der Euthanasie«.[1105] Die Frage beschäftigte den Bundestag letztendlich bis in den Mai 1976, als ein zunächst vom Bundesverfassungsgericht abgelehnter Vorschlag der sozialliberalen Koalition, der einen Schwangerschaftsabbruch bis zur zwölften Woche erlaubte, modifiziert im Verbund mit einer Indikationsregelung verabschiedet wurde.[1106]

Als Walden im Sommer 1980 als Entsandter Axel Springers den »Deutschen Frauenrat« besuchte, bekam er angesichts seiner früheren polemischen Äußerungen gegen die Frauenbewegung kaum überraschend einen »kühlen Empfang«, wie er dem Verleger berichtete. Bald sollte sich die Stimmung jedoch merklich bessern, da sich Walden mit dieser größten offiziellen politischen Interessenvertretung der Frauen in Deutschland einig über die »abstoßende Wirkung einer überdosierten, militanten, eifernden und konfliktsüchtigen Emanzipations-Kampagne« war. Ohne seine Verwunderung

1103 Zur Frauenbewegung der 1970er Jahre allgemein: Gassert, Bewegte Gesellschaft, S. 139–145.

1104 Vgl. Matthias Walden, Freiheit, Ideologie und Gewalt – die Demokratie in der Krise. Nachdruck des Vortrages auf Gut Schierensee vom 24. November 1975 (ASV-UA: NL Springer, Box 251), S. 2f.

1105 Vgl. ders., Reform des §218 ist keine Sache der »Tabu-Brecher«, in: Die Welt vom 14.2.1972.

1106 Siehe zu den politischen Vorschlägen und der Debatte um den Paragraphen 218: Thomas Großbölting, Der verlorene Himmel. Glaube in Deutschland seit 1945, Göttingen, S. 131f.; Markus Klein/Jürgen W. Falter, Der lange Weg der Grünen. Eine Partei zwischen Protest und Regierung, München 2003, S. 23; Michael Schwartz, Abtreibung und Wertewandel im doppelten Deutschland: Individualisierung und Strafrechtsreformen in der DDR und in der Bundesrepublik in den sechziger und siebziger Jahren, in: Thomas Raithel/Andreas Rödder/Andreas Wirsching (Hrsg.), Auf dem Weg in eine neue Moderne? Die Bundesrepublik Deutschland in den siebziger und achtziger Jahren, München 2009, S. 113–128, hier S. 124–128.

darüber zu verbergen, riet Walden Springer, den »Frauenrat« in den Zeitungen des Verlages wohlwollend zu begleiten. Gemeinsam könne man einer »Radikalisierung der Frauenbewegung« entgegentreten.[1107]

Es war letztendlich also eine Frage des Maßes gesellschaftlicher Veränderungen. Waldens Konservatismusverständnis tritt hier exemplarisch zutage. Eine Reform des Paragrafen 218 war notwendig, doch dürfe dies nicht auf eine radikale Revision hinauslaufen, wie sie die Initiatorinnen der Kampagne »Mein Bauch gehört mir« forderten. Im Sommer 1973 hatte Walden in einem Vortrag vor dem Verband der Katholiken in Wirtschaft und Verwaltung in Augsburg bereits von einem »ideologisierten Sexualismus« gesprochen. Auch hier stand seine Haltung unter dem konservativen Ideal der Mäßigung. Demnach würden sich nur einige »Konservierte« gegen eine gesellschaftliche Liberalisierung der Sexualität stellen, doch münde die ausufernde Kommerzialisierung des Sexuellen in einer »Schamlosigkeit«. Walden sprach von Obszönitäten, die dem mündigen Bürger zwar nicht vorenthalten werden sollten, aber dennoch durch eine »normative Kraft des Ethischen« zumindest der Jugend eine selbstbestimmte Entfaltung ermöglichen sollte. Der Verweis auf George Bernhard Shaws Beziehung zwischen Freiheit und Verantwortung durfte an dieser Stelle nicht fehlen.[1108]

Mit dem Verweis auf ein Ideal der Mäßigung konnte Walden beliebige Probleme auf eine gesellschaftspolitische Ebene heben. So plädierte er zum Beispiel angesichts der wachsenden Staatsverschuldung – obwohl bekennender »volkswirtschaftliche Laie« – vor allem in wirtschafts- und finanzpolitischen Fragen beständig für eine Tugend der Mäßigung. Walden forderte ein Ende der Verschuldung und interpretierte dies als gesamtgesellschaftliche Aufgabe der Zurückhaltung. Einen »Weisheit der Alten«-Kommentar im September 1978 leitete er mit den Worten des chinesischen Philosophen Laotse ein: »Regiere dein Volk so, wie du einen kostbaren Fisch kochst – mit Mäßigung.«[1109] In dieser Linie kann zudem seine Kritik an einer in seinen Augen ins Anmaßende gestiegenen Anspruchsmentalität in sozial- und gesellschaftspolitischen Fragen gesehen werden. In seinem Schierenseeer Referat hatte Walden gesagt: »Das Recht auf Glück, das klassische Demokratien zuerst in ihre Verfassungen schrieben, fordern heute viele, ohne die Fähigkeit oder den Willen, es selbst zu schmieden.«[1110] Wiederum ein offensichtlicher Verweis auf den »pursuit of happiness« und auf ein Zusammenspiel von Pluralismus und Individualismus.

1107 Vgl. Matthias Walden an Axel Springer vom 30. Juli 1980 (ASV-UA: NL Springer, Box 404).

1108 Vgl. Matthias Walden, Typoskript Rede vor der KKV Augsburg am 23. Juni 1973 (ASV-UA, NL Springer: Box 207), S. 11–14; ders., Das allerletzte Tabu, in: Welt am Sonntag vom 4.2.1973.

1109 Ders., Ach, könnte man doch Staat sein!, in: Welt am Sonntag vom 24.9.1978.

1110 Ders., Freiheit, Ideologie und Gewalt (1975), S. 3.

Im Februar 1978 sprach er in der *Welt* explizit das »Übermaß« in den sozialen Ansprüchen an und zitierte Franz Josef Strauß, der von einer »Anspruchsinflation« gesprochen hatte:

> Es ist jedes Bürgers Recht, sein eigenes Wohl im Auge zu haben, seinen wohlverstandenen Vorteil zu wahren und eine Verbesserung seines Standards anzustreben. Ungesund ist nur das Übermaß.[1111]

Das korrelierte freilich mit Waldens Forderung nach der Wiederbelebung »konservativer Tugenden« wie Fleiß und Leistungsbereitschaft.

Für die Veröffentlichung seines Buches »Die Fütterung der Krokodile« 1980 griff Walden auf seinen Text aus dem Februar 1978 zurück. Im Vorab setzte er sich mit seinen Erfahrungen aus der »Club 2«-Diskussion mit Rudi Dutschke und Daniel Cohn-Bendit aus dem Sommer 1978 zu diesem Thema auseinander. Hier wurde nochmals deutlich, dass sich der Appell des Maßhaltens bei Walden nach beiden Seiten richtete. An sozialen Errungenschaften wie der Fünf-Tage-Woche, Altersversorgung, Krankenversorgung, mehr Urlaubszeit, Arbeitslosengeld und Arbeitnehmerrechten dürfe nicht gerüttelt werden. Das seien alles Früchte des Kampfes der Arbeiterbewegung, mit der Dutschke und Cohn-Bendit laut Walden herzlich wenig zu tun hatten.[1112] Wie Walden nun Dutschke entgegnete, habe er »sehr viel Sympathie« für die Tatsache, dass die Menschen nicht ihr ganzes Leben arbeiten wollen: »Nur sehe ich es nicht als Öffnung zu neuen erstrebenswerten Zielen, sondern es ist eine Frage des Maßes.«[1113] Tatsächlich waren die Sozialleistungen in der Bundesrepublik gerade im westlichen Vergleich bereits überdurchschnittlich hoch.[1114]

Für Walden hing die Bereitschaft zum Dienen und zur Leistung, die er bereits 1970 als Wert einer konservativen Haltung gefordert hatte, mit diesen sozialen Errungenschaften zusammen, die ansonsten nicht mehr zu halten seien. Er gab hier im Grunde die für die soziale Marktwirtschaft so kennzeichnende Symbiose von klassischer Sozialpolitik und Marktliberalismus wieder.[1115] Dutschke und Cohn-Bendit hingegen sa-

[1111] Ders., Nulltarifpolitik. Kann Wohlstand ebenso zu »seelischen Sozialschäden« führen wie Armut?, in: Die Welt vom 8.2.1978; Siehe ebenfalls: ders., Die Lohn-Preis-Spirale glüht – und Helmut Schmidt fröstelt, in: Welt am Sonntag vom 5.3.1978.

[1112] Vgl. ders., Die Fütterung der Krokodile, S. 39; siehe außerdem: ders., Etwas Stolz kann dem DGB nicht schaden, in: Welt am Sonntag vom 28.5.1978.

[1113] Fernsehgespräch (Club 2, 13. Juni 1978), S. 93.

[1114] Vgl. Manfred G. Schmidt, Zwischen Ausbaureform und Sanierungsbedarf: Die Sozialpolitik der siebziger und achtziger Jahre, in: Thomas Raithel/Andreas Rödder/Andreas Wirsching (Hrsg.), Auf dem Weg in eine neue Moderne? Die Bundesrepublik Deutschland in den siebziger und achtziger Jahren, München 2009, S. 131–139, hier S. 132.

[1115] Vgl. Werner Abelshauser, Markt und Staat. Deutsche Wirtschaftspolitik im ›langen 20. Jahrhundert‹, in: Reinhard Spree (Hrsg.), Geschichte der deutschen Wirtschaft im 20. Jahrhundert,

hen in Waldens Argumentation den Fehler, diese sozialen Errungenschaften als Profit zu interpretieren, was ihrer Meinung nach ein Zeichen des »Arbeits- und Leistungswahnsinns« sei.[1116] Als wiederum im Sommer 1980 der Bundeswirtschaftsminister Otto Graf Lambsdorff (FDP) während einer Japanreise den Deutschen anriet, sich am Fleiß der Japaner ein Beispiel zu nehmen, verteidigte Walden den Minister gegen die Gewerkschaftsführer Heinz Oskar Vetter und Eugen Loderer, die Lambsdorffs Aussage als »groben Unfug« bezeichnet hatten:

> Verzicht aufs ›Krankfeiern‹, Maßhalten bei Löhnen und Arbeitszeiten, gesteigerter Arbeitseifer und gehobene Leistungsmoral sind keine Forderungen profitlüsterner Ausbeuter, sondern Dinge, die im Interesse der Arbeitnehmer liegen.[1117]

Walden selbst hatte in einem Bericht über eine Japanreise, den er im gleichen Jahr in seinem Buch »Fütterung der Krokodile« veröffentlichte, geschrieben, die Europäer könnten bei aller Verschiedenheit und Unübertragbarkeit der Mentalitäten von den Japanern einiges lernen. In erster Linie ging es Walden nicht um die »Massenproduktion billiger Konsumgüter«, mit denen Japans Volkswirtschaft auf dem Weltmarkt aufstieg. Er war vielmehr beeindruckt von der

> … Überlegenheit eines Volkes, das aus seiner Tradition heraus schafft, das sich noch wirklich bemüht und zwar zuerst um andere, das inmitten seiner Übertechnisierung seine Kultur bis in die Banalität des Alltages hinein beschützt und erhalten hat.[1118]

Alles war also übertragbar in seinen Kanon konservativer Werte. Der Bezug zu Japan wiederum ist durchaus interessant, habe sich die Bundesrepublik Deutschland im Vergleich zu dem asiatischen Land doch eine dreimal höhere Sozialleistungsquote geleistet, so der Politikwissenschaftler Manfred G. Schmidt.[1119]

In einer 45-minütigen Fernsehdokumentation beschäftigte sich Walden zu Beginn des Jahres 1976 außerdem mit dem Thema Arbeitslosigkeit. Im Vorjahr war die Zahl der Arbeitslosen in der Bundesrepublik Deutschland das erste Mal über die Millionen-Marke gestiegen. Walden wies jedoch darauf hin, dass der Gang in die Arbeitslo-

München 2001, S. 117–140, hier S. 134.

1116 Vgl. Fernsehgespräch (Club 2, 13. Juni 1978), S. 93.

1117 Matthias Walden, Warnschüsse aus Fernost. Zur Kontroverse zwischen Graf Lambsdorff und den Gewerkschaften, in: Die Welt vom 17.7.1980; zur Auseinandersetzung zwischen Lambsdorff und Vetterer allgemein: Görtemaker, Geschichte der Bundesrepublik, S. 593f.

1118 Walden, Die Fütterung der Krokodile, S. 209.

1119 Vgl. Schmidt, Zwischen Ausbaureform und Sanierungsbedarf, in: Raithel/Rödder/Wirsching (Hrsg.), Auf dem Weg in eine neue Moderne?, S. 132.

sigkeit gegenwärtig nicht wie in den 1920er oder 1930er Jahren mit Not, Hungern oder Frieren verbunden war.[1120] Im Reportagestil schilderte Walden verschiedene Schicksale, auch aus europäischer Perspektive. Ohne die harte Realität der Arbeitslosen in einer Zeit wirtschaftlicher Rezession zu verschleiern, zeigte die Dokumentation aber ebenso Waldens Irritation über den Glauben vieler an einen »unzerstörbaren Wohlstand« sowie den ungeübten »Verzicht auf materielle Güter des Konsums und des Komforts«.[1121] Es sei laut Russel Kirk indes ganz typisch für konservative Denker, Rationalität, Impuls und einen materialistischen Determinismus als Leitlinien sozialer Wohlfahrt abzulehnen.[1122]

Ein Mittel gegen einen ausufernden Wohlstandsmaterialismus könne laut Walden eine Hinwendung zum Glauben sein, wie er im Oktober 1978 in einem Leitartikel in der *Welt am Sonntag* ausführte. Ende der 1970er Jahre sah er zudem eine sich verstärkende Wechselwirkung von Glauben und Politik, unter anderem durch den Einzug Jimmy Carters ins Weiße Haus oder die politischen Ambitionen von Papst Johannes Paul II.[1123] Die Betonung christlicher Werte als Antwort auf Herausforderungen gesellschaftlicher und politischer Probleme zog bei Walden konsequenterweise keine institutionelle Bindung zu einer der großen Kirchen in Deutschland nach sich. Im Falle der EKD wurde bereits gezeigt, wie sich die Verweltlichung der Kirche und die in der Folge vertretenen politischen Positionen auf den Feldern der Außen- und Deutschlandpolitik sowie in vielen Fällen im Umgang mit APO und Studentenbewegung konträr zu den Ansichten Waldens bewegten. Vielmehr versuchte er einzelne Personen der Kirche, die sich dem von ihm empfundenen Linksruck entgegenstellten, unter die Arme zu greifen. So beispielswiese Klaus Motschmann, für den Walden 1976 bei Claus Dieter Nagel um Unterstützung durch die Zeitungen des *Axel-Springer-Verlages* warb.[1124]

Motschmann war Mitglied der »Evangelischen Notgemeinschaft in Deutschland«, die sich als Reaktion auf die Ostdenkschrift der EKD gegründet hatte und sich in den 1970er Jahren gegen die vermeintliche Unterstützung linksradikaler Kräfte in Entwicklungsländern durch die evangelische Kirche engagierte.[1125] 1977 sollte Matthias Walden in einem Rundfunkkommentar in dieser Frage der Notgemeinschaft öffentlich sekundieren, was auf einen heftigen Einspruch des Berliner Bischofs Martin Kru-

1120 Vgl. Matthias Walden, Fernsehdokumentation Arbeitslos (eingesehen im AdRBB, Erstsendung am 4. Januar 1976 im SFB), Minute 1.
1121 Vgl. ebenda, Minute 13–16.
1122 Vgl. Kirk, The Conservative Mind, S. 10.
1123 Vgl. Walden, Weg nach oben, in: Welt am Sonntag vom 29.10.1978.
1124 Vgl. Matthias Walden an Claus Dieter Nagel vom 15. Januar 1976 (ASV-UA: NL Springer, Box 288).
1125 Vgl. Reinhard Scheerer, Bekennende Christen in den evangelischen Kirchen Deutschlands 1966–1991. Geschichte und Gestalt eines konservativ-evangelikalen Aufbruchs, Frankfurt am Main 1997, S. 24f. und S. 106–109.

se bei *SFB*-Intendant Franz Barsig hinauslief. Unterstützung erhielt Walden hingegen vom Generalsuperintendenten Reinhold George aus Berlin-Schöneberg, der sich in den späten 1960er Jahren als konservativer Gegenspieler zu Helmut Gollwitzer und Kurt Scharf einen Namen gemacht hatte.[1126] Es kam zu einem Treffen zwischen Walden, Barsig und Kruse, welches zumindest eine Gesprächsgrundlage herstellte.[1127]

Eine weitere Verbindung zwischen der Evangelischen Notgemeinschaft und Walden trat in dieser oder anderer Form nicht mehr auf. An seiner Grundhaltung gegenüber den Problemen der Dekolonialisierung änderte sich jedoch nichts. In »Die Fütterung der Krokodile« schrieb er, wer bedingungslos radikale afrikanische Freiheitsbewegungen unterstütze, anstatt einen Strukturwandel mit gemäßigten schwarzen Politikern anzustreben, ersetze eine »Ungerechtigkeit der Geschichte« durch eine andere.[1128] Waldens Auffassung entsprach einem konservativen traditionalistischen Kirchenchristentum. In seinen Artikeln zeigte sich in gewisser Weise eine Antipathie gegen die Verschmelzung kirchlichen Handelns mit politischer Arbeit, wie sie auch bei den ansonsten eher gegensätzlich auftretenden Verlegern Axel Springer und Rudolf Augstein zu beobachten war.[1129]

An eine christliche Haltung appellierte Walden vielmehr mit dem Ziel, ein generelles Gefühl gesellschaftlicher Handlungen hervorzurufen, das ebenfalls im Spiegel einer Kultur der Mäßigung gesehen werden kann. Dies verlief analog zu seiner Forderung einer von ideellen Werten unterfütterten Politik. So forderte Walden in der Vorweihnachtszeit des Jahres 1979 die Bundesbürger zu mehr Demut auf. Er bekundete, damit nicht seiner »Feiertagspflicht« als Journalist nachzukommen und lediglich vor einem Übergewicht des Materiellen zu warnen, da ein Wohlstand ohne Popanz durchaus erstrebenswert sei.[1130] Schon zu Ostern 1973 hatte er in der *Welt am Sonntag* geschrieben, der Glaube sei eine »konservative Antwort« auch – oder gerade – in Zeiten der scheinbaren sozialen Sicherheit und des »Konsumrausches«:

1126 Vgl. Reinhold George an Matthias Walden vom 9. September 1977 (ASV-UA: NL Walden, Box 28 – 1976-78); siehe zur Georges Engagement: Buben wider mich, in: Der Spiegel vom 8.7.1968, S. 49f.

1127 Vgl. Kommentar von Matthias Walden im SFB, in: Berliner Kirchenreport vom 1.9.1977; zur Diskussion siehe: Reinhard Henkys, Grenzüberschreitung, in: Berliner Kirchenreport vom 5.9.1977; Martin Kruse an Franz Barsig vom 1. September 1977 (ASV-UA: NL Walden, Box 28 – 1976-78); Martin Kruse an Franz Barsig vom 14. Oktober 1977 (ASV-UA: NL Walden, Box 28 – 1976-78).

1128 Vgl. Walden, Die Fütterung der Krokodile, S. 126–129.

1129 Vgl. Nicolai Hannig, Axel Springer, Rudolf Augstein und die mediale Politisierung der Religion, in: Klaus Fitschen/Siegfried Hermle/Katharina Kunter/Claudia Lepp/Antje Roggenkamp-Kaufmann (Hrsg.), Die Politisierung des Protestantismus. Entwicklungen in der Bundesrepublik Deutschland während der 1960er und 70er Jahre, Göttingen 2011, S. 198–220, hier S. 200f.

1130 Vgl. Matthias Walden, Ein Defizit an Demut, in: Welt am Sonntag vom 23.12.1979.

> Gefangen in Beton, geblendet vom Neonlicht, verängstigt vom Lärm, verschreckt von aggressiven Ideologien, bevormundet vom Diktat der Wissenschaft und entnervt von allgegenwärtiger Technik, scheint der Mensch Rettung bei dem zu suchen, was in ihm und über ihm ist.[1131]

Walden stufte als bedenklich ein, dass der Wohlstand häufig die Grenzen des Überdrusses übersteige und zu einer geistigen Sinnentleerung führe. In engem Zusammenhang stand dies für ihn mit einem ideellen Freiheitsbegriff, der ebenfalls nur noch konsumiert werde, ohne geistig ausgefüllt zu sein. Nietsches »letzter Mensch« schien nun endgültig auf dem Vormarsch zu sein. Er stützte sich in dieser Argumentation auf den aus der DDR in die Bundesrepublik übergesiedelten Schriftsteller Reiner Kunze, der nach seiner Ankunft in der Bundesrepublik Deutschland gesagt hatte, die Menschen wüssten nicht, was sie haben. Laut Walden galt dies nicht nur für eine materielle Geborgenheit, die nicht durch Überdruss konterkariert werden dürfe, sondern ebenso für die Wertschätzung der Freiheit.[1132]

Zum 30-jährigen Jubiläum der *Welt am Sonntag* 1978 erinnerte er sich in diesem Sinne an die Gründungszeit des Blattes zurück: »Geistig waren wir damals wahrscheinlich in besserer Verfassung als heute, da die materielle Begierlichkeit die ideellen Willenskräfte wohl mittlerweile übertrifft.«[1133] Hiermit knüpfte Walden an seine Kritik eines ausufernden Konsums der späten 1950er Jahre an. Diese bewegte sich bei Walden wie gezeigt aber immer vor dem Hintergrund des Kalten Krieges in der Akzeptanz des liberalen kapitalistischen Wirtschaftssystems.

In seiner Unterstützung für Rupert Neudecks »Cap Anamur«-Organisation, die sich für die Rettung vietnamesischer Flüchtlinge einsetzte, kritisierte er auf der anderen Seite ein »Übermaß an Wohlstandsegoismus«. Wie er einmal Friede Springer schrieb, stufte er das Engagement Neudecks als »Symbol der Menschlichkeit« ein und verortete es somit trotz der Beteiligung Heinrich Bölls in seinem konservativen Wertegefüge.[1134] Auch in diesem Punkt setzte sich Walden also für eine Mäßigung des Einzelnen – hier in seinem individuellen Konsumverhalten – ein. Die Durchsetzung der Konsumgesellschaft, in dem Verständnis einer Gesellschaft, die über ihre Grundbedürfnisse hinaus konsumiert, stellte er nicht grundsätzlich in Frage.[1135] Diese in sich teilweise konträre Haltung war keine Ambivalenz im politischen Denken Matthias

1131 Ders., Notausgang zu Gott, in: Welt am Sonntag vom 22.4.1973.

1132 Vgl. ders., Demut, in: Welt am Sonntag vom 23.12.1979; ganz ähnlich bereits: ders., Vom Sinn des Lebens, in: Welt am Sonntag vom 6.5.1979; und: ders., Zwei Welten, in: Welt am Sonntag vom 9.9.1979; sowie schon: ders., Notausgang, in: Welt am Sonntag vom 22.4.1973.

1133 Ders., Dreißig Jahre, in: Welt am Sonntag vom 30.7.1978.

1134 Vgl. ders., Schuld und Schweigen, in: Die Welt vom 27.7.1982; vgl. Matthias Walden an Friede Springer vom 15. August 1984 (ASV-UA: NL Springer, Box 38).

1135 Siehe für einen Überblick: König, Kleine Geschichte der Konsumgesellschaft, S. 13–36.

Waldens, sondern basierte auf dem konservativen Wert der Verantwortung des eigenen Handelns. Sie spiegelt außerdem Waldens Ideal der »asketischen Freiheit« wider, wonach er im freiwilligen Verzicht eigentlich die höchste Form der Freiheit erkannte.

»Maschinenstürmerei« oder »Bewahrung« der Natur?

Ein weiteres Beispiel für Waldens Forderung nach einer Tugend der Mäßigung ist seine Haltung zur Umweltschutzbewegung in den 1970er Jahren. Als eine der sogenannten Neuen Sozialen Bewegungen ging diese aus dem gesellschaftlichen Protest der späten 1960er Jahre hervor.[1136] Als Startpunkt einer ernsthaften Organisationstruktur kann die deutsche Veröffentlichung der Thesen des Club of Rome 1972 gelten, so die Politologen Markus Klein und Jürgen W. Falter in ihrer Betrachtung über die Entstehung und Geschichte der Partei »Die Grünen«. Erste Höhepunkte waren die Proteste gegen geplante Kernkraftwerke, beispielsweise im schleswig-holsteinischen Brokdorf im Oktober 1976.[1137] Grundsätzlich zeigte sich Walden aufgeschlossen gegenüber den postmaterialistischen Zielen der Umweltschutzbewegung. Anlässlich der Demonstration in Brokdorf schrieb er in der *Welt am Sonntag*:

> Der ideelle Kampf um die Bewahrung der Natur, das Ringen um jeden grünen Baum, die Furcht vor der Übermacht der Technik sind ernstzunehmende Regungen und Bewegungen. Schließlich gibt es auch einen Zynismus der Technokraten, der zu romantischer Gegenwehr herausfordert.[1138]

Es waren bei Walden eher diese romantisierenden Momente, in denen er Technisierung und Industrialisierung in Frage stellte. Nach seiner Japan-Reise schrieb er bedrückt über eine Zugfahrt von Osaka nach Tokio: »Reisfelder wechseln mit ausgedehnten, hochgetürmten Industrieanlagen, für deren Anblick der Fudjijama [sic!] nicht ganz entschädigt.«[1139]

Sein Denken blieb ebenso materialistisch verhaftet. So hieß es bereits eingangs im Zeitungsartikel 1976, angesichts des wachsenden Energiebedarfs, steigender Ölpreise, der Gefährdung von Arbeitsplätzen und dem Risiko sinkender Sozialleistungen sowie der Staatsverschuldung müsse die friedliche Nutzung der Kernenergie zumindest dis-

[1136] Siehe für einen Überblick zu den »Neuen Sozialen Bewegungen«: Gassert, Bewegte Gesellschaft, S. 131–165.

[1137] Vgl. Klein/Falter, Der lange Weg der Grünen, S. 21; siehe ausführlich: Silke Mende, »Nicht rechts, nicht links, sondern vorn«. Eine Geschichte der Gründungsgrünen, München 2011, S. 292–298.

[1138] Matthias Walden, Muß ein Staat mit Polizei auch ein Polizei-Staat sein?, in: Welt am Sonntag vom 21.11.1976.

[1139] Ders., Die Fütterung der Krokodile, S. 210.

kutiert werden.[1140] Einen Großteil seiner Betrachtung richtete er auf die gewalttätigen Ausschreitungen der Proteste. »Kommunisten, Anarchisten, Radikale und Extremisten, Staatsverächter und Systemzerstörer« hätten die ehrlichen Besorgten und friedlichen Demonstranten unterwandert. Zu genau fühlte er sich an seine Beobachtungen der späten 1960er Jahre erinnert.[1141] Auch für die Demonstranten wurden die militanten Atomgegner zu einem Problem. Sie schadeten dem Image der Bewegung erheblich und immer mehr friedliche Protestler blieben den Kundgebungen fern.[1142]

Mit der Gründung der »Umweltschutzpartei« in Niedersachsen im Mai 1977 setzte sich die Erkenntnis durch, dass der Einfluss der außerparlamentarischen Bewegungen äußerst begrenzt war. Im Laufe des Jahres 1978 gründeten sich immer mehr Parteien, die dem »grünen« Spektrum zuzuordnen waren. Ihre ideelle Einordnung erstreckte sich dabei von bürgerlich-ökologisch bis zu »Alternativen Listen«, die die marxistisch geprägte Neue Linke aus ihrer bisherigen politischen Erfolglosigkeit retten wollten. Geprägt wurden sie nicht nur von der Umweltbewegung, sondern ebenso von der sich zeitgleich formierenden Friedensbewegung, mit der sich die ökologische Frage der Kernenergie und die Gefahr eines atomaren Wettrüstens bündeln ließen, sowie der Frauenbewegung.

Das Listenbündnis »Sonstige Politische Vereinigungen / Die Grünen« erzielte schließlich bei den Europawahlen im Juni 1979 mit 3,2 Prozent ein achtbares Ergebnis. Obwohl sie an der Fünf-Prozent-Hürde scheiterte, erhielt die Liste eine Wahlkampfkostenerstattung von 4,5 Millionen Mark. Auf ihrer erst zweiten Versammlung beschloss das Europabündnis im November 1979, mit diesen finanziellen Mitteln im Rücken eine Bundespartei zu gründen. Bis zum Gründungsparteitag am 12. und 13. Januar 1980 der »Grünen« erhöhte sich die Mitgliederzahl drastisch von 2.800 auf 12.000. Vor allem die Gruppen aus dem links-alternativen Spektrum, die sich von der Europaliste noch distanziert hatten, strömten nun in die Partei.[1143]

In seiner Beurteilung des Gründungsparteitags der »Grünen« kam Walden vor diesem Hintergrund zu dem Ergebnis, dass die Partei eindeutig »links« ausgerichtet sei. Neben weltfremden Umweltaktivisten verortete er in der Partei vor allem klassenkämpferische »Utopisten«. Einen Einfluss auf das Parteienspektrum der Bundesrepublik Deutschland traute er den »Grünen« dennoch zu, vor allem zu Ungunsten der

1140 Vgl. ders., Polizei-Staat, in: Welt am Sonntag vom 21.11.1976; siehe zu dieser Diskussion: Mende, »Nicht rechts, nicht links, sondern vorn«, S. 330–339.

1141 Vgl. Walden, Polizei-Staat, in: Welt am Sonntag vom 21.11.1976; siehe ebenfalls: ders., Die Geister der Gewalt, in: Welt am Sonntag vom 20.2.1977.

1142 Vgl. Klein/Falter, Der lange Weg der Grünen, S. 21; siehe auch: Mende, »Nicht rechts, nicht links, sondern vorn«, S. 333f.

1143 Siehe für einen Überblick zu diesem Prozess: Klein/Falter, Der lange Weg der Grünen, S. 37–41; siehe für eine differenzierte Darstellung des Gründungsspektrums der Partei: Mende, »Nicht rechts, nicht links, sondern vorn«, S. 483–491.

SPD, deren Wähler vom linken Rand abzuwandern drohten. Für die im Oktober 1980 anstehende Bundestagswahl prognostizierte Walden gar, ob nicht die »Grünen« dem von der Union zum Kanzlerkandidaten bestimmten Franz Josef Strauß zum Sieg verhelfen könnten.[1144] Das enttäuschende Abschneiden der »Grünen« bei der Bundestagswahl 1980 mit einem Ergebnis von nur 1,5 Prozent kann dann wohl auch mit dem Wahlkalkül vieler Wähler erklärt werden, die einen Sieg von Strauß' verhindern wollten.[1145] Die Erklärung ist durchaus plausibel. Denn in den kommenden Jahren sollte sich vor allem auf regionaler Ebene ein ganz anderes Bild zeigen. Bei der hessischen Landtagswahl im September 1982 erreichten die »Grünen« schließlich acht Prozent der Stimmen. Bei der SPD begann der Flirt von rot-grünen Parteibündnissen. Kein Geringer als der SPD-Vorsitzende Willy Brandt sollte beispielsweise nach der Hessen-Wahl von einer »Mehrheit diesseits der Union« sprechen.[1146]

Im Sommer 1982 hatte Walden sich bereits mit einer längeren Abhandlung in der *Welt* zu dieser Diskussion geäußert. Provokant stellte er die Frage: »SPD – für den Erhalt der Macht ins grüne Nirwana?« Vor allem Brandt und der SPD-Bundesgeschäftsführer Peter Glotz hätten sich laut Walden aufgeschlossen gegenüber einem Bündnis mit den »Grünen« gezeigt. Dieses wäre für die – damals noch – avisierte Bundestagswahl 1984 sicher die einzige Option zur Regierung gewesen, da mit der FDP aus SPD-Sicht nicht mehr zu rechnen sei. Ein rot-grünes Bündnis sei aber natürlich auch in der SPD personenabhängig, fuhr er fort:

> Helmut Schmidt wäre für einen solchen Schritt ins politische Nirwana sicherlich nicht zu gewinnen. Erhard Eppler und die Gruppe seiner Getreuen würden geradezu leidenschaftlich, um nicht zu sagen erotisch, zu dieser Verbindung drängen.[1147]

Für staatstragend – das geht aus seinen Äußerungen hervor – hielt Walden die neue Partei nicht. In ihr würden sich neben Befürwortern des Ausstiegs aus der Kernenergie vor allem Hausbesetzer sowie Gegner der NATO und der Sparbeschlüsse in den Bereichen Bildung und Soziales tummeln. Das Ergebnis einer Regierungsbeteiligung wäre »Chaos und Verwerfung«, was all das in Gefahr bringe, was im Sozialen und im Bereich der Rechtsstaatlichkeit in den letzten Jahren erreicht wurde.[1148] In der Tat zeichneten sich die »Grünen« durch massive Vorbehalte an der repräsentativen De-

1144 Vgl. Matthias Walden, FDP entsetzt, in: Welt am Sonntag vom 30.3.1980.
1145 Vgl. Klein/Falter, Der lange Weg der Grünen, S. 41.
1146 Vgl. ebenda, S. 42.
1147 Matthias Walden, SPD – für den Erhalt der Macht ins grüne Nirwana? Die Grauzone zwischen Sozialdemokraten und Alternativen wird breiter, in: Die Welt vom 14.7.1982.
1148 Vgl. ebenda.

mokratie und dem Gewaltmonopol des Staates aus. Darüber hinaus lehnten sie die Militärbündnisse NATO und Warschauer Pakt ab, resümiert der Historiker Heinrich August Winkler die Parteigründung.[1149]

Die Umweltbewegung, so betonte Walden, wollte er aber nicht »rundweg« ablehnen. Sie habe durchaus Gutes bewirkt und einen großen Einfluss auf die Politik ausgeübt. Auch wenn die stärkere Betonung der Umweltpolitik der etablierten Parteien natürlich opportunistische Züge trage, habe dies »zu begrüßenswerten Resultaten im Sinne der Allgemeinheit« geführt:

> Der idealistische Wille, Wälder und Felder zu erhalten, Bäume und Büsche zu schützen, Seen, Flüsse und Meere nicht verkommen zu lassen, kurz: sich bewahrend vor die Natur zu stellen, in der wir leben und von der wir leben – daß alles ist nicht nur sympathisch, sondern auch vernünftig und gewiß notwendig. [...] Wenn die Grünen und die Alternativen nicht alles so maßlos und so wirklichkeitsfremd überzogen hätten und wenn ihre Grundmotive nicht überdies mit politischen Ambitionen und Aggressionen verbunden wären, die wiederum hochgradig gefährlich sind, dann wären ihre Aktivitäten willkommen zu heißen.[1150]

Expressis verbis erkannte Walden »konservative Töne« und stellte eine Verbindung zwischen der Forderung nach mehr Umweltschutz und der von ihm unterstützten konservativen Formel der »Bewahrung des Bewährten« her.[1151] Vor allem zu Beginn wurde die Umweltschutzbewegung von einer konservativen Strömung ökologischen Denkens mit ihrem Schwerpunkt der »Bewahrung« geprägt. Kaum ein anderes »Denkkollektiv« der »Gründungsgrünen« war so an einer Person orientiert wie die Gruppe des »Konservatismus in grün« um den CDU-Politiker und Bundestagsabgeordneten Herbert Gruhl, so Silke Mende in ihrer detaillierten Studie über die Gründung der »Grünen«. Für Gruhl wirkte die Veröffentlichung des Berichts des »Club of Rome« wie ein Erweckungserlebnis und drei Jahre später erschien 1975 sein eigenes Buch »Ein Planet wird geplündert«, das erheblichen Einfluss auf die Entstehung der Anti-Kernkraft-Bewegung hatte. In der CDU wurde Gruhl hingegen mit der Zeit zum Paria. 1976 forderte er ein wenig realistisches Moratorium der Kernenergiefrage und

1149 Vgl. Winkler, Vom Kalten Krieg zum Mauerfall, S. 854.

1150 Walden, SPD – für den Erhalt der Macht ins grüne Nirwana?, in: Die Welt vom 14.7.1982. In diesem Sinne äußerte er sich auch im Oktober 1982 nach der vorgezogenen Bundestagswahl. Vgl. Hörfunksendung Gulliver – Sätze und Gegensätze: Zum Regierungswechsel in Bonn (angehört im AdRBB, gesendet im Oktober 1982 im SFB) [von der Sendung ist nur etwa ein Drittel als Audiofile überliefert, die Minutenangaben beziehen sich auf dieses Fragment], Minute 12–14.

1151 Vgl. Walden, SPD – für den Erhalt der Macht ins grüne Nirwana?, in: Die Welt vom 14.7.1982.

sprach sich wenig später als einziges Mitglied seiner Fraktion gegen die Neutronenbombe aus. 1978 trat Gruhl schließlich öffentlichkeitswirksam aus der CDU aus.

Inhaltlich hatte die Gruppe um Gruhl, die sich ab 1978 in der »Grünen Aktion Zukunft« sammelte, nicht viel mit den anderen sozialen Bewegungen gemeinsam, die später in der Partei »Die Grünen« aufgehen sollten. Im Vordergrund Gruhls stand das ökologische Denken, dem gesellschaftlich bürgerliche Freiheiten und Freiräume der Lebensführung untergeordnet wurden. Das erinnerte eher an eine »vermeintlich vormoderne Idylle«, so Mende.[1152] Intellektuell gliederte sich Gruhl zudem in eine radikale konservative Kultur- und Technikkritik ein, die vor allem von Friedrich Georg Jünger, der jüngere Bruder Ernst Jüngers, aus dessen zurückgezogenem Wohnort im baden-württembergischen Überlingen beeinflusst wurde. Jünger, seit jeher technikkritisch, erlebte Mitte der 1960er Jahre die fortschreitende Urbanisierung seiner ländlichen Heimat und gründete 1971 gemeinsam mit dem schwäbischen Unternehmer Max Himmelheber und dem Freiburger Philosophen Franz Vonessen die Vierteljahresschrift *Scheidewege*, die laut Martina Steber zum wichtigsten Forum für »konservatives, technikkritisches, ökologisches und fortschrittskeptisches Denken« wurde. Die Zeitschrift orientierte sich weder am demokratischen Parteienspektrum noch konnten die Beiträger der Zeitschrift über die Schwelle des apokalyptischen Warnens hinauswirken. Ihr Ziel war die »radikale Abkehr des ökonomischen Wachstumsparadigmas«, die sie vor allem durch einen autoritären Umbau der Gesellschaft erreichen wollten, so Steber weiter.[1153]

Friedrich Georg Jünger hatte 1968 im Vorwort seiner 1939 angefertigten und 1946 erstmals veröffentlichten Schrift »Die Perfektion der Technik« den universellen Anspruch seiner Kritik untermauert – und gleichzeitig ihr Scheitern diagnostiziert. Ob Kapitalisten oder Sozialisten, Politiker, Wissenschaftler oder Techniker, alle streben sie nach einer »hastigen Ausdehnung« der »automatisierten Mechanik«, von der die Zukunft abhänge, die sie damit aber gleichzeitig zerstören würden.[1154] Auch die Leser hätten laut Jünger zu dieser Tragik beigetragen:

1152 Siehe ausführlich zu Herbert Gruhl und dem »Konservatismus in Grün«: Mende, »Nicht rechts, nicht links, sondern vorn«, S. 72–93; siehe zur Desintegration Gruhls von der CDU auch: Schwarz, Helmut Kohl, S. 300f.

1153 Vgl. Steber, Die Hüter der Begriffe, S. 286–288; siehe außerdem: Mende, »Nicht rechts, nicht links, sondern vorn«, S. 299f.; zu den Grundlagen der Kritik an Technik und Masse bei Ernst und Friedrich Georg Jünger, siehe: ders., Von der Tat zur Gelassenheit, S. 455–463; und zu Friedrich Georg Jüngers kulturkritisches Wirken ab den späten 1960er Jahren: Jörg Magenau, Brüder unterm Sternenzelt. Friedrich Georg und Ernst Jünger. Eine Biographie, Stuttgart 2012, S. 279–301; sowie: Andreas Geyer, Friedrich Georg Jünger. Werk und Leben, Wien 2007, S. 246-274.

1154 Vgl. Friedrich Georg Jünger, Die Perfektion der Technik, Frankfurt am Main 1968 (erstmals 1946), S. 7.

> Sie sind nicht zufrieden damit, daß ihnen neue Zusammenhänge aufgedeckt werden, sie wollen schnelle Lösungen, die ihnen von anderen fertig geliefert werden. Patentlösungen, an denen heute kein Mangel ist, sind die Sache technischer Erfinder. Im Umgang, im Zusammenleben von Menschen gibt es keine Patentlösungen.[1155]

Mit dieser technikskeptischen Kulturkritik konnte Walden freilich kaum etwas anfangen. In seinem Kommentar zum Gründungsparteitag der »Grünen« hieß es dementsprechend, was die konservativen, liberalen und linksideologischen »Repräsentanten des Umweltschmerzes« verbinde, sei in gewissem Sinne eine »Weltfremdheit«.[1156] Bereits 1974 hatte er in einem weiteren Beitrag für *Konservativ heute* geschrieben, dass eine Skepsis gegenüber einer »Herrschaft des Technischen« ein nachvollziehbarer Reflex, eine »Maschinenstürmerei«, aber nicht konservativ, sondern reaktionär sei. Eine »Chance des Konservativen« könne es allerdings nur geben, wenn er sich von dem Verdacht des Reaktionären befreie.[1157] Waldens Sympathie für den Ansatz der Bewahrung im Umweltschutz zeigte seinen konservativen Ansatz politischen Denkens, den er erneut ganz einer Tugend der Mäßigung unterordnete. Dies galt sowohl für die Umweltschützer als auch für die Politik und Wirtschaft. Die Haltung erinnerte zudem an die Programmatik Helmut Kohls, der im Wahlkampf 1980 den Umweltschutz als ein »urkonservatives« Anliegen bezeichnete.[1158]

»Idealisten der Demokratischen Mitte«: Walden und ein konservativer Liberalismus

Es wurde hinlänglich gezeigt, dass Walden sich spätestens ab 1970 selbst als konservativen Journalisten verstand und er mit diesem Selbstverständnis in aktuelle politische und gesellschaftliche Debatten eingriff. Darüber hinaus trat er zunehmend mit einem bürgerlich-konservativen Habitus auf. In Talkshows wirkte er stets ein wenig in sich gekehrt und ruhig, gar nicht so herausfordernd wie häufig in seinen Artikeln. So abgeschieden wie in Berlin möglich, lebte die Familie von Saß am Rand des Berliner Grunewaldes in unmittelbarer Nähe zur Havel, auf der Walden mit dem eigenen Motorboot unterwegs war. Als Zufluchtsort von dem ihm in regelmäßigen Abständen auslaugenden Medienbetrieb diente ein Ferienhaus samt eigenen Pferden in der Lüneburger Heide.

1155 Ebenda, S. 8.
1156 Vgl. Walden, FDP entsetzt, in: Welt am Sonntag vom 30.3.1980.
1157 Vgl. ders., Die Wiederentdeckung des Konservativen, in: Konservativ heute (1974), H. 5, S. 274–278, hier S. 274.
1158 Vgl. Frank Bösch, Die Krise als Chance. Die Neuformierung der Christdemokraten in den siebziger Jahren, in: Konrad H. Jarausch (Hrsg.), Das Ende der Zuversicht? Die siebziger Jahre als Geschichte, Göttingen 2008, S. 296–309, hier S. 306.

Walden mit seiner Tochter Bettina, ca. 1963.

Darüber hinaus konnten Bezüge zu Theorien konservativen Denkens und konservativer Strömungen in der Bundesrepublik Deutschland hergestellt werden, die dieses Verständnis unterstützen. Wie ordnete sich nun das politische Denken in die in der Diskussion des *Monats* aufgeworfene Differenzierung des Konservatismusbegriffes in der Bundesrepublik ein? Erste Ergebnisse, wie die intellektuelle Nähe zu den amerikanischen Neokonservativen und den *cold war liberals* der Münsteraner Schule um Joachim Ritter, sprechen für eine Zugehörigkeit Waldens zu der Gruppe, die sich um einen Konservatismusbegriff auf dem Boden der liberalen Demokratie gesammelt hatte.

Schon der Zeitpunkt und die Voraussetzungen von Waldens Teilnahme an der Debatte sprachen weiterhin dafür. Laut Martina Steber war es auffällig, dass sich vor allem nach »1968« viele Intellektuelle dazu berufen fühlten, nun einen Konservatismus auf der Grundlage liberalen Geistes zu formulieren.[1159] Rein sprachlich ordnete sich Walden hierin ein, wenn er bereits 1970 von einem reformierten »neuen« Konservatismus sprach und ergänzte: »Nicht rechtsorientierte Manager sind seine Hoffnung, sondern Idealisten der demokratischen Mitte.«[1160]

1159 Vgl. Steber, Die Hüter der Begriffe, S. 240.
1160 Walden, Konservative Haltung, S. 11.

1974 hieß es in diesem Sinne in Waldens zweitem Beitrag in *Konservativ heute* noch deutlicher:

> Ein neuer liberaler Konservatismus hat daher zuerst die Hürde der Glaubwürdigkeit zu nehmen, hat zu klären, daß er Neuem aufgeschlossen ist, *wenn es die Chance zum Besseren verheißt*, und daß er nur Bewährtes zu bewahren trachtet.[1161]

Schon im Juni 1969 hatte sich Walden im Vertrauen gegenüber Axel Springer geäußert, es bedarf einer Zeitung mit einer »liberal-konservativen Haltung«, die entschieden die politische Mitte vertrete; gemeint war hiermit die Verortung der Bundesrepublik als liberale Demokratie. Man müsse damit, so betonte er, einer »Publizistik der Rechtsradikalen« oder einer »konservativen Rechten« zuvorkommen. Das Schreiben weist Spuren eines, angesichts der unmittelbaren APO-Erfahrungen verständlichen, Aktionismus auf. Waldens Äußerungen über eine »ideelle Marktlücke«, die weder von der *FAZ* noch vom *Rheinischen Merkur* oder der *Christ und Welt* ausgefüllt werden würde, spiegelten aber aufschlussreich seine Geisteshaltung im Übergang zu den 1970er Jahren wider.

Walden wollte kein Elitenprojekt aus der Taufe heben, sondern einen neuen Massenjournalismus etablieren, dessen Linie »Skepsis statt Mißtrauen« prägen sollte, der von »Optimismus, nicht Positivismus«, von »Loyalität, nicht Anpassung« bestimmt sei. Er fühlte sich wie im Auge des Sturms, in dem er die Zeichen eines »großen Wandels« beobachtete, der von einer »radikalen Minorität« angetrieben werde, eine große Mehrheit allerdings eher verunsichere: »Heute wäre eine streitbare liberal-konservative Publikation nonkonformistisch und neuartig.«[1162]

Das spielte indes wie gezeigt auf ein politisches Denken in Burkeanischer Tradition an. In der Konsequenz konnte dies in der Feststellung des CSU-Vorsitzenden Franz Josef Strauß münden, der in der Programmdiskussion auf dem Parteitag 1968 für die Aufnahme des Begriffes »konservativ« plädierte:

> Ich möchte von mir persönlich behaupten, daß ich konservativ und liberal bin. Wir sollen aber in Zukunft den Begriff ›konservativ‹ so denken, formulieren und anwenden, daß konservativ heißt, das, was am überkommenen Erbe erhaltenswert und gut ist, zu erhalten, (Beifall) daß konservativ aber auch heißt, ständig neue Werte zu schaffen, die der Konservierung wert sind, und damit die Kontinuität zwischen Vergangenheit, Gegenwart und Zukunft schaffen.[1163]

1161 Ders., Wiederentdeckung, S. 275. [Hervorhebung im Original].

1162 Siehe dazu und zu den Zitaten: Matthias Walden an Axel Springer vom 18. Juni 1969 (ASV-UA, NL Springer: Box 107).

1163 Zitiert nach: Horst Möller, Franz Josef Strauß. Herrscher und Rebell, München/Berlin 2015, S. 636.

Symbolisch dafür steht die Forderung von Strauß, die Konservativen hätten die Aufgabe »an der Spitze des Fortschritts zu marschieren«.[1164] Unter den von Strauß vorgebrachten Modifikationen wurde der Begriff schließlich in das Programm der CSU aufgenommen.[1165]

Vor allem in der Zeit um 1970 blieb Walden – übrigens ähnlich wie Strauß[1166] – für Bekehrungsversuche aus dem eher illiberalen konservativen Lager attraktiv. So versuchte beispielsweise im Sommer 1970 der deutsch-jüdische Religions- und Geisteswissenschaftler Hans Joachim Schoeps, Walden zur Mitwirkung im Beirat des von ihm gegründeten Vereins »Konservative Sammlung« zu gewinnen. Nach den Prinzipien des britischen Oberhauses sollte sich hier laut Schoeps eine geistige Elite zusammenfinden, die die Geschicke des Vereins bestimmen sollte. Zur konstituierenden Sitzung der »Sammlung« im November 1969, zu der Schoeps auch mit Anzeigen in der *Welt*, *Welt am Sonntag* und der *Bild-Zeitung* aufgerufen hatte, hatte Walden nicht kommen können. Zur Sicherheit schickte Schoeps ihm daher nochmals seinen dort gehaltenen Vortrag.[1167]

Schoeps galt bereits seit den 1950er Jahren als bekennender Monarchist und Vertreter eines am Preußen des 19. Jahrhunderts orientierten Konservatismus. Schoeps versuchte sich zwar von den negativen Traditionslinien eines preußischen Konservatismus loszusagen, konnte in der »Konservativen Sammlung« seine Demokratieskepsis allerdings kaum verbergen. Anknüpfungspunkte zu Matthias Walden waren sicherlich seine scharfe Kritik an der Konsumgesellschaft und seine harte Position gegen die sozialliberale Koalition. Dennoch, eine Mitarbeit an der »Konservativen Sammlung« sagte Walden im Sommer 1970 höflich ab.[1168]

Es hatte sich in der Zwischenzeit zudem eine persönliche Abneigung Waldens gegenüber Schoeps ergeben. Wie er an Axel Springer im Februar 1970 schrieb, hatte er von dem Herausgeber des *Tagesspiegels*, Franz Karl Maier, von Schoeps' Rolle in der Anfangszeit des Nationalsozialismus erfahren. Obwohl selbst Jude, hatte sich der 1909 geborene Schoeps positiv gegenüber den Nationalsozialisten gezeigt und 1933 den »Deutschen Vortrupp – Gefolgschaft deutscher Juden« gegründet. Letztendlich musste Schoeps am

1164 Zitiert nach: Schildt, »Die Kräfte der Gegenreform sind auf breiter Front angetreten«, S. 451.

1165 Vgl. Möller, Strauß, S. 636; siehe ebenfalls: Steber, Die Hüter der Begriffe, S. 310.

1166 Strauß galt als Hoffnung bei nationalkonservativen Intellektuellen wie Giselher Wirsing, Armin Mohler oder Marcel Hepp, enttäuschte diese aber nicht zuletzt mit seinem Bekenntnis zu einem liberalen Konservatismus. Vgl. Möller, Strauß, S. 637.

1167 Vgl. Matthias Walden an Hans Joachim Schoeps vom 30. Oktober 1969 (ASV-UA: NL Walden, Box 46 – SFB 1969).; Hans Joachim Schoeps, Vortrag »Konservative Sammlung« vom 8. November 1969 (ASV-UA: NL Walden, Box 47 – SFB 1970(!)); Hans Joachim Schoeps an Matthias Walden vom 9. Juni 1970 (ASV-UA: NL Walden, Box 47 – SFB 1970)

1168 Vgl. Matthias Walden an Hans Joachim Schoeps vom 14. Juni 1970 (ASV-UA: NL Walden, Box 47 – SFB 1970).

Heiligabend 1938 dennoch emigrieren und verbrachte die Zeit bis zum Kriegsende in Schweden. Was Maier ihm aber am Telefon vorgelesen hatte, seien »Anbiederungen fatalster Art« gewesen, so Walden zu Springer. Dem Verleger riet er dementsprechend, von weiteren Anzeigen für die »Konservative Sammlung« abzusehen.[1169] Die Warnung war allerdings unerheblich, da sich der Verein bereits kurze Zeit später auflöste.[1170]

Als ein ganz ähnlicher Versuch der Vereinnahmung Waldens kann die bereits angesprochene Verleihung des Konrad-Adenauer-Preises für Publizistik durch die nationalkonservative »Deutschland-Stiftung« im Mai 1972 gesehen werden. Begründet wurde die Verleihung mit Waldens »unerschrockene[r] Haltung gegenüber den Aufweichungstendenzen der Zeit und gegen die Verniedlichung der kommunistischen Gewaltsysteme«[1171]. Bereits zwei Jahre zuvor hatte der Generalsekretär der Stiftung, Kurt Ziesel, versucht, Walden als Gastautor für das von der Stiftung herausgegebene *Deutschland-Magazin* zu gewinnen. Walden sagte mit der Begründung seines Exklusivvertrages für die *Welt* ab, bemühte sich aber auch nicht um eine Lösung; anders als kurze Zeit später für eine Erweiterung seiner Tätigkeit im *Verlag Axel Springer*.[1172] Dass dies kein Hinderungsgrund für weitere Veröffentlichungen darstellte, zeigten zudem Waldens – unter seinem Klarnamen Otto von Saß veröffentlichten – Beiträge für das *Deutsche Adelsblatt*, in dem er ab 1972 alle zwei Monate einen »Kommentar zur Lage« veröffentlichte.

Ziesel war ohnehin eine höchst umstrittene Figur der bundesdeutschen Öffentlichkeit. Er galt als Querulant und hatte, bevor er 1967 die »Deutschland-Stiftung« mitgründete, jahrelange Feldzüge gegen vermeintlich durch eine nationalsozialistische Vergangenheit belastete Intellektuelle geführt, so der Historiker Axel Schildt. Ziesel selbst war wegen seiner Vergangenheit als antisemitischer Schriftsteller und Journalist während des »Dritten Reichs« sowie wegen Zeitschriftprojekten am rechten Rand in den 1950er Jahren vom Bayerischen Schriftstellerverband abgewiesen worden.[1173] Zu Beginn der 1970er Jahre war die »Deutschland-Stiftung« durchaus umstritten. Der ansonsten zur Klientel der Stiftung zählende Franz Josef Strauß hatte 1972 ähnlich wie andere Spitzenpolitiker der Union beispielsweise seine Teilnahme an

1169 Vgl. Walden an Springer, 9.2.1970.

1170 Zum Konservatismus von Schoeps siehe: Steber, Die Hüter der Begriffe, S. 151-153 und S. 291f.

1171 Adenauer-Preisträger für Publizistik 1972: Matthias Walden, in: Deutschland Magazin – Zeitschrift der demokratischen Mitte 4 (1972), H. 2, S. 43.

1172 Vgl. Matthias Walden an Kurt Ziesel vom 18. September 1970 (ASV-UA: NL Walden, Box 24 – 1971/72(!)).

1173 Vgl. Axel Schildt, Im Visier: Die NS-Vergangenheit westdeutscher Intellektueller. Die Enthüllungskampagne von Kurt Ziesel in der Ära Adenauer, in: Vierteljahreshefte für Zeitgeschichte 64 (2016), H. 1, S. 37–68.

der Preisverleihung abgesagt.[1174] Seriosität hatte ihr bei ihrer Gründung die Ehrenpräsidentschaft Konrad Adenauers verliehen und auch Walden begründete letztendlich die Annahme des mit 10.000 D-Mark dotierten Preises mit der Patenschaft des Gründungskanzlers. Leicht gemacht hatte er sich diese Entscheidung allerdings nicht. Ihn hatte der Ruf der Stiftung umgetrieben. Deutlich wurde dies in mehreren Briefen, unter anderem an den Personalrat des *SFB*, der nach der Verleihung dem Journalisten zu dem Preis gratuliert hatte. Ein Glückwunschtelegramm erreichte ihn ebenfalls von Altbundeskanzler Kurt-Georg Kiesinger.[1175]

Wie weiter oben schon beschrieben, machte Walden seine Dankesrede zu einem Aufruf zum Antitotalitarismus. Sein Wirken wollte er nicht wie in der Begründung der Preisverleihung auf seinen scharfen Antikommunismus beschränkt sehen, da dieser ansonsten zum »Primitivum« werde.[1176] Ohne Frage hatte Walden in das ideelle Muster der Stiftung gepasst, Antikommunismus als Verteidigung der Freiheit zu verstehen.[1177] Gerade mit seinem Bekenntnis zu einem liberalen Antitotalitarismus unterschied er sich hingegen von deren Grundlinien. Der *Vorwärts* sollte während Waldens Rede und Olaf von Wrangels Laudatio auf den Journalisten phasenweise »betretenes Schweigen« im nationalkonservativen Publikum feststellen.[1178] Wie Walden im Anschluss selbst zufrieden anmerkte, war die Berichterstattung über die Preisverleihung seiner Meinung nach weniger alarmistisch als die Jahre zuvor. An den stellvertretenden Chefredakteur des *SFB*, Horst Fust, schrieb er, besonders über die »objektive, fast wohlwollende« Kritik der *Frankfurter Rundschau* sei er überrascht gewesen.[1179]

Tatsächlich hatte die linksliberale Zeitung aus Waldens Rede vor allem seinen antitotalitären Appell hervorgehoben.[1180] Zur Kompromittierung Waldens konnte diese Episode also nicht dienen. Vielmehr kann trotz der Annahme des Preises eine Differenzierung Waldens gegenüber diesem im konservativen Lager der Bundesrepublik Deutschland »minoritären« nationalen Milieu der »Deutschland-Stiftung« beobach-

1174 Vgl. Hahn, Konrad-Adenauer-Preis, in: Vorwärts – Sozialdemokratische Wochenzeitung vom 11.5.1972.

1175 Vgl. Matthias Walden an den SFB-Personalrat vom 17. Mai 1972 (ASV-UA: NL Walden, Box 24: 1971–1972); siehe auch: Matthias Walden an Hermann Gekle vom 17. April 1972 (ASV-UA: NL Walden, Box 49 - SFB 1972); und zur Gratulation von Kiesinger: Kurt Georg Kiesinger an Matthias Walden vom 8. Mai 1972 (ASV-UA: NL Walden, Box 24 – 1971/72).

1176 Siehe nochmals dazu: Walden, Dankesrede Konrad-Adenauer-Preisverleihung, 6.5.1972, S. 1f.

1177 Vgl. Hans-Dieter Bamberg, Die Deutschland-Stiftung e.V. Studien über Kräfte der »demokratischen Mitte« und des Konservatismus in der Bundesrepublik Deutschland, Meisenheim am Glan 1978, S. 155f.

1178 Vgl. Hahn, Konrad-Adenauer-Preis, in: Vorwärts – Sozialdemokratische Wochenzeitung vom 11.5.1972.

1179 Vgl. Matthias Walden an Horst Fust vom 18. Mai 1972 (ASV-UA: NL Walden, Box 24 – 1971/72).

1180 Vgl. Konrad-Adenauer-Preis für Walden, in: Frankfurter Rundschau vom 8.5.1972.

tet werden.[1181] Zu einer weiteren Zusammenarbeit mit der Stiftung oder dem *Deutschland Magazin* und Walden sollte es nicht kommen. Anlässlich der Preisverleihung wurde eine *Quick*-Kolumne Waldens zur Entspannungspolitik in der Zeitschrift abgedruckt.[1182] Auf der anderen Seite nutzte die Stiftung die Adenauer-Preisverleihungen explizit für eine vermeintlich gemäßigte Öffentlichkeitswirkung, in die sich Walden ohne Frage hat einspannen lassen.[1183]

In der *Welt am Sonntag* erschien einen Tag nach der Verleihung des Adenauer-Preises ein Auszug aus Waldens Dankesrede mit dem Titel »Rechts oder links?«. Unter diesen Schlagworten wurde deutlich, dass der Journalist seinen Einsatz gegen Totalitarismus und Radikalismus als »demokratische Mitte« verstanden wissen wollte. Es liege dabei in der Natur der Sache, dass von links unten die Mitte meist als »rechts« wahrgenommen werde.[1184] Schon 1967 hatte er in einem Rundfunkgespräch mit Werner Finck gesagt, die Kategorien »rechts« und »links« seien ins Wanken geraten, da man bereits als »Rechter« gelte, wenn man sich entschieden gegen den Kommunismus positioniere.[1185]

Gegen die Kategorisierung als Teil der Neuen Rechten verwehrte sich Walden nachhaltig. An Ludwig Munzinger schrieb er Anfang der 1970er Jahre nach einer Anfrage zur Aufnahme in dessen biographisches Archiv, von seinen Gegnern werde er häufig als »Rechter« bezeichnet. Er selbst sehe sich aber aufgrund seiner antitotalitären Grundhaltung und seines Einsatzes gegen jeden Radikalismus als »Mann der Mitte«, weswegen er hoffe, dass Munzinger dies berücksichtigen werde.[1186] Verärgert zeigte er sich 1971, als er auf einem Flugblatt der sich später an der von der NPD initiierten »Aktion Neue Rechte« beteiligten Organisation »Außerparlamentarische Mitarbeit« (APM) als Redner unter der Überschrift »Die Neue Rechte« angekündigt wurde. Den Vorfall nutzte die sozialistische Zeitung *Extra-Dienst* zugleich für einen Angriff auf Walden.[1187]

Es sei Walden gar nicht recht, schrieb er dem Vorsitzenden der APM, Bernd Müller, mit dem Schlagwort der Neuen Rechten in Verbindung gebracht zu werden. Zwar habe Müller ihn einmal um einen Vortrag gebeten, doch Walden habe ihm diesen nie

[1181] Zur Einschätzung der Größe der »Deutschland-Stiftung« im konservativen Spektrum, siehe: Schildt, Die NS-Vergangenheit westdeutscher Intellektueller, S. 67.

[1182] Vgl. Matthias Walden, Entspannung – Versuch einen Begriff zu definieren, in: Deutschland Magazin – Zeitschrift der demokratischen Mitte 4 (1972), H. 2, S. 46f.

[1183] Zu diesem Vorgehen der Stiftung siehe: Bamberg, Die Deutschland-Stiftung e.V., S. 80f.

[1184] Vgl. Matthias Walden, Rechts oder links?, in: Welt am Sonntag vom 7.5.1972.

[1185] Vgl. Werner Finck/Matthias Walden, Hörfunkbeitrag Gespräch mit Matthias Walden (angehört im AdRBB, gesendet am 13. Juni 1967 im SFB), Minute 10.

[1186] Vgl. Matthias Walden an Ludwig Munzinger vom 27. Mai 1971 (ASV-UA: NL Walden, Box 48 – SFB 1971).

[1187] Teil-Faksimile eines Flugblattes der Außerparlamentarisch Mitarbeit (APM), in: Berliner Extra-Dienst vom 20.1.1971.

zugesagt.[1188] In der »Club 2«-Diskussion im *ORF* 1978 sagte er einige Jahre später, wegen seiner Kritik an der personellen Kontinuität zum »Dritten Reich« habe er zu Beginn der 1960er Jahre als »Linker« gegolten, vor allem bei den »Rechten«. Nun werde er häufig von den »Linken« als »Rechter« gesehen. Seiner Erfahrung nach seien diese Begriffe also »austauschbar«.[1189] Erneut grenzte sich Walden sprachpolitisch in der Diskussion um einen Konservatismusbegriff ab und machte deutlich, dass es ihm um eine konservative Haltung auf dem Boden der liberalen Demokratie ging.

Waldens Konservatismus war also als Haltung zu verstehen, die die liberale Demokratie verteidigte. Sein politisches Denken kann somit im Kern besser als konservativer Liberalismus beschrieben werden. Dies muss vor dem Hintergrund einer sogenannten konservativen Tendenzwende gesehen werden, die in der politischen Öffentlichkeit der Bundesrepublik Deutschland zu Beginn der 1970er Jahre zu beobachten war. Zeitgenössisch wurde unter dem Begriff »Tendenzwende« fast alles, was sich gegen den sozialliberalen Aufbruch von 1969 wandte, als »konservativ« bezeichnet. Bereits der Einzug des »Pragmatikers« Helmut Schmidt ins Kanzleramt 1974 erschien als Zeichen der »Tendenzwende«.[1190]

Laut Axel Schildt, der diese ideengeschichtliche Facette hinlänglich untersucht hat, bildeten sich im Windschatten dieser Entwicklung eine Reihe unabhängiger konservativer Gruppierungen, die sich auf die »Suche nach einer Rekonstruktion konservativer Meinungsführerschaft« machten.[1191] In diesen spiegelte sich mithin die von Martina Steber ausgemachte Diskussion um einen Konservatismusbegriff der 1960er Jahre wider, deren Trennlinie zwischen einem Liberalkonservatismus und einem illiberalen Konservatismus in der Tradition der Weimarer Rechten sichtbar blieb.[1192] Die Linearität dieses Gegensatzes verstellt allerdings den Blick darauf, dass es sich bei den Liberalkonservativen in der Bundesrepublik Deutschland meist um konservative Liberale handelte.

Aus der Sicht Armin Mohlers war eine »Tendenzwende« zu einem vermeintlich konservativeren Zeitgeist daher eher bedenklich. Dass sich immer mehr einstige liberale Intellektuelle als »konservativ« verstanden, führte in seinen Augen zu einer Verwaschung des Begriffes.[1193] Aus diesem Grund verstärkte er an der Seite Schrenck-

1188 Vgl. Matthias Walden an Bernd Müller vom 22. Januar 1971 (ASV-UA: NL Walden, Box 48 – SFB 1971).

1189 Vgl. Fernsehgespräch (Club 2, 13. Juni 1978), S. 84f.

1190 Siehe zum Politikstil Helmut Schmidts: Görtemaker, Geschichte der Bundesrepublik, S. 578–581.

1191 Vgl. Schildt, »Die Kräfte der Gegenreform sind auf breiter Front angetreten«, S. 249f; vgl. 1974: Tendenzwende, in: Der Spiegel 53 vom 30.12.1974, S. 40–45; siehe ebenfalls zur konservativen Tendenzwende: Hoeres, Von der »Tendenzwende« zur »geistig-moralischen Wende«, S. 95–104.

1192 Vgl. Steber, Die Hüter der Begriffe, S. 240–308.

1193 Vgl. Schildt, »Die Kräfte der Gegenreform sind auf breiter Front angetreten«, S. 462; siehe auch: Hoeres, Von der »Tendenzwende« zur »geistig-moralischen Wende«, S. 99.

Notzings in der *Criticón* seinen sprachpolitischen Kurs und verwendete die Begriffe »konservativ« und »rechts« synonym. Er setzte damit zudem den Trend für die Zeitschrift. Mohler plädierte gar für die Aufnahme des Wortes »reaktionär« in den Sprachgebrauch. Mitte der 1970er Jahre hatte er sich vollends von dem Begriff »konservativ« entledigt.[1194] Einen Liberalkonservatismus hatte Mohler indes bereits in den 1960er Jahren mehrmals als programmlosen »Gärtner-Konservatismus« diffamiert, der sich auf ein »Hegen« und »Pflegen« beschränke und nur gelegentlich im »Ausrupfen von Unkraut« zeige.[1195] Der streitbare Denker war also ganz anders als Walden von einem konservativen Dogma überzeugt.

Waldens 1970 getätigter Hinweis, nicht »rechtsorientierte Manager«, sondern »Idealisten der demokratischen Mitte« seien die »Hoffnung« eines »neuen Konservatismus« muss demnach dezidiert in Richtung der Gruppe um Mohler und Schrenck-Notzing verstanden werden.[1196] Walden hingegen hatte in Mohlers Augen eine »linksliberale Grundeinstellung«, die nur von seinem »heftigen Antikommunismus« übertüncht werde, wie er 1969 anlässlich der bevorstehenden Bundestagswahl schrieb.[1197] Aus der Feder Mohlers muss dies natürlich als Überzeichnung eingestuft werden, doch wurde klar, dass mit dem aggressiv antiliberalen und dogmatischen Denken Mohlers Walden wenig gemein hatte. Auf die Einstufung Mohlers schien Walden sogar stolz zu sein. Auf dem Einband seines 1975 erschienenen Buches »Kassandra-Rufe« hieß es als Ausweis seiner Unabhängigkeit, der *Spiegel* habe Walden einen »Kalten Krieger« genannt, und von Armin Mohler wurde er als Autor mit »linksliberaler Grundeinstellung« bezeichnet.[1198]

Wiederum ein Zeichen für Waldens Versuch, einen Konservatismus unter liberalen Vorzeichen zu etablieren, der, wie gezeigt, besser als konservativer Liberalismus zu verstehen war, war die auffällige Nicht-Verbindung zu einem der einflussreichsten Denker eines illiberalen neurechten Konservatismus in den frühen 1970er Jahren, Gerd-Klaus Kaltenbrunner. Der in Wien geborene Publizist versuchte anders als Mohler häufig rhetorisch an liberales Denken anzuknüpfen. Ihm ging es allerdings anders als Matthias Walden oder beispielsweise Hermann Lübbe und Kurt Sonthei-

1194 Vgl. Steber, Die Hüter der Begriffe, S. 304–308; siehe als Beispiel für Mohlers Publizistik: Armin Mohler, Von rechts gesehen, Stuttgart 1974.

1195 Siehe zu den Zitaten aus Mohlers Beitrag im *Monat* 1962: Steber, Die Hüter der Begriffe, S. 162; sowie: Armin Mohler, Konservativ 1969, in: Hans Julius Schoeps/Christopher Dannemann (Hrsg.), Formeln deutscher Politik. Sechs Praktiker stellen sich: Walter Scheel, Hans Reif, Freiherr von und zu Guttenberg, Armin Mohler, Günther Müller, Hans-Jürgen Wischnewski, München und Esslingen 1969, S. 91–118, hier S. 101–103.

1196 Siehe erneut: Walden, Konservative Haltung, S. 11.

1197 Vgl. Mohler, Konservativ 1969, in: Schoeps/Dannemann (Hrsg.), Formeln deutscher Politik, S. 95; den Text druckte er fünf Jahre später unverändert in einem Sammelband ab, siehe: ders., Von rechts, S. 14–35.

1198 Vgl. Walden, Kassandra-Rufe.

mer nicht um eine Liberalisierung des Konservatismus, sondern um eine Vereinnahmung einiger Begriffe liberalen Denkens in einen illiberalen Konservatismus.[1199]

Waldens Grundorientierung einer »Bewahrung des Bewährten« in seinem Verständnis politischen Denkens war zudem mit der Prophetie Kaltenbrunners kaum vereinbar. Dieser eckte mit seinem utopisch anmutenden Prinzip eines revolutionären »schöpferischen Konservatismus« bei all jenen an, die im konservativen Denken gerade den Schutz vor utopistischer Zukunftsplanung sahen. Also wie Walden, der sich schon 1970 in seinem Kommentar zur »konservativen Haltung« gegen ein ideologisches »Neuerertum« positioniert hatte.[1200]

»Wiederentdeckung des Konservativen« und »Rückkehr zu den Quellen«

Walden war einer derjenigen Akteure im öffentlichen Raum, die eine Rehabilitierung des »konservativen« im öffentlichen Sprachgebrauch begrüßten.[1201] In seinem zweiten Artikel für *Konservativ heute* mit dem Titel »Die Wiederentdeckung des Konservativen« zeigte er sich erfreut über eine demoskopische Umfrage des Allensbach-Instituts. Nach dieser hatten sich 39 Prozent der Bürger positiv zu einer politisch konservativen Haltung geäußert. Nur 19 Prozent hätten diese abgelehnt und 42 Prozent schwankten noch. Euphemistisch hieß das bei Walden, dass sich zwei Drittel derjenigen, die überhaupt eine Meinung zu dem Thema hatten, positiv geäußert hätten.[1202]

Auch im journalistischen Bereich begrüßte Walden einen gewissen Wandel. Auf die 1974 in einer gemeinsamen Rundfunkdiskussion geäußerten Bedenken Peter Merseburgers, er sehe die »Gefahr« einer »konservativen Grundwoge« im Land, erwiderte er nur, dies habe es lange Zeit zu genüge ebenso von einer Richtung gegeben, die verkürzt als »links« bezeichnet werden könne. Eine Gefahr für die Meinungsvielfalt, wie sie Merseburger angedeutet hatte, sah er nicht. Die Pluralität in den öffentlich-rechtlichen Rundfunkanstalten werde ja keineswegs angezweifelt; die Phasen verschiedener »Unterströmungen« seien normal.[1203] An Axel Springer schrieb Walden Ende des Jahres 1973, die *FAZ*, die sich in den vergangenen Jahren mit einem »lauwarmen Objektivismus« im »Strom des Zeitgeistes« bewegt habe, drohe die *Welt* nun »rechts« zu überholen. Sie folge dabei wiederum einem neuen »Zeitgeist«.[1204] Angesichts des wei-

1199 Siehe zu einer ersten größeren Rekonstruktion Kaltenbrunners Denkens: Steber, Die Hüter der Begriffe, S. 272–276; zu Kaltenbrunner auch kurz: Nolte, Konservatismus in Deutschland, S. 565.

1200 Vgl. Walden, Konservative Haltung, S. 8; zu dem Konzept Kaltenbrunners: Steber, Die Hüter der Begriffe, S. 277–280.

1201 Siehe dazu auch: Schildt, »Die Kräfte der Gegenreform sind auf breiter Front angetreten«, S. 461.

1202 Vgl. Walden, Wiederentdeckung, S. 274.

1203 Vgl. Gulliver: Kommentar – kontrovers, 21.12.1974, Minute 13-15.

1204 Vgl. Walden an Springer, 7.12.1973.

ter oben beschriebenen Schlingerkurses der *Welt* hieß es einige Monate später nochmals deutlicher:

> Die FAZ wird immer besser, entschiedener, klarer, brillanter, kämpferischer und auch lesbarer. Dieses Blatt, das in den schweren Jahren feige und opportunistisch war – und damit wohl, Gott sei‹s geklagt, Auflage hielt! – erntet jetzt die Früchte, die überhaupt nur reifen konnten, weil es einen Axel-Springer-Verlag und eine WELT gegeben hat.[1205]

Eindeutig geht hieraus hervor, dass sich Walden als Teil einer Wende im öffentlichen Bewusstsein empfand. In der Tat hatte sich die *FAZ* keineswegs feindselig gegenüber der sozialliberalen Regierung gegeben. Vor allem im Politikressort unter Jürgen Tern stand man explizit der Ostpolitik aufgeschlossen gegenüber, was Waldens Kritik erklärt. Intern war die Haltung Terns, der angesichts Brandts Erfurt-Besuch auf einer Herausgeberkonferenz über die Frage der Anerkennung der DDR abstimmen wollte, keineswegs unumstritten. Die Differenzen in der Ost- und Deutschlandpolitik sowie einer wirtschaftspolitischen Wende Terns führten zum – vertragsmäßig korrekten – Rauswurf des Herausgebers durch eine Mehrheit seiner Mitherausgeber im Sommer 1970.[1206] In der Folge gab es zwar immer noch Unterstützer für die Neue Ostpolitik in den Redaktionen der *FAZ*, doch schwenkte die generelle Linie des Hauses auf einen »verwestlichen Konservatismus« ein, so Peter Hoeres. Die Partnerschaft mit den USA wurde betont und vor neutralistischen Alleingängen gewarnt.[1207] Die Ernennung Joachim Fests als neues Mitglied des Herausgebergremius und dessen Übernahme des Feuilletons 1973 gilt zudem als Zeichen einer veränderten konservativen Ausrichtung der Zeitung.[1208]

Die Hinwendung zu einem konservativen Bewusstsein galt es aus Waldens Sicht nun zu nutzen, schien sich die Strömung doch endlich in Richtung des eigenen »Crawlens« zu bewegen. In seinem Nachwort der ansonsten eher alarmistischen »Kassandra-Rufe« ließ er daher vorsichtig Optimismus walten:

> Und so gibt es eine antimodische Wiedergeburt des Bewahrenden, eine Erneuerung des Willens zu Freiheit und Pflicht, eine tätige Sehnsucht nach zeitlosen Idealen. [...] Die Rückkehr zu den Quellen der verpflichtenden Freiheit hat begonnen.[1209]

1205 Walden an Springer, 3.4.1974.
1206 Vgl. Hoeres, Zeitung für Deutschland, S. 251–253.
1207 Vgl. ebenda, S. 257f.
1208 Vgl. ebenda, S. 262.
1209 Walden, Kassandra-Rufe, S. 280.

Das zwar noch mit einem Fragezeichen versehene Nachwort mit dem Titel »Rückkehr zu den Quellen?« erschien kurze Zeit nach der Veröffentlichung der »Kassandra-Rufe« als dritter und letzter Beitrag Waldens in *Konservativ heute*.[1210]

Nicht unerheblich an dieser Wahrnehmung dürften für Walden die eindrucksvollen Erfolge in den Landtagswahlen der Unionsparteien gewesen sein. Am »spektakulärsten«, so Axel Schildt, waren die Wahlerfolge der CDU in Hessen. Schon 1970 konnte die Partei sich von 26,4 auf 39,7 Prozent verbessern und 1974 nochmals auf 47,3 Prozent steigern. In Niedersachsen konnte 1971 ein Sprung von 41,7 auf 45,7 Prozent verzeichnet werden, der 1974 mit 48,8 Prozent weiter ausgebaut wurde. In Baden-Württemberg erreichte die CDU 1972 mit 52,9 Prozent, im Vergleich zu 44,2 Prozent 1968, das erste Mal die absolute Mehrheit. Ein fader Beigeschmack im »Ländle« blieb die Wählerwanderung zur Union von der NPD, die gar eine Wahlempfehlung für die CDU ausgesprochen hatte. In Bayern konnte die CSU ebenfalls liefern. Nach der absoluten Mehrheit 1970 mit 56,4 Prozent las sich 1974 das Ergebnis von 62,1 Prozent noch eindrucksvoller.[1211]

Nach einer mehrjährigen Phase der Orientierung im Schatten der Neuen Ostpolitik und der Regierung Brandt begaben sich die Unionsparteien seit der Übernahme des Parteivorsitzes durch Helmut Kohl 1973 auf die Suche nach einem neuen programmatischen Standort. Dieser lag in der Integration liberaler und konservativer Akzente, die nach einem längeren Prozess im ersten Grundsatzprogramm der Partei 1978 mündete.[1212]

Laut Schildt war die Voraussetzung dieses »Wiederaufstiegs der Union« zuletzt nur durch die Anerkennung der außenpolitischen Realitäten in Form der Ostverträge und des Grundlagenvertrages möglich, die Helmut Kohl 1973 bei seiner ersten Rede als CDU-Vorsitzender »kurz und knapp« vollzog. Der rheinland-pfälzische Ministerpräsident tat dies gegen den Ratschlag zahlreicher konservativer Publizisten, so Schildt.[1213] Die Haltung Waldens war in dieser Frage differenzierter, als es auf den ersten Blick scheint. Zwar wetterte der Journalist, wo es nur ging, gegen die Ostpolitik der Bundesregierung, hatte aber bereits nach der Ratifizierung der Ostverträge und der gemeinsamen Entschließung im Bundestag diese ebenso formell akzeptiert. Gleichsam mit dem Grundlagenvertrag musste man nun leben. In einem Entwurf für einen Text Axel Springers, der als Wahlkampfunterstützung für Franz Josef Strauß erscheinen sollte, führte dies Walden 1980 nochmals aus.

1210 Vgl. ders., Rückkehr zu den Quellen?, in: Konservativ heute 6 (1975), H. 5, S. 277–282.
1211 Zu den Landtagswahlen: Schildt, »Die Kräfte der Gegenreform sind auf breiter Front angetreten«, S. 462.
1212 Siehe ausführlich: Bösch, Krise als Chance, in: Jarausch (Hrsg.), Das Ende, S. 301–306.
1213 Vgl. Schildt, »Die Kräfte der Gegenreform sind auf breiter Front angetreten», S. 462f.

Den Schwerpunkt des Beitrages setzte er auf die Verfassungsklage Bayerns gegen den Grundlagenvertrag mit der DDR, laut Walden »ein unentbehrliches Alibi für unverfallene nationale Gesinnung im Namen des ganzen Vaterlandes«. Selbst wenn die Klage abgewiesen wurde, machte der Verweis des Gerichtes auf den Verfassungsgrundsatz der Wiedervereinigung und die Zugehörigkeit Berlins zum Bund laut Walden eine harte Deutschlandpolitik mit dem Vertrag möglich. Verwerflich sei nur, dass sich in den vergangenen Jahren seiner Ansicht nach nicht an die Vorgaben aus Karlsruhe gehalten wurde. Ähnlich hielt er es mit der gemeinsamen Erklärung zu den Ostverträgen.[1214] In der Ausrichtung sollte sich Springer in seinem späteren Tex zu Strauß an die Vorschläge Waldens halten.[1215]

Walden begrüßte die »konservative Tendenzwende« nicht nur; mit seiner Forderung nach einem »neuen Konservatismus« 1970 war er einer ihrer Wegbereiter. Dies kann wiederum seine Charakterisierung als liberalkonservativ unterstützen, da mit der »Tendenzwende« kaum eine illiberale Richtung des Konservatismus gemeint war. Schon Raymond Aron hatte in den 1950er Jahren von der Bundesrepublik Deutschland in diesem Sinne als »konservative Demokratie« gesprochen und meinte damit den herrschenden Konsens gegenüber ihren repräsentativen Institutionen und die dadurch erreichte Verteidigung gegen radikale und revolutionäre Kräfte.[1216] Das fasste gut und knapp eine Synthese liberalen und konservativen Denkens zusammen.

Wie Martina Steber zeigt, setzten sich in der innerparteilichen Diskussion der Union der erste Generalsekretär der Partei und seit 1972 amtierende Vorsitzende der Konrad-Adenauer-Stiftung, Bruno Heck, sowie vor allem Richard von Weizsäcker, Karl Carstens und der von Walden bewunderte Eugen Gerstenmaier in der ersten Hälfte der 1970er Jahre für eine Auflösung der Antithese zwischen Konservatismus und Fortschritt ein. In der Person des ehemaligen Widerstandkämpfers Gerstenmaier spiegelte sich für Walden die perfekte Verbindung von politischer Klugheit und freiheitlichem Idealismus wider. In der Diskussion um die Nachfolge Konrad Adenauers hatte sich Walden bereits für den damaligen Bundestagspräsidenten ausgesprochen: »Er ist ein menschlicher Mann, der einst den Widerstand wagte und dem man Ideale glauben darf. Er ist nicht nur intelligent und nicht nur sensibel – er ist beides. Er ist klug.«[1217]

1214 Vgl. Matthias Walden, Typoskript Entwurf FJS-Buch, 28. Januar 1980 (ASV-UA: NL Springer, Box 404).

1215 Vgl. Axel Springer, Berlin und die Einheit Deutschlands, in: Friedrich Zimmermann (Hrsg.), Anspruch und Leistung. Widmungen für Franz Josef Strauß, Stuttgart 1980, S. 143–150.

1216 Zur Aussage Arons: Oppermann (Hrsg.), Im Kampf gegen die modernen Tyranneien, S. 34; sowie: ders., Raymond Aron und Deutschland, S. 389.

1217 Walden, Wenn der Alte geht, in: Quick – Illustrierte für Deutschland vom 17.3.1963, S. 65.

Liberal und konservativ seien in dieser Denkschule außerdem keine Gegensätze, sondern ein Amalgam, wie vor allem der spätere Bundespräsident Karl Carstens hervorhob.[1218] Auf seine Art zeigte sich hier Walden semantisch anschlussfähig. In seiner Begeisterung für Japan hieß es in seinem Reisebericht 1980 unverfänglich, das Zeremoniell dieses »überaus fortschrittlichen, überaus konservativen Landes« sei von der Modernität nicht beschädigt.[1219] Das stärkste Argument, Walden in das Lager der Liberalkonservativen zu verordnen, ist daher das Simpelste. Eine »konservative Haltung« war laut Walden nötig, um die liberale Demokratie zu verteidigen und einen geordneten Fortschritt nach Maß zu gewährleisten. Schließlich sollten »Idealisten der demokratischen Mitte« die »neuen« Konservativen sein. Das galt gegen die Bedrohungen von außen und im Innern. Ein Konservatismus zur Verteidigung des Liberalismus, ein konservativer Liberalismus, kann kurz gesagt als »Liberalkonservatismus« bezeichnet werden.[1220] Diese Verteidigung könne zudem durch einen moralischen Kompass und ideelle Werte erfolgen, die nicht zwangsläufig liberalem Denken entstammen müssen, wie Francis Fukuyama schreibt.[1221] Eine Nähe zu den konservativen Tugenden Waldens wie Leistungsbereitschaft, Opfersinn oder den Wert der Familie ist hier offensichtlich. Eine dieser Tugenden war ein Patriotismus, der im Widerspruch zu streng liberalen Prinzipien der Rationalität stand. Im folgenden Kapitel wird aufgezeigt, wie Walden diesem Problem begegnete.

Zwischen Vaterland und Wiedervereinigung

Eng verbunden mit einer konservativen Haltung war in der zweiten Hälfte des 20. Jahrhunderts das Verhältnis zur Nation. In der Bundesrepublik kann vor allem mit der Spielart des unter anderem von Hans Zehrer und Armin Mohler repräsentierten Nationalkonservatismus eine verstärkte Akzentuierung nationalen Denkens assoziiert werden. Im Laufe der 1960er Jahre fand das nationalkonservative Milieu vor dem Hintergrund einer verstärkten Vergangenheitsbewältigung aber kaum noch die passenden Antworten. Der Nationalkonservatismus wurde somit in der Bundesrepublik zu einem überkommenen Ideengebilde.[1222]

[1218] Vgl. Steber, Die Hüter der Begriffe, S. 312–314.; zu Waldens Haltung gegenüber Gerstenmaier nochmals: Walden, Hecht, in: Quick – Illustrierte für Deutschland vom 7.11.1965.

[1219] Vgl. ders., Die Fütterung der Krokodile, S. 212.

[1220] Siehe zu diesem Vorschlag: Matthias Oppermann, Amalgam aus liberal und konservativ. Die »Konservatismusdebatte« in der Union der frühen Bundesrepublik, in: Die Politische Meinung 63 (2018), H. 552, S. 100–104, hier S. 104.

[1221] Vgl. Fukuyama, The End of History and the Last Man, S. 326.

[1222] Vgl. Hochgeschwender, Der Verlust des konservativen Denkens, in: Schildt (Hrsg.), Von draußen, S. 177.

Einen übertriebenen Nationalgedanken hatte Matthias Walden schon in den 1950er Jahren als eine der »Krankheiten dieser Welt« und als unvereinbar mit dem Modell der westlichen Demokratie bezeichnet.[1223] Dass sich Walden als Patriot verstand, zeigte jedoch nicht nur sein vehementes Eintreten für die Einheit Deutschlands, sondern ebenso seine Betonung einer »staatsloyalen« Haltung, die jedem politischen Engagement in der Bundesrepublik Deutschland zugrunde liegen sollte. Hier setzte sich darüber hinaus die von Konservativen ab der Mitte des 20. Jahrhunderts entdeckte Hinwendung zu einem starken Staat im Sinne eines zu verteidigenden »Leviathans« durch, so wie es der Historiker Paul Nolte in seinem Aufsatz über den Konservatismus in Deutschland nach 1945 schreibt.[1224]

»Freiheit vor Einheit«

Über der Einheit der Nation des geteilten Deutschlands musste laut Walden die Freiheit der Menschen in der DDR stehen. So schrieb er es in einem offenen Brief in der *Quick* im Januar 1965 an seinen Kollegen Peter Bender, mit dem er sich über diese grundsätzliche Priorisierung einig war.[1225] Einige Wochen später kommentierte Walden erneut in der *Quick*, dass es innerhalb der NATO gegenwärtig keine Mehrheit für ein starkes vereintes Deutschland gebe. Anders als für Sebastian Haffner, der deswegen den Austritt aus dem Bündnis forderte, meinte Walden, dass als Nahziel daher die »Freiheit für die Zone« stehe. Eine Wiedervereinigung sei dann ohnehin nur noch eine Frage der Zeit, glaubte er.[1226] In einem Brief an Ralf Richard Koerner, einem Journalisten in Süddeutschland, führte Walden 1967 noch deutlicher aus, dass ihm die Existenz zweier deutscher Staaten »durchaus zumutbar erschiene, wenn sie gleichermaßen freiheitlich wären [...]. Die Formel ›Freiheit vor Einheit‹ hat ihre Berechtigung, wenn auch leider auf unabsehbare Zeit offenbar ebenfalls keine Chance.«[1227] Und schon 1963 hatte sich diese Haltung in »ostblind-westblind« in einem Essay über das Verhältnis von Wiedervereinigung und Freiheit gezeigt:

> Nicht, weil sie unter Kaiser Wilhelm gemeinsam in den Krieg zogen, nicht weil Beethoven einer der ihren war, nicht, weil Weimar und Passau deutsche Städte sind und den Schulen an Saale und Mosel der gleiche Schiller gelesen wird, hat es mit der Wiedervereinigung solche große schmerzliche Eile, sondern weil die

1223 Vgl. Walden, Fazit einer Reise – September 1955, in: Walden (Hrsg.), Mikrophon, S. 94.

1224 Vgl. Nolte, Konservatismus in Deutschland, S. 561f.

1225 Vgl. Walden, Offensive Entspannung?, in: Quick – Illustrierte für Deutschland vom 17.1.1965, S. 5.

1226 Vgl. ders., Jeder lügt sich in die Tasche, in: Quick – Illustrierte für Deutschland vom 21.2.1965, S. 85; Lange, Von Kommunisten und Kolumnisten, S. 26–32.

1227 Matthias Walden an Ralf Richard Koerner vom 14. November 1967 (ASV-UA: NL Walden, Box 44 – SFB 1966-67).

Grenze unpassierbar ist und weil auf der Ostseite gelitten wird. Die deutsche Wiedervereinigung ist eine internationale Frage. Wir meinen Freiheit, wenn wir von Einheit sprechen. Freiheit aber ist kein Nationalbegriff.[1228]

Bei Peter Bender führte diese Erkenntnis, wie gezeigt, zu einer Adaption der Ideen Egon Bahrs mit dem Ziel einer durch Anerkennung des SED-Regimes zu erreichenden Liberalisierung des kommunistischen Systems. Bei Walden hingegen hatten diese Gedankengänge eher Ähnlichkeit mit der sogenannten Österreich-Lösung, die zum Ende von Konrad Adenauers Kanzlerschaft in der Arkan-Abteilung im Kanzleramt entworfen und auch dem Kreml unterbreitet wurde.[1229] Mit dieser libertären Form der Wiedervereinigungsforderungen zeigte Walden eine geistige Nähe zu Axel Springer, der ebenfalls seine Kritik an neuen Ansätzen in der Deutschlandpolitik im Kern am Problem der Befreiung der Ostdeutschen aufstellte und sich dabei ganz wie Walden auf Ernst Reuter berief.[1230] Sie erinnerte ebenfalls an Karl Theodor zu Guttenberg, der im Herbst 1967 zu Egon Bahr sagte: »Ich bin kein Nationalist – ich bin für die Freiheit.«[1231] Walden blieb damit seiner intellektuellen Tradition der »Roll-Back-Strategie« treu, deren von John Foster Dulles 1947 entworfene Liberation-Policy auf die Überwindung der Passivität sowie die aktive Befreiung der vom Sowjetkommunismus unterdrückten Länder abzielte.[1232]

»Wie national darf's denn sein?«

Im Frühjahr 1965 hatte sich Walden in einem offenen Brief in der *Quick* an Vize-Kanzler und Minister für gesamtdeutsche Fragen, Erich Mende, gewandt und gefragt: »Wie national darf's denn sein?«[1233] Der Minister hatte im Vorfeld die alleinige Kriegsschuld der Deutschen im Zweiten Weltkrieg in Frage gestellt und sich für die Ehrung des Eisernen Kreuzes aus der Zeit des Nationalsozialismus eingesetzt, auf dem allerdings ein Hakenkreuz abgebildet war. Walden schrieb, dass sich Mende lieber vom Nationalen dieser Zeit distanzieren solle, denn auch das könne ein deutsches Selbstbewusstsein hervorrufen.[1234]

1228 Walden, ostblind – westblind, S. 34f.

1229 Vgl. Henning Köhler, Adenauer. Eine politische Biographie, Frankfurt am Main 1994, S. 990–999; siehe auch: Sywottek, Nationale Politik als Symbolpolitik, in: Schildt/Siegfried/Lammers (Hrsg.), Dynamische Zeiten, S. 348f.

1230 Vgl. Schwarz, Axel Springer, S. 513; siehe dazu auch: Kruip, Das »Welt«-»Bild« des Axel Springer Verlages, S. 135f.

1231 Guttenberg, Fußnoten, S. 140.

1232 Vgl. Stöver, Der Kalte Krieg, S. 67–72.

1233 Matthias Walden, Wie national darf‹s denn sein? Offener Brief von Matthias Walden an Erich Mende, in: Quick – Illustrierte für Deutschland vom 11.4.1965.

1234 Vgl. ebenda.

Er führte weiter aus: »Mein Vaterland hat es mir allerdings schwer gemacht, es zu lieben. Aber ich versuche es trotzdem und gerade deshalb.«[1235] Und in seiner Verteidigung Willy Brandts ein paar Monate später hieß es, dass dieser mit seiner Flucht nach Norwegen eher seine Treue zum »Vaterland« unter Beweis gestellt habe und wer ihn deshalb nicht wähle »dumm oder böse, oder beides« sei.[1236] Der Begriff des »Vaterlandes« gehörte Mitte der 1960er Jahre zum gewohnten sprachlichen Gebrauch Waldens. Später sagte er einmal, er ziehe die Bezeichnung »Vaterlandsliebe« der des »Patriotismus« vor – im Grunde meinte es für ihn aber dasselbe.[1237] Es klang stark nach einer »antinazistischen« Vaterlandsliebe, die er beschreiben wollte. Der Patriotismus Waldens lässt sich also nicht trotz, sondern gerade durch seine scharfe Distanzierung von einem Nationalismus und seiner beständigen Kritik an einem allzu lauen Umgang mit dem »Dritten Reich« erklären.

Mit der starren Berufung auf Traditionen durfte eine Vaterlandsliebe laut Walden ebenfalls nicht verwechselt werden, wie er 1963 festhielt. »Berufspatrioten« trügen ihr Vaterland demnach eher in Orden auf der Brust als darin. Die gefallenen Soldaten im Zweiten Weltkrieg seien nicht für ihr Vaterland gestorben, sondern wurden geopfert. Sie seien für »braunhemdige Gauner, für gewisse Grunewald-Villenbesitzer, für Geschützlafetten-Hersteller und Paralytiker« gestorben.[1238] Mit solchen Ausführungen knüpfte er an sein pazifistisch geprägtes Denken der unmittelbaren Nachkriegszeit an. Parallelen wies er damit außerdem zu dem französischen Patrioten und Pazifisten Anatole France auf, der im Ersten Weltkrieg nach der für die französischen Streitkräfte verheerend verlaufenen Nivelle-Offensive 1917 gesagt hatte: »Man meint, man stirbt fürs Vaterland, und dabei stirbt man für die Industriellen.«[1239]

Vor allem für seine Kritik an dem Festhalten unreflektierter Traditionsbestände wurde Walden aus dem nationalen Lager zuweilen hart angegangen. Viele sahen in ihm gar einen »vaterlandslosen Gesellen«.[1240] In der dritten Folge seiner Fernsehsendung »Vor unserer eigenen Tür« über Kontinuitätsbestände zur Zeit des Nationalsozialismus in der Bundesrepublik dokumentierte Walden einige Schmähbriefe, in denen bezweifelt wurde, dass er ein Deutscher sei. Sein trockener Kommentar: »Aber ich bin es.«[1241]

Doch die Angriffe gegen Walden spiegelten bald auch eine andere Farbe wider. Im Frühjahr 1972 – auf dem Höhepunkt der Diskussion um die Ratifizierung der Ostver-

1235 Ebenda.
1236 Vgl. ders., Legende, in: Quick – Illustrierte für Deutschland vom 21.11.1965.
1237 Vgl. Fernsehdiskussion Arena, 2.11.1982, Minute 26.
1238 Vgl. Walden, ostblind – westblind, S. 130.
1239 Zitiert nach: Jean-Pierre Cartier, Der Erste Weltkrieg: 1914– 1918, München – Zürich 1984, S. 541.
1240 Vgl. Walden, ostblind – westblind, S. 227.
1241 Vgl. ders., Vor unserer eigenen Tür (3), Minute 12.

träge – schrieb er in der *Welt*, dass er das Streben nach der Einheit durch die sozialliberale Ostpolitik in Gefahr sehe. Die Regierung vertrat in seinen Augen eine »Zweistaatentheorie- und Praxis«.[1242] Der Gedanke einer Kulturnation, den Willy Brandt in den Vordergrund seiner deutschlandpolitischen Initiativen stellte, griff für Walden in dieser Diskussion zu kurz. Schon in seiner Betonung einer staatsloyalen Haltung wurde deutlich, dass Elemente wie Staat und Gebiet für ihn untrennbar mit einem Nationskonzept verbunden waren, und orientierte sich dabei am Staatsrecht, das als Elemente des Staates Gebiet, Volk und Gewalt kennt. Dabei lag er grundsätzlich auf einer Linie mit den führenden Deutschlandpolitikern der CDU der frühen 1970er Jahre, Altkanzler Kurt Georg Kiesinger und Richard von Weizsäcker.[1243]

Die Frage der Einheit der Nation blieb im politischen Denken Waldens virulent. Seine Haltung blieb dabei konsequent, wie stellvertretend sein Auftritt in der ZDF-Diskussionssendung »5 nach 10« am 8. September 1981 zeigen sollte. Mit insgesamt 14 Teilnehmern, unter anderem Günter Grass, Rolf Schneider, Manfred Krug, Rainer Barzel und Peter Brandt diskutierte Walden drei Stunden lang über die provokant gestellte Leitfrage: »Sind wir noch eine Nation?« Wahrgenommen wurde er unter anderem von der *Frankfurter Allgemeinen Zeitung* als Vertreter von bekannten Positionen der 1950er Jahre wie Freiheit und Legitimität der Regierung durch Wahlen als Kriterien für eine gemeinsame Nation.[1244]

Anfang der 1970er Jahre, ungefähr zehn Jahre, nachdem sich Walden aufgrund seiner »antinazistischen« Arbeiten gegen Vorwürfe der Subversion des patriotischen Stolzes zur Wehr setzen musste, sah er sich nun mit dem Vorwurf eines »überlebten Patriotismus« konfrontiert. Walden machte in seiner Reaktion deutlich, dass die Liebe zum Vaterland einen kosmopolitischen Geist und eine europäische Gesinnung nicht ausschließe. Und mehr noch: »Die Existenz eines wohlverstandenen Vaterlandes ist die einzig verläßliche Vorbeugung gegen Nationalismus.«[1245] Er wehrte sich zudem gegen dilettantische Versuche zur Besetzung des Themas. So führte er im Oktober 1971 den Schlagersänger Udo Jürgens in der *ARD* vor laufender Kamera vor, als er mit ihm gemeinsam seinen kritischen Protestsong »Lieb Vaterland« analysierte.[1246]

1242 Vgl. ders., D wie Deutschland – nur noch ein Anhängsel?, in: Die Welt vom 19.4.1972.

1243 Siehe zu der Debatte: Roth, Die Idee der Nation im politischen Diskurs, S. 97–102; siehe zur Abgrenzung zu einer reinen Kulturnation innerhalb der Union ebenfalls: Martin G. Maier, Geteilte Heimat? Der Patriotismus der Friedensbewegung und die politische Rechte in Deutschland, in: Deutschland Archiv, 17.10.2018. www.bpb.de/277692 (23. Oktober 2019).

1244 Vgl. g. r., »Fünf nach Zehn«. Die gebeutelte Nation, in: Frankfurter Allgemeine Zeitung vom 10.9.1981.

1245 Walden, D wie Deutschland, in: Die Welt vom 19.4.1972.

1246 Vgl. Abschrift »Protestsongs – wirksam oder wirkungslos?«, Sendung in der ARD vom 13. Oktober 1971 (ASV-UA: NL Walden, Box 23 –1971).

Große Aufregung entfachten Waldens Kommentare im *SFB* und der *ARD* zum Berlin-Abkommen vom 3. September 1971. Der Journalist hatte die Einigung der Siegermächte als kaum hilfreich für die Lage der geteilten Stadt und die Frage der Wiedervereinigung eingestuft. Im *SFB* gab Walden zudem das Ergebnis einer demoskopischen Umfrage wider, nach der nur 20 Prozent der Berliner das Abkommen positiv beurteilt und sich 41 Prozent negativ geäußert hatten.[1247] Im Rundfunkrat hinterfragte der Vorsitzende des Landesbezirkes Berlin des Deutschen Gewerkschaftsbundes, Stefan Hoyzer, die Richtigkeit von Waldens Angaben. Diese Vorwürfe wurden von *SFB*-Chefredakteur Peter Pechel, der seinerseits einen wohlwollenden Kommentar zum Abkommen gesprochen hatte, allerdings vehement abgewehrt.[1248]

Doch nicht nur, dass Zweifel an Waldens journalistischer Arbeit laut wurden, auch seine generelle politische Haltung war heftiger öffentlicher Kritik ausgesetzt. In der SPD-nahen Berliner Zeitung *Der Telegraf* wurden zahlreiche unkommentierte Leserbriefe abgedruckt, die Walden der »Hetze« beschuldigten. Walden sah sich gezwungen, in eigener Sache an die Zeitung zu schreiben, die seinen Brief abdruckte. Von der Redaktion hätte er sich zumindest eine relativierende Darstellung gewünscht, beschwerte er sich:

> Sie erweisen Berlin einen schlechten Dienst, wenn sie solchem Niveau und solcher Mentalität Ihre Zeitungsspalten öffnen und damit den Eindruck erwecken, als verfiele der Geist demokratischer Auseinandersetzungen in unserer Stadt.[1249]

Noch tiefer ins Mark traf Walden das Verhalten der Zeitung *Die Mahnung*, in der er acht Jahre zuvor sein Plädoyer für »Anti-Nazismus« veröffentlicht hatte und die vom »Bund der Verfolgten des Nazi-Regimes« herausgegeben wurde. Die Redaktion verantwortete den Abdruck eines anonymen Leserbriefes, in dem Walden als Nationalist diffamiert wurde, der lieber bei der rechtsextremen *Deutschen Soldaten-Zeitung* anheuern solle. Darunter hieß es von der Redaktion: »Wir haben diesem Leserbrief nichts hinzuzufügen«.[1250] Sichtlich schockiert schrieb Walden an den Chefredakteur Max Köhler und bezeichnete die Behandlung seiner Person als »ehrenrührig«. Er

1247 Vgl. Walden, Abendschaukommentar SFB, 3.9.1971, S. 3.

1248 Vgl. Stefan Hoyzer an Peter Pechel vom 29. September 1971 (ASV-UA: NL Walden, Box 23 – 1971); Peter Pechel an Stefan Hoyzer vom 3. November 1971 (ASV-UA: NL Walden, Box 23 – 1971); Peter Pechel, Typoskript Abendschaukommentar im SFB vom 23. August 1971 (ASV-UA: NL Walden, Box 23 – 1971).

1249 Matthias Walden, Matthias Walden in eigener Sache, in: Der Telegraf vom 19.9.1971.

1250 B. K., Leserbrief, in: Die Mahnung vom 15.9.1971.

verwies außerdem auf seine Vergangenheit mit der *Mahnung* und seinen Status als Heinrich-Stahl-Preisträger der Jüdischen Gemeinde Berlins.

In Köhlers Antwort, die gemeinsam mit Waldens Beschwerde abgedruckt wurde, zeigte sich wiederum die ganze Paradoxität der Diskussion. *Die Mahnung* habe nicht vergessen, wie Walden vor Jahren an ihrer Seite gestanden habe, und umso schmerzhafter erscheine es der Redaktion, dass Walden nun in einer Front mit der reaktionären »Aktion Widerstand« stehe. Diese Gruppierung hatte sich am 30. Oktober 1970 in Würzburg gegründet und kann als Reaktion auf den Nichteinzug der NPD in den Bundestag bei der Wahl 1969 interpretiert werden. Die Neue Ostpolitik wurde zum Katalysator der radikalen Vereinigung, die mit Parolen wie »Brandt an die Wand!« oder »Wer deutsches Land verschenkt gehört gehenkt!« öffentlich in Erscheinung trat. Köhler war sich sicher, Walden lehne im tiefsten Inneren diese Gemeinheiten ab, doch wertete er dessen Kommentare als Unterstützung der Aktion, der Mitte 1971 allerdings bereits die finanziellen Mittel ausgegangen waren.[1251]

Köhler warf Walden letztendlich einen Missbrauch des öffentlichen Rundfunks vor, da Walden offensichtlich die Position einer bestimmten Partei unterstütze. Rückendeckung erhielt Walden von Werner Goldberg, zweiter Vorsitzender des »Bundes der Verfolgten des Nazi-Regimes« und für die CDU im Abgeordnetenhaus von Berlin.[1252] Der Chefredakteur der *Mahnung* schien nicht zu bemerken, dass eine Befürwortung des Berlin-Abkommens nicht weniger die Position einer Partei unterstützt hätte als eben die Kritik an selbigem. In eine Linie mit der »Aktion Widerstand« war Walden wiederum schwerlich zu bringen. Schon anlässlich der spontanen Gründung der Gruppe hatte er einen kritischen Kommentar in der *Welt* veröffentlicht und sie als »rechtsradikal« bezeichnet.[1253]

Seinem antitotalitären Selbstverständnis geschuldet konnte sich Walden rechtsextremen Kreisen genauso wenig aufgeschlossen zeigen wie linksextremen Gruppierungen. Vor dem Hintergrund der »Tendenzwende« sollte sich an diesen Fragen die Suche nach einer nationalen Identität abarbeiten. In einer einstündigen Fernsehdokumentation fragte Walden 1978 dementsprechend nach einer womöglichen »Gefahr von rechts«. Als Motivation für die Sendung gab er an, dass angesichts andauernder Präsenz rechtsradikaler Jugendgruppen wie der »Wiking-Jugend«, häufiger Hakenkreuzschmierereien und hartnäckig verbreiteter anti-jüdischer und nazistischer Pamphlete vor allem bei

1251 Vgl. Herr Matthias Walden und die »Pressefreiheit«, in: Die Mahnung vom 15.10.1971; siehe zur Aktion Widerstand: Christian Kopke, Die *Aktion Widerstand* 1970/71: Die »nationale Opposition« zwischen Sammlung und Zersplitterung, in: Massimiliano Livi/Daniel Schmidt/Michael Sturm (Hrsg.), Die 1970er Jahre als schwarzes Jahrzehnt. Politisierung und Mobilisierung zwischen christlicher Demokratie und extremer Rechter, Frankfurt am Main 2010, S. 249–262.

1252 Vgl. Herr Matthias Walden und die »Pressefreiheit«, in: Die Mahnung vom 15.10.1971.

1253 Vgl. Matthias Walden, Die Bomben der Linken ermutigen Rechtsradikale, in: Die Welt vom 7.11.1970.

jungen Menschen von dieser Gefahr vermehrt gesprochen werde. Walden wollte nun hinterfragen, ob diese wirklich bestehe, nachdem ein Großteil der Bevölkerung durch den Extremismus und Terrorismus von links sich zumindest der Bedrohung von dieser Seite bewusst sei.[1254]

Ein Beispiel für diese rechtsextremen Umtriebe war die »Wehrsportgruppe Hoffmann«, die 1974 das erste Mal in Erscheinung getreten war und in der sich viele ehemalige Mitglieder der »Wiking-Jugend« fanden. Die Vereinigung verstand sich als rechtsextreme Alternative zur parlamentarischen Demokratie und idealisierte beispielsweise den frühen Führer der nationalsozialistischen Sturmabteilung der 1930er Jahre, Ernst Röhm. Bevor es zu terroristischen Aktivitäten der Wehrsportgruppe kommen konnte, veranlasste Innenminister Gerhart Baum 1980 ihr Verbot.[1255]

In der *Welt* begrüßte Walden diesen Schritt Baums mit der Begründung, dass gegen die Regeln der freiheitlichen Grundordnung auch nicht »Narren« verstoßen dürften. Er verwies anlässlich diesem »Wehren der Anfänge« allerdings ebenfalls auf gewalttätige Gegner der Kernenergie, die zumindest in ihrer Ausstattung der »Wehrsportgruppe« sehr ähnlich seien.[1256] Damit zeigte Walden dann doch Tendenzen der Bagatellisierung der »Wehrsportgruppe«, die vor allem in Kreisen der CSU verbreitet war. Nachdem im September 1980 Gundulf Köhler als Verantwortlicher für einen Terroranschlag auf dem Münchner Oktoberfest identifiziert wurde, sollte das zurückfeuern, denn dem Attentäter konnten Verbindungen zur »Wehrsportgruppe Hoffmann« nachgewiesen werden.[1257]

Bundesinnenminister Baum war einer der zahlreichen Gesprächspartner Waldens in seiner Dokumentation von 1978. Baum bestätigte Walden, dass zwar die absolute Zahl der Mitglieder rechtsextremer Gruppierungen von 1969, 36.500, bis 1978 auf 17.800 zurückgegangen, gerade aber die Gewaltbereitschaft kleiner Gruppen sehr hoch sei. Baum meinte gar, dass es 1978 das erste Mal im Rechtsextremismus vergleichbare Strukturen mit denen der RAF gebe, und spielte wahrscheinlich auf die »Wehrsportgruppe Hoffmann« an.[1258]

Walden stimmte letztendlich eher mit der Auffassung von Bundestagspräsident Karl Carstens überein. Der CDU-Politiker war der Meinung, die Gefahr, die vom Rechtsextremismus ausgehe, sei bei Weitem nicht so groß, als dass sie die freiheitliche

1254 Vgl. ders., Fernsehdokumentation Gefahr von rechts? Radikale Gruppen in der Bundesrepublik (eingesehen im AdRBB, Erstsendung am 25. Oktober 1978 im SFB), Minute 1–2.

1255 Siehe ausführlich zur »Wehrsportgruppe Hoffmann«: Rainer Fromm, Die »Wehrsportgruppe Hoffmann«: Darstellung, Analyse und Einordnung. Ein Beitrag zur Geschichte des deutschen und europäischen Rechtsextremismus, Frankfurt am Main 1998.

1256 Vgl. Matthias Walden, Das Verbot, in: Die Welt vom 3.12.1980.

1257 Vgl. Fromm, Die »Wehrsportgruppe Hoffmann«, S. 477–484.

1258 Vgl. Walden, Gefahr von rechts?, 25.10.1978, Minute 2–5 und Minute 38.

Grundordnung bedrohen könnte. Dennoch müsse man sie ernst nehmen.[1259] Eine Dramatisierung rechtsextremen und nationalistischen Denkens in der Bundesrepublik führte laut Walden außerdem zu einem verzerrten Bild und störte die Beziehungen zu den anderen europäischen Staaten, wie er bereits im Herbst 1977 in der *Welt am Sonntag* schrieb.[1260]

Mit Karl Carstens stimmte Walden darüber hinaus in der These überein, dass ein »Vaterländisches Vakuum« rechtsextremen Kreisen Auftrieb verschaffe. Es sei an der Zeit für einen Patriotismus im besten Sinne des Wortes, so Walden während seiner Sendung im Gespräch mit Horst Ehmke, der die aufgestellte These vom »Vaterländischen Vakuum« hinterfragt hatte.[1261] Für Walden bedeutete dies auch immer die Frage der Deutschen Einheit. Sie sei zu ernst, um sie den Nationalisten zu überlassen, doch könne sie ebenso wenig den Sozialisten anvertraut werden.[1262]

Seiner Einschätzung blieb er bis in die Mitte der 1980er Jahre treu und kritisierte Medien, Haushalte und Bildungseinrichtungen für ihre patriotische Zurückhaltung. Im Juli 1983 sprach er in der *Welt* vom »totgeschwiegenen Vaterland«, zeigte sich aber optimistisch angesichts der »herzerfrischende[n] Selbstverständlichkeit«, mit der der seit einigen Monaten amtierende Bundeskanzler Helmut Kohl vom »Vaterland« spreche. Kämpferisch schrieb Walden mit Blick auf die deutsche Teilung:

> Die Fahne wieder zu ehren und zu grüßen, sich von vor der erklingenden Hymne zu erheben, den Soldaten zu achten, der Frieden und Freiheit schützt, vaterländische Kultur mit Respekt aus der Vergessenheit zu bergen und in der gemeinsamen Muttersprache den gemeinsamen Sinn wiederzugewinnen - das alles muß vollbracht werden, wenn das Wort vom Vaterland nicht eine rhetorische Reprise bleiben soll.[1263]

Karl Carstens setzte sich wiederum in seinem Amt als Bundespräsident, das er seit 1979 bekleidete, beispiellos für ein Vaterlandsbewusstsein ein. Er plädierte für ein »gesundes Verhältnis« zum Vaterland und zur Nation und für die, bei aller notwendigen Identifikation mit der Bundesrepublik niemals vergessene, staatliche Wiedervereinigung mit der DDR. Wie für Walden hatte dies für Carstens nicht im Widerspruch mit der politischen Westintegration der Bundesrepublik gestanden, sondern

1259 Vgl. ebenda, Minute 27; siehe dazu auch: ders., Auch wenige sind gefährlich. Dem Terror von Rechts fehlt die Infrastruktur, aber er bleibt virulent, in: Die Welt vom 4.9.1980.

1260 Vgl. ders., Wer pilgert denn zum Grab des »Duce«?, in: Welt am Sonntag vom 28.8.1977.

1261 Vgl. ders., Gefahr von rechts?, 25.10.1978, Minute 34-38; Dazu auch: ders., Die Stunde der Opposition, in: Die Welt vom 2.11.1981.

1262 Vgl. ders., Einheitsziel, in: Welt am Sonntag vom 22.2.1981.

1263 Ders., Das totgeschwiegene Vaterland, in: Die Welt vom 6.7.1983.

diese war sogar die Bedingung der Einheit.[1264] Und auch wenn es in der Union sicher eine breite Spanne gab, die von einem nationalkonservativen Flügel bis hin zu einem multikulturell europäisch geprägten Flügel um CDU-Generalsekretär Heiner Geißler reichte, traf Waldens Beobachtung einer verstärkt normativ kommunizierten gesamtdeutschen Identität nach dem Regierungswechsel 1982 durchaus zu.[1265]

Exkurs: Die Filbinger-Affäre

Für Walden blieb die Aufarbeitung der nationalsozialistischen Vergangenheit stets eine notwendige Bedingung dieser Identifikation mit dem Vaterland. Damit einher ging die Betonung der liberal-demokratischen Grundstruktur der Bundesrepublik Deutschland. Diese beiden Aspekte zeigten sich exemplarisch in Waldens Reaktion auf die Affäre um den baden-württembergischen Ministerpräsidenten Hans Filbinger (CDU) im Sommer 1978. Filbinger war heftig unter Beschuss geraten, als insgesamt vier Todesurteile aus seiner Zeit als Marinerichter von 1943 bis 1945 öffentlich bekannt geworden waren – drei wegen Desertion Anfang 1945 und eines wegen Plünderung bereits 1943. Der Ministerpräsident, der lange Zeit lavierte und sich nur auf Druck bevorstehender Veröffentlichungen selbst äußerte, sah sich schnell Rücktrittsforderungen ausgesetzt.[1266]

Mit einem Spätkommentar in der *ARD* am 8. Juli reihte sich Walden in die Reihe der öffentlichen Kritiker an dem CDU-Politiker ein. Mit seinem taktierenden Verhalten habe Filbinger das letzte Verständnis gegenüber seiner Rolle, die sicherlich auch von tragischer Verstrickung und Befehlsnotstand gekennzeichnet war, verspielt. Das Festhalten Filbingers an seinem Posten habe nicht nur die Glaubwürdigkeit und das Ansehen der CDU beschädigt, sondern den »Geist der Demokratie«, stellte Walden mit »kristalliner konservativer Härte«[1267] – so Theo Sommer anerkennend in der *Zeit* – fest.[1268]

Ganz ähnlich wirkte die Bewertung Joachim Fests, der so wie Walden zu den liberal-konservativen Journalisten im politischen Journalismus nach 1945 zu zählen ist. Der Feuilleton-Chef der *FAZ* hatte bereits im Mai 1978 geschrieben, die eigentliche

1264 Siehe ausführlich zum Patriotismus Carstens': Tim Szatkowski, Karl Carstens. Eine politische Biographie, Köln – Weimar – Wien 2007, S. 358–367.

1265 Vgl. Andreas Rödder, Die deutsche Frage vor dem Einigungsvertrag: Parteien, Intellektuelle, Massenmedien in der Bundesrepublik, in: Günter Buchstab/Hans-Otto Kleinmann/Hanns Jürgen Küsters (Hrsg.), Die Ära Kohl im Gespräch. Eine Zwischenbilanz, Köln – Weimar – Wien 2010, S. 467–481, hier S. 469.

1266 Siehe zu einem Überblick des Skandals: Wolfram Wette, Der Fall Filbinger, in: ders. (Hrsg.), Filbinger – eine deutsche Karriere, Springe 2006, S. 15–34, hier S. 17–21.

1267 Theo Sommer, Uneinsichtig bis zum Ende, in: Die Zeit vom 14.7.1978.

1268 Vgl. Matthias Walden, Typoskript ARD-Spätkommentar vom 8. Juli 1978 (ASV-UA: NL Springer, Box 341), S. 2.

Irritation im Fall Filbinger beginne mit dem Opportunismus des späteren Ministerpräsidenten nach dem Zweiten Weltkrieg. So habe Filbinger sich häufig als »aktiver« Widerständler dargestellt, was er laut Fest genauso wenig war wie der »furchtbare Jurist«, als den ihn der Dramatiker Rolf Hochhuth in der *Zeit* bezeichnet hatte. Für einen Repräsentanten der Demokratie galten laut Fest aber eben andere moralische Maßstäbe.[1269] So leitete Matthias Walden seinen Kommentar ebenfalls damit ein, dass der Ministerpräsident einen eklatanten »Mangel an Unrechtsbewußtsein« zeige, der nicht mehr mit seiner repräsentativen Funktion vereinbar sei.[1270]

Letztendlich führten die Reaktionen Filbingers auf die Vorwürfe zu irreparablen Schäden seiner Person im Amt. Am 7. August trat der Ministerpräsident schließlich verbittert zurück. Er sah sich als Opfer einer Hetzkampagne linker und linksliberaler Medien. Viele CDU-Politiker waren hierin der gleichen Meinung.[1271] Eine schwarz-weiß-Betrachtung der Affäre ist sicherlich kaum möglich. Die Frage nach Filbingers Handlungsspielraum wurde in der öffentlichen Diskussion mehrfach gestellt. Zwei der Todesurteile wegen Desertion hatte Filbinger wohl mit dem Wissen gesprochen, dass diese nicht vollstreckt werden konnten. In dem Fall der Plünderung von 1943 hatte Filbinger gar auf eine Begnadigung zu einer Freiheitsstrafe hingewirkt. Der Umgang mit dem Politiker war darüber hinaus teilweise grenzwertig und die Existenz »politischer Nebenmotive« (Joachim Fest) war evident.[1272]

Angesichts der kontroversen Positionen zur Filbinger-Affäre wirkte Waldens harte Haltung umso klarer. In diesen Fragen stand er Seite an Seite mit liberalen Kommentatoren wie eben Theo Sommer. In Waldens Position zur Filbinger-Affäre lässt sich schlussendlich ein unvermindertes Eintreten für die Aufarbeitung der nationalsozialistischen Vergangenheit erkennen sowie die Betonung demokratischer Werte, die unvereinbar mit einer personellen Kontinuität zum »Dritten Reich« seien.[1273] Nicht Filbingers Handeln im »Dritten Reich« geriet für Walden indes zum Problem, sondern der schnoddrige Umgang des Ministerpräsidenten mit den Vorwürfen. Eklatant wurde dies durch Filbingers Aussage gegenüber drei *Spiegel*-Journalisten: »Was damals Recht war, kann heute nicht Unrecht sein.«[1274]

Walden war mit seinem positiven Bezug auf das Vaterland, mit dem er den Mut zu einem offensiven Geschichtsbewusstsein verband, ein Vorreiter konservativen Den-

[1269] Vgl. Joachim C. Fest, Filbingers Uneinsichtigkeit, in: Frankfurter Allgemeine Zeitung vom 26.5.1978.

[1270] Vgl. Walden, ARD-Kommentar, 8.7.1978, S. 1.

[1271] Siehe: Marc von Miquel, Juristen: Richter in eigener Sache, in: Norbert Frei (Hrsg.), Karrieren im Zwielicht. Hitlers Eliten nach 1945, Frankfurt am Main 2001, S. 181–237, hier S. 235f.

[1272] Dazu auch: Wette, Der Fall Filbinger, in: Wette (Hrsg.), Filbinger, S. 21f.

[1273] Siehe dazu auch: Matthias Walden, Daß kein Mörder triumphiere. Die Aufhebung der Verjährung ist eine gute Entscheidung – nach innen und nach außen, in: Die Welt vom 5.7.1979.

[1274] Siehe: Wette, Der Fall Filbinger, in: Wette (Hrsg.), Filbinger, S. 20.

kens in der Bundesrepublik Deutschland. Sein Engagement ist in diesem Sinne als Gegenentwurf zu einer vermeintlich subversiven Vergangenheitsbewältigung zu verstehen, die er als Bedrohung des freiheitlich-demokratischen Projektes der Bundesrepublik empfand.[1275] So schrieb er einige Jahre später 1983:

> Die Konservativen im Lande haben dagegen seit langem erkannt, daß ein demokratisches Nationalbewußtsein der geläuterten Art das einzige Vorbeugungsmittel gegen nationalistische Rückfälle – in welcher Färbung auch immer – darstellt.[1276]

Nähe zu Sternbergers Verfassungspatriotismus

Wenn Walden von Vaterland sprach, so schloss er dabei die DDR nicht aus. Schon 1963 hieß es in »ostblind-westblind«: »Jedes Vaterland sagt, es sei das richtige. Aber keines von beiden, obwohl sie unvergleichbar sind, kann es sein. Weil beide zusammengehören, wenn der Begriff überhaupt noch einen Sinn ergeben soll.«[1277] Dies ähnelte wiederum dem Denken Dolf Sternbergers, der aufgrund der deutschen Teilung bereits 1959 die Verfassung – mit ihrem Grundsatz der Wiedervereinigung – zum Vaterland erhoben hatte.[1278]

Zum 30. Jahrestag der Gründung der Bundesrepublik prägte Sternberger 1979 schließlich in einem Leitartikel in der *FAZ* den Begriff des »Verfassungspatriotismus«.[1279] Das erste Mal hatte Sternberger den Begriff bereits 1970 beiläufig eingeführt. Seinen Ursprung hatte er also in der Reaktion auf den antiautoritären Protest der späten 1960er Jahre und in der Verteidigung der freiheitlich demokratischen Grundordnung. Sternberger verteidigte das Grundgesetz – als vorläufige deutsche Verfassung – gegen die Kritik von links und gegen die Aufnahme von plebiszitären Elementen, wie sie 1970 die FDP gefordert hatte.[1280] In den 1980er Jahren wurde das Konzept von einer postnationalen und universalistischen Linken, in Persona von Jürgen Habermas, uminterpretiert. Der Kerngedanke Sternbergers, nicht einen Ersatz für einen nationalen Patriotismus zu liefern, sondern zu erklären, dass jeder Patriotismus sich im Sinne einer Erweiterung des Nationalen auf die Staatsverfassung beziehen müsse, ging bei

1275 Siehe dazu: Wolfrum, Geschichtspolitik, S. 303–316; ganz ähnlich kann die Rolle Joachim Fests bewertet werden, vgl. Hoeres, Zeitung für Deutschland, S. 274–280.

1276 Walden, Das totgeschwiegene Vaterland, in: Die Welt vom 6.7.1983.

1277 Ders., ostblind – westblind, S. 229.

1278 Vgl. Dolf Sternberger, Das Vaterland (1959), in: ders. (Hrsg.), Schriften X. Verfassungspatriotismus, Frankfurt am Main 1990, S. 11–12.

1279 Vgl. dass., Verfassungspatriotismus (1979), in: ders. (Hrsg.), Schriften X. Verfassungspatriotismus, Frankfurt am Main 1990, S. 13–16.

1280 Vgl. Hoeres, Zeitung für Deutschland, S. 228f.

Habermas verloren.[1281] Diese Grundannahme des »Verfassungspatriotismus« zieht sich mithin durch Sternbergers gesamtes politisches Denken nach 1945, in dessen Umfeld, wie weiter oben gezeigt, bereits Waldens Konzeption einer »staatsloyalen« Haltung zu verorten ist.

Sternberger sah sein Ideenkonstrukt nicht als Notbehelf für einen nationalen Patriotismus, sondern wollte daran erinnern, dass es einen Patriotismus schon gegeben hatte, bevor er sich mit dem Gedanken der Nation und des Nationalstaats verbunden hatte. Gemeint sei damit der Ursprung patriotischen Denkens in der Römischen Republik, der sich bis ins 18. Jahrhundert gehalten hatte und auf die Teilhabe des Bürgers am Gemeinwesen abzielte, wie es Peter Graf Kielmansegg in seinem »Nachwort« zu der Debatte erläuterte.[1282]

In diesem Licht erschien Matthias Waldens Verweis auf John F. Kennedy aus seinem Plädoyer für eine »konservative Haltung« von 1970, die Menschen sollten zunächst fragen, was sie selbst für ihr Land tun können, bevor sie fragen, was ihr Land für sie tun könne.[1283] Im Frühjahr 1981 sollte sich Walden dementsprechend besorgt in der *Welt* anlässlich einer demoskopischen Umfrage äußern, nach der 61 Prozent der 19- bis 29-Jährigen meinten, dass das Wort »Vaterland« nicht mehr in die Zeit passe. Aus »Vaterland« sei »Vater Staat« geworden bemängelte Walden. Einen Grund dafür sah er in dem Komfort der sozialen Geborgenheit, die eine »Bereitschaft zum Dienen« vernachlässige. Diese sei laut Walden aber intrinsisch mit einer Vaterlandsliebe verbunden.[1284]

Die Idee des Verfassungspatriotismus in der Interpretation Dolf Sternbergers war sinnbildlich für ein neues Verständnis von Patriotismus, das sich in Europa nach dem Zweiten Weltkrieg sukzessive herausgebildet hatte. In einem zeitgenössischen Beitrag zu der Debatte beschrieb Hans-Peter Schwarz Ende der 1980er Jahre diesen Vorgang als »Läuterung des Patriotismus«. Kennzeichnend dafür sei eine Lockerung des engen Zusammenhangs von Nationalismus und Patriotismus. Ein »demokratischer Patriotismus« ergab mithin nur Sinn, so Schwarz, wenn er die »Patriotismen« anderer Völker nicht ausschließe, sondern im Gegenteil sogar verbindend wirke.[1285]

[1281] Vgl. Peter Molt, Dolf Sternbergers Verfassungspatriotismus, in: Zeitschrift für Politikwissenschaft 16 (2006), H. 3, S. 875–900, hier S. 893; siehe auch: Sontheimer, So war Deutschland nie, S. 201f.

[1282] Vgl. Peter Graf Kielmansegg, Verfassungspatriotismus. Ein Nachwort?, in: Alexander Gallus/Thomas Schubert/Tom Thieme (Hrsg.), Deutsche Kontroversen. Festschrift für Eckhard Jesse, Baden-Baden 2013, S. 45–57, hier S. 46.

[1283] Vgl. Walden, Konservative Haltung, S. 10.

[1284] Vgl. ders., Vom Vaterland zum Vater Staat. Je mehr man vom Staat verlangt, desto weniger möchte man ihm geben, in: Die Welt vom 4.4.1981.

[1285] Vgl. Hans-Peter Schwarz, Patriotismus in Europa aus der Sicht der Zeitgeschichte, in: Klaus Weigelt (Hrsg.), Patriotismus in Europa. Festgabe für Professor Dr. Bruno Heck zum 70. Geburtstag, Bonn 1988, S. 21–43, hier S. 33.

Schwarz beschrieb darüber hinaus, dass sich der Patriotismus in der Demokratie mit der überstaatlichen Idee der westlichen Freiheit verband. Vor dem Hintergrund der totalitären Herausforderung im Kalten Krieg habe dies wiederum zu einer Amalgamierung von patriotischen Gefühlen und einem ideell übergeordneten Wertesystem geführt. In Sternbergers Verfassungspatriotismus war diese Entwicklung laut Schwarz sehr gut sichtbar, beinhaltete er doch den Stolz auf die Demokratie, die Erinnerung an die Verteidigung der abendländisch-freiheitlichen Existenz sowie das Solidaritätsbekenntnis mit den anderen Demokratien.[1286]

»Auf dem Weg in das Tal des Neutralismus«

Ausgestattet mit dieser Denkkonstruktion war es Walden möglich, mit seiner Suche nach einer intellektuellen Identitätsfigur auf einen »erneuerten Patriotismus« hinzuwirken. Dieser müsse sich freilich gegen einen »neuen Patriotismus« abgrenzen, den beispielsweise Heinrich Böll angesichts der avisierten Stationierung amerikanischer Mittelstreckenraketen in Westeuropa 1984 forderte.[1287] Der »politische irrlichternde Literat«, so Walden, vertrete eher einen »apokalyptischen Nationalismus«, der Ähnlichkeiten zu rechtsextremen Argumentationsmustern eines »besetzten Landes« zeige und in der Formel »Amis raus« münde.[1288] Diese Dialektik machte sich ein großer Teil der weiter unten näher beschriebenen Friedensbewegung Anfang der 1980er Jahre in der Tat zu eigen. Böll, der den Vorwurf des Anti-Amerikanismus nicht nur von Walden zu hören bekam, rechtfertigte seine USA-Kritik mit einem Verweis auf den inneramerikanischen Protest an der Regierungspolitik.[1289]

Kritisch beäugte Walden auch seinen langjährigen Widerpart auf dem Feld der Ost- und Deutschlandpolitik, Egon Bahr. Der einstige Architekt der Neuen Ostpolitik hatte bis auf ein kurzes Zwischenspiel von 1974 bis 1976 als Bundesminister für wirtschaftliche Zusammenarbeit in den Kabinetten Helmut Schmidts keine Rolle mehr gespielt. Er blieb jedoch bis 1990 Mitglied des Deutschen Bundestages und behielt vor allem als Bundesgeschäftsführer von 1976 bis 1981 programmatischen Einfluss auf die SPD. Als intellektuelles Erbe Bahrs kristallisierte sich in den späten 1970er und frühen

1286 Vgl. ebenda, S. 36–38.

1287 Siehe zum Beispiel: Heinrich Böll, Manuskript der Ansprache zur Friedensdemonstration vom 10.10.1981 in Bonn, in: ders. (Hrsg.), Werke – Kölner Ausgae, Band 22 1981-1984. Herausgegeben von Jochen Schubert, Köln 2007, S. 52–55.

1288 Vgl. Walden, Das totgeschwiegene Vaterland, in: Die Welt vom 6.7.1983.

1289 Siehe hierzu und zur Dialektik des »besetzten Landes« in der Friedensbewegung: Philipp Gassert, Viel Lärm um Nichts? Der NATO-Doppelbeschluss als Katalysator gesellschaftlicher Verständigung in der Bundesrepublik, in: Philipp Gassert/Tim Geiger/Hermann Wentker (Hrsg.), Zweiter Kalter Krieg und Friedensbewegung. Der NATO-Doppelbeschluss in deutsch-deutscher und internationaler Perspektive, München 2011, S. 175–202, hier S. 194–196. Zur Friedensbewegung ausführlich im nächsten Kapitel.

1980er Jahren immer mehr ein nationalstaatliches Denken heraus, das im Widerspruch zur NATO-Mitgliedschaft der Bundesrepublik Deutschland und deren Westintegration stand.[1290]

Mit Bahr hatte Walden nun endgültig gebrochen. In einem Portrait über den SPD-Politiker in der *Welt am Sonntag* im Dezember 1980 mit dem Titel »Der Souffleur« ließ er anders als bisher an der gemeinsamen Zeit mit Bahr beim *RIAS* kein gutes Haar mehr. Bereits in den 1950er Jahren habe Bahr zur »Gedankenakrobatik« geneigt und in langen SED-Verlautbarungen einzelne Wörter herausgepickt, in denen er einen vermeintlichen Kurswechsel erkannt haben wollte:

> Nach meiner Erinnerung war meist die Prämisse falsch, und alle intellektuelle Logik half dann nicht mehr. Ich fragte mich: Ist er eigentlich auch klug oder nur intelligent? Das ist ja ein Unterschied.[1291]

Gegen die Vorwürfe, ein sowjetischer Agent zu sein, hatte Walden seinen ehemaligen Kollegen allerdings kurz zuvor öffentlich in Schutz genommen. Die Erklärung: »So ist Bahr.«[1292]

Vor dem Hintergrund des sich Anfang der 1980er Jahre verschärfenden Ost-West-Konfliktes empfand es Walden hingegen als befremdlich, dass in der SPD vermehrt zwischen »deutschen Interessen« und denen des westlichen Bündnisses unterschieden werde. Neben den nationalistisch angehauchten anti-amerikanischen Tönen Bahrs, so Walden, spielte er zudem auf den Helmut Kohl unterlegenen Kanzlerkandidaten der SPD von 1983, Hans-Jochen Vogel, an.[1293] Dieser hatte im Wahlkampf den Nutzen der amerikanischen Sicherheitsinteressen für die Bundesrepublik in Frage gestellt.[1294] Die SPD befand sich laut Walden in dieser Rhetorik »Auf dem Weg in das Tal des Neutralismus«, wie er einen Leitartikel in der *Welt am Sonntag* überschrieb.[1295] Mit dieser Kritik war Walden im konservativen Lager nicht allein. So argumentierte beispielsweise der im »Bund Freiheit der Wissenschaft« aktive Soziologe Erwin K. Scheuch Anfang der 1980er Jahre ganz ähnlich, wenn er eine Konvergenz zwischen extremen linken und extremen rechten Strömungen an den Hochschulen feststellte.

1290 Vgl. Gallus, Die Neutralisten, S. 305f.

1291 Matthias Walden, Der Souffleur, in: Welt am Sonntag vom 14.12.1980.

1292 Ders., So ist Bahr, in: Welt am Sonntag vom 17.8.1980.

1293 Vgl. ders., Das totgeschwiegene Vaterland, in: Die Welt vom 6.7.1983; sowie bereits: ders., Die Geister, die Bahr rief, in: Welt am Sonntag vom 10.9.1978; zur Kritik an Vogel siehe außerdem: Peter Schultze/Matthias Walden, Abschied von Berlin: Dr. Hans-Jochen Vogel im Gespräch (eingesehen im AdRBB, Erstsendung am 4. Mai 1983 im SFB), Minute 38–43.

1294 Vgl. Winkler, Vom Kalten Krieg zum Mauerfall, S. 864.

1295 Vgl. Matthias Walden, Auf dem Weg in das Tal des Neutralismus, in: Welt am Sonntag vom 6.3.1983.

Dies münde laut Scheuch letztendlich in einem Nationalneutralismus, der sich mit dem Schlagwort »Patriotismus« tarne.[1296]

Walden und der Bund Freies Deutschland

Angesichts der vermehrt von Walden artikulierten Ablehnung nationalneutralistischer Ideen muss das Engagement des Journalisten für den Bund Freies Deutschland (BFD) Mitte der 1970er Jahre semantisch auf den ersten Blick etwas ambivalent wirken. Allerdings wird schnell deutlich, dass Walden den auf West-Berlin begrenzten BFD in erster Linie als Vehikel für die Interessenvertretung der geteilten Stadt verstand.

Die Stadt sei Mitte der 1970er Jahre nach dem unzureichenden Berlin-Abkommen nicht nur in ihrer Freiheit bedroht, es mangele ihr darüber hinaus ebenfalls an einer freiheitlichen Ausstrahlung, so Walden auf einem Empfang im Berliner Springer-Haus 1977. Berlin sei im Ost-West-Konflikt prädestiniert dafür, ein »Wächteramt« der Freiheit einzunehmen, was nicht zufällig an Ernst Reuters »Vorposten der Freiheit« erinnerte.[1297]

Von Kritikern wie der Schriftstellerin Ingeborg Drewitz wurde der BFD wiederum als rechtsnational und antidemokratisch bezeichnet.[1298] Kaum überraschend stufte auch Heinrich Böll im Oktober 1974 in der *konkret* den Zusammenschluss »ohne jede Einschränkung« als »rechtsradikal« ein.[1299] Ähnlich liest sich die Zusammenfassung der Analyse des Ministeriums für Staatssicherheit der DDR, das den BFD intensiv beobachtete. Die Zentrale Auswertungs- und Informationsgruppe bezeichnete den Bund im Mai 1974 als »rechtsextremistische, antikommunistische, revanchistische und nationalistische Sammlungsbewegung«.[1300]

Walden suchte Mitte der 1970er Jahre einen Ort, an dem ein prononcierter Antikommunismus und eine »Solidarität der Demokraten« herrschte, wie er dem Berliner Bürgermeister Kurt Neubauer (SPD) anvertraute.[1301] Diesen schien er im BFD gefunden zu haben. Genauso empfand dies Axel Springer, der als entscheidender Financier

[1296] Siehe zu Scheuch: Maier, Geteilte Heimat?

[1297] Vgl. Matthias Walden, Berlin heute, in: Ritterorden vom Heiligen Grab zu Jerusalem (Hrsg.), Investitur vom 13. bis 15. Mai 1977 in Berlin. Broschüre zum Empfang im Verlagshaus Axel Springer, S. 5–9, hier S. 8.

[1298] Zum Beispiel: Ingeborg Drewitz, Vorwort, in: Jochen Maes (Hrsg.), Bund Freies Deutschland. Sammelbecken einer neuen Rechtspartei – mit einem Vorwort von Dr. Ingeborg Drewitz, Wuppertal 1974, S. 3f.

[1299] Vgl. Heinrich Böll, Ab nach rechts, in: konkret (1974), H. 2, S. 2.

[1300] Vgl. Ministerium für Staatssicherheit der DDR, Rechtsextremistische Sammlungsbewegung »Bund Freies Deutschland« (17. Mai 1974). BStU (Archivsignatur: MfS ZAIG, Nr. 5024), S. 2.

[1301] Vgl. Matthias Walden an Kurt Neubauer vom 24. September 1973 (ASV-UA, NL Springer: Box 207).

des Bundes auftrat.[1302] Der BFD hatte sich im Mai 1974 als eine regionale politische Vorfeldorganisation in Berlin gebildet, in der sich vor allem SPD-Mitglieder sammelten. Sogenannte Reuter-Sozialdemokraten, die mit der Deutschlandpolitik und der gesellschaftspolitischen Öffnung ihrer Partei nach weit links auf Kriegsfuß standen. Vorsitzender des BFD war der ehemalige SPD-Politiker und einstige Chef des Deutschen Gewerkschaftsbundes, Ernst Scharnowski. Sein Stellvertreter war Karl-Heinz Drogula, der für die SPD im Berliner Abgeordnetenhaus gesessen hatte und seinen Unmut gegenüber seiner Partei unter anderem mit der Teilnahme seines Berliner Genossen Harry Ristock an einem Demonstrationszug von Kommunisten aus dem Jahre 1968 erklärte.[1303]

Walden stürzte sich mit ungewohntem Enthusiasmus in das Projekt der politischen Vorfeldorganisation. Gegenüber parteipolitischem Engagement war er ansonsten reserviert eingestellt. Seine Haltung gegenüber Vereinen war ähnlich skeptisch.[1304] Eindeutig sah er sich als verlängerten Arm Springers beim BFD, wie mehrere Berichte über Treffen der »Bewegung« an den Verleger belegen. Gegenüber dem von Walden bewunderten Springer konnte er sich also mit seiner Unterstützung für den BFD profilieren. Dies könnte eine Erklärung für sein starkes Einbringen in die Arbeit des Bundes sein. Der direkte Verantwortliche im *Verlag Axel Springer* für den Kontakt zu der Organisation war allerdings Springers Büroleiter Claus-Dieter Nagel.[1305] Ende 1974 war Walden beseelt von einer »Aufbruchstimmung«. Kurz zuvor hatte sich der BFD vom Verein zu einer Partei gewandelt und plante, bei den Wahlen zum Berliner Abgeordnetenhaus im März 1975 anzutreten.[1306]

Walden zeigte sich verantwortlich für die intellektuelle Grundierung des BFD. So wirkte er entscheidend bei der Erstellung des »Berliner Manifests« des Vereins mit, das mit dem Untertitel »An alle Deutschen – 20 Thesen der Freiheit« zum Programm der Partei werden sollte.[1307] Walden sprach 1974 auf der Gründungskundgebung des BFD sowie auf der Veranstaltung »Berlin bleibt frei« im November, die sich an den

1302 Vgl. Schwarz, Axel Springer, S. 555f.

1303 Vgl. Dietrich Strothmann, Die letzten aufrechten Rechten. Stimmen auf Kosten der CDU, in: Die Zeit vom 28.2.1975; zur Zusammensetzung des BFD siehe: Richard Stöss, Die Aktionsgemeinschaft Vierte Partei, in: ders. (Hrsg.), Parteien-Handbuch. Die Parteien der Bundesrepublik Deutschland 1945–1980 – Sonderausgabe Band 1: AUD bis CDU, Opladen 1986, S. 336–366, hier S. 345.

1304 Vgl. Lange, Der konservative Moralist, S. 34.

1305 Das geht aus einem Schreiben von Ernst Cramer an Walden hervor: Ernst Cramer an Matthias Walden vom 21. März 1975 (ASV-UA, NL Springer: Box 251).

1306 Vgl. Matthias Walden an Axel Springer vom 11. Dezember 1974 (ASV-UA, NL Springer: Box 224); siehe auch: Matthias Walden an Axel Springer vom 7. November 1974 (ASV-UA, NL Springer: Box 224); oder: Walden an Springer, Frühjahr 1974.

1307 Bund Freies Deutschland, Berliner Manifest. An alle Deutschen – 20 Thesen der Freiheit, Berlin 1974 o. 1975.

Duktus Willy Brandts aus der Zweiten Berlinkrise anlehnte.[1308] Sein Zutun ging so weit, dass viele Passagen des »Berliner Manifests« aus früheren Artikeln Waldens entnommen waren. Das war ein gefundenes Fressen für die Kritiker des Bundes, die der Vereinigung so eine gewisse Schlamperei nachweisen wollten. Einer dieser öffentlichen Kritiker war der Journalist Jochen Maes, der mit einer Broschüre Ende des Jahres 1974 den BFD als »Sammelbecken einer neuen Rechtspartei« entlarven wollte.[1309] Waldens Rechtfertigung gegenüber Ernst Cramer, der ihn auf diese Kritik angesprochen hatte, liest sich wiederum überaus pragmatisch. Einige der Formulierungen Waldens seien schlicht so gelungen gewesen, dass man darauf verzichtet habe, etwas Neues zu schreiben.[1310]

Für Maes, der den BFD in einer Tradition mit dem Komitee »Rettet die Freiheit« sah, war Matthias Walden neben Scharnowski, den Journalisten Gerhard Löwenthal und Fritz Schenk sowie dem ehemaligen US-Stadtkommandanten für West-Berlin, Frank L. Howley, der ehemaligen Kommunistin und Sowjetunionrückkehrerin Margarete Buber-Neumann (SPD, ab 1975 CDU) und Axel Springer einer der »Führer« der Partei.[1311] Dem schloss sich ebenfalls das Ministerium für Staatssicherheit der DDR an, das Walden als einen der »geistigen Väter« der Partei einstufte.[1312] Walden war auf der anderen Seite darauf bedacht, eine gewisse Distanz zum BFD zu wahren. An den Pressedienst der SPD schrieb er dementsprechend im Sommer 1976, dieser möge doch sein »Helfer-Handbuch der CDU/CSU« korrigieren, in dem er als Mitglied des BFD geführt werde, was aber nicht stimme.[1313] Tatsächlich gibt es keinen Beleg für eine Mitgliedschaft Matthias Waldens im BFD. Nach dem anfänglichen Elan schien er gerade nach der Parteigründung seines Engagements etwas überdrüssig. An Ernst Cramer schrieb er Anfang des Jahres 1975, sein Wunsch eines »BFD-freien Weihnachtsfestes« sei in Erfüllung gegangen. Die Parteiarbeit zehrte sichtlich an Walden: »Wir müssen nun hindurch.«[1314]

An Axel Springer schrieb er ebenfalls im Januar 1975 pessimistisch, dem BFD fehle es an guten Rednern, die aber für den anstehenden Wahlkampf unerlässlich seien.

1308 Vgl. Ministerium für Staatssicherheit der DDR, Aktivitäten des BFD vom 1.11.1974-30.11.1974 (Dezember 1974). BStU (Archivsignatur: MfS HA XXII 17167, S. 253-262).

1309 Vgl. Jochen Maes (Hrsg.), Bund Freies Deutschland. Sammelbecken einer neuen Rechtspartei – mit einem Vorwort von Dr. Ingeborg Drewitz, Wuppertal 1974, S. 21–23.; siehe auch: Doch mit braunen Flecken durchsetzt. Heyen hatte recht: Der BFD ist extremistisch, in: Berliner Stimme vom 15.3.1975.

1310 Vgl. Matthias Walden an Ernst Cramer vom 25. März 1975 (ASV-UA, NL Springer: Box 251).

1311 Vgl. Maes (Hrsg.), Bund Freies Deutschland.

1312 Vgl. Ministerium für Staatssicherheit der DDR, Aktivitäten des BFD vom 2.5.1975-1.8.1975 (August 1975). BStU (Archivsignatur: MfS HA XXII 17167, S. 288-291).

1313 Vgl. Matthias Walden an das Presseamt der SPD vom 1. Juli 1976 (AdsD: Sammlung Personalia Matthias Walden, Signatur 10394).

1314 Matthias Walden an Ernst Cramer vom 7. Januar 1975 (ASV-UA, NL Springer: Box 251).

Er selbst sowie Gerhard Löwenthal und dessen Mitarbeiter beim *ZDF-Magazin*, Fritz Schenk, stünden ab sofort nicht mehr zur Verfügung, da die Sendeanstalten interveniert hatten.[1315] Die Tonalität des Schreibens zeigte, so richtig glücklich mit der Entwicklung zur Partei und dem daraus folgenden Verlust der formellen Überparteilichkeit schien Walden nicht. Er hätte den BFD gerne als politische Vorfeldorganisation im Dunstkreis der Union etabliert. Schlussendlich muss der Fall des BFD auch in der bundesweiten Diskussion um eine vierte Partei »rechts« von der CDU auf Bundesebene gesehen werden. Franz-Josef Strauß, dem nicht erst seit dem Kreuther Trennungsbeschluss von CDU- und CSU-Fraktion im Bundestag 1976 Ambitionen in diese Richtung unterstellt wurden, gab sich beispielsweise in der Anfangszeit des BFD öffentlich als Unterstützer des Vereins zu erkennen.[1316]

In der allgemeinen Debatte um eine vierte Partei äußerte sich Walden im Sommer 1976 unter seinem Pseudonym Norbert Falk in der *Welt am Sonntag*. Die im Oktober 1975 gegründete »Aktionsgemeinschaft Vierte Partei« (AVP) des ehemaligen FDP-Politikers Dietrich Bahner bezeichnete er als »Amateurprojekt«, das im Zweifel der Union entscheidene Stimmen bei den anstehenden Wahlen kosten könnte. Denn niemand aus den Kreisen der SPD und FDP würde bei einem Wechsel an der Wahlurne sofort die CDU überspringen. Wenn man sich schon auf solche Diskussionen einlasse, bedürfe es konsequenterweise im Parteienspektrum der Bundesrepublik einer Partei in der Tradition der SPD unter Schumacher und Reuter, einer weiteren im Stile der FDP unter Heuss und Dehler sowie einer konservativen Partei, die nicht »verblümt« oder »verkatzert« sei. Also eine »Bundes-CSU« ohne die Agenda der CDU-Sozialpolitiker Norbert Blüm und Hans Katzer.

Unter allen Spekulationen um eine neue »konservative« Partei ergab diese Idee für Walden noch einen »Funken Sinn«, wie er 1978 unter seinem Namen ebenfalls in der *Welt am Sonntag* schrieb, doch richtig überzeugt wirkte er in dieser Frage nicht. Bereits 1976 hatte er zudem resümiert, angesichts des Weimarer Beispiels werde es diese Parteien ohnehin nicht geben.[1317] Letztlich scheiterte die AVP bei den Bundestagswahlen 1976 blamabel mit einem Ergebnis von 0,0 Prozent.[1318] An dem Entstehungsprozess der AVP waren anfänglich auch Vertreter des BFD beteiligt. Die Partei zog sich dann allerdings noch vor der Gründungsversammlung aus dem Projekt zurück. Sie verstand sich eher als eine regionale auf Berlin bezogene Vereinigung. Der Partei-

1315 Vgl. Matthias Walden an Axel Springer vom 14. Januar 1975 (ASV-UA: NL Springer, Box 251); siehe dazu auch: Stöss, Die Aktionsgemeinschaft Vierte Partei, in: Stöss (Hrsg.), Parteien-Handbuch Sonderausgabe Band 1, S. 347.

1316 Vgl. Strothmann, Die letzten, in: Die Zeit vom 28.2.1975.

1317 Vgl. Norbert Falk, Über den Gnom könnte der Riese stolpern, in: Welt am Sonntag vom 25.7.1976; und: Walden, Nach Weimar?, in: Welt am Sonntag vom 15.10.1978.

1318 Siehe zur AVP ausführlich: Stöss, Die Aktionsgemeinschaft Vierte Partei, in: Stöss (Hrsg.), Parteien-Handbuch Sonderausgabe Band 1, S. 350–366.

enforscher Richard Stöss sieht in dem Rückzug des BFD mithin den »gravierendsten Rückschlag« der Aktionsgemeinschaft, galt der Bund doch ursprünglich als wichtiger Partner im so vom Kalten Krieg geprägten Berlin. Zunächst verzichtete die AVP daher auf die Gründung eines Berliner Landesverbandes.[1319] Unter Umständen veröffentliche Walden daher seinen kritischen Artikel über die AVP unter einem Pseudonym, um diese Debatte nicht weiter anzufachen. Alles in allem spiegelte Waldens Haltung die Erkenntnis wider, eher größere, integrativere Parteien durch politische Vorfeldarbeit zu beeinflussen, als sein Heil in kleineren Splitterparteien zu suchen.

Das Abschneiden des BFD bei der Wahl zum Berliner Abgeordnetenhaus hatte Walden seiner eigenen Angabe nach vorausgesehen, wie er Springer einen Tag nach der Wahl vom 2. März 1975 schrieb. Die Partei hatte mit nur 3,4 Prozent der abgegebenen Stimmen den Sprung über die Fünf-Prozent-Hürde verpasst. Obwohl die CDU mit einem Zuwachs von 5,7 Prozentpunkten und 43,9 Prozent stärkste Kraft wurde, war Walden von dem allgemeinen Ergebnis enttäuscht. Die Koalition aus SPD und FDP verfügte weiterhin über eine stabile Mehrheit. Das Ergebnis zeigte für Walden darüber hinaus, dass der BFD seine Wähler eher von der SPD gewonnen habe. Durch die Entführung Peter Lorenz' drei Tage vor der Wahl seien laut Walden höchstwahrscheinlich einige mögliche CDU-Wähler verloren gegangen.[1320] Der Berliner CDU-Vorsitzende war ein scharfer Gegner der Parteigründung des BFD gewesen und hatte in einem Mitgliederschreiben vor einem Wechsel zu der Partei gewarnt, die er als »Absplitterung der SPD« charakterisierte und die in seinen Augen den Wahlsieg der CDU gefährde.[1321]

In seiner Wahlanalyse in der *Welt am Sonntag* einige Tage später betonte Walden, wie erwartet, den Zulauf des BFD aus der SPD-Wählerschaft und den Zusammenhang des Scheiterns an der Fünf-Prozent-Hürde mit der Entführung von Peter Lorenz. Den Sieg der CDU bezeichnete Walden als »Sensation ersten Ranges« und ordnete ihn in den Trend der »Tendenzwende« ein, was eine Zugehörigkeit Berlins zur Bundesrepublik augenscheinlich mache. Verbittert zeigte er sich darüber, dass bei dem geltenden Wahlrecht der Wahlsieger von der Regierungsbildung ausgeschlossen sei, was an alte Wunden aus der Diskussion um ein Mehrheitswahlrecht erinnerte.[1322]

1319 Vgl. ebenda, S. 351.

1320 Vgl. Matthias Walden an Axel Springer vom 3. März 1975 (ASV-UA: NL Springer, Box 251).

1321 Vgl. Ministerium für Staatssicherheit der DDR, Kopie des Schreibens von Peter Lorenz (Vorsitzender der CDU Berlin) an die Mitglieder der Berliner CDU vom 29.10.1974. BStU (Archivsignatur: MfS ZAIG 39494, S. 53-54).

1322 Vgl. Matthias Walden, Koalition auf Krücken als letzte Rettung für Verlierer der SPD und FDP, in: Welt am Sonntag vom 9.3.1975; siehe außerdem: ders., Neues Regierungsschiff: Schwere Schlagseite und linker Schlingerkurs, in: Welt am Sonntag vom 6.4.1975; und: ders., Warum es im Schöneberger Rathaus nicht zur Großen Koalition kam, in: Welt am Sonntag vom 20.4.1975.

Doch wie extremistisch war nun der BFD? Und kann Matthias Waldens Engagement als Beweis für nationalistisches Denken gewertet werden? Kurz vor der Berliner Wahl überschrieb der Journalist Dietrich Strothmann in der *Zeit* seinen Bericht über die Partei mit »Die letzten aufrechten Rechten«. Als »Neo-Nazis«, wie die Anhänger des BFD von so manchen Karikaturisten dargestellt wurden, konnte die Partei laut Strothmann nicht charakterisiert werden: »So rechts sind sie denn doch nicht.« Er ergänzte jedoch:

> Die unverdrossenen Sympathisanten der in Berlin von der Wahl ausgeschlossenen Nationaldemokratischen Partei immerhin wissen nun, wo sie ihr Kreuz malen können, abgesehen von verblendeten Rechts-Sozialdemokraten, verwirrten Nationalliberalen und verstockten CDU-Konservativen.[1323]

Für Strothmann war die BFD letztendlich eine Partei der »alten oder der glücklosen Männer«, die kaum politische Konzepte für die Zukunft parat hatten. Strothmann war, so wie Walden, Jahrgang 1927 und hatte den klassischen Entwicklungsweg eines »45ers« zurückgelegt. Seit 1961 schrieb er für die *Zeit* und war vor allem als Beobachter der NS-Prozesse aufgefallen.[1324] Als konkret »extremistisch« stufte er den BFD trotz der generellen Ablehnung nicht ein.

Anders sah dies die Zeitung der Berliner SPD, die *Berliner Stimme*. Dass sie dabei zwei Wochen nach der Wahl einigen ihrer ehemaligen Mitglieder und Wähler eine rechtsextreme Gesinnung unterstellte, schien die Parteizeitung nicht zu stören. In ihrer Analyse stieß das Blatt auf vier Fälle von Mitgliedern der BFD-Wahlliste, die zuvor entweder in der NPD oder anderen rechtsextremen Vereinigungen aktiv gewesen waren. Für die *Berliner Stimme* war es nun eindeutig: »Der BFD ist extremistisch.«[1325]

Von Ernst Cramer auf den Artikel angesprochen, meinte Walden, ihm sei keines der aufgeführten Mitglieder bekannt. In vielen Besprechungen sei hingegen vor der Kompromittierung der Partei durch rechtsradikale Mitglieder gewarnt und beschlossen worden, diesen den Eintritt zu verwehren: »Wahrscheinlich hat man beim BFD von den Betreffenden nicht genau gewußt, woher sie kommen. Die große Hast des Aufbaus als Partei mag solche Pannen begünstigt haben.«[1326] Walden tat die Befunde der *Berliner Stimme* also lapidar ab. Der Mangel an Sensibilität gegenüber diesem Thema irritiert angesichts anderer Äußerungen des Journalisten, allerdings schien ihn

[1323] Strothmann, Die letzten, in: Die Zeit vom 28.2.1975.

[1324] Siehe zu Strohtmanns Wirken im Kontext der Vergangenheitsbewältigung: Reichel, Der Nationalsozialismus vor Gericht, in: Reichel/Schmid/Steinbach (Hrsg.), Der Nationalsozialismus – Die zweite Geschichte, S. 58.

[1325] Doch mit braunen Flecken durchsetzt, in: Berliner Stimme vom 15.3.1975.

[1326] Walden an Cramer, 25.3.1975.

nach der Berliner Wahl 1975 der BFD nicht mehr brennend umzutreiben. Sein eigenes Engagement kann wiederum kaum als extremistisch oder nationalistisch bewertet werden. Im Grunde vertrat er beim BFD dieselben Ansichten wie in seinen *Welt*-Artikeln, wie nicht nur die Episode bei der Erstellung des »Berliner Manifests« zeigte.

Zu einer weiteren Wahl auf Bundes- oder Landesebene trat der Bund nicht mehr an. Zum 31. Januar 1977 löste sich der der BFD als Partei schließlich auf. Als politische Vorfeldorganisation blieb er aber dennoch bestehen und warb in einer großen Anzeigenaktion in Westberliner Tageszeitungen bei der Abgeordnetenhauswahl im März 1979 für den Spitzenkandidaten der CDU, Richard von Weizsäcker.[1327] Auch Matthias Walden war im Übrigen ein großer Unterstützer des charismatischen CDU-Politikers, der nach den vorgezogenen Wahlen 1981 als neuer Regierender Bürgermeister amtierte. Als Weizsäcker schon zwei Jahre später – für viele zu früh – 1983 aus dem Schöneberger Rathaus in die Bundespräsidenten-Residenz Villa Hammerschmidt in Bonn wechselte bescheinigte ihm Walden, seine Aufgabe in Berlin »höchst respektabel« ausgeübt zu haben.

Nicht gänzlich ohne kritischen Verweis auf die »irritierende Umorientierung« Weizsäckers schrieb Walden, dass er alle Eigenschaften eines Bundespräsidenten mitbringe. Besonders betonte er die in seinen Augen so wichtige Gabe, Politik zu vergeistigen und somit demokratische Grundwerte zu verkörpern. Weizsäcker werde der Stadt mit Sicherheit fehlen, doch war sich Walden sicher, dass auch ohne ihn »nicht die Lichter ausgehen« werden. Er hoffte, die Berliner würden den neuen Präsidenten mit Würde ziehen lassen.[1328]

Als Sammlungsbewegung ab 1977 beschränkte sich die Arbeit des BFD in der Organisation kleinerer politischer Veranstaltungen sowie der Herausgabe der Zeitung *BFD Nachrichten*. Wie das »Berliner Manifest« waren die Hefte mit einer schwarz-rot-goldenen Umrandung verziert und bestanden meist aus Rede-Mitschriften der Versammlungen. Im Fokus stand die Kritik an der sozialliberalen Ostpolitik. Walden trat hier in größeren Abständen als Redner oder Beiträger auf; vor allem zu Jahrestagen des 17. Juni 1953 oder des Mauerbaus. Der letzte Beitrag Waldens erschien im Herbst 1980.[1329]

1327 Vgl. Stöss, Die Aktionsgemeinschaft Vierte Partei, in: Stöss (Hrsg.), Parteien-Handbuch Sonderausgabe Band 1, S. 348.

1328 Siehe dazu und zu den Zitaten: Matthias Walden, Der Präsident aus Berlin, in: Die Welt vom 28.11.1983.

1329 Ders., Wir sind so frei der Gewalt unsere Anerkennung zu verweigern. Kundgebung des BFD zum 15. Jahrestag des Mauerbaus, in: BFD Nachrichten vom September 1976; ders., Der 17. Juni mahnt noch heute, in: BFD Nachrichten vom Juni 1977; ders., Zum Tag der Deutschen Einheit, in: BFD Nachrichten vom Juni/Juli 1980; ders., Zum Jahrestag des Mauerbaus, in: BFD Nachrichten vom August/September 1980.

Ende 1979 erschien in den *BFD Nachrichten* ein Ausblick Waldens auf die 1980er Jahre. Als Hauptaufgaben für das neue Jahrzehnt arbeitete er unter anderem die Stärkung des Freiheitsbewusstseins und der Verteidigungsbereitschaft der westlichen Welt sowie die Abwehr der Ideologisierung durch eine geistige Offensive der Demokratie heraus. An keiner Stelle erwähnte Walden Deutschland als Nation oder die Emanzipierung der Deutschen gegenüber internationalen Interessen, wie es im nationalistischen Denken üblich war.[1330]

Sehnsuchtsort »demokratischer Patriotismus«

Das Patriotismusverständnis Matthias Waldens bewegte sich immer auf den Bahnen der freiheitlich westlichen Demokratie; sei es in der Frage der Vergangenheitsbewältigung, der Kritik an der westlichen Entspannungspolitik oder der Betonung der Deutschen Frage. Dies kann also etwas abstrakt als Ergänzung von Waldens intellektueller Nähe zum *Vital-Center-Liberalismus* verstanden werden. Konkret gliederte sich das in den Rahmen des von Dolf Sternberger entworfenen Verfassungspatriotismus ein, so wie es Hans-Peter Schwarz wenige Jahre später ausführte. In dem letzten veröffentlichten Text Waldens zum Thema Patriotismus, einer Kolumne in der *Bunten*, wird deutlich, wie sehr sich der Journalist von rein nationalistischen Interpretationen des Nationenbegriffes distanzieren wollte. Ein »demokratischer Patriotismus« erfordere keinen »nationalen Hochmut«, sondern »nationale Demut« schrieb er unter der Überschrift »Lieb Vaterland, musst duldsam sein!«.[1331]

Schon im »Berliner Manifest« des BFD hatte es Mitte der 1970er Jahre zu einem »demokratischen Patriotismus« geheißen, dass dieser sich von der nationalistischen Ideologie des 19. Jahrhunderts abgrenze:

> Er widersteht der Zerreißung des eigenen Volkes, dessen gemeinsames Wohl er nie über das Wohl anderer Völker stellt und nicht zu Lasten anderer Nationen erstrebt. Der Demokrat wird als Patriot sein Vaterland zuerst lieben, weil es zu ihm gehört, er wird es aber nicht allein lieben. Die Demokratie als die freiheitliche Form des Rechtsstaates steht nicht im Widerspruch zur vaterländischen Pflicht.[1332]

Dass Walden in der Frage der europäischen Integration zu Beginn der 1980er Jahre auf das Charles de Gaulle zugeschriebene Konzept eines »Europa der Vaterländer« verwies, deutete allerdings an, dass er den supranationalen Europakonzepten dieser

[1330] Vgl. ders., Vor den achtziger Jahren, in: BFD Nachrichten vom Dezember 1979.
[1331] Vgl. ders., Lieb Vaterland, musst duldsam sein!, in: Bunte vom 8.9.1983.
[1332] Bund Freies Deutschland, Berliner Manifest, S. 50.

Jahre eher skeptisch gegenüber stand.[1333] Bundeskanzler Helmut Kohl rührte hingegen schon zu Beginn seiner Kanzlerschaft gemeinsam mit dem französischen Präsidenten Francois Mitterand die Werbetrommel für eine in Ausmaß und Substanz erweiterte EG. Dies galt vor allem in Richtung London bei Margaret Thatcher, die weitaus mehr in nationalstaatlichem Denken verhaftet war als ihre kontinentaleuropäischen Verbündeten.[1334]

Entspannungspolitik, Krisenperzeption und politischer Wechsel in Bonn

Unter diesen Bedingungen muss die Behandlung Waldens der westlichen Entspannungspolitik und der bundesdeutschen Außen- und Deutschlandpolitik für die Zeit nach 1974 mehr als zuvor als Teil einer Suche nach ideellem Halt betrachtet werden. Wie schon der oben beschriebene Einsatz Waldens für die Zeitschrift *Kontinent* Mitte der 1970er Jahre zeigt, wurde sein Denken dabei entschieden vom Einsatz der sowjetischen sowie mittel- und osteuropäischen Dissidentenbewegung für Freiheit und Bürgerrechte beeinflusst. Dieser Protest wurde zum Stigma der Breschnew-Ära. Bereits 1966 machte der Prozess gegen die Schriftsteller Andrej Sinjawski und Juli Daniel deutlich, dass der Umgang mit Kritikern innerhalb des Ostblocks eine neue Ebene erreicht hatte. Zum ersten Mal waren die Literaten nicht als konstruierte politische Verschwörer angeklagt, sondern als Andersdenkende. Ebenfalls offener als unter Chruschtschow schaltete sich der sowjetische Geheimdienst ein und führte einen »Kampf gegen Ideen«. Laut dem Historiker Manfred Hildermeier war allerdings schon nach einigen Jahren offensichtlich, dass diese Taktik gescheitert war. Dies wurde beispielsweise an der Schaffung des »Selbstverlages«, des *Samisdats*, 1969 deutlich, an dessen Etablierung maßgeblich Alexander Solschenizyn beteiligt war.[1335]

Dissidenten und die KSZE

Die Bedeutung des Sinjawski-Daniel-Prozesses erkannte auch Matthias Walden und wies im März 1966 in einer *Quick*-Kolumne mit dem Titel »Sibirien ist noch längst nicht vorbei« auf die totalitäre Tradition dieses Vorgehens aus der Stalin-Zeit hin.[1336] An dieser Auffassung sollte sich grundlegend nichts ändern. Zum 100. Geburtstag des seit mehr als zweieinhalb Jahrzehnten verstorbenen sowjetischen Diktators im Dezember 1979 veröffentlichte Walden in der *Welt am Sonntag* einen großen Artikel mit

1333 Vgl. Walden, Lieb Vaterland, musst duldsam sein!, in: Bunte vom 8.9.1983.
1334 Vgl. Schwarz, Helmut Kohl, S. 352–365.
1335 Vgl. Hildermeier, Geschichte der Sowjetunion, S. 1013f.
1336 Vgl. Walden, Sibirien, in: Quick – Illustrierte für Deutschland vom 6.3.1966.

der Überschrift »Stalin lebt«. Die Kriterien des Stalinismus, wie »ein totaler Machtanspruch der Partei«, die »Verwandlung des Marxismus in einen großrussischen Nationalismus«, die »Mißachtung der Menschenrechte« sowie ein »imperialistischer Expansionismus« würden im Kreml noch immer gelten. Zugeben musste er allerdings, viele der gegenwärtigen Dissidenten würden unter Stalin nicht mehr leben. Zudem lasse sich Breschnew von »würdelosen westlichen Politkern umarmen und küssen, was Stalin nie getan hätte«.[1337] Die Lockerungen im Unterdrückungsapparat der Sowjetunion nach 1953 spielten für Walden keine Rolle. Ihm ging es vor allem um die bloße Existenz politischer und geistiger Sanktionierung.[1338]

An der Frage des Umgangs mit der inneren Opposition im Ostblock zerrieben sich die westlichen Staaten nahezu bis zum Ende des Kalten Krieges 1989/90. Die Regierungen fühlten sich den Dissidenten moralisch verbunden, stuften sie aber gleichzeitig als Risiko für die Annäherung im Sinne ihrer Entspannungspolitik ein. Der amerikanische Historiker John Lewis Gaddis beschreibt die erste Hälfte der 1970er Jahre in seiner Neubewertung des Ost-West-Konfliktes, »Der Kalte Krieg – Eine neue Geschichte«, als eine Phase der »Wiederentdeckung der Gerechtigkeit«. Der Untertitel von Gaddis' Kapitel lautet »Macht und Moral nach Watergate, Vietnam und Helsinki«. Der Westen habe sich also aus dem moralischen Tal, in das ihn der Vietnam-Krieg sowie der Watergate-Skandal gebracht hatte, befreit.[1339]

»Helsinki« wiederum dient als Chiffre für die KSZE, die seit 1973 tagte und deren Schlussakte im August 1975 in der finnischen Hauptstadt von der Sowjetunion sowie den USA, Kanada und allen europäischen Staaten, außer Albanien, unterzeichnet wurde. Auf der einen Seite wurden in der Schlussakte von Helsinki die Grenzen der territorialen Erweiterungen der Sowjetunion seit dem Ende des Zweiten Weltkrieges erstmals international vom Westen als unverletzlich – betont nicht unabänderlich – anerkannt. Ein Ziel, das der Kreml bereits unter Stalin verfolgt und nach dem auch seine Nachfolger immer gestrebt hatten. Auf der anderen Seite erklärte sich die Sowjetunion dazu bereit, künftig verstärkt in Fragen des humanitären Bereichs mit dem Westen zusammenzuarbeiten, und versprach die Achtung der Menschenrechte in ihrem Gebiet – der Korb Drei der Schlussakte. Die KSZE folgte damit dem Muster der Neuen Ostpolitik, urteilt der Historiker Heinrich-August Winkler in seiner »Geschichte des Westens«.[1340]

1337 Vgl. ders., Stalin lebt, in: Welt am Sonntag vom 16.12.1979.; siehe auch: ders., Von der Pein der Vergeblichkeit, in: Welt am Sonntag vom 27.1.1980.

1338 Zur Entwicklung des Gulag-System in der Chruschtschow-Ära siehe: Jeffrey S. Hardy, The Gulag after Stalin. Redefining Punishment in Khrushchev's Soviet Union, 1953–1964, Ithaka and London 2016.

1339 Siehe dazu: Gaddis, Der Kalte Krieg, S. 197–229.

1340 Vgl. Winkler, Vom Kalten Krieg zum Mauerfall, S. 711–714.

Angesichts dieses Vergleiches überrascht es nicht, dass Walden den Abschluss der KSZE bereits im Frühjahr 1975 in der *Welt am Sonntag* als »Jalta 1975« bezeichnete. Er zog somit Parallelen zu der kriegsbedingten Anerkennung des sowjetischen Einflussbereiches in Ost- und Mitteleuropa von Roosevelt und Churchill gegenüber Stalin auf der Konferenz in Jalta im Februar 1945. Schon kurz nach dem Zweiten Weltkrieg hatte der sowjetische Diktator sein Versprechen von Jalta, in den vom Nationalsozialismus befreiten Staaten demokratische Wahlen abzuhalten, gebrochen. Wieso also nun den gegenwärtigen Machthabern im Kreml mehr Glauben schenken – zumal eine Achtung der Menschrechte bereits in der Charta der Vereinten Nationen verankert war?[1341] Winkler überschreibt die Zeit von 1975 bis 1985 letztendlich mit dem Titel »Von der Entspannung zur Konfrontation«.[1342] Sein Kollege Wilfried Loth spricht über diesen Abschnitt in seiner Darstellung der Entspannungspolitik im Kalten Krieg gar von einem »Niedergang der Entspannung«.[1343] Einig scheint sich die Historiographie also zumindest in dem Punkt zu sein, dass die Unterzeichnung der KSZE-Schlussakte zwar als Höhepunkt einer entspannungspolitischen Phase gelten kann, jedoch kaum die mit ihr verbundenen Erwartungen erfüllte.

An Axel Springer hatte Walden im Sommer 1975 geschrieben: »Die KSZE wird eine schreckliche Niederlage werden. Sie ist es schon.«[1344] Auch nach der Unterzeichnung der Schlussakte in Helsinki war sich Walden sicher, der Westen habe sich ein »Luft- und Lustschloß des Selbstbetrugs« gebaut.[1345] Wie schon bei der Konzeption des »Wandel durch Annäherung« stand er dem theoretischen Ansatz der Entspannungspolitiker skeptisch gegenüber. Fast schon routiniert verwies er darüber hinaus auf die in seinen Augen fatalen Weizenlieferungen der USA und die westlichen Kredite an die Sowjetunion. Indem die freie Welt somit das Land der Breschnew-Doktrin finanziere, verhöhne sie gleichzeitig die Dissidentenbewegung in dessen Herrschaftsbereich.[1346]

Walden fühlte sich in seiner Ansicht freilich dadurch bestärkt, dass der berühmteste sowjetische Dissident im Exil, Alexander Solschenizyn, selbst keinen Hehl aus seiner Ablehnung der KSZE machte und dem Westen schwindende politische Willenskraft vorwarf. Am 30. Juni 1975 hatte der russische Bürgerrechtler auf einem Dinner in Washington D.C. die westliche Entspannungspolitik kritisiert. Zuvor hatte US-Prä-

1341 Vgl. Matthias Walden, Jalta 1975, in: Welt am Sonntag vom 13.4.1975; zur Jalta-Konferenz 1945 siehe z.B.: Ian Kershaw, To Hell and Back. Europe 1914–1949, London 2015, S. 404, S. 503.

1342 Vgl. Winkler, Vom Kalten Krieg zum Mauerfall, S. 719–896.

1343 Vgl. Loth, Rettung der Welt, S. 181–212; so hatte bereits Manfred Görtemaker sein Kapitel über die Bonner Außenpolitik dieser Zeit genannt: Görtemaker, Geschichte der Bundesrepublik, S. 588–592.

1344 Matthias Walden an Axel Springer vom 9. Juli 1975 (ASV-UA: NL Springer, Box 251).

1345 Vgl. Matthias Walden, Die Illusionen im Jahr von Helsinki, in: Welt am Sonntag vom 28.12.1975.

1346 Vgl. ebenda.; siehe zu dieser Haltung noch einige Jahre später: ders., Wir bauen am Kommunismus, in: Welt am Sonntag vom 25.2.1979.

sident Ford es abgelehnt, den Dissidenten im Weißen Haus zu empfangen.[1347] Solschenizyn war derart verzweifelt, dass er Anfang 1976 in der BBC die Position vertrat, der Westen stärke den Totalitarismus in der Sowjetunion und verhindere eine evolutionäre Veränderung.[1348]

Walden hatte schon Ende 1974 in der *Welt* geschrieben, die russische Bürgerrechtsbewegung sei die wirkliche Gefahr für die »fossilen Herrschaftsformen des sowjetischen Kommunismus«. Die Wende zur Freiheit sei also vordringlich über einen »sowjetischen Dubcek« zu erreichen, womit er seiner Haltung der späten 1960er Jahre treu blieb.[1349] Es verwunderte demnach nicht, dass Walden im Sommer 1980 die polnische Freiheitsbewegung publizistisch unterstützte. In Polen hatte sich die jahrelange Unzufriedenheit mit dem kommunistischen Regime im August 1980 in einem großangelegten Streik in Danzig entladen. Unter Führung von Lech Walesa bildete sich die inoffizielle Gewerkschaft Solidarność, die den Streik auf das ganze Land ausdehnte. Walesa war für Walden die »heidnische Symbolgestalt« dieses geistigen Aufbruchs, dem der polnische Papst Johannes Paul II. in dem katholisch geprägten Land eine religiöse Autorität verleihe.[1350] Analog zu seinen Ausführungen zu einer »konservativen Haltung« schrieb Walden zum Jahreswechsel 1980/81 in der *Welt am Sonntag*, dass es im Westen vor allem die Konservativen seien, die die aufbegehrenden Arbeiter im Ostblock verstünden und weniger die » [linken] Ideologen des westlichen Lagers«.[1351]

Die polnische »Revolution« und die Solidarność sah Walden in einer Linie mit »Menschenrechtskämpfern« in der Sowjetunion und der Gruppe »Charta 77« in der Tschechoslowakei um den späteren Staatspräsidenten Václav Havel. Obwohl er die generelle Solidarisierung der Europäischen Gemeinschaft und der USA mit den polnischen Freiheitskämpfern lobend anerkannte, forderte Walden drastischere Mittel. Wie schon in seiner Kritik an der Neuen Ostpolitik wandte er sich gegen die Prämisse, in den Beziehungen zu den ost- und mitteleuropäischen Staaten die kommunistischen Regime als Adressaten anzuerkennen. Schmidt habe hier den Fehler Brandts fortgeführt. Wenn Egon Bahr – und Teile der SPD – also die europäische Entspannungspolitik durch die instabile Lage in Polen in Gefahr sahen, war das für Walden pure Ignoranz vor dem Freiheitsstreben der Polen. Er forderte eine diplomatische Isolierung

1347 Vgl. Winkler, Vom Kalten Krieg zum Mauerfall, S. 714.

1348 Vgl. Donald M. Thomas, Solschenizyn. Die Biographie, Berlin 1998, S. 543f.

1349 Vgl. Walden, Die russische Opposition, in: Die Welt vom 11.12.1974.

1350 Vgl. ders., Himmelwärts, in: Welt am Sonntag vom 10.6.1979; ders., Funkenflug, in: Welt am Sonntag vom 26.10.1980; zur historischen Einordnung: Tony Judt, Die Geschichte Europas seit dem Zweiten Weltkrieg, Bonn 2006 (Lizenzausgabe für die Bundeszentrale für politische Bildung), S. 671–677.

1351 Vgl. Matthias Walden, Ausblick auf 1981, in: Welt am Sonntag vom 28.12.1980.

Moskaus und eine ersatzlose Streichung des Ost-West-Handels. Er gab aber zu, dass damit wohl nicht zu rechnen sei.[1352]

Aus Waldens Sicht war das kurzsichtig, sei doch das brutale Vorgehen Moskaus gegen die polnischen Demonstranten, das sich in der Folge zeigen sollte, der Anfang vom Ende des Kalten Krieges, was sich die Entspannungspolitiker ja als Ziel auf die Fahnen schreiben würden. In seinem »Ausblick auf 1981« hieß es demnach zu Polen:

> Dieses Land wird fortfahren, die flackernden Lichter der kommunistischen Tyrannei zu löschen, wird jene gewalttätige Verirrung lähmen, die sich Sozialismus nennt und zugleich die Ursache des Ost-West-Konfliktes ist.[1353]

In der Tat war die Verhängung des Kriegsrechts des kommunistischen Regimes in Warschau über Polen im Dezember 1981 in gewisser Weise ein Eingeständnis der eigenen Machtlosigkeit. Die auch im Ostblock einzigartige Maßnahme wurde bis zum Juli 1983 aufrechterhalten und trug nebst anderen Entwicklungen zur Verschlechterung des Ost-West-Verhältnisses bei.[1354] Der zeitgenössischen Prognose Waldens entspricht letztendlich eine – wie es der liberale Historiker Tony Judt nennt – »konventionelle Erzählung« vom Ende des Kalten Krieges, die in der Entwicklung in Polen den Beginn des endgültigen Zusammenbruchs des Kommunismus 1989/90 sieht.[1355]

Schon durch Unterzeichnung der KSZE-Schlussakte hatte Walden allerdings einen Adressatenwechsel der westlichen Politik hin zu den östlichen Freiheitsbewegungen als kaum noch realisierbar angesehen. Dennoch identifizierte er die russischen Dissidenten auch nach ihrer möglichen Ausweisung aus der Sowjetunion, wie sie beispielsweise nach Solschenizyn 1974 bei Andrej Amalrik 1976 bevorstand, als Mahner vor dem »Schlafwandel durch Annäherung«. In der Sowjetunion seien die Intellektuellen »systemgefährdend«, daher entscheide sich der Kreml häufig für das geringere Übel der Ausweisung. Allerdings hätten die Machthaber den »moralisch-politischen Impetus« der Bürgerrechtler unterschätzt. »[V]or allem deshalb, weil sie die Schleier des Entspannungsnebels zerreißen, hinter denen das sowjetische Imperium seine Machtausdehnung betreibt«, so Walden im Sommer 1976 in der *Welt*.[1356]

Ganz isoliert stand Walden mit seiner Kritik an der westlichen Entspannungspolitik nicht da. Die Unionsparteien hatten im Vorfeld der KSZE-Konferenz die Bundes-

[1352] Vgl. ders., An der Wand, in: Welt am Sonntag vom 7.12.1980; ders., Der Souffleur, in: Welt am Sonntag vom 14.12.1980; ders., Dämmerung, in: Welt am Sonntag vom 15.2.1981.

[1353] Ders., Ausblick auf 1981, in: Welt am Sonntag vom 28.12.1980.

[1354] Vgl. Judt, Die Geschichte Europas seit dem Zweiten Weltkrieg, S. 676f. Selbst, wenn Judt den Weg dahin freilich noch differenziert aufschlüsselt, widerspricht er dieser Deutung nicht grundsätzlich und beginnt auch sein Kapitel »Ende der alten Ordnung« mit Polen.

[1355] Vgl. ebenda, S. 671.

[1356] Vgl. Matthias Walden, Vertreibung aus dem Arbeiterparadies, in: Die Welt vom 15.6.1976.

regierung aufgefordert, die Schlussakte von Helsinki nicht zu unterzeichnen. In den USA bildete sich eine heterogene Allianz von Liberalen und Konservativen, die ähnlich wie Walden in dem Verhandlungsergebnis ein fehlendes Engagement im Bereich der Menschenrechte sowie die symbolische Anerkennung der sowjetischen Hegemonie in Ost- und Mitteleuropa sahen. Der moralische Erfolg des Korb Drei ging in der Tat zunächst unter, so Heinrich-August Winkler. Und die ersten Reaktionen im Ostblock sollten den Skeptikern recht geben, fährt der Historiker fort. Auf die Dissidenten kam zwar keine Verhaftungswelle zu, doch blieb der Druck auf die Bewegungen beständig. Im kommunistischen Osten fühlte man sich jedenfalls unmittelbar viel mehr als Sieger der Verhandlungen als im Westen.[1357]

Der eigentliche Mechanismus der KSZE war allerdings langfristig angelegt. Dies betont nicht nur Winkler, sondern beispielsweise ebenso der Experte für die Geschichte der Sowjetunion, Manfred Hildermeier. Mit der Auflage, dass die Schlussakte von Helsinki in allen beteiligten Staaten in der Presse veröffentlicht werden musste, konnten sich die Menschen nun auf etwas berufen, das ihre Regierung nicht von vornherein als illegitim abstufen konnte. Auf den ersten Blick änderte sich zwar formal nichts, stand doch bezüglich der Menschenrechte in der UN-Charta nichts anderes als in der KSZE-Schlussakte. Dennoch setzte »Helsinki« einen Prozess in Gang, der von den Machthabern nicht recht kontrolliert werden konnte. Die Unterzeichnung der Schlussakte von Helsinki war im Nachhinein laut Hildermeier somit der »größte Fehler des Sowjetregimes«.[1358]

In einem Kommentar in der *Welt am Sonntag* im Februar 1977 kritisierte Walden weniger den Text der Schlussakte, sondern wies auf die mangelhafte Umsetzung der Beschlüsse hin. Wer im Ostblock für die Umsetzungen der Verpflichtungen aus Helsinki eintrete, werde schlicht inhaftiert. Als größten Fehler der westlichen Entspannungspolitik wiederum bezeichnete Walden den vermeintlichen Versuch, die Freiheitsfeindlichkeit der kommunistischen Regime politisch zu umgehen.[1359]

Dies gelte ebenfalls und insbesondere für den Umgang mit der DDR, so Walden. Als Zynismus und »Niederlage der Gesinnung« kritisierte er die Hinweise auf die KSZE als Erfolg in der Entspannungspolitik bei gleichbleibender Unterdrückung durch das SED-Regime, das weiterhin auf Repressionen setzte.[1360] So spielten Dissidenten in und aus der DDR im Denken Waldens konsequenterweise eine wichtige

1357 Vgl. Winkler, Vom Kalten Krieg zum Mauerfall, S. 714–718.

1358 Vgl. Hildermeier, Geschichte der Sowjetunion, S. 1023.

1359 Vgl. Matthias Walden, Akrobatik der Entspannung, in: Welt am Sonntag vom 27.2.1977.

1360 Vgl. ders., Triumphe der Entspannung: Niederlagen der Gesinnung, in: Welt am Sonntag vom 5.11.1976; zum Umgang mit Bürgerrechtlern in der DDR nach Helsinki: Erhart Neubert, Der KSZE-Prozeß und die Bürgerrechtsbewegung in der DDR, in: Klaus-Deitmar Henke/Peter Steinbach/Johannes Tuchel (Hrsg.), Widerstand und Opposition in der DDR, Köln – Weimar – Wien 1999, S. 295–308, hier S. 299f.

Rolle. Ende der 1970er Jahre waren es vor allem die Schicksale des ehemaligen SED-Kaders und jetzigen Regimekritikers Rudolf Bahro und des Mitte 20-jährigen Nico Hübner, die die bundesrepublikanische Öffentlichkeit beschäftigten. Letzterer hatte mit Verweis auf die Entmilitarisierung Berlins seinen Wehrdienst verweigert. Beide waren seit Sommer 1978 in der DDR in Haft. Für Walden waren sie wichtige »Zeugen«; der eine, Bahro, gegen den Trugschluss westlicher Sozialisten, es gebe im sowjetischen Imperium einen besseren Weg, und der andere, Hübner, gegen die »Kleingläubigkeit westlicher Demokraten«, die aus Opportunismus der Meinung seien, den Sozialismus zähmen zu können.[1361]

Bahro verkörperte laut Walden die Tragödie aller Sozialisten, die in den vielen sozialistischen Ländern vergeblich nach ihrer Utopie suchen würden.[1362] Damit wies Walden in dieser Frage deutlich auf seinen konservativen Anti-Utopismus hin. Dieser war die Grundlage der wichtigsten Charaktereigenschaft seines politischen Denkens, der Überzeugung, dass jede Utopie in ein totalitäres System mündete. Anders als Bahro war Hübner in Waldens Augen ein »Idol der Freiheitssüchtigen in der ›DDR‹« sowie für die Jugend in der Bundesrepublik, deren Ideale von »Wohlstand und gelangweiltem Freiheitskonsum« nahezu erloschen seien.[1363] Ein Mahner also vor Nietzsches »Letztem Menschen«. Ende 1979 wurden Hübner und Bahro beide amnestiert und in die Bundesrepublik Deutschland abgeschoben. Bahro engagierte sich fortan bei den Grünen, Hübner in der FDP.[1364]

»Dimension des Staatsmännischen«: Unterstützung für Jimmy Carter

In den USA beeinflusste die Unterzeichnung der KSZE-Schlussakte maßgeblich die Präsidentschaftswahlen im November 1976. Präsident Gerald Ford war gemeinsam mit Henry Kissinger, der unter Ford die Sonderrolle von Außenminister und nationalem Sicherheitsberater einnahm, ein entschiedener Befürworter der KSZE. Besonders der diplomatische Stratege Kissinger trat für die Notwendigkeit eines Entspannungsprozesses ein. Seinen konservativen Kritikern warf er vor, nicht die Grenzen zu erken-

[1361] Vgl. Matthias Walden, Die Zeugen, in: Welt am Sonntag vom 14.10.1979.

[1362] Vgl. ebenda; zur umstrittenen Form des Parteiintellektuellen in der DDR am Beispiel Bahros siehe: Bialas, Ostdeutsche Intellektuelle, S. 296f.

[1363] Vgl. Walden, Die Zeugen, in: Welt am Sonntag vom 14.10.1979; siehe zu Waldens Unterstützung für Nico Hübner außerdem: ders., Die Einsamkeit des Nico Hübner. Sein Hinweis auf das Recht und die Sprachlosigkeit des Westens, in: Die Welt vom 5.4.1978; sowie: ders., Klagen über Bahro. Stille über Hübner, in: Welt am Sonntag vom 9.7.1978.

[1364] Siehe zu Bahro: HuL, Bahro, Rudolf, in: Helmut-Müller Ensberg/Jan Wielgohs/Dieter Hoffmann/Andreas Herbst/Ingrid Kirschey-Feix (Hrsg.), Wer war in der DDR? Ein Lexikon ostdeutscher Biographien. Unter Mitarbeit von Olaf W. Reimann, Berlin 2010, S. 57f., hier S. 58; und zu Hübner: Parteien: Nico Hübner, in: Der Spiegel vom 21.4.1980, S. 267.

nen, die die USA – bei aller klaren Positionierung im Antagonismus von Freiheit und Tyrannei – auf die Geschicke in den Ländern des Ostblocks hätten.[1365]

Kissingers realpolitische Agenda, an der Ford festhielt, wurde zur Schwachstelle des Präsidenten.[1366] Sowohl sein Widersacher im eigenen republikanischen Lager, der Gouverneur Kaliforniens, Ronald Reagan, sowie Fords demokratischer Herausforderer, der Gouverneur Georgias, Jimmy Carter, lehnten das Abkommen von Helsinki ab. Ford riet daraufhin seinen Anhängern, im Wahlkampf fortan das Wort »Entspannung« zu vermeiden. Als er selbst bei einer Fernsehdebatte am 6. Oktober bestritt, dass es überhaupt eine sowjetische Hegemonie in Ost- und Mitteleuropa gebe, war der Wahlsieg Jimmy Carters vorprogrammiert.[1367]

Angetreten war Jimmy Carter mit einer »moralischen Agenda«, so Heinrich August Winkler. Zu Beginn seiner Amtszeit wurde er daher im Kongress von einer »human rights lobby« bestehend aus liberalen und konservativen Senatoren gestützt. Wie viele seiner Vorgänger im Weißen Haus fand sich Carter jedoch bald in der Zwickmühle zwischen Moral und Realpolitik gefangen, beispielsweise in den Abrüstungsverhandlungen mit Moskau sowie in den Beziehungen zur Volksrepublik China.[1368]

Bereits im Januar 1977 kündigte Carter zunächst an, Handelspräferenzen mit der Sowjetunion von Fortschritten im humanitären Bereich abhängig zu machen, was kaum überraschend die Zustimmung Waldens fand. 1973 hatte der Demokratische Senator Henry M. Jackson eine solche Abhängigkeit gefordert und dies mit der freien Auswanderung für jüdische Sowjetbürger verknüpft. Walden erkannte schnell den Zwiespalt, in den die moralische Politik des US-Präsidenten führen würde und appellierte an eine »ethisch gebundene« Vernunft. Moral allein tue es nicht, aber eine Politik ohne Moral lasse Recht und Gerechtigkeit verkommen.[1369] Dies kann wiederum im Licht von Waldens Konservatismus-Verständnis gesehen werden, politische Entscheidungen nicht unter ein Dogma zu stellen, sondern mit Hilfe moralischer Grundwerte zu handeln. In der Vermischung von Idealismus und Realismus liegt darüber hinaus ein Grundelement neokonservativer Außenpolitik, das somit Waldens intellektuelle Nähe zu den amerikanischen »neoconservatives« unterstreicht.[1370]

Walden begrüßte darüber hinaus Jimmy Carters Solidarisierung mit der sowjetischen Dissidentenbewegung, die sich einerseits in dem Empfang Alexander Solschenizyns im Weißen Haus und andererseits in der Beantwortung eines Briefes von An-

1365 Vgl. Hacke, Zur Weltmacht verdammt, S. 181.

1366 Für einen kurzen Überblick zur US-Außenpolitik unter Ford: ebenda, S. 179–216.

1367 Vgl. Gaddis, Der Kalte Krieg, S. 234.

1368 Vgl. Winkler, Vom Kalten Krieg zum Mauerfall, S. 741f.

1369 Vgl. Matthias Walden, Die Warnung, in: Die Welt vom 29.1.1977; zum Engagement Jacksons siehe: Loth, Rettung der Welt, S. 181f.

1370 Vgl. Keller, Neokonservatismus und amerikanische Außenpolitik, S. 249f.

drej Sacharow äußerte. In Paris traf sich der US-Präsident zudem mit dem im Dezember 1976 gegen den chilenischen Kommunisten Louis Corvalán ausgetauschten Waldimir Bukowski. Für Walden waren all dies Zeichen einer geistigen Führung, die er lange Zeit vermisst hatte, und so positionierte er sich in der bundesdeutschen Öffentlichkeit als vehementer Unterstützer Jimmy Carters.[1371]

Im Kreml war man hingegen sichtlich irritiert. Vor allem die Benennung Zbigniew Brzezinskis, Sohn polnischer Emigranten und ein Vater der Totalitarismustheorie, zum nationalen Sicherheitsberater wurde als klares Zeichen der Konfrontation Washingtons ausgelegt.[1372] Das Regime verhinderte im Unterschied zum Umgang mit Solschenizyn und Amalrik die Ausbürgerung Andrej Sacharows. Ende der 1970er Jahre drängte Breschnew Sacharow ins Exil eine Tagesreise entfernt von Moskau, sodass der berühmte Bürgerrechtler nur noch schwer auf die Entwicklungen Einfluss nehmen konnte. Erst 1987 kehrte er unter Gorbatschow in die Hauptstadt zurück.[1373]

Konsequent brachte Walden seine Unterstützung für die moralische Politik Carters gegen die Bonner Regierung in Stellung. Schließlich hatte Sacharow auch an Bundeskanzler Helmut Schmidt einen Brief geschickt, der allerdings unbeantwortet geblieben war. Carter durchbrach für Walden mit seinem Ziel der Wahrung der Menschenrechte weltweit die »Normen des Diplomatischen« und erreichte die »Dimension des Staatsmännischen«.[1374] Der neue Mann im Weißen Haus erschien Walden als Erlösung nach den für ihn so schwierigen letzten Jahren. So wies er im März 1977 in der *Welt* darauf hin, dass die Ostpolitik Willy Brandts in einen »dramatischen Gegensatz« zu Washington und den Bürgerrechtsbewegungen im Ostblock geraten sei.[1375] Als »Fütterung der Krokodile« – im Sinne eines Mangels an Idealismus – bezeichnete Walden in seinem gleichnamigen Buch das Verhalten der westlichen Demokratien im Ost-West-Konflikt. Es fehle an einer »Konfliktbereitschaft der Demokratien«. Anstatt die unvermeidbare Auseinandersetzung zwischen Freiheit und Gewalt anzunehmen, richte sich der Westen zu lange in dem gegenwärtigen Zustand ein und gehe mit den kommunistischen Regimen in gebotener Distanz um.[1376] Der Idealismus Jimmy Carters war für Walden die erste Ausnahme dieser in seinen Augen lange Zeit bestätigten Regel.

Helmut Schmidt und seine westeuropäischen Partner, der französische Staatspräsident Valérie Giscard d'Estaing und der britische Premierminister James Callaghan, wirkten für ihn im Vergleich zur moralischen Aufrüstung Carters nicht nur wie

[1371] Vgl. Matthias Walden, Konsequent, in: Die Welt vom 3.3.1977.
[1372] Vgl. Hildermeier, Geschichte der Sowjetunion, S. 1047.
[1373] Vgl. ebenda, S. 1021.
[1374] Vgl. Matthias Walden, Bonn schweigt, in: Die Welt vom 19.2.1977.
[1375] Vgl. ders., An den Jungen liegt es nicht, in: Die Welt vom 30.3.1977.
[1376] Vgl. ders., Die Fütterung der Krokodile, S. 270.

»Lehrlinge«, sondern vor allem wie »Leerlinge der Demokratie«, so Walden in der *Welt am Sonntag* anlässlich der Europareise des US-Präsidenten im Mai 1977.[1377] Die von Walden festgestellte Diskrepanz zwischen den unterschiedlichen Politikauffassungen im Kanzleramt und im Weißen Haus führte in der Tat zu einer Verschlechterung der deutsch-amerikanischen Beziehungen unter Carter, die darüber hinaus in einem persönlichen Zerwürfnis zwischen dem US-Präsidenten und dem Bundeskanzler mündete. Helmut Schmidt war verärgert über die schlechten Ost-West-Beziehungen und die daraus folgenden Unklarheiten für die Bundesrepublik und die Bedrohungslage in Europa.[1378] Die Menschenrechtskampagne Carters hielt er für naiv und gefährlich.[1379]

Dass die Spannungen des deutsch-amerikanischen Verhältnisses über die »tagespolitischen Dissonanzen« hinausgingen, konnte Walden nicht verborgen bleiben. Beflissen machte der Journalist für diesen »Rauhreif über dem Atlantik« jedoch vor allem den in seinen Augen in Teilen »hochmütigen« Bundeskanzler verantwortlich. Die mangelnde Gefolgschaft Bonns bei der Menschenrechtskampagne Carters interpretierte Walden als ein Herausmogeln aus der Mitverantwortung. Auch der US-Präsident blieb aber etwas mehr als ein Jahr nach seinem Amtsantritt nicht von der kritischen Feder Waldens verschont. Im April 1978 charakterisierte er ihn in der *Welt am Sonntag* als verletzbar, unsicher und führungsschwach.[1380] Nur wenige Monate später stilisierte Walden Jimmy Carter allerdings erneut zum messianischen Führer der freien Welt. Carter bringe Eigenschaften mit, die dem Westen abhandengekommen seien. Lange war laut Walden zu erkennen gewesen, dass die Entspannungspolitik eine »Artistik der Beschwichtigung« und lediglich Stückwerk gegenüber der inneren Despotie der Sowjetunion war. Carter erinnere nun daran, dass »die besten Waffen Gedanken sind, Ideale, die es zu vermenschlichen gilt«.[1381]

Unbestritten war Jimmy Carter ein Mann mit besten Absichten und hoher persönlicher Integrität, der die Bedeutung der Menschenrechte in der Welt schärfte, so der Historiker Heinrich-August Winkler. In der historischen Rückschau muss sich das von Walden gezeichnete Bild jedoch relativieren. Die kommunistischen Regime zeigten sich von Carters Impetus nicht recht beeindruckt. Dies hing sicher mit der von Walden angesprochenen Führungsschwäche des US-Präsidenten zusammen. Darüber hinaus musste er nach und nach außenpolitischen Realitäten Rechnung tragen, beispielsweise im Aufbau der sino-amerikanischen Beziehungen, denen die idealistische

[1377] Vgl. ders., Carter und die Leerlinge, in: Welt am Sonntag vom 8.5.1977.
[1378] Vgl. Görtemaker, Geschichte der Bundesrepublik, S. 591.
[1379] Vgl. Winkler, Vom Kalten Krieg zum Mauerfall, S. 743.
[1380] Vgl. Matthias Walden, Rauhreif über dem Atlantik, in: Welt am Sonntag vom 9.4.1978.
[1381] Vgl. ders., Jimmy Carters Antwort. Die Entspannung und das deutsch-amerikanische Verhältnis, in: Die Welt vom 21.7.1978.

Unterstützung der USA gegenüber Taiwan zum Opfer fiel, was an Walden nicht unbemerkt vorüberging.[1382]

Für einen Fernsehbericht besuchte Walden Anfang 1980 das fernöstliche Taiwan, das zwar keine Demokratie im »westlichen Sinne« sei, aber gerade im Vergleich zum kommunistischen China wie ein »El Dorado« der Rechtstaatlichkeit wirke. Walden kritisierte die US-Regierung, die Republik China – so die amtliche Eigenbezeichnung Taiwans – fallen gelassen zu haben, um mit Peking ins Gespräch zu kommen. Die westeuropäischen Staaten stielen sich seiner Meinung nach ebenso aus der Verantwortung für den freiheitlichen Kontrapart zu »Rot-China«.[1383]

An Ernst Cramer schrieb er aus Taiwan, in diesem »tapferen fernöstlichen Bollwerk gegen den Kommunismus« seien »Kalte Krieger« noch herzlich willkommen.[1384] Im Umkehrschluss zeigte dies erneut, dass man sich im Westen teilweise auf verlorenem Posten fühlte. Durch Kompromisse wie seiner China-Politik verlor Carter an moralischer Glaubwürdigkeit.[1385] Für Walden blieb Jimmy Carter zeitgenössisch nichtdestotrotz der Gegenpart zu einer allzu pragmatischen westlichen Entspannungspolitik. Diese litt in seinen Augen an idealistischer Armut und einer Technisierung des Politischen, für die parademäßig die KSZE stand.

»Helsinki und die Folgen«

So sehr Walden allerdings den Gedanken der KSZE ablehnte, so konsequent berief er sich auf die Beschlüsse der Schlussakte. Er folgte damit dem Vorbild vieler Dissidentenbewegungen wie der »Helsinki-Gruppe« in der Sowjetunion oder der »Charta 77« in der Tschechoslowakei. Walden betonte allerdings stets, dass dies nicht in der Schlussakte von Helsinki angelegt sei, womit er die aus seiner Sicht mangelhaften Reaktionen des Westens auf den Druck der kommunistischen Regime erklärte. Er ging dabei analog zu seinen Forderungen vor, sich strikter an die gemeinsame Erklärung zu den Ostverträgen sowie dem Verfassungsgerichtsurteil zum Grundlagenvertrag zu halten. Seiner Argumentation verlieh er damit geschickt den Anspruch der Rechtmäßigkeit. In einem Vortrag bei der Evangelischen Akademie Loccum im März 1977 mit dem Titel »Helsinki und die Folgen« fasste Walden diese Haltung streitbar zusammen und sprach von einer »geistigen Offensive«, zu der die KSZE den Westen zwinge.[1386] Er folgte kontinuierlich seiner Grundannahme, die kommunistischen Staaten seien in

1382 Zu Carter: Vgl. Winkler, Vom Kalten Krieg zum Mauerfall, S. 793.

1383 Vgl. Matthias Walden, Typoskript »Die Umschau«, Reisebericht Taiwan vom 7. März 1980 (ASV-UA: NL Walden, Box 29 – 1978-80), S. 1–3; siehe auch: ders., Wenn der Adler mit dem Drachen, in: Welt am Sonntag vom 4.2.1979.

1384 Vgl. Matthias Walden an Ernst Cramer vom 5. Februar 1980 (ASV-UA: NL Springer, Box 404).

1385 Vgl. Winkler, Vom Kalten Krieg zum Mauerfall, S. 793.

1386 Vgl. Matthias Walden, Typoskript »Helsinki und die Folgen«, März 1977 (ASV-UA: NL Springer, Box 316), S. 17.

ihrer totalitären Grundausrichtung gleich geblieben und besäßen eine systemimmanente Freiheitsfeindlichkeit.

Die Dissidentenbewegungen, die im Kern von einem »Willen zur Freiheit« angetrieben würden, seien nun laut Walden aber keine Folge der Entspannungspolitik, schließlich hatte es diese Forderungen immer schon gegeben. Dass sich der Freiheitswillen seit einigen Jahren immer stärker äußer, lag für ihn eher an der Schwäche der kommunistischen Regime.[1387] Wie schon am Ende der 1950er Jahre, als er die destabilisierende Wirkung der Förderung von reformerischen Ideen in der DDR für das gesamte System zwar erkannte, die Unterstützung dieser aber trotzdem ablehnte, wandte sich Walden Ende der 1970er Jahre gegen den Mechanismus der KSZE, der – ob gewollt oder ungewollt – die Bürgerrechtsbewegungen im Ostblock erheblich antrieb.

Ganz im Gegensatz dazu kritisierte Marion Gräfin Dönhoff kurz vor Waldens Vortrag in einem längeren Leitartikel in der *Zeit* mit dem Untertitel »Der amerikanische Präsident Carter auf Irrwegen« die unter eine moralische Maxime gestellte Außenpolitik Jimmy Carters. Seit 1973 war Dönhoff Mitherausgeberin der Wochenzeitung und gehörte zu den einflussreichsten Journalisten der Bundesrepublik. Sie schloss sich der Ansicht Henry Kissingers an, durch eine moralisch inspirierte Politik viel weniger für die Bürgerrechtsbewegungen erreichen zu können als durch eine vermeintlich amoralische Realpolitik. So habe Kissinger mit seinem Ansatz, der unter dem öffentlichen Radar flog, mehr Menschen die Freiheit geschenkt, als die betont öffentliche Diplomatie im Stile Carters es vermag, argumentierte Dönhoff. Als einzige Unterstützung der Bürgerrechtsbewegungen im Ostblock sah Dönhoff eine Politik, die auf »Entspannung und Normalisierung« ausgerichtet war. Diese ermögliche das Tun der Dissidenten überhaupt erst, so Dönhoff abschließend.[1388]

In seinem Loccumer Vortrag griff Walden nun explizit den Artikel Dönhoffs an und kritisierte, dass die *Zeit*-Herausgeberin »Normalisierung« mit Entspannung gleichsetzte und aus diesem Grund zu Zurückhaltung aufgerufen hatte. »Aber was kann Normalisierung anderes sein, als die Verwirklichung der Menschenrechte?«, fragte Walden das Auditorium und verwies auf die »Untrennbarkeit von Frieden und Freiheit«.[1389]

Empört berichtete Walden nach der Tagung Axel Springer, in der Diskussion nach seinem Vortrag habe sich der SPD-Politiker Claus Arndt lautstark gegen Waldens Argumentation geäußert. Beim anschließenden Empfang warf er Walden eine Men-

1387 Vgl. ebenda, S. 1–3.

1388 Vgl. Marion Gräfin Dönhoff, Weltpolitik mit Fanfarenstößen. Der amerikanische Präsident Carter auf Irrwegen, in: Die Zeit vom 4.3.1977.

1389 Zu den beiden Zitaten siehe: Walden, »Helsinki und die Folgen«, S. 9f.; siehe auch: ders., Normalisieren mit Narkose, in: Welt am Sonntag vom 26.2.1978.

schenverachtung vor, die mit der Haltung der kommunistischen Regime vergleichbar sei:

> Ihm erschien ein Plädoyer für die Menschenrechte als menschenverachtend – weil es ›Entspannung‹ zerstöre. Nur aus Rücksicht auf den Hausherrn verließ ich den evangelisch kargen Tisch nicht.[1390]

Schon in seinem Vortrag hatte Walden diese Art der Kritik als »agitatorische Denunziation« bezeichnet, setze sie doch Verantwortliche und Kritiker eines Unrechts gleich.[1391] Ihm war diese Art von Vorwurf zudem nicht fremd, hatte doch eben jene Marion Dönhoff, um die es in Loccum ging, ihn Mitte der 1960er Jahre bereits mit den Dogmatikern in der SED verglichen.[1392]

Trotz des ideellen Überbaus der »konservativen Tendenzwende« empfand sich Walden, wie er Springer weiter schrieb, gerade in der Frage der Entspannungspolitik immer noch in einem Kampf »David gegen Goliath« gefangen. Dieses Bewegen »Abseits der Norm« war nach und nach zum Selbstverständnis Waldens geworden. Bereits 1963 hatte er prognostiziert, die sogenannten Konformisten begännen zu den »neuen Nonkonformisten« zu werden.[1393] 14 Jahre später zog der Journalist aus diesem für Konservative so kennzeichnenden Nonkonformismus eine schöpferische Kraft:

> Die Anomalie, die wir, wie es scheint, beanspruchen dürfen, befähigt uns zum Schritt von Tatsachen zu Wahrheiten. Sie gehen da voran, vorauf. Es ist eine Lust zu folgen. Die Anstrengung und das Ertragen der bitteren Wahrheiten sind der Preis. Er ist angemessen. Mögen die Zweifel sich mehren - gegen die Verzweiflung sind wir ideell versichert. Diese Police will nicht nur erworben, sie will auch erlitten sein. Einen anderen Ausweg aus der Norm gibt es wohl nicht.[1394]

Neben der außerordentlichen Gefolgschaft gegenüber seinem Verleger spricht aus Waldens Brief ein Gefühl des Exzeptionalismus, das doch ganz anders klang als die tiefe Verzweiflung, die ihn in den Jahren 1969 bis 1974 befallen hatte.

1390 Matthias Walden an Axel Springer vom 24. März 1977 (ASV-UA: NL Springer, Box 316), S. 2.
1391 Vgl. Walden, »Helsinki und die Folgen«, S. 6.
1392 Siehe nochmals: Dönhoff, Wo beginnt die Freiheit?, in: Quick – Illustrierte für Deutschland vom 13.2.1966; Claus Arndt hatte zuvor als Bundestagsabgeordneter vor allem an der Ausarbeitung der Ostverträge mitgewirkt, siehe: Claus Arndt, Spuren in der Zeit. Politische und persönliche Erinnerungen aus einem halben Jahrhundert, Düsseldorf 1991, S. 154–170.
1393 Siehe nochmal: Walden an Messner, 31.5.1963.
1394 Walden an Springer, 24.3.1977, S. 1.

Nachrüstung und Friedensbewegung

An seinem Loccumer Vortrag orientierte sich Walden in den kommenden Jahren. Von 1978 bis 1980 hielt er den Vortrag mit einer zusätzlichen Einleitung unter dem Titel »Ist die Entspannung am Ende?« insgesamt noch mindestens dreimal. Etwas zynisch sagte er, der Titel sei missverständlich, schließlich müsse etwas begonnen haben, wenn es an ein Ende gekommen sein soll. Die Jahre nach der KSZE hatten für ihn bewiesen, dass die als »Kalte Krieger« denunzierten Kritiker der Entspannungspolitik recht behalten hatten.[1395] Das zunehmend kriegerische Engagement Moskaus in der Dritten Welt stufte er als weiteren Beleg dieser These ein. Walden spielte damit auf Einmischungen der Sowjetunion in den Bürgerkrieg in Äthiopien und Somalia an.[1396]

Walden führte dies außerdem auf die Schwäche des Westens zurück:

> Diese Passivität und absolute Friedfertigkeit des Westens mag sympathisch sein – das will ich gar nicht bestreiten. Aber sie trägt zu einer zunehmenden Rücksichtslosigkeit des Ostens bei, der vom Frieden nur redet, während er sich kriegerisch benimmt.[1397]

Schon im Ursprungsvortrag hatte es abschließend geheißen, ein opportunistisches Verstummen des Westens vor den Unrechtstatbeständen im Osten und dem sowjetischen Imperialismus sei »ein Selbstmord der Freiheit aus Angst vor dem Tode«[1398]. Der Bogen zur mehr als zehn Jahre zuvor gestellten Charakterisierung des »Suicide of the West« James Burnhams war nun endgültig geschlagen. Burnham kann zwar aufgrund seines fehlenden Idealismus und überbordenden Zynismus nicht zu den amerikanischen Neokonservativen gezählt werden. Ihm fehlte ein optimistischer, aggressiver Durchhaltewillen, der die außenpolitische Denkschule der »neoconservatives« auszeichnete und der auch das politische Denken Matthias Waldens durchzog.

1395 Vgl. Matthias Walden, Typoskript »Ist die Entspannung am Ende?«. Festvortrag auf der Mitgliederversammlung des Verbandes Westdeutscher Baustoffhändler am 13. Oktober 1978 in Berlin, S. 5-23 (ASV-UA: NL Springer, Box 341), S. 5f.; zu den Vorträgen außerdem: ders., Typoskript Ist die Entspannung am Ende? Vortrag auf der Jahrestagung des Berlinder Landesverbandes der Vertriebenen e.V. vom 15. November 1980 (ASV-UA, NL Walden: Ordner Gespräche, Vorträge -extern- 1980–1984); ders., Ist die Entspannung am Ende?, in: Gesellschaftspolitische Votragsreihe, hrsg. vom Industriellen Arbeitgeberverband Osnarbrück-Emsland (1980), H. 4.

1396 Siehe zum Engagement Moskaus in der »Dritten Welt«: Hildermeier, Geschichte der Sowjetunion, S. 1047; und ausführlich zur Rolle der Sowjetunion im Krieg zwischen Äthiopien und Somalia: Radoslav Yordanov, Addis Abeba, 1977: Brüderliche Militärhilfe und globale militärische Strategie. Die sowjetische Verwicklung in den Konflikt zwischen Äthiopien und Somalia, in: Andreas Hilger (Hrsg.), Die Sowjetunion und die Dritte Welt. UdSSR, Staatssozialismus und Antikolonialismus im Kalten Krieg 1945–1991, München 2009, S. 239–258.

1397 Walden, »Ist die Entspannung am Ende?« (1978), S. 12.

1398 Ders., »Helsinki und die Folgen«, S. 18.

Dennoch war Burnham mit seinem kämpferischen Antikommunismus und seinem Plädoyer für den »Roll Back« sicher einer ihrer Vordenker, so der Politikwissenschaftler Patrick Keller.[1399]

Der Gipfel der aggressiven sowjetischen Politik war die Invasion in Afghanistan am 26./27. Dezember 1979. Der Einmarsch sowjetischer Truppen in das asiatische Land war der erste offene militärische Eingriff Moskaus in die Machtkämpfe eines souveränen Staates – also außerhalb des »Warschauer Paktes« – zugunsten der dortigen Kommunistischen Partei.[1400] Als Reaktion auf die Invasion kam es zu einem spontanen Aufstand der afghanischen Stämme, die einen Heiligen Krieg ausriefen und diesen vom schwer begehbaren Gebirgspass Hindukusch in Afghanistan und Pakistan aus führten. Moskau sollte sich in einen neunjährigen, für die Sowjetunion verheerend verlaufenden, Bürgerkrieg verstricken.[1401] Das »Debakel von Afghanistan« war für Walden der erneute Beweis für die List des Kremls in der Verführung westlicher Entspannungspolitiker. Abermals sei deutlich geworden, man befinde sich im »großen Konflikt zwischen Freiheit und Tyrannei, zwischen Kommunismus und Demokratie«, so der Journalist im Januar 1980 in der *Welt am Sonntag*.[1402]

Im Frühjahr 1980 kritisierte er zudem in der *Welt* explizit Herbert Wehner, der die Intervention der Sowjetunion als Vorbeugung bezeichnet und die sowjetische Rüstung als defensiv und auf die Sicherung der territorialen Gewinne des Zweiten Weltkrieges bedacht charakterisiert hatte.[1403] Historisch betrachtet kann die Intervention Moskaus in Afghanistan in der Tat nur als vorbeugend interpretiert werden, wenn man – so wie es der Kreml Ende der 1970er Jahre tat – die Entscheidung im Sinne der leninistischen Revolutionstheorie und der sowjetischen Militärdoktrin betrachtet. Der hierdurch entstandene Zusammenhang von Ideologie und Prestige machte es für die Sowjetunion notwendig, zugunsten der Kommunistischen Partei in den innerafghanischen Konflikt einzugreifen.[1404] Es war nun lediglich eine Frage, ob man den

1399 Vgl. Keller, Neokonservatismus und amerikanische Außenpolitik, S. 60–63.

1400 Vgl. Hildermeier, Geschichte der Sowjetunion, S. 1048.

1401 Vgl. Bernhard Chiari, Kabul, 1979: Militärische Intervention und das Scheitern der sowjetischen Dritte-Welt-Politik in Afghanistan, in: Andreas Hilger (Hrsg.), Die Sowjetunion und die Dritte Welt. UdSSR, Staatssozialismus und Antikolonialismus im Kalten Krieg 1945–1991, München 2009, S. 259–280, hier S. 260.

1402 Vgl. Matthias Walden, Kalter Krieg und leise List, in: Welt am Sonntag vom 13.1.1980.

1403 Vgl. ders., Vorbeugung, Verbeugung. Wehners Motivdeutung für den sowjetischen Überfall auf Afghanistan, in: Die Welt vom 25.3.1980; sowie bereits: ders., Resig-Nation?, in: Welt am Sonntag vom 29.4.1979; siehe zu den Aussagen Wehners und zur sowjetischen Rüstung: Tim Geiger, Die Regierung Schmidt-Genscher und der NATO-Doppelbeschluss, in: Philipp Gassert/Tim Geiger/Hermann Wentker (Hrsg.), Zweiter Kalter Krieg und Friedensbewegung. Der NATO-Doppelbeschluss in deutsch-deutscher und internationaler Perspektive, München 2011, S. 95–122, hier S. 108.

1404 Vgl. Chiari, Kabul, 1979, in: Hilger (Hrsg.), Die Sowjetunion und die Dritte Welt, S. 261–263.

ideologischen Zwang des Kremls als legitimen Grund seines Vorgehens anerkannte. Walden war dazu freilich nicht bereit. Sicherlich spielten bei der sowjetischen Invasion auch reine machtpolitische Aspekte im Hinblick auf die Kohäsion der Sowjetunion eine Rolle. Afghanistan teilte schließlich eine 2.500 Kilometer lange Grenze mit den muslimisch geprägten zentralasiatischen Sowjetrepubliken.[1405]

Als anmaßend und als Gefahr für die nordatlantische Allianz stufte Walden zudem Wehners Gleichnis von Afghanistan und Vietnam ein. Walden ordnete die Aussagen des Politikers in Bestrebungen der SPD zu einer »Auflösung der Blöcke« ein. Er meinte, sowjetische Aggressionen in Afrika und Asien hätten wenig mit territorialen Gewinnen nach dem Zweiten Weltkrieg zu tun, sondern eher die Intention, Einfluss auf die arabischen Ölländer zu gewinnen, womit er den ideologischen Hintergrund der Interventionen noch um einen realpolitischen Zweck erweiterte. Diesem Ziel, den Sieg über den Westen durch eine »Abschnürung des Rohstoffbedarfes« zu erlangen, habe der Kreml viel geopfert, so Walden weiter. Breschnew habe den Zorn in der Dritten Welt, das amerikanische Handelsembargo sowie die Blamage bei den Olympischen Spielen in Moskau im August 1980, für die im Februar Jimmy Carter zu einem Boykott aufgerufen hatte, dem sich insgesamt 65 Nationen anschließen sollten, in Kauf genommen. Außerdem forderte Walden eine Unterstützung der afghanischen Freiheitskämpfer.[1406]

Es wird deutlich, wie konsequent Walden in den Kategorien des Kalten Krieges dachte. Dies macht umso mehr seinen Gegensatz zu den Befürwortern einer Entspannungspolitik deutlich, die sich zum Ziel genommen hatten, die Zwänge des Ost-West-Konfliktes aufzubrechen. Seine Interpretation des sowjetischen Einmarsches zeigte zudem Gemeinsamkeiten mit der Haltung Zbegniew Brzezinskis, der ebenfalls der Meinung war, der Kreml strebe die Kontrolle der Region am Persischen Golf an. Der Carter-Berater gewann sichtlich an Einfluss auf den US-Präsidenten, wie dessen scharfe Reaktion zeigte.[1407]

Im Schatten der Verschlechterung der amerikanisch-sowjetischen Beziehungen in den späten 1970er Jahren war es vor allem Helmut Schmidt, Kanzler der als »Frontstaat« des Kalten Krieges davon besonders betroffenen Bundesrepublik, der auf den Abschluss einer Vereinbarung hinwirkte, die als NATO-Doppelbeschluss in die Geschichte eingehen sollte. Sie beinhaltete die Entscheidung, im Zeitraum von Dezember 1983 bis Dezember 1987 108 Pershing-II-Mittelstreckenraketen sowie 464 bodengestützte Marschflugkörper aus den USA in den westeuropäischen NATO-Staaten zu

[1405] Siehe zu dieser eher technischen und relativierenden Interpretation des Einmarsches: Loth, Rettung der Welt, S. 214–217.

[1406] Vgl. Walden, Vorbeugung, Verbeugung, in: Die Welt vom 25.3.1980; siehe zum Kontext der Invasion und der westlichen Reaktionen: Winkler, Vom Kalten Krieg zum Mauerfall, S. 782–785.

[1407] Vgl. Loth, Rettung der Welt, S. 217f.

stationieren. Die Stationierung werde allerdings nur stattfinden, wenn Moskau ein Angebot zur beiderseitigen Reduzierung der nuklearen Waffen nicht annehme. In seiner Logik folgte der Doppelbeschluss also dem Bericht des belgischen Außenministers Pierre Harmel, den dieser bereits zur Lage der NATO 1967 vorgelegt hatte. Die von Moskau wegen ihrer Geschwindigkeit besonders gefürchtete Pershing II konnte allerdings aufgrund der geographischen Lage nur in der Bundesrepublik stationiert werden. Stets betonte Schmidt daher den Rüstungskontrollteil des Doppelbeschlusses.

»Stein des Anstoßes« des Doppelbeschlusses war die Modernisierung des sowjetischen Mittelstreckenarsenals auf SS-20-Raketen, die für den Westen mehr als eine Instandsetzung war und somit eine verstärkte Bedrohungslage für die westeuropäischen Staaten. Es spielte jedoch die gesamte Verschlechterung der weltpolitischen Lage und das seit Jahren bestehende Übergewicht Moskaus im Bereich der konventionellen Rüstung mit hinein. Nach anfänglicher Zurückhaltung war die Carter-Administration von Schmidts Vorschlag überzeugt, der auf einer Sondersitzung der NATO in Brüssel am 12. Dezember 1979 beschlossen wurde. Dies lag nicht zuletzt am erfolgreichen Abschluss der SALT-II-Verhandlungen im Juni 1979, in die, entgegen der Forderung der Regierung Schmidt-Genscher, Verhandlungen über die SS-20-Raketen nicht miteingeflossen waren. Obwohl Carter die SALT-Verträge wegen der sowjetischen Invasion in Afghanistan Ende des Jahres dem US-Senat nicht zur Ratifizierung vorlegte – die dieser dem Abkommen wohl auch versagt hätte –, hielten sich beide Länder weitestgehend an die Bestimmungen. Schlussendlich mündete diese Zuspitzung des Ost-West-Konfliktes mit dem Einmarsch der sowjetischen Truppen in Afghanistan zwei Wochen nach der Unterzeichnung des Doppelbeschlusses, die allerdings nicht ursächlich mit der Invasion verknüpft war.[1408]

Walden zeigte sich schon in den Jahren vor dem NATO-Doppelbeschluss stets als Befürworter einer westlichen Nachrüstung. Im Sommer 1978 schrieb er in der *Welt am Sonntag*, man müsse zwar »phantasie- und herzlos« sein, wenn man nicht für eine internationale Abrüstung sei, doch bleibe dem Westen kam etwas anderes übrig, als auf das »waffengierige« Rüsten der Sowjetunion zu reagieren. Die Ideale von Schmidt und Carter würden hier nicht helfen, behauptete Walden und verwies auf die Überlegenheit der Sowjetunion in der konventionellen Rüstung sowie die SS-20-Raketen, die von den SALT-Verhandlungen und der MBFR nicht behoben werden könnte. Zumin-

[1408] Siehe zu diesem Überblick unter anderem: Philipp Gassert/Tim Geiger/Hermann Wentker, Zweiter Kalter Krieg und Friedensbewegung: Einleitende Überlegungen zum historischen Ort des NATO-Doppelbeschlusses von 1979, in: dies. (Hrsg.), Zweiter Kalter Krieg und Friedensbewegung. Der NATO-Doppelbeschluss in deutsch-deutscher und internationaler Perspektive, München 2011, S. 7–29; und zur schwierigen diplomatischen und politischen Genese des Doppelbeschlusses aus deutscher Sicht: Geiger, Regierung Schmidt-Genscher, in: Gassert/Geiger/Wentker (Hrsg.), Zweiter Kalter Krieg und Friedensbewegung, S. 96–114.

dest gegen die »Panzer-Lawine« Moskaus hatte laut Walden erst kürzlich etwas unternommen werden können, womit er auf die Möglichkeit der Stationierung der amerikanischen Neutronenwaffe in der Bundesrepublik anspielte, die in den Jahren 1977/78 die diplomatischen Korps in den westeuropäischen Hauptstädten und Washington beschäftigte.[1409]

Die Neutronenwaffe war eine Weiterentwicklung taktischer Nuklearwaffen, die besonders im Einsatz gegen Panzer als äußerst effektiv galt. US-Forscher hatten sie Mitte der 1970er Jahre entwickelt und die Carter-Regierung stand im Sommer 1977 vor der Frage, ob die Waffe produziert werden sollte. Der US-Präsident machte dies allerdings von der Bereitschaft der Westeuropäer abhängig, diese Waffe auch auf ihrem Territorium stationieren zu lassen, zu dessen Schutz sie schließlich beitragen sollte. Grund für diese Bedingung war, dass der US-Präsident die massiven Vorbehalte der Anti-Nuklear- und einer neuen Friedensbewegung gegen die Neutronenwaffe wahrgenommen hatte. In Deutschland wurden diese besonders breit artikuliert. So bezeichnete Egon Bahr, zu dieser Zeit Bundesgeschäftsführer der SPD, die Waffe als »Perversion des Denkens«, da sie darauf ausgerichtet sei, Sachen unbeschädigt zu lassen und Menschen zu töten. Wie später im NATO-Doppelbeschluss vereinbart, sollte Moskau ein Verzicht der Stationierung der Neutronenwaffe bei sowjetischer Abrüstung der SS-20-Raketen angeboten werden. [1410]

An der Haltung zur Neutronenwaffe lässt sich erneut die dezisionistische Ader von Waldens Bewertung des Ost-West-Konfliktes erkennen, die sich als neokonservatives Prinzip der Vermischung von Idealismus und Realismus äußert. Sie stand daher nicht im Widerspruch zu seiner wertgebundenen Argumentation, sondern bildete die Basis seiner Forderung einer »geistigen Offensive« des Westens und der Kritik an der Détente. Im April 1978 hatte Walden in der *Welt am Sonntag* geschrieben: »Ich habe mich entschieden, für die Neutronenwaffe zu sein – trotz und auch wegen der Erinnerungen an Dresden, an Berlin, an Budapest und an Prag.« Walden frischte seine Argumentation der späten 1950er Jahre auf, dass Waffen – ob atomar oder konventionell – angesichts der weltpolitischen Situation als kriegsverhindernde Kraft unentbehrlich waren: »Ideell war diese Erkenntnis nicht befriedigend. Aber sie entsprach der Wirklichkeit.«

Er selbst, so Walden zu Beginn seines Artikels, habe nach der Zerstörung seiner Heimatstadt Dresden und den Bomben von Hiroshima ein pazifistisches Gemüt entwickelt. Dies hätten ihm aber die Kommunisten beschädigt.[1411] Eine Einstellung, die

1409 Vgl. Matthias Walden, Wer rüstet denn?, in: Welt am Sonntag vom 4.6.1978.

1410 Siehe zur Bedingung Carters und zu dem Zitat Bahrs: Geiger, Regierung Schmidt-Genscher, in: Gassert/Geiger/Wentker (Hrsg.), Zweiter Kalter Krieg und Friedensbewegung, S. 100–102.

1411 Siehe dazu sowie zu den Zitaten: Matthias Walden, Darum bin ich für die Neutronenwaffe, in: Welt am Sonntag vom 16.4.1978.

sich bereits in den späten 1950er Jahren bei Walden im Umgang mit der »Göttinger Erklärung« gezeigt hatte. Diese Haltung sowie Waldens Appell an eine »ethisch gebundene« Vernunft erinnerte an die Kritik des Soziologen Max Weber an einer reinen Gesinnungsethik, die die »Irrationalität der Welt« außer Acht lasse.[1412] In seiner berühmten Rede »Politik als Beruf« erinnerte Weber im Revolutionswinter 1919 vor Münchner Studenten zwar daran, dass Politik gewiss nicht nur mit dem Kopf gemacht werde, stellte – mit dezisionistischem Einschlag – einer Gesinnungsethik aber eine Verantwortungsethik zur Seite. Nur in ihrer Ergänzung würden sie zusammen den »echten Menschen« ausmachen, »der den ›Beruf zur Politik‹ haben« könne.[1413]

Die Bundesregierung kritisierte Walden des Weiteren dafür, sich um eine klare Antwort auf das Angebot Washingtons zu drücken.[1414] In der Tat wollte Schmidt eine solch wichtige rüstungspolitische Entscheidung im Ost-West-Konflikt nicht verantworten und blieb gegenüber Carter unverbindlich. Der Bundeskanzler fürchtete auch eine Abkoppelung des strategischen Sicherheitssystems Westeuropas von den USA. Darüber hinaus wurden in der SPD erste Zweifel an der Notwendigkeit einer Nachrüstung laut. Letztendlich zeigten sich die anderen westeuropäischen Staaten ebenso wenig begeistert über den amerikanischen Vorschlag. Die ausgebliebene Lösung in der Frage der Neutronenwaffe ebnete den Weg für den NATO-Doppelbeschluss und die amerikanische Zustimmung zur Nachrüstung der Mittelstreckensysteme.[1415]

Die Haltung Waldens stand so elementar im Gegensatz zu den Positionen der sich im Windschatten des »Niedergangs der Entspannung« formierenden Friedensbewegung. Hier sammelten sich soziale Gruppen, die vom Krisengefühl der 1970er Jahre beseelt waren und in der geplanten Nachrüstung des Westens den ersten Schritt zu einem Atomkrieg sahen. Eine scheinbare »strukturelle Reformunfähigkeit« der liberalen Demokratie schien darüber hinaus in der Bundesrepublik der Aufbruchstimmung der späten 1960er Jahre nicht gewachsen. Wirtschaftliche Rezessionen in Folge der Ölpreiskrisen 1973 und 1979 taten ihr Übriges. Zunächst beschäftigte dies eher das liberalkonservative Spektrum, das dem Prinzip der keynesianischen Globalsteuerung distanzierter gegenüberstand und sich leichter von ihm lösen konnte. Schnell schlossen das linksliberale und linksalternative Milieu aber auf. Es war von einer »Unregierbarkeit« die Rede, was weiter unten noch ausgeführt wird.

Laut dem Historiker Philipp Gassert verbanden die intellektuellen Vordenker der Friedensbewegung die Krisenwahrnehmungen der westlichen Demokratien mit dem

1412 Vgl. Weber, Politik als Beruf, S. 74.
1413 Vgl. ebenda, S. 80f.
1414 Vgl. Walden, Darum bin ich für die Neutronenwaffe, in: Welt am Sonntag vom 16.4.1978.
1415 Siehe zur politischen Ebene der Neutronenwaffen-Kontroverse: Geiger, Regierung Schmidt-Genscher, in: Gassert/Geiger/Wentker (Hrsg.), Zweiter Kalter Krieg und Friedensbewegung, S. 100–105.

Wachstum der nuklearen Potenziale und der Nachrüstungsdebatte der späten 1970er Jahre. Der »Niedergang der Entspannung« und die transatlantischen Irritationen lieferten hierfür genug Ansätze. Das Anwachsen der Friedensbewegung war demnach das Gegenstück zu einer antikommunistisch konnotierten ideologischen Erneuerung des Ost-West-Konflikts im Zuge der »konservativen Tendenzwende«, für die Walden stand.[1416]

Nach dem Muster der Neutronenwaffen-Kontroverse entwickelte sich der politische Prozess zum NATO-Doppelbeschluss und dessen Unterzeichnung zu einem Katalysator der westlichen Friedensbewegung. Aufgrund der bereits erwähnten hervorgehobenen Rolle der Bundesrepublik Deutschland war diese besonders von dieser Entwicklung betroffen. Ihre historischen Wurzeln hatte die neue Friedensbewegung in der Bundesrepublik einerseits in der Protestbewegung gegen die deutsche Wiederbewaffnung in den 1950er Jahren und anderseits in der APO und der 68er-Bewegung. Das milieuübergreifende Bündnis von Linken, Alternativen und postmateriellen Angehörigen der Mittelschicht konnte freilich nur temporär gebildet werden. Dass es dafür eine breite Basis gab, hatten schon die Anti-AKW-Proteste der 1970er Jahre gezeigt.[1417]

Die Diskussion in der Bundesrepublik wurde erneut durch die amerikanischen Präsidentschaftswahlen im November 1980 geprägt. Mit großem Abstand ging hierbei der republikanische Kandidat und Gouverneur Kaliforniens, Ronald Reagan, als Sieger hervor. Im Wahlkampf hatte er mit antikommunistischer Rhetorik gepunktet, die den immer mehr an einer Führungsschwäche leidenden Jimmy Carter unter Druck setzte. Zudem stand der US-Präsident vor einem innenpolitischen Scherbenhaufen, nicht zuletzt wegen eines Geisel-Debakels in der amerikanischen Botschaft in Teheran.[1418]

Walden bezeichnete den Sieg Reagans sogleich als »triumphale Wahl«. Von der Menschenrechtspolitik Carters hatte er sich zwar angezogen gefühlt, doch gerade mit Blick auf das in seinen Augen schwankende Westeuropa kam der Republikaner mit seiner scharfen Rhetorik gerade zur rechten Zeit. Im Gegensatz zu den windigen Tagespolitikern überblicke der neue US-Präsident die historische Aufgabe der westlichen Welt; den Kampf für Freiheit gegen Diktatur, für Recht gegen Unrecht, für Würde gegen Entwürdigung.[1419] Die Beschreibungen über dessen Vorgänger glichen sich.

1416 Für einen Überblick zu diesen breitgefächerten »Zweifeln an der Zukunft«, siehe: Gassert, Viel Lärm um Nichts?, in: Gassert/Geiger/Wentker (Hrsg.), Zweiter Kalter Krieg und Friedensbewegung, S. 182–192; außerdem: ders., Bewegte Gesellschaft, S. 158–165.

1417 Vgl. ders., Viel Lärm um Nichts?, in: Gassert/Geiger/Wentker (Hrsg.), Zweiter Kalter Krieg und Friedensbewegung, S. 179–181.

1418 Zum Ende der Präsidentschaft Carters, siehe: Winkler, Vom Kalten Krieg zum Mauerfall, S. 788–793.

1419 Vgl. Matthias Walden, Eine Chance, in: Welt am Sonntag vom 9.11.1980; ders., Die Erpresser, in: Welt am Sonntag vom 25.1.1981; siehe zur Rhetorik Reagans: Keller, Neokonservatismus und amerikanische Außenpolitik, S. 106–114.

In der Bewertung Reagans zeichnete sich ein entscheidender Unterschied zwischen den Akteuren der Friedensbewegung und dem Journalisten ab. Sahen Erstere die Wahl Reagans in einer Linie mit der verschlechterten internationalen Situation und interpretierten die Feindbild-Rhetorik des US-Präsidenten als Teil des Problems, war der Republikaner in Waldens Augen dessen Lösung. Die Friedensbewegung entwickelte sich vor diesem Hintergrund in Teilen zu einer »Anti-Reagan-Bewegung«. Laut Philipp Gassert trug der Wechsel im Weißen Haus maßgeblich zur Verschärfung der innerdeutschen Diskussion um den NATO-Doppelbeschluss bei. Aussagen wie die des amerikanischen Verteidigungsministers Caspar Weinberger, ein »Sieg sei möglich«, wurden dementsprechend in Flugblättern und Reden eifrig verwendet. Als »Ironie der Geschichte« beschreibt Gassert die Umdeutung des ursprünglich von Helmut Schmidt initiierten Doppelbeschlusses als Diktat der USA.

Diese kommunikative Strategie führte mithin in Sphären der weiter oben erwähnten Rhetorik vom »besetzten Land«. So geschehen beim für die Friedensbewegung wichtigen evangelischen Kirchentag in Hamburg im Sommer 1981, als der ehemalige Berliner Bürgermeister Heinrich Albertz gegenüber Helmut Schmidt davon sprach, dass eine Folge des Weltkrieges sei, dass beide Teile Deutschlands nicht nur Verbündete haben, sondern »besetztes Land« seien. Auch wenn Albertz später diese Aussage korrigierte, war sie laut Gassert doch sinnbildlich für die »Opfer-Mentalität« einiger Teile der Friedensbewegung.[1420]

Ganz anders lesen sich die Kommentare Waldens zum »neuen Mann« in Washington. Im Gegensatz zu dessen Vorgänger sei Reagan in der Lage, seine wertgebundene Politik auch zu vertreten, schrieb er schon kurz nach dessen Amtsantritt in einer Eloge auf den US-Präsidenten.[1421] Walden positionierte sich gegen ein »Lager neutralistischer Bequemlichkeiten, pazifistischer Verantwortungsflucht und sogar antiamerikanischer Eskapaden«, wie er schrieb. Man könne nicht die amerikanische Lebensweise genießen und dann dem Führungsanspruch der USA entsagen sowie die sowjetische Wirklichkeit verharmlosen.[1422] Der kulturpolitische und sicherheitspolitische Teil der »free society« war aus Waldens Sicht also kaum zu trennen. Als Reagans neuer Außenminister, Alexander Haig, Berlin besuchte, goutierte Walden die Rede des als äußerst scharfen Antikommunisten bekannten Haig als »Meisterstück standhafter Freiheitsphilosophie«.[1423]

1420 Vgl. Gassert, Viel Lärm um Nichts?, in: Gassert/Geiger/Wentker (Hrsg.), Zweiter Kalter Krieg und Friedensbewegung, S. 193–195.

1421 Vgl. Matthias Walden, Der neue Mann, in: Welt am Sonntag vom 18.1.1981.

1422 Vgl. ders., Wenn Reagan unbequem wird, in: Die Welt vom 28.7.1981.

1423 Vgl. ders., Festigkeit, in: Die Welt vom 14.9.1981; Zu Haig siehe: Winkler, Vom Kalten Krieg zum Mauerfall, S. 810.

Erste Erfolge dieser neuen Gangart meinte Walden bereits im März 1981 anlässlich des 26. Parteitages der KPdSU zu erkennen. Die Glaubwürdigkeit der kommunistischen Ideologie sei in einem desolaten Zustand. Frieden, Fortschritt, Freiheit und Überlegenheit entpuppten sich laut Walden immer klarer als Lügen. Vor dem inneren Zerfall habe in den letzten Jahren lediglich das »Trugbild der Entspannungspolitik« ein wenig Luft verschaffen können, doch dem setze Reagan nun ein Ende, so Walden unter dem Titel »Ruinen« in der *Welt am Sonntag*. Die Strategie des US-Präsidenten führe langfristig zu einer geistigen und wirtschaftlichen Anpassung der Sowjetunion, die in ihrem Zusammenbruch enden würde.[1424] Ronald Reagan war für Walden der lang ersehnte Vollstrecker seiner »Strategie des unfreiwilligen Selbstmordes«, die letztendlich auf der Idee der Magnettheorie und des freiheitlichen Vorbilds im *Vital-Center-Liberalismus* basierte. Die Abwendung von Carter und Unterstützung Reagans stellte Waldens Denken zudem erneut in die Linie der amerikanischen »neoconservatives«. Deren Idealismus äußerte sich ähnlich wie bei Walden in einem ideologisch anmutenden Antikommunismus, der sich von der idealistischen Zurückhaltung Carters unterschied.[1425]

Derweil lud sich die öffentliche Stimmung in der Bundesrepublik immer weiter auf. In der aufgewühlten Gemengelage im Frühjahr 1980 eskalierte im Mai in Bremen eine Demonstration gegen eine anlässlich des 25-jährigen Jubiläums der Bundesrepublik in der NATO öffentlich angesetzte Vereidigung von 1.200 Bundeswehrrekruten. Es kam zu gewalttätigen Übergriffen von einem Teil der insgesamt ungefähr 10.000 Demonstranten auf Polizisten und Bundeswehrsoldaten.[1426] Walden brachte in der *Welt am Sonntag* diese Übergriffe deutlich mit dem gesellschaftlichen Protest der späten 1960er Jahre in Verbindung:

> Ein Teil der Pseudo-Revolutionäre trieb in den Terrorismus ab und ›artikulierte‹ sich mordend. Ein anderer Teil resignierte und kam zur Besinnung. Ein dritter Teil aber nistete sich im Partei- und Staatsgefüge ein, zersetzte die demokratische Substanz und kehrt nun zur Pflastersteinzeit zurück.[1427]

Die Ursache der Eskalation sah Walden ebenfalls im Verhalten der Bremer SPD, die im Vorfeld versucht hatte, die Vereidigung der Rekruten abzublasen und sie als »Sä-

[1424] Vgl. Matthias Walden, Ruinen, in: Welt am Sonntag vom 8.3.1981.
[1425] Siehe dazu: Keller, Neokonservatismus und amerikanische Außenpolitik, S. 91–105.
[1426] Vgl. Carl-Christoph Schweitzer, Bremer Bundeswehrkrawalle. Gefahren für unseren Staat und ihre Verschleierung im Streit der politischen Parteien im parlamentarischen Untersuchungsverfahren, Baden-Baden 1981, S. 77.
[1427] Matthias Walden, Steinzeit, in: Welt am Sonntag vom 11.5.1980.

belrasseln« bezeichnet hatte. Dies sei eine Verleugnung »unserer« Verteidigungskräfte, die eine geistige Grundlage für den Protest liefere, schrieb er weiter.[1428]

Der Vorfall in Bremen gab die Richtung von Waldens Umgang mit der Friedensbewegung vor. Letztendlich ging es um die Fragen der Verteidigungsbereitschaft und Bündnistreue, die die Nachrüstungsdebatte beherrschten.[1429] Einige der Initiatoren der Bremer Proteste waren zudem Kerngruppen der Friedensbewegung wie zum Beispiel das 1974 gegründete Komitee für Frieden, Abrüstung und Zusammenarbeit (KOFAZ), das erheblich von Ost-Berlin beeinflusst wurde.[1430] Und auch der linke Flügel der SPD sollte in den kommenden Monaten so wie in Bremen auf Seiten der Demonstranten stehen. Noch vor der ersten großen Kundgebung mit 250.000 Menschen im Bonner Hofgarten am 10. Oktober 1981 wandte sich Walden in der *Welt* gegen den Absolutheitsanspruch der Friedensbewegung. In Anlehnung an seine Haltung zur Neutronenwaffe argumentierte er, die Demonstranten würden mit ihren Forderungen eher das Kriegsrisiko erhöhen. Die Konsequenz ihres Programms sei eine geringere Verteidigungsfähigkeit des Westens und somit ein schwächeres Kriegsrisiko für den Osten. Von der Logik des Kalten Krieges, der Abschreckung, wollte sich Walden nicht lösen.[1431]

Waldens Deutung des Ost-West-Konflikts kann mit Hilfe einer Forschungsrichtung interpretiert werden, die aus der Perspektive eines »sicherheitspolitischen Konsens« argumentiert. Dem lag die Erkenntnis zugrunde, dass die Entspannungspolitik bis in die frühen 1980er Jahre weder den Rüstungswettlauf zwischen den Supermächten oder deren Rivalität in Asien und Afrika beendet noch die Sowjetunion davon abgehalten habe, innerhalb und außerhalb ihres Machtbereichs militärische Gewalt anzuwenden.[1432]

In der Einleitung zu ihrem Sammelband »Zweiter Kalter Krieg und Friedensbewegung« schreiben Philipp Gassert, Tim Geiger und Hermann Wentker zu dieser Forschungsrichtung, sie basiere auf der glaubwürdigen Verteidigungsbereitschaft des Westens gegenüber der Sowjetunion, die ihre langfristigen ideologischen und politischen Ziele mitnichten aufgegeben habe. Und weiter heißt es:

1428 Vgl. ebenda.

1429 Zu diesem Zusammenhang siehe: Schweitzer, Bremer Bundeswehrkrawalle, S. 85–88.

1430 Siehe zum KOFAZ: Helge Heidemeyer, NATO-Doppelbeschluss, westdeutsche Friedensbewegung und der Einfluss der DDR, in: Philipp Gassert/Tim Geiger/Hermann Wentker (Hrsg.), Zweiter Kalter Krieg und Friedensbewegung. Der NATO-Doppelbeschluss in deutsch-deutscher und internationaler Perspektive, München 2011, S. 247–267, hier S. 255f.

1431 Vgl. Matthias Walden, Propagandaschlacht um das Monopol auf Frieden. Was die Friedensbewegungen des Westens wirklich bewegt, in: Die Welt vom 6.6.1981.

1432 Vgl. Gaddis, Der Kalte Krieg, S. 262.

> Für diese westliche Verteidigungsbereitschaft bedurfte es einer inneren Geschlossenheit und Kompromisslosigkeit gegenüber den kommunistischen Diktaturen. Ihr Leitbegriff hieß damals wie heute ›Freiheit‹, und sie sieht sich im Nachhinein von osteuropäischen Dissidenten bestätigt, denen das zweifellos auch im Interesse der Menschen erfolgte Tête a Tête westlicher Politiker mit östlichen Diktatoren zutiefst widerstrebte.[1433]

Die Nähe von Matthias Waldens politischem Denken zu diesem »sicherheitspolitischen Konsens« wird hier offensichtlich.

Die Friedensbewegung andererseits war angetreten, um diesen Konsens zu hinterfragen, in der Schlussfolge gar aufzubrechen. Obwohl die Protestbewegung in sich heterogen war, kann der Einfluss kommunistisch unterwanderter Gruppen nicht außer Acht gelassen werden. So hatte das bereits erwähnte KOFAZ erheblichen Anteil an der Organisation der Bonner Großdemonstration 1981. Groß war die Reichweite des von der schon 1960 gegründeten Deutschen Friedensunion (DFU) initiierten »Krefelder Appels«, den bis zum November 1983 etwa 4,7 Millionen Menschen unterzeichneten. Wie das KOFAZ war die DFU aus der DDR finanziert und sollte in der Friedensbewegung die östliche Perspektive eines aggressiven Westens verankern.

Auch wenn es sich um ein »camoufliertes Vorgehen« handelte und beispielsweise die in der Friedensbewegung vertretenen Sozialdemokraten unter der Führung Erhard Epplers sowie Teile der Grünen, den »Krefelder Appell« nicht unterzeichneten, war der Erfolg der Einflussnahme der DDR auf die westdeutsche Friedensbewegung »beachtlich«, so der Historiker Helge Heidemeyer.[1434] Ähnlich wie der CDU-Politiker Alfred Dregger prangerte Walden die Verbindungen zwischen der linken Friedensbewegung im Westen und dem kommunistischen »Weltfriedenslager« öffentlich an. Für sie wurden die Forderungen der Aktivisten dadurch zusätzlich diskreditiert.[1435]

1433 Gassert/Geiger/Wentker, Einleitende Überlegungen zum historischen Ort des NATO-Doppelbeschlusses von 1979, in: Gassert/Geiger/Wentker (Hrsg.), Zweiter Kalter Krieg und Friedensbewegung, S. 10.

1434 Siehe dazu ausführlich: Heidemeyer, Einfluss der DDR, in: Gassert/Geiger/Wentker (Hrsg.), Zweiter Kalter Krieg und Friedensbewegung; Und noch detaillierter: Udo Baron, Kalter Krieg und heisser Frieden. Der Einfluss der SED und ihrer westdeutschen Verbündeten auf die Partei ›Die Grünen‹, Münster – Hamburg – London 2002.

1435 Vgl. Walden, Propagandaschlacht um das Monopol auf Frieden, in: Die Welt vom 6.6.1981; zu Dregger siehe: Andreas Rödder, Bündnissolidarität und Rüstungskontrollpolitik. Die Regierung Kohl-Genscher, der NATO-Doppelbeschluss und die Innenseite der Außenpolitik, in: Philipp Gassert/Tim Geiger/Hermann Wentker (Hrsg.), Zweiter Kalter Krieg und Friedensbewegung. Der NATO-Doppelbeschluss in deutsch-deutscher und internationaler Perspektive, München 2011, S. 123–136, hier S. 233f.

Der Staat in der Krise?

Eine allgemeine Krisenperzeption der 1970er Jahre kann als Katalysator und Nährboden der Friedensbewegung gelten. Bei Walden war wiederum kaum eine Nähe zu Gegenwartsdiagnosen wie der These vom »Versagen der Demokratie«, die der Physiker, Philosoph und Ideengeber der Friedensbewegung in den 1950er und 1960er Jahren, Carl Friedrich von Weizsäcker, 1976 in den Raum gestellt hatte, zu erkennen.[1436] Gänzlich frei von diesem zeitgenössischen Trend machte sich der Journalist aber nicht, wie bereits die Untertitel seiner »Kassandra-Rufe« 1975, »Deutsche Politik in der Krise« und zu seinem Vortrag auf Springers Gut Schierensee »Die Demokratie in der Krise« zeigten. Diese Wahrnehmung bezog sich vor allem auf Entwicklungen in der Außen- und Deutschlandpolitik sowie den Umgang mit dem APO und den Terrorismus der RAF. Die weiter oben gezeigte Betonung einer Mäßigung der gesellschaftlichen Anspruchshaltung an den Staat in Waldens politischem Denken wies aber sehr wohl eine Anschlussfähigkeit für die liberale und konservative Kritik der 1970er Jahre an der Expansion des Sozialstaates auf.[1437]

Es lag am Umfeld in der Bundesrepublik Deutschland, dass die erwähnten Diskussionen um eine »Unregierbarkeit« in Folge der massiven Überlastung politischen Handelns und der Überanspruchung staatlicher Systeme in eine Diskussion um ein »Staatsversagen« mündeten. Wie die Historikerin Gabriele Metzler herausarbeitet, war das Verständnis vom Staat in Westdeutschland in den 1960er Jahren in dem politischen System aufgegangen. In der Folge habe der Staat seine »besondere Dignität« gegenüber der Gesellschaft verloren.[1438] Walden widersprach zeitgenössisch der Verbindung von Staat und politischem System überhaupt nicht, sondern stilisierte sie mit der Beschreibung »staatsloyal« sogar zur Tugend. Gleichzeitig nutzte er dieses Vehikel, um auf eine notwendige Autorität des Staates zu verweisen. Denn nur in einem starken normativen Staat – im Symbol des Vaterlandes – konnte nach Waldens Ansicht der Wert des politischen Systems der liberalen Demokratie in Form von »Freiheit und Recht« zur Geltung kommen.[1439]

In einem Essay über Glück in »Die Fütterung der Krokodile«, stellte er sein Staatsverständnis plastisch dar. Der Staat sei demnach kaum für das Glück seiner Bürger verantwortlich, denn dies sei die individuelle Aufgabe eines jeden Einzelnen. Der

[1436] Vgl. Gassert, Viel Lärm um Nichts?, in: Gassert/Geiger/Wentker (Hrsg.), Zweiter Kalter Krieg und Friedensbewegung, S. 184.

[1437] Für einen Überblick zur Entwicklung des Sozialstaates in der Bundesrepublik bis zu den 1980er Jahren siehe: Gabriele Metzler, Der deutsche Sozialstaat. Vom bismarckschen Erfolgsmodell zum Pflegefall, Stuttgart – München 2003, S. 169–190.

[1438] Vgl. dies., Staatsversagen und Unregierbarkeit in den siebziger Jahren?, in: Konrad H. Jarausch (Hrsg.), Das Ende der Zuversicht? Die siebziger Jahre als Geschichte, Göttingen 2008, S. 243–260, hier S. 251.

[1439] Vgl. Walden, Vom Vaterland zum Vater Staat, in: Die Welt vom 4.4.1981.

Staat müsse aber die Voraussetzungen schaffen, »auf denen Glück aufgebaut werden kann«, und er dürfe die Bürger nicht unglücklich machen: »Und Glück kann sich nur in Freiheit entfalten.« Dies unterscheide den freiheitlichen Staat zudem von der Ideologie, die den Menschen verspricht, für ihr Glück zu sorgen.

Der Bürger müsse sich jedoch an der Ausgestaltung des Staates beteiligen, was wiederum die starke Affirmation Waldens für den Staat als Institution ausdrückte.[1440] Ohne eine derartige philosophische Tiefe zu suchen, kann Waldens Staatsauffassung sowie der stark akzentuierte Idealismus der »Fütterung der Krokodile« in der liberalen Interpretation hegelianischen Staatsdenkens gelesen werden. Georg Friedrich Wilhelm Hegel sah demnach den Staat als von der Zustimmung partikularer Individuen unabhängiges notwendiges Instrument zur Verwirklichung der Freiheit. Hegels Bedingung eines freien Staates widersprach den totalitären Staatsgebilden des 20. Jahrhunderts – die der Philosoph nicht kannte –, die den Unterschied von Staat und Gesellschaft auflösten.[1441]

Walden entsprach dieser Denkart ebenfalls in der Diskussion um das Spannungsfeld zwischen Freiheit und Staat. In der »Club 2«-Diskussion im *ORF* 1978 sagte er zu Rudi Dutschke:

> Ich bin nicht Liberalist und bin natürlich auch nicht Sozialist. Meine Überzeugung ist, daß – um den alten Fritz [Friedrich II., NL] zu zitieren – jeder nach seiner Fasson selig werden soll.[1442]

Der Staat habe dabei nicht die Aufgabe, eine verbindliche Wertsetzung zu liefern, sondern lediglich die Spielregeln und ein »kulturelles Niveau«, in denen die »Selbstverwirklichung des einzelnen« erst geschehen könne. Auf den Widerspruch Dutschkes, dass dies ein »purer Individualismus« sei, in dem Werte nicht mehr gesellschaftlich gebildet würden, erwiderte Walden, dass die Werte Einzelner natürlicher durch Überzeugungskraft anderen empfohlen werden könnten. Dies führe letztendlich zu größeren Strömungen, Gruppierungen und Parteien.[1443] Er formulierte hiermit die aus seiner Sicht wichtigsten Grundvoraussetzungen für eine liberale parlamentarische Demokratie, deren Individualismus auf dem Pluralitätsprinzip basierte. Ein in diesem Sinne freier Staat war für Walden die wirksamste Kraft gegen Totalitarismus.

Verliere der Staat allerdings an normativer Kraft, führe dies, so Walden, in die Perversion von Tendenzen einer Mentalität, die im Staat nur noch eine Art Dienstleister

1440 Vgl. ders., Die Fütterung der Krokodile, S. 54–60.

1441 Siehe zu Hegels Verständnis vom »Staat als Verwirklichung der Freiheit«: Schäfer, Hegel, S. 146–156.

1442 Fernsehgespräch (Club 2, 13. Juni 1978), S. 89.

1443 Vgl. ebenda.

sehen würde, eben einen »Vater Staat«, wie er 1981 in der *Welt* ausführte. Hier schloss sich dann der Kreis zu seiner Kritik an einer maßlosen Anspruchsmentalität. Einen Ursprung dieser Entwicklung sah Walden in der sozialen Geborgenheit der jungen Generation. Wie erwähnt hing für Walden eine Vaterlandsliebe – so wie jede normative Kraft – eng mit Anstrengung und Opfersinn zusammen.[1444]

In einer Analyse zur politischen und gesellschaftlichen Situation der Bundesrepublik hatte er im Juli 1980 in der *Welt* geschrieben, den Jungen fehle die »Schule der Entbehrungen«. Dies äußere sich unter anderem in einer »Flucht aus der Verantwortung«, die Walden mit einem Verweis auf George Bernard Shaw für die Freiheit einer Gesellschaft aber für unabdingbar hielt.[1445] Schon 1973 hatte er in der *Welt* der Jugend eine »Ideologie des Unbehagens« vorgeworfen. Als Erklärung führte er an:

> Das Leiden am Wohlstand quält vorwiegend Jüngere, denen das Kontrastbild der Not, der Unfreiheit und der Todesangst fehlt, das die Maßstäbe der Kriegsgeneration bestimmt hat.[1446]

Dies äußerte sich laut Walden in »Staatsverachtung, Ordnungsfeindlichkeit oder Leistungswiderwillen«[1447].

Historiographisch findet sich dieses Schlaglicht Waldens politischen Denkens in Überlegungen wieder, die die Erfolgsgeschichte der Bundesrepublik Deutschland in den 1950er und 1960er Jahren als Hemmnis für die Bewältigung der Herausforderung »nach dem Boom« ab Beginn der 1970er Jahre interpretieren. So beispielsweise in der hohen Erwartung an den Sozialstaat, die auch aus einem »Überbietungswettbewerb« der politischen Parteien entstanden sei.[1448] Walden zeigte sich als Verfechter eines generationellen Argumentationsmusters, das vor allem in der Auseinandersetzung mit der jüngeren Generation an Gestalt gewann. In der Einleitung zu einer »Auswahl zeitkritischer Kommentare aus zwei Jahrzehnten« mit dem Titel »Von Wölfen und Schafen« von 1983 schrieb er mit Blick auf die Jahre nach 1945:

1444 Vgl. Walden, Vom Vaterland zum Vater Staat, in: Die Welt vom 4.4.1981; siehe dazu außerdem: ders., Wohlfahrtsstaat und Angst, in: Die Welt vom 3.5.1980; ders., Das Unbehagen an unserer Zufriedenheit, in: Grundlagen – Zeitschrift der Arbeitskreise für Bildung und Politik, Bonn (1981), H. 11, S. 1–4; sowie: ders., Typoskript »Nach dem Wechsel die Wende?«. Vortrag auf der Tagung der Verbände des Bayerischen Zimmerer- und Holzbaugewerbes Berchtesgarden vom 15. Oktober 1983 (ASV-UA: NL Walden, Ordner Gespräche -extern- 1980–1984), S. 24–26.

1445 Vgl. ders., Ich vermisse die hungrigen Jahre, in: Die Welt vom 26.7.1980.

1446 Ders., Die Ideologie des Unbehagens, in: Die Welt vom 13.1.1973.

1447 Ebenda.

1448 Vgl. Ralph Jessen, Bewältigte Vergangenheit – blockierte Zukunft? Ein prospektiver Blick auf die bundesrepublikanische Gesellschaft am Ende der Nachkriegszeit, in: Konrad H. Jarausch (Hrsg.), Das Ende der Zuversicht? Die siebziger Jahre als Geschichte, Göttingen 2008, S. 177–195, hier S. 187f.

> Was diese damals Jungen in dreieinhalb Jahrzehnten an Wohlstand und sozialer Sicherheit, an Freiheit und Recht geschaffen haben, hat viele junge Menschen nicht nur verwöhnt, sondern in seelische und geistige Atrophien geführt.[1449]

Mitschuld sei zudem eine »anti-autoritäre Erziehung«, die sich im Verzicht auf Erziehung überhaupt ausgezeichnet habe.[1450]

Für die vielfältigen Ängste vor Krieg, elektronischer Datenspeicherung, friedlicher Nutzung von Kernenergie und polizeilicher Überwachung hatte Walden beispielsweise kein Verständnis, wie er in einer späteren Kolumne in der *Bunten* schrieb:

> Alles in allem: unbegründete Ängste in ruhiger See, ›innere Schiffbrüche‹ aus der Schwäche einer Generation, die Not und Tod des Krieges, Despotie und Unrecht nie selbst erfuhr.[1451]

Grund zur Resignation sei dies aber nicht. Es gelte, diese Ängste in »neuen Mut« zu verwandeln, denn Mut sei immer die Überwindung von Angst.[1452]

Waldens Positionierungen waren dabei Teil einer konservativen Krisenwahrnehmung, der ein befürchteter Autoritätsverlust des Staates zu Grunde lag. Ihr gegenüber standen die Implementierungsansätze des antiautoritären Programms der späten 1960er Jahre durch die neuen sozialen Bewegungen.[1453] Die Entwicklung war für viele Beobachter, so wie für Walden, eine Folge des »Reform-Nimbus« der sozialliberalen Koalition von 1969. Aus Waldens Sicht hatte dieser ähnlich wie der »Entspannungsmythos« auf Illusionen beruht und zumindest bei der SPD zu einem Verlust ihrer »demokratischen Konturen« geführt.[1454]

Im größeren Rahmen war die Krisenperzeption der späten 1970er Jahre und frühen 1980er Jahre in das Phänomen eines sozio-kulturellen Wertewandels einzuordnen. Der Historiker Konrad Jarausch betont hierbei den Übergang von materiellen zu postmateriellen Wertevorstellungen in den 1970er Jahren, was einen Drang zur individuellen Selbstverwirklichung und politischer Partizipation hervorrief. Dem gegenüber stellt er die konservative Kritik vom Verlust »bürgerlicher Sekundärtugenden«

1449 Walden, Einleitung, in: Walden (Hrsg.), Von Wölfen und Schafen, S. 19.

1450 Vgl. ebenda, S. 19f.

1451 Ders., Uns geht‹s gut – was fehlt, ist Mut. Wie wir den geistigen Muskelschwund überwinden können, den unser Wohlstand bewirkt, in: Die Bunte vom 11.5.1983.

1452 Vgl. ebenda.

1453 Vgl. Konrad H. Jarausch, Verkannter Strukturwandel. Die siebziger Jahre als Vorgeschichte der Probleme der Gegenwart, in: ders. (Hrsg.), Das Ende der Zuversicht? Die siebziger Jahre als Geschichte, Göttingen 2008, S. 9–26, hier S. 14.

1454 Vgl. Walden, Dämmerung, in: Welt am Sonntag vom 15.2.1981.

wie einem allgemeinen Werteverfall, der Auflösung von Bindungen, Erosion von Leistungswillen und eine Abnahme der Höflichkeit.[1455] Diesen Reflex erfüllte Walden bereits sehr früh mit der Aufstellung seiner konservativen Tugenden, die er als Unterbau für einen »Idealismus der demokratischen Mitte« ansah – eine »Haltung« also als Verteidigung der liberalen Demokratie.[1456]

Waldens Denken lässt sich zwischen »neokonservativen« und »neoliberalen« Diagnosen der »Unregierbarkeit« verorten, wobei das neoliberale Element bei Walden nur in Ansätzen erschien. Neoliberale Autoren sahen sich in ihrer Kritik am keynesianischen Modell der Wirtschaftssteuerung durch die Positionen des österreichischen Ökonomen Friedrich August von Hayek aus der Zwischenkriegszeit gegen den interventionistischen Staat bestätigt. Sie sprachen damit ähnlich wie die Konservativen das Problem einer zu hohen Komplexität politischer Prozesse aufgrund zu vieler Akteure und Interessen an. Linke Wortmeldungen wie die Spätkapitalismustheorie von Jürgen Habermas und Carl Offe machten hingegen strukturelle Probleme des kapitalistischen Systems für die gegenwärtigen Zustände verantwortlich.[1457] Es zeigte sich ein grundlegender Unterschied zwischen liberalkonservativen Befürwortern der bundesrepublikanischen Ordnung und linksliberalen Kritikern. Wie der Historiker Jens Hacke herausarbeitet, waren Erstere um die Effizienz des Staates besorgt, während Letztere – inspiriert von einem marxistischen geschichtsphilosophischen Verständnis – den liberalen Staat selbst als Ursache der Krise interpretierten.[1458]

Aus Waldens Sicht überdeckte die ideologiefreie und vernünftige Politik Helmut Schmidts die extremen Auswüchse der Krise der Regierungskoalition. Doch zu Beginn der 1980er Jahre sei ein mangelnder Rückhalt des Kanzlers aus der SPD sowie eine maßlose Staatsverschuldung dazu kaum mehr in der Lage, analysierte Walden in der *Welt am Sonntag*.[1459] Schon zur Bundestagswahl im Oktober 1980 hatte er darauf hingewiesen, »Wer Schmidt wählt, wählt auch Jusos«. Damit befeuerte er einen Trend,

1455 Vgl. Jarausch, Verkannter Strukturwandel, in: Jarausch (Hrsg.), Das Ende, S. 17.

1456 Vgl. Walden, Konservative Haltung, S. 9.

1457 Zu den »Varianten der ›Unregierbarkeit‹« und ihrer Formulierung in den siebziger Jahren, siehe: Metzler, Staatsversagen und Unregierbarkeit, in: Jarausch (Hrsg.), Das Ende, S. 244–252; ausführlich zum neoliberalen Projekt der »Entstaatlichung«: Thomas Handschuhmacher, Eine »neoliberale« Verheißung. Das politische Projekt der »Entstaatlichung« in der Bundesrepublik der 1970er und 1980er Jahre, in: Frank Bösch/Thomas Hertfelder/Gabriele Metzler (Hrsg.), Grenzen des Neoliberalismus. Der Wandel des Liberalismus im späten 20. Jahrhundert, Stuttgart 2018, S. 149–176; zu einer kleinen, auf Abgrenzung zu einem sozialen Liberalismus bedachten, Begriffsgeschichte des Neoliberalismus, siehe: Frank Bösch/Thomas Hertfelder/Gabriele Metzler, Grenzen des Neoliberalismus. Der Wandel des Liberalismus im späten 20. Jahrhundert, in: dies. (Hrsg.), Grenzen des Neoliberalismus. Der Wandel des Liberalismus im späten 20. Jahrhundert, Stuttgart 2018, S. 13–36, hier S. 18–21.

1458 Vgl. Hacke, Der Staat in Gefahr, in: Geppert/Hacke (Hrsg.), Streit um den Staat, S. 192–201.

1459 Vgl. Walden, Dämmerung, in: Welt am Sonntag vom 15.2.1981.

der den Kanzler von seiner eigenen Partei trennte, die sich für Walden in einigen Teilen in linksextremen Fahrwassern bewegte.[1460] Im Wahlkampf 1980 hatte er sich daher deutlich im Lager des Unions-Kandidaten Franz Josef Strauß positioniert – Bedenken hinsichtlich des mangelnden Fingerspitzengefühls des CSU-Politikers, wie noch nach der *Spiegel*-Affäre, spielten für Walden keine Rolle mehr.[1461]

In der *Stuttgarter Zeitung* duellierte sich Walden gar mit Klaus Staeck, Karikaturist und Rechtsanwalt sowie Initiator der »Stoppt Strauß«-Bewegung. Staeck war der Meinung, Strauß verkörpere ein »freiheitsfeindliches Klima«. Für Walden war allein die Initiative, in deren Umfeld Henri Nannen Strauß einen Faschisten habe nennen können, eine Verunreinigung des demokratisch-politischen Wettbewerbs, ein »Phänomen politischer Pornographie«. Die Debatte zielte kaum auf einen Konsens ab und so gab es auch kein Fazit.[1462]

Die Wahl fand freilich trotzdem statt. Anstelle der als Ziel ausgegebenen absoluten Mehrheit büßten Strauß und die Union mit 44,5 Prozent der Stimmen aber vier Prozentpunkte im Vergleich zu 1976 ein. Die sozialliberale Koalition unter Helmut Schmidt wurde fortgesetzt. Der Wahlausgang hatte für Walden etwas »ger-manisch-depressives«, wie er an Axel Springer schrieb. Den Misserfolg der Union habe er vorausgesehen. Erfreulich sei allerdings das Ergebnis der FDP von 10,6 Prozent der Stimmen, womit die Partei 2,6 Prozentpunkte zugelegt hatte, die Walden dem Konto der »Anti-links-Wähler« zuschlug. Er war sich sicher, die »liberal-Sozialisten« in der »peinlichen« FDP seien nun in der Minderheit, weswegen er der neuen Koalition keine ganze Legislaturperiode prognostizierte.[1463]

»Nach dem Wechsel die Wende?«

Der überzeugende Wahlsieg hatte tatsächlich keine wirkliche Strahlkraft auf den Zusammenhalt der Bonner Regierungskoalition. Unüberbrückbare wirtschafts- und finanzpolitische Dissonanzen zwischen Schmidt, FDP-Wirtschaftsminister Lambsdorff und der SPD-Linken sowie ein erneuter Konjunktureinbruch nach dem Ölpreisschock von 1979 korrelierten mit emotionalen Auseinandersetzungen um die Umsetzung des NATO-Doppelbeschlusses. Die SPD-Basis setzte ihre Partei unter Druck und empfand die rationale Nachrüstungspolitik Schmidts als Gegensatz zur »Friedenspolitik« Willy Brandts, die viele Anhänger als DNA ihrer Partei ansahen. Besonders brisant war, dass es mit den Grünen nun ein politisches Angebot für diese Unzufriedenen

[1460] Vgl. ders., Wer Schmidt wählt, wählt auch Jusos, in: Welt am Sonntag vom 31.8.1980.

[1461] Siehe: ders., Ums Ganze, in: Welt am Sonntag vom 3.6.1979; ders., Ein Risiko?, in: Welt am Sonntag vom 22.7.1979.

[1462] Vgl. Klaus Staeck/Matthias Walden, Pro und Contra »Stoppt Strauß«, in: Stuttgarter Nachrichten vom 19.7.1980.

[1463] Vgl. Walden an Springer, 7.10.1980, S. 1.

gab. Ende des Jahres 1981 war der Kanzler in der Koalition sowie in seiner eigenen Partei isoliert.[1464]

Diese »Talfahrt« registrierte Matthias Walden und sprach in seinem Urteil über deren Gründe im Januar 1982 in der *Welt* der SPD einen »schlimmen Anteil« daran zu. Allerdings dürfe Schmidt nicht nur als Opfer der Ignoranz anderer betrachtet werden. Der Kanzler habe mit seinem »Vermittlungseifer« im Ost-West-Konflikt oft selbst Missverständnisse angefacht. Beispielsweise wurde Schmidt von Kritikern als Neutralist bezeichnet, was er ganz sicher nicht sei. Aus dem Text geht ein grundsätzlicher Respekt Waldens gegenüber dem Arbeitseifer und der Leistungsbereitschaft Helmut Schmidts hervor. Er liest sich allerdings bereits wie ein Abgesang auf den SPD-Kanzler.[1465]

Angesichts der dargestellten Zustände kam das Ende der sozialliberalen Koalition am 1. Oktober 1982 nicht ganz überraschend. Im zweiten konstruktiven Misstrauensvotum der bundesrepublikanischen Geschichte wurde Oppositionsführer Helmut Kohl mit Stimmen der Union und der FDP zum neuen Bundeskanzler gewählt. Eine vorgezogene Bundestagswahl im März 1983 bestätigte die neue Koalition mit einer deutlichen Mehrheit.[1466] In einer ersten Analyse nach dem Regierungswechsel im Oktober 1982 trat Walden in einer Hörfunksendung des *SFB* als Befürworter des Koalitionswechsels der FDP auf. Die Partei habe gar eine Pflicht dazu gehabt, da im Zentrum die Handlungsfähigkeit der Regierung stehen müsse.[1467] Waldens Gesprächspartner, der spätere Bürgermeister Berlins Walter Momper (SPD), malte allerdings bereits eine Mehrheit links von der Union an die Wand und bezog sich dabei auf die neuen sozialen Bewegungen, die er als natürliche Verbündete der SPD empfand.[1468]

Was Mompers Hoffnung, war Waldens Sorge; auch im Sinne der SPD, die er als freiheitliche, intakte und staatsbejahende Kraft unentbehrlich für das politische Gemeinwesen in Deutschland hielt. Die neuen sozialen Bewegung hatten seiner Ansicht nach beispielsweise mit ihrer Forderung zum NATO-Austritt ihren Willen zur Unregierbarkeit unmissverständlich bekundet: »Es sind Verneinungen, es sind Utopien, es sind aggressiv-pazifistische oder neutralistische Strömungen.«[1469] Mit seiner Skepsis untermauerte Walden seine Zuschreibung zu den liberalkonservativen Krisenbeobachtern dieser Zeit.

In den kurzen Wahlkampf 1982/83 hatte Walden außerdem mit einem langen polemischen Essay mit dem Titel »Wenn Deutschland ROT wird«, das im Münchner

1464 Vgl. Görtemaker, Geschichte der Bundesrepublik, S. 592–596.
1465 Vgl. Matthias Walden, Kanzlers Talfahrt, in: Die Welt vom 16.1.1982.
1466 Vgl. Görtemaker, Geschichte der Bundesrepublik, S. 687.
1467 Vgl. Gulliver: Zum Regierungswechsel, Oktober 1982, Minute 2–3.
1468 Vgl. ebenda, Minute 3–7.
1469 Ebenda, Minute 9.

Herbig-Verlag erschien, eingegriffen.[1470] Wie weiter unten abgehandelt wird, war Walden in den vergangenen Jahren vom *SFB* zum *Verlag Axel Springer* gewechselt und dort beständig aufgestiegen. Als Mitherausgeber der *Welt* und publizistischer Nachfolger Springers hatte Waldens Wort zu Beginn des Jahres 1983 in der Innen- und Außenansicht des Verlages an Gewicht gewonnen.[1471] Ein nachweisbarer Erfolg von solchen Initiativen ist immer schwer zu erbringen. Sie kann aber Aufschluss über die Gemüts- und Geisteslage Waldens zur Zeit des politischen Wechsels in Bonn geben.

Der Text ist zweifelsfrei als Verhinderungsversuch einer rot-grünen Koalition unter SPD-Spitzenkandidat Hans-Jochen Vogel zu verstehen. Walden wies darauf hin, dass er nicht beabsichtige, mit der Farbe »rot« Sozialdemokraten und Kommunisten in einen Topf zu werfen. Angesichts einer vermeintlichen »Re-Ideologisierung« der SPD falle es ihm aber zunehmend schwerer, zu differenzieren.[1472] In einem ersten Teil des Essays führte Walden den Leser dementsprechend zu der These hin, warum er im Falle eines Wahlerfolges von SPD und Grünen »sozialistische Phantasien« und »rot-grünes Chaos« befürchte. Hierbei bediente der Publizist sich bekannter antitotalitärer Argumentationsmuster eines Messens mit zweierlei Maß in Fragen der Extremismuswahrnehmung sowie einer opportunistischen Haltung gegenüber der Sowjetunion.[1473]

Walden meinte, er wisse, dass bis auf die DKP keine der wahlwerbenden Parteien in der Bundesrepublik ernsthaft auf Zustände hinarbeite, wie sie in den sozialistischen Ländern herrschen würden:

> ›Wenn Deutschland rot wird‹ – das klingt sehr polemisch, zugespitzt, grob gestickt und agitatorisch. Doch ist es nur die Formel, die den leider denkbaren Schlußpunkt einer Entwicklung markiert, die in ihrer Tendenz unschwer zu beobachten und nachzuweisen ist.[1474]

Diese Wahrnehmung Waldens zeigte sich zudem in einem Zitat des Schweizer Diplomaten und Historikers Carl Jacob Burckhardt, das er seinem Essay voranstellte:

> Es gehört zum Schwierigsten, was einem denkenden Menschen auferlegt werden kann, wissend unter Unwissenden den Ablauf eines historischen Prozesses miterleben zu müssen, dessen unausweichlichen Ausgang er längst mit Deut-

1470 Vgl. Walden, Wenn Deutschland ROT wird.
1471 Generell wurde der Verlag von Springer gegen rot-grün gepolt: Vgl. Schwarz, Axel Springer, S. 611.
1472 Vgl. Walden, Wenn Deutschland ROT wird, S. 12.
1473 Vgl. ebenda, S. 13–46.
1474 Ebenda, S. 47f.

> lichkeit kennt. Die Zeit des Irrtums der anderen, der falschen Hoffnungen, der blind begangenen Fehler wird dann sehr lang.[1475]

Hier spricht einerseits ein Elitarismus in der Tradition Ortega y Gassets sowie gleichzeitig ein Gefühl des Aufbruchs. Später im Jahr bezeichnete Walden den Wahltag des 6. März als »Genugtuung konservativer Bürger«[1476].

Zum Jahreswechsel 1983/84 leitete Walden einen editorischen Artikel in der *Welt* ebenfalls mit Burckhardts Zitat ein. Er stellte die Zeitung damit als Wegweiser einer politischen Richtung dar, die Fehlentwicklungen der letzten Jahre korrigieren sollte und die sich nun allmählich durchzusetzen begann – und die Walden in seiner Selbstwahrnehmung wie kein Zweiter personifizierte. *Die Welt* wolle Bewährtes bewahren und aufgeschlossen für Neues und Besseres sein, so der liberal-konservative Einschlag des programmatischen Textes.[1477]

In »Wenn Deutschland ROT wird« folgte der längeren Einleitung ein Parforceritt zur »Lage der Nation«, der beständig – und teilweise mit bereits erschienenen Textbausteinen – die Kritik Waldens an der politischen Entwicklung der letzten Jahre zusammenfasste; von der Frage »Wohlstand in Gefahr?«, einem »Friedensgefährdenden Pazifismus« und dem »Betrug von Helsinki«, über »Moralische Abrüstung« und »Verlorene Werte« bis zur »Null-Tarif-Mentalität«.[1478] Deutlich zeigte sich in dem Abschnitt »Unternehmer-Schelte«, dass Walden gewerkschaftliche Forderungen nach Mitbestimmung und »klassenkämpferische« Kritik an den »Vorstandsetagen« als Gefährdung des Wohlstands aller sah.[1479]

Was neu war, war der Blick nach vorn. In dem Kapitel »Vor der Wende« forderte der *Welt*-Herausgeber die Fortsetzung eines Politikwechsels, der nun bereits begonnen habe. Die neue Regierung bezeichnete er als »Koalition der Mitte«, was für ihn die Ergänzung von politischer Liberalität, konservativer Mäßigung und Klugheit bedeutete.[1480] Rhetorisch knüpfte Walden hier an Helmut Kohl selbst an, der bereits im Wahlkampf 1980 eine notwendige »geistige Wende« gefordert und der Regierung Schmidt vorgeworfen hatte, vor dem Zeitgeist zu kapitulieren anstatt moralisch fundiert zu handeln.[1481]

Doch wie gestaltete sich dieser Anspruch im Regierungshandeln aus? In der Außenpolitik bedeutete der Regierungswechsel zunächst eine offensive Rückbesinnung

1475 Ebenda, S. 7.
1476 Ders., Nach dem Wechsel die Wende?, S. 1.
1477 Vgl. ders., Verehrte WELT-Leserin, verehrter WELT-Leser, in: Die Welt vom 31.12.1983.
1478 Ders., Wenn Deutschland ROT wird, S. 49–109.
1479 Vgl. ebenda, S. 108f.
1480 Vgl. ebenda, S. 109–111.
1481 Vgl. Görtemaker, Geschichte der Bundesrepublik, S. 688.

auf den von Helmut Schmidt initiierten NATO-Doppelbeschluss. Die Stationierung der Pershing II Raketen auf dem Gebiet der Bundesrepublik war Mitte des Jahres 1983 immer wahrscheinlicher geworden, da die Genfer Abrüstungsgespräche zwischen Washington und Moskau kaum Aussicht auf Erfolg boten. Entschieden ließ Helmut Kohl, unterstützt vom neuen Verteidigungsminister Manfred Wörner (CDU), keinen Zweifel an der Bündnissolidarität Bonns gegenüber den USA und unterschied sich in seinem Impetus dabei von seinem Vorgänger, der gegenüber Washington stets skeptisch gestimmt war. Die neue Regierung ließ sich auch von einer Aktionswoche im Bonner Hofgarten vom 15. bis 22. Oktober nicht irritieren, auf der nochmals 300.000 Menschen gegen die Nachrüstung protestierten und Willy Brandt sprach. Die SPD hatte sich auf einem Parteitagsbeschluss zwischenzeitlich vollends vom Nachrüstungsteil des Doppelbeschlusses distanziert. Demoskopische Umfragen zeigten, dass ebenfalls ein Großteil der Bevölkerung die Stationierung der Raketen 1983 ablehnte.[1482]

In einem langen Artikel in der *Welt* im Juli 1983 zur Friedensbewegung zeigte Walden erhebliche Überschneidungen zur Auffassung des CDU-Kanzlers.[1483] Er konnte jedenfalls nicht als von der Politik isoliert gelten, wie vielleicht in der Anfangsphase der Neuen Ostpolitik, als die Union selbst noch keine rechte Antwort auf diese zu finden schien. Kurz nach Kohls Amtsantritt lobte Walden in der *Welt* den zügigen Berlin-Besuch des Kanzlers.[1484] Schon Mitte der 1970er Jahre hatte Walden dem damaligen rheinland-pfälzischen Ministerpräsidenten Kohl geschrieben und eine mangelnde Unterstützung für Berlin durch den Bund beklagt.[1485] Nun freute er sich, mit Kohl sitze endlich wieder ein »Bekenntnis-Berliner« in Bonn.

Positiv äußerte er sich über die gesamtdeutsche Semantik des Kanzlers, die Schmidt aus pragmatischen Gründen vermieden habe. Walden schwenkte auf die ostpolitische Linie Kohls ein: »›Pacta sunt servanda‹ – die Regierung Kohl wird die Ostverträge halten. Aber sie wird auf die Gegenseitigkeit des Gebens und Nehmens achten.«[1486] Letztendlich hatte Walden, wie gezeigt, die neu geschaffenen Bedingungen akzeptiert und stets auf Dokumente wie die gemeinsame Erklärung zu den Ostverträgen oder das Bundesverfassungsgerichtsurteil zum Grundlagenvertrag hinge-

1482 Vgl. Rödder, Bündnissolidarität und Rüstungskontrollpolitik, in: Gassert/Geiger/Wentker (Hrsg.), Zweiter Kalter Krieg und Friedensbewegung, S. 123f.

1483 Vgl. Matthias Walden, Für den Frieden – ohne lila Halstuch. Die pazifistische »Widerstands«-Bewegung ist die stärkste Kraft zur Verhinderung eines Abrüstungserfolges, in: Die Welt vom 5.7.1983.

1484 Vgl. ders., Berlin, in: Die Welt vom 19.10.1982; siehe nochmals zu Kohl: Rödder, Die deutsche Frage vor dem Einigungsvertrag, in: Buchstab/Kleinmann/Küsters (Hrsg.), Die Ära Kohl im Gespräch, S. 469.

1485 Vgl. Matthias Walden an Helmut Kohl vom 16. März 1976 (ASV-UA: NL Springer, Box 288).

1486 Walden, Berlin, in: Die Welt vom 19.10.1982.

wiesen. Dass er somit mehr und mehr auf der außenpolitischen Linie der Union schritt, hatte zudem die Bewertung des KSZE-Prozesses gezeigt. Dies führte im Sommer 1980 zu einem Gedankenaustausch zwischen Matthias Walden und Bruno Heck, der als Vorsitzender der CDU-nahen Konrad-Adenauer-Stiftung stets auf der Suche nach wohlmeinenden Unterstützern der Partei war.[1487]

Wie Helmut Kohl leitete Walden seine Befürwortung der Abrüstung und die Logik der Abschreckung aus einer historischen Bewertung heraus ab, in der Westbindung und NATO zur Staatsräson wurden.[1488] Walden ging es zudem darum, öffentlich das Bewusstsein wachzuhalten, dass es sich bei der Sowjetunion um eine kriegerische Macht handele. Dies war aus seiner Sicht zu Beginn der 1980er Jahre umso brisanter, da Moskau letztendlich den Wettbewerb der Systeme längst verloren hatte. Was, wenn nicht eine glaubhafte Abschreckung, sollte das Regime also von einer kriegerischen Aggression abhalten?[1489]

Nachdem der Bundestag am 22. November 1983 nüchtern parlamentarisch die Dislozierung der amerikanischen Raketen und damit den Nachrüstungsteil des Doppelbeschlusses abgesegnet hatte, zerfiel die Friedensbewegung recht rasch. Parallelen zum APO-Protest gegen die Notstandsgesetzgebung drängten sich auf. Allenthalben war sogar ein Abebben des öffentlichen Interesses an der Außenpolitik zu spüren.[1490] Walden ließ es sich nicht nehmen, in einer Kolumne in der *Bunten* genüsslich das Ende der Friedensbewegung zu erklären. Das Engagement der Aktivisten war für ihn ohnehin ein großes Missverständnis gewesen. Die Ursachen dafür sah er erneut in der Anfälligkeit der sozial Geborgenen für sozialistische Utopien und eine Verharmlosung der sowjetischen Bedrohung.[1491]

In der Erklärung zur Haltung Helmut Kohls weist der Historiker Andreas Rödder darauf hin, dass diese von einer »streng dichotomische[n] Auffassung der Staatenwelt« bestimmt war, in der sich der Kanzler wohler fühlte als im komplexen Geflecht der Multipolarität. Im Grunde sei, so Rödder weiter, die Kohl'sche Verbindung einer rationalen historischen Begründung seiner Politik mit einer emotional und ideolo-

1487 Vgl. Bruno Heck an Matthias Walden vom 9. Juni 1980 (ASV-UA: NL Walden, Ordner Gespräche -extern- 1980–1984); Matthias Walden an Bruno Heck vom 30. Juni 1980 (ASV-UA: NL Walden, Ordner Gespräche -extern- 1980–1984); Bruno Heck an Matthias Walden vom 4. Juli 1980 (ASV-UA: NL Walden, Ordner Gespräche -extern- 1980–1984).

1488 Zu Kohl siehe: Rödder, Bündnissolidarität und Rüstungskontrollpolitik, in: Gassert/Geiger/Wentker (Hrsg.), Zweiter Kalter Krieg und Friedensbewegung, S. 127; bei Walden unter anderem: Walden, Nach dem Wechsel die Wende?, S. 3–6.

1489 Vgl. ders., Für den Frieden – ohne lila Halstuch, in: Die Welt vom 5.7.1983.

1490 Vgl. Rödder, Bündnissolidarität und Rüstungskontrollpolitik, in: Gassert/Geiger/Wentker (Hrsg.), Zweiter Kalter Krieg und Friedensbewegung, S. 134f.

1491 Vgl. Matthias Walden, Warum die Friedensbewegung am Ende ist. Die Atom-Neurose des heißen Herbstes war wohl ein Alptraum. Und Alpträume haben es an sich, vorüberzugehen, in: Die Bunte vom 1.3.1984.

gisch aufgeladenen Bedrohungswahrnehmung vor dem Kommunismus die symptomatische Haltung der Unionsparteien seit den 1950er Jahren gewesen.[1492] Diese Zuschreibungen können letztendlich ebenso für Matthias Walden gelten, wobei phasenweise sicher der moralische Antikommunismus des so streitbaren Journalisten überwog.

In der Wirtschafts- und Finanzpolitik setzte die Regierung Kohl-Genscher eher auf moderate Ansätze. Ein Abbau des Sozialstaates und eine Rückkehr zur liberalen Marktwirtschaft der 1950er Jahre stand nicht auf dem Programm der neuen Koalition. Nichtdestotrotz gelang es relativ schnell, die Inflationsrate von 5,3 Prozent auf 2,4 Prozent mehr als zu halbieren. Nach den ersten sieben Jahren der CDU-FDP-Koalition war die Staatsquote um fünf Prozentpunkte auf 45,3 Prozent gesunken. Der Kohl-Biograph Hans-Peter Schwarz hält es daher für angebracht, zumindest von einer »halben Wende« zu sprechen. Dies sei angesichts von Problemen in der Rückführung der Arbeitslosenquote und einer stagnierenden gesamtwirtschaftlichen Investitionsquote allerdings eine wohlwollende Beschreibung, fügt er an. [1493]

Während beispielsweise Johannes Gross, der 1980 die Herausgeberschaft des Wirtschaftsmagazins *Capital* übernommen hatte, der Regierung im Oktober 1983 ein Jahr nach dem Misstrauensvotum im Magazin der *Frankfurter Allgemeinen Zeitung* vorwarf, es sich allzu bequem gemacht zu haben und die Beschwerlichkeiten einer »Wende« zu vernachlässigen, schlug Walden mildere Töne an. Wirtschafts- und Finanzpolitik zählten ohnehin nicht zu seiner Expertise, daher hob er in der *Bunten* fast zeitgleich zur Kritik von Gross eher die wohltuende Gelassenheit Kohls hervor.[1494]

Auf den ersten Blick erstaunt das positive Bild, das Walden, der in Politikern stets das Staatsmännische bewunderte, in den ersten zwei Jahren nach dem Wechsel in Bonn von Helmut Kohl zeichnete. Er unterschlug dabei nicht, dass Kohl vermeintlich die »intellektuelle Schärfe« eines Helmut Schmidt fehlte oder dass der Bundeskanzler scheinbar keine »historisch prägende Gestalt« sei.[1495] Löste die – selbstbewusste – Provinzialität Helmut Kohls im linksintellektuell geprägten journalistischen Milieu häufig Spott aus, sah Walden in dieser hingegen eine wohltuende Rückbesinnung auf

[1492] Vgl. Rödder, Bündnissolidarität und Rüstungskontrollpolitik, in: Gassert/Geiger/Wentker (Hrsg.), Zweiter Kalter Krieg und Friedensbewegung, S. 128f.

[1493] Vgl. Schwarz, Helmut Kohl, S. 326–330; siehe auch: Görtemaker, Geschichte der Bundesrepublik, S. 704–706; sowie: Manfred G. Schmidt, Sozialpolitik 1982–1989, in: Günter Buchstab/Hans-Otto Kleinmann/Hanns Jürgen Küsters (Hrsg.), Die Ära Kohl im Gespräch. Eine Zwischenbilanz, Köln - Weimar – Wien 2010, S. 431–443.

[1494] Vgl. Matthias Walden, Ein Phänomen, dieser unser Kanzler. Helmut Kohl amtiert jetzt ein Jahr als Regierungschef. Konflikte bewältigt er am liebsten, indem er sie ignoriert, in: Die Bunte vom 6.10.1983; zu Gross siehe: Schwarz, Helmut Kohl, S. 328f; und: Johannes Gross, Notizbuch, Stuttgart 1985, S. 199; und allgemein zur intellektuellen Kritik einer ausgebliebenen Wende: Hoeres, Von der »Tendenzwende« zur »geistig-moralischen Wende«, S. 109–116.

[1495] Vgl. Walden, Ein Phänomen, dieser unser Kanzler, in: Die Bunte vom 6.10.1983.

»schlichte Wahrheiten«. Es wurde deutlich, dass die Bodenständigkeit Kohls, die als absoluter Widerspruch zu einem Utopismus jeder Art erschien, genau das war, was Walden als notwendige »Reform des Konservatismus« verstand. Der Kanzler rufe alte Tugenden wie Fleiß, Respekt vor dem Alter, Freiheit als Verantwortlichkeit, die Bereitschaft, dem Staat zu dienen, und einen Patriotismus ohne Hurra zu leben sowie Ansprüche zu erfüllen, statt sie im Übermaß zu stellen, in Erinnerung, hieß es dementsprechend in einer Kolumne in der *Bunten* im August 1984.[1496]

Diese Tugenden seien mithin »Orientierungspunkte einer geistigen Wende«, die das Volk nun von selbst begehen müsse, fuhr Walden fort. Dabei müsse man geduldig sein, waren Nihilismus, Anarchismus und Verweigerung doch aus seiner Sicht bereits gesellschaftlich tonangebend geworden:

> Es wird Zeit brauchen, sich aus den Irritationen zu befreien und zur Bewahrung des Bewährten zurückzufinden: Es ist das ›gut Ding‹, das ›Weile‹ haben will, aber es ist auch das Gute, das lange währt.[1497]

Dieser Optimismus Waldens stand ganz im Gegensatz zu einer schweren Krebserkrankung, die zu Beginn des Jahres 1984 ihre Schatten vorauswarf. Lange Abstinenzen von der Schreibmaschine waren die Folge. Wenn es ihm möglich war, zu arbeiten, war er darauf bedacht, der neuen Regierung den Rücken frei zu halten. Unglücklich war er über »Patzer« wie die Kießling-Affäre oder die »peinlich gescheiterte und nicht gescheite Amnestie für Parteispender«. Solche Nachlässigkeiten dürften nicht die »unter Vorzeichen des Gelingens« stehende »Wende« gefährden, schrieb er besorgt.[1498]

Im Laufe der siebziger Jahre war Walden also in sämtlichen Politikfeldern auf Positionen eingeschwenkt, die so auch von der Union vertreten wurden. Folgerichtig avancierte er zu einem großen Unterstützer der Kanzlerschaft Helmut Kohls in den frühen 1980er Jahren. Die vom Kanzler selbst nur noch vorsichtig artikulierte »geistige Wende« sah er auf gutem Wege.[1499] Eine langfristige Manöverkritik war Matthias Walden nicht vergönnt. In dieser Zeitspanne hatte er sich zudem entscheidend in den

1496 Vgl. ders., Gut Ding will Weile haben. Die geistige Wende kann von der Regierung nicht angeordnet und erzwungen, sondern nur gewiesen werden, in: Die Bunte vom 2.8.1984; zum Spott des linken medialen Spektrums über Kohl siehe kurz: Görtemaker, Geschichte der Bundesrepublik, S. 689f.

1497 Walden, Gut Ding will Weile haben, in: Die Bunte vom 2.8.1984.

1498 Vgl. ders., Warum Kohl jetzt wieder kämpfen muss. Alle reden über die Patzer der Bundesregierung. Aber keiner redet von den Erfolgen. Dabei entwickeln sich Inflation Konjunktur und Staatsfinanzen günstig, in: Die Bunte vom 30.8.1984; zu den Affären und Pannen in der Anfangszeit der Kanzlerschaft Kohls siehe: Görtemaker, Geschichte der Bundesrepublik, 709–713.

1499 Zur Zurückhaltung Kohls: Hoeres, Von der »Tendenzwende« zur »geistig-moralischen Wende«, S. 108.

Verlag Axel Springer integriert. Der Ursprung dieser Entwicklung setzte allerdings bereits Mitte der 1960er Jahre ein, wie im abschließenden Kapitel zu zeigen sein wird.

Transatlantischer Liberalkonservatismus: Im Dienste Axel Springers II

Erwartungsgemäß hatten die Debatten, Verschiebungen und Entwicklungen um einen Konservatismusbegriff und dessen Substanz vor dem *Verlag Axel Springer* nicht Halt gemacht. Bereits für die Mitte der 1960er Jahre wird insbesondere seinem intellektuellen »Flaggschiff« der *Welt* eine vermeintliche »konservative Wende« zugeschrieben. Festgemacht wird dies vor allem an der Stellung des Chefredakteurs Hans Zehrer. Im September 1963 wurde Zehrer wegen andauernder Unstetigkeiten in der Redaktion von Springer nach Berlin beordert. Den Titel des Chefredakteurs behielt er zwar, doch wurden seine Befugnisse durch einen geschäftsführenden Redakteur in Hamburg, dem Sitz der Redaktion, eingeschränkt. Dies war zunächst Hans Wallenberg und ab Mitte Oktober 1964 das Dreiergremium Ernst Cramer, Hans-Wilhelm Meidinger und Heinz Pentzlin.[1500]

Vor allem zwischen Cramer und Zehrer sollte dieses Modell bald zu einigen Reibereien führen. Ernst J. Cramer war kurz nach der gescheiterten Moskaureise Axel Springers und Hans Zehrers 1958 zum *Verlag Axel Springer* gekommen. Geboren wurde er 1913 in Augsburg in eine Familie assimilierter Juden. Erst nachdem er in Folge des Novemberpogroms 1938 kurzzeitig im Konzentrationslager Buchenwald interniert war, entschied sich Cramer zur Emigration in die USA. In der Rückschau betrachtete er das lange Festhalten an Deutschland als Fehler, denn so blieb ihm keine Zeit mehr, seine Eltern und seinen jüngeren Bruder nachzuholen, die den Holocaust nicht überlebten. Die Zusammenarbeit mit nationalsozialistisch belasteten Springer-Mitarbeitern wie Horst Mahnke und Paul Carell dürfte daher für Cramer nicht ganz leicht gewesen sein, doch hielt er sich mit moralischen Verurteilungen zurück. Den Begriff der »Kollektivschuld« lehnte er ab und sprach stattdessen von einer »Kollektivlast«, was der Haltung Matthias Waldens nahe kam.

Nach dem Zweiten Weltkrieg remigrierte Cramer als Angehöriger des US-Militärs und im Besitz der amerikanischen Staatsbürgerschaft. Er setzte sich dann ab 1948 zunächst als Chefredakteur der *Neuen Zeitung* und ab 1954 bei der Nachrichtenagentur *United Press* für den freiheitlich-demokratischen Wiederaufbau seines Heimatlandes

1500 Siehe zur »konservativen Wende« der *Welt*: Sothen, Hans Zehrer, in: Kroll (Hrsg.), Die kupierte Alternative, S. 172–178; sowie: Kruip, Das »Welt«-»Bild« des Axel Springer Verlages, S. 121f.

ein.[1501] Cramer galt als dezidierter Atlantiker im Umfeld Axel Springers, der Mitte der 1960er Jahre allerdings nicht recht Gehör fand. Wie Peter Hoeres in einem ideengeschichtlichen Aufsatz über den *Axel-Springer-Verlag* schreibt, hatte der Nationale Sicherheitsberater Lyndon B. Johnsons, George McBundy, den Verleger zu dieser Zeit als emotionalen Nationalisten eingestuft.[1502] Durch seine starke transatlantische und liberalkonservative Prägung stand Ernst Cramer im Gegensatz zu Hans Zehrers nationalkonservativem neutralistischem Denken.[1503]

Im Januar 1965 äußerte sich die Spannung zunächst in einer Beschwerde Zehrers bei Cramer, der eine von Zehrer angeordnete Rezension über »zwei Preußenbücher« Hans-Joachim Schoeps nicht realisiert hatte. Dies mochte einerseits an einer inhaltlichen Diskrepanz der beiden gelegen haben, anderseits ging es letztendlich um Machtpolitik. So machte Zehrer unmissverständlich klar, er sehe seine Autorität von Cramer untergraben.[1504] Schon zwei Wochen später kam es zu einem erneuten Geplänkel. Diesmal war es Cramer, der sich wegen einer Einmischung Zehrers in die Kompetenzen der geschäftsführenden Redaktion beschwerte. Die Resignation Cramers war mehr als deutlich zu spüren, da er im Prinzip seinen eigenen Rückzug und die »Rückgabe« der vollständigen Rechte und Pflichten des Chefredakteurs an Zehrer anbot.[1505] Selbst wenn Zehrer dieser Wunsch zu diesem Zeitpunkt unterstellt werden sollte, konnte er ihn nun nicht ohne einen faden Beigeschmack verwirklichen und so blieb es zunächst bei der bestehenden Regelung. An Axel Springer schrieb Zehrer verärgert, inhaltlich möchte er die Sache nicht weiter »aufbauschen«, aber menschlich finde er Cramers »Arroganz schlicht zum Kotzen«.[1506]

Walden und die »konservative Wende« der Welt-Zeitungen

Laut Hans Becker von Sothen, der Zehrers Rolle als politischer Publizist nach 1945 betrachtet hat, hatte sich bei Springer im Laufe des Jahres 1964 die Überzeugung einer

[1501] Zur Biographie und zum Werdegang Cramers siehe: dies., Mit ehemaligen Nazis zur gemeinsamen Demokratie? Der Remigrant Ernst Cramer und seine Rolle im Axel Springer Verlag, in: Fritz Backhaus/Dmitrij Belkin/Raphael Gross (Hrsg.), Bild dir dein Volk! Axel Springer und die Juden (Begleitbuch zur Ausstellung im Jüdischen Museum Frankfurt am Main vom 15. März bis 29. Juli 2012), Göttingen 2012, S. 59–64; sowie basierend auf Gesprächen mit Cramer: Inge Kloepfer, Friede Springer. Die Biographie, Hamburg 2005, S. 152–159; außerdem: Ernst Cramer, »Ich habe es erlebt«, Berlin 2008.

[1502] Vgl. Hoeres, Reise nach Amerika, S. 62.

[1503] Vgl. ebenda, S. 68.

[1504] Vgl. Hans Zehrer an Ernst Cramer vom 10. Januar 1965 (BArch: NL Zehrer, Signatur: NL 311/23).

[1505] Vgl. Ernst Cramer an Hans Zehrer vom 28. Januar 1965 (BArch: NL Zehrer, Signatur: NL 311/31).

[1506] Vgl. Hans Zehrer an Axel Springer vom 29. Januar 1965 (BArch: NL Zeher, Signatur: NL 311/31).

notwendigen »konservativen Rückbesinnung« der *Welt* verfestigt.[1507] Dabei setzte der Verleger wieder auf seinen einstigen Mentor Zehrer, von dem er sich eigentlich seit Ende der 1950er Jahre zunehmend entfernt hatte. Ernst Cramer wurde von Springer hingegen in die Schranken gewiesen.[1508] Auf einer streng vertraulichen Konferenz im Berliner Verlagshaus wurde schließlich im Herbst 1965 »die Proklamierung eines neuen nationalen Kurses« der *Welt* beschlossen, so Sothen. Ende des Jahres hatte sich das Modell einer geschäftsführenden Redaktion und eines Chefredakteurs bei der *Welt* endgültig aufgerieben. Hans Zehrer kehrte im Januar 1966 nach Hamburg zurück und übernahm nun nochmals vollends die Geschicke der Zeitung.[1509] Das Verhältnis zu Cramer war endgültig zerrüttet.[1510]

Ein zentraler Akteur der spätestens nun einsetzenden »konservativen Wende« der *Welt* war der mehrfach erwähnte Armin Mohler. Schon im August 1965 hatte Zehrer sich vor Springer für Mohler verbürgt und eine Anbindung des streitbaren Denkers an den Verlag vorgeschlagen. Aus dem Schreiben geht hervor, dass Springer Interesse an einer Verpflichtung Mohlers bekundet hatte, weswegen Zehrer deutlich machte, dass diese wohl nur mit ihm an der Spitze der »geistigen Rangordnung« zustande kommen könne. Ähnliches gelte für Hans-Dietrich Sander, der nach seinem Weggang von Springer 1962 zurückgeholt werden sollte.[1511] Die Verpflichtungen Mohlers und Sanders nutzte Zehrer also geschickt für seine Rückkehr an die *Welt*-Spitze.

Am 1. Oktober 1965 trat Mohlers Vertrag beim *Verlag Axel Springer* in Kraft. Wie vorprogrammiert kam es bald zum Konflikt zwischen Mohler und Ernst Cramer. Mohler antwortete im November 1965 auf eine Beschwerde Cramers über die bisherigen Beiträge Mohlers für die *Welt* und versuchte gar nicht die Meinungsverschiedenheiten zu verhüllen. Mit seinem Verweis, der nächste Faschismus komme im Namen der Demokratie, versuchte er zwar an die mit Cramer geteilte Befürchtung eines Missbrauchs demokratischer Freiheiten zu appellieren, musste sich aber sicher sein, dass er mit seinem antiliberalen Vokabular bei Cramer kaum auf Zustimmung stoßen werde.

Seinen Brief ließ Mohler dann auch Zehrer zukommen und schrieb handschriftlich darüber: »hoffentlich brauche ich sie bald nicht mehr mit solchen Durchschlägen

[1507] Vgl. Sothen, Hans Zehrer, in: Kroll (Hrsg.), Die kupierte Alternative, S. 175.

[1508] Vgl. Kopie Axel Springer an Ernst Cramer vom 21. August 1965 (BArch: NL Zehrer, Signatur: NL 311/31). Auch Gudrun Kruip bezeichnet die Hinwendung Springers zu einer »konservativen« Linie als »Frucht der Zehrerschen Mentorentätigkeit«. Direkten Einluss auf die politische Entwicklung Springers hatte Zehrer laut Kruip zu Beginn der 1960er Jahre nicht mehr: Vgl. Kruip, Das »Welt«-»Bild« des Axel Springer Verlages, S. 125.

[1509] Vgl. Sothen, Hans Zehrer, in: Kroll (Hrsg.), Die kupierte Alternative, S. 175–177.

[1510] Vgl. Hans Zehrer an Ernst Cramer vom 4. Juli 1966 (BArch: NL Zehrer, Signatur: NL 311/31).

[1511] Vgl. Hans Zehrer an Axel Springer vom 3. August 1965 (BArch: NL Zehrer, Signatur: NL 311/31).

zu belästigen …«[1512] Nur wenige Wochen später, am 3. Januar 1966, konnte Zehrer Mohler stolz verkünden, er werde nun wieder ganz die Aufgaben der Chefredaktion übernehmen: »Um gleich mit der Tür ins Haus zu fallen: welche Themen könnten wir mit einander verabreden? Wobei ich hinzufügen muss, daß Sie nun mich als unmittelbaren Gesprächspartner haben.«[1513]

Es oblag nun indes Mohler und Zehrer, eine schlagkräftige Mannschaft für ihr Vorhaben einer Neuausrichtung der *Welt* – und in weiten Teilen auch der *Welt am Sonntag* – zusammenzustellen. Der Einfluss Mohlers kann hierbei kaum unterschätzt werden. Schon in einem Brief an Zehrer Ende September 1965 hatte er erwähnt, man brauche für seine Ideen »geeignete Schreiber«.[1514] So zitiert Sothen aus Mohlers programmatischem Buch »Von rechts gesehen« von 1974, in dem dieser schrieb, Zehrer habe

> … neben anderen Konservativen auch mich als Kolumnisten heran[gezogen]. Damit war für fast zwei Jahre etwas möglich, was es weder vorher noch nachher gegeben hat: eine überregionale Tageszeitung der Bundesrepublik ließ nicht nur zufällig und vereinzelt, sondern regelmäßig konservative (nicht ›liberal-konservative‹) Publizisten zu Wort kommen.[1515]

In den Erinnerungen Mohlers tauchen jedoch keine Namen auf, weswegen Sothen hierfür auf den biographischen Aufsatz Nils Asmussens über Hans-Georg von Studnitz zurückgreift. Neben Studnitz und Mohler nennt Asmussen – und somit auch Sothen – als im Zuge der »konservativen Wende« der *Welt* und der *Welt am Sonntag* für eine regelmäßige freie Mitarbeit verpflichtete Journalisten Winfried Martini, William S. Schlamm und Matthias Walden.[1516] Sothen erwähnt zusätzlich Günter Zehm und Wilfried Hertz-Eichenrode, die seit 1963 fest angestellt zur Redaktion gehörten.[1517]

Vor allem die Nennung Waldens in dieser Reihe lässt nach den bisherigen Ergebnissen aufhorchen und daher stellt sich die Frage, wie Asmussen seine Auswahl begründet. Er bezieht sich auf die Veröffentlichung des Historikers Hans Dieter Müller »Der Springer-Konzern – Eine kritische Studie«, die 1968 im *Piper-Verlag* sowie in

1512 Kopie Armin Mohler an Ernst Cramer vom 21. November 1965 (BArch: NL Zehrer, Signatur: NL 311/31). Die Beschwerde Cramers ist leider nicht überliefert; zum Streit zwischen Cramer und Mohler siehe auch: Schildt, Medien-Intellektuelle, S. 755.

1513 Hans Zehrer an Armin Mohler vom 3. Januar 1966 (BArch: NL Zehrer, Signatur: NL 311/21).

1514 Vgl. Armin Mohler an Hans Zehrer vom 28. September 1965 (BArch: NL Zehrer, Signatur: NL 311/31).

1515 Mohler, Von rechts, S. 106; zitiert in: Sothen, Hans Zehrer, in: Kroll (Hrsg.), Die kupierte Alternative, S. 177.

1516 Vgl. Asmussen, Hans-Georg von Studnitz, S. 101.

1517 Vgl. Sothen, Hans Zehrer, in: Kroll (Hrsg.), Die kupierte Alternative, S. 177.

den ersten zwei Monaten des Jahres als Vorabdruck im *Spiegel* erschien. Hier werden die genannten Journalisten nebeneinander sowohl als Zeichen als auch als Antreiber einer »konservativen Wende« des *Axel-Springer-Verlags* und der *Welt* genannt.[1518] Der Mohler-Biograph Karlheinz Weißmann übernimmt diese Aufzählung Müllers im Wortlaut.[1519] In Gudrun Kruips ausführlicher Studie zum ideellen Unterbau des *Axel-Springer-Verlages* wird Matthias Walden ebenfalls in der Reihe der Autoren genannt, die in den Jahren 1965/66 zum Verlag stießen, um das nationale und konservative Profil zu stärken. Auf einen wirklichen Beleg wird allerdings verzichtet.[1520]

Es spricht per se nichts gegen die Verwendung älterer, im Zweifel auch zeitgenössischer Betrachtungen. Häufig haben sie einen schärferen Blick auf die Geschehnisse. Für Müllers Studie kann dies jedoch nicht immer gelten. Wie der Springer-Biograph Hans-Peter Schwarz schreibt, war die Untersuchung zwar gut recherchiert, jedoch »mit zeitgemäß linkem Touch« geschrieben.[1521] Ähnlich liest sich die zeitgenössische Besprechung in der *Zeit* aus dem Frühjahr 1968 von Kurt Becker. Vor allem in der Betrachtung der handelnden Personen des Konzerns schien Müller darüber hinaus laut Becker »der überwältigenden Fülle an einander widersprechenden Informationen über Entwicklungen, Strömungen und Konflikte nicht mehr recht Herr« geworden zu sein.[1522] Die Studie kann also sicher zu Vielem dienen, doch zur Herleitung des personellen Hintergrundes einer »konservativen Wende« der *Welt* scheint sie nicht ganz hinreichend.

Nicht nur die im Kapitel zu Waldens »konservativer Haltung« oder seinem Patriotismusverständnis und weiter oben im Abschnitt zur Vergangenheitsbewältigung aufgezeigte Diskrepanz des politischen Denkens Waldens und Mohlers lassen es fraglich erscheinen, ob Mohler und Zehrer in Walden eine sinnvolle Ergänzung ihres Vorhabens gesehen haben. Es sei an Mohlers Charakterisierung Waldens von 1969, dieser habe eine »linksliberale Grundeinstellung«, erinnert. Bekannt gewesen war er ihnen durch seine *Quick*-Kolumnen allemal. Zudem hatte er im Mai 1965 im Verlag als Schöpfer des Begriffes »staatsloyal« für Aufsehen gesorgt.

1518 Vgl. Müller, Der Springer-Konzern, S. 172.

1519 Vgl. Weißmann, Armin Mohler, S. 154.

1520 Vgl. Kruip, Das »Welt«-»Bild« des Axel Springer Verlages, S. 121f.; so auch Doering-Manteuffel in der Zusammenfassung seines Westernisierungprojekts, in dem auch Kruips arbeitet erschienen war: Doering-Manteuffel, Wie westlich sind die Deutschen?, S. 122f.; oder Axel Schildt, der sich auf Kruip beruft: Schildt, Medien-Intellektuelle, S. 754; interessanterweise lässt Alexander Gallus in einem Abschnitt über William S. Schlamm bei der Aufzählung der genannten Journalisten Matthias Walden weg, obwohl er sich auf Kruip und von Sothen bezieht: Gallus, Heimat «Weltbühne», S. 256.

1521 Vgl. Schwarz, Axel Springer, S. 460.

1522 Vgl. Kurt Becker, Geschäftssinn und Sendungsbewußtsein – Das Problem Axel Springer. Unscharfes Porträt eines deutschen Phänomens, in: Die Zeit vom 29.3.1968.

Ein Blick in die Quellen kann indes zeigen, dass Walden in den Personalplanungen Hans Zehrers und Armin Mohlers keine Rolle spielte. So tauchte er in einer ausführlichen Redaktionsplanung Zehrers aus dem Januar 1966 gar nicht auf; die anderen genannten Protagonisten der »konservativen Wende« hingegen schon. Im Ressort »Meinung« unter der Leitung Hertz-Eichenrodes sammelten sich Mohler, Schlamm, Martini und Studnitz; im Feuilleton Zehm und Sander.[1523] Zehrer war damit den Vorschlägen Mohlers gefolgt und dieser zeigte sich besonders über Günter Zehm begeistert, mit dem er eine Reihe über die »Standortbestimmung der Rechten in unserer Zeit« plante.[1524]

Es war wiederum Ernst Cramer, der vor diesem Hintergrund den Kontakt zu Walden suchte; möglicherweise, um seine eher liberalkonservative Position im Verlag zu stärken. Dem Deutsch-Amerikaner konnte beispielsweise kaum gefallen, dass man im *Axel-Springer-Verlag* Barry Goldwater offen gegenüberstand.[1525] Nicht nur in dieser Frage hätte er Walden auf seiner Seite gewusst, wie eine spätere Würdigung Cramers über seinen Weggefährten zeigt.[1526]

Im Oktober 1965, also der Hochphase der Neuaufstellung des *Welt*-Personals, stand Cramer in Kontakt mit einem externen Steuerberater des Verlages, der mit Walden die Konditionen eines vollständigen Wechsels vom *SFB* zum Verlag verhandelte. Knackpunkt war vor allem die Laufzeit, da Walden beim Rundfunk einen Vertrag auf Lebenszeit besaß und das Risiko einer Befristung scheute. Cramer setzte Zehrer über den Vorgang in Kenntnis, eine weitere Korrespondenz ist jedoch nicht überliefert.[1527] An einer Lösung des Problems war das »Duumvirat« Zehrer-Mohler scheinbar nicht interessiert. Erst nach dem plötzlichen Tod Zehrers im August 1966 wurde diese in der bereits erwähnten Sondererlaubnis des Intendanten des *SFB* gefunden.

Ab Januar 1967 trat Walden dann als regelmäßiger Leitartikler in den *Welt*-Zeitungen auf. Bereits der Zeitpunkt des Beginns seiner Tätigkeit für den *Verlag Axel Springer* widerspricht also einer Zuschreibung Waldens zur »konservativen Wende«. So meint beispielsweise auch Sothen, dass mit dem Tod Zehrers das weniger als zwei Jahre zuvor begonnene Projekt einer »dezidiert konservativen deutschen Tageszei-

1523 Vgl. Redaktion DIE WELT. Organisationsplan – Stand: 1. Januar 1966 (BArch: NL Zehrer, Signatur: NL 311/30).

1524 Vgl. Armin Mohler an Hans Zehrer vom 5. Oktober 1965 (BArch: NL Zehrer, Signatur: NL 311/31); zu den Personalvorschlägen Mohlers siehe: Mohler an Zehrer, 28.9.1965. Ein zu diesem Thema möglicherweise erhellender Briefwechsel zwischen Günter Zehm und Armin Mohler im Literaturarchiv Marbach konnte nicht eingesehen werden, da Professor Zehm dem Verfasser keine Erlaubnis für die Einsicht erteilte.

1525 Vgl. Kruip, Das »Welt«-»Bild« des Axel Springer Verlages, S. 194f.

1526 Siehe zur Wertschätzung Cramers für Walden: Cramer, Freiheit war die Triebfeder seines Tuns, in: Die Welt vom 17.11.2004.

1527 Vgl. Kopie von H. Früchtnicht an Ernst Cramer vom 14. Oktober 1965 (BArch: NL Zehrer, Signatur: NL 311/31).

tung« endete.[1528] Das Stadium einer wirklichen Implementation der ambitionierten Planungen wurde dabei ohnehin kaum erreicht.

Dafür spricht darüber hinaus, dass bis auf die fest bei der *Welt* angestellten Zehm und Hertz-Eichenrode alle der genannten »konservativen Federn« nach und nach den Verlag verließen. Armin Mohler trieb sich Ende des Jahres 1966 noch mit der Vorstellung einer Zeitschrift im *Axel-Springer-Verlag* um, die eine »Tribüne des Nonkonformismus« werden sollte, wie er Horst Mahnke schrieb, der seit 1965 als Verlagsgeschäftsführer auch für konzeptionelle Entscheidungen verantwortlich war.[1529] Mahnke äußerte sich allerdings zurückhaltend. Er hatte sich längst dem neuen Kurs des Verlages angepasst. Bereits Hans Zehrer sei mit solch einem Vorhaben einst gescheitert, merkte er zudem an.[1530] Betrachtet man den von Mohler vorgesehenen Mitarbeiterkreis der Zeitschrift wird indes deutlich, dass der Publizist nach dem Tod Zehrers versuchte, das gemeinsame Projekt einer »konservativen Wende« zu retten. Walden war hingegen im erweiterten Beiträgerkreis erneut nicht zu finden.[1531]

An Franz Josef Strauß schrieb Mohler nach seinem Austausch mit Mahnke, er plane eine Zeitschrift, in der Ideen verbreitet werden sollen, die den CSU-Politiker unterstützenden Gruppen nahestehen würden. Axel Springer habe hierfür vorsichtig Interesse bekundet.[1532] Mohler verkannte also mehr als nur einen Sachverhalt. Zur Gründung der Zeitschrift sollte es nicht kommen – ein ähnliches Projekt Schlamms scheiterte bereits mit der Nullnummer[1533] – und seine Tätigkeit im *Axel-Springer-Verlag* lief Ende April 1967 aus. Erst als im Sommer 1972 Günter Zehm die Leitung des Feuilletons der *Welt* übernahm, konnte Mohler von Zeit zu Zeit wieder längere Texte veröffentlichen.[1534] Durch seine starke Mitarbeit an Schrenck-Notzings 1970 gegründeter *Criticón* konnte Mohler sein Zeitschriftenprojekt dann schließlich zum Teil doch noch verwirklichen. Allerdings ohne den Rückhalt des *Verlages Axel Springer*.

Für William S. Schlamm, der wie Studnitz in der *Welt am Sonntag* schrieb, sollte vor allem ab Claus Jacobis Übernahme der Chefredaktion 1970 der Stand schwerer werden. Wie weiter oben beschrieben, sorgte ein interner Eklat um einen diffamierenden Artikel über Willy Brandt letztendlich zur Trennung von Schlamm. Stattdessen

[1528] Vgl. Sothen, Hans Zehrer, in: Kroll (Hrsg.), Die kupierte Alternative, S. 178.

[1529] Vgl. Armin Mohler an Horst Mahnke vom 14. Oktober 1966 (DLA Marbach, NL Mohler: Plan zu einer Zeitschrift im Springer-Verlag 1966).

[1530] Vgl. Horst Mahnke an Armin Mohler vom 7. November 1966 (DLA Marbach, NL Mohler: Plan einer Zeitschrift im Springer-Verlag 1966).

[1531] Vgl. Armin Mohler an Horst Mahnke, ohne Datum, vermutlich November 1966 (DLA Marbach, NL Mohler: Plan für eine Zeitschrift im Springer-Verlag 1966); siehe zu Mohlers Vorhaben ebenfalls: Gallus, Heimat «Weltbühne», S. 258f.

[1532] Vgl. Armin Mohler an Franz Josef Strauß vom 6. Dezember 1966 (DLA Marbach, NL Armin Mohler: Plan zu einer Zeitschrift im Springer-Verl. 1966).

[1533] Vgl. Schildt, Medien-Intellektuelle, S. 756.

[1534] Vgl. Weißmann, Armin Mohler, S. 155f.

wurde, wie gezeigt, ein ebenfalls kritischer, aber in Wort und Sinn gemäßigter Artikel Matthias Waldens gedruckt. Schlamm, der seine Hoffnungen zunächst auf die von Mohler geplante Zeitschrift im *Axel-Springer-Verlag* gesetzt hatte, versuchte sich nun mit einem eigenen Blatt und so erschien von 1972 bis 1978 im Selbstverlag Schlamms die *Zeitbühne*, in Anlehnung an die legendäre *Weltbühne* der Weimarer Republik.

Hier entfesselte Schlamm seinen für ihn typischen Nonkonformismus und wurde nicht mehr von Leitplanken begrenzt. Mal kämpferisch, mal reißerisch und polemisch stellte sich die *Zeitbühne* gegen den von Schlamm zur Mutter allen Übels erklärten »linken Zeitgeist«. Die Beiträger der Zeitschrift zeigten hingegen wiederum ein hohes Maß an Übereinstimmung zum Personal der »konservativen Wende« im *Axel-Springer-Verlag*. Schlamms schwierige Persönlichkeit, die mitunter schrillen Töne sowie die mit dem Konservativen intrinsisch verbundene Theorieschwäche erschwerte allerdings die erhoffte Lagerbildung. Eine ernsthafte Herausforderung für das vom *Verlag Axel Springer* und der *Frankfurter Allgemeinen Zeitung* besetzte publizistische Spektrum erschien von Vornherein als unwahrscheinlich.[1535] *Criticón* und *Zeitbühne* wurden aber Rückzugsorte für viele Journalisten, die im *Axel-Springer-Verlag* unter der Ägide Ernst Cramers kein Heim mehr fanden. So beispielsweise für Hans-Dietrich Sander, mit dem sich Walden bereits Anfang der 1960er eine publizistische Kontroverse über den Umgang mit der nationalsozialistischen Vergangenheit geliefert hatte und der von Zehrer erneut zur *Welt* geholt worden war. Mehr und mehr verfiel Sander – auch im Umfeld der *Criticón* – in einen »antidemokratischen Konservatismus«, der sich unter anderem durch die Ansicht auszeichnete, die liberale Demokratie sei zu schwach im Umgang mit der »kommunistischen Gefahr«.[1536]

Sichtlich gescheitert wandte sich Sander im Frühjahr 1980 nochmals an den Verlag und bat um einen Pauschal-Vertrag, vermutlich um eine finanzielle Grundsicherung zu erhalten. Ernst Cramer erhielt von der auf Umwegen gestellten Bitte Sanders Kenntnis und antwortete wüst, es gebe im *Axel-Springer-Verlag* ja keine »Reptilienfonds«. Außerdem warf er Sander einen »gescheiterten Konservatismus« vor. Er leite die Anfrage Sanders zwar an Springer weiter, schrieb Cramer, doch machte er deutlich, dass für Sander bei Springer kein Platz sei.[1537]

1535 Zum *Zeitbühne*-Projekt Schlamms, siehe: Gallus, Heimat «Weltbühne», S. 261–274; siehe zur Abspaltung Criticóns und der Zeitbühne im publizistischern Spektrum auch: Hoeres, Reise nach Amerika, S. 75.

1536 Vgl. Martin G. Maier, Eine Frage »nationaler Selbstbehauptung«? Konservativer Antikommunismus im Jahrzehnt nach 1968, in: Sebastian Liebold/Frank Schale (Hrsg.), Neugründung auf alten Werten? Konservative Intellektuelle und Politik in der Bundesrepublik, Baden-Baden 2017, S. 195–208, hier S. 206–208.

1537 Vgl. Ernst Cramer an Hans-Dietrich Sander vom 2. April 1980 (DLA Marbach, NL Breitbach: Cramer, Ernst, an Breitbach, Joseph 1977-1980); siehe für ein kurzes Portrait Sanders: Thorsten Hinz, »Die Contrebande, die mit mir reist …«. »… die hab ich im Kopfe stecken«: Noch mit

Diese Episoden dürfen nicht darüber hinwegtäuschen, dass sich einzelne Positionen Waldens natürlich in Teilen nicht sonderlich von denjenigen Journalisten unterschieden, die von Zehrer und Mohler als Wegebreiter der »konservativen Wende« vorgesehen waren. Gegenüber Günter Zehm hatte Walden beispielsweise keine Vorbehalte, wie ein späterer Brief Waldens an Axel Springer zeigte, in dem er Zehm als einen der wenigen fähigen Kommentatoren des Verlages bezeichnete.[1538] Gar nicht so unähnlich wie Walden in seiner Rede »Freiheit, die wir meinen« bei der Deutschen Burschenschaft 1974 hatte sich Hans-Georg Studnitz bereits 1970 in der ersten Nummer von *Konservativ heute* in einem Aufsatz mit exakt dem gleichen Titel zu einem konservativen Freiheitsideal geäußert.[1539] Der 1907 geborene Studnitz ließ aber zu Beginn der 1970er Jahre deutlich erkennen, dass er wenig mit der staatsaffirmativen Haltung Waldens gemeinsam hatte und sah sich mehr und mehr an den rechten Rand des publizistischen Spektrums gedrängt, so Asmussen in seinem biographischen Aufsatz über den Publizisten. In der Kritik an der Neuen Ostpolitik schlug er zuweilen dermaßen über die Stränge, dass er auch im *Verlag Axel Springer* Zweifel auslöste. Bezeichnend dafür war seine Tätigkeit bei der vom Verfassungsschutz als rechtsradikal eingestuften Zeitschrift *Nation Europa*. 1978 sollte Studnitz dann schließlich kurzzeitig Chefredakteur bei William S. Schlamms *Zeitbühne* werden.[1540]

»durch nichts herbeigezwungen«

Ende der 1960er Jahre wurden Axel Springer und sein Verlag mithin zu einem der entscheidenden Motoren in einer Transformation des westdeutschen Konservatismus, so Peter Hoeres in seinem ideengeschichtlichen Aufsatz über das Zeitungshaus. Vor dem Hintergrund der anti-amerikanischen Proteste und der Neuen Ostpolitik sowie der oben diskutierten Debatten im konservativen Spektrum der Bundesrepublik entwickelte sich laut Hoeres im *Axel-Springer-Verlag* eine »atlantische Positionierung«, die als Hauptlinie eines zeitgenössischen »(Liberal-)Konservatismus« verstanden werden muss.[1541] Die Handschrift Ernst Cramers war hier unverkennbar.

Nach dem Tod Hans Zehrers wurde Cramer zum unangefochtenen Ideengeber Axel Springers. Die turbulenten politischen Bedingungen führten im Verlagshaus zur Suche nach handlungsweisenden Leitsätzen, an denen sich alle Mitarbeiter orientieren sollten; die Idee der »Essentials« war geboren. Zunächst von Horst Mahnke for-

achtzig Jahren trotzt Hans-Dietrich Sander allen Anfeindungen, in: Junge Freiheit vom 13.6.2008.

1538 Vgl. Walden an Springer, 7.10.1980, S. 6.

1539 Vgl. Hans-Georg von Studnitz, Die Freiheit, die wir meinen, in: Konservativ heute (1970), H. 1, S. 4–6.

1540 Vgl. Asmussen, Hans-Georg von Studnitz, S. 118f.

1541 Vgl. Hoeres, Reise nach Amerika, S. 74.

muliert war es wohl Cramer, der mit Springer die Grundüberzeugungen des Verlages ausarbeitete. Neben der Forderung der Deutschen Einheit in Freiheit sollte auf die Aussöhnung zwischen Juden und Deutschen sowie das Lebensrecht des israelischen Volkes hingewirkt werden. Gegenüber der freiheitlichen Wertegemeinschaft mit den USA wurde eine feste Solidarität betont. Einer Bejahung der freien und sozialen Marktwirtschaft folgte abschließend die Ablehnung jeder Form des politischen Extremismus.

Die Formulierung dieser sogenannten Essentials wird von Gudrun Kruip auf den 26. Oktober 1967 datiert.[1542] Sie markieren im Prinzip also posthum das Ende der Ära Zehrer im Verlag und verweisen auf den steigenden Einfluss Ernst Cramers. Die Verlagsgrundsätze waren auf der einen Seite als Abgrenzung von einer nationalkonservativen Linie im Haus zu verstehen und auf der anderen Seite freilich als Kampfansage gegen die Kritiker des Verlages von links.

Letztendlich spiegeln die »Essentials« ebenso die politischen Grundhaltungen Matthias Waldens wider. Später sollte er einmal sagen, die Grundsätze des *Axel-Springer-Verlages* ließen sich alle aus der Verfassung herleiten – für ihn die höchste Weihe.[1543] Es verwundert also nicht, dass Walden neben Axel Springer selbst in Ernst Cramer eine wichtige Figur für seine Arbeit im Verlag ausmachte. Zum Ende des Jahres 1969 schrieb er dem neugewonnenen Kollegen, er könne sich einen Blick in die Zukunft ohne Cramer gar nicht vorstellen.[1544] Mit den Jahren entwickelte sich zwischen den beiden Männern an der Seite Axel Springers ebenfalls eine Freundschaft.[1545]

Die persönliche und inhaltliche Verbundenheit basierte auf Gegenseitigkeit. Anerkennend schrieb Cramer Walden nach der Veröffentlichung der »Kassandra-Rufe« 1975: »Aber wir haben eben leider nach wie vor recht.«[1546] Zum 50. Geburtstag Waldens im Mai 1977 bedankte sich Cramer indes für die »zahlreichen Denkanstöße«. Deutlich wurde, dass Walden nun vollends zum inneren Zirkel Axel Springers zu zählen war. So zeigte sich Cramer erfreut, dass Walden zum »Häuflein der sieben Aufrechten« gehörte, die Einfluss auf die Geschicke des Verlages nähmen.[1547]

1542 Vgl. Kruip, Das »Welt«-»Bild« des Axel Springer Verlages, S. 110f.

1543 Vgl. Gulliver: Gespräch mit Matthias Walden, 12.1.1980, Minute 5; zu Waldens Würdigung der Verlagsgrundsätze siehe ebenfalls: Matthias Walden, Die vier »Essentials« (1983), in: ders. (Hrsg.), Von Wölfen und Schafen. Eine Auswahl zeitkritischer Kommentare aus zwei Jahrzehnten, Frankfurt a. Main / Berlin / Wien 1983, S. 181–194.

1544 Vgl. Matthias Walden an Ernst Cramer vom 30. Dezember 1969 (ASV-UA, NL Springer: Box 107); siehe auch: Matthias Walden an Ernst Cramer vom 17. Mai 1977 (ASV-UA: NL Springer, Box 316); oder: Matthias Walden an Ernst Cramer vom 10. November 1978 (ASV-UA: NL Springer, Box 341).

1545 So Cramer kurz nach Waldens Tod: Ernst Cramer, Ein Leben für die Freiheit, in: Welt am Sonntag vom 18.11.1984.

1546 Ernst Cramer an Matthias Walden vom 22. August 1975 (ASV-UA: NL Springer, Box 251).

1547 Vgl. Ernst Cramer an Matthias Walden vom 16. Mai 1977 (ASV-UA: NL Springer, Box 316).

Zwischen Walden und Springer hatte sich in der ersten Hälfte der 1970er Jahre ein enges Vertrauensverhältnis eingestellt. Im Januar 1974 schrieb Walden daher dem »verehrten Freund« und bedankte sich überschwänglich für eine Rokoko-Dose, die er von Springer zu Weihnachten geschenkt bekommen hatte. Der Barock-Liebhaber Walden war sichtlich gerührt und meinte, dass die Dose wohl noch nie so »als Zeichen aussergewöhnlicher und aussergewöhnlich begehrter und erwiderter Freundschaft« gegolten habe, wie sie es jetzt tue.[1548]

Die Übereinstimmung mit Springer beschränkte sich laut Walden freilich nicht nur auf den Kunstgeschmack, sondern betraf die Grundzüge ihres politischen Denkens:

> Unsere Überzeugungen, in denen wir, wie Sie schreiben übereinstimmten und deren Gemeinsamkeit ›durch nichts herbeigezwungen‹ wurde, hatten wir schon, als wir uns begegneten. Auch fügte es sich gut, daß ich, als ich für Ihr Haus zu arbeiten begann, eine andere Aufgabe aufgab und durch den Wechsel ›nur‹ ideell gewann und daß später der Anteil meiner Arbeit, in dem ich Ihre – unsere – Gedanken stellvertretend formulieren durfte, ausserhalb meines Broterwerbs blieb. Das hat mir eine Unbefangenheit bewahrt, die mich erleichtert und die Ihnen gilt.[1549]

Hieraus wird ebenfalls ersichtlich, wie wertvoll Walden seine besondere Stellung an der Seite Axel Springers einstufte. Nicht wie so manch anderer sei er auf den Verlag angewiesen, vielmehr sei er von diesem aus ideeller Überzeugung angezogen worden. Die Anspielung auf Arbeiten außerhalb seines journalistischen »Broterwerbs« bezieht sich auf die Unterstützung Waldens bei verschiedenen Namensartikeln Axel Springers. Nicht immer kann diese Form des »Ghost-Writings« nachgewiesen werden, doch liegt nahe, dass Walden hinter einigen Äußerungen Springers steckte.[1550]

Gudrun Kruip setzt das sich in den 1960er Jahren entwickelnde konservative Selbstverständnis des *Axel-Springer-Verlag*s in ihrer Studie über die ideellen Grundlagen des Zeitungshauses in Beziehung zu einem »Ideal der ›Mitte‹«. Hierfür kann Matthias Walden als Beispiel herhalten, verstand er doch wie gezeigt seinen Einsatz gegen Radikalismus als eine Position der »Mitte«.[1551] Wie er 1970 deutlich machte, konnten

1548 Vgl. Matthias Walden an Axel Springer vom 12. Januar 1974 (ASV-UA, NL Springer: Box 224), S. 1f.

1549 Ebenda, S. 2.

1550 Zum Beispiel: Vgl. Axel Springer, Die Stärke, die allein den Frieden sichert, in: Welt am Sonntag vom 7.3.1976. Eine Autorenschaft Waldens kann vermutet werden, da der Beitrag Springers sich in der Artikelsammlung Waldens im ASV-UA befand.

1551 Siehe nochmal exemplarisch: Walden an Munzinger, 27.5.1971.

in seinen Augen »neue« Konservative« ebenfalls nur aus der »demokratischen Mitte« stammen.[1552]

Ein typischer Vertreter dieser ideellen Spielart war für Walden der CSU-Politiker Karl Theodor zu Guttenberg. Von 1967 bis 1969 war dieser als parlamentarischer Staatssekretär im Bundeskanzleramt. Guttenberg war einer der entschiedensten Kritiker der Neuen Ostpolitik und stimmte bereits schwer von einer Krankheit gezeichnet 1972 als einer der wenigen Unionspolitiker gegen die Ratifizierung der Ostverträge, bevor er noch im Oktober dieses Jahres im Alter von 52 Jahren verstarb. In einem Nachruf in der *Welt* bezeichnete ihn Walden als »Repräsentant der Mitte«. Guttenberg habe sich dem Kampf gegen den Kommunismus und der Verteidigung der stabilen Demokratie verschrieben, lobte Walden. Er betonte, dass für Guttenberg letztendlich die Ablehnung der östlichen Diktaturen eine Konsequenz aus der Ablehnung der »Nazi-Tyrannei« gewesen sei.[1553]

Ein politisches Konzept kann ein »Ideal der Mitte« – sofern es sich auf einen größten gemeinsamen Nenner politischer Positionen bezieht –, aber nie sein, wie Gudrun Kruip ganz richtig anmerkt. Hierbei verweist sie unter anderem auf Walden, der in einer Besprechung des Verlages Anfang der 1980er Jahre bemerkte, man dürfe nicht das Koordinatenkreuz des politischen Spektrums beliebig verschieben, um dann behaupten zu können, man stehe in der »Mitte«. Was Walden eigentlich mit Blick auf das »links-sozialistische« Milieu gesagt hatte, sei laut Kruip nun aber genau die Praxis im *Axel-Springer-Verlag* gewesen, der die »Mitte« im Sinne einer Überzeugung der Mehrheit mehr und mehr verkannt habe.[1554] Nur verstand Walden seine Idee von »Mitte« mehr als überzeugte Liberalität, die sich durch Antitotalitarismus und Antinationalismus auszeichnete, die gerade kämpferisch vertreten werden müsse, wenn eine Mehrheit sich von ihr entferne.

Indem Kruip das »Ideal der Mitte« ebenfalls mit den Vorstellungen Hans Zehrers und der Weimarer Rechten in Verbindung bringt, in der »Mitte« als Beharren auf Werten galt, vernachlässigt sie die Betonung der freiheitlichen Demokratie.[1555] Im Denken Waldens und letztendlich der ideellen Grundlage des *Axel-Springer-Verlages* stand ganz im Gegensatz zum antiliberalen Konservatismusverständnis die Verteidigung demokratischer Werte im Vordergrund. Dies wurde von Walden immer wieder auf die Situation im Kalten Krieg gemünzt. Im Frühjahr 1970 schrieb er beispielsweise an Springer, sein Verlag sei in Berlin die »letzte Bastion der Demokratie«.[1556] Dass es

1552 Siehe nochmals: Walden, Konservative Haltung, S. 11.

1553 Vgl. ders., Er diente dem Volk, er gab sich dem Vaterland, nicht der Partei. Nachruf auf Karl Theodor Freiherr von und zu Guttenberg, in: Die Welt vom 6.10.1972.

1554 Siehe dazu: Kruip, Das »Welt«-»Bild« des Axel Springer Verlages, S. 125f.

1555 Vgl. ebenda, S. 127f.

1556 Vgl. Walden an Springer, 3.3.1970.

wiederum aus parteipolitischer Sicht keine dezidierte »Politik der ›Mitte‹« geben konnte, sondern diese als Integration verschiedener Flügel gelten musste – bei der auch die Haltung Waldens und Springers nur einer dieser sein konnte –, schlussfolgert Kruip richtig und benennt zu Recht dieses Manko im Selbstverständnis des Verlages.[1557]

Der Begriff »staatsloyal«, den Walden für die Beschreibung des *Axel-Springer-Verlages* schon 1965 geschaffen hatte, spielte laut Kruip schließlich auf den Leitgedanken an, die politische Mitte zu vertreten. Hierbei versäumt sie es zu erkennen, dass gerade durch diese Erklärung also Walden und Springer nicht automatisch der Meinung waren, durch ein Ideal der Mitte die Mehrheitsmeinung zu repräsentieren, sondern vielmehr die Grundsätze der bundesdeutschen Verfassung als Grundlage jedes Denkens interpretierten. Das zeigte ebenso die Erhöhung der Springer-Essentials durch Walden als Ableitungen des Grundgesetzes. Abstrakt bedeutete dies freilich, herrschende politische Verhältnisse sollten akzeptiert und Veränderungen höchstens schrittweise zugelassen werden.[1558]

Desweiteren gliederten sich Waldens Positionen nahtlos in das von Kruip festgestellte Ideal von Freiheit und Ordnung als Gegensatz einer Ideologie der Gleichheit ein. Das von Walden in Schierensee gehaltene Referat von 1975 avancierte dabei zur bestimmenden Linie des Verlages. Mindestens zwei weitere Male hielt er es in leicht veränderter Form als Repräsentant des Verlages. Einmal im März 1982 auf einem Herrenabend des Bankhauses Lampe in Bielefeld.[1559] Schon im November 1981 hatte er den Vortrag bei einer Veranstaltung der »Konservativen Aktion e.V.« gehalten. Der Verein war im Sommer zuvor von Gerhard Löwenthal, dem Journalisten Joachim Siegerist und dem tschechisch-deutschen Schachspieler Luděk Pachman gegründet worden. Über Pachman, den Walden aus seiner journalistischen Arbeit kannte, war der Kontakt zu Stande gekommen. Eine engere Verbindung zu dem umstrittenen Verein »Konservative Aktion« bestand nicht.[1560]

Zentral für den *Verlag Axel Springer* war laut Kruip die Essenz von Waldens Referat, dass mit der Ablehnung einer alternativen »Links-Strömung« und der scharfen Verurteilung des Kommunismus des Ostblocks eine Grundlage für die ideelle Westorientierung geschaffen wurde. Walden prägte somit ebenfalls das konservative Freiheitsverständnis des Verlages sowie die Betonung von Idealen als Gegensatz zur Ideo-

[1557] Vgl. Kruip, Das »Welt«-»Bild« des Axel Springer Verlages, S. 128.
[1558] Vgl. ebenda, S. 147.
[1559] Vgl. Matthias Walden, Ideologie, Freiheit und Gewalt - Rede beim Herrenabend im Bankhaus Lampe Bielefeld vom 18.3.1982. ASV-UA (NL Walden: Ordner: Reden ab 1980).
[1560] Vgl. Matthias Walden an Luděk Pachman vom 27. August 1981 (ASV-UA: NL Walden, Gespräche -extern- 1980–1984).

logie, die in den Totalitarismus führe.[1561] Diese ideelle Kongruenz zwischen den Positionen Matthias Waldens und den grundlegenden Leitlinien des *Axel-Springer-Verlages* führte im Laufe der 1970er Jahre zur Gewissheit, daraus eine »praktische Konsequenz« ziehen zu müssen. Der Vorschlag eines endgültigen Eintritts Waldens in den Verlag erfolgte im Frühjahr 1979 von Axel Springer selbst. Der Umworbene zeigte sich geschmeichelt und schrieb dem Verleger, der Schritt sei nur noch eine Frage des Zeitpunktes, auf den er sich innerlich aber bereits zubewegte.[1562] Im November 1979 konnte Walden Springer dann bereits verkünden, er habe mit Peter Tamm den 1. März 1980 für seinen Wechsel vom *SFB* zum *Verlag Axel Springer* anvisiert.[1563]

»Der neue Stern am Verlagshimmel«

Dem öffentlichen Rundfunk blieb Walden zwar als freier Mitarbeiter treu, doch sollten ihn seine Aufgaben im *Axel-Springer-Verlag* von nun an intensiv in Anspruch nehmen. Sein offizieller Titel war wie zuvor beim *SFB* der des »Chefkommentators«, der zunächst keinem bestimmten Publikationsorgan zugeordnet war. Dementsprechend frei war Walden in der Ausübung seiner umfassenden Kompetenzen. Wenige Tage nach Beginn seiner Tätigkeit schrieb Walden an Peter Tamm, er plane »Antrittsbesuche« in den Redaktionen der *Welt am Sonntag*, der *Bild-Zeitung*, der *Bild am Sonntag*, der *Hör Zu* sowie dem *Hamburger Abendblatt*. Der Start beim Verlag sei darüber hinaus »sehr ermutigend« gewesen, wie Walden Tamm anvertraute.[1564]

Entscheidend an der Verpflichtung Waldens beteiligt war ebenfalls Ernst Cramer, der seit 1971 das Verlegerbüro Axel Springers leitete und zu den engsten Vertrauten Springers gehörte. »Zum ersten Geburtstag als richtiger Springer-Mann« gratulierte Cramer Walden im Mai 1980 und zeigte sich erfreut über diese »richtige Entscheidung«.[1565] Walden antwortete: »Die ›richtige Entscheidung‹ von der Sie sprechen, ist nicht zuletzt durch Sie personifiziert.«[1566]

Die Harmonie zwischen den beiden wirkte besonders beeindruckend, da nur wenige Tage zuvor zwischen Cramer und Walden ein handfester Zwist über einen Leitartikel des neuen Chefkommentators geherrscht hatte. In dem Kommentar »Bonner Irrweg« hatte Walden den kürzlich zum Kanzlerkandidaten der Union bestimmten Franz Josef Strauß gelobt, weil dieser den Zusammenhang von einem »Palästinenserstaat« und sicheren Grenzen Israels ausgeschlossen hatte.[1567] Cramer beschwerte sich

1561 Vgl. Kruip, Das »Welt«-»Bild« des Axel Springer Verlages, S. 139f.
1562 Vgl. Matthias Walden an Axel Springer vom 30. April 1979 (ASV-UA: NL Springer, Box 369).
1563 Vgl. Matthias Walden an Axel Springer vom 12. November 1979 (ASV-UA: NL Springer, Box 152).
1564 Vgl. Matthias Walden an Peter Tamm vom 17. März 1980 (ASV-UA: NL Springer, Box 404).
1565 Vgl. Ernst Cramer an Matthias Walden vom 16. Mai 1980 (ASV-UA: NL Springer, Box 404).
1566 Vgl. Matthias Walden an Ernst Cramer vom 16. Mai 1980 (ASV-UA: NL Springer, Box 404).
1567 Vgl. Matthias Walden, Bonner Irrweg, in: Die Welt vom 10.5.1980.

bei Walden, dass ihm der Text anders als »einem wesentlich prominenteren Mann in unserem Hause« zu »emotional« war.

Zu allem Überfluss meinte er Walden noch in einzelnen stilistischen und orthographischen Punkten zu belehren; »Nichts für ungut!«.[1568] Walden war sichtlich verärgert und führte Cramer umgehend seine besondere Stellung im Verlag vor Augen:

> Diesen Ton akzeptiere ich nicht. Sie sollten, bitte, mit mir nie wieder reden wie mit einem Volontär, der bei Ihnen das Schreiben lernen müßte. Auch nicht wie mit einem Untergebenen. Denn Sie sind nicht mein Vorgesetzter.[1569]

Emotionalität war für Walden wiederum die »Pflicht jedes Kommentierenden«. Informationen seien die Sache der Nachrichten, wie er hinzufügte und damit pointiert sein Verständnis eines politischen Journalismus darlegte.[1570] Nichtsdestotrotz relativierte Walden seine bissige Antwort, indem er Cramer seine »Loyalität, Kollegialität und Freundschaftlichkeit« versicherte. Die Dissonanz wollte er nicht überschätzen, schließlich sei er sehr froh an seinem neuen Arbeitsplatz, was auch mit Ernst Cramer zusammenhänge.[1571]

Bei allen Gründen, dem Urteil Waldens zu folgen und diese Causa nicht überzubewerten, zeigte sie doch ein Gefühl der Verunsicherung gegenüber dem »neuen Stern am Verlagshimmel«, wie Hans-Peter Schwarz Waldens Rolle in den frühen 1980er Jahren betitelte.[1572] Langjährige Verlagsmitarbeiter mussten den rasanten Aufstieg Waldens als Bedrohung empfinden. Im Juli 1980 erschien in der *Zeit* die eingangs erwähnte wohlwollende Besprechung Alexander Rosts von »Die Fütterung der Krokodile«, die zudem den prophezeienden Schlusssatz enthielt: »Womöglich wird Matthias Walden der politisch-publizistische Erbe Axel Springers sein.«[1573] Wie sehr Rost bereits damit den Nagel auf den Kopf getroffen hatte, belegt ein Brief Waldens an Springer einige Tage später, in dem er schrieb: »Aber wie kam Rost auf seinen Schlusssatz? Wer hat ihm den souffliert? Für einen Hellseher habe ich ihn nie gehalten.«[1574]

Der Plan Springers, Walden zu seinem publizistischen Nachfolger zu machen, war also bereits 1980 gereift und der Auserwählte schien zudem eingeweiht. Der Verleger befand sich laut Hans-Peter Schwarz zu Beginn des Jahrzehnts in einer schweren persönlichen Krise. Am 3. Januar 1980 hatte sich sein Sohn Axel Springer jr. wahrschein-

[1568] Vgl. Ernst Cramer an Matthias Walden vom 12. Mai 1980 (ASV-UA: NL Springer, Box 404).
[1569] Matthias Walden an Ernst Cramer vom 13. Mai 1980 (ASV-UA: NL Springer, Box 404), S. 1.
[1570] Vgl. ebenda, S. 2.
[1571] Vgl. ebenda, S. 4.
[1572] Vgl. Schwarz, Axel Springer, S. 608.
[1573] Rost, Der Libero im Springer-Haus, in: Die Zeit vom 18.7.1980.
[1574] Walden an Springer, 22.7.1980.

lich in Folge einer schweren Depression das Leben genommen. Unter dem Künstlernamen Sven Simon hatte sich Springer jr. als Fotograf einen Namen gemacht und war unter anderem als leitender Bildredakteur bei der *Bild am Sonntag* in den Verlag eingestiegen. Die Übernahme einer verantwortlichen Spitzenposition durch Sven Simon schien laut Schwarz nicht ausgeschlossen.[1575] Vielleicht wäre es sogar auf eine Doppelspitze mit Matthias Walden hinausgelaufen? Nach dem Tod von Sven Simon lag nun die Hoffnung Springers allein auf den Schultern des Freundes. Im Dezember 1982 schrieb Springer an Walden: »Matthias, wie dankbar bin ich, daß wir zueinander gefunden haben und Sie mein Nachfolger sind.«[1576]

Im Sommer 1980 herrschte in dieser Angelegenheit aber zumindest offiziell noch Unklarheit. Die Andeutung Waldens, Alexander Rost habe seine Prognose mit Hilfe einer Indiskretion aus dem Verlag getroffen, deutete jedoch an, dass es intern rumorte. Es gab sicherlich nicht wenige, die ihn gern bei der Nachfolgeregelung möglichst früh aus dem Spiel genommen hätten. Schon im Sommer 1975 – kurz nach dem Intermezzo Wolf Schneiders als Chefredakteur der *Welt* und mitten in den Verkaufsverhandlungen mit der *FAZ* – sah sich Walden in der Redaktion der Zeitung unerwünscht. Er laufe bei der *Welt* gegen »Mauern der Ignoranz«, schrieb er an Springer und ergänzte, er erbitte die Hilfe des Verlegers nicht leichten Herzens. Er schaffe es aber nicht, die Schwierigkeiten mit der Redaktion auf »kollegialem Wege« zu regeln. Walden fühlte sich mehr und mehr in die Rolle des Bittstellers versetzt, wenn es um die Frage seiner Mitarbeit ging:

> Bitte verstehen Sie, daß es mir nicht in den Kopf will, in Axel Springer WELT zum gelegentlichen 25-Zeilen-Glossen-Schreiber degradiert zu werden. Wenn es schon nicht jene von mir seit Jahren vorgeschlagene regelmäßige Kolumne sein kann, dann müßten doch andere Placierungen [sic!] denkbar sein, die nicht so weit unter meinen Möglichkeiten bleiben.[1577]

So wie Springer, wie weiter oben beschrieben, den Verkauf der *Welt* Anfang 1976 in letzter Sekunde vereitelte, schien das Lamento seines Leitartiklers die Ohren des Verlegers zu erreichen. In den kommenden Jahren verstärkte sich die Bindung Waldens an den *Verlag Axel Springer*. Nur wenige Monate nach dem Brief hielt er sein Referat auf Gut Schierensee. Protegiert von Axel Springer entschloss sich Walden schließlich zum Eintritt in den Verlag, wovor er Mitte der 1960er Jahre noch zurückgeschreckt war.

[1575] Vgl. Schwarz, Axel Springer, S. 593f.
[1576] Axel Springer an Matthias Walden vom 8. Dezember 1982, zitiert nach: ebenda, S. 632.
[1577] Walden an Springer, 9.7.1975, S. 2.

Walden mit Axel Springer in der Berliner Philharmonie, 8. Februar 1982.

Waldens Funktion als Chefkommentator 1980 mussten nun viele mit der eines Kettenhundes Springers gleichsetzen, der über die ideelle Linie der Zeitungen wachte. In einem Rundfunkgespräch über seine neue Tätigkeit mit Rainer Ott hielt sich Walden in dieser Frage aber zurück. Die »Essentials« des Verlages böten schließlich immer noch ein hohes Maß an Unabhängigkeit für die einzelnen Journalisten des Hauses, so Walden.[1578] In der alltäglichen Praxis konnte dies anders aussehen, wie zumindest ein Vorfall mit dem *Welt*-Chefredakteur Peter Boenisch zeigte. In einem Kurzkommentar der *Welt* wurde im Oktober 1980 das sogenannte Jerusalemgesetz, das am 30. Juli 1980 von der Knesset verabschiedet worden war, als »Annexion Ost-Jerusalems« bezeichnet. Das Gesetz erklärte ganz Jerusalem zur Hauptstadt Israels, was allerdings nur wenige Wochen später von den Vereinten Nationen als unzulässig bewertet wurde. Die in Jerusalem verbliebenen Botschaften wurden daraufhin nach Tel-Aviv verlegt.[1579] Dennoch wies Walden Boenisch darauf hin, dass Springer in der

[1578] Vgl. Gulliver: Gespräch mit Matthias Walden, 12.1.1980, Minute 3–5.

[1579] Siehe zum politischen Kontext: Angelika Timm, Israel – Geschichte des Staates seit seiner Gründung. Unter Mitarbeit von Johannes Glasneck, Bonn 1998 (3., durchgesehene und erweiterte Auflage), S. 213f.

»Wiedervereinigung Jerusalems« etwas Positives sehe, die Wortwahl der »Annexion« aber negative Assoziationen wecke.[1580]

Anders als Boenisch, der dem ausgleichenden Nahost-Kurs der sozialliberalen Regierung nahestand, trat Axel Springer für eine bedingungslose Unterstützung Israels ein.[1581] Flankiert wurde er dabei von Walden. Fast zeitgleich zu seiner Rüge an Boenisch erschien dementsprechend ein Leitartikel Waldens in der *Welt am Sonntag*, der kurz nach der Bundestagswahl 1980 die offizielle Verlagslinie abstecken sollte. Walden warf Bundeskanzler Helmut Schmidt eine Schroffheit gegenüber israelischen Interessen vor und unterlegte seinen Kommentar mit kritischen Pressestimmen aus Israel zur Bundestagswahl, die im Vergleich zur Regierung Schmidt-Genscher in Franz Josef Strauß einen verlässlicheren Partner gesehen hätten.[1582]

Der Zustand Jerusalems war darüber hinaus im Denken Springers und Waldens mit der Situation Berlins vergleichbar.[1583] Die Semantik der Aussage Waldens von der »Wiedervereinigung Jerusalems« spricht hierfür Bände. Umso sensibler wurde im Verlag auf die Kommentierung geachtet und in seiner Funktion als Chefkommentator war es Walden, der diese Linie vorgab. Dies wurde Boenisch unmissverständlich klar gemacht:

> Es ist deshalb ratsam, es künftig in diesem Zusammenhang nicht mehr zu verwenden – unabhängig davon, ob die Tatbestände eine solche Wortwahl als sachlich begründet erscheinen lassen könnten, denn selbst dann steckt in diesem Begriff weniger als die halbe Wahrheit. Ich hoffe und denke, Sie teilen diese Auffassung.[1584]

Waldens – und auch Springers – Unterstützung Israels hatte, wie bereits weiter oben erwähnt, seit jeher eine tiefe moralische Ebene. Daran änderte sich zu Beginn der 1980er Jahre nichts. Leidenschaftlich sprach sich Walden im März 1981 in der *Berliner Morgenpost* gegen die von Helmut Schmidt geplante Panzerlieferung nach Saudi-Arabien aus. Er begründete dies einerseits mit der Feindschaft Riads gegenüber Israel und darüber hinaus mit der deutschen Vergangenheit: »Das Land, das an den Juden so furchtbar schuldig wurde, schickt sich an, den Feinden Israels aufrüsten zu helfen.«[1585] Das Rüstungsgeschäft kam schließlich nicht zustande. Kritisch beurteilte Walden kur-

1580 Vgl. Matthias Walden an Peter Boenisch vom 28. Oktober 1980 (ASV-UA: NL Springer, Box 404).

1581 Vgl. Schwarz, Axel Springer, S. 613f.

1582 Vgl. Matthias Walden, Rücksichten, in: Welt am Sonntag vom 12.10.1980.

1583 Siehe dazu für den Fall des *Axel-Springer-Verlages* allgemein: Kruip, Das »Welt«-»Bild« des Axel Springer Verlages, S. 191f.

1584 Walden an Boenisch, 28.10.1980.

1585 Matthias Walden, Gespenstisch, in: Berliner Morgenpost vom 25.3.1981.

ze Zeit später ganz ähnlich in der *Welt am Sonntag* ebenfalls die vermeintliche Abhängigkeit der Bundesrepublik vom Öl Saudi-Arabiens. Die Energiefrage dürfe nicht zum »Sündenfall« werden. Notfalls müssten eher »wirtschaftliche Opfer« gebracht, als sich durch eine Unterstützung Riads gegenüber dem jüdischen Volk »erneut« schuldig zu machen.[1586]

Waldens *Morgenpost*-Kommentar aus dem März 1981 wurde am Tag darauf in Auszügen neben einem Bild des Chefkommentators in der *Welt* erneut abgedruckt.[1587] Der *Welt*-Chefredakteur Boenisch war düpiert, allerdings war zu diesem Zeitpunkt sein Abschied vom *Axel-Springer-Verlag* bereits besiegelt. Der einstige Liebling des Verlegers entfernte sich vor allem nach der Bundestagswahl 1980 immer mehr von den politischen Vorstellungen Springers. Dieser hatte eine Ablösung der sozialliberalen Regierung im Sinn, während Boenisch der Meinung war, die *Welt* brauche ein »liberales Image«, um jüngere Leser zu erreichen. Wie der Springer-Biograph Hans-Peter Schwarz resümiert, wandte sich nun die Entscheidung aus den frühen 1970er Jahren, die Chefredaktion der *Welt* nach Bonn zu verlegen, gegen die Absichten Springers. Der Plan, der Bundesregierung dadurch deutlicher auf den Zahn fühlen zu können, ging aus der Sicht des Verlegers nicht auf. Vielmehr empfand er eine Anpassung seiner Richtungszeitung an die Haltung des Kabinetts Schmidt/Genscher.

Als sich nun Boenisch öffentlich despektierlich über Springer äußerte und das Defizit der *Welt* 1980 nochmals auf 35 bis 43 Millionen Mark anstieg, waren die Tage des Chefredakteurs gezählt. Der Verleger servierte Boenisch kühl ab und dieser ließ sich seinen Weggang teuer bezahlen. Als neue Chefredakteure wurden Herbert Kremp und Wilfried Hertz-Eichenrode ernannt. Verbittert zeigte sich Boenisch auf seiner Abschiedsparty in Bonn, zu der nochmals mit Schmidt, Bahr und Ehmke die Granden der SPD erschienen. Er sei für Springer wohl zu sehr ins »linksliberale Lager« abgedriftet, lamentierte Boenisch in seiner Abschiedsrede.[1588]

Die Nachfolge

Doch wie hing der Wechsel an der Spitze der *Welt* nun mit Matthias Walden zusammen? Schon Ende des Jahres 1980 hatte Springer Walden mitgeteilt, dass er ab Februar 1981 als sein Stellvertreter in der Geschäftsführerkonferenz der Axel Springer Gesellschaft für Publizistik fungieren sollte.[1589] Die Konferenz war laut Schwarz das »höchste Steuerungsorgan« des Konzernes und Waldens Berufung auf den begehrten

1586 Vgl. ders., Öl und Moral, in: Welt am Sonntag vom 3.5.1981.
1587 Vgl. DW, »Das alles ist gespenstisch …«, in: Die Welt vom 26.3.1981.
1588 Siehe zur Trennung Springers von Boenisch: Schwarz, Axel Springer, S. 605–609.
1589 Dies geht aus einem Antwortschreiben Waldens hervor: Matthias Walden an Axel Springer vom 2. November 1980 (ASV-UA: NL Springer, Box 404).

Posten erfolgte vorbei an vielen Mitbewerbern.[1590] Bereits im Oktober 1980 hatte Walden in einem Brief an Springer auf sein erstes halbes Jahr im Verlag zurückgeblickt und Handlungsanweisungen für die Zukunft aufgeworfen, die unmissverständlich eine personelle Neuordnung zur Folge haben mussten. Auf der anderen Seite betonte Walden aber umso mehr die Glorie des Verlages. Die »Schattenseiten der Geborgenheit« seien in den letzten Jahren jedoch offensichtlich geworden:

> Eingefahrene Gleise, Gewöhnung an die Sicherheit verheißende Substanz, Lässigkeiten, gelegentlich Dünkel, Wichtigtuerei, Pseudo-Eleganz. Ein Mangel an Imeptus, an Hingabe und Selbstbelastungswillen scheint hier und da lähmend zu wirken. Einige Schicke und Flotte haben verlernt, die Ärmel hochzukrempeln. Manche laufen herum, als hätten sie selber das alles erfunden, hochgestemmt, erworben, um es zu besitzen – keine Sonnen, sondern Sich-Sonnende.[1591]

Entscheidungen dürften zwar nicht voreilig getroffen, allerdings auch nicht unnötig hinausgezögert werden, merkte Walden zudem an. Es werde zu sehr von der Substanz gelebt und zu wenig neue Substanz geschaffen.[1592] Nur ein halbes Jahr später hatte Springer seine Schlüsse gezogen. Dabei hatte er freilich nicht nur allein auf Waldens Rat gehört, doch dieser hatte sichtlich an Einfluss auf den Verleger gewonnen. Walden selbst profitierte durch die Umstrukturierung bei der *Welt* ebenfalls. Ab dem 1. April 1981 wurde er neben Axel Springer zum Mitherausgeber der überregionalen Tageszeitung.[1593]

Walden war vorerst am Ziel seiner Träume angelangt, hatte er doch schon Anfang der 1970er Jahre vor Springer für den Plan eines Herausgebergremiums für die *Welt* geworben und damit unmissverständlich sich selbst vorgeschlagen. Und auch wenn sein Einwirken auf Springer Ende des Jahres 1980 kaum die Merkmale einer Intrige gegen Boenisch erfüllte, hatte Walden dennoch bewiesen, dass er es beherrschte, sich selbst zum richtigen Zeitpunkt in Position zu bringen. Auf Boenisch angesprochen wollte Walden nachträglich keine Manöverkritik über dessen Zeit als Chefredakteur abgeben. Dies sei ein schlechter Stil, sagte er in einem Interview im *Deutschlandfunk* Ende März 1981 und machte damit dennoch deutlich, was er von dem »liberalen Image« Boenischs hielt.[1594]

1590 Vgl. Schwarz, Axel Springer, S. 632.
1591 Walden an Springer, 7.10.1980, S. 3.
1592 Vgl. ebenda, S. 6.
1593 Vgl. Schwarz, Axel Springer, S. 608.
1594 Vgl. Ministerium für Staatssicherheit der DDR, Abschrift eines Gesprächs mit Matthias Walden im Deutschlandfunk vom 31.3.1981. BStU (Archivsignatur: MfS ZAIG 24144, S. 56-58), S. 57.

In dem Gespräch zeigte Walden darüber hinaus, wie er sich den neuen Kurs der *Welt* vorstellte. Auf die Frage, ob seine Berufung zum Herausgeber und die Ablösung Boenischs durch Kremp und Hertz-Eichenrode nicht als bewusste Neuorientierung in eine »konservative Richtung« verstanden werden könne, erwiderte er, diese Zuschreibung sei ihm zu klischeehaft. Gegen das Wort »konservativ« habe er zwar nichts, doch möchte er den neuen Kurs lieber als Bewahrung des Bewährten und als eine politische Gradlinigkeit verstanden wissen: »Also keine Verkrampfung, keine polemische Überspitzung und ganz sicher auch keine Vernachlässigung des liberalen Elements, das zu unser gemeinsamen Haltung gehört.«[1595] Die *Welt* dürfe darüber hinaus laut Walden nicht zu einem »Kampfblatt« pervertieren, müsse aber dennoch eine »geistig-offensive Haltung bei der Verteidigung demokratischer Grundrechte« verkörpern.[1596]

Es fällt auf, dass Walden sensibel auf eine reine Zuschreibung als »konservativ« reagierte. Dies war sicherlich den Debatten der letzten Jahre und der zeitweiligen Verengung auf das antiliberale Erbe des deutschen Konservatismus geschuldet. Dass es wie gezeigt zahlreiche prononcierte Vertreter eines illiberalen und antidemokratischen Konservatismusbegriffes in der Bundesrepublik Deutschland gab, verhinderte laut Martina Steber, dass der Begriff sich im »zweifelsfrei akzeptierten Vokabular« verankerte.[1597]

Walden entsprach dieser Entwicklung, in der für ihn eine konservative Haltung nur mit dem Zusatz »liberal« Sinn ergeben konnte. So formulierte er in seiner Funktion als *Welt*-Herausgeber am Silvestertag 1983 öffentlich die ideelle Grundhaltung der Zeitung als »liberal-konservativ«.[1598] Waldens Positionierung der *Welt* unterstrich somit das Verständnis seines politischen Denkens als konservativen Liberalismus. Das setzte sich sowohl deutlich von dem Kurs der »konservativen Wende« der *Welt* Mitte der 1960er Jahre als auch von der Orientierung unter Boenisch an der sozialliberalen Regierung der späten 1970er Jahre ab. Die Navigation seines »Flaggschiffes« entsprach nun sichtlich wieder mehr der Auffassung Axel Springers.

An der Seite seines Verlegers hatte Walden in diesem Sinne in den Jahren um 1980 beständig auf eine politische Wende in Bonn hingearbeitet. In der Kritik an der neuen Regierung sprachen sie ebenso eine Sprache. Die Zeitungen des *Axel-Springer-Verlages* hatten äußerst gereizt auf den von Strauß in seiner Funktion als Bayerischer Ministerpräsident im Sommer 1983 mit der DDR eingefädelten Milliardenkredit reagiert. Weder Springer noch Walden hatte die Redakteure gezügelt, worüber sich der Strauß-Berater Wilfried Scharnagl sogleich beschwerte und dahinter eine persönliche Direk-

1595 Ebenda, S. 56.
1596 Vgl. ebenda.
1597 Vgl. Steber, Die Hüter der Begriffe, S. 424.
1598 Vgl. Walden, Verehrte WELT-Leserin, verehrter WELT-Leser, in: Die Welt vom 31.12.1983.

tive von Springer vermutete. Walden antwortete und sprach für seinen Verleger mit. Keiner habe ein Zeichen gegeben, doch dürfe man sich im Lager Strauß bei solch einem »Glaubwürdigkeitsverlust« über die Schärfe der Reaktionen nicht wundern. Ganz Walden fuhr er fort, die Enttäuschung sei dort immer besonders groß, wo man »außergewöhnliche Übereinstimmung und Zuneigung« empfunden habe.[1599] Schon in einem internen Memo über die politische Ausrichtung der *Welt* aus dem Juni 1980 hatte er indes vor der Bindung an parteipolitische Positionen gewarnt – die Skepsis gegenüber dem Politisch-Opportunen war groß.[1600]

Spätestens mit den personellen Schachzügen im Frühjahr 1981 wurde einer breiten Öffentlichkeit deutlich gemacht, dass Matthias Walden als publizistischer Erbe Axel Springers positioniert werde. Walden nahm diese Rolle mit ehrfürchtiger Demut an. Ende des Jahres 1982 schrieb Walden an Springer, der Gedanke an die Nachfolge gehe über seine Vorstellungskraft. Springer sei schließlich »unersetzlich« für seinen Verlag.[1601] Die ideelle Ausrichtung seines Zeitungshauses für die Zeit nach seinem Tod in die Hände Waldens zu legen war laut Hans-Peter Schwarz sowohl eine politische als auch eine persönliche Entscheidung Springers gewesen.[1602] Der Verleger fühlte sich Walden emotional verbunden. In den späten 1970er Jahren war dieser zu einem Freund der Familie geworden, wie seine sehr persönliche Reaktion auf die Eheschließung Springers mit dessen langjähriger Lebensgefährtin Friede im Januar 1978 zeigte. Zu dem engen privaten Kreis, der in die Hochzeitspläne des Paares eingeweiht war, gehörte Walden allerdings nicht. Er erfuhr von der kleinen standesamtlichen Trauung, bei der als Trauzeugen nur Ernst Cramer und Claus Dieter Nagel anwesend waren, erst Wochen später.[1603]

Dennoch, aus dem Schreiben ging hervor, dass er neben Axel auch Friede Springer kannte und ihr ebenso freundschaftlich verbunden war. In der Friesin sah Walden eine Verbündete in der Sorge um das Wohlergehen Springers, der in den frühen 1980er Jahren vermehrt an psychischen und physischen Malaisen litt.[1604] In einem Geburtstagsbrief an Friede Springer im August 1982 hob Walden in diesem Sinne ihre besondere Rolle hervor und bezeichnete sie als »Schutzengel« des Freundes. Er versicherte ihr darüber hinaus, dass er selbst sein Bestes tue, um Springer zu entlasten.[1605]

1599 Siehe zu diesem Vorgang: Schwarz, Axel Springer, S. 612f.
1600 Vgl. Walden, Anmerkungen zu Inhalt und Form der WELT (1980), S. 3.
1601 Vgl. Matthias Walden an Axel Springer vom 21. Dezember 1982 (ASV-UA: NL Springer, Box 38).
1602 Vgl. Schwarz, Axel Springer, S. 631.
1603 Vgl. Matthias Walden an Axel und Friede Springer vom 25. Juli 1978 (ASV-UA: NL Springer, Box 341).
1604 Vgl. Schwarz, Axel Springer, S. 638–641.
1605 Vgl. Matthias Walden an Friede Springer vom 13. August 1982 (ASV-UA: NL Springer, Box 38).

Walden auf dem Presseball im Gespräch mit Entertainer und Moderator Hans Rosenthal, vor ihnen sitzend Friede Springer, 10. Januar 1981.

Axel Springer wollte sicherstellen, dass seine Blätter weiterhin seiner kämpferisch-konservativen Grundhaltung entsprechen würden. Unlängst hatte sich Walden als würdiger Nachfolger erwiesen, als er 1980 für Springers programmatisches Buch »Aus Sorge um Deutschland« ein Portrait über den Verleger beigesteuert hatte. Walden verwies auf die gemeinsamen Wurzeln ihrer Überzeugung:

> Ernst Reuter, Max Brauer, Herbert Weichmann und auch dem vaterländischen gesonnen Kurt Schumacher sowie dem frühen Willy Brandt galt sein Vertrauen. Erst die Enttäuschungen späterer Jahre, die Abkehr der SPD von Grundpositionen, denen sie treu zu bleiben gelobt hatte, bewirkten seine Distanz.[1606]

Außerdem gefiel Springer der Gedanke, dass an der Spitze des Konzerns ein Journalist stehen würde, hatte er im Laufe der 1970er Jahre laut Schwarz doch negative Erfahrungen mit Industriemanagern in Führungspositionen gemacht.[1607]

1606 Walden, Axel Springer, in: Springer (Hrsg.), Sorge, S. 13.
1607 Vgl. Schwarz, Axel Springer, S. 632.

In diesen Plan fügte sich Walden nahtlos ein. An der Seite von Springer trat er nicht nur wie gezeigt öffentlich für die ideelle Grundlinie des Verlages ein, sondern vermochte es bald, den Verleger in einem seiner Hauptziele der frühen 1980er Jahre zu unterstützen, einer Beteiligung am Privatfernsehen. Springer befürchtete durch die Abwanderung großer Werbeblöcke den Ruin der Printmedien. Dabei stand er in der Frage der Zukunft des Rundfunks mit seiner Haltung für ein duales System auf der Linie von Union und FDP, das schließlich im Januar 1984 mit dem Start des Privatfernsehens umgesetzt wurde.

Die generelle Befürwortung des privaten Rundfunks kann konsequenterweise als konservatives Engagement gegen die öffentlich-rechtlichen Sender verstanden werden, denen gerade in den 1970er Jahren ein linker Ruf nachhallte. Mit einem Einstieg in das private Fernsehgeschäft sah Springer letztendlich eine Gelegenheit, seine alten Pläne eines Verlegerfernsehens doch noch zu verwirklichen. Erneut musste aber für den Erhalt von Lizenzen geworben werden.[1608] Das Lobbying in dieser Sache betrieb Walden in den kommenden Jahren nicht nur aus geschäftlicher Perspektive, sondern setzte hier seine ganzen Erfahrungen als Rundfunkjournalist ein. Schon vor seinem Eintritt in den Verlag hatte er Springer zur Beteiligung am künftigen Privatfernsehen geraten.[1609]

In einem von Joachim Fest geleiteten Streitgespräch »Wem gehört der Rundfunk?« vom *SFB* im September 1981, an dem neben Walden auch Hans Bausch und der Präsident des Bundesverbandes Deutscher Zeitungsverleger, Alfred Neven duMont, teilnahmen, bezeichnete Walden das Konzept des privaten Fernsehens als »belebend« für die Demokratie.[1610] Auf die entscheidende Frage, warum die Zeitungsverlage einen Anteil an diesem Geschäft erhalten sollten, antwortete er, dass sie einerseits über die journalistische Kompetenz verfügten und andererseits somit Werbeeinnahmen nicht automatisch den Printmedien entzogen werden würden:

> Die Zeitungsverlage von den elektronischen Medien angesichts der erweiterten technischen Möglichkeiten auszuschließen, bedeutet in letzter Konsequenz den Exitus des gedruckten Wortes in einer Kulturnation, eine alptraumhafte Vorstellung.[1611]

1608 Vgl. ebenda, S. 598–600; siehe zur Einführung des Privatfernsehens als konservative Mobilisierung: Frank Bösch, Campaigning Against »Red Public Television«: Conservative Mobilization and the Invention of Private Television in West Germany, in: Anna von der Goltz/Britta Waldschmidt-Nelson (Hrsg.), Inventing the Silent Majority in Western Europe and the United States. Conservatism in the 1960s and 1970s, Washington D.C. 2017, S. 275–294.

1609 Vgl. Walden an Springer, 12.11.1979.

1610 Vgl. Teilabschrift »Wem gehört der Rundfunk? Ein Streitgespräch zwischen Hans Bausch, Alfred Neven duMont und Matthias Walden; Letung: Joachim Fest«. Ausgestrahlt im SFB am 7. September 1981 (ASV-UA: NL Walden, Ordner Gespräche -extern- 1980–1984), S. 2.

1611 Ebenda, S. 4.

Auf einer Tagung der CSU nahen Hanns-Seidel-Stiftung bewies Walden im Sommer 1982 sein herausragendes journalistisches Gespür in dieser Sache. Ohne eine Beteiligung der Zeitungsverlage am Privatfernsehen würde vor allem der Bildschirm-Text zur Herausforderung für die Branche werden. Gerade im Anzeigengeschäft und im Rubriken-Bereich werde dieser eine besondere Rolle spielen. Dem designierten Springer-Nachfolger schwebte außerdem vor, den Teletext für den Abruf lexikalischer Daten, Kochrezepte oder Flugpläne zu etablieren.[1612]

In dem Quereinstieg Waldens in die Konzernführung lag allerdings ein großes Problem dieses Modells, das sich bereits 1980 angedeutet hatte. Einerseits tat sich Walden schwer, in die Rolle des »Top-Managers« zu wechseln, so Schwarz, und andererseits schlug ihm eine Welle der Missgunst entgegen. Der Springer-Biograph beruft sich auf eine anonyme Aussage eines Beteiligten und schildert, dass es dem »geradlinigen und integrem Gentleman« Walden »in diesem von Intrigen durchseuchten Verlag«, so der Zeitzeuge, nicht leicht gemacht wurde.[1613] Die Wahl eines »ideologischen Nachlassverwalters« kollidierte laut Schwarz zudem mit Springers Plänen der wirtschaftlichen Zukunft seines Konzerns. Hierfür hatte er nach vielem hin und her den *Burda-Verlag* als angemessene Lösung ausgemacht.

Mit Franz Burda senior, dem »Senator«, verband Springer eine längere von gegenseitigem Respekt getragene Freundschaft. Der alte Burda war allerdings für sein Haus mit seinen drei Söhnen als gleichberechtigte Erben bereits selbst ein Wagnis eingegangen. Vor allem der älteste Sohn Franz jr., ein Praktiker, der das Druckerhandwerk von der Pike auf erlernt hatte, und der jüngste Spross Hubert, promovierter Kunsthistoriker und Chefredakteur der bei Burda erscheinenden Illustrierten *Bunte*, kamen nicht gut miteinander aus. Gemeinsam mit dem dritten Bruder Frieder wurden sie von Springer auserkoren, seinen Verlag weiterzuführen. Wie dieses Trio gemeinsam mit Matthias Walden hätte wirken sollen, ist schwer vorstellbar, wie Hans Peter Schwarz anmerkt.[1614]

Zu dieser Konstellation sollte es allerdings ohnehin nicht kommen. Das Bundeskartellamt verhinderte die geplante Übernahme durch den *Burda-Verlag*. Die persönliche Intervention Springers bei Bundeswirtschaftsminister Lambsdorff blieb erfolglos. Die Burdas mussten sich mit einem Erwerb von 24,9 Prozent der Anteile des längst als Aktiengesellschaft eingetragenen Verlages begnügen und zahlten dafür 265

[1612] Vgl. Matthias Walden, Typoskript Die Medien aus der Sicht des Journalisten unter besondere Berücksichtigung der neuen Medien. Vortrag bei der Hanns-Seidel-Stiftung am 26. Juni 1982 (ASV-UA: NL Walden, Ordner: Gespräche -extern- 1980–1984), S. 3f.

[1613] Vgl. Schwarz, Axel Springer, S. 632.

[1614] Vgl. ebenda; zu den Gebrüdern Burda: Peter Köpf, Die Burdas, Hamburg – Wien 2002, S. 208–220.

Millionen Mark, womit sie aber von Nachfolgern zu Beteiligern degradiert wurden.[1615] Einziger Lichtblick in der äußerst verworrenen Angelegenheit der wirtschaftlichen Nachfolge des Verlages blieb für Springer die Sicherung der publizistischen Linie durch Walden.

Nachdem es bei Walden in den letzten Jahren aber bereits immer wieder Anzeichen einer geschwächten körperlichen Konstitution gegeben hatte, die häufig durch längere Kur-Aufenthalte kompensiert werden mussten, verschlimmerte sich die Lage im Laufe des Jahres 1984 dramatisch. Er litt an einer Krebserkrankung. Im Frühjahr kehrte Walden aus dem Krankenhaus zurück und erholte sich in dem neuen Domizil der Familie im Berliner Nobelbezirk Dahlem. In den Jahren nach seinem Eintritt in den Verlag war Walden Springer indes immer mehr ans Herz gewachsen. Der Verleger hatte ihm einen Walkman und mit Bibelversen besprochene Kassetten geschickt und Walden gab sich kämpferisch. Er lobte Springers »verlegerische Genialität«, seine »Herzensgüte« und versprach eine baldige Rekonvaleszenz.[1616] An den Hamburger CDU-Politiker und gemeinsamen Freund Springers und Waldens, Erik Blumenfeld, schrieb Walden im Juli 1984, er befinde sich auf dem Weg der Besserung. Er prognostizierte, ab August wieder »uneingeschränkt« einsatzfähig zu sein.[1617]

In die Riemen der Galeere, wie Walden seine Arbeit häufig beschrieb, sollte er sich aber nie mehr in voller Kraft legen können. Anfang November war er bereits wieder ans Krankenbett gebunden. Von hier aus schrieb er seinen letzten Leitartikel, der unter dem Titel »Demokratische Wert- und demokratische Weltordnung« am 3. November 1984 in der *Welt* erschien. Walden hob den Wert der »Freiheitlich Demokratischen Grundordnung« der Bundesrepublik Deutschland hervor. Diese müsse normativ vertreten werden, womit er nochmals seine Nähe zum Konzept des Verfassungspatriotismus im Sinne Sternbergers unterstrich.

»Kleingläubige Überschätzungen totalitärer Systeme« würden gegenwärtig eine freiheitliche Wertordnung konterkarieren, analysierte Walden. Alternativen sah er jedoch keine:

> Und doch ist diese freie Welt, die sich über Jahrzehnte zäh gegen ihre Feinde behauptet hat, die einzige Hoffnung auf eine freiheitliche Weltordnung. Sie erscheint zur Zeit utopisch. Doch sie gehört zu den Utopien – sicherlich ist sie sogar die einzige – an die zu glauben lohnt.[1618]

1615 Vgl. Schwarz, Axel Springer, S. 633f; siehe auch: Köpf, Die Burdas, S. 221–224.

1616 Vgl. Matthias Walden an Axel Springer vom 25. April 1984 (ASV-UA: NL Springer, Box 38).

1617 Vgl. Matthias Walden an Erik Blumenfeld vom 11. Juli 1984 (BArch: NL Blumenfeld, Signatur: 1388/38).

1618 Matthias Walden, Demokratische Wert- und demokratische Weltordnung, in: Die Welt vom 3.11.1984.

Zwei Wochen später, am 17. November 1984, starb Matthias Walden. In seinem Vermächtnis, das Ernst Cramer einen Tag nach Waldens Tod zu einem »Grundsatzartikel« für die *Welt* erhob, bekannte sich der Anti-Utopist Walden also doch noch zu einer Utopie: der »Demokratischen Weltordnung«.[1619] Ein Widerspruch, der im Gefüge seines politischen Denkens in sich natürlich keiner war und daher auszuhalten ist.

Für den *Verlag Axel Springer* war er in dieser Form zu einer Leuchtgestalt der politisch-ideellen Orientierung geworden; zu einem »Signalschreiber« wie ihn Bernhard Servatius einmal bezeichnete.[1620] *Der Spiegel* zitierte in seinem Nachruf auf Walden gar *Welt*-Chefredakteur Wilfried Hertz-Eichenrode mit den Worten: »Mich traf die geistige Energie wie ein Laserstrahl.« Das Hamburger Nachrichtenmagazin nutze dies zum Spott, der auch aus kritischer Sicht dem politischen Denken des kürzlich Verstorbenen nicht gerecht wurde. Walden wurde als »Herrenreiter am Mikrophon« beschrieben, wahlweise auf »ideologischem Roß«.[1621] In der Masse waren die zahlreichen öffentlichen Reaktionen auf den Tod Matthias Waldens allerdings durchweg respektvoll bis hin zur großen Anerkennung.[1622] Es sticht zweifelsfrei der lange Artikel Hertz-Eichenrodes »Ein Deutscher im geteilten Vaterland« in der *Welt* vom 19. November heraus. Walden habe die Fähigkeit besessen, von den Menschen verstanden zu werden, und sei zugleich der »Urtyp der ›freischwebenden Intelligenz‹«, dem bereits Alfred Weber die soziale Führungsrolle zuwies – aus Angst vor den Ideologen.[1623]

Nicht zuletzt Axel Springer selbst hatte seine Hoffnungen auf den Freund gesetzt. Waldens plötzlicher Tod strahlte dementsprechend auf die turbulente Nachlassregelung des Verlegers aus. Letztendlich verwand Springer den Verlust Waldens bis zu seinem eigenen Tod ein Jahr später nie. Aschfahl sagte er auf der Beerdigung Waldens zu Herbert Kremp und Wilfried Hertz-Eichenrode: »Was nun, meine Herren?«[1624]

1619 Zu Cramers Würdigung: Cramer, Ein Leben für die Freiheit, in: Welt am Sonntag vom 18.11.1984.

1620 Zum Zitat von Servatius siehe: Schwarz, Axel Springer, S. 610.

1621 Gestorben. Matthias Walden, in: Der Spiegel vom 26.11.1984, S. 252.

1622 Ein Ordner »Presse zum Tod« findet sich im Unternehmensarchiv des *Axel-Springer-Verlags*.

1623 Vgl. Wilfried Hertz-Eichenrode, Ein Deutscher im geteilten Vaterland, in: Die Welt vom 19.11.1984; zum Zitat Webers: Gallus, »Intellectual History« mit Intellektuellen und ohne sie, S. 146.

1624 Dazu und zum Zitat: Schwarz, Axel Springer, S. 641f.

Für die Freiheit des Westens

Francis Fukuyama sprach im Sommer 1989 vom »Ende der Geschichte«. Im Angesicht der politischen und gesellschaftlichen Umbrüche im Ostblock schrieb er: »The triumph of the West, of the Western *idea*, is evident first of all in the total exhaustion of viable systematic alternatives to Western liberalism«.[1] Zunächst habe sich der westliche Liberalismus im 20. Jahrhundert gegen die Verführung eines autoritären und nationalistischen Faschismus durchgesetzt und schließlich auch gegen die des Kommunismus, dessen Ideologie im Westen durch die Lösung der Klassenfrage an Anziehungskraft verloren habe.[2] Ausgehend von einem hegelianischen Geschichtsverständnis könne die liberale Demokratie des Westens also als der Endpunkt der ideologischen Entwicklung der Menschheit verstanden werden: »the universalization of Western liberal democracy as the final form of human mankind.«[3] Die fortschreitende Erosion der Sowjetunion veranlasste Fukuyama zu seiner Behauptung. Seiner westlich zentrierten These folgend, war der Sieg des Westens im ideologischen Konflikt des Kalten Krieges stets eine Frage der Zeit gewesen.

Dieser Sichtweise lässt sich das politische Denken Matthias Waldens zuordnen. Es ist dabei unerheblich, dass Walden das Ende des Kalten Krieges nicht mehr erlebt hat. Sein Glaube an die Freiheit des Westens ließ ihn die These Fukuyamas bereits vordenken. Er war überzeugt, Diktaturen sähen immer nur so aus, als wären sie für die Ewigkeit gemacht. Die Unmenschlichkeit der kommunistischen Regime gab Walden die Gewissheit, dass diese einst verschwinden würden.[4] Dieses Vertrauen rief zuweilen eine dogmatisch wirkende Standhaftigkeit im Denken Waldens hervor, die im Laufe des Kalten Krieges von politischen Gegnern mit Spott und Unverständnis überzogen wurde. *Der Spiegel* entlarvte sich *ex-post* selbst, wenn er im Nachruf auf den designierten Springer-Nachfolger dessen Wunsch nach einem unter einer »demokratischen Weltordnung« vereinten Vaterland als »Träumerei« abtat.[5]

1 Francis Fukuyama, The End of History?, in: Center for the National Interest (1989), H. 16 (Summer 1989), S. 3–18, hier S. 3.

2 Vgl. ebenda, S. 9f.

3 Ebenda, S. 4.

4 Siehe am Beispiel der DDR: Walden, Die Mauer. SFB 27.8.1961, Minute 5.

5 Vgl. 1984, in: Der Spiegel vom 26.11.1984, S. 252.

Noch unmittelbar nach dem Ende des Zweiten Weltkrieges zeigte Walden in seinen Dresdner Jahren eine intellektuelle Nähe zu Vorstellungen einer Vereinigung der alliierten Besatzungszonen, die an den weniger politischen, sondern kulturellen Neutralismus Alfred Kantorowiczs erinnerten. In Berlin entwickelte er sich in der Folge zu einem überzeugten Verfechter der Westbindung der Bundesrepublik Deutschland, die in seiner Vorstellung zu einer *conditio sine qua non* der Deutschen Einheit wurde. Dies galt sowohl in einer politischen als auch in einer ideengeschichtlichen Perspektive. Ein vereintes Deutschland ergab für Walden nur Sinn, wenn es in das politische Bündnissystem und den ideellen Raum des Westens integriert war. Die Gradlinigkeit seines Denkens zog Walden bald in leidenschaftliche Debatten um die politische und gesellschaftliche Entwicklung der Bundesrepublik. Sie rief aber auch innere Konflikte hervor, sobald die kleinteilig differenzierte Wirklichkeit des Kalten Krieges in der post-Stalin-Ära sein dichotomes Weltbild in Frage stellte.[6]

Waldens politischem Denken lag ein liberaler Antitotalitarismus zu Grunde, der sich an seiner Überzeugung festmachen lässt, die kommunistischen totalitären Regime seiner Zeit mit dem Nationalsozialismus und faschistischen Staaten wie den »iberischen Diktaturen« des 20. Jahrhunderts zu vergleichen. Später zeigte sich dies im direkten Bezug auf die Totalitarismustheorie Carl Joachim Friedrichs.[7] In ihren Grundzügen entwickelte sich Waldens Haltung bereits in seiner Jugendzeit im »Dritten Reich« und den Jahren des Erwachsenwerdens in der SBZ und der frühen DDR. Gänzlich herausgebildet hatte sie sich mit der Niederschlagung des Volksaufstandes in Ost-Berlin am 17. Juni 1953, der den freiheitsfeindlichen Charakter des SED-Regimes offensichtlich machte.

Um die Freiheit ging es Walden in nahezu allen seinen politischen Betrachtungen. Am ehesten geschützt sah er die Freiheit des Einzelnen in der liberalen Demokratie westlicher Prägung. Das Bewusstsein für die Fehlbarkeit demokratischer Systeme schützte ihn dabei trotz einer gewissen Emphase vor Manichäismus. Geschürt wurde diese Haltung durch einen Anti-Utopismus, der ihn an der Funktionalität vermeintlich vollkommener Gesellschaftssysteme zweifeln ließ. Diese Auffassungen zeigten eine deutliche Nähe zur amerikanischen Strömung des *Vital-Center-Liberalismus*, die sich als Reaktion auf den ideologischen Konflikt im Kalten Krieg gebildet hatte. Hierdurch grenzte er sich außerdem von einer demokratieskeptischen *post-liberal-order* ab, anders als beispielsweise einige Vertreter der Weimarer Rechten in der Bundesrepublik wie Hans Zehrer.[8]

6 So zum Beispiel: Walden, Das Eis schmilzt weiter – November 1956, in: Walden (Hrsg.), Mikrophon.

7 Vgl. ders., Couturiers des Anti-Antikommunismus, in: Die Welt vom 2.6.1967.

8 Dazu: Payk, A post-liberal order?

Die vorliegende Arbeit konnte eine grundsätzliche Zuordnung der Dispositionen des politischen Denkens Waldens zu der von Christina von Hodenberg charakterisierten Generation der »45er«-Medienelite nachweisen. Eines der Merkmale dieser Gruppe war der offensive Umgang mit der deutschen Vergangenheit mit dem Ziel einer Festigung des demokratischen Bewusstseins in der Bundesrepublik Deutschland. Hier muss Walden als einer der herausragenden Vertreter seiner Zunft betrachtet werden. Vor allem mit mutigen Fernsehberichten trug er schon um das Jahr 1960 dazu bei, dass vieles nicht vergessen werden konnte. Er wehrte sich gegen politische und gesellschaftliche Schutzmechanismen einer personellen Kontinuität zum »Dritten Reich« in der Bundesrepublik. Eine Zuordnung Waldens zum konservativen Spektrum in jener Zeit konnte aufgrund der großen Aufspaltung des Milieus nur in Ansätzen erfolgen. Da er seinen Ansichten treu blieb, ist es dennoch ein Verdienst Waldens, der Vergangenheitsbewältigung in der Geschichte der Bundesrepublik Deutschland eine »kristalline konservative Härte« (Theo Sommer) gegeben zu haben.

Den Bedingungen des Kalten Kriegs geschuldet, stand allerdings in weiten Teilen seines publizistischen Wirkens der kämpferische Antikommunismus im Vordergrund. Sein politisches Denken war von der Grundüberzeugung der Reformunfähigkeit kommunistischer Systeme geprägt. Diese die *cold war liberals* des *Vital Centers* kennzeichnende Eigenschaft entfernte Walden vom CCF. Der Kongress hatte es sich ab Mitte der 1950er Jahre zur Aufgabe genommen, vermehrt den Dialog mit den östlichen Despotien zu suchen, ohne freilich seine ursprüngliche antitotalitäre Ausrichtung aufzugeben. Die Betonung eines freiheitlichen Gegenpols im Kalten Krieg war in Waldens Vorstellungswelt so aber kaum aufrechtzuhalten. Zu den Waffenarsenalen des Ost-West-Konflikts gehörten schließlich nicht nur Panzer und Raketen, sondern auch Ideen, wie er dem Historiker Tim B. Müller sicher zugestimmt hätte.[9] Das hieß nicht, dass Walden keine Liberalisierungsströmungen in den kommunistischen Regimen erkannte. Er war sich sogar über deren destabilisierenden Charakter für das ganze System im Sinne eines Tocqueville-Paradoxons bewusst, wonach der geringe Abbau von Unfreiheit die bestehende Unterdrückung noch offensichtlicher machte. Nur hatte die Unterstützung vermeintlicher Reformer in seinen Augen selbst in dieser Lesart keine Aussicht auf Erfolg gehabt. Schlussendlich würden alle Versuche nur zu einer Versteinerung der totalitären Strukturen führen. Allein der freiheitliche Gegenpol des *Vital Center* hätte auf lange Sicht die Durchsetzungskraft, die kommunistischen Regime in einen »unfreiwilligen Selbstmord« zu treiben. Dieser könne nur durch einen »sowjetischen Dubček« eingeleitet werden, legte er sich im Laufe der Jahre fest.

Waldens Unbeweglichkeit gemischt mit einem triumphalistischen Ton, der aus heutiger Sicht oft befremdlich wirkt, isolierte ihn in den Jahren nach der zweiten Ber-

[9] Vgl. Müller, Das Ende vom Ende der Ideologie, S. 113.

lin-Krise von der journalistischen Avantgarde. In dieser sammelten sich beispielsweise mit Peter Bender, Theo Sommer oder Peter Merseburger andere herausragende Vertreter der »45er«-Medienelite. Sie standen für eine stetig wachsende Zahl an Journalisten und Intellektuellen, die sich von den Kategorien des Kalten Krieges lösen wollten. Als bekennender »Kalter Krieger« rief dies bei Walden bereits in den frühen 1960er Jahren das Unbehagen hervor, bald gegen einen neuen Konformismus »ancrawlen« zu müssen. Vor allem Forderungen nach einem veränderten Umgang mit dem SED-Regime bis hin zur Anerkennung der DDR stellte er sich kämpferisch entgegen. Den Avantgardisten, die zu Konformisten wurden, warf er vor, einen gefährlichen Utopismus zu nähren. Ereignisse wie die Niederschlagung des »Prager Frühlings« durch den Warschauer Pakt hätten schließlich die wahre Natur des sowjetischen Imperialismus gezeigt, die im Widerspruch zur Rhetorik einer »europäischen Friedensordnung« stehe. Wer aufhöre, den Kalten Krieg zu führen, der vom Osten auferlegt werde, werde eines seiner Opfer: Das war Waldens Credo.

Unmittelbar nach dem Mauerbau 1961 hatte sich Walden noch als Mittler versucht, wie sein Engagement in der Zeitschrift *Berlin im Spiegel* eindrücklich zeigte. Gerade das Berliner Passierscheinabkommen von 1963 wurde aber zum Auslöser einer strengen Polarisierung der öffentlichen Debatte, der sich der streitbare Meinungsjournalist kaum noch entziehen konnte. Die Zusammenarbeit mit den Ostberliner Behörden wirkte zudem wie ein Vorbote der Neuen Ostpolitik der sozialliberalen Regierung ab 1969.[10] Alle Hoffnungen Waldens auf eine Einhegung der sozialdemokratischen Konzepte in einer Großen Koalition von Union und SPD sollten sich mit dem *Machtwechsel* zerschlagen. Er selbst war in der Zeit der Großen Koalition zu gewissen Anpassungen, wie die Interpretation der Geburtsfehler-Theorie der Hallstein-Doktrin, bereit gewesen. In der Phase von 1969 bis 1974 kann somit eine schleichende Entrückung Waldens von der Politik beobachtet werden, da auch die Union es in der Opposition in seinen Augen versäumte, die Neue Ostpolitik adäquat zu bekämpfen. Seine oft polemischen Einlassungen gegen die Bundesregierung führten darüber hinaus zur Entzweiung mit einstigen Weggefährten im Kampf für die Freiheit West-Berlins, wie Willy Brandt oder Klaus Harpprecht. Erst Waldens langsame, formalistische Anerkennung der gemeinsamen Entschließung des Bundestages zu den Ostverträgen und dem Bundesverfassungsgerichtsurteil zum Grundlagenvertrag mit der DDR gaben ihm allmählich eine neue Orientierung.

Halt fand Walden im Zeitungshaus Axel Springers. Der Verlag wurde, nachdem Springer selbst desillusioniert von eigenen Versuchen einer neutralistischen Verständigung aus Moskau zurückgekehrt war, ab Anfang der 1960er Jahre zu einem Refugi-

10 So auch: Görtemaker, Ursprünge, in: Bauerkämper/Sabrow/Stöver (Hrsg.), Doppelte Zeitgeschichte, S. 52f.

um für kämpferische Antikommunisten. Hier wurde Walden mit seiner Kritik an der Neuen Ostpolitik bald eine prägende Kraft. Eine persönliche Nähe zu Axel Springer entwickelte sich vor allem durch Waldens Rolle als Verteidiger des Verlages als »staatsloyal« und Gegenspieler der studentischen Proteste sowie der APO. Waldens Kritik an der »Rebellion« der Studenten und der »anti-parlamentarischen Opposition« erfolgte aus einem antiradikalen Impuls heraus. Seine Auffassung, die Bonner Republik stehe in den ausgehenden 1960er Jahren lediglich vor »Stilfragen der Demokratie«, war kaum vereinbar mit dem in Teilen antiliberalen und sozialistischen Programm des Protestes, das den antitotalitären Grundkonsens der bundesdeutschen Gesellschaft in Frage stellte.

Die Vehemenz, mit der sich Walden im öffentlichen Diskurs äußerte und mit der er in der Folge seine These vom »Ungeist der Sympathie mit den Gewalttätern [des Terrorismus]« durch linke Intellektuelle vertrat, ließ ihn mehr als einmal an die Grenzen des liberalen Rechtsstaats stoßen. Trotzdem trat er in der gesellschaftlichen Debatte als Repräsentant der »Mitte« im Sinne der Verteidigung von Liberalität und Ordnung auf. Waldens Demokratieverständnis einer Freiheit des Westens war eng an staatlich-institutionellen Ordnungsprinzipien orientiert. Es wurde gezeigt, dass dieser Haltung Waldens ein hegelianisches Verständnis des Staates zugrunde lag. Der Staat, so glaubte Walden, garantiere die Liberalität und müsse deswegen verteidigt werden. Damit ähnelte er den *cold war liberals* der Münsteraner Schule um Joachim Ritter, die Jens Hacke unter anderem als »skeptische Hegelianer« darstellt.[11] Mit dieser Skepsis begegneten Walden und die »Ritterianer« den partizipatorischen Ansätzen, die unter dem Schlagwort »Mehr Demokratie wagen« reüssierten. Da diese im Fahrwasser des gesellschaftlichen Protests und einer schwindenden antikommunistischen Kohäsion fuhren, sprach Walden 1975 von einem zurückliegenden »Jahrzehnt des Opportunismus«[12].

Christina von Hodenberg sah hingegen gerade in der Kritik an der »Idee des starken Staates« ein verbindendes Element der »45er«-Medienelite und der Protestbewegungen der späten 1960er Jahre. Eine weitere Gemeinsamkeit sei zudem die Erkenntnis einer mangelnden außenpolitischen Notwendigkeit des antikommunistischen Grundkonsenses gewesen.[13] Walden brach aus der von Hodenberg gezeichneten Entwicklung der »45er«-Journalisten aus. Ab Mitte der 1960er Jahre seien diese in eine vermeintliche »Durchsetzungsphase« des von ihnen unterstützten Wandels eingetreten.[14] Walden hatte die Kernelemente eines liberalen anglo-amerikanischen Verständnisses von Öffentlichkeit und zeitkritischem Journalismus übernommen.

11 Vgl. Hacke, Philosophie der Bürgerlichkeit, S. 293f.
12 Vgl. Walden, Kassandra-Rufe, S. 7–20.
13 Vgl. Hodenberg, Konsens und Krise, S. 257–259.
14 Vgl. ebenda, S. 445.

Mit Sendungen wie »Meet the Press« wurde er gar zu einem Vorreiter eines veränderten Verhältnisses von Politik und Massenmedien. Doch: Durch sein Festhalten am gesellschaftlichen antitotalitären Konsens, seinem »staatsloyalen« Korsett und seiner Kritik an der sozialliberalen Ost- und Deutschlandpolitik war er nun mit diesem generationellen Erklärungsmuster kaum noch zu fassen, dessen Deutung im Sinne Hodenbergs womöglich sein Erklärungspotential verliert, sobald aus Dispositionen im Denken Konsequenzen der politischen Positionierung werden.[15]

Die spezifische Auffassung des liberalen Staates als Garant der Freiheit spiegelte mithin Dolf Sternbergers Glaube an den »Rang des Normativen« wider. Walden unterschied sich damit nicht nur von den Trägern des gesellschaftlichen Protestes der 1960er Jahre, deren Großteil Akteure einer Neuen Linken und der Neuen Sozialen Bewegungen wurden. Er fand zudem wenig Anknüpfungspunkte an das genuin konservative Milieu der 1950er und frühen 1960er Jahre, das sich, wenn überhaupt, durch technokratische Anpassungen an die liberale Demokratie auszeichnete. Bindendes Element schien ein anti-ideologischer Reflex zu sein. In Waldens politischem Denken war dies untrennbar mit seinem liberalen Antitotalitarismus verbunden, da seiner Ansicht nach jede Ideologie in den Totalitarismus führe.

Die Nähe zu den *cold war liberals* und zum *Vital Center* mündete in der Zuordnung zu den Protagonisten einer »konservativen Tendenzwende« in den 1970er Jahren. Aus einer ideengeschichtlichen Perspektive kann diese intellektuelle Entwicklung Waldens als Beweis der liberalen – nicht im Sinne von fortschrittlichen, sondern freiheitlichen – Grundierung der »Tendenzwende« gesehen werden. »Idealisten der Demokratischen Mitte« sollten die »neuen Konservativen« sein, schrieb Walden 1970 in seinem programmatischen Text »Konservative Haltung – ein Gebot der Zeit«.[16] Noch in den 1960er Jahren war das konservative Spektrum durch die Konkurrenzsituation zwischen liberalen Konservativen in der ideengeschichtlichen Tradition des »Old Whig« Edmund Burke und illiberalen Konservativen, die an die Demokratieskepsis der Weimarer »Konservativen Revolution« anknüpften, geprägt. Ein Wortführer der letztgenannten Gruppe war Armin Mohler, der sich bald aufgrund des liberalwestlichen Einschlags der »Tendenzwende« vom Konservatismusbegriff abwandte und sich lieber als »rechts« verstanden wissen wollte.

Eine Verbindung zum illiberalen Denken der Erben der Weimarer Rechten in der Bundesrepublik war ohne Frage der ideologisch vorgetragene Antikommunismus

15 Siehe dazu: Payk, Balanceakt zwischen den Zeiten, S. 28; oder: Bavaj, »68er« versus »45er«, in: Hartung/Reinmuth/Streubel/Uhlmann (Hrsg.), Graue Theorie, S. 54–60; sowie: Schildt, Medien-Intellektuelle, S. 44.

16 Vgl. Walden, Konservative Haltung, S. 11.

Waldens. Bereits Mohler stellte aber fest, dass diese Gemeinsamkeit trügerisch war.[17] Zwar artikulierte Walden zudem den idealistischen Glauben an »immerwährende« moralische Werte, doch der Einsatz dieser zur Verteidigung der liberalen Demokratie war Denkern wie Mohler oder Gerd-Klaus Kaltenbrunner fremd. Sie schworen auf Dogmatismus und einen schöpferischen Konservatismus, was einem aus seinem Anti-Utopismus entstandenen Ideal der Mäßigung in Waldens Denken widersprach. Einer Rückbesinnung auf nationale Werte und einem »Schlußstrich« unter die deutsche Vergangenheit setzte Walden wiederum einen demütigen »demokratischen« Patriotismus entgegen, der in der Tradition des Verfassungspatriotismus Sternbergers stand.

Im Kern muss Waldens politisches Denken als konservativer Liberalismus, beziehungsweise als Liberalkonservatismus, verstanden werden. Das gilt vor allem dann, wenn er betonte, dass der Konservative wisse, wo er bereits am Ziel sei und dies ganz im Sinne des erhaltenden Grundsatzes der Bewahrung des Bewährten verteidige – alles als Folge einer »Haltung« und nicht starrer Ideologeme. Im Zentrum standen das Ideal der verantworteten Freiheit und gleichzeitig die Verantwortung des Einzelnen für das Ganze in dieser Freiheit. Der freiwillige Verzicht, die »asketische Freiheit«, war für ihn die höchste Form der Freiheit. Ein eschatologischer Vorbehalt wirkte dabei als Gegensatz zum sozialistischen Dogma der Gleichheit. Eine Charakterisierung als liberalkonservativ beschreibt das, was das politische Denken Matthias Waldens ausmachte: einen Konservatismus zur Verteidigung der liberalen Demokratie. Die intellektuelle Entwicklung Waldens zeigte hiermit starke Parallelen zu den amerikanischen »neoconservatives«, die John Erhman als »veterans of the vital center« bezeichnet.[18]

Im Denken Waldens wurde gerade in der Kritik an der Entspannungspolitik und der Friedensbewegung in den 1970er und frühen 1980er Jahren die – auch für den amerikanischen Neokonservatismus so kennzeichnende – Mischung von der idealistischen Verteidigung der Freiheit des Westens und einer realistischen Einschätzung des totalitären Charakters der Sowjetunion und der kommunistischen Regime deutlich. Dies äußerte sich in der dezisionistischen Befürwortung der westlichen Nachrüstungspolitik und weist auf Max Webers Unterscheidung von Gesinnungs- und Verantwortungsethik hin. Als neo- beziehungsweise liberalkonservativer Journalist wurde Walden zu einem Vordenker der ideellen Entwicklung des *Axel-Springer-Verlages*, vor allem der *Welt*-Zeitungen, für die er ab 1967 regelmäßig schrieb. Dies steht im Gegensatz zur bisherigen Einordnung Waldens in die gescheiterte »konservative Wende« der Blätter Mitte der 1960er Jahre, die vor allem mit dem Versuch einer nationalkonservativen Ausrichtung durch Hans Zehrer und Armin Mohler verbunden wird. Nach dem

17 Vgl. Mohler, Konservativ 1969, in: Schoeps/Dannemann (Hrsg.), Formeln deutscher Politik, S. 95.

18 Vgl. Ehrman, The Rise of Neoconservatism, S. 34.

Tod Zehrers im August 1966 war es Walden, der an der Seite von Ernst Cramer kontinuierlich eine transatlantisch-liberalkonservative Richtung des Verlages etablierte. Die meisten der von Zehrer und Mohler für ihre Sache gewonnenen Journalisten verließen den Verlag wieder – Matthias Waldens Zeit sollte hingegen nun erst beginnen.

Der *Verlag Axel Springer* wurde in der Interpretation der Historikerin Gudrun Kruip vom »Fürsprecher zum Antipoden« eines sogenannten Westernisierungsprozesses in der Bundesrepublik Deutschland. Sie verlegt diesen Umkehrpunkt auf die zweite Hälfte der 1960er Jahre. Das Verlagshaus habe in der frühen Nachkriegszeit ein westlich-liberales Bild von Journalismus und Öffentlichkeit geprägt. Einer »Demokratisierung« gesellschaftlicher Lebensformen und einem »Wertewandel« stellte sich der Verlag und seine Zeitungen aber entgegen, bilanziert Kruip.[19] Diese Einschätzung verläuft also ganz analog zum Ausbrechen Waldens aus dem generationellen Erklärungsmuster der »45er«-Medienelite. Ein Zusammenhang ist hier evident. Gerade weil Walden die von Hodenberg dargestellte Entwicklung nicht widerspiegelte, wurde er zum ideellen Taktgeber und designierten publizistischen Leiter im *Axel-Springer-Verlag*, der sich einer vermeintlich linear verlaufenden »Westernisierung« verwehrte. Dass Walden dabei, wie in der vorliegenden Arbeit gezeigt, das Spielfeld als »Libero« im besten Sinne des Wortes betrat, nämlich als »freier Mann« im Einsatz für die Freiheit des Einzelnen und Verteidiger der liberalen Demokratie, muss solch deterministisch wirkende Prozesse und Entwicklungen zumindest aufweichen. Das gilt im Fall der »Westernisierung« besonders, weil Walden durch die intellektuelle Nähe zum *Vital Center Liberalismus* und zu den amerikanischen »neoconservatives« transatlantische Orientierungspunkte nachgewiesen werden können.

Ein Thema zieht sich mithin konsequent durch das publizistische Werk Waldens – von kulturkritischen Kommentaren über einen unbedachten Konsum zur Kritik an einem »Objektivismus« der Intellektuellen bis hin zu Warnungen vor einem mangelnden Bewusstsein der eigenen Freiheit: Ein profaner Nihilismus gefährde den Siegeszug der liberalen Demokratie und die Befreiung der in Unfreiheit lebenden Menschen. Subtil erklärte dies Walden mit dem Zitat des Dichters Reiner Kunze über die Menschen in der Bundesrepublik Deutschland nach seiner Flucht aus der DDR: »Sie wissen nicht, was sie haben.«[20] Dies stand nicht im Gegensatz zur These vom »Ende der Geschichte«. Fukuyama selbst musste sich unmittelbar nach seinem Aufsatz im Sommer 1989 zunächst umfassender Kritik stellen. Die einen verstanden schlicht seine hegelianische Verwendung des Terminus »Geschichte« nicht. Die anderen zeigten Abneigung gegen seine These des historischen Prozesses, was laut Fukuyama angesichts der wahrhaft schrecklichen Geschehnisse der ersten Hälfte des 20. Jahrhun-

19 Vgl. Kruip, Das »Welt«-»Bild« des Axel Springer Verlages, S. 269–276.

20 Siehe dazu: Walden, Demut, in: Welt am Sonntag vom 23.12.1979.

derts, die in dem Aufstieg zweier großer totalitärer Systeme mündeten, durchaus verständlich sei.[21] Nichtsdestotrotz hielt der amerikanische Politikwissenschaftler seine These aufrecht: »[T]he *ideal* of liberal democracy could not be improved on.«[22]

Fukuyama rekurrierte allerdings mit seinem 1992 erschienenen Buch »The End of History and the Last Man« auf Friedrich Wilhelm Nietzsche und wies damit auf die Gefahren für liberale Demokratien hin.[23] Die liberale Demokratie brauche Menschen, die ein Bedürfnis nach ihr besitzen. Dieses müsse sich einerseits durch den Wunsch nach der eigenen Freiheit und Anerkennung und darüber hinaus in einem geradezu irrationalen Stolz auf die eigenen demokratischen Institutionen zeigen.[24] Nietzsches Figur des »letzten Menschen«, der keine Ideale besitze und nur nach seinen eigenen Bedürfnissen und Vorteilen trachte, war in Matthias Waldens Publizistik omnipräsent. Der emotionale Einsatz gegen den Vormarsch des »letzten Menschen«, den Nietzsche Ende des 19. Jahrhunderts als unumgängliche Konsequenz der Moderne vorhergesagt hatte, zeichnete das Denken Waldens aus. In sein *Visier* gerieten dabei nicht nur Staatsmänner, die sich für ein Arrangement mit illiberalen Regierungen jeglicher Couleur einsetzten, sondern zunehmend Journalisten, Schriftsteller, Künstler oder Akademiker, die für eine Distanz zum Staat eintraten und sich dabei zuweilen an sozialistischen Gesellschaftsmodellen orientierten. Als Chefkommentator im *Verlag Axel Springer* schrieb er daher mit Blick auf die Leitartikel in dem bereits in der Einleitung zitierten Grundsatzpapier zur Gestaltung der *Welt*, intelligente und kluge Beiträge seien gut, »intellektualistische« abträglich.[25] Den »Intellektuellen« seiner Zeit fehle es an Gefühl, das die reine Intelligenz von Klugheit unterscheide.

An den zeitgenössischen Begrifflichkeiten gemessen, wurde diese Haltung Waldens zu Recht als »intellektuellenkritisch« aufgefasst. Im Sinne der Definition Pierre Bourdieus entwickelte er sich allerdings selbst zu einem »organischen« staatsaffirmativen Intellektuellen, der in öffentliche Diskussionen eingriff. Er symbolisierte damit durch seine Position als einer der führenden Meinungsjournalisten außerdem den Typus des Medienintellektuellen, der sich nicht nur durch eine »kulturelle Autonomie«, sondern gleichzeitig durch die Möglichkeit der medialen Verbreitung auszeichnete. Der Politikwissenschaftler Herfried Münkler beschreibt durch seine Unterscheidung zwischen den mythologischen Intellektuellenvorbildern des Odysseus und der Kassandra mit der verzweifelten Prophetin nahezu eine ideale Schablone der Rolle Waldens. Die Aufgabe der trojanischen Priesterin sei dabei weitaus beschwerlicher als die des griechischen Strategen. Kassandras Prophezeiungen standen aufgrund eines gött-

21 Vgl. Fukuyama, The End of History and the Last Man, S. xiii.
22 Ebenda, S. xi.
23 Er tut dies vor allem im letzten Teil seines Buches: ebenda, S. 287–339.
24 Vgl. ebenda, S. xix.
25 Vgl. Walden, Anmerkungen zu Inhalt und Form der WELT (1980), S. 3.

Walden an seinem Schreibtisch im Springer-Haus, Dezember 1978.

lichen Fluchs stets im Widerspruch zum öffentlichen Ansinnen. Sie musste einem kriegsmüden Volk beibringen, dass entgegen jedes Anscheins kein Frieden herrschen würde. Der odysseussche Intellektuellentyp zeichne sich hingegen durch zynische Intelligenz und List aus, mit der er das Gehör der Helden erreiche: »Odysseus kann schweigen, Kassandra muss reden: Macht und Ohnmacht.«[26]

Matthias Walden allein als »Dogmatiker« des Kalten Krieges oder als Repräsentant eines Konservatismus der Weimarer Rechten mit restaurativer Mission abzutun, wird ihm nicht gerecht. Seine Haltung war differenzierter. So wird Walden zu einem emphatischen Verteidiger der Freiheit des Westens, zu einem Liberalkonservativen und demokratischen Patrioten, der sein Leben lang für die Einheit Deutschlands in Freiheit eintrat. Seine Überzeugungen machten ihn allerdings ebenso zu einem eher unbeweglichen Polemiker des Antikommunismus und einem dezisionistischen Kalten Krieger mit großer Suggestionskraft. Seine intellektuelle Biographie birgt Erkenntnisse für die

26 Herfried Münkler, Odysseus und Kassandra. Politik im Mythos, Frankfurt am Main 1990, S. 89.

politischen und gesellschaftlichen Debatten seiner Zeit.[27] Sie stellt ein enthistorisiertes und deterministisches Geschichtsbild in Frage und bestätigt einmal mehr die Gültigkeit des Satzes von Thomas Nipperdey: »Die Grundfarben der Geschichte sind nicht schwarz und weiß, ihr Grundmuster nicht der Kontrast eines Schachbretts; die Grundfarbe der Geschichte ist grau, in unendlichen Schattierungen.«[28]

27 Darüber hinaus ergeben sich durch emotionsgeschichtliche Ansätze Anknüpfungen für künftige Forschungen. Auf diesem Feld unlängst erschienen: Frank Biess, Republik der Angst. Eine andere Geschichte der Bundesrepublik, Reinbek bei Hamburg 2019; oder: Bernhard Gotto, Enttäuschung in der Demokratie. Erfahrung und Deutung von politischem Engagement in der Bundesrepublik Deutschland während der 1970er und 1980er Jahre, Berlin 2018.

28 Thomas Nipperdey, Deutsche Geschichte 1866-1918. Machtstaat vor der Demokratie, München 1992, S. 905.

Anhang

Quellen- und Literaturverzeichnis

Unveröffentlichte Quellen

Unternehmensarchiv Axel Springer Syndication (ASV-UA)
Nachlass Matthias Walden (NL Walden)
Nachlass Axel Springer (NL Springer)
Bundesarchiv (BArch)
Nachlass Sebastian Haffner (NL Haffner)
Nachlass Hans Zehrer (NL Zehrer)
Nachlass Erik Blumenfeld (NL Blumenfeld)
Stiftung Archiv der Parteien und Massenorganisationen der DDR im Bundesarchiv (SAPMO)
Verband der Deutschen Presse, DY 10/1
Deutsches Rundfunkarchiv (DRA)
Bestand RIAS: HA Politik, Einzelne Sendereihen
Material zur Sendung »Der schwarze Kanal«
Landesarchiv der Akademie der Künste Berlin (LA der ADK)
Klaus-Harpprecht-Archiv (KHA)
Archiv des Rundfunks Berlin-Brandenburg (AdRBB)
Bestand Matthias Walden
Archiv des Westdeutschen Rundfunks (AdWDR)
Bestand Internationaler Frühschoppen
Deutsches Literaturarchiv Marbach (DLA)
Nachlass Armin Mohler (NL Mohler)
Nachlass Dolf Sternberger (NL Sternberger)
Archiv des Bundesbeauftragten für die Stasi-Unterlagen (BStU)
Bestand Matthias Walden
Archiv der sozialen Demokratie der Friedrich-Ebert-Stiftung (AdsD der FES)
Willy-Brandt-Archiv (NL Brandt)
The National Archives in Washington, DC (NA)
RG 59, General Records of the Department of State

Veröffentlichte Quellen

Artikel, Aufsätze und Bücher von Matthias Walden

o. A., Wer bist du Genosse? Das Leben des Nikita Chruschtschow. Teil 1, in: Quick – Illustrierte für Deutschland vom 21.10.1962, S. 30–42.

Falk, Norbert, PPS. Notizen der Woche, in: Welt am Sonntag vom 3.9.1972.

–, PPS. Notizen der Woche, in: Welt am Sonntag vom 17.3.1974.

–, Über den Gnom könnte der Riese stolpern, in: Welt am Sonntag vom 25.7.1976.

Hansen, Georg, Warum bleibe ich in Berlin?, in: Berlin im Spiegel 5 (1963), H. 15/16, S. 10f.

Saß, Otto von, Wie kommen wir zum Frieden in der Welt? Jugendredakteure der Ostzone berieten über ihre Aufgaben, in: Die Union – Landeszeitung Sachsen der Christlich Demokratischen Union Deutschlands vom 23.9.1948.

v. S. [Otto von Saß], Dresden erfüllt Hörerwünsche, in: Die Union – Landeszeitung Sachsen der Christlich Demokratischen Union Deutschlands vom 15.1.1947.

–, Lastenausgleich – an dem Beispiel von Chemnitz gesehen, in: Die Union – Landeszeitung Sachsen der Christlich Demokratischen Union Deutschlands vom 29.1.1947.

–, Die »Lokalspitze«, in: Die Union – Landeszeitung Sachsen der Christlich Demokratischen Union Deutschlands vom 16.3.1947.

–, Worte und Taten in Pillnitz. 25jähriges Bestehen der Versuchs- und Forschungsanstalt für Gartenbau, in: Die Union – Landeszeitung Sachsen der Christlich Demokratischen Union Deutschlands vom 2.7.1947.

–, Die kritischste »Spitze«, in: Die Union – Landeszeitung Sachsen der Christlich Demokratischen Union Deutschlands vom 20.8.1947.

–, … was es alles gibt, in: Die Union – Landeszeitung Sachsen der Christlich Demokratischen Union Deutschlands vom 25.10.1947.

–, Ein Augenzeuge des Prozeßes berichtet, in: Die Union – Landeszeitung Sachsen der Christlich Demokratischen Union Deutschlands vom 1.11.1947.

–, Nazi-Größen vor dem Richter. Der Görlitzer Prozeß gegen Malitz und Meinshausen – Täglich 2000 Zuhörer, in: Die Union – Landeszeitung Sachsen der Christlich Demokratischen Union Deutschlands vom 10.4.1948.

–, Zum Tode verurteilt. Der Abschluß im Görlitzer Kriegsverbrecherprozeß, in: Die Union – Landeszeitung Sachsen der Christlich Demokratischen Union Deutschlands vom 24.4.1948.

–, So geht es nicht, in: Die Union – Landeszeitung Sachsen der Christlich Demokratischen Union Deutschlands vom 16.9.1948.

–, Bewährung für Deutschland. Professor D. Hickmann über die politische Entwicklung, in: Die Union – Landeszeitung Sachsen der Christlich Demokratischen Union Deutschlands vom 17.11.1948.

–, Der Pflichtzettel, in: Die Union – Landeszeitung Sachsen der Christlich Demokratischen Union Deutschlands vom 24.11.1948.
–, Offenes Wort zur FDJ, in: Die Union – Landeszeitung Sachsen der Christlich Demokratischen Union Deutschlands vom 11.5.1949.
–, Noch einmal: Offene Worte zur FDJ, in: Die Union – Landeszeitung Sachsen der Christlich Demokratischen Union Deutschlands vom 21.5.1949.
–, »Spiel mit dem Feuer«, in: Die Union – Landeszeitung Sachsen der Christlich Demokratischen Union Deutschlands vom 21.5.1949.
–, Aufbau und Aufgaben der Polizei. Zum vierten Jahrestag der Volkspolizei – Anerkennung und Kritik, in: Die Union – Landeszeitung Sachsen der Christlich Demokratischen Union Deutschlands vom 4.6.1949 (Pfingst-Ausgabe).
–, Und das nach vier Jahren, in: Die Union – Landeszeitung Sachsen der Christlich Demokratischen Union Deutschlands vom 3.8.1949.
–, Sollte der Privatbesitz verurteilt werden?, in: Die Union – Landeszeitung Sachsen der Christlich Demokratischen Union Deutschlands vom 27.8.1949.
–, Parasitäre Existenzen?, in: Die Union – Landeszeitung Sachsen der Christlich Demokratischen Union Deutschlands vom 10.9.1949.
–, »Ein neues Menschentum fordern«. Prof. Dr. Hickmann auf der Pirnaer CDU-Tagung über kulturpolitische Aufgaben, in: Die Union – Landeszeitung Sachsen der Christlich Demokratischen Union Deutschlands vom 21.9.1949.
–, Jeder Bürger hat das Recht …, in: Die Union – Landeszeitung Sachsen der Christlich Demokratischen Union Deutschlands vom 12.10.1949.
–, 30 Jahre Bildungsstätte des Volkes – Kommentar, in: Die Union – Landeszeitung Sachsen der Christlich Demokratischen Union Deutschlands vom 15.10.1949.
–, Ein trauriges Papier, in: Die Union – Landeszeitung Sachsen der Christlich Demokratischen Union Deutschlands vom 5.11.1949.
–, »Gesellschaftliche Entwicklung«, in: Die Union – Landeszeitung Sachsen der Christlich Demokratischen Union Deutschlands vom 3.12.1949.
–, »An der Schwelle«, in: Die Union – Landeszeitung Sachsen der Christlich Demokratischen Union Deutschlands vom 31.12.1949.
von Saß [Otto von Saß], An den Bruder im Westen, in: Die Union – Landeszeitung Sachsen der Christlich Demokratischen Union Deutschlands vom 5.6.1948.
von Saß [Otto von Saß], »Sensation Berlin«, in: Die Union – Landeszeitung Sachsen der Christlich Demokratischen Union Deutschlands vom 13.7.1948.
–, Streng aber gerecht, in: Die Union – Landeszeitung Sachsen der Christlich Demokratischen Union Deutschlands vom 20.7.1948.
–, Die Sache mit dem verschobenen Maßstab, in: Die Union – Landeszeitung Sachsen der Christlich Demokratischen Union Deutschlands vom 1.1.1949.

–, Grundsätzliches über den Funk. Vorbehaltlose Arbeit für die Demokratie – Anfang zu einem offenen Gespräch, in: Die Union – Landeszeitung Sachsen der Christlich Demokratischen Union Deutschlands vom 26.3.1949.

Walden, Matthias, Zweierlei Deutsch. Die deutsche Sprache im Dienste des Bolschewismus, Köln 1952.

–, Menschen Neuen Typus. Meditationen am politischen Straßenrand, Berlin (West) 1953.

–, Menschen Neuen Typus. Meditationen am politischen Straßenrand, Köln 1953.

–, Mit den Augen Moskaus. Das Zweckdenken in der Deutschlandpolitik des Kreml, in: Christ und Welt vom 26.7.1956.

–, Der Bock als Obergärtner. Ulbricht will für ein attraktives Schaufenster sorgen – Dahlem und Ackermann auf Warteposten, in: Christ und Welt vom 9.8.1956.

–, Spannungsfeld über der Zone, in: Christ und Welt vom 1.11.1956.

–, Ernst Lemmer. Der Berliner Postillon in Bonn, in: Christ und Welt vom 22.11.1956.

–, Nach Kaltem Krieg und Ko-existenz: Genfer Sonnenuntergang, in: Christ und Welt vom 22.11.1956.

–, Träume – von der Stange, in: Christ und Welt vom 20.12.1956.

–, Gespräch mit A. Kantorowicz. Portrait eines Spätflüchtlings, in: Der Monat 9 (1957), September, S. 83–88.

–, Ulbricht wird honoriert, in: Christ und Welt vom 10.1.1957.

–, »Wie Panther durch die Straßen schleichen«. Die SED kämpft gegen das selbständige Denken, in: Christ und Welt vom 14.2.1957.

–, Harich und der »Revisionismus«, in: Christ und Welt vom 14.3.1957.

–, Moskau spielt auf zwei Klavieren. Es will mit dem Westen Handel treiben und gegen den Westen handeln, in: Christ und Welt vom 28.3.1957.

–, Wahl, bei der nichts zu wählen ist. Vor den Gemeindewahlen in der Zone, in: Christ und Welt vom 11.4.1957.

–, Der »gemeinsame Feind« mußte herhalten. Fragwürdiger Burgfrieden zwischen Warschau, Prag und Pankow, in: Christ und Welt vom 30.5.1957.

–, In Polen hofft man wieder. Besuch in Gomulkas Land der kontingentierten Freiheiten, in: Christ und Welt vom 8.8.1957.

–, »Ich hätte ersticken müssen«. Zum Fall Kantorowicz, in: Christ und Welt vom 29.8.1957.

–, Acht Jahre deutsche Trennung. Für die Menschen in der Zone bedeutet das: 25 Jahre totalitärer Zwang, in: Christ und Welt vom 10.10.1957.

–, Einen Tag Hauptstadt. Zur Konstituierung des Dritten Deutschen Bundestages vom 24.10.1957.

–, Wie sicher ist Berlin? Der Fall Stephan und der Dilettantismus, in: Christ und Welt vom 21.11.1957.

–, Wachablösung in der Berliner SPD, in: Christ und Welt vom 16.1.1958.

–, Die störende Insel, in: Christ und Welt vom 6.2.1958.

–, Ulbricht – in einsamer Tiefe. Nach der Säuberung im SED-Zentralkomitee, in: Christ und Welt vom 13.2.1958.
–, Konservatismus im Schatten. Zum Berliner DP-Kongreß, in: Christ und Welt vom Juni 1958.
–, Ulbrichts ›zehn Gebote‹ des Kommunismus. V. SED-Parteitag in Ostberlin, in: Christ und Welt vom 17.7.1958.
–, 100 Millionen für Berlin. Die Insel bittet, in: Christ und Welt vom 1.8.1958.
–, Die Zone hörte mit. Der Bundestag in Berlin, in: Christ und Welt vom 2.10.1958.
–, Gegen die Artischocken-Methode. Berlin nach den Noten, in: Christ und Welt vom 4.12.1958.
–, So wählt man in Freiheit. Berlin bewies es dem Osten, in: Christ und Welt vom 11.12.1958.
–, Hand aufs infarktbedrohte Herz. Eine Frage an der Schwelle des neuen Jahres: Arbeiten wir Deutschen zuviel?, in: Welt am Sonntag vom 28.12.1958.
–, Brandt reist für Berlin. Auf den Spuren Ernst Reuters nach Amerika, in: Welt am Sonntag vom 1.2.1959.
–, Sozialistische Ehen. Pankow organisiert den Kult des Kommunismus, in: Christ und Welt vom 5.2.1959.
–, Alsop bewundert den »kältesten« Menschen. Moralfreie Politik – ein intellektuelles Opium, in: Christ und Welt vom 19.2.1959.
–, »Tagebuch für Anne Frank«. Zu einem Tendenzfilm der DEFA, in: Christ und Welt vom 5.3.1959.
–, Es war wie in den Tagen Ernst Reuters, in: Welt am Sonntag vom 3.5.1959.
–, Der neue Bundespräsident Heinrich Lübke, in: Welt am Sonntag vom 5.7.1959.
–, Glückwunsch zum 60sten: Hanns Lilje, in: Welt am Sonntag vom 16.8.1959.
–, 13 Jahre – und dann brach der Krieg aus. Die letzten Tage des Friedens, in: Welt am Sonntag vom 30.8.1959.
–, Auf ein Wort, Herr Rowohlt! Der geistige Knebel drückt die Deutschen in der Zone mehr als materielle Sorgen, in: Welt am Sonntag vom 11.10.1959.
–, Wo der Rotstift regiert … Schmutz und Schund in östlicher und westlicher Sicht, in: Welt am Sonntag vom 15.11.1959.
–, Es war so schön … Die Geschichte einer Fernsehsendung, in: Der Monat 12 (1960), H. 137, S. 23–31.
–, Falsche Kläger. Pankows Antisemitismus, in: Welt am Sonntag vom 31.1.1960.
–, An der deutschen Teilung haben sie Millionen verdient. Ein offenes Wort zum Stahlschieber-Prozeß – Versagten die Kontrollbehörden?, in: Welt am Sonntag vom 30.10.1960.
–, Glückwunsch zum 85. Geburtstag: Paul Löbe, in: Welt am Sonntag vom 10.12.1960.
–, Ich rufe Dresden. Fernsehspiel zum 17. Juni 1960 – Sonderdruck für den Sender Freies Berlin, Berlin 1961.
–, Fragwürdiger Optimismus, in: Welt am Sonntag vom 4.6.1961.
–, Acht Jahre danach. Zum Aufstand vom 17. Juni 1953, in: Welt am Sonntag vom 18.6.1961.
–, Angeklagter Ulbricht!, in: Welt am Sonntag vom 25.6.1961.

–, Die Bankrott-Erklärung des SED-Gewaltregimes, in: Welt am Sonntag vom 20.8.1961.
–, Flucht in die Freiheit, die er stets bekämpfte. Zur Absage Ernst Blochs an Ulbricht, in: Welt am Sonntag vom 24.9.1961.
–, Kraftprobe in Berlin: Es geht um ein Prinzip. Amerika besteht auf seinen Rechten, in: Welt am Sonntag vom 29.10.1961.
–, Die Jungen mahnen: Seid nicht so begriffsstutzig! Tagung des Kuratoriums »Unteilbares Deutschland«, in: Welt am Sonntag vom 12.11.1961.
–, Wohlstand schändet nicht. Gedanken am ersten Advent, in: Welt am Sonntag vom 3.12.1961.
–, Pankows »rote Nazis«, in: Welt am Sonntag vom 4.2.1962.
–, Bob Kennedy kommt. Der Bruder des US-Präsidenten sieht die Mauer, in: Welt am Sonntag vom 18.2.1962.
–, ›The old Nazis‹. Mr. Tetens gesammelte Irrtümer über Deutschland, in: Frankfurter Illustrierte vom 16.4.1962, S. 5–7.
–, Subjektivität kann auch eine Tugend sein, in: Die Welt vom 14.9.1962.
–, Wer bist du Genosse? Das Leben des Nikita Chruschtschow. Teil 2, in: Quick – Illustrierte für Deutschland vom 28.10.1962, S. 32–40.
–, Wer bist du Genosse? Das Leben des Nikita Chruschtschow. Teil 3, in: Quick – Illustrierte für Deutschland vom 4.11.1962, S. 32–45.
–, Wer bist du Genosse? Das Leben des Nikita Chruschtschow. Teil 5, in: Quick – Illustrierte für Deutschland vom 18.11.1962.
–, Wer bist du Genosse? Das Leben des Nikita Chruschtschow. Teil 6, in: Quick – Illustrierte für Deutschland vom 25.11.1962, S. 99–105.
–, ostblind – westblind, Berlin 1963.
–, Wenn nun aber die Russen kommen, in: Berlin im Spiegel 5 (1963), H. 17/18, S. 60.
–, Wenn der Alte geht, in: Quick – Illustrierte für Deutschland vom 17.3.1963, S. 65.
–, Die getarnte Botschaft, in: Quick – Illustrierte für Deutschland vom 14.4.1963, 88f.
–, Sie sind meine Brüder. Zum 20. Jahrestag des Getto-Aufstandes in Warschau, in: Quick – Illustrierte für Deutschland vom 28.4.1963, S. 22.
–, Zu wenig Anti-Nazis in Deutschland, in: Die Mahnung im Kampf für Freiheit und Recht vom 1.5.1963.
–, Kampftag auf den Barrikaden?, in: Quick – Illustrierte für Deutschland vom 5.5.1963, S. 86.
–, Die Amis und wir, in: Quick – Illustrierte für Deutschland vom 12.5.1963, S. 22f.
–, Die Deutschen und ihre Kolumnisten, in: Quick – Illustrierte für Deutschland vom 26.5.1963, S. 76f.
–, Noch einmal: »Der Stellvertreter«, in: Die Mahnung im Kampf für Freiheit und Recht vom 1.6.1963.
–, 17. Juni 1953: Freiheit nur für einen Tag?, in: Quick – Illustrierte für Deutschland vom 16.6.1963, S. 16.

–, Mister President in Person. Zum Kennedy-Besuch, in: Quick – Illustrierte für Deutschland vom 23.6.1963, S. 30.
–, Urlauber und andere Deutsche, in: Quick – Illustrierte für Deutschland vom 7.7.1963, S. 44f.
–, Ulbricht ist kein Zufall, in: Quick – Illustrierte für Deutschland vom 14.7.1963, S. 7.
–, Das Kreuz der Bundeswehr, in: Quick – Illustrierte für Deutschland vom 21.7.1963, S. 7.
–, Die Politik fragt nicht nach Urlaub, in: Quick – Illustrierte für Deutschland vom 4.8.1963, S. 52f.
–, Akademische Gesinnungsschwächen, in: Quick – Illustrierte für Deutschland vom 22.9.1963, S. 104.
–, Adenauer – was bleibt?, in: Quick – Illustrierte für Deutschland vom 20.10.1963, S. 9.
–, Erhard: Wie hätten Sie‹s denn gern?, in: Quick – Illustrierte für Deutschland vom 3.11.1963, S. 90f.
–, Wessen Weizen blüht?, in: Quick – Illustrierte für Deutschland vom 24.11.1963, S. 84f.
–, »Wenn ihr jetzt nach Dallas kommt, sprecht doch ein Gebet für ihn«, in: Quick – Illustrierte für Deutschland vom 25.11.1963, S. 16f.
–, Vergissmeinnicht in Washington, in: Quick – Illustrierte für Deutschland vom 1.12.1963, S. 84f.
–, Amerika ist älter geworden, in: Quick – Illustrierte für Deutschland vom 15.12.1963, S. 75f.
–, Berlin. Symphonie in Farben, Berlin 1964.
–, Wie hoch war der Preis?, in: Quick – Illustrierte für Deutschland vom 12.1.1964, S. 5.
–, Freibrief für die Willkür?, in: Quick – Illustrierte für Deutschland vom 26.1.1964, S. 40f.
–, Hier ist Irren unmenschlich, in: Quick – Illustrierte für Deutschland vom 9.2.1964, S. 65.
–, Dialog ums eigene Nest, in: Quick – Illustrierte für Deutschland vom 23.2.1964, S. 112f.
–, Ist Rot schöner als Braun?, in: Quick – Illustrierte für Deutschland vom 8.3.1964, S. 58f.
–, In Paris lächelt nur die Mona Lisa, in: Quick – Illustrierte für Deutschland vom 15.3.1964, S. 106f.
–, Wo der dritte Weg zum Abweg wird, in: Quick – Illustrierte für Deutschland vom 22.3.1964, S. 140f.
–, Denk ich an Deutschland…, in: Quick – Illustrierte für Deutschland vom 27.3.1964, S. 66.
–, Zum Selbstmord zwingen, in: Quick – Illustrierte für Deutschland vom 5.4.1964, S. 74f.
–, Bilanz eines Verdrossenen, in: Quick – Illustrierte für Deutschland vom 19.4.1964, S. 120f.
–, Bonn unter falschem Verdacht, in: Quick – Illustrierte für Deutschland vom 7.6.1964, S. 40.
–, Die Lehre von den Gänsefüßchen, in: Quick – Illustrierte für Deutschland vom 21.6.1964, S. 66f.
–, Handel statt Wandel?, in: Quick – Illustrierte für Deutschland vom 28.6.1964, S. 90f.
–, Goldwater - und was dann?, in: Quick – Illustrierte für Deutschland vom 2.8.1964, S. 64f.
–, Wolff ist kein Wölfchen, in: Quick – Illustrierte für Deutschland vom 30.8.1964, S. 82.
–, Chruschtschow verloren - alles verloren?, in: Quick – Illustrierte für Deutschland vom 1.11.1964, S. 152f.

–, Johnson hat viel aufzuholen, in: Quick – Illustrierte für Deutschland vom 22.11.1964, S. 106f.
–, Liberal-sozialistische Koloraturen, in: Der Monat 17 (1965), H. 200, S. 124–126.
–, »No Satisfaction!«, in: Der Monat 17 (1965), H. 206, S. 78–88.
–, Politik im Visier, Stuttgart 1965.
–, Eine politische Gangsterbande wird keine Heilsarmee, in: Quick – Illustrierte für Deutschland vom 10.1.1965, S. 40.
–, Offensive Entspannung? Offener Brief von Matthias Walden an Peter Bender, in: Quick – Illustrierte für Deutschland vom 17.1.1965, S. 5.
–, Wo Osthandel sinnvoll wird, in: Quick – Illustrierte für Deutschland vom 31.1.1965, S. 72.
–, Als Dresden starb, in: Quick – Illustrierte für Deutschland vom 14.2.1965, S.8.
–, Jeder lügt sich in die Tasche, in: Quick – Illustrierte für Deutschland vom 21.2.1965, S. 84f.
–, Weder Tiger noch Papier, in: Quick – Illustrierte für Deutschland vom 7.3.1965, S. 60.
–, Nicht totschlagen – verjüngen!, in: Quick – Illustrierte für Deutschland vom 21.3.1965, S. 7.
–, Wie national darf‹s denn sein? Offener Brief von Matthias Walden an Erich Mende, in: Quick – Illustrierte für Deutschland vom 11.4.1965, S. 148.
–, Was zwingt Sie hinter die Hecke? Offener Brief von Matthias Walden an Peter Weiss, in: Quick – Illustrierte für Deutschland vom 13.6.1965, S. 34.
–, Wegelagerer vor Amerikas Haustür, in: Quick – Illustrierte für Deutschland vom 20.6.1965, S. 74.
–, Nicht jeder Hass ist schlecht. Offener Brief von Matthias Walden an Robert Neumann, in: Quick – Illustrierte für Deutschland vom 4.7.1965, S. 7.
–, Muss die SPD immer nein sagen?, in: Quick – Illustrierte für Deutschland vom 11.7.1965, S. 34f.
–, Antwort auf den offenen Brief von Robert Neumann, in: Quick – Illustrierte für Deutschland vom 25.7.1965, S. 34.
–, Ist die FDP überholt?, in: Quick – Illustrierte für Deutschland vom 29.8.1965, S. 32f.
–, Trotz allem: Ich wünsche mir eine große Koalition, in: Quick – Illustrierte für Deutschland vom 5.9.1965, S. 96f.
–, Unser Weg wird immer steiler, in: Quick – Illustrierte für Deutschland vom 19.9.1965, S. 98f.
–, Eine Partei im Lehnstuhl der Macht, in: Quick – Illustrierte für Deutschland vom 3.10.1965, S. 100.
–, Neue Mannschaft ohne neue Politik?, in: Quick – Illustrierte für Deutschland vom 10.10.1965, S. 164f.
–, Was soll aus Marx und Lenin werden?, in: Quick – Illustrierte für Deutschland vom 17.10.1965, S. 140.
–, Leserbrief: Beweis für Toleranz, in: Die Welt vom 6.11.1965.
–, Es fehlt ein Hecht im Teich, in: Quick – Illustrierte für Deutschland vom 7.11.1965, S. 130.
–, Mussten sie Minister werden?, in: Quick – Illustrierte für Deutschland vom 14.11.1965, S. 64.

–, Die Legende einer Niederlage, in: Quick – Illustrierte für Deutschland vom 21.11.1965, S. 132.
–, Sind wir schon wieder soweit? Offener Brief von Matthias Walden an Erich Kästner, in: Quick – Illustrierte für Deutschland vom 5.12.1965, S. 64.
–, Deutschland klopft an die Tür des Atom-Clubs, in: Quick – Illustrierte für Deutschland vom 12.12.1965, S. 28.
–, Diskussion über »Staat und Intellektuelle«. Beitrag von Matthias Walden, in: Tribüne – Zeitschrift zum Verständnis des Judentums 5 (1966), H. 17, S. 1805f.
–, Wer hätte Apel retten sollen? Offener Brief von Matthias Walden an Marion Gräfin Dönhoff, in: Quick – Illustrierte für Deutschland vom 16.1.1966, S. 24.
–, Kanzler Barzel – das wäre ein Versehen, in: Quick – Illustrierte für Deutschland vom 23.1.1966, S. 32.
–, Wo beginnt die Freiheit? Antwort von Matthias Walden auf Marion Gräfin Dönhoffs offenen Brief, in: Quick – Illustrierte für Deutschland vom 13.2.1966, S. 3.
–, Sibirien ist noch längst nicht vorbei, in: Quick – Illustrierte für Deutschland vom 6.3.1966, S. 86.
–, Der General spielt Roulette, in: Quick – Illustrierte für Deutschland vom 10.4.1966.
–, Politik in der Sackgasse, in: Quick – Illustrierte für Deutschland vom 1.5.1966, S. 124f.
–, Wäre Ulbricht bei uns sicher?, in: Quick – Illustrierte für Deutschland vom 8.5.1966, S. 128f.
–, Der Traum vom Staatenbund, in: Quick – Illustrierte für Deutschland vom 19.6.1966, S. 72.
–, Links vom Geist, in: Die Welt vom 7.1.1967.
–, Die alten Jungen, in: Die Welt vom 18.2.1967.
–, Neue Ostpolitik – ein Anfang wovon?, in: Die Welt vom 21.2.1967.
–, Die offene Tür darf nicht zur Falltür werden, in: Die Welt vom 8.4.1967.
–, Fundamente für die Einheit ganz Deutschlands. Nachruf auf Konrad Adenauer, in: Die Welt vom 20.4.1967.
–, Gesamtdeutsches Grimassieren, in: Die Welt vom 12.5.1967.
–, Couturiers des Anti-Antikommunismus, in: Die Welt vom 2.6.1967.
–, Freiheit und Einheit, in: Die Welt vom 16.6.1967.
–, Dolf Sternberger, in: Die Welt vom 28.7.1967.
–, Rudolf Augsteins Traumtanz, in: Die Welt vom 26.9.1967.
–, Schütz-Ballon, in: Die Welt vom 4.12.1967.
–, Ulbrichts Njet, in: Die Welt vom 15.3.1968.
–, Verkaufe ich meine Meinung? Wider die Tabus der Gesinnungs-Abstempler, in: Rheinischer Merkur vom 12.4.1968.
–, Freiheitsordnung statt Status quo, in: Die Welt vom 16.4.1968.
–, Der Meinungsstreit muß fair sein, in: Die Welt vom 25.4.1968.
–, Politik mit kurzem Atem, in: Die Welt vom 25.8.1968.
–, Die Bitterkeit der Realität, in: Die Welt vom 31.8.1968.

–, Schrille Signale der Polit-Theoretiker, in: Die Welt vom 11.10.1968.
–, Bonn steht zwischen zwei Risiken, in: Die Welt vom 13.11.1968.
–, Jung gut – alt schlecht …, in: Die Politische Meinung 14 (1969), H. 126, S. 9–12.
–, Prag – Glut unter dem Schnee, in: Die Welt vom 15.1.1969.
–, Der Wechsel von »Sowjetzone« zur »anderen Seite«, in: Die Welt vom 29.4.1969.
–, Lenin und Stalin wären nicht froh geworden …, in: Die Welt vom 23.5.1969.
–, Diese »Anerkennung« ist eine Belastung, in: Die Welt vom 10.6.1969.
–, Vorbereitung auf ein Tauschgeschäft?, in: Die Welt vom 12.9.1969.
–, Experimente mit Wahlrezepten in der Ostpolitik, in: Die Welt vom 4.10.1969.
–, Vom Staate Ulbrichts lernen?, in: Die Welt vom 11.10.1969.
–, Sicherheit – aber für wen?, in: Die Welt vom 29.11.1969.
–, Konservative Haltung – ein Gebot der Zeit, in: Konservativ heute 1 (1970), H. 5, S. 7–11.
–, Plädoyer für eine konservative Haltung, in: Der Monat 22 (1970), H. 258, S. 15–20.
–, Vorwort, in: Otto Freiherr von Fircks/Hans Joachim Knaute (Hrsg.), Eine deutsche Nation – Zwei deutsche Staaten. Meilensteine – Wege – Irrwege. Eine Dokumentation zu den Auseinandersetzungen über die neue Ost- und Deutschlandpolitik, Leer 1970, S. 7–13.
–, Leserbrief zum Artikel »Der Chefkommentator« von Hans Dieter Jaene vom 23. Januar 1970, in: Berliner Liberale Zeitung vom 6.2.1970.
–, Anerkennung als Alibi des guten Willens?, in: Die Welt vom 7.2.1970.
–, Deutsche Ostpolitik in vergifteter Atmosphäre, in: Die Welt vom 10.4.1970.
–, Süffig, flüssig, manipuliert, in: Die Welt vom 1.5.1970.
–, Das Nebel-Vokabular der Bonner Ostpolitik, in: Die Welt vom 19.6.1970.
–, Der Westen proklamiert den Kalten Frieden, in: Die Welt vom 7.10.1970.
–, Die Bomben der Linken ermutigen Rechtsradikale, in: Die Welt vom 7.11.1970.
–, Was macht Bonn, wenn die Ostpolitik scheitert?, in: Die Welt vom 14.12.1970.
–, Leistung gegen Hoffnung. Die Ostpolitik – ein Test mit zu hohem Einsatz bei ungewissen Erfolgsaussichten, in: Student (1971), H. 22 (2. Juli-Ausgabe), S. 3.
–, Scheels wahre Worte, in: Die Welt vom 9.2.1971.
–, Der Chic des Anti-Amerikanismus – deutsche Kreation, in: Die Welt vom 24.4.1971.
–, Die zweite Spaltung Deutschlands, in: Die Welt vom 26.5.1971.
–, Die Linksradikalen – vom Boulevard an den Schreibtisch, in: Die Welt vom 29.5.1971.
–, Berliner Kraftakt nur noch für »praktische Regelung«?, in: Die Welt vom 5.6.1971.
–, Der 17. Juni - nur noch Gedenktag ohne Gedanken?, in: Die Welt vom 16.6.1971.
–, Flucht aus den Strapazen der Standhaftigkeit?, in: Die Welt vom 3.7.1971.
–, Die Bedenken und das Schweigen der Opposition, in: Die Welt vom 30.8.1971.
–, »Feierliche Unterzeichnung des Berlin-Abkommens«. Der irritierende Kontrast zur Wirklichkeit, in: Die Welt vom 3.9.1971.
–, Wie ein Rausch, in: Welt am Sonntag vom 12.9.1971.
–, Matthias Walden in eigener Sache, in: Der Telegraf vom 19.9.1971.

–, Das böse Wort vom Schreibtischtäter, in: Welt am Sonntag vom 3.10.1971.
–, Düstere »Stern«-Stunden. Henri Nannens Aufklärung über die Panzerketten von Prag, in: Die Welt vom 7.10.1971.
–, Frieden – nicht ohne Freiheit. Nebulöse Phrasen steigern nur die Verwirrung, in: Die Welt vom 16.11.1971.
–, Revolutionsende mit Schrecken. Der Weg der radikalen Weltverbesserer führt in die Kriminalität, in: Die Welt vom 8.12.1971.
–, Entspannung – Versuch einen Begriff zu definieren, in: Deutschland Magazin – Zeitschrift der demokratischen Mitte 4 (1972), H. 2, S. 46f.
–, Recht und Unrecht taugen nicht zu Quantitätsvergleichen, in: Die Welt vom 17.1.1972.
–, Eine Heilige und ein Narr? Auch nach dem Vietnamkrieg bleibt Amerika Zielscheibe der ideologischen Wut, in: Die Welt vom 8.2.1972.
–, Reform des §218 ist keine Sache der »Tabu-Brecher«, in: Die Welt vom 14.2.1972.
–, Kommunisten als Freiheitskämpfer, in: Die Welt vom 18.2.1972.
–, Wie die Regierung droht auch Moskau der Opposition, in: Die Welt vom 6.3.1972.
–, D wie Deutschland – nur noch ein Anhängsel?, in: Die Welt vom 19.4.1972.
–, Absage an die Entspannung, in: Die Welt vom 27.4.1972.
–, Der Pyrrhussieg des Willy Brandt, in: Welt am Sonntag vom 30.4.1972.
–, Rechts oder links?, in: Welt am Sonntag vom 7.5.1972.
–, Die gemeinsame Resolution verträgt keine Retuschen, in: Die Welt vom 19.5.1972.
–, Ein steiniger Weg, in: Welt am Sonntag vom 21.5.1972.
–, Eine Welt der Gewalt. Freiheit verlangt die Schranken der Gesetze, in: Die Welt vom 1.6.1972.
–, Der Weg zur Mitte der Vernunft, in: Die Welt vom 11.7.1972.
–, Offener Brief an A. I. Solschenizyn, in: Die Welt vom 23.9.1972.
–, Er diente dem Volk, er gab sich dem Vaterland, nicht der Partei. Nachruf auf Karl Theodor Freiherr von und zu Guttenberg, in: Die Welt vom 6.10.1972.
–, Berlin in der Isolierzelle, in: Die Welt vom 11.10.1972.
–, Ein kumpelhaftes Spiel mit Augenzwinkern. Die Unterhändler, in: Welt am Sonntag vom 12.11.1972.
–, Statt Deutschland nur noch »BRD«, in: Die Welt vom 16.11.1972.
–, Ein Amerikaner in Berlin: Unbehagliche Einsichten, in: Die Welt vom 29.11.1972.
–, Das gebrochene Versprechen, in: Die Welt vom 22.12.1972.
–, »Konvergenz« – nicht nur eine Theorie?, in: Siegfried Kappe-Hardenberg (Hrsg.), Wohin treibt Deutschland?, Velbert 1973, S. 36–53.
–, Die Ideologie des Unbehagens, in: Die Welt vom 13.1.1973.
–, Der CDU fehlt Leidenschaft als ein bestimmendes politisches Element, in: Welt am Sonntag vom 15.1.1973.
–, Flucht von der Hinterbank. Im Blickpunkt: Rudolf Augstein, in: Welt am Sonntag vom 21.1.1973.

–, Das allerletzte Tabu, in: Welt am Sonntag vom 4.2.1973.
–, Nationale Offensive in Rot, in: Die Welt vom 24.3.1973.
–, Vollbart und Spitzbart, in: Welt am Sonntag vom 8.4.1973.
–, Notausgang zu Gott, in: Welt am Sonntag vom 22.4.1973.
–, Die aufgegangene Saat, in: Die Welt vom 24.4.1973.
–, Wackelkontakte in der Ostpolitik, in: Fuldaer Zeitung vom 28.4.1973.
–, Kritisch in die Zukunft, in: Die Welt vom 12.5.1973.
–, Die nötige Distanz. Auch noch Blumenstreuen für Breschnew?, in: Donau Kurier vom 16.5.1973.
–, Moral mit zweierlei Maß. Über den Begriff des »primitiven Anti-Kommunismus«, in: Die Welt vom 28.5.1973.
–, Was haben Brandt und Wehner gewußt?, in: Welt am Sonntag vom 10.6.1973.
–, Die politische Moral – ein Opfer der Macht?, in: Die Welt vom 20.6.1973.
–, Fackeln und Schüsse, in: Welt am Sonntag vom 24.6.1973.
–, Walter Ulbricht – Tyrann auf dem Altenteil, in: Die Welt vom 30.6.1973.
–, Deutscher Auftritt, in: Welt am Sonntag vom 8.7.1973.
–, Auch hinter den neuen Schildern wird geschossen, in: Die Welt vom 11.8.1973.
–, Gleichheit, die es nicht gibt, in: Welt am Sonntag vom 16.9.1973.
–, Mit zwei linken Schuhen. Wehner konterkariert die offizielle Berlin-Politik, in: Die Welt vom 30.9.1973.
–, Auf Gipfelstürmer-Wegen liegt Geröll von gestern, in: Welt am Sonntag vom 21.10.1973.
–, Israel braucht Freunde. Für die Bundesrepublik darf es keine moralische Neutralität geben, in: Die Welt vom 24.10.1973.
–, Geduckt zwischen den Stühlen. Bonn setzt die Aussöhnung mit Israel aufs Spiel, in: Die Welt vom 8.11.1973.
–, Kalter Krieger in Ost-Berlin. Im Blickpunkt: Erich Honecker, in: Welt am Sonntag vom 11.11.1973.
–, Grass kanzelt sein Idol ab, in: Die Welt vom 28.11.1973.
–, Zieht Gaus in eine verlorene Schlacht? Im Blickpunkt: Deutsche Unterhändler, in: Welt am Sonntag vom 2.12.1973.
–, Die Wiederentdeckung des Konservativen, in: Konservativ heute (1974), H. 5, S. 274–278.
–, Ideologie überflüssig, in: Die Welt vom 12.1.1974.
–, Worte und Wirklichkeit. Wie der Kanzler die Lage der Nation darstellt, in: Die Welt vom 25.1.1974.
–, Schönfärberei gehört zur Politik, aber Brandt trägt zu dick auf, in: Welt am Sonntag vom 27.1.1974.
–, Klaus Schütz – vom Langmüitigen zum Mutigen, in: Die Welt vom 22.2.1974.
–, Die ausgezehrte Mannschaft. Helmut Schmidt vor dem Erbe Brandts, in: Die Welt vom 9.5.1974.

–, Bittere Lehren, in: Welt am Sonntag vom 12.5.1974.
–, Der vergessene Auftrag. Wie die Deutschen ihre politische Sehschärfe verloren, in: Die Welt vom 15.6.1974.
–, Ost-Berlin trommelt – und Bonn schweigt, in: Die Welt vom 30.8.1974.
–, 25 Jahre, in: Die Welt vom 7.10.1974.
–, Pomp- und Panzerlärm, der nachhallt, in: Welt am Sonntag vom 13.10.1974.
–, Die Schändlichkeit des Günter Grass, in: Welt am Sonntag vom 20.10.1974.
–, Radikale Denker, in: Welt am Sonntag vom 17.11.1974.
–, Der deutsche Rechtsstaat – am Nasenring herumgeführt, in: Welt am Sonntag vom 8.12.1974.
–, Die russische Opposition trägt die Zukunft der Freiheit, in: Die Welt vom 11.12.1974.
–, Zum Toresschluß dieses Jahres: Rückblick mit wenig Lichtblick, in: Welt am Sonntag vom 29.12.1974.
–, Kassandra-Rufe. Deutsche Politik in der Krise, München – Wien 1975.
–, Rückkehr zu den Quellen?, in: Konservativ heute 6 (1975), H. 5, S. 277–282.
–, Die Augen zu …, in: Welt am Sonntag vom 2.3.1975.
–, Die Stadt unter dem Schock des Terrors, in: Welt am Sonntag vom 2.3.1975.
–, Koalition auf Krücken als letzte Rettung für Verlierer der SPD und FDP, in: Welt am Sonntag vom 9.3.1975.
–, Neues Regierungsschiff: Schwere Schlagseite und linker Schlingerkurs, in: Welt am Sonntag vom 6.4.1975.
–, Jalta 1975, in: Welt am Sonntag vom 13.4.1975.
–, Warum es im Schöneberger Rathaus nicht zur Großen Koalition kam, in: Welt am Sonntag vom 20.4.1975.
–, Der Geist der Gewalt aber läuft frei herum, in: Welt am Sonntag vom 27.4.1975.
–, Dann könnte man auch einen Pyromanen zum Brandmeister berufen, in: Welt am Sonntag vom 18.5.1975.
–, Kein kurzer Prozeß, in: Welt am Sonntag vom 25.5.1975.
–, Leserbrief: Hilfreiche Hand, in: Der Spiegel vom 16.6.1975.
–, Saubere Polizeiarbeit mit dem Handikap des großen Sympathisanten-Netzes, in: Welt am Sonntag vom 14.9.1975.
–, Die große Resignation. Im Westen zweifeln immer mehr Menschen an der Zukunft der Demokratie, in: Die Welt vom 18.9.1975.
–, Logik beerdigt, in: Welt am Sonntag vom 2.11.1975.
–, Am Heiligen Abend auf der Suche nach der »heilen Welt«. Immer mehr Menschen sehnen sich zurück, in: Die Welt vom 21.12.1975.
–, Die Illusionen im Jahr von Helsinki, in: Welt am Sonntag vom 28.12.1975.
–, Tiefschlag oder Treffer auf die Kinnspitze, in: Welt am Sonntag vom 30.5.1976.
–, Vertreibung aus dem Arbeiterparadies, in: Die Welt vom 15.6.1976.

–, Wir sind so frei der Gewalt unsere Anerkennung zu verweigern. Kundgebung des BFD zum 15. Jahrestag des Mauerbaus, in: BFD Nachrichten vom September 1976.
–, Das Mittelmaß besteigt die Throne dieser Welt, in: Welt am Sonntag vom 12.9.1976.
–, Der Extremismus in Lehrerkreisen und die Erziehung der Kinder, in: Die Welt vom 14.9.1976.
–, Legende vom neuen Menschen. Nach sechzig Jahren: Wo bleibt der sozialistische Homunculus?, in: Die Welt vom 23.10.1976.
–, Triumphe der Entspannung: Niederlagen der Gesinnung, in: Welt am Sonntag vom 5.11.1976.
–, Muß ein Staat mit Polizei auch ein Polizei-Staat sein?, in: Welt am Sonntag vom 21.11.1976.
–, Die Warnung, in: Die Welt vom 29.1.1977.
–, Bonn schweigt, in: Die Welt vom 19.2.1977.
–, Die Geister der Gewalt, in: Welt am Sonntag vom 20.2.1977.
–, Akrobatik der Entspannung, in: Welt am Sonntag vom 27.2.1977.
–, Konsequent, in: Die Welt vom 3.3.1977.
–, An den Jungen liegt es nicht, in: Die Welt vom 30.3.1977.
–, Carter und die Leerlinge, in: Welt am Sonntag vom 8.5.1977.
–, Der 17. Juni mahnt noch heute, in: BFD Nachrichten vom Juni 1977.
–, Endstation Sehnsucht. Die Utopie ist der Magnet des Sozialismus, in: Die Welt vom 3.8.1977.
–, Wer pilgert denn zum Grab des »Duce«?, in: Welt am Sonntag vom 28.8.1977.
–, Kommentar im SFB, in: Berliner Kirchenreport vom 1.9.1977.
–, Kein echter Puls aus trägem Herz, in: Welt am Sonntag vom 11.9.1977.
–, Die verleugneten Kinder, in: Die Welt vom 16.9.1977.
–, Todeswunsch ist nicht gleich Todesstrafe, in: Welt am Sonntag vom 18.9.1977.
–, Nulltarifpolitik. Kann Wohlstand ebenso zu »seelischen Sozialschäden« führen wie Armut?, in: Die Welt vom 8.2.1978.
–, Normalisieren mit Narkose, in: Welt am Sonntag vom 26.2.1978.
–, Die Lohn-Preis-Spirale glüht – und Helmut Schmidt fröstelt, in: Welt am Sonntag vom 5.3.1978.
–, Die Einsamkeit des Nico Hübner. Sein Hinweis auf das Recht und die Sprachlosigkeit des Westens, in: Die Welt vom 5.4.1978.
–, Rauhreif über dem Atlantik, in: Welt am Sonntag vom 9.4.1978.
–, Darum bin ich für die Neutronenwaffe, in: Welt am Sonntag vom 16.4.1978.
–, Etwas Stolz kann dem DGB nicht schaden, in: Welt am Sonntag vom 28.5.1978.
–, Wer rüstet denn?, in: Welt am Sonntag vom 4.6.1978.
–, Klagen über Bahro. Stille über Hübner, in: Welt am Sonntag vom 9.7.1978.
–, Jimmy Carters Antwort. Die Entspannung und das deutsch-amerikanische Verhältnis, in: Die Welt vom 21.7.1978.
–, Dreißig Jahre, in: Welt am Sonntag vom 30.7.1978.
–, Die Geister, die Bahr rief, in: Welt am Sonntag vom 10.9.1978.
–, Ach, könnte man doch Staat sein!, in: Welt am Sonntag vom 24.9.1978.

–, Nach Weimar?, in: Welt am Sonntag vom 15.10.1978.
–, Es bleibt uns nur der Weg nach oben, in: Welt am Sonntag vom 29.10.1978.
–, Wenn der Adler mit dem Drachen, in: Welt am Sonntag vom 4.2.1979.
–, Wir bauen am Kommunismus, in: Welt am Sonntag vom 25.2.1979.
–, Resig-Nation?, in: Welt am Sonntag vom 29.4.1979.
–, Vom Sinn des Lebens, in: Welt am Sonntag vom 6.5.1979.
–, Ums Ganze, in: Welt am Sonntag vom 3.6.1979.
–, Himmelwärts, in: Welt am Sonntag vom 10.6.1979.
–, Daß kein Mörder triumphiere. Die Aufhebung der Verjährung ist eine gute Entscheidung – nach innen und nach außen, in: Die Welt vom 5.7.1979.
–, Ein Risiko?, in: Welt am Sonntag vom 22.7.1979.
–, Zwei Welten, in: Welt am Sonntag vom 9.9.1979.
–, Die Zeugen, in: Welt am Sonntag vom 14.10.1979.
–, Vor den achtziger Jahren, in: BFD Nachrichten vom Dezember 1979.
–, Stalin lebt, in: Welt am Sonntag vom 16.12.1979.
–, Ein Defizit an Demut, in: Welt am Sonntag vom 23.12.1979.
–, Die Fütterung der Krokodile. Ansichten – Einsichten, München – Wien 1980.
–, Ist die Entspannung am Ende?, in: Gesellschaftspolitische Votragsreihe, hrsg. vom Industriellen Arbeitgeberverband Osnarbrück-Emsland (1980), H. 4.
–, Statt eines Vorwortes. Wer ist Axel Springer?, in: Axel Springer (Hrsg.), Aus Sorge um Deutschland. Zeugnisse eines engagierten Berliners, Stuttgart 1980, S. 13–22.
–, Kalter Krieg und leise List, in: Welt am Sonntag vom 13.1.1980.
–, Von der Pein der Vergeblichkeit, in: Welt am Sonntag vom 27.1.1980.
–, Vorbeugung, Verbeugung. Wehners Motivdeutung für den sowjetischen Überfall auf Afghanistan, in: Die Welt vom 25.3.1980.
–, FDP entsetzt, in: Welt am Sonntag vom 30.3.1980.
–, Wohlfahrtsstaat und Angst. Von den Bedürfnissen der Seele, die Hitchcock befriedigte, in: Die Welt vom 3.5.1980.
–, Bonner Irrweg, in: Die Welt vom 10.5.1980.
–, Steinzeit, in: Welt am Sonntag vom 11.5.1980.
–, Zum Tag der Deutschen Einheit, in: BFD Nachrichten vom Juni/Juli 1980.
–, Warnschüsse aus Fernost. Zur Kontroverse zwischen Graf Lambsdorff und den Gewerkschaften, in: Die Welt vom 17.7.1980.
–, Ich vermisse die hungrigen Jahre, die hungrige Zeit. Das Unbehagen an unserer Zufriedeheit, in: Die Welt vom 26.7.1980.
–, Zum Jahrestag des Mauerbaus, in: BFD Nachrichten vom August/September 1980.
–, Trugschluß, in: Welt am Sonntag vom 10.8.1980.
–, So ist Bahr, in: Welt am Sonntag vom 17.8.1980.
–, Wer Schmidt wählt, wählt auch Jusos, in: Welt am Sonntag vom 31.8.1980.

–, Auch wenige sind gefährlich. Dem Terror von Rechts fehlt die Infrastruktur, aber er bleibt virulent, in: Die Welt vom 4.9.1980.
–, Rücksichten, in: Welt am Sonntag vom 12.10.1980.
–, Funkenflug, in: Welt am Sonntag vom 26.10.1980.
–, Eine Chance, in: Welt am Sonntag vom 9.11.1980.
–, Das Verbot, in: Die Welt vom 3.12.1980.
–, An der Wand, in: Welt am Sonntag vom 7.12.1980.
–, Der Souffleur, in: Welt am Sonntag vom 14.12.1980.
–, Ausblick auf 1981, in: Welt am Sonntag vom 28.12.1980.
–, Das Unbehagen an unserer Zufriedenheit, in: Grundlagen – Zeitschrift der Arbeitskreise für Bildung und Politik, Bonn (1981), H. 11, S. 1–4.
–, Der neue Mann, in: Welt am Sonntag vom 18.1.1981.
–, Die Erpresser, in: Welt am Sonntag vom 25.1.1981.
–, Dämmerung, in: Welt am Sonntag vom 15.2.1981.
–, Einheitsziel, in: Welt am Sonntag vom 22.2.1981.
–, Ruinen, in: Welt am Sonntag vom 8.3.1981.
–, Gespenstisch, in: Berliner Morgenpost vom 25.3.1981.
–, Vom Vaterland zum Vater Staat. Je mehr man vom Staat verlangt, desto weniger möchte man ihm geben, in: Die Welt vom 4.4.1981.
–, Öl und Moral, in: Welt am Sonntag vom 3.5.1981.
–, Propagandaschlacht um das Monopol auf Frieden. Was die Friedensbewegungen des Westens wirklich bewegt, in: Die Welt vom 6.6.1981.
–, Wenn Reagan unbequem wird, in: Die Welt vom 28.7.1981.
–, Gewalt in Beton, in: Welt am Sonntag Magazin vom 9.8.1981, S. 17–21.
–, Festigkeit, in: Die Welt vom 14.9.1981.
–, Die Stunde der Opposition, in: Die Welt vom 2.11.1981.
–, Kanzlers Talfahrt, in: Die Welt vom 16.1.1982.
–, Wer auf Gott vertraut, flippt nicht aus, in: Welt am Sonntag vom 2.5.1982.
–, SPD – für den Erhalt der Macht ins grüne Nirwana? Die Grauzone zwischen Sozialdemokraten und Alternativen wird breiter, in: Die Welt vom 14.7.1982.
–, Leuchtspur des Widerstandes, in: Die Welt vom 20.7.1982.
–, Schuld und Schweigen, in: Die Welt vom 27.7.1982.
–, Berlin, in: Die Welt vom 19.10.1982.
–, Die vier »Essentials« (1983), in: ders. (Hrsg.), Von Wölfen und Schafen. Eine Auswahl zeitkritischer Kommentare aus zwei Jahrzehnten, Frankfurt a. Main / Berlin / Wien 1983, S. 181–194.
–, Einleitung: Von Wölfen und Schafen, in: ders. (Hrsg.), Von Wölfen und Schafen. Eine Auswahl zeitkritischer Kommentare aus zwei Jahrzehnten, Frankfurt a. Main / Berlin / Wien 1983, S. 9–26.

Matthias Walden (Hrsg.), Von Wölfen und Schafen. Eine Auswahl zeitkritischer Kommentare aus zwei Jahrzehnten, Frankfurt a. Main / Berlin / Wien 1983.

–, Wenn Deutschland ROT wird, München 1983.

–, Wie konnte die Verführung von Millionen Deutschen gelingen?, in: Die Welt vom 29.1.1983.

–, Auf dem Weg in das Tal des Neutralismus, in: Welt am Sonntag vom 6.3.1983.

–, Uns geht‹s gut – was fehlt, ist Mut. Wie wir den geistigen Muskelschwund überwinden können, den unser Wohlstand bewirkt, in: Die Bunte vom 11.5.1983.

–, Für den Frieden – ohne lila Halstuch. Die pazifistische »Widerstands«-Bewegung ist die stärkste Kraft zur Verhinderung eines Abrüstungserfolges, in: Die Welt vom 5.7.1983.

–, Das totgeschwiegene Vaterland, in: Die Welt vom 6.7.1983.

–, Bonhoeffer und Meinhof?, in: Die Welt vom 27.7.1983.

–, Lieb Vaterland, musst duldsam sein!, in: Bunte vom 8.9.1983, S. 162.

–, Ein Phänomen, dieser unser Kanzler. Helmut Kohl amtiert jetzt ein Jahr als Regierungschef. Konflikte bewältigt er am liebsten, indem er sie ignoriert, in: Die Bunte vom 6.10.1983.

–, Der Präsident aus Berlin, in: Die Welt vom 28.11.1983.

–, Verehrte WELT-Leserin, verehrter WELT-Leser, in: Die Welt vom 31.12.1983.

–, Warum die Friedensbewegung am Ende ist. Die Atom-Neurose des heißen Herbstes war wohl ein Alptraum. Und Alpträume haben es an sich, vorüberzugehen, in: Die Bunte vom 1.3.1984.

–, Gut Ding will Weile haben. Die geistige Wende kann von der Regierung nicht angeordnet und erzwungen, sondern nur gewiesen werden, in: Die Bunte vom 2.8.1984.

–, Warum Kohl jetzt wieder kämpfen muss. Alle reden über die Patzer der Bundesregierung. Aber keiner redet von den Erfolgen. Dabei entwickeln sich Inflation Konjunktur und Staatsfinanzen günstig, in: Die Bunte vom 30.8.1984.

–, Demokratische Wert- und demokratische Weltordnung, in: Die Welt vom 3.11.1984.

–, Oft gescholten, noch mehr gelesen ..., in: Axel-Springer-Verlag (Hrsg.), Ein BILD von BILD: wie BILD entsteht und wer BILD macht, Berlin 1985, S. 7–16.

–, Freiheit, die wir meinen. Rede auf der Berliner Tagung der Deutschen Burschenschaft vom 5. Januar 1974, in: Deutsche Burschenschaft (Hrsg.), Für Einigkeit und Recht und Freiheit. Die Geschichte der Berliner Tagungen der Deutschen Burschenschaft von 1952 bis 1989 – Herausgegeben von Wolfgang Bluhm, Emmerich 2001, S. 306–318.

Publikationen von Walden gemeinsam mit anderen Autoren-

Bölling, Klaus/Walden, Matthias, Klaus Bölling contra Matthias Walden, in: Welt am Sonntag vom 17.6.1979.

–, Propaganda & Polemik, in: Welt am Sonntag vom 24.6.1979.

Schmidt, Helmut/Walden, Matthias, Gibt die Armee ihren Geist auf? Veröffentlichter Briefwechsel zwischen Matthias Walden und Helmut Schmidt, in: Welt am Sonntag vom 11.4.1971.

Schütz, Klaus/Walden, Matthias, Berlin – was wird aus dieser Stadt? Veröffentlichter Briefwechsel zwischen Matthias Walden und Klaus Schütz, in: Welt am Sonntag vom 7.11.1971.

Staeck, Klaus/Walden, Matthias, Pro und Contra »Stoppt Strauß«, in: Stuttgarter Nachrichten vom 19.7.1980.

Walden, Matthias/Jaene, Hans Dieter, Erfolg oder Mißerfolg? Die Deutschland- und Ostpolitik der Bundesregierung, in: Aus Politik und Zeitgeschichte (1971), H. 10, S. 27–38.

Walden, Matthias,/Wehner, Herbert, Briefwechsel zwischen Matthias Walden und Bundesminister Herbert Wehner, in: Die Welt vom 6.1.1968.

Walden contra Jansen: ›Irrend aber angenehm‹, in: Das Berliner Wort – Liberale Zeitung vom 4.10.1968.

WDR/Walden, Matthias, Der Außenminister Willy Brandt. Inklusive der Originalreportage »Einige Tage im Leben des Willy Brandt« von Matthias Walden vom 22. Mai 1968 (2013). http://www.ardmediathek.de/wdr-fernsehen/wdr/der-aussenminister-willy-brandt?documentId=18686756 (März 2016).

Artikel, Aufsätze und Bücher anderer Autoren

o. A., Fälscher am Werk, in: Junge Welt – Zentralorgan der FDJ Berlin vom 29.6.1949.

–, Text des Göttinger Manifests der Göttinger 18 vom 12. April 1957. http://www.uni-goettingen.de/de/54320.html (23. Oktober 2017).

–, Berliner Erklärung der drei Westmächte und der Bundesrepublik vom 29. Juli 1957 zur Wiedervereinigung, in: Heinrich von Siegler (Hrsg.), Dokumentation zur Deutschlandfrage – Von der Atlantik-Charta 1941 bis zur Berlin-Sperre 1961. Hauptband I: Chronik der Ereignisse von der Atlantik-Charta 1941 bis zur Aufkündigung des Viermächtestatus Berlins durch die UdSSR im November 1958, Bonn – Wien – Zürich 1961, S. 669–671.

–, Memorandum of Conversation – Summit Conference at Vienna. Vienna, June 4, 1961, in: U.S. Department of States (Hrsg.), FRUS 1961-1963. Vol. XIV, S. 87–96.

–, Kennedy sieht »Die Mauer«, in: Der Abend vom 5.9.1961.

–, Chruschtschow. Der Weg nach oben, in: Der Spiegel vom 8.8.1962, S. 48–50.

–, Schecks aus Übersee, in: Der Spiegel vom 19.9.1962, S. 45–48.

–, Der Sach Gedenke, in: Der Spiegel vom 21.8.1963, S. 73.

–, Eine notwendige Vorrede zu diesem Heft, in: Berlin im Spiegel 5 (1963), H. 17/18, S. 8.

–, Die Ära Adenauer. Einsichten und Ausblicke, Frankfurt am Main 1964.

–, Berlin-Umfrage, in: Der Spiegel vom 15.1.1964, S. 14.

–, Personalien: Oswald Kohut, in: Der Spiegel vom 3.6.1964, S. 110.

–, Orden. Soll und Haben, in: Der Spiegel vom 8.4.1964, S. 22–25.

–, Staatsloyal, in: Springer Post – Haus-Illustrierte für alle Mitarbeiter des Verlagshauses Axel Springer 10 (1965), H. 6, S. 2.

–, Der »Fall« Peter Weiss, in: Kürbiskern, 1/1965, S. 95–101.

–, Sehr geehrter Leser, in: Berlin im Spiegel (1965), H. 19.

–, Dokumentation: Der Staat und die Intellektuellen. Auszüge aus dem Sitzungsprotokoll des Deutschen Bundestages vom 30. November und 1. Dezember 1965, in: Tribüne – Zeitschrift zum Verständnis des Judentums 5 (1966), H. 17, S. 1813–1819.

–, Quick: Lied der Nibelungen, in: Der Spiegel vom 18.4.1966, S. 44–46.

–, SPD-Parteitag. Aufgalopp beim Pothast, in: Der Spiegel vom 6.6.1966, S. 26–28.

–, Gedenktage. Gewisser Schrott, in: Der Spiegel vom 21.11.1966, S. 57–59.

–, Rebellion der Jugend. Dokumentation einer Fernsehsendung, in: Frankfurter Hefte – Zeitschrift für Kultur und Politik 23 (1968), H. 7, S. 453–478.

–, Flugblatt der »Aktion Demokratisches Berlin« vom 21. Februar 1968. http://www.trend.infopartisan.net/1968/remember68_02.html (23. Oktober 2019).

–, »Gefahr für uns alle«. Studenten gegen Springer, in: Der Spiegel vom 6.5.1968, S. 42.

–, Die Jugend und der Notstand, in: Die Zeit vom 7.6.1968.

–, Buben wider mich, in: Der Spiegel vom 8.7.1968, S. 49f.

–, Nr. 25: 6. März 1969, in: Günter Buchstab (Hrsg.), Kiesinger: »Wir leben in einer veränderten Welt«. Die Protokolle des CDU-Bundesvorstands 1965–1969, Düsseldorf 2005, S. 1340–1377.

–, Hat begriffen, in: Der Spiegel vom 26.1.1970, S. 50f.

–, Teil-Faksimile eines Flugblattes der Außerparlamentarisch Mitarbeit (APM), in: Berliner Extra-Dienst vom 20.1.1971.

–, Herr Matthias Walden und die »Pressefreiheit«, in: Die Mahnung vom 15.10.1971.

–, Gefühle sind die ›Syphilis der Seele‹. Interview mit Heinrich Böll, in: Stern vom 20.2.1972, S. 148–150.

–, Konrad-Adenauer-Preis für Walden, in: Frankfurter Rundschau vom 8.5.1972.

–, Adenauer-Preisträger für Publizistik 1972: Matthias Walden, in: Deutschland Magazin – Zeitschrift der demokratischen Mitte 4 (1972), H. 2, S. 43.

–, Heinrich Böll im Gespräch: »Größte Gefahr: Resignation«, in: Frankfurter Rundschau vom 14.11.1974.

–, 1974: Tendenzwende, in: Der Spiegel 53 vom 30.12.1974, S. 40–45.

–, Doch mit braunen Flecken durchsetzt. Heyen hatte recht: Der BFD ist extremistisch, in: Berliner Stimme vom 15.3.1975.

–, Dutschke vor, noch ein Tor! Fernsehgespräch (Club 2, 13. Juni 1978), in: Neues Forum (1978), H. 295/296, S. 10–16; S. 81–94.

–, Parteien: Nico Hübner, in: Der Spiegel vom 21.4.1980, S. 267.

–, Das Böll-Urteil und die Arbeit des Journalisten. Interview mit Matthias Walden, in: Criticón (1982), H. 70, S. 80f.

–, Wer nicht genau zitieren kann, sollte es besser lassen, in: Frankfurter Allgemeine Zeitung vom 14.1.1982.

–, Eintrag »Walden, Matthias« in Munzinger Online/Personen – Internationales Biographisches Archiv (http://www.munzinger.de/document/00000013001) (1984). http://www.munzinger.de/document/00000013001 (7. Dezember 2016).

–, Gestorben. Matthias Walden, in: Der Spiegel vom 26.11.1984, S. 252.

–, Propagandawaffe Schiwago, in: Der Spiegel vom 24.1.2015, S. 115.

–, Mikhail Khorev, in: The Times vom 16.5.2012, S. 54.

Adenauer, Konrad, Brief von Konrad Adenauer an Axel Springer vom 3. Oktober 1966. http://www.konrad-adenauer.de/dokumente/briefe/brief-axel-springer8 (23. Oktober 2019).

–, Leserbrief zu der Kolumne von Matthias Walden vom 9. Februar 1964, in: Quick – Illustrierte für Deutschland vom 8.3.1964, S. 3.

–, Möglichkeiten einer Koalition. Erfahrungen mit vier Regierungen, in: Die Politische Meinung 10 (1965), H. 108, S. 13–17.

–, Erinnerungen 1953–1955, Stuttgart 1966.

Aly, Götz, Unser Kampf. 1968 – ein irritierter Blick zurück, Frankfurt am Main 2009 (Durchgesehene und erweiterte Ausgabe).

Amalrik, Andrej, Kann die Sowjetunion das Jahr 1984 erleben? Ein Essay, Zürich 1970.

Arndt, Claus, Spuren in der Zeit. Politische und persönliche Erinnerungen aus einem halben Jahrhundert, Düsseldorf 1991.

Aron, Raymond, Opium für Intellektuelle. Oder: Die Sucht nach der Weltanschauung, Köln – Berlin 1957 (frz. 1955).

–, Demokratie und Totalitarismus, Hamburg 1970 (frz. 1965).

Augstein, Rudolf, Ist der Staat zu retten?, in: Der Spiegel vom 18.9.1967, S. 17–24.

–, Mit den Bomben Leben, in: Der Spiegel vom 2.6.1975, S. 26f.

B. K., Leserbrief, in: Die Mahnung vom 15.9.1971.

Bahr, Egon, Vortrag in der Evangelischen Akademie Tutzing. 15. Juli 1963, in: Bundesministerium für innerdeutsche Beziehungen (Hrsg.), Dokumente zur Deutschlandpolitik. IV. Reihe / Band 9, Frankfurt am Main 1978, S. 572–575.

–, Zu meiner Zeit, München 1996.

–, Über Matthias Walden, in: Bettina von Saß (Hrsg.), »Er war ein guter Feind«. Zum 15. Todestag von Matthias Walden äußern sich seine Kritiker, Berlin 1999, S. 83–85.

Banse, Dirk, Der BND bespitzelte Axel Springer (2014). https://www.welt.de/politik/deutschland/article134615228/Der-BND-bespitzelte-Axel-Springer.html (23. Oktober 2019).

Baring, Arnulf, Patriotische Fragezeichen, in: Der Monat 14 (1962), August, S. 7–13.

Bartsch, Wolfgang, Buchbesprechung. Matthias Walden: »Politik im Visier«, in: Tribüne – Zeitschrift zum Verständnis des Judentums 4 (1965), H. 16, S. 1761.

Barzel, Rainer, Im Streit und umstritten. Anmerkungen zu Konrad Adenauer, Ludwig Erhard und den Ostverträgen, Frankfurt am Main / Berlin 1986.

Becker, Kurt, Geschäftssinn und Sendungsbewußtsein – Das Problem Axel Springer. Unscharfes Porträt eines deutschen Phänomens, in: Die Zeit vom 29.3.1968.

Bender, Peter, Offensive Entspannung. Möglichkeit für Deutschland, Köln - Berlin 1964.

–, Die DDR nicht isolieren, in: Theo Sommer (Hrsg.), Denken an Deutschland, Hamburg 1966, S. 121–132.

–, Zehn Gründe für die Anerkennung der DDR, Frankfurt am Main 1968.
–, Die Ostpolitik Willy Brandts oder die Kunst des Selbstverständlichen, Hamburg 1972.
Ben-Natan, Asher, Brücken bauen – aber nicht vergessen. Als erster Botschafter Israels in der Bundesrepublik (1965-1969), Düsseldorf 2005.
Berger, Roland, Kritiker: gequält und totgeschlagen. Ungleicher Kampf hinter Gittern, in: Welt der Arbeit vom 21.7.1983, S. 14.
Böhme, Erich, Mann, o Mann, in: Der Spiegel vom 12.9.1977, S. 18.
Böll, Heinrich, Nachtrag zum Notstand. Zersetzen – Zersetzen – Zersetzen, in: konkret (1968), H. 10, S. 39–41.
–, »Will Ulrike Gnade oder freies Geleit?«, in: Der Spiegel vom 10.1.1972, S. 54–57.
–, Ab nach rechts, in: konkret (1974), H. 2, S. 2.
–, Die Freiheit der Kunst. Dritte Wuppertaler Rede am 24.9.1966, in: ders. (Hrsg.), Werke – Kölner Ausgabe Band 15, 1966-1968. Herausgegeben von Werner Jung, in Zusammenarbeit mit Sarah Troost, Köln 2005, S. 210–215.
–, Manuskript der Ansprache zur Friedensdemonstration vom 10.10.1981 in Bonn, in: ders. (Hrsg.), Werke – Kölner Ausgae, Band 22 1981-1984. Herausgegeben von Jochen Schubert, Köln 2007, S. 52–55.
–, Ich habe die Nase voll! Dankrede anläßlich der Verleihung der Carl-von-Ossietzky-Medaille durch die Internationale Liga für Menschenrechte im Jüdischen Gemeindehaus in Berlin am 8. Dezember 1974, in: ders. (Hrsg.), Werke – Kölner Ausgabe Band 19, 1974-1976. Herausgegeben von Werner Jung, Köln 2008, S. 47–53.
Bölling, Klaus, Matthias Walden, Streiter gegen die Lauheit, in: Bettina von Saß (Hrsg.), »Er war ein guter Feind«. Zum 15. Todestag von Matthias Walden äußern sich seine Kritiker, Berlin 1999, S. 91–95.
Bösch, Frank, Ohne Vorgaben aus Frankfurt. Der Journalist Peter Jochen Winters blickt zurück, und Nicole Glocke assistiert ihm, in: Frankfurter Allgemeine Zeitung vom 21.2.2017.
Brandt, Willy, Kommentar auf Matthias Waldens Kolumne »Legende einer Niederlage«, in: Quick - Illustrierte für Deutschland vom 12.12.1965, S.2.
–, Vortrag in der Evangelischen Akademie Tutzing. 15. Juli 1963, in: Bundesministerium für innerdeutsche Beziehungen (Hrsg.), Dokumente zur Deutschlandpolitik. IV. Reihe / Band 9, Frankfurt am Main 1978, S. 565–571.
–, Vortrag in Harvard. 2. Oktober 1962, in: Bundesministerium für innerdeutsche Beziehungen (Hrsg.), Dokumente zur Deutschlandpolitik. IV. Reihe / Band 8, Frankfurt am Main 1978, S. 1151–1155.
–, Nr. 66. Erklärung des Regierenden Bürgermeisters von Berlin vor dem Berliner Abgeordnetenhaus. 13. August 1961, in: Helga Grebing/Gregor Schöllgen/Heinrich August Winkler (Hrsg.), Willy Brandt – Berliner Ausgabe Band 3. Berlin bleibt frei. Politik in und für Berlin 1947–1966, Bonn 2004, S. 324–333.

–, Nr. 68. Schreiben des Regierenden Bürgermeisters von Berlin, Brandt, an den Präsidenten der Vereinigten Staaten von Amerika. 15. August 1961, in: Helga Grebing/Gregor Schöllgen/Heinrich August Winkler (Hrsg.), Willy Brandt – Berliner Ausgabe Band 3. Berlin bleibt frei. Politik in und für Berlin 1947-1966, Bonn 2004, S. 336–338.

–, Briefentwurf an Heinrich Böll vom 1. Juni 1978, in: Norbert Bicher (Hrsg.), Mut und Melancholie. Heinrich Böll, Willy Brandt und die SPD. Eine Beziehung in Briefen, Texten, Dokumenten, Bonn 2017, S. 205f.

Brecht, Bertolt, Fünf Schwierigkeiten beim Schreiben der Wahrheit, in: Werner Hecht/Jan Knopf/Werner Mittenzwei/Klaus-Detlef Müller (Hrsg.), Bertolt Brecht Werke. Schriften 2, Teil 1, Frankfurt a. Main, Berlin und Weimar 1993, S. 74–90.

Bund Freies Deutschland, Berliner Manifest. An alle Deutschen – 20 Thesen der Freiheit, Berlin 1974 o. 1975.

Bundeszentrale für politische Bildung, Dossier: Geschichte der RAF. http://www.bpb.de/geschichte/deutsche-geschichte/geschichte-der-raf/ (September 2018).

Burke, Edmund, Reflections on the Revolution in France (1790), in: L. G. Mitchell (Hrsg.), The Writings and Speeches of Edmund Burke. Volume VIII – The French Revolution 1790–1794, Oxford 1989, S. 53–293.

Burnham, James, Die Rhetorik des Friedens, in: Der Monat 2 (1950), 22/23, S. 448–455.

–, The Coming Defeat of Communism, London 1950.

–, Suicide of the West. An Essay on the Meaning and Destiny of Liberalism, Clinton 1964.

Churchill, Winston S., Der Zweite Weltkrieg. Mit einem Epilog über die Nachkriegsjahre, Frankfurt am Main 2010 (engl. 1954 – Epilog 1957).

Cramer, Ernst, Ein Leben für die Freiheit, in: Welt am Sonntag vom 18.11.1984.

–, Freiheit war die Triebfeder seines Tuns. Zum 20. Todestag des ehemaligen WELT-Herausgebers Matthias Walden, in: Die Welt vom 17.11.2004.

–, »Ich habe es erlebt«, Berlin 2008.

Daniel, Jens, Das Dilemma mit unserem Kanzler, in: Der Spiegel vom 26.9.1951, S. 3–5.

–, Geht Berlin verloren?, in: Der Spiegel vom 12.7.1961, S. 10–12.

Dönhoff, Marion Gräfin, Wo beginnt die Freiheit? Antwort von Marion Gräfin Dönhoff auf den offenen Brief von Matthias Walden, in: Quick – Illustrierte für Deutschland vom 13.2.1966, S. 3.

–, Weltpolitik mit Fanfarenstößen. Der amerikanische Präsident Carter auf Irrwegen, in: Die Zeit vom 4.3.1977.

Dönhoff, Marion Gräfin/Leonhardt, Rudolf Walter/Sommer, Theo (Hrsg.), Reise in ein fernes Land. Bericht über Kultur, Wirtschaft und Politik in der DDR, Hamburg 1980 (1964).

Drewitz, Ingeborg, Vorwort, in: Jochen Maes (Hrsg.), Bund Freies Deutschland. Sammelbecken einer neuen Rechtspartei – mit einem Vorwort von Dr. Ingeborg Drewitz, Wuppertal 1974, S. 3f.

DW, »Das alles ist gespenstisch …«, in: Die Welt vom 26.3.1981.

Ehmke, Horst, Mittendrin. Von der Großen Koalition zur deutschen Einheit, Berlin 1994.

Eisenhower, Dwight D., Remarks at the Opening of the NATO Meetings in Paris. December 16, 1957, in: National Archives of the United States (Hrsg.), Public Papers of the Presidents of the United States. Dwight D. Eisenhower – 1957, Washington D.C. 1958, S. 835–842.

Fest, Joachim C., Das Dilemma des studentischen Romantizismus, in: Neue Rundschau 79 (1968), H. 3, S. 421–434.

–., Filbingers Uneinsichtigkeit, in: Frankfurter Allgemeine Zeitung vom 26.5.1978.

–, Der zerstörte Traum. Vom Ende des utopischen Zeitalters, Berlin 1991.

–, Ich nicht. Erinnerungen an eine Kindheit und Jugend, Reinbek bei Hamburg 2006.

Fircks, Otto Freiherr von/Knaute, Hans Joachim, Zu diesem Buch, in: dies. (Hrsg.), Eine deutsche Nation – Zwei deutsche Staaten. Meilensteine – Wege – Irrwege. Eine Dokumentation zu den Auseinandersetzungen über die neue Ost- und Deutschlandpolitik, Leer 1970, S. I–II.

Flaubert, Gustave, Die Briefe an Louise Colet. Mit allen erhaltenen Briefen und Tagebuchnotizen von Louise Colet an Gustave Flaubert und einem Vorwort von Julain Barnes, Zürich 1995.

Friedrich, Carl Joachim, Totalitäre Diktatur. In Zusammenarbeit mit Zbigniew K. Brzezinski, Stuttgart 1957.

Friedrich, Carl Joachim/Reifenberg, Reifenberg (Hrsg.), Sprache und Politik. Festgabe für Dolf Sternberger zum Sechzigsten Geburtstag, Heidelberg 1968.

Fukuyama, Francis, The End of History?, in: Center for the National Interest (1989), H. 16 (Summer 1989), S. 3–18.

–, The End of History and the Last Man, New York 2006 (1992).

g. r., »Fünf nach Zehn«. Die gebeutelte Nation, in: Frankfurter Allgemeine Zeitung vom 10.9.1981.

Grass, Günter, Das Gewissen der SPD, in: Die Zeit vom 9.12.1966.

–, »Gewalttätigkeit ist wieder gesellschaftsfähig«. Günter Graß zum 1. Mai über Staat, Springer und Studenten, in: Der Spiegel vom 6.5.1968, S. 52–58.

Grewe, Wilhelm G., Rückblenden. 1976-1951, Frankfurt am Main 1979.

Gross, Johannes, Fernseh-Wahlprognose: Die CDU gewinnt, in: Capital – Das deutsche Wirtschaftsmagazin (1969), September, S. 32–33.

–, Notizbuch, Stuttgart 1985.

Grubbe, Peter, Freiheit, die ich meine, in: Der Monat 17 (1965), H. 199, S. 88–94.

–, Grubbes Antwort, in: Der Monat (1965), H. 202, S. 88–90.

Guttenberg, Karl Theodor Freiherr zu, Leserbrief zu der Kolumne von Matthias Walden vom 9. Februar 1964, in: Quick – Illustrierte für Deutschland vom 8.3.1964, S. 3.

–, Fußnoten, Stuttgart 1971.

Habe, Hans, Diskussion über »Staat und Intellektuelle«. Beitrag Hans Habe, in: Tribüne – Zeitschrift zum Verständnis des Judentums 5 (1966), H. 17, S. 1800.

Habermas, Jürgen, Brief an C. Grossner vom 13.5.1968, in: ders. (Hrsg.), Kleine Politische Schriften I–IV, Frankfurt am Main 1981, 215f.
–, Diskussionsbeitrag auf dem Kongress ›Hochschule und Demokratie‹ am 9. Juni 1967 in Hannover, in: ders. (Hrsg.), Kleine Politische Schriften I–IV, Frankfurt am Main 1981, S. 213–215. ›‹
Haffner, Sebastian, Geduldete Brutalität, in: Die Welt vom 21.8.1962, S. 3.
–, Geteilt in alle Ewigkeit?, in: Stern vom 24.3.1963, S. 36–44.
–, Die Deutschen und ihre Kommunisten, in: Stern vom 5.5.1963, S. 10f.
–, Neujahrsvorsatz, fortgesetzt, in: Stern vom 19.1.1964, S. 6f.
–, Die sieben Todsünden des Deutschen Reiches. Grundfehler deutscher Politik nach Bismarck - damals und auch heute, Hamburg 1965.
–, Ausgerechnet Rumänien, in: Stern vom 25.9.1966, S. 184f.
–, Abgestandene Propaganda, in: Stern vom 13.9.1970, S. 158f.
–, Falsche Solidarität, in: Stern vom 20.2.1972, S. 150.
–, Wo Bismarck und Adenauer scheiterten, in: Stern vom 1.10.1972, S. 194.
Hahn, Hans H., Konrad-Adenauer-Preis. »Aufatmen in der Wirrnis«, in: Vorwärts – Sozialdemokratische Wochenzeitung vom 11.5.1972.
Harpprecht, Klaus, Viele Grüße an die Freiheit. Aus einem transatlantischen Tagebuch, Stuttgart 1964.
–, Schräges Licht. Erinnerungen ans Überleben und Leben, Frankfurt am Main 2015 (2014).
Henkys, Reinhard, Grenzüberschreitung, in: Berliner Kirchenreport vom 5.9.1977.
Henseleit, Felix, … und doch ist dies der alte Schauplatz noch … – Das Berliner Zeitungsviertel damals und heute. Sonderdruck für die Freunde unseres Hauses, Berlin 1965.
Hermann, Kai, Sieg der Kalten Krieger. Die SED hält Scherbengericht, in: Die Zeit vom 26.12.1965.
Hertz-Eichenrode, Wilfried, Ein Deutscher im geteilten Vaterland, in: Die Welt vom 19.11.1984.
Hinz, Thorsten, »Die Contrebande, die mit mir reist …«. »… die hab ich im Kopfe stecken«: Noch mit achtzig Jahren trotzt Hans-Dietrich Sander allen Anfeindungen, in: Junge Freiheit vom 13.6.2008.
Hochhuth, Rolf, »Der Klassenkampf ist noch nicht zu Ende«, in: Der Spiegel vom 26.5.1965, S. 28–44.
Hoegner, Wilhelm, Leserbrief zu der Kolumne von Matthias Walden vom 9. Februar 1964, in: Quick – Illustrierte für Deutschland vom 8.3.1964, S. 3.
Hofstätter, Peter R., Bewältigte Vergangenheit?, in: Die Zeit 24 vom 14.6.1963.
Institut für Demoskopieforschung Allensbach, Jahrbuch der Öffentlichen Meinung. Band 5: 1968–1973, Allensbach/Bonn 1974.
–, Tabelle: Umfrage über Wiedervereinigung und Grundlagenvertrag, Dezember 1972, in: Mathias Friedel (Hrsg.), Von der Teilung zur Wiedervereinigung. Dokumente zur Deutschen Frage in der Zeit des Kalten Krieges (1945–1989/90), Wiesbaden 2009, S. 229.

Jacobi, Claus, Der Verleger Axel Springer. Eine Biographie aus der Nähe, München 2005.

Jaene, Hans Dieter, Der Chefkommentator. Ausgewogenheit beim Rundfunkt tut not, in: Berliner Liberale Zeitung vom 23.1.1970.

–, Matthias Walden will nicht diskutieren, in: Berliner Liberale Zeitung vom 6.2.1970.

Jansen, Detlev, Herrn Waldens Gewerbe, in: Das Berliner Wort – Liberale Zeitung vom 6.9.1968.

Jaspers, Karl, Wohin treibt die Bundesrepublik?, München 1966.

Jünger, Ernst, Auf den Marmorklippen (1939), in: Helmuth Kiesel (Hrsg.), Ernst Jünger: Auf den Marmorklippen. Mit Materialien zu Entstehung, Rezeption und Debatte, Stuttgart 2017, S. 7–111.

Jünger, Friedrich Georg, Die Perfektion der Technik, Frankfurt am Main 1968 (erstmals 1946).

Kantorowicz, Alfred, Einführung, in: Ost und West (1947), H. 1, S. 3–8.

Kantorowicz, Alfred, Vom moralischen Gewinn der Niederlage. Artikel und Ansprachen, Berlin (Ost) 1949.

Kellerhoff, Sven Felix, Sein Lebensthema war Deutschland. Vor 30 Jahren starb der visionäre Journalist Matthias Walden. Er ahnte die Einheit voraus, in: Die Welt vom 17.11.2014.

Kennedy, John F., Inaugural Address. January 20, 1961, in: U.S. Government (Hrsg.), Public Papers of the Presidents of the United States: John F. Kennedy. 1961, Washington 1962, S. 1–3.

Kennedy, John F., Radio and Television Report to the American People on the Berlin Crisis. July 25, 1961, in: U.S. Government (Hrsg.), Public Papers of the Presidents of the United States: John F. Kennedy. 1961, Washington 1962, S. 533–540.

Kennedy, John F., Rede in der Freien Universität Berlin. 26. Juni 1963, in: Bundesministerium für innerdeutsche Beziehungen (Hrsg.), Dokumente zur Deutschlandpolitik. IV. Reihe / Band 9, Frankfurt am Main 1978, S. 463–467.

Kiesinger, Kurt Georg, Die Regierungserklärung der Großen Koalition. 13. Dezember 1966, in: Dieter Oberndörfer (Hrsg.), Die Große Koalition 1966–1969. Reden und Erklärungen des Bundeskanzlers, Stuttgart 1979.

Kirk, Russel, The Conservative Mind. From Burke to Eliot – Seventh revised Edition, Washington D.C. 1995 (erstmals erschienen 1953).

Kissinger, Henry A., Memoiren. 1968-1973, München 1979.

Kohut, Oswald A., Leserbrief zu der Kolumne von Matthias Walden vom 9. Februar 1964, in: Quick – Illustrierte für Deutschland vom 8.3.1964, S. 3.

Krämer-Badoni, Rudolf, Die Barbaren waren wir, in: Der Spiegel vom 21.11.1966, S. 58.

Kreiler, Kurt (Hrsg.), Sie machen uns langsam tot. Zeugnisse politischer Gefangener in Deutschland 1780-1980, München 1983.

Kristol, Irving, Neoconservatism. The Autobiography of an Idea, New York 1995.

Krüger, Horst, Nur moralisch? Anmerkungen zur Einschätzung der Intellektuellen in Deutschland, in: Tribüne – Zeitschrift zum Verständnis des Judentums 5 (1967), H. 17, S. 1790–1793.

Lange, Ansgar, Der konservative Moralist. Autorenporträt zum 20. Todestag von Matthias Walden, in: Criticón (2004/2005), H. 184, S. 33–37.
–, Vorbereitung auf den Ernstfall. Der pessimistische Publizist Winfried Martini, in: Criticón (2004), 182/183, S. 56–60.
Lange, Nils, Politik braucht Führung, keine Deals. Wie hätte er über Trump geurteilt? Der ehemalige WELT-Herausgeber Matthias Walden trat fast vier Jahrzehnte für ideelle Werte in der Politik ein. Heute wäre er 90 Jahre alt geworden, in: Die Welt vom 16.5.2017.
Leick, Romain/Houellebecq, Michel, »Autor der totalen Schlaffheit«. Gespräch mit Michel Houellebecq, in: Der Spiegel vom 21.10.2017.
Lemmer, Ernst (Hrsg.), Berlin. Am Kreuzweg Europas – Am Kreuzweg der Welt, Berlin 1961.
Lewis, C.S., Die Abschaffung des Menschen, Regensburg 2020 (erstmals engl. 1943).
Leonhardt, Rudolf Walter, Der Fall Hofstätter. Notwendiger Widerspruch – Verständliche Empörung – Unkontrollierte Hysterie, in: Die Zeit 36 vom 6.9.1963.
Löwenthal, Richard, Der romantische Rückfall. Wege und Irrwege einer rückwärts gewendeten Revolution, Stuttgart 1970.
–, Faschismus – Bolschewismus – Totalitarismus. Schriften zur Weltanschauungsdiktatur im 20. Jahrhundert. Herausgegeben und eingeleitet von Mike Schmeitzner, Göttingen 2009.
Maack, Benjamin, SPIEGEL Online. Legendäres Stones-Konzert – »Vier Stunden hat die Schlacht getobt« (2012). http://www.spiegel.de/einestages/rolling-stones-konzert-in-der-waldbuehne-a-947634.html (23. Oktober 2019).
Maes, Jochen (Hrsg.), Bund Freies Deutschland. Sammelbecken einer neuen Rechtspartei – mit einem Vorwort von Dr. Ingeborg Drewitz, Wuppertal 1974.
Mann, Golo, Entwicklungshilfe für die Sowjetzone? Leserbrief, in: Quick – Illustrierte für Deutschland vom 25.7.1965, S. 3.
–, Die Ostpolitik ist im Bismarckschen Sinn Realpolitik, in: Die Welt vom 17.1.1972.
–, Quo usque tandem?, in: Die Welt vom 7.9.1977.
Martini, Winfried, Das Ende aller Sicherheit. Eine Kritik des Westens, Stuttgart 1954.
Mauersberger, Volker, Der Zeit vorangehen. »Kursbuch«: eine Zeitschrift der marxistisch orientierten Linken, in: Die Zeit vom 26.5.1972.
Mende, Erich, Die FDP. Daten, Fakten, Hintergründe, Stuttgart 1972.
Merseburger, Peter, Der aufrechte Moralist, in: Bettina von Saß (Hrsg.), »Er war ein guter Feind«. Zum 15. Todestag von Matthias Walden äußern sich seine Kritiker, Berlin 1999, S. 107–110.
Mohler, Armin, Was die Deutschen fürchten. Angst vor der Politik – Angst vor der Geschichte – Angst vor der Macht, Stuttgart 1966.
–, Vergangenheitsbewältigung. Von der Läuterung zur Manipulation, Stuttgart 1968.
–, Konservativ 1969, in: Hans Julius Schoeps/Christopher Dannemann (Hrsg.), Formeln deutscher Politik. Sechs Praktiker stellen sich: Walter Scheel, Hans Reif, Freiherr von und zu

Guttenberg, Armin Mohler, Günther Müller, Hans-Jürgen Wischnewski, München und Esslingen 1969, S. 91–118.

–, Von rechts gesehen, Stuttgart 1974.

Morhard, Erwin, Sebastian Haffners Umweg, in: Rheinischer Merkur vom 8.5.1964.

Müller, Hans Dieter, Der Springer-Konzern. Eine kritische Studie, München 1968.

Müller, Josef, Leserbrief zu der Kolumne von Matthias Walden vom 9. Februar 1964, in: Quick – Illustrierte für Deutschland vom 8.3.1964, S. 3.

Neumann, Robert, Ein leichtes Leben. Bericht über mich selbst und Zeitgenossen, München – Wien – Basel 1963.

–, Antwort auf den offenen Brief von Matthias Walden, in: Quick – Illustrierte für Deutschland vom 25.7.1965, S. 34.

–, Vielleicht das Heitere. Tagebuch aus einem andern Jahr, München – Wien – Basel 1968.

Ortega y Gasset, José, Der Aufstand der Massen (1930), in: ders. (Hrsg.), Die Hauptwerke, Stuttgart 1983, S. 11–232.

Paloczi-Horvath, Georg, Chruschtschow, Frankfurt am Main 1960.

Rabehl, Bernd, Karl Marx und der SDS, in: Der Spiegel vom 29.4.1968, S. 86.

Ranke, Leopold von, Ueber die Trennung und die Einheit von Deutschland, in: ders. (Hrsg.), Historisch-Politische Zeitschrift. Band 1, Hamburg 1832, S. 340–388.

Rat der Evangelischen Kirche in Deutschland, Die Lage der Vertriebenen und das Verhältnis des deutschen Volkes zu seinen östlichen Nachbarn. Eine evangelische Denkschrift (1965). http://www.ekd.de/EKD-Texte/45952.html (27. Oktober 2014).

Rinné, Erik, Denn sie wissen, was sie tun, in: Das freie Wort vom 23.1.1960.

Rost, Alexander, Der Libero im Springer-Haus. Anmerkungen zu einem Buch von Matthias Walden, in: Die Zeit vom 18.7.1980.

Rostow, Walt W., The Diffusion of Power. An Essay in Recent History, New York 1972.

Sander, Hans-Dietrich, Drehen, umdrehen, verdrehen. Zeitgeschichte im Fernsehen, in: Die Welt vom 1.9.1962.

–, Lieben Sie Fernsehen? Wie es uns mißfällt!, in: Kristall – Die außergewöhnliche Illustrierte (1963), H. 10, S. 6–10.

Saß, Bettina von (Hrsg.), »Er war ein guter Feind«. Zum 15. Todestag von Matthias Walden äußern sich seine Kritiker, Berlin 1999.

Schacht, Hjalmar, Abrechnung mit Hitler, in: Die Zeit vom 30.9.1948.

Schlamm, William S., Die jungen Herren der alten Erde. Vom neuen Stil der Macht, Stuttgart 1962.

Schlesinger Jr., Arthur M., A thousand days. John F. Kennedy in the White House, London 1965.

–, A Life in the 20th Century. Innocent Beginnings, 1917-1950, New York 2000.

–, The Vital Center. The Politics of Freedom, Boston 2009 (1949).

Schmid, Thomas, Das erste Opfer des Linksterrorismus, in: Die Welt vom 14.11.2010.

Schmidt, Helmut, Diskussion über »Staat und Intellektuelle«. Beitrag Helmut Schmidt, in: Tribüne 5 (1966), H. 17, S. 1797f.

–, Vorwort, in: Bettina von Saß (Hrsg.), »Er war ein guter Feind«. Zum 15. Todestag von Matthias Walden äußern sich seine Kritiker, Berlin 1999, S. 7–12.

Schultze, Peter, Die schönsten Jahre meines Lebens?, in: Bettina von Saß (Hrsg.), »Er war ein guter Feind«. Zum 15. Todestag von Matthias Walden äußern sich seine Kritiker, Berlin 1999, S. 111–116.

Schulz, Klaus Peter, Berlin – A Peculiar City, in: Berlin im Spiegel (1962), Sonderheft USA, S. 9–11.

–, Ich warne, Stuttgart 1972.

Schütz, Wilhelm Wolfgang, Deutschland-Memorandum. Eine Denkschrift und ihre Folgen, Frankfurt am Main 1968.

Schwenger, Hannes, Übertreibungen und Unterstellungen, in: Spandauer Volksblatt vom 30.5.1965.

Siedler, Wolf Jobst, Behauptungen, Wiesbaden und München 1987 (erste Auflage 1965).

Sommer, Theo (Hrsg.), Denken an Deutschland, Hamburg 1966.

–, Denken an Deutschland, in: ders. (Hrsg.), Denken an Deutschland, Hamburg 1966, S. 11–34.

–, Weg mit den heiligen Kühen, in: Die Zeit vom 10.6.1966.

–, Die Vernunft blieb auf der Strecke. Die Oster-Rebellion. Herausforderung an unsere Demokratie, in: Die Zeit vom 19.4.1968.

–, Uneinsichtig bis zum Ende, in: Die Zeit vom 14.7.1978.

–, Die permanenten Provisorien, in: Marion Gräfin Dönhoff/Rudolf Walter Leonhardt/Theo Sommer (Hrsg.), Reise in ein fernes Land. Bericht über Kultur, Wirtschaft und Politik in der DDR, Hamburg 1980 (1964), S. 152–155.

Sontheimer, Kurt, Das Elend unserer Intellektuellen. Linke Theorie in der Bundesrepublik Deutschland, Hamburg 1976.

Sorensen, Theodore C., Kennedy, New York 2009 (1965).

SPD-Bundestagsfraktion, Zum BGH-Urteil Böll/SFB vom 1. Juni 1978, in: Norbert Bicher (Hrsg.), Mut und Melancholie. Heinrich Böll, Willy Brandt und die SPD. Eine Beziehung in Briefen, Texten, Dokumenten, Bonn 2017, S. 201–204.

Springer, Axel, Die Stärke, die allein den Frieden sichert, in: Welt am Sonntag vom 7.3.1976.

–, Berlin und die Einheit Deutschlands, in: Friedrich Zimmermann (Hrsg.), Anspruch und Leistung. Widmungen für Franz Josef Strauß, Stuttgart 1980, S. 143–150.

–, Berlin, 6. Oktober 1966, in: Matthias Döpfner (Hrsg.), Axel Springer – Neue Blicke auf den Verleger. Eine Edition aktueller Autorenbeiträge und eigener Texte, Berlin 2005, S. 183–186.

Staadt, Jochen, Bundespräsidenten-Kandidatin Klarsfeld. Besuch der alten Dame, in: Frankfurter Allgemeine Sonntagszeitung vom 4.3.2012.

Stenke, Wolfgang, Wandel durch Annäherung (2013). http://www.deutschlandfunk.de/wandel-durch-annaeherung.871.de.html?dram:article_id=254006 (23. Oktober 2019).
Sternberger, Dolf, Das Vaterland (1959), in: ders. (Hrsg.), Schriften X. Verfassungspatriotismus, Frankfurt am Main 1990, S. 11–12.
–, Die neue Politie. Vorschläge zu einer Revision der Lehre vom Verfassungsstaat (1985), in: ders. (Hrsg.), Schriften X. Verfassungspatriotismus, Frankfurt am Main 1990, S. 156–231.
–, Verfassungspatriotismus (1979), in: ders. (Hrsg.), Schriften X. Verfassungspatriotismus, Frankfurt am Main 1990, S. 13–16.
Strothmann, Dietrich, Die letzten aufrechten Rechten. Stimmen auf Kosten der CDU, in: Die Zeit vom 28.2.1975.
Studnitz, Hans-Georg von, Bismarck in Bonn. Bemerkungen zur Außenpolitik, Stuttgart 1964.
–, Die Freiheit, die wir meinen, in: Konservativ heute (1970), H. 1, S. 4–6.
Sulzberger, Cyrus L., German Red Chief bars Unification, in: New York Times vom 23.11.1972.
Tetens, T. H., The new Germany and the old Nazis, New York 1961.
Weber, Max, Politik als Beruf, Stuttgart 2008 (erstmals 1919).
Wehner, Herbert, Telegramm an Heinrich Böll vom 30. Mai 1978, in: Norbert Bicher (Hrsg.), Mut und Melancholie. Heinrich Böll, Willy Brandt und die SPD. Eine Beziehung in Briefen, Texten, Dokumenten, Bonn 2017, S. 200.
Weizsäcker, Richard von, Vier Zeiten. Erinnerungen, München 2010 (1997).
Wirsing, Giselher, Der masslose Kontinent. Roosevelts Kampf um die Weltherrschaft, Jena 1942.
Wischnewski, Hans-Jürgen, Gleichgeschaltet?, in: Welt der Arbeit vom 23.1.1970.
Wittgenstein, Ludwig, Vermischte Bemerkungen. Eine Auswahl aus dem Nachlass. Herausgegeben von George Henrik Wright, Frankfurt am Main 1977.
Wrangel, Olaf von, Laudatio auf Matthias Walden, in: Deutschland-Stiftung E.V. (Hrsg.), Festschrift zur Verleihung der Konrad-Adenauer-Preise 1972. Für Wissenschaft, Politik und Publizistik.
–, Aufzeichnungen und Erinnerungen, Boppard am Rhein 1995.
Zehrer, Hans, Was will Rußland?, in: Die Welt vom 2.7.1955.
–, Hintergründe der Sowjetpolitik, in: Die Welt vom 20.7.1955.
–, Ein Abend in der Moskauer Oper, in: Die Welt vom 21.7.1955.
Zimmer, Dieter E., Misthaufen, in: Die Zeit vom 4.4.1975.

Literatur

o. A., Eine Chronik von den Anfängen bis heute, in: Peter Kröger (Hrsg.), Mehr als ein halbes Leben. 50 Jahre Sender Freies Berlin, Berlin 2003, S. 11–99.

–, Einleitung. Zur Topologie des RAF-Terrorismus, in: Wolfgang Kraushaar (Hrsg.), Die RAF und der linke Terrorismus. Band 1, Hamburg 2006, S. 13–61.
–, Sach- und Worterläuterungen, in: Helmuth Kiesel (Hrsg.), Ernst Jünger: Auf den Marmorklippen. Mit Materialien zu Entstehung, Rezeption und Debatte, Stuttgart 2017, S. 125–145.
Abelshauser, Werner, Markt und Staat. Deutsche Wirtschaftspolitik im ›langen 20. Jahrhundert‹, in: Reinhard Spree (Hrsg.), Geschichte der deutschen Wirtschaft im 20. Jahrhundert, München 2001, S. 117–140.
Ackermann, Ulrike, Sündenfall der Intellektuellen. Ein deutsch-französischer Streit von 1945 bis heute, Stuttgart 2000.
Ahrberg, Edda/Hollitzer, Tobias/Hertle, Hans-Hermann, Die Toten des Volksaufstandes vom 17. Juni 1953, im Dossier »Der Aufstand des 17. Juni 1953« der Bundeszentrale für politische Bildung (2013). http://www.bpb.de/geschichte/deutsche-geschichte/der-aufstand-des-17-juni-1953/152604/die-toten-des-volksaufstandes?p=all (18. Oktober 2019).
Asmussen, Nils, Hans-Georg von Studnitz. Ein Konservativer Journalist im Dritten Reich und in der Bundesrepublik, in: Vierteljahreshefte für Zeitgeschichte 45 (1997), H. 1, S. 75–119.
Aust, Stefan, Der Baader-Meinhof-Komplex, Hamburg 1997 (erweiterte und aktualisierte Ausgabe).
Baacke, Dieter, Beat – die sprachlose Opposition, München 1968.
Bahrmann, Hannes, Abschied vom Mythos. Sechs Jahrzehnte kubanische Revolution – Eine kritische Bilanz, Bonn 2017 (Lizenzausgabe für die Bundeszentrale für politische Bildung; ursprünglich 2016).
Bald, Detlef, Die Bundeswehr. Eine kritische Geschichte 1955–2005, München 2005.
Bamberg, Hans-Dieter, Die Deutschland-Stiftung e.V. Studien über Kräfte der »demokratischen Mitte« und des Konservatismus in der Bundesrepublik Deutschland, Meisenheim am Glan 1978.
Bange, Oliver, Das Ende des Prager Frühlings 1968 und die bundesdeutsche Ostpolitik, in: Bernd Greiner/Christian Th. Müller/Dierk Walter (Hrsg.), Krisen im Kalten Krieg. Studien zum Kalten Krieg Band 2, Bonn 2009 (erstmals 2008), S. 411–445.
Baring, Arnulf, Machtwechsel. Die Ära Brandt-Scheel, Stuttgart 1982.
Baron, Udo, Kalter Krieg und heisser Frieden. Der Einfluss der SED und ihrer westdeutschen Verbündeten auf die Partei ›Die Grünen‹, Münster – Hamburg – London 2002.
Baus, Ralf, Die Gründung der Christlich-Demokratischen Union Deutschlands in Sachsen 1945, in: Historisch-Politische-Mitteilungen, Archiv für Christlich-Demokratische Politik 2 (1995), S. 83–117.
Bavaj, Riccardo, Intellectual History. Version 1.0, in: Docupedia-Zeitgeschichte, 13.9.2010, URL: http//docupedia.de/zg/Intellectual_History.
–, Die 68er-Bewegung – Ursprünge und Grundzüge des politischen Denkens der antiautoritären Führungsspitze um Rudi Dutschke, in: Riccardo Bavaj/Florentine Fritzen (Hrsg.),

Deutschland – ein and ohne revolutionäre Traditionen? Revolutionen im Deutschland des 10. und 20. Jahrhunderts im Lichte neuerer geistes- und kulturgeschichtlicher Erkenntnisse, Frankfurt am Main 2005, S. 121–135.

–, »68er« versus »45er«. Anmerkungen zu einer »Generationenrevolte«, in: Heike Hartung/Dorothea Reinmuth/Christiane Streubel/Angelika Uhlmann (Hrsg.), Graue Theorie. Die Kategorien Alter und Geschlecht im kulturellen Diskurs, Köln - Weimar - Wien 2007, S. 53–76.

Beier, Gerhard, Paul Löbe, in: Manfred Asendorf/Rolf von Bockel (Hrsg.), Demokratische Wege. Deutsche Lebensläufe aus fünf Jahrhunderten, Stuttgart 1997, S. 393–395.

Békés, Csaba, East Central Europe, 1953–1956, in: Melvyn P. Leffler/Odd Arne Westad (Hrsg.), The Cambridge History of the Cold War. Volume I: Origins, Cambridge 2010, S. 334–352.

Berg, Manfred, »Ink for Jack«: John F. Kennedy and the Promise of Racial Liberalism, in: Manfred Berg/Andreas Etges (Hrsg.), John F. Kennedy and the »Thousand Days«. New Perspectives on the Foreign and Domestic Policies of the Kennedy Administration, Heidelberg 2007, S. 221–242.

–, Geschichte der USA, München 2013.

Berndt, Juliane, »Ich weiß, ich kein Bequemer …«. Heinz Galinski – Mahner, Streiter, Stimmer der Überlebenden. Hg. von Andreas Nachama, Berlin 2012.

Bernecker, Walter L., Willy Brandt y la Guerra Civil Española, in: Iberoamericana (1983), H. 2/3, S. 5–21.

Bialas, Wolfgang, Ostdeutsche Intellektuelle und der gesellschaftliche Umbruch der DDR, in: Geschichte und Gesellschaft 33 (2007), H. 2, S. 289–308.

Bicher, Norbert, Resignieren sollten Sie nicht, ich habe es auch nicht getan …, in: ders. (Hrsg.), Mut und Melancholie. Heinrich Böll, Willy Brandt und die SPD. Eine Beziehung in Briefen, Texten, Dokumenten, Bonn 2017, S. 11–55.

Bienert, Michael C./Schreckenbach, Hans-Joachim, Das Land und die Bezirke. Brandenburg in den Jahren der SBZ/DDR (1945-1989/90), in: Friedrich Beck/Manfred Görtemaker/Kristina Hübener/Klaus Neitmann (Hrsg.), Brandenburg. Neues altes Land – Geschichte und Gegenwart, Berlin 2010, S. 99–127.

Biess, Frank, Republik der Angst. Eine andere Geschichte der Bundesrepublik, Reinbek bei Hamburg 2019.

Boge, Birgit, Die Anfänge von Kiepenheuer & Witsch. Joseph Caspar Witsch und die Etablierung des Verlags (1948 - 1959), Wiesbaden 2009.

Bösch, Frank, Das konservative Milieu. Vereinskultur und lokale Sammlungspolitik in ost- und westdeutschen Regionen (1900-1960), Göttingen 2002.

–, Die Krise als Chance. Die Neuformierung der Christdemokraten in den siebziger Jahren, in: Konrad H. Jarausch (Hrsg.), Das Ende der Zuversicht? Die siebziger Jahre als Geschichte, Göttingen 2008, S. 296–309.

–, Später Protest. Die Intellektuellen und die Pressefreiheit in der frühen Bundesrepublik, in: Dominik Geppert/Jens Hacke (Hrsg.), Streit um den Staat. Intellektuelle Debatten in der Bundesrepublik 1960-1980, Göttingen 2008, S. 91–112.

–, Die SPIEGEL-Affäre und das Ende der Ära Adenauer, in: Martin Doerry/Hauke Janssen (Hrsg.), Die Spiegel-Affäre. Ein Skandal und seine Folgen, München 2013, S. 215–230.

–, Campaigning Against »Red Public Television«: Conservative Mobilization and the Invention of Private Television in West Germany, in: Anna von der Goltz/Britta Waldschmidt-Nelson (Hrsg.), Inventing the Silent Majority in Western Europe and the United States. Conservatism in the 1960s and 1970s, Washington D.C. 2017, S. 275–294.

Bösch, Frank/Hertfelder, Thomas/Metzler, Gabriele, Grenzen des Neoliberalismus. Der Wandel des Liberalismus im späten 20. Jahrhundert, in: dies. (Hrsg.), Grenzen des Neoliberalismus. Der Wandel des Liberalismus im späten 20. Jahrhundert, Stuttgart 2018, S. 13–36.

Bösch, Frank/Hoeres, Peter (Hrsg.), Außenpolitik im Medienzeitalter: vom späten 19. Jahrhundert bis zur Gegenwart, Göttingen 2013.

Bracher, Karl Dietrich, Zeit der Ideologien. Eine Geschichte des politischen Denkens im 20. Jahrhundert, Stuttgart 1982.

Brechenmacher, Thomas/Wolffsohn, Michael, Denkmalsturz? Brandts Kniefall, München 2005.

Brechenmacher, Thomas, Die Bonner Republik. Politisches System und innere Entwicklung der Bundesrepublik, Berlin 2010.

Brockmann, Stephen, James Burnham und der deutsche Nachkriegskonservatismus, in: Peter Uwe Hohendahl/Erhard Schütz (Hrsg.), Perspektiven konservativen Denkens. Deutschland und die Vereinigten Staaten nach 1945, Bern 2012, S. 195–212.

Bührer, Werner, Abschied von der Suprantionalität. Deutsche Europapolitik und europäische Integration 1958–1972, in: Axel Schildt/Detlef Siegfried/Karl Christian Lammers (Hrsg.), Dynamische Zeiten. Die 60er Jahre in beiden deutschen Gesellschaften, Hamburg 2000, S. 248–272.

Cartier, Jean-Pierre, Der Erste Weltkrieg: 1914–1918, München – Zürich 1984.

Catudal, Honoré M., Kennedy in der Mauer-Krise: Eine Fallstudie zur Entscheidungsfindung in USA, Berlin 1981.

Chiari, Bernhard, Kabul, 1979: Militärische Intervention und das Scheitern der sowjetischen Dritte-Welt-Politik in Afghanistan, in: Andreas Hilger (Hrsg.), Die Sowjetunion und die Dritte Welt. UdSSR, Staatssozialismus und Antikolonialismus im Kalten Krieg 1945–1991, München 2009, S. 259–280.

Clark, Christopher, Josef »Sepp« Dietrich. Landsknecht im Dienste Hitlers, in: Ronald Smelser/Enrico Syring (Hrsg.), Die SS: Elite unter dem Totenkopf. 30 Lebensläufe, Paderborn 2000, S. 119–131.

Collini, Stefan, Absent minds. Intellectuals in Britain, Oxford 2006.

Creuzberger, Stefan, Kampf für die Einheit. Das gesamtdeutsche Ministerium und die politische Kultut des Kalten Krieges 1949–1969, Düsseldorf 2008.

–, Westintegration und Neue Ostpolitik. Die Außenpolitik der Bonner Republik, Berlin 2009.

–, Kampf gegen den inneren Feind. Das gesamtdeutsche Ministerium und der staatlich gelenkte Antikommunismus in der Bundesrepublik Deutschland, in: Stefan Creuzberger/Dierk Hoffmann (Hrsg.), »Geistige Gefahr« und »Immunisierung der Gesellschaft«. Antikommunismus und politische Kultur in der frühen Bundesrepublik, München 2014, S. 87–104.

Deane, Seamus, Burke in the United States, in: David Dwan (Hrsg.), The Cambridge companion to Edmund Burke, Cambridge 2012, S. 221–233.

Doering-Manteuffel, Anselm, Wie westlich sind die Deutschen? Amerikanisierung und Westernisierung im 20. Jahrhundert, Göttingen 1999.

Doering-Manteuffel, Anselm, Eine neue Stufe der Verwestlichung? Kultur und Öffentlichkeit in den 60er Jahren, in: Axel Schildt/Detlef Siegfried/Karl Christian Lammers (Hrsg.), Dynamische Zeiten. Die 60er Jahre in beiden deutschen Gesellschaften, Hamburg 2000, S. 661–672.

–, Westernisierung. Politisch-ideeller und gesellschaftlicher Wandel in der Bundesrepublik bis zum Ende der 60er Jahre, in: Axel Schildt/Detlef Siegfried/Karl Christian Lammers (Hrsg.), Dynamische Zeiten. Die 60er Jahre in beiden deutschen Gesellschaften, Hamburg 2000, S. 311–341.

–, Anselm, Amerikanisierung und Westernisierung. Version 1.0, in: Docupedia-Zeitgeschichte (2011). http://docupedia.de/zg/Amerikanisierung_und_Westernisierung (23. Oktober 2019).

–, Der Antikommunismus in seiner Epoche, in: Norbert Frei/Dominik Rigoll (Hrsg.), Der Antikommunismus in seiner Epoche. Weltanschauung und Politik in Deutschland, Europa und den USA, Göttingen 2017, S. 11–29.

Dornhof, Dorothea, »Ein fremdes ganz vertrautes Land«. Ingeborg Drewitz – als Mittlerin zwischen BRD und DDR, in: Barbara Becker-Cantarino (Hrsg.), »Von der Unzerstörbarkeit des Menschen«. Ingeborg Drewitz im literarischen und politischen Feld der 50er bis 80er Jahre, Bern 2005, S. 93–106.

Dwan, David/Insole, Christopher J., Introduction: Philosophy in Action, in: David Dwan (Hrsg.), The Cambridge companion to Edmund Burke, Cambridge 2012, S. 1–14.

Ehrman, John, The Rise of Neoconservatism. Intellectuals and Foreign Affairs 1945-1994, New Haven 1995.

Eibl, Franz, Politik der Bewegung. Gerhard Schröder als Außenminister 1961–1966, München 2001.

Erhard, Volker, Die Schollwer-Papiere von 1962 und 1967. Meilensteine auf dem Weg der FDP zur Neuen Deutschland- und Ostpolitik, in: Reinhard Hübsch/Jürgen Fröhlich (Hrsg.), Deutsch-deutscher Liberalismus im Kalten Krieg. Zur Deutschlandpolitik der Liberalen 1945–1970, Potsdam 1997, S. 237–251.

Faulenbach, Bernd, Das sozialdemokratische Jahrzehnt. Von der Reformeuphorie zur Neuen Unübersichtlichkeit – Die SPD 1969–1982, Bonn 2011.

Fichter, Tilman P./Lönnendonker, Siegward, Kleine Geschichte des SDS. Der Sozialistische Deutsche Studentenbund von Helmut Schmidt bis Rudi Dutschke, Essen 2007 (4. überarbeitete und ergänzte Auflage).

Fink, Carole, Turning Away from the Past: West Germany and Israel, 1965–1967, in: Philipp Gassert/Alan E. Steinweis (Hrsg.), Coping with the Nazi Past. West German Debates on Nazism and Generational Conflict, 1955–1975, New York / Oxford 2006, S. 276–293.

Flügge, Manfred, Heinrich Mann. Eine Biographie, Reinbek bei Hamburg 2006.

Foitzik, Jan/Petrow, Nikita W., Die sowjetischen Geheimdienste in der SBZ/DDR von 1945 bis 1953, Berlin/New York 2009.

Francis, Samuel, Thinkers of our Time. James Burnham, London 1999.

Frei, Norbert, Vergangenheitspolitik. Die Anfänge der Bundesrepublik und die NS-Vergangenheit, München 2012.

Frey, Marc, Geschichte des Vietnamkriegs. Die Tragödie in Asien und das Ende des amerikanischen Traums, München 2000 (5., durchgesehene und aktualisierte Auflage).

Fromm, Rainer, Die »Wehrsportgruppe Hoffmann«: Darstellung, Analyse und Einordnung. Ein Beitrag zur Geschichte des deutschen und europäischen Rechtsextremismus, Frankfurt am Main 1998.

Gaddis, John Lewis, Der Kalte Krieg. Eine neue Geschichte, München 2007.

Galle, Petra, RIAS Berlin und Berliner Rundfunk 1945–1949. Die Entwicklung ihrer Profile in Programm, Personal und Organisation vor dem Hintergrund des beginnenden Kalten Krieges, Münster – Hamburg – London 2003.

Galle, Petra/Schuster, Axel, Archiv- und Sammelgut des RIAS Berlin: ein Findbuch zum Bestand im Deutschen Rundfunkarchiv, Potsdam 2000.

Gallus, Alexander, Die Neutralisten. Verfechter eines vereinten Deutschland zwischen Ost und West 1945-1990, Düsseldorf 2001.

–, Biographisches Arbeiten als Methode: Politikwissenschaft (und Zeitgeschichte), in: Christian Klein (Hrsg.), Handbuch Biographie. Methoden, Traditionen, Theorien, Stuttgart 2009, S. 382–387.

–, »Intellectual History« mit Intellektuellen und ohne sie. Facetten neuerer geistesgeschichtlicher Forschung, in: Historische Zeitschrift 288 (2009), H. 1, S. 139–150.

–, Heimat «Weltbühne». Eine Intellektuellengeschichte im 20. Jahrhundert, Göttingen 2012.

– (Hrsg.), Helmut Schelsky – der politische Anti-Soziologe, Göttingen 2013.

–, Vier Möglichkeiten, die Intellectual History der Bundesrepublik zu ergründen. Überlegungen zur Erschließung eines Forschungsfeldes, in: Frank Bajohr/Anselm Doering-Manteuffel/Claudia Kemper/Detlef Siegfried (Hrsg.), Mehr als eine Erzählung. Zeitgeschichtliche Perspektiven auf die Bundesrepublik, Göttingen 2016, S. 287–300.

Gassert, Philipp, Antiamerikaner? Die deutsche Neue Linke und die USA, in: Jan C. Behrends/Árpád von Klimó/Patrice G. Poutrous (Hrsg.), Antiamerikanismus im 20. Jahrhundert. Studien zu Ost- und Westeuropa, Bonn 2005, S. 250–269.

–, Viel Lärm um Nichts? Der NATO-Doppelbeschluss als Katalysator gesellschaftlicher Verständigung in der Bundesrepublik, in: Philipp Gassert/Tim Geiger/Hermann Wentker (Hrsg.), Zweiter Kalter Krieg und Friedensbewegung. Der NATO-Doppelbeschluss in deutsch-deutscher und internationaler Perspektive, München 2011, S. 175–202.

–, Zwischen »Beschweigen« und »Bewältigen«. Die Auseinandersetzung mit dem Nationalsozialismus in der Ära Adenauer, in: Michael Hochgeschwender (Hrsg.), Epoche im Widerspruch - Ideelle und kulturelle Umbrüche der Adenauerzeit. Rhöndorfer Gespräche – Band 25, Bonn 2011, S. 183–205.

–, Bewegte Gesellschaft. Deutsche Protestgeschichte seit 1945, Stuttgart 2018.

Gassert, Philipp/Geiger, Tim/Wentker, Hermann, Zweiter Kalter Krieg und Friedensbewegung: Einleitende Überlegungen zum historischen Ort des NATO-Doppelbeschlusses von 1979, in: dies. (Hrsg.), Zweiter Kalter Krieg und Friedensbewegung. Der NATO-Doppelbeschluss in deutsch-deutscher und internationaler Perspektive, München 2011, S. 7–29.

Gati, Charles, Failed Illusions. Moscow, Washington, Budapest, and the 1956 Hungarian Revolt, Stanford 2006.

Geiger, Tim, Atlantiker gegen Gaullisten. Außenpolitischer Konflikt und innerparteilicher Machtkampf in der CDU/CSU 1958–1969, München 2008.

–, Die Regierung Schmidt-Genscher und der NATO-Doppelbeschluss, in: Philipp Gassert/Tim Geiger/Hermann Wentker (Hrsg.), Zweiter Kalter Krieg und Friedensbewegung. Der NATO-Doppelbeschluss in deutsch-deutscher und internationaler Perspektive, München 2011, S. 95–122.

Geppert, Dominik, Intellektuelle und Antikommunismus. Der Kongress für Kulturelle Freiheit und die Gruppe 47, in: Stefan Creuzberger/Dierk Hoffmann (Hrsg.), »Geistige Gefahr« und »Immunisierung der Gesellschaft«. Antikommunismus und politische Kultur in der frühen Bundesrepublik, München 2014, S. 321–333.

–, Bridge over troubled Water. German Left-Wing Intellectuals between ›East‹ and ›West‹, 1945–1949, in: Riccardo Bavaj/Martina Steber (Hrsg.), Germany and ›The West‹. The History of a Modern Concept, New York / Oxford 2015, S. 262–276.

Gettys, Sven-Daniel, Wie politisch darf die Kirche sein? Politisierungsdiskurse in protestantischen Zeitschriften (1967/78), in: Klaus Fitschen/Siegfried Hermle/Katharina Kunter/Claudia Lepp/Antje Roggenkamp-Kaufmann (Hrsg.), Die Politisierung des Protestantismus. Entwicklungen in der Bundesrepublik Deutschland während der 1960er und 70er Jahre, Göttingen 2011, S. 221–242.

Geyer, Andreas, Friedrich Georg Jünger. Werk und Leben, Wien 2007.

Gilcher-Holtey, Ingrid, Prolog, in: dies. (Hrsg.), Zwischen den Fronten. Positionskämpfe europäischer Intellektueller im 20. Jahrhundert, Berlin 2006, S. 9–21.

–, Theater und Politik: Bertolds Brechts ›Eingreifendes Denken‹, in: dies. (Hrsg.), Zwischen den Fronten. Positionskämpfe europäischer Intellektueller im 20. Jahrhundert, Berlin 2006, S. 117–151.

Gloy, Thomas, Im Dienst der Gemeinschaft. Zur Ordnung und Moral der Hitler-Jugend, Göttingen 2018.

Goltz, Anna von der, A Vocal Minority: Student Activism of the Center-Right and West Germany's 1968, in: Anna von der Goltz/Britta Waldschmidt-Nelson (Hrsg.), Inventing the Silent Majority in Western Europe and the United States. Conservatism in the 1960s and 1970s, Washington D.C. 2017, S. 82–104.

Gordon, Peter E., Contextualism and Critcism in the History of Ideas, in: Darrin McMahon/Samuel Moyn (Hrsg.), Rethinking Modern European Intellectual History, Oxford 2014, S. 32–55.

Görtemaker, Manfred, Die unheilige Allianz. Die Geschichte der Entspannungspolitik 1943-1979, München 1979.

–, Adenauer und die Amerikanische Deutschlandpolitik, in: Klaus Schwabe (Hrsg.), Adenauer und die USA. Rhöndorfer Gespräche – Band 14, Bonn 1994, S. 75–101.

–, Die Ursprünge der »neuen Ostpolitik« Willy Brandts, in: Arnd Bauerkämper/Martin Sabrow/Bernd Stöver (Hrsg.), Doppelte Zeitgeschichte. Deutsch-deutsche Beziehungen 1945–1990, Bonn 1998, S. 44–57.

–, Geschichte der Bundesrepublik Deutschland. Von der Gründung bis zur Gegenwart, München 1999.

Görtemaker, Manfred/Safferling, Christoph, Die Akte Rosenburg. Das Bundesministerium der Justiz und die NS-Zeit, München 2016.

Gottberg, Bernd, Die Gründung und die ersten Jahre der NDPD 1948–1954, in: Jürgen Frölich (Hrsg.), ›Bürgerliche‹ Parteien in der SBZ/DDR. Zur Geschichte von CDU, LDP(D), DBD und NDPD 1945 bis 1953, Köln 1995, S. 73–87. ›‹

Gotto, Bernhard, Enttäuschung in der Demokratie. Erfahrung und Deutung von politischem Engagement in der Bundesrepublik Deutschland während der 1970er und 1980er Jahre, Berlin 2018.

Grau, Andreas, Gegen den Strom. Die Reaktionen der CDU/CSU-Opposition auf die Ost- und Deutschlandpolitik der sozial-liberalen Koalition 1969–1973, Düsseldorf 2005.

–, Auf der Suche nach den fehlenden Stimmen 1972. Zu den Nachwirkungen des gescheiterten Misstrauensvotums Barzel/Brandt, in: Historisch-Politische-Mitteilungen, Archiv für Christlich-Demokratische Politik 16 (2009), S. 1–17.

Greiner, Bernd, Die Kuba-Krise. Die Welt an der Schwelle zum Atomkrieg, München 2010.

Greschat, Martin, Protestantismus und Evangelische Kirche in den 1960er Jahren, in: Axel Schildt/Detlef Siegfried/Karl Christian Lammers (Hrsg.), Dynamische Zeiten. Die 60er Jahre in beiden deutschen Gesellschaften, Hamburg 2000, S. 544–581.

Greven, Thomas, Die Republikaner. Anatomie einer amerikanischen Partei, München 2004.

Großbölting, Thomas, Der verlorene Himmel. Glaube in Deutschland seit 1945, Göttingen.

Grötzner, Björn, Outpost of Freedom. Ernst Reuters Amerikareisen 1949 bis 1953, Berlin 2014.

Hachmeister, Lutz, Ein deutsches Nachrichtenmagazin. Der frühe »Spiegel« und sein NS-Personal, in: Lutz Hachmeister/Friedmann Siering (Hrsg.), Die Herren Journalisten. Die Elite der deutschen Presse nach 1945, München 2002, S. 87–120.

Hachmeister, Lutz/Siering, Friedmann (Hrsg.), Die Herren Journalisten. Die Elite der deutschen Presse nach 1945, München 2002.

Hacke, Christian, Zur Weltmacht verdammt. Die amerikanische Außenpolitik von J. F. Kennedy bis G. W. Bush, Berlin – München 1997.

Hacke, Jens, Philosophie der Bürgerlichkeit. Die liberalkonservative Begründung der Bundesrepublik, Göttingen 2006.

–, Der Staat in Gefahr. Die Bundesrepublik der 1970er Jahre zwischen Legitimationskrise und Unregierbarkeit, in: Dominik Geppert/Jens Hacke (Hrsg.), Streit um den Staat. Intellektuelle Debatten in der Bundesrepublik 1960–1980, Göttingen 2008, S. 188–206.

–, Konservatismus des Standhaltens. Arnold Gehlens Analyse der modernen Industriegesellschaft, in: Peter Uwe Hohendahl/Erhard Schütz (Hrsg.), Solitäre und Netzweker. Akteure des kulturpolitischen Konservatismus nach 1945 in den Westzonen Deutschlands, Essen 2009, S. 121–134.

–, Nationale Traditionen und politische Öffnung nach Westen. Dolf Sternberger und Theodor Eschenburg als Nestoren der deutschen Politikwissenschaft, in: Friedrich Kießling/Bernhard Rieger (Hrsg.), Mit dem Wandel Leben. Neuorientierung und Tradition in der Bundesrepublik der 1950er und 60er Jahre, Köln – Weimar – Wien 2011, S. 209–228.

–, Das politische Scheitern eines liberalen Hoffnungsträgers. Ralf Dahrendorf und die FDP, in: Thomas Kroll/Tilman Reitz (Hrsg.), Intellektuelle in der Bundesrepublik Deutschland. Verschiebungen im politischen Feld der 1960er und 1970er Jahre, Göttingen 2013, S. 123–137.

Haftendorn, Helga, Deutsche Außenpolitik zwischen Selbstbeschränkung und Selbstbehauptung. 1945–2000, Stuttgart – München 2001.

Hall, Simon, 1956. The World in Revolt, London 2016.

Hampsher-Monk, Iain, Neuere angloamerikanische Ideengeschichte, in: Joachim Eibach/Günther Lottes (Hrsg.), Kompass der Geschichtswissenschaft, Göttingen 2002, S. 293–306.

Handschuhmacher, Thomas, Eine »neoliberale« Verheißung. Das politische Projekt der »Entstaatlichung« in der Bundesrepublik der 1970er und 1980er Jahre, in: Frank Bösch/Thomas Hertfelder/Gabriele Metzler (Hrsg.), Grenzen des Neoliberalismus. Der Wandel des Liberalismus im späten 20. Jahrhundert, Stuttgart 2018, S. 149–176.

Hannig, Nicolai, Axel Springer, Rudolf Augstein und die mediale Politisierung der Religion, in: Klaus Fitschen/Siegfried Hermle/Katharina Kunter/Claudia Lepp/Antje Roggenkamp-Kaufmann (Hrsg.), Die Politisierung des Protestantismus. Entwicklungen in der Bundesrepublik Deutschland während der 1960er und 70er Jahre, Göttingen 2011, S. 198–220.

Hanuschek, Sven, »Keiner blickt dir hinter das Gesicht«. Das Leben Erich Kästners, München 2010.

Hardy, Jeffrey S., The Gulag after Stalin. Redefining Punishment in Khrushchev's Soviet Union, 1953-1964, Ithaka and London 2016.

Harpprecht, Klaus, Die Gräfin Marion Dönhoff. Eine Biographie, Reinbek bei Hamburg 2008.

Hartenstein, Michael A., Die Geschichte der Oder-Neiße-Linie, München 2006.

Heidemeyer, Helge, NATO-Doppelbeschluss, westdeutsche Friedensbewegung und der Einfluss der DDR, in: Philipp Gassert/Tim Geiger/Hermann Wentker (Hrsg.), Zweiter Kalter Krieg und Friedensbewegung. Der NATO-Doppelbeschluss in deutsch-deutscher und internationaler Perspektive, München 2011, S. 247–267.

Henkys, Reinhard, Die Opposition der »Jungen Gemeinde«, in: Klaus-Deitmar Henke/Peter Steinbach/Johannes Tuchel (Hrsg.), Widerstand und Opposition in der DDR, Köln – Weimar – Wien 1999, S. 149–162.

Hertfelder, Thomas, Kritik und Mandat: Zur Einführung, in: Gangolf Hübinger/Thomas Hertfelder (Hrsg.), Kritik und Mandat. Intellektuelle in der Deutschen Politik, Stuttgart 2000, S. 11–29.

Herwig, Malte, Die Flakhelfer: wie aus Hitlers jüngsten Parteimitgliedern Deutschlands führende Demokraten wurden, München 2013.

Hildebrand, Klaus, Von Erhard zur Großen Koalition 1963–1969. Mit einem einleitenden Essay von Karl Dietrich Bracher, Stuttgart 1984.

Hildermeier, Manfred, Geschichte der Sowjetunion 1917–1991. Entstehung und Niedergang des ersten sozialistischen Staates, München 2017 (2., überarbeitete und erweiterte Auflage).

Hitchcock, Wiliam I., The Marshall Plan and the creation of the West, in: Melvyn P. Leffler/Odd Arne Westad (Hrsg.), The Cambridge History of the Cold War. Volume I: Origins, Cambridge 2010, S. 154–174.

HME, Hugo Hickmann, in: Helmut-Müller Ensberg/Jan Wielgohs/Dieter Hoffmann/Andreas Herbst/Ingrid Kirschey-Feix (Hrsg.), Wer war in der DDR? Ein Lexikon ostdeutscher Biographien. Unter Mitarbeit von Olaf W. Reimann, Berlin 2010, 550.

Hochgeschwender, Michael, Freiheit in der Offensive? Der Kongreß für kulturelle Freiheit und die Deutschen, München 1998.

–, Der Verlust des konservativen Denkens. Eine Facette der bundesdeutschen Westernisierung 1950–1980, in: Axel Schildt (Hrsg.), Von draußen. Ausländische intellektuelle Einflüsse in der Bundesrepublik bis 1990, Göttingen 2016, S. 149–190.

Hodenberg, Christina von, Die Journalisten und der Aufbruch zur kritischen Öffentlichkeit, in: Ulrich Herbert (Hrsg.), Wandlungsprozesse in Westdeutschland. Belastung, Integration, Liberalisierung 1945-1980, Göttingen 2003 (2002), S. 278–311.

–, Konsens und Krise. Eine Geschichte der westdeutschen Medienöffentlichkeit 1945–1973, Göttingen 2006.

Hodenberg, Christina von/Siegfried, Detlef, Reform und Revolte. 1968 und die langen sechziger Jahre in der Geschichte der Bundesrepublik, in: dies. (Hrsg.), Wo »1968« liegt. Reform und Revolte in der Geschichte der Bundesrepublik, Göttingen 2006, S. 7–14.

Hodgson, Godfrey, America In Our Time, New York 1976.

Hoeres, Peter, Reise nach Amerika. Axel Springer und die Transformation des deutschen Konservatismus in den 1960er und 1970er Jahren, in: Zeithistorische Forschungen/Studies in Contemporary History 9 (2012), S. 54–75.

–, Außenpolitik und Öffentlichkeit. Massenmedien, Meinungsforschung und Arkanpolitik in den deutsch-amerikanischen Beziehungen von Erhard bis Brandt, München 2013.

–, Von der »Tendenzwende« zur »geistig-moralischen Wende«. Konstruktion und Kritik konservativer Signaturen in den 1970er und 1980er Jahren, in: Vierteljahreshefte für Zeitgeschichte (2013), H. 1, S. 93–119.

–, Zeitung für Deutschland. Die Geschichte der FAZ, München – Salzburg 2019.

Hoffmann, Dierk, Die DDR unter Ulbricht. Gewaltsame Neuordnung und gescheiterte Modernisierung, Zürich 2003.

–, Otto Grotewohl (1894-1964). Eine politische Biographie, München 2009.

–, Von Ulbricht zu Honecker. Die Geschichte der DDR 1949–1989, Berlin 2013.

Hofmann, Gunter, Marion Dönhoff – Die Gräfin, ihre Freunde und das andere Deutschland. Eine Biographie, München 2019.

Hohendahl, Peter Uwe/Schütz, Erhard, Perspektiven konservativen Denkens. Deutschland und die Vereinigten Staaten nach 1945. Einleitung, in: dies. (Hrsg.), Perspektiven konservativen Denkens. Deutschland und die Vereinigten Staaten nach 1945, Bern 2012, S. 13–40.

Holzer, Horst, Illustrierte und Gesellschaft. Zum politischen Gehalt von »Quick««, »Revue« und »Stern«, Freiburg i. Br. 1967.

HuL, Bahro, Rudolf, in: Helmut-Müller Ensberg/Jan Wielgohs/Dieter Hoffmann/Andreas Herbst/Ingrid Kirschey-Feix (Hrsg.), Wer war in der DDR? Ein Lexikon ostdeutscher Biographien. Unter Mitarbeit von Olaf W. Reimann, Berlin 2010, S. 57f.

Jäger, Georg, Der Schriftsteller als Intellektueller. Ein Problemaufriß, in: Sven Hanuschek/Therese Hörnigk/Christine Malende (Hrsg.), Schriftsteller als Intellektuelle. Politik und Literatur im Kalten Krieg, Tübingen 2000, S. 1–25.

Jarausch, Konrad H., Verkannter Strukturwandel. Die siebziger Jahre als Vorgeschichte der Probleme der Gegenwart, in: ders. (Hrsg.), Das Ende der Zuversicht? Die siebziger Jahre als Geschichte, Göttingen 2008, S. 9–26.

Jarausch, Konrad H./Siegrist, Hannes, Amerikanisierung und Sowjetisierung. Eine vergleichende Fragestellung zur deutsch-deutschen Nachkriegsgeschichte, in: dies. (Hrsg.), Amerikanisierung und Sowjetisierung in Deutschland 1945-1970, Frankfurt am Main / New York 1997, S. 11–46.

Jeske, Natalja/Schmidt, Ute, Zur Verfolgung von Kriegs- und NS-Verbrechen durch sowjetische Militärtribunale in der SBZ, in: Andreas Hilger/Mike Schmeitzner/Ute Schmidt (Hrsg.),

Sowjetische Militärtribunale. Band 2: Die Verurteilung deutscher Zivilisten 1945–1955, Köln – Weimar – Wien 2003, S. 155–192.

Jesse, Eckhard (Hrsg.), Totalitarismus im 20. Jahrhundert. Eine Bilanz der internationalen Forschung, Bonn 1999 (2., erweiterte Auflage).

Jessen, Ralph, Bewältigte Vergangenheit – blockierte Zukunft? Ein prospektiver Blick auf die bundesrepublikanische Gesellschaft am Ende der Nachkriegszeit, in: Konrad H. Jarausch (Hrsg.), Das Ende der Zuversicht? Die siebziger Jahre als Geschichte, Göttingen 2008, S. 177–195.

Judt, Tony, Die Geschichte Europas seit dem Zweiten Weltkrieg, Bonn 2006 (Lizenzausgabe für die Bundeszentrale für politische Bildung).

Keil, Lars-Broder, »Es muss demokratisch aussehen …«. Von der Sowjetischen Besatzungszone zur DDR, in: Ernst Piper (Hrsg.), 1945. Niederlage und Neubeginn, Köln 2015, S. 136–151.

Keller, Patrick, Neokonservatismus und amerikanische Außenpolitik. Ideen, Krieg und Strategie von Ronald Reagan bis George W. Bush, Paderborn 2008.

Kershaw, Ian, To Hell and Back. Europe 1914–1949, London 2015.

Keßler, Mario, Grenzgänger des Kommunismus. Zwölf Porträts aus dem Jahrhundert der Katastrophen, Berlin 2015.

Kielmansegg, Peter Graf, Nach der Katastrophe. Eine Geschichte des geteilten Deutschland, Berlin 2000.

–, Verfassungspatriotismus. Ein Nachwort?, in: Alexander Gallus/Thomas Schubert/Tom Thieme (Hrsg.), Deutsche Kontroversen. Festschrift für Eckhard Jesse, Baden-Baden 2013, S. 45–57.

Kiesel, Helmuth, Voraussetzungen, Entstehung, Rezeption und Deutung der »Marmorklippen«, in: ders. (Hrsg.), Ernst Jünger: Auf den Marmorklippen. Mit Materialien zu Entstehung, Rezeption und Debatte, Stuttgart 2017, S. 303–387.

Kißener, Michael, Westbindung 1955. Die politische Koordinatenverschiebung, in: Andreas Rödder/Wolfgang Elz (Hrsg.), Deutschland in der Welt. Weichenstellungen in der Geschichte der Bundesrepublik, Göttingen 2010, S. 13–27.

Klein, Markus/Falter, Jürgen W., Der lange Weg der Grünen. Eine Partei zwischen Protest und Regierung, München 2003.

Kleinschmidt, Christian, Konsumgesellschaft, Göttingen 2008.

Kleinschmidt, Christian/Ziegler, Dieter, Deutsche Wirtschaftsinteressen zwischen Entwicklungshilfe und Dekolonisierung: eine Einleitung, in: dies. (Hrsg.), Dekolonisierungsgewinner. Deutsche Außenpolitik und Außenwirtschaftsbeziehungen im Zeitalter des Kalten Krieges, Berlin/Boston 2018, S. 1–17.

Kloepfer, Inge, Friede Springer. Die Biographie, Hamburg 2005.

Kloke, Martin, Linker Antisemitismus, in: Wolfgang Benz (Hrsg.), Handbuch des Antisemitismus – Judenfeindschaft in Geschichte und Gegenwart. Band 3: Begriffe, Theorien, Ideologien, Berlin/New York 2010, S. 192–195.

Knopf, Jan, Bertolt Brecht. Leben – Werk – Wirkung, Frankfurt am Main 2006.

Köhler, Henning, Adenauer. Eine politische Biographie, Frankfurt am Main 1994.

König, Wolfgang, Kleine Geschichte der Konsumgesellschaft. Konsum als Lebensform der Moderne, Stuttgart 2013 (2. überarbeitete Auflage).

Köpf, Peter, Die Burdas, Hamburg – Wien 2002.

Kopke, Christian, Die Aktion Widerstand 1970/71: Die »nationale Opposition« zwischen Sammlung und Zersplitterung, in: Massimiliano Livi/Daniel Schmidt/Michael Sturm (Hrsg.), Die 1970er Jahre als schwarzes Jahrzehnt. Politisierung und Mobilisierung zwischen christlicher Demokratie und extremer Rechter, Frankfurt am Main 2010, S. 249–262.

Kössler, Till, Die Grenzen der Demokratie. Antikommunismus als politische und gesellschaftliche Praxis in der frühen Bundesrepublik, in: Stefan Creuzberger/Dierk Hoffmann (Hrsg.), »Geistige Gefahr« und »Immunisierung der Gesellschaft«. Antikommunismus und politische Kultur in der frühen Bundesrepublik, München 2014, S. 229–250.

Krause, Scott H., Neue Westpolitik: The Clandestine Campaign to Westernize the SPD in Cold War Berlin, 1948–1958, in: Central European History 48 (2015), S. 79–99.

Kraushaar, Wolfgang, Die Bombe im Jüdischen Gemeindehaus, Hamburg 2005.

–, Rudi Dutschke und der bewaffnete Kampf, in: Wolfgang Kraushaar/Karin Wieland/Jan Philipp Reemtsma (Hrsg.), Rudi Dutschke, Andreas Baader und die RAF, Hamburg 2005, S. 13–50.

–, Entschlossenheit: Dezisionismus als Denkfigur. Von der antiautoritären Bewegung zum bewaffneten Kampf, in: ders. (Hrsg.), Die RAF und der linke Terrorismus. Band 1, Hamburg 2006, S. 140–156.

–, Kleinkrieg gegen einen Großverleger. Von der Anti-Springer-Kampagne der APO zu den Brand- und Bombenanschlägen der RAF, in: ders. (Hrsg.), Die RAF und der linke Terrorismus. Band 2, Hamburg 2006, S. 1075–1116.

–, Achtundsechzig. Eine Bilanz, Berlin 2008.

Kroll, Frank-Lothar (Hrsg.), Die kupierte Alternative. Konservatismus in Deutschland nach 1945, Berlin 2005.

Kroll, Thomas/Reitz, Tilman, Zeithistorische und wissensoziologische Zugänge zu den Intellektuellen der 1960er und 1970er Jahre. Eine Einführung, in: dies. (Hrsg.), Intellektuelle in der Bundesrepublik Deutschland. Verschiebungen im politischen Feld der 1960er und 1970er Jahre, Göttingen 2013, S. 7–18.

Kruip, Gudrun, Das »Welt«-»Bild« des Axel Springer Verlages. Journalismus zwischen westlichen Werten und deutschen Denktraditionen, München 1999.

–, Mit ehemaligen Nazis zur gemeinsamen Demokratie? Der Remigrant Ernst Cramer und seine Rolle im Axel Springer Verlag, in: Fritz Backhaus/Dmitrij Belkin/Raphael Gross (Hrsg.), Bild dir dein Volk! Axel Springer und die Juden (Begleitbuch zur Ausstellung im Jüdischen Museum Frankfurt am Main vom 15. März bis 29. Juli 2012), Göttingen 2012, S. 59–64.

Kundler, Herbert, RIAS Berlin. Eine Radio-Station in einer geteilten Stadt, Berlin 1994.

Kürschners Deutscher Literatur-Kalender 1943. Herausgegeben von Dr. Bernhard Lüdtke. Redaktionelle Leitung Dr. Friedrich Richter, Berlin 1943.

Kürschners Deutscher Literatur-Kalender 1949. Redaktion: Dr. Friedrich Bertkau, Berlin 1949.

Küsters, Hanns Jürgen, Konrad Adenauer, die Presse, der Rundfunk und das Fernsehen, in: Karl-Günther von Hase (Hrsg.), Konrad Adenauer und die Presse, Bonn 1988, S. 13–31.

–, Konrad Adenauer und Willy Brandt in der Berlin-Krise 1958–1963, in: Vierteljahreshefte für Zeitgeschichte 40 (1992), H. 4, S. 483–542.

–, Was war der Kalte Krieg?, in: Die Politische Meinung 58 (2014), H. 528, S. 76–81.

Lacey, Robert J., Pragmatic Conservatism. Edmund Burke and His American Heirs, New York 2016.

Lange, Nils, Konservatismus in Deutschland nach 1945. Ein Überblick über neuere Interpretationen, in: Die Politische Meinung (2018), H. 552, S. 119–124.

–, Von Kommunisten und Kolumnisten. Sebastian Haffner, Matthias Walden und die Anerkennung der DDR (=Ernst-Reuter-Hefte, 10), Berlin 2018.

Lepp, Claudia, Einleitung, in: Klaus Fitschen/Siegfried Hermle/Katharina Kunter/Claudia Lepp/Antje Roggenkamp-Kaufmann (Hrsg.), Die Politisierung des Protestantismus. Entwicklungen in der Bundesrepublik Deutschland während der 1960er und 70er Jahre, Göttingen 2011, S. 11–24.

Lepsius, Rainer M., Kritik als Beruf zur Soziologie der Intellektuellen (erstmals veröffentlicht 1964), in: Kölner Zeitschrift für Soziologie und Sozialpsychologie 69 (2017), H. 1, S. 229–242.

Levasier, Marc, »Der schwarze Kanal«. Entstehung und Entwicklung einer journalistischen Kontersendung des DDR-Fernsehens, in: Jürgen Wilke (Hrsg.), Journalisten und Journalismus in der DDR. Berufsorganisation – Westkorrespondenten – »Der schwarze Kanal«, Köln – Weimar – Wien 2007, S. 217–313. »«

Schale, Frank/Liebold, Sebastian, Intellectual History der Bundesrepublik. Ein Werkstattbericht, in: Denkströme – Journal der Sächsischen Akademie der Wissenschaften 16 (2016), S. 97–119.

–, (Hrsg.), Neugründung auf alten Werten? Konservative Intellektuelle und Politik in der Bundesrepublik, Baden-Baden 2017.

Lietzmann, Hans J., Carl Joachim Friedrich (1901–1984), in: Wilhelm Bleek/Hans J. Lietzmann (Hrsg.), Klassiker der Politikwissenschaft. Von Aristoteles bis David Easton, München 2005, S. 179–207.

Lindenberger, Thomas, Einleitung, in: ders. (Hrsg.), Massenmedien im Kalten Krieg. Akteure, Bilder, Resonanzen, Köln – Weimar – Wien 2006, S. 9–23.

– (Hrsg.), Massenmedien im Kalten Krieg. Akteure, Bilder, Resonanzen, Köln – Weimar – Wien 2006.

Lindsay, Denise, »Für mich ist die Politik kein Job«. Zum 100. Geburtstag von Paul Lücke (1914–2014), in: Die Politische Meinung 58 (2014), H. 528, S. 92–95.

Link, Werner, Die CDU/CSU-Fraktion und die neue Ostpolitik – in den Phasen der Regierungsverantwortung und der Opposition, 1966–1975, in: Hans-Peter Schwarz (Hrsg.), Die Fraktion als Machtfaktor. CDU/CSU im Deutschen Bundestag – 1949 bis heute, München 2009, S. 115–140.

Lock, F. P., Burke's Life, in: David Dwan (Hrsg.), The Cambridge companion to Edmund Burke, Cambridge 2012, S. 15–26.

Lorenz, Einhart, Willy Brandt. Deutscher – Europäer – Weltbürger, Stuttgart 2012.

Loth, Wilfried, Der Weg nach Europa. Geschichte der europäischen Integration 1939–1957, Göttingen 1991.

–, Von der IV. zur V. Republik, in: Adolf Kimmel/Henrik Uterwedde (Hrsg.), Länderbericht Frankreich. Geschichte – Politik – Wirtschaft – Gesellschaft, Bonn 2005, S. 63–83.

–, Die Rettung der Welt. Entspannungspolitik im Kalten Krieg 1950-1991, Frankfurt am Main / New York 2016.

Magenau, Jörg, Brüder unterm Sternenzelt. Friedrich Georg und Ernst Jünger. Eine Biographie, Stuttgart 2012.

Maier, Martin G., Geteilte Heimat? Der Patriotismus der Friedensbewegung und die politische Rechte in Deutschland, in: Deutschland Archiv, 17.10.2018. www.bpb.de/277692 (23. Oktober 2019).

–, Eine Frage »nationaler Selbstbehauptung«? Konservativer Antikommunismus im Jahrzehnt nach 1968, in: Sebastian Liebold/Frank Schale (Hrsg.), Neugründung auf alten Werten? Konservative Intellektuelle und Politik in der Bundesrepublik, Baden-Baden 2017, S. 195–208.

Malycha, Andreas/Winters, Peter Jochen, Geschichte der SED. Von der Gründung bis zur Linkspartei, Bonn 2009.

Maunz, Theodor/Dürig, Günter, Grundgesetz. Kommentar, München 2018.

Mayer, Paul, Ernst Rowohlt, Reinbek bei Hamburg 1968.

Mende, Silke, »Nicht rechts, nicht links, sondern vorn«. Eine Geschichte der Gründungsgrünen, München 2011.

Mergel, Thomas, Politischer Journalismus und Politik in der Bundesrepublik, in: Clemens Zimmermann (Hrsg.), Politischer Journalismus. Öffentlichkeit und Medien im 19. und 20. Jahrhundert, Ostfildern 2006, S. 193–211.

Merry, Robert W., Taking on the World. Joseph and Stewart Aslop – Guardians of the American Century, New York 1996.

Merseburger, Peter, Willy Brandt 1913–1992. Visionär und Realist, München 2002.

–, Rudolf Augstein. Biographie, Stuttgart 2007.

–, Theodor Heuss. Der Bürger als Präsident, München 2012.

Metzler, Gabriele, Der deutsche Sozialstaat. Vom bismarckschen Erfolgsmodell zum Pflegefall, Stuttgart – München 2003.

–, Staatsversagen und Unregierbarkeit in den siebziger Jahren?, in: Konrad H. Jarausch (Hrsg.), Das Ende der Zuversicht? Die siebziger Jahre als Geschichte, Göttingen 2008, S. 243–260.

Meyer, Christoph, Die deutschlandpolitische Doppelstrategie. Wilhelm Wolfgang Schütz und das Kuratorium Unteilbares Deutschland, Landsberg am Lech 1997.

Meyer, Kristina, Die SPD und die NS-Vergangenheit 1945–1990, Göttingen 2015.

Meyer, Winfried, Stalinistischer Schauprozeß gegen KZ-Verbrecher? Der Berliner Sachsenhausen-Prozeß vom Oktober 1947, in: Dachauer Hefte 13 (1997), S. 153–180.

Miard-Delacroix, Hélène, Der Westen als Hort. Diskursanalytischer Beitrag zur Deutung des Begriffs »Westen« in den Reden Konrad Adenauers zu Beginn der 1950er Jahre, in: Klaus Hildebrand/Udo Wengst/Andreas Wirsching (Hrsg.), Geschichtswissenschaft und Zeiterkenntnis. Von der Aufklärung bis zur Gegenwart – Festschrift zum 65. Geburtstag von Horst Möller, München, S. 397–407.

Miquel, Marc von, Juristen: Richter in eigener Sache, in: Norbert Frei (Hrsg.), Karrieren im Zwielicht. Hitlers Eliten nach 1945, Frankfurt am Main 2001, S. 181–237.

Moebius, Stephan, Der Medienintellektuelle, in: Stephan Moebius/Markus Schroer (Hrsg.), Diven, Hacker, Spekulanten. Sozialfiguren der Gegenwart, Berlin 2010, S. 277–290.

Möller, Horst, Franz Josef Strauß. Herrscher und Rebell, München/Berlin 2015.

Molt, Peter, Dolf Sternbergers Verfassungspatriotismus, in: Zeitschrift für Politikwissenschaft 16 (2006), H. 3, S. 875–900.

Morat, Daniel, Intellektuelle und Intellektuellengeschichte (2011). http://docupedia.de/zg/Intellektuelle_und_Intellektuellengeschichte?oldid=84628 (23. Oktober 2019).

–, Von der Tat zur Gelassenheit. Konservatives Denken bei Martin Heidegger, Ernst Jünger und Friedrich Georg Jünger 1920-1960, Göttingen 2007.

Morgan, Roger, Washington und Bonn. Deutsch-amerikanische Beziehungen seit dem Zweiten Weltkrieg, München 1975.

Morina, Christina, Die Erfindung des Marxismus. Wie eine Idee die Welt eroberte, München 2017.

Morsey, Rudolf, Die Bundesrepublik Deutschland. Entstehung und Entwicklung bis 1969, München 2007 (5. durchgesehene Auflage).

Moses, Dirk, Intellectual History in and of the Federal Republic of Germany, in: Modern Intellectual History 9 (2012), H. 3, S. 625–639.

–, Die 45er. Eine Generation zwischen Faschismus und Demokratie, in: Neue Sammlung – Vierteljahres-Zeitschrift für Erziehung und Gesellschaft 40 (2000), H. 2, S. 233–263.

Müller, Martin, Das konstruktive Mißtrauensvotum. Chronik und Anmerkungen zum ersten Anwendungsfall nach Art. 67 GG, in: Zeitschrift für Parlamentsfragen 3 (1972), H. 3, S. 275–291.

Müller, Tim B., Das Ende vom Ende der Ideologie. Ideengeschichten aus dem Kalten Krieg, in: Zeitschrift für Ideengeschichte (2009), H. 4, S. 113–117.

–, Vom radikalen Intellektuellen zum Kalten Krieger (und zurück)? Herbert Marcuse, die Marxismusforschung und der Liberalismus zwischen den dreißiger und den fünfziger Jahren, in: Alexander Gallus/Axel Schildt (Hrsg.), Rückblickend in die Zukunft. Politische Öffentlichkeit und intellektuelle Positionen in Deutschland um 1950 und um 1930, Göttingen 2011, S. 335–355.

Müller-Kelwing, Karin, Die Dresdner Sezession 1932. Eine Künstlergruppe im Spannungsfeld von Kunst und Politik, Hildesheim – Zürich – New York 2010.

Mulsow, Martin/Mahler, Andreas, Einleitung, in: dies. (Hrsg.), Die Cambridge School der politischen Ideengeschichte, Berlin 2010, S. 7–17.

Münger, Christof, Kennedy, die Berliner Mauer und die Kubakrise. Die westliche Allianz in der Zerreißprobe 1961–1963, Paderborn 2003.

Münkel, Daniela, Intellektuelle für die SPD: Die Sozialdemokratische Wählerinitiative, in: Gangolf Hübinger/Thomas Hertfelder (Hrsg.), Kritik und Mandat. Intellektuelle in der Deutschen Politik, Stuttgart 2000, S. 222–238.

Münkler, Herfried, Odysseus und Kassandra. Politik im Mythos, Frankfurt am Main 1990.

–, Dolf Sternberger (1907-1989), in: Eckhard Jesse/Sebastian Liebold (Hrsg.), Deutsche Politikwissenschaftler – Werk und Wirkung. Von Abendroth bis Zellentin, Baden-Baden 2014, S. 739–752.

Nash, George H., The Conservative Intellectual Movement in America. Since 1945, New York 1976.

Nehring, Holger, Die nachgeholte Stunde Null. Intellektuelle Debatten um die Atombewaffnung der Bundeswehr 1958–1960, in: Dominik Geppert/Jens Hacke (Hrsg.), Streit um den Staat. Intellektuelle Debatten in der Bundesrepublik 1960-1980, Göttingen 2008, S. 229–250.

Neitzel, Sönke, The City under Attack, in: Paul Addison/Jeremy A. Crang (Hrsg.), Firestorm. The Bombing of Dresden 1945, London 2006, S. 62–77.

Neubert, Erhart, Der KSZE-Prozeß und die Bürgerrechtsbewegung in der DDR, in: Klaus-Deitmar Henke/Peter Steinbach/Johannes Tuchel (Hrsg.), Widerstand und Opposition in der DDR, Köln – Weimar – Wien 1999, S. 295–308.

Neuhaus, Volker, Günter Grass. Schriftsteller – Künstler – Zeitgenosse. Eine Biographie, Göttingen 2012.

Nickel, Lutz, Dehler – Maier – Mende. Parteivorsitzende der FDP: Polarisierer – Präsident – Generaldirektor, München 2005.

Nipperdey, Thomas, Deutsche Geschichte 1866-1918. Machtstaat vor der Demokratie, München 1992.

–, Kann Geschichte objektiv sein? (erstmals abgedruckt 1979), in: ders. (Hrsg.), Kann Geschichte objektiv sein? – Historische Essays. Herausgegeben von Paul Nolte, München 2013, S. 62–83.

Nolte, Paul, Konservatismus in Deutschland. Geschichte – und Zukunft?, in: Merkur. Deutsche Zeitschrift für europäisches Denken 55 (2001), H. 7, S. 559–571.

–, Was ist Demokratie? Geschichte und Gegenwart, München 2012.

Øhrgaard, Per, »ich bin nicht zu herrn willy brandt gefahren« – Zum politischen Engagement der Schriftsteller in der Bundesrepublik am Beginn der 60er Jahre, in: Axel Schildt/Detlef Siegfried/Karl Christian Lammers (Hrsg.), Dynamische Zeiten. Die 60er Jahre in beiden deutschen Gesellschaften, Hamburg 2000, S. 719–733.

Oppermann, Matthias, Raymond Aron und Deutschland. Die Verteidigung der Freiheit und das Problem des Totalitarismus, Ostfildern 2008.

– (Hrsg.), Im Kampf gegen die modernen Tyranneien. Ein Raymond-Aron-Brevier, Zürich 2011.

–, Liberaler Sozialismus - Ernst Reuters Kampf für die Freiheit. Ernst-Reuter-Hefte 2, Berlin 2013.

–, Ein transatlantisches Vital Center? Raymond Aron und der amerikanische Liberalismus, in: Geschichte in Wissenschaft und Unterricht 65 (2014), H. 3/4, S. 161–176.

–, Vom Sieg der liberalen Demokratie. Der Liberalismus und die These vom »Ende der Ideologien«, in: Die Politische Meinung 62 (2017), H. 547, S. 41–45.

–, Amalgam aus liberal und konservativ. Die »Konservatismusdebatte« in der Union der frühen Bundesrepublik, in: Die Politische Meinung 63 (2018), H. 552, S. 100–104.

Painter, David S., Oil, resources, and the Cold War, 1945-1962, in: Melvyn P. Leffler/Odd Arne Westad (Hrsg.), The Cambridge History of the Cold War. Volume I: Origins, Cambridge 2010, S. 486–507.

Payk, Markus M., Der »Amerikakomplex«. »Massendemokratie« und Kulturkritik am Beispiel von Karl Korn und dem Feuilleton der »Frankfurter Allgemeinen Zeitung« in den fünziger Jahren, in: Arnd Bauerkämper/Konrad H. Jarausch/Marcus M. Payk (Hrsg.), Demokratiewunder. Transatlantische Mittler und die kulturelle Öffnung Westdeutschlands 1945–1970, Göttingen 2005, S. 190–217.

–, Ideologische Distanz, sachliche Nähe. Die USA und die Positionswechsel konservativer Publizisten aus dem »Tat«-Kreis in der Bundesrepublik bis zur Mitte der 1960er Jahre, in: Jan C. Behrends/Árpád von Klimó/Patrice G. Poutrous (Hrsg.), Antiamerikanismus im 20. Jahrhundert. Studien zu Ost- und Westeuropa, Bonn 2005, S. 225–249.

–, Antikommunistische Mobilisierung und konservative Revolte. William S. Schlamm, Winfried Martini und der »Kalte Bürgerkrieg« in der westdeutschen Publizistik der späten 1950er Jahre, in: Thomas Lindenberger (Hrsg.), Massenmedien im Kalten Krieg. Akteure, Bilder, Resonanzen, Köln – Weimar – Wien 2006, S. 111–137.

–, »... die Herren fügen sich nicht; sie sind schwierig.«. Gemeinschaftsdenken, Generationenkonflikte und die Dynamisierung des Politischen in der konservativen Presse der 1950er und 1960er Jahre, in: Franz-Werner Kersting/Jürgen Reulecke/Hans-Ulrich Thamer

(Hrsg.), Die zweite Gründung der Bundesrepublik. Generationswechsel und intellektuelle Wortergreifungen 1955–1975, Stuttgart 2010, S. 43–67.

–, Balanceakt zwischen den Zeiten. Anmerkungen zur Generation der »Fünfundvierziger«, in: INDES 1 (2011), S. 24–30.

–, A post-liberal order? Hans Zehrer and conservative consensus building in 1950s West Germany, in: Modern Intellectual History 9 (2012), H. 3, S. 681–698.

Peters, Susanne, Zwischen Ideologie und Demagogie. William S. Schlamm und die Qual des Friedens, in: Frank-Lothar Kroll (Hrsg.), Die kupierte Alternative. Konservatismus in Deutschland nach 1945, Berlin 2005, S. 299–322.

–, William S. Schlamm. Ideologischer Grenzgänger im 20. Jahrhundert, Berlin 2013.

Petersen, Andreas, Die Moskauer. Wie das Stalintrauma die DDR prägte, Frankfurt am Main 2019.

Pfahl-Traughber, Armin, »Konservative Revolution« und »Neue Rechte«. Rechtsextremistische Intellektuelle gegen den demokratischen Verfassungsstaat, Opladen 1998.

Piereson, James, Camelot and the Cultural Revolution. How the Assasination of John F. Kennedy Shatteres American Liberalism, New York 2013 (erstmals 2007).

Prowe, Diethelm, Brennpunkt des Kalten Krieges: Berlin in den deutsch-amerikanischen Beziehungen, in: Detlef Junker (Hrsg.), Die USA und Deutschland im Zeitalter des Kalten Krieges 1945–1990. Ein Handbuch. Band I 1945-1968, Stuttgart - München 2001, S. 260–270.

Pyta, Wolfram, Biographisches Arbeiten als Methode: Geschichtswissenschaft, in: Christian Klein (Hrsg.), Handbuch Biographie. Methoden, Traditionen, Theorien, Stuttgart 2009, S. 331–338.

Reichel, Peter, Vergangenheitsbewältigung in Deutschland. Die Auseinandersetzung mit der NS-Diktatur von 1945 bis heute, München 2001.

–, Der Nationalsozialismus vor Gericht und die Rückkehr zum Rechtsstaat, in: Peter Reichel/ Harald Schmid/Peter Steinbach (Hrsg.), Der Nationalsozialismus – Die zweite Geschichte. Überwindung-Deutung-Erinnerung, Bonn 2009 (Lizenzausgabe bpb), S. 22–61.

Riller, Schanett, Funken für die Freiheit. Die U.S.-amerikanische Informationspolitik gegenüber der DDR von 1953 bis 1963, Trier 2004.

Rödder, Andreas, Die deutsche Frage vor dem Einigungsvertrag: Parteien, Intellektuelle, Massenmedien in der Bundesrepublik, in: Günter Buchstab/Hans-Otto Kleinmann/Hanns Jürgen Küsters (Hrsg.), Die Ära Kohl im Gespräch. Eine Zwischenbilanz, Köln – Weimar – Wien 2010, S. 467–481.

–, Bündnissolidarität und Rüstungskontrollpolitik. Die Regierung Kohl-Genscher, der NATO-Doppelbeschluss und die Innenseite der Außenpolitik, in: Philipp Gassert/Tim Geiger/Hermann Wentker (Hrsg.), Zweiter Kalter Krieg und Friedensbewegung. Der NATO-Doppelbeschluss in deutsch-deutscher und internationaler Perspektive, München 2011, S. 123–136.

Roth, Florian, Die Idee der Nation im politischen Diskurs. Die Bundesrepublik Deutschland zwischen neuer Ostpolitik und Wiedervereinigung (1969-1990), Baden-Baden 1995.

Rott, Wilfried, Die Insel. Eine Geschichte West-Berlins 1948-1990, München 2009.

Rupieper, Hermann-Josef, Die Berliner Außenministerkonferenz von 1954. Ein Höhepunkt der Ost-West-Propaganda oder die letzte Möglichkeit zur Schaffung der deutschen Einheit?, in: Vierteljahreshefte für Zeitgeschichte 34 (1986), H. 3, S. 427–453.

Safranski, Rüdiger, Nietzsche. Biographie seines Denkens, Frankfurt am Main 2018 (erstmals 2000).

Schäfer, Rainer, Hegel. Einführung und Texte, München 2011.

Scheerer, Reinhard, Bekennende Christen in den evangelischen Kirchen Deutschlands 1966–1991. Geschichte und Gestalt eines konservativ-evangelikalen Aufbruchs, Frankfurt am Main 1997.

Schildt, Axel, Konservatismus in Deutschland. Von den Anfängen im 18. Jahrhundert bis zur Gegenwart, München 1998.

–, Zwei Staaten – eine Hörfunk- und Fernsehnation. Überlegungen zur Bedeutung der elektronischen Massenmedien in der Geschichte der Kommunikation zwischen der Bundesrepublik und der DDR, in: Arnd Bauerkämper/Martin Sabrow/Bernd Stöver (Hrsg.), Doppelte Zeitgeschichte. Deutsch-deutsche Beziehungen 1945–1990, Bonn 1998, S. 58–71.

–, Ankunft im Westen. Ein Essay zur Erfolgsgeschichte der Bundesrepublik, Frankfurt am Main 1999.

–, Materieller Wohlstand – pragmatische Politik – kulturelle Umbrüche. Die 60er Jahre in der Bundesrepublik, in: Axel Schildt/Detlef Siegfried/Karl Christian Lammers (Hrsg.), Dynamische Zeiten. Die 60er Jahre in beiden deutschen Gesellschaften, Hamburg 2000, S. 21–53.

–, »Die Kräfte der Gegenreform sind auf breiter Front angetreten«. Zur konservativen Tendenzwende in den Siebzigerjahren, in: Archiv für Sozialgeschichte 44 (2004), S. 449–478.

–, Herbert Kurt Weichmann, in: Arno Herzig (Hrsg.), Schlesier des 14. bis 20. Jahrhunderts, Neustadt an der Aisch 2004, S. 263–269.

–, Auf neuem und doch scheinbar vertrautem Feld. Intellektuelle Positionen am Ende der Weimarer und am Anfang der Bonner Republik, in: Alexander Gallus/Axel Schildt (Hrsg.), Rück-blickend in die Zukunft. Politische Öffentlichkeit und intellektuelle Positionen in Deutschland um 1950 und um 1930, Göttingen 2011, S. 13–32.

–, Anpassung und Lernprozesse. Wiederaufstieg und Erneuerung des deutschen Konservatismus nach 1945, in: Michael Großheim/Hans Jörg Hennecke (Hrsg.), Staat und Ordnung im konservativen Denken, Baden-Baden 2013, S. 189–209.

–, »Augstein raus – Strauß rein«. Öffentliche Reaktionen auf die SPIEGEL-Affäre, in: Martin Doerry/Hauke Janssen (Hrsg.), Die Spiegel-Affäre. Ein Skandal und seine Folgen, München 2013, S. 177–201.

–, Max Brauer, Hamburg 2014.

–, Im Visier: Die NS-Vergangenheit westdeutscher Intellektueller. Die Enthüllungskampagne von Kurt Ziesel in der Ära Adenauer, in: Vierteljahreshefte für Zeitgeschichte 64 (2016), H. 1, S. 37–68.

–, Antikommunismus von Hitler zu Adenauer, in: Norbert Frei/Dominik Rigoll (Hrsg.), Der Antikommunismus in seiner Epoche. Weltanschauung und Politik in Deutschland, Europa und den USA, Göttingen 2017, S. 186–203.

–, Inszenierung einer Biographie – Konstruktion einer Karriere. Der Rechtsintellektuelle Armin Mohler (1920–2003), in: Geschichte in Wissenschaft und Unterricht 70 (2019), H. 9/10, S. 554–567.

–, Medien-Intellektuelle in der Bundesrepublik. Herausgegeben und mit einem Nachwort versehen von Gabriele Kandzora und Detlef Siegfried, Göttingen 2020.

Schiller, Dietmar, Vom NWDR zum SFB, in: Peter Kröger (Hrsg.), Mehr als ein halbes Leben. 50 Jahre Sender Freies Berlin, Berlin 2003, S. 9.

Schmidt, Manfred G., Zwischen Ausbaureform und Sanierungsbedarf: Die Sozialpolitik der siebziger und achtziger Jahre, in: Thomas Raithel/Andreas Rödder/Andreas Wirsching (Hrsg.), Auf dem Weg in eine neue Moderne? Die Bundesrepublik Deutschland in den siebziger und achtziger Jahren, München 2009, S. 131–139.

–, Sozialpolitik 1982–1989, in: Günter Buchstab/Hans-Otto Kleinmann/Hanns Jürgen Küsters (Hrsg.), Die Ära Kohl im Gespräch. Eine Zwischenbilanz, Köln – Weimar – Wien 2010, S. 431–443.

Schmidt, Werner, Peter Weiss. Leben eines kritischen Intellektuellen, Berlin 2016.

Schmied, Jürgen Peter, Sebastian Haffner. Eine Biografie, München 2010.

Schneider, Wolf, Die Gruner+Jahr Story. Ein Stück deutsche Pressegeschichte, München 2000.

Schöllgen, Gregor, Geschichte der Weltpolitik von Hitler bis Gorbatschow 1941–1991, München 1996.

Scholtyseck, Joachim, Conservative Intellectuals and the Debate over National Socialism and the Holocaust in the 1960s, in: Philipp Gassert/Alan E. Steinweis (Hrsg.), Coping with the Nazi Past. West German Debates on Nazism and Generational Conflict, 1955–1975, New York / Oxford 2006, S. 238–257.

–, Mauerbau und Deutsche Frage. Westdeutsche Intellektuelle und der Kalte Krieg, in: Dominik Geppert/Jens Hacke (Hrsg.), Streit um den Staat. Intellektuelle Debatten in der Bundesrepublik 1960–1980, Göttingen 2008, S. 69–90.

Schönhoven, Klaus, Wendejahre. Die Sozialdemokratie in der Zeit der Großen Koalition 1966–1969, Bonn 2004.

Schwane, Daniel, Wider den Zeitgeist? Konflikt und Deeskalation in West-Berlin 1949 bis 1965, Stuttgart 2005.

–, Konservativer Vordenker oder vergessenes Fossil des Kalten Krieges? Der Publizist und Journalist Matthias Walden als Streiter für Freiheit und Demokratie, in: Deutschland Archiv 41 (2008), H. 1, S. 75–84.

Schwartz, Michael, Abtreibung und Wertewandel im doppelten Deutschland: Individualisierung und Strafrechtsreformen in der DDR und in der Bundesrepublik in den sechziger und siebziger Jahren, in: Thomas Raithel/Andreas Rödder/Andreas Wirsching (Hrsg.), Auf dem

Weg in eine neue Moderne? Die Bundesrepublik Deutschland in den siebziger und achtziger Jahren, München 2009, S. 113–128.

Schwarz, Hans-Peter, Patriotismus in Europa aus der Sicht der Zeitgeschichte, in: Klaus Weigelt (Hrsg.), Patriotismus in Europa. Festgabe für Professor Dr. Bruno Heck zum 70. Geburtstag, Bonn 1988, S. 21–43.

–, Adenauer. Der Staatsmann: 1952–1967, Stuttgart 1991.

–, Die Regierung Kiesinger und die Krise in der ČSSR 1968, in: Vierteljahreshefte für Zeitgeschichte 47 (1999), H. 2, S. 159–186.

–, Axel Springer. Die Biographie, Berlin 2009.

–, Helmut Kohl. Eine politische Biographie, München 2014.

Schweitzer, Carl-Christoph, Bremer Bundeswehrkrawalle. Gefahren für unseren Staat und ihre Verschleierung im Streit der politischen Parteien im parlamentarischen Untersuchungsverfahren, Baden-Baden 1981.

Siebenmorgen, Peter, Franz Josef Strauß. Ein Leben im Übermaß, München 2017 (2015).

Siegfried, Detlef, Vom Teenager zur Pop-Revolution. Politisierungstendenzen in der westdeutschen Jugendkultur 1959–1968, in: Axel Schildt/Detlef Siegfried/Karl Christian Lammers (Hrsg.), Dynamische Zeiten. Die 60er Jahre in beiden deutschen Gesellschaften, Hamburg 2000, S. 582–623.

–, Zwischen Aufarbeitung und Schlußstrich. Der Umgang mit der NS-Vergangenheit in den beiden deutschen Staaten 1958 bis 1969, in: Axel Schildt/Detlef Siegfried/Karl Christian Lammers (Hrsg.), Dynamische Zeiten. Die 60er Jahre in beiden deutschen Gesellschaften, Hamburg 2000, S. 77–113.

Siegmund, Johannes Jürgen, Bischof Johannes Lilje, Abt zu Loccum. Eine Biographie – Nach Selbstzeugnissen, Schriften und Briefen und Zeitzeugenberichten, Göttingen 2003.

Skinner, Quentin, Bedeutung und Verstehen in der Ideengeschichte (erstmals engl. 1969), in: Martin Mulsow/Andreas Mahler (Hrsg.), Die Cambridge School der politischen Ideengeschichte, Berlin 2010, S. 21–87.

Skyba, Peter, Massenorganisation ohne Massen. Jugendpolitik, Militarisierung und das Scheitern der FDJ, in: Dierk Hoffmann/Michael Schwartz/Hermann Wentker (Hrsg.), Vor dem Mauerbau. Politik und Gesellschaft in der DDR der fünfziger Jahre, München 2003, S. 235–263.

Sontheimer, Kurt, So war Deutschland nie. Anmerkungen zur politischen Kultur der Bundesrepublik, München 1999.

Sothen, Hans Becker von, Hans Zehrer als politischer Publizist nach 1945, in: Frank-Lothar Kroll (Hrsg.), Die kupierte Alternative. Konservatismus in Deutschland nach 1945, Berlin 2005, S. 125–178.

Steber, Martina, ›The West‹. Tocqueville and West German Conservatism from the 1950s to the 1970s, in: Riccardo Bavaj/Martina Steber (Hrsg.), Germany and ›The West‹. The History of a Modern Concept, New York / Oxford 2015, S. 230–245.

–, Die Hüter der Begriffe. Politische Sprachen des Konservativen in Großbritannien und der Bundesrepublik Deutschland, 1945–1980, Berlin/Boston 2017.
–, Kein Abschied von Wunschbildern. Die Deutsche Partei in den 1950er Jahren, in: Sebastian Liebold/Frank Schale (Hrsg.), Neugründung auf alten Werten? Konservative Intellektuelle und Politik in der Bundesrepublik, Baden-Baden 2017, S. 33–51.
–, Talking in Europe. The CDU/CSU, the British Conservative Party, and the Quest for a Common Political Language in the 1960s and 1970s, in: Anna von der Goltz/Britta Waldschmidt-Nelson (Hrsg.), Inventing the Silent Majority in Western Europe and the United States. Conservatism in the 1960s and 1970s, Washington D.C. 2017, S. 295–314.
Stedman Jones, Gareth, Karl Marx. Die Biographie, Frankfurt am Main 2017 (engl. 2016).
Steinbach, Peter, Der 20. Juli 1944. Gesichter des Widerstands, München 2004.
–, Die publizistischen Kontroversen – eine Vergangenheit, die nicht vergeht, in: Peter Reichel/Harald Schmid/Peter Steinbach (Hrsg.), Der Nationalsozialismus – Die zweite Geschichte. Überwindung-Deutung-Erinnerung, Bonn 2009 (Lizenzausgabe bpb), S. 127–174.
Steininger, Rolf, Berlinkrise und Mauerbau – 1958 bis 1963. Mit einem Kapitel zum Mauerfall 1989, München 2009 (4. überarbeite und erweiterte Auflage).
Steinke, Ronen, Fritz Bauer oder Auschwitz vor Gericht, München/Berlin 2016 (2014).
Steinle, Matthias, Reaktionen auf den Mauerbau. Die »Ost-West-Redaktion« des ARD-Fernsehens, in: Rundfunk und Geschichte 27 (2001), S. 128–135.
Stöber, Rudolf, Deutsche Pressegeschichte. Von den Anfängen bis zur Gegenwart, Konstanz-München 2014 (3., überarbeitete Auflage).
Stoklosa, Katarzyna, Polen und die Deutsche Ostpolitik 1945-1990, Göttingen 2011.
Stoll, Christian, Der Eschatologische Vorbehalt. Zum dialektischen Ursprung einer theologischen Denkfigur, in: Internationale Katholische Zeitschrift Communio 45 (2016), November–Dezember, S. 539–559.
Stoll, Ira, JFK, Conservative, New York 2013.
Stoppt den Terror der Jung-Roten jetzt!, in: Bild-Zeitung (Berlin) vom 7.2.1968.
Stöss, Richard, Die Aktionsgemeinschaft Vierte Partei, in: ders. (Hrsg.), Parteien-Handbuch. Die Parteien der Bundesrepublik Deutschland 1945-1980 – Sonderausgabe Band 1: AUD bis CDU, Opladen 1986, S. 336–366.
Stöver, Bernd, Der Kalte Krieg 1947–1991. Geschichte eines radikalen Zeitalters, Bonn 2007 (Lizenzausgabe für die Bundeszentrale für politische Bildung).
Strunk, Peter, Zensur und Zensoren. Medienkontrolle und Propagandapolitik unter sowjetischer Besat-zungsherrschaft in Deutschland, Berlin 1996.
Sywottek, Arnold, Nationale Politik als Symbolpolitik. Die westdeutsche Deutschland- und Außenpolitik in gesellschaftlicher Perspektive, in: Axel Schildt/Detlef Siegfried/Karl Christian Lammers (Hrsg.), Dynamische Zeiten. Die 60er Jahre in beiden deutschen Gesellschaften, Hamburg 2000, S. 342–361.
Szatkowski, Tim, Karl Carstens. Eine politische Biographie, Köln – Weimar – Wien 2007.

Taylor, Frederick, Die Mauer. 13. August 1961 bis 9. November 1989, Bonn 2009 (engl. 2006).

Thies, Christian, Die Masse – ein konservativer Topos der Zeitdiagnose?, in: Michael Großheim/Hans Jörg Hennecke (Hrsg.), Staat und Ordnung im konservativen Denken, Baden-Baden 2013, S. 76–91.

Thomas, Donald M., Solschenizyn. Die Biographie, Berlin 1998.

Timm, Angelika, Israel – Geschichte des Staates seit seiner Gründung. Unter Mitarbeit von Johannes Glasneck, Bonn 1998 (3., durchgesehene und erweiterte Auflage).

Ueberschär, Gerd R., Für ein anderes Deutschland. Der deutsche Widerstand gegen den NS-Staat 1933–1945, Frankfurt am Main 2005.

Uhl, Matthias, Die Teilung Deutschlands. Niederlage, Ost-West-Spaltung und Wiederaufbau 1945–1949, Berlin 2009.

van Laak, Dirk, »Persönlichkeit« und »Charakter«. Ideengeschichtliche Elemente in den Grundkonstellationen der frühen Bundesrepublik, in: Peter Uwe Hohendahl/Erhard Schütz (Hrsg.), Solitäre und Netzweker. Akteure des kulturpolitischen Konservatismus nach 1945 in den Westzonen Deutschlands, Essen 2009, S. 13–22.

Vogtmeier, Andreas, Egon Bahr und die deutsche Frage. Zur Entwicklung der sozialdemokratischen Ost- und Deutschlandpolitik vom Kriegsende bis zur Vereinigung, Bonn 1996.

Vormweg, Heinrich, Der andere Deutsche. Heinrich Böll: eine Biographie, Köln 2000.

Walkenhaus, Ralf, Armin Mohlers Denkstil, in: Uwe Backes/Eckhard Jesse (Hrsg.), Jahrbuch Extremismus und Demokratie. 9. Jahrgang 1997, Baden-Baden 1997, S. 97–116.

Weber, Klaus, Der Linksliberalismus in der Bundesrepublik um 1969. Konjunktur und Profile, Frankfurt am Main 2012.

Wehler, Hans-Ulrich, Weckruf für die Demokratie – die SPIEGEL-Affäre: 50 Jahre danach, in: Martin Doerry/Hauke Janssen (Hrsg.), Die Spiegel-Affäre. Ein Skandal und seine Folgen, München 2013, S. 24–33.

Wehrs, Nikolai, Protest der Professoren. Der »Bund Freiheit der Wissenschaft« in den 1970er Jahren, Göttingen 2014.

Weiß, Matthias, Journalisten: Worte als Taten, in: Norbert Frei (Hrsg.), Karrieren im Zwielicht. Hitlers Eliten nach 1945, Frankfurt am Main 2001, S. 241–299.

Weißmann, Karlheinz, Armin Mohler. Eine politische Biographie, Schnellroda 2011.

Wentker, Hermann, Rezension zu: Schwane, Daniel: Wider den Zeitgeist? Konflikt und Deeskalation in West-Berlin 1949 bis 1965. Stuttgart 2005, in: H-Soz-Kult, 21.04.2006. http://www.hsozkult.de/publicationreview/id/rezbuecher-7041 (23. Oktober 2019).

–, »Kirchenkampf« in der DDR. Der Konflikt um die Junge Gemeinde 1950-1953, in: Vierteljahreshefte für Zeitgeschichte 42 (1994), H. 1, S. 95–127.

–, Außenpolitik in engen Grenzen. Die DDR im internationalen System 1949–1989, München 2007.

–, Antikommunismus in der frühen Bonner Republik. Dimensionen eines zentralen Elements politischer Kultur im Ost-West-Konflikt, in: Stefan Creuzberger/Dierk Hoffmann (Hrsg.),

»Geistige Gefahr« und »Immunisierung der Gesellschaft«. Antikommunismus und politische Kultur in der frühen Bundesrepublik, München 2014, S. 355–369.
Wette, Wolfram, Der Fall Filbinger, in: ders. (Hrsg.), Filbinger – eine deutsche Karriere, Springe 2006, S. 15–34.
Wettig, Gerhard, Chruschtschows Berlin-Krise 1958 bis 1963. Drohpolitik und Mauerbau, München 2006.
–, Sowjetische Deutschland-Politik 1953 bis 1958. Korrekturen an Stalins Erbe, Chruschtschows Aufstieg und der Weg zum Berlin-Ultimatum, München 2011.
Whatmore, Richard, What is Intellectual History?, Cambridge 2016.
Winckler, Stefan, »Die Welt« – ein Sprachrohr der schweigenden Mehrheit? Die Gegnerschaft zu den politischen Demonstrationen der Studenten 1967/68 aus publizistikwissenschaftlicher Sicht, in: Hartmuth Becker/Felix Dirsch/Stefan Winckler (Hrsg.), Die 68er und ihre Gegner. Der Widerstand gegen die Kulturrevolution, Graz-Stuttgart 2003, S. 183–207.
–, Gerhard Löwenthal. Ein Beitrag zur politischen Publizistik der Bundesrepublik Deutschland, Berlin 2011.
Winkler, Heinrich August, Geschichte des Westens. Vom Kalten Krieg zum Mauerfall, München 2014.
Wolffsohn, Michael, Friedenskanzler? Willy Brandt zwischen Krieg und Terror, 2018.
Wolfrum, Edgar, Geschichtspolitik in der Bundesrepublik Deutschland. Der Weg zur bundesrepublikanischen Erinnerung 1948–1990, Darmstadt 1999.
Wunschik, Tobias, Baader-Meinhofs Kinder. Die zweite Generation der RAF, Opladen 1997.
–, Aufstieg und Zerfall. Die zweite Generation der RAF, in: Wolfgang Kraushaar (Hrsg.), Die RAF und der linke Terrorismus. Band 1, Hamburg 2006, S. 472–488.
–, Die Bewegung 2. Juni, in: Wolfgang Kraushaar (Hrsg.), Die RAF und der linke Terrorismus. Band 1, Hamburg 2006, S. 531–561.
Yordanov, Radoslav, Addis Abeba, 1977: Brüderliche Militärhilfe und globale militärische Strategie. Die sowjetische Verwicklung in den Konflikt zwischen Äthiopien und Somalia, in: Andreas Hilger (Hrsg.), Die Sowjetunion und die Dritte Welt. UdSSR, Staatssozialismus und Antikolonialismus im Kalten Krieg 1945–1991, München 2009, S. 239–258.
Zündorf, Benno, Die Ostverträge. Moskau, Warschau, Prag, Das Berlin-Abkommen. Die Verträge mit der DDR, München 1979.

Personenregister

Nicht aufgeführt sind Matthias Walden, Namensnennungen in den Anmerkungen und wissenschaftliche Verweise im Text.

Bildnachweis

Landesarchiv Berlin: S. 8 (F Rep. 290 (04) Nr. 0213305 / Foto: Siegmann, Horst); S. 57: (F Rep. 290 (03) Nr. 0248921 / Foto: Becke, Heinrich von der; S. 121 (F Rep. 290 (02) Nr. 0076123 / Foto: Siegmann, Horst); S. 167 (F Rep. 290 (04) Nr. 0075246 / Foto: Schütz, Gert); S. 209 (F Rep. 290 (04) Nr. II11511 / Foto: Jacoby, Max; 232 (F Rep. 290 (02) Nr. 0093497 / Foto: Willa, Johann); S. 305 (F Rep. 290 (04) Nr. 0139063 / Foto: Sass, Bert); S. 552 (F Rep. 290 (04) Nr. 0213308 / Foto: Siegmann, Horst)
Privat: S. 25; S. 45; S. 236; S. 443
Unternehmensarchiv Axel Springer SE: S. 429 (Foto: Manfred Beck); S. 531 (Bestand); S. 537 (Foto: Walter Becher / 2)

Danksagung

Der vorliegende Text ist eine leicht geänderte und gekürzte Version meiner Dissertation, die im Wintersemester 2019/20 von der Universität Potsdam angenommen wurde. Ich möchte mich im Folgenden bei Personen und Institutionen bedanken, die mir diesen Weg ermöglicht und mich auf ihm unterstützt haben.

Zuerst danke ich meinem verehrten Doktorvater, PD Dr. Matthias Oppermann. Ohne ihn und die Begeisterung für die Ideen- und Intellektuellengeschichte des 19. und 20. Jahrhunderts, die er bei mir von Beginn meines Studiums an hervorgerufen hat, wäre dieses Buch nie entstanden. Während der Arbeit an dem Thema konnte ich stets von seiner wissenschaftlichen Orientierung profieren. Seine liberale Geisteshaltung hat mich auch über die Arbeit an meiner Dissertation hinaus geprägt. Für seine Unterstützung und seinen Rat bin ich sehr dankbar. Professor Alexander Gallus danke ich für die Anfertigung eines Zweitgutachtens sowie seine wohl abgewogenen Hinweise. Auch er hatte stets ein offenes Ohr für die Sorgen und Nöte seines Prüflings. Ich danke Professor Dominik Geppert für die Übernahme des Vorsitzes meiner Prüfungskommission und den reibungslosen Ablauf des Promotionsverfahrens unter schwierigen äußeren Bedingungen.

Des Weiteren danke ich Professor Manfred Görtemaker für die unkomplizierte Verwirklichung meiner Vorhaben an seinem Lehrstuhl, die Möglichkeit, meine Arbeit in seinem Forschungskolloquium vorzustellen sowie seine gewinnbringende Perspektive auf die Geschichte der Bundesrepublik Deutschland. Ich danke zudem Professor Marcus M. Payk für den hilfreichen Einblick in die Entwicklung des politischen Journalismus in Deutschland nach 1945 und die Möglichkeit, meine Forschungen zu einem fortgeschrittenen Stadium mit seinem Seminar über »Rechtsintellektuelle in der Bundesrepublik« zu teilen. Ein gleicher Dank gilt für Prof. Hermann Wentker vom Institut für Zeitgeschichte München-Berlin und seine Einladung an mich in das Forschungskolloquium der Willy-Brandt-Stiftung. Dr. Frank Schale und Dr. Sebastian Liebold danke ich für die Einladung zur Konferenz »Neugründung auf alten Werten? Konservative Intellektuelle und Politik in der Bundesrepublik« zu Beginn meiner Arbeit an dem Thema.

Bettina von Saß danke ich für ein anregendes Gespräch über ihren Vater und die Bereitstellung einiger Fotos aus privatem Besitz. Dr. Jürgen Peter Schmied bin ich für den freundlichen Austausch über den Journalismus in der Bundesrepublik Deutschland und fundierte Hinweise sehr dankbar. Dr. Jochen Arnold, Dr. Michael Bienert und Alan Posener danke ich für ihre präzisen Einordnungen und Gespräche zu meinem Thema. Stellvertretend für alle Archiv- und Bibliotheksmitarbeiter, die mir so manchen Weg einfacher gemacht haben, möchte ich Livia Schulze vom Recherche- und Informationsservice des Rundfunks Berlin-Brandenburg sowie Rainer

Laabs und Lars-Broder Keil vom Unternehmensarchiv im Axel-Springer-Verlag danken. Nur mit ihrer Hilfe war mir die umfassende Forschung im Nachlass und an den Arbeiten Matthias Waldens möglich. Die Arbeit an der Dissertation wurde durch ein Promotionsstipendium der Konrad-Adenauer-Stiftung gefördert. So war ein im Grunde sorgenfreies Forschen möglich. Für diese materielle Unterstützung und die weitreichende ideelle Förderung bin ich dankbar und bleibe der Stiftung verbunden. Ebenfalls danken möchte ich der Axel-Springer-Stiftung für den großzügigen Druckkostenzuschuss. Ich danke Professor Frank-Lothar Kroll für die Aufnahme meiner Arbeit in die Reihe »Biographische Studien zum 20. Jahrhundert« im be.bra wissenschaft verlag und die gewissenhafte Betreuung im Verlag durch Dr. Robert Zagolla.

Viele Menschen haben mich in der Zeit der Anfertigung meiner Dissertation begleitet. Am Historischen Institut der Universität Potsdam bildete sich mit Leonie Kayser, Dr. Sarah Stoll und Sascha Steger eine Gruppe von »Leidensgenossen«, der ich für ihre Orientierung und den Austausch dankbar bin. Die Zeit einer Dissertation ist nicht immer einfach. Meine Erfahrung ist, dass sie unbeschadet nur mit einem vitalen sozialen Umfeld gemeistert werden kann, was Maßnahmen wie Korrekturlesen zwar beinhaltet, aber nicht dabei endet. Ich danke daher insbesondere Antonia und Sebastian von Randow, Nils Meinhardt und Jonas Buckel für Zuspruch, Korrektur und Ablenkung, wenn sie nötig war. Zu meiner großen Freude hat sich Philipp Schulte zu einem wahren Weggefährten entwickelt. Ihm bin ich für seinen kenntnisreichen Rat, sein entwaffnendes Gemüt und seine Freundschaft dankbar.

Ohne den Zuspruch und die Unterstützung meiner Eltern wäre dieses Buch nicht möglich gewesen: Ihnen bin ich daher zu größtem Dank verpflichtet. Auch meine Schwiegereltern haben mich die ganze Zeit meines Studiums und der Anfertigung der Dissertation unterstützt. Das werde ich nie vergessen. Zu guter Letzt gilt mein Dank meiner Frau Friederike, die mich stets mit Verständnis in diesen Jahren begleitet hat, gerade in Phasen, in denen es nicht einfach war. Ihr und meinem Sohn Jakob ist dieses Buch gewidmet.

Über den Autor

Nils Lange, Dr. phil., geboren 1987, studierte Geschichte, Politik- und Verwaltungswissenschaften und Zeitgeschichte an der Universität Potsdam. Er promovierte an der Philosophischen Fakultät der Universität Potsdam und war Lehrbeauftragter am Historischen Institut. Seine Forschungsschwerpunkte liegen in der Intellectual History und im politischen Denken im Kalten Krieg. Er arbeitet als Redenschreiber in der Politik.

Biographische Studien zum 20. Jahrhundert

Herausgegeben von Frank-Lothar Kroll

Bd. 1
Stefan Winckler
Gerhard Löwenthal
Ein Beitrag zur politischen Publizistik der Bundesrepublik Deutschland
ISBN 978-3-937233-85-7

Bd. 2
Marco Sennholz
Johann von Leers
Ein Propagandist des Nationalsozialismus
ISBN 978-3-95410-012-5

Bd. 3
Susanne Peters
William S. Schlamm
Ideologischer Grenzgänger im 20. Jahrhundert
ISBN 978-3-95410-007-1

Bd. 4
Michael Kunze
Sigmund Neumann
Demokratielehrer im Zeitalter des internationalen Bürgerkriegs
ISBN 978-3-95410-052-1

Bd. 5
Lars Förster
Bruno Apitz
Eine politische Biographie
ISBN 978-3-95410-054-5

Bd. 6
Alexander O. Müller
Reinhard Höhn
Ein Leben zwischen Kontinuität und Neubeginn
ISBN 978-3-95410-237-2

Bd. 7
Sarah Stoll
Giuseppe Prezzolini
Ein Leben gegen den Strom
ISBN 978-3-95410-269-3

Bd. 8
René Schroeder
Friedrich Ebert (1894–1979)
Ein Leben im Schatten des Vaters
ISBN 978-3-95410-272-3